深化经济体制改革与转变经济发展方式

——中国工业经济学会2013年年会论文集

主　编／王俊豪　吕　政
副主编／高　粮　唐要家

图书在版编目（CIP）数据

深化经济体制改革与转变经济发展方式：中国工业经济学会 2013 年年会论文集/王俊豪，吕政主编. —北京：经济管理出版社，2014.10
ISBN 978-7-5096-3379-3

Ⅰ.①深⋯　Ⅱ.①王⋯②吕⋯　Ⅲ.①工业经济—经济体制改革—中国—文集②工业经济—经济发展—中国—文集　Ⅳ.①F424-53

中国版本图书馆 CIP 数据核字（2014）第 217585 号

组稿编辑：陈　力
责任编辑：陈　力　赵喜勤
责任印制：黄章平
责任校对：陈　颖　张　青

出版发行：经济管理出版社
　　　　　（北京市海淀区北蜂窝 8 号中雅大厦 11 层　100038）
网　　址：www.E-mp.com.cn
电　　话：(010) 51915602
印　　刷：三河市延风印装厂
经　　销：新华书店
开　　本：880mm×1230mm/16
印　　张：33.75
字　　数：938 千字
版　　次：2014 年 10 月第 1 版　2014 年 10 月第 1 次印刷
书　　号：ISBN 978-7-5096-3379-3
定　　价：88.00 元

·版权所有　翻印必究·

凡购本社图书，如有印装错误，由本社读者服务部负责调换。
联系地址：北京阜外月坛北小街 2 号
电　　话：(010) 68022974　　邮编：100836

目 录

转变经济发展方式的体制与机制

要素市场扭曲、双重抑制与中国生产性服务业全要素生产率
　　——基于中介效应模型的实证研究 ………………………… 陈艳莹　王二龙（3）
深化国有企业改革的实质与思路 ……………………………… 白永秀　王颂吉（13）
"做大蛋糕"、"分好蛋糕"及其协调
　　——实现居民人均收入翻番的动因、条件和路径研究 ……………… 潘文轩（20）
内生增长还是关联演进？
　　——基于中、美、日投入产出表的经验研究 ……… 郑若谷　干春晖　张亚军（31）
中国经济结构失衡：基本评价、变动趋势与转型路径 …………… 郭　晗　任保平（44）
中国流通产业安全的经验度量
　　——基于结构及趋势调整方法 ……………………………………… 李陈华（57）
补贴扭曲与企业生产率 …………………………………………… 李　楠　高　寒（79）
我国宏观经济的资金关联结构特征
　　——基于投入产出式资金流量表的考察 …………………………… 胡秋阳（91）
融资约束、政府补贴与企业生产率
　　——基于中国装备制造业企业的实证研究 ……………… 任曙明　吕　镯（107）
金融发展、居民收入与经济增长
　　——基于PVAR模型中国省级层面数据的经验研究 ……… 仲　深　王春宇（116）
新技术、异质性偏好与产业演化 ………………………………… 孙晓华　郭少蓉（128）

产业结构转型与升级

中国产业结构与就业结构失衡及其政策含义
　　——基于偏最小二乘通径模型的实证分析 ……………… 张抗私　盈　帅（143）
推进城市化与产业结构演变的良性互动 ………………………… 顾乃华　郭志勇（154）
产业结构优化升级对中国城市化进程的影响
　　——基于1978~2010年数据的检验 ……………………… 齐　兰　李志罡（163）
基于生态工业理念的河南新型工业化体系重构研究 ……………………… 唐海峰（173）
产业升级的需求动因是什么？
　　——基于非竞争投入产出模型的实证研究 ……… 王　宇　干春晖　汪　伟（179）

全球碳交易市场不确定性与市场偏向型低碳优势重构 ………………… 尹　硕　张耀辉（199）
浙江纺织服装业的国家价值链构建研究 ……………………………………… 王晓琳（212）
产业升级的制度基础：微观视角下的博弈分析与实证研究 ……… 巫景飞　郝　亮　陈丽贤（226）
低碳模式、结构升级与增长方式转型
　　——以天津市为例的实证分析 ……………………………………… 吕明元　胡　伟（234）
产业政策强度对产业演化的影响分析 ………………………………… 王　灿　金　通（245）
我国制造业内发生了区域间的产业梯度转移吗？ ……………………………… 张国胜（254）
垂直专业化对中国制造业集聚的影响
　　——基于省级面板数据的实证研究 ………………………… 樊　琦　臧　新　胡汉辉（263）
中国产业动态比较优势的实证研究：基于马尔科夫链的方法 ………………… 余典范（271）
中国经济金融化对产业结构优化影响机制的实证研究 ………………… 陈晓雨　曹剑飞（284）
FDI、产业结构、就业结构互动关系研究
　　——基于 VAR 模型 ………………………………………………………… 刘忠璐（295）
中部地区工业结构转换能力：测度、趋同及其影响因素 ………… 王玉燕　王建秀　王分棉（312）
基于贸易成本视角的生产者服务业与制造业集聚关系研究 …………………… 谭洪波（326）
我国产业结构调整中的体例机制问题研究 ……………………………………… 林凤霞（338）
服务关联对国际分散化生产地区集聚的影响
　　——基于中国样本数据的实证分析 ……………………………… 臧　新　王　静（345）

技术创新与战略性新兴产业发展

政府补贴是否用在了"刀刃"上？
　　——基于战略性新兴产业 254 家上市公司的数据 ……………… 肖兴志　王伊攀（363）
公共 R&D 投资的生产率效应与结构效应
　　——基于制造业部门面板数据的实证分析 ………………… 伏玉林　简　泽　张　涛（375）
外部融资、技术研发与企业成长
　　——金融因素与企业 R&D 作用的微观考察 ……… 周方召　曲振涛　周　正　仲　深（387）
研发投资是否提升了企业业绩？ ……………………………… 林洲钰　林汉川　邓兴华（402）
战略性新兴产业技术链与产业链协同发展研究
　　——以物联网为例 …………………………………………………………… 岳中刚（416）
产业集群组织模块化与战略性新兴产业发展研究
　　——以湖南工程机械业为例 ………………………………… 曹虹剑　刘　丹　张亚琴（425）
政企关联、研发与创新绩效
　　——基于创新型企业的数据 ………………………………… 庞瑞芝　师雯雯　丁明磊（434）
创业、知识溢出与区域经济发展的差异性
　　——基于我国 30 个省市区面板数据的实证分析 ……………… 齐玮娜　张耀辉（444）
中国战略性新兴产业的规模分布与创新影响 …………………………… 郭晓丹　刘海洋（456）
科技资源配置、协同效应与企业创新绩效 ………………… 陈　岩　翟瑞瑞　张　斌（466）
R&D 两面性、技术引进与汽车产业生产率增长 ………………………………… 朱承亮（479）
新能源产业发展态势、政府扶持逻辑与政策调整方向 ………………………… 韩　超（494）

产业创新实现机制：技术创新与商业模式创新的有机结合 …………… 郭　振　孙爱娟（505）
知识链创新与产业协同演进研究
　　——基于动态博弈视角的理论与验证 ………………… 张　贵　任　赟　赵雅楠（512）
中国区域创新能力评价及对战略性新兴产业布局的启示 ……………… 李士梅　张　倩（524）

转变经济发展方式的体制与机制

要素市场扭曲、双重抑制与中国生产性服务业全要素生产率
——基于中介效应模型的实证研究*

陈艳莹　王二龙**

一、引　言

生产性服务业是推动经济转型和增长的重要力量。随着我国劳动力成本上升、资源环境压力加大以及外需的进一步萎缩，中国以低端制造业为主的产业体系亟须转型和升级，这在客观上需要完善的生产性服务业作为支撑。为此，我国继"十一五"规划之后在"十二五"规划中又进一步强调要重点发展生产性服务业，但从实际状况来看，我国生产性服务行业的发展状况却不容乐观，2011年其增加值仅增长了8.5%，不仅低于第二产业10.6%的增速，甚至比GDP的增速9.2%还低了0.7个百分点。由于产业增长的实质是生产率的增长，因此，找出制约我国生产性服务业全要素生产率增长的深层次因素就显得尤为必要和紧迫。

目前，虽然有很多研究通过不断创新全要素生产率的核算方法考察了我国服务业总体全要素生产率的变动趋势及其影响因素（杨向阳等，2006；杨勇，2008；蒋萍、谷彬，2009；杨青青，2009），但专门针对生产性服务业全要素生产率的研究还为数较少。原毅军等（2009）首先应用DEA方法对我国生产性服务业全要素生产率进行了分解分析，发现中国生产性服务业的增长仍然是粗放型的，全要素生产率呈现负增长态势，技术进步和技术效率均抑制了生产性服务业规模的扩大和质量的提升，加强市场化改革、对外开放以及建立产业区域联动机制是促进生产性服务业发展的重要措施。张自然（2010）在考虑人力资本的条件下对核算全要素生产率的随机前沿模型进行修正，发现修正后的中国生产性服务业的全要素生产率增长、技术进步率、劳动的产出弹性均有所下降，证明人力资本的缺乏是限制该行业技术进步的重要原因。黄莉芳（2011）也通过随机前沿模型的方法计算出了我国生产性服务业的技术效率，并对细分行业和不同地区进行了比较分析，认为专业化水平、规模经济和市场化水平是目前限制生产性服务业效率提升的关键因素。

以上研究虽然从不同方面对我国生产性服务业全要素生产率的增长滞后问题进行了解释，但却均忽视了要素市场扭曲这个重要因素。该问题之所以很突出，是因为目前国内产品市场和要素

---

* 国家自然科学基金项目"双边集体声誉约束下的认证产业绩效提升机制研究（71373033）；中央高校基本科研业务费资助项目"生产性服务业衍生企业进入的生产率效应及规制政策研究"（DUT12RW302）。
** 陈艳莹（1974—），女，辽宁营口人，大连理工大学经济学院教授、博士生导师、副院长，研究方向为产业经济；王二龙（1989—），男，河南漯河人，大连理工大学经济学院产业经济学专业硕士研究生。

市场的不平衡发展致使国内企业要素资源错配越来越严重,已经给企业效率造成了极大损失。Hsieh 和 Klenow（2009）研究发现,中国的资本和劳动等要素边际产出呈现差异性扭曲,如果按照等边际收益对其进行重新配置,则中国的全要素生产率可以提升 30%~50%。朱喜等（2011）、陈永伟和胡伟民（2011）以及简泽（2011）从要素价格扭曲导致行业内和行业间要素资源错配入手所做的实证研究也发现,要素市场扭曲确实显著抑制了我国制造业全要素生产率的提高。由于生产性服务企业与制造企业一样,均要根据要素价格制定要素资源投入决策,因此,我国要素市场的系统性扭曲必然会导致生产性服务业的效率损失。不过,与制造业不同的是,考察要素市场扭曲对生产性服务业全要素生产率的影响机理不能只考虑要素价格扭曲这一直接作用机制,生产性服务产品是制造企业的中间投入品,所以生产性服务业的发展受制于制造企业对生产性服务的需求,要素市场扭曲很可能还会通过抑制制造业中间投入部门的剥离演化,通过有效需求不足间接影响我国生产性服务业的效率提升。

本文将综合考虑以上两方面因素,从社会关系网络和产业演化这两个新的角度研究要素市场扭曲对我国生产性服务业全要素生产率的双重抑制机理。为了证实理论假说的合理性,本文构建了中介效应模型,用我国 2004~2010 年的省份面板数据进行了实证性检验,结果表明,要素市场扭曲确实从直接和间接双重渠道显著抑制了我国生产性服务业的全要素生产率,只有切实完善要素市场才能从根本上推动我国生产性服务业的发展。本文的研究不仅为解释我国生产性服务业的发展迟缓问题提供了一个新的视角,对于要素市场扭曲抑制生产率的研究也是一个有益的拓展和深化。

二、要素市场扭曲对生产性服务业全要素生产率的双重抑制机理

要素市场扭曲是由于市场不完善导致生产要素在国民经济中非最优配置的结果,是要素市场价格和机会成本的偏差或背离（Chacholiades,1978）。中国目前正在转型时期,国家的发展战略是优先发展制造业和保持出口行业的竞争优势以保持强劲的经济发展势头,这些大多属于资本密集型产业,与我国的要素禀赋相背离,国家只能人为地降低发展制造业的成本,即通过低利率政策、低汇率政策、低工资和能源、原材料低价等政策以适应宏观政策取向,所以我国要素市场改革一直比较滞后,政府对利率、信贷规模、土地以及户籍制度都保持严格的管制状态（林毅夫等,2006；刘小玄,2000；姚洋等,2001；郑毓盛等,2003）。为了应对这种由政府管制导致的要素市场扭曲,企业一方面将亲情、友情等以关系纽带为基础的社会网络关系作为获取资金、劳动力、技术等生产资源的重要渠道；另一方面则普遍倾向于通过"寻租"的方式与掌握要素资源分配权的政府官员建立关系,从而获得正规市场要素资源的优先分配权（Claessens 等,2008；余明桂等,2010）,在利益的诱导下,政府官员也愿意将要素的分配标准做得很模糊或者具有很强的任意性,从而给地方政府官员"设租"和企业"寻租"提供很大的自由空间。

生产性服务业所提供的产品是制造业的高附加值中间投入,包括上游的研发设计、中游的质量控制、会计、法律、保险以及下游的广告、物流和人员培训等,这些都是无形的专业资产,生产过程主要的投入是技术和人力资本,决定了行业内部的企业以小规模和专业化为特征。然而在地区行政性分权的背景下,我国的各级地方政府迫于政绩的压力偏爱于大型制造企业,致使生产性服务企业在政府主导的正规要素市场中获取要素资源较制造企业处于劣势,从而迫使其只能依靠社会关系这种非正规渠道获得要素资源,特别是与政府进行"关系寻租"。

然而，社会网络关系并非正式的合约关系，社会网络的资源提供功能具有先天的不稳定性（陈艳莹、夏一平，2011）。一方面，在社会网络中，联结的构建和维系能够强化个体间的互惠动机，以保证在未来某个时刻获得支持和帮助，但由于"心余力绌"效应的客观存在，互惠动机与资源提供之间的转化是不确定的。比如，企业在某个时期需要融资，可能碰巧亲戚、朋友或者某一业务伙伴有闲置的资金愿意借给其使用，社会关系便替代银行贷款、发行债券等正规的融资方式为企业提供了资金支持。但是，没有哪个企业的社会网络成员会一直持有闲置资金并有能力随时满足企业对资金的需求，非正式的关系融资并不能稳定地持续下去，由社会网络提供的其他资源也都具有这种"此一时彼一时"的特点。另一方面，社会网络中的联结本身就是不稳定的，随着时间的推移，网络中的个体会通过权衡保持联结的收益和成本策略性地调整网络的结构。当社会联结的收益和成本在其联系的两个个体间分布不对称时，联结更容易在一方非情愿的情况下被另一方单方面地撤销。即便联结仍然在形式上保持，个体间的互惠动机也有可能因为各种原因而私下减弱，持续依靠社会网络获取资源的风险也自然会上升。对于依靠"关系寻租"所建立的政府关系网络，由于公务人员的政府职位本身就是短期的，流动性也很高，再加上反腐败力度的不断加大，借助政府关系网络获取要素资源的不稳定性更为突出。

因此，在当前我国要素市场的扭曲导致生产性服务企业畸形地依赖于社会网络获取要素资源的情况下，社会网络提供资源的这种随机性和不稳定性会使得生产性服务企业无法在长期获得持续和充足的要素供给，从而降低其长期发展的预期，导致经营目标的短期化扭曲，但这却是提高效率所必需的人力资本投资、技术升级和研发等活动的激励，阻碍了生产性服务业全要素生产率的提升。

除了以上分析的直接影响机制外，要素市场扭曲还会通过影响制造业对生产性服务业的需求规模和类型间接对生产性服务企业的生产率产生影响，演化经济学为此提供了理论支持。按照演化经济学的观点，制造企业为了提升核心竞争力，自身生产组织方式会发生变革，出现专业分工细化的趋势，逐渐地将一些支持活动外包出去，这些外包出去的业务就逐渐形成了独立的生产性服务产业（吕政等，2006）。随着演化进程的深化，生产性服务企业数量不断增加，制造企业对该行业的产品需求也会逐渐上升，规模效应、学习效应以及竞争效应会有效提高该行业的生产率。然而，要素市场扭曲却会阻碍这一演化进程。根据前面的分析，我们知道我国要素市场扭曲的一个突出表现就是政府人为降低了要素投入的价格并且主导要素资源的分配。在优先发展制造业的政策环境下，这一方面使制造业企业支付的要素使用成本较实际偏低，另一方面也引发了"关系寻租"行为。更为严重的是，中国行政性分权改革使地方政府具有很强的经济支配自主权，为了提高政绩以获得政治资本，地方政府热衷于将资本、土地等关键性要素分配给大型制造企业，尤其是国有的大型制造企业，两者不可避免地在相当多的方面形成了一个利益共同体（银温泉等，2001），天然的政治联系使这类制造企业不需要通过"关系寻租"即可获得成本低廉的生产要素。因此，盲目扩张、重复投资以获取更多、更低廉的要素资源成为制造企业不断获利的"法宝"，提升核心业务的积极性降低，对生产性服务的需求就会减少，特别是会缺乏对高端生产性服务的需求。需求的不足会通过降低生产性服务企业的收入而制约其扩张规模和提升效率的能力，需求集中在低端业务上则会降低生产性服务企业提高效率的内在动力，两者都会抑制生产性服务业的生产率。

基于以上讨论，笔者提出以下两个假说：

假说1：要素市场扭曲会通过引发生产性服务企业依赖社会关系网络获取资源而直接抑制我国生产性服务业的全要素生产率。

假说2：要素市场扭曲会通过制约制造业企业的演化进程而间接抑制我国生产性服务业的全要素生产率。

接下来,笔者将运用我国的省份面板数据对上面两个假说进行实证检验。

三、基于中介效应模型的实证检验

1. 模型的设定及说明

在考虑自变量 X 对因变量 Y 的影响时,如果 X 不仅直接对 Y 产生影响,而且还通过变量 M 间接对 Y 产生影响,那么 M 就为中介变量。依据前文的理论分析,我国的要素市场扭曲不仅直接对生产性服务业全要素生产率产生抑制,而且还通过阻碍制造企业演化间接对生产性服务业全要素生产率产生负面影响,制造企业演化就是要素市场扭曲对我国生产性服务业生产率影响中的一个中介变量。因此,本文构建如下的中介效应模型:

$$tfp_t^i = a_0 + a_1 dist_t^i + a_2 psg_t^i + \varepsilon_{1t}^i \tag{1}$$

$$manuf_t^i = b_0 + b_1 dist_t^i + \varepsilon_{2t}^i \tag{2}$$

$$tfp_t^i = c_0 + c_1 dist_t^i + c_2 manuf_t^i + c_3 psg_t^i + \varepsilon_{3t}^i \tag{3}$$

式中,上标 i 对应各省份的截面单位,下标 t 代表年份,ε_1、ε_2 和 ε_3 为随机扰动项,假设其服从均值为零、方差有限的正态分布。tfp_t^i 为地区 i 在第 t 年生产性服务业全要素生产率,对应于因变量 Y;$dist_t^i$ 为地区 i 在第 t 年的要素市场扭曲程度,对应于自变量 X;$manuf_t^i$ 为地区 i 在第 t 年的制造业演化进程,对应于中介变量 M;psg_t^i 为地区 i 在第 t 年生产性服务业增长率,作为方程的控制变量。

式(1)中 a_1 衡量了要素市场扭曲对生产性服务业全要素生产率的总效应;式(2)中的 b_1 衡量的是要素市场扭曲对制造业企业演化的影响;式(3)中 c_1 度量了要素市场扭曲对生产性服务业全要素生产率的直接影响效应。将式(2)代入式(3),可以得到:

$$tfp_t^i = (c_0 + c_2 b_0) + (c_1 + c_2 b_1) dist_t^i + c_3 psg_t^i + \varepsilon_{4t}^i \tag{4}$$

式中,系数 $c_2 b_1$ 度量的就是要素市场扭曲通过中介变量制造企业演化对我国各地区生产性服务业全要素生产率的间接影响效应。

2. 数据来源与变量处理

自 2003 年我国《国民经济行业分类》对服务业的细分条目进行修正以来,与生产性服务业相关行业的统计口径发生了变化,目前主要包括"交通运输、仓储和邮政业"、"金融业"、"租赁和商务服务业"、"科学研究、技术服务和地质勘查业"、"水利、环境和公共设施管理业"、"信息传输、计算机服务和软件业"。统计口径变化后,河北、黑龙江、江西、四川、云南、西藏、陕西、甘肃 8 个地区对生产性服务业相关行业的统计数据发生缺失,而且 2010 年以后,其余 23 个地区中部分地区也开始出现统计上的混乱。所以本文选取 2004~2010 年其余 23 个地区作为研究对象,数据来源于相应省份的统计年鉴、《中国统计年鉴》、《中国第三产业统计年鉴》、《中国工业经济统计年鉴》。各变量的具体衡量方法如下:

(1)生产性服务业全要素生产率(tfp)。目前国内学者对全要素生产率的测算方法主要有索洛余值法、随机前沿模型和 DEA 方法。对于索洛余值法,相关学者已经分别从技术进步假定(Hsieh,1999)、规模收益不变假定(郑玉歆,1999)、要素产出弹性不变假定(吕冰洋,2008)、回归方程设定(林毅夫、任若恩,2007)四个方面提出了批评,过多的主观假定是该方法说服力不强的根源所在。随机前沿模型和 DEA 方法是近几年比较流行的测算方法,但随机前沿方法使用了先定函数形式以及假设随机误差项服从一定的概率分布,难免也掺入了主观因素,所以本文采用 DEA 方法核算我国各地区的生产性服务业全要素生产率，结果见表1。

为保证数据的准确性和有效性，笔者在核算过程中对相关投入产出变量进行如下处理：

①产出要素：用各地区 2004~2010 年每年生产性服务业增加值作为衡量产出的指示，并以 2004 年为基期进行折算，单位为亿元。

②劳动投入：生产性服务业是知识密集型产业，劳动力质量是生产性服务业增长的重要解释变量，所以本文利用能同时涵盖劳动力数量和质量两方面的人力资本作为投入要素。关于劳动力质量的衡量本文借鉴了宋光辉（2003）所使用的受教育年限法，用受教育水平来表示，计算方法见公式（5）。其中，$\overline{H}_{it}$ 代表 i 地区第 t 年的平均受教育年数；h_m 表示第 m 级层次的教育年限，其中 m（m = 1，2，3，4，5）表示文盲、小学、初中、高中、大专及以上五个受教育程度，分别限定为 0 年、6 年、9 年、12 年、16 年；HE_{mit} 代表 i 地区第 t 年人口中受到第 m 级教育的人口数量。

$$\overline{H}_{it} = \frac{\sum_{i=1}^{5} HE_{mit} \times h_m}{\sum_{m=1}^{5} HE_{mit}} \tag{5}$$

③资本投入：用"永续盘存法"估计出历年来各地区生产性服务业资本存量。第 i 地区、第 t 年的生产性服务业资本存量的计算方法为：

$$K_{it} = K_{i(t-1)}(1 - \delta) + I_t \tag{6}$$

即本期生产性服务业资本存量 K_{it} 等于上一期生产性服务业净资本存量加上当年生产性服务业投资 I_t。关于折旧率 δ，现有文献一般选取 5%（Perkins，1998；胡永泰，1998），所以本文折旧率也选取为 5%。对于 I_t，利用固定资产投资价格指数将各省份每年的生产性服务业固定资产投资折算成以 2004 年为基期的可比价形式。而基年 2004 年的生产性服务业资本存量的估量，是以 2004 年生产性服务业当期投资除以折旧率 δ 加上分析期内各地区生产性服务业固定资产投资的实际增长率 λ 之和计算而得，见式（7）：

$$K_{i2004} = \frac{I_{i2004}}{\delta + \lambda} \tag{7}$$

表1 我国 23 个地区生产性服务业的全要素生产率

地区\年份	2005	2006	2007	2008	2009	2010
北 京	0.979	0.946	1.005	0.946	0.929	1.014
天 津	0.900	0.982	0.981	1.064	1.012	1.175
山 西	0.888	0.915	0.934	0.920	0.996	1.027
内蒙古	1.104	1.137	1.010	1.311	1.052	1.106
辽 宁	0.809	0.858	0.905	0.841	0.942	0.882
吉 林	0.903	0.933	0.948	0.897	0.914	1.093
上 海	1.049	1.001	1.054	0.935	0.979	1.064
江 苏	1.138	1.185	1.204	1.087	1.077	1.228
浙 江	1.149	1.043	1.135	0.984	0.974	1.124
安 徽	1.069	0.992	1.004	1.045	1.022	1.064
福 建	0.693	0.977	1.219	0.905	0.969	1.081
山 东	1.228	1.140	1.058	0.981	0.964	1.110
河 南	1.069	1.050	1.026	0.934	1.018	1.102
湖 北	0.946	0.998	1.037	0.904	0.959	1.002
湖 南	0.935	1.022	0.918	0.977	0.915	1.220

续表

年份 地区	2005	2006	2007	2008	2009	2010
广 东	0.843	1.058	1.106	0.973	1.003	1.049
广 西	0.943	0.973	0.981	0.952	0.978	0.887
海 南	0.942	0.957	0.936	0.932	0.969	1.056
重 庆	0.992	1.147	0.902	1.299	1.108	1.079
贵 州	1.881	1.031	1.124	1.001	1.046	1.001
青 海	1.034	1.037	1.036	1.092	1.026	0.978
宁 夏	1.163	1.015	1.191	1.128	1.147	1.202
新 疆	1.126	1.078	1.093	1.021	1.062	1.038

（2）要素市场扭曲（dist）。本文关注的是要素市场扭曲对我国生产性服务业全要素生产率的抑制问题，对要素市场扭曲指标的衡量是保证实证结果有效性的关键。考虑到我国要素市场的市场化进程严重滞后于产品市场的现状以及数据的可获性，笔者借鉴张杰和周晓艳（2011）的做法，用两者市场化进程指数的差值占产品市场市场化指数的比例来衡量我国各地区要素市场的扭曲程度，即 dist=（产品市场市场化指数－要素市场市场化指数）/产品市场市场化指数，该指标数值越大则要素市场扭曲程度越高。不同地区产品市场和要素市场的市场化指数皆来源于樊纲（2011）《中国市场化指数》，因书中数据只到 2009 年，为了保持研究时间跨度的一致性，2010 年产品市场与要素市场的市场化进程指数由前两年数据的平均值近似替代。

（3）制造企业演化（manuf）。该变量是本文回归中的中介变量，由前面的理论分析可知，要素市场扭曲抑制制造企业演化的主要表现是制造企业在中间投入方面倾向于自给自足从而导致对生产性服务业的有效需求不足，所以本文以生产性服务业增加值与工业增加值的比值作为度量指标，反映制造业企业向生产性服务企业的演化进程，数值越大代表演化效率越高。

（4）生产性服务业增长率（psg）。为了消除生产性服务行业的规模效应对自身效率的影响，本文引入生产性服务业增长率作为控制变量，由各省份生产性服务业的增加值计算得来。

各变量的均值、标准差等统计特征如表 2 所示。

表 2　变量的统计性描述

变量	样本数	均值	标准差	最小值	最大值
tfp	138	1.028	0.124	0.693	1.881
dist	138	0.6421	2.6074	−5.512	17.938
manuf	138	0.468	0.343	0.179	2.232
psg	138	0.161	0.101	−0.215	0.717

3. 回归结果及中介效应检验

由于本文使用的是面板数据，因此，在对中介效应模型所包括的三个方程进行回归时，首先需要确定采用固定效应模型还是随机效应模型。通过 Hausman 检验发现，式（1）和式（3）适合固定效应模型，而式（2）应采用随机效应模型。由于三个回归方程截面上的样本点相对较大，考虑到各地区经济状况差异可能会造成面板数据模型中的异方差问题，笔者在接下来的回归中进行了加权修正，具体回归结果见表 3。

表 3 模型回归结果

解释变量	式（1），被解释变量 tfp	式（2），被解释变量 manuf	式（3），被解释变量 tfp
dist	−0.00189*** (−11.38)	−0.00169*** (−5.52)	−0.00177*** (−9.46)
manuf			0.07452* (1.57)
psg	0.97640*** (8.04)		0.97713*** (8.04)
hausman	17.10***	1.24	39.58***
F/wald 值	80.39***	30.47***	58.92***
样本数	138	138	138

注：* 表示 10% 的显著性，** 表示 5% 的显著性，*** 表示 1% 的显著性。

从式（1）和式（3）的回归结果可以看出，衡量要素市场扭曲的变量 dist 对生产性服务业全要素生产率 tfp 的回归系数 a_1 和 c_1 分别为 −0.00189 和 −0.00177，且都在 1% 的显著水平下显著。由于这两个回归系数中，前者代表的是要素市场扭曲对我国生产性服务业全要素生产率的总体效应，后者反映的则是其通过引发生产性服务企业依靠社会网络获取资源对生产率产生的直接效应，这说明，无论从总体上还是在直接效应方面，我国的要素市场扭曲确实抑制了生产性服务业的全要素生产率，验证了本文提出的假说 1。

从式（2）的回归结果可以看出，变量 dist 的回归系数 b_1 为 −0.00169，显著性水平为 1%；式（3）中作为中介变量的 manuf 的回归系数 c_2 为 0.07452，显著性水平为 10%。由式（4）可以计算出，中介效应的系数 $c_2 b_1$ 为 −0.000126，不过，在据此得出要素市场扭曲通过抑制制造业演化间接阻碍我国生产性服务业全要素生产率的增长这一结论之前，还需要对变量 manuf 的中介效应是否显著进行检验。对于中介效应检验，目前存在三种不同的做法：

①检验 $H_0: b_1 = 0$ 和 $H_0: c_2 = 0$。如果两者都被拒绝，则说明中介效应显著；反之不显著。该方法的缺陷在于当中介效应较弱时，检验的功效很低。

②检验经过中介变量路径上的回归系数的乘积是否显著，即检验 $H_0: c_2 b_1 = 0$。如果原假设被拒绝，则说明中介效应显著；反之不显著。当 $c_2 = 0$ 和 $b_1 = 0$ 只有一个成立时，犯第一类错误的概率较大。

③检验 a_1 与 c_1 的差异是否显著，即检验 $H_0: a_1 - c_1 = 0$。如果原假设被拒绝，则说明中介效应显著；反之不显著。此方法的缺陷是即使中介效应不存在（$c_2 b_1 = 0$），只要 c_2 显著，中介效应必然显著，这时犯第一类错误的概率较大。

由模型回归结果表 3 可知，式（1）的检验结果显示中介效应显著。接下来我们详细描述利用后两种方法进行检验的情况。

检验 $H_0: c_2 b_1 = 0$ 的关键是要计算出标准差，到目前为止，至少存在 5 种以上的近似计算公式。在样本容量比较大的情况下，各种检验的功效差别不是很大，本文采用 Sobel（1982）根据一阶 Taylor 展开式得到近似公式：

$$s_{c_2 b_1} = \sqrt{\hat{c}_2^2 s_{b_1}^2 + \hat{b}_1^2 s_{c_2}^2} \tag{8}$$

式中，s_{b_1} 和 s_{c_2} 分别为估计系数 $\hat{b}_1$ 和 $\hat{c}_2$ 的标准差，检验统计量为 $z = \hat{c}_2 \hat{b}_1 / s_{c_2 b_1}$。从表 3 中的回归结果可知：$\hat{c}_2 = 0.07452$，$s_{c_2} = 0.04737$，$\hat{b}_1 = -0.00169$，$s_{b_1} = 0.00031$，由此可以计算出 $z = -1.51$，$p < 0.15$，在 15% 显著性水平下显著。

检验 $H_0: a_1 - c_1 = 0$ 的关键也是计算出 $\hat{a}_1 - \hat{c}_1$ 的标准差。当前也存在很多的近似计算公式，根据 MacKinnon（2002）等的模拟比较研究结果可知，利用 Freedman（1992）推出的公式进行检验具有较高的功效，其计算公式如下：

$$s_{a_1-c_1} = \sqrt{s_{a_1}^2 + s_{c_1}^2 - 2s_{a_1}s_{c_1}\sqrt{1-r^2}} \tag{9}$$

式中，s_{a_1} 和 s_{c_1} 分别为估计系数 $\hat{a}_1$ 和 $\hat{c}_1$ 的标准差，r 为变量 dist 和 manuf 的相关系数，检验统计量为 $t = (\hat{a}_1 - \hat{c}_1)/s_{a_1-c_1}$。依据前面模型的回归结果可知：$\hat{a}_1 = -0.00189$，$s_{a_1} = 0.00017$，$\hat{c}_1 = -0.00177$，$s_{c_1} = 0.00019$，$r = -0.9979$，因此，检验统计量 $t = -4.85$，$p < 0.01$，在1%显著性水平下显著。因此，综合上述三种中介效用检验结果，衡量制造业演化进程的变量 manuf 的中介效应显著。这说明，要素市场扭曲在直接抑制我国生产性服务业全要素生产率的同时，确实通过阻碍制造业的演化对我国生产性服务业的全要素生产率产生了间接性的抑制，验证了本文的假说2。

此外，式（1）和式（3）中控制变量的回归系数均显著为正，说明生产性服务业自身的规模效应对产业效率具有显著的正向促进作用。

四、结论及政策建议

本文系统考察了要素市场扭曲对我国生产性服务业全要素生产率的双重抑制机理，并利用中介效应模型进行了实证检验。研究发现，转轨时期我国正规要素市场的扭曲导致生产性服务企业畸形依赖社会网络，特别是政府关系网来获取生产要素，由此导致的经营目标短期化扭曲直接抑制了我国生产性服务业全要素生产率的提升，同时，要素市场扭曲还通过制约制造业的演化进程间接抑制了我国生产性服务业全要素生产率的提升。因此，要想切实促进我国生产性服务业的增长，必须系统性地纠正我国要素市场扭曲对生产性服务业效率的抑制，重点应采取以下措施：

第一，进一步加大要素资源配置的市场化改革，改变政府主导的要素分配模式。我们的研究表明，正是由于要素资源的政府配给才使社会网络的资源提供功能被畸形地放大，诱发了生产性服务企业和制造业企业的"关系寻租"行为以及制造业企业对生产要素的粗放性使用，从而制约了生产性服务业的生产率增长。应逐步缩小政府的人员规模，限制各级政府配置资源和干预企业微观决策的权力，把要素的定价权交给市场，由要素本身的稀缺度而不是由政府来决定要素的价格。

第二，降低生产性服务业企业参与要素市场的交易成本，针对生产性服务业企业规模偏小、以人力资本投入为主、缺乏有形资产抵押的情况，建立相应的融资机制和担保机制。可尝试借鉴发达国家的做法，鼓励行业协会搭建平台，为单个生产性服务企业以市场化方式获取生产要素提供信息服务和信用担保。

第三，加大生产性服务业吸引外资的力度，鼓励本土生产性服务企业与外资机构进行合作。吸引外资可以缓解我国生产性服务企业因本土要素市场不完善导致的资源获取压力，减轻由此引发的对社会网络的依赖。与外资机构合作还可以拓展我国生产性服务企业的业务领域和市场范围，促进其效率的提升。不过，现阶段外资生产性服务企业多采取独资方式进入我国，并且主要为在华的跨国公司服务，而内资服务企业则面向国内企业，两者形成了两个独立封闭的网络，外资进入对我国本土生产性服务企业的学习、示范和带动效应非常有限。因此，通过引进外资缓解我国要素市场扭曲对生产性服务业效率的抑制问题需要政府采取措施鼓励外资服务企业与本土服务企业进行合作，打破生产性服务在跨国企业和本土企业之间的市场分割，为本土生产性服务企业加入跨国服务产业链创造条件。

参考文献

[1] 杨向阳,徐翔.中国服务业全要素生产率增长的实证分析[J].经济学家,2006(3):68-76.
[2] 杨勇.中国服务业全要素生产率再测算[J].世界经济,2008(10):46-55.
[3] 蒋萍,谷彬.中国服务业TFP增长率分解与效率演进[J].数量经济技术经济研究,2009(8):44-56.
[4] 杨青青,苏秦,尹琳琳.我国服务业生产率及其影响因素分析[J].数量经济技术经济研究,2009(12):46-57.
[5] 原毅军,刘浩,白楠.中国生产性服务业全要素生产率测度——基于非参数Malmquist指数方法的研究[J].中国软科学,2009(1):159-161.
[6] 张自然.考虑人力资本的中国生产性服务业的技术进步[J].经济学(季刊),2010(1):153-168.
[7] 黄莉芳,黄良文,洪琳琳.基于随机前沿模型的中国生产性服务业技术效率测算及影响因素探讨[J].数量经济技术经济研究,2011(6):120-132.
[8] Hsieh C.T. and Klenow P. J.. Misallocation and Manufacturing TFP in China and India[J]. Quarterly Journal of Economics,2009,124(4):1403-1448.
[9] 朱喜,史清华,盖庆恩.要素配置扭曲与农业全要素生产率[J].经济研究,2011(5):86-98.
[10] 陈永伟,胡伟民.价格扭曲、要素错配和效率损失:理论和应用[J].经济学(季刊),2011,10(4):1401-1422.
[11] 简泽.市场扭曲——跨企业的资源配置与制造业部门的生产率[J].中国工业经济,2011(1):58-68.
[12] Chacholiades, Miltiades. International Trade Theory and Policy[M]. New York:McGraw-Hill,1978.
[13] 林毅夫,潘士远,刘明兴.技术选择、制度与经济发展[J].经济学(季刊),2006,5(3):695-714.
[14] 刘小玄.中国工业企业的所有制结构对效率差异的影响[J].经济研究,2000(2):17-25.
[15] 姚洋,章奇.中国工业企业技术效率分析[J].经济研究,2001(10):13-19.
[16] 郑毓盛,李崇高.中国地方分割的效率损失[J].中国社会科学,2003(1):64-72.
[17] Claessens, S., E. Feijen and L. Laeven. Political Connections and Preferential Access to Finance:The Role of Campaign Contributions[J]. Journal of Financial Economics,2008,88(3),554-580.
[18] 余明桂,回雅甫,潘红波.政治联系、寻租与地方政府财政补贴有效性[J].经济研究,2010(3):65-77.
[19] 陈艳莹,夏一平.社会网络与市场中介组织行为异化——中国省份面板数据的实证研究[J].中国工业经济,2011(11):148-157.
[20] 吕政,刘勇,王钦.中国生产性服务业发展的战略选择——基于产业互动的研究视角[J].中国工业经济,2006(8):5-12.
[21] 银温泉,才婉茹.我国地方市场分割的成因和治理[J].经济研究,2001(6):3-12.
[22] Hsieh C. T. Productivity Growth and Factor Prices in East Asia[J]. American Economic Review,1999,89(2):133-138.
[23] 郑玉歆.全要素生产率的测度及经济增长方式的阶段性规律[J].经济研究,1999(5):55-60.
[24] 吕冰洋.中国资本积累的动态效率:1978—2005[J].经济学(季刊),2008,7(2):509-532.
[25] 林毅夫,任若恩.东亚经济增长模式相关争论的再探讨[J].经济研究,2007(8):4-12.
[26] 宋光辉.不同文化程度人口对我国经济增长的贡献[J].财经科学,2003(1).
[27] Perkins, D. H. Reforming China's Economic System[J]. Journal of Economic Literature,1998,26,(2):601-645.
[28] 胡永泰.中国全要素生产率:来自农业部门劳动力再配置的首要作用[J].经济研究,1998(3):31-39.
[29] 张杰,周晓艳.要素市场扭曲抑制了中国企业R&D?[J].经济研究,2011(8):78-91.

[30] 樊纲,王小鲁,朱恒鹏.中国市场化指数:各地区市场化相对进程2011年报告 [M].经济科学出版社,2011.

[31] Sobel M. E. Asymptotic Confidence Intervals for Indirect Effects Instructural Equation Models [J]. American Sociological Association, 1982: 290-312.

[32] MacKinnon D. P., Lockwood C M. ComParison of Methods to Test Mediation and Other Intervening Variable Effeets [J]. Psychological Methods, 2002 (7): 83-104.

[33] Freedman L. S., Schatzkin A.. SamPle Size for Studying Intermediate EndPoints within Intervention Trials of Observational Studies [J]. American Journal of Epidemiology, 1992 (136): 1148-1159.

深化国有企业改革的实质与思路

白永秀　王颂吉[*]

一、国有企业改革的历程回顾

国有企业是国民经济的微观基础之一,在市场经济条件下,国有企业的经营状况不仅对国民经济运行具有重要影响,而且关系到中国市场经济微观体制的构建。改革开放以来,国有企业改革作为我国市场经济体制改革的核心环节,大致经历了"放权让利"、"两权分离"、"建立现代企业制度"和"完善法人治理结构"四个阶段的改革(白永秀、任保平,2011),具体如图1所示。

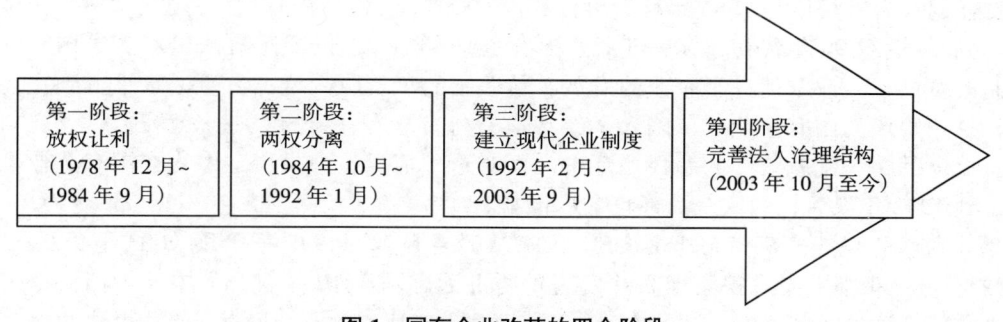

图1　国有企业改革的四个阶段

1. 第一阶段:以放权让利为主的外围改革阶段(1978年12月~1984年9月)

1978年12月,中共十一届三中全会的召开启动了第一次思想解放的高潮。随之而来的理论上的拨乱反正和突破,使得社会主义多样化理论与全民所有制实现形式多样化的思路逐渐形成;学术界提出了"全民所有制不等于国有制"、"国有经济不等于国有企业"等命题;市场机制、价值规律的调节作用在理论上得到了肯定。这些都为国有企业改革提供了理论依据。从实际情况看,当时国家对国有企业管得过多、统得过死,使国有企业活力严重不足;而且国有企业技术设备落后,产品不符合市场需求,同国外企业的差距不断拉大。这些状况成为国有企业改革的内在动因。

由于理论和实践两方面的推动,1979年4月,中央工作会议做出了扩大企业自主权的决定,并提出将企业经营好坏同职工福利待遇挂钩。同年5月,国务院发布了《关于扩大国营工业企业经营管理自主权的若干规定》等五个管理体制改革文件,标志着以放权让利为重点的国有企业改革

---

[*] 白永秀(1955—),男,陕西清涧人,西北大学经济管理学院教授、博士生导师;王颂吉(1986—),男,山东寿光人,西北大学经济管理学院博士研究生。

在全国范围内拉开帷幕。到1980年，扩大企业自主权的试点企业达到6000多个。根据中央政策，政府向企业让渡了一定的生产自主权、原料选购权、劳动用工权和产品销售权等十四项经营权。这一阶段的改革虽然取得了一定成绩，但在改革目标上，只是对旧的计划经济体制的调整，并没有提出否定计划经济体制的目标；在改革内容上，只是在计划经济体制的框框内调整政府与企业的权利关系，政府给企业下放一部分权利，让渡一部分利益（企业留利），但企业并没有摆脱作为政府部门附属物的地位；在改革方法上，缺乏配套性和整体性。总的来看，这一阶段的国有企业改革处于起步阶段，是以放权让利为主的外围改革。

2. 第二阶段：以两权分离为主的改革阶段（1984年10月~1992年1月）

1984年10月，中共十二届三中全会通过了《中共中央关于经济体制改革的决定》。决定在宏观上确立了社会主义经济是"在公有制基础上的有计划的商品经济"，经济体制改革的目标是建立有计划的商品经济新体制；在微观上提出了生产资料所有权与经营权相分离（即两权分离）的改革思路，明确了"增强企业的活力，特别是增强全民所有制的大中型企业的活力，是以城市为重点的整个经济体制改革的中心环节"。围绕这一中心环节，主要解决好两个方面的关系问题：一是处理好国家与全民所有制企业的关系，扩大企业自主权；二是处理好企业与职工的关系，保证职工在企业中的主人翁地位。这就为第二阶段的国有企业改革提供了理论基础，指明了方向。

在中共十二届三中全会精神的指导下，中央从1985年开始加快了国有企业改革的步伐。这一阶段国有企业改革的主要内容有两项：一是实行两权分离，搞活国有企业；二是把计划调节与市场调节结合起来，让国有企业更多地利用市场机制。前者主要是通过承包制、租赁制和股份制等经营责任制形式，实现国有企业所有权与经营权的分离，在1987年和1991年先后推行了两轮企业承包责任制；后者具体是1985年秋天出台的生产资料价格双轨制以及"调"、"放"相结合的价格改革。到20世纪90年代初，90%以上的国有企业实行了承包责任制，3000多家国有企业进行了股份制改革试点。改革促进了企业的发展，使职工的工资收入增加，生活水平得到提高。但与此同时，这一阶段的国有企业改革陷入了经济学家高尚全所总结的"一统就死，一死就叫，一叫就放，一放就乱，一乱就统"的恶性循环中。面对这种情况，中央决定停止在国有企业推行承包责任制。到1993年以后，国家全面终止了承包制。

3. 第三阶段：以建立现代企业制度为主的配套改革阶段（1992年2月~2003年9月）

1992年初，邓小平同志视察南方并发表重要讲话。同年10月召开的中共十四大提出了建立社会主义市场经济的改革目标。1993年11月，中共十四届三中全会通过了《中共中央关于建立社会主义市场经济体制若干问题的决定》，提出"进一步转换国有企业经营机制，建立适应市场经济要求，产权清晰、权责明确、政企分开、管理科学的现代企业制度"，从而明确了国有企业的改革方向，为这一阶段的国有企业改革提供了指导思想。

这一阶段的国有企业改革是以建立现代企业制度为主的配套改革，改革的主要内容概括如下：1992年，开展以破"三铁"（铁交椅、铁饭碗、铁工资）为中心的转换经营机制的改革；1993年，开始建立现代企业制度改革试点；1995年，开始以建立现代企业制度为中心的"三改一加强"（把企业改革、改组、改造和加强企业管理有机结合起来）、"分类指导，分批搞活"、"优化资本结构"、"减员增效"等改革活动；1996~1997年，出台"抓大放小"、"资产重组"、"下岗分流"和"再就业工程"等改革措施。1995年9月，中共十四届五中全会提出要使大多数国有大中型骨干企业在20世纪末初步建立现代企业制度。1997年9月，中共十五大对股份制提出明确认可，国有企业股份制改革加速推进。这一阶段的国有企业改革取得明显成效。2000年，国有企业"三年脱困"目标基本实现，大多数国有大中型企业初步建立起现代企业制度。但由于国有企业改革的复杂性，导致国有企业改革的难度很大，改革任务远未完成。

4. 第四阶段：以完善法人治理结构为主的深化改革阶段（2003年10月至今）

2003年10月，中共十六届三中全会通过《中共中央关于完善社会主义市场经济体制若干问题的决定》，标志着我国进入完善社会主义市场经济体制的新时期，这一阶段的国有企业改革主要包括以下三方面内容（如图2所示）：

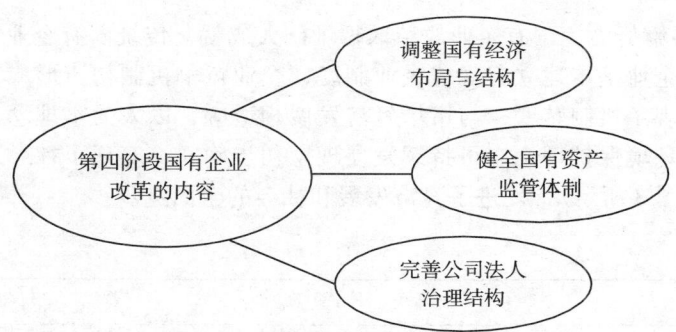

图2 第四阶段国有企业改革的主要内容

第一，调整国有经济布局与结构。2006年12月5日，国务院公布《关于推进国有资本调整和国有企业重组的指导意见》，推进国有资本向重要行业和关键领域集中，增强国有经济控制力，发挥国有经济的主导作用。这些重要行业和关键领域主要包括：涉及国家安全的行业，重大基础设施和重要矿产资源，提供重要公共产品和服务的行业，支柱产业和高新技术产业中的重要骨干企业。此后，国有资本加快向关系国民经济命脉的重要行业和关键领域集中，国有大型企业突出主营业务；对于不属于重要行业和关键领域的国有资本，按照有进有退、合理流动的原则，实行国有资本的依法有序退出。经过调整，国有经济的活力、控制力和影响力不断增强，在国民经济中发挥了更为有力的主导作用。

第二，建立健全国有资产管理和监督体制。2003年3月，十届全国人大一次会议通过了国务院政府机构改革方案，决定设立国务院国有资产管理委员会（简称"国资委"）。4月6日，中央国资委正式挂牌成立。此后，省、市（地）国有资产监管机构相继组建。5月27日，《企业国有资产监督管理暂行条例》由国务院公布施行，明确了国资委"管人、管事、管资产"的监管模式。到2004年6月，全国31个省（自治区、直辖市）和新疆生产建设兵团国资委全部组建完成。国资委的成立，解决了国有资产出资人缺位的问题，初步形成了国有资产监督管理体制。此后，国资委加强对国有资产的监督和管理，国有资产保值增值责任得到层层落实，推动了国有企业改革的不断深化和企业市场竞争力的提高。

第三，深化国有企业股份制改革，健全现代企业制度，完善公司法人治理结构。这一阶段，国家大力发展国有资本、集体资本和非公有资本等参股的混合所有制经济，实行投资主体的多元化，使股份制成为公有制的主要实现形式。与此同时，加快建立归属清晰、权责明确、保护严格、流转顺畅的现代产权制度，健全产权交易规则和监管制度，推动了产权依法有序流动，提高了国有资本的控制力、影响力和带动力。2004年，国资委选择宝钢等7家国有独资的中央企业进行建立和完善董事会试点工作，完善公司法人治理结构。按照现代企业制度的要求，国资委要求国有企业规范公司股东会、董事会、监事会和经营管理者的权责，完善企业高层管理人员的聘任制度，明确集体决策原则，推动国有企业改制上市，提高上市公司质量，鼓励引入战略投资者。这些措施进一步完善了公司法人治理结构，健全了现代企业制度，提高了国有企业的竞争力。

二、深化国有企业改革的实质

经过 30 多年的不懈努力，国有企业改革取得了巨大成就，传统国有企业"一统天下"的局面被打破，大中型国有企业基本建立起现代企业制度，企业竞争机制初步形成，企业运行机制和决策机制逐步健全，实现了机制转变；与市场经济发展相适应，以人为本理念、个人利益理念、优胜劣汰的竞争理念、环境保护理念、可持续发展理念初步确立，实现了社会理念转变；国有企业盈利面逐步扩大（如图 3 所示），促进了经济发展和社会的全面进步。

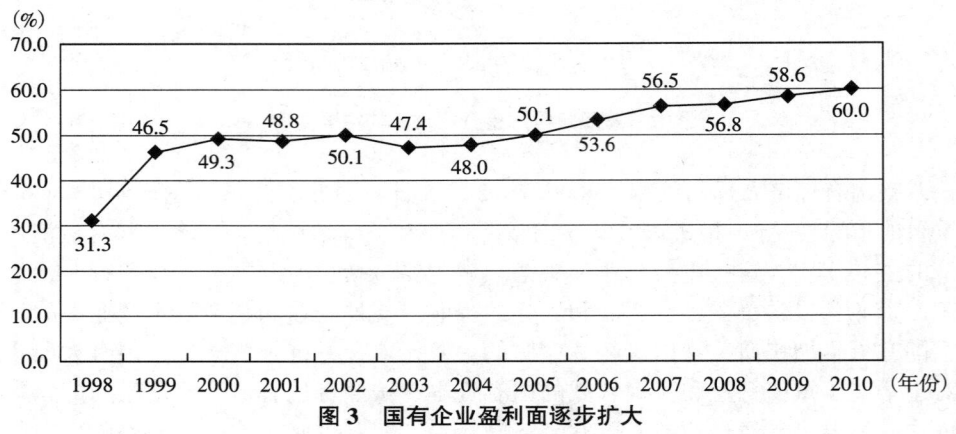

图 3　国有企业盈利面逐步扩大

但与此同时，国有企业与市场经济体制仍存在诸多不协调之处。尽管部分国有企业已从竞争性行业退出，但国有企业存在的行业和领域仍然过于宽泛，垄断国有企业在行业准入、要素使用等方面对非公有制企业形成了不公平竞争，阻碍了社会主义市场经济微观基础的构建。2012 年，国有企业的数量是民营企业的 1.7 倍，营业收入是民营企业的 4.8 倍，资产总额是民营企业的 9.4 倍。在 2011 年的中国 500 强企业中，国有企业占总数的 63.2%，营业收入占 82.8%，资产总额占 90.4%，利润最高的前 10 家企业全部为国有金融企业和其他垄断性国有企业，这就压制了非公有制经济的发展。

目前，我国已进入完善社会主义市场经济体制的"后改革时代"，改革的主题由"发展"转变为"和谐"，改革的性质由对生产关系的调整转变为对生产力结构的调整，改革的任务由建立市场经济体制时期的"分离化"转变为完善市场经济体制时期的"一体化"，改革的路径由完全"市场化"转变为"市场与计划一体化"，改革的动力由自内而外的主动改革转变为外部压力下的被动改革（白永秀、王颂吉，2013）。在"后改革时代"，深化国有企业改革是完善社会主义市场经济体制的重要任务。鉴于此，必须明确国有企业的特殊职能与存在领域，使国有企业从竞争行业逐步退出，并规范垄断行业的国有企业行为。

1. 国有企业的职能与存在领域

深化国有企业改革的前提是准确界定国有企业的职能与存在领域，也就是明确政府为什么要办国有企业，政府要国有企业承担什么职能。我们认为，国有企业是政府机构和政府职能在经济领域的延伸，它是一种"半企业、半政府"性质的组织，是通过企业的组织形式行使政府职能。政府办国有企业的目的是让国有企业承担"特殊职能"，也就是让国有企业承担非国有企业不愿生产经营、无法生产经营或不应让非国有企业生产经营的产品与服务，从而避免或弥补"市场失灵",引导国民经济健康发展。

具体而言,国有企业应承担以下"特殊职能":一是控制国民经济命脉,维护国家经济安全;二是控制涉及国家机密、军事领域尖端技术的企业,保证国家国防安全;三是在经济不景气的情况下,提供更多的就业岗位,以保证社会稳定。国有企业的职能定位决定了其存在领域:一是关系国家安全的行业,包括军事工业、造币工业、航天尖端工业等;二是大型基础设施建设,包括城市重大基础设施建设、运输骨干设施、大江大河治理;三是大型与特大型不可再生资源,如稀有矿产的开发项目;四是对国家长期发展具有战略意义的高新技术产业,如大规模集成电路的研制,重大技术装备国产化(白永秀、严汉平,2004)。如图4所示。

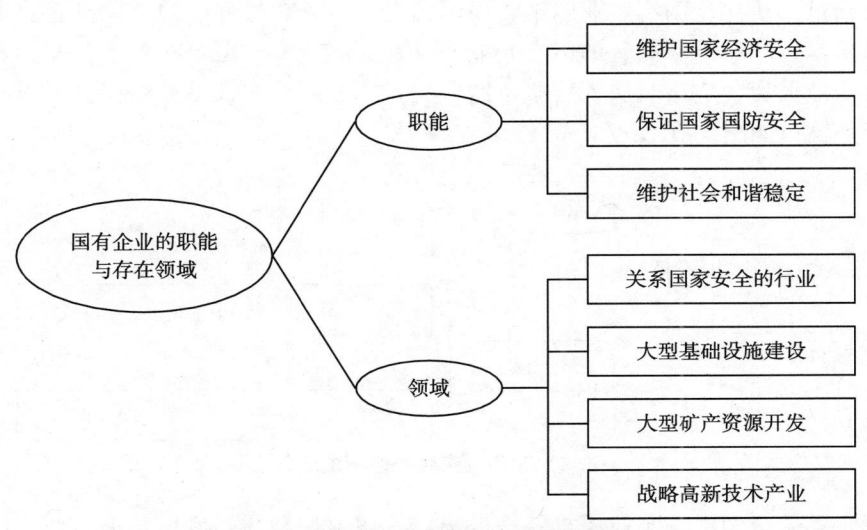

图4　国有企业的职能与存在领域

2. 深化国有企业改革的实质

国有企业的存在依据是发挥特殊职能,避免或弥补"市场失灵",引导国民经济健康发展,这就决定了国有企业只能存在于非竞争性领域。从这一点出发,深化国有企业改革的实质主要表现在两个方面:一是对于不承担"特殊职能"的国有企业,改革的实质是产权制度改革,让这些不承担"特殊职能"的国有企业全部退出;二是对于承担"特殊职能"的国有企业,改革的实质是进行管理制度改革,通过制度创新、管理创新、技术创新、文化创新,整合企业资源、发挥企业潜能、改造企业传统技术、培育先进的企业文化、提升企业核心竞争力,使国有企业更好地承担政府所赋予的"特殊职能"。

国有企业的定位决定了不承担"特殊职能"的国有企业应该全部退出。但由于已经形成的国有企业分布于各个领域、存在于各个层次的格局,不承担"特殊职能"的国有企业要在短时间内大面积、全方位退出既不具有可行性,也不符合我国国情。我们认为,不承担"特殊职能"的国有企业退出,既要符合国情和各地区的实际情况,又要适应于已有的改革路径,在退出中按照层次、领域、形式的不同分步骤进行(白永秀、严汉平,2004):从退出的路径来看,对于不承担"特殊职能"的国有企业应由体制内的主动退出转变为体制外的被动退出;从退出的层次来看,对于不承担"特殊职能"的国有企业应根据其隶属的级别按照"县(区)—省(自治区、直辖市)—国家(部委)"的顺序逐渐退出;从退出的产业领域来看,对于不承担"特殊职能"的国有企业应按照"服务业—轻工业—重工业"的顺序逐渐退出;从退出的形式来看,对于不承担"特殊职能"的国有企业应按照"国家控股—国家参股—出让国有股"的顺序逐渐退出。

三、深化国有企业改革的具体思路

中共十八大报告指出："深化国有企业改革，完善各类国有资产管理体制，推动国有资本更多投向关系国家安全和国民经济命脉的重要行业和关键领域，不断增强国有经济活力、控制力、影响力。"[①] 按照中共十八大会议精神，今后一段时间内，国有企业改革仍然是我国经济体制改革的重要环节，必须进一步深化国有企业改革，厘清国有经济存在边界，规范国有企业市场行为。对于竞争性领域不承担"特殊职能"的国有企业而言，应逐步完全退出；对于垄断行业承担"特殊职能"的国有企业而言，应适当引入竞争机制，完善国有企业法人治理结构，形成有进有退、公平竞争的市场环境（如图5所示）。

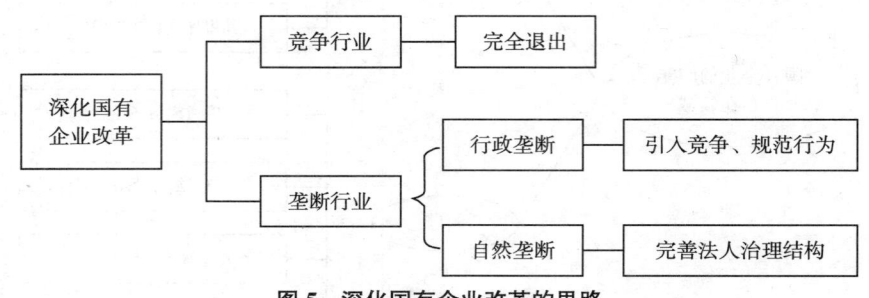

图5 深化国有企业改革的思路

第一，竞争性领域的国有企业逐步完全退出。按照市场经济的发展要求，竞争行业的国有企业无论大小都不关系国计民生，都不承担"特殊职能"，国有企业应从竞争性行业完全退出，将其改造为非国有企业，使其更好地发挥营利职能。在一般竞争性领域，国家原则上不再兴办国有企业；对扭亏无望和缺乏市场前景的国有企业，要实行破产、兼并和其他形式的产权转让；对竞争性国有小企业，应通过兼并、拍卖、收购等形式，让其有秩序地逐步退出；对低水平重复建设的国有企业，要逐步实行关、停、并、转。竞争性行业国有企业的退出路径，一是公开向国内外投资者进行招标拍卖，这种方法主要适用于中小国有企业；二是将企业改造为股份制企业，并逐步吸引外资、民间资本入股，国有股通过协议或市场方式逐步转让，直至不再控股以致完全退出；三是将一部分国有企业改造为股份合作制企业，将国有资产量化并明确到职工个人（白永秀，2004）。

第二，深化垄断行业的国有企业改革。深化垄断行业的国有企业改革，是完善社会主义市场经济体制、夯实市场经济微观基础的重要内容。垄断行业是我国国有企业最集中的领域，从经济学角度而言，垄断可以分为三种情况：一是自然垄断，在这类行业中，企业的生产经营只有达到足够大的规模才能产生经济效益，并且需要相当大的固定资产投资，以至于市场上只有一个企业时才符合经济效率，例如自来水公司、铁路公司等；二是行政垄断，政府通过行政权力限制其他企业进入某一行业，消费者必须按照政府规定的价格购买相关产品和服务；三是经济垄断，企业凭借资本或技术优势，通过单独或合谋的形式，在生产经营中阻碍其他企业进入该行业。目前，我国大多数行业的市场集中度较低，经济垄断的情况相对较少，规制自然垄断和行政垄断则是深

---

① 胡锦涛.坚定不移沿着中国特色社会主义道路前进　为全面建成小康社会而奋斗——在中国共产党第十八次全国代表大会上的报告[M].北京：人民出版社，2012.

化国有企业改革的重点（张卓元、路遥，2003；高尚全、尹竹，2003）。在我国，自然垄断与行政垄断交织在一起，阻挠非公有制经济的进入，导致了经营效率低下和资源浪费。在垄断行业国有企业改革过程中，一是加快转变政府职能，真正实现政企分开、政资分开，在垄断性行业引入竞争机制，形成公平竞争、有效竞争的市场环境；二是对于那些不属于自然垄断和不关系国计民生的行业，国有企业要逐步退出；三是对于真正属于自然垄断的行业，国有企业应逐步建立现代企业制度，完善法人治理结构。①

第三，大力推进相关配套体制改革。在深化国有企业改革的过程中，应从国有资本经营预算制度、法律制度、企业产权制度等方面进行改革创新，促进国有企业改革推向深入。一是加快建立国有资本经营预算制度，完善各类国有资产管理体制。建立国有资本经营预算制度，有利于国有经济布局与结构调整，有利于国有资产的保值增值，因此应尽快建立起适应我国市场经济发展要求的国有资本经营预算制度。二是健全相关法律法规。在国有企业改革过程中，"无法可依、有法不依"的现象较为严重，由此导致了国有资产流失。为此，必须加快完善与国有企业改革发展相关的法律法规，同时加强宣传教育工作，使相关人员在国有企业改革过程中自觉遵守法律法规。三是加快产权制度改革，大力发展非公有制经济。非公有制经济具有机制灵活的优势，在非公有制经济发展壮大的过程中，非公有制企业可以通过购买、租赁、承包、入股等方式参与国有企业改革，实现国有资产的保值增值。非公有制经济在竞争性领域逐步取代国有经济，有助于社会主义市场经济微观基础的完善。

参考文献

[1] 白永秀，任保平. 中国市场经济理论与实践 [M]. 北京：高等教育出版社，2011.
[2] 白永秀，王颂吉. 关于"后改革时代"的系统思考 [J]. 当代财经，2013（4）：5-13.
[3] 白永秀，严汉平. 试论国有企业定位与国企改革实质 [J]. 经济学家，2004（3）：37-42.
[4] 白永秀. 论当前西部地区国有企业改革 [J]. 云南社会科学，2004（5）：54-57.
[5] 张卓元，路遥. 积极推进国有企业改革 [J]. 财经论丛，2003（1）：1-7.
[6] 高尚全，尹竹. 加快推进垄断行业改革 [J]. 管理世界，2003（10）：71-77.

---

① 尽管垄断行业的国有企业已经基本建立了以公司制为基础的现代企业制度，但现实中的公司治理结构只是一种形式，其内部并没有形成真正体现现代企业制度内涵的运作机制。鉴于此，应继续在垄断行业深化公司治理改革，加强和完善公司法人治理结构，提高垄断行业国有企业的公司治理水平和运作效率。

"做大蛋糕"、"分好蛋糕"及其协调

——实现居民人均收入翻番的动因、条件和路径研究*

潘文轩**

一、引 言

中共十八大报告提出了"两个翻番"目标,即到2020年,实现国内生产总值和城乡居民人均收入比2010年翻一番。国内生产总值翻番目标曾在往届中共全国代表大会上多次提出,[①]但将居民人均收入翻番目标写入党代会报告,在历史上尚属首次。居民人均收入翻番计划,体现了中央践行科学发展观、以人为本、让人民群众更好地分享发展成果的治国理念(马建堂,2012);[②]它无疑是国家对民众追求幸福感的有力回应,也是促进经济发展方式转变、建立扩大消费需求长效机制的必然要求(改革杂志社专题研究部,2012)。另外,由于收入水平直接关乎个人的福祉与发展,因此人均收入翻番也是广大人民群众实现"中国梦"的重要途径。

在确定了居民人均收入翻番目标后,最重要的任务就是寻求一条能够成功实现该目标的合理路径。而要寻找到这样一条路径,深入理解居民人均收入增长的主要动因、科学把握居民人均收入翻番的实现条件是前提。为此,本文先从理论上说明决定居民人均收入的关键因素,然后回顾近20年来我国居民人均收入增长情况并揭示其成因,接着分析2020年居民人均收入比2010年翻一番的可能性与条件,最后探讨实现居民人均收入翻番目标的合理路径和具体措施。

二、"做蛋糕"与"分蛋糕":决定居民人均收入的关键因素

从宏观上来看,个人收入总量主要受到国民经济总体水平与国家分配政策两大因素的影响(陈年红、宋昭猛,2000);而对于人均收入,除了这两个因素外,还要考虑人口规模的影响。下

---

* 本文为国家社会科学基金青年项目"完善结构性减税政策与促进税收负担合理化问题研究"(编号12CJY098)的阶段性成果。

** 潘文轩,男,1982年7月生,上海市人,经济学博士,中国社会科学院财经战略研究院博士后,中共上海市委党校经济学部讲师,主要研究方向为公共经济学、收入分配。

① 1987年,中共十三大报告提出"到20世纪80年代末,实现国民生产总值比1980年翻一番,解决人民的温饱问题;到20世纪末,国民生产总值再翻一番,人民生活达到小康水平";1997年,中共十五大报告提出"到21世纪的第一个十年,实现国民生产总值比2000年翻一番,使人民的小康生活更加宽裕";2002年,中共十六大报告提出"国内生产总值到2020年比2000年翻两番,基本实现现代化"。

② 马建堂. 统计局局长:实现收入倍增目标有条件有基础 [N]. 第一财经日报,2012-11-15.

面，我们通过简单的数理推导来说明以上三个因素对居民人均收入水平及其增长率的具体影响形式。假设有某个年度t，该年度的居民人均收入为y_{ht}，居民可支配总收入为Y_{ht}，国民总收入为Y_t，居民部门收入占国民总收入的比重（下文简称"居民收入比重"）为S_{ht}，总人口为N_t。那么，居民人均收入$y_{ht}=\frac{Y_{ht}}{N_t}=\frac{Y_t\times S_{ht}}{N_t}$（t=1，2，3，…）；居民人均收入增长率$\frac{1}{y_{ht}}\cdot\frac{dy_{ht}}{dt}=\frac{1}{Y_t}\cdot\frac{dY_t}{dt}+\frac{1}{S_{ht}}\cdot\frac{dS_{ht}}{dt}-\frac{1}{N_t}\cdot\frac{dN_t}{dt}$，即$\frac{\dot{y}_{ht}}{y_{ht}}=\frac{\dot{Y}_t}{Y_t}+\frac{\dot{S}_{ht}}{S_{ht}}-\frac{\dot{N}_t}{N_t}$。由此可见，居民人均收入水平与国民总收入和居民收入比重成正比，而与总人口成反比；居民人均收入增长率为国民总收入增长率与居民收入比重变化率之和减去总人口增长率。人们经常将国民总收入增长过程比喻为"做蛋糕"，而将国民收入分配过程看成"分蛋糕"，那么，如不考虑人口增长因素或假设人口增长既定，居民人均收入变化实际上就是"做蛋糕"和"分蛋糕"共同作用的结果。

要促进居民人均收入增长，既要"做大蛋糕"，同时也要"分好蛋糕"，这已经成为学术界的一个普遍共识。居民收入翻番既需要以经济增量为空间，通过经济总量的倍增来实现，也需要通过重分蛋糕、调整经济存量分配比例来完成（董保华，2013）。要提高居民收入，最根本的环节是把生产搞上去，最重大的举措是抓好国民收入分配大格局的改革和调整（刘树成，2013）。不过，在对"做大蛋糕"与"分好蛋糕"重要性程度和优先顺序的认识上，存在一些差异：大部分学者坚持"做大蛋糕"的优先地位。如白景明（2013）认为，经济增长是居民人均收入增长的前置条件，虽然今后有必要通过进一步深化分配制度改革来实现居民人均收入倍增，但这是第二位的问题，而且收入分配制度也没有根本性缺陷。另有部分学者特别强调"分好蛋糕"的重要性。例如，在刘国光（2012）看来，以往改革中的大部分时间把以经济建设为中心的重点放在"做大蛋糕"上，没有来得及放到"分好蛋糕"上，在未来一个时期内，要克服这个缺陷，把"分好蛋糕"摆在更加重要的地位；① 刘尚希（2012）持有类似观点，他认为重构国家、企业和居民三者关系是实现居民收入倍增的关键和主脉。

居民收入由经济增长②与国民收入分配共同决定是一个普遍规律，但经济增长和国民收入分配影响居民收入的具体方式和最终结果却具有时空差异性。在以往我国居民人均收入增长过程中，"做蛋糕"与"分蛋糕"各自发挥了怎样的作用？对居民人均收入增长产生了什么样的影响？只有从定量方面解答好这个问题，才能深入理解我国居民人均收入增长的动因。下面就对此问题进行分析。

三、我国居民人均收入增长的动因：1992~2009年

1. 我国居民人均收入增长的总体情况与特点

按可比价格计算，2009年我国居民人均收入水平是1992年的4.12倍。也就是说，以1992年为起点，我国仅用了17年时间就实现了居民人均收入翻两番。在这17年间，居民人均收入的年均增长率达到8.68%，增长速度还是比较快的。其主要原因在于该期间内，经济保持了年均10.3%的高速增长，使2009年的国民总收入达到了1992年的5.29倍，这是拉动居民人均收入增

---

① 刘国光.把分好"蛋糕"摆在更加重要的地位[J].董事会，2012（10）.
② 经济增长一般指GDP增长，但根据居民人均收入公式，直接决定居民人均收入的是国民总收入而非GDP，所以本文中的经济增长指国民总收入增长。当然，国民总收入增长与GDP增长的差距通常很小。

长的根源。不过，该时期的国民收入分配结构变化却并不有利于居民人均收入增长。尤其是进入 21 世纪后，居民收入比重出现了连续 8 年下降的现象，居民部门在国民收入分配中的弱势地位越来越突出。与 1992 年相比，2009 年的居民收入比重降低了 7.81 个百分点（见表 1），这是居民收入增长落后于经济增长的主要原因。

表 1 我国居民人均收入及其决定因素的变化

年份	居民人均收入（元）	国民总收入（亿元）	居民收入比重（%）	总人口（万人）
1992	3773.33	64693.48	68.34	117171
1993	4009.16	73535.59	64.62	118517
1994	4647.15	83174.27	66.96	119850
1995	5047.69	90937.61	67.23	121121
1996	5603.30	100206.29	68.44	122389
1997	6095.77	109853.46	68.60	123626
1998	6464.49	117886.31	68.41	124761
1999	6798.32	127251.94	67.20	125786
2000	7360.79	138137.65	67.54	126743
2001	7727.18	149265.00	66.07	127627
2002	8201.34	163513.97	64.43	128453
2003	8942.20	180643.57	63.97	129227
2004	9373.78	199576.03	61.05	129988
2005	10290.71	221150.07	60.84	130756
2006	11481.46	250499.86	60.25	131448
2007	12799.70	287179.08	58.89	132129
2008	13872.25	316110.37	58.28	132802
2009	15534.09	342482.49	60.53	133450

注：按照 2009 年价格计算。
资料来源：根据《中国统计年鉴 2012》，《中国资金流量表历史资料：1992—2004》相关数据计算。

2. 我国居民人均收入增长成因的因素分解

接下来，我们运用统计学中的因素分析法，分解出国民总收入增长、居民收入比重变化、总人口增长三大因素对历年居民人均收入增长的具体影响额，从而更加清晰地揭示 1992~2009 年居民人均收入增长的动因，测算公式为：

$$y_{ht} - y_{ht-1} = \frac{Y_t \times S_{ht}}{N_t} - \frac{Y_{t-1} \times S_{ht-1}}{N_{t-1}} = (\frac{Y_t \times S_{ht}}{N_t} - \frac{Y_{t-1} \times S_{ht}}{N_t}) +$$

$$(\frac{Y_{t-1} \times S_{ht}}{N_t} - \frac{Y_{t-1} \times S_{ht-1}}{N_t}) + (\frac{Y_{t-1} \times S_{ht-1}}{N_t} - \frac{Y_{t-1} \times S_{ht-1}}{N_{t-1}})$$

测算结果（见表 2）表明：17 年间，我国居民人均收入累计增加了 11760.76 元。其中，由国民总收入增长所带动的增长额为 13503.66 元，由居民收入比重下降造成的减少额为 836.09 元，由总人口增长引起的减少额为 906.82 元。居民收入比重下降减少了约 7.1% 的人均收入。由此可以得出这样一个结论：1992~2009 年我国居民人均收入翻两番，基本上是依靠"做大蛋糕"来实现的；而在"分蛋糕"过程中，居民人均收入水平非但没有提高反而下降了。

表 2 我国居民人均收入增长的因素分析

年份	居民人均收入增长额（元）	各因素引起的变化额（元）		
		国民总收入增长所带动的增长额	居民收入比重下降造成的减少额	总人口增长引起的减少额
1993	235.83	482.07	−203.38	−42.85
1994	637.99	538.54	144.05	−44.59
1995	400.54	430.92	18.38	−48.77
1996	555.60	518.28	89.62	−52.30
1997	492.47	535.32	13.22	−56.07
1998	368.72	440.49	−16.32	−55.46
1999	333.83	500.35	−113.84	−52.68
2000	562.47	580.06	33.75	−51.33
2001	366.39	576.04	−158.67	−50.98
2002	474.16	714.68	−190.84	−49.69
2003	740.86	847.95	−57.96	−49.12
2004	431.58	889.23	−405.30	−52.35
2005	916.92	1003.90	−31.92	−55.06
2006	1190.76	1345.22	−100.29	−54.17
2007	1318.24	1634.81	−257.40	−59.18
2008	1072.55	1269.63	−132.21	−64.86
2009	1661.84	1196.17	533.03	−67.36
合计	11760.76	13503.66	−836.09	−906.82

资料来源：根据表 1 中的数据计算。

四、2020 年居民人均收入比 2010 年翻一番的可能性与条件

如果按照过去 20 年的增长轨迹继续走下去，要在 21 世纪第二个 10 年再次实现居民人均收入翻番目标，似乎是很自然的事情。但现实情况并没有这么乐观。一个经济体在达到一定的增长速度之后通常会开始减速，目前中国经济正面临这样的拐点，经济增长的潜在减速在所难免（王庆，2011）。随着资源环境约束日益增强、人口红利逐渐减少，近年来中国经济增速放缓的趋势已经开始显现。作为收入倍增核心基础的经济增长进入"趋缓期"，给实现收入倍增带来了压力和挑战（欧阳煌，2013）。面临这种形势，我们对实现 2020 年居民人均收入翻番目标不能盲目乐观。对实现该目标的可能性进行充分论证是必要的，同时，对实现该目标所要求的基本条件也应当做到胸中有数。

1. 维持原居民收入比重下实现居民人均收入翻番的可能性

2010 年，我国居民人均收入为 18045.34 元。[①] 要在 2020 年实现人均收入比 2010 年翻一番的目标，2020 年的人均收入至少要达到 36091 元。[②] 2011 年和 2012 年，我国的国民总收入实际增长率

[①] 2010 年，我国国民总收入为 399759.5 亿元，人口为 134091 万人。由于资金流量表只编到 2009 年为止，无法计算 2010 年居民收入比重，因此假设 2010 年居民收入比重与 2009 年相同，从而得到 2010 年居民人均收入为 18045.34 元。

[②] 按 2010 年价格计算。

分别为9.6%和7.8%，①这为实现两个翻番开了一个好局。假设到2020年，居民收入比重保持2009年的水平不变，我们可以测算在各种经济增长—人口增长组合下2020年居民人均收入的预期值。

由于我国经济已经开始从高速增长阶段向中速增长阶段转换，因此预计未来8年（从2013年算起）的经济增长速度不太可能高于2012年的7.8%。所以将7.8%作为国民总收入增长率的上限；同时，假设6.5%为其下限。国民总收入增长率模拟测算取值的间距为0.1%。而在未来人口增长趋势方面，有许多学者做过相关预测。②在有代表性的文献中，翟振武的预测值最高，他认为2020年中国人口将达到14.5亿~14.6亿人；③而蔡鑫（2012）的估计值最低，他预测我国2020年的人口约为13.81亿。因此，我们分别将14.6亿和13.8亿作为2020年预期人口数的上下限。人口总量模拟测算取值的间距为0.1亿。

模拟测算结果（见表3）显示：如果2020年居民收入比重维持在2009年的水平，除了个别高经济增长与低人口增长的组合外（阴影部分），在大部分情形下，2020年的预期居民人均收入水平是低于36091元的。另外特别值得注意的是，要实现经济总量翻番，今后8年只要维持年均6.8%以上的增长率即可；但要实现居民人均收入翻番，年均经济增长率必须超过7.2%才有一些可能。这意味着在不改变居民收入比重的情况下，国内生产总值翻番目标是相对容易完成的，但要实现居民人均收入翻番的目标，可能性较小，存在明显困难。如果2020年的居民收入比重低于2009年水平，那么完成目标的希望就更加渺茫了。

表3 2020年我国居民人均收入的模拟测算结果

		2020年预期人口（亿人）								
		13.8	13.9	14.0	14.1	14.2	14.3	14.4	14.5	14.6
2013~2020年国民总收入的年均预期增长率（%）	6.5	34286	34039	33796	33556	33320	33087	32857	32630	32407
	6.6	34544	34295	34051	33809	33571	33336	33105	32876	32651
	6.7	34804	34554	34307	34064	33824	33587	33354	33124	32897
	6.8	35066	34814	34565	34320	34078	33840	33605	33373	33144
	6.9	35329	35075	34825	34578	34334	34094	33857	33624	33394
	7.0	35595	35339	35086	34837	34592	34350	34112	33876	33644
	7.1	35862	35604	35349	35099	34851	34608	34367	34130	33897
	7.2	36130	35871	35614	35362	35113	34867	34625	34386	34151
	7.3	36401	36139	35881	35626	35376	35128	34884	34644	34406
	7.4	36673	36409	36149	35893	35640	35391	35145	34903	34664
	7.5	36947	36681	36419	36161	35907	35655	35408	35164	34923
	7.6	37223	36955	36691	36431	36175	35922	35672	35426	35184
	7.7	37501	37231	36965	36703	36444	36190	35938	35690	35446
	7.8	37780	37508	37241	36976	36716	36459	36206	35956	35710

注：按照2010年价格计算。

2. 实现居民人均收入翻番目标对居民收入比重的要求

按照2010年价格计算，2012年的国民总收入为472311.1亿元。2020年居民人均收入要达到

---

① 2011年国民总收入增长率数据来自于《中国统计年鉴2012》；由于没有2012年国民总收入增长率公开数据，所以假设其等于同年的GDP增长率（7.8%）。

② 例如，原国家人口和计划生育委员会主任李斌（2008）预计，到2020年人口总量将达到14.5亿人；国家人口发展战略研究课题组发布的《国家人口发展战略研究报告》（2007）预测，我国总人口将于2020年达到14.5亿人；樊明（2010）认为，未来我国人口峰值很可能在2020年达到14亿人左右；陈卫（2006）预计，2020年我国人口为14.25亿人；杨静（2012）预计我国2020年人口将达到13.9亿人；李晖、陈锡康（2013）预测2020年的人口规模是13.96亿人；等等。

③ 翟振武. 2033年中国人口预计高达15亿人性别比将失衡[N]. 羊城晚报，2008-02-19.

比 2010 年翻一番的水平（36091 元），2020 年居民收入比重的下限 $S_{h2020} = 36091 \times N_{2020}/[472311.1 \times (1+g)^8] = 0.0764 \times N_{2020}/(1+g)^8$。其中，$N_{2020}$ 表示 2020 年的预期总人口数，g 表示 2013~2020 年国民总收入的年均预期增长率。居民收入比重的下限取决于未来几年的经济增长和人口增长情况，它与经济增长速度成反比，而与人口增长速度成正比（如图 1 所示）。

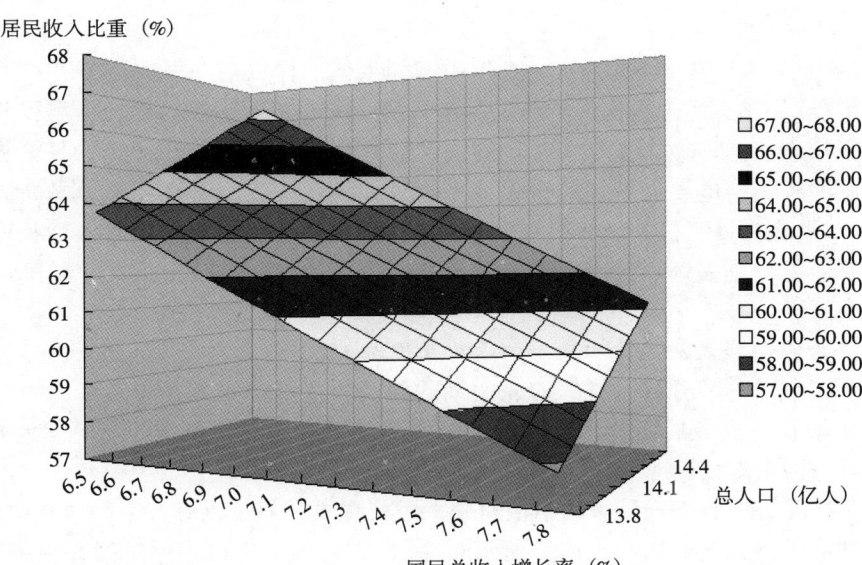

图 1　居民收入比重下限与经济增长和人口规模的关系

与前面的表 3 对应，我们模拟测算了各种经济增长—人口增长组合下，实现 2020 年居民人均收入翻番目标所要求的居民收入比重的下限。结果（见表 4）显示：除了个别高经济增长与低人口增长的组合外（阴影部分），在大部分情形下，必须通过调整国民收入分配结构、提高居民收入比重，才能实现居民人均收入翻番的目标。①

表 4　2020 年我国居民收入比重下限的模拟测算结果

		2020 年预期人口（亿人）								
		13.8	13.9	14.0	14.1	14.2	14.3	14.4	14.5	14.6
2013~2020 年国民总收入的年均预期增长率（%）	6.5	63.72	64.18	64.64	65.10	65.56	66.02	66.49	66.95	67.41
	6.6	63.24	63.70	64.16	64.61	65.07	65.53	65.99	66.45	66.91
	6.7	62.77	63.22	63.68	64.13	64.59	65.04	65.50	65.95	66.41
	6.8	62.30	62.75	63.20	63.65	64.10	64.56	65.01	65.46	65.91
	6.9	61.83	62.28	62.73	63.18	63.63	64.07	64.52	64.97	65.42
	7.0	61.37	61.82	62.26	62.71	63.15	63.60	64.04	64.49	64.93
	7.1	60.92	61.36	61.80	62.24	62.68	63.12	63.56	64.01	64.45
	7.2	60.46	60.90	61.34	61.78	62.22	62.65	63.09	63.53	63.97
	7.3	60.01	60.45	60.88	61.32	61.75	62.19	62.62	63.06	63.49
	7.4	59.57	60.00	60.43	60.86	61.29	61.73	62.16	62.59	63.02
	7.5	59.13	59.55	59.98	60.41	60.84	61.27	61.70	62.13	62.55
	7.6	58.69	59.11	59.54	59.96	60.39	60.81	61.24	61.66	62.09
	7.7	58.25	58.68	59.10	59.52	59.94	60.36	60.79	61.21	61.63
	7.8	57.82	58.24	58.66	59.08	59.50	59.92	60.34	60.76	61.17

① 2009 年居民收入比重为 60.53%，所以，只要测算出的下限高于该数值，就需要提高居民收入比重。

五、实现2020年居民人均收入翻番目标的合理路径及对策措施

前面的分析表明，在21世纪第二个10年中，如果依旧像以前一样偏重于"做大蛋糕"而相对忽视"分好蛋糕"，那么实现居民人均收入翻番目标将面临较大困难。因此，居民收入增长模式必须从原先过于依靠快速"做大蛋糕"拉动转向"做大蛋糕"与"分好蛋糕"双轮驱动。在适度控制人口规模的前提下，既要继续使经济保持平稳较快的增长，同时也要着力提高居民部门的收入比重。其中，"做大蛋糕"是基础，只有以较快的经济增长做支撑，居民收入增长才有强劲的原动力；而"分好蛋糕"是关键，只有协调好居民与企业、政府间的分配关系，居民才能充分享受经济发展的成果。

1. 促进经济增长与提高居民收入比重的矛盾及规避

构建"做大蛋糕"与"分好蛋糕"双轮驱动的居民收入增长模式并非易事，一个很重要的原因在于促进经济增长与提高居民收入比重存在一定的矛盾。在特定情况下，两者可能产生冲突，这主要表现在以下两个方面：

一方面，某些经济增长方式虽有利于快速做大经济规模，但难以有效带动居民收入同步增长，甚至还可能侵蚀居民部门的收入（如图2所示）。首先，我国长期以来所奉行甚至推崇的"低劳动力成本战略"不利于提高居民收入比重。尽管低劳动力成本是改革开放以来我国劳动力总体供过于求的结果，在基本面上符合经济规律；但深究其形成机制，也存在较多的不合理因素，如企业随意克扣拖欠工资、不执行最低工资标准、不履行社会保险缴费义务等。种种体制性因素的扭曲，导致我国劳动力成本被人为压低，偏离了市场均衡水平。尽管偏低的劳动力价格能刺激企业投资和短期经济增长，但会抑制居民收入水平的提高。因此，以牺牲劳动者工资收入为代价取得的价格优势，是难以承担起实现收入倍增计划重任的（刘苍劲、刘荣材，2013）。其次，"过度重化工业化模式"也不利于提高居民收入比重。跨入21世纪后，我国工业化进入了一个新的阶段，出现了工业结构重新向重化工业化方向转变的趋势，重化工业化成为推动经济高速增长的主要动力。尽管重化工业化是进入工业化中后期所不可逾越的阶段，但近年来我国的重化工业化出现了过度倾向（胡鞍钢等，2008；刘承礼，2013）。过度重化工业化迅速提高了资本密集程度、削弱了就业效应，而同期的服务业发展又相对滞后，导致国民收入初次分配过于向资本倾斜，劳动者报酬比重下降。如果今后我们延续"低劳动力成本战略"与"过度重化工业化模式"，或许可以继续保持数年高速增长状态，但必将以牺牲劳动者福利为代价，这种路径是不可取的。另外要指出的是，无论是"低劳动力成本战略"还是"过度重化工业化模式"，即使短期内能通过经济高增长带动居民收入保持一定水平的增长，但从长期看也不具有可持续性。因为此类经济增长模式将以进一步扭曲经济结构、破坏生态环境为代价，这显然违背"在发展平衡性、协调性、可持续性明显增强基础上"实现两个翻番的要求。①

---

① 我们应当注意到，中共十八大报告中，在"实现国内生产总值和城乡居民人均收入比2010年翻一番"之前，还有"在发展平衡性、协调性、可持续性明显增强基础上"这句话，这为实现两个翻番目标做了条件限定。

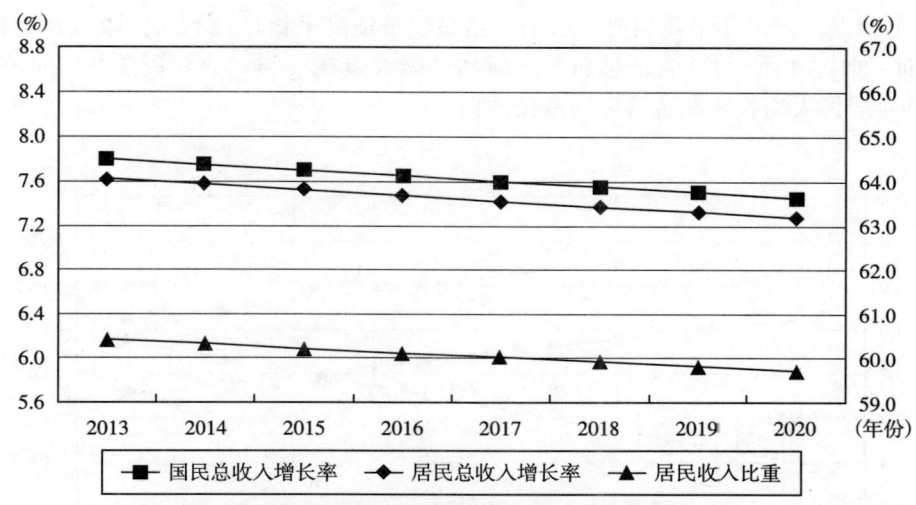

图 2　促进经济增长以降低居民收入比重为代价的情形

另一方面，如果居民收入比重上升速度过快或提升举措不当，也可能有损经济效率，从而给经济增长带来负面影响（如图 3 所示）。首先，经济中存在一个能够最大限度促进经济增长的最优居民收入份额，居民收入份额过高，将会影响企业投资的积极性和政府的宏观调控能力（田卫民，2008）。当前，我国劳动密集型企业、低附加值企业、中小民营企业的利润普遍较薄，如果工资上涨过快或过度提高企业社会保险缴费水平，很可能给这些企业带来难以承受的成本压力。其次，提升居民收入比重的举措不当也会削弱经济增长动力。我们将提高居民收入比重的举措分为"生产型"和"分配型"两种。生产型举措是指能同时增加国民收入和居民收入的举措，而分配型举措是指单纯通过部门间收入转移来增加居民收入的举措，两者的区别在于前者能创造出新的财富而后者仅是财富存量的转移。① 如果过多依靠"分配型"举措来提升居民收入比重，很可能损害经济效率，降低经济增长水平。因此，在将提高居民收入比重作为今后国民收入分配结构调整方向的同时，要注意尽量避免和减少对经济增长的不利影响。

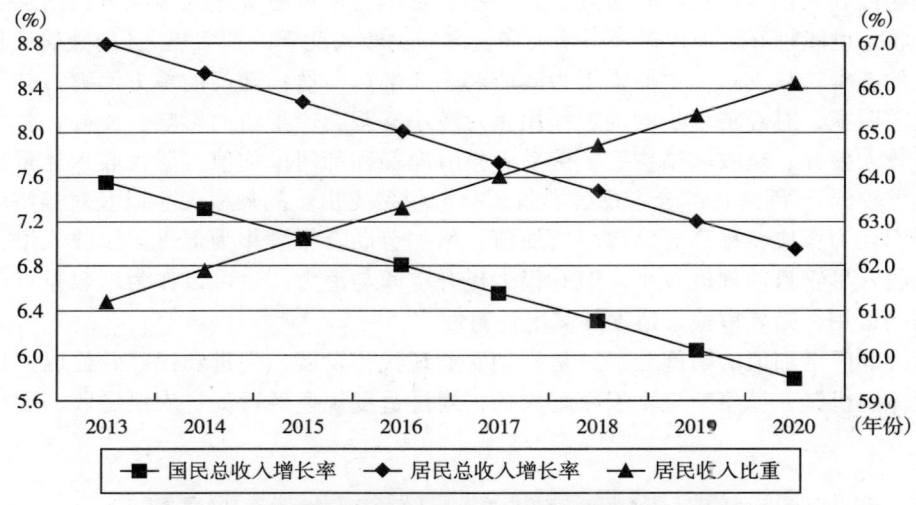

图 3　提高居民收入比重以牺牲经济增长为代价的情形

---

① 比如，增加就业岗位和提高失业救济金都能增加当前失业人员的收入，但两者有本质区别，前者属于生产型举措，而后者属于分配型举措。

综合以上两点，未来几年我们要追求的应当是经济适度平稳增长和居民收入比重稳步提高的"双赢"局面（如图4所示），它能够较好地缓和"做大蛋糕"与"分好蛋糕"间的矛盾与冲突，是实现2020年居民人均收入翻番目标的最佳选择。

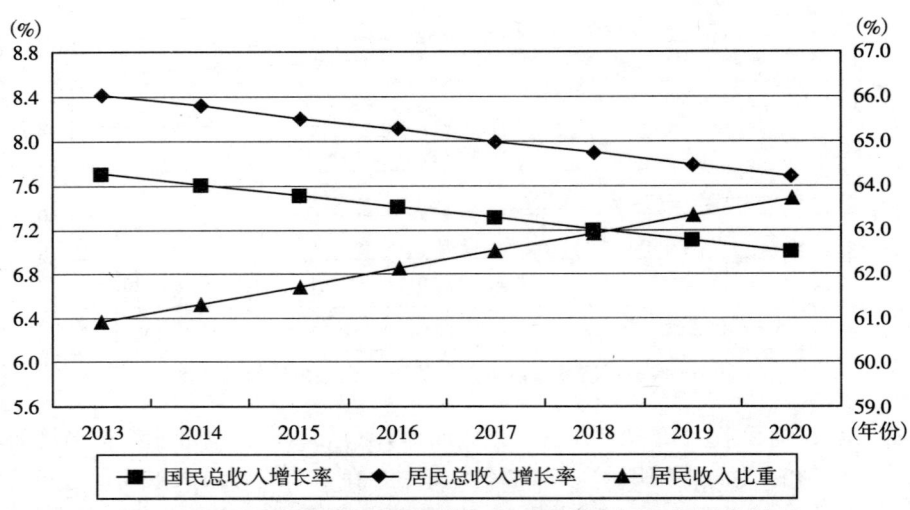

图4　经济适度平稳增长和居民收入比重稳步提高的"双赢"情形

2."双赢"导向下实现居民人均收入翻番的对策措施

实现2020年居民人均收入比2010年翻一番的合理路径是坚持经济适度平稳增长与居民收入比重稳步提高的"双赢"导向，在此基础上，构建居民收入增长的双轮驱动模式。那么，在现实经济实践中，如何才能做到这一点呢？我们不妨从居民可支配收入的构成公式来寻找对策。

居民可支配收入＝居民部门增加值[1]＋劳动者报酬净额－生产税净额＋财产净收入－收入税[2]和社会保险缴款＋社会保险福利、社会补助及其他经常转移。各类收入（或税费支出）对经济增长的影响不同：其中，扩大居民部门增加值能同等数量地增加居民收入和国民收入，是促进经济增长和提高居民收入比重的最佳契合点；在劳动和资本要素价格合理的情况下，增加劳动者报酬和居民财产收入也能较好实现促进经济增长和提高居民收入比重的"双赢"；削减居民税费负担或增加对居民的各类转移支付，主要表现为政府和企业部门向居民部门的单方面财富转移，存量调整的特征比较明显，对经济增长的促进作用相对较小甚至会产生负面影响。此外，各类收入的规模大小也有较大差异：从收入结构看，劳动者报酬净额和部门增加值占居民收入比重很高，而财产净收入比重较低。[3]因此，综合考虑各类收入（或税费支出）的规模大小以及对经济增长影响两大因素，我们认为：应将提高居民部门增加值、增加劳动者报酬作为促进居民收入增长的重中之重；财产性收入尽管目前规模较小，但有很大提升空间与潜力，也可以作为增收重点；至于减税增支[4]政策的运用，则要审慎、适度并突出针对性。

扩大居民部门增加值的措施为：一是推动农业现代化发展，促进农民经营性收入增长。要创新农业经营体制机制，循序渐进发展家庭农场，通过适度规模经营促进农民增收；要加快农业科

---

[1] 居民部门增加值主要包括农民从事农业生产形成的增加值以及城乡个体经营者创造的增加值。
[2] 居民缴纳的收入税就是个人所得税。
[3] 以2009年为例，居民可支配总收入为207302.4亿元，其中，劳动者报酬净额为106771.4亿元，部门增加值为92511.4亿元，财产净收入为7864.0亿元。
[4] 减税包括削减居民的生产税、个人所得税和社会保险缴款负担；增支包括增加社会保险支出、社会补助支出及其他对居民的转移支付。

技创新、提高农业科技水平,依靠农业科技进步实现农业经营收入持续增长。二是优化个体经济发展环境,增加个体经营者收入。要推进和深化行政审批制度改革,简化个体经济的开业登记等各类手续,鼓励创业;要积极发展小额贷款业务,帮助个体经营者解决融资难问题;政府要及时为个体经营者提供相关的市场信息,引导其做出理性经营决策。

增加劳动者报酬的措施为:一是提升劳动者人力资本,提高劳动者报酬比重。应将提高劳动力中的人力资本含量作为提高劳动者报酬的着力点。各级政府要加大对教育的财政投入;企业要加强对员工的在职培训和人力资源开发管理;劳动者自己也要注重终身学习,不断提高专业素质和技能。二是推进农村剩余劳动力转移,建立健全城市农民工工资保障机制。要以新型城镇化为契机,继续有序推进农村富余劳动力向城镇第二、三产业转移,努力扩大农民的非农收入;要规范用人单位对农民工的工资支付行为,落实最低工资标准,实现城乡劳动者同工同酬同保险。三是减轻中小企业税费负担,给企业腾出加薪空间。针对当前中小企业税费负担较重、利润较薄、人为压低工资的现状,建议进一步完善中小企业税收优惠政策,如降低小型微利企业的认定"门槛"、将增值税和营业税的起征点改为免征额等。这有助于减轻企业经营压力,在此基础上实现"化税为薪"。四是实施积极的就业政策,提高就业弹性。要进一步健全公共就业服务体系,为劳动者提供完善的就业服务;要重点扶持就业容量大的服务业、创新型科技企业和小微企业发展,创造更多的就业岗位;要落实鼓励劳动者创业的各项扶持政策,大力促进以创业带动就业。

增加居民财产性收入的措施为:一是加强对居民合法财产的保护,从根本上保障居民取得财产性收入的权益。应贯彻落实好《物权法》、《民法通则》中关于私人合法财产权的规定,为广大群众创造财产性收入保驾护航。二是完善现代金融体系,拓宽财产性收入渠道。要大力发展多层次的资本市场,丰富居民可投资的金融产品种类,提高居民储蓄向投资转化的效率;同时,要加强对资本市场的监管、调控与引导,抑制过度投资行为,促进资本市场稳定健康发展。三是推进土地制度改革,让土地成为农民财产性收入的重要来源。要依法保障农民对农村土地享有的使用权、收益权、流转权,积极探索与实践多种土地流转形式,创造条件让农民从土地的保值增值中获得更多的财产性收入。

减轻居民税费负担的措施为:一是深化个人所得税制度改革。要逐步建立综合与分类相结合的个人所得税制,确定综合所得项目的生计扣除标准时要充分考虑抚养费、赡养费、教育支出、医疗支出、房贷利息等因素。二是适当减轻劳动者的社会保险缴费负担。建议略微下调劳动者的社会保险缴费率,并提高国企分红用于充实社会保险基金的比例。

增加对居民转移支付的措施为:一是按照"低水平、广覆盖"的原则,建立和健全社会保险体系。根据中国目前的经济发展水平和政府财力条件,不可能像发达国家那样实行高福利。基本养老、基本医疗等各项社会保险的支付水平必须与社会生产力水平保持一致;同时,要努力扩大社会保险的范围,逐步使其覆盖全体社会成员。二是积极探索社会补助的新形式。除了继续完善传统的物价补贴、贫困补助并适当提高其水平外,还应根据经济社会发展的新情况与新要求,创新社会补助的类型,如申领经济适用房补贴、购买节能产品补贴、文化消费补贴等。

六、结 语

在当前经济增长减速的形势下,以往推动居民收入增长的模式——快速"做大蛋糕"但不注重"分好蛋糕",是难以继续在 21 世纪第二个 10 年中进行复制的。提高居民收入比重已经成为实现 2020 年居民人均收入翻番目标的必要条件。在协调好经济增长与国民收入分配关系的基础上,构建"做大蛋糕"与"分好蛋糕"双轮驱动的居民收入增长新模式,是实现经济总量和人均收入双翻番目标的关键。

当然,居民人均收入倍增是一项系统工程。处理好"做蛋糕"与"分蛋糕"间的关系只是其中的任务之一;除此之外,优化人口规模和结构、稳定物价水平、缩小居民内部收入差距也是明智之举。

参考文献

[1] 改革杂志社专题研究部. 居民收入倍增的学术论争及其当下情境[J]. 改革,2012(11):5-11.

[2] 陈年红,宋昭猛. 我国居民收入增长趋势预测[J]. 数量经济技术经济研究,2000(4):36-38.

[3] 董保华. 关于居民收入倍增的多重思考[J]. 探索与争鸣,2013(2):53-59.

[4] 刘树成. 实现居民人均收入翻番的难度与对策分析[J]. 宏观经济研究,2013(3):3-8.

[5] 白景明. 居民人均收入倍增与经济增长的关系[J]. 价格理论与实践,2013(5):5-8.

[6] 刘尚希. 居民收入倍增主脉:重构国家、企业、居民关系[J]. 改革,2012(11):12-18.

[7] 王庆. 2020年前的中国经济:增长减速与结构调整[J]. 新金融,2011(1):6-10.

[8] 欧阳煌. 收入倍增:从愿景到路径[J]. 财政研究,2013(2):2-5.

[9] 蔡鑫. 中国中期人口发展状况与影响初探[J]. 思想战线,2012(2):21-25.

[10] 刘苍劲,刘荣材. 论转变经济发展方式视角下实现收入倍增计划的路径创新[J]. 中国特色社会主义研究,2013(1):69-73.

[11] 胡鞍钢,王亚华,鄢一龙. 国家"十一五"规划纲要实施进展评估报告[J]. 宏观经济管理,2008,(10):13-17.

[12] 刘承礼. 从经济持续健康发展的角度看我国国民收入十年倍增规划[J]. 经济学家,2013(2):15-23.

[13] 田卫民. 基于1978~2006年我国经济增长的最优居民收入份额研究[J]. 当代财经,2008(6):14-19.

内生增长还是关联演进？
——基于中、美、日投入产出表的经验研究*

郑若谷 干春晖 张亚军**

一、引 言

产业结构变动是国民经济发展的重要特征，而产业关联则是深刻揭示产业结构变动内在机理的重要方法（王岳平、葛岳静，2007）。产业关联分析的基本工具是诺贝尔经济学奖获得者里昂惕夫（1936）提出的投入产出表，该表通过一个线性方程组（矩阵）来描述经济体系中各部门之间的相互依存关系，为我们从"量"的角度考察国民经济各部门之间的技术经济联系带来了巨大的便利（新饭田宏，1990）。

在早期有关投入产出的经典文献中并没有明确提及产业关联的概念，但是随着对投入产出模型的不断完善和利用，产业关联理论也得到了迅速发展。由于投入产出表的构建基于一般均衡模型，具有严密的理论基础和大量的数量平衡关系，因此传统的产业关联分析往往就利用这些平衡关系来构造各种指标对产业关联特征进行刻画。钱纳里等就利用投入产出的矩阵结构构造并定义了中间需求率和最终需求率，以此为基础研究了不同部门之间的需求结构对经济增长的影响。渡边经彦则进一步结合中间投入率将经济各部门划分为不同的产业群，以深入观察产业之间的联系和依存程度。直接消耗系数和完全消耗系数是投入产出平衡关系的集中体现，以此为基础构造的感应度系数和影响力系数是衡量产业间相互关联程度的重要工具，进一步还可以计算最终需求诱发系数和生产的最终需求诱发依赖度等指标，用来揭示不同部门、不同需求对国民经济及相关部门的波及与带动程度。

利用上述产业关联理论，不少学者对中国产业结构关联特征进行了分析，王岳平和葛岳静（2007）利用2002年的投入产出表，通过计算各部门的直接消耗系数、完全消耗系数、影响力程度和影响力系数、感应程度和感应度系数、各项最终需求的诱发额和诱发系数、各部门对最终需求的依存度、总体联系等指标，对中国产业结构关联特征进行了全面分析。刘伟和蔡志洲（2008）用1992年以来的直接消耗系数矩阵和中间需求消耗矩阵时间序列研究了技术进步、产业结构变动及价格变化对整个国民经济中间消耗水平的影响。程大中（2008）还对生产性服务业的关联水平

---

* 国家社科基金重大招标项目"'十二五'期间加快推进我国产业结构调整研究"（批准号：10ZD&011）；国家社科基金青年项目"加快推进中国自主创新技术成果产业化的体制机制与政策措施研究"（批准号：11CJY017）；上海财经大学研究生科研创新基金资助项目"技术进步推进产业结构调整的机制、路径选择和战略措施研究"（项目编号：CXJJ-2012-338）。

** 郑若谷（1983—），男，湖北红安人，上海财经大学国际工商管理学院博士，光大证券股份有限公司研究所；干春晖（1968—），男，江苏常熟人，上海财经大学国际工商管理学院教授、博士生导师；张亚军（1985—），女，河南濮阳人，上海财经大学国际工商管理学院博士研究生。

进行了测算，并与13个OECD国家的产业结构水平进行了比较。

有关产业关联的深入研究对我们认识产业部门之间的联系、理解产业结构演变过程有着重要意义。然而现有研究在对产业关联形成深刻认识的同时却忽略了一个重要事实，那就是在产业部门的发展过程中产业关联并不是全部内容，产业内生的发展状况应当也是重要内容之一。有理由相信产业部门的关联性在发生改变的过程中，产业的内生增长状态也在发生变化，甚至对于一个经济体而言，经济内生增长可能比产业关联演进更为重要，而这一点在现有研究中没有得到关注。

现有文献在对产业关联进行关注时往往忽视了产业内生增长，原因可能在于长期以来以单一国家或地区为研究对象的投入产出模型在理论上并无很大的突破。近几十年来，随着迅速的全球一体化和区域经济联系的加深，投入产出模型开始了跨国征程，多国多部门的投入产出理论受到了经济学家的重视（李晓、张建平，2010）。而多国多部门投入产出模型的结构分解技术是一大重要分支，主要用于分析区域经济和产业发展的变动状况。我们认为，这种区域投入产出模型的分解技术对于一国投入产出模型也是适用的，[①] 这不仅为我们分析产业结构提供了一个新的分析视角，更重要的是它在考虑产业关联的同时能够观察到产业的内生增长状态，这正好可以弥补现有研究的一大不足。此外，现有研究还有一点不足之处在于利用投入产出模型进行产业结构研究时往往侧重静态关联分析，缺乏动态比较研究。进一步，由于中国经济处于下台阶过程中，未来中国将会面临一次较大的转型，未来的产业结构演变可能是我们更为关心的内容，而美国和日本20世纪70年代之后的经济转型是我们在未来产业政策制定过程中的重要参考。因此，本文还利用美日两国的投入产出表进行比较研究，为中国未来产业结构演进"探路"。

本文的结构安排如下：第一部分为引言；第二部分对投入产出分解模型进行介绍，并对文章研究的数据进行分析整理；第三部分对中国过去的产业结构演进过程进行分析；第四部分利用美国和日本的投入产出表比较分析这两国的产业结构演进过程；第五部分为文章结论和政策建议。

二、模型与数据

1. 投入产出分解模型

考虑一国投入产出模型：

$$\begin{bmatrix} X_1 \\ X_2 \\ \cdots \\ X_n \end{bmatrix} = \begin{bmatrix} \begin{bmatrix} 1 & 0 & \cdots & 0 \\ 0 & 1 & \cdots & 0 \\ \cdots & \cdots & \cdots & \cdots \\ 0 & 0 & \cdots & 1 \end{bmatrix} - \begin{bmatrix} a_{11} & a_{12} & \cdots & a_{1n} \\ a_{21} & a_{22} & \cdots & a_{2n} \\ \cdots & \cdots & \cdots & \cdots \\ a_{n1} & a_{n2} & \cdots & a_{nn} \end{bmatrix} \end{bmatrix}^{-1} \begin{bmatrix} Y_1 \\ Y_2 \\ \cdots \\ Y_n \end{bmatrix} = \begin{bmatrix} b_{11} & b_{12} & \cdots & b_{1n} \\ b_{21} & b_{22} & \cdots & b_{2n} \\ \cdots & \cdots & \cdots & \cdots \\ b_{n1} & b_{n2} & \cdots & b_{nn} \end{bmatrix} \begin{bmatrix} Y_1 \\ Y_2 \\ \cdots \\ Y_n \end{bmatrix} \quad (1)$$

式中，X表示产出，Y表示最终需求，a表示直接消耗系数，b表示完全消耗系数，n表示产业部门。

Miller and Blair（1985）在一个多国多部门的投入产出模型中将一个国家所有部门视为一个独立元素，对模型进行结构分解。借助他们的思想，我们将一个部门视为一个整体，并对一国投入产出模型进行结构分析。从而 Miller and Blair 的分解法有：

---

① 多国或者多区域投入产出模型和一国投入产出模型具有相同的结构和理论基础，不同之处在于前者具有更多的国家或者地区，每一地区内具有多个部门，在进行分解时将每一个国家作为一个分析单位，在本文中我们将每一个部门类比于一个国家，其原始效应的经济含义对应于国家，而这里就对应于一个产业，我们认为这种"回归"是合理的。

$$\begin{bmatrix} b_{11} & b_{12} & \cdots & b_{1n} \\ b_{21} & b_{22} & \cdots & b_{2n} \\ \cdots & \cdots & \cdots & \cdots \\ b_{n1} & b_{n2} & \cdots & b_{nn} \end{bmatrix} = \begin{bmatrix} \frac{1}{1-a_{11}} & 0 & \cdots & 0 \\ 0 & \frac{1}{1-a_{22}} & \cdots & 0 \\ \cdots & \cdots & \cdots & \cdots \\ 0 & 0 & \cdots & \frac{1}{1-a_{nn}} \end{bmatrix}$$

$$\begin{bmatrix} b_{11} - \frac{1}{1-a_{11}} & 0 & \cdots & 0 \\ 0 & b_{22} - \frac{1}{1-a_{22}} & \cdots & 0 \\ \cdots & \cdots & \cdots & \cdots \\ 0 & 0 & \cdots & b_{nn} - \frac{1}{1-a_{nn}} \end{bmatrix} + \begin{bmatrix} 0 & b_{12} & \cdots & b_{1n} \\ 0 & 0 & \cdots & b_{2n} \\ \cdots & \cdots & \cdots & \cdots \\ b_{n1} & b_{n2} & \cdots & 0 \end{bmatrix} \tag{2}$$

在最终需求给定的情形下，与方程（1）一致，对于产业部门有如下平衡式：

$$X_i = \frac{1}{1-a_{ii}} Y_i + (b_{ii} - \frac{1}{1-a_{ii}}) Y_i + \sum_{j, j \neq i}^{1} b_{ij} Y_j \tag{3}$$

根据完全消耗系数矩阵的经济含义，B 表示当所有产业部门发生一单位变化时，通过经济体系的技术经济联系和产业循环直接引起的经济产出的变化，该矩阵反映了整个经济体系的循环和再利用的过程。结合矩阵的经济含义和部门的循环过程，式（3）的经济意义可以理解为：在整体经济循环和再利用的过程中，产业 i 的最终产出由三部分构成，即由部门 i 最终需求增加通过产业 i 自身循环所创造的产出增量、产业 i 的最终需求通过整个经济的循环（除产业内循环）所引致的产业 i 总产出的增量以及由于经济中其他产业部门的最终需求通过关联效应所引致的产业 i 的产出增量。

为了剔除最终需求差异的影响，将最终需求均定义为单位需求，并令 $M_i = \frac{1}{1-a_{ii}}$ 为产业内乘数效应，它表示产业 i 的一单位最终需求在本部门内部经济循环中所引起的直接或间接的产出水平变化，该效应是产业内生发展水平的体现，反映了产业的自我调节和可持续发展能力；令 $F_i = b_{ii} - \frac{1}{1-a_{ii}}$ 为产业反馈效应，它表示产业 i 的一单位最终需求在整个经济体系循环中抛开自身影响之后所能引起的产出水平变化，它是最终需求对经济体内其他产业发生影响之后，又通过经济的循环机制作用到产业本身上来的影响，是其他产业部门对于该产业的一种反馈作用；令 $S_i = \sum_{j, i \neq i}^{1} b_{ij}$ 为产业溢出效应，它表示其他所有产业增加一单位的最终需求，通过产业之间的关联效应所能引起的产业 i 的产出水平变化。

由此，通过上述分解我们就可以将产业的技术经济联系区分开来，乘数效应反映了产业内生增长状态，溢出效应则是产业关联的表征，而反馈效应则可以视为上述两种效应的综合作用。进一步讲，整个经济体是由所有产业门类构成的，我们以各个产业在整个经济体中的比重为权重进行加权计算就可以对整个经济的内生增长和关联效应进行测算。

2. 数据来源及处理

本文运用的数据主要来自中、美、日三国的投入产出表数据。中国投入产出表我们采用的是中国统计局编制的投入产出延长表，该表自 1987 年起每 5 年编制一次，至今已公布了 1987 年、1992 年、1997 年、2002 年和 2007 年的数据，但是由于 1987 年的数据与后续延长表在编制过程中部门调整幅度较大，难以整合在一起，因此本文主要利用 1992~2007 年的四张表。美国和日本的投入产出表来自 OECD 官方网站，OECD 对美国和日本的投入产出表在统计口径上做了统一，便于比较，同时由于投入产出编制复杂，工作量较大，因此 OECD 也不是每年都进行编制。我们找到的美国有 1972 年、1977 年、1982 年、1985 年、1990 年、1995 年、2000 年和 2005 年共 8 张数据表，日本也有 1970 年、1975 年、1980 年、1985 年、1990 年、1995 年、2000 年和 2005 年共 8 张表。

无论是中国还是 OECD 在编制投入产出表的过程中，都在不断地对部门进行调整和扩充，因此存在产业门类的调整问题。为了增强可比性，需要对行业进行归并和统一。我们考察了三个国家的行业分类标准及部门分类细则之后，按照可比性原则将经济所有部门归并为 27 个行业部门，①并对所有投入产出表进行重新集结。

三、中国经济回顾：1992~2007 年

1. 总体经济分析

根据上述模型测算，2007 年，总效应为 3.144，这意味着在 2007 年的产业结构状态下，1 单位最终需求②的增加在经济体系的循环过程中可以为整个经济体带来 3.144 单位的产出增量。而该产出增额中有 1.286 单位是通过产业内生增长带来的，有 1.803 单位是通过产业关联效应取得的，另外 0.055 单位的产出增额则是由内生增长和关联效应共同作用的结果，三者对经济总效应的贡献分别为 40.91%、57.35% 和 1.74%。因此，在 2007 年的投入产出结构下，溢出效应对于经济增长的贡献超过乘数效应，反馈效应的贡献则非常小。也就是说，在经济增长的拉动力当中，产业关联的影响超过了内生增长成为经济发展的主导力量。

从动态演进的角度来看，1992~2002 年，总效应基本稳定在 2.6 左右，但在 2002~2007 年总效应显著上升，这反映了中国的投入产出技术结构在 2002~2007 年对经济的拉动力大幅增强。在三类效应中，乘数效应在大小上呈现了一个"N"形变化，即 1992~1997 年、2002~2007 年两个区间段乘数效应均有所增加，而在 1997~2002 年乘数效应略有下降；1992~2007 年溢出效应以及反馈效应的变化与乘数效应的变化具有较强的一致性，也是一个"N"形演进过程，但是反馈效应值比较小。也就是说，1992~1997 年与 2002~2007 年中国经济增长的内生性和关联效应都有所增强，而在 1997~2002 年又都有所下降；内生增长与关联演进表现出了趋势上的一致性。从三类效应占比上看，1992~2007 年溢出效应对于总效应的贡献均在 50% 以上，并且其比重在 2002~2007 年大幅上升了 4.32%。乘数效应则相反，在 2002 年之前基本上在 45% 左右，但在 2002~2007 年大幅下降了 4.78%，反馈效应在总效应中的比重始终较小（见表 1）。这一变化表明在中国经济的演变过程中，特别是 2002~2007 年关联演进的重要性增加了，而内生增长的重要性在降低，但是中国经济增长的内生性在这段时间是不断改善的，只是其改善的幅度远逊于关联效应的增加幅度。从总体上看，1992 年以来的中国经济增长过程中，关联演进对中国经济的促进作用更加明显，中国经济在增长过程中对于产业技术经济联系的依赖性是非常明显的。

---

① 27 个部门分别为：第一产业（I1：农、林、牧、渔）、第二产业（19 个，分别为 I2：采矿业、I3：食品饮料烟草制造业、I4：纺织服装皮革制造业、I5：木材加工制造业、I6：造纸印刷业、I7：化学工业、I8：石油化工及炼焦业、I9：橡胶塑料制品业、I10：非金属矿物制品业、I11：金属冶炼加工制造业、I12：金属制品业、I13：通用机械设备制造业、I14：电气设备制造业、I15：电子及通信设备制造业、I16：交运设备制造业、I17：其他设备制造业、I18：其他制造业、I19：电力燃气煤生产供应业、I20：建筑业）；第三产业（7 个，分别为 I21：批发零售业、I22：住宿餐饮业、I23：交运仓储、I24：信息传输、计算机服务和软件业、I25：金融业、I26：房地产及商业服务、I27：其他服务业）。

② 由于本文对总体经济的效应是经过加权处理的，因此这里的 1 单位最终需求是指各产业最终需求之和为 1 单位，而各产业最终需求比例为该产业产值在总产出中的占比。

表1 1992~2007年中国投入产出分解结果

		效应				贡献（%）			
		1992年	1997年	2002年	2007年	1992年	1997年	2002年	2007年
中国	乘数效应	1.171	1.210	1.190	1.286	44.97	45.32	45.69	40.91
	反馈效应	0.039	0.042	0.033	0.055	1.49	1.57	1.28	1.74
	溢出效应	1.394	1.418	1.381	1.803	53.54	53.11	53.03	57.35
	总效应	2.604	2.670	2.605	3.144	100.00	100.00	100.00	100.00
第一产业	乘数效应	1.162	1.209	1.194	1.164	63.35	61.49	60.40	54.80
	反馈效应	0.042	0.072	0.046	0.083	2.27	3.64	2.32	3.92
	溢出效应	0.631	0.686	0.737	0.877	34.38	34.87	37.29	41.28
	总效应	1.834	1.966	1.976	2.124	100.00	100.00	100.00	100.00
第二产业	乘数效应	1.224	1.258	1.260	1.376	42.09	43.12	43.39	39.44
	反馈效应	0.038	0.041	0.036	0.063	1.31	1.42	1.25	1.80
	溢出效应	1.646	1.618	1.607	2.050	56.60	55.46	55.36	58.75
	总效应	2.908	2.918	2.903	3.490	100.00	100.00	100.00	100.00
第三产业	乘数效应	1.044	1.059	1.048	1.046	46.26	45.86	47.82	44.23
	反馈效应	0.039	0.026	0.024	0.023	1.71	1.13	1.10	0.95
	溢出效应	1.174	1.224	1.120	1.297	52.03	53.01	51.08	54.81
	总效应	2.256	2.309	2.192	2.366	100.00	100.00	100.00	100.00

2. 产业部门的深入考察

在大类部门之间，2007年，第一、二、三产业总效应分别为2.124、3.490、2.366，第二产业总效应远远高出第一、三产业，而第三产业又略高于第一产业，这说明第二产业对经济的拉动效应远胜于第一、三产业。第二、三、一产业的经济拉动效应排序在1992~2002年也是十分明显的，中国经济主要由第二产业拉动的事实在投入产出表中也得到了充分体现。然而，增长机制在三类产业中却存在明显的区别。第一产业2007年乘数效应为1.164，对总效应的贡献率达到了54.80%，溢出效应为0.877，占总效应的比重为41.28%，反馈效应为0.083，占3.92%；第二产业乘数效应、溢出效应和反馈效应的贡献比例分别为39.44%、58.75%和1.80%；而第三产业中三者的占比则分别为44.23%、54.81%和0.95%。可见，三大产业中反馈效应在部门成长过程中的重要性都不明显，但是第一产业部门明显表现出了内生增长更为重要的特点，而第二、三产业中关联效应则更为重要。

在内生性和关联性的动态演变过程中①，第一产业的乘数效应尽管在1992~1997年略有增加，但是在1997~2007年却下降了3.74%，其乘数效应在总效应中的贡献占比则从1992年就开始下降，从1992年的63.35%一直下降到了2007年的54.80%，降幅达到8.55%，而与此同时，第一产业的溢出效应则从1992年到2007年上升了39.02%，贡献占比也增加了6.90%。这表明1992~2007年我国农业部门的内生成长性每况愈下，但是与其他行业的关联性却大幅增加，这意味着农业部门在对其他部门做出贡献的同时自身的成长却堪忧，这一点值得引起重视。第二产业的乘数效应在1992~2007年一直在增加，其溢出效应在1992~2002年稳中略降，但在2002~2007年有明显增长，在对总效应的贡献上，两类效应在整个考察期间的占比较为稳定。这表明我国第二产业整体上在内生成长性方面一直不断地改善，而产业关联方面在2002年之前略有恶化，但是2002年之后又有较大幅度的改善。第三产业的乘数效应在1992~1997年略有增长，其后一直下降，而溢出效应则表现出了"N"形演变过程，总体上乘数效应和溢出效应的变化区间都不大，处于比较稳定

---

① 由于反馈效应对增长的贡献较小，因此这里重点比较乘数效应和溢出效应的变化。

的状态。这意味着我国第三产业在1992~2007年对经济的影响一直处于比较稳定的状态,但是近年来其内生成长性略有恶化,而对于其他部门的关联驱动也只是略有改善(如图1所示)。

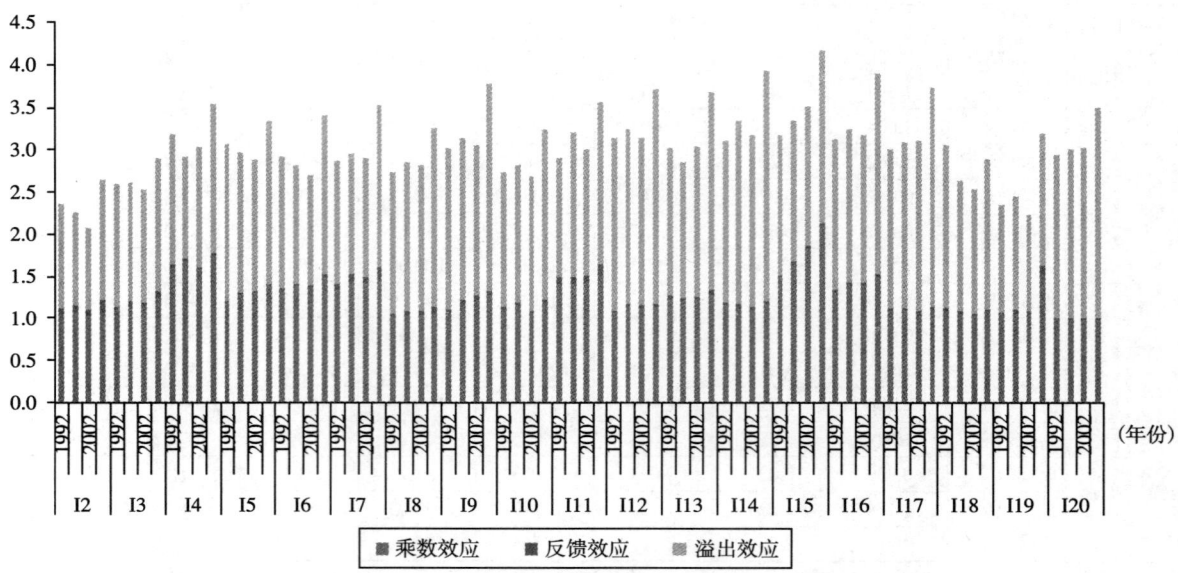

图1 1992~2007年中国第二产业部门各类效应变化

在第二产业内部,仅建筑业、电子及通信设备制造业和其他制造业三个子行业在1992~2007年对经济总的拉动效应是不断增强的,纺织服装皮革制造业和通用机械设备制造业2个子行业在1992~1997年对经济的拉动效应有所下降,但此后增强,而其他所有第二产业部门在1997~2002年在总效应上都是下降的,但在2002~2007年是增长的。在内生性的演进过程当中,只有食品饮料烟草制造业、木材加工制造业、橡胶塑料制品业和电子及通信设备制造业是在不断改善的,其他所有行业的变化过程都较为曲折。而在关联性的变化上,一直处于上升状态的行业则更少,仅建筑业和电子及通信设备制造业两个行业体现出来这一特点,其他所有行业溢出效应的变化态势随着经济变化也非常复杂。不过总体上看,2002~2007年,第二产业内所有行业部门在内生性和关联性上都是增强的,而且无论在什么区间上,除了纺织服装皮革制造业之外,其他所有行业的溢出效应都比乘数效应要大,可见第二产业部门在经济过程中的关联演进特征对于中国经济增长来说更为重要。

相比第二产业部门,第三产业部门子行业的表现更为分化。在总效应上,仅交运仓储和房地产及商业服务两个行业在1992~2007年不断增长,住宿餐饮从1997年起开始增长,其他服务业则仅在1992~1997年及2002~2007年表现出增长态势,信息传输、计算机服务和软件业在1992~2002年增长但在2002年之后有所下降,而批发零售业和金融业对经济的拉动效应在整个考察期内则一直处于下降状态。在产业增长的内生性上,没有一个服务业部门表现出连续性,仅信息传输、计算机服务和软件业以及其他服务业两个行业在近些年有所改善,其他服务业部门的内生成长性则都变差了。在产业关联性方面,交运仓储、房地产及商业服务两个子行业的溢出效应不断增强,住宿餐饮业和其他服务业的溢出效应在近些年也有所改善,而其他服务业部门的溢出效应则在减少。在产业发展过程中,房地产及商业服务的内生性是主导因素,2002年之后,信息传输、计算机服务和软件业的内生性也开始主导该产业成长,而其他所有行业在发展过程中都是由关联性主导的。

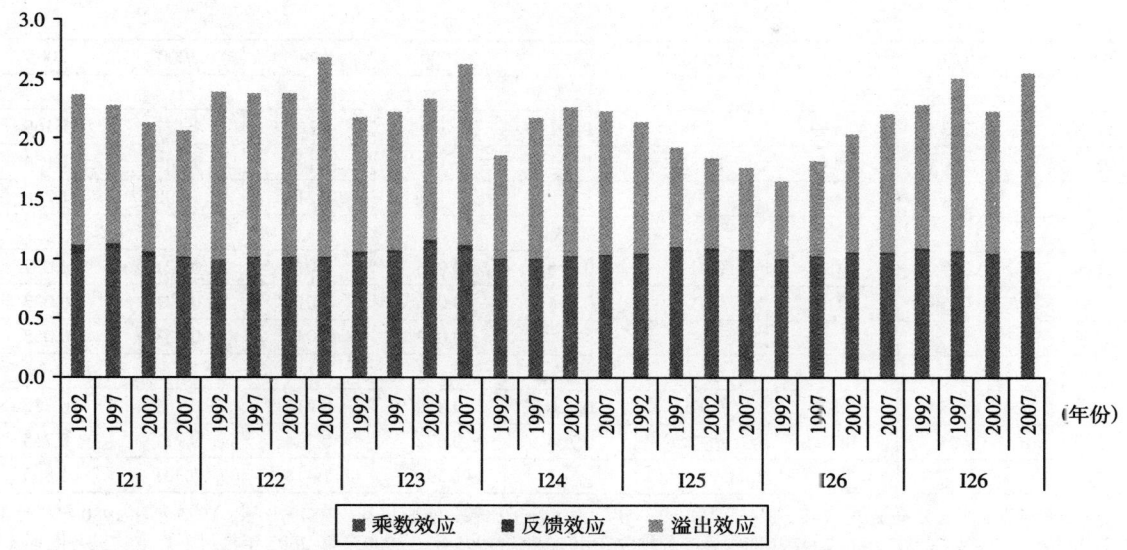

图2 1992~2007年中国第三产业部门各类效应变化

四、美、日转型经验：1970~2005年

第二次世界大战之后，美、日等西方国家经历了长达20余年的黄金时代，但是20世纪70年代的两次石油危机给传统的发展模式以极大挑战，美、日等西方国家开始谋求经济转型并取得了成功。美国作为世界经济发展的"火车头"，其产业结构一直是各后发国家的参照基准，而日本作为成功的后发国家，其在转型过程中的结构演进历史对我们也有极强的参考意义。因此，本节主要对美、日1970年之后的产业结构演进过程进行分析，这可能对我国未来在经济转型过程中制定产业结构政策具有指导意义。

1. 经济的整体比较

通过表2的数值比较可以看出，在对应年份，中国的总效应明显高于日本和美国，而日本又相应地略微高于美国（1995年除外）。也就是说，在中、美、日对应年份的产业结构状态之下，中国的投入产出技术结构对经济的拉动效应更强，日本次之，美国则最小。分解到各类效应上，中、美、日乘数效应仍然具有与总效应相同的排序，只是在效应值的差异上缩小了，事实上中、美、日投入产出结构的核心差异在于溢出效应。从表2数值可以看到，中国的溢出效应在所有年份均超过1，而日本和美国都小于1。在所有年份，美国乘数效应在总效应中的比重均在60%以上，日本则接近60%，而中国仅为45%左右。相反，美国和日本溢出效应在总效应中的比重不到40%，而中国则超过了50%。也就是说，中国与日本和美国经济体在投入产出技术上的核心差别就是中国的关联效应更强。

表2 1970~2005年中、美、日投入产出分解结果比较

年份	1970	1975	1980	1985	1990	1995	2000	2005
总效应								
日本	2.122	2.055	2.132	2.041	2.016	1 876	1.906	1.968
美国	1.849	1.929	1.928	1.841	1.815	1 903	1.884	1.872
中国					2.604	2 670	2.605	3.144

续表

年份	1970	1975	1980	1985	1990	1995	2000	2005
乘数效应								
日本	1.233	1.199	1.194	1.201	1.181	1.150	1.127	1.169
美国	1.150	1.142	1.135	1.123	1.128	1.132	1.146	1.134
中国					1.171	1.210	1.190	1.286
反馈效应								
日本	0.017	0.016	0.017	0.015	0.016	0.014	0.021	0.017
美国	0.015	0.017	0.016	0.014	0.016	0.018	0.021	0.023
中国					0.039	0.042	0.033	0.055
溢出效应								
日本	0.872	0.839	0.920	0.826	0.819	0.712	0.759	0.782
美国	0.684	0.770	0.776	0.704	0.672	0.754	0.717	0.715
中国					1.394	1.418	1.381	1.803

注：美国前三张表分别是 1972 年、1977 年和 1982 年，为了便于比较，本表将其放在 1970 年、1975 年和 1980 年栏目下，中国 1992 年、1997 年、2002 年和 2007 年四张表则分别放在 1990 年、1995 年、2000 年和 2005 年栏目下。下文进行图形比较时进行了相同的处理。

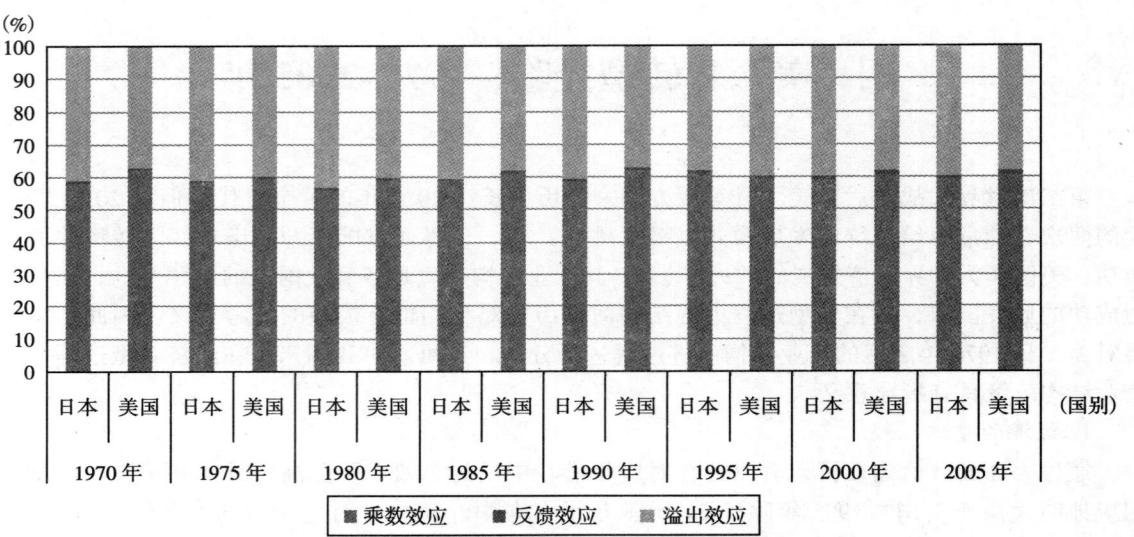

图3 1970~2005 年美、日各类效应在总效应中的贡献变化

中国的投入产出结构相比美国和日本表现出对经济更好的拉动力，那么这种拉动效应能否持续呢？美国 20 世纪 70 年代之后的经济转型过程中，对应于制表期的平均经济增长率基本上在 3% 左右，[①] 经济的波动率并不明显，同时可以看到美国投入产出表计算出来的总效应值事实上并没有较大的变化（如图 4 所示）。而日本在 20 世纪 70 年代之后的经济转型中，经济增速下台阶是十分明显的（如图 5 所示），对应的投入产出表计算出来的总效应处于不断下降的状态，日本总效应的变化随着 1995 年之后经济增速的趋稳回升亦随之稳定。中国当前正处于经济增速下台阶的过程中，因此较高的拉动效应可能是难以维持的，未来中国投入产出总效应的下降也将难以避免。

---

① 由于投入产出表的指标期为 5 年。也就是说，投入产出表的技术结构反映的是过去 5 年的状态，因此，这里笔者将对应的过去 5 年的 GDP 增长率取均值。

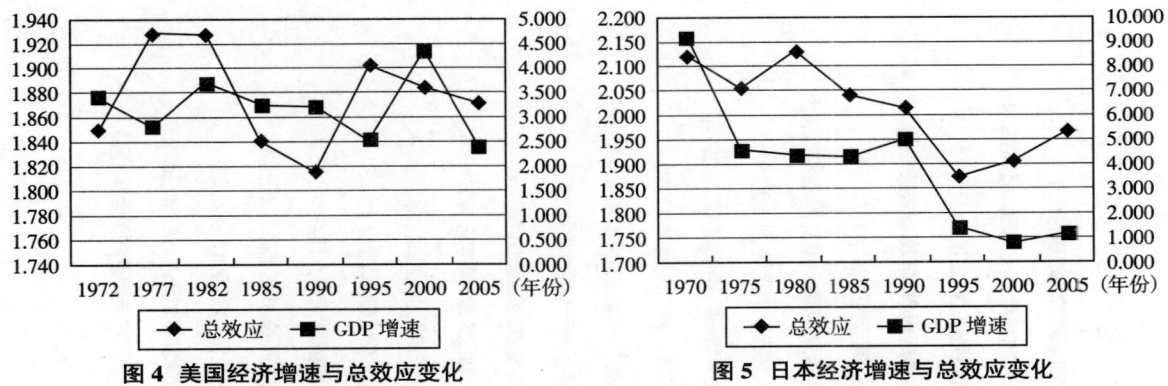

图4 美国经济增速与总效应变化　　　图5 日本经济增速与总效应变化

那么，到底是什么原因导致中国产业关联在经济驱动过程中占据如此重要的地位呢？我们认为其核心原因可能在于中国是一个投资型的经济体，在1992年中国市场经济确立之后，消费短缺驱动着制造业大量投资，1998年房地产放开之后地产投资也成为经济新引擎，而2001年加入世界贸易组织之后，外需拉动更是促进了制造业投资的迅速崛起，与此同时政府在财力充沛之后对基础建设的大量投资更是为经济注入了活力，由于投资行业的强关联作用导致了中国投入产出技术结构的关联演进过程。事实上，日本在20世纪70年代之前也经历了由制造业和房地产投资带来的繁荣，可惜的是我们找不到相应的投入产出表进行验证。不过，日本在20世纪70年代之后大力发行政府债促进基建投资建设的经历仍然可以在1970年之后的几张表中看出其对于关联效应的影响力。表1显示日本1970~1990年溢出效应在0.8以上，对总效应的贡献维持在40%以上，而1990年以后溢出效应迅速降到0.7左右，其对总效应的贡献也低于40%，这与日本在1970年以后政府基建投资驱动有显著的关系。日本在20世纪70年代的经济转型以基建作为新引擎，基建投资以政府发债为前提，而政府债务问题在20世纪80年代开始，这成为20世纪90年代日本经济失速的导火索。溢出效应的变化与投资的关系由此可见一斑。

2. 行业部门的比较

相比于日本和中国，美国第一产业部门对经济的拉动效应更强，其总效应值一直在2.2以上，而日本这一数值不足2，中国也仅在2007年达到2.124的水平。在历史变化过程中，美国第一产业部门的内生性在1972~1982年是增强的，但是1982~2005年却下降了。不过其溢出效应则较为稳定，一直处于0.9以上（如图6所示），从其贡献上看，关联效应在第一产业的比重也在不断攀升。日本第一产业虽然拉动效应不如美国，但是其乘数效应较为稳定，而溢出效应在1970年之后整体上处于上升水平。可见，对于第一产业而言，发挥产业关联效应是产业成长的重要环节，相比美、日而言，中国第一产业的关联效应仍有发挥空间。

相比于日本，美国第二产业部门对经济的拉动效应要小，而日本比中国又要小得多。前文分析表明，这种差异可能主要源自投资驱动的差异。从历史演进的角度看，美国第二产业的内生性从1972年开始即处于下降状态，只是在20世纪90年代中期略有反弹，而日本第二产业的内生性也在1970年就下降，但在2005年的表中大幅回升；产业关联性方面，美国在20世纪70年代有所增强，在80年代回落，而在90年代之后又显著增强，日本第二产业的溢出效应也表现出与美国类似的特征（如图7所示）。美、日经验表明，在转型期内第二产业增长的内生性都遭受了较大的挑战，但是产业关联的影响在转型期间却都有所上升，这可能主要归因于政府产业政策有意识的引导。在美国，这种关联效应的政策引导主要来自电子及通信设备制造业、其他设备制造业以及石油化工及炼焦业，而在日本，转型期间电力燃气煤生产供应业、石油化工及炼焦业和采矿业的溢出效应得到显著增强。

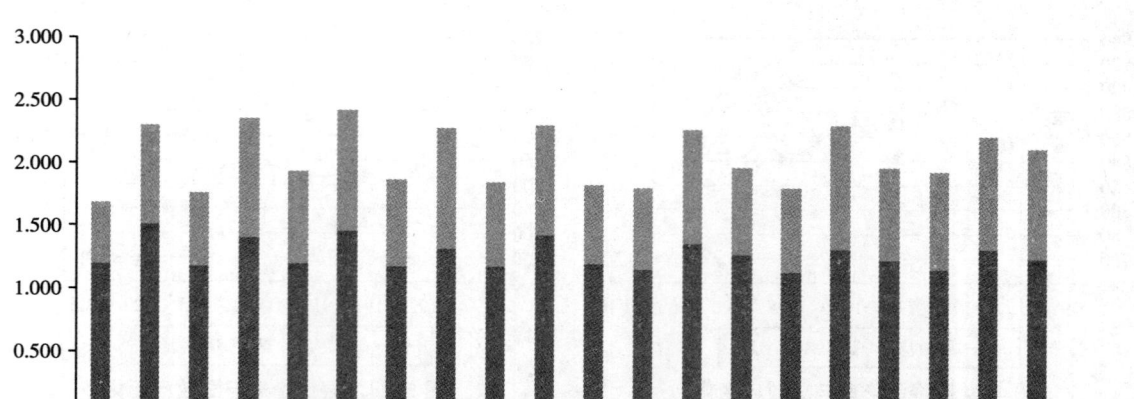

图6 1970~2005年美、日第一产业各类效应在总效应中的贡献变化

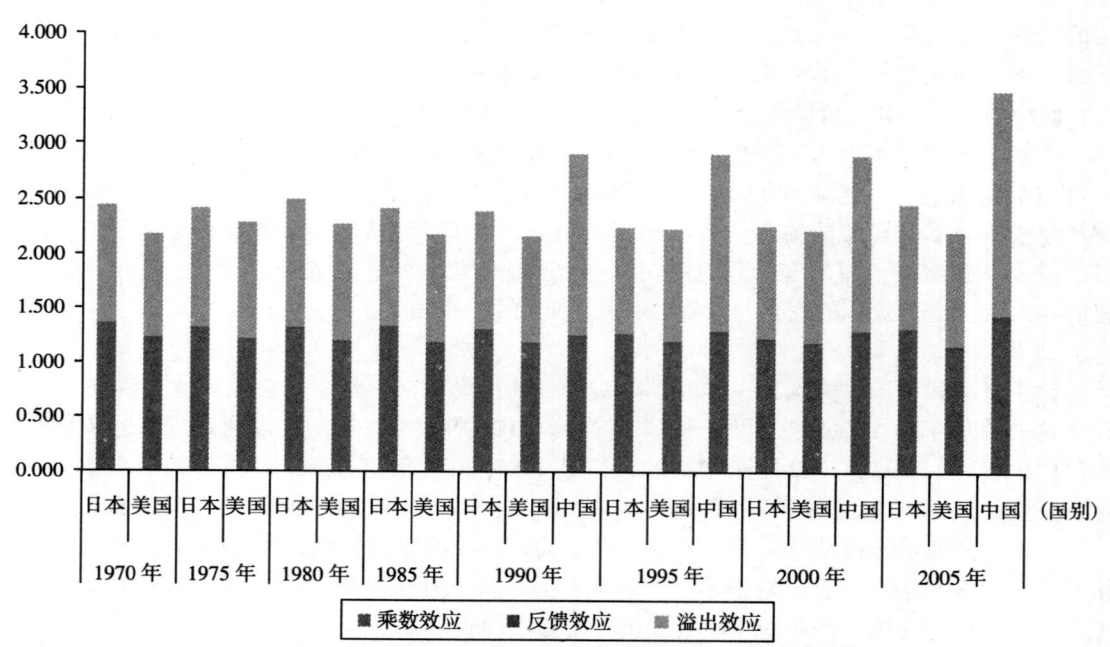

图7 1970~2005年美、日第二产业各类效应在总效应中的贡献变化

在第三产业部门，美国在20世纪70年代总效应要低于日本，但是到20世纪90年代中期后开始超越日本，但是美、日两国第三产业的总效应仍然大幅低于中国。美国第三产业对经济的拉动从20世纪70年代至今一直处于上升趋势当中，而日本则是波动上升，而且升幅较小。从产业增长的内生性来看，美国和日本第三产业的乘数效应从转型开始至今基本上就处于上升趋势，显示了第三产业在经济转型过程中内生增长的重要。而在产业关联上，美国也整体表现出了健康向上的走势，而日本则表现出了较大的波动，并且转型至今其第三产业也没有表现出对经济更强的关联拉动能力（如图8所示）。由此可见，美国和日本从20世纪70年代以来第三产业在内生性上表现出一致性，而关联性上则存在较大的差异。在美国，转型初期关联性增长尤其明显的是批发

零售业、信息传输、计算机服务和软件业以及其他服务业,而在日本,转型初期关联性有所改进的行业则主要是交运仓储、信息传输、计算机服务和软件业以及金融业。

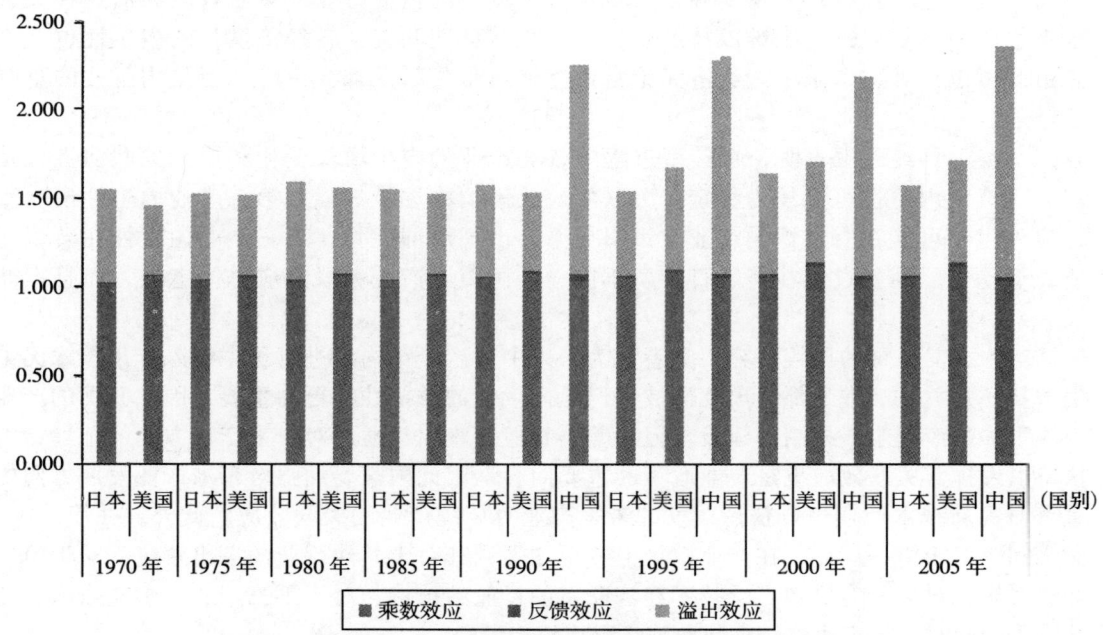

图8 1970~2005年美、日第三产业各类效应在总效应中的贡献变化

五、结论和政策建议

传统的产业关联理论过于强调产业间的技术经济联系而忽略了对产业内生性的研究,本文将多国多部门投入产出分解技术模型应用于一国产业结构的研究中,试图兼顾产业结构在演进过程中的产业内生性和产业关联性。通过对中国1992~2007年投入产出表的回顾和对1970~2005年美、日两国产业结构演变过程中产业内生性和关联性的考察,本文主要得出以下四点结论:

第一,中国投入产出的技术结构对经济的拉动性在1992~2002年较为平稳,而在2002~2007年大幅增加。产业结构对经济的拉动效应中产业关联作用是占主导地位的,而产业内生成长性的重要性在降低,但是中国经济增长的内生性在这段时间是不断改善的,只是其改善的幅度远逊于关联效应,中国经济在增长过程中对产业技术经济联系的依赖性非常明显。

第二,产业内生性和产业关联性在产业结构的演进过程中对各类产业的重要性是存在巨大差异的。就中国而言,第一产业部门对其他产业的溢出作用在不断增强但是内生成长性却在削弱;第二产业整体上内生成长性一直在不断地改善,而产业关联方面在2002年之前略有恶化,但是2002年之后有较大幅度的改善;第三产业在1992~2007年对经济的影响一直处于比较稳定的状态,但是近年来其内生成长性略有恶化,而对其他部门的关联驱动也只是略有改善。在第二、三产业内部,各子行业的表现更加多样化,但是总体上来说,第二产业共性更多,比如除了纺织服装皮革制造业之外,其他所有行业的溢出效应都比乘数效应要大,第二产业部门在经济过程中的关联演进特征对于中国经济增长来说更为重要。但第三产业的演进过程分化严重,无论是内生成长性还是产业关联性,第三产业的子行业都存在不同的发展趋势。

第三,从美、日20世纪70年代以来的转型经验来看,内生增长在转型期及转型期过后将会成为经济增长的主导力量。虽然当前中国投入产出技术结构相对于美、日来说对经济的拉动效应更强,但是这种强拉动力主要源自大量投资所激发的投资行业的关联效应,而这种关联效应在未来中国经济发展过程中难以持续。另外,在转型期间美、日经济增长的内生性也会大幅下降。由此可以预见,未来中国经济无论是内生性还是关联性都会下降,但是内生性的重要性将不断增强。

第四,美、日经验也表明,在转型过程中各类产业的内生增长变化和产业关联演进也是不同的。第一产业内生性可能较为稳定,关联效应的影响将逐步加强;第二产业内生性遭受重大挑战,但内生性可能在有意识的产业政策引导下会出现局部反弹;第三产业内生性在转型期非常重要,但是关联演变过程在美、日有所不同,美国第三产业关联效应总体走强,而日本波动性明显。

通过对中、美、日的比较研究,笔者认为未来中国产业结构演进过程中投入产出技术无论是在内生增长还是关联演进上都会出现滑坡,但是内生性的重要性将更为重要,因此我国的产业政策应当注重加强产业生成机制的建设。但是美、日经验表明,通过对未来产业方向的把握,对其重点扶持以发挥其关联效应也是产业政策的重要内容,因此国家要加强对未来产业发展方向的引导,重点对高新技术产业进行扶持,发挥未来产业对传统产业的关联效应。此外,在第一、二、三产业之间,对于第一产业,在产业政策上要更加强调其对于其他行业的溢出效应;对于第二产业,加强对未来可能具有更加广泛技术经济联系的行业的扶持;对于第三产业,则应当内生性和关联性并重,同时注重产业生长机制和关联影响的建设。

参考文献

[1] 程大中. 中国生产性服务业的水平、结构及影响[J]. 经济研究, 2008 (1).

[2] 金碚. 高技术在中国产业发展中的地位和作用[J]. 中国工业经济, 2003 (12).

[3] 里昂惕夫. 投入产出经济学[M]. 崔书香等译. 北京:中国统计出版社, 1990.

[4] 李富强, 董直庆, 王林辉. 制度主导、要素贡献和我国经济增长动力的分类检验[J]. 经济研究, 2008 (4).

[5] 李晓, 张建平. 东亚产业关联的研究方法与现状[J]. 经济研究, 2010 (4).

[6] 刘伟, 蔡志洲. 技术进步、结构变动与改善国民经济中间消耗[J]. 经济研究, 2008 (12).

[7] 刘志彪, 张杰. 全球代工体系下发展中国家俘获型网络的形成、突破与对策[J]. 中国工业经济, 2007 (5).

[8] 苏东水. 产业经济学[M]. 北京:高等教育出版社, 2005.

[9] 王岳平, 葛岳静. 我国产业结构的投入产出关联特征分析[J]. 管理世界, 2007 (2).

[10] [日] 新饭田宏. 投入产出分析入门[M]. 林贤郁等译. 北京:中国统计出版社, 1990.

[11] 张亚雄, 赵坤. 北京奥运会投资对中国经济的拉动影响[J]. 经济研究, 2008 (3).

[12] Chenery, H. B. and Clark, P. G. Interindustry Economics [M]. New York: John Wiley and Sons, 1959.

[13] Chenery, H. B. and Syrquin, M. Patterns of Development: 1950–1970 [M]. Oxford University Press, 1975.

[14] J. Y. Lin. Rural Reforms and Agricultural Growth in China [J]. American Economic Review, 1992 (82).

[15] Kuroiwa, Ikuo. Rules of Origin and Local Content in East Asia, IDEJETRO [R]. Japan: IDE Discussion Paper, 2006.

[16] Meng, Bo and Qu, Chao. Application of the Input-Output Decomposition Technique to China ps Regional Economics [J]. Presented at The 16th International Input-Output Conference, 2007 (1).

[17] Meng, Bo and Inomata, Satoshi. Production Networks and Spatial Economic Interdependence: An International Input-Output Analysis of the Asia-Pacific Region, IDEJETRO [R]. Japan: IDE Discussion Paper, 2009.

[18] Miller, Ronald E., and Blair, Peter D. Input-Output Analysis: Foundations and Extensions [M].

Cambridge University Press, 1985.

[19] Rioja, F. and N. Valev. Finance and the Sources of Growth at Various Stage of Economic Development [J]. Economic Inquiry, 2004 (42).

[20] Wagner, J. Exports and Productivity: A Survey of the Evidence from Firm Level Data [J]. World Economy, 2007 (30).

中国经济结构失衡：基本评价、变动趋势与转型路径*

郭 晗 任保平**

一、引 言

自改革开放以来，中国的经济发展经历了一个从计划经济的"此岸"向市场经济的"彼岸"转型的过程，在这个转型过程中最突出的特征是失衡与增长共存。特别是 20 世纪 90 年代以来，中国经济增长进入快车道，但受经济发展方式转变滞后和经济改革滞后的影响，中国经济在宏观、中观和微观三个层面都面临着比较严重的结构性失衡。这种结构性失衡的存在，制约了资源的有效配置，形成了经济发展与社会发展的不协调，导致中国经济增长出现高速度和低质量的问题。目前中国已进入中等收入水平发展阶段，进入该阶段后可能面临"中等收入陷阱"的困扰，如果不能改善结构性失衡，整个国民经济将很难从主要依靠要素投入扩大的规模优势向主要依靠要素效率提升的竞争优势转变。同时，在中国经济结构失衡状态下，我国宏观经济既存在通货膨胀的压力，也存在增长乏力的危险，传统的需求管理政策面临两难抉择，需要从更深层次探索改善结构失衡的转型路径。因此，研究中国经济结构失衡的状态，探讨中国经济结构如何从失衡走向均衡，就成为学术界关注的重点问题。

近年来，对于中国经济结构失衡问题的研究主要有如下几方面：一是对经济结构失衡的状态及其特征进行的定性研究（Blanchard and Giavazzi，2005；Hausman and Sturzenegger，2006；郭树清，2007；刘伟，2007；顾巧明、胡海鸥，2009；李永友，2012）；二是采用统计分析方法对经济结构失衡进行测度和评价的定量研究（项俊波，2008；李宝瑜，2009；陈志勇、夏晶，2012）；三是对中国经济结构失衡的原因和影响因素进行的关联性研究（Blanchard and Giavazzi，2005；Aziz. J.，2006；Prasad E.S，2009；巫文强，2010；吴敬琏，2011；吴建军、刘郁，2012）。但以上研究存在的问题是：在定性研究方面，大多关注某一领域的失衡而非从全面角度考虑经济结构失衡，如现有文献大多仅将经济结构失衡界定为需求结构失衡；在定量研究方面，现有文献主要测度了宏观层面的结构失衡，而忽视了对中观层面和微观层面结构失衡的评价；在关联性研究方面，现有文献对经济结构失衡原因和影响因素的解读缺乏量化分析基础。

因此，本文的出发点在于从宏观、中观和微观三个层面综合评价中国经济结构失衡，采用科

---

* 本研究得到教育部新世纪优秀人才支持计划"经济转型时期经济增长质量的提高与和谐发展"（NCET-06_0890）、陕西省重点学科理论经济学建设项目（2008SZ09）以及西北大学研究生自主创新资助项目（YZZ12043）的资助。
** 郭晗（1987—），男，陕西汉阴人，西北大学经济管理学院博士研究生。任保平（1968—），男，陕西凤县人，西北大学经济管理学院院长、教授、博士生导师。

学的统计分析方法对中国经济结构失衡进行更为全面和准确的测度,并从总体维度和分项维度分析结构失衡的变动趋势,寻找结构失衡的原因,探寻我国经济发展从失衡走向均衡的转型路径。

二、中国经济结构失衡的评价方法及指标体系构建

1. 经济结构失衡的界定

经济结构失衡是经济结构演进过程中的一种非均衡状态。一个国家在特定的发展阶段和禀赋结构下会面临一个最优的经济结构,我们将这种最优结构称为经济结构均衡,而对这种最优结构的偏离则称为经济结构失衡。在经济结构失衡背景下,经济发展过程中各个环节的有机联系被割裂,从而导致资源配置不合理、经济运行效率低下、经济和资源环境不能实现可持续发展,并可能导致经济或社会危机。绝对意义上的经济结构均衡是很难实现的,但对均衡的偏离程度反映了失衡程度的大小,因此宏观经济的运行总是在从失衡走向均衡和从均衡走向失衡两种趋势之间不断转换。

由于经济结构既包括宏观上的城乡结构、供给结构、需求结构、国际收支结构和分配结构,也包括中观上的产业结构、消费结构、投资结构,还包括微观上的人口结构、人力资本结构、企业结构等,因此经济结构失衡也分为局部失衡和全面失衡。局部失衡在特定时期可以促进增长,但发展到一定阶段,形成了全面失衡后,必然对经济增长形成阻力,此时需要进行结构优化,对失衡状态进行调整,在从失衡到均衡的转化过程中形成新的发展动力。

2. 中国经济结构失衡的评价维度

为了更加全面、准确地对中国经济结构失衡进行测度和评价,我们将中国的经济结构失衡界定为三个主维度:一是宏观经济结构失衡,其分维度包括城乡二元结构失衡、需求结构失衡、供给结构失衡、国际收支结构失衡和分配结构失衡。二是中观经济结构失衡,其分维度包括产业结构失衡、消费结构失衡和投资结构失衡。三是微观经济结构失衡,其分维度包括人口结构失衡、人力资本结构失衡和企业结构失衡。

在宏观经济结构失衡的各项分维度中,城乡二元结构失衡反映经济结构失衡的基本状态,即在中国经济发展过程中形成的一系列城乡二元经济结构失衡的负效应;需求结构失衡反映经济结构失衡中的短期因素,即近年来消费占比和投资占比的波动所导致的短期增长波动;供给结构失衡反映经济结构失衡中的长期因素,即产出增长中的资本供给等短期因素增长过快,而技术、公共服务供给等长期因素增长乏力;国际收支结构失衡反映经济结构失衡的外部结果,即国际收支差额扩大带来的外部失衡;而分配结构失衡反映经济结构失衡的内部结果,即由于初次分配失衡所导致的二次分配失衡,具体表现为劳动报酬下降使得收入差距不断扩大。

在中观经济结构失衡的各项分维度中,产业结构失衡反映产业层面发展不协调的基本状态,即由于产业发展偏离内生于禀赋结构的比较优势所导致的结构性失衡;消费结构失衡反映居民需求层面未得到满足的不协调状况,消费结构代表居民消费的现状和未来的变动趋势,能够评价产业结构的经济效率并反映居民需求的满足程度,消费结构变化通过居民对消费与积累的选择来影响投资结构,从而对未来经济增长产生影响;投资结构失衡一方面反映为中国经济发展过程中储蓄和投资结构严重失衡,另一方面表现为政府投资与民间投资的失衡。

在微观经济结构失衡的各项分维度中,人口结构失衡反映由于人口的年龄结构失衡和性别结构失衡导致的对经济发展的不利因素,其中人口年龄结构失衡意味着我国从"人口红利"阶段步入"人口负债"阶段,从而导致影响经济长期增长的供给方因素发生变化,使经济增长乏力,而

人口性别结构变化意味着经济社会发展的不稳定因素增加；人力资本结构失衡反映出人力资本结构偏离产业发展需要导致的对经济发展的不利因素，即由于劳动力内部的知识结构差距过大，导致中国经济发展难以从要素驱动型的外生增长向知识技术驱动型的内生增长转变；企业结构失衡主要反映出所有制结构不协调所带来的对经济发展的不利因素，即由于国有企业占据竞争性领域，民营企业发展活力下降，进而导致经济发展的民间推动力不足。

3. 中国经济失衡评价指标体系的构建

（1）模糊隶属度综合评价法基本原理。模糊评价法基于模糊数学，根据模糊数学的隶属度理论把定性评价转化为定量评价，即用模糊数学对受到多种因素制约的事物或对象做出总体的综合评价。具体步骤如下：

设评判对象为 P：其因素集 $U_i = \{u_1, u_2, \cdots, u_m\}$，评价等级集 $V_j = \{v_1, v_2, \cdots, v_n\}$，则从因素 U_i 着眼，该评判对象能被评为 V_j 的隶属度为 R_{ij}。一般隶属度的确定采用等级比重法。本文运用模糊统计法对基础指标的数据分组后进行频数分析，进而得到隶属概率，再根据隶属概率的图像确定其对应的隶属函数 f_i，$i \in (1, 2, \cdots, m)$。将被评价的不同时期对应的数据分别代入对应的隶属函数中，可以得到各个指标的隶属度向量 $r_1, r_2, \cdots, r_n$，则评判矩阵为：$R = (R_{ij})_{m \times n}$，其中，$R_{ij}$ 为因素 U_i 对评价等级 V_j 得到的隶属度，$\sum R_{ij} = 1$。

最后采用层次分析法（AHP）来确定权重 A。最终得出模糊评价结果（经济结构失衡指数）：$B = A \times R$。

（2）中国经济结构失衡指标体系的构建。根据经济结构失衡的三个主维度：宏观经济结构失衡、中观经济结构失衡、微观经济结构失衡，我们构建的经济结构失衡评价指标体系如表1所示。

表1 经济结构失衡评价指标体系

二级指标		三级指标	计量单位	指标性质
宏观结构失衡	二元经济结构失衡	二元反差指数（X1）	—	正
		二元对比系数（X2）	—	正
		城乡居民收入比（X3）	—	正
		城乡居民消费比（X4）	—	正
	需求结构失衡	投资率（X5）	%	适度
		消费率（X6）	%	适度
		投资消费比（X7）	—	正
		通货膨胀率（X8）	%	正
	供给结构失衡	全要素生产率增长率（X9）	—	逆
		基础设施投入比重（X10）	—	逆
	国际收支结构失衡	经常项目差额占GDP比重（X11）	%	正
		外汇储备占GDP比重（X12）	%	正
		外债余额与当年外汇收入之比（X13）	—	正
	分配结构失衡	基尼系数（X14）	—	正
		泰尔指数（X15）	—	正
		劳动报酬份额（X16）	%	逆
		工资收入占GDP比重（17）	%	逆
中观结构失衡	产业结构失衡	第一产业比较劳动生产率（X18）	—	逆
		第三产业比较劳动生产率（X19）	—	逆
		第三产业产值比重（20）	%	逆
	消费结构失衡	全社会消费品零售总额增长率（X21）	—	逆
		全社会消费品零售总额与全社会固定资产投资增速差额绝对值（X22）	%	正
	投资结构失衡	非国有投资占全社会固定资产投资比重（X23）	%	逆
		总储蓄与总投资差额绝对值（X24）	—	正

续表

二级指标		三级指标	计量单位	指标性质
微观结构失衡	人口结构失衡	人口抚养比（X25）	—	正
		人口性别比（X26）	—	逆
	人力资本结构失衡	人均受教育年限（X27）	—	逆
		教育基尼系数（X28）	—	正
	企业结构失衡	国有企业产值与非国有企业产值比（X29）	—	正
		国有企业平均产值与非国有企业平均产值比（X30）	—	正
		国有企业平均利润增速与非国有企业平均利润增速比（X31）	%	正

本文考察的是1978~2011年中国经济经济结构失衡的问题，由于34年的数据并不十分连贯和完整，从而限制了我们选择具体指标来衡量各分项指标。

从分析宏观经济结构失衡的指标选择来看，反映城乡二元经济结构失衡的指标，主要选择二元反差指数和二元对比系数来反映城乡二元经济在发展过程的失衡，选择城乡居民收入比和城乡居民消费比作为城乡二元经济发展结果的失衡。分析需求结构失衡则采取消费率、投资率以及投资消费比作为过程失衡的指标。另外，为了反映需求结构失衡，我们选取了通货膨胀率作为衡量指标。为了反映供给结构失衡，我们选取了全要素生产率增长率和基础设施投入占GDP比重两个指标来衡量。为了分析国际收支结构失衡，我们参考项俊波（2008）的研究，采用经常项目差额占GDP比重、外汇储备占GDP比重作为衡量指标，此外，我们采用了外债余额与当年外汇收入之比作为衡量外债水平失衡的指标。反映分配结构失衡的指标，我们采用国民经济核算中收入法统计的劳动报酬份额和工资收入占GDP比重作为衡量初次分配失衡的指标，采用基尼系数和反映城乡收入差距的泰尔指数作为衡量二次分配失衡的指标。

从分析宏观经济结构失衡的指标选择来看，反映产业结构失衡的指标，我们选择第一产业比较劳动生产率、第三产业比较劳动生产率来衡量过程失衡，同时选取第三产业产值比重来衡量结果失衡。反映消费结构失衡的指标，我们选取了全社会消费品零售总额与全社会固定资产投资增速差额的绝对值来衡量消费结构与投资结构的背离，并采用全社会消费品零售总额增长率来衡量消费变化。反映投资结构失衡的指标，我们选取了总储蓄与总投资之间差额的绝对值来衡量储蓄与投资的失衡，同时选取了非国有投资占全社会固定资产投资比重来衡量政府投资与民间投资之间的失衡。

从分析微观经济结构失衡的指标选择来看，反映人口结构失衡的指标，我们选择了人口抚养比来衡量人口年龄结构失衡，同时选择人口性别比来衡量人口性别结构失衡。反映人力资本结构失衡的指标，我们选取人均受教育年限来衡量过程失衡，选取教育基尼系数来衡量结果失衡。反映企业结构失衡的指标，我们选取国有企业与非国有企业的总产值比重来反映微观层面的所有制结构是否失衡，选取国有企业与非国有企业的平均产值比重来反映非国有企业的产值增长是否与非国有企业的数量增长速度相同，同时也选取国有企业与非国有企业平均利润增速比来反映国有经济和非国有经济发展结果的失衡。

三、中国经济结构失衡的评价过程和结果

1. 中国经济结构失衡评价的基本步骤

（1）数据选择及处理。本文采用的数据来自历年的《中国统计年鉴》、《中国工业经济统计年鉴》、

《中国人口和就业统计年鉴》以及《新中国60年汇编资料》、《数字中国30年》、民政部及外汇管理局等网站的统计数据和相关研究。考虑到数据的可得性以及可比性，本文以1978年为基年。缺失数据通过建立回归方程，运用已有的数据进行估计填充。另外，需对有些特殊变量的数据进行说明。

在宏观经济结构失衡的维度中，"二元反差指数"采用"|非农业产值比重−非农业就业比重|"的公式来计算；二元对比系数采用"（农业产值比重/农业就业比重）/（非农业产值比重/非农业就业比重）"的公式来计算；"城乡居民收入比"采用"城镇居民家庭人均可支配收入/农村居民家庭人均纯收入"的公式来计算，"城乡居民消费比"采用"城镇居民人均消费支出/农村居民人均消费支出"的公式来计算；"消费率"采用"最终消费支出/GDP"的公式来计算，"投资率"采用"资本形成总额/GDP"的公式来计算，其中消费率和投资率作为适度指标，对于其适度值的取值我们参考项俊波（2008）的研究，投资率的适度值为38%，消费率的适度值为60%；"投资消费比"采取投资率和消费率的比值；"通货膨胀率"采用环比的居民消费价格指数来衡量；"全要素生产率增长率"中的全要素生产率采用马强文等（2010）的研究数据；"基础设施投入比重"中1978~2006年的数据采用财政支出项目中的基本建设支出作为计算的替代变量，计算公式为"基本建设支出/GDP"，而2007~2011年的数据采用财政支出项目中的一般公共服务作为计算的替代变量，计算公式为"一般公共服务/GDP"；"经常项目差额占GDP比重"采用经常项目差额的绝对值与当年GDP的比值来计算，其中1978~1980年的数据缺乏，均以1981年数据进行填补；"外汇储备占GDP比重"采用外汇储备与当年GDP的比值来计算，"外债余额与当年外汇收入比"采用统计年鉴中的债务率数据，其中1978~1984年数据缺失，以1985年数据进行填补；"基尼系数"的衡量参考刘霞辉等（2008）的研究结果；"泰尔指数"我们采用王少平、欧阳志刚（2008）研究中的定义和计算公式，首先分别计算城镇与农村的收入份额与人口份额之比的自然对数，其次用城乡收入份额作为权数进行加权平均，具体计算公式为 $T_t = \sum_{i=1}^{2} (\frac{p_{it}}{p_t}) \ln(\frac{p_{it}}{p_t}/\frac{z_{it}}{z_t})$，其中 T_t 代表t时期的泰尔指数，i＝1，2分别表示城镇和农村地区，T_t 表示t时期城镇或农村的人口数量，z_t 表示t时期的总人口，p_{it} 表示城镇和农村的总收入（用相应的人口和人均收入之积表示），p_t 表示t时期的总收入；"劳动报酬份额"采用GDP收入法统计的数据，具体计算公式为"劳动报酬/GDP"，我们将省级数据加总从而计算出全国数据，2008年缺失的数据采用2007年和2009年数据的算术平均值进行填充；"工资收入占GDP比重"采用"城镇职工工资收入总额/GDP"的公式来计算，其中货币工资以1978年为定基按照实际工资指数换算为实际工资，同样GDP以1978年为定基换算为实际GDP。

在中观经济结构失衡的维度中，"第一产业比较劳动生产率"和"第三产业比较劳动生产率"采用"第一（三）产业产值占GDP比重/第一（三）产业就业人数占总就业人数比重"的公式来计算；"第三产业产值比重"采用公式"第三产业增加值/GDP"来计算；"全社会消费品零售总额增长率"采用《新中国60年统计资料汇编》和统计年鉴中的数据进行算术处理；"全社会消费品零售总额与全社会固定资产投资增速差额绝对值"采用公式"|全社会消费品零售总额增长率−全社会固定资产投资增长率|"来计算；"非国有投资占全社会固定资产投资比重"采用"（全社会固定资产投资−国家预算内固定资产投资）/全社会固定资产投资"的公式计算；"总储蓄与总投资差额绝对值"采用资金流量表中的数据进行计算，但由于资金流量表的统计只有1992~2011年的数据，因此1992年以前的总储蓄数据采用GDP核算的支出法来计算。

在微观经济结构失衡的维度中，"人口抚养比"采用统计年鉴中的数据，具体计算公式为"（15岁以下人口+64岁以上人口）/15~64岁人口"，但由于1995年以前只提供了1982年、1985年和1990年的数据，因此1978~1981年的数据我们使用1982年的数据代替，而1983~1984年、

1986~1989年以及1991~1994年的数据我们通过移动平均法来计算;"人口性别比"采用"男性人口数/女性人口数"来计算,"人均受教育年限"采用王小鲁等(2009)测算的关于人均受教育年限1978~2007年的数据;"教育基尼系数"则采用张长征等(2006)研究成果的数据;"国有企业与非国有企业产值比"采用公式"国有企业产值/(集体企业产值+私营企业产值)"来计算,而"国有企业与非国有企业平均产值比"采用"国有企业产值/国有企业个数"和"(集体企业产值+私营企业产值)/(集体企业个数+私营企业个数)"的公式来计算;"国有企业与非国有企业平均利润总额增速比"首先通过"国有企业利润总额/国有企业个数"和"(集体企业利润总额+私营企业利润总额)/(集体企业个数+私营企业个数)"的公式计算国有企业和非国有企业的平均利润及其增长率,进而采用公式"国有企业平均利润增长率/非国有企业平均利润增长率"的公式来计算。

另外,由于各指标的单位之间具有不可比性,无法直接进行计算,则需要对原始数据进行处理和变换。根据指标属性的不同,还要对数据进行无量纲化处理:对于正指标的计算公式为 $x_i(D) = \frac{x_i - \min(x_i)}{\max(x_i) - \min(x_i)}$,而对于逆指标的计算公式为 $x_i(D) = \frac{\max(x_i) - x}{\max(x_i) - \min(x_i)}$。其中,$\max(x_i)$、$\min(x_i)$ 分别为指标 x_i 的最大值和最小值。对于适度指标,我们采用公式"|原始值-适度值|"将其转化为正指标后,再运用正指标的处理公式对其无量纲化,经过处理后的各指标数值取值范围为 [0,1]。

(2)确定隶属函数以及隶属度。根据各指标所取的数值,运用模糊统计法对数据分组进行频数分析,得到隶属概率后,再根据隶属概率的图像确定其对应的隶属函数,记为 $f_i(i = 1, 2, \cdots, 35)$。在此我们选择最为一般的高斯函数 $\min(x_i) y = y_0 + \frac{A}{w \times \sqrt{\pi/2}} \times e^{-2 \times \frac{(x - x_c)^2}{w^2}}$ 作为隶属函数。

同时,建立评语集:$V = \{V_1(低), V_2(较低), V_3(一般), V_4(较高), V_5(高)\}$。并根据确定各个指标的隶属函数,将各年份对应各个指标分别代入对应的隶属函数中,最后根据评语集可得在评语集的隶属度,具体结果如表2所示。

(3)确定各级指标的权重。对于各级指标权重的确定,我们采用将主观与客观结合的层次分析法(AHP)。根据AHP法的分析思路,我们采取德尔菲法确定各级指标的相对重要性,并采取九标度法对代表三个主维度的二级指标进行分析,得出判断矩阵A,然后通过判断矩阵来计算权重向量。具体的方法是根据公式 $\bar{a}_{ij} = a_{ij} / \sum_{i,j=1}^{2} a_{ij}$ 将判断矩阵A每一列归一化,然后每一列归一化的矩阵按行相加得出 $M_i = \sum_{i,j=1}^{n} \bar{a}_{ij}$,最后再通过公式 $U_i = M_i / \sum_{j=1}^{n} M_j$ 将向量 $M_i = (M_1, M_2, M_3)^T$ 归一化,就可以求得权重向量的值。求得权重向量后,还要对构造的判断矩阵进行一致性检验,一致性检验是通过一致性指标CI和检验系数 CR = CI/RI 进行的,其中,RI是参考一致性指标,可以根据矩阵阶数查表得出。首先计算判断矩阵的最大特征根:$\lambda_{max} = \sum_{i=1}^{n} \frac{(AW)_i}{nW_i} = 3.0113$,然后计算 CI = $(\lambda_{max} - n)/(n - 1) = 0.0056$,另查表可知当 n = 3 时,RI = 0.58,CR = CI × RI = 0.0097 < 0.1,所以说明判断矩阵A具有令人满意的一致性。

依照此法进一步计算出分维度下的三级指标对于二级指标的相对权重,最后整体归一化,得出各指标权重,具体结果如表2所示。

表2 1978~2011年中国结构失衡总指数的各项指标权重及在评语集上的隶属度

一级指标	二级指标及权重	三级指标及权重		评语集上的隶属度				
				低（%）	较低（%）	一般（%）	较高（%）	高（%）
中国经济结构失衡	宏观经济结构失衡（0.5270）	X1	0.0628	8.8	14.7	50.1	23.5	2.9
		X2	0.0613	17.6	29.4	17.6	23.5	11.8
		X3	0.0550	14.7	5.9	26.5	32.3	20.6
		X4	0.0421	17.6	14.7	8.8	11.8	47.1
		X5	0.0454	17.6	5.9	17.6	26.5	32.3
		X6	0.0444	8.8	8.8	20.6	41.2	20.6
		X7	0.0491	17.6	11.8	20.6	35.3	14.7
		X8	0.0603	55.9	26.5	2.9	11.8	2.9
		X9	0.0962	5.9	38.2	44.1	8.8	2.9
		X10	0.0720	5.9	0	14.7	8.8	70.6
		X11	0.0731	35.3	20.6	17.6	11.8	14.7
		X12	0.0450	50.0	23.5	5.9	5.9	14.7
		X13	0.0364	20.6	8.8	35.3	20.6	17.6
		X14	0.0609	44.1	23.5	20.6	5.9	5.9
		X15	0.0486	23.5	23.5	26.5	14.7	11.8
		X16	0.0776	29.4	38.2	11.8	8.8	11.8
		X17	0.0698	17.6	2.9	17.6	11.8	50.0
	中观经济结构失衡（0.2352）	X18	0.1699	14.7	23.5	17.6	8.8	35.3
		X19	0.1672	2.9	26.5	17.6	17.6	35.3
		X20	0.0565	32.3	11.8	26.5	8.8	20.6
		X21	0.1344	14.7	5.9	32.3	38.2	8.8
		X22	0.1370	8.8	38.2	29.4	8.8	14.7
		X23	0.1675	44.1	17.6	5.9	8.8	23.5
		X24	0.1675	14.7	8.8	29.4	38.2	8.8
	微观经济结构失衡（0.2377）	X25	0.1853	17.6	8.8	38.2	14.7	20.6
		X26	0.1500	2.9	14.7	11.8	50.1	20.6
		X27	0.1573	26.5	17.6	29.4	17.6	8.8
		X28	0.1299	23.5	23.5	26.5	14.7	11.8
		X29	0.1094	26.5	35.3	11.8	14.7	11.8
		X30	0.1190	29.4	14.7	17.6	11.8	26.5
		X31	0.1491	35.3	20.6	14.7	14.7	14.7

2. 中国经济结构失衡测度的结果

（1）中国经济结构失衡指数的变迁。首先根据AHP法得出表2中的权重，其次根据计算公式 $k_t = \sum_{i=1}^{n} u_i \bar{x}_{ti}$，其中 u_i 为指标权重，$\bar{x}_{ti}$ 为第 t 年第 i 指标的无量纲化指标值，可算得中国1978~2011年宏观经济结构、中观经济结构、微观经济结构三个分维度的失衡指数以及中国经济结构失衡总指数，如表3所示。

表3 中国1978~2011年经济结构失衡指数表

年份	宏观经济结构失衡指数	中观经济结构失衡指数	微观经济结构失衡指数	经济结构失衡总指数
1978	0.3348	0.3875	0.6109	0.4128
1979	0.3541	0.3760	0.6074	0.4194
1980	0.3914	0.3758	0.5609	0.4280
1981	0.4310	0.4154	0.5430	0.4539
1982	0.3993	0.4046	0.5305	0.4317
1983	0.3861	0.4098	0.5460	0.4296
1984	0.3472	0.3688	0.5392	0.3979
1985	0.4657	0.2954	0.5376	0.4427
1986	0.4945	0.3761	0.5332	0.4758
1987	0.4528	0.3732	0.4749	0.4393
1988	0.4880	0.3237	0.4585	0.4447
1989	0.5337	0.4226	0.4729	0.4931
1990	0.5184	0.4393	0.4527	0.4865
1991	0.5246	0.3792	0.4429	0.4709
1992	0.4821	0.3834	0.3725	0.4328
1993	0.5162	0.3913	0.3500	0.4497
1994	0.5468	0.4217	0.3436	0.4690
1995	0.4851	0.4712	0.3197	0.4425
1996	0.4695	0.5275	0.2319	0.4385
1997	0.4851	0.5847	0.3263	0.4707
1998	0.5076	0.5978	0.4059	0.5046
1999	0.5115	0.6128	0.4543	0.5217
2000	0.5231	0.6195	0.5413	0.5501
2001	0.5219	0.6289	0.4831	0.5378
2002	0.5122	0.6449	0.4843	0.5368
2003	0.5117	0.6944	0.4915	0.5498
2004	0.5314	0.6821	0.4658	0.5512
2005	0.5393	0.7147	0.5018	0.5716
2006	0.5562	0.7197	0.5261	0.5874
2007	0.5837	0.6994	0.5401	0.6005
2008	0.5769	0.6735	0.5492	0.5930
2009	0.4839	0.6699	0.4987	0.5311
2010	0.5007	0.6817	0.5058	0.5445
2011	0.4871	0.7004	0.5169	0.5443

（2）中国经济结构失衡度的计算。根据上文阐述的模糊综合评价的方法，可以得出各分维度的失衡度以及经济结构整体的失衡度。首先通过一级模糊综合评价是对三级指标进行综合，即先测度宏观经济结构失衡程度，将三级指标X1~X17的权重矩阵记为A_1，模糊综合评价矩阵记为R_1。

$A_1 = [\begin{matrix} 0.0628 & 0.0613 & 0.0550 & 0.0421 & 0.0454 & 0.0444 & 0.0492 & 0.0603 & 0.0962 \\ 0.0720 & 0.0731 & 0.0450 & 0.0364 & 0.0609 & 0.0486 & 0.0776 & 0.0698 \end{matrix}]$

$$R_1 = \begin{bmatrix} 8.8 & 14.7 & 50.1 & 23.5 & 2.9 \\ 17.6 & 29.4 & 17.6 & 23.5 & 11.8 \\ 14.7 & 5.9 & 26.5 & 32.3 & 20.6 \\ 17.6 & 14.7 & 8.8 & 11.8 & 47.1 \\ 17.6 & 5.9 & 17.6 & 26.5 & 32.3 \\ 8.8 & 8.8 & 20.6 & 41.2 & 20.6 \\ 17.6 & 11.8 & 20.6 & 35.3 & 14.7 \\ 55.9 & 26.5 & 2.9 & 11.8 & 2.9 \\ 5.9 & 38.2 & 44.1 & 8.8 & 2.9 \\ 5.9 & 0 & 14.7 & 8.8 & 70.6 \\ 35.3 & 20.6 & 17.6 & 11.8 & 14.7 \\ 50.0 & 23.5 & 5.9 & 5.9 & 14.4 \\ 20.6 & 8.8 & 35.3 & 20.6 & 17.6 \\ 44.1 & 23.5 & 20.6 & 5.9 & 5.9 \\ 23.5 & 23.5 & 26.5 & 14.7 & 11.8 \\ 29.4 & 38.2 & 11.8 & 8.8 & 11.8 \\ 17.6 & 2.9 & 17.6 & 11.8 & 50.0 \end{bmatrix}$$

$B_1 = A_1 \times R_1 = [22.5160 \quad 18.8032 \quad 21.7776 \quad 16.6051 \quad 20.3764]$，可得 1978~2011 年中国宏观经济结构失衡度 $= B_1 \times [1 \quad 2 \quad 3 \quad 4 \quad 5]^T/100 = 2.9376$。

同理可得：

$B_2 = A_2 \times R_2 = [17.8376 \quad 19.5385 \quad 21.7119 \quad 19.1472 \quad 21.6704]$，1978~2011 年中国中观经济结构失衡度 $= B_2 \times [1 \quad 2 \quad 3 \quad 4 \quad 5]^T/100 = 3.0699$。

$B_3 = A_3 \times R_3 = [22.5783 \quad 18.3394 \quad 22.4925 \quad 20.1211 \quad 16.4604]$，1978~2011 年中国微观经济结构失衡度 $= B_3 \times [1 \quad 2 \quad 3 \quad 4 \quad 5]^T/100 = 2.8952$。

二级模糊综合评价是对二级指标对评价对象的影响进行综合，其模糊综合评价矩阵为 $R = [B_1 \quad B_2 \quad B_3]^T$，则可求出二级模糊综合评价集如下：

$$B = A \times R = [0.5270 \quad 0.2352 \quad 0.2377] \times \begin{bmatrix} 22.5160 & 18.8032 & 21.7776 & 16.6051 & 20.3764 \\ 17.8376 & 19.5385 & 21.7119 & 19.1472 & 21.6704 \\ 22.5783 & 18.3394 & 22.4925 & 20.1211 & 16.4604 \end{bmatrix}$$
$= [21.4282 \quad 18.8640 \quad 21.9299 \quad 18.0371 \quad 19.7479]$

则中国整体的经济结构失衡度 $= B \times [1 \quad 2 \quad 3 \quad 4 \quad 5]^T/100 = 2.9583$。

四、中国经济结构失衡的基本判断及其特征

关于经济结构失衡程度并无确定标准，但根据前文测算的基本结果，我们将经济结构失衡的总指数和分项指数均折算到 [1，5] 的区间，同时参考项俊波（2008）的五级分类法，将极值 5 定义为"潜在危机"的最大值，将 1 定义为"正常"的最小值，并以公差 0.8 为单位，给出经济结构失衡指数区间的参照标准值，如表 4 所示。

表 4　经济结构失衡标准值表

经济结构失衡程度	正常	轻度失衡	中度失衡	重度失衡	潜在危机
经济结构失衡指数	1 < K ≤ 1.8	1.8 < K ≤ 2.6	2.6 < K ≤ 3.4	3.4 < K ≤ 4.2	4.2 < K ≤ 5

据计算结果可知，1978~2011年中国整体经济结构的失衡度为2.9583，而宏观经济结构、中观经济结构和微观经济结构三项分维度的失衡度分别为2.9376、3.0699、2.8952。即中国过去34年的整体经济结构变迁处于"中度失衡"状态，同时三项分维度的经济结构变迁也落在了"中度失衡"区间，但宏观经济结构变迁和微观经济结构变迁更加偏向于"轻度失衡"，而中观经济结构变迁更加偏向于"重度失衡"。

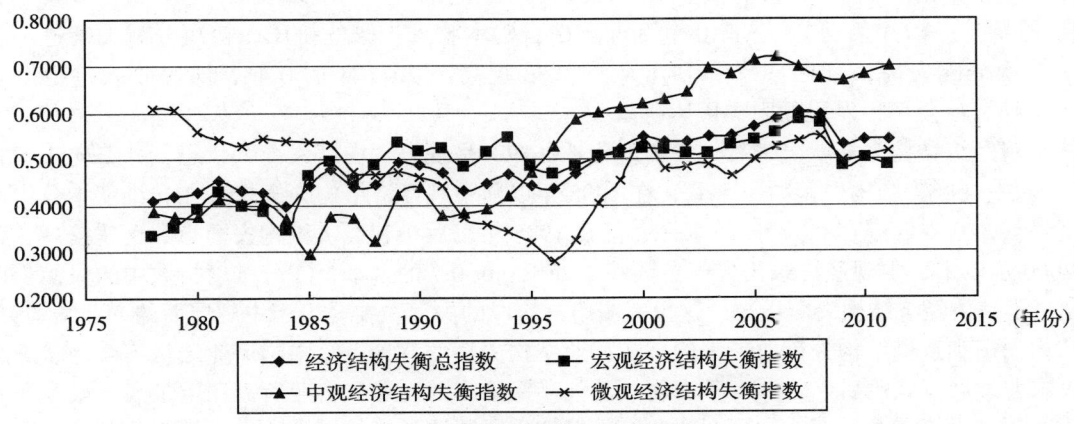

图 1　中国经济结构失衡指数

另外，根据中国经济结构各项分维度的失衡指数（如图1所示）可知，中国34年来的宏观、中观和微观结构失衡指数基本落在0.3~0.7，而整体经济结构失衡指数基本落在0.4~0.6。从整体结构失衡指数的变迁可知，从34年来的整体时间跨度来看，在从计划经济的"此岸"向市场经济的"彼岸"转型过程中，中国的发展路径并非从失衡走向均衡，而是从均衡走向失衡。虽然自2009年以来，中国经济结构失衡指数有所降低，但这仅反映出结构调整初见成效，目前的调整成果还并不能扭转中国经济从均衡走向失衡的整体态势。如果以1998年为分界点，将34年来的经济失衡分为两个主要阶段，我们发现：首先，从总体失衡指数来看，第一阶段的经济失衡指数基本落在0.4~0.5，而第二阶段的经济失衡指数基本落在0.5~0.6，这表明第二阶段比第一阶段失衡程度更重；其次，从各维度失衡指数来看，在第一阶段只有微观经济结构失衡指数在20世纪80年代中期以前处于0.5以上，中观经济结构失衡和宏观经济结构失衡都在0.5以下，而自1999年以来，宏观经济结构失衡、中观经济结构失衡和微观经济结构失衡都落在了0.5以上，这表明，第一阶段是单方面失衡，而第二阶段是全面性失衡。由于经济结构的全面失衡，导致中国经济发展方式转变的根本阻滞，从而使中国经济增长数量与质量不一致，表现出严重的高速度和低质量特征。

从宏观经济结构失衡状况来看，失衡度为2.9376，呈现出"中度失衡"状态，并偏向于"轻度失衡"。而宏观经济结构维度的失衡指数在20世纪80年代中期以前处于低水平震荡，此后一直在波动增长，在2007年达到高峰，自2009年后下降明显，但从34年间整体来看是增长趋势，其与总体经济结构失衡指数的变迁相关性也最高。宏观经济结构的失衡是中国经济结构全面失衡最集中、最明显的表现。在城乡二元经济结构失衡背景下城乡居民收入差距持续扩大，从1978年的2.57提升至2011年的3.20，由于中国二元经济结构的存在，导致在经济增长中出现了以资本—产出比率上升为特征的"粗放型"低质量的增长倾向，形成了对中国经济发展的阻滞。在供给结构失衡的背景下，中国形成"为增长而竞争"的局面，在短期能直接带来增长的要素规模持续增长，而长期才能显现效能的技术、公共服务等明显供给不足，使得整个供给结构偏离稳态的供给水平，而这种扭曲的供给结构直接导致重复建设、资源浪费和产能过剩，制约了增长方式的转变和增长质量的提高。在需求结构失衡的背景下，消费需求长期不足，而投资占比却常年处于高位，进而影响着经济增长的波动性。同时，劳动工资的上升引发普遍的资本替代劳动的行为，进一步增强企业的投资动机，导致经济增长的就业创造效应进一步下降。在国际收支结构失衡背景下，中国经济出现了大规模双顺差现象，外汇储备也因此迅速扩大，从1978年至2011年，中国外汇储备从1.67亿美元增加到31811.48亿美元，年均增长率高达34.8%，巨额的外汇储备使人民币面临着越来越大的升值压力，加剧了中国对粗放型增长方式的依赖程度。在分配结构失衡背景下，资本收入比重不断提高，而劳动收入比重不断降低，在20世纪90年代中期以来尤为明显，其中劳动收入比重降低了12个百分点，有10个百分点来自资本收入扩张的挤压，初次分配失衡进一步又造成了二次分配失衡，基尼系数由1978年的0.33提高至2011年的0.46，居民收入差距持续增大，成为经济社会平稳发展的阻碍因素。

从中观经济结构失衡状况来看，失衡度为3.0699，呈现出"中度失衡"状态，并偏向于"重度失衡"。从中观经济结构失衡指数来看，在1995年以前中观经济结构失衡指数在分维度指数中的失衡程度最低，基本稳定在0.3~0.4的水平，但在1995年以后中观经济结构失衡指数迅速提高，特别是自2000年以来，中观经济结构失衡指数基本处于0.6~0.7的水平，在分维度指数中的失衡程度最高，超过了整体经济结构失衡指数。这也表明第二阶段的失衡主要是由于中观层面的产业结构失衡、消费结构失衡和投资结构失衡所带来的。在产业结构失衡的背景下，中国产业结构不合理状况越发严重，农业发展方式落后、工业竞争力弱、消耗高污染多的企业和行业所占比重过高、服务业发展滞后。经济过于依靠第二产业和第三产业，不仅加重了资源环境的压力，也成为制约经济长期增长和人民生活改善的最大因素。在消费结构失衡的背景下，以消费为主扩大内需的机制难以形成，消费结构的改善不能与经济增长同步，进而使经济发展方式转变的进程滞后。在投资结构失衡的背景下，政府投资增长过快，而民间投资不足。政府投资只能改变经济运行的方向，而民间投资才是拉动经济增长的动力，政府投资和民间投资的错位，严重影响了中国经济发展的活力。

从微观经济结构失衡状况来看，失衡度为2.8952，呈现出"中度失衡"状态，并偏向于"轻度失衡"。微观经济结构失衡指数自1978以来呈现出一个"V"字形的变迁，在1996年以前的微观经济结构是从失衡走向均衡，从0.6下降至0.3左右，而自1996年以后的微观经济结构是从均衡走向失衡，特别是进入21世纪以来，基本保持在0.5以上的水平。在人口结构失衡的背景下，中国的适龄劳动人口比重不断下降，从1978年的62.6%下降至2011年的34.4%，人口红利逐渐消失，进而导致低成本劳动力的优势丧失，未富先老的状况直接威胁着中国的长期可持续发展。在人力资本结构失衡的背景下，出现低素质供给过剩、高素质供给不足的状况，进而造成劳动力的供求不均衡，形成人力资源的浪费与人力资源短缺并存的状态。在企业结构失衡的背景下，出现了新一轮的"国进民退"之争（张宇，2010），尽管国有企业存在着自身效率低下和"增长拖累"的双重效率损失（刘瑞明、石磊，2010），国有企业却开始了新一轮扩张态势，相比而言民营企业的发展则受到限制，对经济增长的推动日趋乏力，致使经济发展的民间推动力严重不足。

五、结论与建议

综上所述，中国过去34年的经济结构从整体来看处于"中度失衡"状态，从中国经济失衡的分项特征来看，中观经济结构失衡更加偏向于"重度失衡"，而宏观经济结构失衡和微观经济结构失衡更加偏向于"轻度失衡"。从中国经济失衡的变迁趋势来看，中国转型过程中的经济结构整体呈现出一种从均衡到失衡的状况，自2009年以来中国经济失衡程度有所降低，反映出结构调整初见成效，但目前的调整策略还不能完全扭转中国经济从均衡走向失衡的整体态势。1978~1998年是中国经济结构失衡的第一阶段，这一阶段的经济结构失衡程度较低，并且主要体现为微观层面的人力资本结构失衡和企业结构失衡；1999~2011年是中国经济结构失衡的第二阶段，这一阶段的总体失衡程度较高，中观层面的产业结构失衡、消费结构失衡和投资结构失衡是整体经济结构失衡的主要原因，同时宏观层面和微观层面的失衡也对整体失衡造成了影响。同时，自2009年以来，中国经济整体失衡指数有所降低，主要是由于宏观结构失衡指数和微观结构失衡指数的降低，但中观经济结构失衡指数依然较高，因此中国下一步结构调整的重心是改善中观层面的产业结构、消费结构和投资结构，同时继续优化宏观经济结构和微观经济结构。

  随着中国经济发展进入新阶段，当前的发展和转型面临着一系列新挑战，要应对这些新挑战，必须深刻把握经济失衡的特征，坚持深化改革，推进结构调整，实现科学发展。通过本文的论述，笔者将过去和当前的失衡特征总结为：过去的经济失衡是单方面失衡，而现在的经济失衡是全面性失衡；过去的经济失衡是中低程度的失衡，而现在的经济失衡是中高程度的失衡；过去的经济失衡在某种程度上成为经济增长的动力，而现在的经济失衡则可能成为经济增长的阻力。未来中国经济要保持长期平稳较快发展，必须以加快转变经济发展方式为主线，继续推进经济结构战略性调整，通过宏观、中观和微观三个层次的路径转型，完成中国经济从"失衡式增长"向"均衡式增长"的转变。

  在宏观方面，一是推进城乡发展一体化，改善二元结构。完善促进城乡发展一体化的制度保障，努力在城乡规划、产业布局、基础设施建设、公共服务一体化等方面取得新突破，促进公共资源在城乡之间均衡配置、生产要素在城乡之间自由流动，推动城乡经济社会发展融合，形成城乡经济社会发展一体化新格局。二是扩大内需，提升消费贡献率，改善需求结构。坚持扩大内需特别是消费需求的战略，充分挖掘内需的巨大潜力，着力破解制约扩大内需的体制机制障碍，加快形成消费、投资、出口协调拉动经济增长新局面。三是实施创新驱动，并增加基础设施投入，改善供给结构。着力构建以企业为主体、市场为导向、产学研相结合的创新体系，依靠技术进步和自主创新，切实增强产业竞争力并提高全要素生产率，同时进一步完善基础设施建设，扩大经济增长的红利空间。四是平衡国际收支，改善国际收支结构。完善国际收支调节的市场机制和管理体制，加强跨境资金双向流动监测预警，加强跨境资金流出入均衡管理，深化外汇管理体制改革，完善汇率形成机制，拓宽外汇资金使用渠道，发展外汇市场，推进国际收支平衡。五是提高"两个比重"，包括劳动报酬占GDP比重和居民收入占国民收入比重，改善分配结构。深化收入分配制度改革，要以提高居民收入占国民收入比重和劳动报酬占GDP比重为核心，在初次分配领域着力增加中低收入者收入，建立健全职工工资正常增长机制，多渠道增加农民收入，在二次分配领域，要加大区域和城乡间转移支付力度，构建社会安全网，健全覆盖城乡居民的社会保障体系。

  在中观方面，一是纠正要素扭曲，发挥比较优势，优化产业结构。深化市场经济体制改革，矫正不合理的价格体系导致的不同要素禀赋地区间的利益关系扭曲，消除地区间重复建设和市场封锁。二是平衡投资与消费，改善消费结构。要促进投资消费良性互动，把扩大投资和增加就业、改善民生有机结合起来，创造最终需求，同时加强市场流通体系建设，发展新型消费业态，拓展新兴服务消费，完善鼓励消费的政策，改善消费环境，保护消费者权益，积极促进消费结构升级。三是处理好政府投资与民间投资的关系，改善投资结构。明确界定政府投资范围，加强和规范地方政府融资平台管理，防范投资风险，鼓励扩大民间投资，放宽市场准入，支持民间资本进入基础产业、基础设施、市政公用事业、社会事业、金融服务等领域，引导其向民生和科技创新等领域倾斜，同时着力遏制盲目扩张和重复建设。

在微观方面，一是消除劳动力市场的制度性障碍，收获"二次人口红利"，改善人口结构。继续培育和完善劳动力市场，形成和谐劳动关系，消除劳动力供给的制度障碍，继续释放和发挥劳动力优势。二是加大科教文卫投入力度，推进基本公共服务均等化，改善人力资本结构。加强技能培训和深化教育，显著提高人力资本水平，以适应产业结构升级和经济发展方式转变的需求，打破劳动力数量短缺的"瓶颈"。三是深化国有企业改革，激发民营经济活力，改善企业结构。深化国有企业改革，鼓励和支持民营企业参与改革进程，同时优化民营企业公平竞争环境，为民营企业提供优良的信息服务、法制服务、融资服务、人才服务，营造适合民营经济快速发展的市场环境，进一步激发全社会的创新能力和经济活力。

参考文献

[1] Blanchard and Giavazzi. Reblancing Growth in China: a Three-handed Approach [J]. MIT Department of Economiccs, Woking Paper, 2005.

[2] Hausman and Sturzenegger. Global Imbalances or Bad Accounting? [J]. The Missing Dark Matter in the Wealth of Nations, CID Working Paper No.126, 2006.

[3] Azinz. J. Rebalancing China's Economy: What does Growth Theory Tell Us? [J]. IMF Working Paper, 2006.

[4] Prasad, E. S. Rebalancing Growth in Asia [J]. NBER Working Paper, 2009.

[5] 项俊波. 中国经济结构失衡的测度与分析 [J]. 管理世界, 2008（9）.

[6] 李宝瑜. 中国宏观经济失衡指数研究 [J]. 统计研究, 2009（10）.

[7] 陈志勇，夏晶. 中国经济内外失衡的测度与分析——基于经济失衡度指标体系的构建 [J]. 当代财经, 2012（7）.

[8] 吴敬琏. 国内经济失衡的原因到底是什么？[J]. 经济研究参考, 2011（12）.

[9] 李永友. 我国需求结构失衡及其程度评估 [J]. 经济学家, 2012（1）.

[10] 刘伟. 我国宏观经济失衡的新特征 [J]. 中共中央党校学报, 2007（2）.

[11] 吴建军，刘郁. 国民收入分配格局对中国经济失衡的影响 [J]. 财政研究, 2012（2）.

[12] 顾巧明，胡海鸥. 危机背景下的中国经济失衡新特征研究：逻辑与对策 [J]. 经济与管理研究, 2009（6）.

[13] 郭树清. 中国经济的内部平衡与外部平衡问题 [J]. 经济研究, 2007（12）.

[14] 巫文强. 中国经济失衡根源在于国民经济初次分配制度的缺陷——基于认得发展经济学视角 [J]. 改革与战略, 2010（6）.

[15] 王少平，欧阳志刚. 中国城乡收入差距对实际经济增长的阈值效应 [J]. 中国社会科学, 2008（2）.

[16] 马强文，任保平. 中国经济发展方式转变的绩效评价及影响因素研究 [J]. 经济学家, 2010（11）.

[17] 王小鲁，樊纲，刘鹏. 中国经济增长方式转换和增长可持续性 [J]. 经济研究, 2009（1）.

[18] 张长征，郇志坚，李怀祖. 中国教育公平程度实证研究：1978~2004 [J]. 清华大学教育研究, 2006（4）.

[19] 刘霞辉，张平，张晓晶. 改革时代的经济增长与结构变迁 [M]. 上海：格致出版社, 2008.

[20] 张宇. 当前关于国有经济的若干争议性问题 [J]. 经济学动态, 2010（6）.

[21] 刘瑞明，石磊. 国有企业的双重效率损失与经济增长 [J]. 经济研究, 2010（1）.

中国流通产业安全的经验度量
——基于结构及趋势调整方法*

李陈华**

一、问题的提出

国内学术界关于产业安全的经验分析始于 20 世纪 90 年代后期,最早如李海舰(1997)、顾海兵(1997),后来许多学者做了进一步拓展,如谢晓霞(1999)、黄建军(2001)、何维达和何昌(2002)等,这些早期研究为产业安全的经验度量提供了重要的分析基础。中国在 2004 年底全面开放流通业之后,外资商业加快了在华并购和扩张的步伐,特易购收购乐购,百思买收购江苏五星,家得宝收购家世界,沃尔玛收购好又多,乐天玛特收购万客隆和时代零售,家乐福收购保龙仓,等等。在这样的背景下,中国流通产业安全问题在政界、企业界和学术界引发了热烈争论。有人认为外资商业所占比重不高,因此中国流通产业不存在安全问题,如龙永图(2005)、张平(2005)等。但学术界普遍把这当作一个经验命题,并进行了实际测算,不过结论大相径庭:有的显示安全或基本安全,如王丽等(2008);有的显示不安全,如朱涛(2010);有的显示安全状况在恶化,如宋则和王水平(2010)、王水平(2010)、张丽淑和樊秀峰(2011);有的显示安全状况在改善,如吴英娜和伍雪梅(2011)。几乎所有经验分析都遵循以下程序:首先设定一级指标,并逐个分解到可测算的二级指标或三级指标,根据数据计算指标值;其次通过赋权反向推算上一级指标值,直至计算出中国流通产业的"安全度";最后基于某种判别标准得出"很安全"、"安全"、"基本安全"、"不安全"或"很不安全"的定性结论。

这种流行的度量方法在以下几个方面值得商榷:①指标归类问题。把某个具体指标归于控制力、竞争力或发展力等一级指标缺乏科学依据,事实上这些范畴很难相互区分开,有发展力就能获得竞争力,有竞争力就能获得控制力,有控制力就能获得进一步的发展力。②指标赋权问题。赋权其实就是根据重要性程度对指标赋予某个权重,以便把没有可加性的指标计算结果汇总为一个确定的值,但即便"专家意见法"也难免主观臆断之嫌,而且指标层次越多,需要赋权的次数也越多。③最终判别标准问题。这一点与赋权类似,也是主观性的。然而,测算结果对以上三个方面都非常敏感,基于不同的指标分类、不同的赋权或不同的判别标准,相同数据会得出不同的结论。[①] 此外,由于产业安全度本身是一个实践问题,只有实践才能证明某个产业是安全还是不安

---

* 国家社科基金重点项目"外资商业竞争与中国流通产业安全研究"(10AJY010);湖南省自科基金项目"零售供应链中的渠道竞争与效率研究"(09JJ6107);湖南省社科基金项目"多种分销渠道下的零售竞争与效率研究"(08JD27)。
** 李陈华(1973—),男,江西永修人,中国人民大学商学院博士后,湖南商学院经济与贸易发展研究院副院长、教授。
① 这三方面问题不仅针对流通产业安全度量,在基于指标体系的其他经验分析中也同样存在。

全，因此要给出一个精确的产业安全度数值并赋予实际含义是非常困难的。但我们认为，通过恰当的指标设计和科学的经验方法，可以测算出产业安全度的相对变化，即在各个时期的排序。这一观点类似于消费者行为理论中的"基数效用论"与"序数效用论"（效用不能度量，只能排序）。所以，本文的经验分析将要测算的是一个体现相对变化的"序数安全度"，而不是具有精确数值的"基数安全度"。特别地，针对外资商业在中国的地理布局和发展趋势，我们将提出两种新的方法对指标初始计算结果进行调整，以便更加科学地反映中国流通产业安全的真实状况（纪宝成、李陈华，2012a，2012b；李陈华，2012）。

本文内容安排如下：首先提出中国流通产业安全的经验方法，包括指标选取原则和计算调整方法，然后基于2006~2011年的数据测算出各项指标值，汇总计算中国流通产业的"序数安全度"，分析结果并结合测算过程讨论可能的政策选择，另外还将专门讨论中国流通业"逆向型"开放路径，作为前述经验结果的一个重要补充解释，最后得出结论和进一步研究的方向。

二、经验方法

这一部分将针对流通产业安全的特殊性提出度量指标的选取原则以及指标计算的两种调整方法，即结构调整法（针对外资商业的非均衡地理布局）和趋势调整方法（针对外资商业的历史发展趋势）。

1. 指标选取原则

（1）相对性与可加性。流通产业安全的核心在于中外商业的控制力和竞争力比较，这是一个相对意义上的概念，因此全部选择相对数指标。并且，这些指标必须具有可加性，要么全部为比率指标（中外商业实力相比），要么全部为百分比指标（外资商业所占比重），只有这样最终的指标值加总才有实际意义，更重要的是这避免了上述三个方面的主观性问题。

（2）科学性与权威性。指标选取既要科学，能恰当反映中国流通产业安全的实际状况，同时又要考虑数据的可获得性，确保数据来源的权威性。一些指标非常适于反映中外商业竞争力或控制力的比较，但没有权威数据来源（如无法准确度量的外资商业政策），或者有权威数据来源，但不符合流通产业安全的内在逻辑（如宽泛的外贸依存度），二者均不可取。只有既科学又权威的指标数据才能确保测算结果的客观和准确。

（3）连续性与可持续性。外资商业的历史发展趋势对中国流通产业安全具有重要意义，中外商业在中国市场上的实力对比时刻都在变化，流通产业安全本来就是一个动态的概念，过去安全并不意味着现在安全，现在安全并不意味着未来安全，而经验评价的最终目的在于对中国流通产业安全进行动态监测。所以，指标数据不仅要在各个历史年度具有连续性，而且在未来时期仍然持续可得。一些指标有权威数据来源，但不连续，只有一个年度或部分年度的数据，或者历史上连续，但现在由于统计口径调整而不再可得，均不可取。只有连续且可持续的指标测算，才能确保中国流通产业安全的动态可监测性。

2. 结构调整法

结构调整法主要针对外资商业在中国地理布局的非均衡性。总体比重只是一个平均意义上的概念，而流通产业作为保障人民日常生活补给的一线产业，其安全问题往往是地区性的，整个国家的宏观数据显示外资商业比重不高，并不意味着个别地区比重不高。实际情况也是如此，大多数外资商业集中在北京、上海、广州、大连、深圳等沿海发达地区和大中型城市，中西部地区和中小城市外资商业比重偏低大大拉低了总体比重。从全国来看，2011年限额以上批发零售业销售收入中外资商业（含港、澳、台商）所占比重为12.66%，但这只是一个总体比重，实际上许多地区的外资商业比重大大偏离了平均值，比如，最高的上海达33.73%，最低的山西只有0.31%①。更进一步讲，即便在各个地区内部，外资商业地理布局也是不平衡的，比如2011年陕西全省限额以上批发零售企业销售额中外资商业占5.81%，但它们全部集中在西安市（占全省的100%），从而导致西安市的外资商业比重上升为12.63%，远高于基于全省的所谓平均水平。

因此，在实际经验分析中有必要对一些指标的初始计算结果进行结构调整，以避免总体情况掩盖地理分布不均可能导致的潜在安全问题。各地区指标值的标准差（σ）可以大致反映这种不均衡程度，给定外资商业总体比重不变，σ越大说明分布越不均匀，σ越小说明分布越均匀，σ为零意味着均匀分布（现实中几乎不可能出现的极端情况）。我们的调整方法是，在原有指标值基础上再加上标准差。比如全国外资商业总体指标值为α，共有m个地区，各地区指标值为（$α_1$, $α_2$, …, $α_i$），标准差为σ，那么实际有意义的比重应该调整为 α + σ②。一般情况下，外资商业在中国地理布局都是非均衡的，即 σ > 0，所以调整后的指标值显然会高于初始值。我们认为，这种调整是必要的。为了说明这一点，假想一种极端情况，2011年外资商业比重全国仍为12.66%，但其中有一半都集中在上海，那么上海的外资商业比重将上升至52.88%，这是一个非常高的比重，意味着外资商业已经实际地控制了上海流通业。所以，未经调整的初始计算可能会低估外资商业的区域控制力，高估中国流通产业的安全度。以上分析也说明，许多学者基于总体比重来判别外资商业在中国的控制力以及中国流通产业安全状况，实际上是不科学的。

3. 趋势调整法

趋势调整法主要针对外资商业发展的历史趋势。流通产业安全是一个动态问题，通常所说的产业安全问题往往是指一种潜在威胁而非实际状态（纪宝成、李陈华，2012a，2012b），因此必须关注外资商业在中国市场上的发展轨迹，根据历史发展分析当前情况，预测未来趋势。为了说明历史趋势的重要性，假想三种不同的情形，2006~2011年外资商业在中国市场所占比重：（A）保持不变，各年均为10%；（B）逐年上升，依次为5%、6%、7%、8%、9%、10%；（C）逐年下降，依次为15%、14%、13%、12%、11%、10%。从当前情况来看，三种情形没有差异，外资商业比重都是10%，但实际上这三者有着完全不同的含义：对于情形B，即便比重不高也值得注意，因为外资商业所占比重逐年上升，也许在不远的将来就会升得更高；对于情形C，即便比重更高也不一定意味着产业安全威胁，因为其总体趋势是下降的，也许很快就会降得更低；对于情形A，属于平稳发展，只要比重不是非常高，一般不会有问题（在后文测算中将会看到，情形B就是中国当前的实际情况）。显然，基于当前指标值来判别外资商业控制力和中国流通产业安全度也是不科学的，这些指标值必须加以调整，以反映该指标的历史发展趋势，我们的方法如下：

假定有n个年度的数据，分别为（x_1, x_2, …, x_{i-1}, x_i, …, x_n），这里 x_n 实际上就是当前年度数据，那么经趋势调整后的指标值可表示为：

$$x_n + \frac{n-1}{n}(x_n - x_{n-1}) + \frac{n-2}{n}(x_{n-1} - x_{n-2}) + \cdots + \frac{2}{n}(x_3 - x_2) + \frac{1}{n}(x_2 - x_1)$$

这种调整算法的逻辑是：离当前越近的时期对未来趋势影响越大，因此权重越高，依次递减，离当前越远的时期权重越小。考虑前面所假定的三种情形：（A）各年比重不变，经趋势调整后的指标值仍然保持不变，仍为10%，因为每一项（$x_i - x_{i-1}$）= 0；（B）比重逐年增加，经趋势调整后的指标值上升至12.5%，因为每一项（$x_i - x_{i-1}$）> 0；（C）比重逐年减少，经趋势调整后的指标值

---

① 数据来自全国及各省、自治区、直辖市统计年鉴，经作者整理、计算。后文中数据如无特殊说明，与此相同。

② 事实上，外资商业不仅在各省分布不均，而且在各省内部各市之间、各市内部各县之间分布也不均，这意味着结构调整可以层层递进，但这种递进在实际测算过程中往往会受到数据可得性限制。

下降至 7.5%，因为每一项（$x_i - x_{i-1}$）< 0。在实际测算中，特定指标值不一定持续增加、减小或不变，但上述方法同样适用，某个历史年度增加意味着对当前指标值的向上调整，减小则意味着对当前指标值的向下调整。

三、指标数据与实际测算

根据以上的指标选取原则和计算调整方法，现在可以尝试构建指标体系并进行实际测算。

1. 指标选取与数据来源

为了全面反映外资商业在中国市场的控制力和竞争力以及外资商业的整体实力，我们选择了 10 个相对数指标（$a_1 \sim a_{10}$），都是百分比，具有可加性。如前文所述，由于流通产业安全是一个动态问题，必须考虑各项指标的历史变化，因此这 10 项指标在计算中都必须进行趋势调整。但只有涉及地理布局问题的指标（$a_1 \sim a_5$）才需要在计算中进行结构调整。指标后面括号中的"σ"表示该指标需要进行结构调整，同时有"σ"和"t"表示该指标需要先进行结构调整再进行趋势调整，比如 $a_i(t)$ 表示第 i 个指标经趋势调整后的值，$a_k(\sigma, t)$ 表示第 k 个指标经结构调整及趋势调整后的值。下面分别说明各项指标的含义（在后文分析测算结果时还将进一步解释）：

$a_1(\sigma, t)$，外资商业的市场比重，用全国社会消费品零售总额中外资商业所占比重来表示，主要反映外资商业对整个中国市场的控制力；

$a_2(\sigma, t)$，外资商业的行业比重，用限额以上批发零售企业销售收入中外资商业所占比重来表示，主要反映外资商业对流通业的行业控制力；

$a_3(\sigma, t)$，外资商业的资产比重，用限额以上批发零售企业总资产中外资商业所占比重来表示，主要反映外资商业总体上的资产及经营实力；

$a_4(\sigma, t)$，外资商业的数量比重，用限额以上批发零售企业数量中外资商业所占比重来表示，主要反映外资商业总体数量上的相对变化；

$a_5(\sigma, t)$，外资进入流通行业的比重，用全国实际利用外商直接投资总额中批发零售业所占比重来表示，主要反映外资进入中国的行业选择倾向性；①

$a_6(t)$，外资商业的利润比重，用限额以上批发零售企业总利润中外资商业所占比重来表示，主要反映外资商业总体上的获利能力，由于不涉及地理布局问题，因此只需趋势调整；

$a_7(t)$，中国连锁百强总营业额中外资商业所占比重，主要反映外资连锁商业与本土连锁商业在中国市场上的竞争力比较，只需趋势调整；

$a_8(t)$，中国零售百强营业额中外资商业所占比重，主要反映外资零售商业与本土零售商业在中国市场上的竞争力比较，只需趋势调整；②

---

① 特别需要说明的是，在计算该指标的地区间标准差时，考虑到各地区外资进入会有时间上的先后，因此我们首先算出各地区 2006~2011 年 6 个年度的平均值，然后再根据各地区平均值计算出一个整体的"地区间标准差"，避免外资进入时序导致的扭曲。关于这一点，可以举例说明，假设两个地区 A 和 B，2006 年 A 地区流通业占 FDI 总量的 10%，B 地区没有，2007 年恰好相反，B 地区流通业占 FDI 总量 10%，A 地区没有，如果采用原来的方法根据每个年度比重计算标准差，数字会很大，但实际上很明显，这两个地区流通业对外资的吸引力没有什么差别。

② 在连锁百强和零售百强中识别外资企业并不是一件容易的事。一些企业由于港、澳、台地区注册背景而在许多资料中被列为外资企业（比如华润万家），或者为了利用外资优惠政策而绕道注册为外资企业（如深圳百佳华），但实际上它们都属于本土企业。另一些企业由于股份变化、并购等因素而导致性质变化，如江苏五星电器 2006 年被百思买收购，因此从 2007 年开始我们将其列为外资商业。对于类型不太明确的企业，本文的区分标准是，若使用了外国品牌名称则算作外资企业，比如深圳岁宝百货，因为"岁宝百货"是来自英属维尔京群岛的零售品牌。

$a_9(t)$，全球零售250强总营业额中在中国大陆有业务的外资公司所占比重，主要反映中国市场上大型外资商业的整体实力，只需趋势调整；

$a_{10}(t)$，全球零售250强中在中国大陆有业务的外资公司的数量比重，主要反映中国市场上大型外资商业的数量变化，只需趋势调整。

值得进一步说明的是，以上指标可能存在部分重叠，比如a_7与a_8，都是用于反映外资商业整体上的相对竞争力，但两者的含义和数据来源不同，连锁商业包括餐饮住宿，零售商业包括非连锁的百货店。更重要的是，我们测算的不是"基数安全度"，而是"序数安全度"，因此这种重叠不仅不会影响最终结论，反而有助于更加全面地反映真实情况。

以上指标的数据来源包括中经网统计数据库，中国资讯行，中国统计年鉴和各个省、直辖市、自治区统计年鉴，中国贸易外经统计年鉴，中国连锁经营协会发布的"中国连锁百强"，中国商业联合会与中华全国商业信息中心联合发布的"中国零售百强"，《商店》杂志与德勤国际人力资本咨询公司联合发布的"全球零售250强"。在不同的数据来源中存在个别数据的不一致或遗漏，我们进行了仔细的甄别、补充和估算；一些指标的数据可以追溯到2000年，但另一些指标则由于部分年度关键数据缺失、统计口径变化或重大政策调整（如2004年底流通业全面开放）等原因，我们不得不放弃更早的历史时期，统一使用2006~2011年数据。

2. 指标计算与结果汇总

根据以上所述的计算方法和数据来源对各项指标进行实际测算，结果如表1~表5所示。

表1 2006~2011年外资商业的市场及行业比重

单位：亿元；%

年份	市场						行业					
	社零额	外资	a_1	σ	$a_1(\sigma)$	$a_1(\sigma, t)$	批零额	外资	a_2	σ	$a_2(\sigma)$	$a_2(\sigma, t)$
2006	79145	2473	3.12	2.78	5.90	5.90	96395	7614	7.90	4.78	12.68	12.68
2007	93572	3248	3.47	2.94	6.41	6.66	118392	10700	9.04	5.61	14.65	15.63
2008	114830	5034	4.38	4.12	8.50	10.07	187657	20366	10.85	5.25	16.10	17.73
2009	132678	5856	4.41	4.11	8.52	9.71	181554	19895	10.96	6.59	17.55	19.85
2010	156998	7531	4.80	4.33	9.13	10.56	248874	29048	11.67	6.61	18.28	20.71
2011	183919	9620	5.23	5.29	10.52	12.88	320929	40618	12.66	6.58	19.24	22.06

注："社零额"指社会消费品零售总额；"批零额"指限额以上批发零售企业销售收入。详细数据参见附表1~附表4。

表2 2006~2011年外资商业的资产及数量比重

单位：亿元；个；%

年份	资产						企业数量					
	总资产	外资	a_3	σ	$a_3(\sigma)$	$a_3(\sigma, t)$	总数量	外资	a_4	σ	$a_4(\sigma)$	$a_4(\sigma, t)$
2006	41489	3472	8.37	5.37	13.74	13.74	51788	1553	3.00	2.74	5.74	5.74
2007	50507	4963	9.83	6.14	15.97	17.08	55737	1870	3.36	3.13	6.49	6.86
2008	75118	8778	11.69	5.44	17.13	18.64	100935	3921	3.88	3.20	7.08	7.73
2009	85339	10249	12.01	6.75	18.76	21.12	95468	3657	3.83	3.45	7.28	7.91
2010	108556	13471	12.41	6.76	19.17	21.39	111770	4266	3.82	3.79	7.61	8.37
2011	138288	18963	13.71	6.99	20.70	23.83	125223	5274	4.21	4.37	8.58	10.03

注："总资产"指限额以上批发零售企业资产加总值；"总数量"指限额以上批发零售法人企业总数。详细数据参见附表5~附表8。

表3 2006~2011年批发零售业占FDI比重与外资商业利润比重

单位：万美元；亿元；%

年份	实际利用FDI					批零业利润			
	全国	批零业	a_5	σ	$a_5(\sigma)$	$a_5(\sigma, t)$	加总	外资	a_6	$a_6(t)$
2006	6302100	179000	2.84	3.73	6.57	6.57	6729	1026	15.25	15.25
2007	7476800	267652	3.58	3.73	7.31	7.68	8502	1574	18.51	20.15
2008	9239500	443297	4.80	3.73	8.53	9.59	15328	2764	18.03	18.80
2009	9003300	538980	5.99	3.73	9.72	11.40	14858	2823	19.00	20.30
2010	10573500	659566	6.24	3.73	9.97	11.52	18203	3790	20.82	23.32
2011	11601100	842455	7.26	3.73	10.99	13.14	22852	5017	21.95	24.98

注："批零业利润"指限额以上批发零售企业销售利润加总。实际利用FDI的详细数据参见附表9~附表10。

表4 2006~2011年中国连锁百强和零售百强中的外资商业比重

单位：万元；%

年份	连锁百强营业额				零售百强营业额			
	加总	外资	a_7	$a_7(t)$	加总	外资	a_8	$a_8(t)$
2006	85519397	18288614	21.39	21.39	86153734	16425297	19.07	19.07
2007	100223692	21390766	21.34	21.32	103700268	19754544	19.05	19.04
2008	119986917	28931101	24.11	25.94	120567881	25400037	21.07	22.41
2009	135787144	31162183	22.95	23.45	136683282	28064692	20.53	21.14
2010	166252247	37982791	22.85	23.17	166412000	33946575	20.40	20.78
2011	165073982	40704273	24.66	26.43	201216555	36066447	17.92	16.18

注：中国连锁经营协会2011年调整了统计口径，导致总营业额有所下降，参见连锁经营协会网站http://www.ccfa.org.cn/index.jsp。

资料来源：中国连锁经营协会，中国商业联合会、中华全国商业信息中心，以及作者整理、计算。

表5 全球零售250强中在华有业务外资商业的营业额及数量比重

单位：百万美元；个；%

年份	250强营业额				250强企业数量			
	加总	在华外资	a_9	$a_9(t)$	加总	在华外资	a_{10}	$a_{10}(t)$
2006	3246257	1093346	33.68	33.68	250	37	14.80	14.80
2007	3619257	1240394	34.27	34.57	250	44	17.60	19.00
2008	3818834	1336847	35.01	35.69	250	41	16.40	16.53
2009	3760199	1343890	35.74	36.81	250	44	17.60	18.60
2010	3940748	1458548	37.01	38.88	250	47	18.80	20.56
2011	4271176	1586608	37.15	38.82	250	52	20.80	23.93

注："在华外资"指全球250强零售中在中国有业务的外资企业，包括我国港、澳、台企业以及公司业务所在国家/地区被列为"全球"（global）的企业（如戴尔），但不包括上榜的中国大陆企业；许多国家的公司财务年度没有统一日期，250强中企业财务年度截至6月，如2011年，一些公司财务年度可能是2010年6月~2011年5月，另一些公司财务年度2010年2月~2011年1月；250强营业额为零售营业额，而不是集团总收入。

资料来源：《商店》杂志http://www.stores.org/，德勤国际人力资本咨询公司http://www.deloitte.com/，以及作者整理、计算。

由于在前文经验方法中设定了指标选取的可加性原则，因此表1~表5中各项指标计算结果可以直接加总，然后用10减去加总值来表示最终的产业安全度。这样处理主要是为了阐述方便，因为这10项指标都是百分比（$a_i \in [0, 1]$），加总值最大为10，而且都是针对外资商业，所以用10

减去加总值能够更直观地体现产业安全度,差越大说明中国流通产业越安全;反之则越不安全。[①]可以把汇总计算方法表示如下:

$$S = 10 - \sum_{i=1}^{10} a_i; \quad S' = 10 - \left[\sum_{i=1}^{5} a_i(\sigma, t) + \sum_{i=6}^{10} a_i(t)\right]; \quad \Delta S = S' - S$$

这里 S 表示未经计算调整的中国流通产业安全度,S′表示经计算调整后的中国流通产业安全度,ΔS 表示中国流通产业安全度变化的速度趋势。S 及 S′越大说明外资商业相对控制及竞争能力越弱和/或地理分布越均匀,因此中国流通产业就越安全,反之则相反;ΔS 增大说明是加速发展趋势,不变说明是平稳发展趋势,减小说明是减速发展趋势。根据上述汇总计算方法和表1~表5中的计算结果,不难得出中国流通产业的安全度,如表6所示。

表6 2006~2011年中国流通产业安全度

年份	2006	2007	2008	2009	2010	2011
S	8.7058	8.5995	8.4978	8.4698	8.4118	8.3445
S′	8.5118	8.3201	8.1687	8.0971	8.0074	7.8772
ΔS	-0.194	-0.2794	-0.3291	-0.3727	-0.4044	-0.4673

四、结果分析与政策讨论

从表6的数据可以看出,无论是 S、S′还是 ΔS,在 2006~2011 年都持续下降,说明中国流通产业安全自 2006 年以来一直朝着不利的方向发展,而且呈加速态势,更直观的趋势如图1所示。

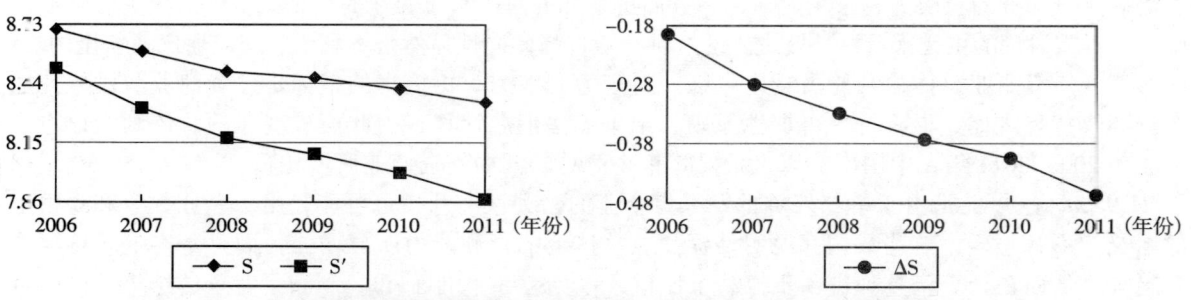

图1 2006~2011年中国流通产业安全度的相对变化(左)及速度趋势(右)

图1显示,2006年以来S与S′之间的距离越来越大,呈"喇叭口"形状,结果导致 ΔS 逐渐下降,说明中国流通产业安全状况不仅持续变坏,而且还是加速变坏。另外,未经计算调整的安全度 S 始终位于经过计算调整的安全度 S′的上方,这说明计算调整起着拉低作用,或者说初始计算结果高估了中国流通产业安全状况。换句话说,如果有其他研究证明中国流通产业当前存在安全问题,那么我们的研究结论则表明这种安全问题可能早几年前就已经存在。可以设想,如果图

---

① 对于经计算调整后的加总值,只能说一般会在 0~10,极端情况下会超出这一范围:大于10说明民族商业相对外资商业的竞争和控制能力持续快速上升;小于0说明民族商业相对外资商业的竞争和控制能力持续快速下降。这里"持续快速"在程度上必然非常之大,尤其前者,并不意味着就是好事,因为其原因也许不是由于民族商业竞争和控制能力本身的增长,而是由于外资商业全面退出,这就值得关注了。

图 1 中 S 与 S′之间的距离越来越小，呈"逆向喇叭口"形状，ΔS 向右上倾斜，则意味着 S′甚至 S 在不远的将来可能触底反弹，转为上升，中国流通产业安全状况逐渐好转。但是，根据我们对 2006~2011 年的数据测算结果显示，目前还没有出现这种好转的迹象。

1. 分析结果

根据图 1 中显示的变化趋势以及前文的测算过程，现在可以进一步详细讨论中国流通产业安全在 2006~2011 年呈以上变化趋势的原因，我们总结为以下几个方面：

（1）外资商业的相对控制力持续增强。在 2006~2011 年，外资商业市场比重（a_1）从 2.78% 增加到 5.29%，行业比重（a_2）从 7.90% 增加到 12.66%，资产比重（a_3）从 8.37% 增加到 13.71%，企业数量比重（a_4）从 3.00% 增加到 4.21%，均呈逐年上升趋势，在计算的趋势调整过程中累积性地抬高了最终结果，参见表 1 和表 2 中的 $a_1(\sigma, t) \sim a_4(\sigma, t)$。这意味着外资商业市场控制力、行业控制力和资本控制力越来越强，同时也说明忽视历史趋势而基于当前比重来判断中国流通产业安全状况是不恰当的。

（2）外资商业在中国的地理分布越来越不均匀。如前文所述，外资商业地理分布是流通产业安全相对其他行业来说必须考虑的一个特殊因素，分布越均匀对流通产业安全越有利；反之则越不利，这是我们提出结构调整法的基础。在 2006~2011 年，外资商业地理分布不均匀的程度（σ）越来越严重。无论从 $a_1 \sim a_4$ 哪个指标上看，σ 都持续增加，在结构调整过程中抬高了各项指标值，参见表 1 和表 2 中的 $a_1(\sigma) \sim a_4(\sigma)$，并且与趋势调整结合在一起，这种作用也是累积性的。当然，适度不均匀是正常的，但这种递增趋势却值得注意，这是导致中国流通产业状况相对恶化的一个重要因素。

（3）外资进入流通业的倾向性明显增强。在 2006~2011 年，全国所有行业实际利用 FDI 中流通业所占比重（a_5）从 2.84% 增加到 7.29%，呈逐年递增趋势，从而也起着累积性的拉高作用，参见表 3 中的 $a_5(\sigma, t)$。另外，根据各个行业实际利用 FDI 金额进行排序，批发零售业从 2004 年的第 10 位上升至 2011 年的第 3 位，仅次于始终排名前两位的制造业和房地产业。[①] 这一方面说明中国流通业对外资的吸引力越来越大，另一方面也是外资对中国流通业的一种入侵。这里关键是要适度。从本文讨论的主题来看，外资进入的这种行业选择倾向性显然是不利于中国流通产业安全的。

（4）外资商业总体盈利能力越来越强。对于盈利能力，更恰当的指标是外资商业与民族商业的资产收益率之比，但不符合可加性原则，结果无法汇总计算，因此换成现在的总体利润比重指标。在 2006~2011 年，中国限额以上批发零售企业总利润中外资商业所占比重（a_6）从 15.25% 增加至 21.95%，这可能是由于单个外资批发零售企业的营利性上升，也可能是由于企业数量和规模上的增长。不管怎样，这些数据都说明外资商业总体上的营利能力明显增强，而且基本上呈逐年上升趋势，从而在计算调整中进一步拉高了比重，参见表 3 中的 $a_6(t)$。利润是竞争的结果，同时也是竞争力进一步提升的基础，外资商业总体利润比重增加显然也是不利于中国流通产业安全的。

（5）外资商业的整体实力越来越强。这里说的整体实力是指全球视角下的实力，而不是仅限于外资商业在中国市场的实力。选择这一指标主要是为了避免中国连锁或零售百强排名可能造成的错觉，让人误以为苏宁、国美、百联、大商等民族商业非常强大，实际上绝非如此，与中国流通企业竞争的不是沃尔玛（中国）、家乐福（中国），而是整个沃尔玛、家乐福，中国零售老大苏宁的营业规模还不到沃尔玛的 1/30。在 2006~2011 年，全球零售 250 强总营业额中在中国有业务的外资企业所占比重从 33.68% 增加至 37.15%，企业数量从 14.80%（37 家）增加至 20.80%（52 家），两项指标基本上都呈逐年上升趋势（见表 5）。进入中国的外资商业不论是本身实力增长，

[①] 数据来自中经网统计数据库，一部分为作者整理、计算得出。

还是企业数量增加，对中国流通企业来说都意味着竞争加剧，从而不利于中国流通产业安全。

（6）中国民族商业的本土竞争实力开始增强。这里使用了中国连锁百强和零售百强的排名数据，因为排行榜上的民族商业与外资商业具有同层次平台上的直接竞争关系，其相互比较具有典型的说明意义。在2006~2011年，中国连锁百强总营业额中外资商业所占比重从21.39%上升至24.66%，零售百强总营业额中外资商业比重从19.07%下降至17.92%，乍看起来这里并没有显示出某种一致性的趋势。但如果把时期缩短至最近4年，外资商业比重有明显下降趋势（尤其是零售百强），说明中国民族商业的本土竞争实力近些年来开始增强（见表4）。① 这显然是有利因素，并且从长期来看，中国本土商业的崛起将成为中国流通产业安全形势好转的根本动力。

（7）全球金融危机对外资商业影响更大。在以上10项指标中，许多指标值（如a_1、a_4、a_6、a_7、a_8、a_{10}）在2008~2010年都有不同程度的下降或减缓，表明在此期间的全球金融危机对外资商业的冲击相对更大，而对中国民族商业的冲击相对更小，或者说民族商业在中国市场上应对全球经济形势变化的能力相对更强。这一点在中国零售百强排名中表现得最为典型，外资商业占总营业额的比重在2008年达到最高21.07%之后持续下降，随后各年度分别为20.53%、20.40%、17.92%（见表4）。最新的"中国零售百强"数据显示，2012年这一比重继续下降至17.48%。② 这也证实了国内学术界经常提到的"危机与机遇共存"观点，在2008全球金融危机期间，中国流通企业在本土市场打了一场漂亮的反攻战。

以上就是2006~2011年影响中国流通产业安全变化的主要因素，其中前5个是不利因素，后2个是有利因素。从目前的汇总结果来看，不利因素仍然占主导地位，从而导致中国流通产业安全在考察期内加速恶化，但如果中国民族商业能够以2008全球金融危机为契机，反败为胜，继续保持这种相对增长优势，它们将成为扭转中国流通产业安全当前不利局势的中坚力量。

2. 政策讨论

中国2001年正式加入世界贸易组织，并根据承诺于2004年底全面开放了流通业，在这样的背景下，针对中国流通产业安全问题提出对策建议并不是一件容易的事情。一方面要保障中国民族商业的利益，促进民族商业竞争力提升，确保中国流通产业安全不受威胁；另一方面又不能违反世界贸易组织公平竞争原则。鉴于此，我们认为保障中国流通产业安全首先必须有一个正式的法律和制度平台，为具体的政策方案提供"合法的"基础，然后才可以根据经验研究结果确定一些可操作的政策选择，具体说包括以下四个方面：

（1）加快流通立法，为保障中国流通产业安全搭建一个法律平台。这里需要说明的是，许多人认为流通业天然属于竞争性行业，因此无须政府介入，但实际上并非如此，即便发达市场经济国家对流通业也有着各种各样的法律和政策规制，如日本的《大店立地法》，法国的《罗瓦耶法》，德国的《建筑物使用条例》，西班牙的《零售法》，丹麦的《商店营业时间法》，韩国的《流通产业发展法》。中国作为一个正处在转型期的发展中大国，流通业发展相对滞后，市场结构尚不成熟，民族商业相对弱小，当前还没有专门的流通立法，这是很不正常的。加快流通立法势在必行。

（2）加强城市商业网点规划，制定大商店选址听证制度。流通立法是一个相对漫长的过程，但流通政策却可以起到立竿见影的作用。利用政策工具规制流通业的健康发展也是发达国家的普遍做法，如奥地利、挪威、意大利的营业时间管制，美国、加拿大、比利时的商业网点规划，等等。近些年来外资商业进入中国的步伐明显加快，市场比重持续上升，这与中国缺乏有效的流通产业规制措施不无关系，也许外资商业恰恰利用了这种政策空当。中国商务部2004年开始起草

---

① 中国连锁百强总营业额中外资商业所占比重在2008年之后连续下降，2011年突然上升至24.66%，2012年又开始下降至24.32%。这可能与中国连锁经营协会2011统计口径变化有关，其实趋势应该与零售百强类似。

② http://www.wumii.com/item/19rCYEcHO. 部分数据为作者整理、计算得出。

《城市商业网点规划管理条例》,但直到现在也是"久闻楼梯响、不见人下楼",这也是大多数地方商业网点规划最终流于形式的主要原因之一。对于大商店选址听证,前些年重庆、广州、西安、太原和海口等城市曾先后试行过,但尚未形成可推广的经验模式,还需进一步的探索。这些政策不一定要从字面上偏袒民族商业,但实施过程中的操作空间非常大,能够起到促进民族商业发展的实际作用。

(3)对不同地区实施不同的流通政策,扭转外资商业地理布局的非均衡趋势。改革开放以来,中国经济发展取得了辉煌成就,创造了所谓的"中国奇迹",但同时也呈现出典型的非均衡特征,中西部地区的发展相对滞后。流通业的发展和外资商业进入的地理布局也是如此,东部地区外资商业比重较高、流通业发展较快,中西部地区外资商业比重较低、流通业发展较慢,而且根据前文测算,外资商业在2006~2011年的地理布局非均衡逐年加剧,从而影响中国流通产业安全。[①] 这是制定流通产业政策时需考虑的一个重要方面,不同的地区应该有不同的流通产业政策。对于流通业相对发达、外资商业比重较高的地区,对外资进入应该保持警惕,至少各地区不应该相互竞争,再不能像从前那样给予外资商业"超国民待遇"。对于流通业相对落后、外资商业比重较低的地区,仍然可以保持招商引资的力度,把外资商业从发达地区逐步吸引到欠发达地区,一方面有助于缓解外资商业非均衡地理布局带来的潜在流通安全问题,另一方面也有助于充分利用外资商业为落后地区的经济发展服务。

(4)政府商务部门牵头建立保障中国流通产业安全的预警机制。本文针对中国流通产业安全提出了一种新的经验度量方法,并进行了实际测算,总体上能够反映实际情况。但是如前文所述,科学的指标选取和权威的数据来源对这种经验方法的功效有着重要的影响。在本文的测算中,一些更恰当的指标由于缺乏权威数据或关键年度数据不可得而不得不放弃,还有一些指标由于早年数据缺失而只好缩短考察时期,从而导致最终测算仅限于2006~2011年度的10项指标。因此,要使我们的方法对中国流通产业安全真正起到动态监测作用,还需要政府商务部门牵头建立专门的监控系统、扩展指标和数据来源,建立一个分层次、分区域、全方位的流通产业安全预警机制。

五、进一步评论

中国流通产业安全状况在2006~2011年持续加速恶化,除上述几个原因之外,还有一个重要的方面就是中国流通业开放的历史背景——自下而上的"逆向型"开放路径。所谓"逆向型"开放,即地方政府率先开放,并通过与中央的讨价还价,以既成事实推动中国流通业的全面开放,结果导致在中国商业改革尚在探索、流通企业尚在萌芽、市场体系尚未形成、市场结构尚未成熟、中央政府尚在考虑、国际贸易组织谈判尚不明朗的时候,外资商业就已经开始全面进入。许多超前进入的外资商业与地方政府GDP政绩捆绑在一起,形成既定的利益格局,给中国民族商业造成了极其不利的成长环境。由于这一因素极其重要但又无法在经验测算中得到体现,所以有必要进行补充评论,为中国流通产业安全问题提供进一步的注解。

从中央政策层面上看,在2004年以前,对外资商业数量、地域、业态、股权和经营范围等方面均设有各种限制。1992年《国务院关于商业零售领域利用外资问题的批复》中明确规定外资商业

---

① 也许有人认为这与经济发达程度有关,经济越发达的地区,外资商业所占比重自然倾向于越高,但实际上不是这样,简单的统计计算显示:2011年外资商业比重排序与GDP排序、人均GDP排序之间的相关系数分别为0.2976和0.4976,说明外资商业布局与各地经济发达程度之间的相关度其实并不高。

试点的地区（6城市5特区）、方式（合资或合作）、业务范围（百货和进出口）及审批程序，1995年《指导外商投资方向暂行规定》和《外商投资产业指导目录》中把"商业零售、批发"和"物资供销"列入限制类（乙）外商投资项目，尝试放开批发业，并下放部分审批权限，但总体上仍然限制外资商业进入。然而，在地方政府实际操作层面上并非如此，中央批准的外资商业项目只有40多个，但地方政府越权批准了316个。事实上国务院早就发现了这一问题，并连续多次下文要求地方政府清理整顿越权审批的外资商业项目，①尤其是1998年98号文件通知的措辞非常严厉：

……经过清理需要进行整改的外商投资商业企业还有199家。整改的具体要求是……对在《国务院办公厅关于立即停止地方自行审批外商投资商业企业的紧急通知》下发后审批、不按规定时间入资、未通过年检或未参加年检的36家外商投资商业企业，以及属于清理整顿范围而未上报的外商投资商业企业，由省级外经贸部门、工商行政管理部门撤销原批准证书，办理注销登记或吊销营业执照手续……对违背国家商业领域吸收外商投资试点政策，擅自越权审批外商投资商业企业的地方人民政府，特别是在《紧急通知》下发后，仍自行批准设立非试点外商投资商业企业的重庆、成都、西安、南昌市人民政府，予以通报批评……

可以看出，中央对各地竞相引资、越权审批外商投资项目的做法非常不满，要求相关部委细化规定并彻底清查整顿。于是，国家经济贸易委员会、对外贸易经济合作部联合出台了《外商投资商业企业试点办法》（外经贸部［1999］第12号），明确规定不允许外商独自设立商业企业，中外合营（包括合资和合作）商业企业暂限于试点地区，并且对合营商业企业在投资者资质、注册资本、经营业态、经营范围、经营年限、报批程序等方面都有非常具体的规定。之后不久，国家经济贸易委员会、对外贸易经济合作部、国家工商行政管理总局联合下发了《关于立即停止越权审批和变相设立外商投资商业企业的通知》（国经贸外经［2000］1072号）：

……但是，《通知》②发布之后，仍有一些地方越权批准和变相设立外商投资商业企业……为维护国家法规和政策的严肃性，现将有关事项通知如下：……坚决制止擅自批准外商投资商业企业和外商以其他方式参与国内商业经营项目的做法……

这份通知旨在贯彻国务院办公厅98号文件精神，但效果仍然不理想，一些地方政府仍然在拖延整改、违规审批。于是，国家经济贸易委员会、对外贸易经济合作部、国家工商行政管理总局再次联合下发《关于进一步做好清理整顿非试点外商投资商业企业工作的通知》（国经贸外经［2001］787号）。根据这份通知，在各地擅自越权批准设立的316家非试点外商投资商业企业中，有65家已转为内资、不再经营商业或已注（吊）销，其他251家仍在经营。并且，从这份文件中还可以发现，在国务院98号文件下发之后地方政府又擅自越权批准设立了216家外资商业企业，可见地方政府引进外资商业的热情之高昂、心情之迫切。③

从上述一系列文件中可以看出，中国流通业对外开放实际上是一场中央—地方政府博弈，中央的初衷是通过试点逐步探索经验，对外资商业实行渐进式开放，但结果不然，地方政府引进外资商业的热情远远超过中央的预期。更有甚者，等到中央发现地方引进外资商业步伐过快、普遍违规越权审批项目的时候，想及时制止已经力不从心了。在这场博弈中，国家经济贸易委员会、

---

① 参见《国务院办公厅关于立即停止地方自行审批外商投资商业企业的紧急通知》（国办发明电［1997］15号）；《国务院办公厅关于清理整顿非试点外商投资商业企业有关问题的通知》（国办发［1997］26号）；《国务院办公厅关于清理整顿非试点外商投资商业企业情况的通知》（国办发［1998］98号）。
② 指国务院1998年下发的98号文件。——作者注
③ 并且，这份文件在第7条中还点名指出"河南郑州丹尼斯百货有限公司"违规开店，并在附件中详细列出了"需要整改的216家非试点外商投资商业企业名单"、"已转为内资、不经营商业或已注销的65家非试点外商投资商业企业名单"、"98号文件列入通过类的32家非试点外商投资商业企业名单"。

对外贸易经济合作部、国家工商行政管理总局等业务主管部门起着重要的沟通和调停作用。比如，尽管《试点办法》第四条明确提出"合营商业企业的地区由国务院规定"，但实际上把引进外资商业的试点地区进一步扩大到"省会城市、自治区首府、直辖市、计划单列市和经济特区"，审批权限也进一步下放，这从一个侧面也反映了地方政府引进外资商业的要求以及由此而对中央施加的压力。至于国经贸外经〔2001〕787号文件中列出需整改的216家非试点外商投资商业企业，最终结果如何不得而知，因为恰恰在这个时候，中国加入世界贸易组织的谈判尘埃落定，协议内容我想中央、部委和地方政府都应该早已心中有数。① 这样看来，这场博弈的"解"实际上并不在于参与方，也不在于调停方，而在于局势所迫、大势所趋，所谓水到渠成。

社会上流传着一种说法，认为中国在入世谈判中牺牲了分销领域，让步太大，承诺太多。从以上分析中可以看出，事实并非完全如此。中国流通业的全面开放是必然趋势，不仅美国等西方国家有这种迫切要求，中国的地方政府也同样如此，正如龙永图（2005）所说："……事实上，在不少城市，外资零售巨头进入的规模、速度，远远超前于零售业开放时间表……"这样看来，如果说2004年底流通业全面开放有不妥之处，那么问题也许不完全在于西方国家施压和中央政府谈判让步，中国地方政府用实际行动所表达出来的愿望也是一个非常重要的因素，甚至是促成这一协议条款的关键决策变量。正是在这种意义上，我们说中国流通业开放属于一种自下而上的"逆向型"开放。②

以上评论与本文的经验测算没有直接关系，但对测算结果却有着重要的解释作用，中国流通产业安全状况的持续加速恶化与这种"逆向型"开放路径不无关系。相对而言，中央政府更加关注整个宏观层面上的市场结构、行业发展和产业安全问题，而地方政府更加看重GDP政绩，希望外资商业项目拉动GDP增长，而不顾中央制定的渐进式开放路线。这是讨论流通产业安全问题的一个重要背景，也是必须建立中国流通产业安全预警机制的重要佐证，因为谁也不能保证类似的中央—地方博弈在未来不会重演。

六、结论与研究展望

根据本文的测算结果，中国流通产业安全在2006~2011年呈加速恶化的态势，其中原因是多方面的，针对流通业的法律缺失和政策规制不完善、外资商业总体实力增强、进入速度过快、地理布局不均衡等，都有助于促成这种不利的趋势，但2008年全球金融危机之后中国民族商业实力相对增强，是中国流通产业安全状况在未来可能好转的基础性力量。尽管经验结论没有指出中国流通产业当前究竟是安全还是不安全，或者说没有给出一个确定的安全度数值，但是，相对于那些基于当前外资商业总体比重或基于主观赋权及判别标准的分析，我们通过科学的指标选取、计算和调整而测算出中国流通产业安全度相对变化趋势，更能客观地反映真实情况，相应的政策讨论也更有实际意义。并且，我们的分析具有动态可持续性，可以根据外资商业在中国未来的实际发展情况，把分析逐年扩展，这其实就意味着建立了中国流通产业安全的动态监控机制。特别地，

---

① 事实上，早在1999年11月中美之间就达成协议，中国承诺开放分销领域。
② 只不过学术界可能没有认识到这一点，而政府官员又不愿意公开承认，毕竟这涉及中央与地方之间的一场权力博弈。在协议签订之后，面对社会各界关于流通业过度开放的质疑，政府官员的解释转向一些积极的方面，特别强调开放并未过度，如龙永图（2005）认为外资零售没有想象的那么可怕，不宜过高估计其影响和冲击，零售开放不会危及国家安全，并指出中国本土零售企业的四大误区。站在政府立场上，龙永图的观点是务实的，已经开放了、签约了、承诺了，怕也没用，当务之急自然是把本土零售企业快速做大做强。

我们专门讨论了中国流通产业自下而上的"逆向型"开放路径,这是一个重要的历史背景,也是影响中国流通产业安全的一个重要因素,为本文的测算结果提供了有力的附加解释。

除了经验分析本身的结论之外,本文在经验方法上可能有所贡献:①以"序数安全度"取代'基数安全度",即基于可加性指标直接测算中国流通产业安全的相对变化,而不限于一个具体的安全度数值,因此避免了(流通)产业安全经验度量中指标赋权和判别标准上的主观臆断问题,这种方法具有一般性,对其他类似的经验分析同样适用。②在指标计算过程中,针对外资商业地理布局非均衡性使用结构调整法,针对历史发展趋势使用趋势调整法,不仅可以更加客观地反映外资商业控制力和中国流通产业安全的真实情况,而且这些方法也是一般性的,完全可以扩展至其他经验分析。

由于篇幅、数据来源和研究能力等方面的限制,最后还需指出一些有待进一步研究的方向。本文基于"序数安全度"测算出了中国流通产业安全的相对变化,而没有给出具体的安全度数值,但是在条件成熟的情况下,组织权威专家进行综合评估,并赋予具体的判别标准,可以把"序数安全度"转换为"基数安全度",对中国流通产业安全做出更精确的判断。另外,本文选取了10个代表性指标反映外资商业控制力、竞争力和整体实力的相对变化,事实上这一指标体系还可以进一步扩展,并且基于"序数安全度"的测算方法,只要满足可加性原则,指标数量增加不会改变分析结构。最后,由于没有针对中国流通产业安全的专门数据库,个别指标数据需要在不同的来源中反复甄别,特别是地方统计层面上的数据,可能还存在统计口径上的差异,所以这项工作的完善还需中央层面上的协调和帮助。以上就是本研究在未来可能的拓展方向,希望得到学术界同仁的继续关注。

附录

附表1 2006年、2007年、2008年中国各地区社会消费品零售总额

单位:万元;%

地区	2006年			2007年			2008年		
	社零额	外资	比重	社零额	外资	比重	社零额	外资	比重
北京	32752000	2767532	8.45	38002000	3781051	9.95	46455000	4494920	9.68
天津	13568000	517470	3.81	16037000	877154	5.47	20787000	1590845	7.65
河北	33974000	37336	0.11	39862000	55630	0.14	49911000	158654	0.32
山西	16134000	74318	0.46	19141000	113306	0.59	24211000	60273	0.25
内蒙古	15953000	4510	0.03	19041000	20455	0.11	24630000	7845	0.03
辽宁	34346000	995696	2.90	40301000	1427194	3.54	50324000	1907564	3.79
吉林	16758000	267402	1.60	19992000	260181	1.30	25492000	272301	1.07
黑龙江	19977000	191879	0.96	23311000	256853	1.10	29283000	346543	1.18
上海	33604000	4535200	13.50	38478000	5064000	13.16	45772000	9193200	20.08
江苏	66232000	2787600	4.21	78381000	3555000	4.54	99051000	5154400	5.20
浙江	53253000	1253900	2.35	62140000	855100	1.38	75333000	2716800	3.61
安徽	20294000	74818	0.37	24037000	292897	1.22	30452000	537926	1.77
福建	27042000	574236	2.12	31879000	524364	1.64	38667000	2990437	7.73
江西	14280000	159737	1.12	16831000	85317	0.51	21420000	—	0.7
山东	71225000	726176	1.02	84388000	962689	1.14	106588000	1063125	1.00
湖北	34120000	321000	0.94	40285000	691000	1.72	51097000	882000	1.73
湖南	28342000	369202	1.30	33565000	478593	1.43	42226000	—	1.46
广东	91181000	4372471	4.80	105981000	5857863	5.53	129866000	—	5.87
广西	16008000	139814	0.87	18979000	238671	1.26	23958000	446919	1.87

续表

地区	2006年			2007年			2008年		
	社零额	外资	比重	社零额	外资	比重	社零额	外资	比重
海南	3083000	31530	1.02	3620000	63899	1.77	4632000	—	2.44
重庆	14036000	278414	1.98	16612000	442575	2.66	21471000	1460180	6.80
四川	34216000	721035	2.11	40156000	891464	2.22	49448000	1612623	3.26
贵州	6898000	119205	1.73	8218000	127010	1.55	10752000	111430	1.04
云南	11889000	282760	2.38	13946000	481135	3.45	17647000	678150	3.84
西藏	897000	0	0.00	1120000	0	0.00	1300000	3806	0.29
陕西	15220000	134400	0.88	18009000	175300	0.97	23171000	—	2.28
甘肃	7175000	6918	0.10	8333000	9212	0.11	10236000	2405	0.02
青海	1801000	25200	1.40	2083000	18704	0.90	2597000	25040	0.96
宁夏	1990000	30	0.00	2333000	2176	0.09	2954000	0	0.00
新疆	7276000	59567	0.82	8477000	62491	0.74	10415000	97505	0.94
标准差			2.78			2.94			4.12

注：①"社零额"指社会消费品零售总额。②批发企业有少量零售业务，零售企业也有少量批发业务，但自2009年之后中国统计年鉴中不再详细区分，数据不可得，因此在计算市场比重用"限额以上外资零售企业销售额"数据。零售企业批发额和批发企业零售额相抵，误差不会太大。③"批零额"用"限额以上批发零售企业销售收入"数据。④河南数据不可得。⑤2008年度江西、湖南、广东、海南、陕西相关数据缺失，表中比重根据前后年份平均值估算。

资料来源：中经网统计数据库，中国资讯行，各个省、直辖市、自治区统计年鉴，中国贸易外经统计年鉴，部分为作者整理、计算得出。

附表2　2009年、2010年、2011年中国各地区社会消费品零售总额

单位：万元；%

地区	2009年			2010年			2011年		
	社零额	外资	比重	社零额	外资	比重	社零额	外资	比重
北京	53099000	6750283	12.71	62292989	9580688	15.38	69003243	11199845	16.23
天津	24308000	1529874	6.29	28602000	1751733	6.12	33950561	2588571	7.62
河北	57649000	129777	0.23	68217916	218824	0.32	80355009	308028	0.38
山西	28090000	49900	0.18	33181548	72962	0.22	39034114	98062	0.25
内蒙古	28553000	2897	0.01	33840040	40696	0.12	39917090	190126	0.48
辽宁	58126000	1964159	3.38	68876434	2501853	3.63	80953216	2762722	3.41
吉林	29573000	331994	1.12	35049161	495692	1.41	41198174	505782	1.23
黑龙江	34018000	689822	2.03	40392185	791514	1.96	47501330	747013	1.57
上海	51732000	9863700	19.07	60704910	11597300	19.10	68148106	15986800	23.46
江苏	114841000	7721300	6.72	136068431	8926700	6.56	159883843	12438700	7.78
浙江	86223000	3175600	3.68	102454076	4349300	4.25	120280043	5837500	4.85
安徽	35278000	699860	1.98	41976958	887205	2.11	49551396	1235388	2.49
福建	44810000	3061591	6.83	53100270	3967019	7.47	62761676	7806241	12.44
江西	24844000	221275	0.89	29562473	268554	0.91	34850588	323114	0.93
山东	123630000	1392767	1.13	146203436	2056700	1.41	171554947	2489248	1.45
湖北	59284000	1048000	1.77	70138517	1176621	1.68	82751613	978193	1.18
湖南	49137000	731729	1.49	58394998	908612	1.56	68847291	1228300	1.78
广东	148918000	9239077	6.20	174584440	12522270	7.17	202975152	15043555	7.41
广西	27907000	335260	1.20	33119968	376132	1.14	39082299	537994	1.38
海南	5375000	166800	3.10	6392863	298968	4.68	7595347	256873	3.38
重庆	24790000	1728440	6.97	29385769	728759	2.48	34877960	2615034	7.50
四川	57587000	1660762	2.88	68100715	2280774	3.35	80445836	2948308	3.66

续表

地区	2009年			2010年			2011年		
	社零额	外资	比重	社零额	外资	比重	社零额	外资	比重
贵州	12473000	231085	1.85	14826803	330826	2.23	17516261	464770	2.65
云南	20511000	791676	3.86	25424000	1267727	4.99	30000812	1689200	5.63
西藏	1566000	4726	0.30	1852502	4171	0.23	2189946	4218	0.19
陕西	26997000	968417	3.59	31956725	1492492	4.67	37899852	2464180	6.50
甘肃	11830000	18095	0.15	13945354	13152	0.09	16480067	92389	0.56
青海	3005000	24851	0.83	3508263	24000	0.68	4104504	1059	0.03
宁夏	3393000	0	0.00	4036125	3235	0.08	4775815	4094	0.09
新疆	11775000	292469	2.48	13751346	493945	3.59	16162925	399257	2.47
标准差			4.11			4.33			5.29

注：参见附表1。

资料来源：中经网统计数据库，中国资讯行，各个省、直辖市、自治区统计年鉴，中国贸易外经统计年鉴，部分为作者整理、计算得出。

附表3 2006年、2007年、2008年中国各地区批发零售企业销售收入

单位：万元；%

地区	2006年			2007年			2008年		
	批零额	外资	比重	批零额	外资	比重	批零额	外资	比重
北京	120939000	22683212	18.76	157676693	29549723	18.74	224569100	47697086	21.24
天津	44985000	3070215	6.82	54352472	4124834	7.59	86520239	5715957	6.61
河北	16213000	34386	0.21	19459460	54723	0.28	35612419	394005	1.11
山西	14508000	43953	0.30	20280937	61814	0.30	36358597	166925	0.46
内蒙古	9993000	142811	1.43	12489113	30835	0.25	20516170	36711	0.18
辽宁	48704000	1597136	3.28	55441653	2519850	4.55	80958662	3159202	3.90
吉林	8916000	180548	2.02	10584198	178163	1.68	29244627	—	2.19
黑龙江	12122000	250199	2.06	14075542	290254	2.06	21074577	485286	2.30
上海	130660000	27326600	20.91	146542680	39785000	27.15	270046008	55041900	20.38
江苏	68053000	3460263	5.08	84240504	6022000	7.15	182997164	14283500	7.81
浙江	92660000	820400	0.89	114198575	1593000	1.39	162505890	3732600	2.30
安徽	16890000	173427	1.03	20417663	544154	2.67	31303480	1793591	5.73
福建	32516000	996819	3.07	38413748	2310917	6.02	52384665	6443452	12.30
江西	7999000	120638	1.51	8888368	125547	1.41	12200868	—	2.28
山东	46380000	1053571	2.27	61322414	1468347	2.39	110826961	2976650	2.69
河南	24536000	316238	1.29	28929717	411359	1.42	40536997	541978	1.34
湖北	26649000	656000	2.46	33295826	1284000	3.86	53471289	1848000	3.46
湖南	13282000	369227	2.78	15598811	494268	3.17	24864741	—	3.23
广东	123646000	9992325	8.08	151912743	12861693	8.47	202728008	—	10.53
广西	10079000	82866	0.82	11146978	229004	2.05	17925238	—	2.27
海南	3767000	84352	2.24	4533621	189248	4.17	7003410	—	5.74
重庆	12013000	260308	2.17	15767270	382412	2.43	26754508	1448458	5.41
四川	18007000	906551	5.03	23834896	845512	3.55	36934376	2458024	6.66
贵州	4473000	124119	2.77	5399511	134425	2.49	10017087	168150	1.68
云南	19946000	321273	1.61	21586034	480687	2.23	28348771	730794	2.58
西藏	328000	0	0.00	316200	0	0.00	612578	0	0.00
陕西	12135000	251616	2.07	18364877	370086	2.02	22387451	—	4.70
甘肃	9504000	25777	0.27	13298531	15044	0.11	15075438	19284	0.13

续表

地区	2006年			2007年			2008年		
	批零额	外资	比重	批零额	外资	比重	批零额	外资	比重
青海	1482000	32725	2.21	1543083	52884	3.43	2660718	196154	7.37
宁夏	1604000	5397	0.34	1966847	5073	0.26	4393212	25526	0.58
新疆	10961000	79352	0.72	18041913	232993	1.29	25734477	265370	1.03
标准差			4.78			5.61			5.25

注：①"批零额"指限额以上批发零售企业销售收入；②2006年度河南"外资批零额"根据外资企业投资总额估计而得；③2008年度吉林、江苏、江西、山东、湖南、广东、广西、海南、陕西外资比重根据前后年度平均值估计。

资料来源：中经网统计数据库，中国资讯行，各个省、直辖市、自治区统计年鉴，中国贸易外经统计年鉴，部分为作者整理、计算得出。

附表4 2009年、2010年、2011年中国各地区批发零售企业销售收入

单位：万元；%

地区	2009年			2010年			2011年		
	批零额	外资	比重	批零额	外资	比重	批零额	外资	比重
北京	231723203	49166992	21.22	319338000	70567273	22.10	384073000	87261957	22.72
天津	85400355	6221560	7.29	118646000	9597037	8.09	163686000	13675578	8.35
河北	33666102	322392	0.96	49793000	441422	0.89	72649000	580830.1	0.80
山西	34327105	179067	0.52	53121000	166096	0.31	71815000	217864	0.30
内蒙古	21890309	32460	0.15	29378000	85178	0.29	34350000	205982	0.60
辽宁	71855713	2913605	4.05	92940000	3753779	4.04	132793000	4031205	3.04
吉林	14792736	398507	2.69	21299000	2853137	13.40	25222000	2577570	10.22
黑龙江	24883024	996093	4.00	27419000	1086942	3.96	41149000	814836	1.98
上海	211690381	67536900	31.90	288230000	87648700	30.41	401783000	111912600	27.85
江苏	172075752	15424292	8.96	240344000	26291200	10.94	292277000	35317300	12.08
浙江	151717544	4329300	2.85	209271000	6454900	3.08	269138000	10691400	3.97
安徽	33352625	2085303	6.25	44388000	2474491	5.57	58013000	2810519	4.84
福建	53923210	6071957	11.26	75482000	7668910	10.16	101034000	11038957	10.93
江西	13408137	421735	3.15	18469000	545115	2.95	22558000	579546.2	2.57
山东	113605519	3693301	3.25	156348000	6793191	4.34	190568000	6477339	3.40
河南	43189261	595192	1.38	57249000	1188995	2.08	70363000	1509113	2.14
湖北	50034311	1580000	3.16	69822000	2711000	3.88	88256000	3919200	4.44
湖南	28053147	919211	3.28	35375000	1175328	3.32	47658000	1321991	2.77
广东	211007380	26536964	12.58	286955000	37269841	12.99	353801000	49993467	14.13
广西	18306307	455155	2.49	23035000	485947	2.11	30197000	644273	2.13
海南	6902867	503924	7.30	12554000	980771	7.81	14344000	599292.7	4.18
重庆	35482972	1858898	5.24	50799000	3630614	7.15	68779000	9803664	14.25
四川	38165112	2212537	5.80	51133000	3098831	6.06	71015000	4063481	5.72
贵州	10947936	239521	2.19	14111000	302323	2.14	18080000	424463	2.35
云南	29833432	931313	3.12	39391000	1528688	3.88	48810000	1716700	3.52
西藏	766686	4039	0.53	888000	3565	0.40	1038000	3605	0.35
陕西	27598012	2038025	7.38	39273000	2649827	6.75	50304000	4149441	8.25
甘肃	14443178	31753	0.22	19920000	52173	0.26	25761000	110200.1	0.43
青海	2335138	68822	2.95	3530000	97070	2.75	5959000	368873.4	6.19
宁夏	4292134	31662	0.74	5314000	36147	0.68	7003000	41784	0.60
新疆	25870576	396169	1.53	34929000	654481	1.87	46808000	589159	1.26
标准差			6.59			6.61			6.58

注：①参见附表3；②2009年度西藏外资商业数据根据零售额和主营业务收入综合估算。

资料来源：中经网统计数据库，中国资讯行，各个省、直辖市、自治区统计年鉴，中国贸易外经统计年鉴，部分为作者整理、计算得出。

附表 5　2006 年、2007 年、2008 年中国各地区批发零售企业资产

单位：万元；%

地区	2006年			2007年			2008年		
	资产加总	外资	比重	资产加总	外资	比重	资产加总	外资	比重
北京	77541000	11494242	14.82	102158000	17260758	16.90	149919000	25912351	17.28
天津	13569000	1305040	9.62	17128000	2065096	12.06	26118000	2757469	10.56
河北	7160000	21350	0.30	8140000	34736	0.43	13063000	147468	1.13
山西	8762000	28477	0.33	9881000	42833	0.43	13240000	83434	0.63
内蒙古	4607000	79984	1.74	5389000	22960	0.43	6492000	16977	0.26
辽宁	15743000	712047	4.52	18110000	968142	5.35	24566000	1571169	6.40
吉林	3835000	119061	3.10	4132000	120977	2.93	7370000	—	4.73
黑龙江	5619000	80472	1.43	6385000	84141	1.32	9159000	158511	1.73
上海	43170000	11574900	26.81	49868000	15336800	30.75	87664000	21591700	24.63
江苏	26303000	1578000	6.00	32835000	2717800	8.28	60469000	5557700	9.19
浙江	35564000	402500	1.13	45464000	949400	2.09	66094000	1856400	2.81
安徽	7293000	72840	1.00	9624000	315232	3.28	12826000	674782	5.26
福建	13563000	493536	3.64	18097000	1252433	6.92	24139000	2509176	10.39
江西	3375000	63614	1.88	3792000	37604	0.99	4883000		1.96
山东	22556000	595658	2.64	29500000	738744	2.50	44234000	1715103	3.88
河南	11505000	248302	2.16	12944000	322988	2.50	16665000	320042	1.92
湖北	10219000	188000	1.84	11520000	447000	3.88	16909000	905000	5.35
湖南	6740000	188379	2.79	6651000	236669	3.56	11064000	—	3.36
广东	47687000	4327269	9.07	55310000	5338000	9.65	74743000	—	12.44
广西	4325000	34991	0.81	4894000	107372	2.19	6888000	—	2.7
海南	1507000	38448	2.55	1615000	92937	5.75	2828000	—	7.91
重庆	5703000	142063	2.49	6331063	193941	3.06	9603000	747234	7.78
四川	7245000	384404	5.31	9161000	471172	5.14	14761000	957823	6.49
贵州	5565909	223397	4.01	6617755	252538	3.82	10763236	188619	1.75
云南	10848000	146605	1.35	13840000	231698	1.67	16994000	331073	1.95
西藏	255000	0	0.00	223000	0	0.00	384000	0	0.00
陕西	4585000	60245	1.31	5359000	53131	0.99	7396000	15646	0.21
甘肃	3103000	4706	0.15	3887000	4246	0.11	4834000	—	0.34
青海	642000	43793	6.82	764000	46193	6.05	2191887	54162	2.47
宁夏	1053000	6000	0.57	1234000	5557	0.45	1794000	55742	3.11
新疆	8542000	45888	0.54	8001225	154836	1.94	10489412	560012	5.34
标准差			5.37			6.14			5.44

注：①"资产"指限额以上批发零售企业年末资产，贵州为销售额数据，但对比重影响不会太大；②2008年及吉林、江西、湖南、广东、广西、海南、陕西、甘肃外资商业比重根据前后年度平均值估计。

资料来源：中经网统计数据库，中国资讯行，各个省、直辖市、自治区统计年鉴，中国贸易外经统计年鉴，部分为作者整理、计算得出。

附表 6　2009 年、2010 年、2011 年中国各地区批发零售企业资产

单位：万元；%

地区	2009年			2010年			2011年		
	资产加总	外资	比重	资产加总	外资	比重	资产加总	外资	比重
北京	171815000	32240971	18.76	208565000	41499896	19.90	250823000	49129743	19.59
天津	29481000	2974411	10.09	39447000	4407803	11.17	57655000	6693420	11.61
河北	15705000	242515	1.54	23155000	233222	1.01	30274000	277946	0.92

续表

地区	2009年 资产加总	外资	比重	2010年 资产加总	外资	比重	2011年 资产加总	外资	比重
山西	16779000	76283	0.45	24522000	117149	0.48	30927000	156473	0.51
内蒙古	7446000	5924	0.08	9610000	11878	0.12	15186000	38908	0.26
辽宁	28274000	2055206	7.27	34274000	2700452	7.88	42451000	3490507	8.22
吉林	6028000	392870	6.52	7921000	696339	8.79	9802000	698377	7.12
黑龙江	10000000	315709	3.16	13356000	481589	3.61	16571000	405696	2.45
上海	82533000	28066800	34.01	103000000	33526500	32.55	138801000	41800600	30.12
江苏	69426000	7347500	10.58	91917000	10113600	11.00	115563000	13769100	11.91
浙江	76615000	2240600	2.92	96781000	3007000	3.11	124171000	4852700	3.91
安徽	16251000	727057	4.47	20985000	1054452	5.02	27504000	1331210	4.84
福建	28761000	2808400	9.76	40600000	3652097	9.00	53562000	5418747	10.12
江西	5463000	159435	2.92	7106000	173761	2.45	8994000	243180	2.70
山东	50518000	1749374	3.46	61086000	2217611	3.63	70668000	2683713	3.80
河南	17940000	476127	2.65	21612000	789306	3.65	26963000	59579	0.22
湖北	19756000	1356000	6.86	26191000	1116000	4.26	32136000	2291800	7.13
湖南	12247000	385433	3.15	14827000	531969	3.59	19383000	888483	4.58
广东	93074000	14164734	15.22	117164000	18700019	15.96	149267000	28642146	19.19
广西	8173000	262207	3.21	10165000	321598	3.16	13684000	262140	1.92
海南	3118000	313925	10.07	4102000	536768	13.09	4528000	480996	10.62
重庆	11822000	771399	6.53	17158000	767656	4.47	24960000	4196570	16.81
四川	15971000	902682	5.65	22202000	1587172	7.15	32166000	2079502	6.46
贵州	11837582	274296	2.32	15827188	359292	2.27	20004766	490204	2.45
云南	19357000	470519	2.43	23780000	706733	2.97	29947000	929000	3.10
西藏	379000	679	0.18	415000	530	0.13	460000	698	0.15
陕西	10128000	1042481	10.29	13465000	1343087	9.97	17173000	2126541	12.38
甘肃	6390000	36229	0.57	6547000	50722	0.77	7840000	48413	0.62
青海	1215000	71341	5.87	1571000	86212	5.49	1874000	174268	9.30
宁夏	2008000	54980	2.74	2502000	62120	2.48	3048000	59710	1.96
新疆	10713000	573835	5.36	14102000	805334	5.71	16642000	616541	3.70
标准差			6.75			6.76			6.99

注：参见附表5。
资料来源：中经网统计数据库，中国资讯行，各个省、直辖市、自治区统计年鉴，中国贸易外经统计年鉴，部分为作者整理、计算得出。

附表7 2006年、2007年、2008年中国各地区批发零售企业数量

单位：万元；%

地区	2006年 企业总数	外资	比重	2007年 企业总数	外资	比重	2008年 企业总数	外资	比重
北京	5348	126	2.36	6088	188	3.09	8513	378	4.44
天津	1693	165	9.75	1811	209	11.54	3394	278	8.19
河北	1055	5	0.47	1062	7	0.66	1983	12	0.61
山西	998	4	0.40	1115	5	0.45	1497	14	0.94
内蒙古	664	7	1.05	674	6	0.89	1137	6	0.53
辽宁	2070	69	3.33	2184	92	4.21	4813	163	3.39
吉林	570	10	1.75	585	9	1.54	832	15	1.80
黑龙江	775	11	1.42	772	8	1.04	1283	14	1.09

续表

地区	2006年			2007年			2008年		
	企业总数	外资	比重	企业总数	外资	比重	企业总数	外资	比重
上海	3823	537	14.05	3544	553	15.60	8586	1522	17.73
江苏	3720	73	1.96	3985	92	2.31	12362	230	1.86
浙江	4249	27	0.64	4716	48	1.02	9320	126	1.35
安徽	871	13	1.49	998	19	1.90	1725	37	2.14
福建	2436	71	2.91	2500	72	2.88	3519	131	3.72
江西	565	13	2.30	582	13	2.23	815	18	2.21
山东	3824	44	1.15	5165	72	1.39	9939	113	1.14
河南	4186	15	0.36	4610	17	0.37	5992	35	0.58
湖北	1249	25	2.00	1263	36	2.85	1915	49	2.56
湖南	1027	15	1.46	1063	21	1.98	2306	38	1.65
广东	6076	213	3.51	6317	271	4.29	9498	517	5.44
广西	925	5	0.54	917	11	1.20	1382	16	1.16
海南	297	8	2.69	284	11	3.87	516	18	3.49
重庆	858	19	2.21	920	21	2.28	1829	38	2.08
四川	887	24	2.71	951	34	3.58	2172	67	3.08
贵州	241	9	3.73	251	9	3.59	652	16	2.45
云南	1145	17	1.48	1070	19	1.78	1518	28	1.84
西藏	29	0	0.00	29	0	0.00	61	2	3.28
陕西	527	9	1.71	597	10	1.68	1031	24	2.33
甘肃	440	7	1.59	431	4	0.93	515	4	0.78
青海	136	2	1.47	127	2	1.57	203	1	0.49
宁夏	281	2	0.71	288	2	0.69	364	2	0.55
新疆	823	8	0.97	838	9	1.07	1263	9	0.71
标准差			2.74			3.13			3.20

注："企业总数"指限额以上批发零售企业法人企业总数。

资料来源：中经网统计数据库，中国资讯行，各个省、直辖市、自治区统计年鉴，中国贸易外经统计年鉴，部分为作者整理、计算得出。

附表8 2009年、2010年、2011年中国各地区批发零售企业数量

单位：万元；%

地区	2009年			2010年			2011年		
	企业总数	外资	比重	企业总数	外资	比重	企业总数	外资	比重
北京	9049	430	4.75	8935	472	5.28	8681	514	5.92
天津	3319	332	10.00	3802	434	11.42	4220	394	9.34
河北	1815	11	0.61	2548	16	0.63	2943	17	0.58
山西	1513	11	0.73	2214	13	0.59	2444	16	0.65
内蒙古	1168	4	0.34	1353	4	0.30	1596	6	0.38
辽宁	3957	131	3.31	4785	156	3.26	5522	179	3.24
吉林	845	14	1.66	1124	23	2.05	1235	18	1.46
黑龙江	1276	11	0.86	1547	16	1.03	1653	20	1.21
上海	5463	1015	18.58	5530	1118	20.22	7150	1761	24.63
江苏	10967	242	2.21	12374	290	2.34	12264	316	2.58
浙江	8990	147	1.64	10053	187	1.86	11994	218	1.82
安徽	1854	45	2.43	2451	57	2.33	3297	79	2.40
福建	3347	121	3.62	3924	149	3.80	5038	184	3.65

续表

地区	2009年			2010年			2011年		
	企业总数	外资	比重	企业总数	外资	比重	企业总数	外资	比重
江西	772	20	2.59	1187	24	2.02	1359	29	2.13
山东	10026	124	1.24	11792	175	1.48	12079	191	1.58
河南	5882	38	0.65	6305	41	0.65	6226	43	0.69
湖北	2123	58	2.73	3479	68	1.95	3949	77	1.95
湖南	2156	38	1.76	2625	44	1.68	2854	51	1.79
广东	9576	621	6.48	11343	689	6.07	12826	838	6.53
广西	1323	18	1.36	1465	20	1.37	1859	26	1.40
海南	498	23	4.62	626	29	4.63	585	21	3.59
重庆	2084	46	2.21	2585	43	1.66	3430	58	1.69
四川	1879	52	2.77	3001	75	2.50	4420	86	1.95
贵州	654	15	2.29	800	16	2.00	894	18	2.01
云南	1512	32	2.12	1842	39	2.12	2098	39	1.86
西藏	60	1	1.67	60	1	1.67	59	1	1.69
陕西	1227	28	2.28	1569	35	2.23	1878	48	2.56
甘肃	519	5	0.96	705	6	0.85	816	6	0.74
青海	160	2	1.25	179	2	1.12	182	3	1.65
宁夏	372	3	0.81	392	3	0.77	412	3	0.73
新疆	1082	19	1.76	1175	21	1.79	1260	14	1.11
标准差			3.45			3.79			4.37

资料来源：中经网统计数据库，中国资讯行，各个省、直辖市、自治区统计年鉴，中国贸易外经统计年鉴，部分为作者整理、计算得出。

附表9　2006年、2007年、2008年中国各地区实际利用外商直接投资

单位：万美元；%

地区	2006年			2007年			2008年		
	总额	批零业	比重	总额	批零业	比重	总额	批零业	比重
北京	455191	24378	5.36	506572	33318	6.58	608172	34677	5.70
天津	413077	35730	8.65	527776	39120	7.41	741978	47097	6.35
河北	201434	774	0.38	241621	3862	1.60	341868	7956	2.33
山西	47199	449	0.95	134283	4860	3.62	102282	6054	5.92
内蒙古	174066	47	0.03	214889	237	0.11	265074	9581	3.61
辽宁	598554	19912	3.33	909673	9364	1.03	1201925	19339	1.61
黑龙江	170801	2242	1.31	208508	110	0.05	254742	3320	1.30
上海	792000	91137	11.51	1004000	130663	13.01	1054000	129400	12.28
江苏	1743140	39659	2.28	2189206	27097	1.24	2512001	96770	3.85
浙江	888935	13239	1.49	1036576	18147	1.75	1007294	20979	2.08
安徽	139354	299	0.21	299892	1734	0.58	348988	11108	3.18
福建	322047	2386	0.74	406058	6264	1.54	567171	10094	1.78
江西	280657	1924	0.69	310358	1166	0.38	360368	3044	0.84
山东	1000069	7865	0.79	1101159	20283	1.84	820246	35713	4.35
河南	184526	3692	2.00	306162	1052	0.34	403266	4624	1.15
湖北	244853	742	0.30	276622	599	0.22	324481	8190	2.52
广东	1451065	33658	2.32	1712603	67574	3.95	1916703	113171	5.90
广西	44740	1415	3.16	68396	7325	10.71	97119	14575	15.01

续表

地区	2006年			2007年			2008年		
	总额	批零业	比重	总额	批零业	比重	总额	批零业	比重
重庆	69595	1664	2.39	108534	2646	2.44	272913	5922	2.17
贵州	9384	86	0.92	12651	400	3.16	14904	1275	8.55
云南	30234	699	2.31	39453	3152	7.51	77688	5835	12.43
陕西	92489	3850	4.16	119516	3801	3.18	136954	10032	7.33
甘肃	2954	112	3.79	11802	1	0.01	12842	173	1.35
宁夏	3718	0	0.00	5047	0	0.00	6238	0	0.00
新疆	10366	350	3.38	12484	2534	20.30	18984	159	0.84

注：①天津根据合同利用外资推算；②多个地区数据不可得。
资料来源：中经网统计数据库，中国资讯行，各个省、直辖市、自治区统计年鉴，中国贸易外经统计年鉴，部分为作者整理、计算得出。

附表10 2009年、2010年、2011年中国各地区实际利用外商直接投资

单位：万美元；%

地区	2009年			2010年			2011年			2006~2011年平均比重
	总额	批零业	比重	总额	批零业	比重	总额	批零业	比重	
北京	612094	55411	9.05	636358	66032	10.38	705447	115437	16.36	8.91
天津	901985	48954	5.43	1084872	55083	5.08	1305602	64611	4.95	6.31
河北	359824	3240	0.90	383074	11846	3.09	468095	14784	3.16	1.91
山西	49315	1774	3.60	71421	1064	1.49	207278	4319	2.08	2.94
内蒙古	298385	16964	5.69	338456	8832	2.61	383827	2192	0.57	2.10
辽宁	1544390	28767	1.86	2075010	35741	1.72	2426739	103071	4.25	2.30
黑龙江	236200	3792	1.61	266151	2341	0.88	324804	14467	4.45	1.60
上海	1112000	159000	14.30	1260100	211200	16.76	1518500	288551	19.00	14.48
江苏	2532298	80685	3.19	2849777	131287	4.61	3213173	129989	4.05	3.20
浙江	993974	51672	5.20	1100175	37177	3.38	1166601	86541	7.42	3.55
安徽	388416	9519	2.45	501446	12844	2.56	662887	18279	2.76	1.96
福建	573747	12326	2.15	580279	15369	2.65	620111	19156	3.09	1.99
江西	402354	10949	2.72	510084	7550	1.48	605881	10645	1.76	1.31
山东	801007	20263	2.53	916833	34608	3.77	1116022	60427	5.41	3.12
河南	479858	5839	1.22	624669	18729	3.00	1008209	54887	5.44	2.19
湖北	365766	6532	1.79	405015	3119	0.77	465503	6819	1.46	1.18
广东	1953460	194527	9.96	2026098	198940	9.82	2179836	210378	9.65	6.93
广西	103533	9720	9.39	91200	13905	15.25	101381	8057	7.95	10.25
重庆	401643	14698	3.66	634397	8109	1.28	1052948	116004	11.02	3.83
贵州	13364	472	3.53	29546	368	1.25	51541	1172	2.27	3.28
云南	91010	9564	7.99	132902	16523	10.51	173800	21432	12.33	8.85
陕西	151053	17086	11.31	182006	3318	1.82	235483	29562	12.55	6.73
甘肃	13383	339	2.53	13521	1222	9.04	7024	643	9.15	4.31
宁夏	6987	0	0.00	8090	0	0.00	20199	29	0.14	0.02
新疆	21570	7502	34.78	23742	2714	11.43	33485	360	1.08	11.97
标准差										3.73

注：①天津根据合同利用外资推算；②多个地区数据不可得；③平均比重用简单平均法计算。
资料来源：中经网统计数据库，中国资讯行，各个省、直辖市、自治区统计年鉴，中国贸易外经统计年鉴，部分为作者整理、计算得出。

参考文献

[1] 李海舰. 外资进入与国家经济安全 [J]. 中国工业经济, 1997 (8).
[2] 顾海兵. 当前中国经济的安全度估计 [J]. 浙江社会科学, 1997 (3).
[3] 谢晓霞. 2010年我国经济安全状况预测 [J]. 中国工业经济, 1999 (2).
[4] 黄建军. 中国的产业安全问题 [J]. 财经科学, 2001 (6).
[5] 何维达, 何昌. 当前中国三大产业安全的初步估算 [J]. 中国工业经济, 2002 (2).
[6] 龙永图. 外资零售没有想象 de 那么可怕 [J]. 当代经理人, 2005 (3).
[7] 张平. 不必夸大业态冲击——关于中国零售业对外开放争论的评析 [J]. 中国外资, 2005 (6).
[8] 王丽, 王苏生, 黄建宏. 我国零售业产业安全研究 [J]. 中央财经大学学报, 2008 (6).
[9] 朱涛. 中国零售业的产业安全评价体系研究 [J]. 商业经济与管理, 2010 (9).
[10] 宋则, 王水平. 中国零售产业安全问题研究——框架、评测和预警 [J]. 经济研究参考, 2010 (56).
[11] 王水平. 基于产业控制力视角的中国零售业安全评估 [J]. 财贸研究, 2010 (6).
[12] 张丽淑, 樊秀峰. 跨国企业行为视角: 我国零售产业安全评估 [J]. 当代经济科学, 2011 (1).
[13] 吴英娜, 伍雪梅. 开放条件下中国零售流通产业安全评价分析 [J]. 宏观经济研究, 2011 (11).
[14] 纪宝成, 李陈华. 对中国流通产业安全的几点认识 [J]. 经济理论与经济管理, 2012a (1).
[15] 纪宝成, 李陈华. 我国流通产业安全: 现实背景、概念辨析与政策思路 [J]. 财贸经济, 2012b (9).
[16] 李陈华. 中国流通产业安全的概念争论、评价方法与指标体系 [J]. 湘潭大学学报 (社科版), 2012 (5).
[17] 国务院办公厅. 关于立即停止地方自行审批外商投资商业企业的紧急通知 [B]. 1997-05-04.
[18] 国务院办公厅. 关于清理整顿非试点外商投资商业企业有关问题的通知 [B]. 1997-08-05.
[19] 国务院办公厅. 关于清理整顿非试点外商投资商业企业情况的通知 [B]. 1998-07-01.
[20] 国家经济贸易委员会, 对外贸易经济合作部. 外商投资商业企业试点办法 [B]. 1999-06-25.
[21] 国家经济贸易委员会, 对外贸易经济合作部, 国家工商行政管理总局. 关于立即停止越权审批和变相设立外商投资商业企业的通知 [B]. 2000-12-01.
[22] 国家经济贸易委员会, 对外贸易经济合作部, 国家工商行政管理总局. 关于进一步做好清理整顿非试点外商投资商业企业工作的通知 [B]. 2001-08-06.

补贴扭曲与企业生产率

李楠 高寒[*]

一、引言与文献回顾

企业作为市场主体,其经营管理会受到政府规制大环境的影响。当前转轨时期,中国的地方政府官员在锦标赛激烈竞争下产生强烈政府投资冲动,导致地方企业相应盲目扩大投资,超越"守夜人"职责范围,严重影响企业生产率。郭庆旺等(2006)认为地方政府会在财政利益和政治晋升的双重激励下,产生利用违规优惠政策扩大产出的强烈动机,从而诱发企业的投资冲动,导致投资过热,进而对宏观经济稳定产生巨大冲击;陶然等(2009)进一步指出中国当前发展阶段下这种以地方政府提供低价土地、补贴性基础设施乃至放松劳工、环境保护标准吸引制造业的地区"竞次性"发展模式,不具备经济、社会发展乃至环境保护上的可持续性。

也有学者,如林毅夫等(2010)将产能过剩、企业生产率扭曲解释为一种因企业对其他企业和总量信息了解不足导致的"潮涌"现象,也就是一种"市场失灵现象"。这种研究思路的直接政策建议就是政府需要积极干预市场,完善相关的市场制度,维持市场秩序。这种说法具有一定的说服力,但是,"市场失灵"学说存在的缺陷也是很明显的。首先,林毅夫的"潮涌"理论要求行业内企业对未来有前景行业市场需求拥有一个共同预期,这个假设显然与现实情况存在明显差异,因而是很难被认同的。更强有力的反驳来自现实世界,无锡尚德、江西赛维等代表性企业的产能过剩,其实都是因为地方政府出于提高地方GDP的考虑,干预企业积极投资而引起的。中国的地方政府具有强烈的动机干预经济,利用金融体系的预算软约束、土地所有权垄断以及其他方面的优势,对企业提供廉价土地、信贷支持、放松环境管制等全方位的政策优惠,以激励企业扩大产能,维持高投入、高产出的经济状况。

进一步的研究发现,为了更大力度地引资扩产,地区之间愈演愈烈的对于投资的补贴性竞争成为导致企业生产率扭曲最为主要的原因。耿强等(2011)将产能利用率作为厂商最优选择的内生变量引入RBC模型,在动态随机一般均衡的框架下讨论政策性补贴对于经济主要变量的影响,发现政策性补贴的变化和外生的随机冲击是造成产能利用率和中国经济波动的主要原因,特别是在投资增量的波动中,政策性补贴的影响是最主要因素。江飞涛等(2012)构建了一个两期博弈模型,说明政府低价供地和协调配套贷款等政策带来的补贴效应,直接扭曲了要素市场价格,进而影响企业投资与生产决策,导致企业过度投资,从而引发了全行业产能过剩。因为补贴数据的可得性和补贴的隐蔽性,能找见的与补贴相关的文献不多,仅有邵敏等(2011)通过实证认为,

---

[*] 李楠(1992—),女,江苏南京人,南京大学商学院学士;高寒(1992—),男,江苏南京人,杜克大学经济学院硕士。

地方政府更倾向于选择市场竞争力较的强企业作为补贴对象,但在获补贴企业中更倾向于对市场竞争力较弱的企业给予相对更大规模的补贴。

综合现有的研究结果,我们可以认为,在当前的经济环境下,政府特别是地方政府的以补贴为代表的对于企业的政策支持可能会严重扭曲企业生产行为。但是,关于这种思路构建的文章大多是基于政府与企业等主体的博弈模型,抽象并隔离了一些对企业产能产生影响的主要变量,缺乏实证性检验。

本文基于政府扭曲的研究思路,把政府补贴作为主要研究变量,综合考虑影响企业生产率的各影响因素,探讨地方政府投资冲动造成的企业生产行为扭曲的形成机理。文章的第二部分对变量选取及变量含义做出说明,对补贴现象,包括企业获得政府补贴能力的影响因素做出描述与归纳。第三部分是补贴对于企业生产率影响的实证。第四部分是基于文章实证的结果做出的一些政策性建议。

二、数据来源与变量描述

1. 数据来源

本文所使用数据直接来源于国家统计局的工业企业统计数据库 1999~2007 年的数据或基于数据库资料计算所得,该数据库统计了全部国有企业和规模以上(主营业务超过 500 万元)非国有企业的反映财务状况、生产销售状况的一系列变量,是来自企业层面上报的原始数据。之所以选择 1999~2007 年的数据,是因为要保证这几年的数据可获得。在所有工业企业行业中,我们选取了全部的 29 个制造业行业,二分行业代码为 13~43(38 除外)。对数据的调整方法我们借鉴了李玉红等(2008)的处理方法,具体如下:

(1)数据库整理:符合下面五个条件中任何一条的企业数据都被当作错误记录删除:①企业总产值为负;②企业的各项投入为负;③企业固定资产原值小于固定资产净值;④工业增加值或中间投入大于工业总产值;⑤法人代码相同。

(2)行业类别调整:根据 Brandt, Biesebroeck and Zhang 的调整方法进行调整,并且去除了采掘业和公用事业等行业。

(3)变量调整:①工业增加值调整:采用以 1999 年为 1 的各行业工业品出厂价格指数平减的工业增加值作为各个企业实际工业增加值,各行业工业品出厂价格指数采用 Brandt, Biesebroeck and Zhang 的计算结果。数据库没有报告各个企业 2004 年的工业增加值,采用刘小玄和李双杰的方法推算各个企业的工业增加值。②中间投入调整:采用以 1999 年为 1 的各行业投入品价格指数平减的中间投入作为各个企业实际中间投入,各行业投入品价格指数引用 Brandt, Biesebroeck and Zhang 的计算结果。③企业固定资产净值:利用永续盘存法来核算企业的资本存量,用各个企业 1999 年的固定资产净值或者首次出现在数据库中的年份对应的固定资产净值按照国家统计局固定资产投资价格指数折算成 1999 年的实际值后作为企业的初始资本存量;再根据相邻两年固定资产原值的差额计算出企业层面各个年份的名义投资额,然后,按照固定资产投资价格指数把它折算成 1999 年的实际值;最后利用固定资产投资价格指数将各个企业的当年折旧额折算成了 1999 年的实际值。

2. 变量规定

表 1 对文章中使用的变量进行了规定与描述。其中,企业生产率是对工业统计数据库中数据利用 LP 方法计算所得,Levinshon and Petrin 使用企业的中间投入变量作为企业受到生产率冲击时

的可调整要素投入变量对生产率进行估计，试图解决由于 OLS 方法估计 TFP 时可能存在的相互决定的偏差所引起的内生性问题以及样本选择偏差所引起的偏差问题。另一种常用的估算生产率的方法是 OP 方法，其与 LP 方法的主要区别在于使用投资额变量而非中间投入变量。在实证过程中，考虑到数据的可得性，我们选用 LP 方法。

另一个值得关注的问题是关于补贴变量。考虑到政府对企业的支持与扶助的多样性，企业获得的补贴应该不仅包括直接的货币收入的"显性补贴"，还应包括政府对企业低价供地，提供信贷支持等一系列优惠的"隐性补贴"，而且，在中国的实际经济中，"隐性补贴"可能比"显性补贴"占据更大的份额。但是，由于这些优惠政策的补贴效应在会计核算方法上基本难以得到，而且一般而言，一个企业获得的货币补贴的可能性往往与企业获得各种优惠政策的可能性是高度相关的，因此本文直接利用工业企业数据库中提供的补贴收入项来表示企业获得的补贴。

表 1 变量描述

变量符号	变量名称	变量描述
pro	企业生产率	通过 LP 方法计算的企业生产率，方法如前述
pro_{-1}	企业生产率滞后项	pro 变量的一阶滞后项
$scale_{-1}$	企业规模	企业规模滞后项的对数值，在文中由当年主营业务收入的对数值的滞后项表示
age	企业开工年数	企业开工年数的对数值
ex	企业出口状况	表示企业的出口状况，先计算企业出口交货值占企业当年主营业务收入比重，再计算 ln（1+比重）表示企业出口水平
dem	市场需求	企业所处行业的市场需求状况，使用企业所处四分行业的平均销售额的增长率表示
subsidy	企业补贴收入	表示企业获得补贴程度的状况，先计算企业当年所获补贴收入占企业当年主营业务收入比重，再计算 ln（1+比重）表示获得补贴的数量水平
sub	企业补贴状况	表示企业是否得到补贴收入的虚拟变量，有和没有分别用 1 和 0 表示
cap	资本密集度	表示企业资本密集度的指标，通过企业固定资产净值与企业当年年平均工人数相除计算得到
lev	资产负债率	表示企业的负债程度，计算公式为（负债合计/资产总计）
inv	存货	表示企业存货规模大小，计算公式为（存货/主营业务收入）
cash	现金流	表示企业现金流大小，计算公式为［（累计折旧+利润总额）/主营业务收入］
state	国有企业	表示企业是否为国有及国有控股企业的虚拟变量，是和不是分别用 1 和 0 表示

除了企业获得的政府补贴收入之外，企业规模可能是影响企业生产率的重要解释变量，企业规模可能从两个方面影响企业生产率，一方面，以 Lucas 等为代表的研究者认为规模经济的存在使得企业生产率与企业规模正向相关；另一方面，大型企业往往同时伴有较大的投资调整成本和企业组织管理问题，因而企业规模的扩大又阻碍了企业生产率的提升。Griliches 等（1983）就实证验证了这种负向关系的存在。年龄与企业生产率之间同样存在复杂的相关关系，开工年数长的企业可能在形成稳定的政府关系、供应链关系、品牌商誉等方面存在显著优势，而新企业则更容易引进先进的管理经验，采用更先进的生产设备。随着中国在国际贸易市场上地位的提升，企业的出口行为对于企业生产率的影响开始成为研究的热点。一般认为，出口企业可以通过"出口中学习"的方式，接触到国际市场的生产技术与管理方式，从而提升企业生产率，Castellini 和 De Locker 等就用实证验证了这一点。因为经济主体受激励的不同，企业的所有制可能影响企业生产率，一般认为，国有企业因为产权不明晰（张维迎，1995），预算软约束和政策性负担下"再生能力"不足（林毅夫等，2004），呈现出较低的企业生产率。但近些年随着国有企业的改革，同时国有企业一般享有企业内独特的垄断势力和政府关系，反而具有较高生产率。但是，企业所有权属性是一个虚拟变量，在我们文中主要使用的动态面板数据方法中不适用。为了解决这一问题，我们在主要模型之后划分子样本对国有性质进行划分。考虑到市场因素，我们还借鉴张杰等（2010）

的方法，使用企业所处四分位代码行业的销售额的增长率作为企业所处行业的市场需求的代理变量，以反映企业面临市场需求对于企业生产率的影响。此外，我们还加入了一些反映企业特征的变量，如存货、资产负债率以及现金流等。使用动态面板数据方法，我们控制其他影响因素通过企业固定效应反映，因而可以有效解决变量遗漏的问题。

3. 变量描述

根据上一部分的定义，我们对文中使用到的变量的观察值、平均值、标准差、最大值、最小值等描述统计量进行汇报（如表2所示）。

表2　变量的描述性统计量

变量	观察值	平均值	标准差	最小值	最大值
pro	1562236	1897.414	9483.372	0.02307	3002079
pro_-1	1014101	1888.744	9422.126	0.02307	1977957
scale_-1	1016446	10.1300	1.1825	8.5172	18.8718
age	1510667	1.8231	0.9491	0	7.6039
ex	1562236	0.13629	0.2551	0	39106
dem	1463817	12.9257	16.0264	−91.266	433.1763
subsidy	1562236	0.002767	0.01716	0	3.5058
sub	1562236	0.1316	0.381	0	1
cap	1562236	78.5341	291.6135	0.00094	209520.5
lev	1562236	0.5826	0.3219	0	95.8306
inv	1562236	0.1928	0.3446	0	52.3973
cash	1562236	0.1984	0.4285	−0.9896	0.7574
state	1562236	0.04799	0.2137	0	1

三、补贴倾向的决定

我们认为，企业获得补贴的能力应当至少包括两个方面，首先是企业是否能获得补贴，也就是企业获得补贴的可能性；其次是企业能获得多少补贴，也就是企业获得补贴的规模。图1和图2就是基于工业企业数据库1999~2007年数据，按照企业所有权性质和企业规模两种标准划分下对企业寻求补贴能力两个主要方面的统计性描述，图1描述的是按企业类型划分企业获得补贴可能性的情况，采用获得补贴企业占该类型全部企业数量比重作为反映指标；而图2则描述的是按企业类型划分的企业获得补贴的平均规模水平，其中，企业获得补贴规模依据的是企业当年获得的政府补贴收入占当年企业主营业务收入的比重。

综合以上两图可以很明显看出：①企业性质影响了企业获得补贴的能力，国有企业寻求补贴的能力显著强于外资企业和私有企业。国有企业不仅在企业补贴寻求的成功率上，而且在企业获得补贴的程度上，都远高于平均水平，私人所有企业和外资企业都低于平均水平，而且这种差距有随时间进一步扩大的趋势。②从获得补贴的平均规模来看，大型企业和中小型企业并没有表现出明显的区别，部分年份大型企业平均获得更多补贴，而部分年份中小企业平均获得更多补贴。但是，从获得补贴企业的数量比重来看，大型企业远高于中小企业。虽然图表能形象反映企业类型对企业获得补贴能力的影响，但是因为相关性问题，这种直观性的描述统计并不能准确反映各单独变量对企业获得补贴能力的影响，因此，我们继续做了关于补贴决定的Probit和Tobit模型结果如表3所示。

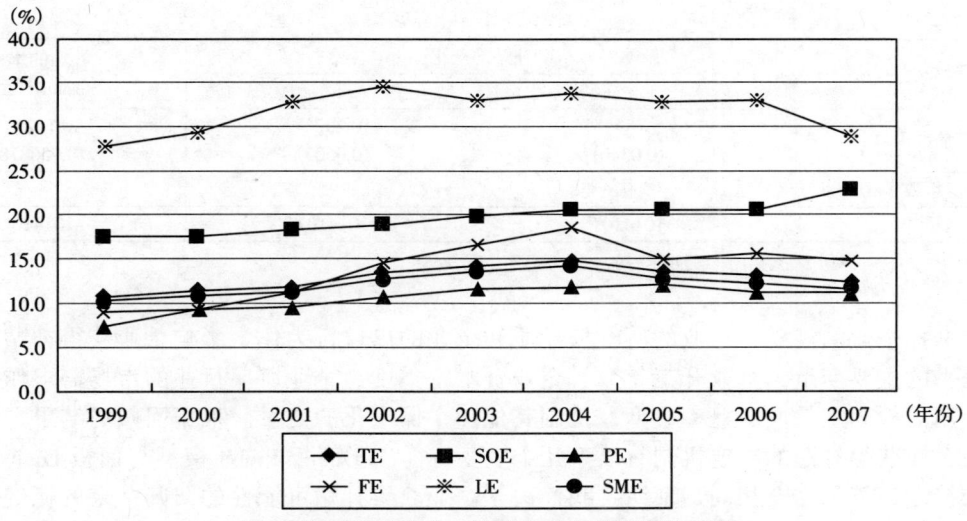

图1 获得补贴企业占比按企业类型划分统计图

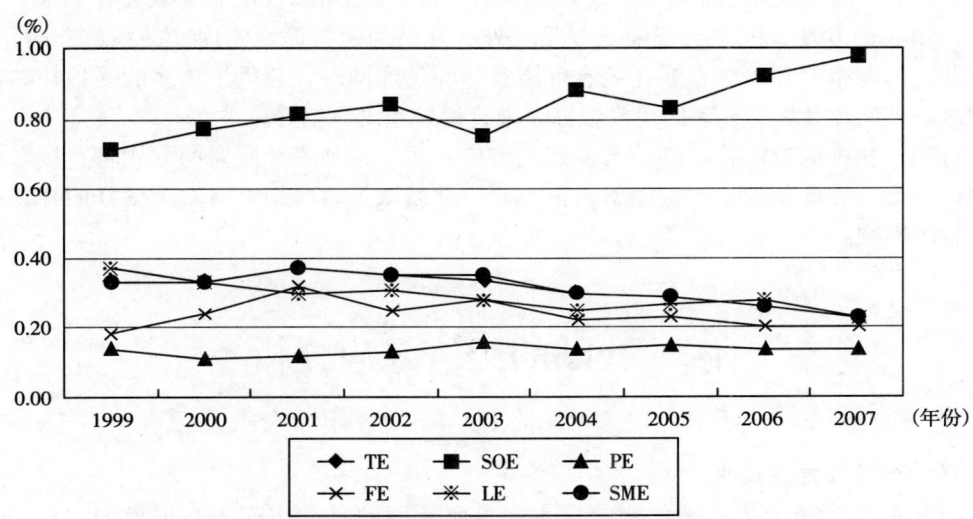

图2 获得补贴平均水平按企业类型划分变化图

表3 Probit 和 Tobit 模型的参数估计

解释变量	补贴的获得		补贴的水平 Tobit 模型
	Probit 模型	Logit 模型	
scale_-1	0.319*** (0.00316)	0.566*** (0.00560)	0.00676*** (0.0000731)
ex	0.480*** (0.140)	0.843*** (0.0247)	0.002509*** (0.000341)
age	0.0945*** (0.00478)	0.170*** (0.00846)	0.00522*** (0.000123)
dem	−0.00694*** (0.000173)	−0.00390*** (0.000308)	0.0000511*** (0.0000080)
cap	0.0000284*** (0.00000764)	0.0000513*** (0.0000155)	0.0000119*** (0.000000225)
state	0.125*** (0.0155)	0.216*** (0.0273)	0.0121*** (0.000398)

续表

解释变量	补贴的获得		补贴的水平 Tobit 模型
	Probit 模型	Logit 模型	
常数项	−5.759*** (0.0340)	−10.209*** (0.0605)	−0.162*** (0.000878)
年数	9	9	9
观测值	1014101	1014101	1014101

注：*、**、*** 分别表示在 10%、5%和 1%水平下显著。

我们选择企业的规模、企业的所有权性质和企业的出口行为作为影响企业获得补贴的可能性与规模水平的主要变量，企业开工年数、企业资本密集度、企业所属行业的市场需求作为控制变量，并使用面板固定效应的概率模型，控制其他随个体变化的变量。根据回归的结果，我们认为当前我国企业获得补贴的决定机制有以下几个主要特征：①面板 Probit 模型与面板 Logit 模型结果系数比较接近，符号完全相同，证明了我们关于企业获得补贴可能性的回归结果的稳健性。我们发现，企业规模、所有制和出口情况的解释变量系数都显著为正，这说明政府更倾向于向大规模企业、国有企业和出口企业给予补贴。②利用面板 Tobit 模型可以反映企业获得补贴水平的影响因素。通过计量我们发现，除了市场需求变量之外，补贴的两方面影响因素的系数方向完全相同。大规模企业、国有企业和出口企业在更有可能获得补贴的同时，获得了更多的平均补贴，这更加说明当前政府补贴政策具有显著的规模偏好、国有偏好和出口偏好。

由此可见，我国的政府补贴是带有强烈政策偏好的，这种资源配置的方式将直接影响企业的投资与生产行为。在此基础上，我们就来重点研究补贴政策，特别是有政策偏好的补贴政策对我国经济运行的影响。

四、补贴的经济效应分析

1. 计量模型的设定与说明

为了分析补贴对企业生产率的影响，本文主要使用的是动态面板数据模型（Dynamic Panel Data Model）。具体而言，也就是在回归模型的控制变量中加入因变量的滞后项，即企业生产率的滞后项，以控制企业生产率随时间变化的趋势。我们建立如下的动态面板模型：

$$pro_{it} = \alpha_1 pro_{it-1} + X'_{it}\alpha_2 + \delta_i + \varepsilon_{it}$$

式中，pro_{it} 表示第 i 个企业第 t 年的企业生产率，而 pro_{it-1} 则为其一期滞后项，在模型中可以用以表示上一期企业生产效率的综合表现对下一期生产状况的影响。X_{it} 是包含一组控制变量的向量，用以反映各变量对企业生产率的影响。其中包括企业规模、企业生产经营年份、企业所有权性质、企业所受补贴以及与企业出口、资本密集度、融资情况等相关的一系列变量。δ_i 表示企业的固定效应，用以控制企业之间无法观察且不随时间变化的差异。ε_{it} 是随机误差项，满足期望值为 0 且没有序列相关性的假设。该模型的一个基本假定是 pro_{it} 和 X_{it} 必须与 ε_{it} 严格不相关，也就是这些控制变量严格外生。

动态面板数据模型的一个优点是通过控制固定效应较好地克服了变量遗漏（Omitted Cariable）问题，还很好地控制住了反向因果性（Reverse Causality）问题。我们选用动态面板数据模型，也是因为考虑到了上期的企业生产效率对于当期生产水平的影响这一因素，这种影响可能来自企业生产实践中的总结、组织管理效率的优化以及供应链优化等的因素的累积效应，而这种累积效应不是使用静态固定效应可以刻画的。更重要的一点是因为上期企业的生产效率可能对当期的控制变量 X_{it} 带来一定的隐含影响,直接估计这种影响会十分困难。引入滞后项可以消除未引入滞后项时 X_{it} 与 ε_{it} 之间可能存在的相关性。

另一个需要指出的考虑是企业固定效应 δ_i 与控制变量之间的相关性,为了消除这种相关性,我们采用一种常用的方法:对于每一个企业 i,我们使用 t 期的方程减去 t−1 期的方程,得:

$$\Delta pro_{it} = \alpha_1 \Delta pro_{it-1} + \Delta X'_{it} \alpha_2 + \Delta \varepsilon_{it}$$

通过两期方程相减,在得到的这个方程中,企业固定效应被消除了,但是仍然存在滞后项 Δpro_{it-1} 与误差项之间的相关性导致的内生性问题。为了解决这一问题,我们可以采用 Arellano and Bond 1991 年提出的 DIF-GMM(Difference-generalized Method of Moments)方法,引入包括因变量滞后两期及以上项和严格外生的自变量的差分项在内的工具变量。应用这个模型,我们同时需要检验约束条件是否存在过度限制(Over-identifying Restrictions)问题,也就是工具变量的合法性问题。但是,使用 DIF-GMM 模型估计量很多时候并非有效估计量,也就是方差最小。而且,差分时不仅消除了非观测截面个体效应,也同时消除了不随时间变化的其他变量。在 DIF-GMM 基础上,Arellano and Bond 和 Blundell and Bond 曾引入被解释变量差分的滞后项与随机误差项正交这个矩条件,得到 SYS-GMM 方法。这也是我们在文中主要使用的方法。

2. 基本的回归结果

表 3 汇报了运用动态面板数据模型回归的结果,其中(1)列表示的是基准模型,而(2)列和(3)列的模型中分别加入了规模与补贴、出口状况与补贴的交互项。模型中企业上一期生产效率值与当期的生产效率值呈现显著相关性,而且检验结果中残差项 AR(1)相关,而 AR(2)不相关,说明在此处运用 DPD 方法是合理的。此外,DPD 方法加入的企业固定效应项还有效地克服了变量遗漏等问题。根据表中的结果,我们可以得出以下明显结论:

(1)对于我们最关心的补贴变量,模型回归结果显示企业获得补贴阻碍企业的生产率提升。这一回归结果说明政府在 GDP 竞争的推动下对企业进行补贴反而对企业生产率有负向影响,这也验证了我们提出的关于补贴对企业生产率扭曲,形成总体"产能过剩"这一传导机理的合理性。而根据(2)、(3)设定模型的回归结果,我们可以看出,总体而言,不管是对大型企业还是出口企业进行补贴都没对企业生产率产生显著影响。但是,细分子样本进行回归,我们会得到更多更有意思的结论,在下一部分我们将会详细说明。

(2)企业的规模与企业生产率负向相关。这种现象可能来自以下几个因素的影响:首先,在对外开放的整体经济环境下,新成立的小企业越倾向于接受先进的管理经验,使用先进的机器设备,从而具有较高的生产率;其次,越大的企业可能具有较高的内部成本,而且越容易出现组织管理的无效率。

(3)企业的出口行为显著提升了企业的生产率。这是因为出口企业接触国际市场,一方面,企业可以接触到先进的生产工艺,管理经验,从而更高效地生产;另一方面,企业接触行业最新科学技术和生产趋势,容易在与内销企业的竞争中获取市场势力,从而形成自己的利润来源。

(4)企业的国有属性显著提升了企业的生产效率。这种正向关系最主要的应当是来自国有及国有控股企业在行业内的垄断势力,国有企业也更有可能和政府之间建立良好关系,从而在市场竞争中获取利润。另一个不可忽视的事实是,随着国有企业退出一般性竞争行业和国有企业的改革重组,现存的国有企业占所有企业的数量比重已经从 1999 年的 13.32% 下降到 2007 年的 1.57%,① 而这些剩余的企业往往都具有一定的垄断势力,并且往往具有更好的生产绩效。

---

① 通过中国工业企业数据库数据计算得出。

(5)除此之外的其他变量中,企业的开工年份与企业生产率正向相关。这可能是因为随着企业的生产积累,企业能够形成自己的完备的政府关系、供应链关系和良好的商誉,从而比新成立的企业更具有优势。而企业所处行业的市场需求越旺盛,企业越容易获得较大规模的订单,从而形成更大的销售额和营业利润。而关于企业特征变量的几个指标中,企业的资本密集度、资产负债率与企业生产率不相关,企业的存货、现金流则与企业生产率显著负向相关。

表4 模型参数回归结果

解释变量	SYS-GMM		
	(1)	(2)	(3)
pro._-1	1.087*** (0.0112)	1.087*** (0.0112)	1.087*** (0.0112)
scale_-1	−958.679*** (27.048)	−959.631*** (27.076)	−958.628*** (27.051)
ex	384.962*** (48.067)	384.200*** (48.104)	386.699*** (49.197)
age	180.027*** (16.895)	179.925*** (16.893)	180.029*** (16.895)
dem	3.730*** (0.367)	3.742*** (0.367)	3.729*** (0.366)
cap	0.192 (0.249)	0.192 (0.249)	0.192 (0.249)
lev	−67.832 (45.131)	−68.050 (45.151)	−67.797 (45.143)
inv	−395.557*** (45.684)	−395.333*** (45.729)	−395.567*** (45.652)
cash	−32.119*** (6.381)	−32.081*** (6.404)	−32.126*** (6.388)
subsidy	−842.715*** (288.483)	−985.898*** (305.770)	−837.1601*** (287.633)
scale×sub		3.269 (3.367)	
ex×sub			−12.242 (48.414)
sargan 检验值	48.621	48.649	48.619
观察值	1014101	1014101	1014101

注:*、**、***分别表示在10%、5%和1%水平下显著。

3. 补贴政策的进一步分析

通过上一部分的讨论,我们可以得出政府补贴对于企业生产率有负向效应,但其与企业规模、企业出口行为和企业的所有权性质的组合政策并没有显著关系。为了进一步探究补贴政策的效应,接下来,我们再对根据这种政策划分的企业子样本进行探究。

(1)补贴的规模扭曲。我们首先将企业按照规模大小划分为大型企业和中小型企业两个子样本集合,分别应用模型(1)、(2)进行回归。从回归结果来看,根据企业性质划分子样本会使解释变量的系数和显著性呈现很大差异。

表5 按企业规模划分的模型回归结果

解释变量	(1)		(2)	
	大型企业	中小型企业	大型企业	中小型企业
pro_-1	1.008*** (0.0253)	-0.752*** (0.0341)	1.008*** (0.0252)	-0.752*** (0.0341)
scale_-1	-2396.649*** (591.728)	1010.166*** (32.691)	-2381.345*** (591.140)	1010.164*** (32.681)
ex	2344.066* (1315.906)	49.895** (21.973)	2331.531* (1314.773)	48.903** (21.982)
age	366.596 (351.847)	177.362*** (6.945)	364.096 (351.968)	177.286*** (6.944)
dem	30.118*** (6.820)	1.225*** (0.0975)	30.063*** (6.816)	1.238*** (0.0975)
cap	2.482* (1.385)	-0.134*** (0.0335)	2.492* (1.385)	-0.134*** (0.0335)
lev	424.709 (1059.227)	-71.640*** (14.475)	435.659 (1058.713)	-71.936*** (14.484)
inv	510.642 (2581.980)	-467.573*** (48.167)	481.668 (2580.747)	-467.439*** (48.157)
cash	3818.180 (1610.023)	-38.045*** (22.614)	3841.526** (1609.373)	-38.020* (22.604)
subsidy	-33965.620** (11983.510)	-458.382*** (110.220)	-32801.690*** (12786.430)	-613.574*** (125.216)
scale_-1×sub			-13.648 (31.85532)	3.624*** (0.6303749)
sargan 检验值	82.24432	269.2928	82.152	269.779
观察值	36632	962881	36632	962881

注：*、**、*** 分别表示在10%、5%和1%水平下显著。

对于大型企业而言，企业规模越大，生产率越低；而对于中小企业而言，规模越大则企业生产率越高。这暗示了当前我国企业规模与企业生产率之间可能的倒"U"形关系，也就是企业在新成立的时候生产率较低，而通过"干中学"等途径，可使企业生产率随着企业规模的增大而提升。而企业存在一定的规模经济或范围经济，因而规模变得更大时，企业生产率反而降低。

企业的国有性质虽然在全样本数据中提升了企业生产率，但是对于子样本集合，国有属性却只在大型企业中与生产率有正向相关关系，中小企业样本则显著支持二者之间负向相关关系。这可能是因为，在国有企业改革之后，剩余的国企基本都是大型企业，这些企业因为具有行业内的垄断势力而获取超额利润，而中小国企往往不能成为行业的主导企业，这时国有属性带来的产权不明晰、组织管理无效率等问题就显著阻碍了企业生产率的提升。

对于补贴变量，在大型企业和中小型企业两个样本集合中均显著支持补贴收入对企业生产率的阻碍作用。考虑到政府补贴偏向大规模企业的事实，我们加入了企业规模与补贴的交互项。结果显示，交互项的系数在中小型企业样本中显著为正，而在大型企业样本中则不明显。这说明，对于中小型企业而言，对越大企业补贴有利于企业生产率提升，因而对于中小企业倾斜可能使补贴政策更有效。而在现实生活中，补贴往往更倾向于大型企业，因此我们认为，补贴行为不仅直接影响了我国企业生产率的提升，补贴行为的规模扭曲使得大型企业得到更多补贴"资源"，从而鼓励了大型企业的投资、生产行为，加剧了产能过剩。

（2）补贴的所有制偏好和出口偏好。在表6中，我们汇报了按企业所有制和企业是否出口进行划分的子样本的回归结果。我们最关心的是企业的补贴与企业生产率的关系问题，从表6中我们可以看出，虽然国有及国有控股企业和非国有企业全样本的生产率政府补贴行为显著负相关，但是再细分非国有企业的样本，我们发现，私人企业和外资企业的生产率与企业获得补贴不相关，这也说明，补贴的体制扭曲往往促使国有企业获得更多补贴，而且国有企业生产率受补贴的负向影响更严重。根据我们对是否具有出口行为的企业的考察，我们发现，出口企业生产率与补贴显著负相关，而非出口企业则不受补贴行为影响。这个结果同样支持当前的补贴政策加剧了资源误配的程度，从而形成总体的产能过剩的结论。

表6 按所有制偏好和出口偏好划分的模型回归结果

解释变量	按企业所有制划分				按是否出口企业划分	
	国有及国有控股企业	非国有企业			出口企业	非出口企业
		全部企业	私人企业	外资企业		
pro_-1	1.415*** (0.0546)	1.092*** (0.00861)	0.241*** (0.0518)	1.060*** (0.00628)	1.140*** (0.0165)	1.698*** (0.0218)
scale_-1	−1347.198*** (189.216)	−921.199*** (24.728)	339.782*** (45.244)	−1051.542*** (75.259)	−1130.721*** (48.757)	−1524.590*** (44.799)
ex	2063.687*** (602.938)	365.584*** (47.248)	−2.910 (44.964)	524.351*** (92.421)		
age	0.222 (132.671)	187.451*** (14.157)	208.642*** (16.873)	394.846*** (64.046)	268.049*** (56.668)	117.793*** (17.804)
dem	7.3161*** (1.804)	3.798*** (0.346)	2.224*** (0.296)	4.856*** (0.895)	4.770*** (0.874)	3.683*** (0.383)
cap	−0.319 (0.319)	0.265 (0.307)	−0.0747 (0.138)	0.635 (0.697)	0.477 (0.673)	0.102 (0.126)
lev	1.144 (93.705)	−12.215 (56.101)	−33.261 (36.629)	−42.715 (84.275)	−6.190 (63.689)	10.969 (58.248)
inv	−218.312*** (70.671)	−399.841*** (40.847)	−637.770*** (55.346)	−410.189*** (94.965)	−330.427*** (118.844)	−382.804 (54.696)
cash	4.089 (61.706)	−147.255*** (18.841)	−340.824*** (69.699)	−59.318 (74.470)	−77.593 (74.189)	−60.921*** (18.534)
subsidy	−2979.429* (1695.269)	−598.696** (257.785)	−91.949 (281.854)	−180.774 (574.086)	−1851.818** (984.521)	−419.813 (337.133)
sargan检验值	51.177	94.493	339.002	46.906	24.595	104.951
观察值	37944	956025	357367	232066	287526	645194

注：*、**、***分别表示在10%、5%和1%水平下显著。

五、结论与政策建议

本文重点研究中国补贴政策的形成因素以及带有政策偏好的政府补贴对于企业生产投资行为的扭曲，从而形成全行业产能过剩的现象。当前中国官员的激励体系下，地方政府有强烈的动机干预地方经济建设，鼓励支持当地企业扩大生产投资，从而赢得GDP锦标赛，补贴及优惠政策是当前政府进行经济干预的一种主要方式。依据概率模型推算，我们发现，现阶段补贴主要偏好于

大规模企业、国有企业以及出口企业,对于小规模、非国有和出口较少的企业则少补贴甚至不补贴。简单来说,当前的补贴政策具有明显的"高投入高产出"偏好。这种有偏的政策实施的后果是:政策性补贴的偏好加剧了生产资源的误配程度,大规模企业、国有企业及出口企业获得了大量多余的货币收入,从而在政府的支持下继续扩大生产,盲目追求产出的增长。事实上,除了企业获得的政策性补贴之外,中国地方政府还提供了更多的带有"补贴效应"的政策干预经济,如低价供地、信贷配给以及放松环境管制等,这些政策也都存在类似的政策偏好,特别是对于具有高投入、高产出、能直接促进经济统计数据提高的大规模企业具有更明显的偏好。

我们认为,"政府扭曲"而非"市场失灵"事实上是本阶段产能过剩的形成原因。虽然产能过剩现象并没有统一的科学定义,也没有具体的衡量标准,但其会造成企业间的资源误配和企业盈利困难,同时也加剧了经济的不稳定性,对于社会整体福利是有害的。既然我们认识到了政府对经济的不正确干预导致了这一轮的产能过剩,我们的政策建议就应当以当前的体制基础为出发点而提出。首先,应当调整现有的财税体制,协调中央与地方的利益分配机制,重点应当改革以GDP等统计数据考核为核心的政府官员晋升体制,适度向经济社会全面发展的考核指标靠拢,消除地方政府干预经济的动机。其次,应当改革现有的补贴政策,科学制定政策的补贴标准,把资源配置到最有效的经济主体。现有的补贴政策无一不加剧了政策偏好主体的投资冲动,而中小企业和非国有企业往往是存在融资约束的主体,我们同时认为对于所有具有"补贴效应"的优惠政策也应当做出反向的倾斜。除此之外,应当进一步推动金融体制改革,政策性扶持向成长性好而无法获得资本支持的中小非国有企业有计划—偏移,让企业通过市场手段获得融资,优胜劣汰,提高金融市场资源配置的效率。

中国的发展进程中,资源的优化配置起到了巨大推动作用。而且,据 Hsieh 等(2009)估计,在其他条件不变的情况下,中国如果能实现美国当前的要素配置水平,TFP 仍有 30%~50% 的提升空间。因此,要素的优化配置是而且仍将是中国持续发展的动力之一。政府作为市场行为的主体,一方面承担着制定规则,维护市场秩序的责任;另一方面也需要进入市场,进行宏观调控。但在当前的条件下,中国地方政府在财税激励下动用一切资源干预经济,以实现产出最大化的增长,在宏观上是一种资源的误配,在实际生活中还造成资源浪费、环境污染与破坏等严重问题。因此,解决产能过剩最重要的是协调市场与政府关系,促进中国的市场化进程,优化资源配置。

参考文献

[1] Castellini. Export Behavior and Productivity Growth: Evidence from Italian Manufacturing Firm [M]. Mimeo, Universita di Urbino, 2001.

[2] De Loecker. Do Exports Generate Higher Productivity? Evidence from Slovenia [J]. Journal of International Economics, 2007, 73 (1).

[3] Fernandes. Firm Productivity in Bangladesh Manufacturing Industries [J]. World Development, 2008, 36 (10).

[4] Griliches Z. and J. Mairesse. Comparing Productivity Growth: An Exploration of French and U.S. Industrial and Firm Data [J]. European Economic Review, 1983, 21 (1-2).

[5] Hsieh, Chang-Tai, Peter J. Klenow. Misallocation and Manufacturing TFP in China and India [J]. Quarterly Journal of Economics, 2009, 124 (4).

[6] Kornai J. The Soft Budget Constraint [J]. Kyklos, 1986, 39 (1).

[7] 安同良,周绍东,皮建才. R&D 补贴对中国企业自主创新的激励效应 [J]. 经济研究,2009 (10).

[8] 耿强,江飞涛,傅坦. 政策性补贴、产能过剩与中国的经济波动——引入产能利用率RBC模型的实证检验 [J]. 中国工业经济,2011 (5).

[9] 郭庆旺,贾俊雪. 地方政府行为、投资冲动与宏观经济稳定 [J]. 管理世界,2006 (5).

[10] 贺振华. 寻租、过度投资与地方保护 [J]. 南开经济研究, 2006 (2).

[11] 简泽. 市场扭曲、跨企业的资源配置与制造业部门的生产率 [J]. 中国工业经济, 2011 (1).

[12] 江飞涛, 曹建海. 市场失灵还是体制扭曲——重复建设形成机理研究中的争论、缺陷与新进展 [J]. 管理世界, 2006 (5).

[13] 江飞涛, 李萍. 直接干预市场与限制竞争：中国产业政策的去向与根本缺陷 [J]. 中国工业经济, 2010 (9).

[14] 李玉红、王皓、郑玉歆. 企业演化：中国工业生产率增长的重要途径 [J]. 经济研究, 2008 (6).

[15] 林毅夫, 刘明兴, 章奇. 政策性负担与企业的预算软约束：来自中国的实证研究 [J]. 管理世界, 2004 (8).

[16] 林毅夫, 巫和懋, 邢亦青. "潮涌现象"与产能过剩的形成机制 [J]. 经济研究, 2010 (10).

[17] 邵敏, 包群. 地方政府补贴企业行为分析：扶持强者还是保护弱者 [J]. 世界经济文汇, 2011 (2).

[18] 邵敏, 包群. 政府补贴与企业生产率——基于我国工业企业的经验研究 [J]. 世界经济, 2012 (7).

[19] 陶然, 陆曦, 苏福兵, 汪晖. 地区竞争格局演变下的中国转轨——财政激励和中国发展模式反思 [J]. 管理世界, 2009 (7).

[20] 余淼杰. 中国的贸易自由化与制造业企业生产率 [J]. 经济研究, 2010 (12).

[21] 张杰, 李克, 刘志彪. 市场化转型与企业生产效率——中国的经验研究 [J]. 经济学季刊, 2011 (1).

[22] 张维迎. 从现代企业理论看国有企业改革 [J]. 改革, 1995 (1).

我国宏观经济的资金关联结构特征
——基于投入产出式资金流量表的考察*

胡秋阳

一、问题的提出

我国当前正处于重要的经济结构调整阶段,比如如何扩大内需,尤其是提高居民消费率就是当下需要解决的突出问题之一。由于支出受到收入水平的约束,因此,很多研究注意到在我国居民消费率下降的背后,伴随着劳动报酬占比的下降,并据此提出通过提高劳动报酬,增加居民收入,进而提高居民消费率的指向性政策建议。

然而,针对上述问题,收入法或支出法 GDP 层面的研究有一定的局限性。如果把最终需求看作宏观经济系统中的资金最终使用方,将增加值看作初始的资金供给方,则增加值账户与最终需求账户之间是资金流总量相等的经济平衡关系。但需要注意的是,这并不代表两账户之间是直接对应的资金流转关系。现实的情况是,最终流入最终需求账户的资金除一部分是从增加值账户的资金中直接流转形成的以外,[①]另外一部分资金则是对增加值账户下的资金进行收入分配及再分配,如经过支付劳动报酬等实物交易而间接流转的;还有一部分则是经过存/贷款以及证券交易等金融交易形式而间接流转的,且资金在间接流转的过程中,最初通过实物交易注入的资金中途可能被注入到金融交易之中,以及最初通过金融交易注入的资金中途被注入到实物交易之中等交叉性的资金流动。例如,从上述资金流视角来看的话,劳动报酬账户的资金流入并非直接来自增加值账户,而可能是经由存/贷款来筹措的;并且也并非直接全部地转化为消费需求资金,而可能经由证券交易成为资本形成资金。

可见,单从支出法或收入法 GDP 层面上不能比较全面地了解经济结构调整所涉及的现实的各资金流动环节,以及资金流动背后所反映的系统性的经济运行特征,尤其是金融交易和实物交易背后所反映出的虚拟经济与实体经济之间的资金关联特征,所以,有必要在一个相对完整的资金流量分析框架下,全面性地考察我国资金流转各环节及其特征和变动趋势。同时,资金流分析还可以为结构调整政策提出具有该视角特色的对策思路和启示,即如何通过增加值账户与最终需求账户之间直接或间接的资金流转体系的结构性调整,达到资金最终流向结构调整的目的。

基于此,本文应用项目—项目型投入产出式资金流量表及相关资金关联分析模型,考察我国

---

*本文为教育部人文社科研究青年基金项目"中国经济的资金关联结构分析框架、数据模型和应用"（09YJCZH064）的阶段性成果。

① 这里的所谓直接流转,意味着增加值资金流入的主体账户直接将其中的部分资金运用于最终需求。如企业账户将流入的部分增加值资金直接运用于资本形成。

经济系统中的资金流动结构和内部关联关系，旨在为我国结构调整政策提供有益的启示。

本文的贡献首先是绕开了支出法或收入法 GDP 层面上的结构调整政策研究，提供了一个基于资金流的分析视角，从而拓展了此类研究的视野范围。同时，本文对我国的资金筹措及资金使用进行结构分析研究，首次将系统完整的资金关联分析框架应用于对我国经济运行特征的考察，从而不仅能够了解其结构特征，还能够获得关于我国经济系统中资金流动层面的内部关联关系的认识。而如前所述，获得此类认识对于制定出切实的经济结构调整政策是非常有益的。

二、相关研究概述

资金流量分析方法一般认为始于 M.柯普兰 1952 年的研究。Brain 在 1973 年总结了该领域研究的六个方面：①作为数据来源；②部门平衡表和流动性分析；③固定技术系数分析；④利率预测；⑤短期资金流量方案；⑥资金流量模型分析。贝多广等（2006）则进一步归纳了包括我国在内的研究进展。

需要指出的是，前述"资金流量的模型分析"是基于各类金融理论建立资金供求函数进而建立满足市场出清条件的资金流量模型，相当于金融领域的 CGE（Computable General Equilibrium）模型。而"固定技术系数分析"即资金流量的投入产出分析，是对投资组合以及融资组合进行了线性的简明处理的资金供需均衡模型，两者同属于一般均衡方法。其中，"固定技术系数分析"即投入产出分析基于上述的线性简明处理而能够得到资金关联乘数矩阵，从而对资金关联结构进行深入考察（如直接关联和间接关联、资金链分析），并分层次地研究资金流动的传导机制和路径以及波及效果（如直接波及效果和间接波及效果）等。本文将此类具有乘数模型特征的"固定技术系数分析"归为"资金关联模型（表）"。

中国的资金流量分析大多属于以资金流量表作为数据来源的经验分析和构成分析，着眼于资金关联问题的框架研究和应用研究极为有限。李宝瑜（2001）应用了 Stone（1966）的 U-V 型表和模型，但未就乘数加以分析和应用。此后李宝瑜等（2009）构筑了金融资金部门——部门型表，但仍被用于结构分析而不是关联分析。胡秋阳（2010）构建了三类投入产出式资金流量表框架和资金关联模型，并参考投入产出表技术推算编制了我国的三类投入产出式资金流量表，但未加以应用。其他数据方面的研究有范金等（2003）编制了包含了金融活动的江苏省社会核算矩阵，余少谦（2006）尝试编制了在 Stone（1966）的 U-V 型表基础上嵌入实物交易内容的表。

其他基本框架的研究方面有刘俊民等（2005）的全象资金流量观测系统和伍超明等（2006）的新资金流量矩阵，雷宏（2006）的资金投入占用产出模型，以及王国忠（2006）的基于交易量的资金流量分析模型等。以本文涉及文献范围来看，我国尚没有针对资金关联的应用研究。

三、项目—项目型投入产出式资金流量表和资金关联分析模型

1. 项目—项目型投入产出式资金流量表

本文参考胡秋阳（2010）的方法，依据我国各年度 T 型复式记账式资金流量表数据，推算编

制了我国1992~2007年的项目—项目型投入产出式资金流量表（参照附表1~附表8①）。该表的纵向表示交易项目账户（以下简称项目账户）从各项目账户中流入该账户的资金流，即资金筹措；横向表示项目账户对各项目账户的资金支出即资金运用。

该表可从资金的供给和需求两个角度进行解读。行项目中的增加值账户可以看作经济系统中初始的资金供给方；列项目中的最终需求账户可以看作最终的资金使用方。两个账户的资金流总量是相等的，反映的是初始资金供给与最终资金需求的平衡关系。②

从资金供给角度来看的话，作为初始的资金供给方，资金流形式的国民生产总值（GDP），即增加值账户资金流，第一部分直接用于最终需求支出，进入最终需求账户；第二部分则通过收入分配，以劳动报酬等实物交易账户为初始的入口，经过各交易项目账户间的资金往来，间接地被最终运用于最终需求；第三部分则以金融交易账户为初始的入口，间接地被最终运用于最终需求账户。间接运用的部分衍生出在这些账户之间的资金往来。

从资金需求层面来看，作为最终的资金使用方，资金流形式的支出法国民生产总值，即最终需求账户资金流，第一部分直接筹措于增加值账户；第二部分则以劳动报酬等实物交易账户为终端的出口，经过账户间往来间接地筹措于增加值账户；第三部分则以金融交易账户为终端的出口，间接地筹措于增加值账户。其中的间接筹措部分衍生出这些账户之间的资金往来。

显然，两种解读是"一枚硬币的两面"的关系。同时，从资金在增加值账户和最终需求账户之间的流动方式上，资金流又可被分为直接资金流和间接资金流两部分。两账户间的直接资金往来即为直接资金流，其他即为间接资金流。

本文据此将该表分为四个象限：第一象限为消费及资本形成等最终需求账户从增加值账户以外各项目账户筹措的资金流，是间接资金流的终端出口；第三象限为增加值账户对最终需求账户以外各项目账户运用的资金流，是间接资金流的初始入口；第二象限为最终需求账户及增加值账户以外各项目账户之间的资金往来，是间接流转过程；第四象限则为最终需求账户与增加值账户之间的直接资金往来。

2. 资金供给链分析模型

不难发现，除去第四象限，上述投入产出式资金流量表与部门—部门型投入产出表在结构上有类似之处，这也是将其称为项目—项目型投入产出式资金流量表的原因。并且，考察产业关联关系的相关投入产出分析模型也为构建资金流关联模型提供了直接的启示。鉴于本文主要从资金供给层面进行考察，这里介绍基于投入产出分析中行系数模型开发的资金供给关联模型。

$$W = (I - A^{*T})^{-1} V^T = BV^T \tag{1}$$

式中，W为各账户资金流量总额（w_i）矩阵，a_{ij}为账户间中间交易资金流，A^*是由a_{ij}/w_i构成的分配系数矩阵，V是增加值账户对非最终需求账户的资金供给矩阵，T表示转置，i和j表示增加值及最终需求以外各账户。该模型表示除增加值账户与最终需求账户间的直接资金往来以外的总资金流量，是增加值账户的资金供给基于资金流动的关联关系所形成的乘数效果决定的。乘数矩阵B（要素为b_{ij}）中的列要素和，意味着增加值账户1单位j项目的初始资金供给最终直接以及间接地推动形成了几单位的全部资金供给流量。这里参照投入产出分析中的系数设计思路，定义如下资金供给推动系数。大于1表明该项目的上述资金供给推动效果高于平均水平。

$$\sum_i b_{ij} / \left(\sum_j \sum_i b_{ij}/n \right) \tag{2}$$

---

① 篇幅所限其他年度表略。

② 当然，实际的经济运行是一个循环过程。增加值资金其实是通过提供最终商品及服务满足了最终需求而得到的货币支付，因而并不存在一个从天而降的初始资金供给。但这显然不妨碍我们向许多其他经济分析所做的那样，将其中便于理解的某一点定义为起点从而满足分析经济运行的需要。

给定终端账户对最终需求的资金供给系数矩阵 F（要素为 f_{1i}/w_{1i}，f_{2i}/w_{2i}，f 表示各终端项目账户对最终需求账户的资金供给，1 表示最终消费，2 表示资本形成），即可依据（3）式计算增加值账户 1 单位 j 项目的资金供给最终直接以及间接地分别向最终需求账户提供了几单位的终端资金供应，这里称其为终端供给结构系数。

$$BF \qquad (3)$$

四、中国经济运行中的资金关联分析

1. 投入产出式资金流量表中的经济结构问题

如前所述，项目—项目型投入产出式资金流量表行项目中的增加值账户可以看作经济系统中初始的资金供给方；列项目中的最终需求账户可以看作最终的资金使用方。两个账户的资金流总量是相等的，反映的是初始资金供给与终极资金需求的平衡关系。

关于我国经济结构中的需求结构问题，在资金流量数据上反映为，进入 2000 年以来，我国消费账户资金流占最终需求账户资金流的比重不断下降，由 2000 年的 62.7% 逐年下降到 2007 年的 53.7%；而资本形成账户所占比重不断上升，由 2000 年的 37.3% 上升到 2007 年的 46.3%。由于数据的经济意义相同，因此这一认识与基于支出法 GDP 层面的研究是一致的。关于我国经济结构中的收入分配结构，一些基于资金流量表的研究则发现居民部门的劳动报酬净值①占初次分配总收入②的比重不断下降，存在收入分配结构问题（李扬等，2007）。③

2. 增加值账户与最终需求账户间的直接资金流

增加值账户与最终需求账户之间直接的资金往来只占两账户总资金流的 40% 左右，其余 60% 左右的资金流则是通过实物交易以及金融交易间接形成的。

从资金供给的角度来看，增加值账户对最终需求账户的直接运用资金中，大部分且越来越倾向于进入资本形成账户。其间，消费账户所占比重由 45% 以上下降至 35%，下降了约 10 个百分点，而资本形成账户所占比重则相应地上升了约 10 个百分点。

考虑到流入企业账户的增加值资金占增加值资金流的大部分，同时，企业部门又是资本形成账户的主要资金运用主体，因此，此间的变化意味着企业部门所控制的增加值资金流被越来越多地直接运用于资本形成，造成增加值资金直接流入资本形成账户的份额不断提高。

从资金筹措角度来看，消费账户中只有不到 30% 的资金直接筹措于增加值账户，而资本形成账户中 60% 以上接近 70% 的资金直接筹措于增加值账户。

结合两方面的数据，上述考察的结果是，如果要调整资金的最终流向使其向消费账户倾斜，则控制两账户间的直接资金流，主要是控制企业部门将增加值资金直接运用于资本形成将有直接且明显的效果。

---

① 在资金流量表数据中，净劳动报酬即居民账户中的劳动报酬流入减去其自身账户中的劳动报酬流出。
② 在资金流量表数据中，初次分配总收入=增加值-净劳动报酬-净生产税净额-净经常转移。
③ 本文资金流量表中第四象限所显示的增加值账户对劳动报酬账户的资金流部分并非收入分配意义上增加值对劳动报酬的最终分配部分，是当被视为资金筹措的一种渠道的情况下，增加值资金中被直接用于支付劳动报酬的部分。而劳动报酬账户通过其他项目所得全部资金流入，最初都来自于增加值资金对某种交易的资金运用也就是资金供给，因此都属于来自增加值账户的间接流入。同理也适用于对第四象限中增加值账户与其他实物交易账户的关系理解上。在这里，增加值账户与收入分配相关各实物交易账户之间的关系和增加值账户与最终需求账户之间的关系是类似的，也是符合三面等价逻辑含义的。只不过从本文的分析角度，部分收入分配项目下的资金流转是增加值账户资金流向最终需求账户的间接流转环节。

另外，需要注意到尚有大部分的资金是在增加值账户和最终需求账户之间间接流转的，重要的是，由于资金流转过程中的内部关联关系，在增加值账户初始端的运用对最终需求终端会有不同的资金供给推动结果。那么，从此处着眼，则可根据这种供给推动作用的不同，思考利用资金供给政策来调节最终需求账户的资金流结构。

3. 供给角度的增加值账户与最终需求账户之间的间接资金流

如前所述，除前述增加值账户与最终需求账户间的直接资金流外，其他部分则可看作以增加值账户为初始资金供给，以最终需求账户为最终资金需求，其间经过实物交易以及金融交易形成的两账户间间接资金流动。

首先，总体来看，七成左右的间接资金流被消费账户所用。但与基本保持70%以上且呈上升趋势的2000年以前相比，近年来的份额明显下降，已经由2000年的74.4%逐年下降到2007年的66.8%。说明近年来间接资金流未被有效地流转至消费账户是造成内需账户资金流结构问题的另一方面原因。

其次，我们具体考察资金供给层面上的间接流转结构。首先来看根据（2）式计算的资金供给推动系数（见表1）。该系数以均值为基准，表示增加值账户1单位j项目的初始资金供给最终直接以及间接地推动形成全部资金供给流量的水平。可以看出，金融交易项目普遍具有高于或接近平均水平的资金供给推动效果，而实物交易项目中，除财产收入接近平均水平外，其他各项均与平均水平有较大的差距。这说明，虽然有一定的波动性，但金融交易项目下的供给资金在间接流转系统中一般会经过较多的中间流转环节，而实物交易项目下的供给资金只经过较少的中间流转环节。这意味着，增加值账户的初始资金运用向金融交易项目倾斜将对资金流量产生较大范围的供给推动作用。

不过，较大的中间流转乘数效果对于各最终需求账户的意义是相同的。因此，站在内需结构调整的立场上，需要进一步将其与终端的资金供给结构相结合。

表1　资金供给推动系数

年份	通货	存款	贷款	证券	直接投资	其他对外债权债务	国际储备资产	国际收支错误及其他	劳动者报酬	生产税净额	财产收入	经常转移	资本转移
1992	1.30	1.30	0.96	0.90	—	1.32	1.63	1.22	0.78	0.71	1.12	0.77	0.97
1993	1.44	1.44	0.90	0.91	—	1.07	1.29	1.52	0.78	0.78	1.15	0.83	0.90
1994	1.37	1.37	0.90	1.07	—	1.02	1.23	1.63	0.78	0.78	1.11	0.82	0.91
1995	1.43	1.43	0.79	1.10	—	0.57	−0.06	3.68	0.76	0.76	0.96	0.79	0.79
1996	1.46	1.46	0.91	0.97	—	1.03	1.21	1.54	0.76	0.79	1.15	0.81	0.92
1997	1.54	1.53	0.84	0.97	0.84	0.86	0.82	1.56	0.70	0.69	1.08	0.74	0.84
1998	1.27	1.27	0.93	0.96	0.94	1.00	1.03	1.14	0.78	0.86	1.06	0.83	0.94
1999	1.26	1.28	0.89	0.93	0.91	0.99	1.05	1.44	0.75	0.77	1.05	0.78	0.91
2000	1.25	1.25	0.91	0.91	0.93	1.12	1.26	1.08	0.71	0.81	1.06	0.79	0.93
2001	1.19	1.19	0.82	0.92	0.94	1.25	1.20	1.20	0.74	0.82	1.01	0.80	0.90
2002	1.25	1.25	0.87	0.99	0.91	1.10	1.20	1.12	0.77	0.81	1.03	0.81	0.90
2003	1.26	1.26	0.86	0.96	0.89	1.13	1.21	1.18	0.77	0.77	1.04	0.79	0.89
2004	1.35	1.36	0.86	1.15	0.88	0.94	1.26	1.20	0.72	0.67	1.04	0.70	0.87
2005	1.29	1.29	0.85	1.16	0.90	1.10	1.20	1.25	0.73	0.71	0.95	0.72	0.85
2006	1.27	1.27	0.87	1.13	0.97	1.21	1.24	1.24	0.70	0.62	0.94	0.66	0.87
2007	1.39	1.39	0.84	0.93	0.96	1.25	1.34	1.30	0.63	0.57	0.94	0.60	0.86

注：1992~1996年资金流量表中没有单独的直接投资统计，下同。
数据来源：本文计算，下同。

这里就进一步地基于式（3）计算终端供给结构系数（见表2），以期更清晰地考察增加值账户初始端的资金供给对于终端的最终需求账户的供给推动效果。为了更好地反映其结构特征，这里将其用百分数表示。

表2 终端资金供给结构（金融交易部分）（%）

年份	通货		存款		贷款		证券		直接投资		其他对外债权债务		国际储备资产		国际收支错误及其他	
	消费	资本形成	消费	资本形成	消费	资本形成	消费	资本形成	消费	资本形成	消费	资本形成	消费	资本形成	消费	资本形成
1992	57.1	42.9	57.1	42.9	52.0	48.0	58.2	41.8	—	—	56.8	43.2	59.2	40.8	55.3	44.7
1993	53.3	46.7	53.3	46.7	47.1	52.9	58.7	41.3	—	—	48.9	51.1	49.4	50.6	54.6	45.4
1994	53.5	46.5	53.5	46.5	46.6	53.4	62.6	37.4	—	—	49.2	50.8	49.4	50.6	58.4	41.6
1995	56.4	43.6	56.4	43.6	46.1	53.9	65.6	34.4	—	—	42.7	57.3	30.3	69.7	104.1	-4.1
1996	53.5	46.5	53.5	46.5	48.1	51.9	65.1	34.9	—	—	50.7	49.3	51.7	48.3	54.2	45.8
1997	54.8	45.2	54.8	45.2	48.7	51.3	60.5	39.5	48.4	51.6	51.4	48.6	51.8	48.2	55.2	44.8
1998	58.6	41.4	58.6	41.4	50.4	49.6	66.9	33.1	47.9	52.1	48.3	51.7	49.9	50.1	54.5	45.5
1999	58.3	41.7	59.1	40.9	53.0	47.0	65.2	34.8	48.3	51.7	47.9	52.1	49.2	50.8	65.1	34.9
2000	62.4	37.6	62.3	37.7	57.7	42.3	63.7	36.3	49.5	50.5	53.9	46.1	57.9	42.1	48.4	51.6
2001	60.0	40.0	59.9	40.1	57.7	42.3	63.4	36.6	48.7	51.3	57.1	42.9	54.0	46.0	63.6	36.4
2002	58.3	41.7	58.3	41.7	55.9	44.1	62.8	37.2	47.8	52.2	52.5	47.5	55.2	44.8	59.9	40.1
2003	54.5	45.5	54.5	45.5	51.3	48.7	58.9	41.1	44.9	55.1	52.9	47.1	53.8	46.2	54.4	45.6
2004	54.8	45.2	54.9	45.1	51.7	48.3	56.6	43.4	43.8	56.2	47.3	52.7	53.1	46.9	54.3	45.7
2005	54.2	45.8	54.1	45.9	49.1	50.9	54.9	45.1	45.3	54.7	50.2	49.8	53.0	47.0	59.3	40.7
2006	53.4	46.6	53.4	46.6	49.3	50.7	52.8	47.2	45.3	54.7	52.5	47.5	53.4	46.6	55.0	45.0
2007	55.6	44.4	55.6	44.4	52.4	47.6	57.7	42.3	45.6	54.4	51.8	48.2	53.5	46.5	56.1	43.9

表2 （续）（实物交易部分）

年份	劳动者报酬		生产税净额		财产收入		经常转移		资本转移	
	消费	资本形成	消费	资本形成	消费	资本形成	消费	资本形成	消费	资本形成
1992	81.9	18.1	78.9	21.1	62.5	37.5	78.3	21.7	50.2	49.8
1993	81.3	18.7	74.4	25.6	59.1	40.9	75.2	24.8	44.9	55.1
1994	80.5	19.5	73.8	26.2	59.2	40.8	74.4	25.6	45.3	54.7
1995	82.2	17.8	74.6	25.4	58.0	42.0	76.2	23.8	45.2	54.8
1996	80.0	20.0	73.9	26.1	59.8	40.2	75.1	24.9	47.9	52.1
1997	81.0	19.0	74.6	25.4	60.8	39.2	76.0	24.0	48.3	51.7
1998	82.1	17.9	73.2	26.8	61.7	38.3	76.5	23.5	47.8	52.2
1999	83.0	17.0	74.8	25.2	61.1	38.9	77.4	22.6	48.2	51.8
2000	83.8	16.2	74.0	26.0	64.8	35.2	77.0	23.0	49.3	50.7
2001	82.7	17.3	72.9	27.1	62.7	37.3	75.8	24.2	47.9	52.1
2002	80.1	19.9	71.7	28.3	61.6	38.4	74.2	25.8	47.4	52.6
2003	77.1	22.9	66.7	33.3	57.8	42.2	70.1	29.9	44.9	55.1
2004	75.7	24.3	70.8	29.2	56.9	43.1	72.5	27.5	43.5	56.5
2005	73.7	26.3	69.9	30.1	58.9	41.1	70.6	29.4	44.2	55.8
2006	74.7	25.3	70.2	29.8	57.7	42.3	71.2	28.8	46.7	53.3
2007	74.9	25.1	69.9	30.1	57.8	42.2	71.1	28.9	45.6	54.4

如果以2007年消费账户资金流总额占最终需求账户资金流总额比重的53.7%及资本形成账户资金流总额所占比重的46.3%为参照的话，表2中的结构系数更倾向于消费需求账户的项目，即可视为能产生有助于调整内需结构的增加值资金初始供给项目。

可以看出，尽管之前关于供给推动系数的考察中实物交易项目的系数普遍较低，但是，对于内需结构调整，尤其是劳动者报酬账户、生产税净额账户和经常转移账户来说将会有较理想的效果。不过，在时序列变动上三个项目的结构系数中消费所占比重均处于下降的趋势。资产转移项目的系数则是更倾向于资本形成的，就内需结构调整的角度来说，需要适当控制增加值项目向该项目的初始资金供应。

金融交易项目普遍难以呈现明显的结构调整效果，其中，证券项目有相对较好的结构特征，可适度增加对其的初始资金供给。不过，有一些项目的结构系数是更倾向于资本形成的，主要集中在与外部经济有关的直接投资、其他对外债权债务、国际储备资产三个项目上，同样有必要控制对这三个项目的初始资金供给。

综合关于间接资金流的考察结果可发现，对于内需结构的调整来说，提高增加值账户对实物交易项目的初始资金供应确是需要重点考虑的对策指向，提高金融交易中的证券项目的初始资金供给也能有一定的效果。同时可以考虑提高实物交易项目资金的中间流转，诸如让更多的进入劳动报酬的资金进而进入金融交易账户等。

五、结论及政策启示

从资金流动的角度来看，增加值账户的资金流可视为初始的资金供应，最终需求账户的资金流可视为最终的资金需求，其间有两账户间的直接资金往来，还有大部分是经过其他各类交易间接流转的。调整经济结构在资金流动的层面上意味着调整资金流向。本文应用项目—项目型投入产出式资金流量表及相关资金关联分析模型，考察了我国经济系统中的资金流动结构和内部关联关系。

（1）增加值账户和最终需求账户之间的直接资金流结构及其变动趋势是影响内需账户资金流结构的重要因素之一，因此，控制企业部门将增加值资金直接运用于资本形成将有直接和明显的效果。

（2）增加值账户和最终需求账户之间的间接资金流占全部资金流的大部分，是影响内需账户资金流结构的另一重要因素。

（3）通过从资金供给的角度对资金供给链的考察发现：提高增加值账户对实物交易项目的初始资金供应将有效地从供给层面上推动最终需求账户的资金流结构调整；对于与外部经济有关的金融交易账户则需要控制；证券账户的表现值得关注；提高实物交易账户资金的中间流转环节，能够进一步提高其结构调整效果。

项目之间的资金流转背后反映的是经济主体的资金筹措及运用行为，因此，一个进一步的研究方向是在此项目—项目型投入产出式资金流量表（模型）基础上加入主体部门维度，与各部门三体行为相关理论结合，从而更深入地考察资金关联关系的形成。

附表

附表1 项目一项目型投入产出式资金流量表（2007年）

	通货	存款	贷款	证券	直接投资	其他对外债权债务	国际储备资产	国际收支情误及其他	劳动者报酬	生产税净额	财产收入	经常转移	资本转移	最终消费	资本形成	统计误差	资金使用合计
通货	0	3	968	886	0	174	794	287	85	37	404	94	0	0	3	-433	3303
存款	1	63	15911	14553	66	2872	13047	4724	1399	606	6680	1569	2	0	44	-7129	54411
贷款	188	4169	383	434	728	312	254	1693	9579	4993	4262	1835	15	2769	10769	-3405	40979
证券	20	2887	4213	3890	43	793	3457	1531	4732	1624	2979	2137	360	5022	4541	1192	39422
直接投资	22	1338	215	185	526	180	127	281	2523	1658	1620	482	12	0	3420	-1609	10979
其他对外债权债务	68	1055	455	340	3236	754	43	437	728	369	2215	1143	83	0	760	-1302	10385
国际储备资产	261	3133	1612	1169	12901	2942	0	1529	686	0	7644	4278	333	0	0	-3872	32617
国际收支情误及其他	2	533	9860	9028	-68	1762	8097	2967	1628	599	4267	1267	70	1002	787	-3717	38085
劳动者报酬	1461	5558	9	1025	75	17	0	10676	25198	2632	1549	7618	2	49829	10250	9461	125359
生产税净额	25	4879	0	97	0	0	0	348	6012	204	399	3871	950	13250	4382	11207	45622
财产收入	198	3976	4583	4273	1729	1230	3591	2871	8136	3033	5020	3079	264	7842	7323	-1109	56039
经常转移	190	3241	15	181	125	31	0	1477	6248	573	571	2907	477	12555	3736	6555	38882
资本转移	4	360	1	1	20	13	0	51	707	449	351	107	5	73	951	-319	2776
净出口	-187	-2246	-1156	-838	-9247	-2109	0	-1096	-491	0	-5480	-3067	-238	0	0	2776	-23380
增加值	1049	25463	3909	4198	843	1412	3207	10308	58190	28844	23557	11561	441	34451	63955	-14085	257304
资金来源合计	3303	54412	40978	39422	10979	10384	32618	38083	125359	45622	56039	38882	2776	128794	110919	-5789	732782

数据来源：笔者参考胡秋阳（2010）的方法依据《中国统计年鉴》资金流量表数据推算编制，下同。

附表 2 项目—项目型投入产出式资金流量表（2006 年）

	通货	存款	贷款	证券及其他	直接投资	其他对外债权债务	国际储备资产	国际收支错误	劳动者报酬	生产税净额	财产收入	经常转移	资本转移	最终消费	资本形成总额	统计误差	资金使用合计
通货	0	21	870	583	0	239	526	192	70	27	327	66	0	0	2	117	3041
存款	8	382	14343	9728	258	4003	8649	3121	1169	437	5550	1196	14	0	40	1910	50807
贷款	125	3620	174	96	84	298	116	1173	8722	4671	3336	1268	-4	2829	10616	-3672	33452
证券及其他	10	957	5278	3533	41	1506	3191	1331	2271	1047	2647	856	63	964	2288	222	26206
直接投资	23	743	66	255	514	181	0	107	1750	1068	1072	401	24	0	2366	-923	7647
其他对外债权债务	105	594	644	2037	3545	932	87	-521	497	184	2463	1477	186	0	398	-253	12376
国际储备资产	188	867	909	3531	6433	1603	0	-1061	356	0	4145	2601	338	0	0	-218	19692
国际收支错误	0	185	5956	3994	3	1631	3600	1292	439	14	2137	578	35	533	-184	1089	21302
劳动者报酬	1386	11678	9	627	61	15	0	5187	21889	2130	1117	6194	3	44124	8990	2145	105555
生产税净额	26	3663	0	-50	0	0	0	180	5846	194	416	3729	842	12855	4574	3400	35674
财产收入	168	3055	3535	2849	1050	1284	2054	1377	6196	2086	3350	2264	216	6311	5580	-221	41154
经常转移	173	3278	9	76	68	23	0	694	5667	466	464	2648	431	11557	3625	1865	31044
资本转移	3	248	0	1	18	21	0	59	598	339	249	102	8	118	789	-255	2299
净出口	-159	-733	-769	-2986	-5441	-1355	0	897	-301	0	-3506	-2200	-286	0	0	184	-16654
增加值	985	22249	2429	1935	1014	1994	1468	7274	50385	23011	17385	9865	429	31305	55317	-15120	211924
资金来源合计	3040	50807	33452	26207	7647	12377	19692	21304	105555	35674	41153	31044	2299	110595	94402	-9730	585519

附表 3　项目—项目型投入产出式资金流量表（2005 年）

	通货	存款	贷款	证券及其他	直接投资	其他对外债权债务	国际储备资产	国际收支错误	劳动者报酬	生产税净额	财产收入	经常转移	资本转移	最终消费	资本形成总额	统计误差	资金使用合计
通货	0	26	734	645	0	76	519	143	76	23	226	51	0	0	3	81	2603
存款	8	480	12167	10767	336	1390	8600	2291	1281	389	3891	962	0	0	44	1366	43971
贷款	85	2149	72	163	542	384	39	-103	6298	3355	2180	877	8	1614	7315	-847	24133
证券及其他	7	787	4832	4245	19	540	3419	927	1962	692	1837	748	99	1199	1557	346	23216
直接投资	19	599	14	95	408	210	0	-127	1871	1110	824	299	0	0	2337	-271	7387
其他对外债权债务	43	433	142	504	1699	646	56	-358	675	359	995	651	0	0	750	3	6599
国际储备资产	160	1022	249	1733	6740	2453	0	-1428	284	0	3034	2363	0	0	0	348	16958
国际收支错误	-1	159	2222	1950	-18	212	1573	450	155	-159	561	298	55	660	-252	279	8144
劳动者报酬	1189	11761	2	166	59	22	0	3139	19408	1823	666	5171	0	39753	9694	-359	92493
生产税净额	23	3553	0	-14	0	0	0	108	5714	95	365	3293	984	11909	4246	-521	29755
财产收入	140	2160	2115	2065	906	612	1474	462	4484	1414	1817	1392	91	4661	3741	-111	27421
经常转移	143	2954	3	30	81	35	0	372	4889	353	335	2093	444	9721	3211	-300	24364
资本转移	3	184	0	0	15	26	0	-17	628	376	223	58	0	0	791	-98	2191
净出口	-96	-616	-150	-1045	-4063	-1479	0	861	-171	0	-1829	-1424	0	0	0	-210	-10223
增加值	841	17647	1806	1663	683	1474	1277	1323	45394	19925	12248	7585	517	28306	47208	-5181	182715
资金来源合计	2564	43296	24208	22967	7408	6601	16958	8043	92949	29755	27371	24416	2198	97823	80646	-5474	481728

附表 4 项目—项目型投入产出式资金流量表（2004 年）

	通货	存款	贷款	证券及其他	直接投资	其他对外债权债务	国际储备资产	国际收支错误	劳动者报酬	生产税净额	财产收入	经常转移	资本转移	最终消费	资本形成总额	统计误差	资金使用合计
通货	0	-40	616	347	0	4	436	98	50	20	168	31	0	0	2	-9	1722
存款	-11	-801	11947	6706	-491	-136	8553	1686	962	390	3124	384	0	0	45	-169	32189
贷款	86	2782	352	234	270	110	206	697	5904	2872	1210	864	8	2714	7007	-77	25240
证券及其他	4	127	3721	2090	2	22	2637	636	1448	446	1198	583	215	1312	1209	-57	15596
直接投资	6	549	12	9	52	21	0	120	1204	707	266	125	0	0	1649	-24	4696
其他对外债权债务	3	188	89	53	56	23	54	71	443	243	127	79	10	59	580	-9	2068
国际储备资产	116	150	1335	1060	5333	2223	0	2504	196	0	1797	2360	0	0	0	5	17080
国际收支错误	2	105	3033	1705	-29	5	2155	515	1039	435	963	317	80	488	959	-52	11720
劳动者报酬	777	8489	9	284	36	15	0	1982	15117	1405	918	4141	0	34559	7354	282	75366
生产税净额	15	954	0	-52	0	0	0	13	4614	96	553	2644	1620	9865	3498	47	23866
财产收入	62	958	2509	1462	591	259	1674	867	2484	926	1178	788	41	2184	2302	-42	18243
经常转移	100	1475	9	17	36	15	0	263	3944	258	384	1696	724	8525	2550	53	20050
资本转移	5	150	0	0	6	2	0	83	1006	592	210	88	0	0	1380	-20	3810
净出口	-28	-36	-319	-253	-1274	-531	0	-598	-47	0	-429	-564	0	0	0	-1	-4079
增加值	583	16830	1927	1216	107	36	1366	3500	37001	15478	6578	6513	1111	27326	40634	-328	159878
资金来源合计	1722	32189	25240	14878	4696	2068	17080	12438	75366	23866	18243	20050	3810	87033	69168	-402	407446

附表5 项目—项目型投入产出式资金流量表（2003年）

	通货	存款	贷款	证券及其他	直接投资	其他对外债权债务	国际储备资产	国际收支错误	劳动者报酬	生产税净额	财产收入	经常转移	资本转移	最终消费	资本形成总额	统计误差	资金使用合计
通货	0	19	1071	316	0	87	371	268	53	22	230	30	0	0	3	-5	2468
存款	8	285	15720	4666	190	1300	5437	3994	821	317	3433	514	0	0	40	-60	36663
贷款	149	4269	287	103	-440	-122	121	364	7048	4159	1582	869	-217	2484	8278	-427	28506
证券及其他	9	706	1562	474	0	120	541	403	1765	344	570	607	606	1639	1366	-106	10609
直接投资	8	567	-1	-1	-5	-16	0	38	940	668	270	133	0	0	1329	-47	3884
其他对外债权债务	28	79	96	114	700	91	-1	251	144	69	250	300	14	38	154	35	2361
国际储备资产	140	58	516	603	3672	485	0	1298	100	0	1154	1442	0	0	0	219	9686
国际收支错误	5	354	4330	1283	15	348	1499	1101	784	324	1051	266	110	297	617	-49	12335
劳动者报酬	1182	9551	5	759	35	5	0	1855	17426	825	321	3847	0	30385	4457	-1409	69244
生产税净额	22	1648	0	50	0	0	0	-23	4951	19	434	1983	2399	6488	2969	-305	20633
财产收入	101	1169	2906	988	715	307	972	1095	2127	755	1117	736	40	1782	1600	-99	16312
经常转移	130	1755	252	176	27	23	86	249	4081	146	310	1312	1088	5998	1893	-283	17241
资本转移	11	797	0	0	-1	-21	0	56	1322	939	381	190	0	0	1868	-66	5477
净出口	-39	-16	-143	-167	-1017	-134	0	-359	-28	0	-320	-399	0	0	0	-61	-2682
增加值	715	15422	1905	952	-8	-110	660	2036	27706	12046	5528	5413	1436	18383	26982	-1675	117390
资金来源合计	2468	36662	28506	10318	3884	2361	9686	12626	69244	20633	16311	17241	5477	67494	51555	-4338	350128

附表 6 项目—项目型投入产出式资金流量表（2002 年）

	通货	存款	贷款	证券及其他	直接投资	其他对外债权债务	国际储备资产	国际收支错误	劳动者报酬	生产税净额	财产收入	经常转移	资本转移	最终消费	资本形成总额	统计误差	资金使用合计
通货	0	7	730	207	0	42	225	90	37	20	188	24	0	0	7	13	1589
存款	3	122	12804	3640	114	751	3953	1592	657	347	3314	446	0	0	124	237	28104
贷款	92	2400	-94	63	297	-84	-22	101	5140	2587	1206	814	9	2337	5363	-290	19917
证券及其他	5	420	1380	393	3	72	426	174	1367	275	518	482	494	1220	842	-49	8020
直接投资	9	485	-10	6	132	-20	0	2	1092	711	347	169	0	0	1427	-61	4290
其他对外债权债务	9	31	-53	10	357	14	-7	44	69	42	69	107	0	0	85	21	796
国际储备资产	86	21	-310	168	3690	173	0	497	50	0	573	1033	0	0	0	267	6250
国际收支错误	2	148	1532	435	9	86	473	190	482	141	456	176	133	328	309	5	4904
劳动者报酬	771	8314	-4	886	46	2	0	1543	15427	797	221	3188	0	28514	3592	-718	62580
生产税净额	13	1216	0	6	0	0	0	42	4558	65	286	1888	2363	5837	1810	-249	17834
财产收入	77	920	2263	771	1098	169	726	519	1978	655	1044	710	44	1821	1360	20	14172
经常转移	82	1375	217	152	40	13	68	199	3585	160	232	1166	1041	5330	1243	-177	14724
资本转移	9	669	0	0	13	-36	0	-20	1505	982	453	186	0	0	1970	-97	5634
净出口	-39	-10	138	-75	-1650	-78	0	-222	-23	0	-256	-462	0	0	0	-119	-2794
增加值	471	11987	1325	800	140	-310	409	710	26655	11054	5522	4798	1551	17412	24174	-1527	105172
资金来源合计	1589	28104	19917	7462	4290	796	6250	5461	62580	17834	14172	14724	5634	62799	42305	-2726	291191

附表7 项目—项目型投入产出式资金流量表（2001年）

	通货	存款	贷款	证券及其他	直接投资	其他对外债权债务	国际储备资产	国际收支错误	劳动者报酬	生产税净额	财产收入	经常转移	资本转移	最终消费	资本形成总额	统计误差	资金使用合计
通货	0	7	390	93	0	61	130	33	29	26	158	21	0	0	6	83	1036
存款	2	133	7191	1713	168	1123	2395	594	541	479	2955	416	0	0	103	1537	19351
贷款	30	1202	-17	38	-921	-54	-17	308	3380	1837	595	287	21	1693	3568	-305	11643
证券及其他	3	277	433	101	10	53	144	56	1038	299	337	318	429	923	765	-39	5148
直接投资	10	335	-15	9	471	-66	0	1	934	695	408	222	0	0	1306	-77	4232
其他对外债权债务	10	-8	-46	10	770	-45	-7	-100	-36	-43	132	156	11	23	-73	24	778
国际储备资产	40	34	-103	59	3058	-175	0	-376	21	0	628	631	0	0	0	100	3917
国际收支错误	0	-5	1053	251	36	169	351	78	35	-15	402	75	47	100	-117	227	2686
劳动者报酬	510	5817	-2	1114	55	-3	0	788	15687	872	59	2414	2	26767	3243	-333	56988
生产税净额	10	954	0	-11	0	0	0	-11	4324	30	270	1632	2853	6139	1728	-637	17281
财产收入	57	644	1612	497	1810	132	557	9	1796	658	1280	719	48	1678	1174	319	12988
经常转移	47	859	168	131	43	22	56	76	2952	139	198	816	1027	4470	979	-226	11756
资本转移	7	546	0	0	47	-67	0	91	1539	1149	524	216	0	0	2159	-152	6060
净出口	23	-19	58	-33	-1721	99	308	212	-12	0	-354	-355	0	0	0	-56	-2207
增加值	332	8575	922	781	406	-469		1323	24761	11156	5396	4190	1622	17135	22622	-1743	97315
资金来源合计	1036	19351	11643	4751	4232	778	3917	3083	56988	17281	12988	11756	6060	58927	37461	-1278	248975

— 104 —

附表8 项目—项目型投入产出式资金流量表（2000年）

	通货	存款	贷款	证券及其他	直接投资	其他对外债权债务	国际储备资产	国际收支错误	劳动者报酬	生产税净额	财产收入	经常转移	资本转移	最终消费	资本形成总额	统计误差	资金使用合计
通货	0	25	657	157	0	62	41	-125	37	45	252	24	0	0	6	16	1197
存款	7	347	9001	2209	310	969	564	-1818	504	618	3557	384	0	0	75	234	16962
贷款	66	1219	-224	190	889	490	-11	-120	3236	1598	1027	646	37	1488	3302	-64	13771
证券及其他	6	451	449	109	2	79	28	-2	1363	417	408	352	440	1129	1045	-127	6149
直接投资	6	340	-3	8	47	71	0	20	793	534	291	132	0	0	1064	-47	3255
其他对外债权债务	35	162	-291	216	1467	587	-12	-431	401	254	520	319	3	8	535	23	3797
国际储备资产	11	-1	-31	91	503	199	0	-167	3	0	157	90	0	0	0	18	873
国际收支错误	-2	-104	-254	-65	-22	-50	-16	50	-203	-193	-193	-31	42	107	-327	-1	-1262
劳动者报酬	579	3845	-2	1299	32	13	0	596	15238	800	33	1974	2	24962	2852	1075	53298
生产税净额	11	930	0	9	0	0	0	280	3705	79	206	1170	2065	5302	1433	-487	14702
财产收入	65	576	3024	1038	1231	811	194	-936	1642	602	1755	547	34	1553	898	145	13180
经常转移	49	652	192	154	26	31	12	102	2542	131	172	584	730	3806	786	-86	9885
资本转移	7	187	0	1	7	78	0	49	1137	765	398	179	0	0	1525	-70	4562
净出口	-29	2	80	-232	-1292	-511	0	429	-7	0	-403	-231	0	0	0	-47	-2240
增加值	386	8031	1172	966	53	967	73	811	22906	9051	4999	3747	1210	16262	19306	-471	89468
资金来源合计	1197	16962	13771	6149	3255	3797	873	-1262	53298	14702	13180	9885	4562	54617	32500	111	227597

参考文献

[1] 贝多广，骆峰. 资金流量分析方法的发展和应用［J］. 经济研究，2006（2）.

[2] 范金，郑庆武. 中国地区宏观金融社会核算矩阵的编制［J］. 当代经济科学，2003（5）.

[3] 胡秋阳. 投入产出式资金流量表和资金关联模型［J］. 数量经济技术经济研究，2010（3）.

[4] 李宝瑜. 中国国民收入流量表研究［J］. 统计研究，2001（6）.

[5] 李宝瑜，张帅. 我国部门间金融资金流量表的编制与分析［J］. 统计研究，2009（12）.

[6] 李扬，殷剑峰. 中国高储蓄率问题探究——1992~2003年中国资金流量表的分析［J］. 经济研究，2007（6）.

[7] 雷宏. 金融投入产出的资源占用问题分析［J］. 决策参考，2006（3）.

[8] 刘骏民. 肖红叶，全象资金流量观测系统——以虚拟经济稳定性为核心的研究［J］. 经济学动态，2005（3）.

[9] 王国忠. 经济稳定动态监测系统探讨——基于交易资金流量模型的分析［J］. 经济理论与经济管理，2006（3）.

[10] 伍超明，韩学红. 宏观资金流量观测模型：新资金流量矩阵［J］. 财经问题研究，2006（2）.

[11] 余少谦. 资金流量的投入产出分析［J］. 福建金融管理干部学院学报，2006（2）.

[12] Bain, A. D. Surveys in Applied Economics: Flow of Funds Analysis［J］. The Economic Journal, 1973（11）.

[13] Copland. M. A. A Study of Money Flows in the United States［M］. NBER, 1952.

[14] Stone, Richard. The Social Accounts from a Consumer's Point of View［J］. Review of Income and Wealth, 1966（12）.

融资约束、政府补贴与企业生产率
——基于中国装备制造业企业的实证研究

任曙明　吕镯*

一、引言及文献回顾

装备制造业作为国家的战略产业、现代工业结构的核心，其发展水平决定了一个国家产业体系的竞争力和工业化水平。因此，为了促进装备制造业的发展，国务院于 2006 年发布了《关于振兴装备制造业的若干意见》，这一举措极大地促进了中国制造业的发展，从 1999 年到 2011 年其总产值从 12756.14 亿元增长到 276598.87 亿元，企业单位数从 6947 家增加到 106695 家，资产总计从 20180.40 亿元增加到 207335.52 亿元，利润总额从 477.02 亿元增加到 18983.82 亿元（国家统计局数据），生产率也在逐年增长（颜鹏飞、王兵，2004；涂正革、肖耿，2005；邵军、徐康宁，2011）。

然而，大量文献表明，在金融市场不完善的情况下，企业无法正常获得外部资金，进而会影响企业的固定投资（Fazzari et al.，1998）、存货投资（Carpenter et al.，1994；1995）、就业（Nickell、Nicolitsas，1999；Benito、Hernando，2007）以及研发活动（Brown et al.，2009），进而降低企业的生产率。由此我们产生疑问，为什么中国企业的生产率能不受融资约束的影响而持续平稳增长呢？

改革开放以来，政府干预对经济增长仍然起着重要作用。因此，我们从政府角度入手，考虑政府在中国装备制造业生产率增长奇迹中所起的作用。我们发现，近年来，政府不断加大对装备制造企业的补贴力度。以智能装备为例，它是首批享受政策补贴的行业之一，其中，19 个智能制造装备项目受国家补贴额高达 9.5 亿元。[①] 那么这些高额补贴是否起到作用了呢？近期涌现的一些有关上市公司的事件，"吃补贴赚业绩"、补贴大于利润等又都表明补贴效率低下。由此我们不得不思考，政府补贴是否缓解了融资约束，促进了生产率的增长。

目前，有关如何缓解融资约束对生产率的抑制作用的文献不是很全面，研究政府补贴对融资约束的缓解作用的文献则相对更少。围绕本文主题，我们从两方面对相关文献进行回顾：一方面是融资约束对生产率的影响，另一方面是缓解融资约束的因素。

在有关融资约束对生产率的影响的研究中，Roberta Gatti and Inessa Love（2008）运用保加利亚企业的截面数据估计了信贷的可获得性对生产率的影响，研究发现：信贷可获得性与企业全要

---

* 任曙明（1973—），女，江苏连云港人，大连理工大学经济学院教授、管理学博士；吕镯（1989—），女，吉林辽源人，大连理工大学经济学院研究生。

① 资源来源：智能装备制造产业前景看好，和讯网，http://news.hexun.com/2011-12-01/135889638.html. 2011-12-01.

素生产率显著正相关，并且大量的稳健性检验表明结果是稳健的。Stephen Nickell and Daphne Nicolitsas（1999）采用英国面板数据考察了用现金流利息保障倍数表示的财务压力对就业、工资以及生产率的影响，研究发现财务压力对就业有大的负效应，对工资有负效应，对生产率有小的正效应。Meghana Ayyagari et al.（2010）使用中国2400多家企业的数据，检验了中国企业融资模式和经济增长的关系。研究发现：即使中国的正规金融系统不完善，但正规金融机构融资与企业生产率较快增长相关，并且没有证据表明其他融资渠道与企业的这种快速增长相关。Marialuz Moreno Badia and Veerle Miranda（2008）为爱沙尼亚的融资约束和企业生产率之间存在联系提供了新的证据。他们通过研究发现：相对于其他企业而言，年轻企业和高负债企业受到的融资约束程度更严重；融资约束并没有降低大多数企业的生产率，但却显著地降低了研发性企业的生产率。

在第二类研究中，部分学者考察了缓解融资约束的因素。石晓军和张顺明（2010）从生产函数的角度检验了商业信用通过何种机制影响何种效率。研究采用随机前沿模型验证了商业信用对融资约束具有显著缓解作用，且用 Malmquist DEA 方法进行了效率的计量和分解，结果表明融资约束对规模效率的影响最大。鞠晓生等（2013）运用1998~2008年中国非上市公司企业数据，研究了融资约束、营运资本管理与企业创新活动之间的关系。结果表明：营运资本对缓解企业投资波动有重要作用，而且这种作用与企业的融资约束程度密切相关。James R. Brown and Bruce C. Petersen（2011）估计了动态研发模型，估计表明在1998~2002年，约75%的年轻公司使用库存现金来平滑研发的波动。此发现为流动性价值和无形投资的融资研究提供了新的视角，并且进一步表明对于很大一部分上市公司来说，用库存现金来平滑 R&D 是重要的。

基于以上文献，本文从政府角度入手，研究政府补贴对中国装备制造业企业的融资约束是否起到缓解作用。本文的贡献在于：第一，在研究视角上，本文以政府补贴为切入点分析中国装备制造业在融资约束下生产率依然增长的问题。先前的大量研究，要么是研究融资约束与生产率的关系，要么研究其他因素对融资约束的缓解作用，而关于政府补贴对融资约束的缓解进而促进生产率的研究却几乎没有。第二，在研究方法上，本文用ACF法测算了生产率，全要素生产率与各投入要素的相关关系所导致的内生性问题一直是这一领域的研究重点，过去的研究一直忽视了中间投入决策同样依赖于劳动投入这一问题，从而导致严重的测量偏误，ACF法在LP法的基础上，将劳动投入引入企业中间投入品函数，更加精准地解决了内生性问题；并且运用双边随机前沿估计方法，首次定量分析了融资约束、政府补贴对生产率的影响。

文章剩余部分安排如下：第二部分介绍了测算生产率的ACF法及双边随机边界模型的构造和估计方法。第三部分说明了样本选取方法并呈现实证结果，还用LP法估算实际生产率进行稳健性检验。第四部分为稳健性检验。第五部分为结论及政策建议。

二、理论基础与模型设定

1. 双边随机边界模型设定

企业的生产率受到很多因素的影响，融资约束的影响尤为突出，学界对于政府补贴对融资约束的缓解作用也有很大争议。若企业只受到融资约束，企业的实际生产率将小于有效生产率，即对生产率产生负效应；若企业只受到政府补贴，企业的生产率将大于有效生产率，即对生产率产生正效应。由此可见，融资约束、政府补贴对于生产率的影响是双边的，因此可以采用 Kumbhakar and Parmeter 新近提出的双边随机边界模型来描述公司的生产率水平，国内学者卢洪友

等(2011)估计中国医疗市场议价能力时也采用了该方法,下式为生产率的分解公式:

$$TFP_{it} = TFP^*_{it} + \varepsilon_{it}, \quad \varepsilon_{it} = \omega_{it} - \mu_{it} + \nu_{it} \tag{1}$$

其中,由于企业的生产率在数据库中没有实际对应值,本文采用ACF法(Ackerberg et al.,2006)测算生产率,并将其作为企业的实际生产率。

生产函数是经济学的一个基本组成部分。早在19世纪初,经济学家们就已经开始了对生产函数的研究。然而直至今日,生产函数中的全要素生产率与各投入要素的相关关系所导致的内生性问题依然存在于这一研究领域。针对这一问题,两个最早的解决方法是工具变量法和固定效应估计方法。但这些方法只在某些情况下是可行的,并不能解决全部的问题。近些年来,这一研究领域又产生了一些新的想法,如Gary Chamberlain(1982),Manuel Arellano and Olympia Bover(1995),Richard Blundell and Stephen Bond(2000)等学者使用动态面板来解决内生性问题。本文所用方法是由Olley and Pakes(1996),Levinsohn and Petrin(2003)等提出的半参数和参数估计方法。Olley and Pakes基于结构模型提出半参数方法,借助代理变量投资使无法观测的生产率显著化,以此来解决生产函数估计中的内生性问题。OP法要求投资函数关于生产率是严格单调函数,故投资变量不能为零,而实际中投资变量常常为零,这就使得许多样本在估计中被舍弃掉了。Levinsohn and Petrin针对这一问题提出用中间投入代替投资来作为代理变量,这样,可避免数据截断问题,且由于中间投入品的调整成本低于投资的调整成本,可以更及时地反馈生产率的变动。

Ackerberg et al.(2006)进一步完善了Levinsohn and Petrin(2003)的方法,将劳动投入也引入了企业中间投入品(m_{it})函数。因此,中间投入品的决策函数依赖于资本投入、劳动投入和生产率,中间投入品函数如下:

$$m_{it} = m(\omega_{it}, k_{it}, l_{it}) \tag{2}$$

中间投入品是关于生产率的严格递增函数,可求其反函数得到生产率函数如下:

$$\omega_{it} = \omega(m_{it}, k_{it}, l_{it}) \tag{3}$$

又已知柯布—道格拉斯生产函数:

$$y_{it} = \beta_l l_{it} + \beta_k k_{it} + \omega_{it} + \varepsilon_{it} \tag{4}$$

式中,y_{it}、l_{it}、k_{it}、ω_{it} 及 ε_{it} 分别为产出、劳动投入、资本投入、全要素生产率及随机误差。下面分两步求得生产率:

第一步,将(3)式代入(4)式得:

$$y_{it} = \phi(m_{it}, k_{it}, l_{it}) + \varepsilon_{it} \tag{5}$$

式中,$\phi(m_{it}, k_{it}, l_{it}) = \beta_l l_{it} + \beta_k k_{it} + \omega(m_{it}, k_{it}, l_{it})$,这里我们用非参数方法、三次多项式逼近来对未知函数 $\phi(m_{it}, k_{it}, l_{it})$ 进行拟合。得到无偏估计 $\hat{\phi}$。生产率可以进一步表示为:

$$\omega(k_{it}, l_{it}) = \hat{\phi} - \beta_l l_{it} + \beta_k k_{it} \tag{6}$$

第二步,利用GMM估计,求参数 β_l 及 β_k。生产率服从一阶马氏过程,则得出:

$$\omega_{it} = E(\omega_{it}|I_{it-1}) = E(\omega_{it}|\omega_{it-1}) + \xi_{it} \tag{7}$$

假设资本投入 k_{it} 在期初决定且和劳动投入决策与当期生产率相关,但与滞后一期生产率无关,得到下述两个矩条件方程:

$$E = \left[\xi_{it} \binom{k_{it}}{l_{it-1}} \right] = 0 \tag{8}$$

通过GMM估计可求得参数 β_l 及 β_k,代入公式(6)即可求得所求生产率。这里,我们用stata12编程来实现以上过程。

此种方法将劳动投入引入企业中间投入品函数,比LP法更好地解决了内生性问题。$TFP^*_{it} = \beta X_{it}$ 为有效生产率。ν_{it} 为传统意义上的残差,反映了不可预测因素导致生产率在其最优边界上的随机偏离，$\mu_{it} \geq 0$ 和 $\omega_{it} \geq 0$ 分别衡量了融资约束和政府补贴导致的实际生产率在最优边界上不同方向的偏离。如果 $\mu_{it} \geq 0$，则公司只存在补贴收入；如果 $\omega_{it} \geq 0$，则公司只面临融资约束；如果 $\omega_{it} = \mu_{it} = 0$，（1）式就变为实际生产率。这里需要指出，虽然 μ_{it} 和 ω_{it} 均可能为零，但是复合残差 ε_{it} 的期望可能并不为零，这就使得 OLS 估计是有偏的，因此，本文选择极大似然法（MLE）对（1）式进行估计。由于 v_{it} 为通常意义上的随机干扰项，因此假设其服从正态分布：$v_{it} \sim i.i.d. N(0, \sigma_v^2)$，同时由于 $\mu_{it} \geq 0$ 和 $\omega_{it} \geq 0$ 为非负的随机干扰项，所以假设它们都服从指数分布：$\mu_{it} \sim i.i.d. Exp(\sigma_\mu)$，$\omega_{it} \sim i.i.d. Exp(\sigma_\omega)$，最后假设三个干扰项彼此独立且与解释变量 X 不相关。基于上述分布假设，就可以写出复合干扰项的分布密度函数：

$$f(\varepsilon_{it}) = \frac{\exp(a_{it})}{\sigma_\mu + \sigma_\omega} \Phi(c_{it}) + \frac{\exp(b_{it})}{\sigma_\mu + \sigma_\omega} \int_{-d_{it}}^{+\infty} \phi(z) dz$$

$$= \frac{\exp(a_{it})}{\sigma_\mu + \sigma_\omega} \Phi(c_{it}) + \frac{\exp(b_{it})}{\sigma_\mu + \sigma_\omega} \Phi(d_{it}) \quad (9)$$

式中，$\phi(\cdot)$ 和 $\Phi(\cdot)$ 分别为标准正态分布的概率密度函数和累积分布函数，其他参数设定如下：

$$a_{it} = \frac{\varepsilon_{it}}{\sigma_{it}} + \frac{\sigma_v^2}{2\sigma_\mu^2}; \quad b_{it} = -\frac{\varepsilon_{it}}{\sigma_\omega} + \frac{\sigma_v^2}{2\sigma_\omega^2}; \quad c_{it} = -(\frac{\varepsilon_{it}}{\sigma_v} + \frac{\sigma_v}{\sigma_\mu}); \quad d_{it} = \frac{\varepsilon_{it}}{\sigma_v} - \frac{\sigma_v}{\sigma_\omega} \quad (10)$$

根据复合残差的分布密度函数就可以构建出第 it 个观测值所对应的极大似然估计的对数似然函数：

$$\ln L(x_{it}; \theta) = -\ln(\sigma_\mu + \sigma_\omega) + \ln[\exp(a_{it})\Phi(c_{it}) + \exp(b_{it})\Phi(d_{it})] \quad (11)$$

式中，$\theta = \{\beta, \sigma_v, \sigma_\mu, \sigma_\omega\}$，为待估参数。由于参数 σ_μ 仅出现在 a_{it} 和 c_{it} 中，而参数 σ_ω 仅出现在 b_{it} 和 d_{it} 中，因此，通过似然函数最大化就可以得到所有参数的估计值。在获得所有参数的估计值后，为了得到每家企业的 μ_{it} 和 ω_{it} 的点估计值，首先，必须推导出 μ_{it} 和 ω_{it} 的条件分布：

$$f(\mu_{it} | \varepsilon_{it}) = \frac{\lambda \exp(-\lambda \mu_{it}) \Phi(\mu_{it}/\sigma_v + d_{it})}{X_{1it}} \quad (12)$$

$$f(\omega_{it} | \varepsilon_{it}) = \frac{\lambda \exp(-\lambda \omega_{it}) \Phi(\omega_{it}/\sigma_v + c_{it})}{X_{2it}} \quad (13)$$

式中，$\lambda = \frac{1}{\sigma_\mu} + \frac{1}{\sigma_\omega}$，$X_{1it} = \Phi(d_{it}) + \exp(a_{it} - b_{it})\Phi(c_{it})$，$X_{2it} = \exp(b_{it} - a_{it})X_{1it}$。

由（12）式和（13）式两式，就可以进一步推导出 μ_{it} 和 ω_{it} 的条件期望：

$$E(\mu_{it} | \varepsilon_{it}) = \frac{1}{\lambda} + \frac{\exp(a_{it} - b_{it})\sigma_v[\Phi(-c_{it}) + c_{it}\Phi(c_{it})]}{X_{1it}} \quad (14)$$

$$E(\omega_{it} | \varepsilon_{it}) = \frac{1}{\lambda} + \frac{\sigma_v[\Phi(-d_{it}) + d_{it}\Phi(d_{it})]}{X_{2it}} \quad (15)$$

由于（14）式和（15）式的估计值是每家公司的实际生产率与有效生产率之间的绝对偏离程度，这就使得该数值在公司之间不具有可比性，为了得到实际生产率与有效生产率之间的相对偏离程度，本文对其进行如下转换：

$$E(1 - e^{-\mu_{it}} | \varepsilon_{it}) = 1 - \frac{\lambda}{1+\lambda} \frac{1}{X_{1it}} [\Phi(d_{it}) + \exp(a_{it} - b_{it}) \times \exp(\frac{\sigma_v^2}{2} - \sigma_v c_{it})\Phi(c_{it} - \sigma_v)] \quad (16)$$

$$E(1 - e^{-\omega_{it}} | \varepsilon_{it}) = 1 - \frac{\lambda}{1+\lambda} \frac{1}{X_{2it}} [\Phi(c_{it}) + \exp(b_{it} - a_{it}) \times \exp(\frac{\sigma_v^2}{2} - \sigma_v d_{it})\Phi(d_{it} - \sigma_v)] \quad (17)$$

这样，（16）式和（17）式分别用来衡量公司生产率低于和高于有效水平的百分比，即融资约束和政府补贴的相对大小。

2. 计量模型设定

Chad Syverson（2011）在研究了大量最新的有关生产率实证方面的文献后，得出企业间生产率差异主要来源于以下两个方面：第一方面的因素是企业内部的因素，生产者通过控制这些因素来影响企业的生产率；第二方面的因素是企业外部的环境。本文认为，企业自身特征是影响企业生产率的主要因素。因此，为了描述企业的特征，本文构造了企业所有制、企业规模、企业年龄、生产要素质量和技术选择5个方面的变量。具体地，用国有资本占企业实收资本的比重来度量各个企业的所有制特征。同时，用企业的总资产度量企业规模，用观测年度与企业成立时间的差赋值企业年龄。本文用企业的平均工资率度量企业劳动力质量，其背后的想法是，对于人力资本较高的员工支付较高的工资（简泽、段永瑞，2012），并用各个地区的消费价格指数进行平减折算成1999年的实际值。最后，我们用劳均资本拥有量度量企业在劳动和资本之间的技术选择状况。本文采用如下模型来预测公司的有效生产率水平，在此基础上构建双边随机边界模型：

$$TFP_{it} = \beta_0 + \beta_1 ownership_{it} + \beta_2 lnage_{it} + \beta_3 lnwage_{it} + \beta_4 lnkper_{it} + \beta_5 lnsize_{it} + \omega_{it} - \mu_{it} + v_{it} \tag{18}$$

式中，$ownership_{it}$、$lnage_{it}$、$lnwage_{it}$、$lnkper_{it}$、$lnsize_{it}$ 分别表示企业的所有制、企业年龄的对数、生产要素质量的对数、技术选择的对数和企业规模的对数。

三、实证结果及分析

1. 数据来源和处理

本文使用的数据全部来源于"中国工业企业数据库"，该数据库的样本范围为全部国有工业企业、规模以上非国有工业企业。数据库样本容量大，涉及企业基本情况和财务状况等130余项指标，是目前最全面的企业微观数据库。由于本文的研究对象为1999~2007年本土装备制造业，因此根据《国民经济行业分类代码》筛选出7大类装备制造企业。在保证装备制造业原始数据的准确性后，借鉴谢千里等（2008）的研究，对数据所存在的错漏值进行如下处理：①删除就业人数、总产值、固定资产净值、中间投入、实收资本、国家资本等为负的错误记录；②以1999年为基期，对样本数据进行平减。由于ACF法测得生产率后1999年数据会消失，样本数据减少到2000~2007年，每年8678个样本。变量的基本描述性统计如表1所示。

表1 变量的基本描述性统计量

变量	含义	均值	标准差	最小值	最大值
TFP	全要素生产率	4.050	0.731	0.452	9.343
$ownership_{it}$	企业所有制	0.123	0.308	0.000	1.288
$lnage_{it}$	企业年龄的对数值	2.599	0.771	0.000	7.601
$lnwage_{it}$	生产要素质量的对数值	2.552	0.647	-4.472	6.849
$lnkper_{it}$	技术选择的对数值	5.225	0.942	-2.414	13.417
$lnsize_{it}$	公司规模的对数值	10.734	1.474	3.821	18.152

2. 模型设定及生产率的影响因素

表2给出了多种模型估计得到的回归结果。模型1为OLS回归，其VIF值均不超过2，并不存在严重的多重共线性，调整后的R^2值为0.395，表明本文所选的解释变量能够很好地拟合企业的实际生产率。模型2~4均为双边随机边界估计。模型3控制了时间变量，模型4控制了时间和行业变量。LR为似然比检验值，由$p = 0.000$得到模型3、模型4显著不同于模型2，且比较各列

的似然函数值，模型4最大，表明模型4的拟合程度最好，因此以下方差分解以及效率分析都是在模型4的基础上得出的。

进一步地，估计结果显示：企业年龄与企业规模的回归系数统计上显著地小于零；国有资本比重的系数是负的，表明国有企业表现出较低的生产率，这个结果与刘瑞明和石磊（2010）以及吴延兵（2012）的结论一致；工资率的系数是正的，这与效率工资一致；资本密度的符号是正的，这表明资本深化促进了生产率的增长。

表2 模型估计

解释变量	被解释变量			
	模型1	模型2	模型3	模型4
ownership	−0.471*** (−62.777)	−0.454*** (−65.095)	−0.403*** (−58.940)	−0.385*** (−56.368)
lnage	−0.071*** (−23.549)	−0.076*** (−27.219)	−0.114*** (−40.275)	−0.105*** (−36.936)
lnwage	0.227*** (57.191)	0.252*** (63.825)	0.190*** (47.361)	0.191*** (47.694)
lnkper	0.428*** (133.287)	0.406*** (127.397)	0.400*** (128.419)	0.401*** (128.804)
lnsize	−0.121*** (−62.469)	−0.113*** (−61.013)	−0.110*** (−61.023)	−0.111*** (−60.859)
_cons	2.776*** (158.785)	2.592*** (149.898)	2.674*** (152.655)	2.698*** (152.621)
Year dummies	—	—	控制	控制
Industry dummies	—	—	—	控制
N	69424	69424	69424	69424
Arj.R²	0.395	—	—	—
LL	—	−57000	−56000	−55000
LR	—	—	3514.87	4311.52
P	—	—	0.000	0.000

注释：***、**、* 分别表示1%、5%、10%的水平显著；括号内为t值，并经White异方差调整；LL为MLE估计的对数似然函数值；LR为LR检验得到的卡方值；P为LR检验的P值。

3. 方差分解

表3列举了双边随机边界模型的方差分解情况。从表中我们可以发现，政府补贴比融资约束对生产率具有更强的效果，这导致政府补贴与融资约束对生产率的综合影响为正。具体地，$E(\omega - \mu) = \sigma_\omega - \sigma_\mu = 0.1408$，表明综合而言，政府补贴与融资约束的共同作用将导致生产率高于有效生产率。同时，TFP无法解释部分总方差$\sigma_\mu^2 + \sigma_\omega^2 + \sigma_v^2$为0.3015，这其中68.82%由融资约束与政府补贴所贡献；而在融资约束与政府补贴对生产率的总影响中，政府补贴影响高于融资约束，达到71.20%；融资约束的影响仅为28.80%。这表明，虽然融资约束会使企业的生产率降低，但政府补贴可以缓解这种作用。

表3 方差分解

	变量含义	符号	数值
扰动项	融资约束	σ_μ	0.2459
	政府补贴	σ_ω	0.3867
	随机干扰	σ_v	0.3084

续表

	变量含义	符号	数值
方差分解	随机项的总方差	$\sigma_\mu^2 + \sigma_\omega^2 + \sigma_v^2$	0.3015
	融资约束与政府补贴占总方差比重	$(\sigma_\mu^2 + \sigma_\omega^2)/(\sigma_\mu^2 + \sigma_\omega^2 + \sigma_v^2)$	0.6882
	融资约束方差比重	$\sigma_\mu^2/(\sigma_\mu^2 + \sigma_\omega^2)$	0.2880
	政府补贴方差比重	$\sigma_\omega^2/(\sigma_\mu^2 + \sigma_\omega^2)$	0.7120

4. 融资约束与政府补贴对生产率的净效果

表4为企业非正常生产率的相对偏离程度。平均而言，融资约束使得企业的生产率低于有效生产率19.73%，政府补贴使企业的生产率比有效生产率高出27.90%。两者的净效果使得生产率高出有效生产率8.17%。说明政府补贴完全缓解了企业的融资约束。具体而言，从第1四分位（Q1）的统计结果来看，有1/4的企业，政府补贴对融资约束的缓解作用使其生产率上升近3.10%。然而，从第3四分位（Q3）的统计结果来看，另有1/4的企业，政府补贴对融资约束的缓解作用使其生产率上升近11.55%。

表4 融资约束、政府补贴和两者净效果的描述性统计量（%）

变量	平均值	标准差	Q1	Q2	Q3
补贴	27.90	15.01	17.10	22.79	33.49
融资约束	19.73	8.71	14.00	16.65	21.94
二者之差	8.17	6.30	3.10	6.14	11.55

注：Q1、Q2、Q3分别表示第1、2、3四分位，即第25、50和75百分位。

四、稳健性检验

要进一步确定政府补贴是否缓解了融资约束，或者说政府补贴对生产率的影响是否大于融资约束，需要进行检验。本文将被解释变量生产率用LP法代替ACF法，得到的结果如表5和表6所示。

表5 方差分解

	变量含义	符号	数值
扰动项	融资约束	σ_μ	0.4851
	政府补贴	σ_ω	0.5310
	随机干扰	σ_v	0.3054
方差分解	随机项的总方差	$\sigma_\mu^2 + \sigma_\omega^2 + \sigma_v^2$	0.6105
	融资约束与政府补贴占总方差比重	$(\sigma_\mu^2 + \sigma_\omega^2)/(\sigma_\mu^2 + \sigma_\omega^2 + \sigma_v^2)$	0.8472
	融资约束方差比重	$\sigma_\mu^2/(\sigma_\mu^2 + \sigma_\omega^2)$	0.4549
	政府补贴方差比重	$\sigma_\omega^2/(\sigma_\mu^2 + \sigma_\omega^2)$	0.5451

表6 融资约束、政府补贴和两者净效果的描述性统计量（%）

变量	平均值	标准差	Q1	Q2	Q3
补贴	34.75	17.41	21.53	27.39	42.08
融资约束	32.47	15.76	20.96	25.87	38.05
二者之差	2.28	1.65	0.57	1.52	4.03

表5列举了用LP法测算的生产率作为被解释变量的双边随机边界模型的方差分解情况。所得结果与ACF法一致，即$E(\omega - \mu) = \sigma_\omega - \sigma_\mu > 0$仍然成立。进一步地，表6为企业非正常生产率的相对偏离程度。平均而言，融资约束使得企业的生产率低于有效生产率32.47%，政府补贴使企业的生产率比有效生产率高出34.75%，两者的净效果使得生产率高出有效生产率2.28%。因此，与上面得出的结论一致，政府补贴完全缓解了企业的融资约束。

五、结论及政策建议

本文基于政府角度，以政府补贴为切入点分析了中国装备制造业企业在融资约束下生产率依然增长的问题。为此，本文在控制有效生产率的条件下，将融资约束和政府补贴纳入到前沿异质性双边随机边界框架下进行有效度量。研究结果表明：整体而言，政府补贴的存在使得装备制造业的生产率超出其有效水平的27.90%，而融资约束导致装备制造业的生产率低于有效水平的19.73%，两者的净效果造成我国装备制造业生产率高出有效水平的8.17%，进而解释了中国装备制造业在融资约束下生产率依然逐年增长的现象。

根据以上结论，本文提出如下政策建议：第一，目前我国金融市场不完善，融资约束严重影响企业的生产率，为缓解融资约束对生产率造成的抑制，政府应该对企业给予补贴。这样，政府补贴不仅缓解了融资约束，同时还能在一定程度上提高装备制造业的发展速度。第二，政府应当注意发放补贴的投向以及力度，通过切实地监督调查不同装备制造业企业的融资约束程度，结合企业的实际状况，给予适当的政府补贴。即融资约束严重的多给予补贴；反之，适当减少。这样既能节省政府资源，又能切实发挥政府在缓解装备制造企业融资约束问题上的调控作用。第三，政府应对监管系统进行完善，针对政府补贴是否如实发放以及发放补贴数额与装备制造业企业融资约束程度是否相符等问题进行严格监管及审查，这样能够更有效率地促进政府补贴发放，从而避免过度发放和发放不足等问题的发生。

参考文献

[1] Steven Fazzari, R. Glenn Hubbard and Bruce C. Petersen. Financing Constraints and Corporate Investment [J]. Brookings Papers on Economic Activity, 1988, 19 (1).

[2] Robert E. Carpenter, Steven M. Fazzari and Bruce C. Petersen. Inventory Investment, Internal-Finance Fluctuations, and the Business Cycle [J]. Brookings Papers on Economic Activity, 1994, 25 (2).

[3] Robert E. Carpenter, Steven M. Fazzari and Bruce C. Petersen. Financing Constraints and Inventory Investment: A Comparative Study with High-frequency Panel Data [J]. Review of Economics and Statistics, 1995, 80 (4).

[4] Stephen Nickell, Daphne Nicolitsas. How does Financial Pressure Affect Firms? [J]. European Economic Review, 1999, 43 (8).

[5] Andrew Benito and Ignacio Hernando. Firm Behaviour and Financial Pressure: Evidence from Spanish

Panel Data [J]. Bulletin of Economic Research, 2007, 59 (4).

[6] James R. Brown, Steven M. Fazzari, and Bruce C. Petersen. Financing Innovation and Growth: Cash Flow, External Equity, and the 1990s R&D Boom [J]. The Journal of Finance, 2009, 64 (1).

[7] Roberta Gatti and Inessa Love. Does Access to Credit Improve Productivity? Evidence from Bulgaria1 [J]. Economics of Transition, 2008, 16 (3).

[8] Stephen Nickell and Daphne Nicolitsas. How does Financial Pressure Affect Firms? [J]. European Economic Review, 1999, 43 (8).

[9] Ayyagari M, Demirgüç-Kunt A, Maksimovic V. Formal Versus Informal Finance: Evidence from China [J]. Review of Financial Studies, 2010, 23 (8).

[10] Marialuz Moreno Badia, Veerle Miranda. The Missing Link between Financial Constraints and Productivity [J]. Veerle, The Missing Link between Financial Constraints and Productivity, 2008 (6).

[11] James R. Brown and Bruce C. Petersen. Cash Holdings and R&D Smoothing [J]. Journal of Corporate Finance, 2011, 17 (3).

[12] Subal C. Kumbhakar and Christopher F. Parmeter. The Effects of Match Uncertainty and Bargaining on Labor Market Outcomes: Evidence from Firm and Worker Specific Estimates [J]. Journal of productivity analysis, 2009, 31 (1).

[13] Daniel Ackerberg, Kevin Caves and Garth Frazer. Structural Identification of Production Functions [M]. Mimeo: University of California at Los Angeles, 2006.

[14] Gary Chamberlain. Multivariate Regression Models for Panel Data [J]. Journal of Econometrics, 1982, 18 (1).

[15] Manuel Arellano, Olympia Bover. Another Look at the Instrumental Variable Estimation of Error-components Models [J]. Journal of Econometrics, 1995, 68 (1).

[16] Richard Blundell, Stephen Bond. GMM Estimation with Persistent Panel Data: an Application to Production Functions [J]. Econometric Reviews, 2000, 19 (3).

[17] G. Steven Olley and Ariel Pakes. The Dynamics of Productivity in the Telecommunications Equipment Industry [J]. Econometrica, 1996, 64 (6).

[18] James Levinsohn, Amil Petrin. Estimating Production Functions Using Inputs to Control for Unobservables [J]. The Review of Economic Studies, 2003, 70 (2).

[19] Chad Syverson. What Determines Productivity? [J]. Journal of Economic Literature, 2011, 49 (2).

[20] 颜鹏飞，王兵. 技术效率，技术进步与生产率增长：基于DEA的实证分析 [J]. 经济研究，2004 (12).

[21] 涂正革，肖耿. 中国的工业生产力革命 [J]. 经济研究，2005 (3).

[22] 邵军，徐康宁. 转型时期经济波动对我国生产率增长的影响研究 [J]. 经济研究，2011 (12).

[23] 石晓军，张顺明. 商业信用、融资约束及效率影响 [J]. 经济研究，2010 (1).

[24] 鞠晓生，卢荻，虞义华. 融资约束、营运资本管理与企业创新可持续性 [J]. 经济研究，2013 (1).

[25] 卢洪友，连玉君，卢盛峰. 中国医疗服务市场中的信息不对称程度测算 [J]. 经济研究，2011 (4).

[26] 简泽，段永瑞. 企业异质性，竞争与全要素生产率的收敛 [J]. 管理世界，2012 (8).

[27] 谢千里，罗斯基，张轶凡. 中国工业生产率的增长与收敛 [J]. 经济学（季刊），2008 (2).

[28] 刘瑞明，石磊. 国有企业的双重效率损失与经济增长 [J]. 经济研究，2010 (1).

[29] 吴延兵. 国有企业双重效率损失研究 [J]. 经济研究，2012 (3).

金融发展、居民收入与经济增长
——基于 PVAR 模型中国省级层面数据的经验研究*

仲 深　王春宇**

一、引　言

早在 100 年前，Schumpeter（1912）就已经对金融发展和经济增长之间的关系进行了分析，他断言一个功能运行良好的金融体系将有效地配置资本进而促进经济的增长。尽管在近百年的时间里，经济学家们对于经济增长问题进行了大量富有成效的研究，但是直到 20 世纪 80 年代，新古典经济学家们才打开了技术进步的黑箱，从而逐渐使得分析影响技术进步进而影响经济增长的不同因素作用成为可能。与此同时，在 20 世纪 60 年代，经济学家和金融学家对于金融中介和金融契约的研究也取得了突破性的进展（Diamond and Dybvig，1983；Gale and Hellwig，1985；Townsend，1979）。也正是由于这些突破性的进展，自 20 世纪 80 年代开始，金融与经济增长的关系成为一个重要的研究热点（潘士远，2009）。

尤其是最近 20 年，随着金融全球化浪潮的到来，理论界更加关注金融发展和经济增长之间关系的研究。从已有文献来看，大部分学者认为，无论是银行中介规模的扩大还是股票市场价值的总体提升，金融发展都和经济增长之间存在着正向的关系（Shan，Morris and Sun，2001）。[①] 但是对于金融发展和经济增长之间的因果关系和双向互动，则存在着不尽相同的观点。因为两者之间究竟表现出何种互动关系对宏观经济政策的制定有着迥然不同的含义，因此，明确它们之间互动关系的研究也就更有迫切的现实意义。根据 Patrick（1966）提出的"供给导引假说"（Supply-leading Hypothesis）、"需求跟随假说"（Demand-following Hypothesis）和"阶段发展假说"（Stage of Development Hypothesis），后续的一些实证研究结果都支持"供给引导假说"，即认为金融发展促进经济增长。但近来的研究表明，两者之间的关系可能更符合"阶段发展假说"。如 Rioja and Valev（2004）发现，金融发展与经济增长之间的关系会因金融发展的程度不同而有所变化。对于收入较低的地区而言，金融发展对经济增长的作用具有不确定性；在中等收入地区，前者对后者有显著

---

* 国家社会科学基金一般项目"基于金融效率理论的我国新型农村金融机构发展研究"（批准号：11BJY080）；教育部人文社会科学青年项目"金融体系创新的演化博弈分析及相关影响因素研究"（批准号：09YJC790062）。

** 仲深（1981—），男，黑龙江哈尔滨人，哈尔滨商业大学金融学院讲师、经济学博士，研究方向：金融发展理论、应用金融计量。王春宇（1978—），女，黑龙江哈尔滨人，哈尔滨商业大学副教授、经济学博士，研究方向：金融产业组织、公司金融理论。

① Goldsmith（1969）和 McKinnion（1973）的实证研究首先发现了金融发展与经济增长之间正相关的关系。Levine（2005）则在综述相关文献的基础上指出，从目前来看，大部分研究结论都支持金融发展可以促进经济增长。但是也有部分研究表明，金融发展只是被动地对经济发展做出反应，正是由于经济增长所带来的收入增加促使人们需要更多的金融服务，并进而带动了金融的发展（Singh，1997）。

的促进作用；而在高收入地区这种作用虽然是正向的，但并不显著。

总体而言，关于这一主题的研究仍然存在诸多疑问。虽然一系列内生增长模型表明金融发展与经济增长之间可能存在互动关系，但实证分析中却缺乏有力的分析工具。传统文献中普遍使用的截面分析方法往往存在严重的共线性和内生性问题，利用时间序列分析方法则因为小样偏误而颇受质疑。并且Rioja和Valev（2004）也指出居民收入在衡量金融发展与经济增长互动关系时是一个非常重要的中间变量。

本文主要利用我国1994~2009年省级面板数据考察我国金融发展与经济增长的互动关系。我们主要从以下几个方面改进了以往的研究方法，丰富了理论界关于金融发展与经济增长相关性的认识。第一，本文采用了最近发展起来的基于面板数据的向量自回归计量方法（简称PVAR），使在宏观互动关系研究中的向量自回归方法能够采用更多的样本观测值，使实证结果更具可信性。第二，我们引入了居民收入变量作为基础性变量，① 提升了模型有效性，并使得估计结果更科学。第三，本文通过引入居民收入变量得到了金融发展与经济增长关系的新解释。

本文主体部分的内容组织如下：第二部分对关于金融发展与经济增长关系的文献进行简单的回顾；第三部分介绍实证研究的模型、变量和数据，并进行了变量描述性统计分析；第四部分报告了引入基础性变量居民收入的金融发展与经济增长的PVAR模型的实证结果；第五部分给出全文结论和简单的政策建议。

二、文献回顾

自20世纪70年代开始，有关金融发展和经济增长方面的文献就大量涌现，尤其到了20世纪90年代之后，更多的经验研究层出不穷，本部分将从计量方法演进的角度对主要的文献进行评述，但本文未涉及的大量文献也对此领域做出了重要贡献，由于文章篇幅和主要关注角度的原因，这里笔者没能完全涉及，有兴趣的读者可以参见Levine（2005）的相关研究评述。

早在20世纪70年代，Goldsmith（1969）和Mckinnon（1973）等就从实证角度对金融发展和经济增长的关系进行了研究。进入20世纪90年代之后，随着内生经济增长理论取得了重大突破，金融发展和经济增长的关系又重新引起了经济学家和金融学家们的关注。金融体系通过改善资源配置效率、增加R&D投资和加速人力资本积累等方式，促进技术进步，从而不仅对经济增长产生水平效应，而且具有增长效应（王永中，2008）。尤其是随着计量经济学的发展，众多学者纷纷利用新的经验研究方法对金融发展和经济增长关系进行实证分析。King and Levine（1993）利用跨国数据考察了银行中介发展对于经济增长的影响，但是其研究方法没有考虑内生性和因果关系问题。进一步地，除了考察金融中介的影响之外，Levine and Zervos（1998）引入了股票市场规模等指标，分别检验了金融中介和金融市场对经济增长的影响，但是他们的研究方法仍然是跨国数据的分析，没有解决其中的因果关系问题。

进入21世纪之后，Beck and Levine（2002）又运用面板数据方法和GMM方法对金融发展和经济增长的关系进行了检验，通过利用广义矩估计的方法，在一定程度上减少了横截面估计中的误差项和解释变量序列相关的问题，并且通过工具变量的运用，适度地减少了内生性的困扰。虽然以上的文献对于金融发展和经济增长之间的关系进行了深入的探索，但是从研究方法上看，仍

---

① Love（2006）指出，引入与互动双方相关的变量，能够使模型估计效果大幅提高，这样的变量可称为基础性变量。在本文中，通过Rioja和Nalev（2004）的研究，可以看出居民收入可以被认为是与金融发展和经济增长均相关的基础型变量。

然存在一定的内生性问题，因此并不能准确衡量两者之间的关系；此外，横截面数据的分析缺乏对时间动态性的刻画，不能明确金融发展和经济增长之间的动态关系；另外，以上研究的结论基本上支持了金融发展和经济增长的正相关关系，但是对两者之间的互动和因果性分析则仍未涉及，而且这也和世界不同国家发展实际存在着偏差，不能完全解释不同国家金融发展的现实情况。

近年来，国内外学者对金融发展和经济增长的研究逐渐偏重于更为复杂的计量分析。Luintel等（2008）选择了14个国家的动态异质性面板数据，利用时间序列方法对金融结构与经济增长进行实证研究，发现金融结构与经济增长具有显著的正向关系，但也具有明显的异构性。Guariglia和Poncet（2008）选择了中国30个地区1989~2003年的面板数据检验了金融与GDP、社会固定资本投资、全要素生产率的关系，研究表明金融结构和金融深化指标与GDP及相关指标具有弱相关关系，但当引入外商直接投资因素时，这种影响力度加强。Hasan、Wachtel和Zhou（2009）利用中国省级面板数据检验了法律制度、金融深化与经济增长的关系，实证结果表明金融市场发展、法律环境和私有产权的强化与经济增长显著正相关。Rahaman（2011）考察了金融结构与企业发展的关系，研究表明具有外部融资约束的金融结构对企业发展具有重要作用。

国内学者的研究虽然起步较晚，但是对于中国金融发展和经济增长之间的关系也进行了深入的分析并取得了很大的成绩。张军和金煜（2005）利用省级面板数据研究了中国各地区生产率变化如何受金融深化过程的影响，通过构建对金融深化程度的适当测度，研究发现金融深化与生产率增长之间呈现显著为正的关系，区分了沿海和内地金融深化模式的差异，同时也对中国地区差距的扩大给出了一定的解释。杨胜刚和朱红（2007）运用中部六省的升级数据，采取面板数据单位根检验、协整检验与误差修正模型，对中部地区金融发展与经济增长总量、产业结构优化以及城镇化水平之间的长期和短期关系进行了研究，结果表明中部金融发展与经济增长具有长期的均衡关系，金融发展能够为中部崛起提供有力的支持，但短期则无明显关系。王晋斌（2007）采用SYS-GMM方法对中国省级不同金融控制程度的面板数据进行计量研究，研究表明不同金融控制程度下金融发展与经济增长存在不同的关系：在金融控制强的区域，金融发展对经济增长没有显著的促进作用，金融发展不是经济增长的解释因素，而有一种负面的作用；在金融控制弱的区域，金融发展与经济增长之间可能表面出一种"中性"的作用，这表明降低金融控制程度能够降低金融发展对经济增长的负面影响。赵勇和雷达（2010）分析了经济增长方式的决定因素以及金融发展对经济增长方式转变的影响，研究表明经济增长方式在由投资推动向生产率的转变过程中存在着门槛效应，而金融发展水平的提高可以通过降低增长方式转变的门槛值来推动经济增长的集约式转变，其效应大小与经济发展的阶段有关。

三、模型、变量和数据

1. 模型的设定

自Sims 1980年首次提出向量自回归（VAR）模型以来，在经济学研究中，向量自回归模型已经得到了广泛应用。但是，随着模型中变量数的增加，向量自回归模型的待估参数也会成倍增加。因此，只有当研究者能观测到较大的样本观测值时，才能利用VAR模型有效地估计模型参数。而面板数据的优势之一就是可以获得更多的样本观测值，这样，学者们自然而然地想到建立面板数据的向量自回归模型。

面板数据向量自回归模型的研究始于Chamberlain（1983）基于混合数据（Pooled Data）情形的讨论，Holtz-Eakin等（1988）研究了面板数据向量自回归实变系数的分布滞后回归模型，标志着面板向量自回归研究的开端，Binder、Hsiao和Pesaran（2003）给出了个体固定效应面板数据向量自回归模型的QML估计、GMM估计和最小距离估计（Minimum Distance Estimation），发现PVAR模型的QML估计、GMM估计和最小距离估计都是具有渐近正态分布的一致估计；至此，PVAR模型不仅继承了VAR模型的优点，将系统中所有变量都内生化，并可通过正交化脉冲响应函数分离出一个内生向量的冲击给其他变量带来的影响程度，同时还能通过引入个体效应和时点效应变量分别捕捉到个体差异性和不同截面受到的共同冲击。具体来说，PVAR模型中，假设Y_{it}是个体i在时点t的m个可观测随机变量的m×1向量，X_{it}是个体i在时点t的m个可观测的确定性严格外生变量的m×1向量，Y_i是个体i的m个不可观测的个体固定效应的m×1向量，Φ_{tl}和Ψ_{tl}分别是l期滞后变量$Y_{i,t-1}$和$X_{i,t-1}$的m×m系数矩阵，则称以下模型：

$$Y_{it} = Y_0 + \Phi_{t1}Y_{i,t-1} + \Phi_{t2}Y_{i,t-2} + \cdots + \Phi_{tp}Y_{i,t-p} + \Psi_{t1}X_{i,t-1} + \Psi_{t2}X_{i,t-2} + \Psi_{tp}X_{i,t-p} + Y_i + u_{it} \quad (1)$$

为面板数据向量自回归模型，简记为PVAR模型。如果上述模型中滞后内生变量和外生变量的系数矩阵是非时变的，称模型（2）：

$$Y_{it} = Y_0 + \Phi_1 Y_{i,t-1} + \Phi_2 Y_{i,t-2} + \cdots + \Phi_p Y_{i,t-p} + \Psi_1 X_{i,t-1} + \Psi_2 X_{i,t-2} + \Psi_p X_{i,t-p} + Y_i + u_{it} \quad (2)$$

是个体固定效应向量自回归模型。

本文使用的PVAR模型具体形式为：

$$z_{it} = \Gamma_0 + \Gamma_1 z_{i,t-1} + f_i + d_{c,t} + e_t \quad (3)$$

其中，z_{it}是一个四变量向量｛GDP, INCOME, BANK, STOCK｝；GDP表示经济增长水平，INCOME表示收入水平，BANK表示金融中介发展水平，STOCK表示金融市场发展水平。

在模型中，经济增长水平和收入水平代表基本因素，即重点考察金融中介发展水平和股票市场发展水平的变动可能为两者带来什么样的变化，需要指出的是，我们将收入水平看作可以对其他所有变量产生同质性影响的因素。金融中介发展水平代表一国金融发展中的间接融资能力，金融市场发展水平代表一国金融发展中的直接融资能力。这里需要说明的是，之所以没有选择相对比例衡量金融发展情况，主要是因为我们更想反映出金融发展的功能表现，而不是考察结构比例的影响。在后面的进一步分析中，我们还按照中国省份区域的划分方法，将样本数据分为东、中、西三个组，用以比较不同地区金融发展程度对经济增长的冲击效应。

在应用PVAR模型时，必须规定一个严格的限制，即每一个截面的基本结构是相同的，虽然这个限制与现实情况有差距，但是我们利用以下方法来克服对参数的限制，即引入固定效应，并使用具有个体异质性的变量f_i。由于因变量的滞后项导致固定效应与变量相关，大家常常应用均值差分来削减固定效应产生的偏相关系数。为了避免以上问题，这里采用前均值差分，即"Helmert转换"的方法（Arellano and Bover, 1995），这个转换保留了转换变量与滞后变量的正交性；所以，我们可以将滞后变量作为工具变量使用系统GMM进行计量估计。此外，在我们的模型中，还引入了特定地区时点效应参数$d_{c,t}$，用以体现同一时点的不同地区可能受到的共同冲击。

为了分析冲击响应函数，我们还需要估计变量的置信区间，由于冲击响应函数矩阵是由VAR系数构成的，它们的标准差也需要考虑到。因此，我们通过Monte Carlo模拟计算冲击响应函数的标准差和置信区间。实际上，我们估计系数和它们的方差—协方差矩阵以及重新计算冲击响应函数用以随机产生模型（3）的估计系数Γ。通过计算机重复这个程序500次（我们试验了更大数量的次数，获得的结果基本一致），产生冲击响应函数的置信区间基本上分布在5%~95%。最后，为了更好地解释变量间的冲击影响，我们还进行了方差分解，得到不同PVAR方程的冲击反应对变量波动的贡献度，我们将给出10~30个预测期的方差分析报告。

2. 数据和变量

我们选择的变量如表1所示，主要包括了经济增长水平（GDP）、居民收入水平（INCOME）、金融中介发展程度（BANK）、金融市场发展程度（STOCK）和地区变量。

表1 变量的定义

变量	符号	解释	数据来源
经济增长水平	GDP	地区国内生产总值	各地区《1995~2010年统计年鉴》
收入水平	INCOME	地区居民可支配收入	各地区《1995~2010年统计年鉴》
金融中介发展程度	BANK	地区金融机构贷款总额	各地区《1995~2010年统计年鉴》
金融市场发展程度	STOCK	地区上市公司总市值	国泰安数据库 [b]
地区变量	Area	东、中、西部 [a]	

注：a. 东部地区包括北京、天津、河北、辽宁、上海、江苏、浙江、福建、山东、广东、海南11个省（市）；中部地区包括山西、吉林、黑龙江、安徽、江西、河南、湖北、湖南8个省；西部地区包括内蒙古、广西、重庆、四川、贵州、云南、陕西、甘肃、青海、宁夏10个省（自治区、直辖市），共计29个地区。原属西部地区的新疆、西藏由于数据欠缺，暂不计入。
b.国泰安数据服务中心，http://www.gtarsc.com/。

本文所使用数据主要来源于1995~2010年《中国统计年鉴》和各省的统计年鉴，通过手工收集整理获得，金融市场发展程度变量的原始数据则来自CSMAR（国泰安数据库），经过我们加总核算后得到。表2给出了变量的描述性统计，本文共包括1994~2009年中国大陆地区的29个省、直辖市和自治区的464个观测值。

表2 主要变量的描述性统计

变量	观测值	均值	标准差	百分位数		
				25	50	75
全国						
GDP	464	52120276	5.811E7	16194075	34361450	66426745
INCOME	464	8215.48	4699.472	4770.25	6913.56	10728.25
BANK	464	50094508	5.765E7	15649931	31069733	60412321
STOCK	464	23518307	9.355E7	2619371	6477598	16500095
东部地区						
GDP	176	81569640	7.725E7	29959050	58235750	1.06E8
INCOME	176	10416.45	5566.47	5993.25	8806.50	13720.25
BANK	176	81837978	7.856E7	25193852	54602200	1.18E8
STOCK	176	48819692	1.481E8	5297708	13042077	36905807
中部地区						
GDP	128	45727265	3.409E7	21430175	35583813	60327225
INCOME	128	7083.13	3336.68	4483.50	6160.00	9438.50
BANK	128	38293322	2.383E7	21198456	32581633	48732695
STOCK	128	10269778	1.218E7	3601160	6812175	11206950
西部地区						
GDP	160	24840096	2.440E7	8657100	16931950	33510375
INCOME	160	6700.33	3550.98	4001.50	5919.00	8980.25
BANK	160	24617638	2.349E7	8798188	17166146	33312246
STOCK	160	6285606	9471860	1276070	3362998	6054888

四、实证检验和分析[①]

由于变量的非平稳性会导致回归出现谬误,变量平稳性对于 PVAR 模型估计结果具有重要影响,特别是非平稳的序列会严重影响脉冲响应函数,因此,我们首先对变量进行了平稳性检验。初步的结果显示,所有序列都是不平稳的,经过各变量的一阶差分之后,我们再次进行平稳性检验,各变量都实现了平稳性。因此,本文采用各变量的一阶单整序列,建立 PVAR 模型。我们使用 FPE、AIC、HQIC 和 SBIC 四种准则考察四变量 PVAR 模型的最佳滞后期数,由表 3 可以看出,FPE 和 AIC 认为滞后三阶效果最佳,HQIC 和 SBIC 认为滞后二阶效果最佳。通过对东、中、西部地区的检验,我们认为滞后二阶是最佳滞后期数。

表 3　PVAR 模型运行期数

Lag	FPE	AIC	HQIC	SBIC	Lag	FPE	AIC	HQIC	SBIC
全国(PanelA)					东部地区(PanelB)				
1	20.90	1.909	1.311	0.616	1	−27.23	−0.207*	3.973*	1.374*
2	28.47	4.735	1.183*	3.314*	2	−25.05	2.014	6.733	3.789
3	31.31*	4.751*	0.826	3.187	3	−26.04	3.210	8.531	5.200
4	26.82	1.459	2.892	0.268	4	−41.44*	1.533	7.534	3.761
中部地区(PanelC)					西部地区(PanelD)				
1	−44.31	−2.700*	2.034*	−0.958*	1	−40.97	−4.158*	0.173*	−2.532*
2	−52.37	−2.015	3.363	−0.149	2	−47.25	−3.631	1.268	−1.803
3	−54.58	0.400	6.497	2.612	3	−52.50	−2.262	3.272	−0.211
4	−25.32*	5.716	12.621	8.200	4	−57.31	−0.372	5.876	1.927

注:* 表示在 1% 的水平上显著。

我们通过个体固定效应模型来进行估计,在表 3 中给出了四变量 {GDP,INCOME,BANK,STOCK} 的估计结果,还给出了四个主要模型估计系数,包括全国样本、东部样本、中部样本、西部样本。根据表 3 的估计结果可见,GDP、INCOME、BANK、STOCK 的滞后 2 期对 GDP、INCOME、BANK、STOCK 的影响达到了 1% 的显著性水平,这说明模型的有效性很强。

在全国样本模型中,GDP 和 INCOME 互为负的双向关系;GDP 与 BANK 互为负的双向关系;GDP 与 STOCK 互为正的双向关系,但 STOCK 滞后 2 期对 GDP 的影响非常微弱;INCOME 和 BANK 之间存在不显著且不确定的关系,属于非对称关系,INCOME 和 STOCK 之间也是存在一种非对称关系,但都是金融结构滞后 2 期对 INCOME 有微弱正向作用,INCOME 滞后 2 期对金融结构变量是负向;STOCK 和 BANK 互为正的双向关系,但 STOCK 滞后 2 期对 BANK 的影响较弱。

在东部样本模型中,基本与全国样本模型中一致,不同之处在于 BANK 滞后 2 期对 GDP 的影响是微弱正向的;GDP 滞后 2 期对 STOCK 的影响更大。在中部样本模型中,BANK 滞后 2 期同样对 GDP 的影响是微弱正向的;GDP 滞后 2 期对 STOCK 的影响更大。在西部样本模型中,与全国样本模型方向保持一致,但 GDP 滞后 2 期对 STOCK 产生的正向作用较小。

---

① 感谢世界银行金融与发展研究组的 Inessa Love 教授提供的关于 PVAR 模型计算的 STATA 程序,并提供了其论文 Love (2006) 的源程序。

表4 四变量PVAR模型主要实证结果

依赖变量	响应变量			
	GDP (t-2)	INCOME (t-2)	BANK (t-2)	STOCK (t-2)
Panel A：全国样本				
GDP (t)	−0.660 (−12.88) ***	−0.198 (−3.36) ***	−0.041 (−1.285) ***	0.004 (1.28) ***
INCOME (t)	−0.333 (−6.82) ***	−0.326 (−5.28) ***	0.011 (0.49)	0.017 (6.17) ***
BANK (t)	−0.430 (−4.70) ***	−0.138 (−1.24) ***	−0.041 (−0.51) *	0.045 (7.25) ***
STOCK (t)	3.800 (6.42) ***	−1.370 (−2.21) ***	0.395 (1.15) ***	0.067 (2.04) ***
Panel B：东部样本				
GDP (t)	−0.587 (−4.84) ***	−0.345 (−2.06) ***	0.074 (0.51) ***	0.003 (0.44)
INCOME (t)	−0.394 (−3.43) ***	−0.313 (−1.92) ***	0.093 (0.79) ***	0.007 (1.24) *
BANK (t)	−0.505 (−2.48) ***	−0.158 (−0.56) ***	0.060 (0.28) *	0.042 (4.70) ***
STOCK (t)	5.137 (5.15) ***	−2.118 (−1.57) ***	0.574 (0.52) ***	0.096 (1.63) ***
Panel C：中部样本				
GDP (t)	−0.549 (−5.25) ***	−0.252 (−1.56) ***	0.012 (0.26)	−0.003 (−0.37)
INCOME (t)	−0.359 (−3.67) ***	−0.218 (−1.57) ***	0.051 (1.10) ***	0.011 (1.87) ***
BANK (t)	−0.087 (−0.58) ***	−0.207 (−1.02) ***	−0.036 (−0.19) ***	0.048 (3.35) ***
STOCK (t)	5.030 (4.03) ***	−1.319 (−0.86) ***	0.182 (0.21) ***	0.073 (0.91) ***
Panel D：西部样本				
GDP (t)	−0.722 (−6.65) ***	−0.046 (−0.34) ***	−0.073 (−0.95) ***	0.009 (1.36) ***
INCOME (t)	−0.205 (−2.47) ***	−0.495 (−3.51) **	0.010 (0.18) *	0.034 (4.94) ***
BANK (t)	−0.480 (−3.05) ***	−0.199 (−0.97) ***	−0.111 (−1.25) ***	0.050 (4.69) ***
STOCK (t)	1.866 (2.14) ***	−0.588 (−0.58) ***	0.169 (0.32) ***	0.045 (1.04) ***

注：***、**、* 表示在1%、5%、10%的水平上显著。

我们在图1至图4中给出了95%置信区间内使用Monte Carlo模拟500次的各四变量模型的脉冲响应函数，横轴代表冲击反应的响应期数，最大期数为6期。具体结果说明如下：

在全国样本的模型中，GDP给出一个标准差的冲击，GDP、INCOME、BANK均在当期取得了一个正值并进入上升期，在第3期左右达到最高，而后进入一个缓慢下降期，STOCK则在初期出现一个急速下降，而在2期之后却出现急速上升；INCOME给出一个标准差的冲击，GDP、INCOME、BANK均进入平缓的正向发展，STOCK却进入先缓后急的下降期，在5期达到低点，6期有上升的趋势；BANK给出一个标准差的冲击，对GDP、INCOME、BANK均有负向影响，不同的是GDP、INCOME是在负值左右徘徊，而BANK则从较高的正值急速下降到负值，STOCK则在急速下降后取得一个正向促进作用；STOCK给出一个标准差的冲击，对GDP和INCOME均有非常显著的正向作用，BANK则在短暂下降后取得显著的正向作用，STOCK自身则从较高的正值急速下降到负值。

在东部样本模型中，与全国样本模型基本一致，不同的是INCOME给出的一个标准差的冲击对GDP、INCOME、BANK、STOCK均不显著；在中部和西部样本模型中，与全国样本模型方向完全一致，不同的是影响幅度较小。总体来说，经济增长在短期内对未来经济增长、居民收入和金融发展均有促进作用，但由于经济增长模式的制约，长期来看却有制约作用。由于中国居民储蓄的习惯，居民收入对四者的影响虽然为正但均不显著。与传统理论不同的是，我们研究发现金融中介不利于经济增长和居民收入，金融市场却有一个显著的正向作用。

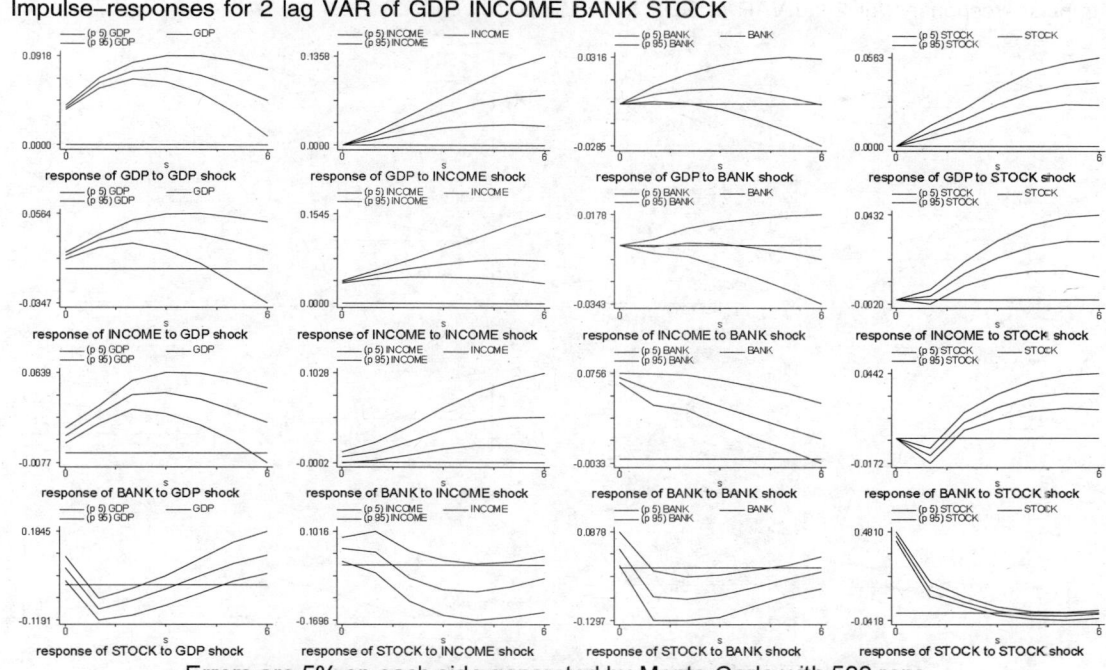

图1 全国样本四变量的冲击效应函数

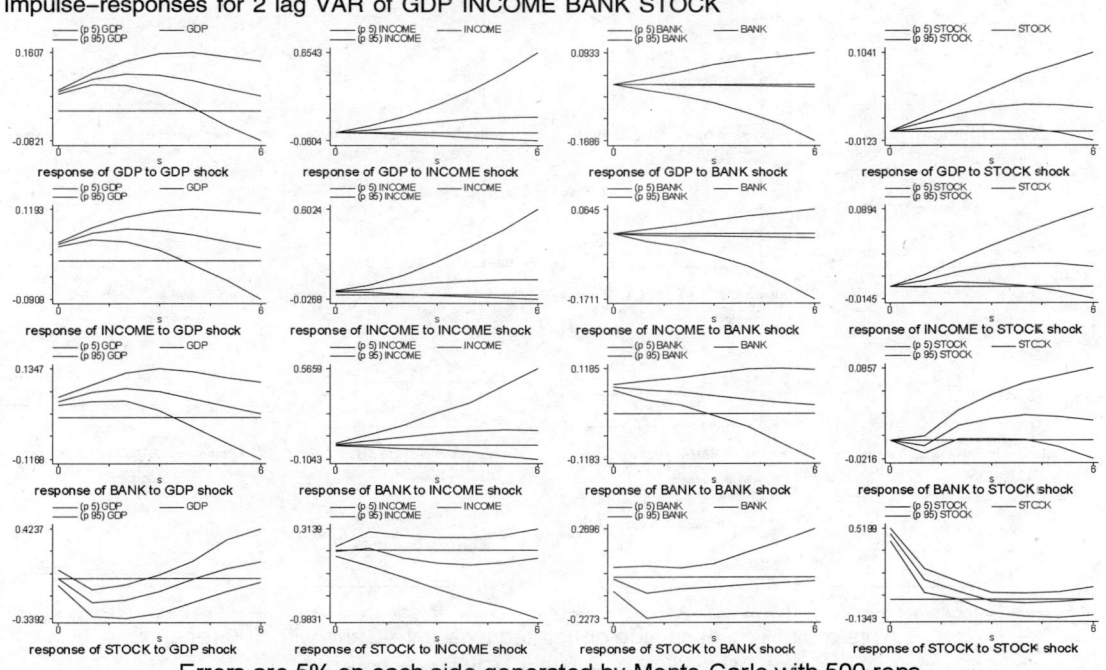

图2 东部样本四变量的冲击效应函数

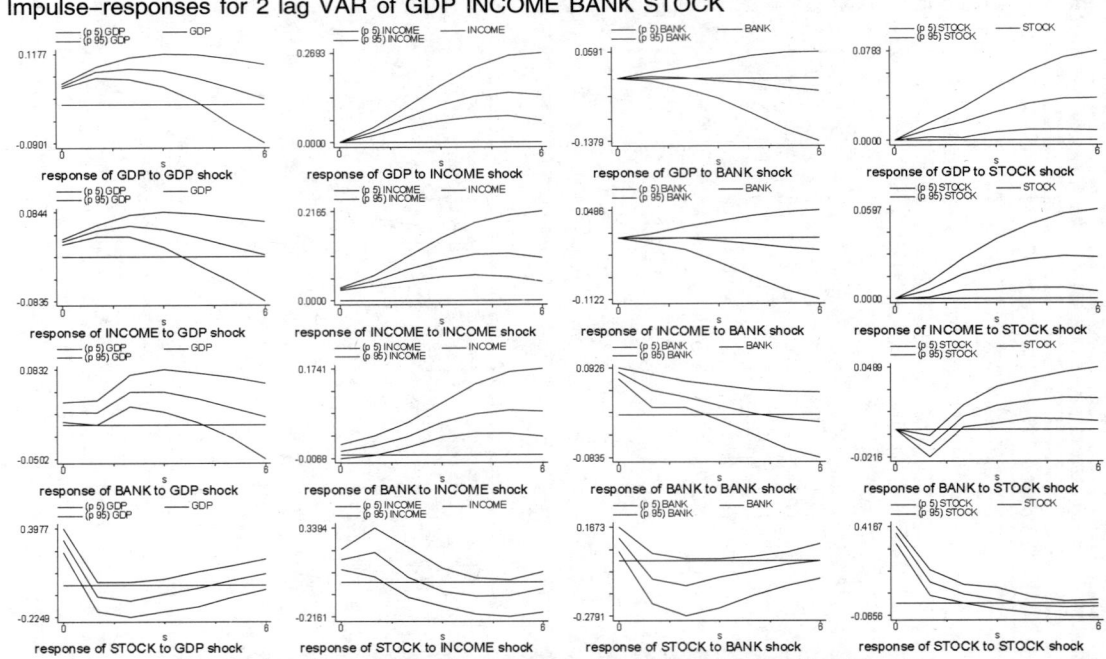

图3 中部样本四变量的冲击效应函数

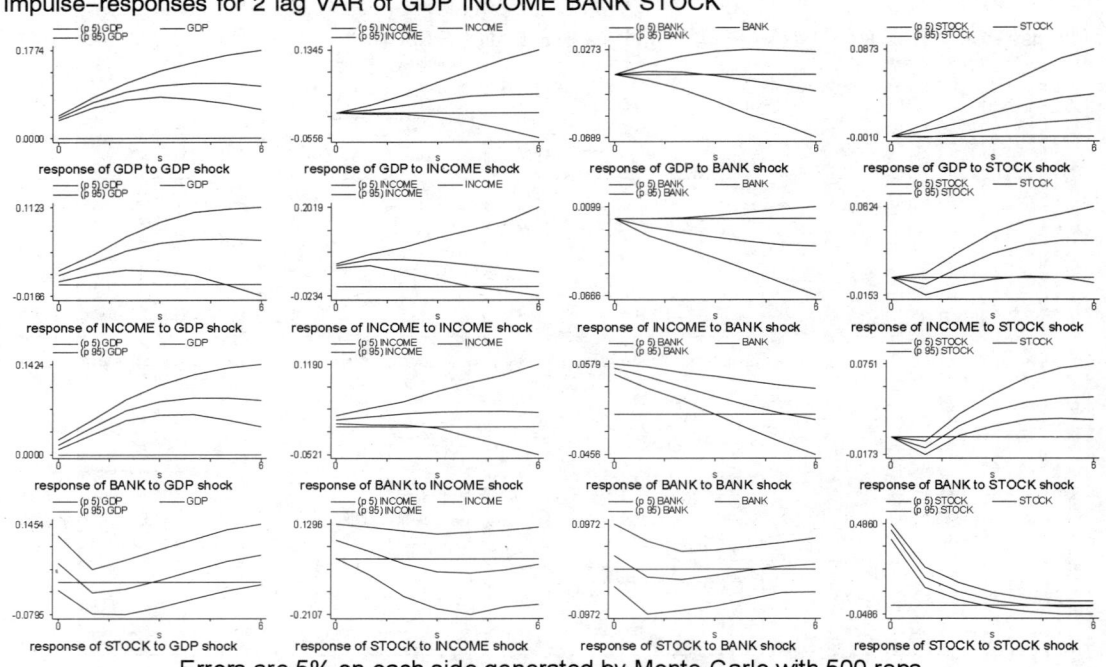

图4 西部样本四变量的冲击效应函数

为了更精确地考察经济增长、居民收入、金融中介、金融市场之间的相互影响程度，我们通过方差分解得到不同的 VAR 的冲击反应对内生变量波动的贡献度，共进行了第 10 个预测期、第 20 个预测期和第 30 个预测期的方差分析，发现第 20 个预测期和第 30 个预测期的方差分析结果基本一致，表 5 给出了第 30 个预测期的方差分析结果。

表 5 四变量方差分解

	GDP	INCOME	BANK	STOCK
Panel E：全国样本				
GDP	0.327	0.523	0.037	0.114
INCOME	0.104	0.767	0.045	0.084
BANK	0.177	0.392	0.322	0.108
STOCK	0.198	0.140	0.060	0.602
Panel F：东部样本				
GDP	0.201	0.740	0.028	0.030
INCOME	0.153	0.787	0.036	0.024
BANK	0.162	0.679	0.130	0.028
STOCK	0.278	0.306	0.028	0.387
Panel G：中部样本				
GDP	0.194	0.734	0.035	0.047
INCOME	0.151	0.764	0.037	0.048
BANK	0.134	0.624	0.190	0.052
STOCK	0.291	0.340	0.088	0.281
Panel H：西部样本				
GDP	0.753	0.092	0.050	0.105
INCOME	0.484	0.343	0.076	0.097
BANK	0.689	0.079	0.100	0.132
STOCK	0.190	0.059	0.164	0.734

在全国样本模型中，除各变量受自身影响外，INCOME 对 GDP 的解释力度是 52.3%，BANK 和 STOCK 对 GDP 的解释力度均不强，分别为 3.7% 和 11.4%；其他因素对 INCOME 的解释力度均很弱；INCOME 对 BANK 的影响超过了 BANK 自身，为 39.2%，GDP 对 BANK 的影响为 17.7%；STOCK 受 GDP 和 INCOME 的影响分别为 19.8% 和 14%。在东部样本模型中，INCOME 对 GDP 的解释力度达到了 74%，对 BANK 的解释力度达到了 67.9%，对 STOCK 的解释力度达到了 30.6%，可以看出居民可支配收入在东部起到重要作用，其他因素与全国样本基本一致。中部样本模型与东部样本模型非常近似，INCOME 的地位也非常重要。在西部样本模型中，INCOME 对其他因素则基本没有贡献，GDP 则成为各因素的主要影响因素。

由此可以看出居民可支配收入确实是一个基础性要素，对经济增长、金融中介和金融市场都有重要的影响作用，但是通过分区域模型可以看出，在经济发展水平较低的地区，居民可支配收入的作用就不明显了。而金融结构对经济增长并不能提供太大的支持，相反经济增长对促进金融发展却发挥了重要作用。

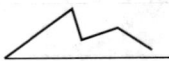

五、研究结论和政策含义

本文利用 1994~2009 年中国省级层面的面板数据，分别构建了引入基础性变量的四变量 PVAR 模型，对金融发展和经济增长之间的关系进行了实证的研究，基本的研究结论表明：

第一，从全国样本的整体情况上来看，无论是金融中介还是金融市场的发展都和经济增长之间存在着明显的正向互动关系，金融发展和经济增长之间存在着双向互动关系。但是 PVAR 和脉冲响应函数的结果表明，经济增长对金融中介和金融市场的影响作用更大，而金融中介和金融市场对经济增长的作用较为微弱。这也基本上符合我国目前经济发展阶段所体现出的金融发展和经济增长的互动关系，即初步形成了"需求跟随"的情况，经济增长引发了更多的金融需求。进一步地，通过将不同省份所在区域划分为东、中、西部三个区域之后的分析表明，在经济发展较快的东部地区金融中介对经济增长的促进作用更为显著，即金融中介的发展较为有效地分配了信贷资源，促进了地区经济的增长；但是在经济发展较为落后的西部地区，金融中介对于经济增长的促进作用并不明显。这也和王晋斌（2007）的研究结论一致，可能的解释就是金融控制程度降低了金融中介发展对于经济增长的正面影响，同时，在不同的发展阶段，金融发展和经济增长之间的关系不同。

第二，通过引入居民收入的四变量计量模型结果发现，居民可支配收入对经济增长和金融发展都具有非常显著的促进作用，但需要指出的是经济发展越快的地区，居民可支配收入发挥的作用就越大，而在经济欠发达的西部地区居民可支配收入对经济增长、金融中介和金融市场的作用基本可以忽略。我们认为这一结果的可能解释，就是经济欠发达地区居民可支配收入水平整体偏低，因此其对于金融服务和消费的需求很弱，这导致居民可支配收入变量对于其他变量的影响很小。

通过对经济发展阶段不同的地区的比较分析可知，作为实体经济发展血脉的金融体系，其在不同地区的作用也不一样，中国金融发展和经济增长之间的关系充分体现出了区域性特征，这就要求中央和地方政府在政策制定的过程中，充分考虑地区的实际情况，加速欠发达地区的经济增长和居民收入水平提高，缩小差距并刺激经济增长对于金融发展的需求。此外，要进一步支持欠发达地区企业的公开上市，发挥金融市场的资源配置功能；在经济发展较为发达的地区，应引导金融中介和金融市场资金向高附加值、高技术含量的产业流动，更好地发挥金融体系的资金配置效率，同时，在较为发达的地区应该鼓励金融创新，促使金融中介的多元化，鼓励金融机构间的竞争，进一步做大金融中介存量和流量，降低金融业进入门槛。近期中央在浙江温州地区进行的金融试点改革应该是一个突破口，这可以使民间资本正式进入金融体系，从而更好地发挥其对于经济增长的促进作用。

参考文献

[1] Arellano, M. and O. Bover. Another Look at the Instrumental Variable Estimation of Error Component Models [J]. Journal of Econometrics, 1995 (68): 29-51.

[2] Beck T. and Levine R. Stock Markets, Banks, and Growth: Panel Evidence [R]. NBER Working Paper, 2002, No. 9082.

[3] Chamberlain, G.. Panel Data in the Handbook of Econometrics Volume II, Z. Griliches and M. Intriligator (ed.) [M]. Amsterdam, North-Holland Publishing Company, 1983.

[4] Binder, M., C. Hsiao and M. H. Pesaran. Estimation and Inference in Short Panel Vector Autoregression

with Unit Roots and Cointegration [M]. 2003, Mimeo, Cambridge University.

[5] Diamond, D. and P. Dybvig. Bank Runs, Deposit Insurance, and Liquidity [J]. Journal of Political Economy, 1983 (91): 401-419.

[6] Gale, D. and M. Hellwig. Incentive Compatible DebtContracts: The One-Period Problem [J]. Review of Economics Studies, 1985 (2): 647-663.

[7] Goldsmith, R.. Financial Structure and Development [M]. New Haven: Yale University Press, 1969.

[8] Guariglia, A. and S. Poncet. Could Financial Distortions be no Impediment to Economic Growth after all? [J]. Journal of Comparative Economics, 2008 (36): 633-657.

[9] Hasan, I., P. Wachtel. and M. Zhou. Institutional Development, Financial Deepening and Economic Growth: Evidence from China [J]. Journal of Banking & Finance, 2009 (33): 157-170.

[10] Holtz-Eakin, D., W. Newey and H. Rosen. Estimating Vector Autoregressions with Panel Data [J]. Econometrica, 1988 (30): 34-53.

[11] King R. and Levine R.. Finance and Growth: Schumpeter Might be Right [J]. Quarterly Journal of Economics, 1993 (108): 717-738.

[12] Levine R.. Finance and growth: Theory and Evidence [M]. In Handbook of Economic. Growth, ed. P Aghion, S Durlauf, 1A, 2005.

[13] Levine R. and Zervos S.. Stock Markets, Banks and Economic Growth [J]. The American Economic Review, 1998, 88 (3): 537-558.

[14] Love, I. and L. Zicchino. Financial Development and Dynamic Investment Behavior: Evidence from Panel VAR [J]. The Quarterly Review of Economics and Finance, 2006 (46): 190-210.

[15] Luintel, K., M. Khan., P. Arestis. And K. Theodorids. Financial Structure and Economic Growth [J]. Journal of Dvevlopment Economics, 2008 (86): 181-200.

[16] Mckinnon, R.. Money and Capital in Economic Development, Washington: Brookings Institution. Patrick, H. (1966), "Financial Development and Economic Growth in Underdeveloped Countries", Economic Development Cultural Change, 1966, 14: 174-189.

[17] Rahaman, M. M. Access to Financing and Firm Growth [J]. Journal of Banking & Finance, 2011 (35): 709-723.

[18] Rioja, F. and N. Valev. Does One Size Fit All? A Reexamination of the Finance and Growth Relationship [J]. Journal of Development Economics, 2004 (74): 429-447.

[19] Schumpeter, J.. Theorie Der Wirtschaftlichen Entwicklung [The Theory of Economic Development]. Translated by R. Opie, Harvard University Press, 1934.

[20] Shan, J., A. Morris and F. Sun. Financial Development and Economic Growth: An Egg and Chicken Problem [J]. Review of International Economics, 2001 (9): 443-454.

[21] Singh, A.. Financial Liberalisation, Stock Market and Economic Development [J]. Economic Journal, 1997 (107): 771-782.

[22] Townsend, R. Optimal Contracts and Competitive Markets with Costly State Verification [J]. Journal of Economic Theory, 1979 (21): 265-293.

[23] 潘士远. 金融发展、收入分配与经济增长：文献综述 [J]. 浙江社会科学, 2009 (12).

[24] 王晋斌. 金融控制政策下的金融发展与经济增长 [J]. 经济研究, 2007 (10).

[25] 王永中. 金融发展与内生经济增长：一个文献综述 [J]. 新政治经济学评论, 2008 (8).

[26] 杨胜刚, 朱红. 中部塌陷、金融弱化与中部崛起的金融支持 [J]. 经济研究, 2007 (5).

[27] 张军, 金煜. 中国的金融深化和生产率关系的再检测：1987~2007 [J]. 经济研究, 2005 (11).

[28] 赵勇, 雷达. 金融发展与经济增长：生产率促进抑或资本形成 [J]. 世界经济, 2010 (2).

新技术、异质性偏好与产业演化

孙晓华 郭少蓉**

面对全球金融危机导致的世界经济衰退和日益增强的资源环境约束，传统技术经济范式陷入了成本上升和收益下降的困境，对经济增长的推动力明显减弱，新一轮技术变革开始孕育，从而加速了新的技术经济范式出现和新兴产业的萌芽。为了抢占未来经济与科技竞争的制高点，世界主要国家不约而同地推出新兴产业发展规划，如美国的《重整制造业政策框架》、英国的《低碳转型发展计划：国家气候与能源战略》和韩国的《新增长动力规划及发展战略》等。在此背景下，2010年10月，国务院发布《关于加快培育和发展战略性新兴产业的决定》，提出将节能环保、新一代信息技术、生物、高端装备制造、新能源、新材料和新能源汽车七大领域作为我国新兴产业战略布局的重点。以新技术为依托的新兴产业的出现将给传统产业的市场主导地位带来冲击，部分企业可能会采用更具潜力的新技术，与在位的传统企业展开竞争。然而，产业经济系统是由供给方和需求方共同组成的，不同技术经济范式下的企业能否得到满意利润与市场认可，不仅与新旧技术竞争有关，还取决于消费者偏好及其衍生出的需求规模。那么，新技术将会给传统产业带来什么影响？新兴产业能否在激烈的市场竞争中生存发展？消费者偏好在新兴产业的成长过程中能够起到什么作用呢？本文将对上述几个问题展开讨论。

一、文献回顾

技术创新是产业演化的根本动力。关于技术创新如何推动产业演化的研究可追溯到熊彼特提出的创新理论，熊彼特认为，经济发展是不断从系统内部革新经济结构的过程，即不断地破坏旧结构并创造新结构的"产业突变"，这种新结构可以是引入一种新技术，从而带来经济结构的升级[1]。Abernathy 和 Utterback 提出了产业创新动态过程模型，分析了产品创新和工艺创新促进产业演化的过程和机制，反映了行业成长的创新分布规律，为理解技术创新与产业演化之间的关系提供了重要线索[2]。Nelson 和 Winter 继承了熊彼特的创新理论并借鉴了生物进化论的思想，认为经济中也存在"自然选择"，体现为企业相互竞争的过程，技术先进的企业将实现盈利和规模扩张，亏损企业不断收缩，相对陈旧的传统技术将逐步被市场淘汰[3]。Arthur 指出，技术创新导致收益递增的内在机制使得技术在产业演化过程中起着关键作用，多元化行为主体之间的关系通过市场竞争加以协调，伴随着选择机制，有的技术被淘汰，有的技术生存下来并成为市场主导[4]。Pavitt 构建

---

* 国家自然科学基金资助项目"产学研技术联盟中的技术对接机制研究"（71073013）。
** 孙晓华（1978—），男，辽宁抚顺人，大连理工大学经济学院副教授，博士生导师，从事产业经济学、演化经济学与创新经济学方面的研究。郭少蓉（1990—），女，福建石狮人，大连理工大学经济学院硕士研究生，研究方向为产业经济学。

了技术创新模式的产业依赖模型,证明了不同产业之间的技术创新实践存在着广泛差异,特定产业环境影响着企业技术创新行为,而创新行为对产业环境也具有一定的反作用[5]。国内从理论层面考察技术进步与产业演化关系的研究较少,高洁等在 Nelson 和 Winter 模型的框架下上,建立了基于产品竞争的产业演化模型[6]。陈一君等认为技术替代是产业衰退的本质原因,技术进步促使技术替代的频率加快和新企业兴起,进而导致传统产业衰退[7]。

市场需求能够为产业发展提供空间,近年来学者们开始关注需求促进产业演化的机制。Malebra 通过"历史友好"模型考察了美国计算机产业的演化进程,发现市场需求状况和消费者偏好对于美国计算机产业演化具有重要影响[8]。Saviotti 认为,如果新产品能够完全替代旧产品,那么适用性更好的新产品将占领市场,导致产品多样化程度下降,在一定程度上限制了经济发展空间,但如果存在消费者的认知差异和产品性能差异,则多种产业能够共同发展[9]。Adner 和 Levinthal 将产业演化进程分为属性均衡、市场扩张和需求成熟三个阶段,对需求空间驱动产业演化的过程进行了数学模拟[10]。Malerba 根据 Adner 和 Levinthal 的思想讨论了新技术发展的条件,考察了试验型用户和异质性偏好在产业演化过程中的作用,发现若试验型用户超过30%,则采用新技术的市场进入者就能迅速成为市场领导者[11]。Bergin 和 Bernhardt 分析了随机需求条件下产业的动态,讨论了未来需求冲击的预期对企业退出决策和产业演化的影响[12]。国内文献方面,汪琦认为技术创新与需求的互动产生了新旧产业的更迭效应、劳动收入非均衡增长效应、技术溢出和关联效应,从而推动了产业升级[13]。孙军指出,在需求空间有限的情况下,技术创新能力不足将会导致经济增长停滞和产业结构锁定,而用户越偏好于新产品,新兴企业将具有越强的技术创新激励[14]。

综观国外文献,N-W 模型和历史友好模型为产业演化研究提供了有益的理论框架,但多数学者没有充分重视经济企业异质性和消费者异质性特征对产业动态发展过程的影响,国内此方面的相关研究更为少见。本文将通过对 N-W 模型的扩展,在企业异质性条件下构建产业演化的基本模型,讨论由企业决策、消费者选择和市场竞争构成的市场选择机制,研究新技术给产业演化过程带来的冲击,进而分析消费者的异质性偏好对产业演化的影响。

二、N-W 框架下产业演化模型的构建

1982 年,现代演化经济学的开拓者 Nelson 和 Winter 出版了《经济变迁的演化理论》一书,书中提出了描述产品竞争动态过程的产业演化模型(N-W 模型),该模型假设所有企业生产单一同质的产品,企业主要通过工艺创新来降低生产成本和提高生产率,创新类型由搜寻成本决定,市场选择的结果是适应度低的企业退出市场。N-W 模型奠定了产业演化分析的基石,但有关企业同质性和只进行工艺创新活动的假设过于严格,而且没有考虑需求方对产业演化的影响。本文将对 N-W 模型加以拓展,把有关企业决策、消费者偏好和市场选择的更加贴近现实的情况纳入产业演化的分析中,基本假设和模型构建过程具体如下:

(一) 基本假设

假设一:消费者在购买产品时会考虑两方面属性,一是产品性能,二是产品价格。只有当产品的性能达到消费者对性能的最低要求,并且价格低于消费者的最高可支付价格时,消费者才会购买该产品。这里,把消费者对产品性能的最低要求称为"性能门槛",把消费者对具有一定性能的产品愿意支付的最高价格称为"价格门槛"。如果消费者购买了某种产品,将能够从产品使用过

程中获得效用，其效用值来源于产品性能与价格的高低。产品性能越高、价格越低，产品带给消费者的效用就越大；反之则反。根据假设一，可描绘出消费者的无差异曲线（如图1所示）。

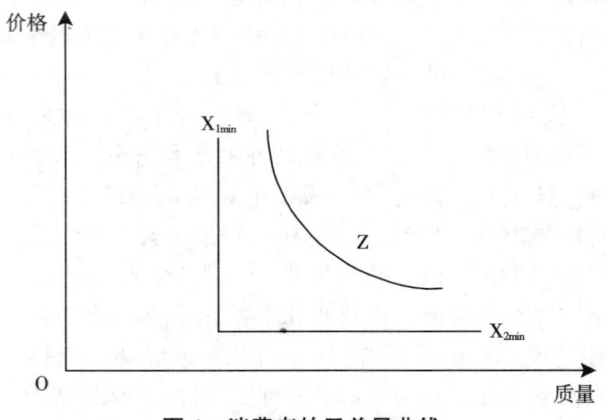

图1 消费者的无差异曲线

在图1中，纵轴为产品的价格属性，沿着纵轴向上表明价格的降低；横轴衡量了产品的性能属性，沿着横轴向右代表性能的增加。Z为消费者无差异曲线，X_{1min}和X_{2min}两条直线分别为性能门槛和价格门槛，由此可得消费者效用函数：

$$M = b_0(X_1 - X_{1min})^{b_1}(X_2 - X_{2min})^{b_2} \tag{1}$$

式中，X_1、X_2分别是产品在性能维度和价格维度上的数值，$(X_1 - X_{1min})$和$(X_2 - X_{2min})$代表消费者获得的超出性能门槛和价格门槛的部分。b_1为性能弹性，b_2为价格弹性，意味着性能和价格每变动1%，消费者效用就相应地变动b_1%和b_2%，b_0为常数。

假设二：新产品刚问世时，性能和价格方面都达不到消费者对产品的最低要求，假定位于图1中的原点。为了获得满意利润，企业需要经过一段时间的研发努力提高新产品的性能和价格属性，直至新产品能够在市场上销售。同时，受技术条件的限制，产品价格不能无限降低，性能也不能无限提高，可利用技术边界对此加以表示。在图2中，虚线矩形框OL_1ZL_2代表了某项技术的边界，L_1和L_2分别为该项技术条件下性能和价格属性所能达到的最大值。如果企业使用了此项技术，那么其生产的产品性能和价格位于技术边界内部，产品的两个属性值最多只能达到Z点的值。

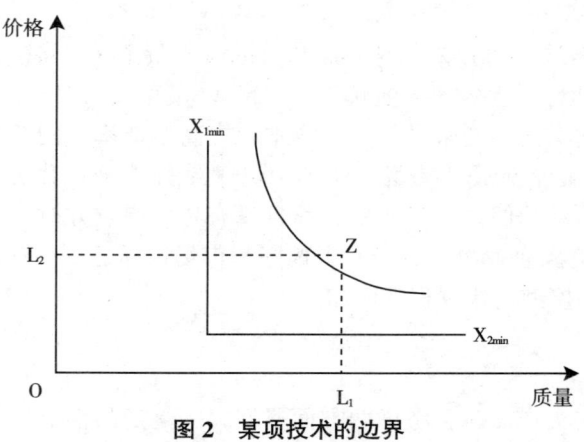

图2 某项技术的边界

假设三：在一个产业内，所有企业使用同一种技术进行生产（技术边界相同），但各个企业的产品是异质的，产品的性能和价格存在差异。企业只利用资本一种生产要素，并假定初始资本都相同。在同一时期，要素价格对所有企业是一样的，每个企业在现有的技术条件下，生产成本与产品价格 p 满足 $p = (1 + \mu_1)c$，μ_1 为成本加成系数。

假设四：市场总需求 Q_t 是随着时间 t 增长的，其函数为 $Q_t = Q_0 \cdot e^{(\theta + \xi_t)}/(\overline{p_{t-1}})^\tau$。其中，$Q_0$ 是产业形成初期的总需求，参数 θ 为市场需求增长的速度，$\overline{p_{t-1}}$ 是 t-1 期在位企业的平均销售价格，τ 为市场需求的价格弹性，ζ_t 是反映需求变动的随机变量，服从 $N(0, \theta^2)$ 的正态分布[1]。假定市场中只存在一类消费群体，所有消费者的偏好是同质的。

假设五：产品的实际价格均匀分布在价格轴上，假定图2中O点对应的高价格为 p_2，L_2 对应的低价格为 $p_1(p_1 < p_2)$，若企业只能在 $[p_1, p_2]$ 范围内定价，则从O到 L_2 之间的每个值对应着 p_1 到 p_2 的一个价格，并且价格是均匀分布的。那么，假定某企业产品的价格属性为 X，对应的价格为 p，则 $p = p_2 - (X/L_2) \cdot (p_2 - p_1)$。

此外，假设整个市场空间被在位企业瓜分，每个企业的销售量等于市场总需求与各自市场份额的乘积，可以用某企业产品给消费者带来的效用占市场上所有产品效用之和的比值来表示该企业的市场份额。为了便于研究，假定企业不存在存货的情况，企业事先知道销售量并据比安排生产。这样，企业的利润就等于单个产品的毛利乘以销售数量，企业 i 的利润 π 可表示为：

$$\pi = (p - c) \times \frac{M_i}{\sum M_i} \times Q = \frac{\mu_1}{1 + \mu_1} \times \frac{M_i}{\sum M_i} p \times Q \tag{2}$$

式中，M_i 代表某企业产品带给消费者的效用，$\sum M_i$ 代表市场上所有产品带给消费者的总效用，Q 代表市场需求的总量，μ_1 代表成本加成系数。

(二) 企业决策

在市场竞争的条件下，产品的性能和价格是决定企业竞争力的关键因素。产品的性能越高、价格越低，企业将占据更多的市场份额，获得较高的利润；如果性能较低而价格较高，消费者购买量减少，市场份额将逐步下降，利润率也就会降低。作为以营利为目的的组织，企业需要进行投资、进入退出和研发投资决策以提高市场竞争力和利润水平。

1. 投资决策

如果企业在 t 期盈利，为了扩大生产规模会决定下一期是否进行再投资。假定 (t+1) 期企业愿意追加的投资额为 t 期利润的 $(1 + \mu_2)$ 倍，t 期期末的剩余资本也可用于投资，剩余资本额为 t 期期初的资本额扣除 t 期研发支出和偿还债务 D_t^R，再加上当期利润 π_t，即 $(K_t - R_t - D_t^R + \pi_t)$。① 如果 (t+1) 期期初的资本存量大于意愿投资额时，企业将使用自有资本进行再投资而无须借债；反之，企业需要借债，借债额为意愿投资额与资本存量的差额，可表示为：

$$I_{t+1} = \max\{[(1 + \mu_2)\pi_t - (K_t - R_t - D_t^R + \pi_t), 0]\} \tag{3}$$

借债投资会增加企业的债务负担，将利息因素考虑在内的话，企业 (t+1) 期期初负债总额等于第 t 期债务余额减去 (t+1) 期期初偿还的债务，加上 (t+1) 期期初的举债投资额，即：

$$D_{t+1}^B = (1 + \rho_1)D_t^B - D_{t+1}^R + I_{t+1} \tag{4}$$

式中，ρ_1 为利息率，每一期企业会用利润的一定比例 (σ) 偿还债务，如果 $\sigma\pi_t$ 大于当期债务余额，那么所有债务可以还清；反之将会留有债务余额。因此，每期偿还的债务额 D_{t+1}^R 与上一期的债务余额 D_t^B 都和利润水平 $\sigma\pi_t$ 有关，具体为：

---

① 本文用 K_t 表示第 t 期期初的资本额，也就等于 t-1 期期末的资本额。

$$D_{t+1}^R = \begin{cases} \sigma\pi_t & (D_t^B > \sigma\pi_t) \\ D_t^B & (D_t^B < \sigma\pi_t) \end{cases} \tag{5}$$

在第 t 期，企业进行投资和偿债后的资本存量 K_{t+1}（K_{t+1} = 第 t 期期末的资本额）为期初资本 K_t 折旧后的余额与当期利润 π_t 之和，加上当期的举债投资额 I_t 再扣除当期偿还的债务 D_t^R，即 $K_{t+1} = (1-\rho_2)K_t + \pi_t + I_t - D_t^R$（其中，$\rho_2$ 为折旧率）。

2. 进入和退出决策

在初始阶段，新企业产品的性能低、价格高，两方面属性都无法达到消费者的最低要求，市场份额为 0。随着研发活动的开展，产品性能得以上升、价格逐渐下降，当达到消费者最低要求时，消费者开始购买此种产品，企业被市场所接受，占据一定的市场份额。因此，$X_{1,i} > X_{1min}$ 且 $X_{2,i} > X_{2min}$ 是企业进入市场必须满足的基本条件。

在市场选择的过程中，适应度高的企业持续发展，适应度低的企业被淘汰。假设企业在以下几种情况下退出，且一旦退出不会再进入市场：

第一，企业资本低于最低水平 K_{min}，即 $K_t < K_{min}$ 时，企业选择退出；

第二，当利润率 $\tilde{\pi}$ 小于 0，且利润率的增长率 $\hat{\pi}$ 小于 VRP（利润率增长率的最低要求）时企业退出，这样保证了企业利润小于 0 的时候仍然可以继续经营一段时间，即：

$$\begin{cases} \tilde{\pi} < 0 \\ \hat{\pi} < VRP \end{cases} \tag{6}$$

第三，如果企业的资产负债率超过一定比例 k 且利润率小于 0，企业将因为资不抵债而破产，从而退出市场，即：

$$\begin{cases} D_t^B/K_t > k \\ \tilde{\pi} < 0 \end{cases} \tag{7}$$

3. 研发投资决策

对企业而言，研发投资是提高市场竞争力和利润水平的重要途径。假设企业将资本存量按固定比例 φ 投入到研发活动中，研发支出额 $R_t = \varphi K_t$。与 N-W 模型不同，假定企业不仅进行能够降低生产成本的工艺创新，而且开展有利于提高产品竞争力的产品创新活动，由此将研发支出通过比例系数 q_t 分割为产品创新支出 $R_{1,t}$ 和工艺创新支出 $R_{2,t}$，其中，$R_{1,t} = q_t R_t$，$R_{2,t} = (1-q_t)R_t$。分割系数 q_t 取决于当前产品性能和价格的实际值相对于门槛值的位置，q_t 值由产品当期的两个属性与对应门槛值的距离决定，具体分为三种情况：

第一，产品的性能属性 X_1 达到了消费者的最低要求（$X_1 > X_{1min}$），而价格属性 X_2 未达到门槛值（$X_2 < X_{2min}$），为使产品能尽快在市场上销售，企业会更加注重工艺创新活动以降低价格，创新支出的系数为（数值上，一般 $q_t < 0.5$）：

$$q_t = \frac{\min\{(X_1 - X_{1min}), (X_{2min} - X_2)\}}{(X_1 - X_{1min}) + (X_{2min} - X_2)} \tag{8}$$

第二，当产品的价格属性超过了门槛值（$X_2 > X_{2min}$），而性能尚未达到消费者的最低要求（$X_1 < X_{1min}$），企业会加大产品创新力度以提高产品性能，此时创新支出系数为（$q_t > 0.5$）：

$$q_t = \frac{\max\{(X_{1min} - X_1), (X_2 - X_{2min})\}}{(X_{1min} - X_1) + (X_2 - X_{2min})} \tag{9}$$

第三，产品的性能与价格属性都小于门槛值，或者都已经达到了消费者的最低要求，此时认为企业会随机地安排研发支出：此时 q_t 取随机数。

通过研发投资，每一期期末产品在性能和价格属性方面的改进可表示为：

$$ChangeX_j = a_0 R_j^{a_1}(L_j - X_j)^{a_2} \quad j = 1, 2 \tag{10}$$

式中，ChangeX$_j$ 指研发后在 j 维度上的改进量，L$_j$ 为某种生产技术的技术边界，j = 1 和 2 时分别表示性能与价格。根据边际报酬递减规律，加入 (L$_j$ – X$_j$)^{a_2} 项，意味着产品属性越接近技术边界时，其改进的空间越小，研发活动的成效会减弱。由此，研发后产品在两种属性值等于研发前的数值加上改进量，为：

$$X_{j,t} = X_{j,t-1} + ChangeX_j \tag{11}$$

三、市场选择机制与产业演化过程模拟

市场由供给方和需求方共同组成，作为供给方的企业通过研发和投资决策生产出能够满足消费者需求的产品，作为需求方的消费者通过购买适宜产品以提高自身效用，在优胜劣汰的市场选择机制下，部分企业得以生存发展，部分企业被淘汰，并不断有企业进入退出。

（一）市场选择机制

市场选择是产业演化分析的基础，本文将市场选择机制分为四大模块，分别为研发决策、投资决策、消费者选择和市场竞争（如图 3 所示）。其中，研发和投资属于企业决策的核心，企业会根据产品当前的性能和价格安排研发投资额度和分配在产品、工艺创新上的比例，并基于财务状况确定投资和贷款的数量。对于消费者而言，会购买超过其性能和价格门槛的产品，一般产品性能越高、价格越低就越会得到消费者的青睐。进而，消费者选择影响着在位企业与潜在竞争者之间的市场竞争，能否被消费者认可是直观的决定因素，如果在资本存量、资产负债率和利润率三方面达到了生存的最低要求，将继续留在市场，否则将退出该行业。

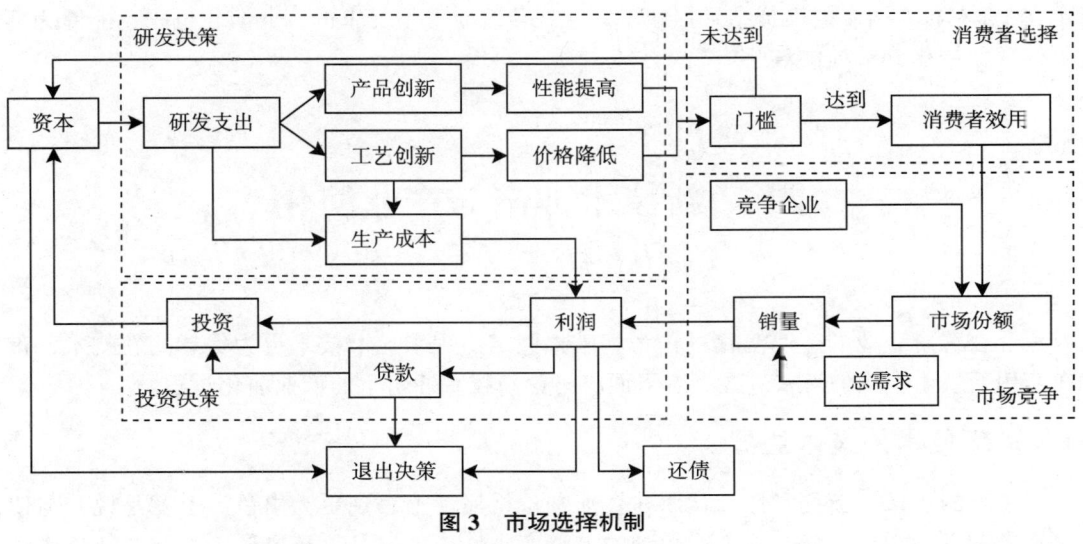

图 3　市场选择机制

（二）产业演化过程的模拟结果

根据优胜劣汰的市场选择机制，本文将利用 Matlab7.0 实现对产业演化过程的仿真模拟。首先考察没有新技术、只存在传统企业的产业演化过程，然后再分析新技术对传统企业造成的冲击。假定市场中存在 100 家潜在进入的企业，每个企业的初始资本 K = 100，生产技术边界为（L = 8000，

L_2 = 2000),消费者的性能和价格门槛分别为 X_{1min} = 4000、X_{2min} = 400,性能弹性 b_1 = 1.1,价格弹性 b_2 = 0.3。数值仿真计算了 50 个时期的产业演化过程,为了使仿真结果更为可靠,将进行 10 次运算,进而对仿真结果取均值。

图 4 是仿真得到的产业演化过程示意图,横坐标为考察时期,纵坐标分别表示行业内的企业数量和平均利润水平,市场中只存在使用旧技术生产的传统企业,其技术边界为 L_1 = 8000 和 L_2 = 2000。可以看出,在前两个时期,所有企业的产品性能和价格都无法满足消费者的要求,没有企业在市场上销售,企业数为 0。从第 3 期起,开始有企业经过研发努力使其产品达到了消费者的最低门槛,企业数呈急剧上升的趋势。到第 6 期,企业数基本稳定在 46 家左右,并一直能够维持到第 50 期期末。

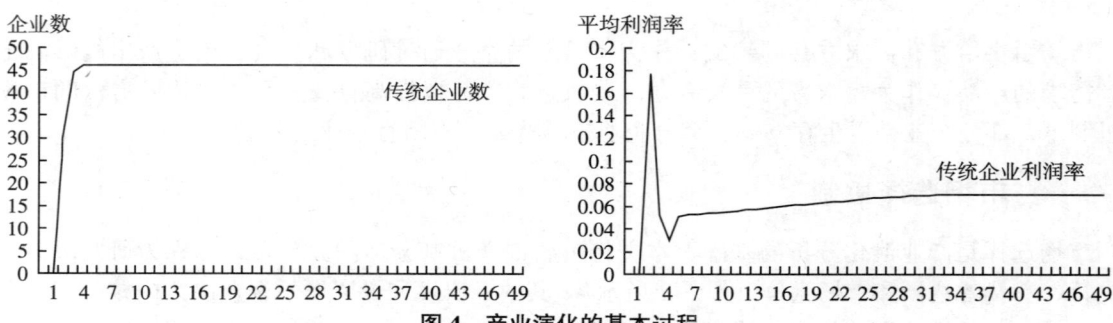

图 4 产业演化的基本过程

行业利润水平的变动情况有所不同,在经过了前 2 期的市场空白阶段后,当仅有少数企业进入市场时,市场份额被先发企业占据,利润率较高,达 18%。随着企业大量增加,市场竞争加剧,利润开始迅速下降,第 5 期降至谷底,平均利润率仅为 5.3%。而后,市场份额被重新整合,先发企业不再占据绝对竞争优势,企业进入退出渐趋稳定,整个行业的利润水平缓慢上升,平均利润率稳定在 7% 左右。图 4 的模拟结果描绘了只存在传统企业情况下的产业演化过程,能够为新技术冲击下的产业演化分析提供对照。

四、新技术冲击与产业演化

以只存在传统企业的产业演化过程为基础,假定出现了比旧技术更为优越的新技术,市场中将存在使用新技术生产的潜在进入者,下面将讨论新技术冲击下的产业演化过程。

(一)新技术的技术边界

按照一般的逻辑,新技术比旧技术在性能和价格属性上表现更为出色。也就是说,与使用传统技术生产的产品相比,新技术生产得到的最终产品性能更好且价格更低。那么,新技术的价格和性能边界 $OL_1'L_2'S$ 将超出传统技术的边界 OL_1L_2Z(如图 5 所示),新技术生产的产品在性能和价格属性上可能位于 OL_1L_2Z 以外 $OL_1'L_2'S$ 以内的区域。

由于新旧技术边界的差异,实现某种性能和价格属性所要付出的研发努力不尽相同,当产品属性逼近该技术所能发挥的最大潜力时,产品创新或工艺创新的难度就大大提升。假设使用新技术的新兴企业与使用旧技术的传统企业所生产的产品在性能和价格上是一样的,且性能 $X_1 < L_1$、

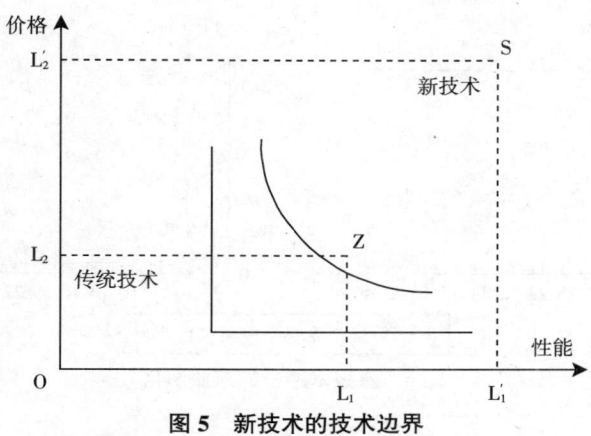

图 5　新技术的技术边界

价格 $X_2 < L_2$。那么，新兴企业性能和价格方面的提升空间分别为 $(L_1' - X_1)$ 和 $(L_2' - X_2)$，大于传统企业的提升空间 $(L_1 - X_1)$ 和 $(L_2 - X_2)$。提升空间越大，相同的产品属性改进就越容易通过技术创新得以实现，因此相对于传统企业，新兴企业进行产品创新与工艺创新的难度相对较低，生产的产品也易于达到更高的性能和更低的价格。

（二）新技术冲击下的产业演化过程

关于产业演化过程中新旧技术的关系问题，学者们进行过不同的阐释。Duijn 在《经济长波与创新》一书中指出，产业发展存在于技术更迭的过程中，一项新技术最终将被效率更高的新技术所取代，产业技术水平在传统技术与新技术的交替中不断上升到新的层次，而且会更高级化和知识密集化。Arthur 认为，在技术与产业共同演化的过程中，伴随着市场选择机制，陈旧技术被淘汰，先进技术能够促进企业降低成本、提高产品性能、获得经济效益，从而被采纳并逐渐成为主导技术。

在产品性能和价格上，新技术优于旧技术，但由于新技术出现较晚，传统企业居于市场主导地位，因此新兴企业在竞争中将处于劣势。那么，对于新技术冲击下的产业演化过程，存在着三种可能的结果：第一，新兴企业借助更具发展潜能的新技术获得更高的市场份额和利润率，积累雄厚的资本，传统企业被迫退出行业，新技术完全替代旧技术成为主导技术；第二，传统企业在技术潜力上虽然落后于新技术，但依靠先发优势拥有成熟的产品和大批消费者，形成了对新兴企业的进入壁垒，新兴企业可能得不到市场认可，或者由于缺乏竞争力进入一段时期后退出市场；第三，新兴企业依靠技术优势与传统企业展开竞争，传统企业则通过先发优势维护自身的市场份额，两者相互抗衡，最终形成新兴企业与传统企业并存的局面。下面将仍然利用数值模拟的方法考察新技术冲击对产业演化进程的影响。

考虑到新技术在时间上的滞后性和新技术开发的难度及不确定性，假设第 5 期才出现 20 家潜在进入的新兴企业，且新兴企业的初始资本与传统企业相同。由于使用新技术生产的产品在性能和价格属性上所能达到的范围大于旧技术，因此设新技术的边界为 $L_1' = 9000$，$L_2' = 9000$。在其他条件保持不变的情况下，同样利用 Metlab7.0 进行 50 期的数值模拟，运算 10 次取均值，得到新旧技术竞争条件下的产业演化过程（如图6所示）。

可以看出，在考虑新技术的情况下，传统企业在数量方面的变化不明显，自第3期开始经历企业大量进入，到第8期趋于稳定，有大概45家企业生存下来。新兴企业在第6期进入市场，企业数量逐渐上升，至第9期稳定在12家左右。利润方面，传统企业变化不大，利润率在第3期达到最高值 18% 后急剧回落，而后维持在 1.4% 的低水平，新兴企业的平均利润率在第6期达到 54.6% 的极大值，远高于传统企业，但随后同样迅速下降，直到稳定在 2.7% 的较低水平。

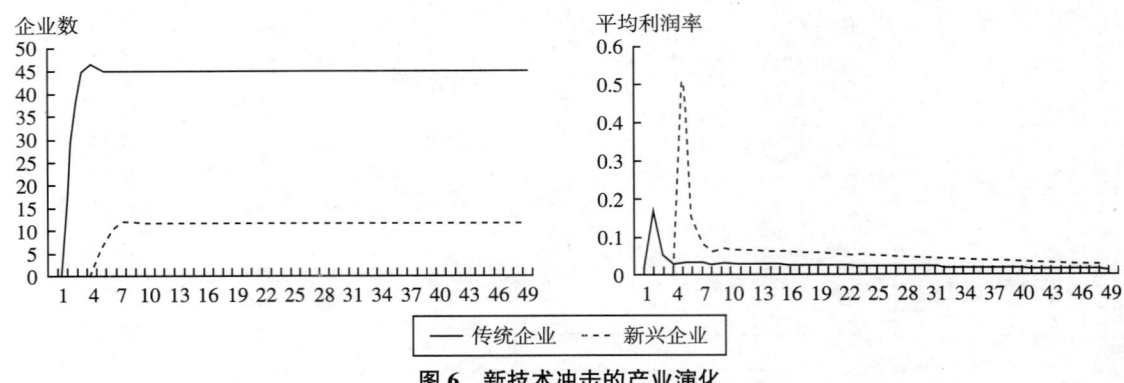

图 6 新技术冲击的产业演化

总的来说，新技术的出现并未造成传统企业数量上的骤减，尽管新兴企业的利润水平在初期明显高于传统企业，但随着竞争优势的消失，两者利润率差距逐渐缩小，且低于没有新技术冲击的平均利润水平。究其原因，在新兴企业进入之前，传统企业已经占领市场，消费者对旧技术认可程度较高，新技术面临着来自传统产品的竞争压力。尽管拥有性能上的绝对优势，但为了提高市场竞争力，新兴企业不得不从事工艺创新活动以削减成本、降低新产品价格，从而在扩大市场需求规模的同时，降低了行业利润水平。根据上述模拟结果可知，在其他条件不变的情况下，新技术的出现并不会导致旧技术退出市场，两者会在市场中共存，传统企业在数量上仍然占据主导。

五、异质性偏好与产业演化

技术和市场是决定产业演化的两个重要方面，技术是新兴和传统企业存在的基础，消费者偏好及其带来的市场需求则是新旧技术竞争的关键。之前的分析假定企业面对同质的消费群体，下面将借鉴 Melerba 等学者的做法，以消费者门槛作为衡量消费者偏好的依据，讨论消费者偏好发生改变和存在异质性消费群体的情况下产业演化过程的变化。

（一）消费者偏好变化对产业演化的影响

假定消费者对产品的性能或价格要求变高，即性能门槛或者价格门槛提高，则存在着两种情况：一是任意一个门槛超出了某种技术的边界，此时即便企业发挥出最大的技术潜力也无法满足消费者的要求，企业将退出市场；二是消费者门槛未超出技术边界，但距离边界非常近，意味着企业通过产品创新和工艺创新使产品性能与价格达到消费者门槛的难度增加，需要耗费大量资本投入到研发活动中。由于新技术的边界大于旧技术，因此消费者门槛将会更加接近旧技术的边界，相比之下，新兴企业的产品优势开始显现，传统企业的市场空间逐渐缩小。

在数值仿真中，假设消费者对产品的价格属性更为敏感，倾向于购买价格低的产品，即消费者的价格门槛相对有所升高。① 那么，在性能门槛不变的条件下，价格门槛变为 $X_{2min} = 700$，价格弹性变为 $b_2 = 0.5$，经过数值模拟运算取均值，得到新的产业演化过程（如图7所示）。

---

① 此处以消费者对产品价格要求的变化为例进行仿真，在论文撰写过程中同样就消费者的性能门槛变动进行了数值模拟，得到了类似的结论，限于篇幅，只列出了一种情形。

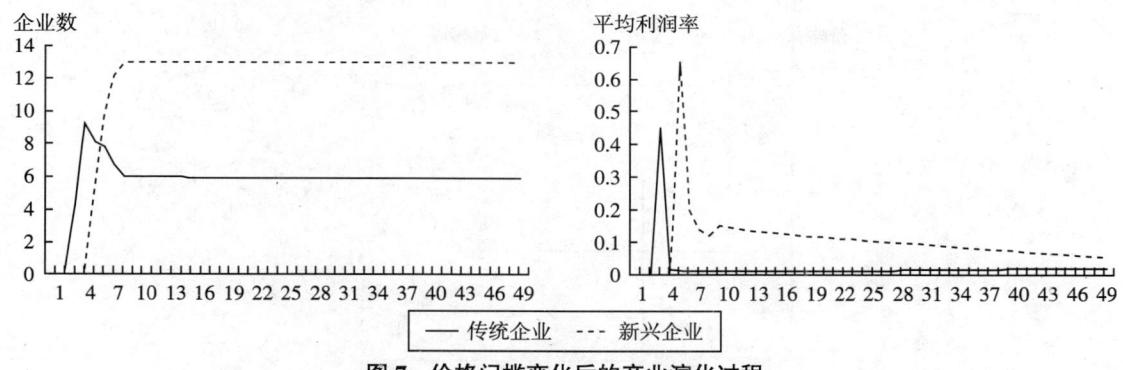

图7 价格门槛变化后的产业演化过程

通过图7与图6的对比可知,当消费者的价格门槛由400提高到700时,由于消费者希望以更低的价格购买产品,因而产品在进入市场之前需要更多的研发支出,致使技术边界较低的传统企业难以获得此前的市场份额,经过9个时期的市场竞争,依然生存的传统企业由45家下降为6家,减少了39家。也正是在企业数量减少的情况下,得益于市场竞争程度降低,新兴企业进入之前在位传统企业能够暂时获得高昂利润,第3期传统企业的平均利润率高达45.8%,但受旧技术工艺的限制无法充分降低产品价格,随着新兴企业的进入利润率很快骤减到1.8%。对新兴企业而言,凭借新技术的优势更能适应价格门槛的升高,企业数量由12家反而上升到13家,超过传统企业的个数,比例显著提高。同时,传统企业大量退出使新兴企业拥有了更多的市场空间,平均利润率在经历了短暂的大涨大跌后,稳定在6.1%,高于之前的2.7%。

可以看出,消费者偏好的改变对技术边界较小的传统企业影响较大。消费者在产品属性方面更为严格的要求大大削弱了传统企业的竞争优势,改变了其市场主导地位,却有利于新兴企业进入市场,在获得消费者认可的同时保持相对更高的利润水平。

(二) 异质性偏好下产业演化模型

新古典经济学认为,经济个体之间不存在差别,企业和消费者都是同质的,然而在现实经济运行过程中,不仅企业是异质的,作为需求方的消费者偏好也存在着差异。在新旧技术竞争中,消费者的异质性偏好可能会影响产业演化过程。按照通常的做法,假定市场中存在与传统用户(消费者1)不同的另一类消费群体(消费者2),消费者2对产品价格有着更高的要求,而对产品性能的要求较低。[①] 仍然利用性能和价格门槛衡量消费者偏好,两类消费群体的不同偏好反映在门槛上。假设消费者1的门槛值为 $X_{1min} = 4000$,$X_{2min} = 400$;消费者2由于更偏好于价格属性,对性能属性要求较低,其门槛值为 $X'_{1min} = 500$,$X'_{2min} = 2000$(如图8所示)。同时,鉴于消费者2更偏好价格的特征,将价格弹性增加为 $b_2 = 1.15$,性能弹性降低为 $b_1 = 0.6$。

为了更为明晰地考察异质性偏好的作用,我们假定消费者2的价格门槛高出旧技术边界,但落在新技术边界的范围内。也就是说,消费者2只会购买新兴企业生产的产品,不会购买传统企业产品。当然,消费者1还是既可能选择传统产品,也可能选择新兴产品。从某种程度上说,异质性用户的存在为新兴企业发展创造了利基市场,下面将通过数值模拟检验异质性偏好对产业演化的具体影响(如图9所示)。

对比图7和图9的模拟结果可知,在异质性偏好的条件下,潜在进入的20家新兴企业都成功进入市场,传统企业在新兴企业未进入之前经历快速增长,第4期达到峰值约44家企业,但随着

---

① 这里以消费者对产品价格的更高要求为例分析异质性偏好特征,作者同样通过提高性能门槛进行了分析,得到的结论基本一致,在此只列出一种情形。

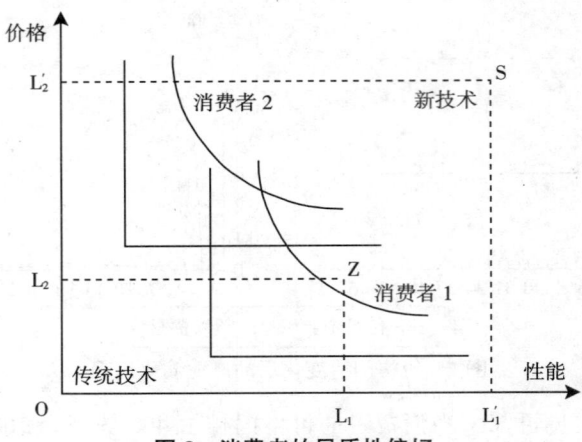

图 8 消费者的异质性偏好

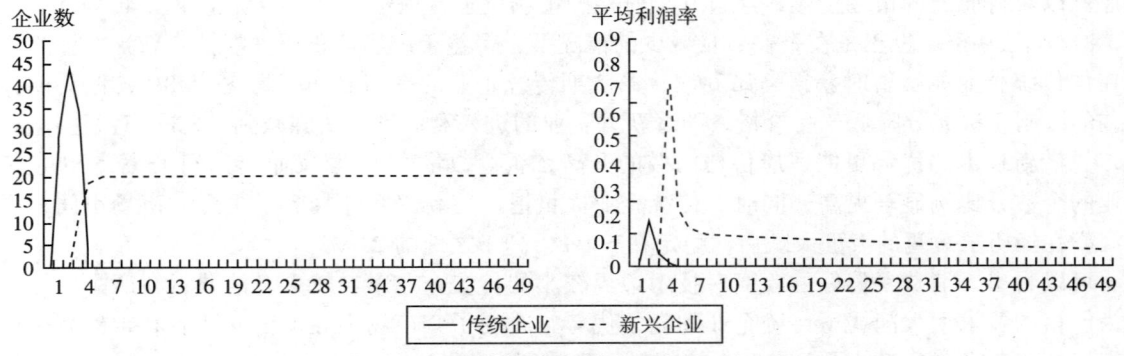

图 9 异质性偏好下的产业演化过程

新兴企业进入，传统企业数量急剧下降，到第 6 期所有传统企业都被迫退出行业。利润率方面，传统企业在第 3 期上升到 18% 后又明显减少，不再生产后利润变为 0，迅速占领市场的新兴企业利润率在第 6 期达到 78%，然后降至 6.7% 的稳定水平。究其原因，与传统偏好存在差异的消费群体为新兴企业创造了市场空间，新兴产品不仅可以销售给新用户，而且可以在原来的市场中与传统企业竞争。由此，新兴企业能够获得更高的利润，得到更为充足的资金积累用于研发投入，促进产品性能的提高并降低价格，形成了由利润到投资再到研发的良性循环。可以看出，异质性偏好有利于在性能和价格上更具潜力的新技术发挥优势，为新兴企业提供了有效需求和利基市场，也为新技术替代旧技术和新旧产业的演替创造了条件。

六、研究结论

新一轮技术变革催生了新技术和新兴产业，也给传统技术经济范式带来了冲击，在新旧技术竞争过程中，新兴企业能否替代传统企业成为市场主导，不仅取决于技术属性，还要受到消费者偏好的影响。本文以 N-W 模型为基础，通过企业投资、进入退出和研发决策分析以及市场选择机制的构建，探究了新技术冲击下的产业演化过程，并利用系统模拟方法进行了数值仿真，得到如下结论：①当传统企业率先进入市场时，能够凭借先发优势保持较稳定的利润水平，新兴企业进入不会影响传统企业的主导地位；②如果消费者偏好发生改变，新兴企业和传统企业的竞争态势也会随之变化,消费者对产品性能和价格的更高要求将促进更多新兴企业进入,但新旧产品仍然会共存于市场之中;③消费者的异质性偏好为新产品提供了利基市场,促使新兴企业利用其产品性能和价格的潜在优势完全占领市场,而传统企业不得不选择退出。

与以往研究相比,本文在三方面进行了改进:第一,认为异质性企业同时从事工艺创新和产品创新活动,与技术边界的产品价格和性能属性相对应;第二,构建了包括企业研发决策、投资决策、消费者选择和市场竞争四个模块的市场选择机制,使产业演化的分析框架更明晰;第三,分析了消费者偏好改变对市场格局的作用,进一步假定市场中存在两类拥有不同偏好的消费群体,考察异质性偏好对产业演化的影响。

参考文献

[1] Schumpeter J A. Capitalism, Socialism, and Democracy [M]. Fifth Edition. London: George Allen and Unwin, 1976.

[2] Abernathy W J, Utterback J M. Patterns of Innovation in Technology [J]. Technology Review, 1978, 80 (7): 40-47.

[3] Nelson R R, Winter S G. An Evolutionary Theory of Economic Change [M]. Massachusetts: Belk-nap Press of Harvard University, 1982.

[4] Arthur W B. Competing Technologies, Increasing Returns and Lock-in by Historical Events [J]. The Economic Journal, 1989, 99 (394): 116-131.

[5] Pavitt K. Sectoral Patterns of Technical Change: Towards a Taxonomy and a Theory [J]. Research Policy, 1984, 13 (6): 343-373.

[6] 高洁, 盛昭瀚. 产品竞争的产业演化模型研究 [J]. 中国管理科学, 2004, 12 (6): 96-102.

[7] 陈一君, 林映光, 孙岚. 产业演化逻辑下的衰退产业创新战略探讨 [J]. 工业技术经济, 2006, 25 (9): 51-54.

[8] Malerba F, Nelson R R, Orsenigo L. History Fiendly Models of Industry Evolution: The Computer Industry [J]. Industrial and Corporate Change, 1999, 8 (1): 3-41.

[9] Saviotti P V. Growth and Demand [J]. Journal of Evolutionary Economics, 2001, 11 (1): 119-142.

[10] Adner R, Levinthal D. Demand Heterogeneity and Technology Evolution: Implications for Product and Process Innovation [J]. Management Science, 2001, 47 (5): 611-628.

[11] Malerba F, Nelson R, Orsenigo L, Winter S. Demand, Innovation, and the Dynamics of Market Structure: The Role of Experimental Users and Diverse Preferences [J]. Journal of Evolutionary Economics, 2007, 17 (4): 371-399.

[12] Bergin J, Bernhardt D. Industry Dynamics with Stochastic Demand [J]. The RAND Journal of Economics, 2008, 39 (1): 41-68.

[13] 汪琦. 技术创新与市场需求的互动机制及对产业升级的传导效应 [J]. 河北经贸大学学报, 2006, 27 (1): 12-17.

[14] 孙军. 需求因素、技术创新与产业结构演变 [J]. 南开经济研究, 2008 (5): 58-71.

产业结构转型与升级

中国产业结构与就业结构失衡及其政策含义
——基于偏最小二乘通径模型的实证分析*

张抗私 盈 帅**

一、问题提出

产业结构"质"的方面揭示了产业间技术经济发展的趋势,"量"的方面显现了不同产业间投入与产出的比例关系。在此期间,资本、劳动等要素在国民经济各部门中也形成了相应的数量比例和质量的配置,表现为资本结构和就业结构。国外经济学家Petty、Clark、Kuznets等指出,伴随着经济发展和技术进步,不同产业的收益率出现差异,为了实现产业之间收益的平衡,资源和生产要素逐步由第一产业向第二、第三产业转移。相应地,劳动力资源也经历着从第一产业向第二、第三产业转移的过程,表现为就业结构的变动。产业结构与就业结构相互牵制,互为制约。

国内学者也利用很多分析方法来研究它们之间的相互关系,包括:就业弹性[①](张车伟等,2002;蔡昉等,2004)、结构偏离度[②](何德旭,2008)、灰色关联度[③](周建安,2006)、偏离—份额法[④](张晓旭,2007)以及时间序列的经济计量分析(黄仁德等,2008)。研究结论主要有以下四个方面:其一,产业结构决定就业发展,产业结构决定就业结构(郭军等,2006);反过来,就业结构的变动也推动产业结构的变化(高波等,2012)。其二,理想状态下,产业结构与就业结构两者之间应该协调有序发展,但在我国现阶段,三次产业均面临着产业结构与就业结构不相匹配的情况(何德旭,2008)。其三,目前我国较高的经济增长率与低技术、低资本的产业结构和就业结构并存。长期来看,只有冲破这种二元形态才能实现经济的可持续发展。其四,产业结构、就业结构应该与社会生产力发展的阶段相适应,它们都经历着一个从低级向高级发展的过程,产业结构与就业结构的协调发展是经济发展的必然要求(李仲生,2003)。

---

* 教育部人文社会科学重点研究基地重大项目"经济增长中的产业结构与就业结构研究"(批准号11JJD790052);国家社会科学重大项目"中国当代社会管理与国家科学发展战略研究"子课题"创新社会管理中就业政策和战略研究"(批准号12@ZH002-8);国家社会科学基金项目"女大学生就业难问题的成因及相关政策研究"(批准号10BJY032)。

** 张抗私(1963—),女,辽宁本溪人,东北财经大学产业组织与企业组织研究中心/经济学院教授、博士生导师;盈帅(1985—),男,山东高唐人,东北财经大学博士研究生。

① 就业弹性是就业增长率与经济增长率的比值,用于描述经济增长对就业的吸纳能力。

② 结构偏离度指各产业的增加值比重和就业比重之比与1的差,用公式表示为:结构偏离度=GDP的产业构成百分比/就业的产业构成百分比-1。

③ 灰色关联度分析是把产业结构看成一个灰色系统,以就业结构的样本数据为依据,用关联度来描述因素之间关系的大小和强弱。

④ 偏离—份额分析法是将一定期间的区域经济发展状况与标准区(参照量)作比较,能比较准确地确定区域内各产业(部门)的发展状况与标准区相关产业(部门)相比竞争力的大小,具有较强的综合性和动态性。

然而，当前我国产业结构与就业结构的现状是：第一产业结构占比依然较大，从业人员数量居高不下，劳动生产率水平亟待提高；第三产业尽管加快了发展速度，但占比仍相对偏低，目前发达国家第三产业在国民经济中的占比已经达到50%~65%，而我国第三产业的占比仅为43.4%，发达国家第三产业要素占比达到60%~75%，而我国仅为34.6%。① 那么，我国产业结构与就业结构之间有多大程度的失衡？这些失衡是什么原因导致的？如何促进产业结构与就业结构之间的协调发展呢？对这些问题的思考和研究变得尤为必要。国内外学者从多个角度论证了产业结构与就业结构之间的互动关系，然而，从偏最小二乘通径这一视角分析的研究还十分少见。基于此，本文从偏最小二乘通径分析入手，实证检验我国产业结构与就业结构的离散程度，旨在诠释我国当前产业结构与就业结构交互作用中存在的问题，为相关产业政策的制定提供理论依据。

本文的研究思路：首先利用"结构偏离度"指标实际测度改革开放以来我国三次产业结构与就业结构的偏离程度；其次构建三次产业结构偏离度影响因素的指标体系；最后建立偏最小二乘通径模型，实证检验产业结构与就业结构偏离度的影响因素，并给出相应的对策建议。

二、产业结构与就业结构失衡影响因素指标体系构建

1. 相关概念界定

产业结构有两个方面的含义："质"的方面动态揭示了产业间技术经济发展的趋势，"量"的方面静态显现了产业间投入与产出的比例关系（蒋昭侠，2005）。本文所涉及的研究是"量"方面的产业结构。相应地，产业结构变动指的就是三次产业在国民经济中构成比例的变化。产业结构升级广义上指的是产业结构从低级形态（第一产业）向高级形态（第二、第三产业）转变的过程，狭义上是指某一产业内部从低生产率向高生产率，从低附加值向高附加值的发展过程（国务院发展研究中心，2010）。而产业转型指的是一个国家和地区根据国内外经济形势，通过市场、行政等手段对现存产业结构进行直接或间接的调整，也指某一产业（行业）内，资本、劳动等要素的再配置。产业结构变动与产业结构升级的区别在于：前者指的是各产业在国民经济中构成比例的变化，是"量"上的变动，而后者侧重于产业间及产业内部"质"上的提高。产业结构变动与产业转型的区别在于：前者是产业间构成比例的客观反映，而后者更强调政府对各产业或要素的主动调整。

就业结构是指劳动力在国民经济各部门、各产业（行业）、各地区分配的比例关系（胡学勤，2004）。按照不同的标准，就业结构可以划分为不同的方面，比如就业的城乡结构、就业的知识结构、就业的区域结构等。本文研究的就业结构是按照三次产业来划分的，指劳动力在三次产业中的数量比例关系。

2. 三次产业结构偏离度分析

通过对我国三次产业及就业数据的分析，发现我国产业结构与就业结构之间存在着明显的结构性偏差。而常用的衡量结构性偏差的工具之一就是结构偏离度。目前用结构偏离度指标衡量产业结构与就业结构多采用两种计算方法：一是该产业的比较劳动生产率与1的差。二是该产业增加值的比重与就业比重之差。本文采用第一种计算方法，公式为：

$$某产业结构偏离度 = \frac{某产业GDP相对比重}{某产业就业相对比重} - 1$$

---

① 数据为2011年国家统计局初步核实数。

如果某一产业结构偏离度越接近零,说明该产业的产业结构与就业结构越接近均衡状态,当结构偏离度为零时,产业结构与就业结构达到均衡。结构偏离度小于零,该产业的GDP比重小于就业比重,说明该产业用了较多的劳动力但产出相对较低,可能存在剩余劳动力,使得该产业的比较劳动生产率较低。结构偏离度大于零,该产业的GDP比重大于就业比重,说明该产业用了较少的劳动力生产出了相对较多的产品,劳动生产率较高,还可以容纳更多的劳动力,使得产业结构与就业结构达到均衡状态。长远来看,在劳动力可以自由流动、产业无壁垒的前提下,通过市场对资源的配置,各产业的结构偏离度将逐渐接近于零。西方国家也经历了结构偏离度从高到低的过程。

Kuznets、Chenery、Sims等利用多国模型① 实证分析了GDP和就业的结构变化,得出了各国GDP和就业结构变动一般趋势的三种代表性模式(见表1)。

表1 三次产业GDP构成及就业结构变动的国际标准模式

标准模式	人均GDP	产值结构(%)			就业结构(%)		
		第一产业	第二产业	第三产业	第一产业	第二产业	第三产业
模式1	70	45.8	21.0	33.2	80.3	9.2	10.5
	150	36.1	28.4	35.5	63.7	17.0	19.3
	300	26.5	36.9	36.6	46.0	26.9	27.1
	500	19.4	42.5	38.1	31.4	36.2	32.4
	1000	10.9	48.4	40.7	17.7	45.3	37.0
模式2	100	46.3	13.5	40.1	68.1	9.6	22.3
	200	36.0	19.6	44.4	58.7	16.6	24.7
	300	30.4	23.1	46.5	49.9	20.5	29.6
	400	26.7	25.5	47.8	43.6	23.4	33.0
	600	21.8	29.0	49.2	34.8	27.6	37.6
	1000	18.6	31.4	50.0	28.6	30.7	40.7
	2000	16.3	33.2	49.5	23.7	33.2	43.1
	3000	9.8	38.9	48.7	8.3	40.1	51.6
模式3	<300	48.0	21.0	31.0	81.0	7.0	12.0
	300	39.4	28.2	32.4	74.9	9.2	15.9
	500	31.7	33.4	34.6	65.1	13.2	21.7
	1000	22.8	39.2	37.8	51.7	19.2	29.1
	2000	15.4	43.4	41.2	38.1	25.6	36.3
	4000	9.7	45.6	44.7	24.2	32.6	43.2

数据来源:郭克莎. 中国产业结构变动趋势及政策研究[J]. 管理世界,1999(5).

表2 三次产业结构偏离度演进的国际标准模式

标准模式	人均GDP	产值结构(%)		
		第一产业	第二产业	第三产业
模式1	70	−0.43	1.28	2.16
	150	−0.43	0.67	0.84
	300	−0.42	0.37	0.35
	500	−0.38	0.17	0.18
	1000	−0.38	0.07	0.10

---

① Chenery等通过分析101个国家1950~1970年的相关数据得出了反映产出结构与就业结构之间数量关系的劳动力配置模型。

续表

标准模式	人均GDP	产值结构（%）		
		第一产业	第二产业	第三产业
模式2	100	-0.32	0.41	0.80
	200	-0.39	0.18	0.80
	300	-0.39	0.13	0.57
	400	-0.39	0.09	0.45
	600	-0.37	0.05	0.31
	1000	-0.35	0.02	0.23
	2000	-0.31	0.00	0.15
	3000	0.18	-0.03	-0.06
模式3	<300	-0.41	2.00	1.58
	300	-0.47	2.07	1.04
	500	-0.51	1.53	0.59
	1000	-0.56	1.04	0.30
	2000	-0.60	0.70	0.13
	4000	-0.60	0.40	0.03

表2为国际标准模式，随着人均GDP的逐步提高，三次产业的结构偏离度出现向零靠拢的趋势。其中，模式1和模式2的第一产业结构偏离度均从较高的负值向零趋近。第二产业和第三产业的结构偏离度从较高的正值向零趋近。这说明随着收入水平的提高，各个产业的比较劳动生产率将趋向一致。在此过程中，第一产业占比呈下降趋势，第二、第三产业占比则逐步提高，与此同时，第一产业剩余的劳动力逐渐转移至第二、第三产业。

表3为根据中国统计年鉴计算出的历年我国三次产业的结构偏离度。

表3 1978~2011年中国三次产业的结构偏离度

年份	结构偏离度			年份	结构偏离度		
	第一产业	第二产业	第三产业		第一产业	第二产业	第三产业
1978	-0.60	1.77	0.96	1995	-0.62	1.05	0.33
1979	-0.55	1.68	0.72	1996	-0.61	1.02	0.26
1980	-0.56	1.65	0.65	1997	-0.63	1.01	0.29
1981	-0.53	1.52	0.62	1998	-0.65	0.97	0.36
1982	-0.51	1.43	0.62	1999	-0.67	0.99	0.40
1983	-0.51	1.37	0.58	2000	-0.70	1.04	0.42
1984	-0.50	1.17	0.54	2001	-0.71	1.02	0.46
1985	-0.54	1.06	0.71	2002	-0.73	1.09	0.45
1986	-0.55	1.00	0.69	2003	-0.74	1.13	0.41
1987	-0.55	0.96	0.67	2004	-0.71	1.05	0.32
1988	-0.57	0.95	0.67	2005	-0.73	0.99	0.29
1989	-0.58	0.98	0.75	2006	-0.74	0.90	0.27
1990	-0.55	0.93	0.71	2007	-0.74	0.77	0.29
1991	-0.59	0.95	0.78	2008	-0.73	0.74	0.26
1992	-0.63	1.00	0.76	2009	-0.73	0.66	0.27
1993	-0.65	1.08	0.59	2010	-0.72	0.63	0.25
1994	-0.63	1.05	0.46	2011	-0.71	0.58	0.21

注：根据《2012年中国统计年鉴》整理。

由表3可知，1978年三次产业的结构偏离度分别为-0.60、1.77和0.96，2011年三次产业的结构偏离度分别为-0.71、0.58和0.21。经过30余年的发展，我国第二、第三产业的结构偏离度逐渐趋近于零，且偏离现象改观非常明显，这与国际经验是一致的。但与国际经验不同的是我国第一产业的偏离现象却扩大了。由表3可以看出我国三次产业结构和就业结构的演变特点：

（1）第一产业劳动力仍有剩余。1978年第一产业结构偏离度为-0.60，30余年后的2011年其值竟然达到-0.71，说明第一产业劳动力仍有向外转移的潜力。

（2）第二产业仍有吸纳劳动力的能力。第二产业的结构偏离度始终为较大的正值，说明同其他产业相比，第二产业的劳动生产率较高，有吸纳部分劳动力的潜力。

（3）第三产业对劳动力的吸纳能力逐步缩小。从表3可以看出第三产业结构偏离度的绝对值最小，2011年缩小至0.21，说明第三产业的就业结构逐步接近均衡状态，同时也意味着其吸纳劳动力的能力将会越来越小。

3．失衡影响因素通径分析

针对产业结构与就业结构的均衡发展问题，很多学者做出了卓有成效的研究（见表4）。

表4 学者对产业结构和就业结构失衡的相关研究

学者	影响因素		
孙蚌珠	工业化战略	技术选择	制度因素
陈桢	发展战略与经济政策	投资和消费的关系	技术进步
何筠	产业间劳动生产率的差距	劳动力转移的障碍	
曾国平、石磊	市场发育度		
张二震、任志成、王燕飞	外商直接投资		

综合以上文献资料，本文认为产业结构与就业结构失衡的影响因素包括工业化水平、劳动力市场化水平、对外开放水平、投资、消费的失衡、劳动力素质、技术进步、城镇化水平等。

4．偏最小二乘通径分析模型概述

偏最小二乘通径模型是Wold建立的，它通过一系列一元或多元线性回归进行迭代求解，是一种较为实用、有效的线性统计建模方法。优点一是不需要对变量进行概率分布假设，二是对样本点容量的要求较为宽松。

该模型由测量模型（外部模型）和结构模型（内部模型）组成。假设有J组显变量，每组含有p_i个变量，则每组显变量可以表示为：

$$X_j = (x_{j1}, x_{j2}, \cdots, x_{jp_i}), (j = 1, 2, \cdots, J) \tag{1}$$

一般假定显变量$x_{jh}(j = 1, 2, \cdots, J, h = 1, 2, \cdots, p_j)$都基于n个共同的观测点，并且每个变量都是中心化的。每组显变量X_j都对应一个隐变量$\xi_j(j = 1, 2, \cdots, J)$，并且假设$\xi_j$是标准化的，即均值为0，方差为1。这样每组显变量$X_j$与对应的隐变量$\xi_j$之间就构成测量模型，而不同组的隐变量$\xi_j$之间则构成结构模型（如图1所示）。

（1）测量模型（外部模型）。在测量模型中，一组显变量X_j和对应的隐变量ξ_j之间的关联关系可以用两种形式来表示，即反映方式和构成方式。

反映方式

在反映方式中，每一组显变量都与唯一的隐变量相关联，则第j组显变量x_{jh}与其隐变量ξ_j的关系可以通过一个一元线性回归方程来表示，即：

$$x_{jh} = \lambda_{jh}\xi_j + \varepsilon_{jh} \tag{2}$$

其中ε_{jh}是随机误差项，且上式需满足假设条件：

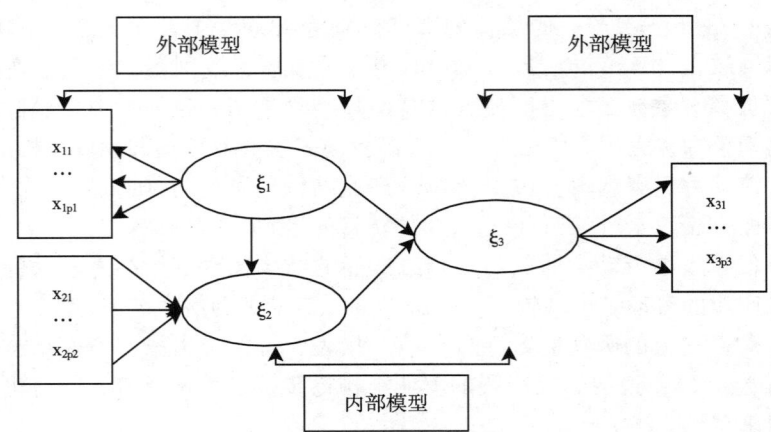

图 1 PLS 通径模型结构图

$$E(x_{jh} | \xi_j) = \lambda_{jh}\xi_j \qquad (3)$$

该假设条件说明残差 ε_{jh} 均值为 0，并且与隐变量 ξ_j 不相关，该假定又称为预测指定条件。

在反映方式中，一组显变量只能反映事物某一方面的特征，即这组显变量所反映的隐变量是唯一的。满足上述假定的一组显变量被认为是唯一维度的。对于显变量的唯一维度检验，通常有三种检验方法：显变量的主成分分析法、科隆巴奇系数 α、迪依高德期丹系数 ρ。其中显变量组的主成分分析方法应用较为广泛。如果一组显变量相关系数矩阵第 1 个特征值大于 1，而其他特征值均小于 1，那么可以认为这组显变量符合唯一维度检验标准。当显变量不满足唯一维度要求时，可以删除某些变量或将变量组做拆分以满足要求。

构成方式

构成方式指的是隐变量 ξ_j 是其显变量组 X_j 中所有变量的线性组合，即：

$$\xi_j = \sum_{h=1}^{p_j} \overline{\omega_h} x_{jh} + \delta_j \qquad (4)$$

式（4）中 ξ_j 为随机误差项。式（4）同样需要满足预测指定条件，即：

$$E(\xi_j | x_{j1}, x_{j2}, \cdots, x_{jp_j}) = \sum_{h=1}^{p_j} \overline{\omega_h} x_{jh} \qquad (5)$$

说明残差 δ_j 均值为 0，并且与显变量 x_{jh} 不相关。

（2）结构模型（内部模型）。结构模型描述了不同隐变量 ζ_j 之间的因果关系，通常是由一组线性方程组来表示，即：

$$\xi_j = \sum_{i \neq j} \beta_{ji}\xi_i + \zeta_j \qquad (6)$$

式（6）中 ζ_j 为随机误差项。同时根据预测指定性条件，假设残差 ζ_j 均值为 0，并且与 ξ_i 不相关。式（6）说明隐变量之间存在相互制约、相互影响的关系，因此，可以看成一个因果模型，且必须是因果链，即在因果模型中不存在回环。因此，结构模型可以用一个维数等于隐变量个数的 0/1 方阵来表示，行和列均代表隐变量。如果隐变量 j 解释了隐变量 i，则矩阵中的元素(i, j) 取值为 1，否则为 0，此矩阵也称为内部设计矩阵。

5. 失衡因素指标体系构建

根据偏最小二乘通径分析建模要求，首先要确立各隐变量以及反映隐变量的显变量，然后通过建立偏最小二乘通径模型来分析各显变量与隐变量之间以及隐变量之间的因果关系。之前，讨论了中国产业结构与就业结构失衡的主要影响因素，现根据讨论结果并综合相关研究文献确立各隐变量与显变量，如表 5 所示。

表 5　学者对产业结构和就业结构失衡的相关研究

隐变量	显变量
产业结构与就业结构偏离度（Y1）	第一产业结构偏离度（Y11）
	第二产业结构偏离度（Y12）
	第三产业结构偏离度（Y13）
工业化水平（X1）	霍夫曼系数（X11）
	第二产业增加值 GDP（X12）
市场化水平（X2）	非国有经济投资比重（X21）
	非国有工业产值比重（X22）
	非国有经济单位从业人员占城镇从业人员比重（X23）
对外开放水平（X3）	外贸出口额占 GDP 比重（X31）
	外资占全社会固定资产投资比重（X32）
投资与消费水平（X4）	投资率（X41）
	消费率（X42）
	工资总额占 GDP 的比重（X43）
劳动力素质（X5）	教育经费占 GDP 比重（X51）
	成人技术培训学校年毕业学生数占总就业人员的比重（X52）
	平均每万人在校大学生数（X53）
技术进步水平（X6）	R&D 经费支出占 GDP 比重（X61）
	技术市场成交额占 GDP 比重（X62）
	科技活动人员占总人口比重（X63）
城镇化水平（X7）	城镇居民占总人口比重（X7）

各显变量指标选取说明：

（1）产业结构与就业结构偏离度（Y1）。本文选取结构偏离度反映产业结构与就业结构的协调性，Y11、Y12、Y13 分别代表三次产业的结构偏离度。

（2）工业化发展水平（X1）。选取霍夫曼系数（X11）、第二产业增加值占 GDP 的比重（X12）指标来反映我国的工业化发展水平。

（3）市场化水平（X2）。本文选取非国有经济投资比重（X21）、非国有工业产值比重（X22）、非国有经济单位从业人员占城镇从业人员比重（X23）三个指标反映经济市场化进程，同时也间接反映了劳动力市场化水平。其中：

$$非国有经济投资比重 = \frac{全社会固定资产投资总额 - 国家预算内资金}{全社会固定资产投资总额} \times 100$$

（4）对外开放程度（X3）。选取外贸出口额占 GDP 的比重（X31）来反映中国的经济外向化程度，选用外资占全社会固定资产投资比重（X32）来反映中国 FDI 水平。

（5）投资与消费水平（X4）。选用投资率（X41）、消费率（X42）、工资总额占 GDP 的比重（X43）三项指标进行衡量。

（6）劳动力素质水平（X5）。选取教育经费占 GDP 的比重（X51）、成人技术培训学校年毕业学生人数占总就业人员的比重（X52）、平均每万人口在校大学生人数（X53）三项指标来衡量劳动力素质水平。

（7）技术进步水平（X6）。选用 R&D 经费支出占 GDP 的比重（X61）、技术市场成交额占 GDP 的比重（X62）、科技活动人员占总人口的比重（X63）三项指标作为衡量中国技术进步水平的显变量。

（8）城镇化水平（X7）。根据城镇化水平的定义，以城镇居民占总人口的比重（X71）作为相应的显变量。

三、产业结构与就业结构失衡影响因素实证分析

1. 数据来源及处理

根据数据的可获得性，本文选取 1995~2011 年 22 年的数据，均来源于《中国统计年鉴》。为了避免数据量纲不同影响分析结果，指标全部采用相对数据。

2. 模型建立与估计

图 2 显示了产业结构与就业结构失衡影响因素偏最小二乘通径分析模型。

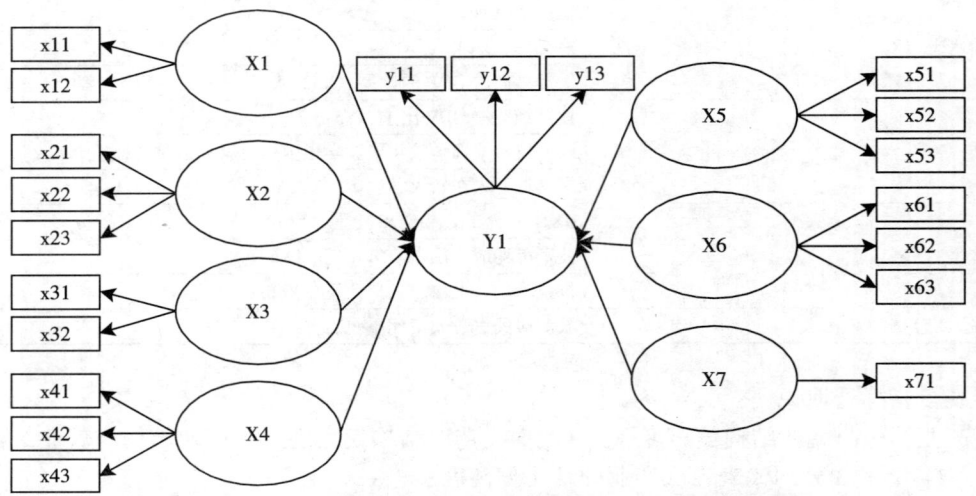

图 2　产业结构与就业结构失衡影响因素偏最小二乘通径分析模型

由表 6 可以看出，经过调整后的新模型中所有隐变量与 Y1 的路径系数均较为显著，t 检验统计量满足 10% 的显著水平下检验要求，且整体模型 F 检验量为 248.35，通过整体显著性检验。模型的可决系数 R_a^2 为 0.970，拟合精度较高。因此，通径分析模型对于原始数据具有很强的解释能力，其估计效果较为令人满意。根据表 6 所示通径系数，可得到各影响因素与中国产业结构与就业结构偏离度之间的回归方程，如下所示：

$$Y1 = 0.30X1 - 0.129X2 + 0.31X3 + 0.094X4 + 0.53X5 - 0.27X6 - 1.05X7$$

表 6　1995~2011 年各隐变量值

	投消水平	工业化	开放度	技术	劳力素质	城市化	市场化
Correlation	0.950	0.863	−0.782	−0.902	−0.920	−0.946	−0.961
Path coefficient	0.094	0.300	0.311	−0.275	0.527	−1.046	−0.129
T	0.406	1.822	1.619	−0.755	1.240	−2.634	−0.637

由于各个隐变量与其相应的显变量之间均存在较强的相关性，可分别建立隐变量对显变量的偏最小二乘回归模型，将各隐变量作为因变量，其显变量作为自变量，进行偏最小二乘回归，结果如表 7 所示。

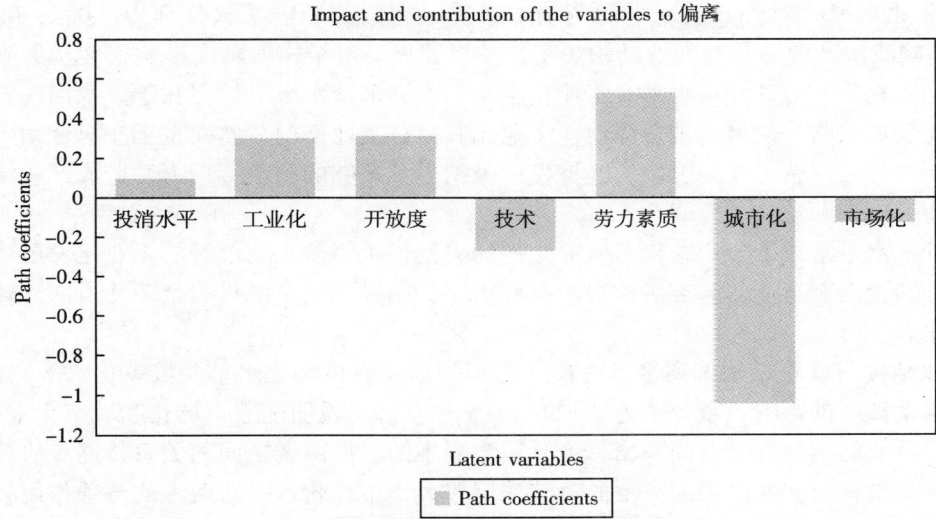

图3 各隐变量对结构偏离度的影响及贡献程度

表7 1995~2011年各隐变量值

年份	工业化	市场化	开放度	投消水平	劳力素质	城市化	技术	偏离
1995	2.482	-1.974	-0.424	1.711	-1.435	-1.355	-1.035	2.062
1996	1.011	-1.676	-0.459	1.538	-0.863	-1.269	-0.967	1.630
1997	0.130	-1.342	-0.923	0.772	-0.987	-1.181	-0.795	1.082
1998	0.309	-0.462	-0.644	0.544	-0.899	-1.096	-1.119	0.711
1999	-0.402	-0.186	-0.951	0.391	-0.892	-1.008	-0.962	0.565
2000	0.147	-0.240	-1.321	0.438	-0.819	-0.771	-0.802	0.383
2001	0.185	0.127	-0.990	0.168	-0.785	-0.535	-0.821	0.184
2002	0.498	-0.567	-0.883	0.030	-0.565	-0.297	-0.626	0.016
2003	0.510	-0.310	-0.528	0.305	-0.327	-0.061	-0.397	-0.058
2004	0.182	-0.088	-0.012	0.450	-0.087	0.177	0.101	-0.233
2005	0.364	0.210	-0.009	0.299	0.313	0.414	0.249	-0.301
2006	0.506	0.547	0.221	0.011	0.710	0.650	0.604	-0.377
2007	-0.377	0.831	0.684	-0.526	0.916	0.888	0.609	-0.510
2008	-0.700	1.031	1.082	-1.061	1.082	1.091	0.969	-0.648
2009	-1.352	1.209	1.460	-1.455	1.326	1.294	1.321	-1.192
2010	-1.721	1.377	1.791	-1.753	1.509	1.444	1.621	-1.536
2011	-1.771	1.513	1.905	-1.861	1.804	1.615	2.049	-1.779

四、结论及对策建议

本文在总结之前相关研究的基础上，初步选取了影响产业结构与就业结构偏离度的七个因素：工业化水平、市场化水平、对外开放水平、投资与消费水平、劳动力素质、技术进步水平和城镇化水平。在此基础上，结合偏最小二乘通径分析模型，构建了产业结构与就业结构失衡因素指标体系。并对选取的七个因素进行了实证分析，从定量角度进一步进行了验证。

从实证分析结果可以看出，对产业结构与就业结构偏离度具有正向影响的因素有：投资消费水平、工业化水平、对外开放水平和劳动力素质,它们的影响系数分别为 0.094、0.30、0.31、0.53,是影响我国产业结构与就业结构失衡的主要因素。对结构偏离度影响程度从大到小的因素依次为劳动力素质、对外开放水平、工业化水平和投资消费水平。原因在于,我国一直以来就奉行工业优先发展战略,使得大量资源涌向工业尤其是重工业部门,然而重工业对劳动力的吸纳能力相对较弱,导致以重工业为引擎的经济发展吸纳不了足够的剩余劳动力,造成产业结构与就业结构的失衡。

对外开放水平造成了产业结构与就业结构的失衡也是由于长期奉行的工业化发展战略,使得绝大多数外资投向制造业,缺乏对外资的有效引导,同样不利于农村剩余劳动力向外转移和就业结构的优化。

对产业结构与就业结构偏离度具有反向作用的因素有市场化水平、城镇化水平和技术水平,它们对结构偏离度的影响系数分别为 0.129、1.05 和 0.27。说明随着市场化和城镇化水平的提高,产业结构、就业结构两者之间的偏离程度是逐步缩小的,即两者之间的关系是逐步协调的。城镇化水平对产业结构与就业结构偏离度的改善作用较大,市场化水平对两者的改善作用较小。究其原因,城镇化有利于带动基础建设、消费等各相关产业的发展,能够提供大量就业机会,促进农村剩余劳动力的转移,并有利于建立城乡统一的劳动力市场。市场化水平的提高,意味着在劳动力资源配置过程中市场机制所起的作用将进一步增强,进一步使资源得到合理流动与有效配置。技术进步对就业结构的影响包括正向的"补偿效应"和负向的"替代效应"。就当前国内的现实情况来看,技术进步对就业的影响更多地表现为"补偿效应",对产业结构与就业结构之间的协调具有积极意义。

因此,为减少产业结构与就业结构两者之间的偏离,促进两者的协调发展,一是需要加快城镇化建设步伐,提高我国的城镇化水平。二是继续进行改革、扩大开放,充分发挥市场机制在资源配置中的主导作用,进一步完善市场经济体系。具体到劳动力市场,需要消除阻碍劳动力自由流动的一切障碍,消除市场分割,提高劳动力市场化水平,实现劳动力的自由流动。三是合理引进外资,并引导外资的流向,投资的领域要符合长期的产业规划。四是妥善解决技术进步与促进就业之间的矛盾。在积极促进产业结构升级的同时,减少技术进步对就业的"替代作用",扩大其对就业的"补偿效应"。

参考文献

[1] Clark. C. The Conditions of Economic Progress [M]. London: Macmillan, 1940.

[2] Kuznets. S. Quantitative Aspects of the Economic Growth of Nations: Ⅲ Industrial Distribution of National Product and Labor Force [J]. Economic Development and Culture Change, 1957 (5).

[3] Cai. F. and Meiyan. W. Irregular Employment and the Growth of the Labor Market: An Explanation of Employment Growth in China's Cities and Towns [J]. The Chinese Economy, 2004, 37 (2).

[4] Granger. C. W. J. Investigating Causal Relations by Econometric Models and Cross-Spectral Methods [J]. Econometrica, 1969, 37.

[5] Stoikov, V. Some Determinants of the Level of Frictional Unemployment: A Comparative Study [J]. International Labor Review, 1966, 93 (5).

[6] C. A. Sims. Money, Income and Causality [J]. American Economic Review, 1972 (62).

[7] Aghion, P. and P. Howitt. Growth and Unemployment [J]. Review of Economic Studies, 1994 (61).

[8] Marco Vivarelli. The Economics of Technology and Employment: Theory and Empirical Evidence [M]. Elgar, Aldershot, 1995.

[9] Petit, P.. The Economics of Innovation and Technical Change [C]. Basil Blackwell, Oxford, 1995.

[10] Fernando Del Rio. Embodied Technical Progress and Unemployment [R]. Université Catholique de Louvain,

Institut de Recherches Economiques et Sociales (IRES) Discussion Paper, 2001.

[11] Wold. H. Soft Modeling: the Basic Design and Some Extensions [M]. North-Holland: Amsterdam, 1982.
[12] Wold. H. Encyclopedia of Statistical Sciences [M]. New York: John Wiley & Sons, 1985.
[13] 威廉·配第. 政治算术 [M]. 马妍译. 北京：中国社会科学出版社，2010.
[14] 张车伟，蔡昉. 就业弹性的变化趋势研究 [J]. 中国工业经济，2002（5）.
[15] 蔡昉等. 就业弹性、自然失业和宏观经济政策 [J]. 经济研究，2004（9）.
[16] 何德旭等. 中国产业结构调整的效应、优化目标和政策措施 [J]. 中国工业经济，2008（5）.
[17] 周建安. 中国产业结构升级与就业问题的灰色关联分析 [J]. 财经理论与实践，2006（5）.
[18] 张晓旭. 中国就业增长与产业结构变迁关系的考量 [J]. 统计与决策，2007（4）.
[19] 黄仁德，钟建屏. 台湾产业结构变动与失业率关系之探讨 [J]. 法制论丛，2008（1）.
[20] 郭军等. 就业发展型经济增长的产业支撑背景研究 [J]. 中国工业经济，2006（5）.
[21] 高波等. 区域房价差异、劳动力流动与产业升级 [J]. 经济研究，2012（1）.
[22] 李仲生. 中国产业结构与就业结构的变化 [J]. 人口与经济，2003（2）.
[23] 国家统计局. 国家统计局关于2011年年度国内生产总值（GDP）初步核实的公告 [EB/OL]. http://www.stats.gov.cn/tjdt/zygg/gjtjjgg/t20120905_402833750.htm.
[24] 周振华. 现代经济增长中的结构效应 [M]. 上海：三联书店上海分店，上海人民出版社，1995.
[25] 蒋昭侠. 产业结构问题研究 [M]. 北京：中国经济出版社，2005.
[26] 国务院发展研究中心. 我国产业结构升级面临的风险和对策 [J]. 经济研究参考，2010（3）.
[27] 胡学勤等. 劳动经济学 [M]. 北京：高等教育出版社，2004.
[28] 国家统计局. 中国统计年鉴 [EB/OL]. http://www.stats.gov.cn/tjsj/ndsj/.
[29] 朱轶等. 技术进步、产业结构变动对我国就业效应的经验研究 [J]. 数量经济技术经济研究，2009（5）.
[30] 高铁梅等. 计量经济分析方法与建模：Eviews应用与实例 [M]. 北京：清华大学出版社，2009.
[31] 胡晶等. 空间误差自相关随机前沿模型及其估计 [J]. 统计与信息论坛，2007（2）.
[32] 林秀梅. 我国转型期经济增长、经济结构与就业的关联性研究 [D]. 吉林大学博士学位论文，2006.
[33] 赖德胜. 论劳动力市场的制度性分割 [J]. 经济科学，1996（6）.
[34] 陈听雨. 欧盟公布就业促进计划 [EB/OL]. http://finance.ifeng.com/news/hqcj/20120420/5966662.shtml.
[35] 张二震，任志成. FDI与中国就业结构的演进 [J]. 经济理论与经济管理，2005（5）.
[36] 王燕飞，曾国平. FDI、就业结构及产业结构变迁 [J]. 世界经济研究，2006（7）.

推进城市化与产业结构演变的良性互动

顾乃华　郭志勇[*]

引言：精明增长与新型城市化

在国际上，学术界对城市化的研究已经持续了数十年。但由于各个学科关注城市化的切入点、研究范式等存在差别，迄今为止尚未就城市化的概念形成被各方认可的表述。基于人类学、经济学、地理学等学科的视角，可以给出城市化的四种含义：一是城市影响农村的过程；二是全社会接受城市文化的过程；三是人口集中的过程；[①] 四是城市人口比重提高的过程。J. Friedmann 将城市化过程区分为城市化 I 和城市化 II。前者主要涉及经济活动，也可称为物化或实体性的过程，包括人口和产业向城市集中，以致城市型景观的边界扩大；后者主要涉及文化和精神活动，包括城市文化、生活方式、价值观向农村扩散。

在我国，城市化往往被看成是伴随着经济发展出现的"一揽子"结构变迁现象。从经济学角度看，城市化最重要的表现就是人口的空间迁移和职业转换，也就是人口和产业向城市集聚，农业人口比重逐渐下降，工业和服务业人口比重逐步上升；从社会学角度看，城市化则表现为城市文化、生活方式及价值观等城市文明在农村地域的扩散；从空间角度看，城市化则表现为变农村地域为城市地域，城市地域范围显著扩张。传统的城市化是以经济增长和空间扩张为导向的发展观，它暗含着如下两个假设：资源和环境的供给是无限的，城市发展所依赖的土地供应对城市的发展没有实质性的限制作用。近几十年来，我国城市不断膨胀，与这种发展观的盛行密不可分。从物质流动的角度看，与传统工业社会对应的传统城市化实施的是"土地扩张→资源→产品→污染排放"单向流动的线性经济模式。在这种线性经济中，人们在扩张后的土地空间上，高强度地进行着把资源持续不断变成垃圾的运动，通过反向增长的自然代价来实现经济的数量型增长。

20 世纪 90 年代以来，基于可持续导向发展观的精明增长（Smart Growth）正日益成为西方发达国家推进新型城市化的指导思想。美国联邦政府、部分州政府和相关领域的学者针对城市增长中出现的问题，提出了精明增长理论，并据此进行了一系列的探索性实践活动。精明增长的假设前提是城市发展是资源环境的子系统，并且受到生态环境尤其是土地的约束。它要求把城市经济活动视为"资源↔产品↔再生资源"的反馈式流程，要让要素资源在这个循环系统中得到合理、持久的利用，从而把产业发展对环境的影响降至最小的限度。另外，可持续的城市化不是产业、社会、土地、生态、环境等发展的简单线性相加，这些方面的发展有时是冲突的。因此，为了实现城市化的可持续发展，不可能要求所有这些方面同时达到最优，只能在一定背景条件下，实现

---

[*] 顾乃华，男，暨南大学产业经济研究院副院长、研究员、博士生导师；郭志勇，男，暨南大学产业经济研究院博士生。
[①] 包括集中点的增加和每个集中点的扩大。

一定匹配关系的整体最优。精明增长的核心内容是：用足存量土地和空间，尽可能减少增量扩张；重新整合现有社区、废弃或污染的工业用地，从而避免新增基础设施，节约公共服务成本；集中建设城市基础设施，密集布局产业组团，尽量拉近居住地和工作地的空间距离。

由此可见，精明增长是一种管理城市化协调发展的新型理论工具，它通过土地使用功能组合、限制城市增长边界、提高土地经济密度、改变交通模式、加强"三旧"改造等方式，解决城市蔓延中出现的经济、社会和环境等不兼容的问题。在我国，由于人口基数大，城乡"二元结构"由来已久且积重难返，推进城市化任重道远。另外，我国土地资源稀缺，推进城市化必须以土地集约利用为前提，坚持速度和质量"两条腿走路"的原则。与此同时，我国对城市化进行科学、有序规划和管理的历史较短，而且也没有形成合理的制度保障。因此，借鉴精明增长理论，深入研究我国城市化与土地利用的互动关系，具有重要的意义。根据精明增长理论，我国要想在土地等各类资源稀缺条件下，持续推进城市化，必须走一条精明增长的道路，即新型城市化道路：既注重用交通轴引导城市扩张，更注重用生态轴限制城市发展。为此，未来推进城市化要遵循"3R"原则：Reduce，减少增量土地消耗；Reuse，充分利用现有的闲置土地和低效利用土地；Recycle，恢复再利用现有的废弃土地。

一、城市化与产业结构升级的互动关系

从发展类型上看，我国城市的形成和发展大致可归结为三类：[①] 一是村镇转化型，即依托矿产资源开发、乡镇工业、集市贸易等非农产业，促使人口向建制镇聚集；二是大城市扩展型，依托都市工业和服务业，促使人口向大城市及其连绵区（边缘地带）转移和集中；三是中小城市扩展型，依托服务业和工业，促使人口向地市级城市或县城集中。在我国，长期以来所实施的唯GDP、唯经济导向的城市化模式，尤其是近10多年来在土地财政的刺激之下，正面临前所未有的困境，这突出表现在由于缺乏产业发展尤其是现代服务业的支撑，城市化的速度与产业结构升级的速度不相匹配。寻求城市化与产业驱动力之间的动态适应，构建起能够支撑中国城市转型的现代产业体系尤其是服务业体系，是未来我国谋求城市化与产业结构升级互动，需要解决的首要问题。

1. 城市化与产业结构

从城市的起源开始，产业结构、产业分工就起着至关重要的作用。[②] 根据杨小凯和赖斯的新兴古典城市化一般均衡模型，城市的起源、城乡的分离实际上都是分工演进的结果。工农业之间的局部分工可能不会产生城市，但随着交易效率不断提示，工业内部分工不断加深，全部均衡从自给自足向局部分工、完全分工演进，于是就出现了城市。Jane Jacobs 2007年在《城市经济》一书中，基于历史经济视角，详细论证了产业发展对城市的推动作用，他认为，城市是不断地在旧工作基础上添加新工作的地方，这一过程不断出现的聚居地将发展为城市。产业的发展和结构转型，不仅使城市经济有了新的增长方向，而且还使农村剩余劳动生产力得以解放。伴随着产业结构的演进，农业人口开始向非农产业转移，消费需求结构从单一方向向复合方向转换和重组，传统的乡村社会向现代城市社会过渡，凡此种种都体现出产业结构与城市化的密切联系。换句话说，产业结构的演进，一方面导致了经济的非农化和工业化，另一方面导致了人口定居方式的聚集化和规模化，而这两方面恰恰是城市化过程的实质。

[①] 刘宁. 土地资源约束条件下的中国城市化[J]. 经济体制改革，2005（6）.
[②] 朱烨，卫玲. 产业结构与新型城市化互动关系文献综述[J]. 西安财经学院学报，2006（5）.

从动态的角度看，要使产业结构与城市化之间形成动态互动，须做到两点：第一，使产业结构的演进能够不断为城市化提供丰富的内容和形式；第二，城市化能够承载产业结构升级所需嵌入的新产业业态。基于精明增长理论以及服务业在城市化过程中的角色、功能日益凸显的事实，在新时期推动产业结构与城市化良性互动，其核心就在于建立起基于主体功能区的"软城市化"主导模式。软城市化作为全新的发展理念，从产业发展角度看，其精髓在于：空间布局生态化、城市生活人文化、经济结构"软性化"。具体而言，第一，以主体功能区作为软城市化主导模式的空间载体，在不同功能分区的政策框架导向下，对软城市化集中或分散性的道路选择、梯度性的地域选择、综合性的效益选择、主导产业的选择等方面进行多维审视；第二，以动力机制模式、推阻机制模式、实现机制模式为核心内容，处理好政府与市场、城市化与工业化、迁移与转换、中心城区与郊区、发展与保护等关系，以强化区域的主体功能，促进区域主体功能的发挥，推动软城市化进程的健康发展。综合以上分析，我们可以构建一个以主体功能分区为基本单元，在软城市化模式导引下推进产业结构调整、升级的逻辑链条（如图1所示）。

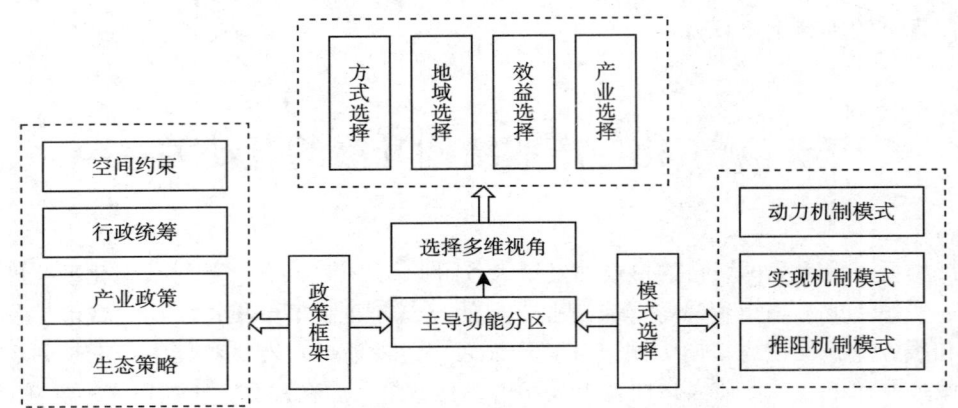

图1 软城市化模式下城市化与产业结构演进互动机制

一般而言，在软城市化模式下，推进城市化与产业结构演进良性互动的主要内容应包括：①产业协同。通常情况下，大城市尤其是区域性中心城市的各个区都会拥有自己的经济腹地，它们的核心生产要素一般存在差异，资源禀赋也不尽相同，要素和资源禀赋的差异性决定了产业协同的条件已完全具备。这就需要按照区域分工与协作的要求，在区域竞合和产业集聚发展中避免区域功能重复和产业趋同，形成分工合理、各具特色的产业空间格局。②生态共建。就是将环境与经济作为一个整体看待，以资源的合理配置和使用、生态环境保护、可持续发展为基点，以国土开发规划为手段，推进产业由生产向生活服务和环境生态多功能转变，促进人与自然的和谐发展。重点是要建立健全资源有偿使用制度和生态环境补偿机制，从位于重点、优化开发区域内的财政收入中，调剂部分收入用于禁止、限制开发区域内的生态环境补偿。[①]③利益同享。促进公共服务均等化是城市化过程中的重要取向。基本公共服务均等化意味着不同区域的居民都能够分享发展的成果，在基础设施、义务教育、医疗卫生、社会保障等方面享受到质量和数量大体相当的基本公共服务。一方面要加强各行政区间的合作，明确不同行政区政府的职责义务，避免区域经济主体所需公共服务没有供给的现象，从而避免同一种服务多头供给。另一方面，在经济区域内部，要维持利益的动态一致性，既保证当前资源空间配置效率，又保证长期内资源可持续利用。

---

① 例如要促进江河上游天然林等生态环境保护"出力区"，与江河下游重点发展区等生态环境"受益区"的互补与结合，从而形成生态修复补偿寓于区域经济发展之中的良性循环。

因此，要明确不同行政区政府的职责义务，避免区域经济主体所需公共服务没有供给和同一种服务多头供给的现象发生。

2. 新型城市化与产业驱动力选择

根据精明增长理论，对传统城市化发展道路进行扬弃，转而走新型城市化道路，须在以下几方面进行革新：

（1）革新发展理念。传统的城市化道路凸显了以物为本、见物不见人、以 GDP 为纲的观念，以至于追求物质财富的增加，甚至是追求 GDP 和地方财政收入的增长，成为城市化发展的基本导向。而新型城市化应树立以人为本的基本理念，回归城市化的本质内涵，明晰人是城市的主体，人的全面发展和幸福是城市化的终极目标。在整个城市化过程中，规划为人而设计、交通为人而建设、环境为人而美化、资源为人而优化，让人在城市中可以找到归宿感。

（2）革新核心内容。传统城市化强调的是人口由农村向城市的空间转移，属于外延式的城市化。而新型城市化发展是人口转移与结构转型相结合的发展模式，更加强调城市化过程中的结构转换，即地区经济社会结构由传统社会向现代社会的转型以及城市文化、城市价值观在地域上的扩散。

（3）革新发展方式。传统的城市化发展方式以粗放型为主，强调城市规模扩张，可持续性差。城市建成区面积扩张速度远远快于城镇人口增加速度，城市扩张分散化，环境承载力也难以为继，资源环境面临严峻挑战。而新型城市化坚持集约化、生态化的可持续发展方式，充分利用现有城市物质基础，整合城市内部各组成要素，完善城市结构，强化城市内涵和提升城市功能；注重人口、产业、生产要素等在数量和规模上的增长与扩张，更强调通过紧凑城市来提高人口的居住密度和经济集聚度，以实现节地、节材、节水、节能，实现城市质量的提升和人口、经济、自然的协调发展；不仅要考虑经济利益，更要考虑社会、环境和资源利益。

（4）革新空间结构模式。传统的城市化在城市规模扩张上，往往盲目地拉大城市框架，摊大饼式无序蔓延，注重产业功能空间扩张，忽视生活功能空间配套和完善，造成空间布局不合理、城市功能缺失与紊乱、城市人口过度集中与分散并存、交通拥堵等"城市病"。新型城市化应更加强调居住和生活空间的营造和完善以及城市功能提升。在空间布局上，促使城镇地理空间优化、中心城市与卫星城镇共同繁荣，努力推动形成"多中心、组团式、网络型"的紧凑高效的城市空间格局。

（5）革新城乡关系。传统的城市化以重城轻乡为基本发展取向，城乡二元结构明显，矛盾突出，城乡居民收入以及享受的各项福利待遇差距依然悬殊，城市的成长繁荣与农村的落后衰败并存。新型城市化应坚持统筹城乡发展，把城市化与新农村建设、促进农村人口转移以及发展农村经济结合起来，走城乡共同繁荣的路子。改变制约城乡统筹发展的体制性因素，实现城乡良性互动合作，促进城市基础设施向农村延伸、基本公共服务向农村覆盖、城市现代文明向农村辐射。

（6）革新区域观。传统的城市化过程中，行政区为单位的经济社会治理模式直接导致区域内城市间缺乏功能性区分，产业同构，重复建设严重，资源配置低效，严重抑制了城市职能的发挥，削弱了城市群的综合竞争力。新型城市化应在全球化背景下，顺应区域和城市竞争发展的新趋势，破除行政壁垒，引领区域一体化发展，并以此不断强化城市的区域管理和服务中心职能。具体信息见表1。

很显然，要实现上述六方面革新，必须为新型城市化塑造匹配的产业基础。传统城市化的产业基础通常为重物轻人、粗放发展的传统工业。发展手段主要包括招商引资和工业园区、开发区建设等，现代服务业发展往往滞后，导致城市化的推动力失衡。在当前信息技术发展风起云涌，第三次工业革命初露端倪的时期，推进新型城市化应走一条以技术和品牌为内生驱动力的产业发展道路。

表 1 　传统城市化与新型城市化比较

	传统城市化	新型城市化
城市化理念	以物为本	以人为本
城市化目的	GDP增长、地方财政增收	人的全面发展与幸福、城市竞争力提升
城市化核心内容	人口由农村向城市的空间转移	人口转移与结构转型相结合
城市化方式	粗放、外延式、注重城市规模扩张	集约、内涵式、注重城市质量提升
基本动力	工业化为主要动力	以战略性主导产业为主的高端产业驱动
城市空间	摊大饼式无序蔓延，注重产业功能空间扩张，忽视生活功能空间配套和完善	精明增长，空间紧凑，更加强调居住和生活空间的营造和完善，以及城市功能提升
城市建设管理	贪大求洋，资源大量消耗，环境恶化，千城一面，缺乏特色，重建设轻管理服务	环境友好，优美宜居，传承岭南文化，生活舒适方便，充满人情味，基本公共服务有保障，注重城市管理服务
城乡关系	城乡对立，二元分割，城市繁荣，乡村凋敝，外来人口的半城镇化	统筹城乡，城乡共赢，公共服务均等，共同富裕，外来人口融合、市民化
区域关系	单兵作战，各自为政，恶性竞争	区域合作，协同发展

资料来源：梁桂全：《广州新型城市化发展道路研究》，广东社科院课题，2012年1月。

建立在互联网和新材料、新能源相结合的基础上的第三次工业革命，使全球技术要素和市场要素配置方式发生革命性变化，国际产业链全球化延伸和再配置加速。第三次工业革命以"制造业数字化"为核心，新材料、新工艺、新机器人、新的网络协同制造服务，生产更加经济、高效、灵活、精简，工业发展正驶离大批量生产而转向个性化定制生产，低端生产人员需求下降。我国通过大规模承接国际产业转移，使"中国制造"在国际分工中的地位不断得到提升，产业发展面临的"双边缘问题"①正慢慢得到缓解。而且，在国家科技政策的引导之下，企业在研究开发投入、技术创新活动、创新成果应用等方面的主体性作用日益突出，在核心技术突破和资源集成等方面也取得了重要成效，完成了一批重大战略产品、关键共性技术和重大工程。在规模经济、范围经济和技术创新的共同作用下，我国产业发展在获得模块化分工模式下的供应链整合优势的同时，也在慢慢脱离低附加值的加工制造环节，向战略地位更突出、利润更丰裕的高端环节跃迁。但随着各项工作的推进，一些制约产业结构高级化的深层次问题日渐凸显，制度创新、差异化政策、科技创新和创新型人才对产业转型升级的支撑日显乏力。而且，在后危机时代，欧美等发达国家也不会轻易放弃高端制造业的市场，只不过竞争的焦点会从要素驱动、投资驱动向创新驱动转变。

在此背景下，一方面，中国巨大的市场需求、素质良好的劳动力资源和长久的发展潜力，使中国经济在全球经济布局中进行产业转移、资本转移具有市场优势和规模经济优势。今后一段时期内，中国特别是东部沿海地区的城市是跨国公司进行产业中高端领域投资的重要区域，在产业链布局调整中将担当重要角色。另一方面，数字化制造使得制造业对工人的依存度和对劳动力成本的敏感性大幅度降低，这将直接导致新兴市场劳动力的比较优势趋于消失，不仅会遏制发达国家制造业空心化，而且会反过来让新兴市场制造业空心化。面对纷繁复杂的国际市场环境，新型城市化发展需以现代产业体系构建为基本支撑，按照资源集约高效利用的要求，注重产业的合理布局与配套集群发展，特别注重发挥具有集群优势的先进制造业、战略性新兴产业以及现代服务业等主导性高端产业对城市化的驱动作用；注重生产方式和工艺流程创新升级，从而催生城市化的新理念和模式，推动城市向数字城、信息城、智能城、知识城方向发展。

从国内外主要城市产业升级过程和趋势来看，尽管城市之间在经济发展阶段和城市主体功能上存在较大差异，产业选择和发展重点也不尽相同，但在其经济发展和产业升级历程中，这些城

---

① 所引进的产业以低技术含量、低附加值的加工环节为主，在全球生产网络中处于边缘位置；本土产业成长空间受挤压，自主技术和自有品牌落后，在国内生产体系中也处于边缘位置。

市都紧紧抓住了经济全球化的历史机遇、强化了市场经济配置资源的基本功能、顺应了不同发展阶段产业结构演进升级的基本规律（见表2），这对我国城市在主导产业选择与发展上具有启示意义。具体而言，在推进新型城市化过程中选择产业驱动力需要注意以下几点：

表2　三次工业革命的维度变化比较

	发生时间	能源	生产经营方式			原材料
			生产方式	通讯方式	劳动力	
第一次工业革命	18世纪晚期英国	煤炭	垂直集中机械机器生产	电报	产业工人密集型	天然材料，部分提炼
第二次工业革命	20世纪早期	煤炭、石油、天然气	大规模流水线自动化机器生产	电话、计算机	知识工人密集型	提炼材料、化合材料
第三次工业革命	21世纪	新能源（太阳能、风能等）	分布式网络化数字化机器人生产	计算机、手机、互联网	智慧个人网络型	新型化合材料

第一，体现城市发展的阶段性特征。纽约、伦敦、东京、巴黎等世界顶级城市，在其百年工业化道路中均经历了劳动密集型产业、资本技术密集型产业、知识密集型的产业不断演进和发展的历程，轻工业、重化工业、现代服务业成为不同发展阶段的战略性主导产业，目前这些城市已基本完成工业化任务，服务业占GDP的比重达到90%左右，服务业从业人员比重达到85%左右，服务型产业体系已基本建立，金融、信息服务、创意产业等现代服务业成为其现阶段的主导产业。在我国，很多先行城市目前正处于工业化高峰期向后工业化过渡阶段，这些城市提出在把现代服务业作为优化产业结构战略重点的同时，也将汽车、重大装备以及战略性新兴产业作为其重点发展方向，重化工业和现代服务业共同成为这些新兴城市的主导产业。

第二，体现产业互动融合发展的趋势。西方发达城市在基本完成工业化任务后，随着更多的生产服务部门从制造业企业分离和独立出去，金融、物流、商务服务、科技服务、信息服务等生产性服务业在经济活动中的比重和地位越来越突出，推动制造业和服务业之间的联系越来越紧密，制造业服务化、产业互动融合发展趋势非常明显。在我国，随着全球化和信息化的到来，现代信息技术成果在整个社会化再生产过程中得到广泛应用，金融、物流、商务服务等作为制造业中间投入、发挥重要融合作用的生产性服务业也得到蓬勃发展，制造业专业化、智能化、网络化生产能力得到显著提升。

第三，体现传统产业与新兴产业的统一。国内外主要城市产业发展历程和实践表明，优势产业与新兴产业均是一个相对的概念，它们之间不是存废替代的关系，而是一个相互转化、内在统一的关系。由于与现代信息技术以及相对应的生产性服务业进行了有效融合，传统产业同时也衍生出一些新兴产业，在拉动经济发展、促进产业结构合理化方面发挥着重要作用。因此，我们在大力发展战略性新兴产业，抢占产业链高端，以科技创新和技术进步带动产业加快转型升级的同时，也需将汽车、电子、装备以及石化等传统产业的提升发展摆在突出的位置。事实上，国外主要城市在将金融、信息、创意等现代服务业作为主导产业的同时，也没有完全放弃传统产业。尤其是在2008年国际金融危机后，西方发达国家纷纷实施旨在振兴制造业的"再工业化"战略，以先进制造业为代表的实体经济重新引起了美国等西方发达国家的广泛关注。"再工业化"是西方发达国家基于工业在各产业中的地位不断降低、工业品在国际市场上的竞争力相对下降、大量工业性投资移师海外而国内投资相对不足的状况提出的一种"回归"战略，即重回实体经济，使工业投资在国内集中，避免出现产业结构空心化。例如，美国在金融危机后充分认识到，战略性新兴产业的发展必须依托发达制造业，没有它们之间的互动，战略性新兴产业就难以起步，更不用说动态升级。战略性新兴产业发展必须扎根于制造业提供的设备、技术和管理土壤，包括工艺设备、研发设计、生产加工、营销服务等所有环节的全过程。"再工业化"概念在金融危机背景下再度盛行，反映了发达国家对"去工业化"问题的反思，即制造业不是夕阳产业、不是可有可无的，而是国家竞争力的重要基础之一。但"再工业化"，既不是传统制造业的恢复，也不是海外工厂的回归，其实质是以高新技术为依托，强化发达国家在制造业中的技术优势和分工优势，保持重要制造业的世界领先地位。

第四，体现城市功能服务化的发展需求。城市功能的发挥主要取决于产业功能的发挥，国外主要城市在经历了工业重型化和高端化发展阶段后，城市的工业生产功能开始发散和弱化，以生产性服务为基础的金融、信息、物流、创意等开始成为其主导产业，并以此决定了一个城市在全球分工体系中的地位和等级。国内主要城市在提出城市功能定位时也是紧紧扣住其服务业发展重点的，如上海提出打造国际经济、金融、航运和贸易"四个中心"，在服务业领域就提出要重点发展金融、航运物流、现代商贸等现代服务业；北京提出打造具有国际影响力的金融中心城市、亚太地区有重要影响力的信息服务枢纽城市和科技创新中心城市，在服务业领域提出要重点发展金融服务、信息服务、科技服务等现代服务业，表明城市功能依托产业功能，城市功能服务化趋势已经十分明显。

二、支撑城市转型的现代产业体系构建
——以战略性新兴产业为例

自 20 世纪下半叶开始，率先发展起来的发达国家的主要城市，较早地感受到产业和城市转型的压力，并先后经历了这一转型过程。于是，城市转型及其产业体系重构日益成为全球性的重要问题，这引起了学界的重视和政府部门的关注。可以说，转型是各大城市均需面对的问题，只不过程度有轻重缓急之别。经过一个时期的快速成长，在土地、资源、环境、人口等的约束之下，城市要想获得继续发展的动力，往往需要对产业结构、基础设施、城市文化乃至城市品牌和性质等进行转型和重构。此外，由于城市发展的起点、历史不同，它们面临的"瓶颈"以及转型的方向、路径也存在差别。资源型城市需要解决的关键问题是寻找接替产业，转型方向主要是向加工制造型城市转变；次中心城市需要解决的关键问题是提升制造业竞争力，转型方向主要是由制造型向服务型转变；中心城市需要解决的关键问题是服务业的更新换代，转型方向主要是向文化创意型城市转变。

在城市理论研究领域，根据陶纪明、夏杰长和顾乃华的综述，这阶段的城市理论研究主要关注两类城市：一类是转型成功的城市，主要是探讨它们转型为全球城市的经验；另一类是转型不成功、由盛而衰的城市，主要是研究它们在工业革命时期积累的成功要素为何难以持续起作用。Noyelle 和 Stanback 以就业结构为研究对象，利用美国 140 个大都市作为研究样本，根据区位商指标，把这些城市转型的结果分为四类，分别是：多元化服务或节点型城市、专业化服务型城市、生产型城市和消费导向型城市。他们的研究表明，尽管这些城市的具体转型过程存在较大差别，但在如下几方面显示出共同的特征：城市内部的服务业均获得了空前的发展，城市的专业化程度在不断地提高；大公司以及非营利组织和公共机构的作用越来越突出，经济活动的区位和工作的性质都发生了深刻的变化；与制造业不断地远离大都市甚至是美国本土的趋势不同，生产性服务业表现出明显的非均衡发展特征，主要集聚在多元化和专业化城市内部。大量有关城市转型的案例还表明，转型方向、路径不同往往会导致截然不同的发展结果。

在世界上，伦敦、纽约、芝加哥是成功转型的典范。历经 20 世纪 70~80 年代 10 余年的努力，伦敦和纽约成功地由制造业城市转型为服务型城市。目前，它们正由服务型城市向创意型城市蜕

变。位于美国中西部的芝加哥的转型也非常成功。芝加哥一度以制造业为主导，尤其以印刷业、出版业和食品加工业为支柱行业。经过转型，如今的芝加哥以专业服务为主导，是美国最重要的金融、文化、期货和商品交易中心之一，逐渐成为在国际上具有重大影响力的大都市之一，也是全球最重要的金融中心、美国第二大商业中心区和最大的期货市场，被评为美国发展最均衡的经济体。

底特律的城市转型路径与前述几个城市形成鲜明对比。底特律一度是美国首要的制造业城市，在20世纪60~70年代，底特律经历了痛苦的衰退。1967年的第十二大街骚乱和废除种族歧视的公共汽车业，使得白人大量逃离。在20世纪70年代，石油危机重创美国汽车工业，同时日本及其他外国小型汽车制造商也对传统三大汽车公司造成了威胁。在80年代，美国经济萎靡不振，严重削弱了底特律的重工业制造中心的地位。底特律制造中心地位的衰弱，最根本的原因在于缺乏创新，没有适时寻找合适的服务业态作为汽车产业的接替产业。近年来，底特律尤其是中心城区借助博彩业逐步复苏。此外，洛杉矶和东京尚处在转型的阵痛过程中。① 可见，走错方向的转型对一个城市来说是痛苦的，而且转型时间也可能是漫长的。

在我国，由于城市发展阶段、发展模式及发展重点的不同，其转型的方向也各不相同。与之对应，支撑各类城市转型的产业发展内容也必然有所区别。目前，我国有655个县级以上城市，其中含4个直辖市、15个副省级城市、268个地级市、368个县级市。很显然，不会存在适合指导这655个城市转型的"标准模式"，当然也不存在适合支撑所有这些城市转型的产业内容。但就当前而言，关注战略性新兴产业和服务业中的特定行业，对于促进城市产业升级和功能转型、寻求经济增长的新的动力引擎、保持城市经济社会持续发展和繁荣，均是异常重要的。

战略性新兴产业是以重大技术突破及发展为供给和需求基础，对提升产业发展质量和经济发展的集约程度具有重大引领作用的产业。战略性新兴产业是新兴科技和新兴产业的深度融合，既代表着科技创新的方向，也代表着产业发展的方向，完全可能推动新一轮产业革命。战略性新兴产业代表着一种新的增长路径与发展模式，具有技术含量高、资源消耗低、综合效益好、领域渗透强等特征，可以有效突破日益紧张的资源环境约束。这些产业在改造提升传统产业素质、改善生态环境、缓解能源短缺压力、保障健康和食品安全等方面也将发挥重要作用。因此，只有加快培育和发展战略性新兴产业，才能构建"核心技术—战略产品—工程与规模应用"的创新价值链以及集聚企业总部、高端人才和国际活动，增强高新技术产业优势和带动传统产业改造提升，实现产业结构战略性调整。由此可见，发展战略性新兴产业是我国破解经济发展方式粗放难题、加快转变经济发展方式、调整产业结构以及产生"产城互动"的效果从而推动新型城市化建设的必然选择和根本途径。

正由于战略性新兴产业以重大技术突破为基础，也就意味着其核心技术、产品性能及生命周期、市场适应等还有待时间检验，短期内还存在较多的不确定因素和较高的经济和市场风险。此时，谋定而后动，厚积而薄发，就显得尤有意义。我们认为，在促进战略性新兴产业发展从而支撑城市转型的过程中，应注意把握如下原则，如图2所示。

第一，注重协同发挥市场协调、企业主导、政府引导的作用。既要充分发挥市场优化配置资源的基础性作用，使企业真正成为战略性新兴产业发展的主体；又要充分发挥政府对战略性新兴产业的推动作用，在政策法规、体制机制等方面营造有利于产业发展的良好环境，为战略性新兴产业发展建立良好的支撑平台。积极引进跨国公司、国内外知名企业，尽快形成产业规模。扶持有市场竞争优势的企业开展并购重组、风险投资、股权上市等资本运作，从而形成龙头带动、大中小企业紧密合作的企业群体。

第二，注重战略先行，谋定而后动。以战略谋划为前提，加强城市转型中战略性新兴产业发

---

① 韩汉君，黄恩龙. 城市转型的国际经验与上海的金融服务功能建设 [J]. 上海经济研究，2006 (5).

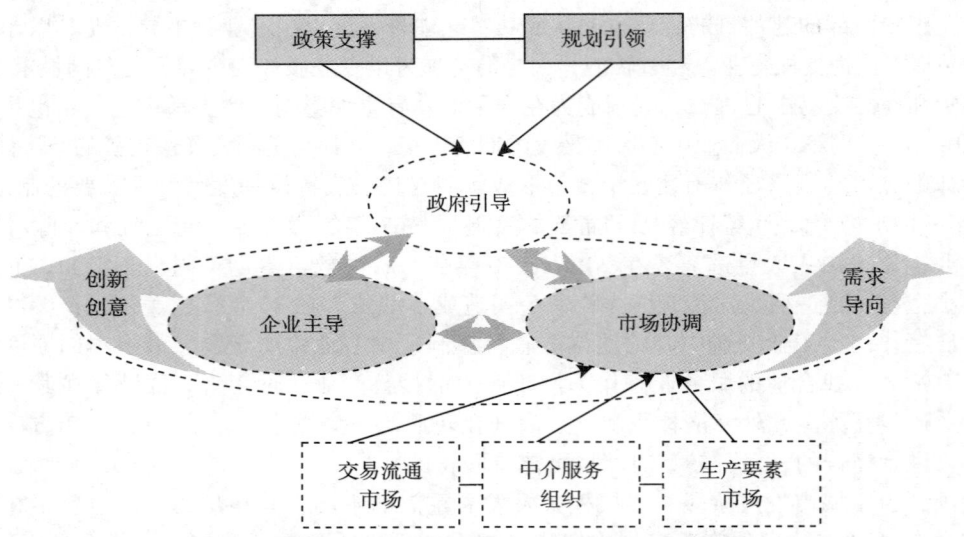

图2 战略性新兴产业发展的"三力合一"的驱动模型

展的前瞻性研究。确立政府牵头、企业主体、专家融合、上下联动的工作体系，以国际化视野，从全球产业链、价值链、供应链和资本链整合提升的高度，从工业化、城市化、市场化、信息化互动的角度，对战略性新兴产业发展工作进行整体谋划、科学规划，体现研究的战略性、宏观性、开放性和可操作性。战略性是指站在全球产业价值链高度审视分析战略性新兴产业的市场空间和产业发展空间；宏观性是指从产业融合的角度审视战略性新兴产业，重视政府、企业、协会、相关产业和市场力量等主体的互动作用，善于跳出战略性新兴产业来抓战略性新兴产业；开放性是指在重视战略性新兴产业提升的同时，更重视构建和优化新的发展空间，推动战略性新兴产业集群化发展；可操作性是指不断探索不同行业、类型、阶段和路径的特点，坚持分类指导，实现战略性新兴产业发展促进工作项目化，抓出一批重点平台、龙头骨干企业、项目、政策创新。

第三，建设支撑体系。以支撑要素的研究和创造为切入点，完善服务业发展的支持体系。不断研究和创造战略性新兴产业发展的支撑要素，特别是科技、人才、资本等核心要素，是新时期推进战略性新兴产业发展、实现政府科学定位和积极有为的重要抓手。一是加快以"政产学研相结合"为特色的技术创新体系的建设，促进战略性新兴产业企业向自主设计、自主品牌、自主标准为主转变。着力培育发展大企业，发挥大企业的引领作用，带动战略性新兴产业发展突破低端锁定的倾向。二是建立健全鼓励人才创新的激励机制，加大教育资源优化配置力度，加强企业经营管理者培训和职业技术培训基地建设，加强与相关国家及行业协会、大院名校的对接，形成多层次、全方位的战略性新兴产业发展人才支撑体系。三是根据不同行业特征，探索推进多形式、多层次的公共服务平台建设。鼓励知名院校、科研院所到服务业集聚区设立研发机构；强化园区与高校协作，探索完善多种技术对接模式，疏通重大技术创新成果向现实生产力快速转化的渠道，推动产学研更加紧密结合；探索实施企业国际合作创新试点，鼓励企业设立境外研发机构，承接跨国公司研发中心转移；在大企业集聚区，支持龙头企业建设服务整个园区的公共服务平台；在中小企业集聚区，鼓励社会资本参与公共服务平台建设，同时推进创新链上下游的对接和整合，建立以项目为纽带、利益共享、风险共担的产业技术创新战略联盟。四是建立部门分工协作机制，科技、教育、国土、金融、财政等部门按照各自的分工和职能，加强协调配合，逐项分解落实推进服务业发展的任务，形成政策合力。加强服务业经济运行分析和监测，完善监督评估机制，加强对重大问题的监督预警，跟踪分析政策措施执行情况。

产业结构优化升级对中国城市化进程的影响
——基于1978~2010年数据的检验

齐 兰 李志翠[*]

引 言

改革开放以来,中国城市化水平稳步提高,由1978年的17.92%提高到2011年的51.27%,这标志着我国开始进入以城市社会为主的新成长阶段,城市化无疑将成为带动中国经济发展的巨大引擎。综观世界各国经济发展进程可以发现,城市化进程和产业结构优化升级是密不可分的,农业生产力的发展是城市兴起和成长的前提,工业化是城市化的主导推动力量,第三产业的形成和发展极大地促进了城市化进程,同时,城市化水平的提升又为产业的演进升级提供了重要的空间载体。"十二五"时期,我国进入产业结构优化升级步伐与城市化水平进入加速阶段,在我国工业化进程中城市化发展相对滞后的大背景下,产业结构优化升级将对加快我国城市化进程发挥着越来越重要的作用,国内学者对中国城市化与产业结构优化升级问题,给予了越来越多的关注和重视。

从现有文献来看,国外很早就对产业结构与城市化互动关系进行了较系统的考察,从库兹涅茨和钱纳里最早注意到产业结构变动与城市化发展之间相互关联开始,国外众多学者对该问题进行了较系统全面的研究。目前对于这方面的相关研究,已经从最初宏观层面的一般理论探讨转向从产业结构内部探讨该互动关系,重点是对三次产业与城市化互动发展的差异以及其与城市化关联的时序对应关系进行实证分析。国内自2000年以后,在借鉴国外相关研究的基础上,结合中国的国情,对这一问题也做了大量研究工作。目前这方面的研究重点,也逐渐从城市化与产业结构演变的互动机制的理论性研究,转向对两者互动关系的实证检验。国内比较有代表性的研究有:干春晖和余典范(2003)认为,在产业结构优化升级过程中,城市化进程的推进对第一产业的优化作用、对第二产业的提升作用及对第三产业的带动作用十分明显;李铁立和姜怀宇(2003)从资源要素的产业部门转移和空间转移两个方面研究了产业结构演变对城市化的影响;战明华和许月丽(2006)研究分析得出,第二、第三产业之间的关联效应是影响我国城市化水平的重要因素;曾国平和刘佳等(2008)研究发现,长期内我国东部地区服务业发展与城市化互为因果关系,服务业发展是中部地区城市化的长期原因,而城市化不是服务业发展的长期原因,西部地区服务业与城市化相关性较弱;沈蒙娅和周露(2012)进而运用1990~2010年的省级面板数据,探讨产业结构变迁对我国城市化发展的影响,研究结果表明:我国产业结构变迁与城市化存在长期稳定的

---

[*]齐兰(1958—)女,中央财经大学教授、博士生导师;李志翠(1979—)女,中央财经大学博士生,新疆师范大学商学院讲师。

均衡关系。

综合看来，目前国内关于产业结构优化升级对城市化影响的实证研究，主要从我国三次产业的产值结构和就业结构两个方面研究产业结构演变，进而从这两方面研究产业结构优化升级对城市化发展的影响。本文在借鉴前人研究的基础上，基于产业结构演变对城市化的作用机理，将产业结构优化升级分为产业结构合理化和产业结构高级化两个维度，选取1978~2010年的时间序列数据，利用协整检验、误差修正模型和Granger因果检验等计量方法，对产业结构合理化和高级化与城市化水平之间的关系进行实证分析，在此基础上，提出通过产业结构优化升级促进城市化水平提升的相关政策。

一、产业结构优化升级与城市化互动影响的理论分析

产业结构优化升级和城市化作为经济发展过程中经济结构变动的两个方面，它们的发展不是孤立的。在主导产业由农业逐步转向工业和服务业的产业结构优化升级过程中，对应地从空间结构上看，就是产业空间布局的转移导致了人口和其他经济要素从农村向城市转变的过程，也就是工业和服务业不断聚集、城市化不断发展的过程。所以，要更好地考察产业结构优化升级与城市化的作用机制，我们需要首先分析产业结构优化升级与城市化相互影响的途径，然后再具体考察三次产业与城市化的作用机制：

（一）产业结构优化升级与城市化相互影响的途径

概括起来看，产业结构优化升级与城市化之间的关联有两条：第一种是直接方式，产业结构优化升级与城市化之间直接进行关联，即在产业结构的升级过程中，第二产业和第三产业的发展使城市生活非常便利，直接吸引了大量人口向城市迁移。这一迁移又增加了对新兴产业的产品需求，促进了产业结构的升级。同样，城市化对产业结构优化升级也有着直接作用：城市化使得城市中基础设施改善，产业在城市中发展可以减少交易成本，同时要素在城市中的聚集也会实现规模效应。因此，城市化为产业的发展提供了良好的条件，这加速了产业结构优化升级。第二种是间接方式，产业结构的升级先影响到劳动力在三次产业中的分布，然后再影响到城市化进程，即产业结构变动的过程中，劳动力由农业逐步转向第二产业和第三产业，这些第二、第三产业劳动力的聚集促进了城市化的发展。产业结构的变动引起劳动力结构的变动，劳动力结构的变动同时带动了城市化进程。同样，在城市化进程中，从农业中转移出来，迁移到城市中的人口基本都是固定在第二产业和第三产业中，此外，城市中有良好的基础设施，城市功能的发挥给产业的发展提供了良好的条件。吸引更多的劳动力进入第二产业以及促进城市功能发挥的服务业中，适应了产业结构变动的需要。总之产业结构优化升级与城市化通过直接和间接方式相互作用、相互影响，形成一种互动循环的过程。

（二）产业结构优化升级过程中三次产业与城市化的内在影响机制

1. 第一、二、三产业对城市化的作用

农业的发展是城市化的基础。这主要体现在第一产业的发展不仅为城市化提供了充足的食物、工业生产原料和剩余劳动力，直接影响了城市化的进程，同时，伴随着第一产业的升级，农业产业化进程不断推进，使农村滞留的大量劳动力不断地向农业产业链条中的加工、仓储、流通和销售环节转移。这样不仅延伸了整个产业链条，而且加快了非农产业的发展，为农村城市化的发展

提供了条件。

工业化是城市化的最重要动力。第二产业的发展是发挥城市功能的重要支撑，是推进城市化的物质载体，工业的发展是第二产业结构优化升级的主要内容，所以，在城市化的动力系统中，工业化居于核心的地位。主要表现为以下三方面：第一，工业化生产要求大量的生产要素和劳动力向城市聚集，产生规模效应，为城市化的发展提供了条件。第二，工业化的发展为城市化的发展提供了主体动力。随着农业和工业生产技术的改进，农业生产效率和工业水平都有了显著提高，农业剩余劳动力从农村流向城市，城市人口越来越多，为城市化发展提供了主体动力。第三，丰富和完善城市现代化功能需要现代工业体系的支撑，如城市基础设施、通讯网络、教育场所、交通运输等。

第三产业是城市化的重要经济源泉和有力保障。随着工业化的发展，第三产业逐步走向自我发展和自我完善的阶段，并对城市化进程的深化发挥着越来越重要的作用：首先，第三产业中的很大一部分是直接为第一、第二产业扩大生产规模和提高生产效率服务的，如交通运输业、通讯网络业、金融服务业等。它们的发展为农业和工业提供强有力的保障，促进了专业化和社会化大生产的发展，形成了城市化的重要经济源泉。其次，第三产业对城市基础设施的投入，尤其是对科教文卫事业基础设施的大量投入，使城市的现代教育和科学技术中心、文化艺术活动中心、政治中心的地位得到进一步的巩固和加强。再次，第三产业的发展，为城市发展提供了更完善的配套性服务行业，提高了城市的生活质量和人口质量。最后，第三产业还为城市经济发挥扩散效应提供了条件。因为，金融服务、通讯网络和交通运输等产业的发展是生产从城市向边缘地区扩散的前提条件。

2. 城市化对第一、二、三产业的优化提升作用

城市化对第一产业的优化促进作用。城市化使以种植业为主的传统农业向多元化、高级化的现代农业转变，促进农业内部的结构转变。同时，城市化可以创造更多就业机会，促进农业剩余劳动力向城镇有序转移，农村剩余劳动力的减少使农业机械化和集约化成为可能，进一步提高农产生产能力。

城市化对第二产业结构优化升级的推动作用。城市化的发展能为第二产业的结构调整和升级提供广阔的空间，城市的发展能产生聚集效应和外部经济效应，从而为第二产业特别是工业的发展提供良好的外部环境。城市的发展和城市功能的不断完善，能产生聚集效应和外部经济效应，提高了第二产业的生产效率和利润率。同时，城市化的推进又为工业化的发展提供了配套的基础设施、良好的投资环境、便捷的服务和充足的劳动力。城市化的发展还有助于提高劳动力的文化素质，变人力资源为人力资本，为工业化提供持久动力。

城市化对第三产业的优化和提升作用。首先，城市化是第三产业发展的空间依托。农村地区由于与农业生产联系紧密且生产力水平低下，远远不能满足第三产业发展所需的条件。城市拥有大量的生产要素和剩余劳动力，基础设施和配套设施完善，劳动生产效率较高，有利于第三产业的发展。同时，第三产业提供的服务产品具有非储存性，生产和消费必须同时进行，使服务需求具有聚集的特性。只有生产要素和人口数量达到一定的规模，才足以支撑服务行业的不断产生和独立化。因此，服务业只有聚集才能出效益，同时服务业只有依托于城市化的发展才能生存和发展。其次，城市的聚集规模影响第三产业发展的结构和规模。由于资源的差异性和比较优势规律的作用，使工业化过程中的城市聚集有不同的规模和类型，而城市的类型和规模会影响第三产业发展的内容和规模。

通过以上分析，可以看出产业结构变化与城市化之间存在着复杂多样的互动关系。可以说，产业结构变化是城市化的前提条件，产业结构通过影响劳动力流动这种劳动结构的变化加速了城乡一体化进程，扩展了产业价值链，引致了新的市场需求，进一步加深和丰富了城市化的内容；

而城市化进一步带动了产业结构的变化，城市化加速发展，必然会改变城市的产业结构，提升了产业结构优化升级的深度和广度，进而促进产业结构合理化和高级化。

二、产业结构合理化和高级化的度量及中国产业结构演变特征

（一）产业结构合理化和高级化的度量

产业结构优化升级，主要包括产业结构合理化和产业结构高级化两方面的内容，产业结构合理化是产业结构高度化的基础，产业结构高级化是产业结构合理化的必然结果。产业结构优化升级的最终目标，是实现产业结构合理化和高级化的有机统一。当前，我国产业结构合理化和高级化方面都存在很多问题，推进产业结构优化升级是我国经济社会发展进程中的一项长期任务。

产业结构合理化是在现有技术基础上所实现的产业之间的协调，是度量资源有效利用程度的一个指标，表示要素投入结构与产出结构的耦合程度。一般常用产业结构偏离度来衡量产业结构合理化。目前文献中常用的结构偏离度表示方法有三种，一是某一产业增加值占地区生产总值增加值与该产业从业人员的比重之差；二是该产业在GDP中所占比重与该产业的就业人数比重的比率减去1；三是就业的产业构成百分比减去GDP的产业构成百分比，因此产业结构偏离度可以反映产值结构和就业结构的耦合情况。产业结构偏离度越大，表示产业结构越不合理，但由于产业结构偏离度并没有考虑三次产业的相对重要程度，为更好地度量产业结构合理化，我们这里借鉴干春晖等（2011）的研究，采用 $TL = \sum_{i=1}^{3} \left(\frac{Y_i}{Y}\right) Ln\left(\frac{Y_i}{Y} / \frac{L_i}{L}\right)$，其中用TL值来衡量产业结构合理化水平，Y表示产值，L表示就业，i表示产业。根据库茨涅茨、钱纳里等的研究成果，随着经济发展和工业化进程的不断推进，各产业的收益率因生产率的差异而不同，导致资源和生产要素在产业之间不断转移，直至经济各产业之间的收益率达到基本平衡，经济处于均衡状态，产业结构达到合理化。因此产业结构合理时各产业的生产率相同，即 $Y_i/L_i = Y/L$ 或 $Y_i/Y = L_i/L$，此时 $TL = 0$，若TL不为0，说明产业结构不合理，TL值越接近0说明产业结构合理化程度越高。

产业结构高级化又称产业结构高级化，是度量产业结构优化升级的一个指标，是指产业结构从低级形态向高级形态的转化过程。产业结构高级化的内涵包括产业结构规模由小变大、产业结构水平由低变高、产业关联度变大等，这些因素的变动决定了三次产业产值的比例。产业结构的高级化遵循一般的产业结构演变规律，即随着经济的发展，第一产业增加值所占比重不断下降，第二、第三产业增加值所占比重不断上升。本文按照这一规律，采用非农产业产值占总产值的比重来衡量产业结构高度化。

（二）中国产业结构合理化和高级化演变历程

改革开放以来，中国产业结构合理化和高级化的演变基本遵循"配第—克拉克定理"，非农产业的产值比重和就业比重不断提高，但总体就业结构滞后于产业结构。基于2011年中国统计年鉴相关数据，根据以上对各指标的界定，可以得到改革开放以来产业结构合理化指标和产业结构高级化指标（如图1所示），并进一步对两者的波动演变历程进行简要分析。

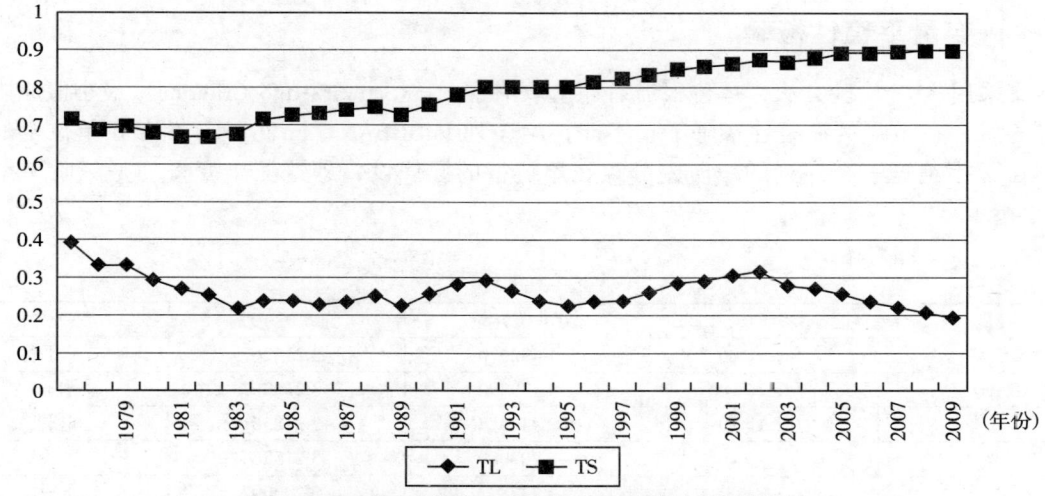

图 1　1978~2010 年中国产业结构合理化与高级化演变

如图 1 所示，TL 值和 TS 值的波动的分析如下：①在 1978~1985 年改革初期，TL 值不断下降，表明产业结构不断趋于合理化。这与中国的改革肇始于农村密切相关，随着农村承包责任制在全国范围内的逐步推广农业生产率逐步提高，在工业方面也调整了原有的重化工业结构，导致结构偏离度下降，产业结构趋于合理。在该时期第一产业占总产值的比重总体上升，非农产业产值比重下降，即 TS 曲线呈下降趋势。②在 20 世纪 80 年代中期至 90 年代初期，TL 值基本不变，这与 20 世纪 80 年代中期中国改革重点开始转向城市相吻合。城市改革在拉动城市经济增长同时却未能相应拉动就业增长，而与此同时，乡镇集体企业的发展吸纳了部分农村剩余劳动力，也在一定程度上促进了第三产业的发展，因此该时期的 TS 值不断上升。③1992 年市场经济制度的确立为劳动力资源的自由流动和工业的进一步发展提供了条件，促进了第三产业的蓬勃发展，但同时庞大的农村剩余劳动力远远大于市场需求，导致 TL 曲线先下降再上升，而 TS 曲线不断上升。④2001 年中国加入世界贸易组织后，通过融入全球经济一体化过程，积极承接发达国家产业转移，中国逐渐建立起规模庞大的一般制造业，逐渐成为世界制造中心，并吸纳了大量劳动力就业，产业结构逐渐趋向合理化，因此 TL 值呈下降趋势，但第三产业发展滞后，结构不合理，导致了产业结构高级化提升缓慢，表现为 TS 值上升幅度很小。

TL 值和 TS 值的波动说明 1978~2010 年中国产业结构演变路径与改革开放以来相关产业结构优化升级实践相契合，两者不同的演变趋势也说明了产业结构合理化和产业结构高级化这两大指标很好地度量了中国产业结构优化升级历程。

三、产业结构合理化、高级化和城市化水平之间的实证分析

本文分析的样本区间为 1978~2010 年，数据来源于 2011 年的《中国统计年鉴》。选取的原始数据分别为城镇人口比重（URBAN）（作为衡量城市化水平的指标）、三次产业产值比重和就业比重。通过原始数据，依据文上关于指标的界定，计算得到产业合理化和高级化指标数值。由于对时间序列数据进行自然对数变换不会改变数据的特征，却能使数据趋势线性化，并在一定程度上减少异方差现象。为此，本文实证分析中对各变量取对数，分别用 LnURBAN、LnTL 和 LnTS 代表城市化、产业结构合理化和产业结构高级化。具体实证分析过程如下：

（一）变量平稳性检验

本文采用 ADF 检验方法，单位根滞后期选取依据 SC（Schwarz Info Criterion）最小值原则。检验结果显示，在 10% 的显著性水平下，不能拒绝序列 LnURBAN、LnTL、LnTS 存在单位根的原假设，但可以拒绝这三个序列的一阶差分存在单位根的原假设，即这三个变量均是一阶单整序列（如表 1 所示）。

表 1　变量平稳性检验

变量	检验类型（c, t, n）	ADF 统计量	临界值 10%	是否平稳
LnURBAN	(c, t, 1)	−1.492970	−3.215267	非平稳
D（LnURBAN）	(c, t, 0)	−4.179790	−3.215267	平稳
LnTL	(c, t, 0)	−2.342477	−3.212361	非平稳
D（LnTL）	(c, t, 0)	−4.707089	−3.215267	平稳
LnTS	(c, t, 8)	1.237882	−3.243097	非平稳
D（LnTS）	(c, t, 6)	−3.468090	−3.238054	平稳

注：（c, t, n）表示单位根检验类型，c 表示截距，t 表示时间趋势，n 表示滞后阶数。D 表示变量的一阶差分。

（二）变量 Johansen 协整检验

经过前文的平稳性检验，我们发现，三个变量均是一阶单整的，它们之间很可能存在协整关系，我们使用 Johansen 方法对其进行协整检验。在进行协整检验之前，首先需要确定合理的滞后阶数。表 2 给出了 0~3 阶 VAR 模型的 LR、FPE、AIC、SC 和 HQ 值，并以"*"号标记出根据相应规则选择出的滞后阶数，最终确定模型的滞后期为 3。

表 2　最优滞后期选择

Lag	LR	FPE	AIC	SC	HQ
0	NA	5.62e−07	−5.878263	−5.738143	−5.833438
1	229.4561	1.51e−10	−14.10350	−13.54302	−13.92419
2	27.52554*	8.51e−11	−14.70026	−13.71942*	−14.38648
3	14.96874	7.73e−11*	−14.84870*	−13.44750	−14.40044*

检验结果说明最优滞后期为 3。运用 Eviews 6.0 软件，建立滞后期为 3 的 VAR 模型：

$$Y_t = \begin{bmatrix} 0.195 \\ -0.311 \\ -0.129 \end{bmatrix} + \begin{bmatrix} 1.239 & 0.132 & -0.054 \\ 0.349 & 1.647 & -0.146 \\ 2.231 & 0.573 & 0.860 \end{bmatrix} Y_{t-1} + \begin{bmatrix} 0.101 & -0.199 & 0.058 \\ -0.518 & -1.490 & 0.257 \\ -2.955 & -2.872 & 0.426 \end{bmatrix} Y_{t-2} + \begin{bmatrix} -0.388 & 0.210 & -0.017 \\ 0.223 & 0.678 & -0.177 \\ 0.591 & 2.599 & -0.738 \end{bmatrix} Y_{t-3} + \xi$$

其中 $Y_t = (LnURBAN_t, LnTL_t, LnTS_t)^T$，$\xi$ 为随机误差项。三个回归方程调整后的拟合优度分别为 0.998260、0.980820、0.659600。

协整检验说明产业结构合理化、高级化和城市化水平之间存在协整关系，标准化后协整方程为：

LnURBAN = −0.567LnTL + 8.540LnTS − 0.059@trend （78）

标准差 =　（0.1943）　　（1.4706）　　（0.0160）

t 统计值 =　[−2.9215***]　[5.8075***]　[3.6807***]

表3 协整检验

零假设方程数	Trace 检验值	Trace 统计量	5%临界值	P值
无	0.768352	90.47799	42.91525	0.0000
至多一个	0.713245	48.06438	25.87211	0.0000
至多两个	0.335198	11.83969	12.51798	0.0647

由协整方程的估计结果可知,产业结构合理化和高级化指标的系数检验具有统计意义上的显著性,说明变量之间存在协整关系,即产业结构合理化、高级化与城市化水平之间存在长期显著的均衡关系。由于双对数模型的系数可以表示弹性,因此变量的系数说明:产业结构合理化指标数值下降1%(根据前面的分析,产业结构合理化指标下降,说明产业结构更加趋向合理),推动城市化水平上升0.567%,产业结构高级化指标数值上升1%,带动城市化水平上升8.54%,由此可见产业结构优化升级对城市化水平产生了正向效应,而且产业结构高级化比产业结构合理化对城市化的促进效应更显著。

(三)因果关系检验

从协整检验可知,产业结构合理化和高级化演变与城市化水平之间存在协整关系。Enger 和 Granger 在 1988 年证明只要变量之间存在协整关系,将协整关系式滞后一期形成误差修正项,再将其纳入相应的 VAR 短期动态模型中,即是误差修正模型,因此向量误差修正模型是对变量施加了协整关系约束的向量自回归模型。

Granger 因果关系检验可以用来确定经济变量之间是否存在因果关系及变量之间影响的方向,其检验思想为若自变量本身的变动或通过误差调整项领先当期因变量的变动,则说明自变量为因变量的 Granger 原因。误差修正项对因变量的影响反映了变量偏离长期均衡关系对因变量的影响,因此可解释为长期因果关系;而滞后各期自变量对因变量的影响,则可以解释为短期因果关系。本文依据 Johansen 变量协整方程的结果决定误差修正模型的设定,并根据模型的估计结果进行 Granger 因果关系检验,见表4和表5。

表4 误差修正模型

	ΔLnURBAN	ΔLnTL	ΔLnTS
误差修正项	−0.066293***	0.010083	0.033701
ΔLnURBAN (−1)	−0.092469	2.793610***	0.344903
ΔLnURBAN (−2)	0.564730***	−1.069034	−0.096926
ΔLnURBAN (−3)	0.343659**	−0.731297	−0.303715
ΔLnTL (−1)	−0.104767**	0.137012	−0.139827**
ΔLnTL (−2)	0.065147	0.408712	0.155305**
ΔLnTL (−3)	−0.032590	−0.012476	−0.020991
ΔLnTS (−1)	0.164972	0.662009	1.010265***
ΔLnTS (−2)	−0.770558***	−1.697679	−0.698043*
ΔLnTS (−3)	−0.217584	0.814997	0.234002
常数项	0.011179**	−0.033784	0.006888
拟合优度	0.67790	0.238429	0.513541
F统计量	3.786427***	0.563536	1.899522

注:*、**、***分别表示10%、5%、1%的显著性水平。误差修正模型的拟合优度一般较低。

表5 Granger 因果关系检验

因变量	自变量	χ² 统计量	P值	因果关系
ΔLnURBAN	ΔLnTL	5.455436	0.1413	ΔLnTL 不会引致 ΔLnURBAN
	ΔLnTS	14.86392	0.0019	ΔLnTS 会引致 ΔLnURBAN

检验结果说明：在长期，产业结构高级化和合理化演变均能促进城市化水平提升；但在短期，产业结构高级化对城市化水平具有负面效应，产业结构合理化演变不是城市化水平提升的 Granger 原因。而且方差分解结果也显示，在第10期城市化受产业结构合理化、高级化和其自身的影响分别为 23.6%、65.2%和 11.2%。

（四）结论与解释

实证结果表明：产业结构合理化和产业结构高级化与城市化水平之间存在长期（考察期）显著的均衡关系；产业结构合理化和产业结构高级化水平的提升对于城市化水平的提升都产生了正向效应；但产业结构高级化对城市化的促进效应远远高于产业结构合理化，产业结构高级化演变是城市化水平提升的 Granger 原因，同时，在短期（一般指几年内）产业结构高级化不利于提升城市化水平。

对于以上结论，简单解释如下：产业结构合理化和产业结构高级化与城市化水平之间存在长期显著的正向关系，这一研究结论再次验证了产业结构的变动是推动城市化最主要的经济因素，这一被学术界公认的结论。由于本文中产业结构高级化是用非农产业产值的比重来衡量，产业结构高级化过程就是第二、第三产业产值占国内生产总值不断上升的过程，这一过程正是城市形成和发展壮大的过程，所以，产业结构高级化对于城市化的带动作用是最直接、最有效的，这也是产业结构高级化演变是城市化水平提升的 Granger 原因所在。而产业结构合理化是用三次产业结构偏离度来衡量的，由于我国城乡分割的二元经济体制以及严格的户籍制度，使得农业劳动力向非农产业转移面临着更多的困难，这使得我国就业结构的调整严重滞后于产出结构的调整，产业结构不合理程度一直较高，这也是产业结构合理化对城市化带动作用较小的主要原因，也能解释产业结构合理化演变不是城市化水平提升的 Granger 原因。同时由于我国产业结构不合理化短期难以改变的现实，短期内产业结构高级化，意味着劳动生产率的提高，由于短期内可能产生机器排挤工人的现象，这将不利于农业劳动力的转移，这对于用城镇人口比重来衡量的城市化水平的提升来说是不利的。

四、推进我国城市化进程的产业结构优化升级政策选择

由于中国的城市化是在严重滞后于工业化的大背景下推进的，产业结构优化升级与城市化进程的互动关系，与较同步完成工业化与城市化的发达国家相比，会呈现出一些新的特点。为此，政府在制定通过产业结构优化升级加速城市化进程的相关政策时，要充分考虑我国的国情，在扎实推进产业结构合理化的基础上，更要注重合理有序地提升产业结构高级化，以更好地发挥产业结构优化升级对城市化的推进作用。为此，本文提出以下几点对策建议：

（一）夯实农业发展基础，调整农业内部结构，推进农业产业化进程

农业的发展是城市兴起的基础和前提，尤其是对中国这样一个传统的农业大国来说，农业的

基础地位更是不可动摇。为此，政府要不断夯实农业发展基础，为农业产业化发展提供配套的基础设施和公共服务。同时，根据新阶段城市化发展的需要，积极引导农民调整农业内部结构，加快土地流转，创新农业生产经营组织模式，实现产供销、贸工农一体化经营。通过不断深化农业产业化经营进程，提高农业生产效率和内部结构合理化水平，实现农村劳动力的有效转移和集聚，并以此带动城市化发展。

（二）合理把握第二、第三产业内部层次提升的时序性，关注劳动密集型产业的发展

与产业结构演变相类似，第二、第三次产业内部层次提升呈现出一定的顺序，按照生产要素的集约程度来划分，大致呈现出从劳动密集型产业到资本密集型，再进一步发展到技术密集型的时序演进过程。换句话说，随着第二、第三产业内部结构层次提升，资本、技术密集型行业所占比重不断攀升，资本、技术等生产要素对劳动的替代作用越来越明显，这就抑制了农村劳动力向城市的流动，使得原本就滞后的城市化进程面临更多挑战。这就需要我们在产业结构优化升级过程中，重新审视劳动密集型产业在我国经济社会发展中的地位，注重第二产业中劳动密集型行业和第三产业中包括零售业、餐饮业和生活服务等传统服务业对较低素质的劳动力吸纳作用，制定支持劳动密集型行业发展的扶植政策和区域产业转移政策，合理布局第二、第三产业内部劳动密集型、资本密集型和技术密集型行业的比例，逐步实现产业结构高级化。

（三）加快发展现代制造业和现代服务业，通过两者协调发展，实现产业结构优化升级

随着工业化进程的推进，其资本有机构成不断提高的趋势不可阻挡，由于劳动生产率的提高，使得我国制造业对劳动力的吸收能力大大下降。为此，我国城市化进程中必然出现从农业中转移出来的劳动力会大量地直接向第三产业转移的特征，第三产业将成为吸纳劳动力的主力军。同时，按照产业结构演变的客观规律，第三产业主要是为制造业提供服务的，制造业技术越高，国际竞争力越强，对服务业的需求也就越大，第三产业的发展空间就越广阔。目前，我国制造业的发展处于转型升级的关键节点，制造业的大规模转型升级，不仅为我国服务业的发展带来巨大的市场需求，也为现代服务业的发展带来最有力的支撑。为此，伴随着第二产业内部结构不断调整，第三产业的发展也必须在兼顾和深化传统生活服务领域的同时，逐步拓展在生产服务领域的发展空间，比如加快知识、技术型服务业竞争优势，发展诸如设计、咨询、管理、技术专利、金融、通讯等高层次现代服务行业的发展，为现代制造业的发展提供强有力的支撑，在现代服务业与制造业互动协调发展过程中，实现产业结构高级化。

（四）加大教育培训力度，全面提高劳动者素质，以适应产业结构优化升级的需要

目前我国产业结构合理化程度比较低的主要原因就在于就业结构转换严重滞后于产业结构演变。随着我国进入工业化中期阶段，技术进步和产业结构变动将日益加快，如何使就业结构调整适应产业结构的变动，实现劳动力在各次产业之间的顺畅转移呢？笔者认为，关键就是要通过提高劳动者素质，增强劳动者的就业能力，减少随着产业结构优化升级而产生的结构性失业的问题。为此就需要政府加大教育投入，特别是在我国劳动力素质普遍偏低的情况下，需要建立完善的职业培训体系，健全面向全体劳动者的职业教育培训制度，尤其要重点强化对农村剩余劳动力群体的技能培训，提高其劳动技能、工作水平和综合素质，增强其在城镇劳动力市场上的竞争力。同时要以市场为导向，动态调整培养方向，强化对教育培训质量的监督，大力培养适应产业结构优

化升级需要的高素质劳动者。

参考文献

[1] 高铁梅. 计量经济分析方法与建模 [M]. 北京：清华大学出版社，2009.

[2] 干春晖，余典范. 城市化与产业结构战略性调整和升级 [J]. 上海财经大学学报，2003（5）.

[3] 李铁立，姜怀宇. 论区域产业结构演变的城市化动力机制 [J]. 理论界，2003（5）.

[4] 战明华，许月丽. 规模和产业结构的关联效应、城市化与经济内生增长 [J]. 经济科学，2006（3）.

[5] 曾国平，刘佳，曹跃群. 中国服务业发展与城市化关系的区域差异——基于省级面板数据的协整检验 [J]. 山西财经大学学报，2008（1）.

[6] 沈蒙娅，周露. 中国产业结构变迁对城市化发展的影响——基于省级面板数据的实证分析 [J]. 统计与管理，2012（5）.

[7] 干春晖，郑若谷，余典范. 中国产业结构变迁对经济增长和波动的影响 [J]. 经济研究 2011（5）.

[8] 朱烨，卫玲. 产业结构与新型城市化互动关系文献综述 [J]. 西安财经学院学报，2009，22（5）.

[9] Henderson，V. Urbanization in Developing Countries [J]. World Bank Research Observer，2002，17（1）.

基于生态工业理念的河南新型工业化体系重构研究

唐海峰*

生态工业是按照生态学原理、市场经济理论和系统工程方法，运用现代科学技术，形成生态上和工业经济上的两个良性循环，实现经济、社会、资源、环境协调发展的新型现代工业经济体系。发展生态工业是全球经济呈现出的一个新态势，发达国家和地区通过发展生态工业实现了工业文明与生态文明的完美融合。"两不三新"三化协调发展是中原经济区建设的战略目标，河南省要在未来一个时期内实现既定的经济社会目标，就必须紧跟这一新的动向，充分发挥后发优势，加快构建生态工业体系的步伐。但是依据河南的工业化发展阶段和条件，在短期内完全建成真正意义上的生态工业体系是不现实的，因此，基于生态工业理念的新型工业化体系调整与重构则是未来一个较长时期河南新型工业化发展的必然选择和基本途径。

一、生态工业的特点和优势

现代工业的快速发展，在加速自然资源消耗的同时，也加剧了人类对生态环境的影响和破坏。发达国家和地区一方面加快对外产业转移，另一方面开始尝试按照生态工业理念改造传统工业体系，在企业、产业和区域之间建立起相互利用资源的互补共生关系，这在很大程度上减少了资源的使用和废物的排放。

1. 资源开发利用方式更高效

传统工业带有明显的"三高"特性，一方面过度采掘造成自然资源枯竭，另一方面大量废物的释放破坏了环境的容纳功能和自我维持功能，造成生态系统功能失调乃至退化。生态工业则依据工业生态学的基本原理，科学地指导资源的综合开发和利用，兼顾经济效益和生态效益，有利于推进低碳、绿色、可持续发展。

2. 工业内部体系构成更完善

传统工业系统主要由采掘业和加工业两大部门构成，生态工业系统则是模拟自然生态系统，主要由资源生产、加工、还原三大部门组成。资源生产部门对各种资源进行开发利用，为工业生产提供初级原料和能源；加工部门将初级原料和能源进行多层次的加工转换成工业品；还原部门将工业生产过程中的各种副产品和废弃物再资源化，整个工业生态链高效、良性循环，工业发展与生态环境协同进化。

---

* 唐海峰（1976—），男，河南邓州人，河南省社会科学院助理研究员。

3. 产业链条和布局更合理

传统工业由于过分强调工业的专业化、区域化，企业产品单一化，生产周期过分追求规模经济效益，且使区际封闭式发展，导致产业结构趋同、产业布局集中、同类企业密集、资源过度开发、生态环境系统超载、工业废弃物剧增。生态工业则强调系统的开放性和相对封闭性，聚集不同类型的相关企业，通过不同生产工艺之间、产品与资源之间、废弃物与资源之间的耦合关系，尽量延伸工业产业加工链，最大限度地开发和利用各种资源和主副产品，减少废弃物的生成和排放，有效地保护生态和环境，实现"生产—回收—再利用"的良性循环、产业结构多元化和产业布局合理化。

4. 工业发展方式更科学

传统工业基本以反向增长的自然代价换取经济的数量型增长，对资源无序、过度地开采和开发，导致生态环境产生难以挽回的损失。生态工业则力求建立一种以物质和能量闭环流动为特征，具有自动反馈调节、相对封闭功能的循环经济系统，以实现可持续发展所要求的经济与环境"双赢"的战略目标。发展生态工业有利于减缓自然资源的消耗速度，使经济发展步入可持续的良性发展轨道。

二、河南省在发展生态工业中存在的问题和制约因素

面对工业转型升级的现实要求和资源生态环境的巨大压力，河南省在发展生态工业方面做了长期持续的探索和努力。例如，大力推进清洁生产、发展循环经济、培育壮大环保产业和建设生态工业园等，但是河南省生态工业发展依然存在诸多障碍和制约因素。

1. 发展生态工业的理念认识落后

由于生态工业理念在我国才刚刚兴起，人们在思想认识方面还存在一些障碍。一是对末端治理的局限性认识不足，普遍认为传统工业生产方式的末端治理同样可以达到减少污染、保护环境的目的，而实践证明末端治理是被动的、高成本的弥补措施，它会制约污染少、效率高的生产技术和方式的研发，而且由末端治理形成的环保市场会产生虚假和负面的经济效益，等等。二是认为发展循环经济和生态工业不合省情，为时尚早，认为发展循环经济和生态工业是发达地区的事，河南作为中部地区新兴工业大省当前迫切需要做大总量，壮大实力。三是认为在市场经济条件下市场只能对资源的开发、加工、分配产生效率，而对污染物的处理则会完全失灵，而政府最多只能通过立法和执法要求企业进行末端治理，却难以直接干涉企业的具体生产过程和方式，政府和市场对循环经济和生态工业的发展都是无能为力的。因此，河南迫切需要加大思想解放力度，深入学习生态工业理论知识，站在工业文明和生态文明有机融合的高度来突破认识局限和思想误区。

2. 发展生态工业的顶层设计缺失

近年来，河南省虽然出台了若干关于发展新型工业、循环经济、推进工业转型升级等方面的发展规划，但是以生态工业为主旨概念的规划设计依然缺失，这在很大程度上使河南生态工业发展缺乏前瞻性和指导性。在实践中，河南省的生态工业园区有不少在立项的选址、定位、生态工业产业链的选择上不够科学，在实际运行中存在诸多问题，造成了人力资源和物质资源的浪费，没有发挥出应有的功能。基于科学发展观和生态哲学范式的转化，重视人的参与和行为方式的转变，迫切需要把生态文明建设纳入各级政府发展规划，调整和优化工业化规划和相关产业布局，明确以生态工业理念重构新型工业化的内涵、发展目标和主要任务的实施策略，构建新型工业化的生存、发展、环境、社会和智力支持系统。

3. 发展生态工业的激励监督机制欠缺

生态工业通过持续改进的措施使工业系统内各生产过程从原料、中间产物、废物到产品的物质循环，将环境外部性内部化，从而实现工业发展与环境相融，做到经济效益、社会效益和生态效益的综合优化。可见在目前社会经济条件下，发展生态工业存在正外部性，为促进生态工业发展，必须考虑其发展机制。当前河南发展生态工业缺乏有效的市场激励、政策激励和监督机制，这导致企业参与发展生态工业的积极性不高，生态工业产值较低，绿色技术发展落后，在很大程度上制约了生态工业正外部性效用的发挥。激励机制能吸引企业参与生态工业发展的实践，监督机制可以避免企业的败德行为，而绿色技术创新机制则是生态工业发展的技术要素供给的重要保障，在此基础上还必须考虑建立和完善生态工业运行机制来促进生态工业的有效运行。

4. 发展生态工业的高技术要素供应不足

河南工业在技术进步和技术创新方面还存在不少问题，工业整体的技术基础并不牢靠，工业创新能力不强，核心技术的"瓶颈"尚未突破，发明专利少，新产业、新产品更新换代慢，发展生态工业的高技术要素供应不足。支撑生态工业发展的创新体系还未建立，三大主体存在功能缺失。与发达国家和地区相比，河南生态工业在利用信息技术、信息产品和信息设备推动生态工业的信息化方面还有较大差距。高技术产业与高技术发展不同步，在飞速发展的高技术产业成为产业结构优化升级的重要推动力的同时，产品技术含量低、对外依存度高的局面没有改变，关键技术和核心技术仍依靠大量进口，而产值和出口的增加仍主要依赖于承接OEM，技术发展远没有成为高技术产业发展的真正推动力。

三、基于生态工业理念的新型工业化体系重构的路径选择

河南发展生态工业尚处于起步探索阶段，以生态工业理念加快新型工业化体系重构是一个艰巨宏大的长期工程，需要从更新发展理念、优化产业结构、建立完善共生网络和支撑体系等多方面寻求发展突破。

1. 以生态工业理念重新调整新型工业化发展思路

基于生态工业理念的新型工业化体系必须对新型工业化的战略思维、整体框架、发展目标、重点任务、实现途径等进行重新定位。建设生态文明，实施新型工业化战略，就应该重新调整工业的发展思路：一是生态文明引领下的新型工业化仍然要把发展放在重要位置，但又好又快的发展内涵中应特别强调对环境的保护与治理，把对环境有效保护和资源有效节约放在工业发展的首位；二是生态文明引领下的新型工业化应把打造生态工业体系作为工业发展的基本目标之一，工业发展目标的确立与工业发展路径的选择都应围绕生态文明的目标而展开；三是提高效率是工业又好又快发展的基本要求之一，生态文明引领下的新型工业化强调节能减排，发展低碳经济和循环经济，在打造生态文明的过程中提高经济效益，实现生态效益与经济效益的"双赢"；四是实施低碳经济发展战略，以发展低碳经济为契机，大力进行产业调整，构建低能耗、低污染、低排放的工业发展模式。

2. 以发展低碳经济推进生态文明和工业文明有机融合

低碳经济是以低能耗、低排放、低污染为基本特征的一种经济模式，其实质在于提升能源的利用效率、推行区域的清洁发展、促进产品的低碳开发和维持全球的生态平衡。低碳经济的发展模式是对传统的"高碳经济发展模式"的扬弃，有利于环境保护与工业发展的"双赢"，发展低碳经济是促进生态文明和工业文明融合发展的必然选择。河南必须通过加大产业结构调整力度，构

建生态工业体系,加快淘汰"三高一低"的低端制造产业,推动低碳经济发展:一是加快改造提升传统制造业,通过新技术和新手段促进产业升级,促进节能减排、环保降耗,提高资源利用效率,提高经济效益;二是大力发展先进制造业、高新技术产业、战略性新兴产业等具有低碳特征的产业,限制高碳产业的市场准入,用新技术、新材料、新能源、新产业取代传统的高碳产业,使产业结构逐步趋向低碳经济的标准。其次是调整能源结构,促使河南省能源结构向低碳能源方向发展,要加快从以传统煤炭为主向石油和天然气为主的能源消费结构转变,加快传统石化能源为主向清洁和可再生能源为主的结构转变,大力提高能效,减缓碳排放增长速度,降低碳排放强度。最后是调整技术结构,大力发展节能技术、低碳技术,建立绿色科技支撑体系,为发展低碳经济提供科技支撑。

3. 以共生网络运行机制保障生态工业有序发展

产业共生网络是生态工业的主要特征和重要的实现途径,它强调产业区内企业之间的合作,主要通过各企业之间废弃物、副产品之间的交换,从而使整个工业体系形成各种资源循环流动的闭环系统,最终在提高经济效益的前提下,实现产业生态化和经济循环发展。一是建立起生态工业共生企业合作与信息共享机制。生态工业发展需要工业共生企业的密切合作,通过信息共享组建生态工业共生网络,进而通过公平分享合作收益来巩固共生网络,有效地减少来自企业内、外部的不确定性。二是建立生态工业共生企业的协调机制。协调机制是生态工业共生网络建立和运行的重要保障,可以实现生态工业共生网络中企业的协同,优化共生企业内外部业务的分工与协调机制,激励与约束共生企业行为,有效减少共生企业之间的冲突,提高合作效益,保证信息传递的畅通性、完备性与真实性。三是建立生态工业共生企业的风险管理机制。生态工业共生网络的形成基础是供需链,由于供需链的脆弱性,企业加入生态工业共生网络存在风险,因此需要探讨风险管理问题。生态工业共生网络的风险管理是指通过识别、评估生态工业共生网络运行过程中存在的风险,在此基础上采取最经济合理的方法来控制风险,并对风险的处理建立预警、监控与反馈机制。四是建立物流管理组织的演化与创新机制。降低物流成本,提高物流效益是企业增强竞争力的重要措施。发展生态工业需要把握物流组织的发展变化趋势,通过物流组织的创新保证物流绩效的优化与绿色化,从而保证生态工业发展实现经济效益、社会效益和生态效益的全面兼顾。

4. 以体系建设提升生态工业的战略支撑能力

加快构建以生态工业理念重构新型工业化的战略支撑体系主要由适合工业化新阶段的现代产业体系、适合传统产业提升和新兴产业培育的区域创新体系、适合资源节约和环境友好的技术体系、适合区域禀赋结构和产业特色的人才支撑体系等组成。一是以提升产业竞争力为重点,以高端、高质、高效为战略取向,抢抓产业转移机遇,推动产业发展集聚化、产业结构高级化、产业要素集约化,构建以先进制造业和现代服务业主导产业群为支撑的结构合理、特色鲜明、节能环保、竞争力强的现代产业体系。二是以企业为主体,以研发中心、重点实验室为载体,以重大科技专项、重大产业创新工程为抓手,以产业集聚区为基地,以技术研发联盟创新机制,全面提升自主创新能力和水平,构建适合传统产业提升和新兴产业培育的区域创新体系。三是在产业内升级为主的价值链调整思路下,河南工业的技术路径应建立在发挥区域资源优势、产业优势与技术存量的基础上,支撑产业结构调整的技术路径应以适用技术为主,加快构建适合资源节约和环境友好的技术体系。四是结合区域禀赋结构和产业特色,通过更好实施人才资源优先开发、人才资本优先积累、人才结构优先调整、人才投入优先保证等战略,进一步形成人才支撑发展、发展孕育人才的良性循环机制。

四、加快推进基于生态工业理念的新型工业化重构的政策建议

为了更好地推进河南工业转型升级，加快构建基于生态工业理念的新型工业化体系，促进"四化"同步协调，实现经济、社会、生态的全面可持续发展，当前亟待做好以下几个方面的工作：

1. 加强学习借鉴

自20世纪末以来，发达的工业化国家在研究、解决工业发展与环境保护这一矛盾的过程中，逐步形成了系统化、整体化解决这一问题的方法——推进工业生态化建设。工业生态化主要关注人类工业系统和自然环境之间的相互作用、相互关系，它为研究人类工业社会与自然环境的协调发展提供了一种全新的框架，为协调社会各部门共同解决工业系统与自然生态系统之间的冲突提供了具体、可操作的方法，为可持续发展奠定了坚实的基础。实现工业的生态化转向、发展生态工业，追求的是人类社会和自然生态系统的和谐发展，寻求的是经济效益、生态效益和社会效益的统一，最终实现人类社会的可持续发展。加强对发达国家和地区生态工业发展经验的研究和借鉴，加快转变观念，借鉴成功经验，推动工业文明和生态文明和谐共生。

2. 制定发展规划设计

抓紧研究出台河南省生态工业体系发展规划纲要，确定未来5~10年甚至更长时期河南省基于工业生态理念的新型工业化体系重构的战略思维、整体框架、发展目标、实现途径、重点任务和政策措施。立足中原经济区的比较优势进行产业选择、技术选择，构建生态工业大系统，从发展规划入手，科学设计，稳步推进。在研究制定中原经济区社会发展总体规划、各类专项规划、区域规划以及城市规划和重大项目等各项工作中，要把构建生态工业大系统放在重要位置，尽快推动国土综合规划工作，特别要针对高耗能、高污染产业做好空间规划；围绕提高资源再利用率和建立生态产业链的目标，政府部门在工业企业和工业项目建设和发展中要认真做好规划，并有计划地选择条件较好的企业或产业进行尝试，形成环形的产业链和产业集群；积极推进纵向延长产业链条专题研究，加快节能、节水、资源综合利用、再生资源回收利用等专项规划的编制工作，提出发展目标、重点和政策措施，为实现资源消耗的减量化、再利用和资源再生化提供科学指导。

3. 培育生态工业板块

坚持膨胀"点"，拉长"线"，扩张"面"，以生态工业园、循环经济示范园和工业龙头企业为载体和依托，加大生态工业和循环经济示范力度，不断延伸生态工业的产业链条，提升生态工业的辐射强度，带动生态工业连片发展，培育区域性生态工业板块。大力培育生态环保产业和战略性新兴产业，为生态工业发展提供产业和技术支撑。生态环保产业和战略性新兴产业以重大技术突破和重大发展需求为基础，具有市场前景广阔、创新性明显、物质资源消耗少、综合效益好等优势，是河南当前产业结构优化调整的重要途径，也是支撑河南经济持续增长的重要产业和发展创新型经济的主导力量。培育战略性新兴产业，要发挥自身基础优势，实施重点突破策略，集中精力主攻最具培育条件和竞争优势的领域，着力引进培育生态工业领域的蜂王型企业和龙头型项目，着力培植一批最具有国际市场竞争能力的品牌产品，着力打造一批产业集聚度高、辐射带动作用大的新兴特色产业集群和新兴产业基地，着力优化新兴产业发展的软环境，加大政策支持力度，促进要素集聚，突破核心技术。

4. 完善体制机制法规体系

河南省迫切需要加快在区域、产业、企业三个层面建立起新型工业体系生态化重构的激励和

监督机制、绿色技术创新机制、运行机制等机制体系；加强政策引导与法律规范，以激活工业经济生产、流通、消费各领域中的资源利用效率为目的，建立和完善促进生态工业系统发展的价格、补贴及税费政策，形成良好的约束机制；建立和完善促进生态工业系统的发展制度，包括生产者责任延伸制度、清洁生产制度、绿色消费制度等，形成良好的发展机制；建立和完善生态工业系统发展激励制度，包括绿色财政制度、绿色税收制度、绿色采购制度等，形成推动生态工业系统发展的持久动力机制。加强环境执法监管，提高企业守法的意识，推动企业积极主动开展清洁生产、发展生态工业。与此同时，必须尽快建立和完善促进生态工业发展的法律、法规体系，通过立法，明确政府、企业和公众在推进循环经济发展中的责任和义务，为构建生态工业体系提供制度保障。

参考文献

[1] 沈国明. 21世纪生态文明：环境保护沈国明 [M]. 上海：上海人民出版社，2005.
[2] 严安. 积极推动我国生态工业健康发展 [J]. 前沿，2009（1）：106-110.
[3] 郝文斌，冯丹娃. 我国生态工业发展的理论基础与实践对策 [J]. 北方论丛，2011（3）：139-141.
[4] 赵丽. 论生态文明引领下的工业化思路 [J]. 齐鲁学刊，2010（4）：95-99.
[5] 郑国诜，廖福霖. 生态工业发展机制探析 [J]. 石家庄经济学院学报，2010（4）：30-35.
[6] 韩勇. 生态文明视野下我国工业生态化问题研究 [D]. 成都理工大学硕士学位论文，2009.
[7] 王云凤. 构建呼包鄂地区生态工业大系统问题研究 [J]. 前沿，2011（2）：186-189.

产业升级的需求动因是什么?
——基于非竞争投入产出模型的实证研究

王 宇 干春晖 汪 伟

一、引 言

一个国家的产业结构,能够反映该国经济发展所处的阶段以及将来的发展方向。改革开放以来,虽然中国经济保持了高速增长,但背后的产业结构不合理问题却一直没有得到解决。根据中国统计年鉴提供的数据,近十年来,中国的第三产业占 GDP 的比重只增长了不到 3 个百分点,到 2011 年,第三产业占 GDP 的比重仍然只有 43.4%,远远低于发达国家 70% 以上的平均水平。当前的中国经济已经告别了两位数的增长时代,逐步进入减速阶段,加快产业结构调整和经济发展方式的转变刻不容缓。中共十八大报告指出:"要加快转变经济发展方式,推动产业结构优化升级。这是关系国民经济全局紧迫而重大的战略任务。"因此,研究产业结构升级的推动力量和影响因素,具有重要的理论意义和现实意义。

国内外研究学者大都将研究结构变迁的重点放在供给的角度。Chenery 认为经济结构可以定义为不同部门中劳动力、资本和自然资源等生产要素的供给及使用。从供给的角度研究产业结构可分为两方面:狭义上引起经济结构变化的相关因素包括技术进步、资本、土地、劳动力技能以及自然和社会环境等。从广义上分析,还应包括政治制度、资源配置方式以及比较优势等。Baumol 最早从生产力差异的角度来解释经济产业结构演进现象,认为技术进步和技术替代会打破原有的均衡状态,并对产业部门产生冲击且引起生产要素供给的变动。Acemoglu 和 Guerrieri 研究证实了部门间要素比例差异和资本深化导致了产业结构变迁,同时也证明了产业结构可以与总量平衡增长相协调。Ngai 和 Pissarides 将劳动变量引入对产业结构和经济均衡增长的框架中,发现劳动因素对产业结构变动作用显著,农业和制造业的市场化程度上升之后,家庭部门的生产时间完全用于服务业。

按照西蒙·库兹涅茨(1991)的论述,经济增长过程本身就是产业结构变动的过程,其表现在各部门的增长总和上,因而产业结构变动的实质是部门增长的动力转换。居民消费、资本投入、政府支出及出口是拉动经济增长的需求因素,经济活动涉及多个部门,不同部门最终需求的诱导作用不同,从而引起部门之间此起彼伏的增长和变动,表现为产业结构的变迁过程。从需求视角

---

* 国家社科重大基金项目"'十二五'期间加快推进我国产业结构调整研究"(批准号 10zd&011);内蒙古自然科学基金项目"消费结构促进产业结构作用机理研究"(批准号 2012MS1006);上海财经大学研究生创新基金项目"消费结构变动促进产业结构调整的机制与政策措施研究"(批准号 CXJJ-2011-369);上海社科规划党的十八大精神系列课题,"扩大消费需求的长期政策与长效机制研究"(2012XAL018)。

来研究产业结构的文献还较少。Matsuyama 从需求角度分析农业产品比制造业产品有更低的需求收入弹性，随着收入的上升对制造业的消费需求数量增加得更快，由于制造业部门"干中学"促使技术进步保证工业化得以实现，从而加快了一国产业结构演进。Echevarria 设计了农业、制造业、服务业三部门模型，实证了由于消费水平的变化驱动生产部门份额变化的过程。与此类似的研究还可见 Kongsamut、Föllmi 和 Zweimüller 等。同样是需求的角度，也有学者从国民收入恒等的角度研究揭示需求对产业增长的影响。而非竞争型投入产出表是从这一角度研究两者关系的适宜方法。

非竞争型投入产出表早前经常出现在研究国际贸易的文献中，例如 D.Hummels 等（2001）利用非竞争型投入产出表计算 OECD 国家的贸易的垂直专门化率，平新乔等根据 D.Hummels 等提出的定义和公式，同样使用非竞争型投入产出表对中国的贸易垂直专门化率做了深入研究；刘遵义（2007）构建了一种反映中国加工贸易特点的非竞争型投入产出模型，提出了一种测算出口对于国内增加值和就业效应的计算方法；之后沈利生（2009）在非竞争型投入产出表的基础上重新测算了消费、投资和出口分别拉动经济增长的效用，指出应该使消费、投资和出口协调拉动才能转变经济发展方式；刘瑞翔、安同良（2011）通过非竞争型投入产出表对本国产品和进口产品的分解，得出 1987~2007 年中国经历了从"内需依存型"向"出口导向型"经济转变；孙文杰（2012）利用非竞争型投入产出表，研究得出 1997 年之后，国内消费、投资和出口对我国劳动报酬的拉动系数呈大幅下降趋势，且拉动重心逐渐由国内居民消费转向投资和出口，这种转变是劳动报酬显著下降的主要原因；张友国（2010）基于非竞争型投入产出表测算了经济发展方式变化使得中国 GDP 碳排放强度下降了 66.02%，虽然非竞争型投入产出模型的应用越来越广泛，但是很少有人把其用于产业结构的研究，本文通过 1992~2010 年非竞争型投入产出表的编制，在扣除进口品对国内产业结构影响的基础上，对结构演进的最终需求动因进行分析，并测算了 1992~2010 年需求结构与产出结构偏离度。为结构调整提供有效的政策建议。

本文将居民消费细分为城镇居民消费、农村居民消费，弥补了长期忽视城乡消费需求差异对消费结构的影响作用，是对现有文献的有益补充。为了考察近年来产业结构变化背后的原因，本研究还将最新的 2010 年投入产出延长表数据纳入进来，比较完整地反映了自 1992 年以来产业结构变迁的不同阶段需求动因的转换现象与规律。本文将国民经济部门划分成"居民消费驱动型"产业、"资本驱动型"产业、"出口驱动型"产业以及"政府支出驱动型"产业，并探讨了不同时间的部门需求动因在这四种情形下的转换及其背后的原因。

笔者研究发现："出口驱动型"产业和"居民消费驱动型"产业发展有利于产业结构的调整，而"资本驱动型"的产业发展对结构改善不利。我们还细致考察了第三产业内部的需求动因，研究发现第三产业内部 71.4% 的产业属于"居民消费驱动型"，我国产业结构在进入 21 世纪以后升级缓慢主要是受到了居民消费不振的影响。因此，发挥消费需求的产业升级导向作用，应当成为未来政策的重点。

本文下面的安排如下：第二部分介绍可比价非竞争型投入产出模型；第三部分分析最终需求对宏观产业演进的影响；第四部分进一步对细分行业进行需求分析；第五部分考察了最终需求结构与产业结构的偏离度；第六部分是本文的结论和政策建议。

二、可比价投入产出模型设定和数据处理

（一）模型设定

目前1992年、1997年、2002年、2007年的投入产出表以及2005年、2010年的延长表是国家统计局公布的竞争型投入产出表，竞争型投入产出表是各生产部门消耗的中间投入部分中本国投入品与外国进口品完全替代，或者说是不加区分本国产品和进口产品的投入和消耗的影响，随着国际贸易的发展，国际分工和联系日益紧密，一个国家的生产过程经常使用其他国家的进口产品，所以进口产品在国内的生产含量越来越高，到了不能忽略的地步，但是因为进口产品的价值不是本国创造的，不能算在各部门的实际产业结构中，进口产品作为中间投入经过生产加工过程，其价值转移到国内最终产品中，所以计算产业结构演进的最终需求动因时，需要分别识别并扣除转移的进口产品价值，这才是最终需求对产业结构影响的真实分析。如果仍然用竞争型投入产出表，不扣除进口产品，就相当于把进入生产过程的进口产品视作（或等同于）国内产品，并由此产生了相应的直接消耗和间接消耗，结果就夸大了对国内各部门的消耗，测算出的需求对结构影响不能够反映实际情况。所以研究本文的问题不能使用竞争型投入产出表，而是使用能够扣除进口产品的非竞争型投入产出表。

在使用非竞争型投入产出表之前，有必要介绍其编制过程，目前编制非竞争投入产出表的方法大致分为两类：一类方法是以齐舒畅等（2008）为代表的编制方法，编制进口产品使用结构矩阵时以海关8位HS编码分类数据为基础进行，主要用商品流量法和专家咨询法，同时参考大中型工业企业进口商品来源调查表，确定各种进口商品在各中间使用部门及最终使用部门中的分配去向，再按照对照表，将每一种8位HS分类编码进口商品的分配流向按照相同的生产部门进行归并，最后，进一步调整进口产品使用结构矩阵。将进口关税数据按比例进行分摊，最终编制成非竞争型投入产出表。另一类方法是以刘遵义等（2007）、刘瑞翔和安同良（2011）、沈利生（2009、2010）的研究为主要参照方法进行编制，由于第一种方法需要大量的调查数据，在数据有限的情况下，把1992~2010年的投入产出表全部进行拆分几乎不可能办到，所以本文采取的是第二种编制方法，其好处是逻辑简单明了，能够突出研究的问题。具体编制如表1所示，其中X表示总产出向量，M为国内总进口向量，为简化表格把X、M并成一列，G_j表示j部门的增加值。依据投入产出表平衡关系有：$X = (X_1, \cdots, X_n)$。国内产品以上角标d标出，进口产品则以m标出。例如，F^d和F^m分别表示国内和进口产品最终需求支出。A^d为国内产品的直接消耗系数矩阵。把竞争型投入产出表拆分成非竞争型投入产出表是一个复杂过程，为了突出研究问题，化繁为简，在不影响分析结果的前提下进行一定假设。

在通常情况下，一国出口的产品往往是国内生产的产品，即本国产品，只有少量出口是保税区也称保税仓库（进出境货物和转口货物）内货物的出口，由于保税区货物没有进入国内生产过程，出口部分是进口后再出口，保税区出口数据来自《海关统计》，实际先确定表1的E^mX，在从出口额中扣除E^mX，得到国内产品的出口E^dX。但在实际操作过程根据刘遵义等（2007）和沈利生（2010）的假设，忽略进口后再出口这部分产品对产业结构及最终需求的影响，即假设$E^mX = 0$，认为在拆分国内产品和进口产品时，未考虑进口产品的出口（转口），把其当作零来对待。

进一步考虑对中间投入的进口与国内品拆分问题，假设同一投入部门的国内产品和进口产品是同质的，其他部门消耗该部门时都按照相同的比例拆分，例如，拆分第i部门的中间产品x_{ij}，

如表1令 x_{ij}^d 和 x_{ij}^m 的比例等于该部门的国内总产出 X_i 减去国内总出口量 $E^d X_i$ 之后与进口量 M_i 之比。即 $\dfrac{x_{ij}^d}{x_{ij}^m} = \dfrac{(X_i - E^d X_i)}{M_i}$。最终需求部分除出口部门外也都按照此比例拆分。这样就得到1992~2010年非竞争型投入产出表，基本表型如表1所示。

表1 非竞争型投入产出简表

	部门	中间使用 1, 2, …, n	最终使用						国内总产出及进口
			农村居民消费	城镇居民消费	政府支出	资本投入	出口	合计	
国内产品中间投入	1 2 … n	$A^d X(x_{ij}^d)$	F_{Rur}^d	F_{Urb}^d	F_{Gov}^d	F_{in}^d	$E^d X$	F^d	X
进口产品中间投入	1 2 … n	$A^m X(x_{ij}^m)$	F_{Rur}^m	F_{Urb}^m	F_{Gov}^m	F_{in}^m	$E^m X$	F^m	M
增加值		$G_1, …, G_n$							
总投入		$X_1, …, X_n$							

$$A^d = \begin{bmatrix} a_{11}^d & \cdots & a_{1n}^d \\ \vdots & \ddots & \vdots \\ a_{n1}^d & \cdots & a_{nn}^d \end{bmatrix};$$

$$a_{ij}^d = \dfrac{x_{ij}^d}{x_j}, \ j = 1, 2, \cdots, n。$$

a_{ij}^d 表示国内产品直接消耗系数，定义为国内每生产单位 j 产品要消耗国内 i 种产品的价值。根据投入产出均衡方程有：

$$\sum_{j=1}^{n} a_{ij}^d X_j + F_i^d = X_i, \ i = 1, 2, \cdots, n。$$

以矩阵形式表示：$A^d X + F^d = X$，进一步变换为：

$$X = (I - A^d)^{-1} F^d \tag{1}$$

设国内产品的列昂惕夫逆矩阵：$B^d = (I - A^d)^{-1}$:

$$B^d = \begin{bmatrix} b_{11}^d & \cdots & b_{1n}^d \\ \vdots & \ddots & \vdots \\ b_{n1}^d & \cdots & b_{nn}^d \end{bmatrix};$$

元素 b_{ij}^d 表示 1 单位国内最终产品 j 对国内 i 产品的完全消耗。

同理可得：

$$A^m = \begin{bmatrix} a_{11}^m & \cdots & a_{1n}^m \\ \vdots & \ddots & \vdots \\ a_{n1}^m & \cdots & a_{nn}^m \end{bmatrix};$$

A^m 表示进口产品的直接消耗系数矩阵，进口产品直接消耗系数 $a_{ij}^m = \dfrac{x_{ij}^m}{x_j}, \ j = 1, 2, \cdots, n$。根据投入产出均衡方程有：

$$\sum_{j=1}^{n} a_{ij}^m X_j + F_i^m = M_i, \ i = 1, 2, \cdots, n。$$

改写为矩阵形式：$A^m X + F^m = M$

（二）最终需求对产业部门产出诱发作用分解

生产诱发[①]系数是最终需求对产业部门生产影响度量值，是单位最终需求诱发的全部生产产值，全部生产产值包括直接和间接（含由于关联引起的波及效应）所引起全部生产总值。能够反映不同阶段产业产值变化的不同最终需求贡献，产值变化是产业结构变动的重要参考依据。

依据表1所示，把最终需求分为两部分：一是最终需求消耗国内产品部分；二是最终需求消耗进口产品部分。

最终需求消耗国内产品部分进一步分解为农村居民、城镇居民、政府支出、资本投入及出口消耗国内产品向量，分别定义为 F_{Rur}^d、F_{Urb}^d、F_{Gov}^d、F_{in}^d、$E^d X$。

同理，最终需求消耗进口产品部分也分解为五部分：依顺序分别把 F_{Rur}^m 定为农村居民消耗进口产品向量；F_{Urb}^m 定义为城镇居民消耗进口产品向量；F_{Gov}^m 定义为政府支出消耗进口产品向量；F_{in}^m 定义为进口产品转化为资本投入向量。一般认为进口的产品不直接用于出口，因此 $E^m X = 0$。

根据最终需求的定义可知：

$$F_{Rur}^d + F_{Urb}^d + F_{Gov}^d + F_{in}^d + E^d X = F^d \tag{2}$$

根据（1）式、（2）式均衡方程可改写为：

$$X = (I - A^d)^{-1} F^d = (I - A^d)^{-1} F_{Rur}^d + (I - A^d)^{-1} F_{Urb}^d + (I - A^d)^{-1} F_{Gov}^d + (I - A^d)^{-1} F_{in}^d + (I - A^d)^{-1} E^d X \tag{3}$$

令：

$$W_i^d = (I - A^d)^{-1} F_i^d ; \quad i = Rur、Urb、Gov、in、EX \tag{4}$$

其中 W_{Rur}^d、W_{Urb}^d、W_{Gov}^d、W_{in}^d 及 W_{EX}^d 表示农村居民消费、城镇居民消费、政府支出、资本投入及出口诱发国内全部产值。

$$X = W_{Rur}^d + W_{Urb}^d + W_{Gov}^d + W_{in}^d + W_{EX}^d ; \tag{5}$$

根据（3）式~（5）式定义生产诱发系数 c_i 为：

$$c_i = \frac{W_i^d}{F_i^d}, \quad i = Rur、Urb、Gov、in、EX \tag{6}$$

其中 F_i^d 分别表示 i 项最终需求总量。c_i 分别表示农村居民消费、城镇居民消费、政府支出、投资及出口的生产诱发系数，表示每单位 i 项最终需求诱发生产额度。例如，C_{Rur} 表示1单位最终需求中农村居民消费的诱发生产值。

（三）最终需求对产业增加值诱导作用分解

生产诱发系数能够反映最终需求与部门产值的依存关系，增加值是产业增长的重要测度，是产业生产总值概念。部门增加值的变化能够反映产业结构变动关系，是重要的经济指标。为了建立最终需求对增加值的作用机制进而分析产业结构演进，构建最终需求与部门增加值的依存关系是本文的关键。本文借助刘瑞翔和安同良（2011）定义的增加值与最终需求的诱导关系重新定义为增加值需求诱导系数 H_i，计算如下：

设 $\widetilde{G}_j$ 为 j 部门产生的增加值，而 G 为国内生产总值，部门 j 的单位产出增加值率为：

[①] "诱发"和"诱导"两词在文中表达不同含义：前者针对部门生产值而言，后者与部门增加值关联，希望能给读者明确含义带来方便。

$$f_j = \frac{\widetilde{G}_j}{X_j}, \quad j = 1, 2, \cdots, n。$$

从而有 $G = \sum_{j=1}^{n} \widetilde{G}_j = \sum_{j=1}^{n} f_j X_j$ \hfill (7)

设 A_v 矩阵是 $n \times n$ 的对角阵：①

$$A_v = \begin{bmatrix} f_1 & & & \\ & f_2 & & \\ & & \ddots & \\ & & & f_n \end{bmatrix} = \begin{bmatrix} 1 - \sum_{i=1}^{n} a_{i1} & & & \\ & 1 - \sum_{i=1}^{n} a_{i2} & & \\ & & \ddots & \\ & & & 1 - \sum_{i=1}^{n} a_{in} \end{bmatrix};$$

设 $P = (1, 1, \cdots, 1)$ 是维数为 n 的行向量，X 是一个 n 维的列向量：

$$X = (\sum_{j=1}^{n} x_{1j}^d, \sum_{j=1}^{n} x_{2j}^d, \cdots, \sum_{j=1}^{n} x_{nj}^d)^T; \quad (8)$$

所以根据（7）式、（8）式国内生产总值 G 可改写为：

$$G = (1, 1, \cdots, 1) \times \begin{bmatrix} f_1 & & & \\ & f_2 & & \\ & & \ddots & \\ & & & f_n \end{bmatrix} \times \left(\sum_{j=1}^{n} x_{1j}^d \sum_{j=1}^{n} x_{2j}^d, \cdots, \sum_{j=1}^{n} x_{nj}^d 1 \right)^T =$$

$$P \times A_v \times X \quad (9)$$

根据（3）式、（9）式可分解为：

$G = PA_v X = PA_v(I - A^d)^{-1}F^d = PA_v(I - A^d)^{-1}F_{Rur}^d +$
$PA_v(I - A^d)^{-1}F_{Urb}^d + PA_v(I - A^d)^{-1}F_{Gov}^d +$
$PA_v(I - A^d)^{-1}F_{in}^d + PA_v(I - A^d)^{-1}E^d X$

令：

$G_i = PA_v(I - A^d)^{-1}F_i^d$；i=Rur、Urb、Gov、in、EX

其中 G_{Rur}、G_{Urb}、G_{Gov}、G_{in}、G_{dex} 分别为农村居民消费、城镇居民消费、政府支出、资本投入及出口引起的增加值额。

故此增加值需求诱导系数可定义为：

$$H_i = \frac{G_i}{F_i^d}, \quad i = Rur、Urb、Gov、in、EX。$$

其中，G_i 表示 i 项最终需求通过产业关联产生的增加值合计，F_i^d 如前文定义的 i 项最终需求消耗的国内产品向量。例如：H_{Rur} 表示 1 单位农村居民消费诱导产生经济增加值额度。

通过对矩阵进行分块，可求得细分产业部门的增加值需求诱导系数。

（四）数据来源与处理

文中的数据主要来自于刘起运、彭志龙编著的《中国 1992~2005 可比价投入产出序列表及分析》

---

① a_{ij} 为竞争型投入产出直接消耗系数，$a_{ij} = a_{ij}^d + a_{ij}^m$，限于篇幅，证明从略，读者若有需要，可向作者索取相关证明过程。

中的附表数据以及国家统计局公布的2007年中国投入产出表以及2005年和2010年延长表，对2007年42部门、2010年65部门的投入产出表进行部门合并和调整，把1992~2010年投入产出表统一编制成33部门表。①考虑到不同年份价格的可比性问题，根据历年的《中国统计年鉴》、《中国工业经济统计年鉴》、《中国第三产业统计年鉴》推断相关的价格指数。并且统一按照2000年不变价折算出1992~2010年的可比价表。将可比价竞争型投入产出表转化为可比价非竞争型投入产出表参照上文。

三、最终需求诱导宏观产业演进的实证分析

（一）最终需求对宏观产业走势的影响

以最终需求视角分析宏观产业②产值结构的走势：1992~2010年全部最终需求对第二产业产值的诱发作用最强（如图1所示），为满足全部最终需求，第二产业的产出最多，其次是第三产业，最后是第一产业。从趋势分析，第一产业逐步减弱，第二产业在2007年出现拐点，改变以往一直上升的趋势转为下降，第三产业双拐点分别出现在1997年和2007年，共同之处表现为拐点之后都由下降转变为上升。并且产值2002年达到峰值，生产诱发系数达0.74。随着居民收入的提高，用以直接消耗农林牧渔业的支出减少，转而增加对工业品与服务品的消费，最终需求诱发的第一产业产值份额会逐步下降。第二产业经过1992~2007年的快速上升之后，2010年开始下降，产值结构有回调迹象。

依据最终需求对产业增加值的完全诱导关系，重新计算三次产业占国民生产总值（GDP）比例，如图2所示，通过计算可得第二产业的需求诱导系数最大，占GDP比重从1992年的36%快速升为2007年的48%，之后又回落到2010年的47%，从1992年以来一直是中国经济增长的主要动力；对比第一、第三产业可以看出：第一产业占GDP比重从1992年的20%一直下降到2010年的4%，低于统计年鉴的8.9%，这是由于其未考虑产业之间的相互消耗作用，以农林牧渔业为原料的产业越来越少，而以其为对象的初加工的产业越来越广泛地作为原材料，所以把完全消耗计算在内，第一产业比例就会降低。而第三产业占经济增长比例可分两个阶段：第一阶段1992~2007年表现出一直下行趋势，而2007~2010年又从25%上升到33%。从最终需求的视角体现出产业结构的变动情况，由于不同需求因素对产业的作用不同，无论产值还是增加值所体现的产业结构在2007年之后开始出现趋势性转变，第二产业产值和增加值出现下降，而第三产业对经济增长的贡献开始增强。从产业演进的过程看，1992~2007年结构不合理现象日渐明显，从需求角度观察，内需与外需，投资与消费失衡已经形成趋势，在2008年金融危机的影响下，外需出现萎缩影响到国内实体经济，增强了结构调整的紧迫性，在扩大内需、减少投资规模、消化产能过剩等一

---

① 33个部门具体包括：1.农林牧渔业；2.煤炭开采和洗选业；3.石油和天然气开采业；4.金属矿采选业；5.非金属矿采选业；6.食品制造及烟草加工业；7.纺织业；8.服装皮革羽绒及其制品业；9.木材加工及家具制造业；10.造纸印刷机文教用品制造业；11.石油加工、炼焦及核燃料加工业；12.化学工业；13.非金属矿物制品业；14.金属冶炼及压延加工业；15.金属制品业；16.通用、专用设备制造业；17.交通运输设备制造业；18.电器、机械及器材制造业；19.通信设备、计算机及其他电子设备制造业；20.仪器仪表及文化办公用机械制造业；21.其他制造业；22.废品废料；23.电力、热力的生产和供应业；24.燃气生产和供应业；25.水的生产和供应业；26.建筑业；27.交通运输及仓储业；28.邮政业；29.批发和零售贸易业；30.住宿和餐饮业；31.金融保险业；32.房地产业；33.其他服务业。

② 对应33个产业部门，第一产业仅包括1部门；第二产业包括第2~26部门；第三产业包括第27~33部门。

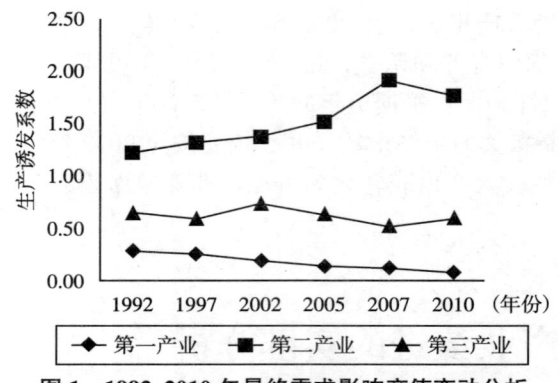

图1 1992~2010年最终需求影响产值变动分析

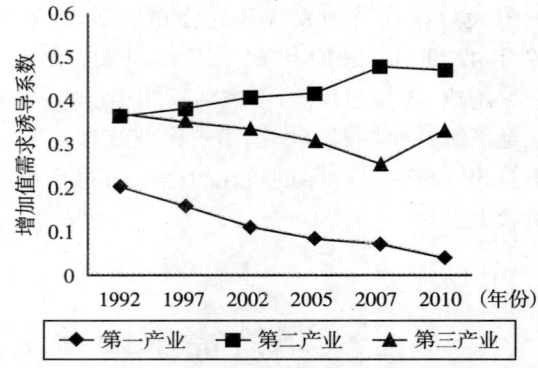

图2 1992~2010年最终需求影响增加值变动分析

系列需求政策实施的情况下，2010年结构失衡局面有所缓解，表现为服务业占国内生产总值的比重上升，第二产业比重有所下降。

（二）1992~2010年诱导产业结构变化的需求动力分解

增加值需求诱导系数是最终需求变化引起产业部门增加值变化的度量，而产业增加值变化能够引起产业结构变化（库兹涅茨，1991），进而揭示各类需求效应对产业结构演进的影响。

从表2观察1992~2010年农村居民消费是第一产业增加值变化的主要诱导因素，其次是城镇居民消费，从趋势上分析各类最终需求对第一产业的增加值诱导作用逐年下降，从而说明第一产业对经济增长的贡献在减弱。

第二产业的增加值需求诱导作用从大到小依次是资本投入、出口、城镇居民消费、农村居民消费以及政府支出。而且资本投入、出口的诱导作用远大于其他因素，资本投入对第二产业增长的诱导作用在2007年达到峰值0.59后开始下降。与此相反，出口对第二产业带动作用从2005年往后又逐渐走强，但增速却逐步放缓，2007~2010年出口对其产业诱导增速要低于2005~2007年时段，这主要是由于受世界金融危机的影响，外部需求低迷，导致出口对第二产业的诱导作用下降。居民消费对第二产业的诱导作用逐步加强，1992~2007年均是城镇居民消费诱导的贡献大于农村居民消费增加值，2010年出现转变，农村居民消费的增加值诱导系数首次超过城镇居民，表明农村居民消费对第二产业增长发挥的作用越来越显著。如表2所示最终需求对第三产业增长诱导作用按照诱导系数可分成三档：第一档是政府支出（增加值诱导系数高于0.50），远远高出其他最终需求诱导因素，成为产业增长的主导因素，自1992~2007年以来一直处于下降阶段，而2010年政府支出又超过2002年的诱导作用。改革开放以后，政府财政的收入迅速增加，政府对公共服务的支出扩张是第三产业能够较快发展的主要原因。第二档是居民消费（增加值诱导系数高于0.30，低于0.50），无论是城镇居民消费还是农村居民消费，增长波动情况都很相似，城镇居民消费对第三产业增长贡献更高，这与我国的服务业主要集中于城市有关，城市是服务业包括生产性服务业的主要空间载体（程大中，2008）。与政府支出类似，2010年居民消费诱导作用有所增强。第三档是资本投入与出口（增加值诱导系数低于0.30），对第三产业发展显著低于政府支出及居民消费，进一步分析二者走势不难发现，资本投入对于第三产业的增长没有显著的刺激作用，对比2002~2007年增加值诱导系数低于1992~1997年的诱导值，到2010年情况好转，但仍然低于1992~1997年的水平。出口与资本支出情况类似，1992~1997年出口对第三产业增长诱导作用增强，1997年成为转折点，1997年之后到2007年出口的诱导作用都是逐年减弱，从1997年的0.26下降到2007年的0.17，而2007~2010年又开始增强。

表 2 1992~2010 年三次产业增加值最终需求诱导系数表

产业		最终需求	1992年	1997年	2002年	2005年	2007年	2010年
第一产业	1	城镇居民消费诱导系数	0.3180	0.2805	0.1768	0.1365	0.1353	0.0720
	2	农村居民消费诱导系数	0.3832	0.3672	0.2755	0.2376	0.2137	0.1274
	3	政府支出诱导系数	0.0341	0.0256	0.0288	0.0326	0.0371	0.0170
	4	资本投入诱导系数	0.0489	0.0489	0.0677	0.0603	0.0316	0.0209
	5	出口诱导系数	0.1698	0.1202	0.0562	0.0475	0.0466	0.0258
第二产业	1	城镇居民消费诱导系数	0.2863	0.2939	0.3185	0.3179	0.3635	0.3764
	2	农村居民消费诱导系数	0.2587	0.2480	0.2697	0.2833	0.3247	0.3834
	3	政府支出诱导系数	0.1493	0.1525	0.1984	0.2061	0.2621	0.1842
	4	资本投入诱导系数	0.5652	0.5652	0.5480	0.5267	0.5916	0.5684
	5	出口诱导系数	0.5067	0.4776	0.4901	0.4730	0.5239	0.5351
第三产业	1	城镇居民消费诱导系数	0.3423	0.3374	0.3952	0.4051	0.3673	0.4392
	2	农村居民消费诱导系数	0.3148	0.3050	0.3634	0.3581	0.3428	0.3828
	3	政府支出诱导系数	0.7698	0.7424	0.6474	0.5858	0.5257	0.6880
	4	资本投入诱导系数	0.2535	0.2535	0.2110	0.2210	0.1749	0.2352
	5	出口诱导系数	0.2204	0.2584	0.2574	0.2249	0.1702	0.2272

分析表明第一产业的最终需求都有减弱趋势，间接证明了中间需求对第一产业增加值的促进作用正在逐步代替最终需求成为第一产业主要诱因。1992~2010 年各最终需求对第二、第三产业诱导作用相对稳定。

四、最终需求对细分产业的影响分析

（一）1992~2010 年最终需求对重、轻工业影响作用分析

本文参考齐志新、陈文颖等（2007）对轻工业、重工业的划分方法，[1] 通过图 3 对比，1992~2010 年重工业部门的经济增长主要依靠资本投入的诱导，其次是出口、城镇居民消费、农村居民消费以及政府支出（只有 2007 年政府支出超过农村消费诱导）。资本投入对重工业的增加值诱导系数在 1992~2005 年保持平稳，到 2007 年出现快速上升，系数值达 0.41，之后到 2010 年又下降为 0.39，出口同样是重工业发展的主要动力，远高于居民消费需求的诱导作用。

1992~2010 年最终需求对轻工业部门诱导作用可分为两个阶段：第一阶段是 1992~2007 年，诱导作用由高到低依次是出口、城镇居民消费、农村居民消费、资本投入与政府支出；第二阶段是 2007~2010 年，农村居民消费诱导作用大于出口，成为轻工业部门最主要的诱导因素，而且城镇居民消费诱导作用低于农村居民消费而高于出口，而资本投入诱导作用高于政府支出。从图 3 中进一步分析可以得出城镇居民消费对重工业部门的诱导作用除 1992 年、2010 年之外，均大于轻工业部门，而 2010 年城镇居民消费对轻工业部门诱导系数达到 0.20，超过同年度的重工业增加值诱导系数 0.17。随着经济结构的进一步地调整，城镇居民消费对轻工业部门的影响作用会越来越明显，轻工业部门比重的增加有利于结构调整，形成良性循环。与城镇居民消费诱导类似，1992~

---

[1] 重工业包括 16 个部门：2~5，11~19，21~23；轻工业包括：6~10，19~21，24~25。并对 19、21 部门进行拆解：一半归入轻工业，一半归入重工业。

2007年农村居民消费对重工业部门的增加值诱导作用大于轻工业部门，而2010年则对轻工业部门的诱导作用反超重工业部门，居民消费对重工业、轻工业部门诱导作用的变化有利用今后的通过扩大内需调整结构的经济转型。

1992~2010年资本投入对重工业部门的诱导作用远大于轻工业部门，资本投入主要是重工业部门增长的动力，而对轻工业部门增长作用发挥不明显，一方面是由于重工业比轻工业占用资本规模较大，但另一方面也反映出资本对于工业领域有投资失衡的倾向，2007年达到最大，资本的重工业增加值诱导系数是轻工业的8倍，而到2010年开始出现回落，但也是其6倍左右。

出口需求对于工业内部的增长诱导结构也非常类似于资本投入，显示出对重工业部门增长作用显著高于轻工业部门，由于早先中国出口主要以原材料业、手工业品及土特产等为主，轻工业产品占到主要位置，这一影响持续到1992年，随着中国的工业生产领域的逐步开放，在宏观政策积极从"进口替代"转向"出口导向"（吴敬琏，2006），中间产品制造、来料加工等生产模式促成出口对我国的重工业强力带动作用，本文的出口诱导系数反映出此种转变过程，1997年诱导值较1992年增加32.9%，而且对重工业诱导作用在1997~2010年均高于轻工业1.6倍，到2007年则达到2.2倍，2010年出口对轻工业部门增长显著，而对重工业部门诱导作用开始回落。

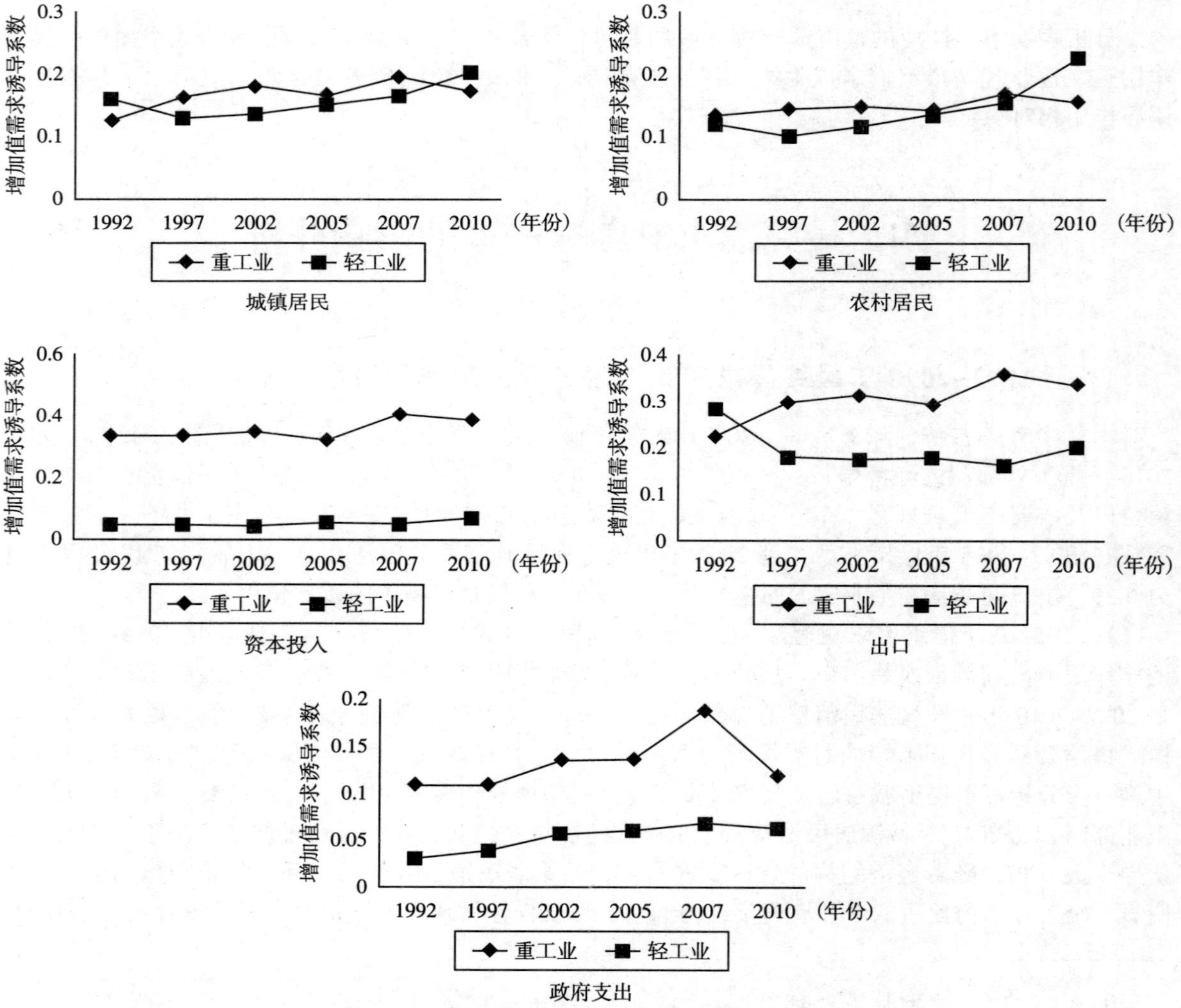

图3　最终需求因素对重、轻工业的诱导分析

产业结构转型与升级

政府支出可以看作是政府对宏观经济的调控手段之一,在投入产出表中经统计政府支出主要集中于农林牧渔业、交通运输及仓储业、金融业及其他服务业,政府支出不直接用于工业部门,但是通过产业前向关联及后向关联,政府支出对工业部门也会起到感应及诱导作用,通过对政府支出的工业内部增加值诱导系数测算,政府支出对重工业部门增长作用明显,远高于对轻工业部门,而且从趋势上分析1992~2007年重工业部门的增加值诱导系数提高迅速,年平均增长率为2.0%,而轻工业部门年平均增长率为0.7%,但2010年出现回调,支出对重工业回调较大,政府支出对重工业增加值诱导系数从2007年的0.19降低到2010年的0.12,而轻工业则从2007年的0.07降低到2010年的0.06,2010年政府通过支出变化对结构有调整作用,调和了重、轻工业增加值比。

(二) 以服务业为例分析最终需求对部门诱导的比较

从世界发达国家经济演进的规律来看,各国的服务业比重会持续上升,最终将稳定在较高水平,而对于我国原有的以工业部门和建筑业快速增长为引擎的发展模式受到诸多掣肘,根据国际经验,被迫进行的经济结构调整需要发挥服务业对经济增长的作用,从而分析服务业最终需求对部门增加值的影响十分有必要。如图5所示。

最终需求对七类服务业的作用各有不同,对于"27交通运输及仓储业"出口和资本投入对其的增加值诱导作用显著,1992年出口1元产品能够为其带来0.048元的附加值,而到2010年增长为出口1元能够换回0.052元的附加值,出口导向型政策有益于交通运输及仓储业的发展,同理,该行业对资本的依赖也十分显著,增加值诱导系数从1992年的0.050增长为2010年的0.064,而城镇居民消费、农村居民消费、政府支出没有前二者对行业的贡献大。

从图4中可以看到城镇居民消费和农村居民消费对整个服务的发展是至关重要的,对"28邮政业"、"30住宿和餐饮业"、"31金融保险业"及"32房地产业"都是最重要的部门需求动力,是增加附加值的最有利因素,由此推想,发展服务业离不开扩大居民消费政策的推行,而细微的城市居民和农村居民的消费扩大,会促进不同服务业部门的增长,例如,提升农村居民消费力会显然对邮政业、房地产业发展最为有利,而城镇居民消费力的提升对住宿和餐饮业、金融保险业更为有利。

而图4中也能够反映出产业部门的需求动力转换机制,以批发和零售贸易业为例分析行业的增长动力转换,发现,1992年农村居民消费对其增长最为重要,农村居民消费1元能够给行业带来0.09元的增加值,其次是城镇居民消费、资本投入、政府支出及出口;到1997年,该部门的增长带动作用发生变化,资本投入和出口是其主要的增长促进动力。不难理解,1992年是改革路线基本确立年,批发零售活动主要集中于城乡接合地,商业的活跃程度反而高于城镇,该行业的驱动力主要依靠农村人口消费,而且当时的城市化率较低,农村依靠人口规模使其消费能力总体与城镇相当,而到1997年经济改革深入进行,资本和出口是其最主要的发展动力,2002~2005年,加入世界贸易组织后的出口高于其他需求,是批发和零售贸易业的主要经济增长动力,随着居民收入的提高,消费水平不断攀升,到2007年居民消费又成为该行业的主要经济增长动力,2010年除了居民消费是主要行业的发展动力之外,相对2007年出口对行业的贡献增加,提高22.7%,政府支出对其的支持进一步缩减。

(三) 基于2010年横截面数据分析最终需求对33行业部门增长的影响

国民行业部门所生产的产品除了用于中间投入部门之外都被最终需求消耗,利用非竞争型投入产出表对最终需求的产业部门增加值诱导系数测算,能够反映出当最终需求变化时,对本国经济增长的影响。

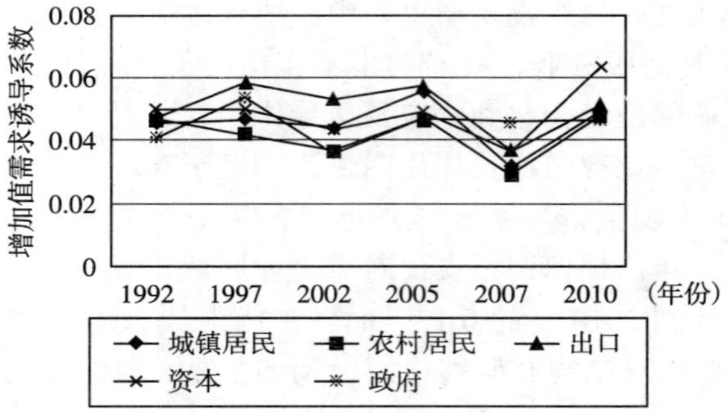

27 交通运输及仓储业 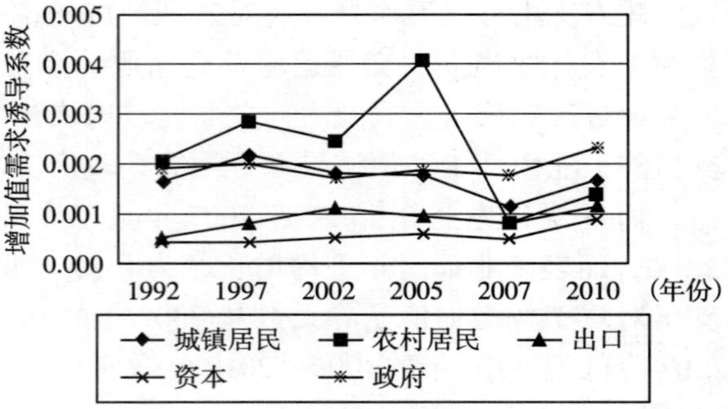　　28 邮政业

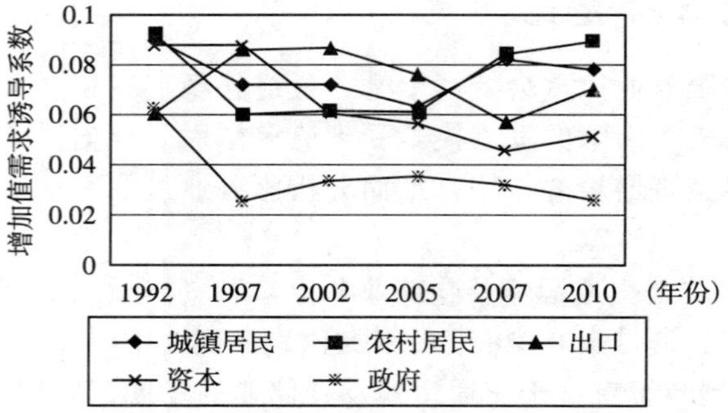

29 批发和零售贸易业 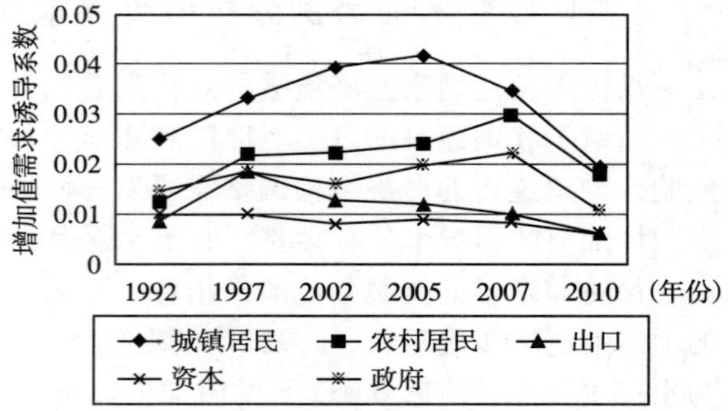　　30 住宿和餐饮业

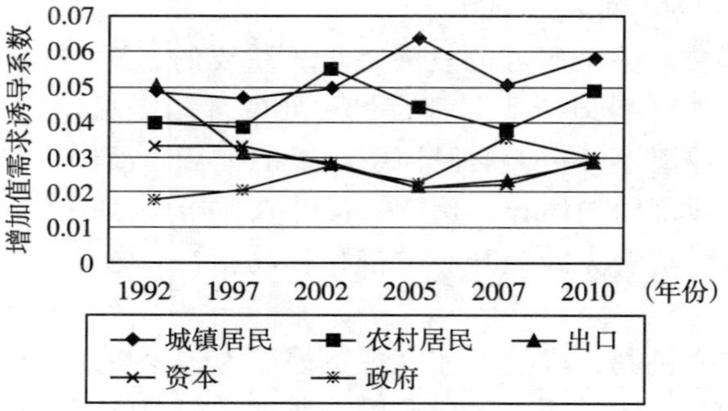

31 金融保险业 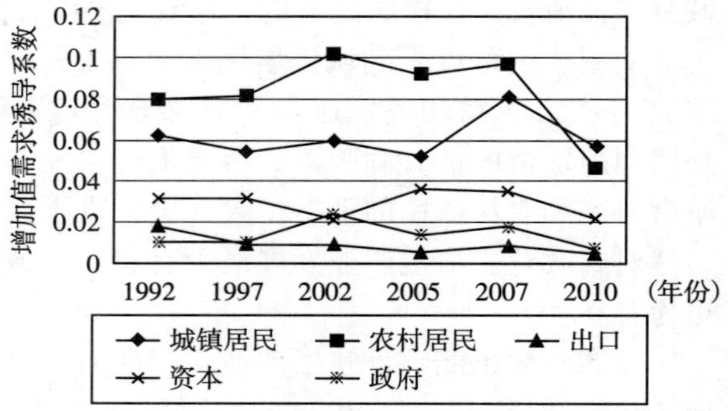　　32 房地产业

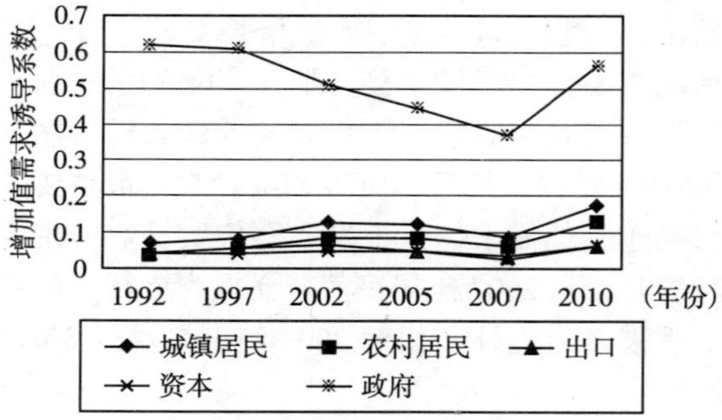

33 其他服务业

图 4　最终需求对服务业增长的影响趋势

以 2010 年的横截面数据为例分析最终需求对细分产业增加值诱导作用影响，由于部门较多，本文只选择需求影响最为显著的前五部门进行分析。其中城镇居民消费中对"33 其他服务业"①增加值诱导作用最为明显，其次是"6 食品制造及烟草加工业"、"29 批发零售和贸易业"、"1 农林牧渔业"以及"31 金融保险业"，这些产业的共同特点是与城市消费生活密切相关，当城镇居民消费增加时，对上述产业增长有利。

农村居民消费虽然与城镇居民消费都属于居民消费范畴，但对于部门经济增长的诱导作用略有不同，从图 4 中可以看到对"6 食品制造及烟草加工业"诱导作用最为明显，其后依次为"33 其他服务业"、"1 农林牧渔业"、"29 批发零售和贸易业"以及"31 金融保险业"，农村居民消费与城镇居民消费对产业增加值影响的不同，主要是由于农村居民消费层次低于城镇居民，表现为城镇居民消费更倾向于服务类商品，而农村居民消费则对食品加工、制造等制成品有更多的需求，进而对产业具有不同的影响作用。在扩大内需政策的支持下，居民消费力会得到进一步释放，区分城镇居民和农村居民内需扩大政策非常有必要，有利于出台配套的相关产业政策；例如加大对农村居民收入的提高，会对食品制造及烟草加工业、农林牧渔业及批发零售和贸易业有产业促进作用，而提高城镇居民消费水平则会对教育、医疗娱乐、科学研究业、金融保险业等行业发展有利。

由于城镇居民消费与农村居民消费同属于居民消费范畴，而且经本文测算，2010 年城镇居民与农村居民消费类数据具有强相关性，而资本投入与两者相关性较弱，表现为对各部门增加值的诱导作用有显著不同，影响行业经济增长前五部门从低到高为："26 建筑业"、"16 通用、专用设备制造业"、"17 交通运输设备制造业"、"27 交通运输及仓储"及"13 非金属矿物制品业"，五部门的共同特点是积累的固定资本总额较大，行业增长依赖于资本的投入，而且部门相互关联性强，影响着社会各方面生产。进一步可以推测，目前资本投入带动的产业例如建筑业、非金属矿物业等都有不同程度上的产能过剩问题，调整资本投入部门是当下经济结构调整最为紧迫的任务。出口对行业增加值诱导作用从强到弱的分别是"19 通信设备、计算机及其他电子设备制造业"、"29 批发零售和贸易业"、"33 其他服务业"、"27 交通运输及仓储业"及"16 通用、专用设备制造业"。

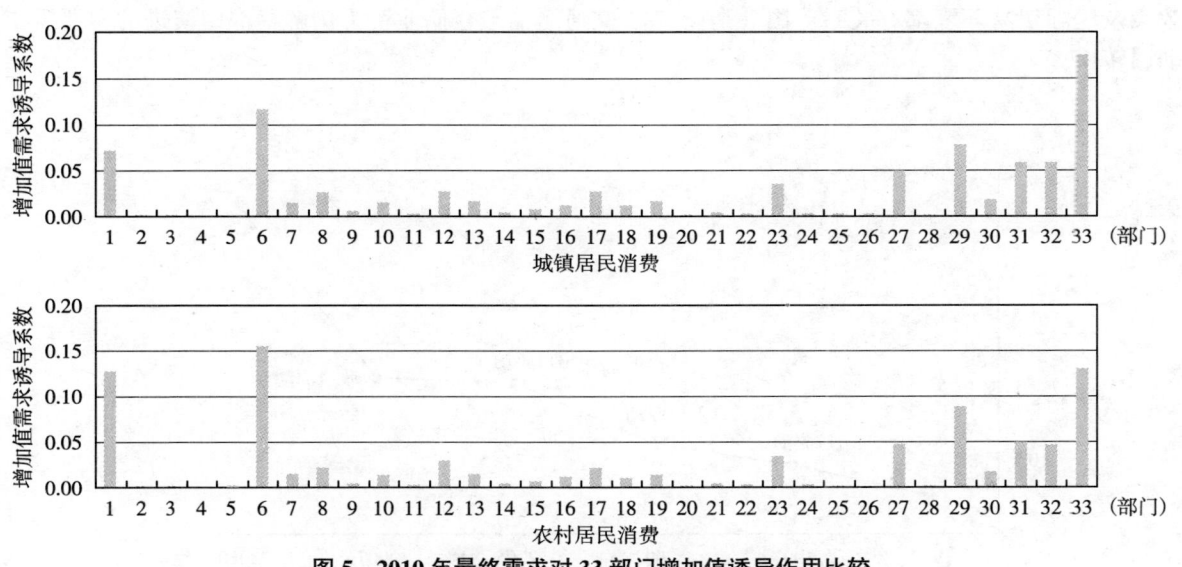

图 5　2010 年最终需求对 33 部门增加值诱导作用比较

---

① "33 其他服务业"包括：科学研究、技术服务和地质勘查业、水利、环境和公共设施管理业、卫生、社会保障和社会福利业、文化、体育和娱乐业及教育业等。

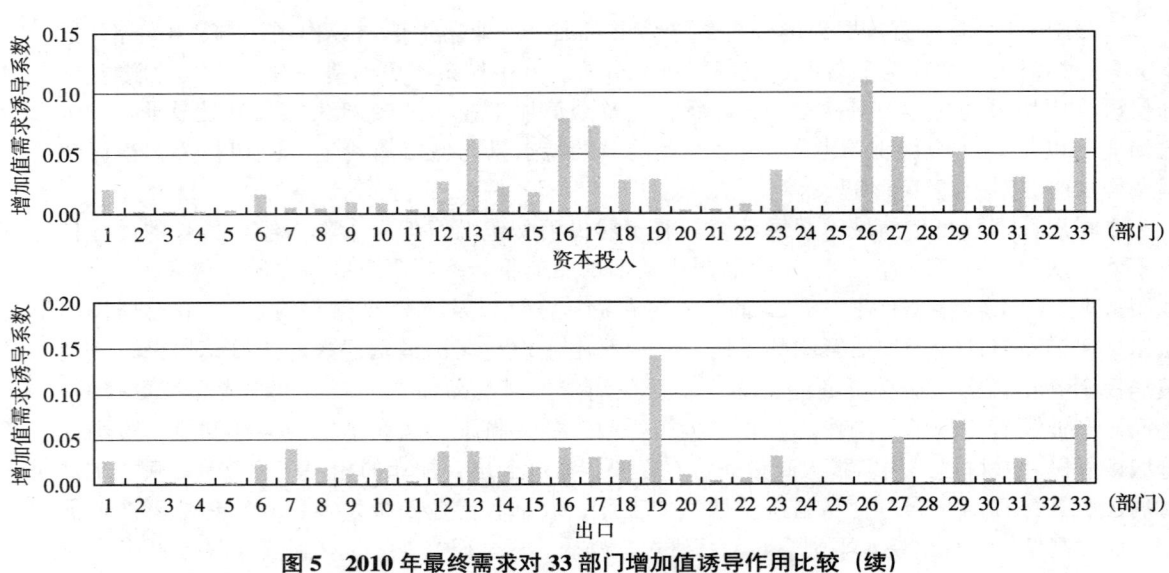

图5 2010年最终需求对33部门增加值诱导作用比较（续）

（四）1992~2010年33部门最主要需求动因分析

不同时期部门的结构演进是由不同的最终需求诱导因素转换引起的，由于本文将最终需求分为农村居民消费、城镇居民消费、资本投入、出口及政府支出，最主要的需求因素是引导部门产业结构不断演进的关键变量，能够揭示出结构变动的需求成因（如表3所示）。随着时间的变化，各产业部门的最主要需求诱导因素也会发生变化，只有少数部门，如"1农林牧渔业"、"7纺织业"、"12化学工业"、"13非金属矿物制品业"、"14金属冶炼及压延加工业"、"16通用、专用设备制造业"、"17交通运输设备制造业"、"24燃气生产和供应业"、"25水的生产和供应业"、"26建筑业"、"30住宿和餐饮业"保持相同的最主要需求动因。这与产业性质、国内市场环境、政府政策及国际贸易环境都有关系。图6是以"17交通运输与仓储业"为例解释部门演进的主要需求动因转换。

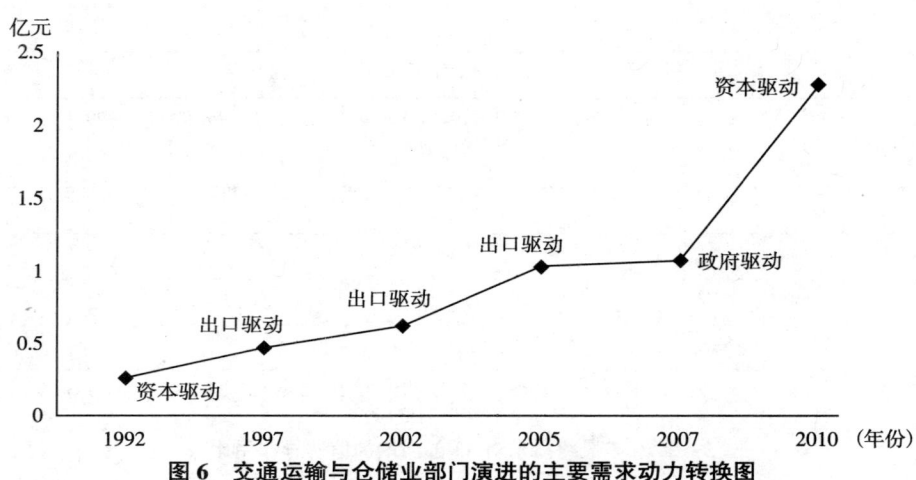

图6 交通运输与仓储业部门演进的主要需求动力转换图

表3 1992~2010年33部门最主要需求动因转换分析

序号	经济部门	1992年	1997年	2002年	2005年	2007年	2010年
1	农林牧渔业	农村消费	农村消费	农村消费	农村消费	农村消费	农村消费
2	煤炭开采和洗选业	出口	资本投入	资本投入	城镇消费	资本投入	资本投入
3	石油和天然气开采业	出口	出口	出口	出口	出口	资本投入
4	金属矿采选业	出口	资本投入	资本投入	资本投入	资本投入	资本投入
5	非金属矿采选业	资本投入	资本投入	资本投入	资本投入	资本投入	资本投入
6	食品制造及烟草加工业	城镇消费	城镇消费	农村消费	农村消费	农村消费	农村消费
7	纺织业	出口	出口	出口	出口	出口	出口
8	服装皮革羽绒及其制品业	出口	出口	出口	出口	城镇消费	城镇消费
9	木材加工及家具制造业	城镇消费	出口	出口	出口	出口	出口
10	造纸印刷机文教用品制造业	出口	出口	出口	出口	政府支出	政府支出
11	石油加工、炼焦及核燃料加工业	资本投入	资本投入	资本投入	资本投入	资本投入	资本投入
12	化学工业	出口	出口	出口	出口	出口	出口
13	非金属矿物制品业	资本投入	资本投入	资本投入	资本投入	资本投入	资本投入
14	金属冶炼及压延加工业	资本投入	资本投入	资本投入	资本投入	资本投入	资本投入
15	金属制品业	出口	资本投入	出口	出口	出口	出口
16	通用、专用设备制造业	资本投入	资本投入	资本投入	资本投入	资本投入	资本投入
17	交通运输设备制造业	资本投入	资本投入	资本投入	资本投入	资本投入	资本投入
18	电器、机械及器材制造业	出口	出口	出口	出口	出口	出口
19	通信设备、计算机及其他电子设备制造业	政府支出	出口	出口	出口	出口	出口
20	仪器仪表及文化办公用机械制造业	资本投入	出口	出口	出口	出口	出口
21	其他制造业	出口	出口	出口	城镇消费	城镇消费	城镇消费
22	废品废料	—	—	—	—	—	—
23	电力、热力的生产和供应业	出口	城镇消费	城镇消费	城镇消费	城镇消费	资本投入
24	燃气生产和供应业	城镇消费	城镇消费	城镇消费	城镇消费	城镇消费	城镇消费
25	水的生产和供应业	城镇消费	城镇消费	城镇消费	城镇消费	城镇消费	城镇消费
26	建筑业	资本投入	资本投入	资本投入	资本投入	资本投入	资本投入
27	交通运输及仓储业	资本投入	出口	出口	出口	政府支出	资本投入
28	邮政业	农村消费	农村消费	农村消费	农村消费	政府支出	政府支出
29	批发和零售贸易业	农村消费	资本投入	出口	出口	农村消费	农村消费
30	住宿和餐饮业	城镇消费	城镇消费	城镇消费	城镇消费	城镇消费	城镇消费
31	金融保险业	出口	城镇消费	城镇消费	城镇消费	城镇消费	城镇消费
32	房地产业	农村消费	农村消费	农村消费	农村消费	农村消费	城镇消费
33	其他服务业	政府支出	政府支出	政府支出	政府支出	政府支出	政府支出

表3中比较有趣的现象是从1992年到2007年均是单位农村居民消费对房地产业需求动因高于城镇，可以对比图4研究发现，农村居民消费的增加值诱导系数在1992~2007年一直高于城镇居民消费，这与农村居民消费结构滞后于城镇居民消费结构有关，所以1992年之后随着经济快速发展，农村居民比城镇居民有更强烈的动机进行住房改善，表现为农村居民在房地产业支出占比要远高于城镇居民，所以同样是扩大居民消费，农村居民更愿意把钱花在住房上，进而对该行业的需求诱导作用更强。到2010年城镇居民与农村居民的增加值诱导系数都出现下降，但是农村居民下降的幅度更大，也能够反映出居民消费在继续升级中，其消费热点逐渐从住房转移到别处。

通过表3的分析，本文进一步把部门产业演进按照主要需求诱因分为4类：①①居民消费驱动型产业；②资本驱动型产业；③出口驱动型产业；④政府支出驱动型产业。如表4所示。

表4 依照需求动因划分产业类型

序号	产业类型	所属细分产业
1	居民消费驱动型	1. 农林牧渔业；6. 食品制造及烟草加工业；21. 其他制造业；23. 电力、热力的生产和供应业；24. 燃气生产和供应业；25. 水的生产和供应业；28. 邮政业；29. 批发和零售贸易业；30. 住宿和餐饮业；31. 金融保险业；32. 房地产业
2	资本驱动型	2. 煤炭开采和洗选业；4. 金属矿采选业；5. 非金属矿采选业；11. 石油加工、炼焦及核燃料加工业；13. 非金属矿物制品业；14. 金属冶炼及压延加工业；16. 通用、专用设备制造业；17. 交通运输设备制造业；26. 建筑业
3	出口驱动型	3. 石油和天然气开采业；7. 纺织业；8. 服装皮革羽绒及其制品业；9. 木材加工及家具制造业；10. 造纸印刷文教用品制造业；12. 化学工业；15. 金属制品业；18. 电器、机械及器材制造业；19. 通信设备、计算机及其他电子设备制造业；20. 仪器仪表及文化办公用机械制造业；27. 交通运输及仓储业
4	政府支出驱动型	33. 其他服务业

通过对表4的分析，第一产业属于居民消费驱动型产业，所以当扩大内需，提高居民消费水平时有利于第一产业的可持续发展。服务行业中71.4%的产业部门属于居民消费驱动型，近年产业结构升级缓慢以及服务业发展滞后与服务业大部分属于居民消费驱动型产业有关，由于近年居民消费水平提高有限，有效需求不足是造成产业结构升级缓慢的主要原因。资本驱动型产业共有9个部门大部分集中于重工业和建筑业，所以如若进一步进行扩大投资，重工业及建筑业在产业结构的比重更会加强，驱动产业结构向更加不合理的方向发展，不利于结构的调整；另外，出口驱动型产业的特点是以国民经济中的制造业以及交通运输和仓储业为主，进一步实行出口导向的经济战略，出口驱动型的产业仍将有大的发展，由于制造业的大量消耗来自上游的重工业原材料，消耗过剩的产能，起到改善产业结构效果，有利于中国工业化进程的顺利实现。

五、最终需求与部门生产的结构演变

通过采用非竞争投入产出表能够分离出最终需求以及剔除进口因素后国内产业关联关系，经济处于均衡状态时，最终需求应与生产产出保持稳定关系，进一步解释为国内需求结构与总产出结构保持较低的偏离度，一般测算偏离度公式为：

$$SD = \sum_{i=1}^{n} \left| \frac{Y_i/D_i}{Y/D} - 1 \right| = \sum_{i=1}^{n} \left| \frac{Y_i/Y}{D_i/D} - 1 \right| \tag{10}$$

其中，SD表示偏离度，Y表示国内产值，D表示最终需求量，i表示产业，n表示产业部门数。根据瓦尔拉斯一般均衡理论，经济处于均衡状态时，经济生产满足最终所需，$Y_i/D_i = Y_j/D_j$，i，j表示产业，从而SD = 0，同时，Y_i/Y表示国内产出结构，D_i/D表示最终需求结构，所以SD表示国内产出结构与最终需求结构的耦合性反映。SD值越大，表示国内产出结构和最终需求结构

---

① 分类是依据33部门中在1992~2010年增加值需求诱导系数最大而且出现时间最多的需求因素，就被认定为此类驱动型产业；并且本章节把农村居民消费和城镇居民消费统一认定为居民消费。22. 废品废料不包括在任何类型中，21. 其他制造业虽然在1992~2002年主要由出口需求主导，但是在2005~2010年却由城镇居民消费主导，把这类部门归到"居民消费驱动型"产业。

越不匹配，这种不匹配在开放经济情况下能够通过中间需求与进口进行弥补，但是一国生产终极目标仍然是追求经济均衡状态，产出结构与最终需求的合理匹配，从而 SD = 0。而由于现实情况下经济非均衡现象是一种常态，在发展中国家这种情形更为突出，一般 SD 值不为 0。但这种结构的度量将各产业都视为无差异的，忽视了各产业部门在国民经济中的地位和重要程度，为了解决这一问题，我们引入泰尔指数。泰尔指数（Theil index）又称为泰尔熵，一些学者利用其研究地区收入差距问题，还有一些学者用其作为度量产业结构合理化的标准，我们发现泰尔指数能够很好地刻画结构偏离问题，本文在他们的研究基础上，通过引进产业权重对泰尔指数重新定义，其计算公式如下：

$$TSD = \sum_{i=1}^{n} \left(\frac{Y_i}{Y}\right) \ln\left(\frac{Y_i}{D_i} / \frac{Y}{D}\right) \tag{11}$$

同理，经济处于均衡状态时，TSD = 0，指数充分考虑了产业部门的权重，同时也保留偏离度的理论意义和经济学基础，因此是测量产出结构与最终需求耦合关系的更好指标，偏离度数值偏大，表明经济结构不合理。利用 1992~2010 年非竞争投入产出表的国内最终需求和产出值进行计算如表 5 所示。

表 5　1992~2010 年产出结构与最终需求结构偏离度分析

年份	1992	1997	2002	2005	2007	2010
全行业 TSD 值	0.18	0.22	0.29	0.27	0.33	0.31
第一产业 TSD 值	0	0	0	0	0	0
第二产业 TSD 值	0.19	0.29	0.41	0.38	0.40	0.37
第三产业 TSD 值	0.25	0.13	0.10	0.05	0.08	0.14

从表 5 中可以看出 1992~2002 年全行业 TSD 值一直变大，表明产出结构与最终需求结构在 1992~2002 年持续偏离，2002~2005 年 TSD 值出现下降之后，到 2007 年达到全部观察年份最大偏离度，从整体趋势看，1992~2007 年全行业结构偏离度趋于增大，2010 年结构间偏离程度有所缓和，表中结构偏离最快的时段出现在 1997~2002 年，由于这一时期大量外资引入以及中间需求的增加导致结构偏离快速加大，而且产业中加工贸易迅速发展也会加剧全行业的结构偏离程度。2002~2005 年是最终需求快速增加的时期，在一定程度上缓和结构间的偏离度，而到 2010 年开始，在出口受挫的外部环境下，国内把经济结构调整作为经济工作的重点，相继出台一系列调整结构措施，使得全行业 TSD 值开始降低，改变以往持续结构偏离的局面，这样有利于整体经济的稳定性。

分别计算三次产业 TSD 值能够进一步考察产业内部的结构偏离问题，由于第一产业只包括一个部门，偏离度为零，所以不予以讨论，通过计算三次产业内部的偏离度发现，第二产业的 TSD 值远高于第三产业，而且全产业结构偏离问题主要是由第二产业结构高偏离度引起的，说明第二产业的产出与需求不匹配是影响经济稳定的最主要因素，调整结构平衡应该首先从第二产业入手。1992~2002 年第二产业的结构偏离度快速变大，一方面由于第二产业是以投资驱动为主的部门，容易造成产出与需求的不协调；而另一方面随着部门复杂度的提高，中间需求品的增加也容易引起结构偏离度变大。2002~2010 年第二产业的 TSD 值呈现波动状态，而且总体的偏离度高于 1992~2002 年，2002~2005 年 TSD 值缩小，与出口快速增长有关，外需的带动弥合了结构的不平衡，改变前期造成的结构不合理的局势。2005~2007 年结构偏离度又基本恢复到 2002 年水平，这与我国经济没有从根本上改变依靠投资拉动的模式有关，正如表 2 数据显示，这一时期资本对第二产业诱导系数增幅最快，2007~2010 年第二产业内部的结构偏离度又开始回落，这一阶段 TSD 值下降有结构调整的含义在内，对比表 2 会发现第二产业的增长动力正从投资驱动向居民消费驱动转变。

第三产业内部的结构偏离趋势正好与第二产业相反,1992~2005年第三产业内的结构偏离度是在逐步缩小的,TSD值从1992年的0.25降到2005年的0.05,这一阶段居民消费的增加带动总需求稳步扩大,降低了产业内的结构偏离度,促进了第三产业良性发展,而2005~2010年结构偏离度又开始逐渐扩大,TSD值从2005年的0.05增大到2010年的0.14,从数据中明显发现第三产业的总需求比起产出增速缓慢,随着产业内居民消费增长趋于放缓,包括政府支出、投资以及出口在内的总需求增速下降,使得第三产业在2005年之后结构偏离度开始逐渐增大,偏离度的变大不利于产业的发展,2005年以来,第三产业总需求的增速减缓为产业结构调整带来难度。

六、结论和政策建议

本文利用非竞争型投入产出的分析框架,刻画了最终需求对1992~2010年以来国民经济产业部门增长的作用机制,定量估算最终需求对各产业部门增长的贡献率,并利用非竞争投入产出表测算1992~2010年国内最终需求结构与产出结构的偏离度。研究结果表明:①1992~2010年三次产业的演进由不同的最终需求诱导,农村居民消费对第一产业、资本投入对第二产业、政府支出对第三产业增长贡献率最大,而且不同年份变化趋势也各有不同。②通过对最终需求诱导作用分解发现,扩大城镇、农村居民消费对工业结构的改善发挥重要作用,有利于调节重工业与轻工业的比例。③最终需求对产业部门不同时段的增加值诱导作用不同,进而引起产业结构的变化,不同产业表现出最终需求诱导作用在不同时段出现转换,而且根据产业的最主要需求诱导因素对国民经济部门划分为"居民消费驱动型"、"出口驱动型"、"政府支出驱动型"以及"资本驱动型"产业,而且前三类产业发展有利于产业结构的调整。④借助泰尔指数测算出1992~2007年全行业最终需求结构与产出结构偏离大致增加,而2010年偏离缩小,1992~2010年第二产业内部的结构偏离度变化趋势与全行业类似,而第三产业内的结构偏离度则呈现出先降低后升高的发展态势。

以需求为视角,本文研究发现我国产业增长的需求诱因具有差异性,产业发展到不同阶段居民消费、资本支出、出口及政府支出对其影响作用有可能交替上升,所以认清不同产业的发展机制和其演进规律是产业结构调整的关键,提升产业的自身发展能力,相关的公共政策、投资政策、消费类政策及出口政策需要配合使用。为了提升我国产业的发展质量,大家普遍认为应提高第三产业比例。我们的研究发现,第三产业的发展是以"居民消费驱动型"为主导,我国产业结构在进入21世纪以后升级缓慢的主要原因是居民消费需求不足和居民消费升级缓慢。但随着我国政府越来越重视消费需求对经济增长的拉动作用,积极的信号正在出现,2010年的数据表明第三产业无论是生产诱发系数还是增加值需求诱导系数都扭转了下降趋势,开始上升。这说明当前扩大内需,增加居民消费的政策导向有利于服务业发展,"居民消费驱动型"产业发展对经济结构调整有利。我们的研究还发现,无论是城镇居民消费还是农村居民消费都有利于调节重工业和轻工业比例,也是2010年全行业最终需求结构与产出结构偏离度缩小的原因之一。若发展"投资驱动型"产业则有可能不利于产业结构的调整,因为投资只会带动重化工业和建筑业发展,加重目前的重工业产能过剩问题。而且我们的研究还发现中国继续采取出口导向性政策也有利于产业结构调整,因为"出口驱动型"产业主要涵盖了国民经济中传统和新兴的制造业,此类行业一方面能够大量消耗过剩的重工业及原料部门,而另一方面有助于调整重工业与轻工业之间的比例,有利于消化一些行业的过剩产能,但"出口驱动型"产业发展容易遭遇外部条件变化的风险。因此,发挥消费需求的产业升级导向作用,应当成为未来政策的重点。

需要指出的是,本文的分析结果主要是基于产业关联和投入产出技术,实际上影响中国产业结构演进的重要因素还包括技术因素、劳动力配比及制度等因素,但是出于模型框架的局限,本文尚未深入研究上述因素对结构的影响作用,这些问题将成为下一步研究的方向。

参考文献

[1] 北京大学中国经济研究中心课题组.中国出口贸易中的垂直专门化与中美贸易[J].世界经济,2006(5):3-11.

[2] 程大中.中国生产性服务业的水平、结构及影响——基于投入—产出法的国际比较研究[J].经济研究,2008(1):78-88.

[3] 洪银兴.马克思的消费力理论和扩大消费需求[J].经济学态,2010(3):10-13.

[4] 江小涓.服务业增长:真实含义、多重影响和发展趋势[J].经济研究,2011(4):4-14.

[5] 李钢,廖建辉,向奕霓.中国产业升级的方向与路径——中国第二产业占GDP的比例过高了吗[J].中国工业经济,2011(10):16-26.

[6] 李虹,董亮,谢明.取消燃气和电力补贴对我国居民生活的影响[J].经济研究,2011(2):16-26.

[7] 林毅夫,李永军.出口与中国的经济增长:需求导向的分析[J].经济研究,2003(4):779-794.

[8] 刘起运,彭志龙.中国1992~2005年可比较投入产出序列表及分析[M].北京:中国统计出版社,2010.

[9] 刘瑞翔,安同良.中国经济增长的动力来源与转换展望——基于最终需求角度的分析[J].经济研究,2011(7):30-40.

[10] 刘遵义.非竞争型投入占用产出模型及其应用——中美贸易顺差透视[J].中国社会科学,2007(5):91-103.

[11] 潘文卿,李子奈,刘强.中国产业间的技术溢出效应:基于35个工业部门的经验研究[J].经济研究,2011(7):18-29.

[12] 钱纳里,鲁宾逊·塞尔奎因.工业化和经济增长比较研究[M].上海:上海三联书店,1989.

[13] 齐舒畅,王飞,张亚雄.我国非竞争型投入产出表编制及其应用分析[J].统计研究,2008(5):79-83.

[14] 齐志新,陈文颖,吴宗鑫.工业轻重结构变化对能源消费的影响[J].中国工业经济,2007(2):35-42.

[15] 沈利生."三驾马车"的拉动作用评估[J].数量经济技术经济研究,2009(4):139-151.

[16] 沈利生.重新审视传统的影响力系数公式——评影响力系数公式的两个缺陷[J].数量经济技术经济研究,2010(2):133-141.

[17] 孙文杰.中国劳动报酬份额的演变趋势及其原因[J].经济研究,2012(5):120-131.

[18] 汪海波.对新中国产业结构演进的历史考察——兼及产业结构调整的对策思考[J].中共党史研究,2010(6):27-36.

[19] 王莉.中国的人口流动[J].数量经济技术经济研究,1996(2):19-21.

[20] 吴敬琏.中国增长模式抉择[M].上海:上海远东出版社,2006.

[21] 西蒙·库兹涅茨.现代经济增长[M].戴睿、易诚译.北京:北京经济学院出版社,1991.

[22] 袁志刚,宋铮.城镇居民消费行为变异与我国经济增长[J].经济研究,1991(11):20-28.

[23] 张友国.经济发展方式变化对中国碳排放强度的影响[J].经济研究,2010(4):120-133.

[24] 张军,陈诗一,Gary H. Jefferson.结构改革与中国工业增长[J].经济研究,2009(7):4-20.

[25] 庄佳强,徐长生.结构变迁与经济增长关系研究新进展[J].经济学动态,2008(11):102-107.

[26] 周叔莲,吕铁,贺俊.新时期我国高增长行业的产业政策分析[J].中国工业经济,2008(9):46-57.

[27] 朱钟棣,鲍晓华.反倾销措施对产业的关联影响——反倾销税价格效应的投入产出分析[J].经济研究,2004(1):83-92.

[28] Cristina. Echevarria. Changes in Sectoral Composition Associated with Economic Growth[J]. International

Economic Review, 1997, 38 (2): 431-452.

[29] Daron. Acemoglu, Veronica.Guerrieri. Capital Deepening and Non-Balanced Economic Growth [J]. Journal of Political Economy, 2008, 106 (3): 467-498.

[30] Fujimagari, D.. The Sources of Change in the Canadian Industry Output [J]. Economic Systems Research, 1989, 1 (2): 187-202.

[31] Hummels, D., J. Ishii and K. Yi. The Nature and Growth of Vertical Specialization in World Trade. Journal of international Economics, 2001, 54 (1): 75-96.

[32] Leontief, Wassily W.. Quantitative Input and Output Relations in the Economic System of the United States [J]. Review of Economic Statistics, 1936, 18 (3): 105-125.

[33] L. Rachel Ngaia, Christopher A. Pissaridesa. Trends in Hours and Economic Growth [J]. Review of Economic Dynamics, 2008, 11 (2): 239-256.

[34] William J. Baumol. Macroeconomics of Unbalanced Growth: The Anatomy of Urban Crisis [J]. The American Economic Review, 1967, 57 (3): 415-426.

全球碳交易市场不确定性与市场偏向型低碳优势重构

尹 硕 张耀辉**

一、问题提出

碳交易制度是全球化背景下人类应对气候变化的市场化方法。2005年《京都议定书》正式生效,并确定了三种域外减排的灵活履约机制:JI(联合履约机制)、CDM(清洁发展机制)和ETS(排放贸易体系),为全球碳交易市场的构建提供了机制框架。这一市场目前包括两种交易机制:一种基于配额,称为配额交易机制;另一种基于项目减排,称为减排量交易机制(陈波、刘铮,2010)。前者以EU-ETS(欧盟排放交易体系)为代表,后者以CDM(清洁发展机制)和JI(联合履约机制)为代表,其中只有CDM涉及发展中国家(曾琪,2010)。近年来,EU-ETS和CDM逐渐成为全球最主要的碳交易机制,两者所占市场份额一度超过98%(Gernot Klepper,2011)。正是EU-ETS和CDM机制促成了以欧盟为主导的碳交易市场格局,欧盟在国际社会的碳话语权、碳价控制权因此得到加强,成为全球碳交易市场规则的主要制定者,并以此占据全球碳市场价值链的高端。但是2013年以来,EU-ETS和CDM市场持续低迷,EUA[①]价格暴跌到5欧元/吨左右,与中国等发展中国家密切相关的CER价格[②]一路狂跌到0.2欧元/吨,sCER[③]交易价格也跌到0.5欧元/吨左右,较2008年23欧元/吨的价格相去甚远。[④]欧盟碳交易市场的低迷使全球碳交易市场充满不确定性,核心市场交易价格难以反映出碳排放权的稀缺性,《京都议定书》下的碳市场交易体系面临崩溃的风险。这种不确定性使全球碳市场细分趋向加剧,市场格局的变化也充满未知。2009年哥本哈根气候大会上,中国承诺到2020年单位国内生产总值二氧化碳排放量比2005年减少40%~45%。积极参与CDM项目的国际合作为中国节能减排、引进低碳技术进步提供了资金支持。作为全球第一大碳排放国,中国通过数额巨大的CDM合作项目参与全球碳市场交易,并享有CDM红利,具有基于CDM项目的绝对优势。但同时由于国内缺乏碳交易市场,碳金融体系不完

---

* 国家社会科学基金重大攻关项目"应对国际资源环境变化挑战与加快我国经济发展方式转变研究"(批准号C9&ZD021)。

** 尹硕(1985—),男,河南焦作人,暨南大学产业经济研究院博士研究生;张耀辉(1961—),男,辽宁阜新人,暨南大学产业经济研究院教授,博士生导师,中国工业经济学会副理事长。

① EUA(European Union Allowance)欧盟排放配额,为EU-ETS交易体系下的交易产品。

② CER(Certified Emission Reduction)核证减排量,指CDM执行理事会就已注册的CDM项目,达到减排核发的碳排放的信用额度,需经《京都议定书》项下指定经营实体核证。每一个可核证的排放削减量应对一吨二氧化碳等同量的减排。其价格为CDM交易机制下一级市场价格。

③ sCER(Secondary Certified Emission Reduction)二级市场核证减排量,其价格为CDM交易机制下二级市场交易价格。

④ 数据引自《中国经营报》2013年5月6日,第C08版。

善，导致中国 CDM 项目的一级市场价格低于国际市场均价，大量的中间利润和附加值被欧美国家获取，中国处于绝对弱势地位。并且受国内传统粗放思维的影响，国内企业往往首先选择减排技术难度小、成本低的项目参与 CDM 项目合作，而绕开减排技术难度大、成本高的项目，从可持续发展的角度来看，这种粗放的合作方式实际上是在透支未来。目前的 CDM 项目合作将中国锁定在全球碳市场价值链的最低端。而欧美等发达国家一方面依靠完善的碳交易市场体系，在中间商、二级市场以及衍生品等环节索取高额的碳交易附加值；另一方面通过碳价格控制力掌控碳市场话语权，在规则制定端再次获取附加值红利，实现了对碳市场价值链的高端锁定。

目前，全球碳交易市场的不确定性对中国低碳转型意义重大。一方面中国面临着 CDM 绝对优势缺失所带来的负面影响，另一方面不确定性下也蕴含着实现全球碳价值链攀升、从市场化角度重构国家低碳优势的机遇。本文首先通过价格走势、市场一体化进程和市场利益分配三个方面来描述当前全球碳交易市场中存在的不确定性；其次解读当前全球碳交易市场的不确定对中国的意义，挑战与机遇并存；再次对在不确定环境下中国的低碳优势重构进行机理分析，认为当前的不确定性对中国的积极意义大于负面影响；最后是结论及相关对策建议。

二、当前全球碳交易市场存在的不确定性

1. 全球碳交易市场价格走势的不确定性

进入 2013 年以来，以 EU-ETS 和 CDM 交易机制为核心的国际碳交易市场持续低迷，EU-ETS 机制下的 EUA 价格跌破 5 欧元/吨，远低于 2008 年近 30 欧元/吨的市场价格。CDM 机制下的一级市场交易产品 CER 和二级市场交易产品更是双双跌破 0.5 欧元/吨，远低于 2008 年 23 欧元/吨的价格。价格持续下挫也严重影响了 CDM 合作项目，2013 年 4 月全球 CDM 核证数目仅为 14 个，而 2012 年同期这一数目为 324 个，降幅达 95.7%（如图 1 和图 2 所示）。

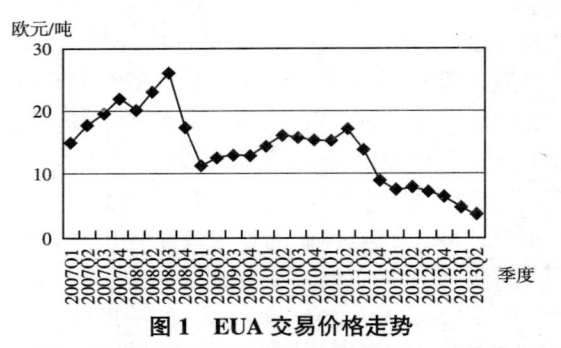
图 1 EUA 交易价格走势

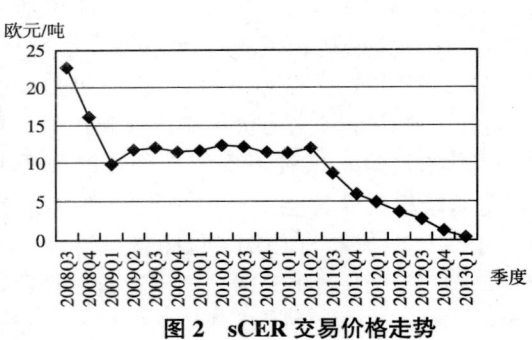
图 2 sCER 交易价格走势

注：由于数据变动以天为单位且跨期较长，图中节点为季度均价。
资料来源：根据点碳公司 http://www.pointcarbon.com/ 信息整理得到。

《京都议定书》规制下的碳交易市场低迷的因素是多方面的，EU-ETS 运行以来一直存在总量目标宽松导致配额过剩的问题，欧债危机使欧洲能源消费产生的碳排放量下降，更加衬托出配额总量过剩明显。同时全球碳市场产品价格走势与气候谈判进程也密切相关，发达国家承诺的减排量过低，而且难以兑现，2012 年 11 月的多哈气候大会上，加拿大、日本、俄罗斯等发达国家已明确表示不参加《京都议定书》第二承诺期，加剧了碳交易市场产品及衍生品有效需求不足。这些都导致经济衰退时碳交易市场体系的价值发现功能丧失。现有的交易价格不足以体现碳排放权的稀

缺性，非市场化的救市手段在欧盟经济一片萎靡的背景下难以达成一致。① 一直以来，主导国际碳排放交易市场的 EU-ETS 和 CDM 机制面临前所未有的危机，未来碳交易产品的市场价格充满未知。

2. 全球碳交易市场一体化进程存在的不确定性

与此同时，碳交易市场的一体化也遭受沉重打击。EU-ETS 和 CDM 市场低迷的运行状况为其他碳交易体系提供了成长空间，促使全球范围内碳交易市场细分的趋势加强。目前，全球的碳交易体系除了《京都议定书》下的 EU-ETS、CDM 和 JI 三大交易机制，美国的 GRRI、WCI、CAR 以及 CCX 交易体系也具有一定的影响力。美国虽然一度游离于《京都议定书》之外，但是其国内碳交易市场体系却在不断发展完善。目前，美国国内已经有区域性温室气体倡议（RGGI）、西部气候倡议（WCI）、气候储备行动（CAR）、芝加哥气候交易所（CCX）等比较完善的碳市场交易体系，而且交易类型涵盖了配额交易和项目交易，既有强制减排市场，也有自愿减排市场。EU-ETS 和 CDM 市场的不确定性为美国现有交易体系的加速发展提供了契机。

表1　目前国际市场上主要的碳交易市场体系

交易体系	启动时间（年）	交易主体	交易类型
欧盟排放交易体系（EU-ETS）	2005	附件1国家之间	基于配额，强制减排
清洁交易机制（CDM）	2008	附件1和非附件1国家之间	基于项目，强制减排
联合履约机制（JI）	2008	附件1国家之间	基于项目，强制减排
区域性温室气体倡议（RGGI）	2009	美国东北部11个州的电力企业	基于配额，强制减排
西部气候倡议（WCI）	2012	美国西部五个州	基于配额，强制减排
气候储备行动（CAR）	2001	加州内部	基于项目，强制减排
芝加哥气候交易所（CCX）	2003	自愿加入的会员企业	基于项目，自愿减排
新南威尔士温室气体减排体系	2003	新南威尔士州电力企业	基于配额，强制减排

同时，新兴碳交易市场的逐步崛起，多极力量正在冲击着现有的国际碳交易市场格局，澳大利亚 2012 年 7 月 1 日起开始执行碳市场计划，第一阶段执行固定碳价机制，第二阶段执行自由的碳交易机制。2012 年 8 月，澳大利亚与欧盟签署协议，决定从 2015 年开始连接欧盟和澳大利亚的两个碳交易体系；韩国于 2012 年 5 月通过了韩国的碳排放配额分配与交易法案，确定从 2015 年 1 月 1 日开始碳交易；墨西哥在 2013 年上半年通过了综合性的气候法案，为未来的市场化机制打下基础；中国国内碳交易试点的启动② 和未来日本国内碳交易市场的建立，将推动全球市场格局的进一步变化和调整。以欧盟为主导、以 EU-ETS 和 CDM 占据绝对市场份额的碳交易市场格局极有可能被打破，市场细分的可能性提高，全球碳交易市场的一体化进程充满不确定性。

3. 全球碳交易市场利益分配的不确定性

EUA 和 CDM 价格的暴跌给 2005 年以来形成的全球碳交易市场利益分配格局带来了不确定性，突出表现为由定价权和话语权变动导致的利益分配变动。在定价权导致的利益分配变动方面，原有的碳市场价值链构成以欧美为主导，欧盟掌控碳定价权，主导碳交易市场规则制定。美国长期游离于《京都议定书》之外，通过构建国内自身的碳交易体系，借助芝加哥气候交易所的影响力走在碳金融发展的前沿。欧美处于碳市场价值链的高端，即规则制定端和二级市场收益端，而发展中国家由于国内自身碳交易体系不够完善、缺乏碳金融方面的专门人才，导致了国际碳话语权的缺失，只能由 CDM 项目参与国际碳交易，由于缺乏定价权和成熟的中介机构，发展中国家在一

---

① 2013 年 4 月 16 日欧洲议会以 334 票对 315 票否决了欧盟委员会为抬高碳排放交易价格而提出的"折量拍卖"救市计划。
② 2011 年 10 月，国家发展和改革委办公厅下发了《关于开展碳排放权交易试点工作的通知》，批准北京、天津、上海、重庆及湖北、广东、深圳 7 省市开展碳排放权交易试点工作，计划 2015 年建成全国性市场。

级市场上出售的 CER 价格远低于欧美二级市场的成交价格，以 CER 价格走势最好的 2008 年为例，中国的 CERs 售价仅为每吨 CO_2e 11.70 美元，低于全球（16.12 美元）的 CDM 一级市场均价，远低于印度、巴西（21.93~24.12 美元）的 CERs 售价，更低于全球 CDM 二级市场均价（24.51 美元）和全球配额交易市场均价（30.96 美元），处于绝对的价格弱势地位。但是进入 2013 年，CER 一级市场价格和二级市场价差从 2008 年巅峰时 10 美元以上缩小到不足 0.3 美元，由价格控制权导致的相对利益分配发生明显变化。

在话语权导致的利益分配变动方面，受制于自身市场交易体系的低迷以及 ETS 体制设计的缺陷，欧盟在未来全球性气候谈判及碳市场规则制定端的话语权势必会受到影响。从 1995 年《联合国气候变化框架公约》第 1 次缔约方会议开始，到 2001 年《马拉喀什协定》，再到 2005 年《京都议定书》的启动，欧盟一直都是气候谈判的主导者。对历次气候大会的谈判成果及协议的达成起到了举足轻重的作用（见表 2）。这使得欧盟处于全球碳市场价值链的规则制定端，具有极强的碳话语权。

表 2 欧盟主导的历次重要气候大会

年份	会议	地点	谈判成果
1995	COP1	柏林	《柏林授权》
1996	COP2	日内瓦	《日内瓦宣言》
1997	COP3	京都	《京都议定书》
2001	COP7	马拉喀什	《马拉喀什协定》
2005	COP11（CMP1）	蒙特利尔	启动《京都议定书》
2007	COP13（CMP3）	巴厘岛	巴厘岛路线图
2008	COP14（CMP4）	波茨南	落实巴厘岛路线图
2009	COP15（CMP5）	哥本哈根	《哥本哈根协议》
2010	COP16（CMP6）	坎昆	《坎昆协议》
2011	COP17（CMP7）	德班	开启德班平台（ADP）
2012	COP18（CMP8）	多哈	确定《京都议定书》第二承诺期

注：COP1 是《联合国气候变化框架公约》第 1 次缔约方会议，CMP1 是《京都议定书》第 1 次缔约方会议，以此类推。
资料来源：根据 www.unfccc.com 整理得到。

广大发展中国家长期以来由于经验和自身市场体系的不足，在气候谈判中只能被动地成为协议的接受方，被锁定在碳市场价值链的低端，表面上享受 CDM 机制带来的资金扶持，实际上却丧失了碳话语权。但是目前 EU-ETS 和 CDM 市场的低迷直接导致了欧盟主导的碳交易市场影响力的下降，但是作为全球最主要的两个交易机制，低迷状况是短期还是长期现象充满未知，直接导致了全球碳交易市场利益分配的不确定性。

三、当前全球碳交易市场不确定性对中国的意义

中国目前 GDP 占全世界的 10%，但是能耗占 20%，碳排放占到全世界的 25%。作为世界第一大碳排放国，碳交易市场的不确定性对中国来说意义重大。

1.《京都议定书》生效以来中国参与国际碳交易市场的状况

2005 年《京都议定书》生效以来，从交易数额来看，中国主要通过 CDM 项目参与国际碳市场

交易,并迅速成为全球 CER 第一大供给国。截至 2013 年 3 月 31 日,全球通过 EB[①] 注册的CDM 项目数为 6517 个,较 2011 年同期增长 123.8%。中国通过 EB 注册的 CDM 项目数为 3554 个,较 2011 年增加 179.2%。在新增的通过 EB 注册的 CDM 项目中中国的占比从 2007 年的 28%上升到 53%。全球第一的 CDM 项目批准、注册和签发数目使中国在参与全球碳市场交易过程中具有 CDM 项目绝对优势,为中国带来巨大的 CDM 项目红利。

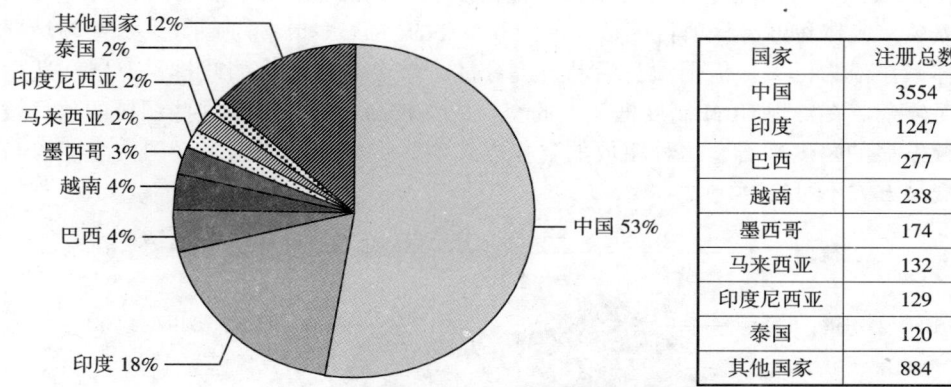

图 3　各国家 CDM 项目注册总数及分布情况

资料来源:由联合国气候变化框架公约官方网站 http://cdm.unfccc.int 数据整理得到(截至 2013 年 3 月 31 日)。

从交易对象来看,CDM 市场是典型的买方市场,欧美发达国家具有极强的话语权和定价权。欧盟是中国 CDM 项目最大的买家,在中国开发的所有 CDM 项目中,与欧盟合作开发的已批准项目 3840 个,占总数的 88.1%;注册项目 2853 个,占总数的 88.6%;签发项目 985 个,占总数的 82.6%。可以说欧盟各成员国经济的景气程度以及其对 CDM 项目的需求直接影响到中国 CDM 项目的签发量和获取的 CDM 红利。从另一方面也反映出中国的 CDM 项目运转机制完全受制于欧盟,依靠巨额排放量获取的 CDM 项目绝对优势也掌控在他人手中。

表 3　CDM 项目合作方在中国分布情况

国家	已批准项目数(个)	注册项目数(个)	签发项目数(个)	国家	已批准项目数(个)	注册项目数(个)	签发项目数(个)
英国	1962	1420	434	比利时	16	11	5
西班牙	54	36	19	捷克	8	3	0
法国	108	90	17	荷兰	336	253	130
德国	166	112	64	葡萄牙	3	2	0
意大利	113	86	48	瑞士	525	409	80
挪威	22	21	18	澳大利亚	19	15	2
瑞典	300	254	107	日本	458	322	183
奥地利	90	65	33	加拿大	18	10	6
丹麦	14	10	9	其他	23	21	17
爱尔兰	24	22	7	欧洲总计	3840	2853	985
芬兰	67	40	5	非欧总计	518	368	208
卢森堡	32	19	9	总计	4358	3221	1193

数据来源:根据国家清洁发展机制网 CDM 项目数据库数据整理得到。

---

① Executive Board of the CDM,CDM 执行委员会。国家 CDM 审核理事会审批通过的 CDM 项目需要提交 EB 申请注册。

从交易方式来看，受国内传统粗放思维的影响，国内企业往往首先选择减排技术难度小、成本低的项目参与 CDM 项目合作，而绕开减排技术难度大、成本高的项目。中国在 EB 注册的项目中，仅新能源和可再生能源一项占所有注册项目的 85% 以上，原因是国内企业对该领域项目开发流程较为熟悉，项目开发边际成本低，可以短期内形成规模收益。而其他领域的 CDM 项目数量少、发展速度缓慢，尤其在温室气体减排潜力巨大并且对可持续发展有重要意义的领域缺乏 CDM 项目开发。例如减排和提高能效类别的项目数仅占总项目数的 6.06%，燃料替代类别的项目占总项目数的 0.76%，造林和再造林项目更是只占到 0.08% 的份额（如图 4 所示）。这些领域项目的共同特点是总体减排潜力巨大，但因项目活动过度分散、单个项目产生的减排量有限、适用于这些领域技术相对复杂、在常规 CDM 制度框架下的交易成本较高，最终导致这些领域的项目被企业回避。从可持续发展的角度来看，这种粗放的合作方式实际上是在透支未来。国内企业参与全球碳交易的现有交易方式不可持续。

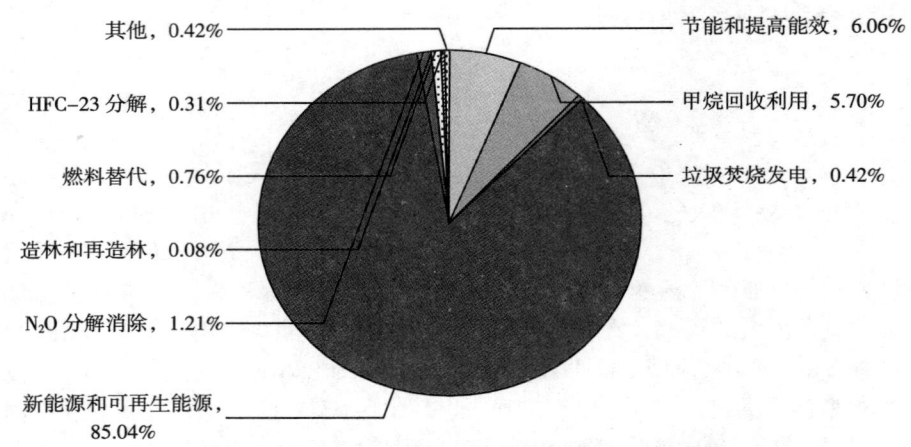

图 4　中国 CDM 注册项目数按减排类型分布图

数据来源：国家清洁发展机制网 CDM 项目数据库数据（截至 2013 年 5 月 27 日）。

2. 当前碳交易市场不确定性对中国的负面影响

目前，碳市场的不确定性给中国带来比较严重的负面影响。一方面，在全球碳交易市场不确定的大背景下，欧盟成员国企业对 CER 需求迅速下滑，直接造成 2013 年以来中国 CER 注册项目的急剧减少，2012 年第四季度中国在 EB 注册的 CDM 项目数为 810 个，而 2013 年一季度仅有 12 个。以往中国在 CDM 项目上的绝对优势几乎荡然无存。而之前项目注册成功也并不意味着协议上的价格能得到支付保障。国际碳市场价格大幅下挫使企业收入下降，甚至面临生存危机。原因是很多国内企业已形成依靠以往 CDM 项目绝对优势的路径依赖，以获取 CDM 项目收益作为企业运营支撑。与此同时，大量行业咨询公司已经转型或者倒闭，企业外部环境进一步恶化。这些因素都对延续粗放思维、依靠 CDM 项目绝对优势传统路径的国内企业产生巨大的负面影响。

另一方面，中国企业面临着大量的 CDM 项目违约风险。CDM 市场是典型的买方市场，买方在价格重议中占有优势，对国际碳交易市场行情更加了解。而卖方通常是国有企业，对市场行情了解有限，因此在 CDM 项目合作中在严重的信息不对称背景下处于劣势。由于近期全球碳交易市场上的 CER 价格持续低迷，买方拒绝支付协议价款，约 2700 个中国 CDM 双边项目面临严重违约风险[①]。购买 2012 年以前登记的中国 CDM 项目减排信用额的买方，正推迟申请核证减排量的签

---

① 碳点公司 2013 年 2 月 26 日报告：http://cdm.ccchina.gov.cn/Detail.aspx?newsId=39362&TId=2。

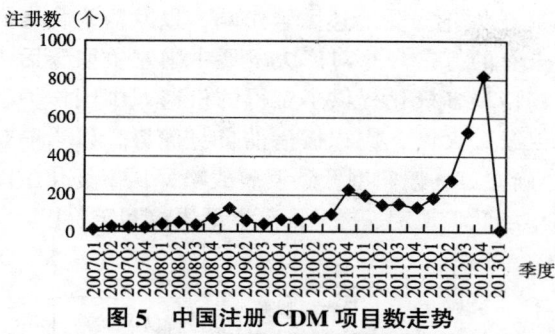
图5 中国注册CDM项目数走势

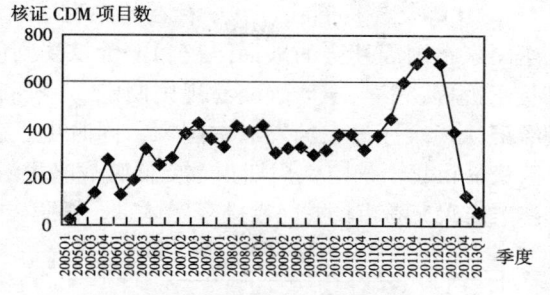
图6 CDM项目核证数目走势图

资料来源：由联合国气候变化框架公约官方网站 http://cdm.unfccc.int 数据整理得到。

发，要求重新议价，甚至要求终止合约。而中国大部分卖方又不愿意通过诉讼来强制买方履约，更加剧了违约风险。因此，国内企业依赖绝对优势的传统分工模式和项目批量化注册的粗放思维方式不可持续。

3. 当前碳交易市场不确定性对中国的积极影响

在全球碳交易制度不确定的背景下我国也存在着机遇。一直以来，CDM市场都是典型的买方市场，欧美发达国家具有极强的话语权和定价权。现有的CDM交易模式中中国锁定在全球碳市场价值链的最底端，大量的中间利润和附加值被欧美国家获取。当前全球碳交易市场上的不确定性为中国摆脱低端锁定、从市场化角度重构国家低碳优势提供了千载难逢的机遇。

第一，国际碳价的低迷为中国的减排项目转向国内市场创造了条件。欧盟对全球碳市场主导权的形成得益于其覆盖场内、场外、现货和衍生品等在内的多层次市场及产品体系。中国在哥本哈根对国际社会承诺2020年碳强度下降40%~45%，截至2012年中国碳强度已下降25%，相当于少排放18亿吨二氧化碳，意味着还有约一半的任务要在今后7年中完成。这体现出国内碳排放额度交易市场前景广阔。目前在北京、重庆、广东、湖北、上海、深圳和天津这七个碳交易试点区域内所开发的CDM项目每年产生的碳减排额度大概有4200万吨二氧化碳当量。预期较高的国内市场交易价格将促使这些项目退出国际碳交易市场而转向国内。综合来看，国际碳交易市场的低迷间接为国内碳市场的构建提供了外部条件，国内企业面临的生存压力为国内碳市场构建提供了内部动力。

第二，大量的CDM项目违约风险倒逼企业转变思路，转变扭曲的节能减排项目开发格局。中国企业参与全球碳交易的传统思路是：借助国家排放量的绝对数量带来的CDM项目的绝对优势，秉承成本小、回报快、只重眼前利益的粗放式思维，将技术难度小、开发成本低的减排项目迅速推广，减排项目类型过于集中在新能源和可再生能源一项。以国内已签发项目最多的内蒙古自治区为例，截至2013年5月，内蒙古自治区共签发项目147项，其中141项的项目类别为新能源和可再生能源，占总签发项目的96%。大量减排项目经粗放式开发以后，以低于实际价值的价格在初级市场上出售CERs，这种以透支未来为代价的传统碳交易模式不可持续。当前的市场违约风险和绝对优势的丧失，为国内企业敲响了警钟，只有转变节能减排项目开发思路、转变扭曲的项目开发格局，才能可持续发展。

第三，碳交易买方市场控制权减弱，有利于中国提升碳话语权、定价权。《京都议定书》生效以来，以欧盟国家为代表的发达国家在制定温室气体排放规则、建立碳交易市场和实行碳金融产品创新等方面走在世界前列，主导了碳市场和碳金融的规则制定，具有很强的话语权和定价权。在当前全球碳交易市场不确定性的影响下，以欧盟为主导的碳交易产品丧失价格发现功能，无法体现碳排放权的稀缺性，其衍生品也失去了标的基础。欧盟气候交易所、欧洲能源交易所、法国Bluenext交易所等欧洲碳交易中心核心作用被大幅削弱。此外，受金融危机的影响，EU-ETS、

CDM 和 JI 等交易机制在设计中存在的隐患逐渐暴露并扩大化。受上述因素影响，以欧盟为代表的发达国家在国际社会的碳话语权和定价权受到前所未有的打击。这对广大发展中国家争取碳话语权与定价权，参与全球碳交易规则制定，实现碳市场格局多极化提供了难得的机遇。中国作为新兴经济体代表和最大的发展中国家，同时也是碳排放第一大国，应积极借助自身优势，以当前全球碳交易市场不确定性周期为重要低碳战略机遇期，确立市场偏向型低碳发展战略，从市场化角度构建国内碳交易市场并完善碳金融体系，摆脱碳交易市场低端锁定、提升国际碳话语权和定价权。

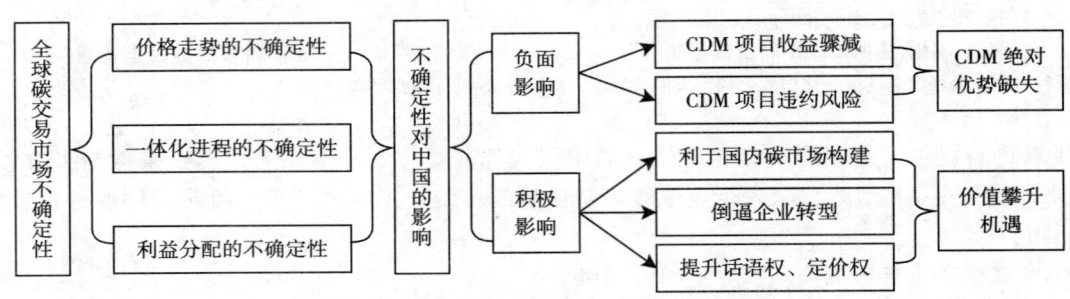

图 7 碳交易市场不确定性对中国影响示意图

综上所述，全球碳交易市场的不确定性对中国具有重大影响，对中国经济发展低碳转型具有重大意义。在 CDM 项目上绝对优势的丧失和巨大的项目违约风险，使得中国企业从国外获取的节能减排资金支持大幅缩水，并打破了中国长期以来仅通过初级市场参与全球碳市场交易的路径依赖，对中国企业的节能减排和低碳转型造成负面影响。与此同时，相较于全球碳市场对中国的负面影响，在其不确定性中隐含的积极影响对中国经济社会转型来说更为重要。当前不确定性为全球碳市场价值链重构提供了环境基础，以往的以欧盟为主导的碳交易市场表现出不可持续的特征，以发达国家为利益核心的碳市场利益链条充满变数，全球碳市场的话语权和定价权将随着碳市场价值链的变动而变动。当前全球碳交易市场的不确定性周期也是中国实现低碳转型的重要战略机遇期，为中国从市场化角度构建国内碳交易市场、完善碳金融体系，加强中国碳话语权和定价权，摆脱在国际碳交易链条中的低端锁定并重构国家低碳优势提供了契机。

四、市场偏向型国家低碳优势重构的机理分析

在全球碳交易市场不确定的背景下，通过基于全球碳市场价值链的两次攀升可以实现国家低碳优势重构。在全球碳市场价值链构成图中（如图 8 所示），纵轴为附加值，横轴的左端代表着全球碳交易市场的规则制定端，是全球碳交易的起点。目前，作为 EU-ETS 和 CDM 等机制设计者的欧盟和具有较为完善的国内碳市场体系的美国占据了碳市场价值链的规则制定端。碳市场价值链的右端为二级市场和衍生品市场交易端，集中了碳市场的高附加值产品，具有广阔的利润空间。目前欧美等发达国家依靠已建立的碳交易体系，依托运营经验丰富的碳交易所，[①] 占据了碳市场价值链的高附加值交易端。以中国为代表的广大发展中国家，凭借其巨大的碳排放空间为碳市场提

---

① 世界上较成熟的碳交易所共有四个：欧盟的欧盟排放权交易制（European Union Greenhouse Gas Emission Trading Scheme，EUETS）、英国的英国排放权交易制（UK Emissions Trading Group，ETG）、美国的芝加哥气候交易所（Chicago Climate Exchange，CCX）以及澳大利亚的澳大利亚国家信托（National Trust of Australia，NSW）。

供大量的初级产品,但是由于其国内自身碳交易体系的缺失以及碳市场专业机构和人才的匮乏,只能被动处于碳市场价值链的中间环节,依靠出售价格低廉的初级产品获得收益,与传统贸易别无二致地被锁定在低附加值环节。

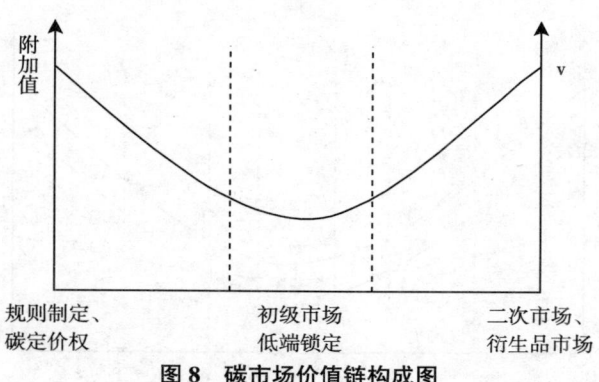

图8 碳市场价值链构成图

目前,全球碳交易市场的不确定性极有可能导致目前的碳市场价值链构成改变,EU-ETS和CDM两大交易市场的低迷可能会带来全球碳市场的市场细分效应和均衡化效应。本文将市场细分效应定义为全球各个国家地区的碳市场产品对接程度,与一体化进程相对,若各地区碳交易产品对接程度差,则市场细分效应提升;反之则下降。将市场均衡化效应定义为全球碳市场上各极的市场影响力,各极的市场影响力趋于均衡,则市场均衡程度上升;反之则下降。碳交易市场细分效应对碳市场价值链的影响如图9所示,碳市场细分效应表现为价值曲线位置的变化。原因是碳市场细分效应具有全范围的影响,若分割程度上升,全球碳交易一体化进程中的壁垒增加,则各国获得的附加值均减少。在全球碳交易市场不确定性影响下,图形表现为价值曲线位置的下移(V_1下降至V_2)。碳交易市场均衡效应对碳市场价值链的影响如图10所示,碳交易市场均衡效应表现为价值曲线形状的变化。原因是全球碳市场各极的均衡程度上升,则从市场规则制定端到初级市场交易端,再到二级市场和衍生品交易端的附加值趋于均衡分配。在全球碳交易市场不确定性影响下,图形表现为价值曲线趋于平缓(V_1调整为V_3)。

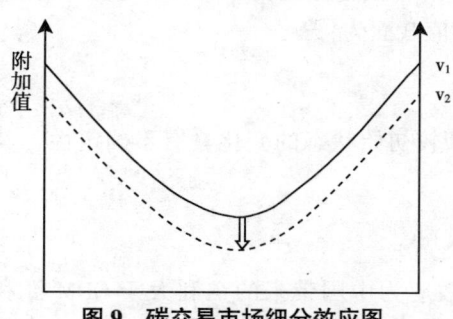

图9 碳交易市场细分效应图

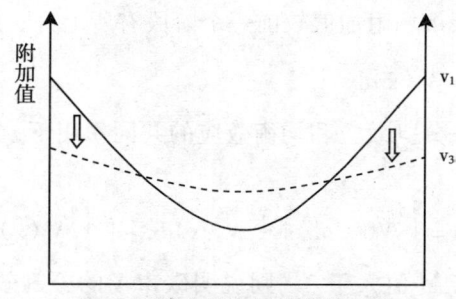

图10 碳交易市场均衡效果图

在上述分析的基础上,就可以根据附加值截面面积来分析全球碳交易市场不确定性下中国碳价值链的动态攀升路径。如图11所示,纵轴仍为附加值,横轴从0到1表示从碳交易市场规则制定端到初级市场再到二级市场和衍生品市场交易端。设价值链曲线为$V = V(x)$,在EU-ETS和CDM正常运转时,碳市场价值链为$V_1 = V_1(x)$,此时全球碳市场价值链附加值截面总面积为:

$$\int_0^1 V_1(x)dx$$

假设此时中国处于低端锁定区间[a，b]，则中国的碳市场附加值截面面积为：

$$\int_0^b V_1(x)dx$$

即中国在 EU-ETS 和 CDM 正常运转时所获得的 CDM 红利。

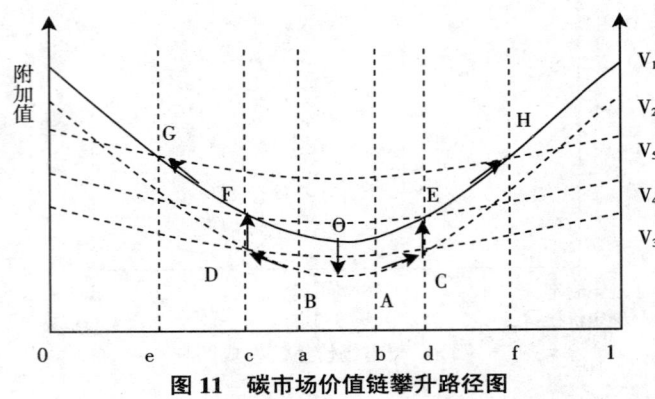

图11　碳市场价值链攀升路径图

受到当前全球碳交易市场细分效应的影响，碳市场价值链下降至$V_2 = V_2(x)$，此时全球碳市场价值链附加值截面总面积为：

$$\int_0^1 V_2(x)dx$$

此时中国的碳市场附加值截面面积为：

$$\int_a^b V_2(x)dx$$

显然，当前的市场状况使中国损失了一部分 CDM 红利，损失额为：

$$\int_a^b V_1(x)dx - \int_a^b V_2(x)dx$$

欧盟势力的削弱以及世界各极碳势力的平衡趋势使得碳市场价值链均衡效应凸显，从市场规则制定端到初级市场交易端，再到二级市场和衍生品交易端的附加值趋于均衡分配，价值曲线$V_3 = V_3(x)$趋于平缓，受此影响，低端锁定效应得到缓解，锁定区间由[a，b]变为[c，d]，中国的碳市场附加值较前一个阶段有所上升，此时的附加值截面为：

$$\int_c^d V_3(x)dx$$

在分割效应和均衡效应的共同作用下，附加值总额较初始状态的变化具有不确定性，其大小取决于：

$$M = \int_c^a V_3(x)dx + \int_b^d V_3(x)dx - [\int_a^b V_1(x)dx - \int_a^b V_2(x)dx]$$

若 M 值大于 0，则说明碳市场的分割效应和均衡效应为中国带来的福利大于 CDM 红利的损失。不难发现，国际碳交易市场的分割效应越小、均衡作用越大，越有利于以中国为代表的发展中国家。

目前受 EU-ETS 和 CDM 交易制度市场持续萎靡的影响，国际碳市场上的分割效应趋于增加，但是从全球总体福利的角度来看，全球一体化的碳交易市场才能实现全球福利最大化。因此，从长期来看，国际碳交易市场的一体化趋势会加强，如图所示 D 点趋向于 F 点，C 点趋向于 E 点。此时，在高均衡度情形下中国的碳市场附加值截面面积为：

$$\int_c^d V_4(x)dx$$

在低均衡度情形下中国的碳市场附加值截面面积为：

$$\int_c^d V_1(x)dx$$

显然：

$$\int_c^d V_4(x)dx > \int_c^d V_1(x)dx > \int_a^b V_1(x)dx$$

在不确定性的影响下，从长期来看，高均衡情形下的碳市场附加值总额大于低均衡情形下的碳市场附加值总额。两者均大于初始状态时处于低端锁定状态的碳市场附加值，从而实现了在全球碳交易市场不确定性下的价值链一次攀升（从初始点 O 攀升至 E、F）。

与一次攀升主要依靠外部环境不同，全球碳价值链的二次攀升主要依靠国家内部力量推动。主要通过市场偏向型低碳产业发展战略引领，以构建国内碳市场、完善碳金融体系为手段，促成中国在全球碳市场价值链二次攀升（F 到 G，E 到 H），在高均衡情形和低均衡情形下的碳市场附加值截面面积分别上升至：

$$\int_e^f V_5(x)dx \text{ 和 } \int_e^f V_1(x)dx$$

在价值链一次攀升和二次攀升的共同作用下，中国最初处于低端锁定状态的价值链附加值截面面积占攀升后总面积的比值不断减少，逐渐向规则制定端和二级市场及衍生品市场交易端靠近。在初始高均衡情形和低均衡情形下的占比分别为：

$$\frac{\int_a^b V_1(x)dx}{\int_e^f V_5(x)dx} \text{ 和 } \frac{\int_a^b V_1(x)dx}{\int_e^f V_1(x)dx}$$

即以往依靠传统 CDM 绝对优势仅占重构后的国家低碳优势的很小一部分份额。在完成碳价值链两次攀升、确立国家低碳优势的情况下，CDM 红利缺失效应的负面影响被极大地弱化，并大幅削减中国未来承担总量减排任务对产业的冲击。原有的全球碳交易市场格局正在被打破，新的格局正在构建。中国如能利用好当前碳交易市场的不确定性，结合自身现有优势，制定出碳交易市场不确定性周期下的市场偏向型低碳发展战略，从市场化角度逐步构建国内碳市场、完善碳金融体系，将有助于提升中国参与国际碳事务的话语权以及碳定价控制力，以此摆脱全球碳市场价值链低端锁定，重构市场偏向型国家低碳优势。

五、结论及对策建议

目前，欧盟碳交易市场的低迷使得全球碳交易市场前景充满不确定性，这种不确定性造成中国在以往参与全球碳市场交易时 CDM 绝对优势的丧失，使中国自 2005 年以来通过 CDM 机制在碳初级市场交易赚取的减排资金骤减，并伴有大量的 CDM 项目违约风险，对国内低碳产业造成巨大冲击。不确定性下的碳市场价值链重构效应可以分解为市场细分效应和市场均衡效应，在其共同作用下有利于以中国为代表的发展中国家实现碳市场价值链攀升，摆脱长期以来在全球碳交易市场的低端锁定效应。总体上，碳交易市场上的不确定性对中国来说具有重大战略意义。客观看待碳交易市场上的不确定性对中国带来的负面影响，抓住当前重要的低碳战略机遇期，树立市场偏向型低碳发展战略,可以帮助我国通过市场化手段摆脱全球碳市场价值链的低端锁定,实现价值链攀升,提升国家的碳话语权和碳定价权,实现市场偏向型国家低碳优势重构。

综上所述,本文对中国应对全球碳交易市场不确定性提出以下对策建议:

1. 加强顶层设计,确立市场偏向型低碳发展战略

碳交易市场本质上是要解决气候问题,而气候具有公共物品性质,因此必须在政府层面加以重视,加强顶层设计,将目前全球碳交易市场上出现的变化及具有的不确定性因素与中国"到2020年单位国内生产总值二氧化碳排放量比2005年减少40%~45%"的减排承诺相结合,从战略层面引导市场偏向型的低碳发展方式。通过促进国内碳交易市场的构建以及碳金融体系的完善,争取低碳经济发展的主导权。具体来说,首先,可以考虑出台碳减排法案,将2009年做出的减排目标提升到法律层面,增加硬性约束力,为国内碳交易市场构建提供良好的法律环境;其次,从战略层面确定各级政府部门的短期、中期目标,将节能减排指标纳入政绩考核体系,成立专门的低碳经济管理部门,按地区、层次差别提出减排指标,为国内碳交易市场体系的构建提供外部支持;最后,要从战略层面提升企业对碳稀缺性的认识,引导企业树立正确的碳资源意识,将碳预算机制引入企业预算体系,鼓励企业深入挖掘减排潜力、充分发挥减排优势,着手落实碳排放资源的战略储备与战略投资,从企业层面为国内碳交易市场构建打下良好基础。

2. 结合国情,构建国内碳交易市场

全球碳交易市场以及气候谈判的不确定性迫使各个国家需要谨慎地评估各自碳市场建设方案。多样性是碳市场不同于普通商品市场的一个重要特征,碳商品的价值与所在地区的经济、政治、技术环境密切相关,不同国家最优碳市场建设方案也不尽相同。具体到中国,考虑现实国情与地区性差异,建议我国采取以自愿性交易方式起步、以试点推广为驱动、东中西区别对待的碳市场构建方案。针对目前全球碳交易市场上CDM项目的违约风险,积极构建国内自愿性交易市场,政府对加入自愿性碳交易市场的企业予以政策优惠,率先在国内消化CDM违约项目。结合中国地区现实差异,在完善自愿性交易市场的同时,依托东部已初步建立的碳交易市场,以东部地区为试点,建立类似美国WCI标准的强制性相对较强的碳交易市场,促进东部地区实现产业升级。中部地区和西部地区采较为取温和的排放控制政策,建立类似美国RGGI标准的强制性相对较弱的碳交易市场。循序渐进构建东、中、西差异性碳交易市场。在不影响经济增长的前提下,尽早实现国内碳交易市场与国际市场对接,参与二级市场交易及衍生品交易。尽快完成从碳初级市场向碳商品市场的升级,充分发挥碳交易市场的价格发现功能,提升碳定价权,摆脱全球碳价值链低端锁定。

3. 完善碳金融体系,提升国际碳定价权

目前,芝加哥气候交易所拥有自愿碳排放市场验证减排量(VER)的定价权,欧洲气候交易所(ECX)拥有欧盟碳排放许可(EUA)期货市场的定价权,欧洲能源交易所(EEX)掌握着EUA现货的定价权,而中国作为全球第一大排放国和CER第一大供给国,中国却缺乏国际碳交易市场的定价权。全球碳交易市场的不确定性为中国提升碳价格控制力、摆脱低端锁定带来了机遇。对此,中国要加强对碳交易中介机构的培育和对碳金融人才的培养,加快建设多层次、多元化的碳金融体系,提升中国在全球碳交易体系中的定价能力。具体来说,首先要扶持有助于低碳发展的资本市场体系,设立低碳经济发展基金,发行低碳债券,创新低碳衍生产品,并且鼓励、引导民间资金投资。其次是完善碳信贷产品和期权产品,针对碳排放交易项目特点,创新低碳信贷产品、推行碳排放期权机制。最后要完善碳金融市场的监督机制,培养一批独立、公正的碳减排核查机构和从业人员。

4. 加强与国际市场交流合作,提升碳话语权

全世界范围的碳排放问题必然需要全球各方的通力合作,在未来的气候谈判以及碳交易市场

规则制定中，以中国为代表的新兴经济体必然扮演越来越重要的角色。对此，中国要加强与全球其他国家碳市场的合作交流，在学习欧美发达国家成熟经验的同时，积极与印度、巴西等新兴经济体合作，共同应对当前碳交易市场的不确定性。应当与广大发展中国家形成利益共同体，成为未来全球碳交易市场的重要一极，提升碳话语权。具体来说，首先，在构建国内自愿性交易市场和东部试点强制性市场的过程中，可以借鉴芝加哥气候交易所自愿碳排放市场验证减排量（VER）以及美国西部气候倡议（WCI）的做法，在不影响经济发展质量的同时逐步构建国内碳交易市场。其次，要吸取欧盟 EU-ETS 市场风险的教训，在设计国内碳交易机制时，将配额指标与经济环境及企业实际情况相结合，力求体现出碳排放权的稀缺性、实现其价格发现功能。最后，积极与印度、巴西等新兴经济体开展战略层面和市场层面的交流合作，共同克服碳市场价值链的低端锁定问题，共同为实现全球碳交易市场多极化努力，逐步提升以中国为代表的新兴经济体的国际碳话语权。

参考文献

［1］Gernot Klepper. The Future of The European Emission Trading System and The Clean Development Mechanism In a Post-Kyoto World［J］. Energy Economics，2011.

［2］Bruce Mizrach. Integration of The Global Carbon Markets［J］. Energy Economics，2012.

［3］Alexandre Kossoy. State and Trends of The Carbon Market［R］. World Bank，2012.

［4］Damien Demailly，Philippe Quirion. European Emission Trading Scheme and Competitiveness：A Case Study on The Iron and Steel Industry［J］. Energy Economics，2007.

［5］Nathan E. Hultman，Simone Pulver，Sergio Pacca，Samir Saran，Lydia Powell，Viviane Romeiro，Tabitha Benney. Carbon markets and Low-carbon Investment in Emerging Economies：A Synthesis of Parallel Workshops in Brazil and India［J］. Energy Policy，2011.

［6］Malte Schneider，Holger Hendrichs，Volker H. Hoffmann. Navigating The Global Carbon Market：An Analysis of The CDM's Value Chain and Prevalent Business Models［J］. Energy Policy，2010.

［7］Alain Cormier，Valentin Bellassen.The Risks of CDM Projects：How Did Only 30% of Expected Credits Come Through？［J］. Energy Policy，2013.

［8］陈波，刘铮. 全球碳交易市场构建与发展现状研究［J］. 内蒙古大学学报（哲学社会科学版），2010（3）.

［9］曾琪. 低碳中国［M］. 北京：法律出版社，2010.

［10］曾铮，张亚斌. 价值链的经济学分析及其政策借鉴［J］. 中国工业经济，2005（5）.

［11］张辉. 全球价值链理论与我国产业发展研究［J］. 中国工业经济，2004（5）.

［12］陈诗一. 能源消耗、二氧化碳排放与中国工业的可持续发展［J］. 经济研究，2009（4）.

［13］隗斌贤，揭筱纹. 基于国际碳交易经验的长三角区域碳交易市场构建思路与对策［J］. 管理世界，2012（2）.

［14］杨超，李国良，门明. 国际碳交易市场的风险度量及对我国的启示——基于状态转移与极值理论的 VaR 比较研究［J］. 数量经济技术经济研究，2011（4）.

［15］王毅刚，葛兴安，邵诗洋，李亚冬. 碳排放交易制度的中国道路：国际实践与中国应用［M］. 经济管理出版社，2011.

［16］刘婧. 我国节能与低碳的交易市场机制研究［M］. 上海：复旦大学出版社，2010.

［17］赵盟，康艳兵，冯升波，高海然. 我国 CDM 项目的发展动态、问题与建议［J］. 能源与环境，2011（4）.

［18］焦小平. 欧盟排放交易体系规则［M］. 北京：中国财政经济出版社，2010.

［19］高山. 我国碳交易市场发展对策研究［J］. 生态经济，2013（1）.

［20］周晓唯，张金灿. 关于中国碳交易市场发展路径的思考［J］. 经济与管理，2011（3）.

［21］郑爽，张敏思. 2012 年欧盟碳市场评述［J］. 中国能源，2013（2）.

浙江纺织服装业的国家价值链构建研究

王晓琳*

随着全球一体化和区域经济一体化趋势的加强,世界各国和地区之间的经济社会联系更加紧密,国际竞争日益激烈,提升国家竞争力的重要性不言而喻。基于波特的"价值链"理论,一个国家和地区的竞争力最根本的取决于其产业竞争力,尤其是产业在价值链中所处位置的高低。改革开放以来,中国凭借丰富的资源优势、低成本劳动力优势和良好的制造业基础,以贴牌代工生产为切入点采取出口导向型战略,推动了东部沿海工业化、对外贸易和国民经济的迅猛发展。作为中国东南沿海重要的改革开放门户和重要的外贸出口省份,浙江借政策东风、依本地禀赋积极发展经济,年均 GDP 增长率高于 10%。纺织服装业是浙江传统优势产业,也是重要的支柱产业和民生产业。以贴牌代工嵌入全球纺织服装价值链利于通过先进技术、生产设备和工艺的引进促进产业快速发展和工艺、产品升级,但易形成对全球纺织服装价值链治理者的"路径依赖",难以实现进一步的功能升级和链条升级,缺乏自主品牌和"品牌话语权",阻碍了产业升级和国际竞争优势的持续发展。因此,立足于本土需求构建具备品牌和营销优势的国家价值链,进而实现产业升级是浙江纺织服装业避免 GVC 中"被俘获",实现持续发展的重要举措。

一、文献理论综述

国外学术界关于价值链、全球价值链的研究起步早、范围广,涉及内涵、动力机制、治理模式、升级方式、各主体价值链定位、升级应用等方面,现已发展成了比较完整的理论体系。国内研究集中于全球价值链的分析和应用方面,主要围绕技术进步对产业升级的重要性、GVC 条件下发展的优劣势、竞争力提升和转型升级的问题及路径等方面。

"价值链"由迈克尔·波特于 1985 年最早提出,通过市场交易、消费等完成价值循环,与产业全球组织相联系发展为全球价值链(Gereffi,1994),是"生产过程的国家化",驱动类型和治理类型各异(Gereffi、Korzeniewicz,1994;Humphrey、Schmitz,2000;Kaplinsky、Morris,2001)。发展中国家以 OEM 嵌入"购买商驱动型"GVC,隐性技术知识转移促进企业技术提升(Yung、ect.,1984),但易被"低端锁定"(Evenson、Westphal,1995),导致"贫困化增长道路"(Kaplinsky、Readman,2001;Kaplinsky ect.,2002),升级途径各异(Gereffi,1999;Kaplinsky,2000;Kaplinsky ect.,2002;Humphrey、Schmitz,2002;Bair、Gerffi,2003;UNIDO,2002/2003;Tejada,2011;Nadvic ect.,2011)。部分学者对地方产业集群升级进行实证研究(Enbel、Gassman,2007;

---

* 王晓琳,女,复旦大学经济学院,研究方向为国际贸易。

Gereffi, 1999; Schmitz、Knorring, 2000),认为集群嵌入方式和治理模式影响升级方式和前景(Humphrey、Schmitz, 2002; Bazan、Navas, 2003; Schmitz, 2004)。国内学者从"低端锁定"现状出发(项星, 2007; 吴建新、刘德学, 2009; 彭衡, 2009; 牟若, 2009),认为中间投入层次较低和垂直分工外泄效应显著影响了国内价值链延伸,造成"功能锁定"和"路径依赖"(王发明等, 2009; 陈爱贞、刘志彪, 2011),实现升级需要创造利于升级的学习链和创新链(刘志彪, 2007),建立前后向关联(Li、Li, 2009),重视品牌和营销,分阶段实现创新升级和集群结构升级(邬关荣, 2007; 罗勇、曹丽莉, 2008; 杨桂菊, 2010; 李放、刘扬, 2011)。还有学者以绍兴、杭州地方产业集群为例探索价值链升级(殷鸣, 2005; 陈谦, 2006; 汪斌、侯茂章, 2006; 黄永明、聂鸣, 2006)。

全球价值链以附加值高低作为升级衡量标准一定程度上忽略了各行业、各产业的不同特点和不断变化的实际(李陵申、祝秀森, 2009),因此,以国家价值链受到越来越多的关注。国内NVC研究处于探索和继续深入阶段,研究集中于NVC与GVC对比、NVC构建以及NVC下升级路径。

Bazan和Navas(2004)研究巴西制鞋业集群应用了"National Value Chains"和"Domestic Value Chains",受价值链治理模式影响较深(Pietrobelli、Saliola, 2008),NVC下发展中国家企业有很强的功能和链条升级能力(Schmitz, 2004)。在中国企业创新动力缺失、社会信用体系缺失、知识产权保护制度缺位的背景下,基于国内需求构建NVC,发挥区域一体化,培养技术创新和市场扩张能力,创建自主国际品牌,培养全球市场渠道控制能力,是长三角制造企业摆脱单一依赖GVC、实现转型升级、促进经济发展的重要途径(黄永明等, 2006; 刘志彪、张杰, 2007、2009; 康志勇, 2009; 岳中刚、刘志彪, 2010; Liu、Zhang, 2009)。浙江产业集群以直接贸易和参与准层级价值链形式嵌入采购商驱动的GVC(潘峰华, 2007),纺织服装业集群以区域专业化集聚为主,地理位置和产业互补性关联度较好,但集聚层次和发展档次存在偏沿海、低档次、优势弱问题(王小芳、顾庆良, 2002),可从增强自主创新力和产品附加值、构建中小企业集群网络体系、推行市场多元化战略等方面促进产业转型升级(朱婷、池仁勇, 2007; 吴昕, 2008; 杨叶辰, 2009)。

综上所述,国外对GVC的应用研究围绕价值环节"切片化"、链条的协调、发达国家和发展中国家的地位和经济联系以及嵌链式发展模式下的转型升级问题,国内侧重于发展中国家某产业在GVC的位置、特点、升级面临的问题和升级路径。多数学者认为发展中国家嵌入GVC参与全球分工体系,可以通过学习效应和隐性技术知识转移实现自身沿GVC向价值链高端环节的攀升,促进工艺升级和产品升级,但难以突破"天花板效应"获得功能升级和链条升级,于是,学术界逐渐关注NVC。国外以NVC为视角的应用研究比较集中,主要研究发展中国家或地方产业集群立足于本土市场需求实现GVC条件下难以实现的功能升级和链条升级;国内关于国家价值链的研究刚刚起步,多基于GVC和NVC比较分析下发展中国家生产企业转型升级方式的不同,属于在宏观层面的分析和经验总结;实证方面,NVC下具体产业和行业升级路径的研究较少,浙江纺织服装业NVC构建的研究更少,处于探索和进一步深入阶段。

二、浙江纺织服装业国家价值链构建的现实基础和条件分析

1. 浙江纺织服装业构建全球价值链与国家价值链的比较分析

纺织服装业GVC形成于20世纪60年代,国际分工和利益分配格局随各国比较优势而变化。中国大陆嵌入由国际大采购商主导的GVC,包括零售商、品牌专营商和品牌制造商(Humphrey、Memedovic, 2003; 项星, 2007)。整条价值链核心竞争力在于由发达国家领先公司控制的设计、

品牌和营销等战略性环节。浙江纺织服装企业承担非战略性劳动密集型加工制造环节，位于GVC底端。被低端锁定的企业为满足采购商订单要求，从国外引进技术和生产设备，这种"生产带动型进口"利于本土企业技术水平、产品多样化水平和质量水平的提升，间接推动了工艺和产品升级，但导致创新动力不足、议价能力缺乏和市场势力薄弱（项星，2007），不利于功能和链条升级。

GVC下浙江纺织服装业存在低端微利，被主导且功能和链条升级难，难以摆脱"被俘获"。因此，构建新的价值链分步实现升级是摆脱低端锁定的重要途径，即通过GVC实现工艺和产品升级，深刻了解和掌握其运行机制，将积累的生产和设计能力应用到本土需求，构建具有自主品牌和营销优势的NVC，并实现与GVC的平行对接，建立全球生产网络GPN（Zhao、Gu，2009），或直接构建自己主导的新的GVC（GVC'）以提高在国际分工体系中的地位。

2. 浙江纺织服装业构建NVC的现实基础和条件分析

（1）现实基础。第一，工业基础。纺织服装业是重要的支柱产业和民生工业，工业增加值和工业增加值率稳定增长，现已形成门类齐全、初具规模、特色鲜明的工业体系和涵盖纺织、化纤、印染、纺机、面料织造、成衣生产等环节的产业链条。第二，需求基础。消费需求的层次化、高档化和多样化发展利于企业创新；周边的苏州、南京和上海等地，提供了市场容量大、消费水平高和发展潜力深的近地市场；内陆地区恩格尔系数相对较高，对纺织品服装具有刚性需求；欧美、东亚等国际需求提供了境外需求动力。第三，产业集群。浙江纺织服装业已形成涵盖纺织、化纤、印染、纺机、面料织造和成衣生产等环节的区域产业集群纺，利于生产专业化、提高市场占有率和竞争力。第四，产业竞争优势。浙江纺织服装业劳动生产率逐年递增，国际市场占有率稳步上升，TC、IIT、CA、RCA、CA指标显示其较强的产业竞争力和发展潜力，显性比较优势明显。

（2）条件分析。第一，地理区位条件。浙江位于东南沿海长江三角洲南翼，对外开放早，大陆海岸线和海岛岸线全国第一，"岸长水深"，有20个口岸、6条国道、66条省级干线公路、7个民用机场、"四横四纵"铁路线。① 第二，要素禀赋条件。常住人口5442.69万，15~59岁人口占比72.90%，初中及以上学历人口占比59.57%，② 劳动生产率逐年提高；蚕茧产量占全国第二，是重要的黄麻产区；民营经济发达、民间资本活跃，企业家精神突出。第三，集聚优势条件。浙江纺织服装业集聚多属于市场中介和品牌主导型集聚，在专业市场带动下发展（池仁勇、杨潇，2010）；亿元以上工业总产值的块状经济群约五百多个，其中52个区块的产品国内市场占有率达30%以上，③ 基础设施建设和利用利于产业资源整合、促进专业分工和协作，延伸产业价值链。第四，政策制度条件。各级政府非常重视纺织服装业的发展，纷纷编制出台《浙江省纺织产业转型升级规划（2009~2012）》、《浙江省11大产业转型升级规划》、《杭州市纺织服装产业调整振兴三年行动计划（2009~2011）》等规划，为纺织服装业的创新升级提供重要的政策性保障。

三、浙江纺织服装业的国家价值链构建与升级研究

1. 浙江纺织服装业NVC的构建模式分析

浙江中小企业众多，嵌入GVC的纺织服装企业也以中小规模企业为主，产品创新研发、自主品牌创建和延伸价值环节的实力有限，难以发挥纵向协同效应和行业互动效应。因此，领导型企

---

① 浙江省人民政府网站，www.zhejiang.gov.cn。
② 该处各种受教育程度的人包括各类学校的毕业生、肄业生和在校生。
③ 数据来源：浙江省人民政府网站，http://www.zj.gov.cn/gb/zjnew/node3/node6/node14/node128/userobject1ai3844.html。

业模式是浙江纺织服装业构建 NVC 的有效途径。首先，以专业市场和产业集群为平台，以本土市场需求为基础，以 GVC 的产品开发和生产经验为条件，培育掌握研发设计、品牌和营销等优势的大型龙头企业为领导企业；其次，依靠价值链延伸，加强同中小型企业间的协调能力，培育"配套企业"并形成良好互动，构建自主 NVC；最后，通过品牌优势实现与 GVC 平行对接，构建全球生产网络（GPN），按照"GVC→NVC→GVC'"路径分步实现升级。

（1）领导型企业的产业价值链延伸。在 NVC 中，领导企业对链条参与者的主导和控制体现在：依托于业务联系，通过引导、协作和控制保证价值链上各个环节有序、高效运行。

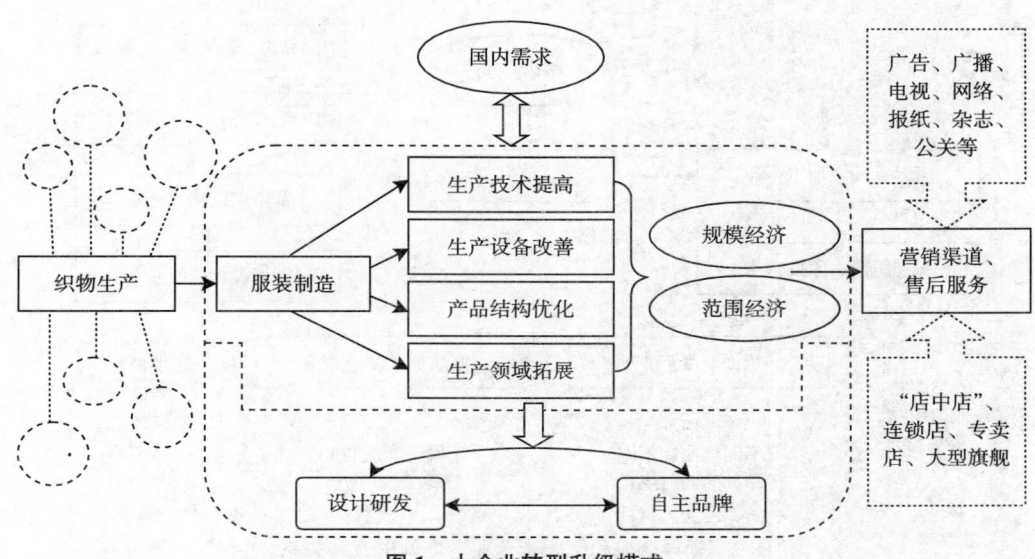

图 1 大企业转型升级模式

注：织物生产环节的虚线圆圈代表大企业的原材料供应企业，连接虚线长短代表地理区位间的距离；中间虚线范围代表领导型企业的经营范围，上部分为"服装制造"环节，下部分是研发设计和品牌创建环节。

"配套企业"一般靠近原材料产地或交通便利的专业市场或产业集群。领导企业在生产技术、产品结构和生产领域逐渐实现规模经济和范围经济，完成工艺和产品升级（见图1）。具备一定实力后将"服装制造"外包，主导"设计研发"和"自主品牌"等核心环节，专注于研发、设计、营销、物流等生产性服务功能，不断创新产品工艺，为外包企业加工生产设定参数，实现"自主品牌"产品销售和企业"虚拟化"运作，逐渐发展为创意型、服务型企业。凭借品牌优势，领导企业通过多样化营销手段和多层次销售终端构建国内营销网络，提升自主品牌的知名度和影响力，并逐渐在省内其他城市或在国内其他地区建立生产基地，实现价值链在地域范围上的扩展，地方价值链发展为区域价值链（AVC）和国家价值链（NVC），自主品牌发展为区域品牌或中国品牌。

上述价值链发展过程和分工体系均以国内市场为基础，实行"以国内需求为中心"的弹性生产模式，领导企业及时根据本土市场需求调整研发方向和生产模式，具备快速的市场反应能力和信息捕捉能力。品牌和营销是 NVC 的核心竞争力源泉。凭借这些优势，领导企业可以继续向具有相似需求的邻近国家和地区进行价值链延伸，通过海外销售中心、境外设厂、收购兼并方式拓展市场，利用当地要素强化成本竞争优势，或通过"逆向发包"（Adverse Outsourcing）与发达国家研发设计公司合作（康志勇，2009），推进自主品牌"走出去"，提高品牌国际化运营能力，NVC 拓展为跨国价值链。发达国家对 GVC 的主导力源自品牌和营销优势，本土领导型企业依靠相同优势实现 NVC 与 GVC 平行对接，推进自主品牌国际化，实现"NVC→（AVC）→GVC"转变，甚至在世界范围建立自主 GVC'，提高自主品牌的全球竞争力。

（2）领导型企业和"配套企业"的互动。价值链延伸和纵向协同效应发挥依赖于"配套企业"。"配套企业"和领导企业间的良好互动，利于产业运作的规范化和高效化，避免因重复建设导致的过剩产能，缓解资源和环境压力，是构建NVC的重要条件。互动关系体现在：第一，外包加工关系，领导企业建立生产基地或依托产业集群，将部分产能外包给配套企业；第二，配套服务关系，"配套企业"按照领导企业的生产计划和管理要求，为其提供织物织造、服装辅料生产、物流配送等配套服务；第三，模块化生产协作关系，各"配套企业"之间依据各自优势通过专业分工协作体系实现"模块化生产"，提高生产效率，形成优势互补的"企业外部价值网络"。

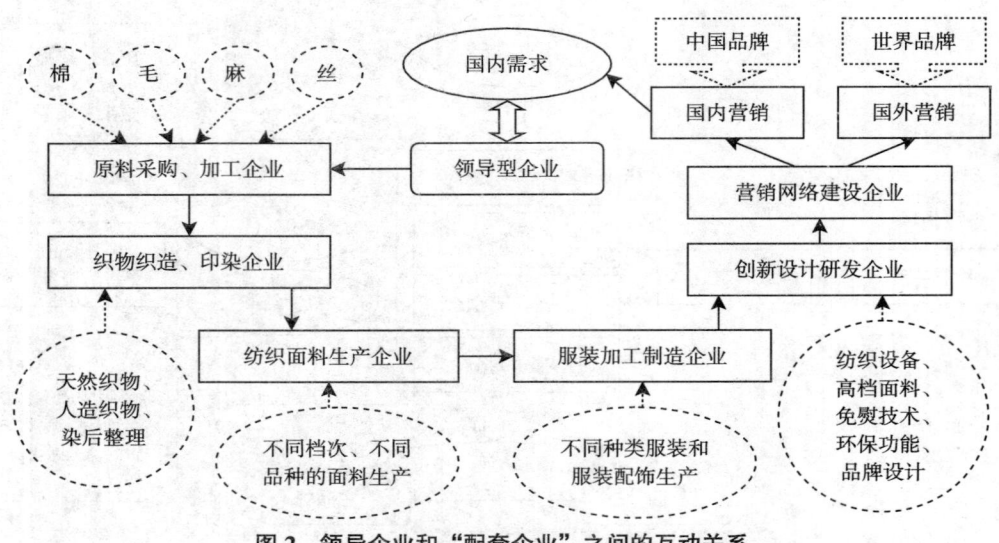

图2 领导企业和"配套企业"之间的互动关系

领导企业立足本土需求，根据资源、交通、市场容量、政府重视程度等因素选择生产基地和"配套企业"，建立生产供应链。"配套企业"按照企业生产优势和经营范围分为原料采购加工型企业、织物织造印染整理型企业、面料辅料生产企业、服装服饰制造企业、创新研发设计企业和营销网络建设企业等类型（见图2）。各企业间协调互动共同实现价值环节的模块化、专业化、标准化，上、下游环节之间紧密连接、环环相扣，这种专业化分工协作网络是形成"企业外部价值网络"的基础，利于优势互补，最大限度地发挥纵向协同效应（余东华、芮明杰，2005），加速产品流通和更新，提高品牌的区域影响力，形成区域品牌；随着生产基地的地域拓展，推动品牌的省外运营和国内运营能力，区域品牌拓展成为国家品牌。

2. 浙江纺织服装业NVC与GVC的对接机制

经济全球化加深、国际分工协作细化、国际竞争激烈以及纺织服装业国际化程度高，决定了浙江纺织服装企业要发展、要"走出去"，所建立的NVC必须成功实现与GVC对接。领导型企业模式构建的NVC涵盖纺织服装业所有价值环节，与GVC价值环节一致，这是实现平行对接的基础。按照对接价值环节，对接方式分为："生产环节对接"、"品牌环节对接"和"营销环节对接"。

（1）"生产环节对接"。指加工制造环节的对接，以"OEM"贴牌生产通过国际贸易嵌入由国际大型采购商主导的全球价值链。特点有：非平行对接、科技含量低、附加值低、利润空间有限；处于被主导、被控制地位，与国外消费市场隔离，对国际大型采购商依赖性强，缺乏自主创新动力，无定价权；依靠GVC产品开发和生产经验积累以及先进技术和设备引进，实现工艺和产品升级，但因"天花板效应"造成"低端锁定"，难以实现功能升级和链条升级。

（2）"品牌环节对接"。指自主研发设计、创建自主品牌环节与GVC对接，是浙江纺织服装业今后发展方向和升级重点，前提是本土企业拥有设计研发创新能力、建有自主品牌，产品在区域、国内甚至国际具有一定的知名度和影响力。其特点是平行对接、科技含量高、附加值高、利润空间大；本土企业在NVC中处于主导地位，有"品牌话语权"，与国际大型采购商进行谈判与合作，甚至可以直接通过自主品牌国际化运营和国外营销渠道建设，自行开拓国际市场；已实现工艺和产品升级，开展上下游价值环节延伸和价值链整合，处于功能和链条升级阶段。

（3）"营销环节对接"。指将营销网络建设拓展到国外市场，通过收购兼并、境外设厂、与当地零售商合作等方式嵌入GVC的销售环节，是具有一定实力的浙江纺织服装企业正在进行的阶段。主要特点是较平行对接（较"生产对接"平行、较"品牌对接"非平行）、有一定利润空间；与国外市场直接接触，增强企业主动性和市场应变能力，但"品牌话语权"方面会受制于国际大型采购商，定价权有限；正在进行或已完成工艺升级和产品升级，逐步进入功能升级阶段。

3. 浙江纺织服装业 GVC→NVC→GVC' 的升级路径

将升级方式和价值链构建相结合，升级路径可分为四个阶段：OEM+加工制造、ODM+品牌创建、OBM+NVC、IBM+GVC，经历的三个关键点依次是：转型点1为自主研发品牌创建，过渡点2为NVC构建，转型点3为NVC和GVC的平行对接（见图3）。

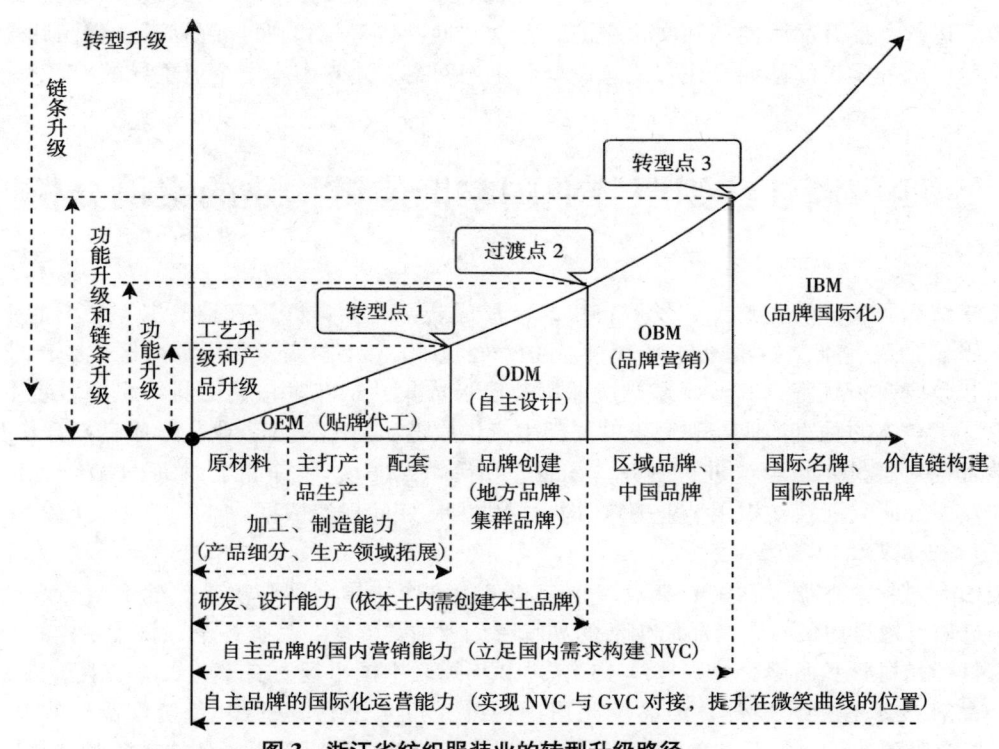

图3 浙江省纺织服装业的转型升级路径

（1）OEM+加工制造。多数浙江纺织服装企业位于以OEM嵌入GVC这一阶段，是升级的开始阶段。OEM注重加工制造能力：第一，引进先进技术和生产设备，提高生产工艺和生产效率，增加产品种类和层次，提高产品质量和档次，以质优价廉获取竞争优势；第二，加强对引进工艺的消化吸收，通过学习效应汇聚资源优势实现规模经济和范围经济，推动工艺和产品升级；第三，充分利用GVC中积累的产品开发和生产经验，勇于向纺织服装业上下游拓展生产领域，发挥纵向协同效应，形成集原材料、主打产品、配套服务于一体的完整的产业价值链。

（2）ODM+品牌创建。由OEM向ODM转变以创建自主品牌为转折，实现由加工制造能力向研发设计能力转变。ODM 重视自主创新精神和设计研发能力：第一，加强对面料规格、印染样式、服装款式功能、服饰品种类型的设计和研发，创新设计手法和花色样式，提高创新研发能力；第二，立足本土需求，积极与研发机构、科研院所开展技术研发和项目合作，创建自主品牌，加强品牌管理和运营，提高品牌知名度和影响力，创建"集群品牌"或"区域品牌"；第三，以创意"智"造品牌，构建企业创意链、信息链和知识链，培育品牌核心竞争力，开始功能升级。

（3）OBM+NVC。由 ODM 向 OBM 转变需立足国内需求构建 NVC，推动自主品牌由地区品牌向区域品牌或中国品牌过渡。OBM 重视品牌运营能力：第一，立足国内需求，利用品牌和营销优势加速产业梯度向要素禀赋充裕地区转移，培育"配套企业"，发挥纵向协同效应和行业互动效应构建 NVC，实现生产专业化。第二，强化品牌设计和研发，增强品牌运营能力，建设区域品牌或中国品牌。第三，实行以本土需求为中心的"弹性生产模式"，构建柔性生产竞争优势，培养快速的市场反应能力；逐步实现生产环节的剥离，掌握战略性价值环节，实现功能和链条升级。

（4）IBM+GVC。由 OBM 向 IBM 转变以 NVC 和 GVC 平行对接为转折，实现中国品牌向世界名牌、世界品牌转变，推行品牌国际化战略。IBM 重视品牌跨国营运能力：第一，NVC 企业以"营销对接"为切入点通过"品牌对接"实现与 GVC 平行对接，凭借"品牌话语权"增强主导力。第二，利用"品牌效应"向相关行业拓展，实现跨行业、多元式并行发展的链条升级。第三，加强品牌国际运营，提升品牌内涵和文化积淀，建立"世界名牌"和"世界品牌"；以品牌合作、国际收购兼并、国外零售终端商合作方式建设全球生产网络，建立由本土企业主导的 GVC'。

四、浙江纺织服装业国家价值链构建的案例分析

浙江纺织服装业历史悠久、发展较快，已形成若干产业集群，有雅戈尔等龙头企业及众多中小纺织服装企业。雅戈尔集团自 1979 年成立，经过 30 余年发展，利用港口区位、产业集群、专业市场和政府政策优势，其传统基础产业服装已形成集"棉花种植、面料纺织、服装生产、物流和零售"于一体的垂直产业链和完整的外部生产供应链，与"配套企业"形成良好合作互动关系。国内学者也对雅戈尔价值链进行研究，如黄永明等（2006）、姚铮和金列（2009）。雅戈尔价值链构建和发展为研究浙江纺织服装业 NVC 构建提供了良好的现实依据。①

1. 雅戈尔集团的服装业务

集团有衬衫、西服、西裤、夹克、领带和 T 恤六个中国名牌和皮具、配饰两类产品系列，形成成熟自信、稳重内敛、崇尚品质生活的品牌特色和种类繁多、品类齐全、款式多样的产品结构。

主打产品衬衫和西服，分别连续 15 年、10 年蝉联中国市场占有率（12%以上、13%以上）第一位，品牌技术有很大提升，产品工艺居国内外先进水平，其"HP 免熨产品"（"国家级新产品"）、"VP 吸湿快干衬衫"、"DP 纯棉免熨衬衫"、纯羊毛抗皱西服、臻品抗皱西服、磁疗保健西服等新品更适应高层次、多功能的消费需求。其他系列服饰和配饰的开发使产品结构完善和品牌内涵深化。采用自然纤维与新型功能化纤面料结合，综合运用交织、提花、混色、雕花、剪毛、短毛工艺，打造出独特的雅戈尔休闲风格；裤子追求面料创新和款式创新，采用 DP 免熨面料、仿牛仔面料等环保时尚概念，款式多样，品类齐全；以天丝棉、莫代尔棉、桑蚕丝/绵、竹纤维/棉为面料的雅戈尔时尚 T 恤系列，又细分为四个系列，具备耐洗抗皱、防紫外线、丝蛋白护肤等功能；

---

① 信息自新闻网站资源、雅戈尔网站信息、内部纸质资料和座谈交流；座谈调研完成于 2011 年 9 月。

皮具和配饰两个产品系列，取材特殊、设计独特，更加丰富了雅戈尔品牌服装的内涵和外延。

经过多年发展和提升，雅戈尔品牌已多次获评"最受消费者喜爱品牌"和"行业标志品牌"，是国家第一批"中国驰名商标"和"重点支持和发展的品牌出口商品"品牌，被国家商标局列入全国重点商标保护名录，多次入选"中国最佳服装品牌"和"最受消费者欢迎的男装品牌"。

2. 雅戈尔服装业国家价值链构建

（1）集团内部的纺织服装价值链。雅戈尔以高新技术和先进设备提高生产率、提升产业基础和完善产品品质，并向原料种植、纺织印染上游环节和品牌研发、营销构建下游环节延伸，形成"原料—纺织—面料—服装—销售终端"一体化垂直产业链（见图4）。2010年，雅戈尔优化产业链、构建品牌方阵、加快生产基地梯度转移，开始由生产制造型企业向品牌运营型企业转型。

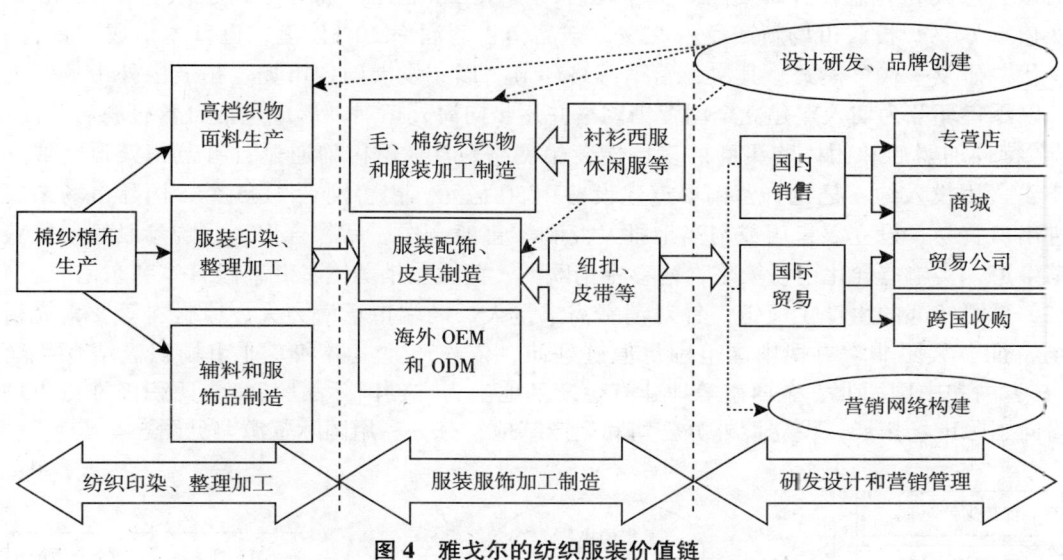

图4 雅戈尔的纺织服装价值链

第一，上游环节延伸。该环节始于2002年；2003年，涉及色织、毛纺、染整的纺织城竣工，是中国三大面料基地之一；2005年，收购新疆新棉集团，在喀什、库尔勒等地兴建8家棉纺企业。集团拥有若干涉足上游的核心企业和控股企业，盛泰色织（日中纺）2010年共开发16个大类新产品、118个质地样和341个包袱样，有新昊棉200S/2和300S/4等高支高密纯棉产品、超级Super care产品和纳米拒水拒油、抗菌、抗紫外线的高档高功能新型面料系列；雅戈尔毛纺全新引进条染、纺纱、织造、后整理设备200多台（套），开发的08SS和08AW两大系列11个大类产品获良好市场反响。目前，集团拥有年产梭织布6000万米、精纺呢绒450万米的生产能力。上游环节拓展和"配套企业"良好互动利于降低成本、提供新利润增长点，保障了服装面料质量和供应。

第二，生产环节拓展。集团有专业工人38209名，具备年产200万套西装、5000万件衬衫及2400万件休闲服、针织成衣、西裤等其他服装的生产能力，雄厚产能基础是生产环节拓展的结果。首先，产品品种拓展和结构优化。开发其他类服装和配饰等配套产品，实现多品牌、多规格、多花色的层次化产品结构。其次，工艺和产品升级。先后引进并学习"无浆工艺"、HP衬衫免熨工艺、全自动预缩定型和CAD系统、纳米技术等国外先进技术和生产工艺，开发出纳米VP衬衫、竹纤雅丽呢面料、DP纯棉免熨精品衬衫等新品和抗菌、防紫外线、丝蛋白护肤等新功能产品，推动生产工艺和产品档次不断提升。再次，品牌运营与功能升级。"品牌之路"始于1986年"北仑港"创建；2007年，由生产模式向品牌模式全面转型，2010年"创国际品牌"。根据国内外市场需求细分市场和调整品牌战略，以多元化市场计划、多形式品牌运作方法充分挖掘市场潜力，形成核心品牌结构和核心竞争优势,拥有 MAYOR、YOUNGOR、GY、CEO、"汉麻世家"5 个自主品牌(5 个品牌工作室)和 1 个国际品牌 Hart Schaffner Marx,以及衬衫、西服、西裤、夹克、领带和 T 恤六个"中国名牌",完成品牌战略从"生产导向"到"市场导向"转变,开始从"大规模生产的制造商"向"创意整合高附加值的创造者"过渡。最后,节能减排和绿色生产。倡导绿色环保,打造绿色汉麻产业链,环境管理方案实施率 100%,2010 年通过低温环保染色、优化后整理工艺、改造进口设备减少能源消耗和废气、废水排放,通过目前使用范围最广、最具权威国际性纺织生态标签——Oeko-Tex Standard 100 纺织品生态标签认证。

第三,下游环节延伸。首先,研发设计环节。集团拥有研发人员 675 人,技术人员 3300 人,大专占 64%、本科 37%、硕士及以上 9%,在生产、销售、面料厂等部门和北京、上海、中国香港、美国、意大利等地设有研发团队,年均研发费用 2.5 亿元,拥有专利 36 个,发明 15 个,新产品产值率 64%,投放市场新产品占 62%,产品销售利润率 20% 以上,已基本形成"销售一代、储备一代、研发一代"模式。其次,营销网络环节。以"发展国内市场、拓展国外市场"为市场策略,以零售环节为切入点建立全国营销网络并逐步向海外拓展,形成包括自营旗舰店、商场"店中店"、特许加盟店和团体购买商的多层次营销网络,80% 销售均通过自有营销渠道完成;2010 年,广告费用投入约 4 亿元、营销渠道建设费用 50 亿元,销售网点 2145 个;国际市场拓展主要通过进出口贸易、设立零售店或与当地批发商和零售商合作、品牌合作、收购参股等形式获得当地营销渠道,实施差异化市场策略,衬衫主销欧洲,西服主销美国,并兼顾日本和东南亚。

(2)集团外部的生产供应链。针对消费需求量大、高端市场潜力大、原材料等要素充裕的国内市场特征,集团非常重视本国范围价值链延伸,依靠产业集群和专业市场积极培育"配套企业",在省内和中国西北、东西南等地建有生产基地。为"创国际品牌",集团积极推行市场多元化战略向国际市场拓展,设立境外分公司和生产基地,充分利用国际资源(见图 5)。

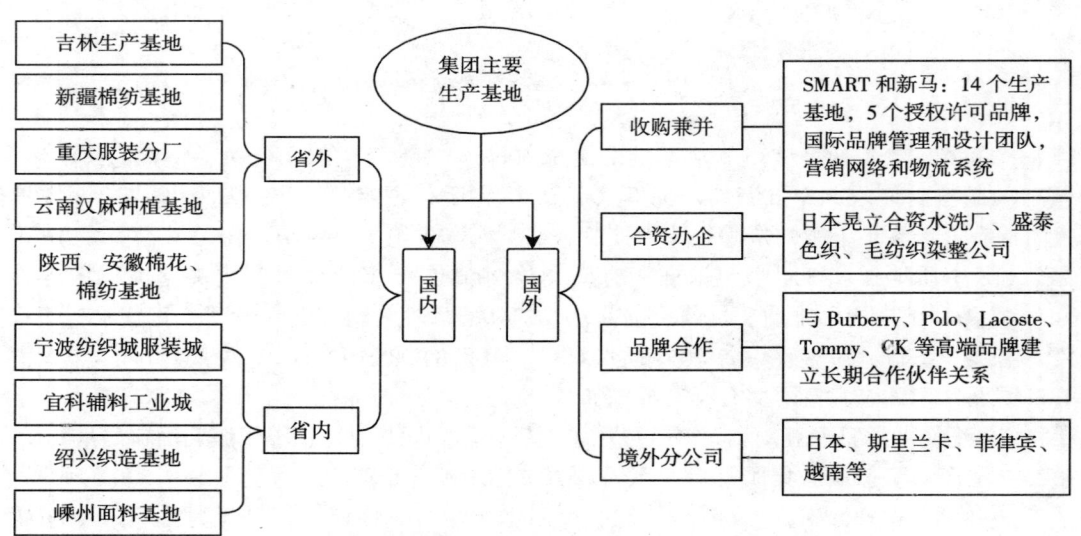

图 5　雅戈尔纺织服装外部生产供应链

立足国内市场,雅戈尔各地布局产业链,实现各价值环节的模块化和专业化生产,塑造品牌竞争优势。1995 年,组建生产、营和投资管理三大中心;2001 年竣工的国际服装城是国内最大的服装先进制造基地;2003 年,雅戈尔纺织城成为国内重要的高端纺织面料生产基地,兴建的宜科辅料工业城是全国最好的配套辅料产品供应基地;2005 年,在重庆南岸区茶园设立本部以外首个生产基地;收购新疆新棉集团,在喀什、库尔勒等地兴建 8 家棉纺企业;收购新疆新棉集团 11.2

万锭棉纱产能,新建7万锭COM纺项目;在云南西双版纳州建立汉麻种植基地;新建嵊州新兴产业科技园区,力求打造成具有自主知识产权的国际纺织工业城。

在做强国内市场基础上,雅戈尔也充分利用OEM了解国外服装发展趋势,利用国际资源积极向国际市场拓展,提高品牌的国际知名度。雅戈尔在我国香港、日本等地设立分公司,以深入市场及时了解当地需求,提高产品适销性。在上游织物生产环节,集团积极与国际知名公司进行项目合资或品牌合作,在世界范围内拓展产业链。集团与日本晃立合资水洗厂、涉足印染、水洗领域;与日清纺、伊藤忠合资设立日中纺织印染有限公司,介入染纱、织造、印染等业务;与伊藤忠及香港青春国际控股有限公司合资成立毛纺织染整有限公司,生产毛纺原料。2005年,雅戈尔与日本伊藤忠商社(纤维领域全球最大供应商)和意大利马佐多(Marzotto,欧洲最大纺织面料商)签署技术、资金、人力培养和营销渠道合作协议,联手组建全球最大纺织服装联盟,拓展高端纺织品服装市场。[①] 2007年,收购美国新马和SMART,快速有效进入当地分销渠道,为POLO、CK等高端品牌提供ODM加工业务,形成全球最大的纺织服装产业链之一,集团成为世界最大男装企业之一。雅戈尔OEM业务具双向性,一方面,集团为国际纺织服装企业提供OEM,逐渐淘汰低端客户发展中高端客户,整合现有资源提供更高品质产品;另一方面,集团重视一定程度的产业链分离,通过积极发展一些优质企业作为合作伙伴或控股企业,为自身提供OEM加工业务。

3. 案例启示

雅戈尔建立起具备自主品牌和营销网络两大核心竞争力的垂直一体化产业价值链,上游纺织城、中游服装城、下游旗舰店的产业链整合发挥了纵向协同效应,使产品从研发、生产到上市都得到有效控制和管理(见图6)。雅戈尔价值链延伸、品牌和营销优势构建、立足国内市场拓展国际市场的发展历程,对浙江纺织服装企业构建价值链、实现升级有重要启示。

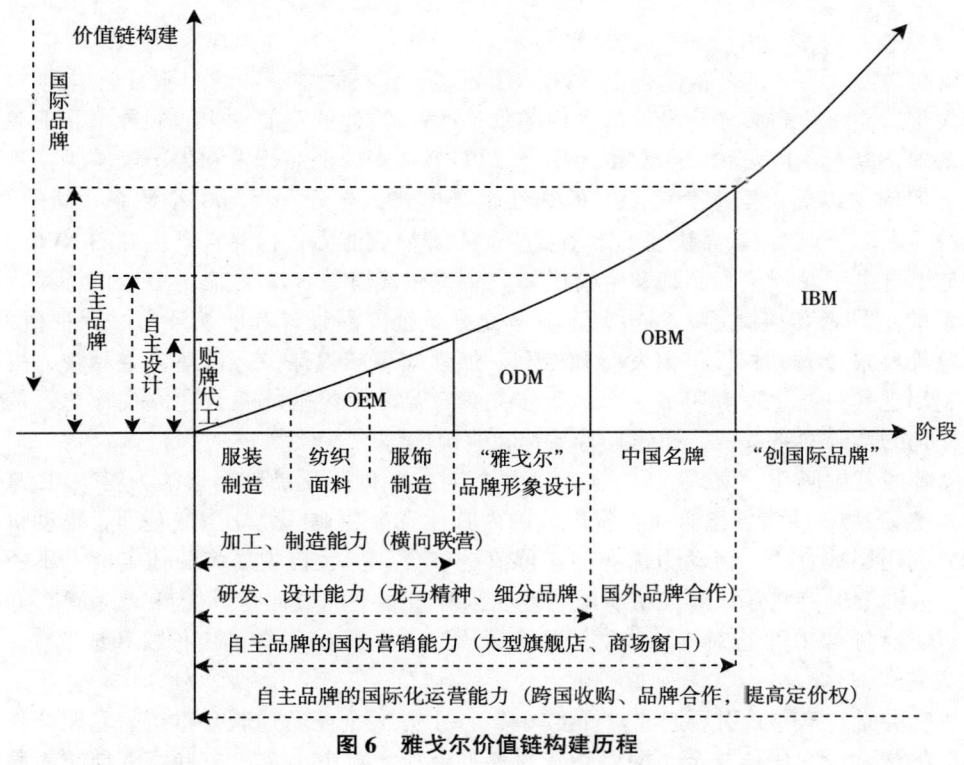

图6 雅戈尔价值链构建历程

---

① 资料自雅戈尔官方网页,www.youngor.com;《2010雅戈尔集团经济发展白皮书》。

（1）立足国内市场，延伸产业价值链。雅戈尔以国内市场为基础，在产品品质、种类、款式、档次、功能方面精益求精，不断推进产品多样化、系列化和高档化，塑造国内市场核心竞争优势；积极向纺织原料、服装面料、辅料等上游和营销网络下游拓展，建立纺织城、服装城和省内外生产基地，培育"配套企业"形成良性互动，联合打造自主服装品牌，最终形成集完整的NVC。

（2）"智"造自主品牌，强化核心竞争力。雅戈尔品牌发展遵循"制造商品牌→零售商品牌→中国品牌→OEM→国际化品牌"，始于"北仑港"，创建中国名牌"雅戈尔"，细分为"金标"、"蓝标"、"绿标"；重视品牌内涵提升，通过设计、工艺、品质、广告、服务提升品牌形象；设研发中心，保障研发费用，推动工艺和产品升级；以"创国际名牌"为目标，加速品牌国际化。

（3）重视营销网络建设，构建营销渠道优势。形成自营旗舰店、商场"店中店"、特许加盟店和团体购买商等多层次营销网络；将市场建设和营销网络建设相结合，增强对市场信息的敏感度和捕捉力；国内市场销售以大型旗舰店为龙头建立国内营销网络，国际市场拓展以贸易、收购和控股等方式建立际营销网络；以营销网络建设加快产品周转和市场反馈，增强弹性生产能力。

（4）以NVC拓展国际市场，实现与GVC平行对接。引进国外先进技术和生产设备，提升生产工艺；与国际知名企业开展项目合作，以境外设厂、收购兼并推进营销网络国际化；坚持"人才国际化、资本国际化、资源国际化、技术开发、品牌运营、产品设计和营销传播全面协调发展"，继续推进价值链在国内外延伸，逐渐实现与GVC平行对接，提高全球分工体系位置。

五、主要结论和政策建议

1. 主要结论

（1）以国内需求为基础，构建自主NVC。领导型企业模式是浙江纺织服装业构建NVC的重要模式，层次化、高档化和多样化发展的国内需求是NVC构建的重要动力。领导型企业以本土市场和需求为基础，以专业市场和产业集群为平台，以GVC中的产品开发和生产经验为条件，积极延伸产业链，实施"以国内需求为中心"的弹性生产模式，充分发挥与中小型企业间的互动关系，培养可靠的"配套企业"，依靠快速的市场反应能力和协调能力，构建自己主导的NVC。

（2）重视自主研发，培育品牌和营销优势。品牌和营销是NVC核心竞争力的源泉。作为产品链分工体系的主导者和控制者，领导型企业应充分重视产品设计和研发环节，保证研发的人力、资金、信息等要素投入，积极申请发明和专利，加强知识产权保护，创建自主品牌，提高产品附加值，并利用现代科技手段和服务平台，逐步完善产品零售终端体系，建立现代化、信息化、数字化、多样化的营销网络系统，构建具有品牌和营销优势的NVC。

（3）品牌运营国际化，实现NVC与GVC平行对接。国际化品牌运营能力是NVC跨国发展的重要基础。主导NVC的领导型企业在省内或国内其他省市和地区建立生产基地，推动价值链地域拓展，充分利用当地资源、劳动力优势加速价值链整合，扩大自主品牌的知名度，不断提升品牌运营能力。为继续保持并强化浙江纺织服装业在国际市场上的显性竞争优势，其NVC必须依托品牌国际运营实现与GVC平行对接，依靠"品牌话语权"提升GVC中的定价权和地位。

2. 政策建议

（1）政府层面。第一，引导产业"梯度转移"。引导大企业通过兼并重组、联盟合作提高资源整合和优势集聚，设立成长基金、网络融资服务平台加大对中小企业扶持；引导纺织服装业发达的浙江北部和沿海地区的部分产能向要素丰富的西南部集中，实现"东桑西移"。第二，健全各类要素支撑体系。重视产品研发人才、品牌运营人才、高级管理人才和国际化人才的培养，建立绩效和市场为主导的人才与科研成果有偿转移机制;通过自主创新税费减免、专项资金补助、信贷项目支持、网络联保信贷等加大金融信贷扶持力度;建立信息共享平台,加强营销模式创新,建立网上专业市场;科学、合理规划用地。第三,引导企业重视技术创新。鼓励企业以创意和品牌提升产品附加值;加快"以企业为主体、市场为导向、产学研相结合"技术创新体系建设,构建技术转让交易平台;抓好知识产权保护,鼓励和扶持原创品牌建设;组织开展品牌发布会、创意论坛、中国国际丝绸博览会等活动。第四,完善各种体制。改善市场经营配套工程等硬件设施和市场管理服务等软件环境,打造现代化贸易平台;加强标准化体系建设,制定产业技术标准和生态认证体系;构建多形式、多层次、多领域公共服务平台;引导环保消费,促进消费结构提升。

(2)产业层面。第一,加强技术提升和设备改造,提高产品科技含量和附加值。推动数码喷墨印花等纺织机械研发,提升高档纺织面料织造工艺;拓展高档丝绸制品、高档品牌服装生产;推进无纺布等产业用特色纺织品新产品开发。第二,拓展产业价值链,发挥纵向协同效应。东部沿海地区发展设计研发和品牌创建环节,中西部地区发挥资源优势发展加工基地,构建跨区域上下游紧密联系、协同发展的产业链。第三,依托产业集群,打造特色鲜明的"区域品牌"。依托集群的聚集优势和带动效应,促进资源高效整合以及自主品牌和区域文化融合,创建"区域品牌";积极组织开展博览会、专业论坛、采购洽谈会,提升"区域品牌"外影响力和"浙江制造"、"浙江创造"知名度。第四,发展绿色纺织服装业。实行污染物许可制度,引进高效短流程、节水、节能印染技术和生产设备;加大对高能耗、高污染等落后生产工艺和设备的淘汰力度,推动向资源节约和生态环保型产业转变。第五,培育发展行业协会。扩充和细化现有行业协会的组织机构,完善服务职能;重视网站建设,做好数据统计、标准制订、品牌培育等工作;健全问题应急处理机制;加强行业自律,建设"行业竞合网络",消除"价格战"等无序竞争。

(3)企业层面。第一,以国内需求构建国家价值链。立足国内需求,以迅速有效和优质服务满足需求占据市场;合理整合配置资源,延伸产业链,实现各价值环节的"模块化";加强管理模式创新,构建柔性生产创造竞争优势;利用专业市场和行业协会扩大集聚效应,提升品牌知名度。第二,以先进技术推动工艺和产品升级。勇于开发牛奶纤维、竹炭纤维等高新科技面料,加大对非棉天然纤维、新溶剂黏胶、聚乳酸等再生资源的研发和应用;提高交织针织、机织面料生产工艺和印染后高档整理技术;拓展产品种类、款式、档次和范围,拓展产品功能。第三,以自主品牌创建促进功能和链条升级。紧跟世界先进纺织技术发展趋势,学习掌握关键技术;加大研发投入,创建自主品牌;大力开发服装、装饰旅游和工业用布;构建"传统销售平台与现代营销模式"融合的营销网络创新服务平台。第四,以多元化市场发展战略嵌入全球价值链。实施出口市场多元化战略,扩大高附加值产品出口;通过收购兼、境外设厂等推动自主国内品牌的国际拓展;完善企业内部质量保证体系,加强与贸易伙伴多层面交流与合作,建立检测、认证结果的互认机制。第五,以"绿色生产"实现可持续发展。引进节能环保设备,淘汰落后产能;采用煤化气直燃式燃烧技术,对导热油锅炉和燃煤炉进行技术改造;建立中水回用技术标准,推广高效清洁燃烧、工业余热利用和高效机电节能等技术;应用太阳能集热系统、有色面料着色新工艺等清洁生产技术;采用国际先进标准,开展生态纺织品认证,推进绿色环保型纺织品服装的生产。

参考文献

[1] Bazan, L, Navas, A. L. The Underground Revolution in the Sinos Valley: a Comparison of Upgrading in Global and National Value Chains [C]. Cheltenham: Elgar, 2004: 110-139.

[2] Enbel, E., Gassman, O. Driving Open Innovation in the Front End: The IBM Case [J]. Euram Open

Innovation Track, 2007, 5: 1-15.

［3］Gereffi, G. International Trade and Industrial Upgrading in the Apparel Commodity Chain ［J］. Journal of International Economics, 1999, 48 (1): 37-70.

［4］Humphrey, J., Memedovic, O. The Global Automotive Industry Value Chain: What Prospects for Upgrading by Developing Countries? ［R］. UNIDO Sectoral Studies Series Working Paper, 2003, 9: 1-62.

［5］Kaplinsky, R. Spreading the Gains from Globalization: What Can Be learned From Value Chain Analysis? ［R］. Institute of Development Studies, IDS Working Paper, 2000, 110: 1-37.

［6］Li, T., Li, Ying. Relations and Strategies of Chinese Textile and Apparel Enterprises: A Global Value Chain Perspective ［J］. Management Science and Engineering, 2009, 9: 547-554.

［7］Nadvic, K. ect.. Playing against China: Global Value Chains and Labor Standards in the International Sports Goods Industry ［J］. Global Networks, 2011, 11 (3): 334-354.

［8］Pietrobelli, C., Saliola, F. Power Relationships along the Value Chain: Multinational Firms, Global Buyers and Performance of Local Suppliers ［J］. Cambridge Journal of Economics, 2008, 3: 1-16.

［9］Schmitz, H. Local Upgrading in Global Chains: Recent Findings ［R］. Paper to be presented at the DRUID Summer Conference. Elsinore, Denmark, 2004, 6: 14-16.

［10］Schmitz, H., Knorringa, P. Learning from Global Buyers ［J］. Journal of Development Studies, 2000, 37 (2): 177-205.

［11］Tejada, P., Santos, F. J., and Guzman, J. Applicability of Global Value Chains Analysis to Tourism: Issues of Governance and Upgrading ［J］. The Service Industries Journal, 2011, 31 (10): 1627-1643.

［12］United Nations Industrial Development Organization. Competing Through Innovation and Learning ［R］. Industrial Development Report 2002/2003, ［EB/OL］. http://www.unido.org.

［13］陈爱贞，刘志彪. 决定我国装备制造业在全球价值链中地位的因素——基于各细分行业投入产出实证分析［J］. 国际贸易问题，2011，4：115-125.

［14］黄永明，何伟，聂鸣. 全球价值链视角下中国纺织服装企业的升级路径选择［J］. 中国工业经济，2006，5：56-63.

［15］康志勇. 全球代工体系下我国地方产业集群升级研究——基于GVC和NVC的比较视角［J］. 科学学与科学技术管理，2009，10：66-72.

［16］李陵申，祝秀森. 国家价值链下的纺织产业集群升级［J］. 纺织学报，2009，9：133-135.

［17］刘志彪，于明超. 从GVC走向NVC——长三角一体化与产业升级［J］. 学海，2009，5：59-67.

［18］刘志彪，张杰. 全球代工体系下发展中国家俘获型网络的形成、突破与对策——基于GVC与NVC的比较视角［J］. 中国工业经济，2007，5：39-47.

［19］刘志彪，张杰. 从融入全球价值链到构建国家价值链——长三角产业升级的冲突与和谐［R］. 南京大学，2009.

［20］罗勇，曹丽莉. 全球价值链视角下我国产业集群升级的思路［J］. 国际贸易问题，2008，11：92-98.

［21］邬关荣. 我国服装加工贸易升级发展［J］. 国际贸易问题，2007，4：23-28.

［22］汪斌，侯茂章. 浙江地方产业集群嵌入全球价值链的若干问题研究——以杭州典型地方产业集群为例［J］. 浙江学刊，2006，4：212-216.

［23］王发明，周颖，殷鸣. 基于全球价值链分工的我国地方产业集群风险研究［J］. 北京交通大学学报（社会科学版），2009，8（4）：62-67.

［24］文嫣，曾刚. 全球价值链治理与地方产业网络升级研究——以上海浦东集成电路产业网络为例［J］. 中国工业经济，2005，7：20-27.

［25］杨桂菊. 代工企业转型升级：演进路径的理论模型——基于3家本土企业的案例研究［J］. 管理世界（月刊），2010，6：132-142.

［26］姚铮，金列. 多元化动机影响企业财务绩效机理研究——以浙江民企雅戈尔为例［J］. 管理世界

（月刊），2009，12：137-149.

[27] 余东华，芮明杰. 模块化、企业价值网络与企业边界变动 [J]. 中国工业经济，2005，10：88-95.

[28] 赵红岩. 全球价值链下长三角嵌链式的升级模式 [M]. 北京：科学出版社，2010，26-52.

[29] 张辉. 全球价值链理论与我国产业发展研究 [J]. 中国工业经济，2004，5：38-46.

产业升级的制度基础：微观视角下的博弈分析与实证研究

巫景飞 郝 亮 陈丽贤[*]

一、引 言

改革开放30余载，中国经济已经在很大程度上融入了世界经济体系，取得辉煌成绩的同时，我们也不应忽视其中潜在的问题与危机。在全球生产网络中我国企业的位置尚处于边缘，不具备引领全球产业发展的能力。即便是取得这样边缘的地位，也付出了巨大代价，除了广大工人付出的廉价劳力，资源和环境的巨大破坏更是让人触目惊心。环境方面，水土流失面积占国土面积的37%，90%的草原不同程度退化，受污染的耕地高达上千万公顷，1.9亿人的饮用水有害物质含量超标；资源方面，石油对外依存度高达57%，2/3的城市缺水，年均缺水量多达536亿吨，耕地逼近18亿亩红线；能耗方面，中国单位GDP能耗为日本的7倍左右，相当于世界均值的2倍（数据引自《人民日报》）。

对此，国务院总理李克强在"打造中国经济升级版"的讲话中指出，"面对竞争激烈、产能过剩矛盾突出、要素成本上升的压力，要支持企业加快调整优化结构，提高科技创新对经济增长的贡献率，推动产业向中高端升级"。但发展中国家的升级之路绝非如很多学者所认为的会在对外开放中依靠比较优势自动实现，而必须在政府、企业良性互动下，共同努力完成。那么，究竟怎样的政企关系更加有利于产业升级？为什么中国产业升级速度缓慢这些问题长期以来一直未能得到有效解决。

与绝大部分目前关于产业升级的文献不同，本文没有从宏观层面去探讨一个国家的产业结构合理性问题，我们更加关注产业升级背后的微观机理。我们认为，产业升级其本质是企业升级，也即经济体中的企业更愿意由生产劳动密集型低附加值产品向生产资本、技术密集型高附加值产品转变。由于经济体中政府所扮演角色的差异，导致企业升级的意愿有所差异，从而使各个经济体在产业升级的速度和绩效上有所不同。本文运用动态博弈分析方法对上述观点进行了理论演绎，并运用实证数据对有关推论进行了实证检验。全文分为五个部分：第一部分为引言；第二部分为相关文献回顾；第三部分通过构建理论模型，探讨致力于推动产业升级的政府应给出怎样的制度安排；第四部分选用2001~2010年10年30省市的面板数据进行实证分析，以此验证第三部分得到的结论；第五部分总括全文，并给出相关的政策建议。

---

[*] 巫景飞（1975—），男，上海大学产业经济研究中心副教授；郝亮（1987—），男，上海财经大学经济学院博士研究生在读；陈丽贤（1988—），女，上海大学产业经济学硕士研究生在读。

二、文献综述

目前关于产业升级的研究主要聚焦于两大领域：一是宏观层面的产业结构调整，二是微观层面的高附加值产品增加。我们认为，产业升级不仅仅是简单地调整第一、第二、第三产业之间的比例关系，更重要的是提升产业价值链，从成本竞争转向质量竞争，由要素驱动转向创新驱动。在这个层面上，我们认同 Gereffi（1999）和 Poon（2004）的观点，即将产业升级理解为企业由生产劳动密集型低附加值产品向生产资本、技术密集型高附加值产品转变的过程。进一步地，我们认为，这种转变有赖于企业研发和创新能力的提升。因此，产业升级尽管表现为一个宏观现象，但其原动力在于企业研发和创新能力的提升，故企业才是推动产业升级的真正主体。然而，研发和创新只是企业实现利润最大化的手段，而并非企业的直接目的，这就需要政府营造合理的制度环境，激励企业自发地进行研发和创新。林毅夫（2010）提出新结构经济学的理论框架，强调在产业升级、结构变化的过程中，政府应发挥因势利导的职能并从现有的扭曲中退出。本文则主要从微观层面的企业决策视角出发，探讨政府应当为推动产业升级营造怎样的制度环境。

我国正处于经济发展的转轨时期，一个非常重要的制度因素是知识产权保护力度，它直接决定企业研发创新的成果能否得到保障。国内外学者围绕知识产权与企业研发创新展开的研究已有很多。Nordhaus（1972）认为知识产权制度使创新者的成果不容易被竞争对手模仿，从而获得高额利润，因此，完善的知识产权保护制度有利于企业进行创新活动；Claessens 和 Laeven（2003）认为知识产权制度是影响企业是否进行研发投资的重要因素，良好的知识产权制度有利于促进企业进行研发投资。Horii 与 Iwaisako（2007）建立的内生增长质量阶梯模型则表明，较温和的知识产权制度更有利于激励创新，不够完善的知识产权制度更能实现一国经济增长率最大化；Bessen 和 Meurer（2008）在研究企业投入资本进行创新时发现，企业往往会因为不清晰的专利界定而放弃创新，专利制度涉及的各类管理和诉讼成本过高，挫伤了企业创新的积极性，因此过严的专利制度反而不利于创新。王华（2011）发现，知识产权制度总体上有利于促进一国企业技术创新，但是如果对知识产权制度进行强化，其对企业技术创新的作用就取决于该国初始知识产权保护的力度；江雅雯等（2011）通过实证分析验证了良好的法律保护制度和完善的金融体系对企业研发活动具有促进作用。以上学者的研究表明，知识产权制度确实会对企业的研发创新产生重要影响，但对于是否越完善的知识产权制度越有利于企业研发创新这一议题，不同学者从理论模型和实证分析中都给出了不尽相同的答案。

我国的市场经济运行过程中仍带有浓厚的计划经济色彩，政府决策往往代替市场职能、干预市场价格，这突出表现在政府对劳动力、土地等要素价格的控制上。由此，我们想进一步了解，在市场化程度相对较低的我国，要素价格受政府干预而非取决于市场供求的情况下，究竟会对企业研发创新产生什么影响。因此，我们将政府对要素价格的控制能力作为另一个重点关注的制度因素。此类研究也并不鲜见，Fisman（2001）认为由于中国市场化程度不高，政府掌握着大量资源，企业为获取廉价资源，会将精力用于建立政府关联，从而忽视核心能力建设。Claessens 等（2008）研究发现政府对资源的掌控可能导致企业诸多非效率投资行为，企业会将更多的资源用于建立政府关联，从而使得研发投入不足。巫景飞等（2008）通过社会资本视角对高层管理者政治网络与多元化战略关系进行实证研究，发现企业高层管理者政治网络对于企业业务和地域多元化均有积极的促进作用，但不利于企业的专业化发展。张杰等（2011）通过实证研究发现，要素市场越落后的地方，对企业研发投入的抑制越严重；地方政府对要素的掌控，短期内会促进该地区经济增长，但长期来看会显著抑制该地区企业 R&D 投入。上述研究表明，在市场化程度较低、政府掌控大量资源的情况下，可能会分散企业的精力，抑制其研发创新。

通过文献梳理，我们发现，现有研究中考察单一制度因素对企业研发创新影响的多，考察多种制度因素对企业研发创新影响的少。杨其静（2011）认为企业将在能力建设和政治关联之间进行权衡，并探讨了一系列影响企业决策的政治经济环境，但其聚焦于企业成长的研究视角以及模型中使用的"双寡头"假定，使得对其结论进行实证检验很难，故文中并没有给出实证分析。本文将从微观层面的企业决策视角出发，构建企业与政府之间的动态博弈模型，探讨致力于推动产业升级的政府应当营造怎样的制度环境以激励企业增加研发投入，最终实现宏观层面上的产业升级。我们不仅将知识产权保护力度和政府对要素价格的控制能力这两个重要的制度因素同时纳入考察范围，还通过 2001~2010 年的省际面板数据来实证检验理论模型得出的结论，从而较为完整地考察影响产业升级的制度基础，以此作为对已有研究的有力补充。

三、理论模型

如前文所述，我们认为，企业是推动产业升级的真正主体，政府应当为推动产业升级营造合理的制度环境。因此在本部分，我们将通过构建政府和企业之间的动态博弈模型，探讨政府应如何给定制度安排，激励以利润最大化为目标的企业增加研发投入，从而推动产业升级。本文重点关注的制度因素有两个，一是知识产权保护力度，二是政府对劳动力价格的控制能力。

假设市场上存在 n 个寡头厂商，它们进行产品差异化的古诺竞争，厂商（$i = 1, 2, \cdots, n$，下同）的反需求函数为 $p_i = a_i - \sum_{j=1}^{n} b_{ij} q_j$（$i = 1, 2, \cdots, n$）。所有厂商具有相同的生产技术，且其产品生产仅需一种生产要素即劳动力。生产函数形式为 $q = L/d$，即每生产 1 单位产品需要投入 d 单位劳动力。厂商 i 面临的劳动力价格（工资水平）由政府决定，记为 w_i。

厂商 i 有初始资金 $\bar{C}_i$ 可用于研发投入或政府关系投入，其投入量分别记作 C_{Ri} 和 C_{Gi}。厂商 i 进行研发投入可以改进产品质量，提高市场容量，即 $a_i' = a_i + f(C_{Ri})$，其中 f 为 C_{Ri} 的增函数，即有 $f'(C_{Ri}) > 0$；进行政府关系投入可以降低劳动力价格，即 $w_i' = w_i - g(C_{Gi})$，其中 g 为 C_{Gi} 的增函数，即有 $g'(C_{Gi}) > 0$。进一步地，假设 $f''(C_{Ri}) < 0$，$g''(C_{Gi}) < 0$，即无论是研发投入还是政府关系投入，都面临边际收益递减问题。

厂商 i 进行研发投入的效果受知识产权保护力度影响，进行政府关系投入的效果受政府对劳动力价格控制能力的影响。知识产权保护力度越大，进行研发投入的效果越好；政府对劳动力价格的控制能力越大，进行政府关系投入的效果越好。由此，为方便讨论，记 $f(C_{Ri}) = AaC_{Ri}^m$，$g(C_{Gi}) = BbC_{Gi}^n$（$0 < m, n < 1$）。其中，a 表示知识产权保护力度，b 表示政府对劳动力价格的控制能力，A、B 为参数，且有 A，B，a，b > 0。进一步地，由于在模型中 A、B 为不变的常数，记 $\alpha = Aa$，$\beta = Bb$，其中 α 表示重新定义的知识产权保护力度，β 表示重新定义的政府对劳动力价格的控制能力，且有 $\alpha, \beta > 0$。

博弈的时间顺序如下：第一阶段，政府给定制度安排，即同时选择知识产权保护力度 α 及政府对劳动力价格的控制能力 β；第二阶段，厂商观察到知识产权保护力度 α 及政府对劳动力价格的控制能力 β，并同时选择研发投入量 C_{Ri}、政府关系投入量 C_{Gi} 和产量 q_i。从更贴近现实的角度讲，厂商 i 的决策似乎也应该是具有时间顺序的，即首先选择研发投入量 C_{Ri} 和政府关系投入量

C_{Gi}，继而选择产量 q_i。但是，只要我们假设厂商 i 在进行任何决策时始终无法观察到其他厂商的选择（厂商在进行产量决策时不仅无法观察到其他厂商的产量，也无法观察到其他厂商的研发投入量及政府关系投入量），则可以认为厂商 i 在第二阶段将同时选择 C_{Ri}、C_{Gi} 和 q_i。

厂商 i 的目标函数为利润最大化，即 $\max\limits_{C_{Ri},C_{Gi},q_i} \pi_i$。政府的目标函数为推动产业升级，在本文中我们用所有厂商研发投入量之和与所有厂商政府关系投入量之和的比值表征产业升级的程度。由此，政府要解决的问题可表述为：

$$\max_{\alpha,\beta} \frac{\sum_{i=1}^{n} C_{Ri}}{\sum_{i=1}^{n} C_{Gi}}$$

通过逆向归纳法求解此动态博弈的均衡解。

首先考察第二阶段厂商 i 的选择，其利润最大化问题可写作：

$$\max_{C_{Ri},C_{Gi},q_i} \pi_i = \max_{C_{Ri},C_{Gi},q_i} \left[q_i(a_i + \alpha C_{Ri}^m - \sum_{j=1}^{n} b_{ij}q_j) - dq_i(w_i - \beta C_{Gi}^n) - C_{Ri} - C_{Gi} \right]$$

s.t. $\bar{C}_i - C_{Ri} - C_{Gi} \geq 0$

$C_{Ri} \geq 0$

$C_{Gi} \geq 0$

$q_i \geq 0$

拉格朗日方程为：

$$L_i = q_i(a_i + \alpha C_{Ri}^m - \sum_{j=1}^{n} b_{ij}q_j) - dq_i(w_i - \beta C_{Gi}^n) - C_{Ri} - C_{Gi} + \lambda_i(\bar{C}_i - C_{Ri} - C_{Gi})$$

库恩塔克条件如下所示：

$$\frac{\partial L_i}{\partial C_{Ri}} = q_i\alpha m C_{Ri}^{m-1} - 1 - \lambda_i \leq 0, \quad C_{Ri} \geq 0, \quad C_{Ri}(q_i\alpha m C_{Ri}^{m-1} - 1 - \lambda_i) = 0 \tag{1}$$

$$\frac{\partial L_i}{\partial C_{Gi}} = q_i\beta n C_{Gi}^{n-1} - 1 - \lambda_i \leq 0, \quad C_{Gi} \geq 0, \quad C_{Gi}(q_i\beta n C_{Gi}^{n-1} - 1 - \lambda_i) = 0 \tag{2}$$

$$\frac{\partial L_i}{\partial q_i} = a_i + \alpha C_{Ri}^m - \sum_{j \neq i}^{n} b_{ij}q_j - 2b_{ii}q_i - dw_i + d\beta C_{Gi}^n \leq 0, \quad q_i \geq 0$$

$$q_i(a_i + \alpha C_{Ri}^m - \sum_{j \neq i}^{n} b_{ij}q_j - 2b_{ii}q_i - dw_i + d\beta C_{Gi}^n) \tag{3}$$

$$\frac{\partial L_i}{\partial \lambda_i} = \bar{C}_i - C_{Ri} - C_{Gi} \geq 0, \quad \lambda_i \geq 0, \quad \lambda_i(\bar{C}_i - C_{Ri} - C_{Gi}) = 0 \tag{4}$$

不妨设 $q_i > 0$（显然若 $q_i = 0$，则有 $C_{Ri} = C_{Gi} = 0$），则必有 $C_{Ri} > 0$。否则 $\lim\limits_{C_{Ri} \to 0^+} C_{Ri}^{m-1} = +\infty$，则有 $\lambda_i \geq +\infty$，矛盾。

同理可证，$C_{Gi} > 0$。

根据（1）（2）两式，必有 $q_i\alpha m C_{Ri}^{m-1} - 1 - \lambda_i = 0$ 和 $q_i\beta n C_{Gi}^{n-1} - 1 - \lambda_i = 0$

联立两式可得，$\alpha m C_{Ri}^{m-1} = \beta n C_{Gi}^{n-1}$

此式表明，厂商实现利润最大化时，研发投入和政府关系投入的边际收益恰好相等。

进一步地，不妨令 $m = n$，则 $\frac{C_{Ri}}{C_{Gi}} = \left(\frac{\alpha}{\beta}\right)^{\frac{1}{1-m}}$ $(0 < m < 1)$

上式表明，尽管厂商之间具有异质性，且它们在产品市场上存在相互博弈的竞争关系，但在本文的假定下，每一厂商用于研发投入和政府关系投入的比值恰好相等。即此时所有的个体异质性都被消除，研发投入和政府关系投入的比值唯一取决于制度因素。该式将大大简化政府的目标函数。进一步地，上式表明，厂商用于研发投入和政府关系投入的比值并不取决于其市场特征，这意味着，即使我们将研究对象拓展至不同行业的厂商，其用于研发投入和政府关系投入的比值仍然相等，这一结论是后文进行实证分析的关键。

由此可得，$\dfrac{C_{R1}}{C_{G1}} = \dfrac{C_{R2}}{C_{G2}} = \cdots = \dfrac{C_{Rn}}{C_{Gn}} = \dfrac{\sum_{i=1}^{n} C_{Ri}}{\sum_{i=1}^{n} C_{Gi}} = \left(\dfrac{\alpha}{\beta}\right)^{\frac{1}{1-m}}\ (0 < m < 1)$

接下来考察第一阶段政府的选择，其最大化问题可写作：

$$\max_{\alpha,\beta} \dfrac{\sum_{i=1}^{n} C_{Ri}}{\sum_{i=1}^{n} C_{Gi}} = \max_{\alpha,\beta} \left(\dfrac{\alpha}{\beta}\right)^{\frac{1}{1-m}}\ (0 < m < 1)$$

s.t. $\underline{\alpha} \leqslant \alpha \leqslant \overline{\alpha}$

$\underline{\beta} \leqslant \beta \leqslant \overline{\beta}$

其中，两个约束表明在一定资源约束和时间范围内，政府对两个制度因素的调整范围。

由于 $0 < m < 1$，显然 $\left(\dfrac{\alpha}{\beta}\right)^{\frac{1}{1-m}} = F(\alpha, \beta)$ 为 α 的增函数，为 β 的减函数。则政府应选择，$\alpha = \underline{\alpha}$，$\beta = \underline{\beta}$。

由上式可以看出，所有厂商研发投入量之和与所有厂商政府关系投入量之和的比值取决于知识产权保护力度和政府对劳动力价格的调控能力。知识产权保护力度越大，该比值越大；政府对劳动力价格的调控能力越大，该比值越小。由于所有厂商研发投入量之和与所有厂商政府关系投入量之和的比值即表征产业升级的程度，故致力于推动产业升级的政府将选择尽可能高的知识产权保护力度和尽可能低的政府对要素价格的控制能力（模型中表现为对劳动力价格的控制能力）。

进一步地，我们希望验证，基于一系列基本假设得出的结论是否与我国的实际相符呢？在理论模型中，我们得出两个基本推论：

推论1：政府对知识产权保护力度越大，厂商研发投入量之和与厂商政府关系投入量之和的比值越大。

推论2：政府对要素价格的控制能力越小，厂商研发投入量之和与厂商政府关系投入量之和的比值越大。

接下来在第四部分我们将通过计量经济学的方法进行实证检验。

四、实证分析

1. 回归模型设定及数据说明

我们希望通过实证分析，研究在其他因素保持不变的情况下，某地区某时期知识产权保护力度和政府对要素价格的控制能力，如何影响该地区该时期所有厂商研发投入量之和与所有厂商政府关系投入量之和的比值。由于产业升级最终表现为一个宏观现象，故我们选用我国2001~2010年10年30省市的面板数据（不包括香港、澳门及台湾地区和数据有缺失的西藏地区)进行实证分析。

如前文所述,用某地区某时期所有厂商研发投入量之和与所有厂商政府关系投入量之和的比值表征该地区该时期产业升级的程度。进一步地,用知识产权指数来刻画知识产权保护力度,知识产权指数越高,则知识产权保护力度越高;用市场化指数来刻画政府对要素价格的控制能力,市场化指数越高,则政府对要素价格的控制能力越低。尽管根据前文理论模型的结论,产业升级的程度仅由知识产权指数和市场化指数决定,但这有赖于一系列基本假设。因此,在设定回归模型进行实证分析时,我们认为仍需添加一些重要的控制变量。已有文献表明,影响研发投入的重要因素包括企业规模(Cohen and Klepper,1996)、人均收入水平(范红忠,2007)、人力资本水平(李平等,2007),故将企业平均规模、人均GDP、普通高校人数作为控制变量引入模型,最终确定回归模型如下所示:

$$IU = \beta_0 + \beta_1 Market + \beta_2 IP + \beta_3 \ln GDP + \beta_4 Size + \beta_5 \ln People + u$$

IU 表示全行业大中型工业企业研发经费与全行业大中型工业企业管理费用之比,前者源自《中国科技统计年鉴》,后者源自《中国工业经济统计年鉴》;Market 表示市场化指数,源自《中国市场化指数》;IP 表示知识产权指数,源自国家公布的《CIPI 知识产权指数报告》;人均 GDP 源自 wind 资讯;Size 表示全行业大中型工业企业平均规模,源自《中国工业经济统计年鉴》;People 表示各省市普通高校人数,源自《中国工业经济统计年鉴》。

需要特别说明的是,尽管实证分析是一种定量方法,但主要解释变量 Market 和 IP 的偏回归系数并不能提供太多有用的信息。以 Market 的偏回归系数为例,它表示当市场化指数增加1时,用于研发投入和政府关系投入的比值提高的额度。但是,由于市场化指数仅仅是一个指数,我们甚至很难讲清楚,市场化指数增加1,究竟意味着市场化程度发生了何种幅度的变化。因此,实证分析在本文中的主要作用在于,定性地检验理论模型的结论是否能够得到现实数据的支持,而不在于定量地考察制度因素对产业升级的边际贡献。

各变量的简单统计描述如表1所示。

表1 变量描述性统计

变量名称	单位	均值	标准差	最小值	最大值
研发费用与管理费用之比	1	59.28	91.82	0.153	550.776
市场化指数	1	6.60	2.09	2.37	12.08
知识产权指数	1	4.95	5.90	−0.24	40.47
人均 GDP	万元	19485.27	14885.64	3000	78939
企业平均规模	1	46.07	30.78	0.605	151.247
普通高校人数	万人	113921.3	94490.95	2561	478858

2. 实证结果及讨论

对于短面板数据,常用的计量方法有固定效应模型(FE)、随机效应模型(RE)和混合数据最小二乘模型(POLS)。WALD 检验的 P 值为 0.0000,表明固定效应模型优于混合数据最小二乘模型;LM 检验的 P 值为 0.0000,表明随机效应模型优于混合数据最小二乘模型;豪斯曼检验的 P 值为 0.5286,表明随机效应模型优于固定效应模型。故我们将选用随机效应模型,回归结果如表2所示。

由于我们用知识产权指数来刻画知识产权保护力度,且知识产权指数越高,知识产权保护力度越高,则根据第三部分的推论1,对 $H_1: \beta_1 > 0$ 检验 $H_0: \beta_1 \leq 0$。注意到表2汇报的是双侧检验的 p 值,由基本的计量经济学理论可知,单侧检验的 p 值为双侧检验 p 值的一半,即此时 p 值为 0.000。因此,在1%的显著水平下,拒绝 $\beta_1 \leq 0$ 的假设,即在1%的显著水平下,β_1 统计显著地为正。

由于我们用市场化指数来刻画政府对要素价格的控制能力,且市场化指数越高,政府对要素

表 2　市场化指数和知识产权指数对产业升级的影响

IU	Coef.	Std.Err.	z	P>|z|	95%Coef.Interval
Market	22.30	5.13	4.34	0.000	[12.23, 32.37]
IP	2.12	0.96	2.20	0.028	[0.23, 4.01]
lnGDP	11.69	14.03	0.83	0.405	[−15.81, 39.19]
Size	−0.78	0.16	−5.05	0.000	[−1.09, −0.48]
lnPeople	19.92	9.67	2.06	0.039	[0.97, 38.88]
_cons	−398.61	108.45	−3.68	0.000	[−611.16, −186.06]
obs	300				
R−sq	Within = 0.4003		Between = 0.5606		Overall = 0.5072
Prob>chi2	0.0000				

价格的控制能力越低，则根据第三部分的推论 2，对 $H_1: \beta_2 > 0$ 检验 $H_0: \beta_2 \leq 0$。同样地，单侧检验的 p 值应为双侧检验 p 值的一半，则据表 2 此时 p 值为 0.014。由此，在 5% 的显著水平下，拒绝 $\beta_2 \leq 0$ 的假设，即在 5% 的显著水平下，β_2 统计显著地为正。

由此，回归结果表明，解释变量 Market 和 IP 的偏回归系数在 5% 的显著水平下，均在统计意义下显著为正。这表明，在其他条件保持不变的情况下，某地区某时期市场化指数越高，知识产权指数越高，则该地区该时期所有厂商研发投入量之和与所有厂商政府关系投入量之和的比值越高。由于我们用知识产权指数来刻画知识产权保护力度，且知识产权指数越高，则知识产权保护力度越高；用市场化指数来刻画政府对要素价格的控制能力，且市场化指数越高，则政府对要素价格的控制能力越低。因此，实证分析的结论是，在其他条件保持不变的情况下，知识产权保护力度越大，政府对要素价格的控制能力越低，则所有厂商研发投入量之和与所有厂商政府关系投入量之和的比值越大，就越有利于产业升级。由此可见，实证分析的结论恰与前文理论模型所得的结论相一致，即现实数据支持我们理论模型所得到的结论。

五、结论与建议

本文从微观层面的企业决策角度出发，通过构建理论模型和进行实证分析，考察产业升级的制度基础。理论研究表明，致力于推动产业升级的政府，应该加大知识产权保护力度，同时降低政府对要素价格的控制力度。实证分析表明，在其他条件保持不变的情况下，某地区某时期知识产权保护力度越大，政府对要素价格的控制能力越低，则该地区该时期产业升级程度越高。理论分析和实证研究得到的一致结论是：知识产权保护力度越大，政府对要素价格的控制能力越低，越有助于推动产业升级。

根据上述结论，为推动产业升级，本文提供如下政策建议：

一是政府不宜强行干预产业升级的进程。尽管产业升级是一种宏观现象，但它实际上是一系列企业利润最大化决策的结果。换言之，产业升级是结果而非原因。进一步地，实现产业升级这一结果的主体是企业而非政府。但是没有微观企业决策做支撑的产业升级将缺乏根本的原动力，注定只能是昙花一现，政府的一系列强推措施也只能是揠苗助长、适得其反。因此，政府应摆正自己的位置，认识到产业升级归根结底必须由企业来推动实现。政府不应通过扭曲要素价格，甚至借助行政强制手段来强行推进产业升级，而是要着力打造出有助于产业升级的制度基础，并通过市场竞争自主实现产业升级。

二是政府应逐步放开对要素价格的控制。对企业而言，推进产业升级不是目的，而是其实现利润最大化的一种重要手段。当政府对要素价格的控制能力很强时，企业将会发现，进行政府关系投入而非研发投入，可能更有助于实现利润最大化的目标。事实上，只要政府对要素价格具有一定程度的影响力，即使这种影响力并不大，也会使企业将自己的初始资源在政府关系投入和研发投入上做一个分配，从而在一定程度上阻碍产业升级的进度。只有政府完全放开对要素价格的控制，让要素价格完全由市场竞争决定，才能使进行研发投入成为企业参与市场竞争的唯一途径，从而推动产业升级。

三是政府应加大知识产权保护力度。对企业而言，进行研发投入面临着被其他企业模仿的风险。进行研发投入，改进产品质量，本身有助于提高企业的市场份额，但如果这一技术被其他企业模仿，则收效会很有限。考虑到研发投入需要前期成本，且具有一定的研发失败的风险，故在知识产权保护水平很低的情况下，进行研发投入很可能只是"为他人作嫁衣裳"。此时企业将选择较少地进行研发投入，极端情况下甚至不进行研发投入，这样一来，产业升级将成为空谈。因此，政府应加大知识产权保护力度，解决企业进行研发投入的后顾之忧，使企业能够真正从研发投入中获益，从而积极参与研发，最终推动产业升级。

总之，政府应将产业升级的主体地位还给企业，逐步放开对要素价格的控制，加大对知识产权的保护力度，打造好有助于产业升级的制度基础，激励企业进行研发投入，这样产业升级自然会水到渠成。

参考文献

[1] 范红忠. 有效需求规模假说、研发投入与国家自主创新能力 [J]. 经济研究，2007 (3).
[2] 江雅雯，黄燕，徐雯. 政治联系、制度因素与企业的创新活动 [J]. 南方经济，2011 (11).
[3] 李平，崔喜君，刘建. 中国自主创新中研发资本投入产出绩效分析 [J]. 中国社会科学，2007 (2).
[4] 林毅夫. 新结构经济学——重构发展经济学的框架 [J]. 经济学（季刊），2010 (10).
[5] 任仲平. 生态文明的中国觉醒 [N]. 人民日报，2013-07-22.
[6] 王华. 更严厉的知识产权保护制度有利于技术创新吗？[J]. 经济研究，2011 (2).
[7] 巫景飞，何大军，林玮，王云. 高层管理者政治网络与企业多元化战略：社会资本视角——基于我国上市公司面板数据的实证分析 [J]. 管理世界，2008 (8).
[8] 杨其静. 企业成长：政治关联还是能力建设？[J]. 经济研究，2011 (10).
[9] 张杰，周晓艳，李勇. 要素市场扭曲抑制了中国企业R&D？[J]. 经济研究，2011 (8).
[10] Bessen, J., Meurer, M. J. Patent Failure: How Judges, Lawyers and Bureaucrats Put Innovators at Risk [M]. Princeton University Press, 2008.
[11] Claessens, S., Laeven, L. Financial Development, Property Rights and Growth [J]. Journal of Finance, 2003 (58).
[12] Claessens, S., Feijen, E., Laeven, L. Political Connections and Preferential Access to Finance: The Role of Campaign Contributions [J]. Journal of Financal Economics, 2008 (88).
[13] Cohen, W. M., Klepper, S. A Reprise of Size and R&D [J]. The Economic Journal, 1996 (6).
[14] Fisman, R. Estimating the Value of Political Connections [J]. American Economic Review, 2001, (91).
[15] Gereffi, G. International Trade and Industrial Upgrading in the Apparel Commodity Chain [J]. Journal of Economics, 1999 (48).
[16] Nordhaus, W. The Optimal Life of a Patent: Reply [J]. American Economic Review, 1972 (62).
[17] Poon, T. Beyond the Global Production Networks: a Case of Further Upgrading of Taiwan's Information Technology Industry [J]. International Journal of Technology and Globalisation, 2004 (1).
[18] Ryo Horii, Tatsuro Iwaisako. Economic Growth with Imperfect Protection of Intellectual Property Rights [J]. Journal of Economics, 2007 (90).

低碳模式、结构升级与增长方式转型*
——以天津市为例的实证分析

吕明元 胡 伟**

一、引 言

产业结构升级是当前我国转变经济发展方式的关键,低碳经济模式则是经济发展方式转变的战略性趋势。天津作为我国低碳试点示范城市,随着工业化进程的加速,自然资源和原材料的消耗日益增加,资源供需、经济发展与生态环境、人口与环境之间的矛盾日益加剧。转变经济发展方式、发展低碳经济、进行产业结构的优化升级、实现可持续发展迫在眉睫。

经济增长是实现人类发展的手段,吴敬琏(2008)认为经济增长方式是推动经济增长的各种生产要素投入及其组合的方式[1],经济增长方式是一个偏重数量的、单纯的经济学概念,它是经济发展方式转变的基础。而经济发展方式则是一个数量与品质相统一的概念,与经济增长方式比较,经济发展方式的内涵更为丰富。

从资料检索结果来看,"经济增长方式"这一用语国外并不多见。国外有关"经济增长方式"这一主题的研究成果主要见诸发展经济学、产业经济学、区域经济学等学科以及环保、能源、知识经济等领域。

20世纪中期以来,国外经济学领域关于现代经济增长方式问题的研究大体上有两条发展脉络。一是基于增长要素的经济增长问题研究,这些研究与增长方式问题密切相关。从20世纪中期索洛等经济学家奠定了新古典经济增长理论的基础,经罗默和卢卡斯等人的发展,20世纪下半期逐渐形成新增长理论。至今,国外研究经济增长问题的文献可谓汗牛充栋,但大多相对重视增长数量问题的研究,忽视增长质量问题的探索。二是基于经济增长路径的研究。20世纪中后期,国外学者从这一角度对经济增长方式这一主题进行了广泛的研究。罗兰认为转变经济增长方式是特指苏东国家向市场经济转型的现象,而Hayami和Ogasawara(1999)认为美日等市场经济国家也存在经济增长方式转变的现象[2]。探索经济增长路径的代表性理论包括大道理论、平衡增长理论和不平衡增长理论,卡莱茨基和科尔内对社会主义经济增长方式的论述,以及国际竞争中的"蛙跳"增长模式、东亚增长模式的讨论等内容。此外,还有波特、罗斯托等学者对经济增长阶段问题进行过的研究。

---

* 国家社会科学基金一般项目"生态型产业结构评价体系构建与测度:对我国典型区域的实证分析"(批准号13BJY007);教育部人文社科规划基金项目"经济发展方式转型与产业结构升级的互动机理:模型研究及实证检验"(批准号11YJA790098)。

** 吕明元(1966—),男,山东胶南人,天津商业大学经济学院产业经济研究所所长、教授、经济学博士。胡伟(1986—),男,山西人,天津商业大学经济学院产业经济学专业硕士研究生。

20世纪90年代以来，国外环保、能源、知识经济等领域与本文主题相关的研究逐渐增多。主要有以下几个方面的内容：①绿色经济发展方式转型的研究。Carcedoa和Barros（2005）探讨了经济可持续发展方式转变的三个历史阶段：从经济发展、社会发展到生态发展[3]，其他成果包括对绿色经济增长战略的研究（Moon，2010）[4]、发展中国家低碳经济发展的能源模式转型研究等。②经济增长方式转型与产业结构的关系。主要涉及从资源依赖型向知识密集型转变过程中产业结构的变动，以及产业内结构的改变促进可持续的生产方式形成等内容。③低碳经济模式下的产业结构。主要有产业结构变动与碳排放关系、经济结构与环境库兹涅茨曲线分析等内容。④产业结构与经济增长的关系。从20世纪中期库兹涅茨等学者的研究开始，Maddison、Chenery，以及Nelson等学者的大量成果对产业结构进行趋势分析、机理分析，深入研究了产业结构变迁对经济增长的效应（Pender，2003；Timmer and Szirmai，2000）[5][6]。⑤可持续、绿色经济发展背景下的产业规制与发展。包括对行业能源使用效率的实证研究（Martinez，2010）[7]，低碳经济背景下太阳能制造业技术创新研究，以及具体产业的可持续发展战略研究等内容。

国内学者对经济发展方式的讨论始于20世纪90年代，与本文主题相关的研究主要涉及如下内容：①对我国经济发展方式的基本判断和经验分析。大部分经济学者认为中国形成了要素投入驱动型的经济发展方式（林毅夫等，2007）[8]，表现出低效、"粗放"增长的特征（卫兴华等，2007）[9]。有学者认为中国经济增长方式正在发生转型，趋向于可持续发展的增长轨道（王小鲁等，2009）[10]。现行经济发展方式的形成受要素价格扭曲、传统发展观和政绩观以及政府干预市场等因素的影响。②经济发展方式转变与产业结构的关系。研究内容主要包括产业结构升级对增长方式转变的影响、产业发展促进经济增长方式转变、经济增长方式转变与产业结构升级的关系（薛白，2009）[11]，以及产业结构合理化和高级化是经济增长方式转变的主要特征之一（吕铁等，1999）[12]等几个方面。③产业结构与经济增长的关系。研究内容大致集中在两个方面：一是有关产业结构的变动对经济增长的影响；二是对经济发展过程中产业结构变化规律的探究，近年来的研究开始注重对产业结构升级的实证分析和模型化研究（原毅军等，2008）[13]。但关于产业结构效应对我国经济增长的贡献程度，学者们的观点并不一致（刘伟等，2008）[14]。

综观上述与本文主题相关的研究，就经济增长方式与产业结构关系问题而言，国外的研究虽然多是间接相关的成果，但角度细致、实证分析多、涉及领域广；相对而言，国内宏观角度的理论研究和规范分析较多，实证分析少，尚未清晰解答经济增长方式转变与产业结构升级的互动机理，没有给出具体判断一国或一个地区的经济增长方式转变的具体方法，有关经济增长方式转变与产业结构升级关系的案例实证性研究并不多，模型化研究就更少见了。

本文旨在通过模型化研究，探讨经济增长方式转变与产业结构升级的互动机理；并基于低碳经济模式这一视角，对天津市经济增长方式转变与产业结构升级的关系进行实证分析，进而提出对策性建议。

二、经济增长方式转变与产业结构升级互动的模型化研究

本文主要运用基于耗散理论的布鲁塞尔模型研究经济增长方式与产业结构升级之间的关系。

耗散结构理论是比利时科学家普里高津于1977年提出的。该理论认为，一个远离平衡的开放系统通过与外界交换物质和能量，在一定条件下形成新的稳定有序的结构，实现由无序向有序的转化，这种新的稳定有序的结构就是耗散结构。一个系统要处于动态有序的耗散结构必须满足以下几个条件：①系统必须开放；②远离平衡态；③非线性相互作用；④涨落现象。上述条件是相

互紧密联系的。

从耗散结构理论的角度分析，经济增长方式系统和产业结构系统均处于耗散结构，具有动态有序性，即满足开放性、远离平衡态、非线性且存在涨落现象等条件。

第一，经济增长方式系统和产业结构系统均具有开放性特征。在经济增长方式转变过程中，外部的熵减表现在合理的经济结构调整、政府政策等会使经济增长方式系统从无序向有序发展；内部的熵增则表现在经济增长方式自身缓慢、无序的转变。产业结构系统外部的熵减表现在合理的产业政策、宏观经济政策、经济的市场化程度等会使产业结构系统从无序向有序发展；内部的熵增表现在产业结构自身调整的缓慢性，甚至盲目性。

第二，从时间与空间上来看，经济增长方式系统和产业结构系统均具有远离平衡态的特征。地区、国家间的发展程度差异，会使不同地区和国家处于不同的经济增长方式主导阶段，发展速度也不同。时间上，经济增长方式转变的时期不同；空间上，各地区经济增长方式现状因地理环境、政策等因素而存在差异。

第三，经济增长方式系统和产业结构系统均具有非线性相互作用的特征。经济增长方式系统内部的经济增长、要素效率等各要素之间有相互制约、相互推动的正反馈倍增效应及负反馈饱和效应等非线性关系。产业结构系统内部的各产业之间、各产业与政府之间也有着相互制约、相互推动的正反馈倍增效应及负反馈饱和效应等非线性关系。

第四，经济增长方式系统和产业结构系统均存在涨落现象。在国家宏观经济政策、市场环境等外界因素的驱动下，有规则的波动和随机扰动相叠加会使两系统出现新的涨落，驱使经济增长方式系统和产业结构系统远离平衡态。

本文构建如下布鲁塞尔模型，用以分析经济增长方式转变与产业结构升级的互动关系。

$$A \xrightarrow{k_1} X \quad B + X \xrightarrow{k_2} Y + D \quad 2X \xrightarrow{k_3} Y + 3X$$

总的反应方程为：$A + B \rightarrow D$

式中，A 表示推进经济增长方式转变的制度变革；B 表示经济增长方式转变所处的客观环境（包括现有的产业结构、产业布局状况、自然环境、资源禀赋条件等）；X 表示为产业结构的合理化；Y 表示为产业结构的高级化；D 表示为经济可持续增长的能力；k_i 表示各物质作用的速率。

上述模型表示，经济增长方式转变与产业结构升级的互动，主要取决于推进经济增长方式转变的制度变革和促进经济增长方式转变的主要手段等因素，在上述条件的作用下，经过中间因素的相互作用，必然会使产业结构优化与升级，实现经济的可持续增长。

根据动力学方程，建立如下方程：

$$\begin{cases} \dfrac{d\mu_1}{dt} = (B-1)\mu_1 + A^2\mu_2 \\ \dfrac{d\mu_2}{dt} = -B\mu_1 - A^2\mu_2 \end{cases}$$

为求解无序的热力学分支解，对上述方程组进行转化如下：

$$\begin{cases} \dfrac{dx}{dt} = A - Bx + x^2y - x \\ \dfrac{dy}{dt} = Bx - x^2y \end{cases}$$

令 $\dfrac{dx}{dt} = 0$，$\dfrac{dy}{dt} = 0$ 可得定态解 $x_0 = A$，$y_0 = B/A$

在 (x_0, y_0) 附近进行多元函数的泰勒展开：

$$\begin{cases} \dfrac{d\mu_1}{dt} = (B-1)\mu_1 + A^2\mu_2 \\ \dfrac{d\mu_2}{dt} = -B\mu_1 - A^2\mu_2 \end{cases}$$

其中，$\mu_1 = x - x_0$，$\mu_2 = y - y_0$

其特征方程为：$\lambda^2 - \omega\lambda + A^2 = 0$，$\omega = B - 1 - A^2$，由于 B 与 ω 成线性变化，A 因素与 ω 成曲线变化，因此 A 因素是决定性因素之一，也即促进经济增长方式转变的制度变革作用于系统时，系统从无序向有序的变化是显著的。这也和刘志彪、姚聪莉的研究成果大致相同。

根据耗散理论可知，当 ω < 0 时，特征方程有负实部共轭复根。随着时间的变化，定态解可能为稳定的结点或者焦点；当 ω > 0 时，随着时间的变化，会出现不稳定的结点或焦点，也即系统会出现耗散结构分支，由于系统内部非线性的相互作用，当系统涨落达到临界时，系统会不断向高级有序方向发展，演进的快慢取决于 ω 的大小，也就是取决于 A 与 B 的大小。

综合以上分析可知，经济增长方式转变与产业结构升级之间存在互动关系，两者的互动是长期的、动态的。要促进经济增长方式朝着有序的方向演化，不仅要积极推进制度变革，同时要合理利用地区优势条件，不断调整和优化产业结构。只有这样，才会使经济增长方式不断改进，经济得以可持续增长。

三、天津市经济增长方式转型的测度

测度经济增长方式所处阶段是衡量经济增长方式转变程度的主要方法。从资料检索结果来看，国内学术界并没有统一的具体测度一国或一个地区经济增长方式的方法。西方经济增长理论中的全要素生产率（TFP）方法，可以用来衡量经济增长方式的转变（高峰，2008）[15]。

1. 模型构建

在具体模型选择上，本文在改进云鹤（2009）[16] 所运用的衡量经济增长方式模型的基础上，对天津经济增长方式转变程度进行定量分析。

首先给出三个假设：

（1）资本和劳动可以相互替代，并且它们的边际收益是递减的。

（2）全要素生产率带来的经济增长相对于以劳动、资本投入带来的增长是一种集约型增长方式。

（3）全要素生产率除包含常见的人力资本、制度等影响因素外，主要包含产业结构。

2. 方法、数据与测度

本文将采用全要素生产率（TFP）方法，对天津经济增长方式所处阶段进行定量分析。总产出 Y 则以历年的天津市生产总值根据不变的价格指数进行平减得到实际总产出；劳动 L 的数据为历年社会从业人员数；资本存量 K 根据固定资产形成总额，并按照固定资产投资价格指数进行调整而来。以上原始数据取自数据来自《天津统计年鉴 2011》，样本区间为 1995~2011 年，以 1995 年为基期。

$Y = AK^{\alpha}L^{\beta}H^{\gamma}S$

其中，Y、A、K、L、H、S 分别表示总产出、纯技术进步、物质资本投入、劳动投入、人力资本存量以及产业结构优化系数。

对上式两边取对数并求导：

$$\frac{\Delta Y}{Y} = \frac{\Delta A}{A} + \alpha\frac{\Delta K}{K} + \beta\frac{\Delta L}{L} + \gamma\frac{\Delta H}{H} + \frac{\Delta S}{S}$$

其中，α = 0.67，β = 0.33，γ = 1（张军，2004）[17]。

令 GY、GA、GS、GK、GL、GH 分别代表经济增长率、纯技术进步增长率、产业结构优化系数变动率、物质资本投入增长率、劳动投入增长率和人力资本投入增长率，所有数据均以1995年为基期。GY表示的经济增长率，选择1995年为基期，并通过不变价格调整而得；GA表示的纯技术进步率，通过所建立模型求出；GS表示的产业结构优化系数，由徐瑛提供的方法求出；GK表示的物质资本投入增长率，物质资本通研究期间每年的固定资产投资价格指数对天津市的固定资产总额进行计算所得；GL表示的劳动投入增长率，由统计年鉴中的历年社会从业人数计算而得；GH表示的人力资本增长率，根据汤向俊对人力资本存量的度量公式 $H_t = \sum_{t=1}^{6} E_{it} e^{\lambda h_i}$ 计算而得到每年的人力资本存量，其中，E_{it} 为第 i 学历的人数，λ 为产出对人力资本投入量的敏感系数，h_i 为第 i 学历的平均受教育年数。

$$\text{令 } R_1 = \frac{\alpha\frac{\Delta K}{K} + \beta\frac{\Delta L}{L}}{\frac{\Delta Y}{Y}}, \quad R_2 = \frac{\alpha\frac{\Delta A}{A} + \gamma\frac{\Delta H}{H} + \frac{\Delta S}{S}}{\frac{\Delta Y}{Y}}$$

R_1 衡量全要素生产率对经济增长的贡献，R_2 衡量要素投入增加为主的经济增长方式。因此可以用 $\frac{R_2}{R_1}$ 表示经济的增长方式，$\frac{R_2}{R_1} < 1$ 则属于粗放型增长方式，$\frac{R_2}{R_1} > 1$ 则属于集约型增长方式，$\frac{R_2}{R_1} = 1$ 是均衡型增长方式。

观察 $\frac{R_2}{R_1}$ 数值的变化，如果该数值越来越大甚至超过1，则表明全要素生产率对经济增长的贡献逐渐加大，要素投入对经济增长的贡献在减小，也即由粗放型经济增长的方式向集约型增长方式转变的趋势正在加强。

表1 天津市经济增长方式转型的测度

年份	GA	GK	GL	GS	GH	R_1	R_2	R_2/R_1
1996	−0.70059	0.163574	−0.006404036	0.65044	0.046978803	1.030405	−0.03041	−0.02951
1997	−0.27206	0.108364	0.002597656	0.329575	0.044870825	0.417752	0.582248	1.393766
1998	−0.30029	0.157479	−0.010188378	0.277978	0.042943897	0.831954	0.168046	0.201989
1999	−0.0801	−0.03625	0.0000787247E−05	0.161862	0.041175654	−0.24591	1.245905	−5.0666
2000	−0.3266	0.068753	−0.041819184	0.343207	0.079039189	0.25225	0.74775	2.964319
2001	−0.3722	0.168692	0.002978085	0.36765	5.12954E−05	1.041078	−0.04108	−0.03946
2002	−0.3526	0.150565	0.008743908	0.349472	0.036648568	0.755812	0.244188	0.32308
2003	−0.57183	0.248746	0.037128763	0.540898	0.035352933	0.975865	0.024135	0.024732
2004	−0.67382	0.185933	0.033039734	0.692906	0.03414578	0.717907	0.282093	0.392938
2005	−0.70583	0.335957	0.027928303	0.698459	0.033018343	0.901323	0.098677	0.10948
2006	−0.22264	0.155891	0.0376023	0.214159	0.031962978	0.832664	0.167336	0.200964
2007	−0.5286	0.261116	0.090616784	0.484565	0.030972989	1.068126	−0.06813	−0.06378
2008	−0.90874	0.364257	0.054387308	0.830424	0.030042484	1.225869	−0.22587	−0.18425
2009	−0.69862	0.751316	0.046051412	0.332901	0.029166257	2.848959	−1.84896	−0.64899
2010	−0.68506	0.105826	0.076159674	0.707008	0.056639724	0.549954	0.450046	0.818334
2011	−0.6506	0.143522	0.054324248	0.3423446	0.07523589	0.496	0.298002	0.60177498

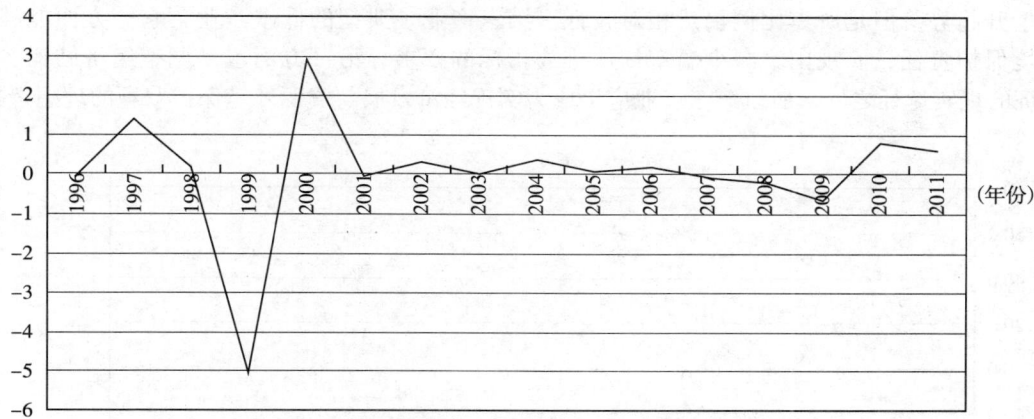

图1 经济增长方式的衡量指标变化情况 (R_2/R_1)

3. 小结

关于天津市经济增长方式的转变过程,从表1和图1可以看出:

(1) 按判别标准 R_2/R_1 的比值来看,在2000年以前波动较为剧烈频繁。1997年、2000年该比值大于1,而1999年该数值又低于-5,原因可能是制度方面的深层矛盾随着经济体制改革的深化而不断凸显,使得全要素生产率对经济增长的贡献变得起伏不定。

(2) 进入21世纪之后,R_2/R_1 的比值变化在0到1之间,经济增长方式仍然属于粗放型,但已表现出从粗放型增长向集约型增长转变的趋势,即从主要依靠劳动力和资本的投入向全要素带动的经济增长转变。2007年、2008年、2009年连续3年出现负值,也即经济增长主要靠要素投入带动,这主要是金融危机的影响和国家加大投资规模所造成的。

(3) 全要素生产率TFP的增长在所研究年份比较稳定,其中产业结构变化对TFP的贡献最大,但起伏不定,其次是物质资本投资,这说明天津市经济增长方式转变过程曲折,优化产业结构和资本的投入配置是推动经济增长方式转变的有效手段。

整体来看,全要素生产率对经济增长的贡献相对于要素投入对经济增长的贡献仍然较弱,天津市经济增长方式还属粗放型,但向集约型增长方式转变的趋势已较为明显。天津市经济增长方式实现较完全的转型还需要一个长期的过程。

四、天津市产业结构升级对低碳经济模式转型影响的实证分析

低碳经济模式是经济增长方式转变的战略性趋势,本部分将从低碳经济模式的视角,实证分析天津市产业结构升级对于低碳经济发展的影响,结合实际案例具体分析产业结构升级与经济增长方式转变之间的关系。

1. 天津市产业结构基本分析

观察图2,天津市1996~2011年三次产业变动情况。首先,第一产业在三次产业中的比值从1995年的6.5%下降到2009年的1.6%。近年来,尽管农业对GDP的贡献率不大,但是农业对天津市经济增长方式转变的意义深远。尤其在低碳经济到来的时代,农业也进入了后现代农业的发展时期,即低碳农业经济、脱石油农业经济的时代。其次,第二产业贡献率波动性不大,第三产

业虽呈上升趋势，但是所占比例仍然相对较低。第三产业是典型的低碳产业，它一方面能够积极承担环境保护责任，实现国家减少温室气体排放指标的要求；另一方面也是调整经济结构、建设生态经济的现实途径之一，所以第三产业应该成为实现经济发展与资源环境保护双赢的理想选择。

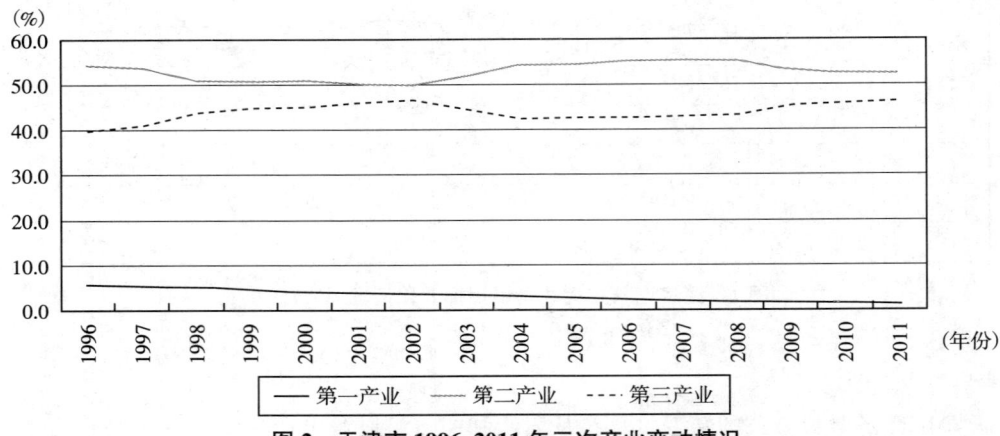

图 2　天津市 1996~2011 年三次产业变动情况

2. 变量选择与数据说明

（1）碳排放量：碳源可以理解为向大气圈释放碳的通量、过程或系统，低碳经济中的碳排放量应该是整个地区中总的碳排放量，这里采用的计算公式主要参考了徐国泉等（2006）提出并改进的碳排放量分解模型中的算法[18]。具体公式如下：

$$C_{CO_2} = c \sum_{i=1}^{3} E_{i,t} \tag{1}$$

式中，EC_j 表示折算后的总的碳排放量，c 为碳与标准煤的转换系数（1kg 标准煤 = 0.67kg 碳，国家发展和改革委能源研究所推荐值为 0.67[①]），$E_{i,t}$ 为 t 时期天津市 i 产业对能源的终端消费量。具体数据见表 2。

表 2　1995~2011 年天津市碳排放量的变化趋势

单位：万吨标准煤

年份	$E_{1,t}$	$E_{2,t}$	$E_{3,t}$	C_{CO_2}
1995	69.30	1773.03	478.40	2320.73
1996	70.72	1735.50	311.33	2117.55
1997	44.76	1605.60	420.96	2071.32
1998	44.00	1588.62	437.27	2069.89
1999	53.61	1435.11	535.14	2023.86
2000	58.17	1570.08	635.23	2263.48
2001	68.83	1694.78	608.05	2371.66
2002	76.64	1935.92	575.96	2588.52
2003	58.86	1975.56	650.27	2684.69
2004	62.00	2296.39	737.35	3095.74
2005	73.28	2623.16	700.28	3396.72
2006	76.41	2955.97	743.81	3776.19

---

① 数据来自 http://www.eri.org.cn/（国家发改委能源所）。

续表

年份	$E_{1,t}$	$E_{2,t}$	$E_{3,t}$	C_{CO_2}
2007	78.55	3312.87	788.00	4179.42
2008	77.60	3606.53	874.79	4558.92
2009	81.75	3904.75	957.40	4943.90
2010	89.53	4702.63	1058	5850.16
2011	100.16	5367.6	1122.15	6589.91

相关数据来源：《2012天津统计年鉴》。

天津市碳排放总量呈逐年上升趋势（如图3所示）。因此，碳排放总量的逐年扩大也会对天津有限的环境承载能力构成压力，影响天津市的可持续发展，这个指标对于科学合理的引导天津市工业经济在低碳模式下的发展至关重要。

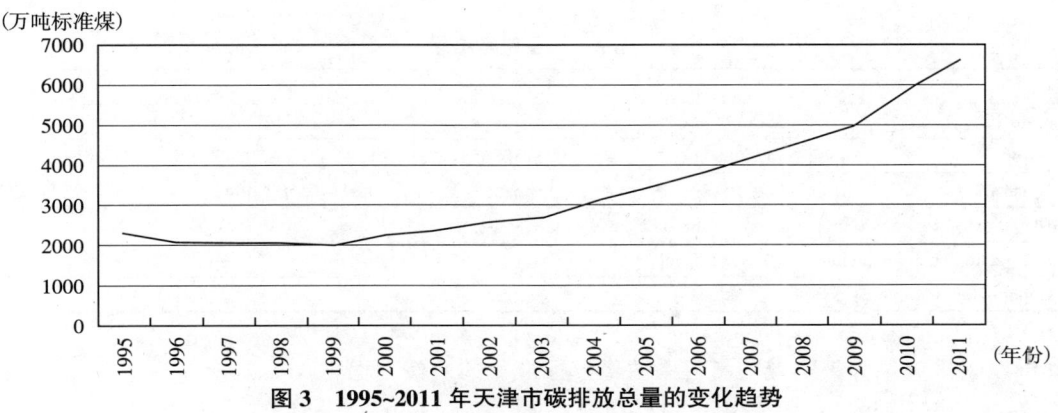

图3 1995~2011年天津市碳排放总量的变化趋势

（2）产业结构衡量指标。下面主要从产业结构的角度，分析产业结构升级与低碳经济模式之间的关系。

为了系统地揭示天津市产业结构与碳排放量之间的关系，本文分别采用第一产业占天津市生产总值的比重和产业结构系数衡量指标，而对碳排放量的测量则采用经公式（1）转换后的指标。具体各指标的构造如下：

产业结构升级指标的选取为，第一产业占天津市生产总值的比重 $X1/GDP_{tj}$，第二产业占第三产业的比例 $X2/X3$，以上所提及的变量中，数据取自《天津统计年鉴2012》，选择的样本区间为1995~2011年。

3. 模型构建

$$C_{CO_2} = f(X1/GDP_{tj}, X2/X3, c)$$

由于大多数经济变量都是非平稳的时间序列，如果对非平稳的时间序列建立计量模型，并进行OLS回归，则会产生伪回归现象。笔者根据协整的定义，建模前首先检验各变量的平稳性，再分析研究变量之间的长期协整关系。

（1）变量的平稳性检验。本文采用最常用的ADF检验法。平稳性检验结果表明，3个变量都是二阶单整的（见表3）。因此根据协整的定义可以分析它们之间的长期协整关系。

表3 变量的平稳性检验结果

Augmented Dickey-Fuller test statistic	t-Statistic	Prob.	5% level	平稳性
LOGC (−2)	−7.155741	0.0001	−3.119910	平稳
LOG (X1/GDP) (−2)	−5.830108	0.0005	−3.119910	平稳
LOG (X2/X3) (−2)	−4.157033	0.0084	−3.119910	平稳

Variable	Coefficient	Std. Error	t-Statistic	Prob.
LOG (X1/GDP)	−0.741739	0.040360	−18.37814	0.0000
LOG (X2/X3)	0.681206	0.212595	3.204247	0.0069
C	5.347059	0.150505	35.52738	0.0000
R-squared	0.962944	Mean dependent var		7.993093
Adjusted R-squared	0.957243	S.D. dependent var		0.349570
S.E. of regression	0.072283	Akaike info criterion		−2.249100
Sum squared resid	0.067922	Schwarz criterion		−2.104239
Log likelihood	20.99280	F-statistic		168.9119
Durbin-Watson stat	1.850004	Prob (F-statistic)		0.000000

（2）协整检验。

表4 协整检验结果

Hypothesized No. of CE (s)	Eigenvalue	Trace Statistic	0.05 Critical Value	Prob.
None *	0.682755575680717	20.6303115286547	15.4947128759347	0.0076857425471387
At most 1 *	0.27784171516129	4.55715306253741	3.84146550094041	0.0327692843793588

Trace test indicates 2 cointegrating eqn (s) at the 0.05 level
* denotes rejection of the hypothesis at the 0.05 level
**MacKinnon-Haug-Michelis (1999) p-values

其中以碳排放量为被解释变量且系数经过标准化的协整方程为：

$$LnC_{CO_2} = 5.347059 - 0.741739Ln(X1/GDP_{tj}) + 0.681206Ln(X2/X3)$$

4. 小结

上述结果表明，2个解释变量的回归系数在95%的水平下是影响显著的；各变量系数的符号均与理论预期相同，且结果表明协整方程的拟合优度比较高，即发展低碳经济与产业结构升级之间存在长期的协整关系。

本部分模型实证分析结果归纳如下：①第一产业占天津市生产总值比重每提高一个单位，碳排放量就降低0.74，这说明第一产业产值的增加会导致碳排放量的降低，也即发展第一产业能促进经济向低碳模式发展。②第二次产业占第三产业产比重每增加一单位，碳排放量就增加0.68。可见减少第二产业中工业的产值对发展低碳经济起着重要作用。③发展低碳经济与产业结构升级之间存在长期的协整关系。

五、结论及政策建议

1. 主要结论

（1）根据模型化研究，经济增长方式转变与产业结构升级之间存在互动关系，两者的互动是长期的、动态的。两者的互动表现为：产业结构升级既是经济增长方式转变的重要内容，又对经济增长方式转型具有推动作用。经济增长方式从粗放型到集约型的转变和资源配置效率的提高表现之一就是产业结构的优化升级。经济增长方式转变是否稳定，取决于采取的主要转变手段、相应的制度变革与产业结构升级之间的相互作用程度。

（2）使用全要素生产率方法对天津市经济增长方式所处阶段进行的测度，发现天津市的经济增长方式总体上仍属粗放型，但已表现出从粗放型增长向集约型增长转变的趋势；从全要素生产率和要素投入对经济增长的贡献角度看，天津市经济基本上仍属于高投入、高耗能、高排放、低效率的传统经济增长方式，资源、环境与经济增长的矛盾较为突出，低碳产业自主创新能力还较弱。经济增长方式的转变是一个长期的过程，在本文所分析的短期中表现出明显的波动性。

（3）笔者运用天津市 1995~2011 年有关碳排放与产业结构的数据，从低碳经济模式视角实证分析了天津市产业结构升级对发展低碳经济的作用。结果表明，总体而言，基于第二产业推动的经济快速发展是导致天津碳排放增加的一个主要因素，天津市三次产业的发展对碳排放的影响存在较大的差异。

2. 政策建议

实现天津市传统经济增长方式的逐步转变是长期目标，低碳经济发展模式对天津市产业结构升级提出了新的要求，低碳排放、更少污染和更高效益是天津市产业结构升级和实现第二、三产业均衡发展的目标。

（1）推进地方经济发展中的制度建设和创新，从多个层面尤其是制度层面，探索经济增长方式转变与产业结构升级互动的方式、方法。天津应在积极发展第三产业，适度发展第一产业，进一步调整第二产业的同时，逐步改变环境管理主要依靠行政方式的模式，完善环境管理的政策体系。从而改变传统经济增长方式造成的资源配置不合理，促进高新技术产业和对能源依赖较低的产业发展，以减少天津节能减排的压力，使天津经济向低碳发展模式转变。

（2）通过技术创新进行产业结构升级和产业转型，实现传统高碳产业低碳化。从天津目前的产业结构来看，经济主体是第二产业，这决定了能源消费的主要部门是工业，而工业生产技术的高碳消费特征又加重了经济的高碳倾向。高碳产业主要包括火电、冶金、石化、交通、建筑、化工等能耗高、污染重的产业，这些产业碳排放强度大，对环境的污染严重。天津应通过产业政策调整，鼓励高碳产业增强自主创新能力，开发低碳技术和低碳产品，以技术进步带动产业结构调整和产业升级，逐步淘汰产能落后的高碳产业。

（3）发展绿色、环保型先进制造业，推动天津市区域经济发展中低碳产业集群的形成。应该基于天津市区域要素禀赋特点，做好天津市作为低碳试点城市的示范工作，逐步缩减制造业中一些高消耗、高污染、低附加值要素型产业份额，少投入、低消耗、低排放的低碳高效型制造业是天津传统工业未来转型发展方向。同时，大力发展金融、物流、会展、服务外包等低碳型现代服务业，形成先进制造业和现代服务业良性互动的现代产业体系。

（4）增强天津市制造业的低碳产业技术的自主创新能力，完善制度创新、技术进步和产业扶持政策，依据天津市本地条件大力发展低能耗、低污染、高效益的战略性新兴产业。加强国际合作和产业协作来加快技术研发创新，鼓励本土企业创造出具有自主知识产权的低碳产业技术，由技术引进、技术改造向原创型技术创新升级，注重知识、技术要素的投入，由加工组装型向精密制造型升级，鼓励发展低碳产业自主品牌。

参考文献

[1] 吴敬琏. 中国增长模式抉择 [M]. 上海：上海远东出版社，2008.

[2] Yujiro Hayami, Junichi Ogasawara. Changes in the Sources of Modern Economic Growth: Japan Compared with the United States [J]. Journal of the Japanese and International Economies, 1999, 13: 1-21.

[3] F. Ayala-carcedoa, M. Lez-barros. Economic Underdevelopment and Sustainable Development in the World Conditioning Factors, Problems and Opportunities [J]. Environment, Development and Sustainability, 2005 (7): 95-115.

[4] Tae Hoon Moon. Green Growth Policy in the Republic of Korea: Its Promise and Pitfalls [J]. Korea Observer, 2010, 41 (3): 379-414.

[5] Peneder. Michael. Industrial Structure and Aggregate Growth [J]. Structural Change and Economic Dynamics, 2003, 14 (4): 427-448.

[6] Timmer P. M., Szirmai A. Productivity Growth in Asian Manufacturing: the Structural Bonus Hypothesis Examined [J]. Structural Change and Economic Dynamics, 2000 (11): 371-392.

[7] Clara Ines Pardo Martinez. Analysis of Energy Efficiency Development in the German and Colombian Food Industries [J]. International Journal of Energy Sector Management, 2010, 4 (1): 113-136.

[8] 林毅夫, 苏剑. 论我国经济增长方式的转换 [J]. 管理世界, 2007 (11): 5-13.

[9] 卫兴华, 孙咏梅. 对我国经济增长方式转变的新思考 [J]. 经济理论与经济管理, 2007 (3): 5-10.

[10] 王小鲁, 樊纲, 刘鹏. 中国经济增长方式转换和增长可持续性 [J]. 经济研究, 2009 (1): 4-16.

[11] 薛白. 基于产业结构优化的经济增长方式转变——作用机理及其测度 [J]. 管理科学, 2009 (5): 112-120.

[12] 吕铁, 周叔莲. 中国的产业结构升级与经济增长方式转变 [J]. 管理世界, 1999 (1): 113-125.

[13] 原毅军, 董琨. 产业结构的变动与优化: 理论解释和定量分析 [M]. 大连: 大连理工大学出版社, 2008.

[14] 刘伟, 张辉. 中国经济增长中的产业结构变迁和技术进步 [J]. 经济研究, 2008 (11): 4-15.

[15] 高峰. 国外转变经济发展方式体制机制经验借鉴 [J]. 世界经济与政治论坛, 2008 (3): 113-116.

[16] 云鹤. 中国经济增长方式的转变: 判别标准与动力源泉 [J]. 上海经济研究, 2009 (2): 11-18.

[17] 张军. 中国省际物质资本存量估算: 1952~2000 [J]. 经济研究, 2004 (10): 35-44.

[18] 徐国泉, 刘则渊, 姜照华. 中国碳排放的因素分解模型及实证分析: 1995~2004 [J]. 中国人口·资源与环境, 2006 (6): 158-161.

产业政策强度对产业演化的影响分析

王灿 金通

一、引言

产业政策作为国家的经济政策体现着国家对产业发展的干预、引导和促进的政策。产业政策强度是影响产业政策的一个重要因素，它是指政府通过产业政策来干预产业发展的力度。一般认为，政府采取行政管制（如市场进入管制、数量管制、价格管制、技术管制等）或利用其特定权威地位和影响进行行政协调等直接干预方式，制定的产业政策更具强制性、制约性和直接性，相对应的产业政策强度更大。反之，通过财政、金融等经济杠杆对产业内企业活动的引导，以及通过所控制和掌握的信息传递等信息诱导方式对产业发展进行干预，该间接干预手段下制定的产业政策更具引导性和间接性，对应的产业政策强度相对较弱。

那么产业政策对产业演化有何影响？本文将通过分析产业政策强度的大小对产业演化的影响来说明这个问题。本文所研究的产业演化是指单个产业经历生命周期的一个具有阶段性和规律性的过程。为了简单起见，本文将以意大利数学家 Volterra 1926 年提出的食饵—捕食者模型以及张泽一（2009）产业政策对产业竞争力的模型为基础，选取产业内弱者企业和强者企业的密度变化来代表产业演化的不同阶段，建立产业政策强度与产业内弱者企业、强者企业数量变化的关系模型。通过产业政策强度对产业内弱者企业和强者企业的密度变化的影响，从而说明产业政策对产业演化的影响。

二、文献回顾

Nelson 以 20 世纪初美国大规模生产的快速发展为例证明政策与制度的协调演化对产业演化起到了非常重要的推动作用。Kale 和 little 以印度制药业为例，得出产业政策是促进印度制药业演化的关键因素。然而，亚当·斯密认为政府不应该干预经济。威廉姆森指出自由竞争的市场机制比政府使用产业政策更能促进经济发展。韩小威（2008）认为产业政策对经济发展的影响力可描述为

---

* 教育部人文社科项目《基于多智能主体演化仿真的战略性新兴产业政策研究》（项目编号 11YJA790064）的阶段性研究成果。

** 王灿（1990—），女，浙江金华人，浙江财经大学研究生，产业经济学专业；金通（1974—），浙江财经大学教授，研究方向为产业组织与产业发展。

一个由边际收益递增逐步演变至递减的过程。白雪洁（2008）认为产业政策的成功与否，取决于产业演化阶段以及每一阶段中企业的行为取向。马晓河（2009）指出针对不同产业的特征和环境条件需要采取不同的产业政策。钱龙（2013）结合微型企业的生命周期规律，提出政府在各阶段应该具有针对性的不同扶持政策。

从现有的研究成果看，国内外关于产业政策、产业演化的研究成果颇丰，但对于两者间的关系、作用机制的研究显得不足。大多数学者只研究了产业政策的有效性和必要性，以及产业演化的阶段性特征、动力机制、影响因素等问题，缺乏对两者的影响和作用机制等问题的深入研究。

三、模型构建

1. 变量选取

在以往关于产业生命周期识别的研究中，Gort 和 Klepper（1982）采用产业内厂商数目的变化进行阶段定位，Deans 等人采用 CR3 和 HHI 等衡量产业集中度的指标进行阶段识别，Tehther 和 Storey（1998）采用产业就业人数和产业中的企业数目两个维度来衡量，范从来、袁静和孙晓华和周旭利用产出增长率法进行产业演化阶段定位。在借鉴前人研究的基础上，本文采用产业内弱者和强者企业密度来识别产业演化阶段。需说明的是，产业内企业密度不仅仅指企业总数量，更侧重于通过研究对产业内弱者企业密度和强者企业密度随时间的演变过程来判断产业生命周期阶段。

本文认为，产业演化各阶段里弱者企业密度和强者企业密度会呈现出不同的特征，产业演化阶段的识别可用弱者和强者企业密度状况来表现。一般认为，一个产业内强者企业密度越大，说明该产业越有活力，产业竞争力越强，则该产业极大可能处于成长期或成熟期；反之，弱者企业密度越大，说明产业竞争力持续下降，该产业呈衰退趋势，则该产业极大可能处于衰退期。

构建模型的变量如下：

（1）$x(t)$ 表示 t 时刻弱者企业密度；$y(t)$ 表示 t 时刻强者企业密度；$x(t)+y(t)$ 表示该产业内的企业总密度。

（2）r_1 表示弱者企业独立时的相对增长率，即 $r_1 = \frac{\Delta x}{x}$；r_2 表示强者企业独立时的增长率，即 $r_2 = \frac{\Delta y}{y}$。其中，r_1、r_2 的大小取决于市场容量、企业生产规模、企业拥有的资源要素禀赋等因素，该产业市场容量越大，企业生产规模越大，或企业拥有的资源禀赋越充足，对应的相对增长率越高，反之则越低。

（3）d 表示强者企业独立时的死亡率。需要说明的是，因为对 r_2 的假设，则强者企业独立时，强者企业的增长率为 $(r_2 - d)$。

（4）λ_1 表示强者企业打败弱者企业的能力，反映强者企业兼并弱者企业的能力；λ_2 表示弱者企业供养强者的能力，反映弱者企业发展成为强者企业的能力。其中，λ_1 取决于强者企业内的人力资源、资本支持力度、资源整合能力和并购管理能力（如收购过程中的战略、法律、财务等问题的处理）等因素。λ_2 主要取决于弱者企业的内部资源因素，如财务资源（现金、有价证券、实物资产、专利、商誉）和非财务因素（人力资源、技术水平、企业文化、公共关系）等。

2. 模型假设

（1）相同产业内存在两个种群，即弱者企业和强者企业。

（2）产业演化分为三大阶段四个时期：开创阶段（初创期）、扩展阶段（成长期与成熟期）、停滞阶段（衰退期）。

（3）强者企业的成长不仅需要自身的成长因素，还取决于兼并弱者的能力，即强者企业的成长会以弱者企业为生存基础，可以从弱者企业发展而来。弱者企业的供养，使得强者企业死亡率减少，假设减少量与弱者企业密度成正比；强者企业的存在会使弱者企业的增长率减小，假设减小量与强者密度成正比。

3. 模型构建

弱者企业独立存在时的（相对）增长率为 r_1，而强者企业的存在使弱者企业增长率减小，则弱者企业密度增长率由 r_1 变为 $r_1 - \lambda_1 y$；强者企业独立时的相对增长率为 r_2，而弱者企业的存在为强者提供了资源，使强者企业的死亡率减小，则强者企业的密度增长率由 $r_2 - d$ 变为 $r_2 - d + \lambda_2 x$。

根据以上关系，参考意大利数学家 Volterra 的食饵—捕食者模型，可得到在没有外界因素干扰情况下，给定弱者企业和强者企业密度的各初始值 x_0、y_0，则 $x(t)$、$y(t)$ 满足以下方程：

$$\frac{dx}{dt} = \Delta x = (r_1 - \lambda_1 y)x \qquad (1)$$

$$\frac{dy}{dt} = \Delta y = (r_2 - d + \lambda_2 x)y \qquad (2)$$

4. 结果分析

上述方程的解 $x(t)$、$y(t)$ 描述了弱者企业和强者企业密度随时间的演变过程，但该模型是一个非线性模型，该微分方程组没有 $x(t)$、$y(t)$ 的解析解，因此需要借助于数学软件求得数值解，由数值解来推测模型的解析解。

（1）数值解。记弱者企业、强者企业原始密度分别为 $x(0) = x_0$，$y(0) = y_0$；为求方程式1，2的数值解 $x(t)$、$y(t)$，设 $r_1 = 1$，$r_2 = 0.3$，$d = 0.8$，$\lambda_1 = 0.1$，$\lambda_2 = 0.02$，$x_0 = 25$，$y_0 = 2$。

首先，利用数学软件获得弱者企业和强者企业的密度随时间演变的图形（图1和图2）。

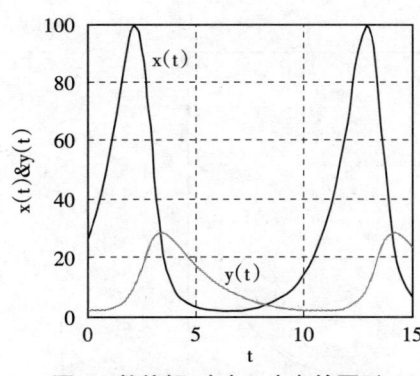
图1　数值解 $x(t)$、$y(t)$ 的图形

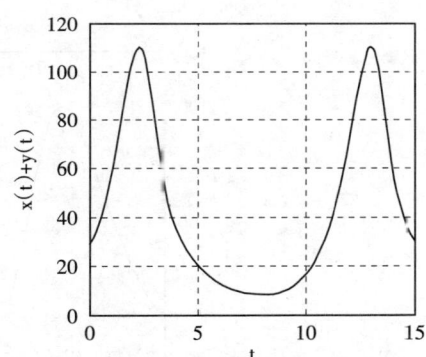
图2　企业总密度随时间 t 的变化

图1为弱者企业、强者企业密度分别随时间 t 变化的图形。由图1可知 $x(t)$、$y(t)$ 呈现周期性特征，可猜测 $x(t)$、$y(t)$ 为周期函数，从数值解近似推断企业的一个生命周期为10.8。弱者企业最大密度为99.39家，最小密度为2.11家；强者企业最大密度为28.46家，最小密度为2.00家。产业内企业总密度最大值为110.23，最小值为8.01，平均值为43.94。$x(t)_{max} + y(t)_{max} = 127.85 > [x(t) + y(t)]_{max} = 110.23$，$x(t)_{min} + y(t)_{min} = 4.1 < [x(t) + y(t)]_{min} = 3.01$，上述不等式说明弱者企业与强者企业的极大（小）值点存在相位差，由图1知 $x(t)$ 变化领先于 $y(t)$，这符合"成为强者企业比弱者企业更难"的性质。

图2为弱者企业和强者企业总密度随时间 t 演变的图形。由图知企业总密度表现出随时间 t "先增加后减少"的循环趋势，并且当不断改变 $x(0)$ 和 $y(0)$ 的初始值时，企业密度总能显示这

种周期性质,这也符合"企业生命周期理论"中企业数量的变化特征。

然后,利用软件获得弱者企业和强者企业密度随时间 t 的三维图形(如图 3 所示)。

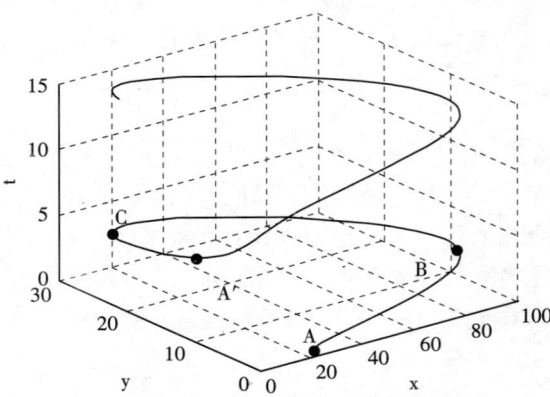

图 3　强弱企业密度随时间演变的三维图形

从图 3 可知,$x(t)$ 和 $y(t)$ 随着 t 的增加而呈现螺旋上升的特征,该三维图形进一步证明了弱者企业和强者企业密度的周期性质。$x(t)$ 随着时间推移呈现"增加—减少—增加—减少……"的周期特征,如此循环重复,$y(t)$ 随着时间推移也呈现出 $x(t)$ 的周期特征,但明显两者间的特征不同步。点 $A(25, 2, t_1)$ 表示产业初创期的起始点,点 $B(99.39, y_2, t_2)$ 弱者企业达到最大值,点 $C(x_3, 28.46, t_3)$ 表示强者企业达到最大值,点 A' 表示产业一个生命周期的结束点也即新生命周期的开始。曲线 AB 间,$x(t)$ 和 $y(t)$ 不断增大且 $x(t)$ 的增长率明显快于 $y(t)$;曲线 BC 间,$x(t)$ 减少而 $y(t)$ 继续增加;曲线 CA' 间,$x(t)$ 与 $y(t)$ 均递减。

接着,利用软件画出 $x(t)$、$y(t)$ 在一个周期内的图形,并计算出最大值、最小值和平均值。

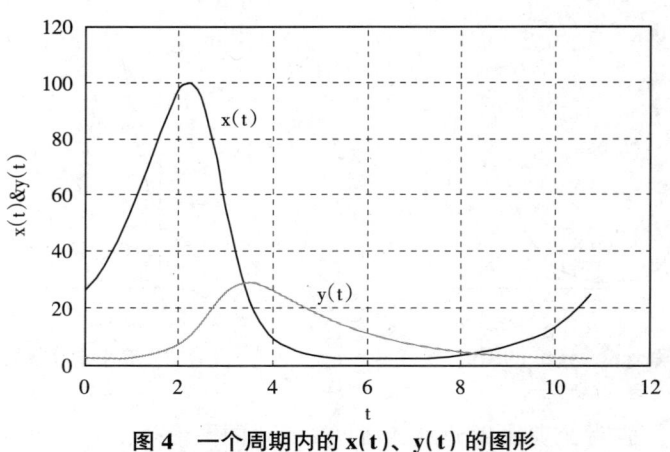

图 4　一个周期内的 $x(t)$、$y(t)$ 的图形

从图 4 可知,在一个完整的产业生命周期内,强者企业 $x(t)$ 的最大值为 100.11,最小值为 1.95;弱者企业 $y(t)$ 的最大值为 28.57,最小值为 1.99。用数值积分可算出 $x(t)$、$y(t)$ 在一个周期的平均值 $\bar{x} = 24.97$、$\bar{y} = 9.89$。图 4 进一步证明了弱者企业密度与强者企业密度变化存在相位差,即弱者企业和强者企业的演化阶段并不同步。

(2)平衡点。令微分方程 1-1 和 1-2 等于 0,得到两个平衡点 p_1、p_2:

$$\begin{cases} \dfrac{dx}{dt} = \Delta x = (r_1 - \lambda_1 y)x = 0 \\ \dfrac{dy}{dt} = \Delta y = (r_2 - d + \lambda_2 x)y = 0 \end{cases}$$

得 $p_1(\dfrac{d-r_2}{\lambda_2}, \dfrac{r_1}{\lambda_1})$，$p_2(0, 0)$，（但 p_2 对方程无实际意义，因此舍去）。

（3）平均值。方程（1）和方程（2）可改写成

$$\begin{cases} x(t) = \dfrac{1}{\lambda_2}[y' - (r_2 - d)] & (3) \\ y(t) = \dfrac{1}{\lambda_1}(r_1 - x') & (4) \end{cases}$$

在一个周期内进行积分，并且 $x(T) = x(0)$，可求出 $y(t)$ 在一个周期内的平均值，

$$\bar{y}(t) = \dfrac{1}{T}\int_0^T y(t)dt = \dfrac{1}{T}\int_0^T \dfrac{1}{\lambda_1}[r_1 - \dfrac{x'(t)}{x(t)}]dt$$

$$= \dfrac{1}{T \times \lambda_1}(\int_0^T r_1 dt - \int_0^T \dfrac{x'(t)}{x(t)}dt) = \dfrac{r_1}{\lambda_1} - \dfrac{1}{T \times \lambda_1}\int_0^T \dfrac{x'(t)}{x(t)}dt$$

$$= \dfrac{r_1}{\lambda_1} - \dfrac{1}{T \times \lambda_1}\int_0^T \dfrac{1}{x(x)}dx(t) = \dfrac{r_1}{\lambda_1} - \dfrac{1}{T \times \lambda_1}\ln x(t)\Big|_0^T$$

$$= \dfrac{r_1}{\lambda_1} - \dfrac{\ln x(T) - \ln x(0)}{T \times \lambda_1}$$

由于 $y(T) = y(0)$，$\bar{y}(t) = \dfrac{r_1}{\lambda_1}$ \hfill (5)

同理，可得，$\bar{x}(t) = \dfrac{1}{T}\int_0^T x(t) = \dfrac{d - r_2}{\lambda_2}$ \hfill (6)

（4）相位差。令方程（3）和方程（4）为 0，可知当 $x'(t) = 0$ 时，$y(t) = \dfrac{r_1}{\lambda_1}$；当 $y'(t) = 0$ 时，$x(t) = \dfrac{d - r_2}{\lambda_2}$。这说明 $x(t)$ 取得极值点时，$y(t)$ 的值并非极值点，而 $y(t)$ 取得极值点时，$x(t)$ 没有取到极值，证明了 $x(t)$ 与 $y(t)$ 之间确实存在相位差。

（5）相轨线。利用数学软件获得强者企业和弱者企业的相轨线。

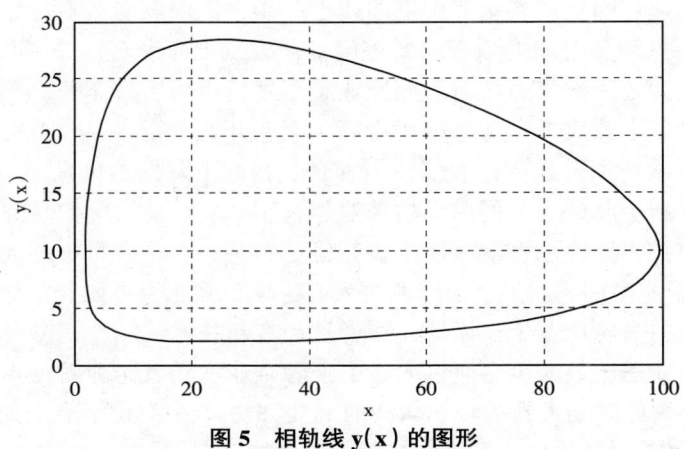

图 5　相轨线 $y(x)$ 的图形

四、研究结论

经过对模型的构建和数值解的分析,本文可以得出以下关于产业生命周期识别方法以及产业政策强度大小对产业演化的影响的两个结论。

1. *产业生命周期的识别*

比较方程的平衡点与平均值,可知 $x(t)$、$y(t)$ 的平均值就是方程的平衡点 P_1。将相轨线 $y(x)$ 以 P_1 为中心点,可划分成四个区域。

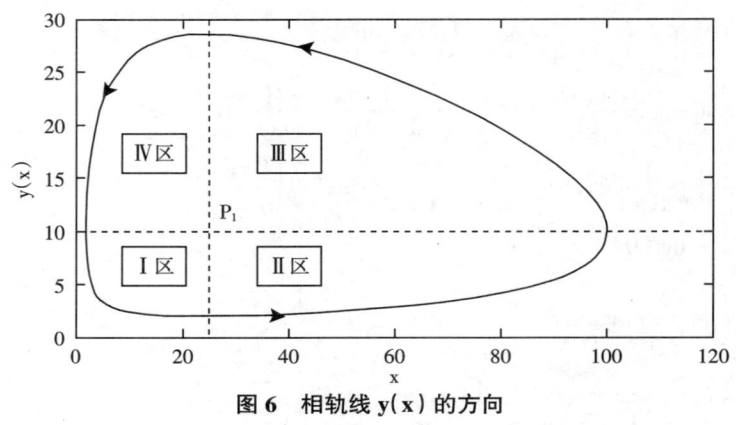

图 6 相轨线 $y(x)$ 的方向

如图 5 所示,$y(x)$ 是一条封闭的相轨线。在一个产业的初创期,市场还不能完全接受某个产业,人们对该产业的产品或服务的需求相对较小,企业生产规模也较小,因此产业内存在相对较多的弱者企业,且强者企业和弱者企业密度不断递增。根据以上特征可推测该时期处于相轨线的 I 区(如图 6 所示,下同)进入扩展阶段的成长期,随着市场的逐步扩大,分散的市场中充斥着各种规模的参与者,由于进入门槛较低,弱者企业密度继续增大直到饱和,即成长期末期出现弱者企业密度极大值。加上产业内利润增长速度大幅度放缓,企业间整合活动开始进行,强者企业密度也逐步增大。由图 4 可知,弱者企业密度曲线更陡峭,说明弱者企业密度增加速度快于强者企业。根据以上特征可推测此时期的强者弱者密度变化大致处于 II 区,三维图 3 中 AB 曲线位于成长期。前两时期,企业边际数量递增,因此企业总密度呈现为上升态势。等产业进入成熟期,市场竞争越发激烈,为了削减成本和保持市场份额,企业开始重视规模效益,大规模的并购行为频频出现,强者企业继续增加并达到极大值而弱者企业密度下降,这也是 $x(t)$ 和 $y(t)$ 存在相位差的原因。尽管不断有新企业进入,但退出的企业越来越多,企业边际数量递减。即由于企业总进入数大于企业总退出数,企业总密度缓慢增长并稳定到某一水平,可推测此时期大致处于相轨线的 III 区,BC 曲线位于成熟期。此后,当产业进入衰退期,强者企业增长放缓,开展多元化经营进入新的行业,开始新的一轮产业生命周期,或者被拥有新技术或工艺的新产业所替代而演变为衰退产业。此时由于企业退出数大于企业进入数,强者企业和弱者企业密度迅速下降,企业总密度呈现递减态势,可推测此时期大致处于相轨线的 IV 区,曲线 CA' 位于衰退期。综上所述,可判定相轨线 $y(x)$ 的方向是逆时针旋转,三维曲线的方向为螺旋向上(A→B→C→A')。

2. *产业政策强度对产业演化的影响*

产业政策的强度可从政策数量和政策力度两方面来考虑。其中,对于政策力度的评估可以依

据国家行政权力结构与政策类型进行计分,① 因为不同的产业政策的管理主体以及颁布层次会对政策的实施起到保障作用,因此其效力也会得到保障。产业政策的形式包括宪法、法律、行政法规、条例、行政规章等规范性文件,也包括党的文件、国家规划、政府及部委的工作安排乃至偶发性的文件和命令等。

本文根据产业政策效力的高低将政策量化分为五个评分等级（标准见表1）：全国人大及常务委员会制定的法律,其效率最高,定为 A 级；国务院制定或批准的条例和各个部委的部令,定为 B 级；国务院颁布的暂行条例和各个部委的条例、规定,定为 C 级；各个部委的意见、办法、暂行规定等,定为 D 级；其他通知,定为 E 级。假设效用大小为：$U_A > U_B > U_C > U_D > U_E$,按照表1的评分标准,得分越高,表明政府对产业发展的重视程度越高,可认为政策力度也越高。

表1 政策力度评判标准

得分 \ 指标	政策力度评判标准
5	A 级：全国人民代表大会及其常务委员会颁布的法律
4	B 级：国务院颁布的条例、各个部委的部令
3	C 级：国务院颁布的暂行条例、各个部委的条例、规定
2	D 级：各个部委的意见、办法、暂行规定
1	E 级：通知

利用上述标准对政策力度进行赋值后,可将产业政策强度看成政策数量和政策力度的函数,即 $a = \theta_1 x_1 + \theta_2 x_2$,其中,a 表示产业政策强度,$\theta_1$、$\theta_2$ 分别表示政策数量、政策力度对产业政策强度的影响参数,x_1、x_2 分别表示政策数量、政策力度。需要说明的是,本文着重考察产业政策强度对产业演化的影响,因此对政策强度的量化更倾向于数量统计,即将每项产业政策抽象为一个单位,而忽略了产业政策的具体内容。

为了说明产业政策强度对产业影响,本文借鉴张泽一(2009)利用产业政策强度对产业竞争力的分析方法,引入限制系数 α',即政策对企业密度增长率的限制程度。其中,$\alpha' = \theta_3 a$,$\theta_3 > 0$,θ_3 表示产业政策强度对限制系数的影响,$\theta_3 > 0$ 是因为限制性产业政策强度越大,对企业密度增长率的限制程度越高。假设对弱者企业和强者企业密度的增长率的影响是相同的,α' 的引入,使得弱者企业密度增长率由 r_1 变为 $r_1 - \alpha'$,强者企业密度增长率由 r_2 变为 $r_2 - (d + \alpha')$,则在限制性政策的影响下,弱者和强者企业密度分别为 $x'(t)$、$y'(t)$,平均值分别为 $\bar{x}'(t)$、$\bar{y}'(t)$。且满足：

$$\begin{cases} \Delta x' = (r_1 - a' - \lambda_1 y)x = (r_2 - d - \theta_3 a + \lambda_2 x)y = \Delta y - \theta_3 ay \\ \Delta y' = (r_2 - d - a' - \lambda_2 x)y = (r_2 - d - \theta_3 a + \lambda_2 x)y = \Delta y - \theta_3 ay \end{cases} \quad (7) \\ (8)$$

可求出：$\bar{x}'(t) = \dfrac{d + a' - r_2}{\lambda_2} = \bar{x}(t) + \dfrac{\theta_3 a}{\lambda_2}$,$\bar{y}'(t) = \dfrac{r_1 - a'}{\lambda_1} = \bar{y}(t) - \dfrac{\theta_3 a}{\lambda_1}$ (9)

数值解（9）式表示政策强度会对弱者强者企业密度产生影响：a 值越大,弱者企业密度平均值 $\bar{x}'(t)$ 越大,强者企业密度平均值 $\bar{y}'(t)$ 越小,说明产业政策强度越强,该产业内弱者企业数量增加,强者企业数量减少,不利于产业竞争力的提升和产业发展,该产业将处于缓慢的成长期或停滞于衰退期；反之,a 值越小,即产业政策强度越弱,弱者企业密度越小而强者企业密度越大,有利于产业竞争力的提升,该产业将极大可能演化到产业的扩展阶段。

---

① 依据国家行政力结构及其颁布的政策类型对政策力度赋值评分的方法在学术界已得到普遍运用。可参见：孙文祥,彭纪生,仲为国. 从引进到创新：中国技术政策演化、协同与绩效研究 [M]. 北京：经济科学出版社, 2007；彭纪生,仲为国,孙文祥. 政策测量、政策协同演变与经济绩效：基于创新政策的实证研究 [J]. 管理世界, 2008 (9)；肖久灵,孙文祥,彭纪生. 地方政府技术政策演化与绩效研究——以江苏省为例 [J]. 中国科技论坛, 2009 (11).

利用数学软件,分别模拟出在不同产业政策强度下(假设 $a_1 < a_2 < a_3$①)的产业内弱者企业密度和强者企业密度,以及总体密度随时间的演变情况比较。

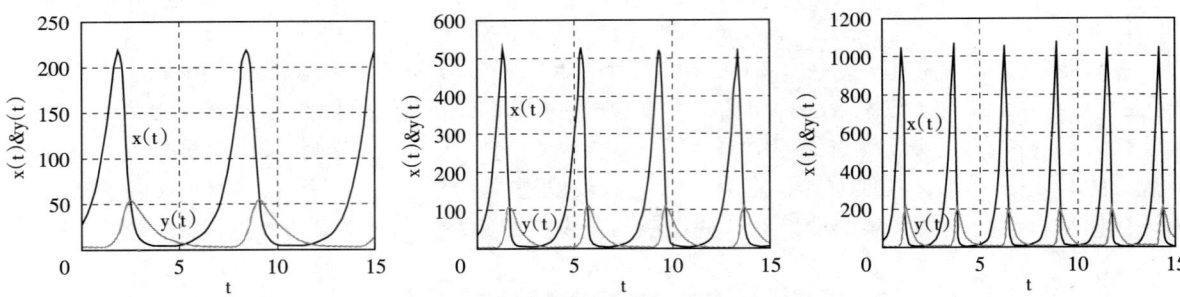

图7 不同强度下的弱者、强者企业密度随时间 t 的演变过程

注:从左往右依次为 a_1、a_2、a_3,同图8。

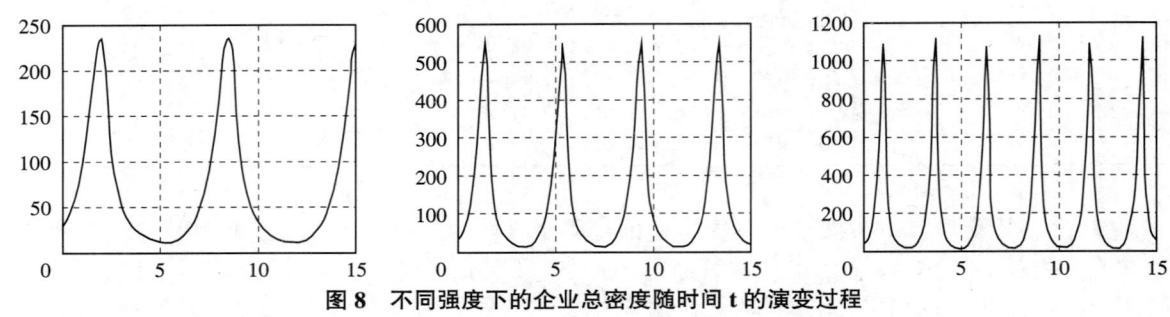

图8 不同强度下的企业总密度随时间 t 的演变过程

表2 不同强度下各指标的比较($a_0 < a_1 < a_2 < a_3$)

政策强度	a_0		a_1		a_2		a_3	
企业密度	数目	百分比	数目	百分比	数目	百分比	数目	百分比
弱者企业密度 $x(t)$								
$x(t)_{max}$	99	90	220	93.2	531	95.6	1080	95.1
$x(t)_{min}$	2.1	26.2	2.8	26.4	2.7	21.7	2.1	15.9
$\bar{x}(t)$	33.1	75.4	56.1	80.1	105.6	80.3	183.8	81.6
强者企业密度 $y(t)$								
$y(t)_{max}$	28.5	25.9	53	22.4	116	20.9	230	20.2
$y(t)_{min}$	2	25	1.7	16.0	1.2	9.7	0.7	5.3
$\bar{y}(t)$	10.9	24.8	13.5	19.9	25.4	19.3	41.5	18.4
企业总密度 $z(t)$								
$z(t)_{max}$	110	—	236	—	555	—	1136	—
$z(t)_{min}$	8	—	10.6	—	12.4	—	13.2	—
$\bar{z}(t)$	43.9	—	70.1	—	131.6	—	225.3	—

注:a_0 表示产业政策强度为0,即不实施产业政策强度。

图7和图8表明了不同政策强度下,产业内企业弱者企业密度、强者企业密度以及企业总密度随时间的变化结果。如图可知,在同样的时间里,当 a_1 政策强度下的产业经历2.5个周期时,a_2

---

① 为便于分析起见,本文取 $\theta_3 = 0.5$,$a_1 = 3$,$a_2 = 5$,$a_3 = 10$。

强度下已经历了4个周期,而a_3强度下经历6个生命周期。因此,产业政策强度越强,产业经历的一个产业生命周期的时间越短,产业政策起到了加快企业产业演化的速度。

那么,产业政策强度对产业内企业数目的变化有何影响?表2模拟了不同政策强度($a_1 < a_2 < a_3$)下企业密度的具体变化数值。由表2可知,从绝对值看,随着政策强度的增大,无论是弱者还是强者企业,其平均密度都呈现递增态势。这说明产业政策在一定程度上能起到促进产业演化的作用。但随着产业政策强度的不断增加,弱者企业密度的平均值由33.1家一直上升至183.8家,平均值占比由75.4%逐步提高至81.6%。强者企业密度的绝对值变化趋势虽然也随产业政策强度的增大而增加,但其所占企业总密度平均值的相对比例却呈现下降趋势,从无政策时的24.8%降至a_1强度下的19.9%,再降至a_2强度下的19.3%,最后降至a_3强度下的18.4%,即强者企业平均密度占比随着产业政策强度的增大而减少。

这一模型的实践意义不仅在于可以识别产业演化的不同阶段,更重要的是,该模型证明了在产业演化进程中,应降低产业政策强度,弱化产业政策的强制性,促进产业间开展竞争,提高产业内强者企业密度,降低弱者企业密度,延长产业生命周期的扩展阶段,缩短停滞阶段的持续时间。因此,政府应采取间接性干预政策,以降低a的系数来提高强者企业密度。

参考文献

[1] Michael Gort, Steven Klepper. Time Paths in the Diffusion of Product Innovations [J]. The Economic Journal, 1982.

[2] Steven Klepper. Entry, Exit, Growth and Innovation over the Product Life Cycle [J]. The American Economic Review, 1996, 86 (3).

[3] B. S. Tether, D. J. Storey. Smaller firms and Europe'shigh technology sectors: a framework for analysis and some sttistical evidence [J]. Research Policy, 1998 (26).

[4] 马晓河. 中国产业结构变动与产业政策演变 [M]. 北京: 中国计划出版社, 2009.

[5] 张泽一. 产业政策与产业竞争力研究 [M]. 北京: 冶金工业出版社, 2009.

[6] 韩小威. 经济全球化背景下中国产业政策有效性问题研究 [M]. 北京: 中国经济出版社, 2008.

[7] 肖久灵, 孙文祥, 彭纪生. 地方政府技术政策演化与绩效研究——以江苏省为例 [J]. 中国科技论坛, 2009 (11).

[8] 宋彪. 论产业政策的法律效力与形式——兼评可再生能源政策 [J]. 社会科学研究, 2008 (6).

[9] 白雪洁. 产业成长阶段的产业组织政策有效性分析——以日本代表性产业组织政策为例 [J]. 社会科学辑刊, 2008 (4).

[10] 钱龙. 政府扶持政策与微型企业生命周期的匹配性分析 [J]. 重庆三峡学院学报, 2013 (1).

我国制造业内发生了区域间的产业梯度转移吗？

张国胜

一、问题提出

产业转移是指由于要素供给、市场需求等发生变化，或者是产业生命周期逐步进入衰退期，所引发的产业区位重置的过程。这个过程具有梯度推进的特征，因此产业转移也称为产业梯度转移，并可划分为国际间的产业梯度转移与国内区域间的产业梯度转移。改革开放以来，我国东部紧紧抓住国际产业转移的机遇，将国外的服装、电子等劳动密集型产业同中国廉价劳动力融洽地结合在一起，造就了今日东部沿海地区的世界制造中心。然而，伴随国际环境的改变和经济运行中各种压力的显现，我国东部的产业结构调整步伐明显加快，产业的对外转移也在快速扩张。在这样的背景下，我国"西部大开发"、"中部崛起"等一系列区域发展战略均暗含了"东部产业向中西部转移"的重要部署（刘红光等，2011），政府希望通过产业梯度转移来实现东部的产业升级、中西部的经济发展，并在国内形成一种大国的雁阵发展模式（蔡昉等，2009）。由此可见，国内区域间的产业梯度转移已成为我国优化生产力的空间布局、形成合理产业分工的有效途径，是加快中西部新型工业化与城镇化进程、实现区域经济协调发展的重要举措。因此，东部正在转移的产业能否如政府预期的那样大规模地转移到中西部，不但关系区域之间的协调发展，而且关系到中西部经济发展理念的逻辑构建与战略调整。

产业转移的核心动力是企业的利润最大化，决定转移过程中产业区位选择的主导因素是经济效益而非政府意志。这也就是说，东部产业固然可以转移到具有资源、政策优势的中西部地区，但同样也可以转移到资源更为丰裕、成本更为低廉的东南亚。事实上，近年来珠三角地区已有大量的电子企业将生产车间转向了东南亚国家（许会娟，2012）；《2012年世界投资报告》也显示，2011年流入东南亚的外国直接投资（Foreign Direct Investment，FDI）已达1170亿美元，增速超过中国同期FDI增速的18%。这就意味着我国依赖产业梯度转移的区域发展战略正面临着巨大挑战。显然，要想应对这种挑战，最基本的一步就是要验证我国区域间是否发生了产业转移。鉴于东部已承接和正在转移的产业主要集中在制造业内，本文则主要验证我国制造业内是否发生了区域间的产业梯度转移。目前，这方面的研究进展主要集中在东部产业向中西部转移的难点、影响、政策等方面，仅有少量文献测度了产业转移的程度与规模（刘红光等，2011）；不但如此，现有文献对制造业内是否发生了区域间的产业梯度转移也存在不少的争议（Mei Wen, 2003）。因此需要在

---

* 国家社科基金重大招标项目（09&ZD025）、国家社科基金项目（12CJY041）、云南省省院省校教育合作人文社会科学研究项目（SYSX201202）、云南大学理论经济学省级重点学科建设项目。

** 张国胜，云南大学发展研究院副研究员，经济学博士。

这方面展开新的研究。本文以我国制造业内分地区、分行业的劳动投入为研究对象,尝试通过产业内区域间的劳动力转移,来探讨我国制造业内的产业梯度转移。

二、研究设计与数据说明

1. 研究设计

现有文献主要是基于产业生产份额来判断产业转移(Maria Savona, et al., 2004),即对于一个国家或地区而言,产业转移意味着移出地的产业生产份额明显下降,或者是移出地的产业生产份额不变但明显小于移入地的产业生产份额。长期来看,产业梯度转移的历史累积往往会导致地域分工的形成和区域贸易的发生,产业生产份额的变化可以在一定程度上反映产业梯度转移(刘红光等,2011)。然而,伴随全球经济的发展与产业内分工的深化,无论是国际间的产业梯度转移还是国内区域间的产业梯度转移都出现了一些新的趋势,尤其是价值链拆分、项目外包以及网络型产业转移模式的出现(Kirkegaard, Jacob F., 2007),使得依据产业生产份额来区分区域间的产业转移变得更为复杂。不但如此,由于技术对产业增长的驱动作用日益突出,即使移出地的某产业内已经开始出现部分企业的对外迁移,具有先进技术的移出地仍然有可能在该产业的生产份额上占优势,这就进一步增加了依据产业生产份额来区分区域间产业梯度转移的困难。

本文主要研究国内区域间的产业梯度转移,与国际间产业梯度转移相比,国内区域间的产业梯度转移有着更大的便利性,转移过程中的要素流动也更接近于完全流动,这就使得通过判断产业内部的生产要素在区域间的转移来评估国内区域间的产业梯度转移成为可能。由于劳动力、资本等要素转移是产业转移的实现方式(朱汉清,2010),因此在一国内部如果没有要素转移也就肯定不会发生相应的产业转移;这也就是说产业转移是要素转移的载体,产业转移必然伴随着要素转移(陈建军,2009)。从这个逻辑出发,实践中就可以将产业内部的生产要素在区域间的转移(流动)视为产业在空间上的转移结果。事实上,不少文献在判断国际间的产业转移时就将产业内资本的跨国流动视为产业转移的主要表现形式,如 Julien 等。借鉴这种逻辑,根据某产业内劳动力在区域间的转移结果,就可推断该产业在国内区域间的转移程度。具体研究思路如下:以 B 国 A 产业为例,将 A 产业内不同地区的劳动力投入规模占 B 国 A 产业劳动力投入规模的比重变迁视为 A 产业内劳动力在区域间的转移结果;只要在 t-t+1 时间段内 A 产业在移出地的劳动力投入规模占 B 国 A 产业劳动力投入规模的比重出现明显下降,或是 A 产业在移入地的劳动力投入规模占 B 国 A 产业劳动力投入规模的比重出现明显上升,即出现"此消彼长"的关系,我们就可以推断 A 产业在国内发生了区域间的产业梯度转移;反之则不存在国内区域间的产业梯度转移。这种方法也可用数学语言表达。

设为 X_{ijt} 时 t 期 B 国 i(i = 1, 2, …, n)地区 j(j = 1, 2, …, m)产业的劳动力投入规模,F_{ijt} 为 t 时期 B 国 i 地区 j 产业的劳动力投入规模占全国 j 产业的劳动力投入规模的比重,则有:

$$F_{ijt} = X_{ijt} / \sum_{i=1}^{i=n} X_{ijt} \left(\sum_{i=1}^{n} F_{ijt} = 1, \text{且} \sum_{j=1}^{m} F_{ijt} = 1 \right) \tag{1}$$

令 M_t 为 t 时期 B 国 n 个地区 m 个行业的劳动力投入规模占全国同行业劳动力投入规模的比重,则有:

$$M_t = \begin{bmatrix} F_{11t} & F_{12t} & \cdots & F_{1mt} \\ F_{21t} & F_{22t} & \cdots & F_{2mt} \\ \cdots & \cdots & \cdots & \cdots \\ F_{n1t} & F_{n2t} & \cdots & F_{nmt} \end{bmatrix} \qquad (2)$$

令 $\Pi = M_{t+1} - M_t$，Π 则为 t–t+1 时间段内 B 国 n 个地区 m 个行业的劳动力投入规模各自占全国同行业劳动力投入规模的比重的变动结果。

$$\Pi = M_{t+1} - M_t = \begin{bmatrix} F_{11(t+1)} - F_{11t} & F_{12(t+1)} - F_{12t} & \cdots & F_{1m(t+1)} - F_{1mt} \\ F_{21(t+1)} - F_{21t} & F_{22(t+1)} - F_{22t} & \cdots & F_{2m(t+1)} - F_{2mt} \\ \cdots & \cdots & \cdots & \cdots \\ F_{n1(t+1)} - F_{n1t} & F_{n2(t+1)} - F_{n2t} & \cdots & F_{nm(t+1)} - F_{nmt} \end{bmatrix} \qquad (3)$$

为了表述的便利，令 $\tau_{ij} = F_{ij(t+1)} - F_{ijt}$，并将其定义为 t–t+1 时段内 B 国内 i 地区 j 产业的劳动力投入规模占全国 j 产业的劳动力投入规模的比重的变动结果。由于 $\sum_{i=1}^{n} \tau_{ij} = 0$，因此只要 j 产业在不同地区的 τ_j 值出现了明显的"此消彼长"的变迁，我们则可以判断 j 产业在区域间发生了产业梯度转移；反之则不存在产业梯度转移。

2．数据说明

本文主要以我国制造业内分地区、分行业的劳动力投入为研究对象，所使用的数据均来源于国家统计局的第六次人口普查数据与第五次人口普查数据。这两次人口普查数据共调查了2010年、2000年我国制造业内30个行业在31省（市、自治区）的劳动力投入规模。由于第六次人口普查数据与第五次人口普查数据对制造业内30个行业的划分存在差异，为了数据处理的便利，本文采用第六次人口普查数据的统计口径，并将第五次人口普查数据调整与之对应。同时，考虑到制造业内各行业的产业属性、要素密集程度等对产业梯度转移的影响，本文还借鉴了石奇、孔群喜（2012）的研究方法，将制造业分为劳动密集型、资本技术密集型、技术劳动密集型三大类并分别研究（见表1）。

表 1 制造业的行业分类与调整

	类别	行业
制造业	劳动密集型产业	X1：农副食品加工业（食品加工业）；X2：食品制造业；X3：饮料制造业；X4：烟草制品业（烟草加工业）；X5：纺织业；X6：纺织服装、鞋、帽制造业（服装及其他纤维制品制造业）；X7：皮革、毛皮、羽毛（绒）及其制品业；X8：木材加工及木、竹、藤、棕、草制品业；X9：家具制造业、X10：造纸及纸制品业；X11：印刷业和记录媒介的复制（印刷业）；X12：文教和体育用品制造业
	资本技术密集型产业	X13：石油加工、炼焦及核燃料加工业；X14：化学原料及化学制品制造业；X15：医药制造业；X16：化学纤维制造业；X17：橡胶制品业；X18：塑料制品业；X19：非金属矿物制品业；X20：黑色金属冶炼及压延加工业；X21：有色金属冶炼及压延加工业；X22：金属制品业
	技术劳动密集型产业	X23：通用设备制造业（普通机械制造业）；X24：专用设备制造业；X25：交通运输设备制造业；X26：电气机械及器材制造业；X27：通信设备、计算机及其他电子设备制造业（电子及通信设备制造业）；X28：仪器仪表及文化、办公用机械制造业；X29：工业品及其他制造业+废弃资源和废旧材料回收加工业（武器弹药制造业+其他制造业）

说明：括号内为第五次人口普查的统计口径。

为突出产业梯度转移的区域特征，本文将我国31省（市、自治区）分为东部地区、中部地区与西部地区。其中，东部地区包括京、津、冀、辽、鲁、沪、苏、浙、闽、粤、琼，中部地区包括黑、吉、晋、豫、鄂、湘、皖、赣，西部地区包括陕、甘、宁、内蒙古、青、新、川、渝、滇、桂、黔、藏。

三、实证研究

根据上述的研究方法与数据，可得出 2000~2010 年我国制造业及其内部不同行业在不同地区的 τ 值，以此可推断 2000~2010 年我国制造业及其内部不同行业在东部、中部、西部之间是否发生了梯度转移。

1. 制造业的整体转移状况

从整体上看，我国制造业并未明显发生由东部向中西部的转移，区域间的产业梯度转移更多的还是表现为惯性条件下的"邻里扩散"，转移区域主要集在东部的省（市）之间以及与东部接壤的赣、湘、桂等省（自治区）。图 1 的数据显示，2000~2010 年，只有东部、中部制造业的 τ 值出现了增长，但中部的增幅明显小于东部的增幅，西部制造业的 τ 值则出现了明显下降。不同地区间劳动力投入的反向"此消彼长"表明中西部承接东部的制造业转移并不明显，制造业仍然在向东部聚集。分地区来看，东部各省（市）制造业的 τ 值出现了明显的"此消彼长"，其中京、津、辽、冀、琼的制造业的 τ 值出现了明显下降，而苏、浙、闽、粤的制造业的 τ 值则出现了明显上升，这表明制造业在东部内部省（市）之间发生了较为明显的产业梯度转移。由于中部的湘、赣以及西部的桂、川等省（自治区）制造业的 τ 值也出现了明显增长，考虑这些省（四川除外）在地理区位上与苏、浙、沪、粤接壤，而这些省（市）又是我国最主要的制造业基地，这表明制造业内区域间产业梯度转移也开始出现在与东部接壤的部分省（自治区），但并没有大规模地拓展到整个中西部（如图 2 所示）。

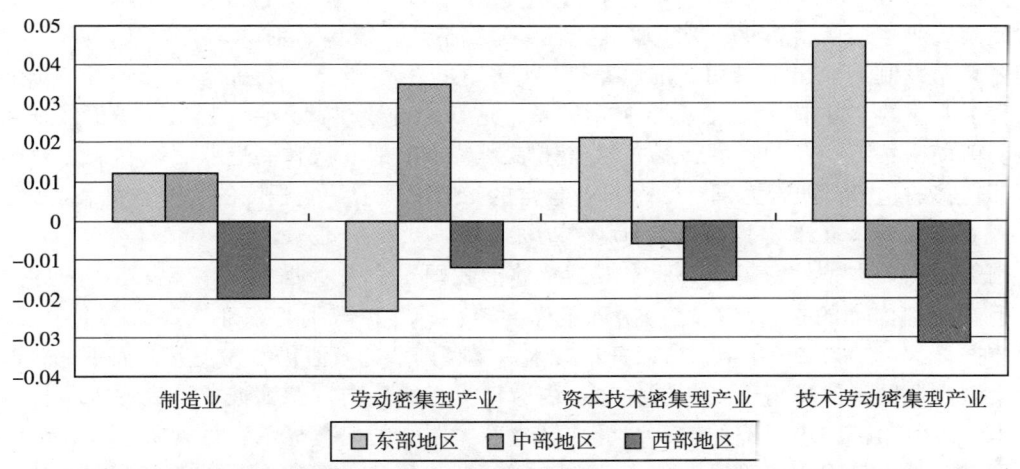

图 1　东部、中部、西部地区制造业及其制造业内分行业的 τ 值（2000~2010 年）

2. 制造业内劳动密集型产业的转移状况

从制造业内劳动密集型产业来看，我国区域间发生了明显的产业梯度转移；但这种梯度转移还只表现为由东部向中部的转移，并没有拓展到西部。图 1 的结果显示：2000~2010 年，中部劳动密集型产业的 τ 值出现了明显增长，而东部劳动密集型产业的 τ 值则出现了明显下降，这种产业内劳动力投入的"此消彼长"表明劳动密集型产业出现了由东部向中部的转移；由于西部劳动密集型产业的 τ 值仍在下降，表明劳动密集型产业并没有转移到西部。从分地区来看，由于苏、浙、闽的劳动密集型产业的 τ 值出现了明显上升，这表明东部各省（市）之间也发生了劳动密集型产业的梯度转移。尽管中部劳动密集型产业的τ值出现了明显增长,但晋、吉、黑的劳动密集型产业的τ值仍在下降,这表明东部劳动密集型产业向中部的转移只拓展到与东部接壤(或临近东部)的省份,并没有拓展到整个中部。在西部,除了桂、川之外,其余各省(市、自治区)劳动密集型产业的τ值均下降或保持不变。广西的情况与湖南类似,主要是因为惯性条件下的"邻里扩散";四川的情况较为特殊,还有待进一步研究(具体如图2所示)。

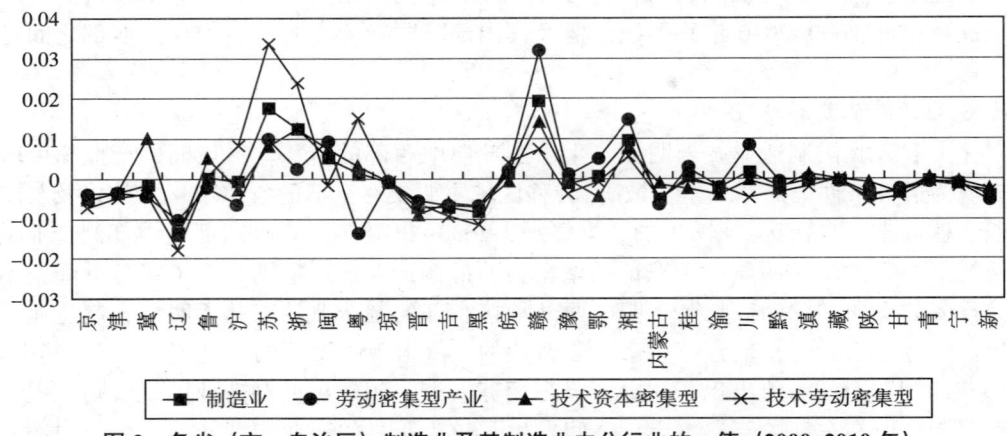

图2 各省(市、自治区)制造业及其制造业内分行业的τ值(2000~2010年)

分行业来看,农副食品加工业,纺织业,造纸及纸制品业,印刷业和记录媒介的复制,木材加工及木、竹、藤、棕、草制品业并未明显出现由东部向中西部转移的趋势,这5个行业各自的τ值在东、中、西之间并不存在明显的"此消彼长",东部仍然保持着上升的趋势;但这些行业各自的τ值在东部的省市之间出现了明显的"此消彼长",表明东部的省市之间出现了产业的梯度转移。食品制造业,烟草制品业,纺织服装、鞋、帽制造业,皮革、毛皮、羽毛(绒)及其制品业,文教和体育用品制造业出现了明显的由东部向中部的转移,这5个行业各自的τ值在东部、中部之间出现了明显的"此消彼长";需要强调的是,这5个行业在晋、吉、黑的τ值仍然在下降,再一次表明劳动密集型产业的梯度转移并没有拓展到整个中部。饮料制造业、家具制造业则开始出现向西部转移的趋势,西部内部这2个行业各自的τ值出现了一定程度的上升(见表2)。

3. 制造业内资本技术密集型产业的转移状况

从制造业内资本技术密集型产业来看,整体上我国东、中、西之间并未发生明显的产业梯度转移,但在东部内部的省(市)之间出现了梯度转移,并扩散到与东部相邻的个别中西部省份。图1的数据显示:2000~2010年,东部资本技术密集型产业的τ值仍然为上升,而中部、西部资本技术密集型产业的τ值均为下降,这种产业内劳动投入的反向"此消彼长"表明资本技术密集型产业并未出现由东部向中西部的转移。分地区来看,图2的数据显示:尽管京、津、沪的资本技术密集型产业的τ值出现了下降,但由于冀、苏、浙、鲁、闽的资本技术密集型产业的τ值出现了明显上升,这表明资本技术密集型产业的转移主要还是集中在东部内部。尽管中部晋、吉、黑、豫、鄂、皖的资本技术密集型产业的τ值均为下降,但赣、湘的资本技术密集型产业的τ值出现了明显上升,这表明资本技术密集型产业的梯度转移也出现了由东部内部转移向中部扩散的趋势。西部只有桂、川的资本技术密集型产业的τ值出现了明显上升,其余各省(市、自治区)资本技术密集型产业的τ值均为下降或维持基本不变,广西的情况与湖南类似,主要是因为惯性条件下的"邻里扩散";四川的情况较为特殊,仍然有待进一步研究。

分行业来看,医药制造业、化学纤维制造业、橡胶制品业、黑色金属冶炼及压延加工业、有色金属冶炼及压延加工业、金属制品业并未明显出现由东部向中西部转移,这6个行业各自的τ

产业结构转型与升级

表2 我国制造业内分行业、分地区的 τ 值（2000~2010）

	X1	X2	X3	X4	X5	X6	X7	X8	X9	X10	X11	X12	X13	X14	X15	X16	X17	X18	X19	X20	X21	X22	X23	X24	X25	X26	X27	X28	X29
京	-0.001	-0.006	0	0.001	-0.006	-0.006	-0.003	0	0.004	-0.004	-0.007	-0.003	-0.009	-0.008	0.01	-0.005	-0.007	-0.006	-0.006	-0.01	-0.001	-0.009	-0.009	-0.004	-0.012	-0.006	-0.005	-0.007	-0.006
津	-0.003	-0.001	0.001	-0.002	-0.008	-0.004	-0.003	-0.002	0	-0.005	-0.001	-0.002	0.001	-0.009	-0.002	-0.012	-0.017	-0.002	-0.001	0.004	-0.003	0.007	-0.006	-0.008	0.001	-0.006	-0.007	-0.011	0
冀	-0.001	-0.015	-0.005	0.001	-0.004	-0.003	0.014	-0.017	0.001	-0.013	-0.002	0.001	0.022	-0.011	-0.009	0.013	0.013	0.004	0.001	0.084	0.004	0.081	0.009	-0.027	-0.001	-0.005	-0.002	0.005	0.007
辽	0.004	-0.01	-0.009	0	-0.014	-0.014	-0.013	-0.01	-0.002	-0.016	-0.011	-0.002	-0.01	-0.018	-0.018	-0.025	-0.026	-0.01	-0.01	-0.03	-0.035	0.005	-0.009	-0.014	-0.012	-0.006	0.003	0.001	0
沪	-0.005	0	0.003	0.002	-0.015	-0.017	-0.006	-0.002	0.016	0.008	0.009	-0.002	-0.017	0.001	-0.003	-0.015	-0.023	0.004	0.002	-0.03	-0.006	-0.023	-0.009	-0.002	-0.007	-0.002	-0.002	0.002	-0.002
苏	0.015	0.004	0.015	0.003	0.031	0.018	-0.024	0.058	-0.042	0.008	0.003	-0.013	0.004	0.013	0.006	0.093	0.003	0.01	-0.02	0.029	0.024	0.004	-0.024	-0.02	-0.007	-0.024	-0.015	-0.018	-0.004
浙	-0.001	-0.023	-0.012	0.001	0.038	-0.033	0.009	-0.011	-0.001	0.026	0.023	0.018	0.003	0.009	0.015	0.036	0.057	0.021	0.003	0.011	0.021	-0.009	-0.01	-0.01	-0.012	-0.005	-0.004	-0.013	-0.001
闽	0.01	0.002	0.027	0.017	0.011	0.003	-0.006	-0.005	-0.002	0.007	0.003	0.014	0.002	-0.002	0	-0.038	0.034	0.013	0.012	0.003	0.011	-0.008	-0.013	-0.02	-0.009	-0.01	-0.005	-0.007	-0.009
鲁	0.024	-0.004	-0.012	-0.007	0.015	-0.007	-0.026	0.082	-0.001	-0.014	-0.012	-0.001	0.027	0.003	0.021	-0.057	0.017	0.001	0.003	0.029	0.026	0.003	0.006	0.007	0.025	-0.005	0.006	-0.015	0.001
粤	-0.004	0.006	-0.003	0	0.004	-0.06	-0.087	-0.037	0.028	0.051	0.061	-0.198	0.014	0.007	0	-0.02	0.01	-0.041	0.012	0.003	0.007	-0.003	0.036	-0.009	0.045	0.013	0.072	0.013	-0.002
琼	0.001	-0.001	-0.002	-0.001	0	0	0	-0.001	-0.004	0.003	-0.001	0	0.002	-0.001	0.002	-0.004	-0.003	-0.003	0	-0.027	-0.018	-0.009	0.037	0.034	0.039	0.041	-0.014	0.031	0.062
晋	-0.002	-0.004	0.003	0.002	-0.007	-0.005	-0.002	-0.006	-0.007	-0.015	-0.006	0	-0.02	-0.013	-0.008	-0.001	-0.006	-0.004	-0.006	-0.002	-0.007	0.005	0.002	-0.002	0.01	0.011	-0.005	0.005	0.007
吉	-0.004	-0.009	-0.01	0.004	-0.005	-0.004	-0.002	-0.018	-0.003	-0.01	-0.008	-0.001	-0.027	-0.006	-0.002	-0.006	-0.012	-0.005	-0.007	-0.008	-0.005	-0.003	-0.004	0.011	-0.004	0.008	-0.005	0.015	-0.009
黑	-0.002	-0.012	-0.004	-0.01	-0.007	-0.005	-0.001	-0.011	-0.015	-0.01	-0.007	0.014	-0.004	-0.004	0.006	-0.011	-0.004	0.004	0.001	-0.006	-0.004	-0.002	0.043	-0.032	0.011	-0.013	0.032	0.008	-0.001
皖	0	0	-0.009	-0.03	-0.008	0.018	0.005	-0.001	0.022	0.007	0.004	0.034	0.011	0.041	0.013	-0.003	0.013	0.004	0.018	-0.001	0.017	-0.002	0.008	-0.014	-0.004	-0.01	0.005	-0.003	0.001
赣	-0.004	0.016	0.001	-0.036	0.009	0.069	0.058	-0.003	0.002	-0.008	-0.008	0.013	-0.002	-0.014	-0.01	0.031	-0.01	0.002	0.004	-0.001	0.019	-0.018	0.008	-0.014	-0.005	0.003	0.005	0.011	0.015
豫	0.005	0.02	-0.001	0.034	0.008	0.01	0.007	0.012	-0.006	-0.005	-0.004	0.013	-0.002	-0.003	0	-0.011	-0.011	0.002	-0.005	0.002	-0.004	-0.018	-0.007	-0.005	-0.008	0.008	0.03	0.014	0.003
鄂	-0.001	-0.001	-0.002	0.003	-0.004	0.026	0.042	-0.006	-0.008	0.011	-0.004	0.014	-0.02	0.038	0	-0.007	0.002	0.006	0.005	-0.008	-0.004	-0.004	0.011	0.02	-0.005	-0.001	-0.111	-0.046	-0.014
湘	0	0.014	0.004	-0.006	0.008	0.02	-0.005	-0.002	-0.006	-0.005	0.002	0.046	0.001	-0.003	0	0.008	-0.011	-0.002	-0.001	-0.001	-0.004	0.003	-0.008	0.133	-0.005	0.008	0.008	0.001	0.005
内蒙古	-0.003	-0.001	-0.006	0.003	0.003	-0.001	-0.002	-0.012	0	0.003	-0.006	0.016	0.009	-0.001	-0.009	-0.002	-0.009	-0.002	-0.001	-0.001	-0.012	0.011	0.011	-0.004	-0.002	-0.001	-0.001	0.001	0
桂	0	-0.003	-0.003	-0.006	0.003	0.005	-0.002	-0.003	0.038	0.003	-0.003	0.003	0.011	-0.005	-0.005	0.01	0.01	0.003	-0.006	-0.005	0.006	-0.012	-0.003	0.002	0.01	0	-0.001	-0.008	-0.002
渝	-0.006	0.002	-0.002	0.003	-0.003	-0.001	0.029	0.002	-0.001	-0.001	-0.005	0.024	0.004	-0.003	0.002	0.016	-0.003	0	0.004	-0.016	-0.006	-0.01	-0.007	-0.007	-0.011	0.001	0.001	0	-0.003
川	-0.014	0.017	0.015	0.008	-0.007	0.013	0.002	0.002	0	-0.003	-0.002	0.007	0.011	-0.002	-0.001	-0.001	0.01	0.003	-0.005	-0.016	-0.011	-0.01	-0.003	-0.002	-0.007	-0.002	-0.001	-0.004	0.002
黔	-0.003	0.001	0.004	-0.007	-0.003	-0.001	0.005	0.002	-0.001	-0.001	-0.003	0.018	0.004	-0.002	0.001	0.003	-0.003	0.002	0.008	-0.016	-0.005	-0.004	-0.003	-0.002	-0.008	-0.001	-0.001	0.001	0.007
滇	0.003	0.005	0.003	0.025	-0.001	-0.005	0.001	0.001	-0.001	0	-0.003	0.007	0.009	-0.002	0.001	-0.006	-0.001	-0.003	0.001	-0.001	0.007	0.008	-0.007	-0.003	-0.004	-0.002	0.002	0.001	0.007
藏	-0.004	0.001	0.005	-0.004	-0.007	-0.001	-0.002	-0.007	-0.001	-0.005	-0.004	0.001	0.003	-0.004	0.001	-0.001	-0.003	0.002	-0.002	-0.001	-0.024	0.021	-0.004	-0.003	-0.004	-0.003	-0.004	-0.01	-0.012
陕	-0.002	0.001	-0.001	-0.004	-0.003	-0.005	0.001	-0.007	-0.001	-0.005	-0.004	0.007	0.003	0.004	0.001	0	-0.001	0	-0.001	-0.003	-0.001	-0.003	-0.001	-0.008	-0.004	-0.005	-0.002	-0.004	-0.002
甘	0	0.001	0	-0.007	-0.003	-0.001	-0.002	-0.001	-0.001	-0.001	-0.001	0	0.003	0.004	0.001	0	0	-0.001	-0.001	-0.004	-0.001	-0.003	-0.002	-0.001	-0.001	0	0	0.001	0.001
青	0.001	0	0	0.001	-0.01	-0.006	0	-0.001	-0.001	-0.001	-0.001	0.001	0.009	0	0.001	0.001	-0.003	0	0.001	0.001	0.001	0	-0.001	-0.004	-0.002	0	-0.002	0	0.001
宁	0	0	-0.001	0	0.001	-0.001	-0.002	0	-0.001	0	-0.001	0	0.003	0.005	-0.003	0	-0.003	-0.001	-0.001	0.001	0.002	0	-0.003	-0.008	-0.008	-0.001	0	-0.002	0.001
新	-0.004	0	0	0.001	0	-0.001	0	-0.008	-0.004	-0.005	-0.002	0.001	0.014	0	0	0.008	0	-0.002	-0.008	0	-0.002	-0.002	-0.002	-0.008	0	-0.001	0	0.004	0.002

值在东部、中部、西部之间并未发生明显的"此消彼长",东部仍然为上升;但这些行业各自的τ值在东部省市之间出现了明显的"此消彼长",表明这些行业在东部省市之间出现梯度转移。化学原料及化学制品制造业、塑料制品业、非金属矿物制品业则出现了由东部向中部转移的趋势,中部的赣、湘等省这3个行业的τ值出现了明显上升(见表2)。

4. 制造业内技术劳动密集型产业的转移状况

制造业内技术劳动密集型产业在东部、中部、西部之间也未发生明显的产业梯度转移,现有产业转移仍然集中在东部内部的省(市)之间与个别中部省份。图1的数据显示,2000~2010年,东部、中部、西部内技术劳动密集型产业的τ值并未出现"此消彼长"的趋势,东部仍然是明显的增长而中西部则出现了普遍下降,这表明技术劳动密集型产业在东部、中部、西部间并未发生梯度转移。分地区来看,图2的数据显示:京、津、辽、闽的技术劳动密集型产业的τ值出现了明显下降,而沪、苏、浙、粤的技术劳动密集型产业的τ值则出现了明显上升,这表明现有产业转移仍然集中东部内部的省(市)之间。由于赣、湘、皖的技术劳动密集型产业的τ值出现了明显上升,这表明技术劳动密集型产业的梯度转移也出现了由东部内部转移向中部扩散的趋势。整个西部的技术劳动密集型产业的τ值均下降或不变,这表明技术劳动密集型并没有向西部转移。

分行业来看,交通运输设备制造业、通信设备、计算机及其他电子设备制造业、工业品及其他制造业、废弃资源和废旧材料回收加工业并没有出现由东部向中西部的转移,这些行业各自的τ值在东部、中部、西部之间并未出现明显的"此消彼长";但这些行业各自的τ值在东部省市之间出现了明显的"此消彼长",表明在东部的省市之间出现了产业的梯度转移。通用设备制造业、专用设备制造业、电气机械及器材制造业、仪器仪表及文化、办公用机械制造业则出现了由东部向中部转移的趋势,大部分中部省份的这些行业的τ值均出现了上升(见表2)。

四、研究结论与政策建议

尽管我国东部需要转移的产业规模十分庞大,且中西部的区域发展战略也暗含了"东部产业向中西部转移"的重要部署;但上述研究结果显示,整体上我国制造业内的产业梯度转移并未大规模地由东部向中部西部转移。目前,制造业内的产业梯度转移更多还是表现为惯性条件下的"邻里扩散",转移区域主要集中在东部内部的省(市)之间及其省(市)内部以及与东部接壤的赣、湘、桂等个别省(自治区),并未大规模拓展到整个中西部地区。从制造业内劳动密集型、资本技术密集型、技术劳动密集型产业的分类来看,劳动密集型产业发生了明显的产业梯度转移,但这种梯度转移只表现为由东部向中部的转移,并没有拓展到西部;资本技术密集型、技术劳动密集型产业在东部、中部、西部之间并未发生明显的产业梯度转移,现有产业转移仍然集中在东部内部的省(市)之间,但开始拓展到与东部接壤的赣、湘等个别省,出现了由东部内部转移向中部扩散的趋势。

出现这种结果的可能原因有:①东部各省(市)之间及其各省(市)内部的地区之间也存在较为明显的发展失衡,这些欠发达地区,如冀、闽、琼、粤北与粤东、苏北等,自然会成为区域间产业梯度转移的"首选之地"。尤其是粤北与粤东、苏北等东部省份内部的欠发达地区,地方政府更是鼓励省内产业向这些地区转移。如2008年10月江苏省委、省政府出台的《关于加快转变经济发展方式的决定》就明确要求利用经济手段,加快"南北挂钩、合作共建"的步伐,推进苏南产业向苏北的转移及其升级等。得益于此,江苏省的制造业及其内部的劳动密集型、资本技术密集型、技术劳动密集型产业,其各自的τ值均为上升。②尽管中西部具有承接东部产业转移的资源、政策优势,但受地理区位、劳工成本等因素的影响,中西部并不具备产业梯度转移所要求的"地理比较优势";而东南亚诸国由于具有低廉的劳动力成本、便利的海运条件与丰裕的自然资源等,已开始与我国中西部在承接产业转移方面展开了激烈竞争。在我国东部,制造业内FDI主导的部分产业已开始加快在东南亚的布局。以耐克运动鞋为例,2000年我国生产了世界40%的耐克鞋,全球第一,同年越南的生产份额仅为13%;到2010年,越南就已取代中国,成为全球最大的耐克鞋生产国(许会娟,2012)。

针对上述研究结果以及可能的原因,本文提出以下几点建议:第一,西部现有的区域发展战略需要寻找新的着力点,经济发展更需要着眼于内生发展能力的培育。由于东部产业并未大规模转移到西部,暗含"产业梯度转移"的区域发展战略将很难实现西部的跨越式发展以及东部、中部、西部的经济收敛,这也就决定了除川、桂之外的整个西部,甚至包括中部的晋、吉、黑等,都不可能简单复制东部依靠产业承接与发展外向型产业的成功经验。因此,只要西部的发展战略暗含了"产业梯度转移"的战略部署就需要进行调整并寻找新的着力点。在这个过程中,培育西部的内生发展能力将十分重要。这种能力包括区域积极应对外界挑战的能力、学习创新的能力与自我发展的能力等。

第二,中部的产业承接应坚持"有所为"与"有所不为",重点引进符合区域发展战略的产业。目前,虽然制造业内劳动密集型产业已出现由东部向中部的转移趋势,且资本技术密集型、技术劳动密集型产业也出现了向赣、湘拓展的趋势,但转移的产业更多的还是集中于传统产业。以资本技术密集型为例,向湘、赣、皖转移的产业主要是化学原料及化学制品制造业、塑料制品业等,这些产业都存在污染环境等外部影响。因此,中部固然可以依托"产业梯度转移"来加快自身的经济发展,但指望由此实现中部的跨越式发展以及东部、中部间的经济收敛则不现实;盲目而不加选择地承接东部的转移产业不仅会进一步加大中部的资源环境的承载压力,而且会存在"挤出效应"(郭元晞等,2010)。因此,中部的产业承接就需要坚持"有所为"与"有所不为",重点引进符合区域发展战略的产业,尤其是已出现转移趋势的通用设备制造业、专用设备制造业、电气机械及器材制造业等技术劳动密集型产业。

第三,中西部承接东部的产业转移均需要充分发挥"国内市场需求的规模优势",产业发展要着眼于区域与国内市场的庞大需求。目前,尽管中西部的绝大多数省份均依赖陆路(铁路)运输,而陆路运输的"冰山成本"意味着中西部将明显缺乏出口导向型产业发展所需要的"地理比较优势",但这并不意味着中西部在产业承接中无竞争优势。近年来,伴随我国本土市场的整体规模逐步走向世界前列,并开始扮演全球产品购买者的角色,本土市场规模已成为我国最大的比较优势。从这个逻辑出发,只要着眼于区域或国内市场的庞大需求,中西部的产业承接就会具有新的"地理比较优势"。事实上,近年来制造业内的饮料制造业、家具制造业等劳动密集型产业已开始向西部转移,显然内部市场是吸引这些产业大规模进入的重要原因之一。

第四,中西部承接东部的产业转移还需要大幅度降低交易成本,即降低与市场化程度、产业配套环境、政府效率等密切相关的成本。一般而言,影响产业转移的成本包括要素成本与交易成本。其中,要素成本对劳动密集型产业的转移影响较大,而交易成本对资本技术密集型、技术劳动密集型产业的转移影响较大。因此,尽管中西部在要素成本方面并不具备优势,但只要能够有效降低交易成本,仍然可以在资本技术密集型、技术劳动密集型产业的承接方面与东南亚诸国展开竞争。

参考文献

[1] 陈建军. 中国现阶段的产业区域转移及其动力机制[J]. 中国工业经济, 2002(8).
[2] 蔡昉, 王德文, 曲玥. 中国产业升级的大国雁阵模型分析[J]. 经济研究, 2009(9).

[3] 郭元晞，常晓鸣. 产业转移类型与中西部地区产业承接方式转变 [J]. 社会科学研究，2010（10）.

[4] 刘红光，刘卫东，刘志高. 区域间产业转移定量测度研究 [J]. 中国工业经济，2011（6）.

[5] 联合国贸易和发展组织. 2012 世界投资报告 [M]. 冼国明等译. 北京：经济管理出版社，2012.

[6] 石奇，孔群喜. 实施基于比较优势要素和比较优势环节的新式产业政策 [J]. 中国工业经济，2012（12）.

[7] 许会娟. 制造业向东南亚转移，挑战中国制造主导地位 [N]. 经济参考报，2012-11-27.

[8] 赵张耀，汪斌. 网络型国际产业转移模式研究 [J]. 中国工业经济，2005（10）.

[9] 朱汉清. 要素转移与产业转移的比较研究 [J]. 经济学家，2010（12）.

[10] Mei Wen. Relocation and Agglomeration of Chinese Industry [J]. Journal of Development Economics，2003（73）.

[11] Maria Savona, Roberto Schiattare. International Relocation of Production and the Growth of Services: the Case of the "Made in Italy" Industries [J]. Transnational Corporations，2004，13（2）.

[12] Kirkegaard, Jacob F. Offshoring, Outsourcing, and Production Relocation: Labor-Market Effects in OECD Countries and Developing AsiaL [R]. IIE Working Paper，2007.

垂直专业化对中国制造业集聚的影响
——基于省级面板数据的实证研究*

樊 琦 臧 新 胡汉辉[**]

一、引 言

当前，国际分工深化到了产品内部，形成垂直专业化格局并促进了产品价值链在全球范围内的分散。垂直专业化深化的同时，相关生产活动的地理集聚趋势加强了。Jones 和 Kierzkowski（2005）指出，生产活动在全球范围内日益分散，但这可能促进了一种新形式的集聚在特定的国家和区域产生（Koopman et al., 2008）。20 世纪 90 年代后，特别是加入世界贸易组织以来，中国参与国际分工已主要表现为垂直专业化分工。最为显著的表现之一是加工贸易的快速发展。[①] 宗毅君（2008）指出，近十余年来，垂直专业化分工显著促进了我国工业行业贸易顺差的增长。与此同时，我国制造业地理格局发生了急剧的变化：产业逐步集聚至东部沿海，而中、西部地区制造业比重下降。产业空间格局的变动在推进我国整体发展的同时也扩大了各地区间的差异。[②]

那么，垂直专业化是影响我国制造业集聚的重要因素吗？如果是，这种影响在不同地区是否呈现出不同的特征？本文希望通过实证分析，对以上问题形成一定的认识。研究我国制造业集聚的特征以及垂直专业化对其的影响有助于更好地分析我国产业和社会经济的发展，更好地处理区域间发展不平衡的问题。

二、文献回顾

关于垂直专业化和产业集聚这两个话题虽已有大量研究，但大多独立进行。专门针对两者关系，特别是前者对后者形成的影响进行的研究相对较少。根据新经济地理学对产业集聚的解释，

---

* 教育部人文社会科学研究规划基金项目"外资的区域转移、集聚与城镇化的渐进互动研究"（项目编号：13YJA790147）；东南大学基本科研业务费社科重大引导基金项目"新国际分工中服务业参与模式对我国产业集聚的影响及对策研究"（项目编号：SKYY20110006）。
** 樊琦（1989—），女，东南大学经济管理学院博士研究生；臧新（1966—），女，东南大学经济管理学院副教授；胡汉辉（1956—），男，东南大学经济管理学院教授、博士生导师。
① 《中华人民共和国 2010 年国民经济和社会发展统计公报》数据显示，2010 年，加工贸易额已占我国出口总额的 46.9%；另外根据 Koopman 等（2008）的估计，中国出口中外国成分高达 50%，在电子设备行业甚至达 80%。
② 可参考陈健（2009）、陈泉（2008）等的研究。

产业或部门间的上下游联系会促进集聚（藤田昌久等，2005）。陈建军、夏富军（2006）指出，垂直专业化意味着产业链的分解，可以增加企业间上下游联系、促进中间产品市场的完善，从而加剧产业集聚。汪斌和董赟（2005）则从微观角度探讨了垂直专业化导致集聚形成的可能机制。他们认为，分工的深化促进了企业交易网络的扩展，为了避免或减少由此引起的交易费用的增加，企业倾向于集聚。朱永（2005）指出，根据形成机制的不同，产业集聚可以分为原发型、嵌入型和新兴产业集聚三种，[①]垂直专业化会诱发嵌入型产业集聚。陈健（2009）也认为垂直专业化显著促进了地区嵌入型产业集聚的形成。他计量检验了资源禀赋和垂直专业化对各地区工业集聚的影响。其研究发现，东部地区工业集聚发展主要得益于垂直专业化而非资源禀赋；而在中部，两者均显著促进了工业集聚的发展；西部地区的工业集聚则主要依赖资源禀赋优势，垂直专业化促进作用不显著。钱学锋、陈勇兵（2009）及钱学锋（2010）也对这个问题的实证研究做出了贡献：利用省级数据，采用动态面板 GMM 方法，从国际分散化生产角度分析了垂直专业化对工业集聚的影响，发现国际分散化生产在东部和中部导致集聚，但在西部地区则弱化了原有集聚。

总体来看，虽有一些文献从理论上分析了垂直专业化促进产业集聚形成的可能机制，但研究这一话题的文献尚较少见，尤其是对垂直专业化影响我国产业集聚及其地区差异的实证研究仍十分缺乏。鉴于此，本文在分析、借鉴前人成果的基础上从地区角度实证检验了垂直专业化对我国制造业集聚的影响。利用我国内地 27 个省（市、自治区）及直辖市，两位代码的 20 个制造业细分行业数据，计算了各地区垂直专业化及制造业集聚的程度，并构造面板模型计量检验了垂直专业化在全国层面和东部、中部、西部分地区层面对我国制造业集聚的影响。

三、数据与方法

1. 计量模型设定

为考察垂直分工对制造业集聚的影响，本文构造地区时间维面板模型。首先给出模型的基本形式：

$$\ln AGG_{it} = \alpha + \sum_{k=1}^{K} \beta_{ki} \ln X_{kit} + \mu_{it} \qquad (1)$$

式中，AGG_{it} 代表制造业集聚程度；i 代表第 i 个个体，t 代表第 t 个时点；K 为非随机解释变量个数；X_{kit} 是第 k 个解释变量对于个体 i 在 t 时点的观测值；α 为常数项；μ_{it} 为残差项。

2. 变量选取与数据来源

（1）被解释变量。被解释变量是各地区制造业集聚程度（AGG）。本文借鉴吴三忙（2007）的做法并进行调整，构造了衡量各地区制造业平均集聚水平的指标，用以表征各地区制造业集聚程度，记为 AGG：[②]

$$AGG_{it} = \sum_{j=1}^{N} agg_i^j(t) / N \qquad (2)$$

$$agg_i^j(t) = s_i^j(t) / \sum_{i=1}^{M} s_i^j(t) \qquad (3)$$

[①] 原发型产业集聚是依靠当地历史特殊要素及资本累积内生发展形成。新兴产业集聚主要涉及金融、中介服务等产业，其形成与制度因素密切相关。而嵌入型产业集聚所涉及的产业与当地原来的产业和企业没有非常明显的前后向联系，新的产业和新的产品价值链嵌入到当地的产业结构。表现为大量同一产业的、有前后向联系的相关外商投资企业在同一空间集结。

[②] 吴三忙（2007）采用工业增加值衡量，本文选用总产值计算。该指标最早由范剑勇（2004）提出，后经吴三忙衍生。钱学锋（2010）和陈健（2009）的研究中未对制造业细分，前者参照梁琦（2004）以地区工业总体区位商来衡量集聚程度，后者采用地区工业企业数量与全国平均数比值表示。

式中，AGG_{it} 为 i 地区在 t 年份的制造业平均集聚程度。$agg_i^j(t)$ 为 i 地区 t 年份 j 行业的工业总产值占该行业全国工业总产值的比重。$s_i^j(t)$ 为 i 地区 t 年份制造业细分行业 j 的工业总产值。N 为制造业细分行业的个数。M 为地区的个数。本文中，制造业细分行业数据来自相关年份《中国工业经济统计年鉴》和《中国经济普查年鉴2004》。① 新的国民经济行业分类体系（GB/T4754—2002）下制造业包含 C13~C43 共 31 个细分行业，而《中国工业经济统计年鉴》从 1998 年起仅包含 20 个制造业细分行业的数据。由于这 20 个行业的统计口径与新的国民经济行业分类体系基本一致，本文以其数据作为研究对象。具体包括：食品加工业、食品制造业、饮料制造业、烟草加工业、纺织业、造纸及纸制品业、石油加工及炼焦业、化学原料及化学制品制造业、化学纤维制造业、医药制造业、非金属矿物制品业、黑色金属冶炼及压延加工业、有色金属冶炼及压延加工业、金属制品业、交通运输设备制造业、电气机械及器材制造业、电子及通信设备制造业、通用设备制造业、专用设备制造业以及仪器仪表及文化办公机械制造业。在地区选取上，西藏、宁夏、内蒙古、青海的部分年份数据不全，故从样本中去除，最终包含了 27 个省（市、自治区）及直辖市。

（2）解释变量。本文重点关注的解释变量是垂直专业化程度（VSS）。本文以加工贸易出口额占出口总额的比重衡量我国制造业垂直专业化的程度。② 公式表达为：$VSS_{it} = PEXP_{it}/EXP_{it}$，其中，$VSS_{it}$ 为衡量垂直专业化水平的指标，本文将其称为垂直专业化率，表示 i 地区在 t 年份的垂直专业化程度，EXP_{it} 为 i 地区在 t 年份的总出口金额，$PEXP_{it}$ 为 i 地区在 t 年份的加工贸易出口金额。各地区制造业细分行业加工贸易出口以及总出口数据来源于国研网对外贸易统计数据库。本文运用这些指标来预期垂直专业化程度的增加促进制造业集聚的程度。

产业集聚是一个复杂的过程，需考虑其他重要因素的影响。比较优势理论强调了要素禀赋差异对集聚的决定作用；新经济地理学则认为规模经济、贸易成本、市场规模及前后关联决定了集聚。本文从地区角度进行分析，在控制变量的选取上主要考虑体现区位特征的变量。在借鉴陈健（2009）、钱学锋（2010）等研究的基础上，具体选取了：

资源禀赋（RES）：主要考察能源禀赋与集聚之间的关系。与陈健（2009）一样，选取原煤、原油和天然气的生产总量，并折算为以标准煤表示的能源产量，单位为亿吨。具体公式为：RESOURCE = 原煤产量 × 0.7143t/t + 原油产量 × 1.4286t/t + 天然气产量 × 1.33t/1000m³，2003 年数据来自《中国能源统计年鉴2007》，其余数据及能源换算标准煤系数来自于《中国能源统计年鉴2009》。

固定资产投资（INV）：理论上，固定资产投资为制造业发展提供了良好的条件，有利于产业集聚。本文采用固定资产投资占 GDP 的比例来衡量各地的固定资产投资水平。数据来源于相关年份的《中国统计年鉴》，其中 GDP 根据年鉴中的 GDP 指数，以 2003 年为基期进行平减；固定资产投资额则根据固定资产投资价格指数，以 2003 年为基期进行平减。

人力资本（HUM）：人力资本较高的地区通常对于企业更具有吸引力，从而可能有利于产业在该地区的集中。本文采用各省市大专及以上人口占该地区总人口的比例来衡量各省市的人力资本水平。数据来源于历年《中国统计年鉴》。

开放程度（OPEN）：开放水平越高，意味着该地区的贸易成本越低。新经济地理学的研究表明，贸易成本的降低会促进产业的集聚，因此本文认为制造业倾向于向开放程度较高的地区集聚。本文采用对外贸易占 GDP 的比重来衡量各省市的开放程度。对外贸易数据来自《中国统计年鉴》，

---

① 2005 年数据来自《中国经济普查年鉴2004》。
② 目前，衡量垂直专业化水平的方法主要有：①使用中间产品贸易（主要是零部件贸易）指代；②利用投入产出表计算进口的中间投入品量，再进一步通过求该值占总进口、总投入、总产出等总量指标的比例得到衡量国际外包或者参与全球垂直化生产分工程度的比例指标（如 Horgos，2009）；③加工贸易比重法（如胡昭玲和张蕊，2008）。考虑到数据的可获得性、连续性以及我国垂直专业化的特点，本文最终选取第三种方法。

并根据年鉴中给出的历年人民币对美元汇率平均价转换成人民币计价,再与全国贸易数据求比值。

市场规模(SCALE):市场规模大的地区更具吸引力,从而促进行业在该地区的集聚,这就是所谓的本土市场效应。本文采用各省市人均GDP水平来衡量各省市的市场规模。数据来源于历年《中国统计年鉴》,以2003年为基期进行平减。

样本中所有数据时间跨度为2003~2008年。

四、计量结果

首先考察全国层面垂直专业化对制造业集聚的影响。① 表1考察了解释变量间的相关系数。由于垂直专业化和开放度显著相关,为避免多重共线性的影响,将主要关注垂直专业化的解释能力。

表1 解释变量间相关系数:全国层面

全国	垂直专业化	开放度	市场规模	人力资本	固定资产投资	资源禀赋
垂直专业化	1.00					
开放度	0.82	1.00				
市场规模	0.62	0.81	1.00			
人力资本	0.17	0.20	0.24	1.00		
固定资产投资	−0.30	0.37	−0.21	0.13	1.00	
资源禀赋	−0.27	0.28	−0.23	0.06	0.18	1.00

表2 垂直专业化对制造业集聚的影响:全国层面

解释变量(均是对数形式)		方程1	方程2	方程3	方程4	方程5
垂直专业化		0.0700 (0.01534)***	0.0675 (0.0124)***	0.0698 (0.01524)***	0.0702 (0.0152)***	0.0723 (4.7623)***
资源禀赋		0.0551 (0.0224)***	0.0571 (0.0215)***	0.0382 (0.001)***	0.0545 (0.0231)**	0.0487 (0.0144)***
固定资产投资				0.0353 (0.0362)		
人力资本					−0.0012 (0.0028)	
市场规模						−0.0134 (0.0252)
开放度			−0.0234 (0.0401)			
常数项		−3.5914 (0.0484)***	−3.6255 (0.0673)***	−3.5912 (0.0491)***	−3.5947 (0.0436)***	−3.5925 (0.0396)***
形式设定检验	Chow	372.299***	319.631***	361.129***	369.4443***	289.112***
	Hausman	696.777***	14.848***	15.136***	13.003***	24.201***
调整的可决系数		0.99668	0.99665	0.99672	0.99666	0.99619
F检验		1729.101***	1654.525***	1688.624***	1656.598***	1452.034***
观察值		162	162	162	162	162

注:***、**、*分别表示在1%、5%、10%的水平上显著,括号内为标准差,解释变量为制造业集聚AGG。各方程经Chow检验和Hausman检验后均设定为个体固定效应,并用截面加权的广义最小二乘法进行估计。

---

① 本文使用Eviews6.0进行计量分析,基于样本具有短而宽的特征,因此采用panel方法,而不是pool方法。

接下来采用逐步回归的方法进行计量检验,表 2 列出了主要回归结果。根据 Chow 检验和 Hausman 检验,应采取个体固定效应形式。由于样本涉及 27 个地区且地区间差异化较大,模型中存在横截面异方差,在回归中采用了截面加权的广义最小二乘法(GLS)进行修正。[①]

由方程 1 和方程 2 可知,垂直专业化与开放度间确实存在相关性,故在方程 3 和方程 4 中剔除了开放度。回归结果显示,全国层面上,垂直专业化对制造业集聚的影响显著为正,与预期一致。资源禀赋对集聚的影响也显著为正,但是其影响效果明显弱于垂直专业化,传统的要素禀赋已不是专业化的首要条件。与理论预期不同,固定资产投资、人力资本和市场规模的影响均不显著,且后两者系数均为负。这可能反映了本地市场效应在我国还不明显、我国制造业中人力资本的重要性还较低。

分东部、中部、西部三大地区考察的主要回归结果在表 4 中进行了整理归纳,[②] 从结果来看,垂直专业化对集聚的影响存在显著的地区差异性。在进行计量回归之前,仍然首先对解释变量的相关系数进行了考察,结果在表 3 中列出。

表 3　解释变量间相关系数:地区层面

东部	垂直专业化	开放度	市场规模	人力资本	固定资产投资	资源禀赋
垂直专业化	1.00					
开放度	0.76	1.00				
市场规模	0.37	0.62	1.00			
人力资本	0.11	0.13	0.20	1.00		
固定资产投资	−0.28	−0.43	−0.11	−0.07	1.00	
资源禀赋	−0.03	0.41	−0.38	−0.12	0.41	1.00
中部	垂直专业化	开放度	市场规模	人力资本	固定资产投资	资源禀赋
垂直专业化	1.00					
开放度	−0.20	1.00				
市场规模	−0.30	0.44	1.00			
人力资本	−0.03	0.04	−0.10	1.00		
固定资产投资	0.34	0.11	0.38	−0.15	1.00	
资源禀赋	−0.30	0.40	0.23	0.03	−0.03	1.00
西部	垂直专业化	开放度	市场规模	人力资本	固定资产投资	资源禀赋
垂直专业化	1.00					
开放度	−0.51	1.00				
市场规模	−0.58	0.62	1.00			
人力资本	−0.05	0.14	0.01	1.00		
固定资产投资	0.29	0.14	0.63	−0.08	1.00	
资源禀赋	−0.03	0.17	0.32	0.08	0.43	1.00

根据表 3 的相关系数分析可知,在东部地区,垂直专业化与开放度间也存在较高的相关性。因此,本文首先在方程 1 中剔除开放度进行回归。正如预期,垂直专业化对集聚存在显著的正影响,且从系数值可以看出,影响程度接近全国总水平的 2 倍。不过,促进东部地区制造业集聚最

[①] 采用加权回归的结果均优于未加权的结果。
[②] 2005 年起开始采用内陆四大经济区域的划分。出于计量检验样本的要求,本文仍然参考之前三大经济区域的划分,将所研究的 27 个省(市、自治区)划分为东部、中部、西部三大区域。其中东部包括北京、天津、河北、上海、江苏、浙江、福建、山东、广东、海南、辽宁;中部为山西、安徽、江西、河南、湖北、湖南、吉林、黑龙江;西部包括重庆、四川、贵州、云南、陕西、甘肃、新疆、广西。

主要的因素并不是垂直专业化,而是固定资产投资。另外,资源禀赋对东部地区集聚的影响不再为正,而是显著为负。

表4 垂直专业化与制造业集聚:东部、中部、西部分地区层面

解释变量 (均是对数形式)	东部		中部	西部		
	方程1	方程2	方程3	方程4	方程5	方程6
垂直专业化	0.143 (0.046)***		−0.113 (0.029)***	0.132 (0.020)***		
资源禀赋	−0.053 (0.001)***	−0.0471 (0.011)***	0.179 (0.008)***	0.280 (0.062)***	0.300 (0.077)***	0.229 (0.066)***
固定投资	0.254 (0.06)***	0.293 (0.131)**	−0.131 (0.1)	−0.184 (0.139)	−0.226 (0.139)*	0.149 (0.228)
人力资本	−0.002 (0.003)		−0.005 (0.005)	−0.010 (0.007)	−0.002 (0.008)	−0.009 (0.006)
市场规模	−0.305 (0.039)***	−0.356 (0.098)***	0.189 (0.141)			−0.407 (0.085)***
开放度		0.029 (0.076)	0.239 (0.042)***		−0.128 (0.175)	
常数项	−2.667 (0.108)***	−2.693 (0.207)***	−3.666 (0.106)***	−4.112 (0.195)***	−4.624 (0.175)***	−4.292 (0.085)***
Chow检验	1061.7***	888.1***	22.6***	143.4***	396.8***	138.6***
Hausman	40.55***	8.83*	68.64***	2.35	3.27	8.09*
调整的可决系数	0.998	0.996	0.960	0.439	0.262	0.263
F检验	2522.3***	1048.8***	87.9**	10.2***	5.2***	5.2***
观察值	66	66	48	48	48	48

注:***、**、*分别表示在1%、5%、10%的水平上显著。括号内为标准差。方程1~2是东部回归结果,方程3为中部回归结果,方程4-6为西部回归结果。西部各方程设定为个体随机效应;其他方程为个体固定效应并使用广义最小二乘法估计。

在方程2中我们用开放度替代垂直专业化,发现开放度对产业集聚有较小的正影响,但不显著。可见,东部地区制造业的集聚已经不是依赖于基于资源禀赋的水平分工。不同于预期,人力资本存量的系数显著为负,较高的人力资本并没有成为促进集聚的重要因素。另外,不同于钱学锋(2010)得出的,东部地区具有较强本土市场效应的结论,本文发现市场规模系数显著为负且绝对值高达0.3。本文认为,尽管东部地区的消费水平位于全国前列,但是从总体上来看,国内需求仍然不足以取代对外贸易,成为拉动经济增长的主导因素。

制造业集聚在中部地区呈现出与东部完全不同的特征。在相关性上,开放度与垂直专业化关联度不高。表4显示,开放度提高是促进中部地区集聚的最主要因素,而垂直专业化的系数则为负并在统计上显著。资源禀赋也与集聚显著正相关,影响作用次于开放度的提高。由以上结果可推测中部对外贸易主要基于水平分工且集聚主要依赖资源禀赋的优势。本文认为,我国总体垂直专业化程度的提高使具有垂直专业化性质的产业向东部地区集聚。由于在这些产业上不具有东部地区所具有的优势,中部地区将主要发挥其优势,承接基于传统分工(产业间、产业内等)的生产转移,形成与东部的梯级发展。市场规模、固定资产投资与人力资本的系数均不显著,对中部制造业集聚未产生明显影响。

在西部,垂直专业化对制造业集聚的影响显著为正。本文认为这可能是由于西部制造业基础虽薄弱,但随着我国垂直专业化的深化,东部地区和中部地区的产业结构调整升级及工资的上涨等因素使技术含量低的生产环节和产业集聚向西部转移,西部在垂直专业化带来的产业格局变化中主要是附属角色。回归结果也反映出,西部制造业的发展仍然主要依靠资源禀赋的优势,其系

数显著为正并高达0.28。与中部地区类似，固定资产投资与人力资本影响不显著。

五、结论与启示

本文从地区角度分析制造业集聚的特征，研究了垂直专业化对我国制造业集聚的影响。利用我国内地27个地区2003~2008年的数据构造面板模型，分别计量检验了垂直专业在全国层面和东部、中部、西部分地区层面对我国制造业集聚的影响。

从全国层面看，垂直专业化与资源禀赋是促进地区制造业集聚的主要因素，而且传统的要素禀赋已不是专业化的首要条件。进一步的研究发现，我国制造业的集聚具有明显的地区差异性，垂直专业化对集聚的影响具有地区特性。垂直专业化的发展有利于东部和西部制造业的集聚，尤其是在东部的影响较为明显，对中部则产生了负面影响。本文认为，这是由于各地区初始条件、集聚水平不同，导致垂直专业化对不同地区的作用机制不同。具体来说：东部地区由于历史因素和自身区位优势，处于迎接和开展垂直专业化的最前线，是一种主动的角色。垂直专业化的深化意味着更多的生产转移至该地区，促进集聚的产生，并在集聚的自我加强下不断放大。而西部地区本身制造业基础薄弱，在垂直专业化深化过程中扮演附属角色，主要受益于东部地区和中部地区的产业结构调整升级、地区工资的上涨等因素所引发的产业向西部的部分转移。垂直专业化对集聚影响的地区特性也可以从这种影响的行业特性得到解释（不同行业垂直专业化程度不同，且垂直专业化对不同行业会产生不同的集聚效应）。[①] 全国总体垂直专业化程度的提高使具有垂直专业化性质的产业向东部地区集聚。中部地区在这些产业上不具有东部地区所具有的优势，从而发挥自身优势，承接基于传统分工（产业间、产业内等）的生产转移。

本文研究还显示出本土市场效应在我国尚不明显，无论是全国层面还是地区层面均不存在本土市场效应，在制造业最为发达和集中的东部地区甚至表现出逆本土市场效应。这在一定程度上反映出国内市场潜力未能成为产业集聚的正向推动力，拉动力主要来自国际市场需求的刺激。可见，如何扩大内需仍然是我国发展的一个关键问题。另外，人力资本的作用也不明显，钱学锋（2010）指出，这一方面可能是由于劳动力统计上的不足，另一方面可能意味着我国制造业集聚的主要动力在于寻求"政策租"，即各类开发区、工业园所提供的政策优惠。本文认为，这一问题值得今后进行更深入的研究。

在研究结果的基础上进行思考，本文认为必须充分重视垂直专业化对地区影响的差异性。集聚在一定条件下具有自我强化能力，这可能意味着，垂直专业化对集聚的差异化影响将会日益扩大中国内部区域发展的鸿沟。从区域的产业发展上看，沿海地区和内陆地区经济发展水平差距很大。各产业之间、各地区之间的协调发展成了亟待解决的问题。如文中指出的，垂直专业化程度的加深尽管在全国层面上有利于产业、经济的发展，但却可能扩大区域间的差距，对某些地区造成不利的影响。就现状来看，中西部地区主要通过承接东部部分产业（以劳动密集型、技术含量低的环节为主）的转移而促进垂直专业化的深化，但总体上东部地区劳动密集型产业被就地消化在东部经济圈内的一些中小城市，无法转移到中西部地区，从而导致中西部地区无法公平享受对外开放过程中经济增长的果实。当然，通过本文的研究，我们也可以看出西部地区还是具有一定的发展潜力的。这对于产业长期的发展具有很重要的意义。近来有报道指出，我国东部地区一些

---

① 可参考臧新、李菡（2011）的研究。

外商加工制造企业面对较高的成本压力,纷纷将生产活动转移到相对更具有成本优势的国家和地区。在这样的背景下,我们更有必要思考如何促进区域间均衡发展以及产业格局的优化分布。而这将要求学者们进行范围更广、层次更高并且更加深入细致的研究。

参考文献

[1] Jones, Kierzkowski. International Fragmentation and the New Economic Geography [J]. The North American Journal of Economics and Finance, 2005 (16): 1-10.

[2] Koopman. R., Wang Z., Wei S. J. How Much of Chinese Exports is Really Made in China [R]. NBER Working Paper, No.14109, 2008.

[3] Horgos. Labor Market Effects of International Outsourcing: How Measurement Matters [J]. International Review of Economics and Finance, 2009 (18): 611-623.

[4] 宗毅君. 国际产品内分工与进出口贸易——基于我国工业行业面板数据的经验研究 [J]. 国际贸易问题, 2008 (2): 7-13.

[5] 陈泉. 中国制造业产业集聚与地区专业化研究 [D]. 东南大学硕士学位论文, 2008.

[6] 陈健. 基于全球生产网络视角的地区专业化与均衡发展研究 [D]. 东南大学博士学位论文, 2009.

[7] 藤田昌久, 克鲁格曼, 维纳布尔斯. 空间经济学: 城市、区域与国际贸易 [M]. 北京: 中国人民大学出版社, 2005.

[8] 陈建军, 夏富军. 垂直分工、产业集聚与专业化优势——兼论长三角地区的制造业优势格局 [J]. 南通大学学报 (社会科学版), 2006, 22 (5): 40-47.

[9] 汪斌, 董赟. 从古典到新兴古典经济学的专业化分工理论与当代产业集群的演进 [J]. 学术月刊, 2005 (2): 29-36.

[10] 朱永. 长江三角洲次区域产业集聚的形成原因研究 [D]. 复旦大学博士学位论文, 2005.

[11] 钱学锋, 陈勇兵. 国际分散化生产导致了集聚吗 [J]. 世界经济, 2009 (12): 27-39.

[12] 钱学锋. 国际贸易与产业集聚的互动机制研究 [M]. 上海: 上海人民出版社, 2010.

[13] 吴三忙. 制造业地理集聚与地区专业化分工水平: 1995~2005 [J]. 改革, 2007 (12): 24-30.

[14] 范剑勇. 市场一体化、地区专业化与产业集聚趋势——兼谈对地区差距的影响 [J]. 中国社会科学, 2004 (6): 39-51.

[15] 梁琦. 产业集聚论 [M]. 北京: 商务印书馆, 2004: 220-258.

[16] 胡昭玲, 张蕊. 中国制造业参与产品内国际分工的影响因素分析 [J]. 世界经济研究, 2008 (3): 3-8.

[17] 臧新, 李菡. 垂直专业化与产业集聚的互动关系——基于中国制造行业样本的实证研究 [J]. 中国工业经济, 2011 (8): 57-67.

中国产业动态比较优势的实证研究：基于马尔科夫链的方法

余典范

一、问题提出

一个国家的经济发展过程同时也是比较优势不断变化和产业结构不断升级的过程。随着发展水平的提高，一国原有比较优势减弱，新的比较优势形成与强化。这就决定了产业政策的重心不应是恪守现有的比较优势，而必须着眼于未来，培育动态比较优势（王岳平，2012）。改革开放以来，中国经济的高速增长在很大程度上得益于充分利用了劳动力、土地、资源等传统要素的比较优势，并以这些低成本要素参与国际分工与国际竞争，这在一定程度上改善了我国的资源配置效率，使我国经济规模不断扩大。但过度依赖比较优势的战略也使我国陷入了"比较优势陷阱"，增大了我国经济转型的压力。这主要体现在我国研发、设计、品牌、营销、供应链管理和分工深化等关键环节的缺失，在国际产业分工中被固化在价值链的低端，经济活动的附加价值偏低（干春晖、余典范，2013）。我国目前正处于转型的关键期，比较优势因素和比较优势行业正在发生明显的变化，如何避免陷入分工锁定和"中等收入国家陷阱"，着力转变发展方式，培育新的动态比较优势，努力提升国际分工地位，成为未来我国经济发展需要关注和着力解决的战略问题。而要在发挥比较优势的前提下实现产业转型则需要非常苛刻的条件。如克鲁格曼、卢卡斯等人的研究表明，技术扩散、边干边学虽然会提高生产率，但仍然会使比较优势得到强化和分工锁定。Krugman和Redding等人的研究表明，扶持幼稚产业能够提升国民福利水平，但关键是幼稚产业要能够最终摆脱扶持依赖、最终形成国际竞争能力。但现实中，既有分工锁定、经济增长缓慢的国家，也有起飞成功的国家（王岳平，2012）。实际上，对于像我国这样的大国来说，在全球化背景下，产业并不只是存在着要么分工锁定、要么与发达国家分工反转这两端的情况，而是也存在着很多中间的产业部门，或者说是摇摆不定的产业，从动态的角度来看，如果对其中具有潜力的产业进行合理、适当的扶持，其将有可能成为我国在国际上具有竞争力的产业。因此，从动态的角度来探讨我国产业发展与转型的战略，并进一步分析不同比较优势状态产业的发展思路是一项非常有意义的研究。

动态比较优势理论的核心思想在于放松静态比较优势的一些前提假设条件，如资源禀赋随时

---

* 国家社会科学基金重大项目"'十二五'期间加快推进我国产业结构调整研究"（12ZD&011）；国家社科基金青年项目"加快推进中国自主创新技术成果产业化的体制机制与政策措施研究"（11CJY017）；上海市教委科研创新项目"基于产业关联视角的中国产业转型研究"（13ZS054）。

** 余典范（1979—），男，湖南常德人。上海财经大学讲师、经济学博士，研究方向为产业经济学。

间可变、要素的地位在新的经济环境下的变化、新要素的形成等。其更加强调在一定的条件下，后发国家潜在的、未来可能形成的优势。总体而言，动态比较优势理论主要分为三大类：基于要素变化的动态比较优势理论（如动态比较成本说、雁行理论、比较优势阶梯论、内生动态要素禀赋理论和产品生命周期理论等），基于技术进步的动态比较优势理论和技术外溢理论，以及基于其他因素变化的动态比较优势理论。但与这些理论研究相比，动态比较优势的经验研究显得相对滞后，分析方法仍以静态和比较静态为主。由于忽视了动态变化机制及其外生性演变过程的描述，这种以静态或比较静态为主的分析往往难以解释比较优势的动态转化。Proudman 和 Redding 最先开始尝试对动态比较优势进行实证研究，之后 Brasili、Epifani 和 Helg 以及 Redding 又对此做了深入研究，主要是引入了马尔科夫链随机过程（Marcov chain）的分析方法。国内学者利用马尔科夫链的方法研究动态比较优势才刚起步，陈智远（2002）最先将马尔科夫链引入区域产业的比较优势分析，对上海各产业的比较优势进行了动态研究。耿伟（2007）利用马尔科夫链对我国制造业在 1980~2002 年的动态比较优势进行了经验验证和预测，并进一步分析了我国目标产业的选择。马尔科夫链分析方法最大优点是能够获取所有行业比较优势分布随时间变化的情况，而不是只局限于某些行业。在比较优势指标的选取上各有不同，以往的研究一般选择显示性指数或贸易竞争指数来度量，但在分工深入到产业内甚至产品内的条件下，这些指数并不能很好地体现这些重要的经济现象。因此，本文尝试利用 Lafay1992 年提出的国际专业化指标并运用马尔科夫链的分析方法对我国产业的动态比较优势进行了实证分析，重点在于厘清我国产业比较优势的动态变化，并有针对性地提出构建我国产业动态比较优势的政策建议。

二、马尔科夫链随机过程在产业动态比较优势中的应用原理

马尔科夫链是一种动态的随机过程，这种随机过程方法被广泛运用到工程技术、数学、经济等各个领域，尤其在市场预测中应用最为广泛。其主要根据变量的现在状态及其变化趋向，预测其在某一特定期间内可能出现的状况，从而为决策提供依据。在产业的发展过程中，某些产业往往会由于市场的供给与需求、政府的政策以及技术的冲击而发生较大的变化，其比较优势也会出现衰退或者跃升的可能，即表现出一定的随机性。假设某一特定产业后一时期的比较优势状态往往只决定于前一时期的状态，而与前一时期以前各期的无关。根据这种特性（数学上称之为"无后效性"），可以引进独立随机增量过程——马尔科夫过程分析方法。

本文遵循 Quah（1993）的方法，用 $\{X(t), t \in T\}$ 表示某一事物的随机变化过程，其中 $X(t)$ 状态空间记为 I，时间 t 的任意 n 个数值满足 $t_1 < t_2 < \cdots < t_n$，$t_i \in T$，在满足 $X(t_i) = x_i$，$x_i \in I$，$i = 1, 2, 3, \cdots, n-1$ 时，$X(t_n)$ 的条件分布函数等于在 $X(t_{n-1}) = x_{n-1}$ 的条件下 $X(t_n)$ 的条件分布。即可以把 n 期分布函数表示为：

$$p\{X(t_n) \leq x_n | X(t_1) = x_1, X(t_2) = x_2, \cdots, X(t_{n-1}) = x_{n-1}\}$$
$$= p\{X(t_n) \leq x_n | X(t_{n-1}) = x_{n-1}\}, x_n \in I$$

若把状态空间 I 分为 K 个离散子空间，记 $I = \{z_1, z_2, \cdots, z_k\}$，$k \in R$，这样时间和空间状态都为离散的，这时的马尔科夫过程也称为马尔科夫链。在马尔科夫链情况下，无后效性可以用条件分布律表示。对于任意的正数 n 和 r，且 $0 \leq t_1 < t_2 < \cdots < t_r < m$，$t_i$、m、$m+n \in T$，有：

$$p\{X_{m+n} = z_j | X_{t_1} = z_{i_1}, X_{t_2} = z_{i_2}, \cdots, X_{t_r} = z_{i_r}, X_m = z_i\}$$
$$= p\{X_{m+n} = z_j | X_m = z_i\} \equiv p_{ij}(m, m+n)$$

条件概率 $p_{ij}(m, m+n)$ 是马尔科夫链在起始时间 m、状态为 z_i 条件下（从产业角度即可视为某一产业在时间 m 时比较优势水平 z_i 为的条件下），经过 n 时间在 m+n 时刻转移到状态 z_j 的概率。由于马尔科夫链在 m+n 时刻一定会处于 $z_1, z_2, \cdots, z_k$ 中的某一个状态，所以可以得到：

$$\sum_{j=1}^{\infty} p_{ij}(m, m+n) = 1, \quad i = 1, 2, \cdots$$

如果某一事物的外界变化是持续稳定的，则该事物的状态变化、转移也是平稳的。这在数学上表现为转移概率 $p_{ij}(m, m+n)$ 只与 i、j 以及时间间距 n 有关，转移概率具有平稳性，即马尔科夫链是齐次的。将 $p_{ij}(m, m+n)$ 记为 $p_{ij}(n)$，称其为马尔科夫链的 n 步转移概率。当 n=1 时，$p_{ij}(1) = p_{ij}$，称为马尔科夫一步转移概率，表示该事物在某一期处于 i 状态的条件下，下一期处于 j 状态的概率。把所有的转移概率组合起来，就可以得到该事物的马尔科夫一步转移矩阵 p(1)。

$$X_m \text{ 的状态} \begin{array}{c} \\ z_1 \\ z_2 \\ \cdots \\ z_i \end{array} \overset{\displaystyle X_{m+1} \text{ 的状态}}{\begin{array}{cccc} z_1 & z_2 & \cdots & z_j & \cdots \\ \left[\begin{array}{cccc} p_{11} & p_{12} & \cdots & p_{1j} & \cdots \\ p_{21} & p_{22} & \cdots & p_{2j} & \cdots \\ \cdots & \cdots & \cdots & \cdots & \cdots \\ p_{i1} & p_{i2} & \cdots & p_{ij} & \cdots \end{array}\right] \end{array}} \equiv p(1)$$

式中，p_{ij} 表示该事物在某一期处于 i 状态的条件下，下一期处于 j 状态的概率；p_{ii} 表示该事物在状态 i 的条件下，下一期仍然处在状态 i 的概率。从产业比较优势的角度来看，p_{ij} 即表示某产业的比较优势水平从 z_i 经过一期后转移到 z_j 的概率，而 p_{ii} 即表示产业的比较优势水平在下一期保持不变的概率。在统计意义上，概率 p_{ij} 可以通过进入或退出某一状态的产业数目得到。根据切普曼—柯莫格洛夫（Chapman-Kolmogorov）即 C-K 方程，我们还可得到 n 步转移概率矩阵 $p(n) = p^n(1)$。根据这个关系，取 n 趋向于无穷大，我们就可以得到产业优势的长期稳定的分布结构，在数学上称为遍历值。在实际计算过程中，一个初始在给定状态 i 的产业，转移到另一个独立状态 j 的概率我们可以由其进出某一状态的数目来计算。因此，由产业比较优势的转移概率我们可以推断出不同状态下产业比较优势的动态特征。其中，矩阵对角线上的转移概率表示处于这一状态的产业比较优势的保持性，即随着时间的变化产业比较优势稳定在某一状态的可能性。而对角线以外的转移概率表示产业随时间变化在不同比较优势之间转移的概率，即产业比较优势的"流动性"特征，数值越大就说明流动性越大，这种流动性既有向比较优势升级的可能，也有向比较劣势转化的可能。

三、我国产业比较优势指数的测算

1. 指标选取与数据说明

按照马尔科夫链的测算理论，必须选取一个指数来衡量产业的比较优势。根据测算结果，分为几个比较优势区间，再通过马尔科夫转移矩阵观察各产业比较优势的转移概率。而衡量比较优势一般都会放在国际贸易的环境下考虑，实际上，在分工日益细化的背景下，从更为细分的产业或者产业环节来考察比较优势的变化更具现实意义。因此，在当前的数据样本中，用国际贸易中海关产品的样本来考察我国产业的比较优势变化也是一个相对比较好的选择。

目前用来衡量产业比较优势的指标主要包括显示性比较优势指数（Revealed Comparative

Advantage，RCA)、贸易竞争力指数（Trade Competitiveness，TC）和国际专业化指数几方面。显示性比较优势指数用一个国家某种商品的出口值占该国所有出口商品总值的份额，与世界该类商品的出口值占世界所有商品出口总值的份额的比例来表示，它并没有考虑进口的规模情况。在大部门分类情况下，用该指标分析加工贸易型产业时就会出现偏差，因为加工贸易型产业往往具有较大的进口和出口贸易额，但其参与的可能只是特定产业的某一生产环节，不一定在整个产业上具有比较优势。消费类电子产品在我国的代工生产就是一个典型的例子，虽然该产业总体上更偏向于技术密集型产业，但其在特定的生产加工环节所体现出来的可能是资本密集型甚至是劳动力密集型产业的特征。贸易竞争力指数是指一国进出口贸易的差额占进出口贸易总额的比重，系数越大表明优势越大。但这一指数还没办法消除宏观经济波动的影响，而且，它仅分析了本国特定产业的进出口比例而未考虑该产业在世界范围内的进出口情况。这就会使那些虽然出口远大于进口，但进出口总规模却小于世界平均水平的产业也同样能够获得较高的贸易竞争力指数，显然，此时该指数所反映的比较优势大小并不符合实际情况。

Lafay1992年所提出的国际专业化指标不仅考虑了进口，而且对产业内贸易和复出口都有所考虑，特别是在当今的分工深入到产业内甚至产品内的前提下，世界贸易越来越由普通贸易向垂直贸易以及垂直三角贸易发展。因此，一组商品产业内贸易的规模就变得非常值得关注，如果只考虑出口，那么这个衡量标准将有失公正。而且，Lafay指数还控制了宏观经济波动带来的扭曲。因为比较优势从定义上来说是结构性的，衡量周期性的影响是非常关键的一个问题，因为周期性的波动会影响到短期内的贸易流量大小。Lafay指数利用每个类型产品正常的贸易差额和总的正常贸易差额的差解决这一问题。最后，指数用贸易中的相对重要性来衡量每个产品的贡献度。因此，用其来衡量比较优势，观察一国产业的比较优势结构是较好的选择。对于国家i的j产品而言，Lafay指数可以用下式表示：

$$LFI_j^i = 100 \left[\frac{x_j^i - m_j^i}{x_j^i + m_j^i} - \frac{\sum_{j=1}^{N}(x_j^i - m_j^i)}{\sum_{j=1}^{N}(x_j^i + m_j^i)} \right] \frac{x_j^i + m_j^i}{\sum_{j=1}^{N}(x_j^i + m_j^i)}$$

上式中，x_j^i代表国家i的j产品对世界其他国家的出口，m_j^i为该国该类型产品从世界其他国家的进口，N是所有进出口货物的种类。i国产品j的比较优势由产品j正常贸易差额和产品总差额的差乘上产品j的进出口总额的比重表示。如果LFI > 0，说明我国在该产品部门具有专业化优势，Lafay指数值越高，则专业化程度越高，该产品在国际上具有比较优势，LFI < 0则为比较劣势。指数高说明该产品的比较优势强，竞争力强，在产业结构中的重要性高，贡献度高。

2001年我国加入世界贸易组织后，由于市场的进一步开放，我国企业逐渐融入国际市场，企业行为逐步开始更具市场化的特征。基于此，我们选取了2001~2011年中国对外贸易海关HS表2位编码产品分类共96类产品进出口数据。① 最后，本文取得96类产品11年间中国对世界其他国家的进口和出口的数据进行了指数的测算（数据来源于国研网统计数据库）。

2. 我国产业比较优势的静态比较分析

首先我们可以对我国产业的比较优势进行静态分析，根据2011年我国HS分类产品的LFI指数测算结果，我们大致将96类产品分为强比较优势、弱比较优势、弱比较劣势、强比较劣势四类，同时，为了满足下面进行马尔科夫链测算的需要，这里将产业状态空间基本均分，使每一个状态所包含的样本数大致相等。其中，虽然理论上来讲Lafay指数大于0才具有比较优势，但是介

---

① 其中第77类产品在统计时未包含，而93类产品在2001~2008年没有统计，为了保持一致性，本文将其剔除。

于 0 到 0.024 的产品与小于 0 的产品并不能说有质的区别，这种大于 0 的程度基本可以忽略不计。因此，将 2011 年的弱比较优势的 Lafay 指数值范围定为（0.024，-0.034）（以下的处理方式与此相同）。其中，在强比较优势产业中，除了纺织品、玩具、鞋类等传统劳动密集型产品以及肉类、鱼类外，值得关注的是有相当数量的技术密集型产业也成为我国具有强比较优势的产业。特别是 84 章（核反应堆、锅炉、机械器具及零件）、85 章（电机、电气设备及其零件、录音机及放声机、电视图像、声音的录制和重放设备及其零件、附件）以及 89 章（船舶及浮动结构体）的 LFI 指数都在 1 以上，这表明最近几年来，我国对高技术行业的扶持取得了初步的成效。弱比较优势的产品大多也是我国具有传统比较优势的劳动密集型产品。具有强比较劣势的产品大多为资源密集型和初级产品，这些产品在改革开放初期是我国的主导产品，但是现在已经丧失了以前的优势地位，而部分附加值高的产业通过国家的支持不断获取比较优势。与此同时，我国还有航空航天器、精密仪器、车辆、医疗设备等相当一部分的高技术产品还处于比较劣势的状态。

为了进行比较静态分析，将 2001 年的 LFI 指数与 2011 年的 LFI 指数进行对比，我们可以发现在纺织、玩具、鞋类等传统劳动密集型行业我国依然具有比较强的比较优势，尽管由于成本上升、贸易摩擦等因素使得我国的劳动密集型产品竞争力有所下降，但综观全球，还没有任何一个经济体在生产这些产品上比我国更有优势。而资源密集型产业逐渐丧失了以前的优势地位；同时，附加值高的部分产业通过国家的政策干预不断获取了比较优势。特别是在排名前 10 的强比较优势行业中，84 章、85 章以及 89 章等高新技术产业取得了较大的进步。从时间的变化趋势来看，84 章到 90 章的高新技术产品 2001~2011 年这 11 年的变化趋势如图 1 所示，总体上这些产业的比较优势处于上升的态势，其中 84 章、89 章、85 章、86 章最近几年的 LFI 指数为正，而 90 章、88 章、87 章的则为负。因此，从我国产品竞争实力的提升、高新技术产业的培育以及产业升级的角度来看，其依然任重道远。

从 2001~2011 年 LFI 指数的统计分布特征来看，其最大值趋于不断增大、最小值呈不断减小的趋势，表明我国强比较优势的产业在不断增强，强比较劣势的产业竞争力衰退的速度也在加快。这说明我国产业调整的原则也应该是有进有退的，扶持一批先进的产业，同时可加快淘汰一批落后的产业，腾出资源为附加值高的产业创造发展的空间。而 LFI 指数大于零的产业数总体趋于上升的态势，表明我国产业竞争力总体上依然处于增强的过程中。

表 1 2011 年中国 HS 分类产业的 LFI 指数

指数分类	所含产品
强比较优势 LFI≥0.19	84 章核反应堆、锅炉、机械器具及零件；61 章针织或钩编的服装及衣着附件；85 章电机、电气设备及其零件；录音机及放声机、电视图像、声音的录制和重放设备及其零件、附件；62 章非针织或非钩编的服装及衣着附件；94 章家具、寝具、褥垫、弹簧床垫、软坐垫及类似的填充制品、未列名灯具及照明装置、发光标志、发光名牌及类似品、活动房屋；89 章船舶及浮动结构体；73 章钢铁制品；64 章鞋靴、护腿和类似品及其零件；95 章玩具、游戏品、运动用品及其零件、附件；42 章皮革制品、鞍具及挽具、旅行用品、手提包及类似容器、动物肠线（蚕胶丝除外）制品；63 章其他纺织制成品、成套物品、旧衣着及旧纺织品、碎织物；69 章陶瓷产品；86 章铁道及电车道机车、车辆及其零件、铁道及电车道轨道固定装置及其零件、附件、各种机械（包括电动机械）交通信号设备；71 章天然或养殖珍珠、宝石或半宝石、贵金属、包贵金属及其制品、仿首饰、硬币；83 章贱金属杂项制品；54 章化学纤维长丝；96 章杂项制品；72 章钢铁；60 章针织物及钩编织物；76 章铝及其制品；16 章肉、鱼 甲壳动物、软体动物及其他水生无脊椎动物的制品；82 章贱金属工具、器具、利口器、餐匙、餐叉及其零件；48 章纸及纸板、纸浆、纸或纸板制品；55 章化学纤维短纤

续表

指数分类	所含产品
弱比较优势 0.19>LFI≥0.024	07章食用蔬菜、根及块茎；20章蔬菜、水果、坚果或植物其他部分的制品；68章石料、石膏、水泥、石棉、云母及类似材料的制品；70章玻璃及其制品；28章无机化学品、贵金属、稀土金属、放射性元素及其同位素的有机及无机化合物；59章浸渍、涂布、包覆或层压的纺织物、工业用纺织制品；03章鱼、甲壳动物、软体动物及其他水生无脊椎动物；31章肥料；67章已加工羽毛、羽绒及其制品、人造花、人发制品；58章特种机织物、簇绒织物、花边、装饰毯、装饰带、刺绣品；65章帽类及其零件；66章雨伞、阳伞、手杖、鞭子、马鞭及其零件；57章地毯及纺织材料的其他铺地制品；56章絮胎、毡呢及无纺织物、特种纱线、线、绳、索、缆及其制品；81章其他贱金属、金属陶瓷及其制品；46章稻草、秸秆、针茅或其他编结材料制品；篮筐及柳条编结品；09章咖啡、茶、马黛茶及调味香料；43章毛皮、人造毛皮及其制品；50章蚕丝；49章书籍、报纸、印刷图画及其他印刷品、手稿、打字稿及设计图纸；05章其他动物产品；92章乐器及其零件、附件；21章杂项食品；33章精油及香膏、芳香料制品及化妆盥洗品
弱比较劣势 0.024>LFI>-0.034	13章虫胶、树胶、树脂及其他植物液、汁；36章炸药、烟火制品、火柴、引火合金、易燃材料制品；32章鞣料浸膏及染料浸膏、鞣酸及其衍生物、染料、颜料及其他着色料、油漆及清漆、油灰及其他类似胶粘剂、墨水、油墨；97章艺术品、收藏品及古物；53章其他植物纺织纤维、纸纱线及其机织物；01章活动物；91章钟表及其零件；06章活树及其他活植物、鳞茎、根及类似品、插花及装饰用簇叶；78章铅及其制品；11章制粉工业产品、麦芽、淀粉、菊粉、面筋；45章软木及软木制品；24章烟草、烟草及烟草代用品的制品；08章食用水果及坚果、甜瓜或柑桔属水果的果皮；14章编结用植物材料；其他植物产品；19章谷物、粮食粉、淀粉或乳的制品、糕饼点心；18章可可及可可制品；52章棉花；80章锡及其制品；35章蛋白类物质、改性淀粉、胶、酶；34章肥皂、有机表面活性剂、洗涤剂、润滑剂、人造蜡、调制蜡、光洁剂、蜡烛及类似品、塑型用膏、"牙科用蜡"及牙科用熟石膏制剂；17章糖及糖食；79章锌及其制品；37章照相及电影用品；51章羊毛、动物细毛或粗毛、马毛纱线及其机织物
强比较劣势 LFI≤-0.034	23章食品工业的残渣及废料、配制的动物饲料；10章谷物；22章饮料、酒及醋；04章乳品、蛋品、天然蜂蜜、其他食用动物产品；02章肉及食用杂碎；25章盐、硫磺、泥土及石料、石膏料、石灰及水泥；40章橡胶及其制品；38章杂项化学产品；30章药品；44章木及木制品；木炭；75章镍及其制品；41章生皮（毛皮除外）及皮革；15章动、植物油、脂及其分解产品；精制的食用油脂、动植物蜡；88章航空器、航天器及其零件；47章木浆及其他纤维状纤维素浆；纸及纸板的废碎品；87章车辆及其零件、附件，但铁道及电车道车辆除外；29章有机化学品；39章塑料及其制品；12章含油子仁及果实、杂项子仁及果实、工业用或药用植物、稻草、秸秆及饲料；90章光学、照相、电影、计量、检验、医疗或外科用仪器及设备、精密仪器及设备；上述物品的零件、附件；98章特殊交易品及未分类商品；74章铜及其制品；26章矿砂、矿渣及矿灰；27章矿物燃料、矿物油及其蒸馏产品、沥青物质、矿物蜡

表 2　2001 年中国 HS 分类产业的 LFI 指数

指数分类	所含产品
强比较优势 LFI≥0.13	62章非针织或非钩编的服装及衣着附件；61章针织或钩编的服装及衣着附件；64章鞋靴、护腿和类似品及其零件；95章玩具、游戏品、运动用品及其零件、附件；94章家具、寝具、褥垫、弹簧床垫、软坐垫及类似的填充制品，未列名灯具及照明装置，发光标志、发光名牌及类似品，活动房屋；42章皮革制品、鞍具及挽具、旅行用品、手提包及类似容器，动物肠线（蚕胶丝除外）制品；73章钢铁制品；63章其他纺织制成品、成套物品、旧衣着及旧纺织品、碎织物；16章肉、鱼、甲壳动物、软体动物及其他水生无脊椎动物的制品；86章铁道及电车道机车、车辆及其零件、铁道及电车道轨道固定装置及其零件、附件、各种机械（包括电动机械）交通信号设备；82章贱金属工具、器具、利口器、餐匙、餐叉及其零件；69章陶瓷产品；07章食用蔬菜、根及块茎；20章蔬菜、水果、坚果或植物其他部分的制品；71章天然或养殖珍珠、宝石或半宝石、贵金属、包贵金属及其制品、仿首饰、硬币；96章杂项制品；83章贱金属杂项制品；89章船舶及浮动结构体；03章鱼、甲壳动物、软体动物及其他水生无脊椎动物；28章无机化学品；贵金属、稀土金属、放射性元素及其同位素的有机及无机化合物；67章已加工羽毛、羽绒及其制品；人造花、人发制品；68章石料、石膏、水泥、石棉、云母及类似材料的制品；91章钟表及其零件；50章蚕丝
弱比较优势 0.13>LFI≥0.017	65章帽类及其零件；66章雨伞、阳伞、手杖、鞭子、马鞭及其零件；46章稻草、秸秆、针茅或其他编结材料制品、篮筐及柳条编结品；81章其他贱金属、金属陶瓷及其制品；09章咖啡、茶、马黛茶及调味香料；25章盐、硫磺、泥土及石料、石膏料、石灰及水泥；05章其他动物产品；57章地毯及纺织材料的其他铺地制品；52章棉花；22章饮料、酒及醋；10章谷物；79章锌及其制品；92章乐器及其零件、附件；19章谷物、粮食粉、淀粉或乳制品、糕饼点心；01章活动物；43章毛皮、人造毛皮及其制品；36章炸药、烟火制品、火柴、引火合金、易燃材料制品；78章铅及其制品；33章精油及香膏、芳香料制品及化妆盥洗品；21章杂项食品；80章锡及其制品；02章肉及食用杂碎；53章其他植物纺织纤维、纸纱线及其机织物；58章特种机织物、簇绒织物、花边、装饰毯、装饰带、刺绣品

续表

指数分类	所含产品
弱比较劣势 0.017>LFI>-0.13	24章烟草、烟草及烟草代用品的制品；49章书籍、报纸、印刷图画及其他印刷品、手稿、打字稿及设计图纸；08章食用水果及坚果；甜瓜或柑桔属水果的果皮；13章虫胶、树胶、树脂及其他植物液、汁；11章制粉工业产品、麦芽、淀粉、菊粉、面筋；97章艺术品、收藏品及古物；06章活树及其他活植物；鳞茎、根及类似品、插花及装饰用簇叶；45章软木及软木制品；14章编结用植物材料；其他植物产品；04章乳品、蛋品、天然蜂蜜、其他食用动物产品；18章可可及可可制品；37章照相及电影用品；34章肥皂、有机表面活性剂、洗涤剂、润滑剂、人造蜡、调制蜡、光洁剂、蜡烛及类似品、塑型用膏、"牙科用蜡"及牙科用熟石膏制剂；60章针织物及钩编织物；56章絮胎、毡呢及无纺织物；特种纱线；线、绳、索、缆及其制品；87章车辆及其零件、附件，但铁道及电车道车辆除外；17章糖及糖食；70章玻璃及其制品；35章蛋白类物质、改性淀粉、胶、酶；30章药品；75章镍及其制品；23章食品工业的残渣及废料，配制的动物饲料；55章化学纤维短纤；40章橡胶及其制品
强比较劣势 LFI≤-0.13	15章动、植物油、脂及其分解产品、精制的食用油脂、动植物蜡；32章鞣料浸膏及染料浸膏、鞣酸及其衍生物、染料、颜料及其他着色料、油漆及清漆、油灰及其他类似胶粘剂、墨水、油墨；59章浸渍、涂布、包覆或层压的纺织物，工业用纺织制品；76章铝及其制品；51章羊毛、动物细毛或粗毛、马毛纱线及其机织物；98章特殊交易品及未分类商品；31章肥料；38章杂项化学产品；44章木及木制品、木炭；54章化学纤维长丝；48章纸及纸板、纸浆、纸或纸板制品；41章生皮（毛皮除外）及皮革；12章含油子仁及果实、杂项子仁及果实、工业用或药用植物、稻草、秸秆及饲料；47章木浆及其他纤维状纤维素浆、纸及纸板的废碎品；90章光学、照相、电影、计量、检验、医疗或外科用仪器及设备、精密仪器及设备、上述物品的零件、附件；88章航空器、航天器及其零件；26章矿砂、矿渣及矿灰；74章铜及其制品；29章有机化学品；72章钢铁；39章塑料及其制品；85章电机、电气设备及其零件、录音机及放声机、电视图像、声音的录制和重放设备及其零件、附件；84章核反应堆、锅炉、机械器具及零件；27章矿物燃料、矿物油及其蒸馏产品、沥青物质、矿物蜡

表3 2001年与2011年LFI指数最高的十大产业的对比

2011年	LFI指数	2001年	LFI指数
核反应堆、锅炉、机械器具及零件	3.593	非针织或非钩编的服装及衣着附件	3.400
针织或钩编的服装及衣着附件	2.074	针织或钩编的服装及衣着附件	2.424
电机、电气设备及其零件；录音机及放声机、电视图像、声音的录制和重放设备及其零件、附件	1.671	鞋靴、护腿和类似品及其零件	1.813
非针织或非钩编的服装及衣着附件	1.590	玩具、游戏品、运动用品及其零件、附件	1.646
家具、寝具、褥垫、弹簧床垫、软坐垫及类似的填充制品、未列名灯具及照明装置、发光标志、发光名牌及类似品、活动房屋	1.480	家具、寝具、褥垫、弹簧床垫、软坐垫及类似的填充制品、未列名灯具及照明装置、发光标志、发光名牌及类似品、活动房屋	1.351
船舶及浮动结构体	1.097	皮革制品、鞍具及挽具、旅行用品、手提包及类似容器、动物肠线（蚕胶丝除外）制品	1.292
钢铁制品	1.053	钢铁制品	0.699
鞋靴、护腿和类似品及其零件	1.052	其他纺织制成品、成套物品、旧衣着及旧纺织品、碎织物	0.685
玩具、游戏品、运动用品及其零件、附件	0.861	肉、鱼、甲壳动物、软体动物及其他水生无脊椎动物的制品	0.380
皮革制品、鞍具及挽具、旅行用品、手提包及类似容器、动物肠线（蚕胶丝除外）制品	0.659	铁道及电车道机车、车辆及其零件、铁道及电车道轨道固定装置及其零件、附件、各种机械（包括电动机械）交通信号设备	0.369

3. 马尔科夫链的测算

静态比较分析所能包容的样本十分有限，无法准确地反映各产业的动态发展过程，因此，下面我们将对各产业的动态发展规律进行马尔科夫链的测算。根据上面LFI指数的测算结果，对我国2001~2011年HS2位数分类共96类商品共1056个样本的Lafay指数进行马尔科夫转移矩阵测算。沿用Quah（1993）的操作方法，我们把产业状态空间分为4个子空间，使每一个状态所包含的样本数大致相等。分别定义为强比较优势、弱比较优势、弱比较劣势、强比较劣势四种状态。这样，我们可以将1056个样本分为以下4个状态空间，即 [0.121, +∞)、[0.018, 0.121)、(-0.042, 0.018)、

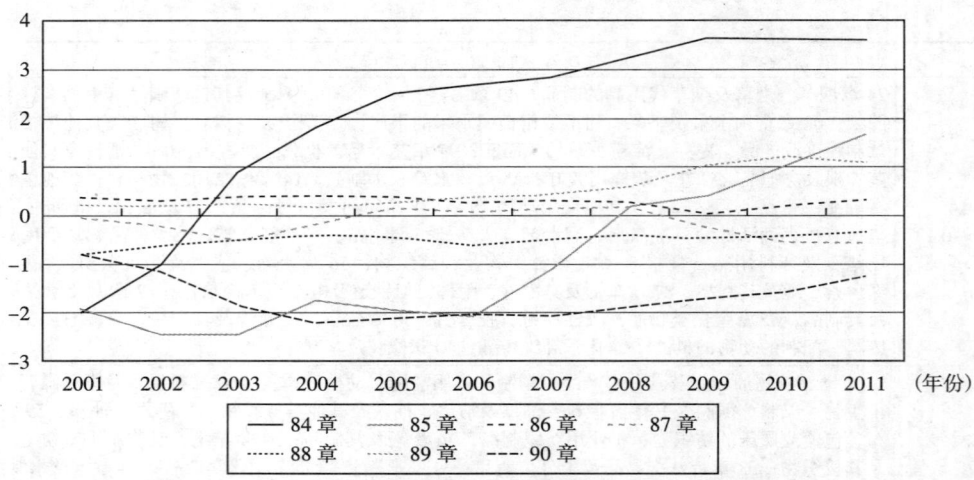

图1 2001~2011年我国高新技术产品的LFI指数趋势

表4 2001~2011年LFI指数的分布特征

年份	2001	2002	2003	2004	2005	2006	2007	2008	2009	2010	2011
最大值	3.400	3.02	2.76	2.37	2.52	2.70	2.85	3.24	3.64	3.63	3.593
最小值	-2.01	-2.46	-2.46	-3.06	-3.69	-4.66	-4.59	-6.27	-5.27	-5.90	-7.04
大于0的产业数	55	55	56	54	57	59	59	60	56	60	58

$(-\infty, -0.042]$，分别代表强比较优势、弱比较优势、弱比较劣势、强比较劣势。按照这样的分法，我们首先可以计算每一年份的一步转移矩阵，即2001~2002，…，2007~2008的一步转移矩阵，然后将其平均可以得到一个4×4的马尔科夫链转移矩阵，相关的测算由Matlab软件计算得到，一步转移概率矩阵见表5。

表5 马尔科夫链一步转移概率矩阵

(样本数)	$(-\infty, -0.042]$	$(-0.042, 0.018)$	$[0.018, 0.121)$	$[0.121, +\infty)$
244	0.8832	0.1004	0.0042	0.0122
236	0.0486	0.8344	0.0906	0.0264
248	0	0.0943	0.8377	0.068
232	0.0164	0.0038	0.0514	0.9284
遍历值	0.114	0.255	0.30	0.331

对于一步转移矩阵，其中每一个元素（i，j）表示一个产业由时间t时的比较优势状态i到t+1时转移到比较优势状态j的概率，第一列是每个状态初始产业的数码。以第二行为例，236表示在2001~2011年（总共11年1056个样本，在计算一步转移矩阵时，共有10个转移矩阵共960个样本中），有236个样本的初始状态落在第二个区间，就是LFI指数在（-0.042，0.018）。而这之中又有83.44%的产业在第二年仍然处在这一区间，上升到第三种状态的概率是9.06%，上升到第四种状态的概率是2.64%，而下降为第一种状态的概率为4.86%。第一、三行和第四行以此类推。

最后一排为遍历值，表示对于一个产业比较优势状态i，不管现在的产业比较优势如何分布，经过长时间后，到达该状态i的概率。遍历值反映了各产业比较优势的长期稳定的分布结构。由遍历值可知，我国产业的长期状态将体现为强比较优势＞弱比较优势＞弱比较劣势＞强比较劣势，即到达强比较优势的概率最高，而到达强比较劣势的概率最低。也就是说长时间的趋势是有更多的产业将具有强比较优势，即从长期来看，我国产业的竞争力将处于不断上升的态势。结合前面静态比较优势的分析结果，资本技术密集型的产业比较优势呈现明显的上升趋势。也就是说，在长期稳定的状态下，将有更多的资本、技术密集型产业进入到强比较优势以及弱比较优势行列。因此，从长期来看，我国在国际分工中的地位将会得到提升。同时，我国还有相当比例的劳动密集型产品是具有强比较优势的产业，如果不提升这些产业的分工地位与附加值，其具有的路径依赖将会使这些产业陷入比较优势的陷阱。

由前面转移矩阵的定义可知，矩阵对角线是产业比较优势"延续性"的体现，对角线上元素的值越大，表示产业比较优势状态随着时间变化的可能性就越小。非对角线上的元素体现比较优势状态的"流动性"，而每一行非对角线元素之和反映了优势"流动性"的强弱。由表5可知，"延续性"由强到弱依次为强比较优势＞强比较劣势＞弱比较优势＞弱比较劣势，也就是说，具有强比较优势的产业显得比较"顽固"，其状态转移的概率不大（只有7.16%的转移概率），这表明只要具有了强比较优势，这种比较优势就很难消失。

"流动性"由强到弱依次为弱比较劣势＞弱比较优势＞强比较劣势＞强比较优势。第二种状态的产业流动性较强，t+1年有16.56%的产业转移到其他产业去，其中上升到第三种状态的概率较大，为9.06%。这样的结果表明，处于弱比较劣势的产业比较容易提高比较优势水平，但同时也有4.86%的可能会落入强比较劣势的水平。处于弱比较优势的产业流动性也很强，上升到强比较优势的概率为6.8%，但也更有可能退化到弱比较劣势状态（概率9.43%）。因此，对于这些具有一定潜力的"摇摆性"产业来说，我们可以积极创造条件，促使其向比较优势的状态转移，这些产业或环节经过培育可以成为今后产业升级与出口的重要部分。

由C-K方程可知，齐次马尔科夫链的n步转移矩阵等于一步转移矩阵的n次方，即$p(n) = p^n(1)$。根据这个关系，我们可以算出五步转移矩阵（见表6）。五步转移矩阵表示经过5年产业状态转移的可能性。表6的解释和表5类似，与表5的一步转移矩阵相比较可以发现，五步转移矩阵的对角线元素比一步转移矩阵的小，这说明LFI指数呈现了更大的流动性。依然以第二行为例，第二行表示t年为状态二的产业，在t+5年时转移到其他状态的概率。仍然处在弱比较劣势状态的概率为48.76%（远低于一步转移中的83.44%），转移到强比较劣势的概率为14.11%，转移到弱比较优势的概率为24.29%，转移到强比较优势的概率为12.85%，这样合起来共有37.14%的产业比较优势上升（大于11.7%）。而处于第三状态（弱比较优势）的产业比较优势上升的概率（23.11%）小于比较优势下降的概率（28.14%）。马氏链多步转移矩阵为识别有发展潜力的产品提供了依据，一个目前处于比较劣势的产品，如果在长期内（多步转移）其优势保持或上升的可能性大于下降的可能，则该产品具有发展潜力。由上面的分析可知，初期处于第二状态（弱比较劣势）的产品具有较大的发展潜力。这说明，如果我们给予这些产业发展的支持，我国的产业实现动态比较优势的提升是完全有可能的。而且，强比较优势与强比较劣势的产业的"延续性"依然是最强的，这其中的含义表明，对于丧失比较优势的产业我们可以逐步淘汰，同时，应积极培育具有比较优势的产业。五步转移矩阵的遍历值与一步转移矩阵的遍历值相同，因为遍历值是一个长期稳定状态下的概率。我们发现，在五步转移矩阵中，所有元素的值都大于0。也就是说，由我国比较优势指数构成的马尔科夫链是具有遍历性的，即具有平稳性。与一步转移概率矩阵类似，从总体趋势上看，我国产业会逐步向分工的价值链高端升级。但这种趋势是比较缓慢的（其强比较优势的遍历值只有0.331），如果要使产业结构不断升级，以使更多的产业优势在长时间内向收敛，就必须通过调整，使得比较优势的遍历值向1收敛。

与此同时，我们将上述产品的比较优势结果与我国分行业的制造业增加值率进行简单的对比发现（见表7），尽管一些劳动密集型行业与高新技术产业的比较优势较强，但在增加值率方面依然水平不高（大多低于30%）。有的甚至还低于我国的平均水平，这一方面表明了我国产业在全球分工中的地位还有待提高，另一方面也提醒我们在培育动态比较优势时，不能简单、笼统地扶持

表6 马尔科夫链五步转移概率矩阵

样本数	(−∞, −0.042]	(−0.042, 0.018)	[0.018, 0.121)	[0.121, +∞)
244	0.5716	0.2869	0.0744	0.0671
236	0.1411	0.4876	0.2429	0.1285
248	0.0369	0.2445	0.4876	0.2311
232	0.0595	0.0555	0.1658	0.7192
遍历值	0.114	0.255	0.30	0.331

某些产业，而应该重视价值链环节、注重功能性政策的配置。更为重要的是，我们应根据不同产业比较优势的现状，产业的要素配置状况、竞争特点等，实施差异化的产业政策，提高要素的质量与流动性，实现资源的优化配置。

表7 2001~2007年我国部分制造业的增加值率（%）

行 业	2007年	2006年	2005年	2003年	2002年	2001年
平均	28.89	28.77	28.69	29.51	29.78	29.68
农副食品加工业	26.53	26.92	25.87	23.84	23.29	23.05
食品制造业	30.66	31.12	30.91	29.13	28.11	27.76
饮料制造业	37.06	36.91	37.7	35.64	35.55	35.22
纺织业	26.23	25.88	25.57	24.68	24.63	24.68
纺织服装、鞋、帽制造业	29.8	29.77	28.54	26.75	25.6	26.5
皮革、毛皮、羽毛（绒）及其制品业	28.73	28.26	27.27	26	25.42	24.91
木材加工及木、竹、藤、棕、草制品业	29.27	28.22	27.95	26.77	25.83	26.03
家具制造业	26.67	26.61	26.97	25.41	26.58	27.04
造纸及纸制品业	27.56	27.54	27.55	26.98	27.43	26.32
印刷业和记录媒介的复制	32.68	32.68	32.09	32.56	33.86	33.6
文教体育用品制造业	26.42	26.43	25.61	25.88	26.15	26.42
石油加工、炼焦及核燃料加工业	17.35	15.28	16.51	20.65	20.98	19.25
化学原料及化学制品制造业	27.39	26.4	26.85	26.66	25.8	25.4
医药制造业	35.94	36.03	35.99	35.46	35.09	35.4
化学纤维制造业	19.64	18.85	18.61	20.38	22.19	21.72
橡胶制品业	27.7	26.17	27.1	28.18	27.48	27.78
塑料制品业	26.32	26.15	25.1	24.91	26	25.51
非金属矿物制品业	31.17	31.19	30.54	30.94	29.96	30.1
黑色金属冶炼及压延加工业	26.73	27.57	26.91	28.22	27.72	26.81
有色金属冶炼及压延加工业	24.83	24.72	24.31	25.31	24.08	24.95
金属制品业	26.3	26.1	25.83	25.17	25.54	25.01
通用设备制造业	27.73	27.66	27.96	27.85	27.14	27.72
专用设备制造业	28.96	28.87	27.63	26.31	27.73	27.08
交通运输设备制造业	25.69	24.2	24.38	25.83	26.04	25.23
电气机械及器材制造业	25.2	25.42	25.71	25.56	25.8	25.15
通信设备、计算机及其他电子设备制造业	20.2	21.42	21.2	21.99	22.33	22.64
仪器仪表及文化、办公用机械制造业	27	27.35	26.36	27.19	27.44	27.23

资料来源：笔者根据中经网数据计算整理。

四、相关的结论与政策含义

本文利用 LFI 指数对我国 HS2 位编码的产业的比较优势进行了静态比较分析与动态马尔科夫链的分析，得出了以下结论。

一是从静态比较分析的结果来看，我国技术与资本密集行业的竞争优势处于上升的态势，一些传统的劳动密集型行业依然具有较强的比较优势。而一些初级产品与资源型产品的竞争力处于下降的趋势。二是由马尔科夫链的测算结果可知，具有强比较优势和强比较劣势的产业延续性较强。也就是说，一个产业如果具有了强比较优势，就较难改变其比较优势状态。具有弱比较劣势和弱比较优势的产业流动性较大，这一类的产业通过培养很有可能进入强比较优势的行列，但如果发展不顺的话，也有可能落入比较劣势的陷阱。上述结论也具有较强的政策含义。在培养动态比较优势的过程中，我们应该秉持进退结合的原则。我国具有强比较优势的产品有很大一部分仍然是劳动密集型的产业，这些产业对我国出口量的增加以及解决就业问题都有巨大的贡献。所以虽然其附加值大多不高，但是仍然不能立刻抛弃这些产业。马尔科夫链这一动态的测量方法与静态方法相比，一个明显优势就是能检测出具有发展潜力的产业。通过对动态比较优势研究不难发现，现在处于比较劣势但是具有高附加值的技术、资本密集型产业转移到比较优势的可能性很大，如果加大对高技术产业的投入，这些高技术产业是可以培养动态比较优势的。一部分高新技术产业经过国家的培养逐步进入比较优势行列，这些产业一旦具有了强比较优势也比较容易保持这个状态。而高技术产业往往具有高附加值，高技术产业比较优势的增强更有利于我国产业结构的高附加值化，从而达到产业升级的目的。

但是，我们也应该认识到，要想摆脱静态比较优势的分工锁定，实现经济的转型，关键是要摆脱先天资源禀赋边际成本上升的约束，培育和提升新的比较优势，加快技术进步，促进出口的多样化、生产技术复杂化，实现产业结构和贸易结构的升级。简言之，决定比较优势的是先天的要素禀赋和后天形成的技术水平、社会基础设施及制度的适应性、灵活性等因素综合作用所形成的生产率差异。而要打破现有分工格局，形成动态比较优势，归根结底应把未来比较优势部门培育成为具有较高的相对生产率的部门，关键是基于技术创新和相对比较高级要素的积累，由此形成更高分工层级，这是提高国际分工地位、增加国民福利的基石。

因此，我们认为，培育产业动态比较优势不等于培养动态比较优势产业，还包括体现动态比较优势要素升级的环节。它涉及人力资本、技术能力、营销能力、产业组织和制度保障等方面。在全球化过程中，国别之间的分工已由产业之间和行业之间的分工向行业内、产品内的分工演变，培育产业动态比较优势并不是简单的产业调整或扶持，还应从产业链和价值链的角度，培育体现动态比较优势要素的价值链环节。这意味着我国产业结构调整的政策重心应由结构性政策为主向支持关键环节的功能性政策为主，兼顾结构性政策转变。

基于此，我们认为，我国培育产业的动态比较优势需要做到以下几点：

第一，应针对不同比较优势的产业实施差异化的发展策略。对于现有的具有比较优势的产业，我们可以更多地引入市场竞争机制，给予企业充分的自主权，使这些产业在良好的竞争环境中不断通过技术创新和制度创新来增强自身的国际竞争力。对于一些潜在的、未来较有可能形成比较优势的产业，政府可以在关键环节适当加以扶持，提高其国内生产以及在出口中的竞争力。而对于丧失比较优势的产业，则可以逐步淘汰相应的环节以及通过产业转移实现资源的优化配置。一是对于既有比较优势部门，如纺织、服装等劳动密集型行业，价格竞争已十分惨烈，而部分企业的创新能力也在逐步提高,应重点支持这类行业提高研发设计水平,培育品牌,促进由成本价格竞争向以产品多样化和设计、服务、品牌等差别化竞争和功能提升为主的转变,防止贸易条件的进一步恶化。同时,应把建立海外营销网络,作为提升该类行业国际竞争地位的重要方面,在融资、通关等方面进行政策支持。二是对于具有动态比较优势的产业,它们正在或即将成为我国出口的重点行业,应在促进提高生产率、降低出口的交易成本,支持开拓海外市场等方面提供政策支持。对这些产业的政策重心是支持研发设计和关键设备、关键部件的国内生产,提高国际分工层级,支持其提高产品档次并"走出去"。三是对于一直具有比较劣势而地位重要的行业,如医药制造、高端装备以及关键部件、关键设备、关键材料等,则应以适度的市场保护和投入支持为重点,并着力提高开发设计水平,强化供应链管理,着力提升分工层级,支持高新技术行业和关键环节的战略性进入和提高国际竞争能力,以打破海外垄断,形成有利于我国国民福利的市场结构,改善贸易条件。四是对于一些陷入比较优势陷阱且比较顽固的产业,可以有针对性地淘汰落后的产能或生产环节,以及通过相应的产业转移为具有潜在发展优势的产业置换出相应的发展资源。

第二,在发展动态比较优势的过程中应重视具有一定潜力的价值链环节与功能的培育。新动态比较优势的培育既可能是新的行业,也有可能是在现有比较优势部门基础上的功能提升以及具有潜在比较优势的环节。不管何种方式,其一定是能够利用不断提升的人力资本、产业技术基础、配套条件、金融支持、社会组织网络等要素积累的部门。因此培育动态比较优势,关键是基于技术创新和相对比较高级要素的积累,由此形成更高分工层级。同时也是市场竞争过度竞争的减弱而市场势力增加、议价能力增强的过程。除了一般意义上的提高人力资本的教育水平与效率,松绑限制劳动力流动的制度束缚,发挥产业资本的功能外,目前还应该重视集聚资源、要素功能的平台建设,积极促进一大批大中小型专业化平台企业的发展,发挥这些企业整合资源的能力。力争实现要素资源、市场信息的集聚和交易的集中,掌握产业价值链的话语权与主动权。此外,要着力形成有效竞争的市场结构,提高我国企业的市场势力,努力形成与跨国公司相抗衡的能力;对内,要促进形成经济规模和适度竞争。在这一过程中,企业也应在组织形式、管控模式、治理结构等方面适应这些变化,实现双方转变的有效对接。

第三,打破产业调整的各种壁垒,提高其转换能力,降低产业转型升级的成本。目前,区域的行政壁垒、行业进入退出壁垒等严重影响了产业资源的流动以及合理化的配置。这无形之中提高了我国产业转型升级的成本,也是李克强总理一直强调要解决的结构调整中的难题。区域行政壁垒与市场分割是我国产业发展中的一大历史性难题。而且,这一问题也不仅仅是行政管辖权和财政边界的问题,即不是调整行政关系就能彻底解决的,更为重要的是要尊重经济微观主体的市场行为,减少区域间产业竞争与发展的行政干预与政府越位行为。以开放式、市场化的方式让产业转型的企业主体来进行资源的整合,而政府需要做的是在基础设施、产业配套环境等方面为企业创造良好的环境,真正形成产业发展的各类主体"不缺位、不错位、不越位",各司其职,和谐发展的格局。

参考文献

[1] Arrow, Kenneth J. The Economic Implication of Learning by Doing [J]. Review of Economic Studies, 1962, 29 (1).

[2] Balassa. Trade Liberation and Revealed Comparative Advantage [J]. Manchester School of Economic and Social studies, 1965 (33).

[3] Danny Quah. Empirical Cross-section Dynamics in Economic Growth [J]. European Economic Review, 1993 (37).

[4] Stephen Redding. Dynamic Comparative Advantage and the Welfare Effects of Trade [J]. Oxford Economic

Papers, 1999 (51).

[5] 陈智远. 动态比较优势经验研究 [J]. 世界经济文汇, 2002 (1).

[6] 干春晖、余典范. 中国构建动态比较优势的战略研究 [J]. 学术月刊, 2013 (4).

[7] 耿伟. 动态比较优势与中国目标产业选择实证分析 [J]. 现代财经, 2007 (12).

[8] 洪银兴. 从比较优势到竞争优势——兼论国际贸易的比较利益理论的缺陷 [J]. 经济研究, 1997 (6).

[9] 李晓钟. 产业比较优势动态性的实证分析 [J]. 国际贸易问题, 2004 (7).

[10] 李水. 动态比较优势理论：一种新的模型解释 [J]. 经济评论, 2003 (1).

[11] 林毅夫, 李永军. 比较优势、竞争优势与发展中国家的经济发 [J]. 管理世界, 2003 (7).

[12] 王岳平. 培育我国产业动态比较优势的机理分析与政策研究 [J]. 经济研究参考, 2012 (15).

[13] 杨小凯, 张永生. 新贸易理论、比较利益理论及其经验研究的新成果：文献综述 [J]. 经济学（季刊）, 2001 (10).

中国经济金融化对产业结构优化影响机制的实证研究

陈晓雨 曹剑飞**

经济金融化现象出现于20世纪80年代的美国,其后在全球迅速扩张。对比20世纪美国和日本的经济发展历程,不难发现,从60年代到80年代,美国经历了从占领高新技术的全球领先地位,到在汽车、消费电子、微电子、电动器材和钢铁等方面被日本超越,再到重新引领制造业及高新技术产业发展的过程。高新技术和现代金融是美国经济持续增长的重要推动力,具体表现为将现代技术应用于金融领域,迅速放大金融利润。这种经济模式发展的必然结果是形成了持续的金融化现象。

20世纪90年代以来,中国加速融入世界经济体系。我国的工业化、市场化、国际化稳步推进,在这样的背景之下,西方发达国家主要从产业结构、市场结构和产品贸易结构三个方面影响我国的产业发展,进而使我国的经济发展处于全球经济变化之中(齐兰,2009)。我国金融市场采取双向开放的发展策略,既允许国外资金投资于中国金融市场,又逐步开放中国居民和企业在国外金融市场上的投资。因此,以美国为代表的资本主义金融化现象将不可避免地进入并影响我国经济发展。当前我国经济发展的主要任务是优化产业结构,所以,研究经济金融化如何与产业结构优化相适应是一个重要的命题。作为一个处于经济调整关键阶段的发展中国家,借鉴发达国家经济金融化和产业结构优化的经验,对于我国推进金融体制改革、优化产业结构、主动融入世界金融化趋势、理性应对金融化挑战具有重要意义。

本文以经济金融化为背景,将产业结构优化细分为产业结构的合理化、高级化和均衡化。第一部分是文献综述;第二部分分别论述了经济金融化对产业结构合理化、高级化和均衡化的影响机制;第三部分对本研究的指标选取、数据资料来源及分析方法做出说明;第四部分运用协整检验、格兰杰因果关系检验和VAR分析实证检验了经济金融化对我国产业结构优化的影响机制;第五部分为结论和政策建议。

一、文献综述

发源于美国的经济危机引起了国内外学者的广泛关注和研究,研究的焦点集中在金融化对经

---

* 笔者参与了齐兰教授主持的国家社会科学基金重点项目"当代垄断资本金融化研究"(批准号12AJL002),本文为阶段性研究成果。
** 陈晓雨(1988—),女,湖北十堰人,中央财经大学经济学院,产业经济学博士研究生;曹剑飞(1978—),男,浙江嘉兴人,中央财经大学经济学院,产业经济学博士研究生。

济发展的影响效应。代表性的观点可以分为两种：一种观点认为，经济金融化促成了美国的新经济模式，使美国的经济在20世纪取得了举世瞩目的成果。这种观点肯定了金融化作为资本主义变化的最新动态，其证券化和虚拟化发展的特性为资本主义国家带来了快速的利润积累。另一种观点则认为，金融化是造成美国经济危机的根本原因。这是由于金融化导致部门间收入分配严重失调，收入差距的扩大和失业率的增加破坏了经济的稳定性，导致产业结构优化的进程受到阻碍。

1. 国外文献综述

国外大多数学者认为经济金融化虽然短期内实现了利润快速积累，形成了经济繁荣发展的表象，最终却从负面影响了产业结构优化。Lazonick 2010年对美国非金融企业的研究表明，金融化现象造成了实体经济的投资被挤出，压缩实体经济的创新空间，减缓产业结构升级。Ozgur Orhangazi (2006)深入研究了美国经济的金融化及其对资本积累的影响，指出经济金融化会对资本积累产生负面影响，非金融企业金融投资和金融利润的增加提高了这些企业潜在的脆弱性。Cagla Ozgur将研究的对象转向土耳其，认为20世纪80年代以后，土耳其的市场化行为导致了金融化现象，结果造成了较高的财政赤字、高通货膨胀和高利率。Hee Young Shin 2012年从亚洲金融危机的起因和后果出发，以韩国为例，从宏观和微观两个层面进行实证研究，发现金融化确实降低了非金融企业和制造业的固定资产投资量。

虽然大部分国外文献都关注金融化对经济增长和产业发展的负面作用，也有学者提出了不同的观点。Costas Lapavitsas认为金融化与金融危机同时期发生，并不代表金融化是致使经济衰退的主导因素。金融化现象的产生标志着成熟的资本主义经济体正在进行系统的转变。金融化实际上改变了金融结构和实体经济结构，迫使企业发展融资能力，银行挖掘个人金融市场，刺激居民的金融消费需求。Panitch和Gindin认为资本在金融领域的过度集中是资本主义本质属性的体现。他们反对金融化挤出实业投资的观点，认为虽然金融利润的份额增长了，但总利润的增加为企业再投资提供了更多资金，金融化实际上增加了风险资金的流动性。避免产业空心化的关键不在于去金融化，而是合理安排生产投资计划，更好地利用金融利润；通过创新提高技术水平，以获取更多的资金和市场份额。

2. 国内文献综述

与国外研究结论不同，国内大部分学者认为金融化促进了我国产业结构升级。金融化的具体表现是金融结构的变化，因此有学者从宏观视角出发，研究了我国金融结构与产业结构优化的关系。杨琳、李建伟（2002）对中国金融结构升级与实体经济结构升级的关联机制进行了理论探讨和实证研究，指出实体经济结构升级需要良好的金融结构相配套。傅进、吴小平（2005）从资金形成机制、资金导向机制以及信用催化机制角度论述了金融激励产业结构的优化升级。王芳（2004）检验了我国金融相关率和第二、三产业增加值占GDP的比重，结果显示我国经济金融化对产业结构调整具有正面积极作用。陈峰（1996）深入论述了经济金融化通过扩宽投资渠道促进产业结构升级。也有学者进行了分区域的对比研究，叶耀明、纪翠玲（2004）将长三角城市群作为研究对象，得出长三角城市群的金融发展能有效促进该区域的产业结构优化的结论。范方志、张立军（2003）把研究进一步细化，他们把中国分为东部、中部、西部三个区域，分别研究其金融发展对产业结构升级的影响，结论是金融结构升级、产业结构优化和经济发展水平三者之间存在正向关系。惠晓峰、沈静（2006）将东北三省作为研究对象，采用多元回归分析的方法对东北三省各省金融发展与产业结构优化之间的关系进行了实证研究和比较分析。

然而，也有一些学者提出了不同的观点。赵玉敏（2008）认为世界经济金融化的趋势增加了我国制造业对外部市场的依赖程度，同时增加了全球经济的系统性风险。张慕濒（2013）赞同经济金融化对实业投资的挤出效应，并提出要防止金融化的负面影响，应当夯实微观经济主体的金融能力，防止金融凌驾于实体经济的基础之上。

3. 文献评述

可以看出，国外文献关于金融化的理论探讨更加深入和全面，归纳并探索出了金融化对经济发展的影响路径，但是研究基本停留在理论层面，缺乏实证分析。国内文献关于金融化影响产业结构优化的机制剖析略为简单，研究视角单一，深度不足。同时，已有文献大多是从金融化与经济发展的角度入手，折射出金融化与产业结构优化的关系。经济发展涵盖的内容宽泛，产业结构优化是经济发展中最核心的要素，有必要进行针对性的研究。当前，我国十分强调改革金融体制以支持产业发展，因此研究经济金融化对产业结构优化的影响效应，具有极强的现实性和指导性。

二、经济金融化影响产业结构优化的机制分析

经济金融化的定义为金融市场、金融交易和金融结构在规模和地位上的提高。具体来说，金融化描述了非金融部门与金融市场之间关系的转变。这种变化首先表现在非金融部门在金融领域投资的增多，其次表现在总收入中金融收入所占比重的提升。[①] 这种金融投资和收入的增加表现为金融总资产占经济总产出比例的提高，也就是经济金融化的量化衡量指标——金融相关率。

产业结构指国民经济中各产业的组成及其相互间的联系和比例关系，主要指第一、第二、第三产业之间的联系和比例关系。第一产业包括农业和畜牧业，第二产业主要指制造业，第三产业主要指服务业。产业结构的变化规律表现为第一产业产值在三次产业总产值中所占比例下降，而第二产业和第三产业的比例逐渐上升。产业结构优化是一个动态的概念，指通过产业调整，使各产业协调发展，实现产业结构的合理化、高级化，并最终达到产业结构均衡化的过程。[②] 经济金融化对产业结构优化的作用机制主要包含以下三个方面。

1. 经济金融化对产业结构合理化的作用机制

产业结构合理化主要是指产业类型结构和比例结构配置的科学化，即要求在一定的经济发展阶段，根据消费需求和资源条件，对初始不理想的产业结构进行有关变量的调整，理顺结构，使资源在产业间合理配置和有效利用。金融对产业结构的合理化调整不是一蹴而就的，而是经过了至少两次优化的过程。一方面，现存产业中存在部分劣质产业，需要金融资源的优化配置使劣质资源因无法获得资金而被淘汰，或者将其转化为优质资源；另一方面，某些优质资源发展过慢而导致产业配置比例的失衡，必须通过金融资源的二次优化配置，来扶持这些发展较慢的优质产业。经济金融化的最终目标是实现产业类型结构和比例结构的合理化。

2. 经济金融化对产业结构高级化的作用机制

产业结构高级化是指产业结构由低水平产值状态向高水平产值状态的动态发展过程。通过产业结构的高级化过程，可实现产业结构的整体产值状态由低水平逐步向高水平的动态演进，实现产业结构高级化的根本动力是科技创新。

金融发展支持产业结构高级化的过程主要包括以银行信贷为主导的间接金融支持和以资本市场为主导的直接金融支持，其核心目的是为企业的创新活动提供充足资金。间接金融支持主要是由政策性与补贴性信贷机制和市场性间接金融中的商业性信贷机制组成。

---

① Ozgur Orhangazi. Financialization of the U.S. Economy and Its Effect on Capital Accumulation: A Theoretical and Empirical Investigation [M]. School of Economics, University of Massachustts, 2006.
② 王俊豪. 产业经济学（第二版）[M]. 北京：高等教育出版社，2012.

3. 经济金融化对产业结构均衡化的作用机制

产业结构优化的最终目的是实现产业结构系统中各个产业之间以及产业发展与地区资源禀赋相互协调的和谐状态。产业结构均衡化的核心是实现资源的优化配置，避免资源浪费，使产业发展达到稳定状态。一方面，市场竞争机制有利于资金的有效配给，使资金向优质产业流动和集中；另一方面，政府对市场性金融活动的干预有利于调节资金在不同产业间的配置，使资金使用达到帕累托最优。

三、指标选取及分析方法

1. 衡量指标

（1）经济金融化的衡量指标。英国经济学家戈尔史密斯在其专著《金融结构与金融发展》（1961）中提出了衡量一国金融发展水平的数量指标——金融相关率（FIR），并给出了金融相关率的计算公式：金融相关率=金融活动总量/经济活动总量。戈尔史密斯归纳出了构成金融相关率的七个因素，即货币比率、非金融相关比率、资本形成比率、外部融资比率、金融机构、新发行比率、金融资产价格波动和乘数。按照他所考虑的诸因素计算金融相关率非常复杂，因此大部分学者采用一国全社会金融资产总值同国民生产总值的比值来表示金融相关率（FIR）。

许多学者赞同采用金融相关率定量测度经济金融化。如张慕濒（2013）、王芳（2004）、蔡则祥等（2004）在构建经济金融化的指标体系时，指出金融相关率能够反映经济金融化程度和金融发展水平，可以在不同金融发展阶段使用。参照前人的研究经验，本文将采用金融相关率（FIR）作为经济金融化的量化指标。① 金融相关率越高，可以认为金融化的程度越深。

（2）产业结构优化的衡量指标。产业结构优化具体可以分为产业结构合理化、产业结构高级化和产业结构均衡化，因此本文将从这三个方面构造产业结构优化的衡量指标。

一是产业结构合理化指标。产业结构合理化的关键在于使资源在产业间合理配置和有效利用，使产业之间由于内在的相互作用而产生一种不同于各产业能力之和的整体能力。产业结构合理化通常采用结构偏离度衡量，现有研究表明，用泰尔指数衡量产业结构合理性的效果更佳，它保留了结构偏离度的理论基础和经济含义，同时考虑了产业的相对重要性并避免了绝对值的计算，其计算公式如下：

$$TL = \sum_{i=1}^{n} \left(\frac{Y_i}{Y} \right) \ln \left(\frac{Y_i}{L_i} / \frac{Y}{L} \right)$$

式中，Y 表示产值，L 表示就业，i 表示产业，n 表示部门数，Y/L 表示生产率，Y_i/Y 表示产业的相对重要性。根据新古典经济学假设，经济处于均衡状态时，各产业部门的生产率水平相同，$Y_i/L_i = Y/L$，从而有 TL = 0。若泰尔指数不为 0，则表明产业结构偏离了均衡状态，产业结构不合理。因此，TL 是一个逆向指标。

二是产业结构高级化指标。产业结构高级化是资源利用水平不断突破原有界限，从而不断推进产业结构中朝阳产业成长的过程。根据克拉克定律，产业结构高级化一般采用非农业产值比重

---

① FIR 定义为金融资产总额与当年 GDP 之比。金融资产总额选取狭义货币（M1 = 流通中现金 + 活期存款）、金融机构资金运用（不含有价证券投资）、债券余额、股票流通市值、报废余额之和，由此得到与官方公布数字基本吻合的数据。尽管对金融资产的界定及据此计算的 FIR 仍然有待商榷，但并不影响对中国经济金融化趋势的基本判断以及结论的有效性。其中，1985年以前的金融机构资金运用以国有银行资金运用数据替代。

作为度量。但是，随着信息化社会的发展，产业结构高级化不仅仅体现于非农产业比重的提升，而是更加注重非农产业中的结构性问题，即第三产业相对于第二产业的比重上升。本文采用第三产业产值与第二产业产值之比作为产业结构高级化的度量（TS）。[①] 如果 TS 值处于上升状态，则意味着经济在向第三产业的方向推进，产业结构在升级，TS 是一个正向指标。

三是产业结构均衡化指标。产业结构优化的最终目标是实现产业结构的均衡化，也就是指一个产业结构系统中各个产业之间达到相互协调和谐的状态。可以认为，产业结构优化升级的实质就是实现产业结构从非均衡到均衡的演变，或从低层次均衡向高层次均衡的跃迁。徐德云曾基于一般均衡的分析框架，构建了产业结构均衡的理论模型。根据他的推导，由三次产业所构成的经济社会的产业结构不均衡偏离程度的测定度为：

$$R = \sqrt{\sum_{i=1}^{3} \left(\frac{y_i}{l_i} - 1\right)^2 / 3} \quad (R \geq 0)$$

式中，R 为测定经济结构均衡的程度，$i(i=1,2,3)$ 代表产业的次数，$\frac{y_i}{l_i}$ 代表产业的劳动收入比。如果 R = 0，经济结构就达到均衡。如果 R > 0，其值越大，则经济结构越不平衡，国民收入将会减少，经济越不稳定。TR 是一个逆指标。

2. 实证分析方法

为了避免模型出现伪回归的现象，本研究首先将利用 Dickey 和 Fuller（1981）年提出的考虑残差项序列相关的 ADF 单位根检验法，检验变量的平稳性，对非平稳性的变量进行处理，使之成为平稳时间序列。如果变量是单整的，那么我们将对相关变量进行协整检验（Cointegration Test），分别确定经济金融化和产业结构合理化、高级化、均衡化之间的长期关系。协整理论是研究分析非平稳时间序列的一个重要方法。Engle and Granger 曾指出，如果两个或两个以上的非平稳时间序列（含有单位根的时间序列）的线性组合能构成平稳的时间序列，则称这些非平稳时间序列是协整的，称得到的平稳的线性组合为协整方程，可以认为协整方程的存在说明这些变量（即非平稳的时间序列）之间存在长期的均衡关系。本文将采用 Johansen 提出的协整检验（JJ 检验）方法来检验变量之间的协整关系。得出协整检验的结果以后，进一步采用格兰杰因果关系检验法（Granger Causality Test），以展开对这些变量之间关系的进一步分析。格兰杰因果关系的基本原理是，如果变量 Y2 过去和现在的信息有助于改进变量 Y1 的预测，则变量 Y1 是由变量 Y2 的格兰杰原因引起的（Granger-caused）。格兰杰因果检验中最重要的是滞后时间长度的确定，在实际分析中检验的功效取决于最优滞后期数的确定。如果滞后期数随机确定，会导致检验结果的错误。在该项研究中，最优滞后期数的确定根据 VAR 方程的滞后期选择的判断标准确定。

四、中国经济金融化影响产业结构优化的实证分析

1. 变量的描述性分析及整体趋势判断

统计性描述可以从直观上观察指标的变动趋势，但是各组数据的单位不同，首先需要将每一个指标数列转化为无量纲标准化数据。数据标准化的方法有很多，其中全距标准化法最为简洁。全距标准化法是找出指标的最大值和最小值，求得极差，用极差做分母，分子的计算方法则根据

---

① 干春晖等. 中国产业结构变迁对经济增长和波动的影响 [J]. 经济研究，2011（5）.

指标类型的差异而有所不同。具体来说，对于正向型指标：

$$c'_{ij} = \frac{c_{ij} - minc_j}{maxc_j - minc_j} (0 \leq c_{ij} \leq 1)$$

对于逆向指标：

$$c'_{ij} = \frac{maxc_j - c_{ij}}{maxc_j - minc_j} (0 \leq c_{ij} \leq 1)$$

表1给出了标准化变量的描述性统计。变量经过标准化处理后，均处于0到1之间，因此描述性统计中省去了最大值和最小值。同时，变量经过标准化处理后，更容易观察其所处的水平。我们发现，中国的经济金融化水平、产业结构合理化、高级化、均衡化水平均较低。经济金融化的均值仅为0.436，而同时期该指标在美国却高达0.715。产业结构合理化水平和均衡化水平落后于经济金融化水平，产业结构高级化水平略高于经济金融化水平。从数据分布上来看，经济金融化的观测值呈平坦的右偏分布，产业结构合理化的观测值呈陡峭的右偏分布，产业结构高级化的观测值呈平坦的左偏分布，产业结构均衡化的观测值呈陡峭的右偏分布（如图1所示）。

表1 变量的描述性统计

标准化变量	变量解释	均值	中位数	标准差	偏度	峰度
SFIR	经济金融化	0.436	0.350	0.288	0.373	2.050
STL	产业结构合理化	0.398	0.379	0.199	0.739	4.045
STS	产业结构高级化	0.594	0.627	0.310	−0.558	2.176
SR	产业结构均衡化	0.359	0.324	0.216	1.114	4.431

注：STS代表标准化的产业结构高级化指标；STL代表标准化的产业结构合理化指标；SFIR代表标准化的经济金融化指标；SR代表标准化的产业结构均衡化指标。

数据来源：根据《中国统计年鉴》、《中国金融统计》以及国家统计局、中国人民银行、证监会、保监会等官方网站公布数据计算得到。

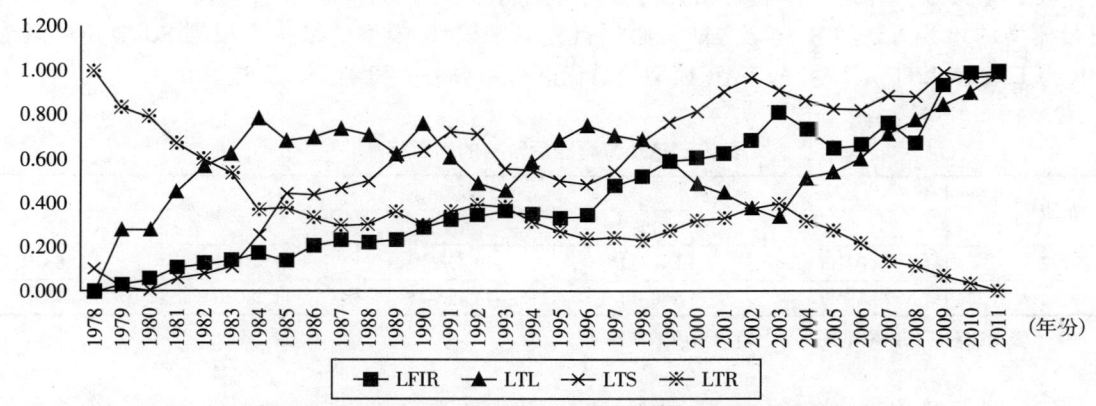

图1 1978~2011年中国经济金融化和产业结构优化变动趋势

数据来源：根据《中国统计年鉴》、《中国金融统计》以及国家统计局、中国人民银行、证监会、保监会等官方网站公布数据计算得到。

从1978~2011年中国经济金融化和产业结构优化的观测值可以看出：①经济金融化呈不断上升趋势；②产业结构合理化水平的波动性较大，并在近几年表现出明显的下降趋势；③产业结构高级化水平不断上升，这是由于我国强调高新技术产业的发展；④产业结构均衡化表现为不断收敛的态势，这是由于社会主义市场制度的完善增强了我国产业结构的均衡性。图1描述了1978~2011年我国产业结构优化与经济金融化的变动趋势，而探究变量之间的内在联系，还需要展开进一步的分析。

2. 影响机制的实证检验

（1）单位根检验。本研究利用 Eviews 软件，对各变量进行单位根检验，以确定变量的平稳性。首先对变量取对数，以减少数据的波动性。经济金融化指标 FIR 取对数得到 LNFIR，产业结构合理化指标 TL 取对数得到 LNTL，产业结构高级化指标 TS 取对数得到 LNTS，产业结构均衡化指标 R 取对数得到 LNR。通过检验发现 LNFIR、LNTL、LNTS 和 LNR 均为非平稳变量。对于非平稳变量的处理采用差分法，结果见表2。其中，ΔLNFIR、ΔLNTL、ΔLNTS 和 ΔLNR 分别表示对相关变量取一阶差分值。从表2可以看出，经过处理后所有数据序列在1%显著水平下都是平稳的，同时也都是一阶单整的。

表 2 单位根检验

变量	ADF 检验	检验类型	滞后阶数	显著水平（临界值）
LNFIR	3.300793	不含趋势线性项和常数项	0	1%（−2.636901）
ΔLNFIR	−4.861099**	不含趋势线性项和常数项	1	1%（−2.63921）
LNTL	1.528303	不含趋势线性项和常数项	0	1%（−2.636901）
ΔLNTL	−4.614007**	不含趋势线性项和常数项	1	1%（−2.63921）
LNTS	−2.460358	不含趋势线性项和常数项	0	1%（−2.636901）
ΔLNTS	−3.619109**	不含趋势线性项和常数项	1	1%（−2.63921）
LNR	2.572234	不含趋势线性项和常数项	0	1%（−2.636901）
ΔLNR	−3.912169**	不含趋势线性项和常数项	1	1%（−2.63921）

注：** 表示在1%的显著性水平上拒绝有单位根的原假设。
数据来源：Eviews 操作结果。

（2）协整检验。由于上述变量都是单整的，因此，我们可以利用 Johansen 检验判断它们之间是否存在协整关系，并进一步确定相关变量之间的符号关系。Johansen 协整检验是一种基于向量自回归模型的检验方法，在检验之前，必须首先确定 VAR 模型的结构。根据 SC 准则可以确定 LNFIR 与 LNTL、LNTS、LNR 的 VAR 模型的最优滞后期数为 2 和 4（见表3）。

表 3 VAR 方程滞后阶数的判断标准

滞后阶数	判断准则				
	LR	FPE	AIC	SC	HQ
2	28.02100*	1.84e−11*	−13.43037*	−11.78141	−12.88379
4	23.18676	1.14e−11*	−14.45641*	−11.28036	−13.44036*

注：* 表示在对应的判断准则之下，该滞后阶数能够通过检验。

利用 Q 统计量检验、怀特检验和 JB 检验进一步检验滞后期数为 4 的 VAR 模型，发现其拟合度很好，残差序列具有平稳性，的确是最优模型。在此基础上，我们可以得到协整检验的具体结果，如表4所示。

由表4可知，协整检验表明在 1978~2011 年的样本区间内，LNFIR 与 LNTS、LNTL 和 LNR 之间存在三个协整关系。由 Johansen 协整检验的结果可得五个变量之间的协整方程为：

$$LNFIR = 3.097675 LNTL + 0.094729 LNTS - 4.046037 LNR$$
$$St. \quad (0.12072) \quad (0.11578) \quad (0.20456)$$

这个方程表明了：1978~2011 年，上述四个变量之间存在长期的均衡关系，说明产业结构的合理化、高级化、均衡化确实是经济金融化变动的原因。由协整方程的符号可以判断，1978~2011

表 4 经济金融化与产业结构升级的协整检验结果（样本区间：1978~2011）

零假设：协整向量的数目	特征值	迹统计量	临界值（5%显著性水平）	P 值
0**	0.76365	79.4239	47.85613	0
至多 1 个 **	0.511973	37.59305	29.79707	0.0052
至多 2 个 **	0.437677	16.78888	15.49471	0.0318
至多 3 个	0.003243	0.094189	3.841466	0.7589

注：** 表示在 1%显著水平拒绝原假设。
数据来源：Eviews 操作结果。

年，中国产业结构的合理化、高级化与经济金融化是正向关系，而产业结构的均衡化与经济金融化表现出负向关系。

（3）格兰杰因果检验。为了检验 LNFIR、LNTL、LNTS 和 LNR 之间是否存在短期的关系，本文采用格兰杰因果检验对变量间的关系予以分析。从表 5 可以看出，在最优滞后期时，一方面，产业结构合理化和产业结构高级化在 10%的显著性水平下都没有成为经济金融化的格兰杰原因；另一方面，产业结构均衡化与经济金融化在 10%的显著性水平下互为格兰杰原因。这与协整检验中，产业结构均衡化与经济金融化之间存在较强的关系相符。

表 5 格兰杰因果检验

变量	零假设	最优滞后期	样本数	P 值
ΔLNTL	ΔLNTL 不是 ΔLNFIR 的 Granger 原因	2	32	0.2145
	ΔLNFIR 不是 ΔLNTL 的 Granger 原因	2	32	0.3818
ΔLNTS	ΔLNTS 不是 ΔLNFIR 的 Granger 原因	2	32	0.2293
	ΔLNFIR 不是 ΔLNTS 的 Granger 原因	2	32	0.3570
ΔLNR	ΔLNR 不是 ΔLNFIR 的 Granger 原因	2	32	0.0452
	ΔLNFIR 不是 ΔLNR 的 Granger 原因	2	32	0.0915

数据来源：Eviews 操作结果。

（4）脉冲响应分析。由于格兰杰因果检验证实了产业结构均衡化发展是促进经济金融化的原因，因此，我们可以利用 Sim 提出的向量自回归（VAR）技术进行冲击反应分析，以进一步细化探索两者之间的关系。在建立 LNFIR 与 LNR 之间的一般冲击反映之前，先进行 AR 特征根的倒数的模的单位圆检验。

图 2 中单位圆的点表示 AR 特征根的倒数的模，它们全都落在单位圆内表示这里建立的 VAR 模型是平稳的。脉冲响应结果如图 3 所示。

从图 3 可以发现：①经济金融化的正向冲击有利于自身的改善；②产业结构均衡化的正向冲击对经济金融化的影响具有波动性，并最终趋向于零；③经济金融化的正向冲击对产业结构均衡化表现出负面影响，这种影响并不显著；④产业结构均衡化的正向冲击对自身产生正向的影响。VAR 分析结果说明了产业结构合理化对经济金融化存在正向影响，但是这种影响并不持久。从理论上来说，产业结构均衡化发展应该改善经济金融化状况，而从我国 1978~2011 年的数据来看，这种正向影响并没有表现出来，说明我国产业均衡化发展程度还比较低，产业资源配置上存在不合理的状况，产业对经济金融化的促进作用还未充分发挥。

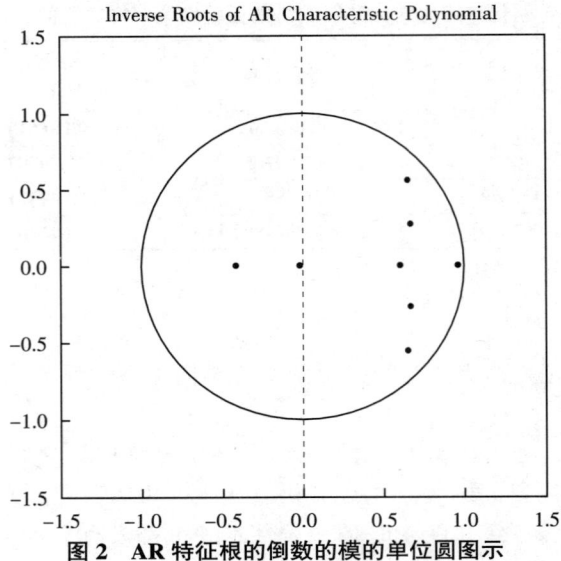

图2 AR 特征根的倒数的模的单位圆图示

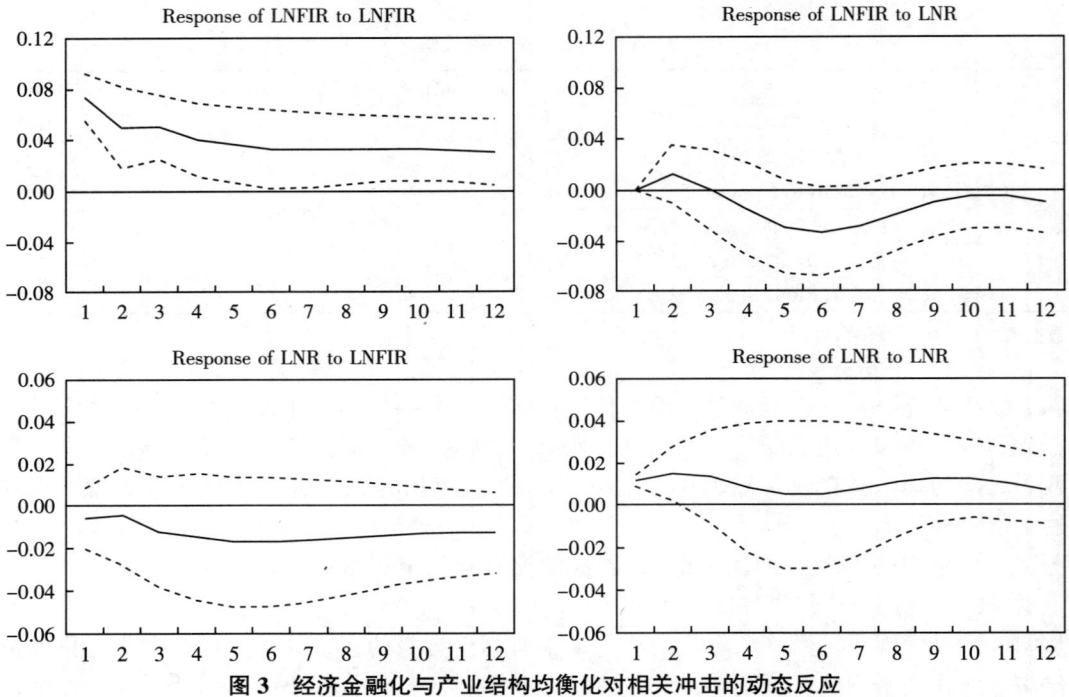

图3 经济金融化与产业结构均衡化对相关冲击的动态反应

五、结论及政策含义

经济金融化对产业结构优化的影响机制主要是通过产业结构合理化、产业结构高级化和产业结构均衡化三个方面进行的。实证分析的主要结论有：①我国的产业结构优化确实受到经济金融化水平的影响。②经济金融化与产业结构的合理化、高级化表现出正向关系。说明在我国，金融发展拉动了产业结构的合理化和高级化。金融证券化和虚拟化为产业发展提供资金，市场机制下，资金具有较强的流动性，从而扶持了高盈利产业，淘汰落后产能，构成了产业结构合理化和高级化形成机制。③经济金融化与产业结构均衡化表现出负向关系，产业结构均衡化表现出"去金融化"发展。产业结构均衡化包含了两个方面的含义，一是资源配置达到帕累托最优，二是产业发展稳定化。金融化标志着大量金融衍生品出现，资金更容易进入高盈利部门，投机性增强，这会不可避免地造成产业波动，导致产业结构的均衡性降低。④近年来，西方国家的金融化趋势并没有侵蚀我国的金融发展，而是带动了我国的金融化。

产业结构优化是一个重要的命题，它是政府制定产业结构政策的目标导向。本文从金融支持产业结构优化的视角出发，分析了在当今全球经济金融化的大背景下，我国经济金融化对产业结构优化的影响机制及效果。基于实证分析结果，本文针对我国的产业结构优化提出如下建议：

第一，协调国民经济各部门发展，促进产业结构合理化。协整检验的结果证明经济金融化和产业结构合理化是正向关系，而我国1978~2011年经济金融化上升的同时，产业结构合理化却表现出相反的趋势。这说明虽然金融因素支持了产业结构合理化，其他影响因素却阻碍了产业结构合理化。国民经济各部门协调发展是产业结构合理化的重要基准。① 我们要在市场经济条件下，将社会劳动总量按社会必要的比例分配在各个生产部门，保证全部产品价值的充分实现，达到国民经济各部门的协调发展。

第二，扩大完善资本市场功能，促进产业结构高级化。我国高新技术产业发展的"瓶颈"在于资金的投入与产出在整个国民经济中所占比重太少，根本问题在于高科技产业资金来源渠道不广，融资方式单一，融资政策环境不宽松。促进产业结构高级化关键要开拓资金来源的渠道，国家财政需予以支持。一是对于一般的高科技产业，制定优惠的融资政策；二是实行超前融资政策，如允许高科技企业直接从金融资本市场融资。

第三，改善金融市场环境，减少投机性投资对产业结构均衡化的干扰。需建立与金融工具、金融衍生品相配套的金融监管体系。同时，加强金融监管力度，调整和修正资本市场上内、外资不正当的投机性行为，制定完备的金融市场法律，有效制裁违法行为，以减少产业发展中的波动。在促进经济金融化的过程中，不仅要充分利用其灵活性和高科技性，还要有效防范金融化可能带来的风险，使其服务于我国的产业结构优化。

参考文献

[1] Aglietta, M., R. Breton. Financial Systems, Corporate Control and Capital accumulation [J]. Economy and Society, 2001, 4 (3).

[2] Akyuz Y., K. Boratav. The Making of the Turkish Crisis, in Epstein, G. (ed.) Financialization and the World Economy [M]. Northampton, MA: Edward Elgar, 2005.

[3] Crotty, J. The Effects of Increased Product Market Competition and Changes in Financial Markets on the Performance of Non-financial Corporarions in the Neoliberal Era [R]. Political Economy Research Institute Working Paper, No: 44, 2002.

[4] Foster, John Bellamy. The Financialization of Capitalism [J]. Review of the Month, 2007 (1).

[5] Foster, John Bellamy. The Financialization of Capital and the Crisis [J]. Review of the Month, 2008 (1).

[6] Foster, John Bellamy. The Financialization of Accumulation [J]. Review of the Month, 2010 (5).

---

① 王俊豪. 产业经济学（第二版）[M]. 北京：高等教育出版社，2012.

[7] Froud, J., C. Haslam, S. Johal, K. William. Shareholder Value and Financialization: Consultancy Promises, Management Moves [J]. Economy and Society, 2000, 29 (1).

[8] Hudson, David. Developing Geographies of Financialisation: Banking the Poor and Remittance Securitisation [J]. Contemporary Politicss, 2002 (3).

[9] Lapavitsas, Costas, Financialised Capitalism: Direct Exploitation and Periodic Bubbles [J]. Historical Materialism, 2009 (2).

[10] Langley P. The Everyday Life of Global Finance [M]. Oxford: Oxford University Press, 2008.

[11] Leyshon A., and Thrifr N. The Capitalization of Almost Everything: the Future of Finance and Capitalism [J]. Theory Culture Society, 2007, 24 (7/8).

[12] Ozgur Orhangazi. Financialization of the U.S. Economy and Its Effect on Capital Accumulation: A Theoretical and Empirical Investigation [M]. School of Economics, University of Massachustts, 2006.

[13] Stockhammer, Engelbert. Financialization and the Global Economy [R]. Political Economy Reserch Institute, University of Massachusetts at Amherst, Working Papers, 2010.

[14] 齐兰. 垄断资本全球化对中国产业发展的影响 [J]. 中国社会科学, 2009 (2).

[15] R.W.戈德史密斯. 金融结构与金融发展 [M]. 上海: 上海三联书店, 1990.

[16] 爱德华·肖. 金融理论中的货币 [M]. 上海: 上海三联书店, 1988.

[17] R.J.麦金农. 经济市场化的次序 [M]. 上海: 上海三联书店, 1996.

[18] 王俊豪. 产业经济学 (第二版) [M]. 北京: 高等教育出版社, 2012年.

[19] 杨琳, 李建伟. 金融结构转变与实体经济结构升级 [J]. 财贸经济, 2002 (2).

[20] 傅进, 吴小平. 金融影响产业结构调整的机理分析 [J]. 金融纵横, 2005 (2).

[21] 范方志, 张立军. 中国地区金融结构转变与产业结构升级研究 [J]. 金融研究, 2003 (11).

[22] 刘赣州. 论中部地区产业结构优化的金融支持 [J]. 学术界, 2005 (5).

[23] 叶耀明, 纪翠玲. 长三角城市群金融发展对产业变动的影响 [J]. 上海金融, 2004 (6).

[24] 惠晓峰, 沈静. 东北三省金融发展与产业结构升级关系的实证研究与比较 [J]. 哈尔滨工业大学学报 (社会科学版), 2006 (3).

[25] 赵玉敏. 世界经济金融化对中国制造业的影响 [J]. 国际贸易, 2008 (11).

[26] 张洪潮, 赵丽洁. 产业集群与区域经济耦合效应的评价 [J]. 统计与决策, 2013 (5).

[27] 朱炳元, 陆扬. 当代资本主义经济虚拟化金融化的六大趋势 [J]. 毛泽东邓小平理论研究, 2011 (10).

[28] 戈拉德·A.爱泼斯坦. 金融化与世界经济 [J]. 温爱莲, 译. 国外理论动态, 2007 (7).

[29] 蔡则祥等. 中国经济金融化指标体系研究 [J]. 南京审计学院学报, 2004 (1).

[30] 蔡红艳, 阎庆民. 产业结构调整与金融发展 [J]. 管理世界, 2004 (10).

[31] 王芳. 经济金融化与经济结构调整 [J]. 金融研究, 2004 (8).

[32] 陈峰. 论产业结构调整中金融的作用 [J]. 金融研究, 1996 (11).

[33] 王广谦. 中国金融发展中的结构问题分析 [J]. 金融研究, 2002 (5).

[34] 张慕濒, 诸葛恒中. 全球化背景下中国经济的金融化 [J]. 世界经济与政治论坛, 2013 (1).

[35] 郑勇, 贾娇. 浅析金融对产业结构调整的影响 [J]. Journal of Social and Management Science, 2012EduRes.

[36] 张慕濒. 非金融部门金融化与我国产业结构升级 [N]. 光明日报 (理论版), 2010-06-22.

[37] 刘崇仪. 试论美国"新经济"发展模式 [J]. 财经科学, 2001 (2).

[38] 陈聪. 我国金融发展与产业结构升级的关系研究 [J]. 统计与决策, 2008 (9).

[39] 傅进, 吴小平. 金融影响产业结构调整的机理分析 [J]. 经济与金融, 2005 (2).

FDI、产业结构、就业结构互动关系研究
——基于 VAR 模型

刘忠璐[*]

一、引 言

改革开放以来,我国将利用外资发展经济作为一项基本国策。在这一基本国策的指引下,以外商直接投资(FDI)为主要形式的外资利用逐年升高。30多年来,外商直接投资对我国经济的贡献不容忽视,在当下,外商直接投资对产业结构和就业结构的影响如何?二者又是怎样反作用于外商直接投资?是本文重点想探讨的问题。在这之前,已有国内外学者对这些问题有过探讨。

1. FDI 与产业结构

Caves(1974)利用加拿大和澳大利亚两个国家在1966年制造业的行业横截面数据,发现在加拿大制造业中,当地企业的利润率和制造业中劳动生产率与行业内的外资份额正相关,从而得出在加拿大和澳大利亚的制造业中存在着外商直接投资的技术外溢效应。外商直接投资促进了这些国家的产业结构调整[1]。Gorechi(1976)和 Fishwick(1981)研究认为由于跨国公司海外投资,增加了东道国市场上的企业数目,使生产和市场的集中度降低,因此加强而不是削弱了东道国市场上的竞争,促进了东道国市场结构的优化[2][3]。Das(1987)在一个动态框架下,研究跨国公司的子公司在东道国投资的最优行为,发现在跨国公司进入东道国的初期,有可能助长东道国市场的垄断性,但从长期看,跨国公司的技术外溢是必然的,当地企业通过学习,提升了企业竞争力,最终增强了东道国市场的竞争力,优化了东道国的市场结构,促进了东道国产业结构的优化升级[4]。Camilla(2002)用外国直接投资(FDI)与波兰制造业作为实证案例,发现 FDI 对波兰技术密集型产品的出口有显著的正向作用[5]。Eva(2005)研究发现外商直接投资(FDI)主要通过与东道国经济的联系影响东道国产业结构调整。以捷克为例,FDI 对捷克的产业结构调整具有促进作用[6]。这些国外的研究说明了 FDI 在产业发展和产业结构调整中的重要作用,国内学者也立足于本国实际,做了相关研究。郭克莎(2000)发现 FDI 的结构性倾斜加大了我国三次产业的结构偏差[7]。李雪(2005)和赵红等(2006)认为外商直接投资促进产业结构优化,但外商直接投资和产业结构变动之间不存在长期稳定的关系[8][9]。陈继勇等(2009)从资本供给与知识溢出的视角分析发现,FDI 促了我国产业结构高级化和高效化[10]。张琴(2012)研究发现外商直接投资促进第二、三产业在国民经济中的比重增加;外商直接投资比间接投资对第二、三产业的影响更为显著[11]。国内的这些研究从不同的侧重角度指出 FDI 对我国产业发展和产业结构变动的影

---

[*] 刘忠璐(1989—),女,山东潍坊人,厦门大学宏观经济研究中心硕士。

响。这些国内外对FDI与产业发展关系的研究,基本都立足于FDI对产业结构的单向影响,没有考虑产业发展对FDI的作用,对这种双向互动的作用,并且没有做细分,用整体的FDI对整体的产业发展贡献,或者用整体的FDI分别对三次产业的影响,这种总量分析,势必会弱化或者强化其在三次产业中的作用。

2. FDI与就业结构

Tomasz（2000）等人通过对捷克、匈牙利、斯洛伐克和爱沙尼亚四个中欧国家的研究,发现FDI在创造当地的就业机会的过程中起到了重要的作用,特别是在匈牙利和爱沙尼亚[12]。Christoph Ernst（2005）通过对拉丁美洲国家FDI的研究发现,由于FDI主要以并购的方式进入东道国,FDI的进入提高了生产的现代化,从而其对就业增加的影响不显著,甚至还导致大量的劳动力失业[13]。可见,FDI对就业的影响,在不同国家的表现不一样,那么FDI对我国的就业有怎样的影响呢?蔡昉等（2004）认为,虽然FDI就业份额仍然较小,但由于其增长速度非常快,使得该领域就业对中国总体就业增长的贡献率很高[14]。王剑等（2005）认为外国直接投资一方面通过直接效应带动中国就业;另一方面通过挤出国内投资和提高生产率水平产生了减少就业的间接效应,但综合两种效应,外国直接投资对中国就业产生了显著的积极影响[15]。黄旭平等（2007）认为外商直接投资对我国就业水平有正向影响,但程度非常有限[16]。刘宏等（2013）认为FDI对我国经济增长和就业具有明显的促进作用,我国经济增长对FDI的流入具有积极影响,但呈现波动态势。FDI和其所带来的经济增长之间存在双向、动态的因果关系,同时FDI带来了就业的增加,这和经济增长之间也存在互动的促进关系[17]。上述研究文献表明,一方面,FDI对就业影响因国别不同而不同,这个可以由国家经济发展所处的阶段不一致来解释;另一方面,FDI对就业的影响效应不一致,和FDI对产业发展影响的研究相似,FDI与就业关系研究基本用总量分析,未按照三次产业分开来看,而且较少考虑就业对FDI的反向作用,没有同时考虑到产业结构调整对就业的影响,所以才导致结论不一致。

基于对先前研究的总结,为了更好地研究FDI、产业结构和就业结构三者之间的互动关系,避免先前研究的总量分析、单向影响分析、忽略产业结构域就业结构相互关系等的问题,本文通过构建VAR模型,将FDI按照三大产业来划分,然后分别研究FDI与各产业生产总值和各产业就业人数之间的关系。

二、数据说明及统计描述

1. 数据说明

本文使用的指标有：第一、二、三产业的FDI,分别表示为FDI_1、FDI_2、FDI_3;第一、二、三产业的GDP,分别表示为GDP_1、GDP_2、GDP_3;第一、二、三产业的就业人数,分别表示为JOB_1、JOB_2、JOB_3。由于我国统计行业标准在所研究的时间区间内有变动,无法得到统一的第一、二、三产业的FDI,所以本文根据历年《中国统计年鉴》的资料,进行整理得到。各指标如表1所示。

表1 1997~2011年第一、二、三产业的FDI（百万美元）、GDP（十亿元）、JOB（万人）

年份	FDI_1	FDI_2	FDI_3	GDP_1	GDP_2	GDP_3	JOB_1	JOB_2	JOB_3
1997	627.63	32569.89	12059.52	1444.189	3754.300	2698.815	34840	16547	18432
1998	623.75	31327.49	13511.51	1481.763	3900.419	3058.047	35177	16600	18860
1999	710.15	27779.80	11828.76	1477.003	4103.358	3387.344	35768	16421	19205

续表

年份	FDI_1	FDI_2	FDI_3	GDP_1	GDP_2	GDP_3	JOB_1	JOB_2	JOB_3
2000	675.94	29574.99	10463.88	1494.472	4555.588	3871.395	36043	16219	19823
2001	898.73	34797.95	11180.91	1578.127	4951.229	4436.161	36399	16234	20165
2002	1027.64	39464.89	12250.33	1653.702	5389.677	4989.890	36640	15682	20958
2003	1000.84	39179.19	13324.64	1738.172	6243.631	5600.473	36204	15927	21605
2004	1114.34	45463.06	14052.58	2141.273	7390.431	6456.129	34830	16709	22725
2005	718.26	44692.43	14914.00	2242.000	8759.809	7491.928	33442	17766	23439
2006	599.45	42506.60	19914.56	2404.000	10371.950	8855.488	36399	16234	20165
2007	924.07	42861.05	30982.77	2862.700	12583.140	11135.190	36640	15682	20958
2008	1191.02	53256.24	37948.18	3370.200	14900.340	13134.000	36204	15927	21605
2009	1428.73	50075.82	38528.17	3522.600	15763.880	14803.800	34830	16709	22725
2010	1911.95	53860.37	49962.92	4053.360	18738.320	17359.600	33442	17766	23439
2011	2008.88	55748.70	58253.42	4748.621	22041.280	20498.250	26594	22544	27282

注：①表中各产业 FDI 为实际利用外资额，由于统计口径原因，1997 年之前统计的是外商协议投资额。
②第一产业包括农、林、牧、渔业；第二产业包括采矿业、制造业、电力、燃气及水的生产供应业、建筑业；第三产业包括第一、二产业以外的所有行业。
资料来源：《中国统计年鉴》（1998~2012）计算整理。

2. 描述统计

1997 年以来，第一产业的 FDI 都在 2%以下，并且在 2006 年时不足 1%；第二产业的 FDI 值一直保持在较高水平，至 2006 年，第二产业的 FDI 都在 70%左右，之后逐年下降较大，到2011 年仅占 48.05%；与第二产业不同，第三产业的 FDI 在 2006 年之前占比为 25%左右，之后逐年上升，到 2011 年占比 50.21%，第一次超过第二产业。1997 年以来，第一产业的 GDP 占比逐年下降，从 1997 年的 18.29%，到 2011 年下降为 10.04%；第二产业的 GDP 占比基本保持在 45%左右，波动不是很明显；第三产业的 GDP 占比有较大提高，从 1997 年的 34.17%上升到 2011 年的 43.35%。第一产业的就业人数占比从 1997 年以来基本呈下降趋势，但基本保持在 45%以上，只是 2011 年突然下降到 34.8%；第二产业的就业人数占比在 22%上下浮动，也只是 2011 年突然增加到 29.5%；第三产业就业人数基本呈上升趋势，从 26.4%上升到 35.7%。以上占比分析，基本体现了 FDI 集中于第二、三产业，同时 2006 年后 FDI 在二、三产业间分配的改变，也应和了我国产业结构调整，重点发展第三产业，从第三产业占比的变化更能体现出这一点。同时还可以发现，第一产业就业占比与其创造的 GDP 占比相比，其人力资本产出较低，所以我国即将面临的人口红利消失，产业结构调整，提高人力资本产出是必需的。

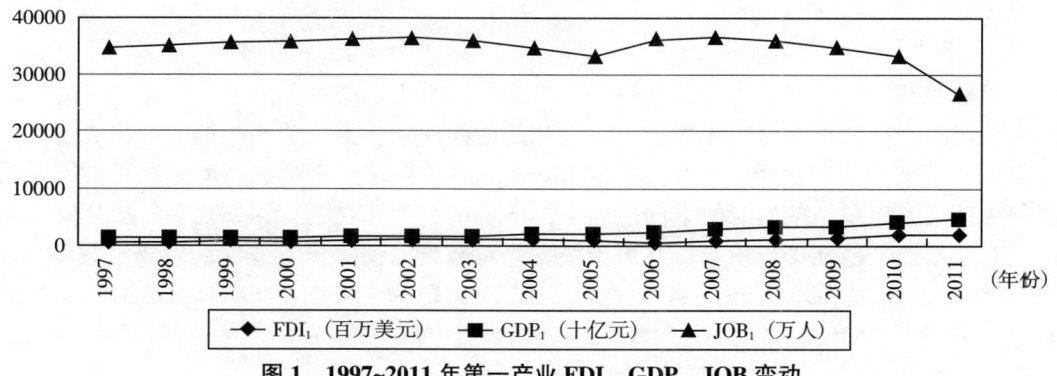

图 1　1997~2011 年第一产业 FDI、GDP、JOB 变动

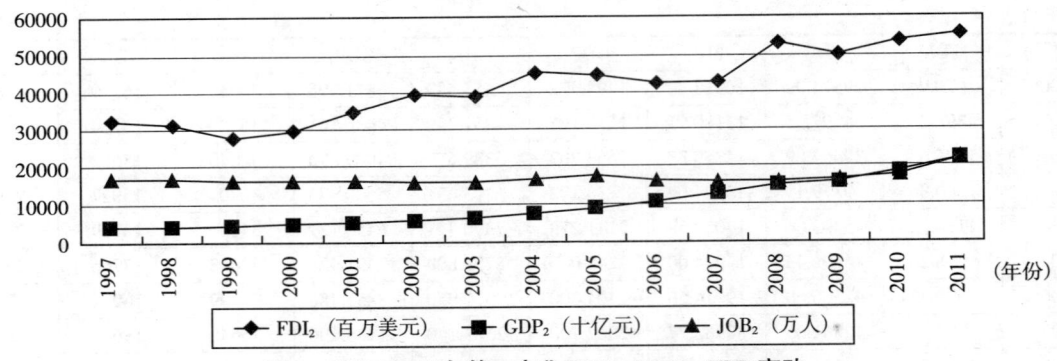

图2 1997~2011年第二产业FDI、GDP、JOB变动

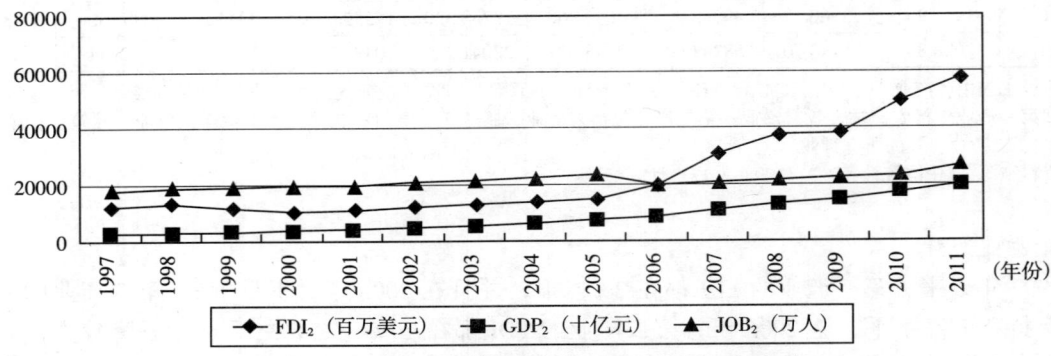

图3 1997~2011年第三产业FDI、GDP、JOB变动

如图1~图3所示，第一产业的FDI与GDP基本呈相同的发展趋势，但同时注意到两者的增加量都不是很大，第一产业就业人数波动明显，呈向上凸的两段弧状，2005年为两段弧的连接点；第二产业的FDI、GDP、就业人数基本都呈上升趋势，第二产业的FDI波动性较大，但整体还是上升趋势，第二产业的GDP产值在2003年之后有飞速发展，这也切合了我国调整产业结构的方针政策；同样第三产业的FDI、GDP、就业人数基本也是上升趋势，其中从2005年开始，第三产业的FDI和GDP同时飞速发展，这一方面切合了我国调整产业结构的方针政策，也从另一方面反映了调整产业结构的大方针下，FDI对其的贡献。

三、实证检验

1. 单位根检验

因为选用的指标数据为时间序列数，大部分的时间序列数据是非平稳的，如果直接用非平稳的数据回归，就会造成"伪回归"（Spurious Regression），即时间序列的高度相关可能不是因为其真正的相关关系，而是简单的时间上同时向上向下变动，所以在进行回归之前，要用单位根检验的方法，对数据的平稳性进行检验。又因为数据取对数可以消除异方差性，而取对数不会改变时间序列的性质。所以，本文现将各个指标取对数，记为$LNFDI_1$、$LNFDI_2$、$LNFDI_3$、$LNGDP_1$、$LNGDP_2$、$LNGDP_3$、$LNJOB_1$、$LNJOB_2$、$LNJOB_3$，然后进行单位根检验，结果如表2所示。

产业结构转型与升级

表2 变量ADF单位根检验

变量	ADF值	临界值	一阶差分	ADF值	临界值	(c, t, k)	结论
$LNFDI_1$	−3.407	−3.933	$\Delta LNFDI_1$	−2.265	−1.971**	(0, 0, 1)	I(1)
$LNFDI_2$	−2.981	−3.791	$\Delta LNFDI_2$	−3.231	−2.755***	(0, 0, 1)	I(1)
$LNFDI_3$	−1.357	−3.791	$\Delta LNFDI_3$	−2.581	−1.971**	(0, 0, 1)	I(1)
$LNGDP_1$	−2.849	−3.875	$\Delta LNGDP_1$	−4.094	−3.875**	(c, t, 1)	I(1)
$LNGDP_2$	−2.840	−3.791	$\Delta LNGDP_2$	−4.368	−4.058**	(c, 0, 1)	I(1)
$LNGDP_3$	−1.896	−3.829	$\Delta LNGDP_3$	−4.014	−4.008**	(c, t, 1)	I(1)
$LNJOB_1$	−1.045	−1.968	$\Delta LNJOB_1$	−4.298	−2.755***	(0, 0, 1)	I(1)
$LNJOB_2$	1.104	−1.968	$\Delta LNJOB_2$	−3.019	−2.755***	(0, 0, 1)	I(1)
$LNJOB_3$	−1.520	−3.791	$\Delta LNJOB_3$	−2.369	−1.971**	(0, 0, 1)	I(1)

注：以上检验最大滞后期为12，根据Akaike Info Criterion和Schwarz Criterion的最大值选取最优滞后期（Automatic Based on SIC, MAXLAG=12）；Δ表示一阶差分；***、**和*分别表示在1%、5%和10%置信水平下通过显著性检验。

由表2可知，原变量序列，ADF绝对值小于5%置信水平下临界值的绝对值，因此原序列存在单位根，具有非平稳的特征。经过一阶差分后，所有变量都是平稳的，即变量具有一阶单整性，所以本文用一阶差分后的序列分别建立各个产业的VAR模型。

2. 最优滞后阶数确定

本文使用AIC、SC信息准则和LR统计量作为选择最优滞后阶数的检验标准，得到各个产业VAR模型的最优滞后阶数，如表3所示。

表3 基于信息准则的VAR最佳滞后阶数

	Lag	Log	LR	FPE	AIC	SC	HQ
$\Delta LNFDI_1$	0	37.001	NA*	1.18e−06	−5.201	−4.679	−5.308*
$\Delta LNGDP_1$							
$\Delta LNJOB_1$	1	45.805	62.651	1.07e−06*	−5.231*	−5.101*	−5.258
$\Delta LNFDI_2$	0	46.920	NA*	1.96e−07	−7.320	−6.589	−7.365
$\Delta LNGDP_2$	1	53.233	8.417	2.25e−07	−6.872	−6.387	−7.052
$\Delta LNJOB_2$	2	65.627	10.328	1.33e−07*	−7.438*	−7.199*	−7.752*
$\Delta LNFDI_3$	0	55.202	NA*	3.35e−08	−8.700	−8.579	−8.745
$\Delta LNGDP_3$	1	64.303	12.135	3.56e−08	−8.717	−8.232	−8.897
$\Delta LNJOB_3$	2	77.762	11.215	2.59e−08*	−9.460*	−8.612*	−9.774*

注：*表示在5%的水平下显著。

根据运算结果，第一产业的VAR模型在FPE、AIC、SC三个评价指标中全部认为滞后阶数为1；第二产业的VAR模型在FPE、AIC、SC和HQ四个评价指标中全部认为滞后阶数为2；第三产业的VAR模型在FPE、AIC、SC和HQ四个评价指标中全部认为滞后阶数为2。所以，本文在构建第一产业VAR模型时，选择滞后阶数为1，第二、三产业VAR模型时，选择滞后阶数为2。

3. 回归模型

第一产业：

$$\begin{bmatrix} \Delta LNFDI_{1t} \\ \Delta LNGDP_{1t} \\ \Delta LNJOB_{1t} \end{bmatrix} = \begin{bmatrix} 0.1428 \\ 0.06883 \\ 0.006057 \end{bmatrix} + \begin{bmatrix} 0.3224 & -0.8753 & 3.485 \\ -0.02000 & 0.2932 & 0.2566 \\ -0.1348 & -0.1829 & 0.4773 \end{bmatrix} \begin{bmatrix} \Delta LNFDI_{1t-1} \\ \Delta LNGDP_{1t-1} \\ \Delta LNJOB_{1t-1} \end{bmatrix}$$

第二产业：

$$\begin{bmatrix} \Delta LNFDI_{2t} \\ \Delta LNGDP_{2t} \\ \Delta LNJOB_{2t} \end{bmatrix} = \begin{bmatrix} 0.1320 \\ 0.07533 \\ 0.02919 \end{bmatrix} + \begin{bmatrix} -0.3242 & 0.01619 & -0.07558 \\ -0.2230 & 0.6448 & -0.1282 \\ 0.09793 & 0.4302 & 0.7245 \end{bmatrix} \begin{bmatrix} \Delta LNFDI_{2t-1} \\ \Delta LNGDP_{2t-1} \\ \Delta LNJOB_{2t-1} \end{bmatrix}$$

$$+\begin{bmatrix}-0.0851 & -0.4750 & -1.473\\ 0.2359 & -0.1456 & 0.2246\\ -0.0087 & -0.5388 & 0.04036\end{bmatrix}\begin{bmatrix}\Delta LNFDI_{2t-2}\\ \Delta LNGDP_{2t-2}\\ \Delta LNJOB_{2t-2}\end{bmatrix}$$

第三产业：

$$\begin{bmatrix}\Delta LNFDI_{3t}\\ \Delta LNGDP_{3t}\\ \Delta LNJOB_{3t}\end{bmatrix}=\begin{bmatrix}-0.1363\\ 0.1557\\ 0.2628\end{bmatrix}+\begin{bmatrix}0.2947 & 1.110 & -0.9961\\ -0.01536 & 0.6325 & -0.4163\\ 0.3948 & -1.433 & 0.1176\end{bmatrix}\begin{bmatrix}\Delta LNFDI_{3t-1}\\ \Delta LNGDP_{3t-1}\\ \Delta LNJOB_{3t-1}\end{bmatrix}$$

$$+\begin{bmatrix}-0.3262 & 0.8380 & 0.4175\\ 0.1243 & -0.7286 & 0.1940\\ 0.04512 & -0.5315 & -0.01678\end{bmatrix}\begin{bmatrix}\Delta LNFDI_{3t-2}\\ \Delta LNGDP_{3t-2}\\ \Delta LNJOB_{3t-2}\end{bmatrix}$$

结果表明，第一产业，滞后阶数为1的VAR模型各方程拟合优度很好，各个系数在10%的显著性水平下是显著的，残差序列具有平稳性。第二产业和第三产业的VAR模型拟合优度很好，个别系数在10%的显著性水平下不显著，可能是因为存在同一变量的滞后项而产生多重共线性问题。对三个产业VAR模型的回归残差序列进行随机性检验表明，在5%的显著水平上，各方程回归残差序列均满足正态性，不存在自相关和异方差。

4. 模型稳定性检验

接下来需要对估计出的模型进行稳定性检验，因为如果模型不稳定，某些结果将不是有效的（如脉冲响应函数的标准误差）。在此本文利用AR根进行检验，即如果估计的VAR模型所有根模的倒数小于1，即位于单位圆内，则其是稳定的。下面给出三个产业VAR模型的单位根图形表示的结果。

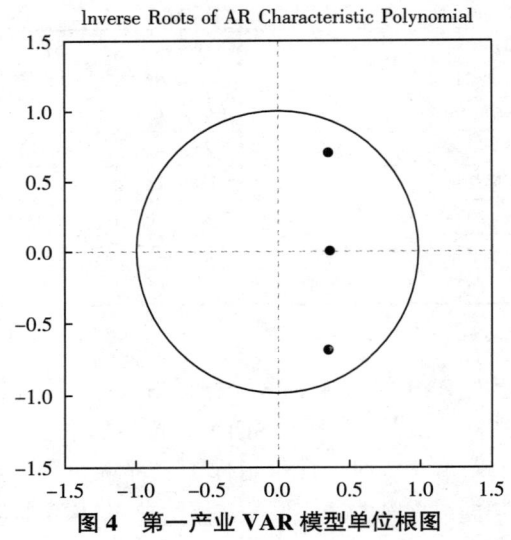

图4 第一产业VAR模型单位根图

从图4~图6可以直观地看出，所有的单位根都落于单位根圆内，因此所设定的模型是稳定的，表明选取的三个变量之间存在长期稳定关系，可以进一步进行分析。下面我们利用脉冲响应函数和方差分解对这三者之间的相互作用关系进行分析。

5. 脉冲响应函数分析

脉冲响应函数分析方法（IRF）考察随机扰动项的一单位标准差冲击或变化对内生变量当期值和未来值的影响，并且IRF跟踪这种冲击在将来若干时期里所起的影响，表明任意一个内生变量的随机扰动，如何通过系统影响所有其他内生变量，最终又反馈到自身的动态过程。本文采用Cho-lesky方法进行脉冲反应实验。

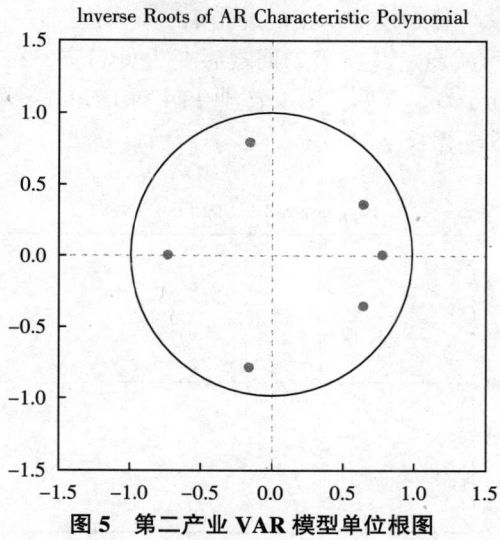

图5 第二产业 VAR 模型单位根图

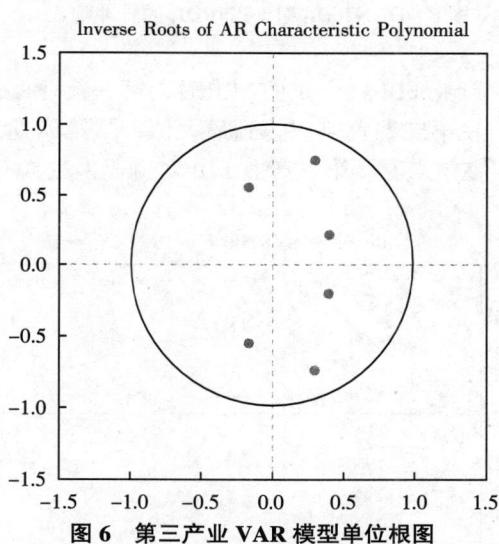

图6 第三产业 VAR 模型单位根图

(1) 第一产业。

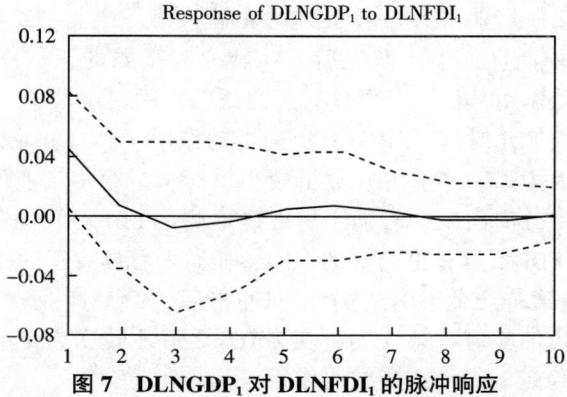

图7 $DLNGDP_1$ 对 $DLNFDI_1$ 的脉冲响应

如图 7 所示，当期给第一产业 FDI 一个正的冲击后，短期内第一产业 GDP 会上下波动。在当期 GDP 会有个正的响应，之后减弱，并在第二期之后变为负响应，在第三期负响应达到最大，之后逐渐变为正响应，最终趋近于 0。可见，第一产业 FDI 对 GDP 的影响具有短期效应，不具有长期效应，并且影响正负效应不显著。

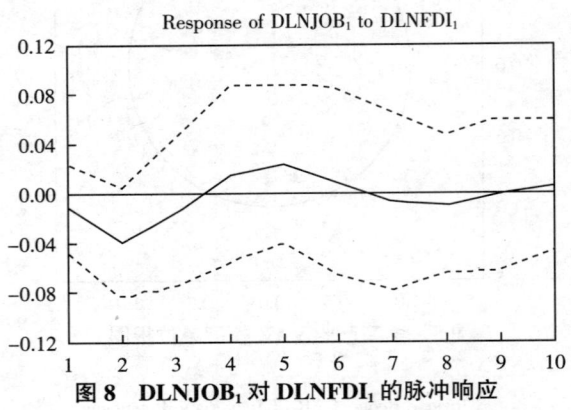

图 8　DLNJOB₁ 对 DLNFDI₁ 的脉冲响应

如图 8 所示，当期给第一产业 FDI 一个正的冲击后，第一产业就业人数会向下波动，在当期就业人数会有一个负的响应，在第二期负响应达到最大值，从第四期开始转为正响应，第六期之后转为负响应，并逐渐减弱。整体来看，第一产业 FDI 对就业人数具有正的减少作用。

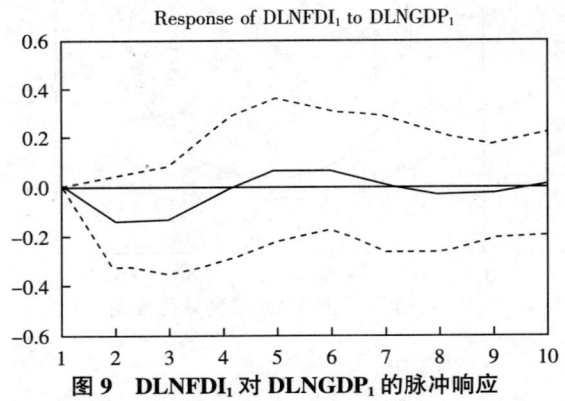

图 9　DLNFDI₁ 对 DLNGDP₁ 的脉冲响应

如图 9 所示，当期给第一产业 GDP 一个正向冲击后，第一产业 FDI 会呈现上下波动，在当期 FDI 会有一个负的响应，并且直到第 4 期之后，才转变为微弱的正响应。总的来看，第一产业 GDP 对 FDI 不具有正的带动作用，长期来看具有正的减弱作用。

综上可见，第一产业的 FDI 对其 GDP 具有短期带动作用，而对就业人数具有减少作用，但其影响能力较小，这可能是因为第一产业 FDI 数量较小，对整个第一产业的发展起不到很重要的作用，将其从第二、三产业中分离出来，有助于更准确地测定 FDI 对我国产业结构和就业结构的影响情况。第一产业 GDP 对 FDI 不具有正的带动作用，长期来看具有正的减弱作用。

如图 10 所示，当期给第一产业 GDP 一个正向冲击后，第一产业就业人数会呈现上下波动，在当期就业人数会有一个负的响应，第 3 期后变为 0，之后才转变为正响应，总体来看，第一产业 GDP 对就业人数不具有稳定的带动或者减弱作用。

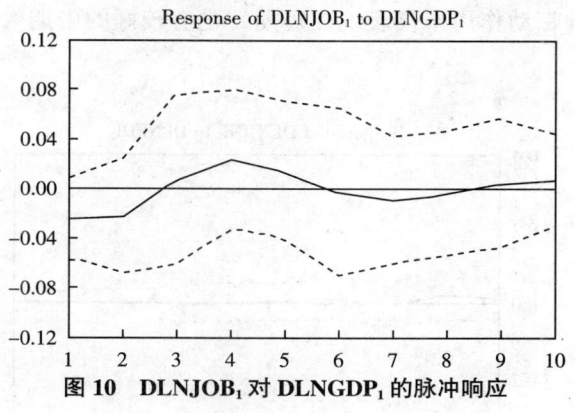

图 10 DLNJOB₁ 对 DLNGDP₁ 的脉冲响应

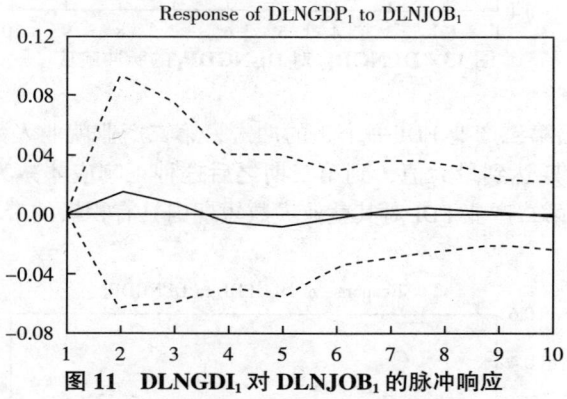

图 11 DLNGDI₁ 对 DLNJOB₁ 的脉冲响应

如图 11 所示,当期给第一产业就有人数一个正向冲击后,第一产业 GDP 会呈现上下波动,在当期 GDP 会有一个正的响应,并且直到第三期之后,才转变为微弱的正响应,影响一直减弱。总体来看,第一产业就业人数对 GDP 只具有短期正的带动作用,即第一产业的人力资本对其经济发展的促进作用具有短期效应,长期来看作用不明显。

（2）第二产业。

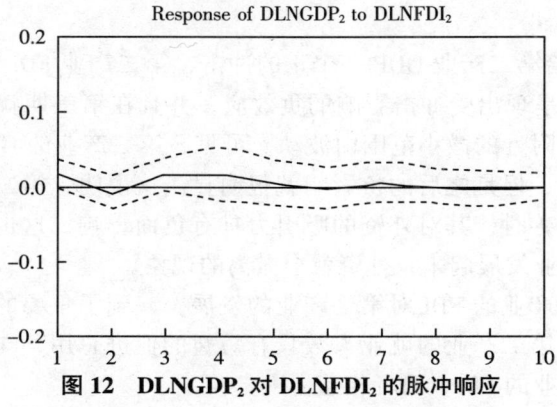

图 12 DLNGDP₂ 对 DLNFDI₂ 的脉冲响应

如图 12 所示,当期给第二产业 FDI 一个正的冲击,第二产业 GDP 上下波动,当期 GDP 会有一个正响应,只是在第二期有个负响应,之后转变为正的响应,并且直到第六期之后这种正响应才减为在 0 附近微小的范围内波动。所以,就整体来看,第二产业 FDI 对第二产业的发展具有积极的带动作用,并且这种带动作用不仅表现在短期,也有较好的中期效应,这种正的促进作用不容忽视。

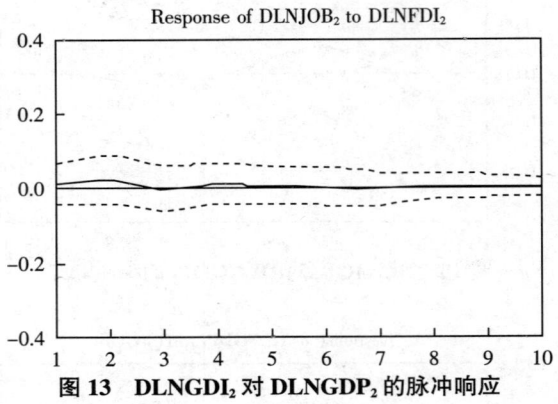

图 13　DLNGDI$_2$ 对 DLNGDP$_2$ 的脉冲响应

如图 13 所示,当期给第二产业 FDI 一个正的冲击,第二产业就业人数向上波动,当期就业人数会有一个正响应,到第二期达到最大值,到第三期之后这种正响应才减为在 0 附近微小的范围内波动。所以,就整体来看,第二产业 FDI 对其就业人数短期内具有积极的带动作用,不具有长期效应。

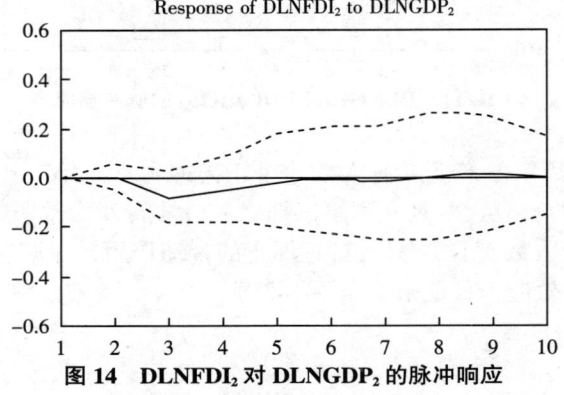

图 14　DLNFDI$_2$ 对 DLNGDP$_2$ 的脉冲响应

如图 14 所示,当期给第二产业 GDP 一个正的冲击,第二产业 FDI 在短期内并没有太大变化,直到第二期之后,FDI 才呈现出受冲击影响的负效应,并且在第三期就迅速达到最大值,之后递减,到第六期后基本在 0 附近的微小范围内波动。可见,第二产业的 GDP 对其吸引外商直接投资的影响具有短期的滞后性,但是之后的负影响就很明显。这说明,第二产业发展初期会很好地吸引外资,当其发展较为完善时,其对外资的吸引力具有负面影响,这也切合了外资投资于东道国发展初期的产业,当其产业发展起来,外资就会撤离的现象。

由此可见,投向第二产业的 FDI 对第二产业的发展,起到了重要的作用,不仅在短期作用明显,中期效应也较好,对第二产业的就业人数只有短暂的促进总用,与第一产业相比,第二产业发展却反向作用于第二产业的 FDI,两者相互促进。

如图 15 所示,当期给第二产业 GDP 一个正的冲击,第二产业就业人数向上波动,当期就业人数会有一个正响应,基本保持到第二期,之后开始递减,并且直到第六期之后这种正响应才减为在 0 附近微小的范围内波动。所以,第二产业 GDP 对其就业人数发展具有积极的带动作用,并且这种带动作用不仅在短期保持稳定,也一直保持正效应到中期。

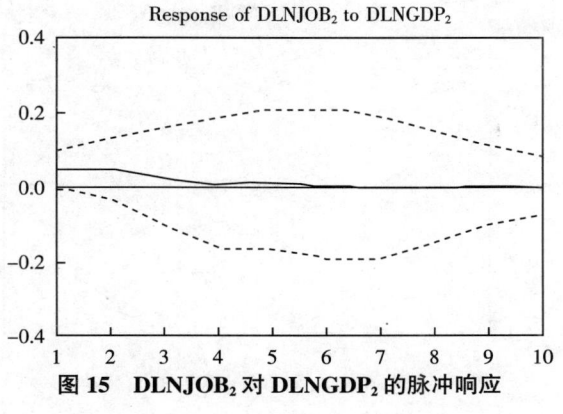

图 15　DLNJOB₂ 对 DLNGDP₂ 的脉冲响应

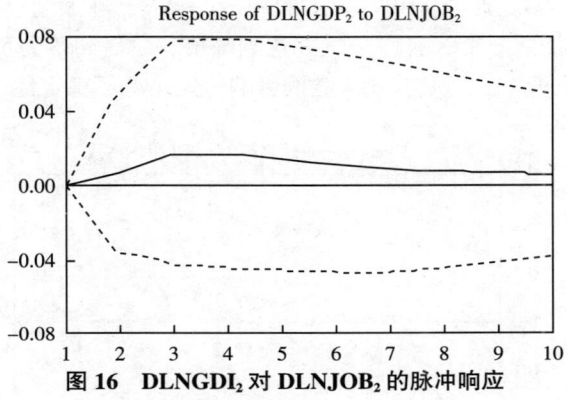

图 16　DLNGDI₂ 对 DLNJOB₂ 的脉冲响应

如图 16 所示，当期给第二产业就业人数一个正的冲击，第二产业 GDP 向上波动，当期 GDP 会有一个正响应，在第三期达到峰值，之后逐渐递减，但是直到第十期，这种正效应依然存在。可见，第二产业的就业人数对第二产业发展起到了长期稳定积极的带动作用。

（3）第三产业。

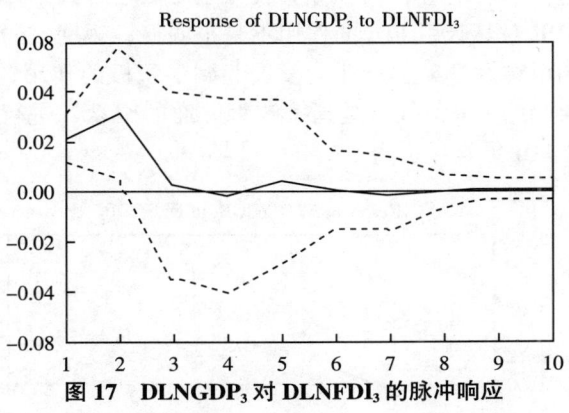

图 17　DLNGDP₃ 对 DLNFDI₃ 的脉冲响应

如图 17 所示，当期给第三产业 FDI 一个正的冲击，第三产业 GDP 会向上波动，当期 GDP 会有一个正响应，并且到第二期达到峰值，之后回落，在第四期时有微小的负响应，之后又变为正响应。总体来看，第三产业的 FDI 对其 GDP 的发展有积极的带动作用，这种带动作用在短期内较为明显。

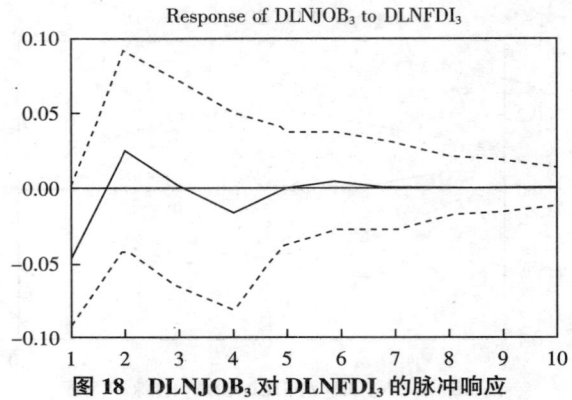

图 18　$DLNJOB_3$ 对 $DLNFDI_3$ 的脉冲响应

如图 18 所示，当期给第三产业 FDI 一个正的冲击，第三产业就业人数上下波动，当期就业人数会有一个负响应，第二期之后变为正响应，并达到峰值，之后回落为负响应，交替更迭，第六期后基本为 0。可见，第三产业 FDI 对其就业人数的影响短期具有不稳定性，中长期的影响基本为 0。

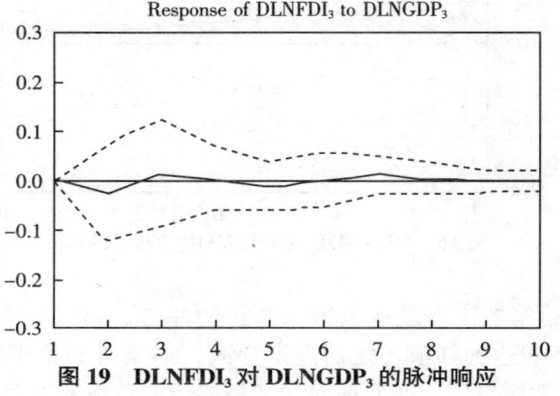

图 19　$DLNFDI_3$ 对 $DLNGDP_3$ 的脉冲响应

如图 19 所示，当期给第三产业 GDP 一个正的冲击，第三产业 FDI 上下波动，当期 FDI 受冲击的变化不明显，第二期变为负响应，第三期再次变为 0，之后到第四期之间是正响应，交替更迭，所以，第三产业的 GDP 对其吸引 FDI 的作用不是很明显，短期减弱与增强相交替。

所以，第三产业的 FDI 对促进第三产业的发展起到了积极的作用，但是并非第三产业的 GDP 和就业人数吸引了第三产业的 FDI，可能是国家政策方面的因素。进行产业结构调整，大力发展第三产业，对第三产业的 FDI 更具吸引力。

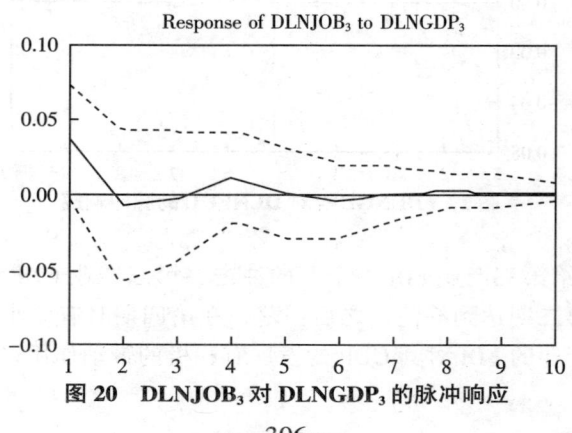

图 20　$DLNJOB_3$ 对 $DLNGDP_3$ 的脉冲响应

如图 20 所示，当期给第三产业 GDP 一个正的冲击，第三产业当期会有一个正响应，第二期变为负响应，之后又变为正响应。整体来看，第三产业的 GDP 对第三产业就业人数具有积极的拉动作用，并且这种拉动作用在短期较为明显。

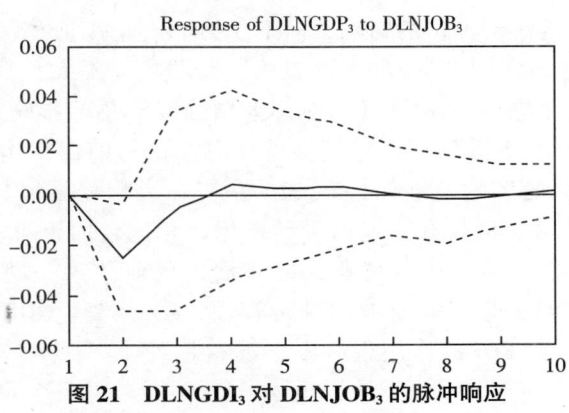

图 21　DLNGDI$_3$ 对 DLNJOB$_3$ 的脉冲响应

如图 21 所示，当期给第三产业就业人数一个正的冲击，第三产业 GDP 呈现负效应，并且在第二期达到峰值，直到第四期之后才逐渐变为正效应，之后对冲击的反应基本减为 0。所以，第三产业的就业人数总的来看对第三产业的发展起到了负面影响，这可能是第三产业中劳动密集型行业并非产值非常高的行业，但是承担吸收我国剩余农村劳动力重任的第三产业，在城镇化大方针下，需要鼓励发展起劳动密集型行业。

6. 方差分解模型分析

脉冲响应函数描述的是 VAR 模型中的一个内生变量的冲击给其他内生变量所带来的影响，而分析每个结构冲击对内生变量变化（通常用方差来度量）的贡献度，进一步评价不同结构冲击重要性的是方差分解。方差分解实质上是一个信息计算过程，它将系统的预测均方差分解为系统中各变量冲击所作的贡献。方差分解可以描述冲击在 FDI、GDP 与 JOB 的动态变化中的相对重要性。我们基于上面所得出三个产业的 VAR 模型进行了方差分解，分解结果见表 4~表 6。

表 4　第一产业方差分解表

时期	FDI$_1$ 方差分解				GDP$_1$ 方差分解				JOB$_1$ 方差分解			
	预测标准误差	ΔLNFDI$_1$	ΔLNGDP$_1$	ΔLNJOB$_1$	预测标准误差	ΔLNFDI$_1$	ΔLNGDP$_1$	ΔLNJOB$_1$	预测标准误差	ΔLNFDI$_1$	ΔLNGDP$_1$	ΔLNJOB$_1$
1	0.201289	100.0000	0.000000	0.000000	0.077432	33.27010	66.72990	0.000000	0.064107	4.252708	16.74792	78.99938
2	0.319220	40.16409	21.14461	38.69130	0.079883	31.76522	64.88578	3.349000	0.084623	26.61922	17.71591	55.66487
3	0.409592	38.99660	24.79804	36.20536	0.080676	32.28176	63.61759	4.100654	0.088315	28.67140	16.74699	54.58161
4	0.424181	42.63261	23.45517	33.91222	0.081056	32.23005	63.32652	4.443421	0.096497	26.12021	19.21245	54.66734
5	0.441329	39.55174	23.82114	36.62712	0.081968	31.82158	62.74784	5.430577	0.100327	28.86107	19.44563	51.69331
6	0.456318	39.89082	23.98645	36.12273	0.082399	32.12054	62.35508	5.524382	0.101168	28.87690	19.27190	51.85120
7	0.458809	40.38207	23.72848	35.88945	0.082485	32.12379	62.23787	5.638340	0.102998	28.50427	19.66468	51.83105
8	0.463368	39.71832	23.85718	36.42449	0.082674	32.05843	62.08980	5.851770	0.103703	29.10246	19.64721	51.25033
9	0.466498	39.89004	23.86972	36.24024	0.082750	32.13167	62.01011	5.858219	0.103939	29.01728	19.63587	51.34684
10	0.467041	39.94319	23.81779	36.23901	0.082775	32.11892	61.98290	5.898173	0.104385	28.97704	19.72476	51.29820

注：第一列是预测期，ΔLNFDI$_1$ 列、ΔLNGDP$_1$ 列和 ΔLNJOB$_1$ 列分别表示以 ΔLNFDI$_1$ 列、ΔLNGDP$_1$ 列和 ΔLNJOB$_1$ 列为因变量的方程新息对各期预测误差的贡献度，每行结果相加是 100%。

如表4所示，第一产业FDI的波动在第一期只受自身波动的影响，第一产业GDP和就业人数对FDI波动的冲击（即对预测误差的贡献度）在第二期才显现出来，但是这种冲击对FDI的影响非常强烈，此后影响的波动不是很大，从第五期开始，冲击影响趋于稳定，稳定在60%左右。表明第一产业GDP和就业人数的波动冲击对FDI的影响非常强烈。第一产业GDP从第一期起就受到自身波动和第一产业FDI的波动冲击的影响，但不受第一产业就业人数波动的影响，受自身波动的影响在第一期相对强些，在第二~三期逐渐减弱，减弱幅度不大；受FDI的影响也波动下降，但降幅不大；受第一产业就业人数的波动影响逐渐增强，但总的影响占比不大。这也表明第一产业FDI对我国第一产业经济增长具有短期促进效应，这与前面得出的结论一致。总的来看，第一产业FDI对第一产业的影响基本保持在32%左右，影响程度比较强，表明目前第一产业FDI对我国第一产业经济增长仍具有一定的带动作用，相比较而言第一产业的就业人数对第一产业GDP的带动作用较小。第一产业就业人数方面，就业从第一期就受到自身波动和GDP、FDI波动冲击的影响，在第一期受自身波动冲击较大，第一产业GDP次之，但值得注意的是，从开始到第十期，第一产业FDI的作用很有限，没有超过3%。第一产业就业人数受第一产业FDI的影响不明显。

表5　第二产业方差分解表

时期	FDI$_2$方差分解			GDP$_2$方差分解				JOB$_2$方差分解			
	预测标准误差	ΔLNFDI$_2$	ΔLNGDP$_2$	ΔLNJOB$_3$	预测标准误差	ΔLNFDI$_2$	ΔLNGDP$_2$	ΔLNJOB$_2$	预测标准误差	ΔLNFDI$_2$	ΔLNGDP$_2$	ΔLNJOB$_2$
1	0.078069	100.0000	0.000000	0.000000	0.037366	16.46409	83.53591	0.000000	0.094987	0.654671	22.45462	76.89071
2	0.082463	99.29785	0.119375	0.582777	0.042996	16.45477	77.37652	6.168706	0.123657	2.933623	27.88247	69.18391
3	0.173448	23.58080	24.00397	52.41523	0.047169	24.56427	68.95515	6.480579	0.132983	2.790633	27.47504	69.73433
4	0.187261	20.96521	28.10446	50.93034	0.070138	15.47779	49.44413	35.07807	0.136550	2.968500	26.33219	70.69931
5	0.192520	20.04958	27.36789	52.58254	0.072450	14.79627	49.97399	35.22975	0.144282	2.712063	24.82660	72.46134
6	0.200059	19.57496	25.97469	54.45034	0.072690	15.01324	49.98353	35.00323	0.145270	2.682104	24.59092	72.72698
7	0.208045	18.10314	25.35678	56.54008	0.073248	15.12770	49.31394	35.55836	0.145705	2.920547	24.57777	72.50168
8	0.208229	18.16439	25.36369	56.47191	0.073714	14.94163	48.81216	36.24621	0.145942	2.911631	24.54822	72.54015
9	0.208728	18.18321	25.45768	56.35911	0.074369	15.01138	48.51218	36.47643	0.146268	2.914723	24.46340	72.62188
10	0.209142	18.13127	25.35709	56.51164	0.074764	14.95542	48.64991	36.39468	0.146306	2.949981	24.46423	72.58579

注：同表4。

如表5所示，第二产业FDI的波动在第一期只受自身波动的影响，第二产业GDP和就业人数对第二产业FDI波动的冲击在第二期才显现出来，且这种冲击相对于FDI自身的影响非常微弱，但是从第三期开始，两者对第二产业FDI的冲击迅速增强，并且逐渐趋于稳定，稳定在82%左右。表明第二产业GDP和就业人数波动冲击对第二产业FDI的影响在后期非常强烈。究其原因，可能是外商了解到我国产业政策发挥了一定作用，第二产业蓬勃发展的时候，才会加大第二产业FDI的量，从而表现出我国第二产业GDP和就人数对FDI的影响程度在后期加强。第二产业GDP从第一期起就受到自身波动和第二产业FDI的波动冲击的影响，但不受第二产业就业人数波动的影响，受自身波动的影响在第一期相对强些，在第二~三期逐渐减弱，受第二产业FDI的影响在第三期达到峰值24.56%，之后也波动下降，最后稳定在15%左右，可见第二产业FDI对第二产业GDP影响有限。相比较而言，第二产业就业人数贡献度在第四期突然增加，并逐渐增加至稳定，最后稳定在36%左右，可见在后期第二产业就业人数对第二产业GDP影响程度较大。就业人数方面，就业从第一期就受到自身波动和第二产业GDP、FDI波动冲击的影响，在第一期受自身波动冲击较大。在整个时期中，第二产业FDI的作用很有限，没有超过3%。第二产业GDP的作用也有限，稳定时低于25%，但是，第二产业就业人数对自身的作用很大，稳定时大于72%，这说明我国第二产业就业人数存在自身的激励过程，本期受前期的影响较大。

表6 第三产业方差分解表

时期	FDI$_3$				GDP$_3$				JOB$_3$			
	预测标准误差	ΔLNFDI$_3$	ΔLNGDP$_3$	ΔLNJOB$_3$	预测标准误差	ΔLNFDI$_3$	ΔLNGDP$_3$	ΔLNJOB$_3$	预测标准误差	ΔLNFDI$_3$	ΔLNGDP$_3$	ΔLNJOB$_3$
1	0.152346	100.0000	0.000000	0.000000	0.022880	85.90679	14.09321	0.000000	0.085602	31.11412	16.87615	52.00973
2	0.202719	89.21708	1.581979	9.200944	0.047189	63.21728	7.120011	29.66271	0.089608	35.64679	16.23319	48.12001
3	0.205158	87.23708	1.903477	10.85944	0.047679	62.09542	7.068970	30.83561	0.090512	34.94441	16.01959	49.03600
4	0.206840	85.83864	1.883544	12.27782	0.047930	61.69200	7.183567	31.12443	0.093303	36.31211	16.33745	47.35045
5	0.208160	85.51500	2.310723	12.17428	0.048114	61.75299	7.177796	31.06921	0.094153	35.67069	16.04650	48.28281
6	0.210226	83.85010	2.265837	13.88407	0.048187	61.57367	7.156715	31.26962	0.094846	35.28519	16.10426	48.61055
7	0.211370	83.02169	2.422728	14.55558	0.048241	61.56031	7.218989	31.22070	0.095019	35.16012	16.05698	48.78290
8	0.211668	82.79646	2.439238	14.76430	0.048297	61.41883	7.202234	31.37894	0.095313	34.94365	15.98299	49.07336
9	0.212314	82.29329	2.441424	15.26529	0.048324	61.35626	7.217219	31.42652	0.095321	34.93796	15.99505	49.06699
10	0.212351	82.26581	2.463413	15.27078	0.048335	61.32911	7.215906	31.45499	0.095398	34.88636	15.96976	49.14388

注：同表4。

如表6所示，第三产业FDI的波动在第一期只受自身波动的影响，第三产业GDP和就业人数对FDI波动的冲击在第二期才显现出来，且这种冲击相对于其FDI自身的影响非常微弱，此后呈现逐步增强态势。但从第七期开始，冲击影响趋于稳定，稳定在17%左右。表明第三产业GDP和就业人数波动冲击对第三产业FDI的影响非常微弱，第三产业FDI基本受自身影响较大，并且有连锁同向效应。第三产业GDP从第一期起就受到自身波动和第三产业FDI波动冲击的影响，受自身波动的影响在第一期就很弱，受FDI的影响很强。第二期，第三产业受自身影响继续减弱，受第三产业FDI影响也减弱，并趋于稳定，受第三产业就业人数影响突增至近30%，也渐趋稳定。第三产业FDI稳定在61%左右，相对影响程度比较强，表明目前第三产业FDI对我国第三产业GDP发展具有较强的带动作用。就业人数方面，就业从第一期就受到自身波动和GDP、FDI波动冲击的影响，并且从开始到最后稳定时影响的贡献性基本保持稳定，第三产业FDI波动冲击的影响作用基本保持在35%左右，这也说明，第三产业FDI是对我国第三产业就业有着重要的影响。

四、结论与建议

第一产业FDI对第一产业GDP具有短期效应，这可能与投向第一产业的FDI数量偏少有关。虽然第一产业FDI数量偏低，但是它依然对第一产业内部调整起到了重要作用。与第一产业的就业人数相比，第一产业创造的GDP偏低，这就表现出第一产业创造的人力资本产出偏低，在我国人口红利即将消失的情况下，提高人力资本产值是必要的。同时我们研究发现，第一产业的FDI对第一产业就业人数具有正的减少作用，这是因为投向于第一产业的FDI带来了相应技术，通过第一产业的技术进步来减少第一产业就业人数，提高第一产业人力资本产出。所以对于第一产业FDI投向的引导，更注重对第一产业技术引进的角度，从而从根本上提高第一产业产值。并且根据我们的研究发现，第一产业的就业人数对第一产业的GDP具有短期积极的带动作用。这样，虽然第一产业的FDI投资偏少，如果可以积极引导FDI在第一产业的投资方式，可以直接在短期促进第一产业发展,同时间接通过第一产业就业质量来提高第一产业产值。

第二产业的 FDI 投资比重一直保持在高位,直到 2011 年才有所下滑,这也体现了我国产业结构调整的效果。我们研究发现,第二产业的 FDI 对第二产业 GDP 的发展不仅具有短期积极的带动作用,而且具有很好的中期作用,这源于 FDI 在我国第二产业的大量投资,同时与第一产业不同,第二产业的 GDP 同时反作用于第二产业的 FDI,形成良好的促进循环,即第二产业 FDI 越多,第二产业产值越多,同时吸引的第二产业 FDI 就会越多。虽然第二产业的 FDI 对第二产业的发展起到了很重要的作用,但是近几年第二产业也暴露了一些弊端,受到了交通、资源和环境的制约,这有一部分原因是第二产业 FDI 质量不高导致的。第二产业的 FDI 多是以设备原料作为资本投入,较少地有相关技术的投入,特别是核心技术封锁甚严,尤其是在制造业上,我国大部分是代工,而且代工基本是技术含量不高的劳动密集代工,这不利于我国第二产业的发展。同时第二产业 FDI 在短期内对第二产业就业人数有促进作用,也印证了第二产业 FDI 缺乏相关技术层面的引进,让我国第二产业停留在初级的劳动密集产业上。这无疑是第二产业 FDI 的一大弊端,为此,应该加强对第二产业 FDI 投资方式的引导,多鼓励技术层面的投资,使我国第二产业真正发展强大。第二产业 GDP 与第二产业就业人数双向积极促进作用,也体现了我国第二产业发展阶段较为初级,仍停留在劳动密集层面上,而非技术层面,所以,除了积极引导技术层面的 FDI 投资于第二产业,我们自身应加强第二产业内的研发与创新,提高技术水平,加快产业结构升级。

第三产业的 FDI 对第三产业 GDP 的发展有积极的带动作用,这种带动作用在短期内较为明显。第三产业 FDI 从 2006 年开始飞速发展,同时第三产业 GDP 也发展迅速,但是我们还可以发现第三产业的 FDI 多投资于商业、房地产、金融保险业等利润较高的行业,导致部分产业发展过热,比如第三产业 FDI 对房地产业的大量投资,也是房价上涨的一大推手。同时,与第三产业 FDI 对第三产业 GDP 的作用形成鲜明对比的是,其对第三产业就业人数的影响,短期具有不稳定性,中长期的影响基本为 0,这从侧面也反映了第三产业 FDI 投资方式的畸形,过多投入第三产业中利润高的资本密集型而非劳动密集型行业,这与我国想通过发展第三产业来吸收农村富余劳动力的方针政策背道而驰,不利于我国农村剩余劳动力的转移,也不利于我国产业结构的进一步优化。但是,我们研究发现,第三产业的 GDP 和就业人数对第三产业的反向促进作用较小,反而是国家政策方面的因素促进产业结构调整,大力发展第三产业,对第三产业的 FDI 更具吸引力。这说明,国家对第三产业投资的引导会起到很重要的作用,一方面要控制第三产业 FDI 过度投向房地产业等,另一方面引导第三产业 FDI 流向交通运输、地质勘探和科教文卫部门等公共部门,更有利于第三产业结构优化。我们还发现第三产业本身的 GDP 与其就业人数不具有同向互促作用,这反映出我国第三产业发展不均衡,需要鼓励第三产业劳动密集型行业发展,从而更好地吸收农村富余劳动力,推进城镇化发展。

参考文献

[1] Caves, R. E. Multinational firms, Competition and Productivity in Host-Country Markets [J]. Economic, 1974 (41).

[2] Gorechi, P. K. The Determinants of Entry by Domestic and Foreign Enterprises in Canadian Manufacturing Industries [J]. Review of Economics and Statistics, 1976 (58): 485-498.

[3] Fishwick, F. Multinational Companies and Economic Concentration in Europe [M]. Gower Publishing Company, 1981.

[4] Das, S. Externalities, and Technology Transfer through Multinational Corporations: A Theoretical Analysis [M]. In John H.Dunningeds. United Nations Library on Transnational Corporations. The United Nations, 1987.

[5] Camilla, J. Foreign Direct Investment, Industrial Restructuring and the Upgrading of Polish Exports [J]. Applied Economics, 2002 (34).

[6] Eva, K. Sectoral Linkages of Foreign Direct Investment Firms to the Czech Economy [J]. Research in International Business and Finance, 2005, 19 (2).

[7] 郭克莎. 外商直接投资对我国产业结构的影响研究 [J]. 管理世界, 2000 (2).

[8] 李雪. 外商直接投资的产业结构效应 [J]. 经济与管理研究, 2005 (1).

[9] 赵红, 张茜. 外商直接投资对中国产业结构影响的实证研究 [J]. 国际贸易问题, 2006 (8).

[10] 陈继勇, 盛杨怿. 外商直接投资与我国产业结构调整的实证分析 [J]. 国际贸易问题, 2009 (1).

[11] 张琴. 国际产业转移对我国产业结构的影响研究——基于1983~2007年外商直接投资的实证分析 [J]. 国际贸易问题, 2012 (4).

[12] Tomasz Mickiewicz, Slavo Radosevicv and Urmas Varblane. The Value of Diversity: FDI and Employment in Central Europe During Economic Recovery [C]. Faculty of Economics and Business Administration Discussion, 2000.

[13] Christoph Ernst. The FDI-employment Link in a Globalizing World: The Case of Argentina [R]. Brazil and Mexico. International Labour Office, Employment Strategy Paper, 2005.

[14] 蔡昉, 王德文. 外商直接投资与就业——一个人力资本分析框架 [J]. 财经论丛, 2004 (1).

[15] 王剑, 张会清. 外国直接投资对中国就业效应的实证研究 [J]. 世界经济研究, 2005 (9).

[16] 黄旭平, 张明之. 外商直接投资对我国就业的影响: 基于面板VAR的分析 [J]. 中央财经大学学报, 2007 (1).

[17] 刘宏, 李述晟. FDI对我国经济增长、就业影响研究——基于VAR模型 [J]. 国际贸易问题, 2013 (4).

中部地区工业结构转换能力：测度、趋同及其影响因素

王玉燕　王建秀　王分棉[**]

引　言

在我国东部地区经济繁荣和西部大开发的非均衡发展战略下，中部地区经济总量远低于东部地区，经济增长速度也落后于西部地区，逐渐陷入"中部塌陷"的危机。在"十二五"阶段，如何促进区域产业结构的优化升级，合理布局区域经济，是当前我国实现区域经济的持续、稳定与协调发展的重要内容。中部地区经济发展落后，除了历史原因、相对区位劣势与政策效应等客观原因外，根本的原因是内在产业结构转换能力的落后。工业部门是国民经济最重要的物质生产部门之一，是带动区域经济增长的核心部门，它为自身和经济其他部门提供原材料、燃料和动力，其内部结构的好坏直接关系到区域经济增长水平的高低，在国民经济中起着主导作用。工业化是经济发展的必经过程，也是区域产业结构调整的重要内容。因此，对处于工业化中期的我国来说，产业结构调整的关键是工业结构的优化升级，对工业结构的现状和工业结构转换的认识是产业结构调整的重中之重。工业结构转换能力决定了这种推进工业结构演变的速度和质量，工业结构转换能力越强，区域产业结构高级化速度就越快，质量越高；反之，工业结构转换能力越弱，高级化过程越长，质量越低。因此，工业结构转换能力的强弱，不仅关系到产业结构合理化和高度化的实现，而且关系到区域经济的增长和整体协调发展。

一、产业结构转换与地区工业化进程

产业结构转换是指一个国家或地区为适应市场变化、保持经济持续稳定增长而向合理化、高级化方向演进的动态过程，从根本上讲，也就是工业结构的优化升级过程。因此，有必要从工业化进程的视角来审视产业结构转换能力的理论逻辑。

---

[*] 国家社会科学基金重大项目"全球金融危机下我国先进制造业发展战略研究"（08&ZD039）；国家自然科学基金重点项目"中国企业的转型升级战略及其竞争优势研究"（71332007）；北京企业国际化经营研究基地资助项目。

[**] 王玉燕，对外经济贸易大学中小企业研究中心研究员，主要研究方向为企业与产业转型升级；王建秀，对外经济贸易大学国际商学院博士后、副教授，研究方向为中小企业转型升级；王分棉，对外经济贸易大学国际商学院讲师，主要研究方向为企业转型升级。

国内已有一些学者从不同的角度、运用不同的方法对我国工业化进程以及地区工业化水平展开评价与分析。陈佳贵、黄群慧（2003、2009）分别从工业增长效率、工业结构和工业环境三个方面构建工业现代化水平评价体系，具备包括行业效率、技术的先进性、国际化水平、产业组织合理化水平、信息化水平、企业管理科学化水平和可持续发展水平七个评价指标。研究发现到2004年我国的工业现代化的进程已经超过了1/3的历程。

吕政等（2005）通过运用人均GDP水平、非农产业产值比重与就业比重和工业结构水平等指标，综合评价了中国的工业化水平的高低，发现"十五"期间我国工业化进程已由工业化中期的第一阶段进入到第二阶段。陈佳贵等（2006）从地区经济发展水平、产业结构、工业结构、就业结构、空间结构等多方面出发，基于经典工业化理论构建地区工业化综合评价体系，并运用AHP方法确定相应指标权重，对我国内地31个省（市、自治区）的工业化水平进行评价。结果表明，到2004年为止，我国绝大部分地区处于加速工业化阶段，但先进与落后地区间的工业化差距在不断拉大，工业结构升级代替产业结构调整成为大部分地区工业化的主要动力，并且东部地区整体进入工业化后期，而中西部地区仍处于工业化前期的后半阶段。

金碚等（2011）从轻重工业比例关系、行业结构、所有制结构、产业组织结构、要素结构和地区结构等方面考察了"十一五"期间我国工业结构调整与工业化水平提升的进展，表明我国工业已经进入必须依靠结构转换升级推动发展的新阶段。

从上述文献不难看出，工业化过程中必然伴随着明显的产业结构转换活动。对一个转型经济体而言，研究其产业结构转换，离开其工业化进程这个大背景是缺乏现实意义的。这两者之间存在着紧密的联系。然而，现有研究均是从工业化进程的角度评价我国整体产业结构转型升级的状况与工业化水平的高低，很少有学者从能力构成要素的视角测度工业结构转换能力的高低，进一步研究其影响因素的文献几乎没有。

二、地区工业结构转换能力评价模型及其测度

（一）地区工业结构转换能力评价体系

一切影响工业部门生产要素和生产条件的因素，最终均会成为工业结构优化升级的必备条件。综合相关理论研究成果，本文认为地区工业结构转换能力的构成因素主要有供给因素、需求因素、结构因素与可持续化因素。

1. 供给因素

（1）技术创新能力。技术创新主要表现为系统的技术进步和创造出新的产出，从而带来新的市场需求，不断提升产业结构系统的资源转换作用。因此，技术创新是产业结构转换的直接动力。通过技术选择能够促进产业结构升级，提升劳动生产率，实现经济快速增长，加快技术创新步伐能够实现产业结构的高度化。

技术创新最终会导致生产函数的变化，使得部门间生产率存在差异，资源从低效率的部门向高效率的部门转移，推动工业结构的优化升级。中国工业未来的发展将越来越依赖于技术创新，以技术创新推动工业结构优化升级是中国工业发展的基本主题。我国工业行业存在明显的技术进步，技术进步导致工业结构的变化体现在：第一，技术进步导致高技术产业的发展壮大，旧产业部门不断衰退，工业产品的技术含量逐步提升，进而推动产业结构的高级化；第二，技术进步推进工业部门的节能减排，提升全要素生产率，最终推动工业结构的调整升级。因此，地区间技术

创新能力的大小是构成工业结构转换能力的重要因素。

（2）积累能力。供给主要包括自然资源、人力资源、资金等生产要素的提供。随着经济的发展，自然资源的影响逐渐弱化，而人力资源与资金的作用则日显重要。人力资源主要从劳动者素质、知识和技能等方面影响产业结构转换。就我国工业发展的历史来说，投资在工业结构的演进过程中扮演了导向性的角色，而资金供给主要取决于生产规模、生产效率和累积率等地区积累能力。因此，地区积累能力是推动产业结构调整升级的物质基础，而部门合理的生产规模和先进的生产效率能够提供较强的积累能力，最终推动工业结构的优化升级。也就是说，不同经济发展程度的地区整体积累能力的差异会影响工业结构转换能力。

2. 需求因素

需求是产业结构升级的基本动力之一。一个国家或地区经济水平较低时，人的需求在于解决温饱问题，食品支出比重较大，恩格尔系数较高。随着收入水平的不断上升，人们逐渐追求高层次的生活，需求层次发生变化，非农产品的需求弹性上升，对非农产品的需求逐步上升促使原材料工业与加工工业的兴起和发展，重工业化趋势明显。进入工业化后期，经济较发达，消费呈现出多样化特征，服务需求弹性逐步增加，产业结构向高加工化、高附加值和"经济服务化"方向转换。

消费水平的变化必将引起生产的变化，通过产业间关联效应带动相关产业以及新兴产业的发展，最终必然导致工业结构的变动。因此，需求结构的变化会对现有产业结构造成调整升级的压力，当然需求结构的差异也会造成工业结构转换能力的不同。

3. 结构因素

（1）工业结构因素。地区产业结构的转换是以前一阶段产业结构的水平为基础的，因此工业结构的现状也会影响工业结构的转换。工业结构水平是综合评价工业化进程和工业化水平，也是衡量工业现代化水平的重要标志。经济较发达的地区现有工业结构水平较高，工业基础牢靠，资金、技术等要素密集，生产条件完善，能够及时地根据市场的变化调整生产结构，促进要素从低效率部门向高效率部门流动，从而实现工业结构的升级。相反，经济欠发达地区产业层级较低，相应地，工业结构转换能力也较弱。因此，处于工业化不同结构的地区，其产业层次高低不同，因而其结构转换的形式与能力高低不尽相同。

（2）对外贸易因素。随着经济全球化的推进，我国逐步融入了国际产业分工体系，成为承接国际产业转移最重要的国家之一，对外贸易的发展在经济增长中扮演着重要角色，对地区产业结构的演变起了一定的作用。一方面，对外贸易有利于发挥比较优势，带动优势产业的发展和弥补劣势产业的不足；另一方面，劳动、资金、技术等生产要素的国际间流动，给国家经济的增长带来了活力。从而调整外资外贸政策，提升对外开放层次和水平，提高工业领域利用外资水平，有利于提升工业国际竞争力。因此，地区工业部门竞争力的提升要求更大程度地参与国际竞争与分工，工业部门的开放程度将直接影响地区要素的流向与资源的分配，也就决定了工业结构的转换能力的大小。

4. 可持续化因素

在考虑资源环境因素后，我国工业的增长是资源驱动型的。随着粗放式工业增长模式的推进，我国工业的发展越来越接近资源和环境的约束边界，资源消耗和环境破坏问题日益凸显，重化工业带来的环境破坏是制约工业结构转型的主要障碍，工业竞争力的提升必须依靠节约资源的技术，而不是依靠耗费资源来支持。环保水平的高低是衡量工业现代化水平的重要标志，尤其是对资源较丰富的中部地区来说，加强资源节约和环境保护是实现工业可持续发展的必然道路。地区工业对资源依赖越小，环境保护力度越大，工业结构转型水平就越高。因此，推动工业可持续发展是工业结构转型升级的必要内容，也是构成工业结构转换的重要因素。

当然，除此之外，构成工业结构转换的因素还有很多，如产业政策等，由于这些因素难以用统计指标进行衡量，故本文均不予以考虑。以上因素相互作用、相互影响，构成了反映地区工业结构转换能力的体系。为此，根据以上四大构成要素可以构建地区工业结构转换能力的评价模型体系（见表1）。

表1 地区工业结构转换能力的评价指标体系

因素	项目	资料来源	指标	单位
供给因素	技术创新能力	金碚，2004；陈勇、唐朱昌，2006；刘楷，2007；黄茂兴、李军军，2009；李平等，2010	工业科研支出比重 X1	%
			全员劳动生产率 X2	万元/人
			高技术产业产值比重 X3	%
	积累能力	卢中原，2002；于淑艳、荣晓华，2004；罗吉，2004	工业固定资产投资率 X4	%
			工业资金利税率 X5	%
需求因素	消费水平	韦伟等，1992；于淑艳、荣晓华，2004	居民消费水平 X6	元
	消费层次		城镇居民非食品支出比重 X7	%
			农村居民非食品支出比重 X8	%
结构因素	工业结构	陈佳贵等，2003，2009；吕政等，2005；陈佳贵等，2006	工业增加值占 GDP 比重 X9	%
	对外贸易	吕政等，2005；金碚等，2011	三资工业企业产值比重 X10	%
可持续化因素	能源效率	金碚，2005、2011；张其仔、郭朝先，2008；陈佳贵等，2009	单位电力能耗产值 X11	元/千瓦时
	环境保护		工业废物利用率 X12	%

（二）测算方法

目前，常用的多指标评价方法主要有主成分分析法（PCA）和层次分析法（AHP），由于层次分析法是一种主观赋权法，带有较强的个人主观性，且指标过多时难以确定权重，因此本文采用相对客观的主成分分析法，以提高评价结果的科学性和准确性。

为便于将中部地区与其他区域进行比较，根据上文的评价体系，分别计算东部、中部和西部2000~2010年全国30个省、市、自治区（考虑数据可得性，剔除西藏）的工业结构转换能力指数。由于不同指标具有不同的量纲和量级，如果直接进行综合，会造成主成分过度偏重于具有较大数量级的指标，为此本文对原始数据进行标准化处理，以消除不同量纲的影响。首先对中部来说，以2000年为例，运用 SPSS 软件根据主成分分析的原理和步骤对中部六省标准化后的数据进行分析，得到总方差分解和因子载荷阵。

根据累计贡献率达85%和特征值大于1的原则，选取三个主成分。其中第一主成分信息贡献率为46.967%，第二主成分为23.483%，第三主成分为17.776%，累计贡献率高达88.226%。从因子载荷阵看出，第一主成分中，全员劳动生产率 X2、工业资金利税率 X5、居民消费水平 X6、三资工业企业产值比重 X10 和单位电力能耗产值 X11 载荷较大；第二主成分中，工业增加值占 GDP 比重 X9 和工业废物利用率 X12 载荷较大；第三主成分中，工业科研支出比重 X1 和城镇居民非食品支出比重 X7 载荷较大。因此，影响中部地区工业结构转换能力的主要因素依次是技术创新能力、需求因素、可持续因素、积累能力、工业结构因素和对外贸易因素。通过 SPSS 软件我们可以得到三个主成分的系数得分矩阵，然后与标准化后的中部地区各指标进行计算，可以得到2000年六个省份各个主成分得分 F_{ij}^0（i 表示省份，j 代表主成分）。另外，为计算最终的工业结构转换能力，需对各个指标加权综合，故需构造各主成分的权重。各主成分的方差贡献率 w_j^0，那么其权重为：

$$w_j^1 = \frac{w_j^0}{\sum_{j=1}^{3} w_j^0}$$

由于中部地区省份较少,样本容量较小,所以直接用当年的主成分得分和权重计算其工业结构转换能力,不具备说服力。因此,为扩大样本容量,本文采用上述方法计算出中部地区各省2000~2010年的主成分得分和权重,然后用当年和前后两年数据求平均值进行处理,[①]以此作为当年的主成分得分 F_{ij} 和 w_j 权重,那么当年的工业结构转换能力指数为:

$$F_i = \sum_{j=1}^{3} w_j \cdot F_{ij}$$

以此类推,我们可以计算出2000~2010年东部地区、中部地区和西部地区30个省(市、自治区)的工业结构转换能力指数。

(三)评价结果

在此项研究中,研究对象主要为2000~2010年中部工业结构转换能力,其相关构成指标的数据均来自于相关年份的《中国科技统计年鉴》、《中国高技术产业统计年鉴》、《中国统计年鉴》、《中国经济普查年鉴2004》、《中国能源统计年鉴》。为消除价格因素影响,对于绝对值指标均采用价格指数进行平减。

1. 中部六省工业结构转换水平

图1描述了2000~2010年我国三大经济地区工业结构转换能力的变化趋势。总体上看,三大经济地区整体的工业结构转换能力按照东、中、西的顺序依次递减。2003年开始,东部地区转换能力开始逐年降低,而中部地区反而逐年上升,与东部地区的差距逐渐缩小,这得益于近年来"中部崛起"政策对中部的倾斜和中部各省自身产业结构调整政策取得的成效,但值得注意的是,中部转换能力与东部领先水平仍存在一定的差距。

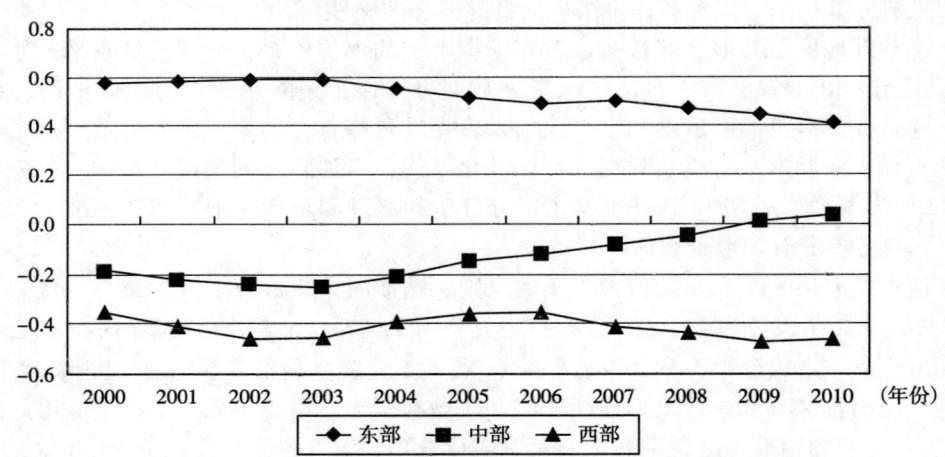

图1 东部、中部、西部工业结构转换能力变动趋势(2000~2010年)

细分来看,全国平均工业结构转换能力先升后降,这跟我国工业结构存在的矛盾日益显现有较大的关系(金碚等,2011);上海市工业结构转换能力一直处于全国领先地位,远远高于全国平均水平。2000~2010年中部地区工业结构转换能力不断提高,2000年各省均低于全国水平,而到

---

① 对数据进行此类处理的好处是可以综合考虑各指标相近几年的变化趋势,以扩大样本容量。

2010年除山西和河南外,均高于全国水平,并且与全国最高水平差距不断缩小。分省来看,2000~2010年江西和湖南转换能力上升幅度最大,成为中部的转换能力领先者,主要由于技术因素和地区积累能力的贡献相对较大;需要指出的是,山西省的工业结构转换能力处于全国倒数水平,2007年甚至排最后一位,而山西工业占GDP比重高达49.57%,全国最大,但由于山西省工业化进程较慢,落后于全国水平,并且产业结构单一、工业增长方式粗放和资源环境的破坏等矛盾比较突出(陈佳贵等,2007),这严重制约了山西工业结构的优化升级。进一步我们将各省2000~2010年的转换能力指数均值进行归类(见表2)。显然,工业结构转换能力较高的均是东部沿海经济发达省份,上海转换能力为全国最高;中部地区各省基本处于中等水平,湖南最高,山西省最低;而西部地区12省工业结构转换能力均处于中下等水平,重庆最高。

表2 地区工业结构转换能力综合指数分组归类

组别	地区(省份)		
	东部地区	中部地区	西部地区
优(>0.5)	上海、北京、天津、广东、江苏、浙江、山东		
中上(0~0.5)	黑龙江、福建、辽宁	湖南、安徽、江西、湖北	
中下(-0.5~0)	河北、吉林	河南	重庆、陕西、四川、新疆、云南、广西
差(<-0.5)		山西	内蒙古、贵州、甘肃、宁夏、青海、海南

注:三个地区内部各省份均按照工业结构转换能力指数排序。

2. 中部工业结构转换能力的趋同检验

由于中部六省地域相近,且工业同构性较高,那么各省之间工业结构转换能力也可能存在趋同的现象,故采用变异系数进行趋同检验(史丹,2006;钞小静、任保平,2011)。变异系数的变化能够形象地刻画区域内地区间工业结构转换能力的趋同性,系数较大说明地区间结构转换能力的趋同性较强,较小说明趋同性较弱;变异系数变大表明结构转换能力趋同性增强,变小表明趋同性较弱。

图2描述了2000~2010年中部地区工业结构转换能力的变异系数。可以看出,2000~2008年,中部地区工业结构转换能力变异系数一直缓慢下降,到2009年迅速上升,2010年又快速下降,但总体上有一定的上升。这一过程与转换能力变化几乎同步。这就表明,2000~2008年中部地区各省工业结构转换能力绝对趋同,而到2009年转换能力发生快速变化,变异系数也快速上升,说明中部地区工业结构转换能力发生快速上升时不具有趋同性。

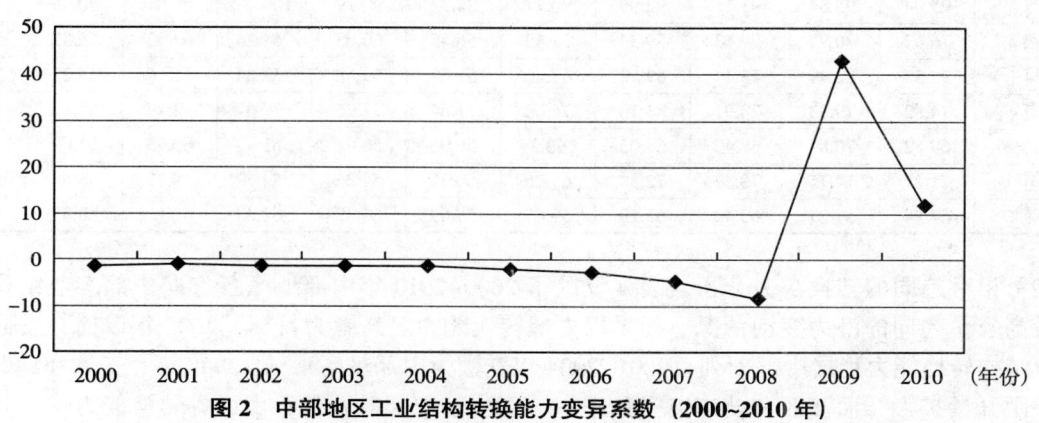

图2 中部地区工业结构转换能力变异系数(2000~2010年)

3. 中部地区工业结构转换潜力分析

目前，我国工业结构转换水平与世界发达国家存在一定的差距，如果以国际工业结构转换先进水平为标杆，进行转换能力的国别比较，可以判别我国工业结构转换水平和转换潜力。但是，本文认为工业结构转换的国别差异从根本上说是经济发展水平的差距，短期内无法消除，所以难以准确地计算出我国地区间工业结构转换差异和潜力。因此，地区间的工业结构转换差距才是我国当前经济发展水平条件下可能实现的转换潜力。本文以国家或区域内转换能力最高者为标杆或目标，用各省向最高省份趋同的空间大小表示该省的工业结构转换潜力（史丹，2006；王玉燕、林汉川，2013）。而趋同存在着两种形式：第一，全国各省工业结构转换能力向全国最高值趋同，即绝对趋同；第二，某一区域内，各省工业结构转换能力向区域最高值趋同，即相对趋同。因此，需从国家或者中部区域视角出发，分析绝对趋同和相对趋同下中部地区各省工业结构转换的潜力。

采用PCA方法构造出的工业结构转换能力指数主要反映各地区转换能力的大小关系，但由于指数正负性不一，为便于进行转换潜力分析，本文对国家或区域内各省份的工业结构转换能力指数进行标准化处理，方法为：

$$f_i = \frac{F_i - F^{min}}{F^{max} - F^{min}}$$

式中，f_i为标准化i省的转换能力指数，F_i为i省原始的工业结构转换能力指数，F^{max}、F^{min}分别表示在全国或者区域内转换能力最大与最小省份的指数。因此，标准化后的区域内工业结构转换能力f_i最高为1，最低则为0。那么地区工业结构转换潜力为：$p_i = 1 - f_i$。

用目标工业结构转换能力与实际转换能力差距作为转换潜力，不仅反映了我国当前经济发展水平可以实现的潜力，而且能够在提升整体转换能力的同时实现区域经济协调发展。

（1）绝对趋同的转换潜力分析。表3反映了2000~2010年中部地区各省向全国工业结构转换能力最高省份（上海）趋同的潜力变动趋势。2000年中部工业结构转换能力最高的是湖北，2010年江西变为最高。若以全国最高者作为目标，中部均低于全国最高水平，2006年以前中部各省转换潜力均高于50%，到2010年江西和湖南转换潜力维持在36%左右，表明中部地区转换能力有一定的上升，且与全国最高水平差距不断缩小。值得注意的是，山西省工业结构转换潜力一直位于中部最高，且均高于80%，工业生产方式亟待改善。如果将工业结构转换能力目标改为全国平均水平，2000年中部地区均低于全国水平，而到2010年除山西和河南外，其他四省均超过全国平均水平。

表3 中部地区各省工业结构转换绝对趋同的潜力变动（%）

省份＼年份	2000	2001	2002	2003	2004	2005	2006	2007	2008	2009	2010
山西	95.04	95.54	91.75	92.99	90.71	84.32	90.19	100	99.01	90.55	82.23
安徽	76.63	70.75	59.63	59.33	57.62	56.45	60.03	64.24	62.93	56.52	52.72
江西	92.52	82.49	73.44	69.18	67.46	51.69	49.68	52.84	51.16	45.22	36.39
河南	74.82	79.93	78.91	81.56	76.68	71.64	71.96	77.67	72.17	66.17	59.84
湖北	68.52	70.84	68.42	68.03	63.3	56.95	58.6	61.98	60.95	56.09	53.3
湖南	71.27	74.15	70.27	72.88	65.26	60.31	54.22	54.52	48.97	38.68	36.47
全国平均	67.88	67.27	63.44	63.19	59.81	55.09	56.38	62.43	62.1	58.37	54.32

（2）相对趋同的转换潜力分析。表4反映了2000~2010年中部地区各省向中部工业结构转换能力最高省份趋同的潜力变动情况。如果以中部转换能力最高者为目标，2005年以前，安徽、湖北工业结构转换能力稳居中部前列（2001~2004年安徽为中部最高），到2005年，安徽和湖北与最高者差距开始扩大，而江西和湖南突飞猛进，分别位于中部前两位；山西省转换能力一直是中部

最低。若以中部平均水平为目标,2000年只有江西和山西低于中部平均水平,2010年变为仅河南和山西低于平均水平。这就表明,中部领先者之间差距不断缩小,而落后者与领先者的差距不断扩大,存在"两极化"的发展趋势。

表4 中部地区各省工业结构转换相对趋同的潜力变动(%)

省份\年份	2000	2001	2002	2003	2004	2005	2006	2007	2008	2009	2010
山西	100	100	100	100	100	100	100	100	100	100	100
安徽	30.57	0	0	0	0	14.59	25.55	24.17	27.9	34.39	35.62
江西	90.49	47.35	43	29.26	29.74	0	0	0	4.39	12.61	0
河南	23.75	37.02	60.02	66.05	57.62	61.14	55	52.65	46.38	53	51.17
湖北	0	0.34	27.37	25.86	17.17	16.14	22	19.38	23.95	33.57	36.88
湖南	10.36	13.72	33.14	40.27	23.09	26.42	11.2	3.56	0	0	0.16
中部平均	42.53	33.07	43.92	43.57	37.94	36.38	35.62	33.29	33.77	38.93	37.31

三、中部地区工业结构转换能力影响因素研究

在研究全国或区域工业结构转换能力差异的同时,能力变动的影响因素也是重要的研究内容。由上文的分析可知,中部地区工业结构转换能力明显低于东部地区,并且各省之间工业结构转换能力存在着较大的差异,且各省结构转换潜力不尽相同。这是何种原因造成的呢?该如何推动能力水平的提升呢?中部地区工业增长速度相对缓慢,工业化进程中存在一些比较突出的问题,这导致部分省份结构转换能力较弱。对于资源丰富、区位优势相对明显,而工业化水平较落后的中部地区,在分析工业结构转换能力影响因素时,需要考虑地区经济发展水平、产业组织特征、产权结构、环境污染、基础设施建设、城市化水平和服务业发展等因素。

(一)数据来源与处理

在此项研究中,研究对象主要为2000~2010年中部工业结构转换能力以及影响因素,转换能力数值由上文分析得到,影响因素的相关数据均来源于2001~2011年的《中国统计年鉴》。由于部分统计口径的变化,《中国统计年鉴2005》中2004年部分数据缺失,从《中国经济普查年鉴2004》中得到补充。为消除价格因素影响,对于GDP指标,以2000年为基期的GDP平减指数平减后;其他与工业相关的绝对值数据,均用以2000年为基期的CPI和PPI均值构造的价格指数进行平减。

(二)变量设计与模型设定

1. 因变量

为分析2000~2010年中部省份之间工业结构转换能力的绝对差异和相对差距,本文选取基于PCA方法计算的原始工业结构转换能力指数 $Con_{i,t}$(i表示省份、t代表年份,下同)、极值标准化后绝对趋同和相对趋同的转换能力指数 $Con_{i,t}^1$、$Con_{i,t}^2$。原始的转换能力指数 $Con_{i,t}$ 反映中部地区各省间工业结构转换能力的绝对差异;绝对趋同下转换能力指数 $Con_{i,t}^1$ 反映中部各省与全国最高省份的相对差距;相对趋同下转换能力指数 $Con_{i,t}^2$ 反映中部区域内部各省与中部最高省份的相对差距。

2. 自变量

地区经济发展水平用人均 GDP 对数值 $Agdp_{i,t}$ 表示。用各省的工业结构相似系数 $SC_{i,t}$、工业集中度 $ICR4_{i,t}$[①] 和特色产业 $Char_{i,t}$ 表示工业的行业特征。$Char_{i,t}$ 数据根据各年产量位于全国前五位工业产品类别情况进行赋值：根据某省产量排名位于全国前五位的工业产品类别个数进行统计，排名 1~5 位依次赋予 5~1 分，然后全部产品得分之和即为该省特色工业得分 $Char_{i,t}$，得分越高表示该省工业产品越有优势。用地区国有及国有控股工业企业总产值占地区工业总产值的比重来表示工业制度因素 $Inst_{i,t}$；以工业固体废物排放量对数值 $Pollu_{i,t}$ 表示各省工业部门的环境污染因素；以各省运输线路长度与该省的面积之比计算的运输密度 $Tran_{i,t}$ 表示基础设施建设情况；以各省城镇人口占总人口比重表示城市化率 $Urban_{i,t}$；以平减后的金融业增加值对数 $Fina_{i,t}$ 表示服务业对工业发展的产业协同效应。

因此，提出回归方程：

$$Con_{i,t} = \alpha_0 + \alpha_1 Agdp_{i,t} + \alpha_2 SC_{i,t} + \alpha_3 ICR4_{i,t} + \alpha_4 Char_{i,t} + \alpha_5 Inst_{i,t} + \alpha_6 Pollu_{i,t} + \alpha_7 Tran_{i,t} + \alpha_8 Urban_{i,t} + \alpha_9 Fina_{i,t} + \mu_{i,t}$$

式中，$\mu_{i,t}$ 为扰动项。

（三）分析结果

1. 变量描述统计与 Pearson 相关系数

表 5 提供了变量描述统计和变量间的 Pearson 相关系数。总体上看，自变量之间绝大多数相关系数没有超过 0.5，表明各自变量之间不存在明显的共线性问题。从相关系数可以看出，各因变量与人均 GDP 有较显著的正向关系，而与工业集中度、产权制度和环境污染有显著的负向关系（$p < 0.01$），这为我们后面分析影响中部地区工业结构转换能力的因素提供了启示。

2. 回归分析

本文利用 2000~2010 年中部六省各项变量的数据，通过面板回归（Pooled Least Squares）分析了中部地区工业结构转换能力与其影响因素的关系，结果如表 6 所示。模型 1 分析的是中部地区原始的工业结构转换能力与其影响因素的关系；模型 2 测算的是不同因素影响中部地区工业结构转换能力向全国最高者趋同的程度（绝对趋同）；同样，模型 3 度量了在中部区域内各省相对趋同的工业结构转换能力（与中部最高者接近程度）与其影响因素的关系。总体上看，三个模型拟合效果较好，调整的 R^2 均大于 0.73，F 值较大（$p < 0.01$），基本通过检验。

从回归结果，我们可以看出：

第一，地区经济发展水平对中部地区工业结构转换能力有正向的推动作用。人均 GDP 水平的上升有利于各省工业结构转换能力的提升（模型 1，$\beta = 0.637$，$p < 0.05$），缩短与全国最高水平的差距（模型 2，$\beta = 0.207$，$p < 0.1$）和中部最高值的差距（模型 3，$\beta = 1.17$，$p < 0.01$）。人均 GDP 是衡量人民生活水平的重要标准，也是考核政府绩效的重要指标，其对地区工业结构转换能力的推动作用可归纳为"政策诱导效应"。

第二，中部各省之间工业同构性没有显著影响其工业结构转换能力的变化，并且对中部地区工业结构转换能力的绝对趋同与相对趋同的作用不明显。可能是虽然中部各省之间工业同构现象得到一定的缓解，但由于历史原因，短期内无法彻底改变，各省自有资源和生产力优势无法有效发挥。

第三，地区工业集中程度与结构转换能力呈明显的负相关关系。中部各省工业集中度的上升

[①] 根据王玉燕、林汉川（2012）方法计算得到。工业集中度 $ICR4_{i,t}$ 为产值位于前四位的工业部门比重之和；工业结构相似系数 $SC_{i,t}$ 描述地区间工业的同构性。

表 5 变量的描述统计与 Pearson 相关系数

变量	Mean	S.D.	Con	Con 1	Con 2	Agdp	SC	ICR4	Char	Inst	Pollu	Tran	Urban	Fina
Con	-0.13	0.33	1											
Con 1	0.32	0.15	0.94***	1										
Con 2	0.62	0.34	0.94***	0.85***	1									
Agdp	8.74	0.18	0.07**	0.19*	-0.04	1								
SC	0.87	0.07	0.56	0.42*	0.64	-0.46***	1							
ICR4	0.42	0.13	-0.68***	-0.55***	-0.71***	0.29**	-0.62***	1						
Char	11.79	9.46	-0.07	-0.06	-0.06	0.45***	0.09	-0.22*	1					
Inst	0.49	0.13	-0.44***	-0.59***	-0.25**	-0.52***	-0.06	0.18	-0.28**	1				
Pollu	11.31	3.14	-0.46***	-0.47***	-0.43***	0.06	-0.41***	0.49***	-0.21*	0.31**	1			
Tran	0.73	0.34	0.27	0.39***	0.09	0.60***	-0.09	-0.07	0.39***	-0.59***	-0.43***	1		
Urban	0.38	0.06	0.15	0.29***	0.03	0.65***	-0.52***	0.45***	-0.10	-0.31**	0.04	0.41***	1	
Fina	5.06	0.50	0.24*	0.32***	0.10	0.57***	-0.14	-0.13	0.57***	-0.52***	-0.25**	0.65***	0.37***	1

注：***$p<0.01$，**$p<0.05$，*$p<0.1$（双尾）。

表6 中部地区工业结构转换能力影响因素：PLS回归分析

	模型1	模型2	模型3
常数项	−2.784 (−1.163)	−0.099 (−0.097)	−6.200** (−2.197)
Agdp	0.637** (2.277)	0.207* (1.738)	1.170*** (3.545)
SC	−1.136 (−1.227)	−0.608 (−1.542)	−0.704 (−0.645)
ICR4	−2.905*** (−5.486)	−1.172*** (−5.196)	−3.059*** (−4.900)
Char	−0.011*** (−3.836)	−0.005*** (−3.773)	−0.010*** (−2.845)
Inst	−0.614** (−2.379)	−0.586*** (−5.335)	−0.168 (−0.553)
Pollu	−0.015* (−1.813)	−0.010*** (−2.688)	−0.023** (−2.334)
Tran	−0.175 (−1.520)	−0.132*** (−2.701)	−0.250* (−1.839)
Urban	1.805*** (3.548)	1.046*** (4.827)	1.465** (2.442)
Fina	−0.129 (−1.445)	−0.043 (−1.124)	−0.279** (−2.649)
F值	28.152***	35.65***	20.965***
调整R^2	0.79	0.828	0.734
Obs	66	66	66

注：***$p<0.01$，**$p<0.05$，*$p<0.1$（双尾）；括号内数值为t统计量值。

限制了工业结构转换能力的提升（模型1，$\beta= -2.905$，$p<0.01$），并且有扩大与全国最高水平的差距（模型2，$\beta= -1.172$，$p<0.01$）和中部最高值的差距（模型3，$\beta= -3.059$，$p<0.01$）的趋势。工业集中度提升1%，会导致工业结构转换能力下降2.905%，而且与东部和中部领先省份的差距分别扩大1.172%和3.059%。如果一个省的支柱工业产值过度集中在某几个行业，这对该省来讲就形成了一个工业产业的"行业垄断"特征。这种区域行业集中度的高低往往与该省行业内垄断性企业相关联，这个集中度越高，新兴产业进入支柱产业序列的难度就越大；进入壁垒越高，竞争性越弱，工业结构调整的可能性就越低；反之，有利于工业结构转换升级。因此，控制支柱工业过度集中，能够推动行业竞争力的增强，对工业结构转换能力的提升具有"竞争活力效应"。

第四，各省特色工业的发展一定程度上制约了工业结构转换能力的提升。三个模型中系数均显著为负值，但数值较小。这在很大程度上说明，中部各省的特色工业在区域产业结构中的相对位置并没有得到大幅度的调整，依然维持着原来的结构特征。从另一个侧面来看，中部各省在原有特色工业范围之外，并没有发展出足够的新兴产业来调整、转换本省的工业结构，这形成了明显的结构惯性或路径依赖趋势。此外，可能的一个原因在于，中部各省特色工业产品主要是资源类的，尽管可能从粗放式的生产方式向集约式方向转变，但长期以来围绕资源类产业的经营模式并没有明显改观，不利于工业结构的优化升级，成为制约地区工业结构转换升级的因素。我们可将其称为"结构惯性依赖效应"。

第五，国有经济比重下降有利于工业结构的优化升级。国有经济比重过高会限制工业结构转换能力的提升（模型1，$\beta = -0.614$，$p < 0.05$）且不利于缩短与东部领先水平的差距（模型2，$\beta = -0.586$，$p < 0.01$）。中部地区2000年工业国有经济比重高达65.63%，而到2010年则降为34.49%，这一定程度上促进了产业结构的转换升级。因此，产权制度的改革和私有经济的发展，

有利于完善市场经济体制、打破国企垄断的局面，从而最终推动工业结构优化升级。也就是说，产权制度的完善对中部工业结构转换能力提升具有"制度改进效应"。

第六，工业污染问题不利于工业结构转换。三个模型中系数均显著为负值，表明工业污染物的排放量与工业结构转换能力呈负向关系。资源的过度开发和环境污染，引发了工业发展的能源约束与环境破坏等结构性矛盾。虽然加强资源节约与环境保护力度，有利于实现工业的可持续发展，但这种约束对所有工业都是硬性制约因素，在约束传统工业的时候，可能对新兴工业也提出了更高的要求，这可能会影响新兴工业的发展速度，进而制约一个地区工业结构转换能力的快速提升，从而形成工业结构转换能力的"环保约束效应"。

第七，中部地区基础设施建设不利于中部各省缩短与工业结构转换能力领先者的差距。中部地区运输里程的建设与工业结构转换能力提升关系不显著，但制约了与全国最高水平的趋同（模型2，$\beta = -0.132$，$p < 0.01$）和中部最高值的趋同（模型3，$\beta = -0.25$，$p < 0.1$）。我国体制上的弊端导致了地方过度投资、产能过剩和低水平的重复建设等问题（江飞涛等，2009），造成资源的浪费和环境承受能力的降低。而要素生产的边际报酬递减规律表明，当某一生产要素使用量达到一定的数量后，便会打破原有各要素最佳生产比例，反而导致边际生产效益的降低。即使考虑到基础设施投资的时滞效应，然而更严重的一种可能是，相对工业投资，这类投资活动对GDP指标改善在更短时间内可以见效，从而有利于地方政府官员的政绩指标，也就容易成为政府决策者的首选。但这无疑影响了对转换工业结构所需的投资规模，形成了一种负向关联。可能正是这种机制导致了中部地区基础设施建设未能推动工业结构转换升级。我们可将之归纳为"投资结构失衡效应"。

第八，城市化水平的提升有利于发挥城市积聚效应，从而促进产业结构的优化升级。中部地区城市化发展能够正向地推动工业结构转换能力的提升（模型1，$\beta = 1.805$，$p < 0.01$）、更快地赶上全国最高地区（模型2，$\beta = 1.046$，$p < 0.01$）和中部最高省份（模型3，$\beta = 1.465$，$p < 0.01$）。中部地区城市化步伐的加快，可能加速了资本、劳动力、土地、技术、人才等生产要素的空间集聚过程，从而对区域工业结构转换能力的提升形成"空间集聚效应"。

第九，中部各省现有的金融业的发展对工业结构调整升级作用不明显，但不利于缩小中部各省间的工业结构转换能力差距（模型3，$\beta = -0.279$，$p < 0.05$）。这就说明，中部地区金融业的发展目前仍未能与工业结构的转换形成良好的产业协同效应。

四、研究结论与政策建议

（一）本文的主要研究结论

本文从构成工业结构转换能力的供给因素、需求因素、结构因素和可持续化因素出发，运用主成分分析法构造出2000~2010年各地区工业结构转换能力指数，以评价中部地区工业结构转换能力的高低，并构建回归模型探析其影响因素。通过比较发现，三大经济地区整体的工业结构转换能力按照东部、中部、西部的顺序依次递减。中部工业结构转换能力有所提升，但与东部相比存在差距，潜力较大。另外，中部地区工业结构转换能力的提升有其特殊的影响因素。中部地区经济发展水平和城市化程度的提高能够正向推动地区工业结构转换能力的提升，并且有利于缩小与东部发达省份和中部领先者的差距，分别存在"政策诱导效应"和"空间集聚效应"。中部工业集中度提高、优势工业产品的发展和工业污染的排放不利于工业结构转换能力的提高，阻碍了中部地区工业结构的优化升级,并且会扩大各省与领先者的差距,导致中部地区在承接产业转移和产业分工中处于不利的地位,存在"结构惯性依赖效应"和"环保约束效应"。中部地区基础设施建设不利于中部各省缩短与工业结构转换能力领先者的差距,存在所谓的"投资结构失衡效应"。工业产权制度的改革有利于促进中部地区产业结构的转换升级和缩小各省与东部的结构转换能力上的差距,存在"制度改进效应"。金融业的发展不但没能发挥对工业增长的产业协同效应,反而拉大了中部各省间结构转换能力的差距。

(二) 政策建议

在"中部崛起"政策的推行和"十二五"规划"促进产业结构优化升级研究"的重大时代背景下,中部地区应当如何抓住政策机遇,推进地区工业结构的调整升级,是一个具有战略性意义的问题。本文从以下四个方面,尝试为中部地区产业结构的优化改善提出政策建议。

1. 集中力量发展比较优势工业,减少工业同构现象

中部地区各省之间工业同构现象严重,低水平的重复建设导致区域产业分工不明确、各省产业比较优势难以发挥以及大量生产能力和资源的浪费。因此,中部各省应当科学地确立自身的主导产业,优化配置资源到具有明显比较优势的产业上来,例如,集中发展山西省的煤炭开采和洗选业,石油加工、炼焦及核燃料加工业;安徽省的煤炭开采和洗选业,电气机械及器材制造业;江西省的有色金属冶炼及压延加工业,有色金属矿采选业,医药制造业;河南省的有色金属矿采选业,非金属矿物制品业,煤炭开采和洗选业;湖北省的非金属矿采选业,交通运输设备制造业,烟草加工业;湖南省的烟草加工业,有色金属矿采选业,非金属矿采选业,专用设备制造业。中部各省在发展自身比较优势工业的同时,要进行优势互补、相互促进,实现中部地区内部产品与要素自由有序流动。

2. 加快推进中部地区城市化进程,增强中心城市积聚能力

城市化推进有利于工业结构转换能力的提升和工业竞争力的增强,因此中部地区应当根据《促进中部地区崛起规划》要求,积极推进城市化战略,中部地区应当加快形成沿京广线、京九线、长江与陇海"两纵两横"经济带,重点努力建设好武汉"1+8"城市圈、长株潭城市群和中原城市群等中部六大城市圈,形成以大城市为中心、中等规模城市为依托、小城镇为基础的中部城市化体系,实现以城市化带动工业化的发展。同时,以中心城市为纽带,充分挖掘武汉、长沙、合肥、南昌、郑州、太原等中心城市科研院校多、人才集中的优势,增强中心城市的辐射功能。

3. 转变粗放型工业发展方式,构建"资源节约型、环境友好型"结构

中部地区各省工业发展主要依托资源优势,粗放式的生产方式导致高能耗、高污染,对此需加大资源节约、生态建设和环境保护的力度,加强环境污染治理,尤其是对长江、黄河、淮河、洞庭湖、鄱阳湖等水域污染的治理,重视对水资源的保护。具体来说,首先,建立长效的资源环境补偿机制,改革和完善环境保护体制,出台资源合理利用和环境保护的政策措施,加大对中部资源开发进行整顿规范的力度。其次,加大经费投入,引进和研发清洁生产和绿色制造技术,提高资源回收利用率并大力开发新能源。最后,加强环境保护法制建设,对破坏环境的违法行为绝不姑息,给予严惩。

4. 推进产权体制改革,实行国有经济有退有进的战略举措

在改革开放初期,国有经济比重较高,是有绝对必要的。但随着经济水平的不断提升,若地区经济增长还主要依靠国有经济推动,其弊端必将逐步显现。因此,中部地区国有经济应当有退有进:一方面,通过兼并、申请破产和股权的多元化等方式,从那些低水平重复建设、非关键性的行业和领域中抽出部分国有资金,而让中小企业进入,增强行业的活力;另一方面,国有经济重点要放在关键的行业和领域,尤其是高新技术产业或战略性新兴产业。中部地区食品加工、纺

织、有色金属等工业部门的国有资金应部分撤出，而转移到医药制造业、电子及通信设备制造业和电子计算机及办公设备制造业等高技术工业部门。

参考文献

[1] 钞小静，任保平. 中国经济增长质量的时序变化与地区差异分析 [J]. 经济研究，2011（4）.

[2] 陈佳贵，黄群慧. 工业现代化的标志、衡量指标及对中国工业的初步评价 [J]. 中国社会科学，2003（3）.

[3] 陈佳贵，黄群慧. 我国实现工业现代化了吗？——对15个重点工业行业现代化水平的分析与评价 [J]. 中国工业经济，2009（4）.

[4] 陈佳贵，黄群慧，钟宏武. 中国地区工业化进程的综合评价和特征分析 [J]. 经济研究，2006（6）.

[5] 陈佳贵，黄群慧，钟宏武，王延中等. 中国工业化进程报告 [M]. 北京：社会科学文献出版社，2007.

[6] 陈勇，唐朱昌. 中国工业的技术选择与技术进步：1985~2003 [J]. 经济研究，2006（9）.

[7] 黄茂兴，李军军. 技术选择、产业结构升级与经济增长 [J]. 经济研究，2009（7）.

[8] 江飞涛，曹建海. 市场失灵还是体制扭曲——重复建设形成机理研究中的争论、缺陷与新进展 [J]. 中国工业经济，2009（1）.

[9] 金碚，吕铁，邓洲. 中国工业结构转型升级：进展、问题与趋势 [J]. 中国工业经济，2011（2）.

[10] 金碚. 中部工业的技术创新 [J]. 中国工业经济，2004（5）.

[11] 金碚. 资源与环境约束下的中国工业发展 [J]. 中国工业经济，2005（4）.

[12] 李贤沛，胡立君. 21世纪中国的产业政策 [M]. 北京：经济管理出版社，2004.

[13] 刘楷. 1999~2005年中国地区工业结构调整和增长活力实证分析 [J]. 中国工业经济，2007（9）.

[14] 卢中原. 西部地区产业结构变动趋势、环境变化和调整思路 [J]. 经济研究，2002（3）.

[15] 吕政，黄群慧，吕铁，周维富. 中国工业化、城市化的进程与问题 [J]. 中国工业经济，2005（12）.

[16] 罗吉. 西部地区产业结构转换能力比较的实证研究 [J]. 重庆大学学报（社会科学版），2004（2）.

[17] 史丹. 中国能源效率的地区差异与节能潜力分析 [J]. 中国工业经济，2006（10）.

[18] 韦伟，王健，郭万清. 中国地区比较优势分析 [M]. 北京：中国计划出版社，1992.

[19] 王玉燕，林汉川. 我国中部地区工业结构：集中、同构及其专业化 [J]. 湖南社会科学，2012（6）.

[20] 王玉燕，林汉川. 我国西部地区能源效率：趋同、节能潜力及影响因素 [J]. 经济问题探索，2013（4）.

[21] 于淑艳，荣晓华. 辽宁产业结构转换能力比较分析 [J]. 工业技术经济，2004（3）.

[22] 张其仔，郭朝先. 中国工业增长的性质：资本驱动或资源驱动 [J]. 中国工业经济，2008（3）.

[23] 李平等. "十二五"时期工业结构调整和优化升级研究 [J]. 中国工业经济，2010（1）.

基于贸易成本视角的生产者服务业与制造业集聚关系研究

谭洪波[**]

一、引 言

自 20 世纪 90 年代以来，服务贸易已经成为国际贸易中发展最快的一股力量，其年均增长率接近 10%，2006 年出口总额已达到 2.8 万亿美元（WTO，2008）。由于生活服务业的可贸易程度仍然较小，主要是本地化消费，因此服务贸易正快速向知识和技术密集型的生产者服务业发展，如商务服务等。生产者服务环节首先产生于制造业部门，随着社会分工的不断深化及其对生产效率要求的不断提高，它们逐渐从制造业内部独立出来，由于大部分生产者服务业服务于制造业部门并受其自身可贸易性的限制，因此生产者服务业独立出来以后首先会与制造业近距离分布和集聚，即"协同式集聚"。随着 ICT 技术的广泛应用，生产者服务业的可贸易程度越来越高，这使得生产者服务业为制造业远距离甚至跨国服务成为可能，在这种情况下，生产者服务业与制造业集聚有可能演变成分别集聚在不同国家和地区的"分离式集聚"。因此，在这两种集聚形式的演变过程中，生产者服务业可贸易程度的变化起了很大的作用，生产者服务业可贸易程度提高相当于降低了生产者服务业的贸易成本。理论上，虽然 Krugman（1991）和 Venables（1996）的工作将产业集聚的研究推向了一个新的高潮，但是他们的中心—外围理论将服务业排除在分析框架之外，这在全球经济日益趋于服务化的背景下显得不足。

本文通过构建包含生产者服务业的一般均衡模型，并在该模型中体现生产者服务业的各项特征，研究生产者服务业贸易成本的大幅变化对生产者服务业集聚与制造业集聚关系的影响，将生产者服务业与制造业之间的集聚关系通过两者贸易成本的变化进行动态化，运用生产者服务业贸易成本的大幅变化将两种产业在同一国家或地区内部的"协同式集聚"和跨国界的"分离式集聚"的对立关系统一起来。

本文以下部分的结构安排如下：第二部分是相关文献回顾，第三部分是理论模型构建，第四部分是以两国模型为例对本文所构建的理论模型进行数值模拟，第五部分给出了全文的总结。

---

* 国家社会科学基金重点项目"以全球价值链引导我国经济结构转型升级"（批准号 11AZD002）；教育部人文社会科学重点研究基地南京大学长江三角洲经济社会发展研究中心课题"以产业集群促进长三角战略性新兴产业创业发展"（批准号 10JJD790026）；江苏省普通高校研究生科研创新计划项目"从路径锁定到路径依赖：全球产业分工对中国服务业发展的影响研究"（CXLX11_0005）。

** 谭洪波（1979—），男，山东泰安人，南京大学商学院博士研究生，扬州大学商学院讲师。

二、相关文献回顾

关于生产者服务业集聚与制造业集聚关系的研究大致有两种观点，一种观点认为两者是近距离的"协同式集聚"关系，认为生产者服务业与制造业在同一个地区或国家内部或者相近的地区共同集聚，这方面的研究较多，但首推 Andersson（2006）、Desmet 和 Fafchamps（2005）的工作，他们认为这种协同集聚主要基于两部门之间高度的投入产出关联，制造业要充分利用生产者服务业作为中间投入，二者的空间距离就不能太远。Richard（2002）基于美国样本数据证明了生产者服务业集聚发展有助于促进制造业的集聚。Selya（1994）基于台湾样本也证明了生产性服务业的发展具有促进都市区制造业空间重构的效应。刘志彪（2006）认为生产者服务业集中和集聚极大地降低了服务对象的交易成本，优化了企业的发展环境，由此又带动了城市周边地区制造业的发展，形成近距离的协同集聚。程大中（2005）认为不能像对待制造业那样过分强调服务业的地区分工与专业化，而应该根据各服务部门的特性，促进服务业地区协调发展。另外从开放的角度，Ramasamy 和 Yeung（2010）和 Macpterson（2008）的研究发现服务业 FDI 倾向于跟随制造业 FDI，而且制造业和服务业 FDI 都追求集聚效应，最终结果就是制造业 FDI 和服务业 FDI 相互吸引和共同集聚，李文秀（2012）基于中国数据的研究也证实了这一点。

另一种观点则认为服务业和制造业在一定条件下可实现远距离的"分离式集聚"。Storper（1995）、Pinch 和 Henry（1999）指出与制造业的距离最小化不足以解释知识密集型服务业的集聚，生产者服务业集聚和制造业集聚与距离的关系显得不再那么重要。Markusen（2005）通过构建一个包含生产者服务业的模型发现生产者服务业可以实现跨国集聚。De Vaal 和 Van den Berg（1999）虽然也认为生产者服务业的关联作用会促使它与制造业在同一个区域集聚，但是否完全在同一个地区集聚依赖于生产者服务业的贸易成本。江小涓（2008）认为距离不再是生产者服务业贸易的影响因素，"区内还是区外"这个因素对大量虚拟跨境的劳务交易几乎不产生影响，这就为生产者服务业与制造业分离式集聚提供了条件。路红艳（2008）也认为由于 ICT 技术的应用，生产者服务业与制造业集聚关系越来越虚拟化，因此生产者服务业与制造业之间可以远距离集聚。陈国亮（2010）认为生产者服务业集聚对制造业既存在互补效应，又存在挤出效应，两种效应的最优协调关系与城市规模有关。陈建军、陈箐箐（2011）以浙江省 69 个城市和地区为例验证了生产者服务业与制造业之间的定位关系，也发现了制造业不再局限在少数地区，而是呈现以原集聚地区为中心向周围地区扩散的现象，而生产者服务业呈现出明显的向更少的地区集聚的趋势。孙久文（2013）从产值和劳动力占比两个角度研究发现"十一五"期间，中国工业的空间分布呈现出扩散的趋势，由东部地区向东北和中西部转移，而服务业特别是生产者服务业开始加速向东部集聚。

上述研究对于深化生产者服务业与制造业集聚关系的研究无疑具有重要的参考价值，但是也存在一些不足。首先，现有研究没有将生产者服务业贸易成本的大幅下降、地理因素、生产者服务业规模报酬递增、生产者服务业作为制造业的中间投入品等特征同时纳入一个一般均衡模型来研究，忽略了生产者服务业贸易成本大幅下降对生产者服务业集聚和制造业集聚关系的研究。其次，对服务业与制造业在地理位置上的集聚关系的研究绝大多数是静态研究，没有将生产者服务贸易成本动态化，没有把生产者服务业与制造业的"协同式集聚"和"分离式集聚"的关系通过贸易成本的变化统一起来研究。最后，现有研究大多是实证研究，缺乏较为严谨的理论论证。

三、理论模型构建

假设有三个生产部门:农业、制造业、生产者服务业。生产者服务业只作为制造业的中间投入品;制造业产品既可以作为最终消费品又可以作为制造业其他产品生产的中间投入品;农业只作为最终消费品。假设农业是完全竞争的,且生产完全单一同质的产品,而制造业和生产者服务业是垄断竞争的和规模报酬递增的,并且都提供大量差异化的产品。

1. 消费者行为

消费者消费其中的两类产品,一种是农产品,另一种是制造业产品,由于生产者服务业只作为制造业的中间投入品,因此不直接为消费者消费,假设代表性消费者的效用函数为柯布—道格拉斯函数形式:

$$U = M^\mu A^{1-\mu} \tag{1}$$

式中,M 表示制造业产品消费量的综合指数,A 表示农产品的消费量,μ 是常数,表示对消费者制造业产品的支出份额。数量指数 M 是定义在制造业产品种类的连续空间的子效用函数,$m(i)$ 表示第 i 种制造业产品的消费量,i 表示制造业产品的类别,n^M 表示制造业产品的种类数。假设 M 符合不变替代弹性函数形式:

$$M = \left[\int_0^{n^M} m(i)^{\rho_1} di \right]^{1/\rho_1} \tag{2}$$

式中,$0 < \rho_1 < 1$,表示消费者对制成品多样性的偏好程度。ρ_1 越接近 1,说明差异化的产品之间越容易替代,消费者对不同产品的偏好差别就越小;反之,ρ_1 越接近 0,说明差异化的产品之间越难以替代,消费者对不同产品的偏好差别就越大,即消费者消费更多种类差异化产品的愿望越强烈。令 $\sigma_1 = 1/(1-\rho_1)$,则 σ_1 表示任意两种制成品之间的替代弹性。

给定收入 Y 和一组价格:p^A 表示农产品的价格,$p(i)$ 表示第 i 种制造业产品的价格,那么消费者所面临的预算约束就是:$p^A A + \int_0^{n^M} p(i)m(i)di = Y$,我们采用两阶段的预算约束处理步骤来解决消费者问题:

第一步,不论制造业产品集合 M 是多少,我们都需要选定每一个 $m(i)$,使获得制造业产品组合 M 的成本最低。这就意味着要解决以下最小化问题:

$$\min \int_0^{n^M} p(i)m(i)di \quad \text{s.t.} \quad \left[\int_0^{n^M} m(i)^{\rho_1} di \right]^{1/\rho_1} = M \tag{3}$$

解该最优化问题得到:

$$m(j) = \frac{p(j)^{1/(\rho_1 - 1)}}{\left[\int_0^{n^M} m(i)^{\rho_1/\rho_1 - 1} di \right]^{1/\rho_1}} M \tag{4}$$

将 (4) 式代入制造业产品的支出中得到:

$$\int_0^{n^M} p(i)m(i)di = \left[\int_0^{n^M} p(i)^{\rho_1/\rho_1 - 1} di \right]^{(\rho_1 - 1)/\rho_1} M \tag{5}$$

定义 $G \equiv \left[\int_0^{n^M} p(i)^{\rho_1/\rho_1 - 1} di \right]^{(\rho_1 - 1)/\rho_1}$ 为制造业产品的价格指数,则有:

$$G \equiv \left[\int_0^{n^M} p(i)^{\rho_1/\rho_1 - 1} di\right]^{(\rho_1 - 1)/\rho_1} = \left[\int_0^{n^M} p(i)^{1-\sigma_1} di\right]^{1/(1-\sigma_1)} \tag{6}$$

将 (6) 式代入 (4) 式得:

$$m(j) = \left(\frac{p(j)}{G}\right)^{1/(\rho_1 - 1)} M = \left(\frac{p(j)}{G}\right)^{-\sigma_1} M \tag{7}$$

第二步,消费者选择将总收入在制造业产品和农产品之间进行分配,也就是选择 A 和 M,满足:

$$\max U = M^\mu A^{1-\mu} \quad s.t. \quad GM + p^A A = Y \tag{8}$$

解得: $M = \mu Y/G$, $A = (1-\mu)Y/p^A$。

将第二步的结果代入第一步的结果得到:

$$A = (1-\mu)Y/p^A \tag{9}$$

$$m(j) = \mu Y \frac{p(j)^{-\sigma_1}}{G^{-(\sigma_1 - 1)}}, \quad j \in [0, n^M] \tag{10}$$

由此得到间接效用函数:

$$U = \mu^\mu (1-\mu)^{1-\mu} Y G^{-\mu} (p^A)^{-(1-\mu)} \tag{11}$$

式中, $G^{-\mu}(p^A)^{-(1-\mu)}$ 表示该经济体的生活费用指数 (Cost of Living Index)。

为得到制造业产品种类 n^M 对消费者的影响,我们进一步假设所有种类的制造业产品的价格都是 p^M,这样制造业产品价格指数 (6) 式可简化为:

$$G = \left[\int_0^{n^M} p(i)^{1-\sigma_1} di\right]^{1/(1-\sigma_1)} = p^M n^{M/(1-\sigma_1)} \tag{12}$$

由 (12) 式可以看出,制造业产品价格指数随其产品种类的增加而下降,但是其下降幅度取决于不同制造业产品之间的替代弹性 σ_1, σ_1 越小,制造业产品种类增加引起的起价格指数下降幅度就越大。将 (12) 式代入间接效用函数 (11) 式就可以得到制造业产品种类对消费者效用的影响。

为了研究产品跨国家或跨区域贸易的情况,我们假设存在 R 个独立的国家或地区,每种制造业产品只在一个国家或地区生产,并且每个国家和地区内部都有相同的生产技术和相同的价格。令 n_r^M 表示国家 r 生产的制造业产品的种类 ($\sum_{r=1}^R n_r^M = n^M$),p_r^M 表示国家 r 每种类别的制造业产品的离岸价格。

假设农产品的跨区域贸易是无成本的,由于农产品的贸易不产生成本且农业是规模报酬不变的,所以不同国家的农业劳动力的工资都是相同的。

假设制造业产品和生产者服务均可以在不同的国家间贸易,但可能会产生贸易成本,[①]为模型化该贸易成本,我们采用冯·杜能和萨缪尔森的"冰山"成本形式,[②] 设制造业产品的冰山贸易成本为 $T_{rs}^M \geq 1$ (若 $r = s$, $T_{rs}^M = 1$; 若 $r \neq s$, $T_{rs}^M > 1$),T_{rs}^M 表示如果要把 1 单位的制造业产品从国家 r 运到国家 s,只有其中的 $1/T_{rs}^M$ 部分到达。下文将要提到的生产者服务业的冰山贸易成本 T_{rs}^S 可以同理解释。

由冰山运输成本的定义可得到离岸价与到岸价之间的关系,设 p_{rs}^M 表示 r 国家生产的制造业产品运抵 s 国家的到岸价,根据冰山运输成本的含义有:

---

① 本文所指的贸易成本包括一切由贸易引起的成本,比如关税、贸易技术的高低、运输损耗、运输成本、贸易壁垒引起的成本等。

② "冰山"运输技术是由萨缪尔森在 1952 年正式提出来的,后被新经济地理学派广泛应用,不过在此之前冯·杜能假设谷物运输成本主要是由拉车的马在路上耗费的谷物构成的。因此,也可以把冯·杜能模型看作是冰山运输技术的先驱。

$$p_{rs}^M = p_r^M T_{rs}^M \tag{13}$$

由于不同国家或地区之间的距离、贸易政策、贸易技术的高低等可能不同,因此 T_{rs}^M 不一定相等。这就会导致不同国家或地区的制造业产品的价格指数不尽相同。我们用 G_s 表示国家 s 的制造业产品价格指数,根据(6)式可以得到 G_s:

$$G_s = \left[\sum_{r=1}^R n_r^M (p_r^M T_{rs}^M)^{1-\sigma_1} \right]^{1/(1-\sigma_1)}, \quad s = 1, \cdots, R \tag{14}$$

接下来求国家 r 的制造业产品的消费需求函数。根据(10)式可得到国家 s 对国家 r 生产的任意一种产品的消费需求为:

$$\mu Y_s (p_r^M T_{rs}^M)^{-\sigma_1} G_s^{\sigma_1 - 1} \tag{15}$$

式中,Y_s 是国家 s 的总收入。上式给出了国家 s 对国家 r 生产的任意一种制造业产品的消费量,但是为了达到该消费量,在国家 r 运装的产品数量必须是它的 T_{rs}^M 倍。把这种产品在各国家的消费量相加,就可以得到国家 r 的该种产品的消费需求函数:

$$q_r^{'M} = \mu \sum_{s=1}^R Y_s (p_r^M T_{rs}^M)^{-\sigma_1} G_s^{\sigma_1 - 1} T_{rs}^M \tag{16}$$

(16)式仅仅是整体经济对国家 r 所生产的任意一种制造业产品的最终消费需求,由于假设制造业产品除了作为最终的消费需求之外还作为制造业其他产品生产的中间投入品,因此要想求国家 r 所面临的需求函数,还要求出整体经济对制造业产品的中间需求,为此我们还要转向生产者行为的分析。

2. 生产者行为

(1)生产技术。农业部门:假设农产品只是用劳动力要素,并采用规模报酬不变的生产技术,因此农业部门的生产函数设为:$q_s^A = A l_s^A$。其中,A 表示农业部门的生产技术水平,l_s^A 表示国家 s 的农业劳动力数量。

制造业部门:假设制造业产品的生产存在规模经济,并且使用劳动、制造业自身的产品和生产者服务业作为中间投入,我们用相关价格指数间接地定义生产函数,假设 r 国家各种制造业产品的生产函数为:

$$F^M + c^M q_r^M = \alpha^{-\alpha} \beta^{-\beta} (1-\alpha-\beta)^{\alpha+\beta-1} l_r^{M(1-\alpha-\beta)} \left[\sum_s n_s^M x_{sr}^{\rho_1} \right]^{\alpha/\rho_1} \left[\sum_s n_s^S y_{sr}^{\rho_2} \right]^{\beta/\rho_2} \tag{17}$$

式中,F^M、c^M 分别表示各个国家各类制造业产品生产过程中的固定成本和边际成本,l_r^M 表示国家 r 生产每一种制造业产品时所投入的劳动力,$\left[\sum_s n_s^M x_{sr}^{\rho_1} \right]^{1/\rho_1}$、$\left[\sum_s n_s^S y_{sr}^{\rho_2} \right]^{1/\rho_2}$ 分别表示国家 r 制造业产品中间投入指数和生产者服务业中间投入指数,x_{sr}、y_{sr} 分别是国家 r 在制造业生产过程中对国家 s 的制造业产品和生产者服务的中间投入需求量,它们都以 CES 的形式进入中间投入品指数,令 $\sigma_2 = 1/(1-\rho_2)$,分别表示 CES 生产函数中制造业投入品和生产者服务业投入品各自的替代弹性。n_s^M、n_s^S 分别表示国家 s 制造业产品种类数和生产者服务业产品种类数,α、β 分别表示制造业产品中间投入品指数和生产者服务业中间投入品指数的产出弹性。

生产者服务业部门:整个经济体有 n^S 种生产者服务业,且每种服务业只在一个国家内生产,国家 r(r = 1,…, R)有 n_r^S 种生产者服务业,则有 $\sum_{r=1}^R n_r^S = n^S$。假设生产者服务业的生产只使用劳动力,由于生产者服务业大部分是知识和技术密集型行业,因此具有规模报酬递增的特性,假设该部门的生产具有规模经济,设其生产函数为:

$$F^S + c^S q_r^S = l_r^S \tag{18}$$

式中，F^S、c^S 分别表示各个国家各类生产者服务业生产过程中的固定成本和边际成本，l_r^S 表示国家 r 生产每一种生产者服务业产品时所投入的劳动力。

(2) 利润最大化。制造业企业利润最大化：这里仍然采用两阶段的预算约束处理步骤来解决制造业生产者问题。

第一步，求制造业生产过程中的两个投入成本指数。

首先，求国家 r 制造业产品的中间投入成本指数：

$$\min \sum_{s=1}^{R} n_s^M (p_s^M T_{sr}^M) x_{sr} \quad s.t. \quad \left[\sum_s n_s^M x_{sr}^{\rho_1}\right]^{1/\rho_1} = 1$$

解这个优化问题得到国家 r 制造业中间投入成本指数：

$$G_r^M = \left[\sum_{s=1}^{R} n_s^M (p_s^M T_{sr}^M)^{1-\sigma_1}\right]^{1/(1-\sigma_1)} \tag{19}$$

由（19）式和（14）式可以看出，同一国家的消费者所面临的制造业产品的价格指数和制造业企业所面临的制造业中间投入指数是相同的，因此我们可以用（19）式中的 G_r^M 来替代（14）式中的 G_s。

其次，求国家 r 生产者服务业产品的中间投入成本指数：

$$\min \sum_{s=1}^{R} n_s^S (p_s^S T_{sr}^S) x_{sr} \quad s.t. \quad \left[\sum_s n_s^S y_{sr}^{\rho_2}\right]^{1/\rho_2} = 1$$

解这个优化问题得到国家 r 生产者服务业产品的中间投入成本指数：

$$G_r^S = \left[\sum_{s=1}^{R} n_s^S (p_s^S T_{sr}^S)^{1-\sigma_2}\right]^{1/(1-\sigma_2)} \tag{20}$$

第二步：

$$\max \pi_r^M = p_r^M q_r^M - (\omega_r^M)^{1-\alpha-\beta} (G_r^M)^\alpha (G_r^S)^\beta (F^M + c^M q_r^M)$$

得到 F.O.C.：

$$p_r^M (1 - 1/\sigma_1) = c^M (\omega_r^M)^{1-\alpha-\beta} (G_r^M)^\alpha (G_r^S)^\beta \tag{21}$$

进一步标准化参数，即设 $(1 - 1/\sigma_1) = c^M$，则（21）式变为：

$$p_r^M = (\omega_r^M)^{1-\alpha-\beta} (G_r^M)^\alpha (G_r^S)^\beta \tag{22}$$

在上述定价原则下，国家 r 的制造业企业的利润为：

$$\pi_r^M = (\omega_r^M)^{1-\alpha-\beta} (G_r^M)^\alpha (G_r^S)^\beta \left[\frac{q_r^M c^M}{\sigma_1 - 1} - F^M\right]$$

由于假设制造业市场是垄断竞争的市场结构，所以企业盈利或亏损时可以自由进出，此时国家 r 的制造业企业的零利润均衡产出为：

$$q_r^{M*} = F^M (\sigma_1 - 1)/c^M \tag{23}$$

相应的均衡劳动投入为：

$$l_r^{M*} = F^M + c^M q_r^{M*} = F^M \sigma_1$$

此时，国家 s 制造业的总收入为 $n_s^M p_s^M q_s^{M*}$。根据制造业的生产函数（17）式可知制造业企业的产值中 α 部分用于支付其他制成品的成本投入，即国家 s 对各种制造业产品的支出，该支出为 $\alpha n_s^M p_s^M q_s^{M*}$，因此可以得到国家 s 对国家 r 的作为中间投入品的全部制造业产品需求：

$$\alpha n_s^M p_s^M q_s^{M*} (p_r^M T_{rs}^M)^{-\sigma_1} (G_s^M)^{\sigma_1 - 1} \tag{24}$$

由于存在冰山贸易成本，因此国家 r 运装的供国家 s 作为中间投入的制造业产品数量为 $\alpha n_s^M p_s^M q_s^{M*} (p_r^M T_{rs}^M)^{-\sigma_1} (G_s^M)^{\sigma_1-1} T_{rs}^M$，从而国家 r 的制造业面临的所有国家的制造业的中间需求为：

$$q_r^{''M} = \alpha \sum_{s=1}^{R} n_s^M p_s^M q_s^{M*} (p_r^M T_{rs}^M)^{-\sigma_1} (G_s^M)^{\sigma_1-1} T_{rs}^M \tag{25}$$

这样，国家 r 的制造业所面临的消费需求和中间投入需求为：

$$q_r^M = q_r^{'M} + q_r^{''M} = \sum_{s=1}^{R} (\mu Y_s + \alpha n_s^M p_s^M q_s^{M*}) (p_r^M T_{rs}^M)^{-\sigma_1} (G_s^M)^{\sigma_1-1} T_{rs}^M$$

$$= \sum_{s=1}^{R} E_s (p_r^M T_{rs}^M)^{-\sigma_1} G_s^{\sigma_1-1} T_{rs}^M \tag{26}$$

式中，$E_s = \mu Y_s + \alpha n_s^M p_s^M q_s^{M*}$ 是 s 国家对制造业产品的总支出（消费支出和中间投入支出）。

所有国家组成的经济体的制造业达到均衡时有：

$$q_r^{M*} = \sum_{s=1}^{R} E_s (p_r^M T_{rs}^M)^{-\sigma_1} G_s^{\sigma_1-1} T_{rs}^M, \quad r = 1, \cdots, R \tag{27}$$

对（27）式变形得到：

$$(p_r^M)^{\sigma_1} = \frac{1}{q_r^{M*}} \sum_{s=1}^{R} E_s (T_{rs}^M)^{1-\sigma_1} (G_s^M)^{\sigma_1-1} \tag{28}$$

（28）式是制造业均衡的条件，（22）式是制造业定价原则。

由于 s 国家制造业的总收入为 $n_s^M p_s^M q_s^{M*}$，其中 $1-\alpha-\beta$ 部分为该国家劳动收入。设每个国家的劳动力总数为 1，λ_s^M 为国家 s 中制造业中的劳动力份额，那么有：

$$\lambda_s^M \omega_s^M = (1-\alpha-\beta) n_s^M p_s^M q_s^{M*} \tag{29}$$

选择计量单位使得 $q_s^{M*} = 1/(1-\alpha-\beta)$，因此：

$$n_s^M = \frac{\omega_s^M}{p_s^M} \lambda_s^M \tag{30}$$

将（30）式、（22）式代入（19）式得到每个国家的制造业成本指数方程：

$$(G_r^M)^{1-\sigma_1} = \left[\sum_{s=1}^{R} n_s^M (p_s^M T_{sr}^M)^{1-\sigma_1} \right]^{1/(1-\sigma_1)}$$

$$= \left[\sum_{s=1}^{R} \lambda_s^M (\omega_s^M)^{[1-\sigma_1(1-\alpha-\beta)]} (G_s^M)^{-\alpha\sigma_1} (G_s^S)^{-\beta\sigma_1} (T_{sr}^M)^{1-\sigma_1} \right], \quad r = 1, \cdots, R \tag{31}$$

将（30）式和 $q_s^{M*} = 1/(1-\alpha-\beta)$ 代入 E_s 的表达式得到：

$$E_s = \mu Y_s + \frac{\alpha \omega_s^M \lambda_s^M}{1-\alpha-\beta} \tag{32}$$

接下来求生产者服务业的供给，为此解生产者服务业利润最大化问题：

$$\max \pi_r^S = p_r^S q_r^S - \omega_r^S (F^S + c^S q_r^S)$$

解上述利润最大化得到：

$$p_r^S (1 - 1/\sigma_2) = c^S \omega_r^S \tag{33}$$

在上述定价原则下，生产者服务业企业的利润为 $\pi_r^S = p_r^S \left[q_r^S - \frac{\sigma_2-1}{c^S \sigma_2} (F^S + c^S q_r^S) \right]$，由于生产者服务业也是垄断竞争的市场结构，因此该部门的企业可以自由进出，最终导致每个企业的利润为零，此时的均衡产量为：

$$q_r^{S*} = F^S (\sigma_2 - 1)/c^S \tag{34}$$

标准化参数，即设 $(1 - 1/\sigma_2) = c^S$，则 (33) 式、(34) 式变为：

$$p_r^S = \omega_r^S; \tag{35}$$

$$q_r^{S*} = F^S \sigma_2; \tag{36}$$

$$l_r^{S*} = F^S + c^S q_r^S = F^S \sigma_2 。$$

因此，国家 r 的生产者服务业的总产值为 $n_r^S p_r^S q_r^{S*}$，由于生产者服务业的生产只使用劳动力要素，所以其全部产值就是劳动的收入，因此：

$$\lambda_r^S \omega_r^S = n_r^S p_r^S q_r^{S*}$$

式中，λ_r^S 表示国家 r 的生产者服务业中的劳动力份额。

选择计量单位 $q_r^{S*} = 1$，则国家 r 的生产者服务业的种类数为：

$$n_r^S = \frac{\lambda_r^S}{p_r^S} \omega_r^S \tag{37}$$

将 (35) 式、(37) 式代入 (20) 式得到每个国家的生产者服务业成本指数方程：

$$(G_r^S)^{(1-\sigma_2)} = \sum_{s=1}^{R} n_s^S (p_s^S T_{sr}^S)^{1-\sigma_2} = \sum_{s=1}^{R} \frac{\lambda_s^S}{p_s^S} \omega_s^S (\omega_s^S T_{sr}^S)^{1-\sigma_2} = \sum_{s=1}^{R} \lambda_s^S (\omega_s^S T_{sr}^S)^{1-\sigma_2}, \quad r = 1, \cdots, R \tag{38}$$

将 (22) 式代入 (28) 式便得到各国家制造业的工资方程：

$$\frac{\left[(\omega_r^M)^{1-\alpha-\beta}(G_r^M)^\alpha (G_r^S)^\beta\right]^{\sigma_1}}{1-\alpha-\beta} = \sum_{s=1}^{R} E_s (T_{rs}^M)^{1-\sigma_1} (G_s^M)^{\sigma_1-1}, \quad r = 1, \cdots, R \tag{39}$$

再求生产者服务业的工资方程，首先分析生产者服务业所面临的需求。由于生产者服务业只作为制造业的中间投入品，所以对其需求仅来自于各国家的制造业部门，首先分析国家 s 对国家 r 的生产者服务业的需求，上文已经得到国家 s 制造业的总收入为 $n_s^M p_s^M q_s^{M*}$，根据制造业的生产技术，其收入中的 β 部分是对生产者服务业的需求支出，因此国家 S 对国家 r 的生产者服务业的需求量为：

$$\beta n_s^M p_s^M q_s^{M*} (p_r^S T_{rs}^S)^{-\sigma_2} (G_s^S)^{\sigma_2-1}$$

所有国家对国家 r 的生产者服务业的总需求为：

$$q_r^S = \sum_{s=1}^{R} \beta n_s^M p_s^M q_s^{M*} (p_r^S T_{rs}^S)^{-\sigma_2} (G_s^S)^{\sigma_2-1} T_{rs}^S \tag{40}$$

所有国家组成的经济体的生产者服务业达到均衡时有：

$$q_r^{S*} = \sum_{s=1}^{R} \beta n_s^M p_s^M q_s^{M*} (p_r^S T_{rs}^S)^{-\sigma_2} (G_s^S)^{\sigma_2-1} T_{rs}^S, \quad r = 1, \cdots, R \tag{41}$$

变形得到：

$$p_r^S = \left[\sum_{s=1}^{R} \beta n_s^M p_s^M q_s^{M*} (T_{rs}^S)^{1-\sigma_2} (G_s^S)^{\sigma_2-1}\right]^{1/\sigma_2}, \quad r = 1, \cdots, R \tag{42}$$

(30) 式、(35) 式、(42) 式、$q_s^{M*} = 1/(1-\alpha-\beta)$ 联立解得各国家的服务业工资方程：

$$\omega_r^S = \left[\sum_{s=1}^{R} \frac{\beta \lambda_s^M \omega_s^M}{1-\alpha-\beta} (T_{rs}^S)^{1-\sigma_2} (G_s^S)^{\sigma_2-1}\right]^{1/\sigma_2}, \quad r = 1, \cdots, R \tag{43}$$

上述分析中每个国家消费者的总收入 $Y_s (s = 1, \cdots, R)$ 还没有具体给出，现在分析各国家总收入的构成。各国家收入来自于三个方面，一是制造业部门的工资，二是生产者服务业的工资，三是农业的工资。将农产品价格设为 1，那么每个国家消费者的总收入为：

$$Y_s = \lambda_s^M \omega_s^M + \lambda_s^S \omega_s^S + A(1 - \lambda_s^M - \lambda_s^S) \tag{44}$$

给定每个国家制造业、生产者服务业和农业部门的劳动力份额 λ_r^M、λ_r^S、$1 - \lambda_r^M - \lambda_r^3$，方程

(31)式、(32)式、(38)式、(39)式、(43)式、(44)式可以得到所有国家的制造业、生产者服务业的价格（成本）指数和所有国家的不同部门的工资水平，因此这组方程描述了整个经济体短期均衡的特征，同时也可以进一步给出部门之间的工资差距。

3. 经济体的稳定性（均衡）分析

由于上文已经假设农产品的跨区域贸易是无成本的，而农产品的贸易不产生成本且农业是规模报酬不变的，所以不同国家的农业劳动力的工资都是相同的。农业工资等于其劳动的边际产品价值 A，设 A = 1，则各国的农业劳动力的工资就是 1。

假设劳动力在不同国家间是不能流动的，但是可以在同一国家内部不同部门之间流动，流动的动力就是工资，劳动力选择从低工资部门流向本国的高工资部门。

我们讨论劳动力在部门间流动的部分情况：如果 $\omega_r^S = \omega_r^M = 1$，则劳动力在不同部门之间不再流动，实现均衡；如果 $\omega_r^S = \omega_r^M > 1$，则劳动力在同时从农业流向制造业和生产者服务业；如果 $\omega_r^S > \omega_r^M < 1$，则劳动力在同时从制造业和生产者服务业流向农业；如果 $\omega_r^S > \omega_r^M = 1$，则劳动力在同时从制造业和农业流向生产者服务业；如果 $\omega_r^M > \omega_r^S = 1$，则劳动力同时从农业和生产者服务业流向制造业。

四、数值模拟——以两国经济为例

为看清方程（31）式、（32）式、（38）式、（39）式、（43）式、（44）式所描述的经济系统，本节将运用计算机模拟技术来分析只有两个国家的情况，即 R = 2 的情况。此时（31）式、（32）式、（38）式、（39）式、（43）式、（44）式变为：

$$(G_1^M)^{1-\sigma_1} = \lambda_1^M(\omega_1^M)^{[1-\sigma_1(1-\alpha-\beta)]}(G_1^M)^{-\alpha\sigma_1}(G_1^S)^{-\beta\sigma_1} + \lambda_2^M(\omega_2^M)^{[1-\sigma_1(1-\alpha-\beta)]}(G_2^M)^{-\alpha\sigma_1}(G_2^S)^{-\beta\sigma_1}(T_{21}^M)^{1-\sigma_1} \tag{45}$$

$$(G_2^M)^{1-\sigma_1} = \lambda_1^M(\omega_1^M)^{[1-\sigma_1(1-\alpha-\beta)]}(G_1^M)^{-\alpha\sigma_1}(G_1^S)^{-\beta\sigma_1}(T_{12}^M)^{1-\sigma_1} + \lambda_2^M(\omega_2^M)^{[1-\sigma_1(1-\alpha-\beta)]}(G_2^M)^{-\alpha\sigma_1}(G_2^S)^{-\beta\sigma_1} \tag{46}$$

$$E_s = \mu Y_s = \frac{\alpha \omega_s^M \lambda_s^M}{1-\alpha-\beta}, \quad s = 1, 2 \tag{47}$$

$$(G_1^S)^{(1-\sigma_2)} = \lambda_1^S(\omega_1^S)^{1-\sigma_2} + \lambda_2^S(\omega_2^S T_{21}^S)^{1-\sigma_2} \tag{48}$$

$$(G_2^S)^{(1-\sigma_2)} = \lambda_1^S(\omega_1^S T_{12}^S)^{1-\sigma_2} + \lambda_2^S(\omega_2^S)^{1-\sigma_2} \tag{49}$$

$$\frac{[(\omega_1^M)^{1-\alpha-\beta}(G_1^M)^\alpha(G_1^S)^\beta]^{\sigma_1}}{1-\alpha-\beta} = E_1(G_1^M)^{\sigma_1-1} + E_2(T_{12}^M)^{1-\sigma_1}(G_2^M)^{\sigma_1-1} \tag{50}$$

$$\frac{[(\omega_2^M)^{1-\alpha-\beta}(G_2^M)^\alpha(G_2^S)^\beta]^{\sigma_1}}{1-\alpha-\beta} = E_1(T_{21}^M)^{\sigma_1-1} + (G_1^M)^{\sigma_1-1} + E_2(G_2^M)^{\sigma_1-1} \tag{51}$$

$$\omega_1^S = \left[\frac{\beta\lambda_1^M\omega_1^M}{1-\alpha-\beta}(G_1^S)^{\sigma_2-1} + \frac{\beta\lambda_2^M\omega_2^M}{1-\alpha-\beta}(T_{12}^S)^{1-\sigma_2}(G_2^S)^{\sigma_2-1}\right]^{1/\sigma_2} \tag{52}$$

$$\omega_2^S = \left[\frac{\beta\lambda_1^M\omega_1^M}{1-\alpha-\beta}(T_{21}^S)^{1-\sigma_2}(G_1^S)^{\sigma_2-1} + \frac{\beta\lambda_2^M\omega_2^M}{1-\alpha-\beta}(G_2^S)^{\sigma_2-1}\right]^{1/\sigma_2} \tag{53}$$

$$Y_s = \lambda_s^M \omega_s^M + \lambda_s^S \omega_s^S + A(1-\lambda_s^M - \lambda_s^S), \quad s = 1, 2 \tag{54}$$

(45)式~(54)式描述了两国情况下三部门的一般均衡系统。为了形象反映该系统所描述的情况,我们运用计算机来模拟该结果。首先选择参数的取值,设 $\alpha = 0.4$, $\beta = 0.3$, $\mu = 0.4$, $\sigma_1 = 5$, $\sigma_2 = 3$。另外,假设同一种产品从国家1运往国家2和从国家2运往国家1所产生的贸易成本是相同的,即 $T_{12}^M = T_{21}^M = T^M$, $T_{12}^S = T_{21}^S = T^S$。图1~图4是用C++程序模拟出的不同的制造业贸易成本和不同的生产者服务业贸易成本的组合下两个国家的生产者服务业的劳动力份额及工资的变化情况,这里已假设了制造业和农业之间已经达到均衡,而生产者服务业与其他产业之间还没有达到均衡,因此图1~图4给出了生产者服务业劳动力份额变化的同时也暗含了制造业和农业的劳动力份额的变化。图中的实心点表示一种长期稳定的均衡状态,空心点表示一种不稳定的瞬时均衡状态。横向箭头表示国家1的生产者服务业的劳动力份额变化方向,纵向箭头表示国家2的生产者服务业的劳动力份额的变化方向。图1~图4表明,当制造业和生产者服务业的贸易成本都较高时,两种产业会均匀地分布在同一个国家或地区内部,形成"协同式集聚";当制造业贸易成本较高而生产者服务业贸易成本较低时,两种产业就会形成跨国或跨地区的"分离式集聚";当制造业贸易成本较低而生产者服务业贸易成本较高时又会形成两种产业在同一个国家或地区的"协同式集聚";当制造业和生产者服务业贸易成本都较低时,两种产业就又会在不同的国家或地区形成"分离式集聚"。通过这四种情况可以看出,不管制造业产品的贸易成本高低程度如何,只要是作为制造业中间投入的生产者服务的贸易成本较低,两种产业就会分别集聚和分布在不同国家或地区,形成"分离式集聚",而只要生产者服务的贸易成本较高,不管制造业产品贸易成本的高低如何,都会导致两种产业在相同的国家集聚和分布,形成"协同式集聚"。也就是说,制造业和生产者服务业到底是"协同式集聚"还是"分离式集聚"对生产者服务业的贸易成本更加敏感。当形成分离式集聚时,至于哪种产业集聚在哪个国家或地区,可能与当时该国或地区该产业的比较优势和先动优势有关。该结果进一步说明了生产者服务业与制造业的"协同式集聚"和"分离式集聚"在贸易成本视角下是统一的,即两种集聚关系在引入生产者服务业的贸易成本这一变量后就可以相互转化,是"一枚硬币的两个面"。

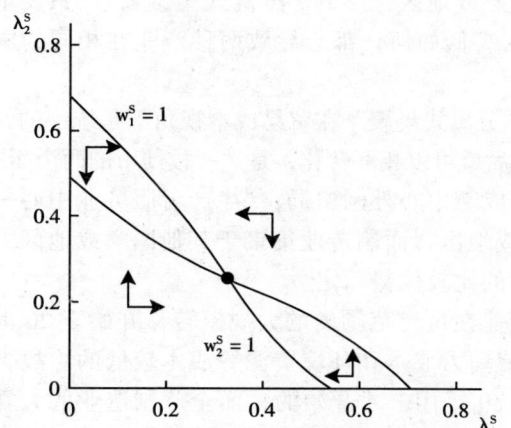

图1 情况一:① 生产者服务业劳动力份额与工资

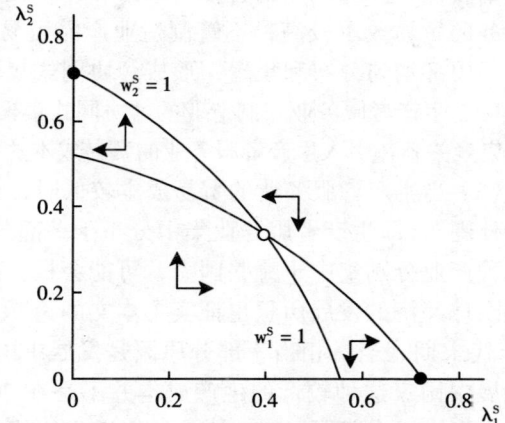

图2 情况二:② 生产者服务业劳动力份额与工资

---

① $T^M = 2.5$, $T^S = 2.5$。
② $T^M = 2.5$, $T^S = 1.1$。

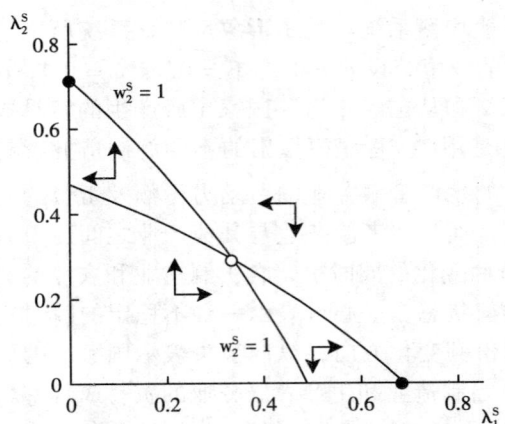

图3 情况三：① 生产者服务业劳动力份额与工资

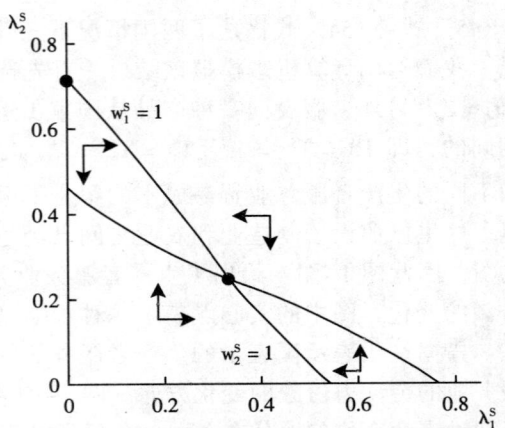

图4 情况四：② 生产者服务业劳动力份额与工资

五、总 结

当今世界经济正趋于服务化，ICT技术的广泛应用使得生产者服务业的可贸易程度日益提高，贸易成本不断下降，在这种情况下，生产者服务业贸易使得它自身与制造业的空间集聚关系正发生着深刻变化。本文基于贸易成本视角，研究了制造业和作为其中间投入的生产者服务业空间分布集聚关系，笔者构建了一个反映各产业特征的一般均衡模型，该模型特别体现了生产者服务业只作为中间投入品、规模报酬递增和可贸易性增强的特性，引入生产者服务业的贸易成本这一关键变量，通过模型推导及其数值分析得以下结论：

（1）不管制造业产品的贸易成本高低程度如何，只要作为制造业中间投入的生产者服务的贸易成本较低，两种产业就会分别集聚和分布在不同国家或地区，形成"分离式集聚"，而只要生产者服务的贸易成本较高，不管制造业产品贸易成本的高低如何，都会导致两种产业在相同的国家或地区内部均匀分布和集聚，形成"协同式集聚"。

（2）生产者服务业与制造业的"协同式集聚"和"分离式集聚"在贸易成本视角下是统一的，即两种集聚关系在引入生产者服务业的贸易成本这一变量后就可以相互转化，是"一枚硬币的两个面"。

（3）当生产者服务业的贸易成本较低时，就会形成新中心外围格局："生产者服务业中心—制造业外围"，即生产者服务业集中分布于一部分国家或地区，而制造业集聚于其他国家或地区，至于两种产业分别集中于哪些国家，可能会根据国家间的比较优势而定。

全球经济的发展历程也证实了本文的论断，制造业在世界范围内的大规模转移开始于20世纪80年代末期，当然相当一部分原因是发展中国家的劳动力成本和环境资源等成本较低的缘故，但是发展中国家这种较低的生产成本并不是在20世纪80年代末才开始的，而全球制造业的大规模转移之所以从此开始，ICT技术的广泛应用使得生产者服务业贸易成本大幅下降起了很大的作用，这使得制造业可以远离它所不可或缺的生产者服务业而"生存"。在20世纪80年代之前，ICT技术没有在全世界范围内广泛应用和一些发展中国家的基础设施相对滞后等原因使得生产者服务业的可贸易程度很低，贸易成本很高，此时发达国家的制造业并没有大量向发展中国家转移，发达

---

① $T^M = 1.1$，$T^S = 1.1$。
② $T^M = 1.1$，$T^S = 2.5$。

国家的生产者服务业和制造业都有相当比例，两种产业是一种"协同式集聚"关系。而在20世纪80年代以后，ICT技术逐步在全球范围内广泛应用，使得许多生产者服务业由不可贸易变为可跨国贸易，并且其可贸易程度越来越高，生产者服务业的贸易成本急剧下降，在此情况下，制造业开始离它的中间投入——生产者服务业越来越远，实现了制造业与其下游的生产者服务业的跨国分布，形成了两种产业的"分离式集聚"关系。

本文还可以进一步朝两个方向深入研究：一是在假设劳动力可跨区流动的情况下研究制造业与生产者服务业在一个国家内部不同区域之间的集聚关系和分布情况。二是进一步运用不同国家和地区的产业数据进行实证分析检验。

参考文献

［1］World Trade Organization. Statistics Database, International Trade and Tariffs Data. [EB/OL]. http://wto.org, 2008.

［2］Krugman, P. Increasing Returns and Economic Geography [J]. Journal of Political Economy, 1999, 99 (3).

［3］Krugman, P. Geography and Trade [M]. Cambridge, MA: MIT Press, 1991.

［4］Venables, A. J. Equilibrium Locations of Vertically Linked Industries [J]. International Economic Review, 1996, 37 (2).

［5］Andersson, M. Co-location of Manufacturing & Producer Services: A Simultaneous Equation Approach [M]//KAR-LSSON C, Johnasson B, Stough R.Entrepreneurship and Dynamics in the Knowledge Economy. New York: Routledge, 2006.

［6］Desmet, K. and M. Fafchamps. Changes in the Spatial Concentration of Employment across US Counties: A Sectoral Analysis 1972—2000 [J]. Journal of Economic Geography, 2005, 5 (3).

［7］Richard, G. W. Factors Associated with the Development of Nonmetropolitan Growth Nodes in Producer Services Industries, 1980—1990 [J]. Rural Sociology, 2002, 67 (3).

［8］Selya, R. Taiwan as A Service Economy [J]. Geoforum, 1994, 25 (3).

［9］Ramasamy, B. and M. Yeung. The Determinants of Foreign Direct Investment in Services [J]. The World Economy, 2010, 33 (4).

［10］Macpterson, A. Producer Service Linkages and Industrial Innovation: Results of a Twelve-Year Tracking Studyof New York State Manufacturers [J]. Growth and Change, 2008, 39 (1).

［11］Storper, M. The Resurgence of Regional Economies, Ten Years Later: Theregional as a Nexus of Untraded Interdependeneies [J]. European Urban and Regional, 1995 (2).

［12］Pinch, S.and N. Henry. Paul Krugman's Geographical Economics, Industrial Clustering and the British Motor Sport Industry [J]. Regional Studies, 1999, 33 (9).

［13］Markusen, J. R. and T. F. Rutherford. Trade and Direct Investment in Producer Services and the Domestic Market Forexpertise [J]. Canadian Journal of Economics, 2005, 38 (3).

［14］De Vaal, A. and M. Van den Berg. Producerservices, Economic Geography, and Services Tradability [J]. Journal of Regional Seience, 1999, 39 (3).

［15］刘志彪. 发展现代生产者服务业与调整优化制造业结构 [J]. 南京大学学报, 2006 (5).

［16］程大中. 中国服务业的区位分布与地区专业化 [J]. 财贸经济, 2005 (7).

［17］李文秀. 服务业FDI能促进服务业集聚吗？[J]. 财贸经济, 2012 (3).

［18］江小涓. 服务全球化的发展趋势和理论分析 [J]. 经济研究, 2008 (2).

［19］路红艳. 基于产业视角的生产性服务业发展模式研究 [J]. 财贸经济, 2008 (6).

［20］陈国亮. 新经济地理视角下的生产性服务业集聚研究 [D]. 浙江大学博士学位论文, 2010.

［21］陈建军，陈箐箐. 2011生产性服务业与制造业的协同定位研究 [J]. 中国工业经济, 2011 (6).

［22］孙久文. 中国区域经济发展的新趋势 [N]. 光明日报, 2013-04-05.

我国产业结构调整中的体制机制问题研究

林风霞*

一、当前我国产业结构调整的紧迫性

随着改革开放和外向型经济发展战略的实施,我国产业发展由封闭型向开放型转变,建成了开放型的产业体系,逐步成为全球价值链中的重要一环。在享受全球化成果的同时,我国产业结构也暴露出一些问题:在三次产业结构方面,第二产业比重偏大,服务业发展严重滞后,三次产业融合与协调发展不尽如人意;在三次产业内部,特别是制造业内部,自主创新能力弱,产业低级化发展问题与产能结构性过剩问题突出。在这次全球金融危机的冲击及后续影响下,我国产业结构不合理的现象更加明显,产业结构不合理的程度进一步提升,突出表现为制造业产能过剩问题严重。

1. 服务业发展严重滞后

我国服务业规模小、比重低、层次低,2010年全球服务业占GDP比重为70.9%,而我国服务业比重仅为43.2%,低于世界水平27.7个百分点,与世界平均发展水平差距巨大。服务业特别是现代服务业整体发展水平低,不但导致就业困难,而且制约了农业和工业发展质量的提升。特别是研发服务的滞后,制约了工业和农业的技术进步水平;金融业的滞后,限制了市场配置资本功能的发挥等。

2. 制造业产能严重过剩问题亟待解决

自2004年以来,制造业产能过剩一直是我国宏观调控的重点,但是产能过剩问题并没有得到彻底解决,有的行业甚至陷入"越治理越过剩"的怪圈,这表明我国产业结构调整机制仍不完善。如水泥产业,2008~2012年5年中,我国累计淘汰落后水泥产能总计7.75亿吨,国发2009(38)号文件中明确要求,要严格控制新增水泥产能,但是,在该文件发布后新型干法水泥熟料产能以每年2亿吨的速度递增,在淘汰落后产能的同时,先进产能也出现过剩问题。当前,除了众所周知的钢铁、电解铝、电力、水泥、纺织等传统产业产能过剩问题进一步加剧以外,近年来国家鼓励发展的一些新兴产业如煤化工、太阳能光伏、风电产业也出现产能过剩、企业亏损严重现象。如2012年,我国粗钢产能利用率为72%,水泥的产能利用率为72.7%,电解铝产能利用率为72%,多晶硅的产能利用率不到40%,风机的产能利用率不到50%,远远低于81%~90%的国际正常的产能过剩标准。产能过剩的另一个特点是出口产业由于产能扩张和出口不旺并存,产能过剩问题更为突出。产能过剩不仅造成资源的严重浪费,而且还给未来整个产业的

---

* 林风霞(1970—),女,河南开封人,河南省社会科学院工业研究所副研究员,研究方向为产业经济、区域经济。

3. 三次产业内部结构低级化发展问题仍然严重

产业发展低级化存在于各行各业。一是产业内部低端产品过剩与高端产品供给不足并存。在低端产品竞争激烈、产能过剩的同时，我国不少行业的高技术含量、高附加值产品依然依赖进口，暴露了我国产业创新能力弱、企业生产工艺不先进的"软肋"。例如，我国钢铁行业2012年在整体产能过剩的情况下，进口钢材高达1366万吨，品种主要是附加值较高的镀层板、冷轧薄板带、中厚宽带钢和电工钢板，主要用于大型变压器、高档汽车、高档家电及战略性新兴产业等领域。二是价值链高附加值环节发展不足。在经济全球化的背景下，我国逐渐沦为发达国家制造业的加工基地，研发、设计、营销、品牌等价值链高端环节发展不足，造成污染留在中国、利润归于跨国公司、低价格福利全世界消费者共享的局面。目前这种高附加值环节发展不足现象不仅存在于劳动密集型传统产业，也同样存在于新兴产业，弱化了新兴产业的引领和主导作用。三是资源性产业深加工发展不足。深加工发展不足体现为我国最终产品附加值低，资源增值有限，例如，我国是稀土大国，但是国内稀土高端深加工产品相对缺乏，企业热衷于卖矿和初级产品，导致延长稀土产业链、搞深加工动力不足。

4. 产业融合与协调发展不尽如人意

产业融合与协调发展是我国产业结构调整优化的重要实现途径和目标。产业融合发展是现代产业发展的重要趋势，它包括高新技术对传统产业的渗透、三次产业间的融合、产业内部的重组融合等，产业融合通过推动市场结构演进和改变企业市场行为，实现产业组织结构的合理化和高级化，并产生新型产业组织形态（余东华，2005）。产业协调发展主要指三次产业间的比例协调。当前，我国产业融合发展的整体现状是东部略好于中西部地区，东部由于服务业和制造集群起步早，初步实现了产业间融合，而中西部由于各种历史和社会原因，服务业发展滞后，产业融合发展的现状很不理想，产业组织结构优化困难，新兴产业发展缓慢，导致区域产业结构升级困难。我国产业发展的不协调突出表现为服务业发展滞后带来的二产不强与一产不稳，导致我国经济发展质量长期难以得到根本提升。

二、我国产业结构不合理的体制机制成因分析

客观地说，产业结构不合理并不是今天才出现的问题。新中国成立以来，我国的经济发展几乎都伴随着产业结构调整的不懈努力，尽管每个发展阶段产业结构调整的任务不尽相同，但不可否认的是，产业结构不合理始终是一个长期存在的现象。为什么产业结构经过多年调整仍不合理？原因固然是多方面的，其中比较重要的还是我国经济发展中存在的体制机制障碍难以去除，尤其是产业结构的不合理往往是多种因素交织形成的结果。因此，就结构谈结构调整，结构调整难必然一直存在，必须从根子上搞清楚阻碍产业结构调整的体制机制成因，通过体制、机制改革来推动我国产业结构调整。

1. 市场体制机制的不完善限制了产业结构自发调节功能的发挥

市场体制自身存在产业结构平衡的调节机制，通过各种资源要素（如资本、土地、资源、劳动力、技术等）市场与消费市场供需影响产业结构（如图1所示）。自由主义经济理论认为，在自由竞争制度中，产业结构具有自我调节能力，市场通过其价格发现机制和优胜劣汰的竞争机制，引导和推动产业结构不断调整，并引导和推动技术、产品不断优化升级。但是，市场机制的自发、自动调节修复过程有时候可能过长（方福前，2011），有时候还是比较痛苦的，这也为政府直接干

预产业结构调整，以弥补市场失灵创造了借口。从世界各国产业结构变动的历史来看，产业结构调整机制一般分为三种，市场机制主导型、政府主导型、政府与市场机制共同作用型。美国、德国等发达国家的产业结构优化是在市场机制的作用下，经过长期的痛苦过程逐步实现的。日本等后起工业化国家则以产业政策为核心，强调通过政府的直接干预推动产业结构调整，并在较短的时间内走完了发达国家结构调整的道路。

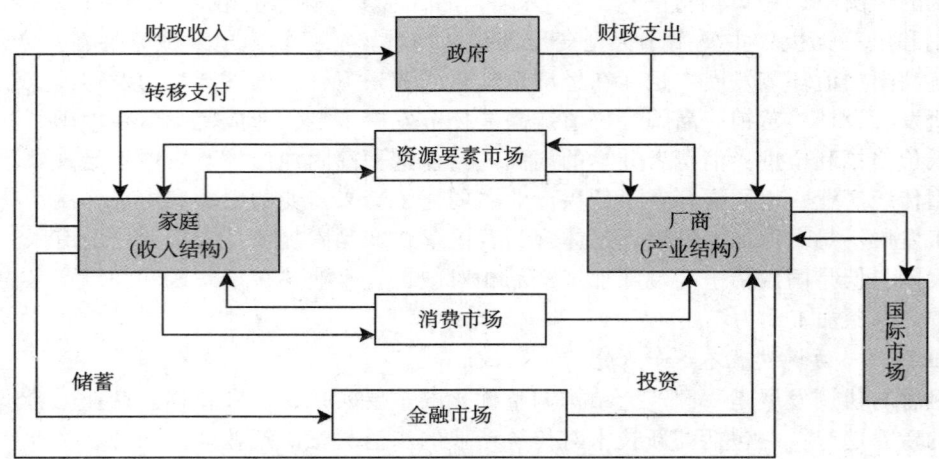

图1 市场机制作用于产业结构调整的机理

改革开放以来，我国一直处于经济体制转换过程中，资源要素市场虽然得到了一定程度的发展，但整体上发育程度仍比较低，影响了产业结构的自发调整。一是资本市场残缺，功能不完善。长期以来，我国金融市场结构偏国有大银行垄断，国有商业银行信贷结构"偏国有、偏大、偏重"，导致中小民营企业融资难问题始终没有解决。同时，我国利率水平低于正常的市场利率水平，导致了对资本的过度需求，诱发了过度的投资、投机行为，目前，利率市场化改革阻力仍然比较大。二是土地市场不规范。地方政府垄断卖方市场以及现行的地方财政体制造成了"土地财政"、土地供给市场化难以实行。三是劳动力市场发育仍不健全。由于不完善的户籍制度、人事制度等制度层面上的原因，"二元"劳动力市场结构仍然存在，造成劳动力流动受阻和一般劳动力价格扭曲。四是资源价格形成机制过多地受到行政干预。能源、水、矿产资源的总体价格水平偏低，价格难以反映资源稀缺程度。

2. 收入分配体制不合理导致需求结构变动对产业结构优化升级的引致作用不强

一个国家的收入分配体制决定了全社会的收入分配水平及结构，收入分配水平及其结构的变动，决定了市场需求的总量及其结构，进而作用于产业结构。从我国的情况看，收入分配体制不合理导致居民劳动收入在国民收入中占比较低且居民收入差距过大，与国内生产能力的快速增长相比，居民消费水平低特别是中低收入阶层整体消费需求水平增长缓慢，这必然导致需求拉动经济增长和产业结构升级的能力有限。一是在初次分配中，自1998年以来，我国居民劳动收入份额持续下降（周明海等，2010），直接制约了居民消费需求水平的提高。同时，产业劳动生产率差距大、垄断行业以及灰色收入的存在等，导致社会财富分配不公；城乡割裂的二元分配机制也导致了城乡居民收入差距日益扩大。二是再分配体制调节收入分配的能力有限。我国收入再分配主要通过社会保障制度、财政转移支付制度、税收调节制度等来保障公平。但是，城乡保障体系的分割、城镇社会保障多条线、小企业参保比例低于国有企业、社保转移接续困难等，都使社会保障制度难以达到缩小收入差距、扩大内需的目的。同样由于体制的不完善，财政转移支付制度在调节转移地区收入差距和税收制度在调节个人收入差距方面的力度都有限。分配制度的长期不合理，导致多年来我国家庭收入的基尼系数都远超全球平均水平。当一个社会由少数高收入阶层和大多数中低收入阶层组成时，中低收入阶层的收入水平决定了人们对高性能、高创新的产品需求很低，不利于企业创新，对产业结构升级的引致作用有限，而高收入阶层偏好的高端奢侈型产品往往数量有限，主要来自于国外品牌和国内已有的名牌产品，不足以推动国内产业结构升级（蒙丹，2010）。不仅如此，由于低收入阶层无力进行人力资本投资，难以通过提高教育水平实现机会均等和收入增长，将始终在温饱线上徘徊，而整个社会人力资本投资不足也使得企业缺乏高素质的劳动力，从而不利于我国产业结构由劳动密集型向资本、技术密集型转变。

3. 技术进步机制不完善导致自主创新对产业结构调整升级的推动作用不强

产业结构升级的基础是自主创新和技术进步（陈英，2008）。我国已经成为世界加工厂，但产业大往往不能意味着强，如果没有独立自主的研发能力，没有核心技术和核心环节的支撑，无论具有多大规模的生产制造能力，也不能说我们真正实现了产业结构升级。与发达国家相比，目前我国还没有形成较强的自主创新能力，企业技术进步大多依赖外部供给。自主创新能力弱还使我国在国际分工中处于不利地位，产业发展受制于人，无法通过核心技术和新兴产业的发展带动产业结构优化升级（蒙丹，2010）。

自主创新能力弱的深层原因主要在于我国尚未形成促进企业创新的技术进步机制，企业缺乏不断创新的动力和压力。一是长期以来，国有企业由于垄断了资源和市场，不自主创新也不影响企业经济效益，没有压力进行自主创新。二是粗放型的增长方式惯性和低成本要素供给也不利于民营企业形成创新动力。东部沿海地区民营企业虽然起步早、发展快，但是由于一直享受倾斜的政策红利和劳动力无限供给的人口红利，能够凭低成本比较优势通过数量扩张参与全球价值链利润分配，多数企业的自主创新动力必然不足，技术研发投入有限。只是在金融危机后，随着订单减少、产能过剩、利润持续降低、企业经营困难的接连出现，这才发现创新、品牌、渠道的重要性，但创新、品牌、渠道都需要时间去积累，需要资金来启动，不少企业在实现价值链攀升之前可能已经倒下了。三是产学研合作机制特别是市场化激励机制不完善，科研成果产业化比例不高。技术创新的实现需要供给方和需求方的共同作用，我国科研创新仍然主要由国有科研机构进行，由于科研成功与否往往由是否通过鉴定和得奖来决定，市场需求导向性不强，导致研发和市场脱节，创新资源浪费严重。四是我国应试教育的弊端导致个体缺乏创新意识和创新活力，整个社会缺乏创新的文化氛围。五是侵犯知识产权的违法成本太低，我国知识产权保护不力导致创新企业不能独享创新收益。六是技术进步的倒逼机制仍然不够强大。被动的技术创新和技术进步往往来自于生死存亡的压力，在生死存亡的竞争面前，谁先采用了新技术、新工艺，谁就能赢得发展先机。我国经济发展面临着严峻的资源、要素与环境的约束，但是由于资源、环境市场发育仍不健全且资源、环境资源价格的市场形成机制仍不健全，资源环境约束还没有完全传导给微观经济主体，难以形成更强的倒逼压力。

4. 政府行政管理体制中的越位错位导致政府主导的产业结构调整成本过高

过去，市场体制机制不完善限制了我国产业结构的自发调整功能，政府不得不代替市场推动产业升级和结构调整。一直以来，我国促进产业结构调整的措施有直接干预微观市场的特征，试图以政府部门的选择、决策来代替市场机制，虽然产业结构调整当时也取得了一定成效，但由于过度依赖行政手段，限制了市场机制作用下产业结构的自发调节功能，甚至带来了一定的负面效应，如产业结构调整的成本比较高、产业结构调整对象与政策必须经常变动。以2009年实施的十个重点产业调整振兴规划为例，振兴规划中的重点产业选择、重点产品选择、重点技术选择、重点扶持企业选择等人为地用政府代替市场挑选资源市场竞争中的胜利者，降低了资源配置效率，在产业政策中着力扶持大企业和国有企业，忽视中小企业发展的"扶大限小"政策导向还导致地方政府为了获取更多的扶植政策，对本地企业进行了"高效率"的政府主导型的兼并重组，忽视了兼并重组市场化运作的有利之处，重组后的企业除了扩大规模外，市场竞争优势提高有限；在相关的产业、产品结构调整中，政府对未来几年要重点扶植发展的产业、产品、技术做了具体规划，政府的预测未必准确，照这些规划执行的产业结构调整成效可以想象；在落后产能的界定上以规模作为主要标准，但是小企业、小设备未必不先进，照此淘汰落后产能执行成本必然高昂。

不仅如此，我国经济体制特别是行政管理体制中的一些固有弊端也不利于产业结构优化升级。如中央与地方分割的现行财税体制以及以GDP为中心的干部考核体制，会诱发地方政府过分追求当地经济增长总量，因为只有上新的投资项目，才能够实现本地经济的快速增长和税收的增加。资源要素市场的不完善和地方政府掌握资源过多又给这种投资冲动创造了机会，导致拼资源、抢资金、抢项目、抢政策、不顾环境污染的重复建设现象一再出现。在这样的行政管理体制下，即使中央作出的产业政策和产业结构调整政策是正确的，各地的盲目竞争也往往造成错误的后果，必然从供给方面加剧了制造业的结构性矛盾，也给产业结构调整和优化升级造成障碍。

三、以体制机制创新推动产业结构调整

虽然我国产业结构调整在局部曾经取得了比较好的成绩，但是，从中长期来看，一些结构调整赖以推进的体制机制性障碍仍然存在。因此，我国要彻底解决产业结构不合理的难题，必须多管齐下、标本兼治，在解决当前产业结构不合理问题的同时，通过体制机制创新杜绝将来再出现产业结构不合理的局面，最终形成良性的产业结构调整机制。

1. 进一步完善市场机制

作为一个后发大国，在市场体系发育还不完善、市场机制还不健全的条件下，我国进行必要的政府干预是必然的，但仍应尊重市场机制在资源配置中的基础性作用。因此，政府要着力推动资源要素的市场化改革，同时要着力提升宏观调控能力，把错装在政府身上的手换成市场的手，把政府和市场都能办的事尽量交给市场办，把政府和市场必须同时出手才能解决好的事交给政府和市场一起办，通过政府调节和市场机制调节的共同作用推动企业遵循市场机制进行产业结构调整升级。一是进一步发展金融市场，推动利率市场化改革。二是进一步健全土地市场，建立集体土地使用权市场，推动国有闲置土地的开发利用。三是强化劳动力市场建设，通过户籍改革和人事制度改革打破城乡、行业壁垒，实现劳动力自由流动。四是改革资源与环境有偿使用制度，实现价格市场化。打破资源性行业中的垄断，对能源和重点矿产资源，建立各类企业都要为取得开采权和使用权付费的市场机制。另外，要健全排污权有偿取得制度和市场交易制度，扩大排污权交易试点。五是加快发展技术市场，充分发挥技术市场对创新要素的集聚与扩散和价格调节作用。

2. 深化行政管理体制改革，进一步转变政府职能

政府应当深化行政体制改革，转变政府职能，提高行政效率，着力为产业结构调整创造良好的体制机制环境，从根本上推动经济方式转变和经济结构调整。首先，政府要从探索建立财权与事权相匹配的财税制度以及符合科学发展的干部考核制度入手，着力破解产业结构调整的体制机制障碍。要通过明确地方政府的权责、稳定地方财源、加强监督等，消除地方政府的投资冲动。要优化干部考核评价指标体系，使经济发展与资源集约节约利用、生态文明建设紧密结合起来，大力增加反映绿色发展、低碳发展、循环发展的指标及其权重，积极探索差异化考核制度，鼓励特色优势发展。其次，政府的职能应向弥补市场机制失灵转变，重点在具有外部性的公共领域发挥重要作用，不缺位，更不越位、不错位。这包括尽快建成功能完备、协调配套、高效快捷、支撑有力的现代化基础设施体系；强化对基础性研究的全力支持，对产业共性技术、具有较强外部

性的应用性研究、节能环保新技术提供资助，对科研成果产业化提供支持，加大知识产权保护力度；加强对宏观经济信息、行业发展信息与技术发展趋势的研究与免费发布，引导企业投资。最后，把政府和市场都能办的事尽量交给市场办，以提高政府掌控资源的效率。例如，可以对政府引导产业结构调整升级的资金采取市场化运作机制，引导资金在产业间的有效配置，提高资金使用效率；在产业集聚区建设中，可以运用市场手段盘活土地存量资源，有效改善产业空间布局，实现土地的节约集约利用；在公益性产业和项目建设中，可以把具有稳定收益的社会事业及公益性、基础性设施项目建设引入市场机制，政府和企业开展合作共建；在加强环境保护时，可以对环境污染防治设施推行专业化、社会化、市场化运营手段，达到有效控制污染、降低治理成本的目的；在淘汰落后产能时，可以更加注重发挥市场机制优胜劣汰的作用，建立落后产能市场退出机制，综合运用税收政策、财政补贴政策、信贷支持和市场机制共同引导落后产能退出，降低目前落后产能退出的行政执行成本；在产学研合作、兼并重组等方面，充分发挥市场机制作用，避免政府"拉郎配"等。

3. 进一步完善自主创新与技术进步机制

一是多角度、多措施为营造企业自主创新和技术进步的体制政策环境。通过加大对创新的税收优惠政策支持、健全科研成果评价机制与转化机制、完善风险资金投入退出机制、加强知识产权保护、加大对技术改造的资金支持等，鼓励企业自主创新和技术进步。二是强化政府主导的合作创新机制，组织力量有针对性地对基础性研究、产业共性技术、重大应用性技术和节能环保技术进行科研攻关，把科研成果以市场方式或低价方式，甚至无偿方式卖给我国企业。三是深化教育制度改革，加快培养高素质的创新人才，建立良好的学术创新环境，营造全社会创新的文化氛围。四是充分利用资源与环境倒逼机制推动企业被动创新，采用节能环保的新技术、新工艺、新设备。

4. 进一步健全收入分配体制

在当前的国民收入分配格局、社会保障体制和公共服务体制下，引导居民储蓄"出笼"，重点在于深化收入分配制度改革及相关体制改革，切实提高人均收入水平，缩小全社会收入差距，为产业结构调整和发展方式转型确立持续稳定的增长动力。一是深化收入分配体制改革。通过健全最低工资制度、完善工资正常增长机制，提高居民劳动收入在GDP中的比重，提高低收入者的收入水平，扩大中等收入者的比重。二是完善转移支付机制，加大转移支付力度。通过转移支付提高落后地区、低收入阶层和农民的消费能力。三是深化社会保障制度改革，推进基本公共服务均等化，解决老百姓的"后顾之忧"，改善城乡居民的消费预期，增加当期消费。四是深化户籍制度改革，消除城乡二元结构的体制性障碍。统计数据表明，我国城镇居民人均消费能力远远高于农村居民，显然城镇化进程明显滞后于工业化水平也制约了我国内需的扩大。我国人口城镇化进展缓慢，特别是农民工"市民化"难，其根源在于户籍制度的制约。

5. 健全产业融合协调发展机制

遵循产业融合协调发展的规律，消除产业融合、协调发展的体制性障碍，促进产业结构优化升级。一是推进产业融合，切实做大服务业规模，提升工农业发展水平。适应制造业加快转型升级的迫切要求，大力发展金融保险、专业物流、研发设计、信息服务等生产性服务业，促进生产性服务业与制造业深度融合，增强制造业竞争力。促进农业与工业和服务业的融合互动发展，提升农业现代化水平和产业化水平。同时，还要促进信息技术和产业的融合。二是推动三次产业协调发展，优先发展服务业，做强第二产业，稳定第一产业。三是全面落实区域发展总体战略，统筹重大项目在全国的合理布局，促进形成合理的区际产业分工体系。四是加强产业政策、产业调整政策、自主创新政策、区域发展政策等的协调和联动，加强规划实施部门和政策执行部门的工作衔接，形成有效的多部门合力推进机制。

四、总 结

当前,我国产业结构存在的产能过剩、升级乏力、畸形发展问题已经影响了经济社会的稳定。但是,就结构谈结构调整的政策措施带来的产业结构调整成效往往是短期的,必须从根源上,从供给和需求两方面破解制约产业结构优化升级的体制性障碍,形成良性的产业结构调整机制。产业结构调整影响因素的复杂性、动态性决定了我国产业结构调整的难度,这需要从深化经济体制改革、深化行政管理体制改革等各方面着手,着力化解改革中各种利益集团的阻力。同时,我国还应从如何应对国际分工对我国产业结构升级的压制入手,研究更好地推动国内产业结构调整的政策措施。

参考文献

[1] 余东华. 产业融合与产业组织结构优化 [J]. 天津社会科学, 2005 (3).
[2] 周明海, 肖文, 姚先国. 中国经济非均衡增长和国民收入分配失衡 [J]. 中国工业经济, 2010 (6).
[3] 蒙丹. 探析我国产业结构调整的两大制约因素 [J]. 发展研究, 2010 (5).
[4] 陈英. 产业结构调整过程中的动态经济学——对我国产业结构升级的思考 [J]. 经济社会体制比较, 2007 (6).
[5] 方福前. 经济结构调整的双重路径: 市场化与政府转型 [J]. 学习与探索, 2011 (1).

服务关联对国际分散化生产地区集聚的影响
——基于中国样本数据的实证分析*

臧 新 王 静**

一、问题提出

自20世纪90年代以来,国际分工进一步细化,由产品层面深入到工序层面,产品的生产过程被拆分为不同的阶段,分散在不同的国家或地区进行。新国际分工理论研究表明,国际垂直分工使得企业生产位于不同国家和地区可以降低生产成本,全球生产网络正是基于这一微观机制得以实现的。但是,全球生产网络体系的构建非常复杂,生产成本并不是孤立的,还牵涉到服务的关联。例如,非洲的劳动成本更低,但跨国公司却较少在那里设置企业。

随着全球生产网络的不断扩大,生产性服务业与制造业的关系日趋紧密,制造业为生产性服务业提供了巨大的市场空间。技术进步和服务成本尤其是通讯、运输和金融服务成本的下降导致垂直一体化生产过程被分割为独立的片段并进入国际市场,服务也具有规模报酬递增特性。Jones和Kierzkowski分别于2003年和2007年提出了"服务关联"的概念和分析国际分散化生产的"JK模型";用"生产区段"(Production Block)和"服务关联"(Service Link)来描述国际分散化生产的形成过程,比较了服务关联在不同分工水平下的生产区段成本的变化,说明了服务关联对分工深化的作用。Defever(2006)基于功能片段化的概念,认为服务环节的选址主要取决于功能而非部门因素,研发与生产的区位选择比较趋同。Kimura和Ando(2003、2005)提出了二维分散化生产的分析框架,引入二元集聚的概念,从理论上更全面地分析了国际分散化生产与资源集聚的相互作用机制。

分散与集聚并行,服务关联着分散的集聚区段;服务关联是服务业参与新国际分工的模式之一。如今,在中国东部地区,已存在大量的参与国际分散化生产的厂商,形成了生产性集聚,服务业以服务关联的方式发挥了联结各生产环节的重要作用。生产性服务业作为一种软性生产资料越来越多地进入生产领域,成为各产业间关联的"润滑剂"。国内外关于服务关联对国际分散化生产中集聚影响的研究还较为少见。国外学者主要是对国际分散化过程中服务的作用进行阐述,实证研究较为少见,更缺乏针对中国的相关研究;国内相关文献大都集中于生产性服务业对制造业

---

* 本文得到国家自然科学基金项目"资源环境约束、认知行为偏差和区域产业集聚困境研究(71073080)"、教育部人文社会科学研究规划基金项目"外资的区域转移、集聚与城镇化的渐进互动研究"(13YJA790147)、东南大学基本科研业务费社科重大引导基金项目"新国际分工中服务业参与模式对我国产业集聚的影响及对策研究"(SKYY20110006)的资助。

** 臧新(1966—),女,江苏南京人,东南大学经济管理学院副教授、硕士生导师、博士,研究方向:国际经济学;王静(1988—),女,河南南阳人,东南大学经济学硕士,就职于上海图书馆信息处理中心元数据制作部。

效率的影响及其与制造业之间的互动关系、我国制造业集聚、FDI 集聚及加工贸易集聚现状及影响因素等方面（钱学峰、陈勇兵，2009；冯泰文，2009；胡乃武、杜琼，2009）。Jones 和 Kierzkowski（2005）认为分散化首先会导致生产分离，然后又会导致跨产业使用的相似片段生产在全球范围的集聚。本文试图从新国际分工的视角以中国地区为样本研究地区服务关联水平、国际分散化生产地区集聚状况及前者对后者的影响，重点用实证的方法考察服务关联对 FDI 集聚和加工贸易集聚的影响，为在开放背景下实现我国服务业健康发展及产业结构的转型升级提供新思路。

二、服务关联的作用机理、测度方法及计算结果

1. 服务关联在国际分散化生产中的作用机理

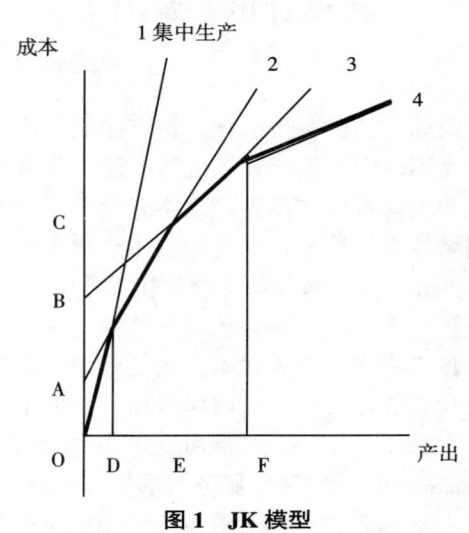

图1 JK 模型

　　服务关联是指国际分散化生产中衔接分散在不同的国家或地区、被拆分为不同的阶段的产品生产区段所需的服务。图 1 描述了分工加深后生产者服务投入变化的过程，揭示了服务关联在国际分散化生产中的作用机理。射线 1 表示生产过程完全在某一地区的唯一公司内部完成，射线 2 代表生产过程在两个生产率与要素禀赋不同的地点完成，这种分工方式降低了边际成本，但是需要以服务关联进行衔接，在既定的分工水平下，服务关联的成本不随产量的增加而增加。斜度更加平缓的射线 3、射线 4 分别代表分工进一步深化之后导致的边际成本的降低，同时随着各生产区段分别按照比较优势原则安排到不同的国家和地区，衔接各生产区段所需要的服务增加会引起服务投入的成本上升。OA、OB、OC 分别代表了不同的分工水平导致生产者服务成本。

　　虽然随着生产分散化程度的增加，生产者服务成本也会相应增加，从而导致总成本曲线上移，但是随着产量增长，分散程度增加后的生产总成本会逐渐与之前的生产总成本接近，当附加服务链成本足以和新的生产区段降低的边际成本抵消时，生产者会将其生产过程进行更深的专业化分工，将某个生产阶段转移到国外以最小化其生产成本。图 1 中各线段加黑的部分就是该最终产品每一个产量所对应的最小成本的轨迹。从上述的分析中我们可以发现，服务关联的水平决定了跨国公司的生产总成本，服务连接水平的提高和生产的集聚都有利于国际分散化生产总成本的下降，形成自强化的互动效应。

2. 服务关联指数的构建

（1）服务关联指数指标体系及数据来源。服务关联是一个抽象的概念，涉及的领域和范围较广，无法用单一的指标予以衡量；该指标的测度是国际分散化生产相关定量研究的基础，也是具有挑战性的难点。Jones 和 Kierzkowski（2007）进行了初步的尝试和探索，提出服务关联指数包括交通运输、通讯及电力供应三个方面，其权重分别是 0.4、0.4、0.2。这样的尝试具有探索价值，力图使抽象的服务关联定量化，但是缺陷也是显而易见的，有待进一步完善。Jones 和 Kierzkowski 提出的服务关联指数，仅考虑了交通运输、通讯及电力供应三个方面，不够全面；并且三者的权重是固定的，并未交代出处，具有较大的随意性和主观性。国内外现有研究表明：交通运输仓储和邮电通信业对劳动密集型行业的效率提升影响最为明显，资本密集型行业的效率提升，在很大程度上受到金融保险业发展的影响，科学研究对技术密集型行业影响最大（江静、刘志彪等，2007；冯泰文，2009）。

因此，为了更全面、客观地研究服务关联在国际分散化生产中的影响，在 Jones 和 Kierzkowski 服务关联指数的构成基础上，结合国内外相关研究的成果、兼顾中国各地区的实际情况及相关指标的数据可得性，本文在服务关联指数这一综合指标体系的构建上做了一些探索性的尝试，从交通运输、邮电通讯、科研、电力和保险等方面来衡量我国各地区的服务关联水平，权重通过主成分因子分析法来确定，更为客观科学。因此，服务关联指数体系包括交通运输、邮电通讯、科研、电力和保险等方面，涉及 13 个不同的指标。其中，F1~F4 反映地区交通运输基础设施水平，F5~F8 反映地区邮电通讯水平，F9~F11 反映地区科研水平，F12 与 F13 反映地区的供电和保险服务水平。各指标数据来源于中国统计年鉴（2011）、中国城市统计年鉴（2011）、各省市统计年鉴（2011）、中国高技术产业统计年鉴（2011）以及中国民用航空局。具体见表1。

表1 服务关联指数指标体系

指标构成		对应的衡量指标	数据来源	权重
交通运输				0.25
F1	铁路设施	每一百平方公里的铁路营运里程	中国统计年鉴	0.05
F2	柏油路的密度	每一百平方公里的等级公路营业里程	中国统计年鉴	0.04
F3	人均航班	每十人拥有的航班数	中国民用航空局 全国机场生产统计公报	0.05
F4	公共交通服务	年末公共交通运营数量占全国的比例	中国城市统计年鉴	0.11
邮电通讯				0.22
F5	人均手机用户	每十人移动电话用户数	中国统计年鉴	0.06
F6	人均电话主线	每十人移动电话交换机容量	中国统计年鉴	0.06
F7	长途通讯水平	人均长途电话交换机容量	中国统计年鉴	0.07
F8	信息化服务	人均互联网宽带接入端口	中国统计年鉴	0.03
科研				0.33
F9	R&D 经费支出	大中型工业企业 R&D 经费占全国的比例	中国统计年鉴	0.11
F10	专利授权情况	专利授权数占全国的比例	中国统计年鉴	0.10
F11	人力资源水平	高技术产业研发人员占全国的比例	中国高技术产业统计年鉴	0.12
其他				0.20
F12	市辖区供电	全社会用电量（市辖区）占全国的比例	中国城市统计年鉴	0.11
F13	保险服务水平	各地区原保险赔付支出占全国的比例	中国统计年鉴及各省市统计年鉴	0.09

注：服务关联指数各指标权重根据主成分因子法计算，具体见下文。

（2）确定服务关联指数各指标权重的方法及计算结果。遵循客观科学的原则，对于服务关联指数各指标权重的确定，我们放弃简单主观确定的方法，通过主成分因子分析法的旋转成分矩阵和成分得分系数矩阵来计算各指标的权重,具体见表2。

表2 各级指标及其在不同层级上的权重值

一级指标	二级指标/Ai	三级指标	aij	Aij	wj
服务关联指数指标体系	第一主因子/0.632	大中型工业企业研发经费支出占全国的比例	0.185	0.17	0.11
		全社会用电量(市辖区)占全国的比例	0.184	0.17	0.11
		年末公共交通运营数量占全国的百分比	0.182	0.17	0.11
		高技术产业研发人员占全国的比例	0.211	0.19	0.12
		专利授权数占全国的比例	0.175	0.16	0.10
		保险赔付支出占全国的比例	0.151	0.14	0.09
	第二主因子/0.274	每十人移动电话交换机容量	0.271	0.21	0.06
		每十人移动电话用户数	0.269	0.21	0.06
		每千人的起架班次	0.248	0.19	0.05
		每百万人长途电话交换机容量	0.325	0.26	0.07
		每百人互联网宽带接入端口	0.161	0.13	0.03
	第三主因子/0.094	每一百平方公里的等级公路里程(公里/十平方公里)	0.498	0.45	0.04
		每一百平方公里的铁路里程(公里/百平方公里)	0.598	0.55	0.05

首先,判断因子可行性。Bartlett 球度检验的相伴概率为 0.00,拒绝 Bartlett 球度检验的零假设,说明因子分析可行;以主成分法作为因子提取方法,因子提取标准为特征值 ≥ 1;计算表明有三个满足条件的特征值,对样本方差的累计贡献率达到了 87.556%,提取三个因子可以较好地说明问题。其次,根据旋转后的因子载荷矩阵,将指标集分为三个主因子。第一主因子在大中型工业企业研发经费占全国的比例、高技术产业研发人员占全国的比例、专利授权数占全国的比例、全社会用电量(市辖区)占全国的比例、保险赔付支出占全国的比例、年末公共交通运营数量占全国的百分比上具有很大载荷,反映了地区发展的科研及城市公共服务,将其定义为科研因子;第二主因子在每十人移动电话交换机容量、每十人移动电话用户数、每千人的起架班次、每百万人长途电话交换机容量、每百人互联网宽带接入端口上有较大载荷,反映了地区邮电通信水平,将其定义为邮电通讯因子;第三个主因子在每一百公里的等级公路里程、每一百平方公里的铁路里程上有较大的载荷,反映了地区交通基础设施情况,将其定义为交通运输因子。最后,确定指标权重:①二级指标在一级指标上权重的确定。在服务关联指标体系建立的统计分析过程中,3 个主因子的累积贡献率为 87.556%,提取的 3 个主因子的贡献率分别为 52.216%、22.586%、7.755%,二级指标在一级指标上的权重值 Ai 可以通过对这 3 个主因子贡献率进行归一化处理得到。②三级指标在二级指标上权重的确定。由于因子得分系数矩阵 aij 可以在因子分析过程中得到,将旋转成分矩阵中每一个因子上有较大载荷的若干指标在成分得分系数矩中所对应的值 aij 进行归一化处理,即可得到三级指标在二级指标下的权重值 Aij。③三级指标在一级指标上权重值的确定。根据前文所述,三级指标在一级指标上的权重值可以根据三级指标在二级指标上权重 Aij 与二级指标在一级指标上的权重值 Ai 的乘积得到 ωj。具体结果见表2;根据表2,我们可以得到服务关联指数各指标的权重,结果列于表1。

3. 我国各地区服务关联水平的计算和分析

我们以服务关联指数来衡量各地区的服务关联水平,服务关联指数越高,则服务关联水平越高。本文根据 2010 年各地区 13 个指标的数据和表3 中服务关联指数各指标的权重进行计算可得 2010 年我国各地区服务关联水平;同理,在数据可得的约束下,本文计算了 2005 以来各地区的服务关联水平,各年的结果及排名汇总于表3。

表3　2005~2010年我国各地区服务关联水平及排名

地区	服务关联指数						排名					
	2005年	2006年	2007年	2008年	2009年	2010年	2005年	2006年	2007年	2008年	2009年	2010年
北京	7.66	7.77	7.75	7.78	8.30	7.95	3	3	4	4	4	4
天津	3.40	3.68	3.92	4.37	4.57	4.64	8	8	8	8	8	9
河北	2.43	2.59	2.77	3.31	3.66	3.90	14	14	14	13	13	13
山西	1.73	1.91	2.25	2.73	3.20	3.18	19	19	17	16	14	17
内蒙古	1.28	1.32	1.68	2.17	2.69	2.83	23	25	22	21	21	21
辽宁	3.91	4.05	4.02	4.42	4.61	4.89	7	7	7	7	7	7
吉林	1.59	1.84	2.05	2.33	2.70	2.74	21	21	21	20	20	22
黑龙江	2.31	2.35	2.56	2.59	3.07	3.07	15	15	15	19	17	18
上海	8.35	8.62	8.97	8.87	9.37	8.82	2	2	2	2	3	3
江苏	7.10	7.32	7.92	8.71	10.14	10.24	4	4	3	3	2	2
浙江	6.50	7.21	7.20	7.70	7.98	7.86	5	5	5	5	5	5
安徽	1.79	1.92	2.13	2.70	3.01	3.43	18	18	20	17	18	15
福建	3.07	3.16	3.69	3.90	4.30	4.69	9	9	9	10	10	8
江西	1.69	1.88	2.17	2.12	2.41	2.33	20	20	18	22	23	24
山东	5.07	5.76	6.19	7.01	7.03	7.16	6	6	6	6	6	6
河南	2.60	2.90	3.25	3.93	4.42	4.34	12	13	11	9	9	10
湖北	3.05	3.05	3.20	3.46	3.86	3.95	10	12	12	12	12	12
湖南	1.97	1.95	2.15	2.61	2.95	3.02	16	17	19	18	19	19
广东	15.15	15.55	16.12	14.39	13.95	15.02	1	1	1	1	1	1
广西	1.34	1.42	1.61	1.81	2.18	2.24	22	22	23	23	24	27
海南	1.26	1.35	1.54	1.79	2.46	2.93	24	23	25	24	22	20
重庆	1.94	2.18	2.46	2.81	3.08	3.21	17	16	16	15	16	16
四川	2.98	3.07	3.51	3.65	3.91	4.04	11	10	10	11	11	11
贵州	1.06	1.16	1.27	1.37	1.80	1.91	27	27	28	29	28	28
云南	1.26	1.33	1.54	1.56	2.14	2.30	25	24	24	27	26	25
西藏	0.45	0.55	0.78	0.80	1.21	1.23	31	31	31	31	31	31
陕西	2.60	3.07	3.06	2.92	3.10	3.44	13	11	13	14	15	14
甘肃	1.00	1.02	1.22	1.46	1.58	1.74	29	29	29	28	29	30
青海	0.70	0.80	0.96	1.19	1.43	1.78	30	30	30	30	30	29
宁夏	1.05	1.14	1.37	1.70	2.04	2.29	28	28	27	25	27	26
新疆	1.12	1.18	1.40	1.68	2.15	2.35	26	26	26	26	25	23

注：2005年互联网接入端口的数据不可得，这里用2006年的数据除以2006~2010年的平均增长率计算所得。

由表3可知，我国服务关联水平自东向西呈递减趋势，东部沿海地区服务关联水平最高，明显高于中西部地区。2010年服务关联水平最高的为广东省，指数为15.02，江苏以服务关联指数为10.24居第二位，其次是上海、北京、浙江、山东、辽宁、福建、天津，西藏服务关联水平最低，仅为1.23，前十名中有9个是东部沿海省份，中部仅河南榜上有名；2005年以来，广东省服务关联水平一直稳居第一，江苏的服务关联水平从2005年的第四上升到2010年的第二。近年来服务关联水平最好的五个地区分别是广东、江苏、上海、北京、浙江；山东、辽宁的服务关联水平近几年比较稳定，分别居第六、第七，天津、福建的服务关联水平排名虽有波动，但基本是保持在前十名以内，服务关联水平上升较快的分别是安徽和新疆，而西藏、青海、贵州、宁夏的服务关联水平一直保持在全国最低水平。上述定性分析似乎可以说明地区的服务关联水平与经济发展及参与国际分工的水平存在某种正向关系，定量的分析有待下文进一步深入研究。

三、参与国际分散化生产的模式及集聚的状况

1. 参与国际分散化生产的模式

新国际分工表现为国际分散化生产和产品内分工，形成以工序、区段为对象的分工体系，这正是跨国公司全球价值网络的细密化；为发达国家对全球资源进行整合提供了方便，为发展中国家融入国际分工提供了新的契机。

跨国公司是国际分散化生产的主角，推动跨国公司促进新国际分工格局的动力是市场需求、契约转让、生产一体化以及降低成本的要素构成和生产组织的改革，新国际分工的直接动力是对外直接投资和跨国生产（李国平、杨开忠，2000），因此，吸引外商直接投资是地区参与国际分散化生产的重要方式。加工贸易通过进料加工、来料加工、装配业务和协作生产等方式参与国际分工，是以加工为特征的再出口业务，体现了国际分散化生产的特征；因此不少学者认为中国主要以加工贸易的形式参与产品内分工的（胡乃武、杜琼，2009）。

根据邓宁国际投资的折中理论可知，参与国际分工的方式有许可证贸易、出口贸易和FDI等形式；众所周知，出口和FDI是我国参与国际分工的主要模式，而出口贸易还包括一般贸易等形式；考虑本文研究对象和国际生产分散化的特点，我们将进行加工贸易和接受外商直接投资作为各地区参与国际生产分散化的主要模式。

2. 加工贸易、FDI及其集聚状况

加工贸易是我国对外贸易的重要组成部分，其进出口总额由1981年的26.35亿美元增长到2010年的11577亿美元，增长了400多倍。东部沿海地区凭借优越的地理位置，作为我国改革开放的先头阵地和加工贸易发展的先行地区，加工贸易发展已颇具规模，而中西部地区由于对外开放和经济发展起步较晚，经济基础薄弱，加上地理位置的局限性，在对外经济贸易发展的规模和水平上同东部沿海地区相比存在不小的差距。广东是我国加工贸易最大的集聚地，近年来，该省加工贸易进出口额占全国的比例有所下降，但仍保持全国第一；江苏、上海加工贸易进出口额占全国的比例缓慢上升，2010年，两地区加工贸易进出口额占全国比例都保持在20%左右。由图2可知，2002年以来，东部地区（北京、天津、河北、辽宁、上海、江苏、浙江、福建、山东、广东）加工贸易进出口总额占我国加工贸易总额的比例一直在95%以上，2009年、2010年该比例分别为97.13%和95.88%，相比之下中西部地区占全国的比重微乎其微。加工贸易如同FDI一样都呈现了高度集聚的状况。

近30年来，外资的进入带动了我国制造业和货物贸易的快速发展，使我国成为工业品生产和出口大国。目前，FDI在我国的空间分布呈现集聚的状况，主要集聚在珠三角、长三角和环渤海地区，图3形象地展示了外资集聚的状况。

随着政府优惠政策的扩大以及西部大开发国家战略的推进，FDI的流向呈现"北移"和"西进"的趋势，但FDI集聚的特征并没有改变。由图3可知，2002年以来，辽宁省的FDI比重持续上升，由5.78%增长至2010年的11.09%；而广东省则由2002年的21.54%减少至10.83%。2002年以来，流入中部地区的FDI比重在不断上升，由2002年的10.88%增长至2010年的16.64%，中部地区FDI空间分布与东部地区FDI的"空间转移效应"有密切关系，由于毗邻东部地区，中部地区更容易接受从东部地区转移的FDI，如河南、湖南、江西、安徽由于临近FDI大省山东、广东、浙江、江苏，其吸引FDI比重不断提高。同样，自2002年以来流入西部地区的FDI比重也在不断提高，其中四川、重庆、陕西、云南这些经济发展水平较高、制造业基础较好的地区吸引了

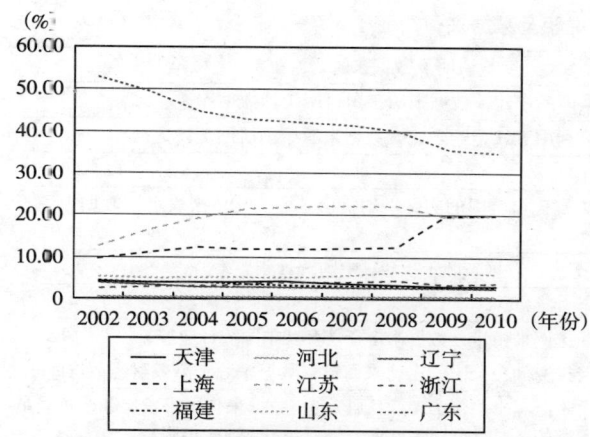

图2 东部地区加工贸易占全国加工贸易的比例

数据来源：根据国研网统计数据库及各地区国民经济与社会发展统计公报整理计算。

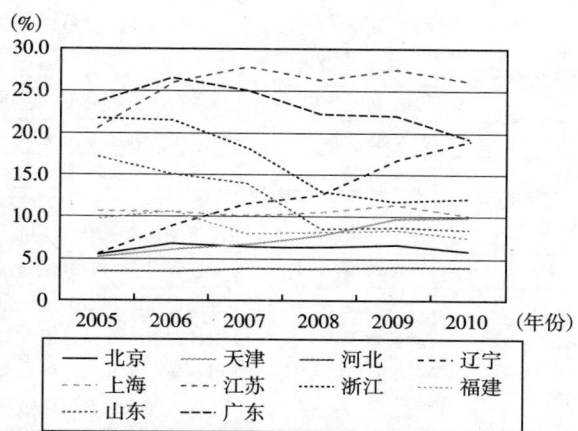

图3 东部地区外商直接投资占全国外商直接投资的比例

数据来源：同图2。

FDI的"西进"。总体而言，虽然自2000年以来中央政府出台了一系列引资优惠政策使外商直接投资有向中西部地区转移的趋势，但FDI集聚的特征并没有改变，仍集中在东部沿海地区，2002年的比重为85.38%，到2010年东部沿海地区FDI的比重仍保持在70%以上，为71.72%。

图2和图3的定性比较表明，加工贸易与FDI都具有集聚性，且加工贸易的集聚程度高于FDI；相关系数的定量计算可以发现，FDI集聚与加工贸易集聚两者具有较大的相关性，其相关系数为0.718。可见，加工贸易和FDI这两种模式在参与国际分散化的过程中是相互作用的。

四、模型、计量结果及分析

如前文所述，新国际分工中国际分散化生产与生产环节的地区集聚同时存在，本文基于这样看似矛盾的复杂背景考察服务关联的作用和影响；正是服务业对分散生产的连接才使国际分散化生产与集聚的规模经济得以实现。中国作为世界的生产基地本身就是一个很好的经济学实验室，加工贸易和FDI便是我国各地区参与新国际分工分散生产的主要实践模式。下面本文将在前文服务关联水平测度的基础上，通过构建2005~2010年我国31个地区级面板数据的计量模型来定量研究服务关联对我国国际生产分散化中加工贸易和FDI地区集聚的影响。

1. 模型设定、变量和数据来源

（1）模型的设定。为了更为全面地考察服务关联对我国加工贸易集聚和FDI集聚的影响，本文采用面板数据方法进行估计，分别设立如下两个基本计量模型：

$$\ln pt_{i,t} = \alpha_0 + \alpha_1 \ln sl_{i,t} + \alpha_2 \ln fdi_{i,t} + \alpha_3 \ln wage_{i,t} + \alpha_4 \ln edu_{i,t} + \alpha_5 \ln agdp_{i,t} + \alpha_6 \ln gdzdum + \alpha_7 \ln portdum + \varepsilon_{i,t} \quad (1)$$

$$\ln aFDI_{i,t} = \alpha_0 + \alpha_1 \ln sl_{i,t} + \alpha_2 \ln fdi\_li_{,t} + \alpha_3 \ln wage_{i,t} + \alpha_4 \ln edu_{i,t} + \alpha_5 \ln agdp_{i,t} + \alpha_6 \ln gdzdum + \alpha_7 \ln portdum + \varepsilon_{i,t} \quad (2)$$

其中，下标i表示省份，t表示年份；ε为随机误差项。

（2）变量和数据来源。所有变量的样本时间跨度为2005~2010年，变量的详细说明及数据来源，如表4所示。

表4 变量的详细说明及数据来源

变量	变量名称	变量说明及数据来源
pt	加工贸易集聚	各省市加工贸易出口额在全国的占比，数据来源于国研网统计数据库
aFDI	FDI集聚水平	各省市FDI金额与全国实际利用FDI金额之比，数据来源于国研网统计数据库
sl	服务关联	其计算过程见本文第二节
wage	劳动力成本	用各省市的实际平均货币工资比上全国的实际平均货币工资的比值来表示，数据来源于历年《中国统计年鉴》
agdp	市场规模	用各省市人均GDP水平来衡量，数据来源于历年《中国统计年鉴》
open	开放程度	进出口总额和GDP的比例
edu	教育水平	用各省市大专及以上人口的比例来衡量，数据来源于历年《中国统计年鉴》
FDI-1	FDI的滞后变量	用各省市实际利用外商直接投资额在全国的占比来衡量，数据来源于高效财经数据库
gdzdum	政策虚拟变量	各省市国家级开发区数量大于全国平均值为1，否则为0；数据来自国家发展和改革委员会、国家资源部和建设部发布的《中国开发区审核公告目录》(2006年版)
portdum	地理位置	地区是否拥有港口，有港口则该变量为1，否则为0

被解释变量pt（Processing Trade）和aFDI是31个省市的加工贸易集聚水平和FDI的集聚水平，分别以各省市加工贸易出口额和FDI在全国的份额表示；数值越大则该省市加工贸易和FDI的集聚程度越高；用绝对份额表示集聚也是学者们常常使用的方法（刘修岩，2009）。

服务关联sl是我们关注的主要解释变量，本文第二节已对服务关联水平的测度方法和计算做了详细介绍；服务关联水平高的地区将为工业发展提供良好的配套条件，便于集聚经济的实现；预期sl在两个模型中参数都为正。

关于地区FDI，现有文献研究表明，FDI的区域分布差异直接导致了加工贸易的区域分布差异，通常FDI多的地区加工贸易也多；预期模型（1）中该变量的参数为正。

劳动力成本（wage）用各省区市的实际平均货币工资与全国的实际平均货币工资的比值来表示，其中实际平均货币工资是指经过平均实际工资指数平减后的名义平均货币工资；通常跨国企业进行分散化生产是为追求生产成本最小化，劳动力工资较低有利于吸引外资和加工贸易业务；预期wage在两个模型中参数都为负（虽然许多研究表明并不总是如此）。

市场规模（agdp），本地市场效应表明，市场规模大的地区将吸引大量制造业厂商的进驻，从而促进制造业集聚，我们用各省市人均GDP水平来衡量各省市的市场规模（钱学锋、陈勇兵，2009）；预期agdp在两个模型中参数都为正。

地区的对外开放程度open。本文用该地区当年的进出口总额和GDP的比例来表示；一个地区市场经济发展条件越好对一个地区吸引FDI会有较大的促进作用；预期open在两个模型中参数都为正。

地区的教育水平edu。我们采用各省市大专及以上学历的人口比例来衡量该地区的教育水平和劳动力素质；杨晓明、兰发文等认为一个地区的教育水平越高，该地区经济发展状况越好，该地区自主创新潜力越强；预期edu在两个模型中参数都为正。

地区的外资累积效应FDI-1。国内外学者研究发现外资累计效应也是FDI区位选择的重要因素，原有外资越多的地区，越能吸引新的外资前来。本文选取前一年的FDI流入量来反映该地区FDI累积效应；预期FDI-1在模型（2）中参数为正。

地区的政策变量gdzdum。政策方面的制度安排很难直接衡量，但可以以国家级开发区数量gdz来间接表示，国家级开发区数量反映中央政府的区域产业政策以及省区在中央争取资源的能力（贺灿飞等，2006）。由于经济技术开发区里的外资企业能享受较多的优惠待遇，预期gdz在两个模型中参数都为正。

地理位置portdum。由于地理位置不随时间发生变化，这里以该地区是否拥有大港口作为衡量标准,引入虚拟变量来表示地理位置。拥有港口的地区开放性越强,运输成本也越低;预期portdum 在两个模型中参数都为正。

2. 数据的平稳性检验和协整检验

表5 ADF 检验结果

	原序列	一阶差分	二阶差分
LnFDI	0.2807	0.0015	0.0002
Lnsl	0.9997	0.0003	0.0000
Lnwage	0.9776	0.0087	0.0000
Lnagdp	0.3995	0.0399	0.0034
Lnopen	0.1165	0.0015	0.0000
Lnedu	0.9776	0.0087	0.0000
LnFDI-1	0.9797	0.0000	0.0000

注:ADF 检验的原假设为5%的显著条件下存在一个单位根。

本文选取的数据为2005~2010年全国各省市的时间序列数据,为了减弱时间序列数据的波动性,避免数据的非平稳性带来的"伪回归"现象,首先要对所采用的数据进行单位根检验,常用方法有 DF 检验和 ADF 检验,这里采用 ADF 检验,它是通过近似渐进模拟的方法将不同大小样本数据检验得到其临界值(即 P 值)。经 Eviews 软件分析得到本文采用的数据进行的单位根检验结果见表5。

从上面的单位根检验结果可知,所有变量的原序列数据都不是平稳的;所有变量一阶差分所得到的时间序列数据是平稳的,即一阶差分平稳。因此,我们可以认为中国31个省市的所有时间序列数据都是 I(1)。

表6 Johansen 面板协整检验结果(服务关联与 FDI 集聚)

原假设	迹检验统计量	5%水平下临界值	P 值
0个协整向量	106.5481	78.81889	0.0000*
至少1个协整向量	51.80473	48.75613	0.0203
至少2个协整向量	28.29309	39.79707	0.2266

注:*表示在5%的显著性水平下拒绝原假设而接受备择假设。

本文用 Johansen 检验法对所有变量采用的数据进行协整检验。Eviews6.0 所得的 Johansen 协整检验结果如表6所示,从 Johansen 协整检验结果表明我国31个省市所采用的时间序列数据都存在协整关系,这说明这些变量之间存在一个长期的稳定关系,可以使用原时间序列数据对我国31省市 FDI 集聚的影响因素进行实证分析和检验。

3. 计量结果及分析

(1)服务关联对加工贸易集聚影响模型的计算结果及分析。为了更好地研究各影响因素对我国加工贸易省际发展差异的作用,本文分别列出了采用混合回归、固定效应和随机效应三种模型的回归结果,如表7所示。

表7中 F 检验和 Hausman 检验的结果表明固定效应模型要优于其他模型;其中由于政策和地理位置等变量不随时间发生变化,面板数据的固定效应模型无法计算。其中服务关联水平 sl、外商直接投资 FDI、开放程度 open 都通过了显著性检验,且系数为正;表明这几个因素对我国加工贸易集聚有着明显的促进作用;劳动力成本 wage 在三个模型中的系数均为正值,但并不总是显著;市场规模 agdp 在三个模型中的系数均为负值,且通过显著性检验,说明市场规模对全国层次的加工贸易集聚的影响并不明显;政策 gdzdum 及地理位置 portdum 因素在混合回归和随机效应模

表7 服务关联与加工贸易集聚：全国层次（2005~2010年）

被解释变量	Lnpt		
解释变量	Pooled OLS	固定效应模型	随机效应模型
Lnsl	1.777924*** (0.229081)	1.536219*** (0.141009)	0.770305* (0.393197)
LnFDI	0.522085*** (0.072925)	0.576668*** (0.05673)	0.799519*** (0.124172)
Lnagdp	−0.624748* (0.354261)	−0.569396*** (0.236327)	−2.026691*** (0.507512)
Lnwage	0.002345 (0.137673)	0.032586 (0.153909)	1.040202*** (0.3603074)
Lnopen	0.609988*** (0.085634)	0.508653*** (0.101747)	0.879491*** (0.213902)
gdzdum	0.421333 (0.313961)		1.110147* (0.689872)
portdum	0.8147345*** (0.277648)		0.620621 (0.564723)
常数项	−2.039316*** (0.436769)	0.103654 (0.296091)	−2.109998*** (0.6253)
观测值	181	181	181
R²	0.991821	0.988583	0.817535
D-W值	1.703249	2.414312	1.746845
F检验（P值）	0.000000	0.000000	0.000000
Hausman检验		P值为0.000000	

注：系数下方括号里的值是标准差；***、**、*分别表示在1%、5%、10%的统计水平上显著。

型中的系数为正，分别在随机效应模型和混合模型中通过了显著性检验，说明政策及地理位置因素有可能影响我国加工贸易的地区集聚的差异。

表8 服务关联与加工贸易集聚：东、中、西部地区（2005~2010年）

被解释变量：Lnapt			
解释变量	东部地区固定效应模型	中部地区固定效应模型	西部地区固定效应模型
Lnsl	0.589599*** (0.213351)	0.405811* (0.27393)	−1.630557*** (0.49232)
LnFDI	0.917961*** (0.117911)	0.248912** (0.10584)	0.265075 (0.193332)
Lnagdp	0.877965** (0.356258)	2.2978*** (0.445586)	1.941107*** (0.530615)
Lnwage	−0.944805*** (0.248224)	0.354223*** (0.10277)	−0.613415* (0.310509)
Lnopen	0.76289*** (0.13581)	0.359529*** (0.088847)	0.804445*** (0.262807)
常数项	0.638223* (0.355258)	0.877301 (0.774589)	0.538383 (0.548769)
观测值	66	40	44
R²	0.933246	0.9608	0.965561
D-W值	1.812186	2.083646	2.167672
F检验（P值）	0.000000	0.000000	0.000000
Hausman检验	P值为0.0150	P值为0.0078	P值为0.0153

注：系数下方括号里的值是标准差；***、**、*分别表示在1%、5%、10%的统计水平上显著。

为了进一步研究不同地区加工贸易集聚影响因素的差异，本节对东部、中部及西部地区的面板数据进行回归，其结果如表8所示。F检验和Hausman检验结果表明东部、中部和西部面板数据均适用于固定效应模型。地区面板数据回归结果表明，影响东部、中部和西部加工贸易集聚的因素既有普遍的共性又有特殊的个性。具体为：①服务关联水平对我国加工贸易集聚有明显的促进作用，无论在全国层次还是东部和中部地区，服务关联在模型中的回归系数均为正，且均通过了显著性检验。但西部地区的系数为负，说明服务关联总体上是促进加工贸易的集聚，但西部的服务关联水平阻碍了加工贸易的集聚，这与西部服务业水平较低有关。②FDI对东部加工贸易集聚的促进作用远远高于中西部地区。FDI对东部、中部及西部加工贸易的影响系数为0.907684、0.297781、0.367076，东部地区远远高于中西部地区，且由于外资本身具有集聚效应，东部地区利用外资对加工贸易的实际促进效应可能更高。这主要是由于中西部地区实际利用外资量太少，外资企业的示范和溢出效应没有得到充分发挥，减少了FDI对出口的溢出和带动作用。③市场规模和开放度的参数均为正，且具通过了显著性检验，说明我国地区人均GDP和开放度的增加有利于加工贸易的集聚；经济发展水平高的地区通常更开放、制度环境更好，更有利于加工贸易的集聚。

（2）服务关联对我国FDI集聚影响模型的计算结果及分析。同理，服务关联对我国FDI集聚影响模型的计算结果见表9和表10。实证结果发现：服务关联、开放程度、市场规模、累积效应、政策和地理位置等变量对我国FDI集聚的影响是显著的：①服务关联水平促进了FDI集聚，且在统计上显著，服务关联对FDI集聚的影响在中部地区小于东部地区，对西部地区的影响最小，不足0.1，其原因可能在于西部地区本身基础较薄弱，改革开放以来的市场化进程使计划经济时代依靠"三线"建设积累起来的工业份额不断向中西部地区转移，且FDI主要流向经济水平高、基础设施齐全、交通便利的地区，此外，无论是全国层次还是东、中、西部地区。②开放程度都促进了FDI集聚，这与理论预期是一致的，但东部地区开放程度对FDI集聚的促进作用小于全国层次，一个可能的原因是，东部地区各省市都有较高的开放水平，因而相比较而言，各省市的开放程度不再是FDI集聚的一个有吸引力的因素。③全国方面市场规模agdp变量的系数小于东部地区，说明市场规模对FDI集聚的促进方面东部地区更强。④劳动力成本wage在全国层面的系数为负，与预期一致；东部地区该变量的系数为正但并不显著，可见劳动力工资水平对FDI集聚的影响是不确定的，不少学者也得出类似的结果（徐康宁、陈健，2008）；可能的解释是经济发达地区的生活水平高，劳动力工资也高，制度环境和劳动力素质也高抵消了工资水平的弱势，依然可以吸引外资的集聚，事实也是如此。相对中西部，东部地区劳动力成本较高（但仍低于发达国家），但外资集聚水平很高，存在大量的外资高地。

表9 服务关联与FDI集聚：全国层次（2005~2010年）

被解释变量	LnaFDI		
解释变量	Pooled OLS	固定效应模型	随机效应模型
Lnsl	−0.161484*	−0.160745*	0.246254
	(0.108725)	(0.101431)	(0.199375)
LnFDI−1	0.004351	0.055752***	0.168369***
	(0.014076)	(0.016077)	(0.024086)
Lnagdp	0.690488***	0.465027***	0.268496
	(0.151822)	(0.132382)	(0.224793)
Lnwage	−0.261704***	−0.201428***	−0.124363
	(0.059006)	(0.060888)	(0.144216)
Lnopen	0.0066	0.011318	0.254901**
	(0.042944)	(0.045609)	(0.110955)

续表

被解释变量		LnaFDI	
解释变量	Pooled OLS	固定效应模型	随机效应模型
gdzdum	0.677287*** (0.1591)		0.314946 (0.536968)
portdum	0.568716*** (0.115959)		0.639634 (0.434653)
常数项	0.377389** (0.175507)	0.415086*** (0.126524)	−0.84784*** (0.286685)
观测值	153	184	184
R²	0.737602	0.996291	0.619018
D-W 值	1.890381	2.356557	1.62286
F 检验（P 值）	0.000000	0.000000	0.000000
Hausman 检验		P 值为 0.0001	

注：系数下方括号里的值是标准差；***、**、* 分别表示在 1%、5%、10% 的统计水平上显著。

表 10　服务关联对 FDI 集聚的影响：东、中、西部地区

被解释变量：LnaFDI			
解释变量	东部地区固定效应模型	中部地区固定效应模型	西部地区固定效应模型
Lnsl	0.414724* (0.128969)	0.387468* (0.26109)	−0.095381 (0.142718)
LnFDI-1	0.116123*** (0.008195)	0.527138*** (0.060545)	0.705850*** (0.112881)
Lnagdp	0.1187 (0.118324)	0.162449** (0.192899)	0.553896*** (0.148097)
Lnwage	0.03654 (0.109468)	−0.432974** (0.192899)	0.617526*** (0.130085)
Lnopen	0.132011* (0.076517)	0.16596* (0.09336)	0.138437* (0.083047)
常数项	−1.247865*** (0.206769)	−0.734914*** (0.163756)	−0.909254*** (0.162770)
观测值	55	48	70
R²	0.994561	0.940183	0.973475
D-W 值	2.560476	1.882647	1.678963
F 检验（P 值）	0.000000	0.000000	0.000000
Hausman 检验	P 值为 0.7468	P 值为 0.0067	P 值为 0.0145

注：系数下方括号里的值是标准差；***、**、* 分别表示在 1%、5%、10% 的统计水平上显著。

实证研究的结果表明，与加工贸易集聚相类似，服务关联对 FDI 集聚的影响既存在共同的普遍性也存在区域的差异性。总体而言，地区的服务关联水平促进了 FDI 集聚，这在全国层面、东部和中部地区得到很好的验证；但是，西部的地区服务关联水平对 FDI 集聚的影响并不显著，这与加工贸易集聚的结论相一致；说明东部、中部和西部参与全球分工的层次和水平存在差异。此外，计量结果还表明，集聚具有自我强化机制（集聚的滞后变量 FDI-1 对集聚始终存在正的影响且在统计上显著），这意味着在市场经济自发运转的条件下区域参与国际分散化生产地区集聚的差距会不断扩大；因此需要政府从战略层面进行调节。

五、结论和政策建议

本文通过构建服务关联指数体系和建立面板数据模型考察了服务关联水平对国际分散化生产地区集聚的影响。研究表明,我国服务关联水平自东向西呈递减趋势,东部沿海地区服务关联水平最高;除此之外,计量模型的实证结果得到以下结论,总体与前文理论预期一致。①服务关联在中国参与国际分散化生产中的影响是正向显著的,在其中扮演关键的融合作用。FDI和加工贸易偏好集聚在服务关联水平较高的地区。沿海经济发达地区的服务关联水平明显优于西部落后地区,这种服务关联水平的差异最终影响到地区对外商直接投资和加工贸易的吸引力,对东部加工贸易和外商直接投资集聚的影响力更大。②地区的开放性和市场规模是促进加工贸易和FDI集聚的显著因素,但劳动力工资水平却并非如此,地区的服务关联水平、开放性比劳动工资力水平更重要,FDI和加工贸易更多地集聚在工资水平更高的东部地区就是一个很好的例证。

服务关联使分散的国际化生产得以实现,跨国公司在全球构建了庞大的网络生产体系;而我国地方经济正是借助于良好的服务关联水平,通过吸引外资、参与加工贸易并在此过程中形成集聚效应和规模经济来提升产业进步和国际竞争力。服务关联指数构建的体系充分显示了生产服务业的重要性;本文的研究表明各地区服务业与国际生产性集聚存在互动效应。因此,我们提出以下政策建议:

1. 完善国际分散化生产中服务业与制造业良性互动机制

服务关联对国际分散化生产地区集聚影响的显著性充分说明服务业与制造业的发展是相互依赖的,制造业的升级需要加入服务业的软性中间投入,制造业的发展也必然引发我国对服务业的需求。刘志彪(2007)认为,协同定位、引进先进的生产性服务业是全球价值链下我国制造业与生产性服务业实现良好互动发展的有效实现机制。因此,要实现制造业与生产性服务业的互动发展,实现协同定位、协同集聚是关键。

我国在加快工业化进程中各种优惠政策都向制造业倾斜,存在重制造业轻服务业的倾向,一些技术密集型生产性服务业没有得到制造业的待遇;政府应制定相关政策,对其研究开发给予税收和政策支持,以加快我国现代生产性服务业的发展,扭转其发展滞后的局面。开发区或工业园区的经营者可以公布园区内相关企业的情况、增加信息透明度、降低交易成本和信息搜寻成本,拉近园内企业的距离,促进良性竞争和互补合作,引导和推动企业通过业务流程再造和管理创新,提高产业链的盈利能力。另外,我国地域广阔,行政壁垒也阻碍了制造业和服务业的互动发展。因此,政府需协调各地的政策,克服地方保护主义,实现生产要素的自由流动及消费者市场的统一,按照既发挥各自优势,又促进共同发展的原则,建立合理的产业分工体系,实现错位竞争和优势互补。

2. 各地区因地制宜、差异化地大力发展服务业

实现生产性服务业与制造业的良性互动,首先,应提高生产性服务业的自身发展水平,政府可优先扶持一些便利交易的部门,如交通、通信、金融和保险等来促进生产性服务业的快速发展。其次,培养高素质人才。由于大部分生产性服务业是知识密集型行业,以知识资本和人力资本为基础,对人才要求较高。因此不仅要加大国外优秀人才的引进力度,同时,还应加快生产性服务业各领域人才培养步伐,造就一批高素质的专业人才。最后,积极发展行业培训,健全生产性服务业专业技术人员从业管理,提高现有人员业务水平。

就东中西部区域具体而言,各地区经济发展水平和产业结构存在差异,应因地制宜、差异化

地大力发展服务业。我国制造业大多集中在东部地区,东部地区正面临着产业结构优化与升级的严峻考验。东部地区集中了大量企业、高校、科研院所,大量专业的高素质人才,这些专业型、知识型的人才资源为东部地区发展研发服务业、带动生产者服务业的发展提供了强大的基础支撑。政府应制定鼓励科研政策,引导企业与高校院所联合共建研发机构;大力培育企业技术研发、产品设计、工艺革新等自主创新能力,推进科研成果逐步产业化。另外,随着国际分散化程度的加深,与国际接轨已成为东部地区发展生产性服务业的首要战略,紧紧抓住发达国家产业转移的机遇,全面提高自身的接单能力,努力成为跨国公司的一级供应商,同时,吸引外商对生产性服务业的直接投资,促进东部地区内外资生产性服务业企业共同竞争格局的形成,促进本土生产者服务业与制造业全面升级。

中西部地区尤其是西部地区制造业基础薄弱,夯实中西部地区的制造业基础,强化生产者服务业买方市场,是发展生产性服务业、实现生产性服务业与制造业良性互动的首要任务。而夯实制造业基础的当务之急是加强基础设施建设,承接东部地区的产业转移。为此,中西部地区首先要大力加强公路、铁路、航运、通讯、水电等基础设施建设,加快发展金融业、保险业,为制造业及生产性服务业的发展奠定良好的市场条件。其次,制定优惠政策,优化投资环境,积极承接东部地区的产业转移,为先进制造业的引进及生产者服务业的发展创造良好的"供给市场"。再次,选择一些具有优势地位的产业,重点培育一些基础好、产业关联度高、市场前景广阔的主导产业,促进产业集群的形成和发展,提升产业链的整体竞争力。最后,实现生产性服务业集聚区的功能与制造业的发展需求对接,使得生产者服务业不仅在地域上集聚,其服务功能要以周边制造业的需求相适应,构建为制造业提供专业服务的生产者服务业集聚区,实现生产者服务业与制造业的互动发展。

3. 完善集聚区内分工协作,加强关联产业发展

产业集聚的集聚效应和关联效应是外商尤其是大型跨国公司投资区位选择的重要影响因素。一个产业关联效应的大小,通常取决于其前后向的波及程度,关联效应越明显跨国公司对当地经济发展的拉动效应越明显,同时也能吸引更多同类企业在空间上的集聚。一方面,我国加工贸易呈现"大出大进"的特点,处于基本组装和简单加工环节,缺乏前后向的带动作用;另一方面,我国加工贸易的主体仍然是外资企业,关联作用较低使得外资企业与国内企业的联系较少,外资的技术正向溢出等无法正常发挥。政策应加强引导并提供各种服务,如通过交易会、展览会或者其他形式提供中介服务,使跨国公司与本土企业尽快产生联系;为有能力进行配套生产的内资企业提供技术咨询、联合技术开发、人才培训、优惠贷款、补贴以及信息服务,鼓励外资追加跟踪性投资,培育高技术产业的配套生产基地,促进关联产业群的形成,为加工贸易的升级换代创造更加有利的产业空间。

参考文献

[1] Defever, F.. Functional Fragmentation and the Location of Multinational Firms in the Enlarged Europe [J]. Regional Science and Urban Economics, 2006, 36 (9): 658-677.

[2] Jones, R. and Kierzkowski, H.. The Role of Services in Production and International Trade: A Theoretical Framework [C]//ch. 3 in Jones and Anne Krueger eds.: The Political Economy of International Trade. Basil Blackwell, Oxford., 1990.

[3] Jones, R. and Kierzkowski, H.. International Trade and Agglomeration: An Alternative Framework [J]. Journal of Economics, 2005 (10): 1-16.

[4] Jones, R. and Kierzkowski, H.. International Fragmentation and the New Economic Geography [J]. North American Journal of Economics and Finance, 2005, 16 (1): 1-10.

[5] Kimura, F. and Ando, M.. Fragmentation and Agglomeration Matter: Japanese Multinationals in Latin

America and East Asia [R]. LAEBA Working Paper No. 12, 2003.

[6] Kimura, F. and Ando, M.. Two-dimensional Fragmentation in East Asia: Conceptual Framework and Empirics [J]. International Review of Economics and Finance, 2005, 14 (3): 317-348.

[7] 冯泰文. 生产性服务业的发展对制造业效率的影响 [J]. 数量经济技术经济研究, 2009 (3).

[8] 贺灿飞, 谢秀珍. 中国制造业地理集中与省区专业化 [J]. 地理学报, 2006 (2).

[9] 胡乃武, 杜琼. 中国参与产品内国际分工的特征及趋势分析 [J]. 山西财经大学学报, 2009 (6).

[10] 江静, 刘志彪. 生产性服务发展与制造业在全球价值链中的升级 [J]. 南方经济, 2009 (10).

[11] 江静, 刘志彪, 于明超. 生产者服务业发展与制造业效率提升 [J]. 世界经济, 2007 (8).

[12] 李国平, 杨开忠. 外商对华直接投资的产业与空间转移特征及其机制研究 [J]. 地理科学, 2000 (2).

[13] 刘修岩, 殷醒民, 贺小海. 市场潜能与制造业空间集聚 [J]. 世界经济, 2007 (1).

[14] 刘志彪. 全球价值链中外向型经济战略的提升 [J]. 中国经济问题, 2007 (1).

[15] 孟庆民, 李国平, 杨开忠. 新国际分工的动态: 概念与机制 [J]. 中国软科学, 2000 (9).

[16] 钱学锋, 陈勇兵. 国际分散化生产导致了集聚吗？[J]. 世界经济, 2009 (12).

[17] 徐康宁, 陈健. 跨国公司价值链的区位选择及其决定因素 [J]. 经济研究. 2008 (3).

技术创新与战略性新兴产业发展

政府补贴是否用在了"刀刃"上？
——基于战略性新兴产业254家上市公司的数据

肖兴志 王伊攀

一、引 言

后金融危机时代，国家大力发展战略性新兴产业是实现产业结构的升级和经济增长方式的转变，抢占新一轮经济和科技发展制高点的重大战略。战略性新兴产业由于技术上的复杂性、不确定性、外溢性以及市场需求的拉动不足，其研发积极性不高，国家对于战略性新兴产业采取了一系列的激励措施，其中政府财政补贴对企业具有直接影响。据报道，从2010年出台《关于加快培育和发展战略性新兴产业的决定》后，截至2012年6月先后有24个省份逐步设立并启动了省级战略性新兴产业专项资金。国家层面，在2011年设立了战略性新兴产业发展中央专项资金，首批资金已于2012年5月底启动，主要针对新能源汽车、新材料和高端装备制造三个方面进行补助。[①]

为了促进国内企业自主创新和升级，国家出台政策给予资金扶持有其合理性。很多国家的产业政策中财政补贴政策都占据重要地位，比如日本，其战后实体经济的快速腾飞，财政补贴起到了重要作用。政府补贴应该用于促进技改扩能、研发创新、转型升级、市场开拓、品牌建设等"刀刃"上。然而，在近期引起广泛关注的关于政府补贴问题的讨论中，政府补贴的动机却饱受质疑。[②]诸多媒体报道，政府补贴已经成为粉饰上市公司业绩的重要手段。[③④⑤]若本应用于促进创新的政府补贴用于帮助亏损企业来粉饰业绩是一种政策扭曲的现象，会阻碍资源的合理配置。公共舆论的高度关注督促我们思考：政府补贴的动机是什么？是否用在了"刀刃"上？是用来促进创新还是帮助企业粉饰业绩？

本文旨在从官员激励视角分析政府选择补贴对象和补贴程度的动机，探究促进企业创新和帮助企业粉饰业绩两种动机之间交互影响的机理，实证检验两动机之间的关系，考察政府补贴是否用在了促进企业创新的"刀刃"上。研究发现：政府在决定补贴对象和补贴程度时兼有促进企业

---

* 国家社会科学基金重大项目"世界产业发展新趋势及我国培育发展战略性新兴产业跟踪研究"（12&ZD068）和教育部哲学社会科学发展报告培育项目"中国战略性新兴产业发展报告"（11JBGP037）。

** 肖兴志（1973—），男，四川广安人，东北财经大学产业组织与企业组织研究中心教授、博士生导师、研究生院院长；王伊攀（1988—），男，山东枣庄人，东北财经大学产业组织与企业组织研究中心博士研究生。

① 于华鹏.中央启动首批战略性新兴产业专项资金 [N].经济观察报，2012-06-08.
② 乔瑞庆.扶持产业发展的财政资金必须用在"刀刃"上 [OL].华声在线，2013-04-18.
③ 严丽梅.粤84%上市公司共领政府补助57亿 [N].羊城晚报，2013-04-18.
④ 李扬帆.230公司中报业绩掺水，靠4招粉饰警惕浮夸个股 [N].重庆商报，2013-08-06.
⑤ 张敏.上市公司贴膘忙，66家公司收到15亿政府补助 [N].证券日报，2013-08-02.

创新和帮助企业粉饰业绩两种动机，并不是单纯地促进创新或者帮助粉饰业绩；企业的研发投入越多，获得的政府补贴就越多；对有盈余需求的企业，创新支出与政府补贴有更强的相关性而且粉饰业绩需要的资金越多，政府补贴就会越高。这意味着补贴用来促进创新是政府考虑的重要动机，政府对于战略性新兴产业进行的较大力度的补贴并未完全地扭曲资源配置。这也表明对战略性新兴产业而言，政府补贴已成为粉饰上市公司业绩的重要手段这一观点并不完全正确。

全文余下部分结构如下：第二部分回顾了关于政府补贴动机与效应的文献；第三部分建立了一个理论模型分析政府补贴两用途之间的影响；第四部分和第五部分利用战略性新兴产业254家上市企业的数据进行实证验证；第六部分对本文的主要结论进行了总结。

二、政府补贴动机与效应：文献述评

政府对企业研发补贴有一定的合理性。由于技术和知识具有公共产品的溢出特性，从而使企业的私人收益率低于社会收益率（解维敏等，2009），R&D活动不可避免地会遇到市场失灵和投资不足的问题（Tassey，2004），因此，有必要制定出纠正这种外部性的公共政策。Kang（2006）对比了知识产权保护和研发补贴对于纠正外部性的效果，得出结论认为采取弱知识产权保护，进行研发补贴的方式更好。政府对企业研发进行补贴是世界各国的普遍做法。

但政府补贴是一把"双刃剑"。积极的方面，政府补贴对产业发展的促进效果非常明显，郭晓丹和何文韬（2011）认为政府补贴一方面可以弥补由于外部性造成的研发不足，另一方面可向市场传递"光环"信号吸引投资者，从而提高企业创新的积极性。唐清泉和罗党论（2007）研究表明政府补贴有助于上市公司社会效益的发挥。白俊红（2011）认为中国政府的R&D资助显著地促进了企业的技术创新。但也有很多负面影响。其中，不少企业为了分到国家补贴的"一杯羹"，利用政府补贴进行盈余管理。作为非经常性损益的主要方式，政府补贴具有粉饰企业业绩的作用得到了很多研究的证实。Jaggi and Baydoun（2001）发现企业为了迎合税前利润的市场预期倾向于披露正的非经常性损益。徐晓伟等（2003）认为我国上市公司普遍存在着通过非经常性损益项目进行盈余管理，调节会计利润的现象，且部分公司借助非经常性收益，迅速达到了改善业绩、扭亏为盈的目的。魏涛等（2007）研究表明非经常性损益确实对上市公司扭亏乃至后续年度是否继续亏损起到了重要作用。粉饰企业业绩会影响投资者的判断，从而为企业带来利益。Riedl and Srinivasan（2010）实证表明企业非经常损益的不同表述会影响使用者的判断。邵敏和包群（2011）发现对于部分获得补贴的企业，补贴收入是其扭亏为盈的决定性因素。

政府补贴具有粉饰企业业绩的作用，但是它不同于资产减值准备等其他盈余管理手段基本可以由企业自主决定，政府补贴的发放是由国家或地方各级政府决定的，通过政府补贴来调节利润的难度大大高于以前年度减值准备的冲回。那么地方政府在选择补贴对象的时候，是否有意识地帮助企业来满足上市公司的盈余管理需求就成为值得研究的问题。

关于政府补贴动机的问题有诸多文献有所涉及。有部分学者指出政府对上市公司补贴的重要目的是满足上市公司盈余管理需求，协助公司达到监管部门对上市公司的财务要求。如陈晓和李静（2001）研究发现当上市公司处于配股线边缘或者处于亏损的边缘时，地方政府为了帮助本地的上市公司在资本市场上筹集更多资金和维护本地壳资源，有强烈的动力运用财政手段帮助这些上市公司达到监管部门规定的净资产收益率指标要求。朱松和陈运森（2009）认为政府会基于企业的社会责任、企业的重要程度、政府自身的财政实力、补贴政策的持续性等因素对企业进行补贴，其中，扭亏和保牌的动机是非常明显的。邵敏和包群（2011）研究表明地方政府在获补贴企业中更倾向于给予市场竞争力较弱的企业更高程度的补贴，并且地方政府补贴程度决定行为更多地体现了"保护弱者"特点。孔东民等（2013）实证研究发现具有保牌和融资需求的上市公司显著地获得政府的更多补贴，表明政府补贴的确具有协助上市公司操纵盈余的动机。

但是，这一观点并未得到普遍认同。唐清泉和罗党论（2007）研究认为由于政策的更替，资本市场配股融资动机不再是政府补贴上市公司的强烈动机，政府补贴并未起到协助上市公司再融资的作用。黄蓉和赵黎鸣（2011）利用2002~2008年的上市公司数据分析了政府补贴的动机，研究认为政府补贴既不具有帮助需要保壳企业的"保壳"动机，也不具有帮助不需要保壳企业的"培优"动机。另外，还有学者研究了非经常性损益标准的出台对政府补贴作用的影响。如龚小凤（2006）认为非经常性损益标准的出台使得补贴对配股资格的影响降低，但仍具有一定影响；同时，补贴为上市公司的扭亏起着重要作用。

然而，目前相关文献有两点局限性。一是大多数研究考察政府补贴的动机时从单一的角度考虑，要么考察政府补贴具有帮助企业粉饰业绩的动机，要么考察政府补贴对促进创新的作用。而实际上，政府补贴的动机可能并不单一。二是大多文献考察政府补贴帮助上市企业达到监管要求的动机。而实际上，2006年出台《上市公司证券发行管理办法（中国证券监督管理委员会令2006年第30号）》后，监管要求是以扣除非经常性损益后的计算与扣除前低的作为标准。换言之，2006年后政府补贴无法起到帮助企业达到监管要求的作用。

本文可能在以下三个方面丰富了已有文献：首先，大多数的研究要么考察政府补贴具有帮助企业粉饰业绩的动机，要么考察政府补贴对创新的作用，而本文将两者结合起来，考察了帮助企业粉饰业绩与促进企业创新两种动机之间的相互影响的机理。其次，本文从净利润的绝对值和相对值两个方面考虑了帮助企业粉饰业绩的情形。从绝对值上看，帮助净利润扭"亏"为"盈"，从相对值上来看，帮助净利润的增长值扭"跌"为"升"。从而规避了2006年政策变化造成的政府补贴无法起到帮助企业达到监管要求的问题。最后，从有粉饰业绩需求与无粉饰业绩需求的企业的比较入手，区分了有粉饰业绩需求的企业可能会对政府有两种可能的效应："寻租效应"和"信息效应"。另外，由于战略性新兴产业的特殊性也决定了研究的意义。与传统产业不同，战略性新兴产业发展的支撑在于技术创新，政府补贴用在"刀刃"上——促进企业的创新，对于战略性新兴产业的健康发展具有更重要的意义。

三、动机交互影响机理分析

由于之前的文献未能探讨政府补贴促进企业创新与帮助企业进行盈余管理两动机之间的关系，而政府对企业进行补贴的动机可能并不是单方面的，对这两者存在一个权衡。本文试图借用Ruixue Jia等建立的分析中国省级官员选拔中能力与关系之间相互影响的模型，来分析政府补贴促进创新用途与帮助企业粉饰业绩用途这两者之间的相互影响是如何发生的。这个模型建立在两个假设之上：一是有盈余管理需求的企业会给政府带来更多的"寻租"机会，即"寻租效应"；二是有盈余管理需求的企业更愿意对政府讲真话，即"信息效应"。

1. 模型框架

这个理论模型中包含地方政府与企业两个参与者。因为政府补贴的发放是由国家或地方各级政府决定的，地方政府决定政府补贴对象，企业被动地展示其是否有粉饰业绩的需求和是否促进创新。

分权化改革一方面激励地方政府加快发展本地经济，另一方面也使得地方政府有能力干预本地经济运行。地方官员为从"政治锦标赛"中脱颖而出,对本地企业的态度变得更加积极(唐清泉、罗党论,2007)。随着中央提出转变经济增长方式、提高企业自主创新能力,地方政府开始积极为本地企业的创新活动提供支持,其中给予企业创新补贴是最直接的方法(顾元媛,2011)。地方政府对企业进行补贴的效用来源于两个方面:一是企业能够平稳发展,这是由于地方企业的好坏可能会影响到地区经济环境的形象,乃至政府官员的政绩。而地方政府需要形象和"面子",因此,政府为维护地区经济环境的形象,常常在需要时对本地企业给予关照(唐清泉、罗党论,2007)。企业平稳发展也是政府获取"租金"的基础。二是企业促进经济发展的能力,在目前强调经济增长与财政收入增加的晋升考核激励下,地方官员有强烈地促进本地经济增长的愿望和动力。本文用企业的创新能力来体现,这样设定的合理性在于对于战略性新兴产业而言,创新能力决定了企业的发展潜力和促进经济发展的能力。两者分别用 S 和 c_i 来表示。政府的效用函数可以表示为:

$$u(S, c_i) = S + \eta c_i \tag{1}$$

其中,η 表示政府对于企业促进经济发展能力的重视程度。

企业的创新能力 c_i 对于政府而言是不可观测的。然而,企业研发投入力 n_i 度是可以观测到的:

$$n_i = c_i + \varepsilon_i,$$

其中,$\varepsilon_i \sim N(0, \sigma_\varepsilon)$。 \hfill (2)

下面将企业的盈余管理需求加入到分析框架中来。令 $D_i \in \{0, 1\}$,当企业有盈余管理需求时,$D_i = 1$;当企业无盈余管理需求时,$D_i = 0$。企业有盈余管理需求时,政府具有获得更多"租金"的可能性,即 $p(1) > p(0)$。企业无盈余管理需求时,政府在选择补贴对象时获取"租金"的可能性较小,这是企业有盈余管理需求时的"寻租效应"。目前,我国处于制度尚不完善的转型时期,地方政府拥有大量企业所需经济资源和行政资源,权利监督的缺失又造成资源配置不透明,企业可以通过"寻租"从而建立政治关系,得到所需资金及其他稀缺生产要素,帮助企业获得稀缺要素资源,从而促进企业的发展(顾元媛,2011),因此企业在有盈余管理需求时政府有更多的"寻租"机会。

企业的创新能力 c_i 对于政府而言是不可观测的,但是知道其均值和方差 $\sigma_c(E_i)$。企业有盈余管理需求时可能更愿意让政府知道其真实情况,具有"信息效应"。即 $\sigma_c(1) < \sigma_c(0)$。这种假设的合理性在于地方政府掌握大量的经济资源,在选择补贴对象的过程中有决定权,企业有盈余管理需求时有更强的动机与政府结成同盟,让政府知道自己的创新实力,博得政府信任,从而获取补贴。

政府补贴粉饰业绩的需求状态为 D_i 的企业所获得的期望效用函数可以表示为:

$$W_i^{D_i} \equiv E[u(S, c_i) | n_i] = p(D_i)[S + \eta E(c_i | n_i)] \tag{3}$$

如果政府不补贴,企业 i 获得的利益为 $\bar{u}$,表示选取最有创新潜力的企业,而不"寻租"时的利益。如果 $W_i^{D_i} \geq \bar{u}$,则政府补贴企业 i。假设 $\bar{u}$ 的累计分布函数为 $F(\bar{u})$,企业 i 获取补贴的概率分布函数为 $F(W_i^{D_i})$。为简单起见,假设 $\bar{u}$ 服从概率密度为 μ 的均匀分布。

2. 模型分析

根据(1)式,$E(c_i | n_i)$ 可以表示如下:

$$E(c_i | n_i) = h(D_i) n_i + [1 - h(D_i)] \bar{c} \tag{4}$$

其中,$h(D_i) = \sigma_c(D_i) / [\sigma_c(D_i) + \sigma_\varepsilon]$。

由信息效应 $\sigma_c(1) < \sigma_c(0)$,可知 $h(1) < h(0)$。这表明有盈余管理需求的企业愿意说真话,政府可以获得更精确的其发展潜力的信息。

企业被补贴的概率对企业发展潜力的偏导为:

$$\frac{\partial F(W_i^{D_i})}{\partial n_i} = \mu \eta p(D_i) h(D_i) \tag{5}$$

如果在 $D_i = 1$ 时（5）式的结果大于 $D_i = 0$ 时（5）式的结果，则表明政府补贴的盈余管理用途和促进创新用途之间是互补的；如果 $D_i = 1$ 时，（5）式的结果比较小，则表明政府补贴盈余管理用途和促进创新的用途之间是可以相互替代的。如果 $D_i = 1$ 时（5）式的结果等于 $D_i = 0$ 时（5）式的结果，则表明政府补贴的盈余管理用途和促进创新用途之间是相互独立的。如上所述，政府补贴在促进创新和盈余管理用途之间的关系存在三种情形。

第一种情形：相互独立，即政府补贴的用途是单一的。

如果 $\eta = 0$ 或 $h(D_i) = 0$（即 $\sigma_\varepsilon = \infty$），这种情形下，政府不关注企业的发展能力，只要寻租的可能性 $p(1) > p(0)$，就对有盈余管理需求的企业进行补贴。

如果 $\eta > 0$，$h(D_i) > 0$，但 $p(1)h(1) = p(0)h(0)$。表明随着企业发展能力的增强，企业被补贴的可能性增长，但是否有盈余管理需求不影响被补贴的可能性。

第二种情形：如果 $\eta > 0$，$p(1)h(1) > p(0)h(0)$，则是互补关系，即政府在选择补贴对象时，对有盈余管理需求的企业更看重其促进经济发展的能力。

第三种情形：如果 $\eta > 0$，$p(1)h(1) < p(0)h(0)$，则是替代关系，即政府在选择补贴对象时，对有盈余管理需求的企业的关注不是因为其创新能力。

综上，政府补贴促进创新和粉饰企业业绩的功能之间相互影响成立的条件是：首先，政府重视企业的发展能力；其次，企业的创新能力能够体现企业的发展潜力；最后，有粉饰业绩需求的企业的"寻租效应"和"信息效应"至少有一个能体现出来。在实际情形中，这三个条件均可实现，因此本文认为，政府补贴促进创新和粉饰企业业绩的功能之间是相互影响的。下面利用战略性新兴产业上市企业的数据进行实证检验。

四、样本、模型与变量设计

1. 数据来源和样本选择

本文用到的政府补贴数据主要是中国证监会指定信息披露网站——巨潮资讯网提供的年度报告全文中披露的数据，包括年报非经常性损益情况中"计入当期损益的政府补助，但与公司正常经营业务密切相关，符合国家政策规定、按照一定标准定额或定量持续享受的政府补助除外"项目中披露的政府补助，通过手工收集获得。

本文其他数据来源于 Wind 资讯金融终端数据库，样本区间为 2007~2012 年，对部分财务数据依据公司年报中的数据进行了复核和补充。这些上市公司所属行业是根据平安证券行业分类的平安战略性新兴产业进行划分的。根据研究需要，本文选取了从 2007 年到 2012 年这 6 年 254 家上市公司的财务数据样本，样本点 1524 个。表 1 描述了不同产业和年度的政府补贴，以便于更好地呈现我国上市公司的政府补贴规模与分布，并以此作为随后检验的基础。可以看出政府补贴具有以下三个特征：①从年度变化上看，政府补贴的金额逐年增长，增长幅度较大，尤其是新能源汽车产业。②从行业之间的横向比较来看，高端装备制造业、新能源产业与新能源汽车产业获得的政府补贴较多，这是由于行业性质决定的。③战略性新兴产业上市企业在 2009 年后，几乎全部获得了政府补贴。表 2 列出了战略性新兴产业 254 家上市公司政府补贴对净利润贡献率分布，由表 2 可以看出，政府补贴占净利润的比重在 10% 以上的企业超过三成。政府补贴确实对许多公司的年报净利润产生了重大影响。

表1 政府补贴规模的年度与行业分布

单位：10万元

年份		节能环保产业	新一代信息技术产业	生物产业	高端装备制造产业	新能源产业	新材料产业	新能源汽车产业	合计
	企业总数	32	38	30	55	36	34	29	254
2007	补贴企业	24	35	28	49	34	32	27	229
	补贴金额	801.2	1405.4	1142.8	6505.5	1771.2	1969.4	2533.4	16128.9
2008	补贴企业	28	36	30	52	34	33	28	241
	补贴金额	2237.7	1901.4	1621.2	10960.8	4372.8	2004.0	7990.9	31088.8
2009	补贴企业	32	37	30	54	36	34	29	252
	补贴金额	2739.2	2488.4	2279.2	17900.8	7373.2	2738.1	7429.2	42948.1
2010	补贴企业	32	38	29	55	35	33	29	251
	补贴金额	4137.2	4060.1	3917.8	19134.7	12000.4	5783.5	11727.3	60761
2011	补贴企业	32	37	30	54	36	33	29	251
	补贴金额	4547.6	5000.7	6372.0	25818.9	9784.7	4136.7	11325.8	66986.4
2012	补贴企业	31	38	30	54	36	33	29	251
	补贴金额	5471.2	7738.2	8630.6	30769.2	11014.9	5198.5	22112.8	90935.4

表2 战略性新兴产业254家上市公司政府补贴对净利润贡献率分布

比重	2007年	2008年	2009年	2010年	2011年	2012年
[1.0, ∞]	0	3	3	2	5	12
[0.5, 1.0]	2	3	6	6	9	21
[0.1, 0.5]	49	79	76	85	92	86
(0, 0.1]	175	144	158	156	137	102
0	25	13	2	3	3	3
[-0.1, 0)	0	8	6	2	3	14
[-0.5, -0.1]	1	3	3	0	2	14
[-1, -0.5]	1	1	1	0	1	1
[-∞, -1]	1	0	0	0	2	1

注：比重是指政府补贴占净利润的比重，即政府补贴/净利润。

2. 模型设定

本文验证企业面临盈余管理需求时影响因素所采用的计量模型如下所示：

$$lnsub_{it} = \alpha_0 dem + \alpha_1 innov + \alpha_2 dem*innov + \alpha_3 xf + \alpha_4 lnk + \alpha_5 hhi + \sum_i a_i CONTROL_{it} + \lambda_i + \mu_{it}$$

本文检验在不同的盈余管理动机分组下，创新用途如何影响政府补贴。所采用的计量模型如下所示：

$$lnsub_{it} = \beta_0 + \beta_1 lnk + \beta_2 xf + \beta_3 roa_{it} + \beta_4 lnhhi_{it} + \sum_i \beta_i CONTROL_{it} + \lambda_i + \varepsilon_{it}$$

其中，i、t分别代表不同的企业和时间年份，α_i、β_i表示待估参数，λ_i是因不同的个体效应带来的偏误，μ_{it}、ε_{it}是纯随机扰动项。

3. 变量定义

（1）政府补贴比例（sub）。本文参照孔东民等（2013）的研究，采用政府补贴与总资产的比值以消除公司规模的影响。政府补贴的数据来自上市公司年报中计入当期损益的政府补助科目。

（2）企业创新（innov）。研究企业创新行为的计量模型中，通常用两类方式来表示：创新投入和创新产出。创新产出通常用专利和商标数目或者新产品的销售收入来计量，由于数据的可得性，本文采用创新投入来表示企业的创新活动。创新投入可由研发投资强度和研发水平值表示。本文采用企业研发支出水平。目前监管部门对于上市公司在定期报告中是否披露研发费用并没有强制性规定,上市公司的研发费用等信息属于自愿披露的内容。上市公司的研发费用信息主要是在年报附注中披露,大部分上市公司选择在"管理费用"科目下明确列示费用化的研发费用,在"无形资产"科目下的"开发支出"中明确列示资本化的研发费用。此外,还有部分上市公司并没有明确披露研发方面的投入情况。

(3)盈余管理(dem)。本文区分了两种情况下企业实际利用政府补贴粉饰业绩。一是从净利润的绝对值来看,扣除政府补贴的当年净利润为负(91个样本)。实际政府补贴起到作用的甄别还需要未扣除政府补贴的当年净利润为正(25个样本)。二是从净利润的相对值来看,扣除政府补贴的企业净利润年增长值为负(575个样本)。实际政府补贴起到作用的甄别还需要未扣除政府补贴的净利润年增长值为正(180个样本)。本文将政府补贴实际起到作用的企业划分为盈余管理组(201个样本),即dem=1。其余企业为非盈余管理组,即dem=0。

(4)盈余需求(xf)。本文用企业净利润的年下降值来表示企业粉饰业绩需要资金的多少,即企业盈余需求的大小。

(5)除了上述主要变量外,加入描述企业特征的变量。本文根据企业的最终控股股东的类型将企业的产权性质划分为国有企业和非国有企业两种类型。对国有企业和非国有企业设置虚拟变量state,当为国有企业时,state取值为1。白俊红(2011)认为企业的知识存量(k)越高越有利于政府R&D资助效果的发挥,进而越有利于激励更多的企业R&D支出,根据其提供的处理方法计算出的企业知识存量;从熊彼特(1942)提出大企业更有利创新的观点之后,企业规模(Size)一直被视为影响创新的重要因素,企业规模与研发投入的相关性已得到大量文献证实(白俊红,2011;吴延兵,2009),本文取值为公司总资产;企业业绩(Roa)是研发投资的重要影响因素,本文取值为公司资产收益率。众所周知,企业的创新活动主要由两种力量驱动:市场需求驱动及竞争压力驱动。一系列研究表明,产品市场竞争程度会影响公司的研发投入行为(Spence,1984;Aghion et al.,2005)。本文采用文献中普遍使用的赫芬达尔指数衡量市场竞争强度(HHI)。该指数等于行业内所有企业市场份额的平方和,在行业内公司数量一定的情况下,HHI越小,表明该行业内相同规模的企业就越多,行业内部的竞争就越激烈。

(6)控制变量。学者们在研究中还发现其他一些因素也与公司研发投资决策密切相关,这些因素包括:行业变量(Indust),控制行业因素的影响,行业按七大战略性新兴产业的分类标准,共有6个行业虚拟变量;年度变量(Year),由于本文采用2007~2012年的研发数据,因此引入5个年度虚拟变量来控制不同年份宏观经济环境对公司研发投资的影响。

表3 变量定义

	变量名称	符号	变量定义
政府激励	政府补贴比例	sub	政府补贴与总资产的比值
企业创新	研发投资	innov	企业研发支出水平
盈余管理	盈余管理	dem	dem=1表示盈余管理组
盈余需求	企业净利润年下降值	xf	企业净利润年下降值
产权性质	国有企业	state=1	公司实际控制人为国资委或地方国资委
	非国有企业	state=0	公司实际控制人为自然人
知识存量	知识存量	k	根据白俊红(2011)的计算方法计算出的企业知识存量
竞争程度	赫芬达尔指数	HHI	赫芬达尔指数
企业规模	资产总计	Size	公司总资产
盈利程度	公司业绩	Roa	公司资产收益率

4. 利用政府补贴进行粉饰业绩企业的比重

企业利用政府补贴进行粉饰业绩主要是为了满足配股的监管要求或者扭亏。鉴于2006年出台《上市公司证券发行管理办法（中国证券监督管理委员会令2006年第30号）》后，监管要求以扣除非经常性损益后的计算与扣除前低的作为标准，其后政府补贴无法起到帮助企业达到监管要求的作用。退一步讲，即使政府补贴对企业配股有一定的影响，影响较2006年前已大为降低。而本文采用的数据为2007~2012年，故本文主要分析企业利用政府补贴扭亏及避免业绩迅速下降的动机。企业实际利用政府补贴粉饰业绩分为两个方面：一是从净利润的绝对值来看，政府补贴起到了使企业的净利润转负为正的作用。二是从净利润的相对值来看，政府补贴起到了使企业的净利润年增长值转负为正的作用。具体来看，如下所示：

一方面，从净利润的绝对值来看，将企业的净利润NP扣除政府补贴GOV重新计算，得扣除政府补贴的企业净利润 $NP_{new} = NP - GOV$；$NP_{new} < 0$ 表示扣除政府补贴后企业净利润为负。$NP \times NP_{new} < 0$ 表示企业的净利润在扣除政府补贴前后的符号相反，即政府补贴使得企业原本为负的净利润变为正的净利润。

另一方面，从净利润的相对值来看。企业净利润的年增长值 $DNP = NP_t - NP_{t-1}$，$DNP_t < 0$，表示当期企业的净利润比上期少。扣除政府补贴的企业净利润年增长值 $DNP_{new} = DNP - GOV$。$DNP \times DNP_{new} < 0$ 表示企业净利润的年增长值在扣除政府补贴前后的符号相反，即政府补贴使得企业原本为负的净利润年增长值变为正值。

从表4中可以看出，从扣除政府补贴的净利润上看，需要粉饰业绩的样本个数为91个，仅占全部样本数量的6%，其中依靠政府补助将净利润转负为正的样本个数为25个，占需要粉饰业绩样本的27%。从扣除政府补贴的净利润年增长值上看，需要粉饰业绩的样本个数为575个，占全部样本数量的45%，这意味着如果没有政府补贴，近一半的样本当期净利润比上期的少。其中，依靠政府补贴将净利润年增长值转负为正的样本个数为180个，占需要粉饰业绩样本的31%。换句话说，根据企业年报上显示净利润年增长为正的875个样本中，有180个样本是由于政府补贴才为正值的，约占21%。

表4　利用政府补贴粉饰业绩的企业数量

条件	2007年	2008年	2009年	2010年	2011年	2012年	合计
$NP_{new} < 0$	4	16	12	4	13	42	91
$NP \times NP_{new} < 0$	0	3	3	2	5	12	25
$DNP_{new} < 0$	—	108	77	85	142	163	575
$DNP \times DNP_{new} < 0$	—	28	32	37	45	38	180

五、实证结果与分析

1. 政府补贴两用途的相互影响

表5报告了以政府补贴作为被解释变量的OLS回归结果，得出以下三点结论：

首先，企业的研发投入越多，获得的政府补贴就越多。从模型（1）至模型（3）中可见，企业的研发投入innov回归系数都显著为正，表明企业的研发投入越多，获得的政府补贴就越多。这反映了政府对企业补贴时，企业的创新能力是政府关注的因素，反映到第三节的理论模型中表示政府对于企业促进经济发展能力的重视程度 $\eta > 0$。企业的知识存量lnk的回归系数都显著为负，表示企业的知识存量越大获得的政府补助越少,这与黄蓉和赵黎鸣(2011)的研究结果一致,说明政府补贴并未起到"扶强培优"作用。造成这种"保护弱者"情况的原因可能有两个方面:一是地方政府本身的选择行为所致,例如与经济效率最大化相比,政府官员可能对政治目标最大化更感兴趣,从而为了稳定就业,地方政府可能会倾向于"保护弱者";二是企业的逆向选择行为所致,即由于政府与企业间的信息不对称,政府给予企业的补贴可能存在企业在申请补贴时的事前逆向选择问题(邵敏、包群,2012)。

其次,企业有粉饰业绩的情况,可以获得更高的政府补贴。模型(2)是纳入企业粉饰业绩情况的变量 dem 的回归结果,dem 系数显著为正,表明了企业有粉饰业绩的情况,可以获得更高的政府补贴。这与孔东民等(2013)的研究结论相同,当企业有盈余管理需求时,无论企业产权如何,企业均会获得较高的政府补贴,这可能来源于政府的保壳动机。

最后,政府补贴的促进创新用途和粉饰业绩用途两者之间是相互影响的。模型(3)是将企业的创新能力与企业粉饰业绩的情况的交叉项引入模型,得出结论:在战略性新兴产业中,企业的创新能力和企业粉饰业绩情况共同影响了企业获得政府补贴的多少,当企业有粉饰业绩的情况时,企业的创新能力越强,企业得到的政府补贴越高。这就验证了前面理论模型得出的结论:政府补贴的促进创新用途和粉饰业绩用途两者之间相互影响,对比没有粉饰业绩的情况,政府对于有粉饰业绩情况的企业更加重视其促进经济发展的能力。

表5 政府补贴两用途相互影响的回归结果

变量	模型(1)	模型(2)	模型(3)
企业创新 innov	0.8664*** (11.4394)	0.8450*** (11.7158)	0.7996*** (10.8815)
盈余管理 dem		8.1383*** (12.5064)	6.1261*** (6.5883)
交叉项 dem×innov			0.6996*** (3.0217)
知识存量 lnk	-0.4906** (-2.5392)	-0.5315*** (-2.8889)	-0.5548*** (-3.0214)
盈余需求 xf	0.0090** (2.5065)	0.0105*** (3.0709)	0.0104*** (3.0453)
盈利程度 Roa	0.0822*** (3.0084)	0.1061*** (4.0686)	0.1059*** (4.0714)
竞争程度 HHI	0.0002 (0.5989)	0.0001 (0.2812)	0.0001 (0.5086)
行业变量	Yes	Yes	Yes
年度变量	Yes	Yes	Yes
观测值	1520	1520	1520
修正可决系数	0.147	0.227	0.231

注:表中数据为变量的回归系数,括号内数值为t值,*、**、*** 分别代表显著性水平为0.01、0.05、0.10。

2. 基于不同盈余管理需求分组,创新用途对政府补贴的影响

表6报告了以企业创新投入作为被解释变量的面板回归结果,主要用来分析对于不同盈余管理需求的企业而言政府补贴是否促进了企业研发投入。通过对回归系数的比较分析,得出了三点结论。

表6 关于企业创新投入的回归结果

变量	Panel A：有盈余管理动机	Panel B：无盈余管理动机
企业创新 innov	1.3147*** (3.2320)	0.7568*** (12.1229)
知识存量 lnk	−2.9932*** (−3.2293)	−0.2522 (−1.4757)
盈余需求 xf	0.4276*** (10.5812)	0.0046 (1.6086)
盈利程度 Roa	0.7530*** (4.8267)	0.0763*** (3.4300)
竞争程度 HHI	0.0013 (1.3565)	0.0003 (1.0703)
行业变量	Yes	Yes
年度变量	Yes	Yes
观测值	200	1320
修正可决系数	0.532	0.183

注：表中数据为变量的回归系数，括号内数值为t值，***、**、*分别表示在1%、5%、10%的水平上显著。

第一，在Panel A和Panel B中，不论选取的样本如何，企业的创新投入对于政府补助的影响十分显著，这说明从产业整体上看，战略性新兴产业的补贴确实有促进创新的用途。但是对比模型Panel A和Panel B发现，在有盈余管理动机的企业中，企业创新的系数更大。也就是说，政府在对有盈余管理需求的企业进行补助时，对企业的创新能力更看重。说明政府在对企业进行补贴时，企业的盈余需求和创新能力都是政府考虑的因素，并且对于有盈余要求的企业，更看重其创新能力。这与我们前面的理论模型得出的结论一致：政府补助对促进创新和粉饰业绩两者是有影响的，并不是单纯地促进创新或者粉饰业绩。企业的资产报酬率Roa系数也佐证了上述结论。对于有盈余管理需求的企业，政府对其资产报酬率更为看重。

第二，在Panel A中，企业每年净利润的下降值xf越大，政府补助越高。这表明企业粉饰业绩需要的资金越多，政府补助就会越高。而对于无盈余需求动机的企业，政府则不会关注其年利润的下降。若企业年利润下降，政府对于企业补助的程度各不相同，对有盈余需求的企业补贴的程度更大。造成这种现象的原因可能是在财政分权体制下，地方政府官员业绩与当地企业效益密切相关。因此当企业出现亏损时，政府更愿意给予一定的补贴以帮助其融通资金，维持运转以渡过难关。

第三，在Panel A和Panel B中，不论选取的样本如何，表示市场竞争程度的赫芬达尔指数HHI都不显著，这表明：对于战略性新兴产业而言，不论企业是否具有盈余需求，竞争程度对于获得政府补助的影响不显著。这与孔东民等（2013）认为产品市场竞争程度的加剧对于民营企业的政府补贴程度影响较小，但会大大增加对国有企业的补贴程度的观点不同。这可能是由于战略性新兴产业处于产业发展的初期，竞争程度相对比较小，因此竞争程度不是政府补贴考虑的主要因素。

六、研究结论与建议

自2010年10月开始实施加快培育和发展战略性新兴产业的重大战略后，国家对战略性新兴产业进行了大力度的补贴。补贴政策对于战略性新兴产业的发展具有引导作用。同时，也引起了诸多的争论。其中，政府补贴的动机问题是较受关注的问题之一。本文从官员激励视角分析了政府补贴的动机，检验了政府补贴促进创新的用途和粉饰企业业绩的用途两者之间的关系。

本文在 Ruixue Jia 等官员晋升选择理论模型基础上，在有粉饰业绩需求的企业对政府而言，有更多的寻租机会，并且更愿意对政府讲真话的假设之上，分析表明政府补贴兼顾了促进创新和粉饰企业业绩两个用途，并不是单纯地促进创新或者帮助企业粉饰业绩；随后利用中国战略性新兴产业 254 家上市公司 2007~2012 年的面板数据，对政府补贴、受补贴企业的特征之间的相关性进行了实证检验，以此来分析政府补贴的用途。结果表明，在有盈余管理需求的企业中，创新支出与政府补贴有更强的相关性，这就表明政府在选择补贴用途时，促进创新能力和帮助粉饰业绩两者是相互影响的，而不是纯粹为了粉饰业绩。这意味着补贴用在促进创新的"刀刃"上是政府考虑的重要动机，政府对于战略性新兴产业进行的较大力度的补贴并未完全地扭曲资源配置。

这也表明对战略性新兴产业而言，政府补贴已成为粉饰上市公司业绩重要手段这一观点并不完全正确。作为国家产业扶持政策，国家对战略性新兴产业的大力度政府补贴，旨在促进技改扩能、研发创新、转型升级、市场开拓、品牌建设等，这一重要举措并未完全扭曲为帮助企业粉饰业绩的手段。目前，在战略性新兴产业中，企业的创新能力和企业粉饰业绩情况共同影响了企业获得政府补贴的多少，当企业有粉饰业绩的情况时，企业的创新能力越强，企业得到政府的补贴越高。

政府对于战略性新兴产业的补贴，用于粉饰企业业绩和促进创新的两大动机是相互影响的，并不是单纯的粉饰业绩或者促进创新。一方面，尽管存在"寻租"的可能性，但促进创新的功能还是存在的；另一方面，政府补贴旨在用于促进创新，而实际上粉饰业绩的用途也是客观存在的，并未全部用在"刀刃"上。下一步研究如何通过制度约束来实现政府补贴更大程度地用在"刀刃"上时需要关注这两者之间相互影响的机理。对此我们提出以下几方面的政策建议：首先，要细化政府补贴对象选择标准，进一步明确政府补贴可应用的范围；其次，完善补贴资金监管机制，对于不符合要求的企业进行惩处；最后，建立政府补贴信息披露机制，规避企业利用政府补贴粉饰业绩。

参考文献

[1] Jia R., Kudamatsu M., Seim D. Complementary Roles of Connections and Performance in Political Selection in China [R]. Working Paper, 2013.

[2] Gregory Tassey. Policy Issues for R&D Investment in a Knowledge-Based Economy [J]. The Journal of Technology Transfer, 2004, 29（2）: 153-185.

[3] Moonsung Kang. Trade Policy Mix: IPR Protection and R&D Subsidies [J]. Canadian Journal of Economics, 2006, 39（3）: 744-757.

[4] Jaggi B., Baydoun N. Evaluation of Extraordinary and Exceptional Items Disclosed by Hong Kong Companies [J]. Abacus, 2001, 37（2）: 217-232.

[5] Riedl E. J., Srinivasan S. Signaling Firm Performance Through Financial Statement Presentation: An Analysis Using Special Items [J]. Contemporary Accounting Research, 2010, 27（1）: 289-332.

[6] Futia C. A. Schumpeterian Competition [J]. The Quarterly Journal of Economics, 1980, 94（4）: 675-695.

[7] Spence M. Cost Reduction, Competition, and Industry Performance [J]. Econometrica: Journal of the Econometric Society, 1984: 101-121.

[8] Aghion P., Bloom N., Blundell R., et al. Competition and Innovation: An Inverted-U Relationship [J]. The Quarterly Journal of Economics, 2005, 120（2）: 701-728.

[9] 解维敏，唐清泉，陆姗姗. 政府 R&D 资助，企业 R&D 支出与自主创新——来自中国上市公司的经验证据 [J]. 金融研究，2009（6）: 86-99.

[10] 郭晓丹，何文韬. 战略性新兴产业政府 R&D 补贴信号效应的动态分析 [J]. 经济学动态，2011

（9）：88-93.

[11] 唐清泉，罗党论. 政府补贴动机及其效果的实证研究[J]. 金融研究，2007，6：149-163.

[12] 白俊红. 中国的政府 R&D 资助有效吗？——来自大中型工业企业的经验证据[J]. 经济学（季刊），2011，10（3）：1375-1400.

[13] 徐晓伟，李林杰，安月平. 从非经常性损益看上市公司的盈余管理——对上市公司信息披露中的非经常性损益的实证分析[J]. 华中科技大学学报，2003（1）.

[14] 魏涛，陆正飞，单宏伟. 非经常性损益盈余管理的动机、手段和作用研究——来自中国上市公司的经验证据[J]. 管理世界，2007（1）：113-121.

[15] 邵敏，包群. 地方政府补贴企业行为分析：扶持强者还是保护弱者？[J]. 世界经济文汇，2011（1）：56-72.

[16] 陈晓，李静. 地方政府财政行为在提升上市公司业绩中的作用探析[J]. 会计研究，2001（12）：20-28.

[17] 朱松，陈运森. 政府补贴决策、盈余管理动机与上市公司扭亏[J]. 国会计与财务研究，2009（3）：92-140.

[18] 孔东民，刘莎莎，王亚男. 市场竞争，产权与政府补贴[J]. 济研究，2013（2）：55-67.

[19] 黄蓉，赵黎鸣. 政府补助：保壳还是培优[J]. 南学报（哲学社会科学版），2011（1）：12.

[20] 龚小凤. 地方政府与上市公司盈余管理——非经常性损益出台后的影响[J]. 东经济管理，2006（2）：30.

[21] 顾元媛. 寻租行为与 R&D 补贴效率损失[J]. 经济科学，2011（5）：91-103.

[22] 吴延兵. 中国工业 R&D 投入的影响因素[J]. 产业经济研究，2009（6）：13-21.

[23] 邵敏，包群. 政府补贴与企业生产率——基于我国工业企业的经验分析[J]. 中国工业经济，2012（7）：70-82.

公共 R&D 投资的生产率效应与结构效应
——基于制造业部门面板数据的实证分析

伏玉林 简 泽 张 涛*

一、引 言

目前，中国已跻身于研发经费投入的大国行列。特别是进入 21 世纪以来，中国政府已经将提高自主创新能力作为科技发展的基本战略和转变经济增长方式的中心环节。为了建设创新型国家，加快转变经济发展方式，实现新时期国家发展的战略目标，政府对企业研发活动的扶持力度不断增强：在 2000~2009 年，国家财政科技支出由 575.6 亿元增加到 3224.9 亿元，年均增长率达到 21.1%；同期科技财政拨款占财政总支出的比重也从 3.62% 提高到 4.23%。[①] 那么，一个自然和现实的问题是：由于各部门面临的"技术机会"以及"专用性条件"存在明显差异，[②] 公共R&D 投资的快速增加是否引起了制造业部门生产成本的降低？公共 R&D 投入的边际效益有多大？公共 R&D 投入在不同制造业部门是否引起了生产要素投入结构的变化？

虽然 R&D 与生产率一直以来都是学术界关注的焦点问题，但迄今为止鲜有文献考察公共 R&D 对制造业部门生产成本及要素需求的影响。主流经济学认为由于 R&D 活动具有一系列特殊性，[③] 存在着"市场失灵"的问题，因此政府应采取适当的政策干预以增加研发活动的投入。已有文献主要集中在公共 R&D 与经济增长、公共 R&D 对私人部门研发投入的影响以及公共 R&D 与创新绩效三个方面：①关于公共 R&D 与经济增长的关系，已有研究肯定了公共 R&D 对产出增长的积极意义（Guellec and Pottelsberghe，2001；许治等，2007；杨朝峰等，2010）。②关于公共 R&D 投入对私人部门的影响，已有文献主要从公共 R&D 对私人 R&D 和生产率的影响两方面展开。一些研究表明，公共 R&D 挤出了私人 R&D（Carmichael，1981；Lichtenberg，1988；Mamuneas and Nadiri，1996）；另有研究表明，公共 R&D 与私人 R&D 存在互补关系（赵付民等，2006）；还有学者从公共支出构成和财税政策的角度展开比较研究，考察了公共基础设施和 R&D 对美国制造业部门的影响，评价了公共 R&D 及税收激励对促进美国制造业产出增长和私人 R&D 投资的贡献

---

* 伏玉林（1965—），男，江苏徐州人，华东理工大学商学院副教授；简泽（1969—），男，湖北利川人，同济大学经济与管理学院院副教授；张涛（1976—），男，江苏徐州人，复旦大学经济学院。

① 根据《中国科技统计年鉴 2010》计算得到。

② 技术机会（Technological Opportunity）是指由 R&D 投入而产生的可利用潜在生产边界的集合，即每一个企业或产业对其所面临技术的潜在可利用程度，技术机会对于提高研发效率具有正向作用。专用性条件（Appropriability Conditions）是指持续排除模仿并能够排他性地利用技术知识的程度，它是研发诱因的决定因素之一，与技术普及和模仿速度负相关。

③ 这些特殊性包括：不可分割性，即创新的沉淀成本；研发活动因外溢性而引起自身收益与承担成本的不对称；因技术和市场的不确定性使得研发活动存在高风险。

(Nadiri and Mamuneas, 1994; Mamuneas and Nadiri, 1996)。③关于公共 R&D 与创新，一些研究实证分析了政府 R&D 资助对企业创新绩效的影响（解维敏等，2009；白俊红等，2011）。此外，Guellec 和 Pottelsberghe（2001）通过区分企业、公共实验室、大学等研发主体的民用和国防研发目的，揭示政府直接资助和税收减免的不同影响。这些研究反映了学术界对政府科技政策和产业政策的不同理解。

随着"阳光财政"的推进，公众对基于证据（Evidence-based）的政策绩效提出了更高的要求。本文从公共产品的视角，将公共 R&D 资本所提供的服务和技术进一步纳入成本函数，考察研发公共服务对制造业生产成本和要素需求的影响，在研究视角上是较新的尝试。经验分析是基于 2001~2007 年大规模微观非平衡面板数据集中的 20 个两位数代码分类的制造业部门企业数据，估计了各行业的成本函数及要素份额函数，计算了公共 R&D 的成本弹性、要素需求弹性以及边际效益。本文的研究有助于从生产成本的角度揭示公共 R&D 投入的政策绩效及其对要素投入需求的影响，为政府基于行业的公共政策研发提供启示性建议。

二、模型设定

公共资本对于提高生产率和促进经济增长具有重要作用，并经常被引入到私人部门的生产函数之中。对于私人生产部门而言，这些由公共财政资金所提供的服务对于制造业企业提高生产率和促进产业发展至关重要。例如，基础设施网络、基础教育和培训等，促进了制造业的集聚和人力资本的形成，而产业共性技术为企业的技术创新提供了基础性平台。这些由公共投资提供的服务，在尚未发生拥挤之前，具有非排他性和非竞争性的公共产品性质，在生产领域可能会引起企业生产成本的降低，从而提高企业的生产率。虽然单个企业将这些公共服务视为免费提供的，从而发生"财政幻觉"，但事实上公共部门为了提供这些生产性服务，往往需要投入巨额资金，并通过税收系统支付费用。既然公共资本影响着生产部门的产出水平，而成本是企业产出的函数，那么公共资本所提供的服务就有可能影响着企业生产成本的规模和结构。

就公共 R&D 投资对企业生产成本的影响机制而言，财政资金投资于研发活动所形成的公共 R&D 资本，可以通过两种方式影响企业的生产成本：第一，如果企业能够获得和利用更多或更好的公共 R&D 资本服务，这意味着降低了每一单位产出的生产成本，平均成本曲线将向下移动，即公共服务具有"生产率效应"。第二，增加公共 R&D 资本服务有可能改变企业的劳动力、物质资本存量或中间投入品的需求结构，这意味着公共 R&D 资本服务对企业的要素投入具有"替代效应"或者"互补效应"。因此，公共 R&D 资本服务对生产部门的投入决策可能是非中性的。

从公共产品的非排他性角度看，政府公共投资形成的 R&D 资本并不为某个企业所专用，在未出现拥挤效应以前，制造业部门内以及部门间的企业可以共享这些公共资本。因此，对制造业企业生产成本产生实质性影响的，不是各行业公共 R&D 资本总额，而是企业从公共 R&D 资本中获得公共服务的数量。从动态角度看，R&D 投资引起了制造业企业的"非体现型技术进步"。① 同时，给定时期内企业所能利用的公共 R&D 资本服务受到多种因素的影响。例如，产业共性技术的推广、经济周期引起的产品需求变化、R&D 资本作为公共产品的拥挤程度等。此外，企业也可以根据市场竞争的情况，主动调整对公共 R&D 资本的利用率，如通过产业高端技术的选择和利用以

---

① Solow（1957）将不体现在劳动和资本上而仅仅与智力资源开发利用和 R&D 及其投资有关的技术进步定义为"非体现型技术进步"（Disembodied Technical Change）。

应对劳动力、能源、土地等成本上涨的压力，从而影响企业对公共 R&D 资本服务的利用率。我们认为在这些影响因素中，最重要的还在于企业自身利用公共 R&D 资本服务的能力。因此，在生产过程中，行业获得的公共 R&D 资本服务 S_h 可以定义为公共 R&D 资本存量 g 与其利用率 u_h 的乘积，即 $S_h = u_h g$。由此，我们将公共 R&D 资本服务和技术进步引入成本函数之中。

为了考察公共 R&D 对制造业部门生产成本及要素需求的影响，定义如下二阶连续可微的行业总成本函数：

$$C_h = C(W_h, y_h, t; S_h) \tag{1}$$

其中，W_h 表示外生的要素价格向量，y_h 表示行业总产量，t 表示公共 R&D 投资引起的技术进步的时间因子，S_h 表示行业获得的公共 R&D 资本服务数量，各变量下标 h 表示行业。在生产过程中，共投入劳动力、物质资本和中间品三种要素，投入量分别以 l、k、m 表示。进一步，我们假定生产技术表现为规模报酬不变，根据总成本函数（1）可以得到平均成本函数的对数形式，并由此得到平均成本对公共 R&D 资本服务的弹性：

$$\varepsilon_h = \partial \ln c_h / \partial \ln S_h \partial \tag{2}$$

（2）式表明，当弹性数值 $\varepsilon_h < 0$（或 $\varepsilon_h > 0$）时，增加公共 R&D 资本服务降低（或提高）了企业的平均成本。运用 Shephard 引理可得要素需求函数 x_{ih}，结合外生的要素价格，得到行业投入要素的成本份额：

$$s_{ih} = w_{ih} \cdot x_{ih} / c_h = \partial \ln c(W_h, t; S_h) / \partial \ln w_{ih}, \quad i = l, k, m \tag{3}$$

（3）式表明，各行业的要素份额不仅取决于要素价格、技术进步，而且还取决于行业获得的公共 R&D 资本服务。进一步求得各要素需求对公共 R&D 资本服务的弹性：

$$\eta_{ih} = \frac{\partial \ln x_{ih}}{\partial \ln S_h} = \frac{\partial \ln(s_{ih} c_h / w_{ih})}{\partial \ln S_h} = \eta_{s_{ih} S_h} + \varepsilon_h, \quad i = l, k, m \tag{4}$$

其中，η_{ih} 为行业劳动力、物质资本以及中间投入品对公共 R&D 资本服务的需求弹性。当 $\eta_{ih} > 0$（或 $\eta_{ih} < 0$）时，表示生产要素与公共 R&D 资本服务呈互补（或替代）关系。值得注意的是，由（4）式可知，公共 R&D 资本服务事实上通过两种渠道影响企业对要素的需求：一是改变要素的最优配置比例（结构效应）；二是改变平均成本水平（生产率效应）。

为了估计公共 R&D 资本服务对制造业各部门成本结构的影响，参照 Schankerman 和 Nadiri（1986）以及 Nadiri 和 Mamuneas（1994）的模型构造平均成本函数，同时为了消除要素份额约束的影响，利用中间品价格将其标准化得到：

$$\ln \hat{c}_h = \beta_{0h} + \beta_{th} t + \sum_j \beta_{jh} \ln \hat{w}_{jh} + \beta_{lkh}(\ln \hat{w}_{lh} \ln \hat{w}_{kh}) + \sum_j \beta_{jth} t \ln \hat{w}_{jh} + \varphi_{gh} \ln u_h g + \ln u_h g \sum_j \varphi_{jgh} \ln \hat{w}_{jh} \tag{5}$$

其中，$\hat{c}_h = c_h / w_{mh}$，$\hat{w}_{jh} = w_{jh} / w_{mh}$，$j = l, k$。

根据（5）式，分别得到劳动力和物质资本的成本份额方程：

$$s_{lh} = \beta_{lh} + \beta_{lkh} \ln \hat{w}_{kh} + \beta_{lth} t + \varphi_{lgh} \ln u_h g \tag{6}$$

$$s_{kh} = \beta_{kh} + \beta_{lkh} \ln \hat{w}_{lh} + \beta_{kth} t + \varphi_{kgh} \ln u_h g \tag{7}$$

同理可得平均成本对公共 R&D 资本服务的弹性：

$$\varepsilon_h = \frac{\partial \ln \hat{c}_h}{\partial \ln u_h g} = \varphi_{gh} + \sum_j \varphi_{jgh} \ln \hat{w}_{jh} \tag{8}$$

联立（4）式、（6）式、（7）式，可得劳动力、物质资本对公共 R&D 资本服务的弹性：

$$\eta_{jh} = \frac{\partial \ln x_{jh}}{\partial \ln u_h g} = \varepsilon_h + \frac{\varphi_{jgh}}{s_{jh}}, \quad j = l, k \tag{9}$$

利用（9）式，并结合各要素成本份额总和为 1 的约束条件，可以得到中间品对公共 R&D 资本服务的弹性：

$$\eta_{mh} = \varepsilon_h - \frac{\varphi_{lgh} + \varphi_{kgh}}{1 - s_{lh} - s_{kh}} \tag{10}$$

三、数据与变量

本文采用的数据主要来自中国工业企业数据库（2001~2007年），这是基于国家统计局进行的"规模以上工业统计报表统计"获得的资料整理而成。该数据库的统计对象为规模以上工业法人企业，包括全部国有和年主营业务收入在500万元以上的非国有工业法人企业，与《中国统计年鉴》的工业部分和《中国工业经济统计年鉴》的覆盖范围一致，区别在于中国工业企业数据库是企业层面的原始数据，截至2007年，共收录了33万多家工业企业。2001~2007年中国工业企业数据库包括2228733个观测值，提供了规模以上工业法人企业的基本情况、财务及盈利状况方面信息，包括企业代码、所在地区、行业类型、资本构成、资产负债情况、收入费用、中间投入和利润分配等重要经济指标。以普查年份2004年为例，该数据库涵盖企业雇用了整个工业总就业人数的71.2%，产量占整个工业总产出的90.7%。因此，该数据库比较全面地反映了中国工业部门（包括采掘业、制造业以及电力、燃气及水的生产和供应业三个门类）企业的经营状况。

由于数据库中存在的异常值会使得很多观测值无效，因此本文对数据库作了两个方面调整：一方面，参照李玉红、王皓、郑玉歆（2008）的方法，删除了数据库中不符合基本逻辑关系的错误记录。具体地，满足以下四个条件之一的任何观察值都被当作错误记录删除：①企业总产值为负；②企业各项投入为负；③企业固定资产原值小于固定资产净值；④工业增加值或中间投入大于工业总产值。另一方面，2003年开始实施新的《国民经济行业分类》，因此2003年前后该数据库的产业统计口径不一致。新的《国民经济行业分类》调整主要集中在三个方面：①把原来四位数产业细分为两个或两个以上范围更窄的产业；②把原来两个或多个四位数产业合并为一个范围更宽的产业；③把原来一个或多个产业细分，就其中的各部分（甚至可能与未拆分的产业一起）重新组合成一个新的产业。为保证2003年前后统计口径的一致性，基本调整方法是采用一个更宽的口径，把调整前后相关的产业合并成一个范围更广的产业。参照Brandt、Biesebroeck和Zhang（2009）提供的产业调整详细目录，我们统一了2003年前后中国工业部门全部四位数产业的统计口径。经过调整之后，全部制造业企业分属于30个两位数产业（426个四位数产业）。

根据年份和企业代码，我们构建了以572313个制造业企业为截面单元、时间跨度为2001~2007年的大规模非平衡微观面板数据集，共计1862132个观察值，每个观察值由反映企业基本情况、投入产出、资产负债、资本构成、收入费用以及利润分配等方面的变量构成。本文选取20个两位数代码制造业行业的数据进行计量分析。

在计量模型（5）式、（6）式和（7）式中，被解释变量c_h、s_{lh}和s_{kh}分别表示行业平均成本、行业的劳动力报酬和物质资本报酬占生产总成本的份额。变量计算方法及指标选取如下：①行业平均生产成本由行业总成本除以行业总产量得到：$c_h = C_h/y_h$。其中，C_h为行业总成本，根据行业劳动力投入、中间品投入和固定资产净额计算得到；y_h为行业总产量，通过当年工业出厂品价格指数调整得到。②w_{ho}为行业劳动力价格，由行业工资总额除以雇员总数计算得到。③w_{mh}为行业中间品投入价格，采用《中国统计年鉴》提供的各年度全国原材料、燃料、动力购进价格总指数表示。④行业资本品价格计算公式为$w_k = p_k(d + r)(1 + t')$。其中，p_k为年度固定资产投资价格指数，数据来源于《中国统计年鉴》；d为年折旧率，以当年折旧额除以固定资产总额表示；r为5年期利率水平；t'为资本有效税率，以资本税收除以资本收入计算得到。资本收入的计算，我们参照刘容沧等（2002）的方法，即资本收入＝营业盈余－补贴＋资本税收。最后，将投入要素的2001年价格标准化为1。

u_h 为各行业对公共 R&D 资本利用率的衡量指标。各部门企业对公共 R&D 资本利用率受多种因素的影响，但各行业对公共 R&D 的利用能力最终取决于各行业 R&D 活动的程度。因此，可以用行业研发支出占销售收入的比值即行业 R&D 投资强度来表示各行业对公共 R&D 资本的利用率。

g 为公共 R&D 投资所形成的资本存量。本文采用《中国科技统计年鉴》中全国 R&D 来源中的政府资金来估计公共 R&D 资本存量。由于 R&D 活动对企业产出的影响反映在各个时期并形成累积性影响，因此考察公共 R&D 的生产率效应首先应当将公共 R&D 支出这一项流量指标核算为 R&D 存量资本。参考 Griliches（1980）、Goto 和 Suzuki（1989）、Coe 和 Helpman（1995）、吴延兵（2006）、白俊杰等（2011）的估算方法，我们采用永续盘存法（PIM）来估算各行业的公共 R&D 资本存量，t 时期 R&D 资本存量可以用过去所有时期的 R&D 支出现值与 t－1 时期 R&D 资本存量现值之和来表示：

$$K_t = \sum_{k=1}^{n} \mu_k E_{t-k} + (1-\delta)K_{t-1} \tag{11}$$

其中，K 和 E 分别表示 R&D 资本存量和 R&D 支出总额，μ 为 R&D 支出滞后贴现因子，k 为滞后期，δ 为 R&D 资本存量的折旧率。由于难以获得 R&D 支出的滞后结构，我们假定平均滞后期为 θ，$t-\theta$ 时期的 R&D 支出直接构成了 t 时期 R&D 资本存量的增量，即当 $k=\theta$ 时，$\mu_k=1$；当 $k\neq\theta$ 时，$\mu_k=0$。从而（11）式退化为：

$$K_t = E_{t-\theta} + (1-\delta)K_{t-1} \tag{12}$$

（12）式表明，估算 t 时期 R&D 资本存量必须先确定真实 R&D 支出 $E_{t-\theta}$，也就需要确定平均滞后期 θ 的取值和 R&D 支出的价格指数以及资本折旧率 δ 和基期的 R&D 资本存量 K_0。大量文献设定前期 R&D 支出在 1 年后形成 R&D 资本，即假定平均滞后期 $\theta=1$。考虑到数据的可获得性以及样本期内 R&D 支出结构比较平稳，我们也选择平均滞后期为 1 年。

考虑到企业的 R&D 支出主要体现在劳动力雇佣和固定资产购置两个方面，因此我们参照朱平芳和徐伟民（2003）的方法，构造公共 R&D 支出的价格指数。将公共 R&D 支出价格指数设定为消费价格指数和固定资产投资价格指数的加权平均值，即 R&D 支出价格指数＝0.55×消费价格指数＋0.45×固定资产投资价格指数。从而将各期的 R&D 支出折算为以不变价格表示的真实 R&D 支出。

公共 R&D 资本折旧率 δ 的选取。由于新知识对旧知识的替代以及知识扩散引起的知识专用性降低，R&D 资本的折旧率通常要高于物质资本的折旧率。由于我国目前缺乏专利收益的系统统计，从而无法通过专利净收益方法和反函数方法来估计折旧率，因此我们参考已有文献来选取 R&D 资本的折旧率。国外学术界不同时期针对公共 R&D 的溢出效应，通常使用 10%~15% 的折旧率，参照吴延兵（2006），Hu、Jefferson 和 Qian（2005）在研究 R&D 与技术转移对中国大中型制造企业生产力影响时直接设定的 15% 的折旧率，因此我们选取 15% 作为公共 R&D 资本的折旧率。

估算基期 R&D 资本存量 K_0。参照 Goto 和 Suzuki（1989）、Coe 和 Helpman（1995）以及吴延兵（2006）的方法，假定 R&D 资本存量的平均增长率等于 R&D 支出的平均增长率，基期资本存量可以通过下式估算：

$$K_0 = E_0/(\hat{g}+\delta) \tag{13}$$

其中，K_0 为基期公共 R&D 资本存量，E_0 为基期公共 R&D 经费支出，为考察期内公共 R&D 经费支出的平均增长率，δ 为折旧率。按照（12）式和（13）式计算各年份的公共 R&D 资本存量。至此，我们完成了公共 R&D 资本存量估算的技术问题。最后，t 为时间趋势，是非体现型技术进步的代理变量。

如表 1 所示，我们给出了 2001~2007 年我国制造业 20 个行业及其均值。可以看到在我国大部分制造业部门的生产成本中，要素投入份额由大到小分别是中间品、资本品和劳动力。

表 1 主要数据描述

行业代码	行业名称	lnc 均值	s_l 均值	s_k 均值	s_m 均值
13	农副产品加工业	−0.1942	0.0159	0.2670	0.7171
14	食品制造业	−0.1373	0.0290	0.3573	0.6137
17	纺织业	−0.3269	0.0291	0.3523	0.6187
22	造纸及纸制品业	−0.0323	0.0207	0.4466	0.5328
25	石油加工、炼焦及核燃料加工业	1.1908	0.0159	0.3340	0.6501
26	化学原料及化学制品制造业	−0.1581	0.0246	0.4133	0.5621
27	医药制造业	−0.3894	0.0394	0.3859	0.5748
28	化学纤维制造业	−0.1146	0.0167	0.4502	0.5331
29	橡胶制品业	0.9563	0.0313	0.3609	0.6078
30	塑料制品业	0.9108	0.0227	0.3315	0.6459
31	非金属矿物制造业	−0.0174	0.0264	0.4551	0.5185
32	黑色金属冶炼及压延加工业	0.1661	0.0280	0.4403	0.5317
33	有色金属冶炼及压延加工业	0.0909	0.0238	0.3758	0.6004
34	金属制品业	−0.2106	0.0262	0.2802	0.6936
35	通用设备制造业	−0.4412	0.0423	0.3212	0.6365
36	专用设备制造业	−0.4306	0.0472	0.3270	0.6259
37	交通运输设备制造业	−0.4873	0.0368	0.3211	0.6421
39	电气机械及器材制造业	−0.5458	0.0273	0.2549	0.7178
40	通信设备、计算机及其他电子设备制造业	−0.6935	0.0263	0.2300	0.7437
41	仪器仪表及文化、办公用机械制造业	−0.5951	0.0511	0.2715	0.6774

资料来源：作者计算。

四、计量检验结果

选取 2001~2007 年按两位数行业代码分类的 20 个制造业部门的面板数据，对由（5）式、（6）式、（7）式组成的方程组进行回归。方程组回归基于"看似无关回归"（Seemingly Unrelated Regressions）方法。这是由于：第一，模型中各个方程都有常数项，如果采用固定效应方法会产生完全共线性的问题。第二，考虑到模型包含了系数的跨方程约束，因此我们采用随机效应方法进行回归；此外，为了获得稳健的系数误差，采用截面看似无关回归（Cross-section Seemingly Unrelated Regressions）PCSE 方法对标准差进行修正。最后，为了检验稳健性，选取不同的折旧率估算了公共 R&D 存量序列，并分别进行回归，通过比较各次回归结果发现，各系数符号、显著性并未发生明显变化。①

---

① 本文另外选取了 10%、11%、12%、13%、14% 五种折旧率计算了公共 R&D 存量序列，并分别进行回归。折旧率的选取范围覆盖了资本存量估算的主要文献所设定的折旧率，如 Nadir Prucha 和 Berghäll 等均选取 10% 的折旧率，而 Hall 和 Mairesse, 吴延兵, Hu、Jefferson 和 Qian 以及 Ortega-Argilés, Potters 和 Vivarelli 等选取 15% 的折旧率。

技术创新与战略性新兴产业发展

表2 系数回归结果

	β_0	β_t	β_l	β_k	β_{lk}	β_{lt}	β_{kt}	φ_g	φ_{lg}	φ_{kg}
13	1.2580***	−0.1038***	0.2461***	0.1961**	0.0379***	−0.0093***	−0.0063***	0.1040**	0.0259***	−0.0128**
14	1.2168***	−0.1120***	0.2036***	0.1574*	0.0151	−0.0063***	−0.0046***	0.1210***	0.0277***	−0.0395***
17	1.1991**	−0.1138***	0.3151***	0.1871*	0.0404***	−0.0068***	−0.0073***	0.0946	0.0391***	−0.0175***
22	0.8707**	−0.0955***	0.1995***	0.0506	0.0760***	−0.0059***	0.0010	0.0953	0.0417***	−0.0458***
25	0.6013*	−0.0146	0.3753***	−0.1747	0.1301***	−0.0060**	−0.0181***	−0.0877*	0.0339***	−0.0095
26	0.1619	−0.0759***	0.2945***	−0.0119	0.0648***	−0.0073***	−0.0078***	−0.0726	0.0435***	−0.0398***
27	0.2008	−0.0884***	0.1444**	−0.1910	−0.0007	−0.0044*	0.0067**	−0.0060	0.0187	−0.0511***
28	−0.0324	−0.1102***	0.2784***	−0.2497***	0.0224	−0.0065***	−0.0116***	−0.1652***	0.0458***	−0.0605***
29	0.4101	−0.0855***	0.2189***	0.0269	0.0287***	−0.0092***	0.0010	0.0764	0.0415***	−0.0367***
30	0.5721	−0.0945***	0.2035***	0.0531	0.0534***	−0.0032***	−0.0043***	0.0219	0.0301***	−0.0409***
31	0.8192	−0.1015***	0.2236***	−0.0118	0.0566***	−0.0058***	−0.0051**	−0.0049	0.0291***	−0.0553***
32	0.6099**	−0.0814***	0.4027***	−0.0527	0.0037	−0.0119***	−0.0139***	−0.0337	0.0568***	−0.0286***
33	0.4565	−0.0651***	0.4038***	0.0127	0.0109	−0.0113***	−0.0148***	−0.0297	0.0740***	−0.0214
34	−0.1210	−0.0304	0.1395**	−0.2101	0.0187*	−0.0050**	−0.0024	−0.2032**	0.0134*	−0.0314***
35	1.3268**	−0.1454***	0.4091***	0.3068**	0.0338***	−0.0127***	−0.0162***	0.1214	0.0615***	−0.0068
36	0.0070	−0.0950***	0.1674***	−0.1369	0.0205	−0.0056***	−0.0034	−0.0810	0.0173*	−0.0494***
37	0.5105	−0.1217***	0.3869***	0.2442**	−0.0048	−0.0093***	−0.0122***	0.0174	0.1093***	−0.0120
39	0.2422	−0.0956***	0.2404***	0.0473	0.0327*	−0.0065***	−0.0092***	0.0121	0.0372***	−0.0186***
40	0.4891	−0.1231***	0.3544***	0.3488**	0.0160	−0.0054***	−0.0067***	0.0305	0.0731***	0.0218*
41	0.8781***	−0.1443***	0.3050***	0.1761**	0.0216	−0.0069***	−0.0105**	0.0763	0.0524***	−0.0089

注：第一列为两位数行业代码，*、**、***分别表示10%、5%、1%的显著性水平。

表2给出了折旧率设为15%的成本函数以及份额函数模型的系数回归结果，回归结果显示大部分行业的待估系数显著。根据表2的系数估计结果，利用（8）式、（9）式、（10）式求得平均成本弹性以及劳动力、资本和中间品对公共R&D的需求弹性，计算结果如表3所示。该结果测度了公共R&D资本服务的"生产率效应"及其对各要素投入的"替代效应"或"互补效应"。表3显示，就生产率效应而言，公共R&D投入对制造业各行业平均成本的影响并不一致。其中，石油加工炼焦及核燃料加工业、化学原料及化学制品制造业、医药制造业、化学纤维制造业、黑色金属冶炼及压延加工业、有色金属冶炼及压延加工业、金属制品业、专用设备制造业8个行业的平均成本有不同程度的降低，而其余12个行业的平均成本反而有不同程度的提高。弹性数值的范围为−0.1873~0.2124。

表3 平均成本弹性以及各投入要素对公共R&D的弹性

行业代码	行业名称	平均成本弹性 ε_h	劳动力弹性 η_{ch}	资本弹性 η_{kh}	中间品弹性 η_{mk}
13	农副产品加工业	0.1095	1.7421	0.0617	0.0912
14	食品制造业	0.1229	1.0796	0.0125	0.1420
17	纺织业	0.2124	1.5569	−0.2851	0.4325
22	造纸及纸制品业	0.0521	2.0697	−0.0505	0.0598
25	石油加工、炼焦及核燃料加工业	−0.0609	2.0719	−0.0893	−0.0983
26	化学原料及化学制品制造业	−0.0453	1.7273	−0.1415	−0.0520
27	医药制造业	−0.0411	0.4344	−0.1735	0.0152
28	化学纤维制造业	−0.1303	2.6105	−0.2646	−0.1028
29	橡胶制品业	0.0445	1.3704	−0.0572	0.0366
30	塑料制品业	0.0527	1.3797	0.0707	0.0694

续表

行业代码	行业名称	平均成本弹性 ε_h	劳动力弹性 η_{lh}	资本弹性 η_{kh}	中间品弹性 η_{mk}
31	非金属矿物制品业	0.0067	1.1096	−0.1148	0.0571
32	黑色金属冶炼及压延加工业	−0.0029	2.0251	−0.0678	−0.0558
33	有色金属冶炼及压延加工业	−0.0046	3.1057	−0.0616	−0.0923
34	金属制品业	−0.1873	0.3238	−0.2995	−0.1613
35	通用设备制造业	0.1434	1.5975	0.1221	0.0575
36	专用设备制造业	−0.0398	0.3278	−0.1909	0.0115
37	交通运输设备制造业	0.0608	3.0307	0.0236	−0.0908
39	电气机械及器材制造业	0.0194	1.3812	−0.0536	−0.0066
40	通信设备计算机及其他电子设备制造业	0.0436	2.8257	0.1385	−0.0841
41	仪器仪表及文化、办公用机械制造业	0.1094	1.1340	0.0766	0.0452

资料来源：作者计算。

就结构效应而言，公共 R&D 对 20 个制造业部门的劳动力需求均具有正的弹性，表明公共 R&D 对劳动力需求存在"互补效应"，即公共 R&D 投入增大了制造业所有行业的就业机会。其中，"互补效应"较为显著的 6 个行业为：有色金属冶炼及压延加工业、交通运输设备制造业、通信设备计算机及其他电子设备制造业、化学纤维制造业、石油加工炼焦及核燃料加工业、造纸及纸制品业。但相对于劳动力投入而言，物质资本和中间品投入对公共 R&D 的反应都不太明显，而且不同行业的反应方向不同。就物质资本的需求弹性而言，7 个行业为正，其余为负：增加公共 R&D 投入，提高了农副产品加工业、食品制造业、塑料制品业、通用设备制造业、交通运输设备制造业、通信设备计算机及其他电子设备制造业、仪器仪表及文化办公用机械制造业的物质资本需求，而其余行业的物质资本投入有不同程度的节约。关于中间品需求弹性，9 个行业为负，其余为正：随着公共 R&D 投入增加，石油加工炼焦及核燃料加工业、化学原料及化学制品制造业、化学纤维制造业、黑色金属冶炼及压延加工业、有色金属冶炼及压延加工业、金属制品业、交通运输设备制造业、电气机械及器材制造业、通信设备计算机及其他电子设备制造业节约了中间品投入，而其余行业的中间品投入均有不同程度的增加。

公共 R&D 的结构效应还表现在资本—劳动比、中间品—劳动比随公共 R&D 投入的变化程度上。在表 3 的基础上，根据下述公式计算部门要素投入结构随公共 R&D 的变化：

$$\frac{\partial \ln(k_h/l_h)}{\partial \ln S_h} = \eta_{kh} - \eta_{lh}; \quad \frac{\partial \ln(m_h/l_h)}{\partial \ln S_h} = \eta_{mh} - \eta_{lh} \tag{14}$$

相关计算结果如图 1 所示。

图 1 显示，随着公共 R&D 投入的增加，所有行业的资本—劳动比、中间品—劳动比均有下降，并且对每个行业而言，公共 R&D 对两种要素比例的影响差异比较小，即公共 R&D 对行业成本结构中的资本与中间品的搭配比例影响不大，而主要提高了劳动与其他两种要素的搭配比例。当两种原始要素的价格外生给定时，在每个部门的附加值中，劳动收入份额将会随着公共 R&D 投入增加而上升。此外，由于相对于劳动力而言，资本更容易为个人所囤积，公共 R&D 的增加将会降低个人收入分配的非均等化程度。

最后，通过计算公共 R&D 投入所引起的部门中间品与最终产品比例的变化，可以度量产业间分工协作程度的变化，相关计算结果如图 2 所示。

$$\frac{\partial \ln(m_h/y_h)}{\partial \ln S_h} = \frac{\partial \ln f(k_h/m_h, l_h/m_h)}{\partial \ln S_h} = -\left(s_k \frac{\partial \ln(k_h/m_h)}{\partial \ln S_h} + s_l \frac{\partial \ln(l_h/m_h)}{\partial \ln S_h}\right)$$
$$= s_{hk}(\eta_{hm} - \eta_{hk}) + s_{hl}(\eta_{hm} - \eta_{hl}) \tag{15}$$

本文讨论的各个行业中间品占成本份额大多为 60%~70%（参见表 1），已经属于工业化过程

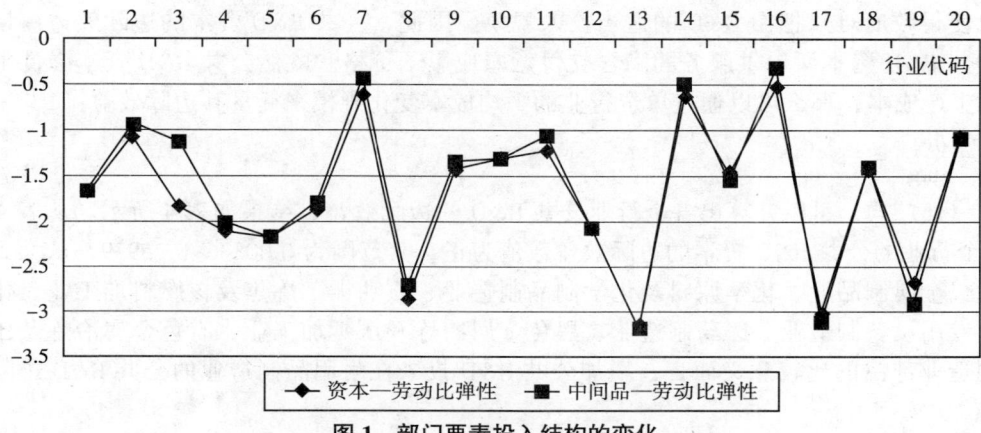

图1 部门要素投入结构的变化

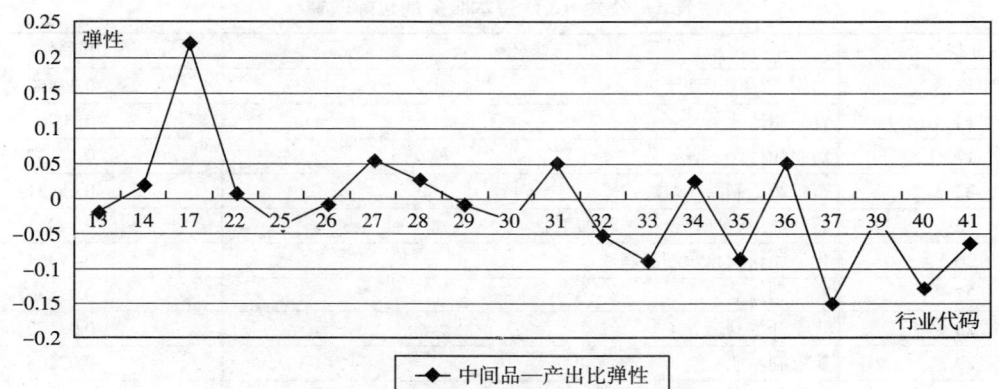

图2 中间品—产出比对公共 R&D 弹性

中比较高的中间品份额水平,① 这与 Chenery 等（1986）的观测相一致：即在工业化过程中，随着部门分工的精细化，中间品占最终产出的份额将会不断提高。图2表明，公共R&D对我国各行业分工协作程度的影响具有较大的差异性。增加公共R&D投入，纺织业、医药制造业、非金属矿物制品业、专用设备制造业和金属制品业的中间品—产出比有了明显提升。其中，纺织业的中间品—产出比对公共R&D弹性达到了0.22，这反映了样本期内该行业分工协作和产品迂回化生产程度的明显强化。但是，近年来我国增长较快的一些行业，如交通运输设备制造业、通信设备计算机及其他电子设备制造业、通用设备制造业、仪器仪表及文化办公用机械制造业，其中间品份额的弹性均为负值，这意味着公共R&D投入事实上并没有提高这些产业的分工协作程度。

五、公共 R&D 资本的边际效益

公共R&D资本的边际效益是指增加公共R&D投资所引起的行业生产成本的减少。由于公共R&D资本服务是政府提供的公共产品，从而不存在一个价格机制来准确度量企业对公共产品的需

---

① 例如，1956~1971年，我国台湾地区的中间品份额增长了3倍，年增长率接近1%。同期，以色列、日本、韩国的中间品份额也呈快速上升的趋势。

求，这也使得政府难以把握 R&D 的适当投入规模。因此，公共 R&D 资本的边际效益衡量了生产部门向公共 R&D 资本所提供服务的隐含支付意愿或影子价格。既然公共 R&D 资本降低了一些行业的平均生产成本，那么可以通过单个行业的平均成本变化规模来衡量其边际效益：

$$B_h = -\frac{\partial c_h}{\partial u_{hg}} = -\varepsilon_h \frac{c_h}{u_{hg}} \tag{16}$$

根据（16）式，可以计算出各个行业公共 R&D 的边际效益，结果如表 4 所示。从表 4 中可以发现，8 个行业的公共 R&D 资本的边际效益数值为正，其范围为 0.00836~0.25939，从大到小的行业排序为：金属制品业、化学原料及化学制品制造业、石油加工炼焦及核燃料加工业、化学纤维制造业、专用设备制造业、医药制造业、黑色金属冶炼及压延加工业、有色金属冶炼及压延加工业。就制造业部门的比较意义而言，增加公共 R&D 投入在耐用品制造业的公共 R&D 边际效益要更大一些。

表 4 公共 R&D 资本服务的边际效益

行业代码	行业名称	边际效益
13	农副产品加工业	−0.23457
14	食品制造业	−0.10261
17	纺织业	−0.57937
22	造纸及纸制品业	−0.05431
25	石油加工、炼焦及核燃料加工业	0.14413
26	化学原料及化学制品制造业	0.17464
27	医药制造业	0.03836
28	化学纤维制造业	0.08172
29	橡胶制品业	−0.02205
30	塑料制品业	−0.05653
31	非金属矿物制品业	−0.01712
32	黑色金属冶炼及压延加工业	0.01284
33	有色金属冶炼及压延加工业	0.00836
34	金属制品业	0.25939
35	通用设备制造业	−0.31755
36	专用设备制造业	0.05608
37	交通运输设备制造业	−0.21382
39	电气机械及器材制造业	−0.05121
40	通信设备计算机及其他电子设备制造业	−0.18672
41	仪器仪表及文化、办公用机械制造业	−0.05332

资料来源：作者计算。

六、结 论

本文在考察公共 R&D 对行业生产成本影响机制的基础上，运用 2001~2007 年微观非平衡面板数据集中的 20 个两位数代码分类的制造业部门的企业数据，估计了各行业的平均成本函数及要素份额函数，计算了公共 R&D 的平均成本弹性、要素需求弹性以及边际效益。研究结果表明，公共 R&D 投入对制造业各行业平均成本的生产率效应较弱：仅有 8 个行业的平均成本有所下降，其余

12个行业的平均成本反而有所上升。与之相比较，公共R&D投入引起的结构效应更为显著：各行业的要素投入比例随着政府R&D投入表现出替代效应和互补效应。

随着公共R&D投入的增加，制造业各行业的劳动力需求均有所上升，导致所有行业的资本—劳动比和中间品—劳动比有所下降，而且公共R&D投入提高了劳动力与物质资本、中间品的搭配比例。从中间品—产出比对公共R&D弹性看，纺织业的分工协作有了大幅度提高，而一些增长较快的交通运输设备、通信设备、计算机及其他电子设备等行业的中间品—产出份额弹性显著为负，这表明公共R&D投入并未改善这些行业的分工协作，反而降低了生产迂回化程度。此外，通过测算公共R&D的资本边际效益，我们发现只有8个行业的公共R&D资本的边际效益数值为正，其范围为0.00836~0.25939。就制造业部门的比较意义而言，增加公共R&D投入在耐用品制造业的边际效益比较大。

虽然近年来公共R&D的年增长率超过了20%，但本文研究结果发现，公共R&D对制造业各行业的全要素生产率影响并不明显，①其经济效率并不高，而重点在于改变制造业的要素需求结构，普遍增加了制造业对劳动力的吸纳能力，促进了二元经济向一元经济的转换。在要素及产品价格外生给定的情形下，这意味着在行业附加值中，劳动收入所占份额将会提高，从而有助于改善我国的个人收入分配差距较大的现状。这表明充分发挥政府科技支出在提高自主创新能力、转变经济发展方式和调整经济结构中的引领作用，不仅要注重投入规模的增加，而且要建立健全公共R&D的管理体制和组织制度，实现产学研的有效衔接，健全科技资源开放共享机制，提高公共研发资金的使用效率。

参考文献

[1] 白俊红，李婧. 政府R&D资助与企业技术创新——基于效率视角的实证分析[J]. 金融研究，2011 (6).

[2] 简泽. 从国家垄断到竞争：中国工业的生产率增长与转轨特征[J]. 中国工业经济，2011 (11).

[3] 李玉红，王皓，郑玉歆. 企业演化：中国工业生产率增长的重要途径[J]. 经济研究，2008 (6).

[4] 刘溶沧，马拴友. 论税收与经济增长——对中国劳动、资本和消费征税的效应分析[J]. 中国社会科学，2002 (1).

[5] 吴延兵. R&D存量、知识函数与生产效率[J]. 经济学（季刊），2006 (4).

[6] 解维敏，唐清泉，陆姗姗. 政府R&D资助，企业R&D支出与自主创新——来自中国上市公司的经验证据[J]. 金融研究，2009 (6).

[7] 许治，周寄中. 政府公共R&D与中国经济增长——基于协整的实证分析[J]. 科研管理，2007 (4).

[8] 杨朝峰，贾小峰. 政府公共R&D影响经济增长的机制研究[J]. 中国软科学，2010 (8).

[9] 赵付民，苏盛安，邹珊刚. 我国政府科技投入对大中型工业企业R&D投入的影响分析[J]. 研究与发展管理，2006，18 (2).

[10] 朱平芳，徐伟民. 政府的科技激励政策对大中型工业企业R&D投入及其专利产出的影响——上海市的实证研究[J]. 经济研究，2003 (6).

[11] Brandt, L. J. V. Biesebroeck, and Y. Zhang. Creative Accounting or Creative Destruction? Firm-level Productivity Growth in Chinese Manufacturing [J]. NBER Working Paper No. 15152, 2003 (6).

[12] Carmichael Jeffrey. The Effects of Mission-Oriented Public R&D Spending on Private Industry [J]. Journal of Finance, 1981, 36 (3).

[13] Chenery, H., Robinson, S., Syrquin, M.. Industrialization and Growth: A Comparative Study [M]. New York, Oxford University Press, 1986.

---

① 由于本文假设生产技术具有规模报酬不变的性质，因此公共R&D的生产率效应事实上就是其对行业全要素生产率(TFP)的影响。

[14] Coe, David T.and Helpman, Elhanan. International R&D Spillovers [J]. European Economic Review, 1995, 39 (5).

[15] Dominique Guellec and Bruno van Pottelsberghe. The Impact of Publec R&D Expenditure on Business R&D [J]. Economics of Innovation and New Technology, 2003, 12 (3).

[16] Goto, Akira and Kazuyuki Suzuki. R&D Capital, Rate of Return on R&D Investment and Spillover of R&D in Japanese Manufacturing Industries [J]. Review of Economics and Statistics, 1989, 71 (4).

[17] Griliches, Z.. R&D and the Productivity Slow down [J]. American Economic Review, 1980, 70 (2).

[18] Guellec, D. & van Pottelsberghe de la Potterie, B.. The Internationlisation of Technology Analysed with Patent data [J]. Research Policy, 2001, 30 (8).

[19] Hu, A., Z., G. Jefferson, and J. Qian. R&D and Technology Transfer: Firm-Level Evidence from Chinese Industry [J]. Review of Economics and Statistics, 2005, 87 (4).

[20] Lichtenberg, F.. The Private R&D Investment Response to Federal Design and Technical Competitions [J]. American Economic Review, 1988, 78 (3).

[21] Mamuneas, T. P., and M. I. Nadiri. Public R&D Policies and Cost Behavior of the US Manufacturing Industries [J]. Journal of Public Economics, 1996, 63 (1).

[22] Nadiri, M. I., and T. P. Mamuneas. The Effects of Public Infrastructure and R&D Capital on the Cost Structure and Performance of U. S. Manufacturing Industries [J]. The Review of Economics and Statistics, 1994, 76 (1).

[23] Solow, M. Robert. Technical Change and the Aggregate Production Function [J]. The Review of Economics and Statistics, 1957, 39 (3).

外部融资、技术研发与企业成长
——金融因素与企业 R&D 作用的微观考察

周方召 曲振涛 周 正 仲 深[*]

一、引 言

自 1978 年开始市场化导向的经济体制改革以来，持续 30 多年 GDP 平均增长率近 10%的"中国奇迹"获得了举世瞩目。然而，与此形成极大反差的是，作为市场经济的主体和推动经济增长的微观动力源泉，我国企业却很少拥有核心的技术优势和持续增长的生产效率，更缺乏一批具有强大核心竞争力和国际影响力的知名企业登上世界经济舞台。[①]中国经济增长主要依靠物质资本的积累和低成本的劳动力，20 世纪 90 年代后期，中国的经济增长主要是投资过度扩张的结果，并非效率的提升，这种情况是不可持续的（张军，2002）。如果微观层面企业不能持续提高自主创新能力和生产效率，那么宏观经济发展也将成为无源之水。多数的理论和实证研究都已经表明，企业的技术创新和 R&D 投入对于公司价值和生产效率有重要的影响（Griliches，1986；Zhang et al.，2003；吴延兵，2006；陆国庆，2011；周亚虹等，2012）；而与此同时，企业家创新精神的发挥和企业的研究开发项目都需要持续的资金投入，金融发展和金融深化对于企业的技术创新和长期成长至关重要。大量发展事实和研究结果表明金融发展和企业创新不仅是影响一国经济可持续发展的核心因素，而且在微观层面上，金融发展如何影响企业成长更应该是备受关注的问题。

自 2007 年美国金融风暴席卷全球以来，中国政府为了应对危机和缓解大量中小民营企业的融资困难从而采取了适当宽松的货币政策，2008~2011 年信贷资金总量持续增加；其中，2009 年全年新增人民币贷款 9.59 万亿元，2010 年新增人民币贷款 7.95 万元，2011 年全年新增人民币贷款 7.47 万元，2012 年新增人民币贷款 8.2 万元。大量的银行信贷和持续的金融深化本来是为了促进企业绩效和提升生产效率，然而吊诡的是，截至 2013 年 5 月，中国 A 股上市公司 2469 家企业公布了它们的财务报告，其中全部 A 股上市公司的利润共计约为 19544 亿元，比 2011 年只增长了不到 1%，如果剔除通货膨胀和当年新上市公司的因素，则利润增长甚至是负的，以上现象不禁使我们对近年来的银行体系改革和金融深化对企业成长的促进作用产生怀疑。尽管总体层面上的事实表明了单纯的外部债务融资和银行信贷投入并不能显著提升企业的生产效率和长期绩效，但从个

---

[*] 周方召（1978—），男，黑龙江齐齐哈尔人，哈尔滨商业大学经济研究中心副教授、江南大学商学院副教授；曲振涛（1957—），男，山东龙口人，哈尔滨商业大学经济研究中心教授、博士生导师；周正（1975—）男，河南郑州人，哈尔滨商业大学经济研究中心副教授；仲深（1981—），男，黑龙江哈尔滨人，哈尔滨商业大学经济研究中心讲师。

[①] 在《财富》杂志公布的 2012 年世界 500 强企业排名中，进入 500 强企业的基本上都是如中国石化、中国石油、国家电网、工商银行等大型垄断国有企业。

案来看则更让我们产生一系列疑问。例如,近期发生的尚德电力破产重组案例和腾讯公司的微信创新项目,两家企业都属于高新技术或战略性新兴产业的范畴,各自的外部融资数额都十分巨大,①尽管有国际产业环境变动背景的影响,然而两家企业的创新和成长轨迹则不尽相同;同样是高度依赖外部融资的企业,其企业绩效和结果却大相径庭。那么金融发展和信贷资金在缓解企业技术创新融资约束的同时究竟是如何作用于企业成长的呢?金融发展和外部融资对于不同企业绩效和生产效率的影响是否存在差异呢?

实际上,有关宏观层面金融发展—经济增长关系的研究已经较为丰富,但 Rajan 和 Zingales (1998) 和 Love (2001) 都指出,从宏观经济层面考察金融发展在经济增长中的作用既不能有效地解决金融发展与经济增长之间的因果倒置关系,也不利于深入了解金融发展促进经济增长的微观机理。目前学界的研究视角正转向金融因素和经济增长微观层面的作用机制和联系渠道。Levine (2005) 的综述性文章就指出,金融发展既可以通过宏观层面来影响产出和经济增长,也可以通过微观渠道来起作用。为了进一步证明这种微观层面的内在联系,Beck 等 (2000)、Demirguc-Kunt 和 Maksimovic (1998)、Fernandes (2008)、Demetriades 等 (2008) 等都直接研究了银行信贷等外部融资对于缓解企业融资约束和促进企业生产效率之间的关系,但所得到的结论却并不完全一致。而国内关于这一领域的微观层面的研究仍未成熟,当然也有部分文献从相似角度进行了研究,如李斌和江伟研究了各地区金融发展对上市公司的融资约束以及对公司成长的影响,但笔者认为该研究的模型设定、变量选取和估计方法等可能仍存在一些值得商榷的地方。例如,模型以上市公司主营业务增长率作为衡量企业成长的指标,而以上提及的国外主要文献都将增加值或企业全要素生产率作为因变量。从国内学者的研究结论来看,金融发展或金融深化和企业绩效之间的关系也并不一致,例如张杰等 (2011) 以中国国家统计局 1999~2007 年的工业企业统计数据为样本的实证研究发现,银行信贷变量对于企业生产效率的影响是不稳定的,并且呈现负向关系;而刘小玄和吴延兵 (2009) 利用 DEA-M 指数方法测度了 2000~2004 年抽样调查的 1022 家企业生产效率,在市场需求高速增长条件下,实证检验外部融资支持和企业生产率增长之间的关系,研究表明样本期内银行信贷与生产率增长显著正相关。此外,JuLanDu 等 (2011) 以世界银行营商环境的中国调查数据为样本的研究则表明,在利用工具变量控制了内生性问题之后,银行信贷相对于商业信用来说,对于企业绩效 (ROA 等企业财务绩效) 有更为显著的正向作用。这些研究对于厘清金融因素和企业成长的内在联系具有重大意义,也从一个侧面探索了金融发展和经济增长的微观渠道。但都是直接考察了金融发展与企业成长之间的关系,主要分析金融发展缓解融资约束的功能,却忽视了金融发展对企业成长的作用机制与渠道。既然金融发展和信贷获得能够缓解企业的融资约束,那么所有获得外部融资的企业应该都有较好的长期绩效或较高的生产效率,但现实情况却并非如此,而且相关研究得到的结论也并不一致,因此,现有金融因素对于企业长期绩效影响的研究没能就结论差异和可能原因给出合理的解释。此外,多数国内研究忽视了金融发展或银行信贷与企业绩效之间可能存在的内生性问题,因此计量结果的可信性和稳健性仍值得商榷。

在金融因素对于企业成长的微观作用机制方面,国内外多数文献集中于直接检验金融发展或金融深化对企业技术创新活动的影响 (Brown 等,2011;Kim and Weisbach,2008;解维敏、方红星,2011;张杰等,2011),以欧美等成熟市场经济国家为对象的研究基本上认同金融发展和外部融资对于企业的技术创新和研发活动有显著的积极影响,但考虑到转型和新兴市场经济国家的背景之后,所得到的研究结论则并不完全相同,而且不同外部融资来源和异质性创新活动之间的对

---

① 根据尚德电力的年报显示,截至 2012 年,包括中国工商银行、中国农业银行、中国银行等在内的 9 家债权银行对无锡尚德的本外币授信余额折合人民币已达到 71 亿元;而腾讯年报显示,其应付账款和银行贷款合计也达到了 50 亿元,但其 2012 年的营业总收入则达到了 438.9 亿元。

应关系也不是我们想象的那样简单。此外,从这一领域的已有文献中也可以发现,对于企业技术创新变量的选择仍存在着争议。如果将专利及新产品开发情况作为创新活动的产出衡量标准研究企业的创新能力具有一定的指导意义,然而,创新活动可能还会体现在某些生产小工艺或者技术的改进上,这些都无法反映在专利、新产品数或新产品销售值中;另外,通过专利或新产品等指标,我们得到的将仅仅是企业研发活动的效率,而研发成果是否能够顺利投入生产经营并带来生产效率的提高却无从得知(周亚虹等,2012)。既然金融发展、企业外部融资以及所引起的研发创新活动其目的都是提高企业的绩效和生产效率,那么,我们必然要追问,外部融资与技术研发活动的结合究竟是否带来了企业绩效的提升?进一步地,外部融资或金融发展与什么性质的创新活动相结合才会产生发酵效应从而促进企业的成长呢?

无论是经济学的理论研究还是实证检验都要能够对现实经济问题进行合理的解释,针对以上文献的不足和所提出的问题,本文力图提出较为合理的框架,通过将金融因素和企业创新相结合,来理解金融发展对于企业成长的作用渠道与机制,并实证分析金融发展与技术创新相互结合匹配所产生的绩效影响。相较于现有研究而言,本文的特色和创新之处主要体现在以下两个方面:①将金融因素和企业技术研发的创新活动结合在一起,探讨二者交互作用对于企业绩效和生产效率的影响。根据 Luc、Levine and Michalopoulos (2011) 的研究,金融创新和技术创新的合理匹配与互动才有助于宏观经济增长,我们的分析则从微观层面入手,考察金融发展和企业技术创新相匹配及对于企业绩效的影响;此外,我们也利用工具变量方法分析了企业外部融资约束程度和技术创新活动的交互效应对于企业绩效的影响,这些研究视角和内容在很大程度上完善了国内现有文献的不足。②针对已有文献衡量融资约束和企业技术研发活动变量的局限,本文采用世界银行中国营商环境的企业调查数据为样本,利用企业自我评价的外部融资约束、技术研发决策和技术研发投入强度等指标的直接变量,在控制内生性问题的背景下,考察银行信贷和企业不同研发活动交互效应对于企业成长的不同影响,这能进一步深化该领域对于微观企业创新与绩效之间关系的认识,并对企业业绩表现的差异提供解释。

本文以下部分安排如下:第二部分通过一个简易的理论模型说明金融因素和技术创新对于企业绩效的影响;第三部分和第四部分是实证研究设计,对研究样本、研究变量和计量方法进行了说明;第五部分利用 2005 年世界银行的中国营商环境企业调查数据 (BEEPS in China) 进行实证分析;第六部分是本文的主要结论。

二、外部融资与技术创新作用的模型分析

本部分将利用一个简单的模型来刻画金融发展和企业技术创新之间的关系及对企业绩效的交互影响,模型展示了金融因素和技术创新对于企业创新绩效的作用机制、影响方向等问题。首先,考虑这样一个典型企业,该企业家有一个投资机会进行创新活动,固定成本设为 F_1;借鉴 Gorodnichenko 和 Schnitzer 的分析方法,我们假定外部融资相比内源融资成本更高,因此企业家从事创新活动时就需要考虑选择银行信贷等外部融资或采取内源融资的策略,外部融资一单位资金必须要支付 $\gamma > 1$ 的融资成本给借款方。① 根据已有理论和经验研究的结论 (Hall and Lerner, 2010; Ughetto, 2008),我们也考虑到由于在第一期的创新活动中存在严重的信息不对称问题和可供抵押

---

① 为了不失一般性,这里假设内部融资的成本标准化为 1。

物较少的因素，因此企业家期初的创新活动很难获得外部融资的支持，而这时候就倾向于使用内部资金。[①]

进入第二期之后，创新活动产生的技术开始应用到生产过程中，产品的大规模生产需要大量资金的支持。由于内部资金的成本低于外部借贷资金的成本，因此，如果内部资金相对充裕的话，企业家仍然不会选择外部融资方式；但是，大多数情况下单纯的内部资金并不能满足生产的需要，企业家就会考虑外部借贷融资。在这种背景下，本文假设企业具有充足内部资金并能够满足生产需要的概率为 q，需要采取外部融资方式的概率则为 (1-q)。根据以上的假定和分析，当企业家在第一期的创新活动中使用了大部分自有内部资金之后，在第二期的生产过程中，其仍然有相对充裕的内部资金的可能性降低，即在第二期内企业没有充足内部资金的概率表示为 δ_I，在以上假定的基础上，我们考察企业的技术创新和外部金融支持对于其绩效的影响。

简要来看，在第一期企业家决定是否进行研发创新，令 π_i 表示没有发生技术创新活动时候的企业收益；如果生产过程中的资金是由内部融资提供，则 $i=0$，如果采取了外部融资方式，则 $i=\gamma$；考虑到融资成本的问题，这里 $\pi_0 > \pi_\gamma$。类似地，可以令 π_i^I 表示企业家创新所带来的企业收益，并且 $A^I\pi_i^I > \pi_i$，这里 A^I 表示生产创新产品的技术效率系数（$A^I \geq 1$）。[②]

基于以上分析，可以得到企业家不进行创新活动时候的预期收益为：

$$E(\pi) = q\pi_0 + (1-q)\pi_\gamma \tag{1}$$

此外，如果企业家在第一期完全利用内部资金进行创新，第二期的创新产品生产过程中依靠内部资金进行的概率为 $(q-\delta_I)$，依靠外部融资进行创新产品生产和进一步创新的概率为 $(1-q+\delta_I)$，则企业家采取创新活动的预期收益为：

$$E(\pi|I) = (q-\delta_I)A^I\pi_0^I + (1-q+\delta_I)A^I\pi_\gamma^I - F_I \tag{2}$$

现在，我们可以通过对以上两式进行比较，从而分析企业家创新的影响因素和外部融资约束对于企业创新绩效的影响。企业家进行创新活动的选择将取决于预期收益的大小，即：

$$\Delta\pi = E(\pi|I) - E(\pi) = q(A^I\pi_0^I - \pi_0) + (1-q)(A^I\pi_\gamma^I - \pi_\gamma) - \delta_I A^I(\pi_0^I - \pi_\gamma^I) - F_I \tag{3}$$

我们首先来看企业选择创新活动即提高技术参数对于收益的影响，对（3）式求一阶条件可得：[③]

$$\frac{d\Delta\pi}{dA^I} = q\pi_0^I + (1-q)\pi_\gamma^I - \delta_I(\pi_0^I - \pi_\gamma^I) > 0 \tag{4}$$

由（4）式可知，企业技术效率系数的提高会带来企业收益的增加，即当企业家选择进行创新活动的时候，能够实现更好的企业绩效。现在再利用（3）式对 δ_I 求一阶条件可得：

$$\frac{d\Delta\pi}{d\delta^I} = -AI(\pi_0^I - \pi_\gamma^I) < 0 \tag{5}$$

这表明，当企业面临内部资金流动性紧张的冲击时，其创新收益将会降低，由此，企业对于创新活动的热情也会减少。进一步地，我们可以来考察企业资金流动性困难的交互影响，即 $\frac{d^2\Delta\pi}{dA^I d\delta_I} < 0$；这就更加清晰地告诉我们，当企业资金紧张的时候将很难采取创新活动来提高收益，内部流动性的困难将影响企业创新所引起的绩效改进。

[①] 很多企业在初期的技术研发创新活动中依赖于内部融资或者亲友间的借款，如王传福的比亚迪汽车、乔布斯的苹果公司等，初期创新过程中很难获得银行信贷资金，往往是在企业研发产品投入生产过程中和进一步技术改造创新过程中才获得外部融资的支持。

[②] 考虑到技术创新的异质性，新产品和新技术的应用可能带来更大的收益，而相对的引入新的投资者或者是改进原有技术或生产线的收益则相对较小，同时为了和后续部分样板数据中有关创新分类的度量相适应，这里我们假设创新的技术效率系数大于或等于1。

[③] 根据我们前面的假定条件，即企业在第一期时内部资金相对充足，因此有 $q > \delta_I$。

接下来,通过对外部融资因素的分析,进一步检验外部融资约束对于企业创新和绩效的影响。利用(4)式和(5)式我们可以发现:

$$\frac{d^2\Delta\pi}{d\delta_1 d\gamma} = \frac{d(\pi_\gamma^I - \pi_0^I)}{d\gamma} < 0 \tag{6}$$

$$\frac{d^2\Delta\pi}{dA^I d\gamma} = \frac{d[q\pi_0^I + (1-q)\pi_\gamma^I - \delta_1(\pi_0^I - \pi_\gamma^I)]}{d\gamma} < 0 \tag{7}$$

通过(6)式和(7)式可知,当外部融资约束越大、融资成本越高(即 $i = \gamma$ 更大)的时候,企业家选择创新活动将会降低企业的收益或绩效;此外,外部融资成本更高,则流动性困难所带来的负向冲击更大。因此,更大的外部融资约束或外部融资更难的话,其创新所引起的收益将更低。

根据以上分析,我们提出四个可检验的研究假设:

假设1:企业外部融资约束越大、融资越困难则对企业绩效的负面影响越大。

假设2:企业的技术创新对企业绩效有正向影响,企业获得外部融资有助于企业绩效的提升。

假设3:获得外部融资将会提高技术创新活动对企业绩效的促进作用。

假设4:外部融资约束程度越大将会降低技术创新活动对于企业绩效的影响。

三、样本数据和计量方法

(一)样本数据

本文所使用的主要数据来源于2002年、2003年和2005年世界银行联合中国企业调查组织对中国商业投资环境和企业表现的调查数据(Business Environment and Enterprise Performance Survey,BEEPS)。2002年的调查主要在北京、天津、上海、广州和成都五个城市进行,该调查获得了1548个企业样本的数据,集中考察了企业在2000年的绩效表现等情况。2003年的调查数据进一步扩大了调研城市的范围,涉及中国18个城市2400家企业;2005年的营商环境调查则包括了120个城市的12400家工业企业。① 该调查数据集合包含了大量的中小企业,同时排除了银行业、电力、铁路运输等具有垄断性质的企业;此外,在调查问卷的设计中,调查问卷的问题不仅要求企业报告技术研发创新活动和研发投入资金,调查数据还包括了企业的财务绩效、企业员工总人数的自然对数表示的企业规模(Size)、企业存在年龄(Age)、企业本科以上企业员工的比例表示的教育程度变量(Edu)等。因此利用这一数据进行研究,能够更为全面和细致地反映企业的创新活动(Ayyagari等,2011),这也有助于我们针对具体创新活动和企业绩效之间的关系展开深入考察。根据各年度调查数据所提供的信息和本文主要的研究内容,我们选择较为全面和样本信息量较为丰富的2005年数据进行实证研究。

---

① 2003年的世界银行中国营商环境调查数据包括服装和皮革制品、电子设备、汽车行业、食品和生物制品等9类制造业,选择了中国东北、东南沿海、中部、西南和西北五大地理区域的18个城市;2005年世界银行对我国120个城市的工业企业进行了"中国城市投资环境调查",此次调查的主要目的在于找出影响我国企业投资决策的重要因素。所调查的城市分布于我国大陆地区除西藏外的所有省份,其中每个省份的省会城市均包括在内。总体样本量达到12400家企业,样本企业涉及了农副食品加工业、食品、饮料制造业、纺织服装、鞋帽制造业、皮革、毛皮、羽毛(绒)制品业、木材加工、家具、文教体育用品、化学原料及化学制品、医药、化学纤维制造业、塑料、金属制品业、通用设备、专用设备、交通运输设备、电气机械及器材制造业、通信设备、计算机及其他电子设备制造业、仪器仪表及文化、办公用机械制造和工艺品等制造业部门。

（二）计量方法

1. 关键变量的测算

既然本文的目标是考察外部融资和技术创新对企业成长的影响，为了衡量企业成长，首先我们要设计衡量企业成长的变量。本文不仅采用了较为常见的企业财务绩效指标（ROA，以营业利润和总资产比例衡量），还采用了劳动生产率（Labor Productivity，以企业人均产出的自然对数衡量）和企业的全要素生产率这两个指标。与 ROA 等容易受操纵的财务指标相比，生产效率是公司可否持续发展的更重要、更客观的评价指标（Schoar，2002；李捷瑜和江舒韵，2009；周方召等，2013）。因此，借鉴 Yuriy Gorodnichenko 和 Monika Schnitzer（2013）的方法，我们测算了企业的全要素生产率，具体形式如下：

$$\log tfp_i = \log Y_i - s_i^L \log L_i - s_i^M \log M_i - s_i^K \log K_i - \log CU_i \tag{8}$$

在（8）式中，s_i^L、s_i^M、s_i^K 分别是通过计量回归得到的劳动力投入（L_i）、中间产品投入（M_i）和资本投入（K_i）的系数；另外，根据已有研究我们还利用企业生产能力利用率（CU_i）对企业全要素生产率（tfp）进行了调整。

2. 工具变量选择

由于本文主要采用的一个关键自变量是代表获得外部融资的银行信贷变量，考虑到银行信贷和企业绩效之间可能存在的内生性问题，针对世界银行中国营商环境调查数据的特点，我们在具体的计量过程中利用工具变量方法进行回归。工具变量的选择非常重要，它既要和内生的解释变量高度相关，又要和随机扰动项不相关。据此我们需要选择合适的工具变量来衡量信贷和外部融资约束这两个可能的内生变量。

在19世纪的清朝末期（1840~1911年），外国列强对当时的清王朝进行了多次侵略战争，较为重要的有中英之间的两次"鸦片战争"和中日之间的"甲午海战"等，清王朝战败后被迫签订了包括割让领土控制权在内的一系列不平等条约；由此，各国列强对中国行政区域进行分割并划分势力范围。外国势力对于所控制地区的经济活动和银行体系有重要影响，而其中，英国控制地区有更多的银行分支机构和更为活跃的信贷活动，在当时，居民和企业从外资银行进行借贷活动较为频繁从而形成了银行贷款的习惯（汪敬虞，1963、1995；Du 等，2008）。借鉴 Du 等（2008）的研究方法，我们采用了企业所处城市是否属于晚清末期英国实际控制的区域这一虚拟变量作为银行信贷的工具变量。①虽然历史因素的借贷活动影响相对持续时间较长，但作为历史数据其并不会对当前企业绩效有显著的影响，因此符合外生性以及与内生变量相关的原则。此外，考虑到企业自我报告的外部融资约束程度和企业绩效之间也可能存在内生关系，因此，我们也采用了企业是否存在逾期支付的应付账款这一虚拟变量作为工具变量，在后面的研究变量阐述中有具体说明。

四、研究变量和计量模型

本文首先以 2005 年世界银行中国营商环境调查数据为初始研究样本，着重关注外部融资约束、技术创新以及二者的交互作用对于企业绩效的影响。根据前面的理论研究内容和研究假设，

---

① 19世纪末期，英国所实际控制的中国区域主要是沿长江流域的省份，包括贵州、四川、湖北、湖南、江西、安徽、江苏、河南和浙江9个省份；有关此工具变量的设定和说明感兴趣的读者可以详见 Du 等（2008）的研究。

利用以下的计量模型进行初步的 OLS 回归估计。

$$y_{fic} = \alpha + \beta_1 FC_{fic} + \beta_2 BankLoan_{fic} + \beta_3 R\&D_{fic} + \beta_4 Interection_{fic} + \gamma Z_{fic} + \varepsilon_{fic} \qquad (9)$$

在（9）式中，y_{fic} 是衡量 c 城市的 i 行业中 f 企业的绩效或企业成长的变量；FC 代表了不同的外部融资约束变量，BankLoan 是获得银行信贷的虚拟变量，R&D 代表了技术创新研发变量，Interection 是金融因素和技术研发的交互变量，Z_{fic} 为一组控制变量，ε_{fic} 是误差项。考虑到截面数据可能存在的异方差性问题，在具体的计量过程中我们对样本数据的各个变量进行了行业——城市层面的群聚处理（Clustered）。

本文的被解释变量主要是衡量企业生产效率和企业绩效的三个指标，即衡量企业成长能力的全要素生产率（tfp）、企业的人均劳动生产率（Labor Productivity）和企业财务绩效指标（ROA）。在解释变量中，我们主要关心金融因素和企业技术创新这两方面。2005 年的 BEEPS 中国企业调查数据提供了相应的企业自我报告的信息，即要求企业回答如下的问题："贵公司是否获得了银行或其他金融机构的贷款"、"外部融资获得的难易程度对公司运营和成长的影响"、"外部融资的利率成本对公司运营和成长的影响程度"等问题。同时，调查数据还收集了企业近三年来有关技术创新研发投入的信息，包括技术研发决策和技术研发投入费用，本文的表 1 对主要变量的定义进行了说明。

表 1 主要变量的定义和说明

变量性质	变量名称	变量含义	计算方法
被解释变量	tfp	企业全要素生产率	利用（8）式方法测算得到
	Labor Productivity	劳动生产率	企业人均产出的自然对数衡量
	ROA	企业财务绩效	企业资产收益率
解释变量	Accessof Finance	外部融资约束程度	BEEPS 调查数据中难从 0~4，分别代表"无难度"~"难度非常大"
	Financial Cost	外部融资利率成本	BEEPS 调查数据中企业的支付利率
	BankLoan	是否获得银行信贷	获得银行信贷为 1，否则为 0
	R&D1	企业研发投资决策	若企业 2004 年进行了研发投入，则取值 1，否则 0
	R&D2	企业研发投入强度	企业 2004 年研发投入费用与资产之比
	British	银行信贷工具变量	若企业所属地区为晚清末期英国实际控制区域则取值为 1，否则为 0
	Overdue Pay	外部融资约束工具变量	若 2003 年或 2004 年企业对其主要供应商存在逾期支付的应付账款则取值为 1，否则为 0

由于银行信贷、外部融资约束和企业绩效之间可能存在内生性问题，即我们无法确定是因为企业获得贷款或自我评价的融资难度较低而使得企业绩效提升，还是因为由于企业绩效提升才申请到银行贷款等外部融资支持的；还有可能存在遗漏变量，当遗漏变量和模型的解释变量相关的时候，也会引起内生性问题；而这种可能的内生性问题会使得 OLS 估计的结果有偏无效，因此在回归过程中还需要考虑工具变量的选择。借鉴 Du 等（2010）的研究方法，我们也采用了企业所处城市是否属于晚清末期英国控制的半殖民地区域这一虚拟变量作为银行信贷的工具变量。Du 等的研究采用了世界银行 2002 年的中国营商环境调查数据，主要研究了银行贷款和商业信用对于企业绩效（ROA 财务绩效）的影响，而并未涉及本文所要考察的企业技术创新、金融因素和技术创新的交互效应等问题。另外，由于调查数据中企业自我评价的获得融资困难程度也有可能是一个内生的解释变量，为了修正可能的内生偏差，我们采用了一个影响融资约束但并不直接影响企业成长（以企业全要素生产率衡量）的工具变量。一般来说，当企业存在内部流动性约束的时候，这种流动性冲击将会导致企业内部资金紧张从而产生应付账款，而且这个时候企业将更加需要外部融资，本文利用企业与其主要供应商之间是否存在逾期的应付账款这一虚拟变量作为外部融资约束程度的工具变量。针对可能存在的内生性问题，本文利用工具变量的两阶段最小二乘方法（2SLS）建立计量模型对以上 OLS 估计过程进行重新回归。

五、实证检验

(一) OLS 估计的基本计量回归

我们首先对 (9) 式进行了 OLS 计量检验,在表 2 的 Panel A、Panel B 和 Panel C 中分别报告了外部融资约束程度 (Access of Finance 和 Financial Cost)、是否获得银行信贷 (Bank Loan)、企业技术创新研发决策 (R&D1) 和技术研发强度 (R&D2) 对于各个被解释变量的回归结果。

有一点需要指出的是,在具体的回归过程中,由于调查数据反映的企业技术研发投入数据有相当大比例的企业并没有报告或报告数据为零。大部分已有研究 (Crépon et al.,1998) 中使用的数据库并未包含没有进行研发活动的企业,而仅使用存在研发活动的企业数据的处理将导致样本选择偏差问题;此外,研发支出即使为 0 也是企业的研发行为,并非数据的截断 (Censoring) 而得到,那么即使采用 Tobit 模型来处理也会对实证研究结果产生很大的影响。针对本文的 R&D2 数据特点,如果将研发支出费用为 0 的企业样本删除,那么将会造成信息的大量浪费。因此,为了避免运算错误,参考周亚虹等 (2012) 的处理方法,本文将所有研发投入费用为 0 的企业的研发投入从 0 改为 0.01 (即改为非常小的值,其好处是这样小的研发投入根本不会对产出有任何影响,而且弥补了不能进行对数运算的缺陷)。

从表 2 的 OLS 估计结果来看,企业面临融资约束程度越高,则其绩效越低,外部融资约束变量 (Access of Finance 和 Financial Cost) 对于企业成长有显著的负面影响;而企业的技术创新变量 (R&D1 和 R&D2) 则对于企业绩效和企业成长具有显著的正向促进作用,这和我们的研究假设 1、假设 2 相符合。这一结果也与已有部分研究文献 (周业安,1999;Cull and Xu,2005;李科和徐龙炳,2011;张杰等,2011) 的结论相一致,再次表明了外部融资约束是影响企业绩效和企业成长的一个重要因素,较为严重的外部融资约束和金融抑制会阻碍企业绩效的提升和长期成长。此外,在 OLS 估计中,企业是否获得银行信贷变量 (Bank Loan) 对于企业的人均劳动生产率和财务绩效有显著的正面影响,对于企业全要素生产率的影响虽然为正,但在统计意义上并不显著。

表 2 金融因素、技术研发和企业绩效的 OLS 回归结果

Panel A Estimation	Dependent Variable: tfp				
	(1)	(2)	(3)	(4)	(5)
Access of Finance	−0.2333 (−4.21) ***				
Financial Cost		−0.0112 (−1.76) *			
Bank Loan			0.0266 (0.79)		
R&D1				0.0131 (1.23) *	
R&D2					0.0033 (4.59) ***
No. of Observation	12124	12124	12124	12124	12124
R-squared	0.0036	0.0024	0.0024	0.0023	0.004

续表

Panel B Estimation	Dependent Variable: Labor Productivity				
	(1)	(2)	(3)	(4)	(5)
Access of Finance	−0.089 (−10.29)***				
Financial Cost		−0.021 (−2.08)**			
Bank Loan			0.3310 (14.17)***		
R&D1				0.2217 (9.48)***	
R&D2					0.0024 (2.11)**
No. of Observation	12124	12124	12124	12124	12124
R-squared	0.0279		0.036	0.03	0.02

Panel C Estimation	Dependent Variable: ROA				
	(1)	(2)	(3)	(4)	(5)
Access of Finance	−0.0121 (−4.93)***				
Financial Cost		−0.0075 (−2.64)***			
Bank Loan			0.0255 (3.85)***		
R&D1				0.0307 (4.55)***	
R&D2					0.0002 (0.63)
No. of Observation	12124	12124	12124	12124	12124
R-squared	0.0045	0.0031	0.0037	0.0043	0.0026

注：表中数字为估计参数值，括号内为相应的 t 检验值；*** 表示在1%显著性水平下显著，** 表示在5%显著性水平下显著，* 表示在10%显著性水平下显著。

为了进一步验证假设3和假设4，我们在以上的回归模型中分别引入金融因素和技术创新研发的交互项，为了节省篇幅，我们仅利用企业全要素生产率（tfp）作为被解释变量，具体计量结果见表3中的报告。① 其中，Interection$_1$ 代表获得银行信贷（Bank Loan）和研发投入决策（R&D1）的交互项，Interection$_2$、Interection$_3$ 分别代表了外部融资约束（Access of Finance、Financial Cost）和研发投入决策（R&D1）的交互项；Interection$_4$、Interection$_5$ 分别代表银行信贷（Bank Loan）、外部融资约束（Access of Finance）和研发投入强度（R&D2）的交互项。企业规模（Size）是企业2004年雇佣员工总人数的对数值，企业年龄（Old）是企业自创立开始到2005年的持续年数。

从表3可以发现，企业的技术创新研发决策和研发经费投入强度在各个模型中对企业全要素生产率（tfp）均表现出较为稳定的正向影响，而外部融资约束和技术创新的交互项变量分别在5%水平上（Interection$_2$）和1%水平上（Interection$_3$）显著为负，这说明外部融资约束程度加大会通过影响企业研发投入决策和研发投入水平而对企业的全要素生产率产生负面影响；此外，银行信贷变量和企业研发投入的交互项（Interection$_4$）则在1%水平上显著为正，体现了金融发展和金融支持通过企业技术创新对企业成长起到正面影响，而企业技术研发投入强度越大则越能够有效缓解

---

① 我们也利用企业的人均劳动生产率和ROA作为被解释变量进行了稳健性检验，计量结果表明各个解释变量的系数方向和显著性水平没有发生明显变化。

表3 交互效应的 OLS 回归结果

Dependent Variable	\multicolumn{5}{c}{Dependent Variable: tfp}				
Dependent Variable	(1)	(2)	(3)	(4)	(5)
R&D1	0.0001 (0.00)	0.0443** (2.1)	0.04** (2.21)		
Interection$_1$	0.0202 (0.98)				
Interection$_2$		−0.0197** (−1.8)			
Interection$_3$			−0.0224*** (−2.67)		
R&D2				0.0025*** (3.17)	0.0027*** (3.54)
Interection$_4$				0.0074*** (3.30)	
Interection$_5$					0.0022* (1.8)
Size	−0.0103** (−1.99)	−0.009* (−1.7)	−0.0081 (−1.6)	−0.008* (−1.6)	−0.0078 (−1.63)
Old	−0.0014*** (−4.47)	−0.0013*** (−4.18)	−0.0014*** (−4.32)	−0.0014*** (−4.49)	−0.0014*** (−4.47)
R-squared	0.0023	0.004	0.003	0.005	0.0044

注：限于篇幅，表3中省去了作为控制变量的120个城市以及31个行业虚拟变量的回归系数；表中数字为估计参数值，括号内为相应的 t 检验值；*** 表示在1%显著性水平下显著，** 表示在5%显著性水平下显著，* 表示在10%显著性水平下显著。

融资约束对企业绩效带来的负面作用（Interection$_5$ 在10%水平上显著）。以上结论初步与本文的研究假设3和假设4相符合，也验证了金融因素需要和企业自身的技术创新相结合才能够发挥提高企业业绩和促进企业成长的作用。企业规模（Size）和企业年龄（Old）两个变量对于企业成长（tfp）的影响均是显著为负的，这和 Du 等（2008）利用2002年的 BEEPS 调查数据实证检验的结论相一致；而本文得到的企业年龄对企业绩效影响的结果和蔡地等（2012）以2005年 BEEPS 数据为样本的实证研究结果一致，这说明企业年龄越大、持续时期越长就更安于现状而不愿意采取技术创新活动，相应地，生产效率也自然会较低。

（二）工具变量方法的 2SLS 回归

如前文所述，考虑到金融因素和企业绩效之间可能存在的内生性问题，本部分将利用工具变量方法进行回归检验。针对获得银行信贷变量，我们希望其和工具变量（British）有显著的正向关系，在我们的样本中，清末英国实际控制区域包括了沿长江流域的安徽、浙江、江苏、上海、湖南、湖北、重庆、四川、江西、河南等省份以及广东省东部，共计61个城市。针对调查数据中企业自我报告的外部融资约束程度变量，本文利用企业与其主要供应商之间是否存在逾期的应付账款（Overdue Pay）这一虚拟变量作为外部融资约束的工具变量。实际上，当企业面临内部资金紧张的流动性问题时，如果很难获得相应的外部融资支持的话，往往就会延迟支付供应商的账款，这是企业对于资金紧张的流动难题的正常反应。此外，根据 Elliehausen and Wolken（1993）和 Petersen and Rajan（1994）的研究表明，企业采取逾期支付货款的方法进行商业信贷融资的成本是非常高的，一般来说企业不愿意主动采用这种方式来进行融资；因此，可以将这一指标视为外生变量，我们采用其作为企业面临外部融资约束程度的工具变量，并预期其与外部融资约束程度呈现显著正向的关系。

表4 金融因素和企业绩效的 2SLS 回归结果 ①

Panel A：第二阶段回归结果	Dependent Variable：tfp	
	(1)	(2)
Bank Loan	-0.8017** (-2.57)b	
Access of Finance		-0.1016** (-2.07)b
No. of Observation	12124	12124
Panel B：第一阶段回归结果	Dependent variable：Bank Loan	Access of Finance
British	0.0502*** (5.90)a	
Overdue Pay		0.3185*** (12.60)a
No. of Observation	12124	12124
R-squared c	0.10	0.02
F-Stat	36.00***	28.05***

注：限于篇幅，表4中省去了作为控制变量的120个城市以及31个行业虚拟变量的回归系数；表中数字为估计参数值，括号内a为相应的t值，b为相应的z值；*** 表示在1%显著性水平下显著，** 表示在5%显著性水平下显著，* 表示在10%显著性水平下显著；c：第一阶段回归的R平方较小，这是截面数据所造成的影响，如果R平方较小则有可能会产生弱工具变量问题；但根据Stock、Wright and Yogo的研究，如果第一阶段回归的F统计量大于10，则弱工具变量所产生的问题并不严重，我们的第一阶段回归F统计量均大于10并且在1%水平上显著，因此截面数据所造成的弱工具变量问题并不严重。

观察表4的计量结果，我们发现，在第一阶段的回归中，两个工具变量（British 和 Overdue Pay）各自与银行信贷（Bank Loan）和外部融资约束程度（Access of Finance）在1%显著性水平上显著为正，这表明本文所选取的工具变量是较为合适的。表4的Panel A报告了两阶段最小二乘法（2SLS）的第二阶段回归结果，企业的外部融资约束程度对于其全要素生产率有显著的负面影响（5%水平上显著），这说明获得外部融资的难易程度的确对企业的绩效和成长有至关重要的作用，证明了金融—经济增长关系的微观作用渠道之一就是金融因素对企业绩效的直接影响。但我们也注意到，在控制了内生性问题之后，银行信贷（Bank Loan）对于企业全要素生产率的影响则变得显著为负（5%显著性水平上显著），这与OLS回归中银行信贷对于企业tfp的影响为正（在统计意义上并不显著）存在明显不同，这一区别正是由于能否获得银行信贷和企业绩效之间可能存在的内生性问题造成的。根据国内外相关研究的结论，如果不考虑二者之间的内生性问题的话，则获得银行信贷对于企业成长有正向的促进作用（蔡地等，2012）；但是考虑到中国金融资源配置尚存在着扭曲，国有企业和私营企业在生产效率和融资能力方面的差异巨大，且由于制度环境和政府干预等因素，银行信贷资源投入比重和利率水平都有明显差距，信贷配给的情况仍广泛存在（邵挺，2010；刘小玄和周晓艳，2011）；因此在具体计量过程中，需要关注可能的内生问题造成的影响。

Fernandes（2008）针对孟加拉企业的研究则表明，银行信贷的外部融资并没能带来企业生产绩效的提高；Du 和 Girma（2008）在控制了内生性问题之后的实证研究也表明，中国的银行信贷对于不同所有制企业成长的影响存在差异，从计量结果来看，银行信贷对于中国国有企业tfp增长有显著的负面影响，即使是对民营企业的正面影响在统计上也并不显著。此外，张杰等（2011）

---

① 限于篇幅和本文主要考察企业成长的目的，表4仅给出了以企业全要素生产率为被解释变量的回归结果，但我们也以劳动生产率和资产收益率为被解释变量进行了回归检验，所得到的估计结果与研究预期假设基本一致，在控制了内生性之后银行信贷变量对于企业财务绩效的影响为正且在统计意义上并不显著，其对于劳动生产率的影响则仍为负的。

以中国国家统计局1999~2007年工业企业统计数据为样本的实证研究也发现，银行信贷变量对于企业生产效率的影响是不稳定的，并且呈现负向关系，这种情况可能是由于银行贷款造成的企业道德风险问题所致。程新生等（2012）以2005~2009年中国A股上市公司为样本实证检验发现，在我国特殊的新兴市场经济背景下，作为非财务信息和投资效率中介变量的外部融资虽然可能缓解投资不足问题，但更会导致过度投资行为；因此，获得外部资金支持的企业采取过度投资行为则会对其生产效率产生不利影响。

本文认为，银行信贷变量影响显著为负的原因可能来自于三个方面：一是银行中介机构的信贷审查和事后监管效率仍有待进一步提高，信贷质量的改进效率可能还滞后于经济发展对金融机构的现实需求；二是在中国当前的转型经济背景环境下，贷款可能造成道德风险问题，即企业依赖贷款程度越高，其发生道德风险的程度可能就越高，企业获得贷款之后将资金挪作他用，因而对企业生产效率产生不良影响；三是获得银行信贷的企业可能存在一定的关系优势，而融资成本偏低不仅会促使企业过分扩大融资规模，而且会加剧企业内部管理者的"寻租"行为，导致资本配置不当、投资缺乏效率的不良后果（邹薇和钱雪松，2005）。

同样，为了进一步验证假设3和假设4，我们在回归模型中引入交互项变量利用2SLS计量方法进行回归，相应的结果在表5中报告。通过对表5计量结果的观察可以发现，外部融资约束程度通过作用于企业技术研发投入强度而对企业成长产生影响（Access of Finance* R&D2在10%显著水平上显著），这是外部融资对企业绩效和成长的间接作用，当外部融资约束程度越大或者说进入融资难度越大的时候，企业的研发投入可能会更低，由此会对生产效率产生负面影响；而外部融资约束程度并没有通过技术研发决策对企业成长产生显著影响（Access of Finance* R&D1），这可能是因为即使存在融资困难企业面临竞争压力等因素仍会采取技术创新行为。

表5 引入交互项的2SLS回归结果①

Panel A: Second Stage of 2SLS	tfp			
	(1)	(2)	(3)	(4)
Access of Finance	−0.0949* (−1.93)			
R&D1	0.0701 (0.50)			
Access of Finance* R&D1	−0.02317 (−0.57)			
Size	−0.0073 (−1.41)			
Old	−0.001*** (−2.74)			
Access of Finance		−0.0778* (−1.66)		
R&D2		3.0523* (0.27)		
Access of Finance* R&D2		−0.4412* (−1.67)		
Size		−0.0036 (−0.69)		

① 在回归过程中，我们也加入了第一大股东持股比例、CEO教育背景、行业和城市等虚拟变量，回归结果表明这些控制变量在统计意义上并不显著，为了节省篇幅，表5省略了这些内容的报告；此外，我们也利用外部融资成本（Financial Cost）作为替代变量，进行稳健性检验，重复了以上的回归过程，结果并未发生显著变化。

续表

Panel A: Second Stage of 2SLS	tfp			
	(1)	(2)	(3)	(4)
Old		−0.001***		
		(−2.91)		
Bank Loan			−1.5911**	
			(−2.43)	
Bank Loan*R&D1			0.4383**	
			(2.10)	
Size			0.0394*	
			(1.76)	
Old			−0.0016***	
			(−3.81)	
Bank Loan				1.0458
				(0.24)
Bank Loan*R&D2				1.1184
				(0.49)
Size				−0.1261
				(−0.29)
Old				−0.0025**
				(−1.95)
No. of Observation	12124	12124	12124	12124
R-squared	0.023	0.021	0.0931	0.0821
F-stat of First Stage	56.89	50.89	21.72	21.07

注：限于篇幅，表5中省去了作为控制变量的120个城市以及31个行业虚拟变量的回归系数；表中数字为估计参数值，括号内为相应的z检验值；*** 表示在1%显著性水平下显著，** 表示在5%显著性水平下显著，* 表示在10%显著性水平下显著。

此外，表5的（3）列和（4）列是以银行信贷（Bank Loan）作为解释变量的2SLS回归结果，本文的计量结果表明，在引入了银行信贷和技术创新研发决策交互项（Bank Loan*R&D1）之后，银行信贷通过技术研发决策对企业全要素生产率产生显著的正向影响，这说明信贷资金通过技术研发途径会对企业成长起到促进作用，体现了金融和技术创新相结合从而推动经济增长的微观机制。但是，我们同时也发现，银行信贷通过技术研发投入强度途径（Bank Loan*R&D2）的促进作用并不显著，这正说明目前我国企业技术研发投入严重不足的现实，而且银行信贷资金用于技术研发的比例可能非常少，所以仍然发挥不了银行信贷资金对企业成长的显著促进作用。

六、主要结论

本文从对外部融资、企业技术研发和企业绩效之间相互关系和作用机制的研究入手，以2005年BEEPS的中国营商环境企业调查数据为样本，利用企业逾期应付账款虚拟和地区历史因素作为外生的工具变量，较为有效地解决了在研究金融因素和经济增长关系中的内生性问题。通过分析外部融资约束、银行信贷获得以及它们与企业技术研发活动的交互影响，得到如下有意义的发现：①企业技术研发创新活动和技术研发投入强度的提高都对企业生产效率有显著的正向影响。②外部融资约束不仅对企业绩效和企业成长有直接的抑制效应，而且其通过企业技术研发途径间接损害了企业的生产效率，即企业面临的外部融资约束程度越高，其缺乏资金进行技术研发创新并相应地减少研发投入费用，从而对企业成长产生负面影响。③引入工具变量的2SLS回归结果表明，银行信贷对于企业生产效率具有负面影响,但获得银行信贷的企业如果采取技术研发活动则会显著促进企业生产效率的提高,这恰恰说明了金融需求与技术创新相结合从而推动经济增长或经济绩效的微观机制。④由于银行信贷获得过程中可能存在的道德风险问题和企业信贷资金利用问题,银行信贷与企业技术研发支出强度的交互项对企业生产效率的影响并不显著。总体来看,银行信贷资金对于企业成长的支持作用并不突出。

本文从企业层面的分析,有助于理解金融发展和经济增长之间的微观作用渠道和机制,外部融资约束和金融市场不完善不仅直接阻碍了企业生产效率提高,而且会将通过技术研发创新途径对企业成长产生阻碍。如果金融体系的改革能够有效缓解企业外部融资需求、减少信贷配给和歧视、降低企业融资成本,则会提高企业技术研发积极性,并进而促进企业生产效率的提升,最终支持整个经济可持续增长。此外,如果银行在发放贷款之后对贷款使用加强监督,企业能够更加有效利用银行信贷将其更大程度上用于技术研发创新活动,则会提高信贷资金的使用效率,对企业成长起到实质性的促进作用。

参考文献

[1] 蔡地,万迪昉,罗进辉.产权保护、融资约束与民营企业研发投入[J].研究与发展管理,2012,24(2).

[2] 程新生,谭有超,刘建梅.非财务信息、外部融资与投资效率——基于外部制度约束的研究[J].管理世界,2012(7).

[3] 李科,徐龙炳.融资约束、债务能力与公司业绩[J].经济研究,2011(3).

[4] 李捷瑜,江舒韵.市场价值、生产效率与上市公司多元化经营:理论与证据[J].经济学季刊,2009(4).

[5] 刘小玄,吴延兵.企业生产率增长及来源:创新还是需求拉动[J].经济研究,2009(7).

[6] 刘小玄,周晓艳.金融资源与实体经济之间配置关系的检验——兼论经济结构失衡的原因[J].金融研究,2011(2).

[7] 陆国庆.中国中小板上市公司产业创新的绩效研究[J].经济研究,2011(2).

[8] 邵挺.金融错配、所有制结构与资本回报率:来自1999~2007年我国工业企业的研究[J].金融研究,2010(9).

[9] 解维敏,方红星.金融发展、融资约束与企业研发投入[J].金融研究,2011(5).

[10] 汪敬虞.十九世纪外国在华银行势力的扩张及其对中国通商口岸金融市场的控制[J].历史研究,1963(5).

[11] 汪敬虞.1895—1927年外国在华银行势力的扩张[J].中国经济史研究,1995(4).

[12] 吴延兵.R&D与生产率——基于中国制造业的实证研究[J].经济研究,2006(11).

[13] 张杰,李克,刘志彪.市场化转型与企业生产效率——中国的经验研究[J].经济学(季刊),2011,10(2).

[14] 张军.资本形成、工业化与经济增长:中国的转轨特征[J].经济研究,2002(6).

[15] 周方召,仲深,王雷.财税补贴、风险投资与高新技术企业的生产效率[J].软科学,2013(3).

[16] 周亚虹,贺小丹,沈瑶.中国工业企业自主创新的影响因素和产出绩效研究[J].经济研究,2012(5).

[17] 周业安.金融抑制对中国企业融资能力影响的实证研究[J].经济研究,1999(2).

[18] 邹薇,钱雪松.融资成本、寻租行为和企业内部资本配置[J].经济研究,2005(5).

[19] Ayyagari, M., Demirgguc-Kunt, A., and Maksimovic, V.. Firm Innovation in Emerging Markets: The Roles of Governance and Finance [J]. Journal of Financial and Quantitative Analysis, 2011, 46(6).

[20] Beck Thorsten, Ross Levine, and Normal V. Loayza. Finance and the Sources of Growth [J]. Journal of Financial Economics, 2000(58).

[21] Brown James R., Gustav Martinsson, and Bruce C. Peterson. Do Financing Constraints Matter for R&D? New Tests and Evidence [R]. 2011 ASSA Annual Meeting Paper, 2011.

[22] Crépon, B., E.Duguet, and J.Mairesse. Research Innovation and Productivity: An Econometric Analysis at the Firm Level [J]. Economics of Innovation and New Technology, 1998 (7).

[23] Cull R., and Xu L. C. Institutions, Ownership, and Finance: The Determinants of Profit Reinvestment among Chinese Firms [J]. Journal of Financial Economics, 2005, 77 (1).

[24] Demetriades, Panicos O., Du, Jun, Girma Sourafel, and Xu, Chenggang. Does the Chinese Banking System Promote the Growth of Firms? [R]. World Economy & Finance Research Programme, Working Paper No. 0036, 2008.

[25] Demirguc-KuntAsli, and Vojislav Maksimovic. Law, Finance, and Growth [J]. Journal of Finance, 1998 (53).

[26] Du Jun, and Girma Sourafel. Source of Finance, Growth and Firm Size-Evidence from China [OL]. Available at SSRN: http://ssrn.com/abstract=1306309, 2008.

[27] Elliehausen G., and Wolken, J. The Demand for Trade Credit: An Investigation of Motivesfor Trade Credit Use by Small Businesses [J]. Federal Reserve Bulletin, 1993: 1-18.

[28] Fernandes, A.. Firm Productivity in Banglandesh Manufacturing Industries [J]. World Development, 2008, 36 (10).

[29] Griliches, Z.. Productivity, R&D and Basic Research at the Firm Level in the 1970s [J]. American Economic Review, 1986 (76).

[30] Hall, B. H., and Lerner, J.. The Financing of R&D and Innovation [J]. inN. R. Bronwyn H. Hall, ed., Handbook of Innovation, Handbook of Economics, Elsevier, 2010 (1).

[31] Julan Du, Yi Lu, and Zhigang Tao. Bank Loans Versus Trade Credit: Evidencefrom China [J]. Economics of Transition, Forthcoming, 2011.

[32] Kim, W., and Weisbach, M.. Motivations for Public Equity Offers: An International Perspective [J]. Journal of Financial Economics, 2008, 87 (2).

[33] Laeven Luc, Ross Levine, and Stelios Michalopoulos. Financial and Innovation and Endogenous Growth [M]. Brown University, Mimeo, 2011.

[34] Levine, Ross. Finance and Growth: Theory and Evidence [J]. in Philippe Aghion, and Steven Durlauf, eds.: Handbook of Economic Growth (Elsevier, Amsterdam, Netherlands), 2005.

[35] Love, Inessa. Financial Development and Financing Constraints: International Evidence from the Structural Investment Model [R]. Policy Research Working Paper Series 2694, The World Bank, 2001.

[36] Petersen, M. and Rajan, R.. The Benets of Lending Relationships: Evidence from SmallBusiness Data [J]. Journal of Finance, 1994 (1).

[37] Rajan., R., and Zingales, L.. Financial Devpendence and Growth [J]. American Economic Review, 1998, 88 (3).

[38] Schoar, A.. Effects of Corporate Diversification on Productivity [J]. Journal of Finance, 2002, 57 (6).

[39] Ughetto, E.. Does Internal Finance Matter for R&D? New Evidence from A Panel of Italian Firms [J]. Cambridge Journal of Economics, 2008, 32 (6).

[40] Yuriy Gorodnichenko, and Monika Schnitzer. Financial Constraints and Innovation: Why Poor Countries Don't Catch Up [R]. NBER Working Papers 15792, National Bureau of Economic Research, Inc, 2013.

[41] Zhang A., Zhang, Y., and Zhao, R.. A Study of the R&D Efficiency and Productivity of Chinese Firms [J]. Journal of Comparative Economics, 2003, 31 (3).

研发投资是否提升了企业业绩？

林洲钰　林汉川　邓兴华[*]

一、问题提出

研发投资是企业实现可持续发展的一项重要投资行为，其对于理论研究和经济影响的重要性吸引了大量学者进行研究，然而对于研发投资与经济绩效的关系，学术界却存在巨大争议。一方面，研发投资能够提升生产效率（Griliches, 1980；Hall and Mairesse, 1995），增加企业总产出水平（Adams and Jaffe, 1996；Griffith et al., 2004），提升企业在资本市场的超额回报率（Chan et al., 2001；Chambers et al., 2002；Eberhart et al., 2004；Hsu, 2009），并改善企业盈利能力（Mansfield, 1965；Branch, 1974；Sougiannis, 1994）；但在另一个方面，知识和技术活动存在的溢出效应导致企业的私人创新投入收益率低于社会平均创新投入收益率（Romer, 1986），创新活动的不确定性增大了研发投资的经济风险（Leonard, 1971；Hall, 2002；Shi, 2003；Eberhart et al., 2008），资本市场也因此对企业的研发投资项目做出负面反应（Chan et al., 1990；Hall and Oriani, 2006）。

2011年中国企业的研发投资达到6420.6亿元，[①] 我们不禁会问：研发投资是否提升了企业业绩？这的确是非常关键的问题，毕竟作为市场活动的微观主体，企业进行研发活动的动力，在很大程度上取决于研发投资的经济收益，如果研发投资不能给企业带来超额收益，不仅企业将会失去研发投资的内在动力，政府出台的激励政策也终将变成空中楼阁。我国地域辽阔，地区间制度环境差异很大，按照西方主流文献所列出的评判标准（La Porta et al., 1998），转型时期中国制度环境发展相对落后，一个重要表现就是弱的产权保护（Qian and Weingast, 1997）和较高的外部融资成本（Allen et al., 2005）。从理论上看中国企业的研发投资面临着比西方成熟市场更多的经济风险，本文接下来要研究的问题是：制度环境如何影响了研发投资与企业业绩之间的关系？这种影响对于不同企业是否存在差异？本文利用国家统计局编制的中国工业企业数据，研究了研发投资对于企业业绩如何产生有效影响的重要问题，结果发现：①研发投资与企业业绩之间呈现出显著的倒"U"形曲线关系，当投资强度低于某一临界值时，研发投资显著提升了企业业绩，当投资强度超过临界值时，研发投资对企业业绩的抑制效应开始显现，二者之间的关系曲线在企业拥有较高人力资本水平下变得趋于陡峭；②相对于没有专利申请活动的企业而言，进行专利申请的企业其研发投资对于业绩的正面影响幅度高出约8.2%，企业创新成果的专利申请（授权）增强了研发投资对于企业业绩的正面影响；③当制度环境较差时，研发投资会对企业业绩产生显著的损

---

[*] 林洲钰、林汉川，对外经济贸易大学国际商学院；邓兴华，对外经济贸易大学国际经济贸易学院。
[①] 引自2012年中国科技统计年鉴。

害作用,而且这种作用在非国有企业中更加明显。本文从投资强度、创新行为和制度环境三个方面拓展了研发投资经济后果的理论框架,为政府制定创新政策提供了现实启示。

与现有文献对比,本文的贡献体现在以下三个方面:

首先,以往研究主要集中于研发投资对于企业业绩的直接影响(Leonard,1971;Chan et al.,1990),却忽视了研发投资强度的变化以及企业异质性特征可能起到的不同作用。本文发现当投资强度低于某一临界值时,研发投资显著提升了企业业绩;当投资强度超过临界值时,研发投资对企业业绩的抑制效应开始显现,进一步研究发现研发投资对企业业绩的促进和抑制效应在高人力资本情况下分别表现得更加明显。本文在现有文献基础上从投资强度角度考察了研发投资与企业业绩之间存在的非线性关系,区分了二者之间的关系在人力资本因素影响下的具体表现形式,从而获得了一些与现有研究不同的结论,这对于认识研发投资与企业业绩之间的关系具有重要价值。

其次,现有文献在研究研发投资的经济绩效时,更多地关注这种投资行为本身对于企业经营的影响(Branch,1974;Eberhart et al.,2004;Hsu,2009),这种研究思路存在一定问题:研发投资(R&D)是企业实现可持续发展的源泉,这是区别于企业其他投资行为的重要标志,现有文献并没有明确指出或者考虑这一问题,而单纯关注投资行为本身导致现有研究在很大程度上忽视了研发投资所具有的技术创新属性,从而不能完全解释研发投资对于企业业绩所发挥的影响。本文采用从国家知识产权局搜集整理的 773929 家企业专利数据,从专利申请和获得授权角度首次研究了以专利活动为代表的技术创新行为在影响研发投资与企业业绩之间的关系时所起的作用,从而弥补了现有研究的不足,丰富了研发投资对于企业业绩微观影响机制方面的研究内容。

最后,自 North and Thomas (1973) 和 North (1981) 的开创性研究以来,制度对经济发展的影响一直是经济学研究的重要论题之一。Acemoglu et al. (2005) 再次提醒人们注意产权保护制度对于长期经济增长的关键性意义。由于技术创新活动带有公共产品特性和外溢现象(Romer,1986),极易受到来自外部环境因素的干扰,这使得制度因素很可能会对于研发投资与企业业绩之间的关系产生重大影响。但制度因素对于研发投资与企业业绩之间关系的作用在现有文献中被有意无意地忽略掉了,很少有文献直接检验制度环境因素对于研发投资与企业业绩之间关系的影响,本文利用国家知识产权局提供的中国各地区专利侵权纠纷统计数据研究了在制度环境较差时研发投资对于企业业绩产生的作用,进一步考察了这种作用对于不同产权类型企业的影响的差异,从而为理解转型经济背景下制度因素对于企业行为的作用关系提供了一个独特的微观视角。

本文的结构如下:第二部分为相关理论分析与研究假说;第三部分为研究设计;第四部分报告了实证结果和相应的分析讨论;第五部分为结论。

二、理论分析与研究假说

1. 研发投资与企业业绩:投资强度的作用

技术创新是经济增长的根本动力(Schumpeter,1912),企业通过研发活动逐步增强对知识的吸收能力,"干中学"效应(Arrow,1962)帮助企业积累技术经验,在此基础上实现产品差异化,有利于增加产品的科技含量和附加值,提升企业盈利能力。已有研究也表明,研发投资可以提升生产效率(Hu et al.,2005;吴延兵,2008),增加总产出水平(Adams and Jaffe,1996;陆国庆,2011;周亚虹 et al.,2012),获得生产上的规模优势(Griffith et al.,2006),除此以外,对于上市企业而言,适度的研发投资提升了公司市场价值(Eberhart et al.,2008;Hsu,2009)。

另外,研发投资也可能会损害企业业绩。首先,知识和技术活动存在的溢出效应导致企业的私人创新收益率低于社会平均创新收益率（Romer，1986）。其次，创新活动的不确定性放大了研发投资的风险（Leonard，1971；Hall，2002；Shi，2003；Eberhart et al.，2008），创新研究过程中的"走弯路"现象和技术失败在所难免，导致研发投资无法实现预期效果。再次，在融资过程中，由于技术创新活动带有较高的风险和不确定性，银行等外部融资机构通常不愿意对企业的创新项目提供融资。最后，相对于技术风险和融资困难，技术成果市场化是研发投资最大的挑战。受到技术演进规律限制，研发项目需要一定时间的投入和积累，在这种情况下被企业寄予厚望的技术可能还没有走出实验室就已经过时而被市场所淘汰，技术成果转化难问题加剧了研发投资的低效率，企业因为无法顺利回收前期投入而遭受经济损失。根据以上理论分析，本文提出一组对立假设：

假设1a：研发投资提升了企业业绩；

假设1b：研发投资损害了企业业绩。

2. 研发投资与企业业绩：专利申请（授权）的作用

企业将其研发成果申请专利，国家专利局依法授予专利权，对于企业研发成果作为一种财产权予以法律保护（Hu and Jefferson，2009）。专利权的独占性，决定了专利权人有权排除他人对其专利技术的无偿使用，并以此构筑进入壁垒来增强自己在市场竞争中的地位。由此可以看出，专利制度通过保护创新者的市场垄断权，限制竞争对手的模仿行为，提高了研发投资的私人收益率。不仅如此，专利也是一种可以进行交易的商品，蕴藏着多种经济价值，通过出售转让、质押融资、出资入股、专利信托、专利证券化等灵活多样的经营模式可以为企业带来直接的经济回报。在知识经济时代，运用专利战略保护自己的知识产权、开展专利交易买卖业务已经成为企业提升研发投资收益的有效手段。

但是，专利的申请和授权需要消耗大量时间和相关费用，并且专利保护只能在一定时间和一定范围内对企业技术成果进行保护，因此，取得专利其实并不是企业研发过程中一个较好的选择。首先，专利的申请过程需要消耗大量时间，以中国的专利申请制度为例，《专利法》规定实用新型或者外观设计专利申请需要经过受理、初审和授权三个阶段，而发明专利申请的审批程序则更加烦琐，需要经过包括受理、初审、公布、实审以及授权在内的五个阶段。其次，在专利的申请阶段，企业需要向专利局缴纳包括申请费和发明申请审查费，企业在专利获得授权后，每一年都需要向国家专利部门缴纳一定数量的专利年费，而企业一旦停止缴纳年费，专利则在一段时期后自动失效，企业专利因此面临较高的维护成本。再次，即使取得了专利权，专利权保护也有地域性、时间性的限制，即专利保护只在授予专利权的国家和地区有效，而且是在《专利法》规定的保护期限内有效，其中发明专利保护期限是20年，实用新型专利和外观设计专利保护期限仅为10年，专利权期满以后，专利就归全社会共同所有和无偿使用，而如果通过技术秘密这种形式进行保护，只要秘密不公开，就可以无限期地独占使用下去。最后，竞争对手也可以通过其他方式和手段绕开专利壁垒的限制，实现"专利规避"。因此，专利制度本身存在固有的局限，并不能完全有效地保护企业的创新收益。正因为如此，我们可以看到在具体实践过程中，有些企业就是不主动申请专利，如美国的"可口可乐"饮料配方和中国的云南白药配方，通过将企业核心成果以"技术秘密"形式进行自我保护，至今已有上百年历史，并且在商业运营方面取得了成功，这是单纯通过专利保护手段无法实现的。根据以上理论分析，本文提出一组对立假设：

假设2a：企业创新成果的专利申请（授权）增强了研发投资对于企业业绩的正面影响；

假设2b：企业创新成果的专利申请（授权）削弱了研发投资对于企业业绩的正面影响。

3. 研发投资与企业业绩：制度环境的作用

由于知识和技术活动具有明显的外溢性，容易受到外部环境因素的干扰，当制度环境变差时，各种抄袭、冒牌和非法仿制等侵权现象直接挤压了研发企业的利润空间，在产品市场和技术市场等方面减少了研发企业的经济收益。在产品市场,由于复制知识要比创新更加容易,模仿者通过"搭便车",可以在较短的时间内生产出技术含量相近的产品,同质产品的大量出现迅速压低了市场价格,扰乱了竞争秩序,企业花费大量财力、物力和人力研发产品,却因模仿者的侵权行为失去了原本可以获得的超额利润,研发出的产品因为前期投入反而失去了竞争力。在技术市场,各种侵权纠纷扰乱了技术市场的正常交易秩序,当其他企业通过各种抄袭、冒牌和非法仿制等手段就可以廉价获取技术时,企业对于自身技术资产定价的能力也大为削弱。受此影响,技术成果的出售转让、租赁许可、质押融资、出资入股等商业模式就失去了其存在的市场基础,技术创新成果价值因此大幅缩水,同时由于知识产权纠纷的举证比较困难,门槛较高,诉讼过程费时费力,企业常常在付出昂贵的维权成本后最终却又因为惩罚力度不足而无法挽回损失。

但知识产权保护的不完善有利于企业更加廉价和容易地获取外部技术,企业通过较少的研发投资就可以获取更高的经济回报,这种情况在发展中国家表现得更为普遍。从世界各国的发展历程来看,发展中国家由于自身技术积累和创新能力较为落后,往往诉诸相对宽松、适度的知识产权保护机制,以充分利用知识与技术的国家间扩散和转移带来的机会来推进其产业技术实现跨越式发展。Shapiro(2001)认为过高的知识产权保护增加了企业创新的难度和成本。Allred and Park (2007)基于跨国数据的研究也表明,在发达国家,知识产权保护力度与技术创新之间存在正"U"形的变化关系,而在发展中国家,知识产权保护不利于企业的技术创新。从这个意义上看,相对宽松的知识产权保护环境为企业提供了一条廉价获取已有技术的机会,企业因此可以有效减少重复研究开发,在吸收借鉴现有研究成果的基础之上缩短技术研发周期,节约科研经费,取得事半功倍的效果。根据以上理论分析,本文提出一组对立假设:

假设3a:当制度环境越差时,研发投资对于企业业绩的损害作用越明显;

假设3b:当制度环境越差时,研发投资对于企业业绩的提升作用越明显。

通过上述理论分析,我们梳理出本文研究的理论框架。从图1可以看出,本文的研究思路是考察研发投资对于企业业绩的影响:首先,本文通过考察不同投资强度对于企业业绩的作用,揭示出研发投资演进过程对于企业业绩可能存在的非线性关系以及这种作用关系在企业人力资本影响下的表现形式。其次,本文从国家知识产权局搜集整理的专利数据,探究企业的专利申请和获得授权对于研发投资与企业业绩之间的关系产生了怎样的影响。最后,本文考察制度环境因素是如何对研发投资与企业业绩之间的关系产生影响,在此基础上,本文通过对企业进行分组,考察制度环境在不同产权类型企业中的影响差异。根据以上分析,本文从投资强度、创新行为和制度环境三个方面构建了研发投资如何影响企业业绩的理论框架。

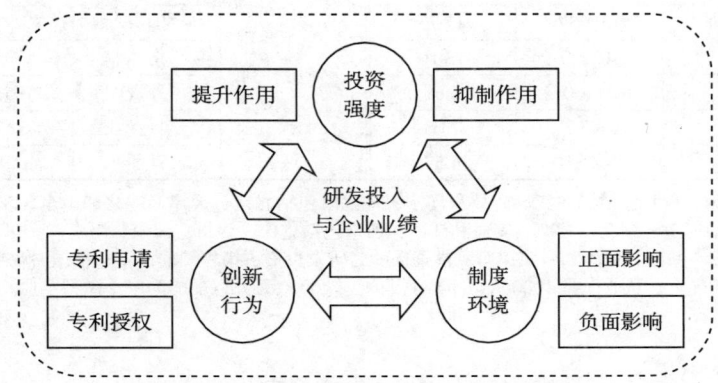

图1 研发投资影响企业业绩研究的理论框架

三、研究设计

1. 研究样本与数据来源

本文的企业研发投资和财务指标来自国家统计局编制的 2005~2008 年中国工业企业数据库,企业专利申请和授权情况的数据来自国家知识产权局出版的《中国专利数据库》,各地区专利纠纷统计数据来自《中国科技统计年鉴》。在初始样本基础上,本文对数据进行了如下处理:①删除资不抵债的企业(资产负债率大于1的企业);②删除本文所涉及的变量数据存在缺失的企业;③为了避免异常值对模型分析的影响,对离群值进行了缩尾处理,获得 773929 个企业观测样本。

表1列出了本文样本企业的研发投资强度、专利申请数量、营业收入、职工人数、地区分布和企业所有制的基本特征,从研发投资强度来看,研发投资强度超过1%的企业占样本总数的比例约为4%,而研发投资强度低于1%的企业占样本总数的比例为 96.35%,这反映出中国企业总体研发投资水平仍处于较低水平;从专利数量来看,年专利产出少于 10 个的企业占样本总数的 99.61%,而年专利产出超过 10 个的企业所占比例不足 10.4%,这反映出中国企业总体的专利申请数比较少;根据大中小型企业的人数划分标准,本文样本中绝大多数企业都属于中小企业,大型企业约为 3.59%;从地区分布来看,样本企业主要分布于东南、环渤海和中部地区,各占样本总数的 50.91%、17.73% 和 13.10%,其他地区企业所占比例约为 18.26%;从企业所有制类型来看,民营企业最多,占样本总数的 50.03%,外商企业和港澳台地区企业分别约占样本的 11.03% 和 10.12%,国有企业和集体企业分别约占样本的 3.84% 和 4.34%。

表1 样本企业的基本特征

特征	分类	数量(个)	占比(%)	特征	分类	数量(个)	占比(%)
研发投资强度(%)	1%	745698	96.35	专利申请数量(个)	10	770876	99.61
	1%~10%	26137	3.38		10~100	2850	0.37
	≥10%	2094	0.27		≥100	203	0.02
营业收入(万元)	<2000	336156	43.43	职工人数(人)	<300	642867	83.07
	2000~40000	409185	52.87		300~1000	103281	13.35
	≥40000	28588	3.69		≥1000	27781	3.59
地区分布	东南	393995	50.91	企业所有制	民营	387162	50.03
	环渤海	137237	17.73		国有	29753	3.84
	中部	101357	13.10		集体	33550	4.34
	东北	51160	6.61		外资	85355	11.03
	西南	54793	7.08		港澳台地区	78289	10.12
	西北	35387	4.57		其他	159820	20.65

注:样本量为 773929,东北包括黑龙江、吉林和辽宁,环渤海包括北京、天津、河北和山东,东南包括上海、江苏、浙江、福建和广东,中部包括河南、湖北、湖南、安徽和江西,西南包括重庆、四川、云南、海南、贵州和广西,西北包括山西、陕西、甘肃、宁夏、内蒙古、新疆、青海和西藏;研发投资强度为研发投资占销售额的比重;根据财政部颁布的《关于印发中小企业划型标准规定的通知》规定,从业人员 1000 人以下或营业收入 40000 万元以下的为中小微型企业。

2. 检验模型与变量定义

参考以往的研究(Sougiannis, 1994; Eberhart et al., 2008),我们采用研发投资额占销售额的比重来代表研发投资,采用滞后一期企业的资产回报率作为企业业绩的指标,为了控制可能存在的内生性问题，本文进一步控制了当期业绩的影响。模型（1）考察研发投资与企业业绩之间的非线性关系；模型（2）考察研发投资与企业专利活动之间的交互效应对于企业业绩的影响；模型（3）考察研发投资与制度环境之间的交互效应对于企业业绩的影响，模型如下：

$$Roa_{it+1} = \beta_0 + \beta_1 Roa_{it} + \beta_2 R\&D_{it} + \beta_3 R\&D_{it}^2 + \beta_4 Firmcontrol_{it} + \gamma_i + \gamma_k + \gamma_j + \gamma_y + \varepsilon \quad (1)$$

$$Roa_{it+1} = \beta_0 + \beta_1 Roa_{it} + \beta_2 R\&D_{it} + \beta_3 Inno_{it} + \beta_4 R\&D_{it} \times Inno_{it} + \beta_5 Firmcontrol_{it} + \gamma_i + \gamma_k + \gamma_j + \gamma_y + \varepsilon \quad (2)$$

$$Roa_{it+1} = \beta_0 + \beta_1 Roa_{it} + \beta_2 R\&D_{it} + \beta_3 Inst_{it} + \beta_4 R\&D_{it} \times Inst_{it} + \beta_5 Firmcontrol_{it} + \gamma_i + \gamma_k + \gamma_j + \gamma_y + \varepsilon \quad (3)$$

本文控制了以下变量：当期业绩、人力资本、规模、负债水平、经营期限、生产率、出口、销售增长率、产业集中度。本文控制这些变量主要是出于以下考虑：①当期业绩，这个指标控制了企业当期业绩对未来一期业绩的影响，本文预计当期业绩的回归系数为正；②人力资本，企业可以凭借较高的人力资本获取竞争优势，但过高的人力资本也会使得企业面临更高的人力成本支出，因此人力资本对于企业业绩的影响具有不确定性；③规模，大型企业可以利用自身的规模经济效应取得更好的业绩，但中小企业也可以利用自身经营灵活的优势来提升企业业绩，因此规模对于企业业绩的影响具有不确定性；④负债水平，负债率较高的企业由于拥有更多的融资渠道，有利于提升企业业绩，但过重的债务负担常常伴随着较高的财务费用和财务风险，从而降低了企业业绩，因此负债水平对于企业业绩的影响具有不确定性；⑤经营期限，成熟企业可以凭借积累的经验获得更好的业绩，而年轻企业也可以凭借灵活的经营模式获取更好的经营表现，因此经营期限对于企业业绩的影响具有不确定性；⑥生产率，这个指标反映了企业的技术能力和管理能力，是企业间异质性的综合反映，较高的生产率有利于带动企业创新活动的组织运营，表现出较好的企业业绩，本文预计生产率的回归系数为正；⑦出口，出口企业通过国际市场拓展业务可以取得更高的业绩，但中国市场中存在的大量加工贸易企业维持着较低的利润率，因此，出口对于企业业绩的影响具有不确定性；⑧销售增长率，高销售增长率企业可以获得更多的发展机会，从而有利于提升业绩，因此本文预计销售增长率的回归系数为正；⑨产业集中度，适度的产业集中有利于减少过度价格竞争从而提高企业业绩，本文预计产业集中度的回归系数为正，具体变量定义如表2所示。文中分别控制了省份（γ_i）、行业（γ_j）、产权（γ_k）、年份（γ_y）等相关因素对于企业技术创新的影响，e为随机扰动项，主要变量的描述统计如表3所示。

表 2 变量定义

变量名	英文简称	计算方法
企业业绩	Roa	总利润/总资产
研发投资	R&D	研发投资/企业销售收入
出口	Expo	出口企业为标记为1，非出口企业标记为0
规模	Size	Ln（资产）
负债水平	Lev	总负债/总资产
经营期限	Age	企业成立年数
生产率	TFP	本文采用LP法来计算全要素生产率
人力资本	Hum	大专文化水平以上员工数/员工总数
销售增长率	Grow	Ln（企业当年销售额）- Ln（上一年企业销售额）
产业集中度	HHI	产业中所有企业占全行业销售额比重的平方和
当年是否进行专利申请	Inno1	企业当年进行专利申请标识为1，否则为0
当年是否获得专利授权	Inno2	企业当年获得专利授权标识为1，否则为0
制度环境	Inst	各地区侵权纠纷案件数/各地区有效专利总数

表3 主要变量的描述统计

	均值	中位数	标准差	最小值	最大值
未来一期业绩	0.119	0.048	0.231	−0.673	2.706
当期业绩	0.106	0.044	0.222	−0.726	2.956
研发投资	0.002	0.000	0.010	0.000	0.178
出口	0.269	0.000	0.443	0.000	1.000
规模	9.844	9.649	1.427	0.693	16.040
负债水平	0.537	0.559	0.258	0.000	1.000
经营期限	8.272	6.000	9.094	0.000	72.000
生产率	7.396	7.328	1.002	−3.027	11.480
人力资本	0.086	0.023	0.150	0.000	1.000
销售增长率	0.202	0.104	0.441	−0.925	2.045
产业集中度	0.015	0.007	0.026	0.001	1.000
当年是否进行专利申请	0.032	0.000	0.175	0.000	1.000
当年是否获得专利授权	0.022	0.000	0.148	0.000	1.000
制度环境	0.003	0.002	0.002	0.000	0.020

注：样本量为773929。

四、实证检验

1. 研发投资对企业业绩的影响：投资强度

表4报告了研发投资对企业业绩的影响。表4的第1列中研发投资对于未来一期业绩的影响为0.200，在1%的水平上显著为正。第2列中，研发投资平方项的影响系数为−0.970，在1%的水平上显著为负，这表明研发投资与企业业绩呈现出显著的倒"U"形关系。由此可以看出，当研发强度较低时，研发投资对于企业业绩的提升作用就比较有限，而随着强度的增加，研发投资对于企业业绩的正面作用呈现出递增趋势。但随着研发投资的上升，各种潜在风险也随之增大，当研发强度超过某一临界值时，研发投资导致的负面效应就有可能对企业业绩产生一定程度的抑制作用，这意味着研发强度的简单增加并不必然导致企业业绩的提升，所以假设1a和假设1b都没有得到本文实证结果的支持。

第3列，"研发投资×人力资本"的影响系数为0.591，在1%的水平上显著为正，表明人力资本增强了研发投资对于企业业绩的促进作用，人力资本与研发投资在影响企业业绩方面存在互补关系。"研发投资的平方×人力资本"的影响系数为−2.507，在1%的水平上显著为负，表明研发投资与企业业绩之间的倒"U"形关系曲线在企业拥有较高人力资本水平下变得趋于陡峭，即在高人力资本企业中，研发投资对企业业绩的促进和抑制效应分别表现得更加明显。

作为凝结在企业员工身上的知识和技能水平的总和，人力资本在企业研发活动中扮演着重要角色，但较高的人力资本水平对于研发投资与企业业绩之间的关系能够产生不同方向的影响效果。一方面，较高的人力资本可以提升企业研发活动的技术吸收和生产能力，在与研发投资的物质资本形成合理配置的情况下，有利于提升企业业绩（Lau and Ngo，2004）；但另一方面，较高的人力资本水平也伴随着高的人力资本成本，人力资本成本是为取得、开发和重置作为组织资源的人员所引起的成本。由于人力资本投资的预期收益具有不确定性，投资回收期长且具有回报的间接性，在人力资本与物质资本无法形成合理配置发挥正常功能的情况下，人力资本的成本效应就会进一步凸显,从而对企业研发活动的业绩反应产生负面影响。Goolsbee(1998)研究发现,在考虑工资弹性因素的情况下,研发投入在很大程度上被用于支付科研人员过高的工资,导致实际用于研究的部分只占很少一部分,人力资本对企业创新投入的经济效益存在明显的挤出效应。当研发强度超过某一临界值时,研发投资对企业业绩的负面效应在高的人力资本成本作用下变得更加明显。因此,高的人力资本水平强化了研发投资对企业业绩的促进和抑制效应,使二者的关系曲线变得趋于陡峭。

表4 研发投资对企业业绩的影响:投资强度的作用

被解释变量	未来一期业绩		
	(1)	(2)	(3)
研发投资	0.200***	0.311***	0.167***
	(0.014)	(0.029)	(0.041)
研发投资的平方		−0.970***	−0.488
		(0.232)	(0.333)
研发投资×人力资本			0.591***
			(0.106)
研发投资的平方×人力资本			−2.507***
			(0.816)
当期业绩	0.508***	0.508***	0.508***
	(0.004)	(0.004)	(0.004)
人力资本	−0.026***	−0.026***	−0.028***
	(0.001)	(0.001)	(0.001)
规模	−0.018***	−0.018***	−0.018***
	(0.000)	(0.000)	(0.000)
负债水平	−0.068***	−0.068***	−0.068***
	(0.001)	(0.001)	(0.001)
经营期限	−0.000***	−0.000***	−0.000***
	(0.000)	(0.000)	(0.000)
生产率	0.026***	0.026***	0.026***
	(0.000)	(0.000)	(0.000)
出口	−0.011***	−0.011***	−0.011***
	(0.000)	(0.000)	(0.000)
销售增长率	0.014***	0.014***	0.014***
	(0.001)	(0.001)	(0.001)
产业集中度	0.019**	0.019**	0.019**
	(0.009)	(0.009)	(0.009)
常数项	0.095***	0.096***	0.095***
	(0.004)	(0.004)	(0.004)
Adj-R²	0.425	0.425	0.425
样本量	773929	773929	773929

注:***、**、*分别代表在1%、5%和10%水平上显著,括号内是标准误,标准误差按企业聚类和异方差调整,产业、地区、产权、年份效应已控制。

2. 研发投资对企业业绩的影响:专利申请(授权)的作用

表5报告了专利行为对于研发投资与企业业绩之间关系的影响。在第1列中,"研发投资×专利行为"的回归系数为0.082,在1%的水平上显著为正,表明专利的申请增强了研发投资对于企业业绩的正面影响,相对于没有专利申请活动的企业而言,进行专利申请的企业研发投资对于业

绩的正面影响幅度高出约8.2%。在第2列中,"研发投资×专利行为"的回归系数为0.108,在1%的水平上显著为正,表明专利的授权增强了研发投资对于企业业绩的正面影响,相对于没有获得专利授权的企业而言,获得专利授权的企业研发投资对于业绩的正面影响幅度高出约10.8%,实证结果支持了假设2a。企业经过专利申请和获得授权后,取得了创新成果的市场垄断权,从而提高了技术创新投资的私人收益率。不仅如此,企业还可以通过出售转让、租赁许可等多种经营模式获取直接的经济回报。尽管专利制度在保护企业创新成果等局部方面可能还存在稍许不足,但不可否认专利制度在保护创新者收益方面发挥出的正面作用。

表5 研发投资对企业业绩的影响:专利申请(授权)的作用

被解释变量	未来一期业绩	
专利行为	当年是否进行专利申请	当年是否获得专利授权
研发投资	0.177***	0.182***
	(0.016)	(0.015)
研发投资×专利行为	0.082***	0.108***
	(0.028)	(0.032)
专利行为	0.001*	−0.000
	(0.001)	(0.001)
当期业绩	0.508***	0.508***
	(0.004)	(0.004)
人力资本	−0.026***	−0.026***
	(0.001)	(0.001)
规模	−0.018***	−0.018***
	(0.000)	(0.000)
负债水平	−0.068***	−0.068***
	(0.001)	(0.001)
经营期限	−0.000***	−0.000***
	(0.000)	(0.000)
生产率	0.026***	0.026***
	(0.000)	(0.000)
出口	−0.011***	−0.011***
	(0.000)	(0.000)
销售增长率	0.014***	0.014***
	(0.001)	(0.001)
产业集中度	0.019**	0.019**
	(0.009)	(0.009)
常数项	0.096***	0.095***
	(0.004)	(0.004)
Adj-R^2	0.425	0.425
样本量	773929	773929

注:***、**、*分别代表在1%、5%和10%水平上显著,括号内是标准误,标准误差按企业聚类和异方差调整,产业、地区、产权、年份效应已控制。

3. 研发投资对企业业绩的影响:制度环境的作用

表6报告了地区制度环境因素对于研发投资与企业业绩之间关系的影响。在第1列中,"研发投资×制度环境"的回归系数为−60.913,在1%的水平上显著为负,表明当制度环境较差时,研发投资对于企业业绩产生了显著的损害作用,实证结果支持了假设3a。进一步将样本企业分为国有

企业、集体企业、民营企业、外资企业、[①]其他企业子样本进行回归，第2列对于国有企业检验显示，"研发投资×制度环境"的回归系数为-0.354，为负但不显著；第3列对于集体企业检验显示，"研发投资×制度环境"的回归系数为-246.987，在1%的水平上显著为负；第4列对于民营企业检验显示，"研发投资×制度环境"的回归系数为-59.060，在1%的水平上显著为负；第5列对于外资企业检验显示，"研发投资×制度环境"的回归系数为-48.317，在1%的水平上显著为负；第6列对于其他企业检验显示，"研发投资×制度环境"的回归系数为-46.483，在1%的水平上显著为负。表6的实证结果表明，当制度环境较差时，研发投资对于企业业绩产生了显著的损害作用，而且这种作用在非国有企业中更加明显（集体企业、民营企业、外资企业、其他企业）。

表6 研发投资对企业业绩的影响：制度环境的作用

被解释变量	未来一期业绩					
	(1)全部企业	(2)国有企业	(3)集体企业	(4)民营企业	(5)外资企业	(6)其他企业
研发投资	0.317***	0.125***	0.899***	0.326***	0.262***	0.255***
	(0.019)	(0.047)	(0.263)	(0.031)	(0.046)	(0.030)
研发投资×制度环境	-60.913***	-0.354	-246.987***	-59.060***	-48.317***	-46.483***
	(7.062)	(10.936)	(95.074)	(11.805)	(17.557)	(11.637)
制度环境	3.253***	1.182*	5.184***	4.283***	1.595**	2.559***
	(0.309)	(0.679)	(1.625)	(0.514)	(0.710)	(0.559)
当期业绩	0.508***	0.559***	0.483***	0.490***	0.495***	0.522***
	(0.004)	(0.033)	(0.014)	(0.005)	(0.009)	(0.009)
人力资本	-0.026***	-0.002	-0.057***	-0.048***	-0.006***	-0.021***
	(0.001)	(0.004)	(0.012)	(0.003)	(0.002)	(0.002)
规模	-0.018***	-0.007***	-0.023***	-0.023***	-0.013***	-0.017***
	(0.000)	(0.001)	(0.001)	(0.000)	(0.000)	(0.000)
负债水平	-0.068***	-0.024***	-0.069***	-0.080***	-0.031***	-0.064***
	(0.001)	(0.004)	(0.005)	(0.002)	(0.002)	(0.002)
经营期限	-0.000***	-0.000***	-0.000***	-0.000***	-0.001***	-0.000***
	(0.000)	(0.000)	(0.000)	(0.000)	(0.000)	(0.000)
生产率	0.026***	0.013***	0.033***	0.029***	0.025***	0.020***
	(0.000)	(0.001)	(0.002)	(0.001)	(0.001)	(0.001)
出口	-0.011***	-0.006***	-0.014***	-0.009***	-0.015***	-0.006***
	(0.000)	(0.002)	(0.004)	(0.001)	(0.001)	(0.001)
销售增长率	0.014***	0.007***	0.017***	0.012***	0.013***	0.015***
	(0.001)	(0.002)	(0.004)	(0.001)	(0.001)	(0.001)
产业集中度	0.019**	0.037*	0.008	0.015	-0.023	0.042*
	(0.009)	(0.020)	(0.047)	(0.013)	(0.014)	(0.024)
常数项	0.090***	0.030***	0.093***	0.100***	0.030***	0.108***
	(0.004)	(0.010)	(0.017)	(0.005)	(0.010)	(0.007)
Adj-R²	0.425	0.345	0.476	0.430	0.343	0.398
样本量	773929	29753	33550	387162	163644	159820

注：***、**、*分别代表在1%、5%和10%水平上显著，括号内是标准误，标准误差按企业聚类和异方差调整，产业、地区、产权、年份效应已控制。

---

① 外资企业包括港澳台地区企业。

发展中国家为了改变自身技术创新能力较为落后的局面,往往诉诸相对宽松、适度的知识产权保护机制,以充分利用知识与技术的国家间扩散和转移带来的机会来帮助其企业提升技术水平。但这种策略在一定程度上是把"双刃剑",它使发展中国家企业在较为廉价地获取技术的同时,也增加了该国企业技术成果被侵犯的风险。本文研究表明,地区中对于知识产权保护的环境越差,研发投资对于企业业绩的损害作用越明显,但有趣的是,国有企业受到的影响较小。已有研究表明,相对于其他产权类型,国有股权在帮助企业适应不完善制度环境方面发挥了更大的作用(Che and Qian, 1998),使得国有企业处于一个相对优势地位。不仅如此,中国法律的执法过程容易受到政府官员和政府机构的影响(Allen et al., 2005),国有企业甚至可以凭借与政府之间存在的天然联系来降低潜在法律风险。因此,当处于一个不够完善的知识产权保护环境中时,国有企业产权在一定程度上缓冲了制度环境缺陷对于企业研发活动的冲击,表现为国有企业受到的影响相对较小。

4. 稳健性分析

为了避免只选择有研发活动的企业作为分析样本所导致的样本选择偏差问题,我们采用Heckman自选择偏差模型进行了矫正,首先,我们采用Logit模型对企业是否进行研发投资进行回归,得到企业的Inverse Mills Ratio (IMR)值,然后把该IMR值加入到表4、表5、表6的回归中,IMR值显示为正,表明确实存在样本自选择偏差问题,不过在控制了样本自选择偏差后,本文的主要结论依然成立。

五、研究结论

研发投资在理论研究和经济影响上的重要性吸引了大量学者对其进行研究,然而关于研发投资与企业业绩之间的关系,理论上存在两种相反的预测,相关实证研究也没有取得一致的结论,使得研发投资与企业业绩之间的关系依然是一个需要实证检验的问题,而专利活动和制度环境在研发投资与企业业绩之间的关系上,究竟起到何种作用,理论上同样存在相反的可能,因而也是一个需要实证检验的问题,这就需要我们对于研发投资与企业业绩之间的关系以及专利活动、制度环境对于研发投资与企业业绩之间关系的作用展开深入研究。基于这种研究背景,本文利用国家统计局编制的中国工业企业数据,研究了研发投资对于企业业绩如何产生有效影响的重要问题,结果发现:①研发投资与企业业绩之间呈现出显著的倒"U"形曲线关系,当投资强度低于某一临界值时,研发投资显著提升了企业业绩,当投资强度超过临界值时,研发投资对企业业绩的抑制效应开始显现,二者之间的关系曲线在企业拥有较高人力资本水平下变得趋于陡峭;②相对于没有专利申请活动的企业而言,进行专利申请的企业研发投资对于业绩的正面影响幅度高出约8.2%,企业创新成果的专利申请(授权)增强了研发投资对于企业业绩的正面影响;③当制度环境较差时,研发投资对于企业业绩产生了显著的损害作用,而且这种作用在非国有企业中更加明显。本文是极少数研究研发投资对于企业业绩影响的文献之一,不仅获得了一些与现有文献不同的研究结论,也通过将创新行为和制度环境等内容纳入分析框架从而弥补了现有文献的不足,这对于认识研发投资与企业业绩之间的关系具有重要价值。

随着中国政府把创新驱动确立为经济转型升级过程中一项重要的国家战略,本文的研究结论对于企业的研发行为和国家创新政策制定无疑具有重要的启示意义。首先,研发投资对于企业业绩的影响不是线性递增的,研发投资强度的简单上升并不一定会带来业绩的增长,超过一定限度的"投资"也可能引起反效果,因此企业应当避免短期实施过高强度研发投资引发的业绩抑制效应，应该根据自身承受能力对研发投资的实施规模和项目结构进行科学安排，通过较高的财务弹性保持研发活动本身的稳定性，减少由于过度研发带来的负面冲击，最大限度发挥出研发投资对于企业发展的正面作用。

其次，目前中国国内拥有自主知识产权核心技术的企业仅为万分之三，99%的中国企业没有申请专利。[①] 基于这个现实背景，本文的研究表明，企业创新成果的专利申请（授权）增强了研发投资对企业业绩的正面影响，专利已经成为企业实现研发投资经济价值过程中所依托的外部平台，这意味着中国企业需要充分认识专利活动在研发投资过程中发挥的作用，将研发活动取得的科研成果及时申请国家的专利保护，进一步提升企业的知识产权管理水平。

最后，地区内知识产权被侵权的风险越大，研发投资对于企业业绩的损害作用越明显，因此，企业在进行研发投资前，需要对制度环境状况进行仔细评估，当发现一个地区中存在较高程度的侵权风险时，企业就需要慎重考虑研发投资决策，因为这些地区的研发投资很可能会损害企业业绩。另外，鼓励企业增加研发投入在某种程度上是中国各级政府的一项重要经济政策，但是如果研发活动不能给企业带来足够的经济收益，政府出台的激励政策也终将成为空中楼阁。因此，政府需要创建一个有效的知识产权保护体系，激发企业从事研发活动的内在经济动力。

参考文献

[1] 陆国庆. 中国中小板上市公司产业创新的绩效研究 [J]. 经济研究，2011（2）.

[2] 吴延兵. 自主研发、技术引进与生产率——基于中国地区工业的实证研究 [J]. 经济研究，2008（8）.

[3] 周亚虹，贺小丹，沈瑶. 中国工业企业自主创新的影响因素和产出绩效研究 [J]. 经济研究，2012（5）.

[4] Acemoglu, D., Simon Johnson and James A Robinson. Institutions as a Fundamental Cause of Long-Run Growth [J]. Handbook of Economic Growth, 2005 (1).

[5] Adams, James D. and Adam B Jaffe. Bounding the Effects of R&D: An Investigation Using Matched Establishment-Firm Data [J]. RAND Journal of Economics, 1996, 27 (4).

[6] Allen, F., J. Qian and M. Qian. Law, Finance, and Economic Growth in China [J]. Journal of Financial Economics, 2005, 77 (1).

[7] Allred, Brent B. and Walter G. Park. Patent Rights and Innovative Activity: Evidence from National and Firm-Level Data [J]. Journal of International Business Studies, 2007, 38 (6).

[8] Arrow, K. J. The Economic Implications of Learning by Doing [J]. The Review of Economic Studies, 1962, 29 (3).

[9] Branch, Ben. Research and Development Activity and Profitability: A Distributed Lag Analysis [J]. The Journal of Political Economy, 1974, 82 (5).

[10] Chambers, D., Ross Jennings and Robert B Thompson II. Excess Returns to R&D-Intensive Firms [J]. Review of Accounting Studies, 2002, 7 (2).

[11] Chan, Louis KC, Josef Lakonishok and Theodore Sougiannis. The Stock Market Valuation of Research and Development Expenditures [J]. The Journal of Finance, 2001, 56 (6).

[12] Chan, Su Han, John D Martin and John W Kensinger. Corporate Research and Development Expenditures and Share Value [J]. Journal of Financial Economics, 1990, 26 (2).

[13] Che, Jiahua and Yingyi Qian. Insecure Property Rights and Government Ownership of Firms [J]. Quarterly Journal of Economics, 1998, 113 (2).

---

① 我国99%企业没有申请专利 [OL]. 人民网，http://finance.people.com.cn/GB/1039/3995648.html.

[14] Eberhart, Allan C., William F Maxwell and Akhtar R Siddique. An Examination of Long Term Abnormal Stock Returns and Operating Performance Following R&D Increases [J]. The Journal of Finance, 2004, 59 (2).

[15] Eberhart, Allan, William Maxwell and Akhtar Siddique. A Reexamination of the Tradeoff between the Future Benefit and Riskiness of R&D Increases [J]. Journal of Accounting Research, 2008, 46 (1).

[16] Griffith, R., Rupert Harrison and John Van Reenen. How Special Is the Special Relationship? Using the Impact of Us R&D Spillovers on Uk Firms as a Test of Technology Sourcing [J]. The American Economic Review, 2006, 96 (5).

[17] Griffith, R., Stephen Redding and John Van Reenen. Mapping the Two Faces of R&D: Productivity Growth in a Panel of Oecd Industries [J]. Review of Economics and Statistics, 2004, 86 (4).

[18] Griliches, Z.. R & D and the Productivity Slowdown [J]. The American Economic Review, 1980, 70 (2).

[19] Goolsbee, A.. Does Government R&D Policy Mainly Benefit Scientists and Engineers? [J]. The American Economic Review, 1998, 88 (2).

[20] Hall, Bronwyn H.. The Financing of Research and Development [J]. Oxford Review of Economic Policy, 2002, 18 (1).

[21] Hall, Bronwyn H and Jacques Mairesse. Exploring the Relationship between R&D and Productivity in French Manufacturing Firms [J]. Journal of Econometrics, 1995, 65 (1).

[22] Hall, Bronwyn H and Raffaele Oriani. Does the Market Value R&D Investment by European Firms? Evidence from a Panel of Manufacturing Firms in France, Germany, and Italy [J]. International Journal of Industrial Organization, 2006, 24 (5).

[23] Hsu, Po-Hsuan. Technological Innovations and Aggregate Risk Premiums [J]. Journal of Financial Economics, 2009, 94 (2).

[24] Hu, Albert G. Z., Gary H. Jefferson and Qian Jinchang. R&D and Technology Transfer: Firm-Level Evidence from Chinese Industry [J]. Review of Economics and Statistics, 2005, 87 (4).

[25] Hu, Albert Guangzhou and Gary H. Jefferson. A Great Wall of Patents: What Is Behind China's Recent Patent Explosion? [J]. Journal of Development Economics, 2009, 90 (1).

[26] La Porta, R., F. Lopez-de-Silanes, A. Shleifer and R.W. Vishny. Law and Finance [J]. Journal of Political Economy, 1998, 106 (6).

[27] Lau, Chung Ming and Hang Yue Ngo. The Hr System, Organizational Culture, and Product Innovation [J]. International Business Review, 2004, 13 (6).

[28] Leonard, William N. Research and Development in Industrial Growth [J]. The Journal of Political Economy, 1971, 79 (2).

[29] Mansfield, Edwin. Rates of Return from Industrial Research and Development [J]. The American Economic Review, 1965, 55 (1).

[30] North, Douglass C and Robert Paul Thomas. The Rise of the Western World: A New Economic History [M]. Cambridge: University Press, 1973.

[31] North, Douglass Cecil. Structure and Change in Economic History [M]. New York: Norton, 1981.

[32] Qian, Y. and B.R. Weingast. Federalism as a Commitment to Perserving Market Incentives [J]. The Journal of Economic Perspectives, 1997, 11 (4).

[33] Romer, P.M. Increasing Returns and Long-Run Growth [J]. The Journal of Political Economy, 1986, 94 (5).

[34] Shapiro, Carl.. Navigating the Patent Thicket: Cross Licenses, Patent Pools, and Standard Setting [J]. Innovation Policy and the Economy, 2001 (1).

[35] Schumpeter, Joseph Alois. The Theory of Economic Development: An Inquiry into Profits, Capital, Credit,

Interest, and the Business Cycle [M]. Cambridge MA: Harvard University Press, 1912.

[36] Shi, Charles. On the Trade-Off between the Future Benefits and Riskiness of R&D: A Bondholders' Perspective [J]. Journal of Accounting and Economics, 2003, 35 (2).

[37] Sougiannis, Theodore. The Accounting Based Valuation of Corporate R&D [J]. Accounting Review, 1994, 69 (1).

战略性新兴产业技术链与产业链协同发展研究
——以物联网为例

岳中刚[*]

一、引 言

以数字制造技术、互联网技术和再生性能源技术的重大创新与融合为代表的第三次工业革命的兴起，不仅将引发产业、经济乃至社会的重大结构性变迁，而且将推动一批战略性新兴产业成长以替代或升级现有产业。发达国家将战略性新兴产业视为制造业产业链重构或"再工业化"的战略选择，发展中国家更是将战略性新兴产业作为跨越式发展或实施"赶超战略"的机会窗口。目前关于战略性新兴产业发展的讨论，无论是学术界还是产业实践领域都一致强调新兴技术培育的重要性，认为战略性新兴产业发展是"新兴技术供给创造市场需求"的演化过程（张国胜，2012）[1]。Hertzfeld（1980）分析了美国航空航天局（NASA）1909~1979年的专利数据，发现只有1.5%的技术专利在NASA外找到用途，甚至美国联邦政府拥有的30000件技术专利的产业化率也低于5%[2]。由此可见，新兴技术仅是战略性新兴产业发展的必要条件，战略性新兴产业的培育和发展还受到市场需求、成长潜力、资源条件、产业结构等要素影响（万钢，2010）[3]。战略性新兴产业的发展也可能是由于既有技术经过"商业模式创新"或"适用性的创新改进"拓展了市场规模而获得迅速的发展和完善。以数字音乐产业为例，最先掌握数字音乐技术并将MP3播放器推向市场的是钻石多媒体公司（Diamond Multimedia），而苹果公司的"iPod+itunes"则提供了一种新型"产品+服务"的商业模式，从而打造和发展了集硬件、软件和服务为一体的数字音乐产业链。由此可见，战略性新兴产业的发展，是新兴技术链与新兴产业链相互依赖、相互促进的交互过程，二者的创新与协同发展程度直接决定了产业的成长性和持续性。换言之，新兴技术链是一种"能力"或"内核"，新兴产业链是把这种能力引入新市场并实现价值的媒介。摩托罗拉"铱星"计划的破灭，反映了新兴技术创新与产业化现实之间的脱节，而中国DVD产业的"短命"则是新兴技术创新能力薄弱的鲜活案例。基于上述分析，本文将战略性新兴产业发展视为新兴技术链与新兴产业链协同发展的演化过程，首先从理论上探讨新兴技术链构建、新兴产业链发展以及协同发展模型；其次以物联网产业为例，从产业层面和企业层面的案例实践检验新兴技术链与新兴产业链的协同发展机制；最后探讨我国战略性新兴产业发展的政策选择。

---

[*] 岳中刚（1979—），男，南京邮电大学经管学院副教授，产业经济学博士后，美国加州大学河滨分校（UCR）访问学者，在《中国工业经济》、《经济学动态》等CSSCI期刊发表论文30多篇，人大复印资料全文转载12篇。

二、新兴技术链、新兴产业链及协同发展

战略性新兴产业的"战略性"是针对结构调整而言的,体现为该产业巨大的带动系数、强大的市场拓展速度以及对产业结构转换的决定性的促进和导向作用。"新兴性"则体现为技术的创新和商业模式的创新。战略性新兴产业发展的关键在于遵循新兴技术和新兴产业发展的一般规律,将技术突破和市场需求表现出来的潜在商业机会转换为现实生产力的过程。

1. 新兴技术链构建:专利与标准战略

关于新兴技术的开创性研究成果集中在 Day 等学者 2000 年出版的《沃顿论新兴技术管理》一书中。他们将"新兴技术"(Emerging Technology)定义为"基于科学的,有可能创立一个新行业或者改造一个现有行业的创新",并且给出了新兴技术的三个特征:知识基础在扩展、在现有市场中的应用在经历着革新、新市场正在形成与发展[4]。银路等(2010)进一步指出,新兴技术必须同时具备三个要素:一是该技术正在形成或发展之中;二是高技术;三是能对经济结构或产业发展产生重要影响[5]。与成熟技术相比,新兴技术在市场、技术和管理方面存在高度不确定性和极度模糊性。李仕明等(2005)认为,新兴技术的本质是变革,是不确定性和创造性毁灭[6]。自1995 年以来,美国高德纳(Gartner)咨询公司跟踪了不同领域的新兴技术的周期性发展趋势,总结出了技术成熟度曲线以描述每一项创新技术所经历的过热期待、幻觉破灭和最终回归现实的过程,该曲线提出了技术演化的五个阶段性周期:技术萌芽期(Technology Trigger),期望膨胀期(Peak of Inflated Expectations),泡沫化的谷底期(Trough of Disillusionment),复苏期(Slope of Enlightenment),生产力成熟期(Plateau of productivity)。

新兴技术的知识密集性、不确定性和动态性等特征,要求新兴技术企业、产业乃至国家应以专利和技术标准为战略工具发展新兴技术链、主导新兴技术发展路径和占据国际技术竞争的制高点。随着全球产品内分工的深化,专利制度已经成为一些国家或企业控制技术链或产业链关键环节进而获取丰厚利润的重要工具。以美国高通公司(Qualcomm)为例,由于高通在移动通信核心专利上的布局,通信产品(如智能手机)只要涉及 CDMA 或者 OFDMA 技术,不仅要向高通缴纳固定的专利费,还要根据销售收入向高通缴纳授权费,这些费用被通信业称为"高通税"。2012年,高通的营业收入达到 191 亿美元,其中专利费收入约 67 亿美元,专利费收入的 42%来自于中国大陆市场。随着专利资产在战略性新兴产业中的重要地位日益凸显,国际上出现了一批专门从事专利权经营的控股公司和投资集团,它们选择某个具有竞争优势的关键技术领域,通过内部研发、专利收购和研发合作等方式,将该技术领域的专利集中经营以获取利润。2008 年,全球最大的专利经营公司美国高智发明进入中国市场,重点收购信息技术、生物医药、材料科学等领域的专利技术,专利申请量排名前 20 位高校的一批前瞻性专利技术已被高智发明公司收购。随着国际金融资本和工业资本在我国知识产权领域的发展,我国战略性新兴产业技术链的构建将面临一种全新的专利竞争挑战。因此,提高新兴技术企业的自主创新能力以及实施专利战略将是我国战略性新兴产业发展的战略选择。在全球开放式创新的背景下,任何一个国家或企业都不可能拥有某一产业或某一产品所需要的所有技术和专利。企业应从新兴技术链中选择所专注的一些技术环节,专利战略应由"一体化战略"向"集中化战略"转变。国家或产业层面应定位为"创新整合者",以产业技术联盟或专利池等形式,实施"专利集中战略",将"汇集分散专利—集中管理与授权—集群式联合创新"作为新兴技术链构建的战略目标。

技术标准竞争实质上是技术发展路径之争,是专利竞争的最高体现形式,也是战略性新兴产

业技术竞争的制高点。专利壁垒或许可以通过交叉许可或专利池等方式绕过，而技术标准则是一系列专利技术的组合，采用某一标准就必须采用该标准涉及的全部专利，技术标准控制者可以获得长期、持久的经济利益。在传统大规模工业化生产中，一般是先有产品后有标准，设立技术标准的主要目的是保证产品质量、经济以及互换和通用性。而知识技术密集型战略性新兴产业的发展，往往是标准先行，技术标准已成为许多企业面临的重大战略选择。以第三代移动通信标准为例，由于无法协调标准化参与方之间的利益冲突，国际电信联盟最终在无线传输标准方面确定了三种技术作为行业的候选标准：欧洲 Ericsson 和 Nokia 公司推出的 WCDMA、美国高通公司推出的 CDMA2000 以及我国大唐公司推出的 TD-SCDMA。与发达国家或跨国公司相比，我国在战略性新兴技术标准方面仍处于落后位置，一方面是由于一些战略性新兴产业的标准是现有高科技产业的标准升级或标准延伸；另一方面我国在新兴技术领域的技术创新能力也不足以主导新标准。为此，我国要立足于大国市场优势和需求方规模效应，以具有自主知识产权的事实标准为杠杆工具，参与和主导战略性新兴产业国际化标准的研制，力争实现技术标准开发和贸易规则建立的最优战略组合，这将是我国战略性新兴产业技术标准竞争的现实选择。

2. 新兴产业链发展：商业模式创新

新兴产业是指随着新的研究成果或新兴技术的发明、应用而出现的新的市场和产业。Khessina 和 Carroll（2008）、Lange et al.（2009）认为，新兴产业的形成一般有两种方式：一是高新技术嫁接，即全新技术或研究成果产业化形成的新兴产业；二是传统产业裂变，即技术升级或替代产品产业化形成的新兴产业[7][8]。芮明杰（2005）将新兴产业形成模式分为四种：一是新技术的产业化；二是原有产业的分化；三是关联产业中一个产业的发展带动另一个新产业的产生；四是产业融合[9]。Edmondson 和 McManus（2007）认为，对新兴产业形成模式的相关研究仍然是初期的、不成熟的，需要学者们搜集大量的数据和案例，对新兴产业进行针对性的实证研究[10]。本文根据战略性新兴产业的形成特征和发展实践，将其形成和发展模式总结为三类：一是新兴技术产业化形成的新兴产业，如半导体产业、生物医药产业等；二是产业自身的技术升级以及其他技术路径下替代产品的成功产业化形成的新兴产业，如信息产业、平板显示产业等；三是在现有产业基础上集成创新形成的新兴产业，如物联网、智能电网产业等。

无论是新兴技术产业化、技术升级还是集成创新形成的新兴产业，其提供的产品或服务对消费者而言都是"新颖的"，那么该如何吸引"先锋型消费者"进而成为市场主流产品呢？Johnson et al.（2008）认为，商业模式创新是对接新产品和消费者需求进而搭建新兴产业链的"桥梁"[11]。万钢（2010）提出要创新适应新兴产业发展的商业模式，打通新兴产业发展各个环节间的障碍，促进自主创新产品或服务拓展市场[3]。所谓"商业模式"是由客户价值主张、盈利模式、关键资源和关键流程四个要素构成，这四个要素相互作用时能够创造价值、传递价值和获取价值（Johnson et al.，2008）[11]。2005 年，经济学人信息部（EIU）进行的一项调查表明，半数以上的企业高管认为，企业要获得成功，商业模式创新比产品创新和服务创新更为重要。2008 年，IBM 公司对一些企业的首席执行官进行的调查结果也与上述观点一致。Osterwalder 和 Pigneur（2011）根据商业模式结构和行为的相似性，总结了五种典型的商业模式：非绑定式、长尾式、多边平台式、免费式、开放式（见表1）[12]。

战略性新兴产业的发展，并不局限于新兴技术的创新及其产业化，更为关键的是培育和提高链主式企业（Flagship Firm）的商业模式创新能力和资源整合能力，有机集成中小企业的核心模块创新和服务创新，将新技术和与之相匹配的商业模式结合在一起，从而形成有机协调的产业组织模式。如 Skype 公司基于点对点（P2P）技术上的商业模式创新，不仅为消费者带来了非常廉价的全球通话以及 Skype 客户端之间的免费通话，自身也成长为全球最大的语音通信运营商。对于苹果公司而言，延长 iPod 产品寿命的最佳策略不是更新技术和产品，而是借助于众多第三方软件开发商，将硬件商品和服务通过平台交易的方式黏合在一起，作为服务形态存在的iTunes网上商店，在自身实现赢利的同时，对于拉动iPod的销量、延伸产品寿命、提升顾客忠诚度都具有非常明显的作用。

表1 五种典型商业模式的演化特征分析

	非绑定式	长尾式	多边平台式	免费式	开放式
传统模式	集基础设施管理、产品创新和客户关系为一体的整合型模式	目标市场为大众化市场	目标市场只针对某一类客户	为付费客户提供高价值、高成本的产品或服务	研发资源和关键业务都集中在企业内部
挑战	成本太高；多种相互冲突的企业文化被整合到一个组织，易导致不合意的折中	为小众市场或利基市场①提供产品的成本太高	无法从期望接触现有客户的潜在客户获利	高价格限制市场规模扩大	研发成本过高或研发效率太低
模式创新	将业务外包或分拆给多个独立但又相互联系的主体进行经营	专业化经营独占利基市场，最大限度地获取收益	为潜在客户提供与现有客户交易的服务	依据客户需求的互补性，对其类客户免费或补贴	利用外部资源提高研发效率，将闲置创新资源出售
驱动因素	IT和管理方式的提高，降低了业务分拆的成本，且便于协调，避免了不合意的折中	IT的提高，企业可以低成本向大量新客户传递个性化的市场信息	为多类用户搭建交易平台，可以增加收益	可以从付费客户端获得更多的利润	降低产品研发成本，缩短产品上市周期
行业公司	银行、移动通信	图书出版（lulu.com）、玩具（LEGO）	搜索引擎、网络游戏、在线音乐	门户网站、社交网站	宝洁、葛兰素史克、Inno Centive

资料来源：根据《Business Model Generation》整理。

3. 协同发展的演化模型

根据演化经济学的技术—经济范式，战略性新兴产业发展是以技术的原始创新、跟随创新和集成创新为基础，一方面基于专利和技术标准战略构建新兴技术链，另一方面基于商业模式创新构建新兴产业链，经过实验室研发、产品设计、示范应用以及大规模标准化生产进而成为主导产业的系统创新过程（如图1所示）。从图1可以看出，在新兴技术向新兴产业跃迁的过程中存在着"死亡谷"，这意味着新兴技术链和新兴产业链之间并不是"天然协同"或"自然衔接"的关系。"死亡谷"描述的是全球范围内普遍存在的新兴科技企业高淘汰率现象：约50%的企业在创立3年内死亡，约75%的企业在创立5年内死亡，仅有13%的企业可以存活10年以上（Volberda和Lewin，2003）[13]。从新兴技术链而言，"死亡谷"意味着"从技术到产品的跃迁"过程中，技术能否经得起批量生产的考验，主要包括技术和产品标准的确立、规模生产稳定性和成本竞争力。从新兴产业链而言，"死亡谷"意味着"从产品到商品的跃迁"，主要涉及用户需求、市场策略和商业模式等众多挑战。若无法跨越"死亡谷"，这意味着战略性新兴产业很难通过从市场获取收益的方式实现自我积累式的快速成长。Murphy和Edwards（2003）、朱瑞博（2010）等研究认为，在全球创新网络分工化的背景下，"死亡谷"的根源在于创新链与产业链的相互割裂[14][15]。本文认为跨越"死亡谷"的关键在于新兴技术链与产业链的协同发展。若只强调培育新兴产业链而忽视新兴技术链，则可能导致战略性新兴产业发展与传统制造业类似，出现"无利润地忙碌"的技术空心化状态；反之则可能出现发明专利进入"尘封的殿堂"。

---

① 利基市场（Niche Market），是指那些被市场中有绝对优势的主导企业所忽略的某些细分市场。

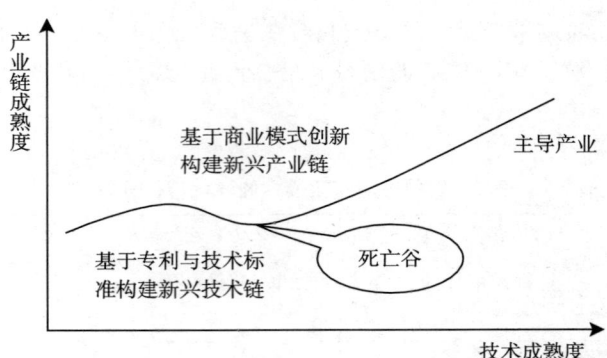

图1 新兴技术链与新兴产业链协同发展的演化模型

三、案例研究

物联网（Internet of Things，IoT）是一种基于射频识别（Radio Frequency Identification，RFID）技术和设备，实现对物的感知识别控制、网络化互联和智能化处理的信息网络。它是通信网和互联网的拓展应用和网络延伸，将成为信息技术史上继计算机和互联网之后的又一次信息化浪潮。2012年，Gartner公司将物联网列入十大战略性新兴技术的第5位，2013年升至第4位。作为下一代信息技术的重要组成部分，2012年我国将物联网规划为战略性新兴产业进行培育和发展。

1. 产业层面的案例实践

按照产业链环节，物联网产业链可以分为RFID与传感器制造商、通信模块制造商、电信运营商、中间件及应用开发商、服务提供商，与之相支撑的技术链包括RFID技术、传感器芯片技术、短距离无线通信技术和物联网组网技术等（如图2所示）。从运作模式看，物联网产业是由电信运营商提供网络平台，中间件及应用开发商通过网络平台为用户提供物联网服务，设备制造商、设备集成商、系统集成商为用户提供终端设备和集成服务，服务提供商为用户和电信运营商提供增值服务，收入由各参与主体按照产业链价值份额进行协商分成；从产业特征看，物联网产业是具有双边市场特征的"商业生态系统"，电信运营商作为创造和聚集价值的平台，为相互依赖的应用开发商和用户提供网络运营服务，应用软件开发商和用户形成正反馈的"交叉网络外部性"

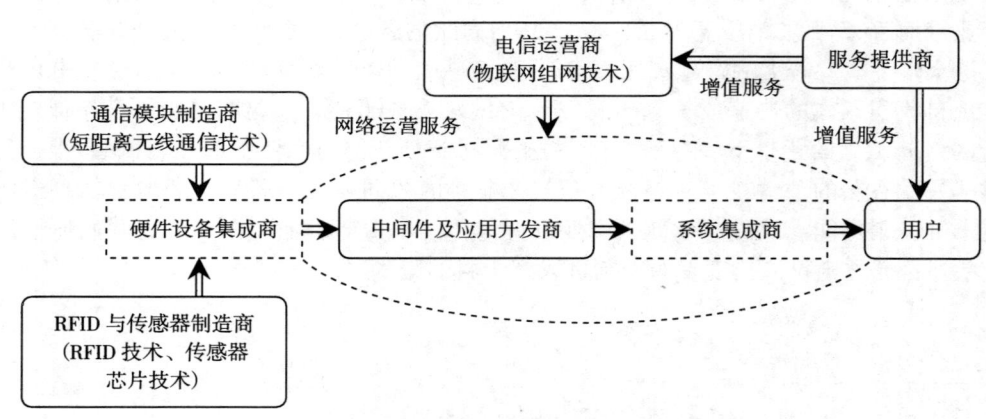

图2 物联网产业技术链与产业链结构

(Cross Network Externalities); 从产业结构看, 物联网产业包括先进制造业和现代服务业两大门类, 先进制造业以传感器件、器件芯片、网络设备等感知设备制造为主, 现代服务业以网络服务、网络运营、软件开发、系统集成、应用服务等信息服务为主。

(1) 技术链的空间分布。根据德温特专利数据库 (Derwent Innovation Index) 的统计, 截至 2011 年 11 月 30 日, 物联网产业四大关键技术专利数量共 86410 件。其中, 位居首位的美国专利数量达到 24129 件, 占全球总额的 27.9%; 中国专利数量为 17534 件, 占比 20.3%; 日本专利数量为 13528 件, 占比 15.7% (见表 2)。尽管我国在专利数量上具有一定优势, 但专利结构的缺陷将制约物联网产业自主技术链的构建。一方面表现为缺乏关键核心技术, 我国在超高频芯片天线设计与制造、RFID 卷标封装技术与装备、读写器关键芯片、测试技术等方面, 自主创新能力和研发水平总体相对较低, 在许多国家重大专项设备的采购中, 核心芯片的采购均由跨国公司垄断。另一方面表现为缺乏控制高端产品专利的链主式企业, 即缺乏决定技术标准、掌握技术标准制定权、主导技术革新和演化方向的核心企业。RFID 专利数量前 20 的机构有 11 家日本企业、6 家韩国企业、2 家美国企业和 1 家德国企业。即使在我国专利数量领先的传感器领域, 前 20 的机构中也仅有中国科学院和浙江大学两家研究机构, 而韩国和美国均有 6 家企业, 日本有 4 家企业。

表 2 全球主要国家或组织物联网技术专利数量及比例 (单位: 件, 括号内为占全球比例: %)

	美国	日本	韩国	中国	德国	欧洲专利组织
RFID	10038 (30.8)	5777 (17.7)	4077 (12.5)	3788 (11.6)	1176 (3.6)	1351 (4.1)
传感器芯片	4098 (18.2)	5335 (23.7)	1206 (5.4)	6779 (30.1)	1381 (6.1)	926 (4.1)
短距离无线通信	7694 (31.3)	1980 (8.1)	3029 (12.3)	5250 (21.4)	698 (2.8)	1132 (4.6)
物联网组网	2299 (34)	436 (6.4)	797 (11.8)	1717 (25.4)	89 (1.3)	281 (4.2)
总计	24129 (27.9)	13528 (15.7)	9109 (10.5)	17534 (20.3)	3344 (3.9)	3690 (4.3)

资料来源: 根据德温特专利创新索引数据库 (DII) 整理, 截至 2011 年 11 月 30 日。

(2) 技术标准竞争。由于物联网产业涵盖众多技术、行业和领域, 制定一套普适性的国际标准几乎是不可能的, 标准的开放性和所面对的市场规模将是其能否被接受的关键问题。2008 年, 我国率先启动物联网标准制定, 并加入三大国际标准化组织——国际标准化组织 (ISO)、国际电工委员会 (IEC) 和国际电信联盟 (ITU) 的物联网标准工作组。我国提出的传感网体系架构、标准体系、演进路线、协同架构等代表传感网发展方向的系列标准被 ISO 和 IEC 国际标准认可, 已成为国际传感网标准化的四大主导国 (中、美、韩、德) 之一。2011 年, 国家标准委设立了交通、农林、智能电网、智能家居等六大行业物联网应用标准工作组, 主要是根据应用特定需求, 开展物联网行业标准体系建设, 为物联网行业应用标准提供技术支撑。2012 年, 国际电信联盟审议通过了由我国工信部电信研究院牵头提出的 "物联网概述" 标准草案, 该标准是全球第一个物联网总体性标准, 包括物联网的概念、术语、技术视图、特征、需求、参考模型、商业模式等内容。总体而言, 物联网产业的标准竞争仍处于起步阶段, 从物联网核心架构到各模块的技术体系与产品接口尚未实现标准化。为了维护产业安全, 我国需要强化标准竞争战略, 优先制定涉及国家信息安全的物品编码标识及解析体系等关键资源标准、物联网架构标准和具有大规模应用前景、需要信息共享和互联互通领域的行业应用标准。

(3) 商业模式创新。由于物联网属于信息产业领域集成创新而形成的新兴产业, 美、欧、日、韩等信息技术能力和信息化程度较高的国家在市场应用和商业模式方面占据领先地位。从产业发展模式看, 这些国家大多呈现出 "以商业模式创新和示范应用带动基础设施建设, 进而带动产业链各环节联动发展"的产业演化趋势。我国《物联网"十二五"发展规划》也明确提出，要以重点行业和重点领域的先导应用为引领，开展应用模式的创新，促进应用、技术、产业的协调发展。美国物联网无论是企业应用还是个人消费领域，商业模式创新不断涌现，如得克萨斯州的智能电网可以让用户通过手机控制家电，耐克与苹果公司推出Nike+iPod运动组合可以为用户提供个性化的健身计划。我国物联网在安防、交通、医疗和环保等领域也展开了示范应用，2012年我国物联网市场规模达到3650亿，同比增长38.6%。物联网产业领域目前主要存在三种"绑定式"的商业模式：一是以美国IBM为代表的系统集成商为用户提供服务，系统集成商采购物联网设备，自行开发、外包或采购应用软件，集合成完整的业务解决方案提供给用户；二是以美国Jasper Wireless、英国Wyless为代表的移动虚拟运营商（MVNO）为用户提供服务，移动虚拟运营商拥有业务软件平台，租用电信运营商的网络，购买终端设备为用户提供业务解决方案；三是以法国Orange、美国AT&T为代表的电信运营商为用户提供服务，电信运营商作为价值链的主导者，采购或集成终端设备、应用软件，为用户提供一体化服务。随着物联网应用领域和市场规模的快速扩张，产业链环节的价值分工必将趋向专业化和精细化，商业模式形态将不断发生裂变，众多新兴商业模式将涌现出来，如多边平台式、长尾式、开放式等。2012年，我国互联网用户已经达到5.64亿，互联网普及率为42.1%。我国物联网产业应立足于用户基础和本土市场优势，培育链主式企业的商业模式创新能力，逐步形成标识、感知、信息传送、信息分析和应用服务等产业链环节的联动发展，从而带动行业、企业以及个人应用市场的发展。

2. 企业层面的案例实践

IBM公司是物联网产业理念的创造者和实践者，2008年IBM发布了"智慧地球"战略，认为智慧地球是互联网与物联网的融合。IBM公司2012年收入达到1045亿美元，净收入为106亿美元。其中，"云计算"业务收入增长80%，"智慧地球"业务收入增长25%，软件收入只增长了2%。

从提出"智慧地球"战略以来，IBM公司通过内涵式创新和外延式拓展来提升技术创新能力，以核心专利战略来构建物联网技术链。根据德温特专利数据库的统计，2009~2011年IBM物联网专利数量全球排名第二，拥有RFID射频标签和传感器的系统解决方案。根据中国专利数据库的统计，截至2010年12月，IBM在中国申请物联网关键技术专利46件，排名第八。此外，IBM积极利用并购方式获得技术来源，以增强技术能力。例如，IBM在2007年11月以50亿美元收购Cognos，强化在商业智能软件领域的技术竞争力；2010年7月收购数据压缩技术公司Storwize，帮助客户减少高达80%的物理存储；2010年9月以17亿美元收购数据分析公司Netezza，提高数据分析和处理能力；2013年3月收购商业分析公司Star Analytics，增强其提供商业分析解决方案的技术能力。自2005年以来，IBM投入了160多亿美元收购了33家应用软件和智能分析类企业，以创新资源来源的多元化增强企业的知识基础和创新能力。

物联网产业化发展可以分为点状物联网个人或企业应用、线状物联网行业应用以及网状物联网城市生态系统，IBM通过商业模式创新使"点"、"线"、"网"三种不同形态的物联网应用实现了产业链的整合和跨行业的融合。以IBM"智慧交通"的商业模式为例，其客户价值主张体现为四个方面：一是预测交通需求，优化道路交通基础设施和通行能力；二是改善点到点通行体验；三是提高交通系统运行效率；四是确保系统安全与保密。IBM根据不同城市的交通需求的异质性特征，从交通数据分析、交通网络优化及交通服务整合等方面建立了智能交通成熟度评估模型，通过决策支持系统优化工具（DSSO），为城市提供集成化的"智慧交通"解决方案，并且在瑞典斯德哥尔摩、新加坡、英国伦敦取得了显著成效（见表3）。

表3 IBM公司"智慧交通"解决方案的案例实践

城市	"智慧交通"解决方案的绩效反馈
斯德哥尔摩	◎汽车使用量降低25%，公路交通尾气排放减少14% ◎车辆等待时间缩短50%，乘公交出行人数增加40000人/日 ◎城市污染级别下降10%和15%，2010被评选为欧洲第一个绿色首都
伦敦	◎公共交通使用率提升40% ◎4%私家车主改变出行方式
新加坡	◎乘客使用多模式智能卡乘坐任何形式的交通工具 ◎由系统问题产生的收入损失降低80%

资料来源：根据IBM发布的《智能交通：城市如何提高流动能力》整理。

四、结论与政策建议

与发展中国家在传统产业领域追赶的发展模式不同，战略性新兴产业的培育和发展具有不同的内在要求。战略性新兴产业的主导技术演化路径是不确定的，而市场在接受程度上的不确定性可能还高于技术的不确定。目前全球战略性新兴产业大多处于从概念形成到局部应用的导入阶段，尚没有可供借鉴的成熟模式，各国需要根据创新能力和用户市场状况做出战略选择。在全球开放式创新的背景下，我国战略性新兴产业的发展关键在于技术链和产业链的协同发展，而我国长期以来在技术和产业方面已形成了结构性缺陷：技术处于对国外核心技术、关键元器件、关键成套设备依赖度非常高的"空心化"状态，产业处于全球价值链的低端制造环节，甚至面临"产业空洞化"风险。战略性新兴产业的发展，必须改变这种低端锁定式的结构性缺陷局面，以专利和技术标准战略构建自主技术链，以商业模式创新发展自主产业链，将技术链的"创新驱动"和产业链的"市场拉动"协同连接，这将是我国突破"中等收入陷阱"的战略选择。战略性新兴产业发展不仅是企业层次，更是国家层次的博弈竞争过程，迫切需要创新产业政策，扶持产业发展。

一是支持产业链两端延伸，鼓励产业高端化发展。产业政策不仅要明确扶持的产业门类，更要确定鼓励发展的产业链环节，避免"产业新兴、低端发展"状况。以我国光伏产业为例，我国多晶硅需求有50%左右需要进口，98%的光伏电池产品依赖国际市场，这种"两头在外"的产业发展模式，与加工贸易并无区别。为了避免战略性新兴产业发展中加工环节过度膨胀和无序竞争的局面，要明确为一般性加工环节的制造企业制定产业进入壁垒。

二是聚焦核心技术环节，鼓励企业创新发展。产业支持政策要重点向核心技术环节倾斜，避免以产能规模或企业规模等为非技术和效率标准制定优惠政策的倾向，鼓励一批创新能力强的大型企业，让其参与国际优秀科技资源的竞争，在国际范围内形成链主式企业。在创新全球化背景下，"技术专利化、专利标准化、标准国际化"已成为产业技术竞争的重要特征。从专利和标准竞争的战略高度，构建以链主式企业为核心的开放式创新网络，在技术研发阶段建立合作创新联盟，在技术扩散阶段建立专利转让联盟，在协调一致的基础上逐步形成自主技术链和产业标准。

三是支持商业模式创新，引导企业基于本土市场构建国内价值链。战略性新兴产业通常会面临潜在市场空间巨大、现实市场拓展困难的共性问题。所以，一方面要鼓励企业立足本土市场优势和规模效应，充分挖掘和分析用户需求，以商业模式创新培育和发展国内市场需求；另一方面要通过政策手段积极引导对战略性新兴产业的消费需求。例如，为了推动低碳经济的发展，欧盟制定了严格的汽车排放标准，促进旧车的淘汰，并降低电动汽车的登记及流转税。

参考文献

［1］张国胜. 技术变革、范式转换与战略性新兴产业发展［J］. 产业经济研究，2012（6）.

［2］Hertzfeld，H.R.. NASA Patent Waivers and Licenses［R］. NASA Research Report，1980.

［3］万钢. 把握全球产业调整机遇，培育和发展战略性新兴产业［J］. 求是，2010（1）.

［4］Day G. S.，Hschoemaker P. J.，Gunther R. E.. WHARTON on Managing Emerging Technologies［M］. New York：John Wiley & Sons，Inc.，2000.

［5］银路，王敏等. 新兴技术管理导论［M］. 北京：科学出版社，2010.

［6］李仕明，李平，肖磊. 新兴技术变革及其战略资源观［J］. 管理学报，2005（3）.

［7］Khessina，O.M.，G.R. Carroll. Product Demography of De Novo and De Alio Firms in the Optical Disk Drive Industry，1983-1999［J］. Organization Science，2008（19）.

［8］Lange，D.，S. Boivie，A. Henderson. The Parenting Paradox：How Multibusiness Diversifiers Endorse Disruptive Technologies while their Corporate Children Struggle［J］. Academy of Management Journal，2009（52）.

［9］芮明杰. 产业经济学［M］. 上海：上海财经大学出版社，2005.

［10］Edmondson，A. C.，S.E. McManus. Methodological Fit in Management Field Research［J］. Academy of Management Review，2007，32（4）.

［11］Johnson，M. W.，Clayton M. Christensen，Kagermann. Reinventing your Business Model［J］. Harvard Business Review，2008（12）.

［12］Osterwalder，A.，Yves，P.. Business Model Generation［M］. New Jersey：John Wiley & Sons Inc，2010.

［13］Volberda，H. W.，and Lewin，A. Y.. Co-evolutionary Dynamics within and between Firms：From Evolution to Co-evolution［J］. Journal of Management Studies，2003，40（8）.

［14］Murphy，L.M.，Edwards，P. L.. Bridging the Valley of Death：Transitioning from Public to Private Sector Financing［R］. Colorado：National Renewable Laboratory，2003，No：7200-2050.

［15］朱瑞博. "十二五"时期上海高技术产业发展：创新链与产业链融合战略研究［J］. 上海经济研究，2010（7）.

产业集群组织模块化与战略性新兴产业发展研究
——以湖南工程机械业为例*

曹虹剑 刘 丹 张亚琴**

  随着知识经济和信息技术的发展，经济全球化的程度越来越深，国际分工已经由产业内分工发展到产品内分工，世界各国的产业、企业联系越来越紧密，使得生产网络日益全球化。随着产品设计的模块化和生产过程的模块化，产业组织形式也出现了模块化倾向。哈佛大学的教授鲍德温和克拉克（Baldwin and Clark，2000）通过对硅谷高新技术产业集群的分析，得出新经济时代就是"模块化时代"的结论。斯坦福大学青木昌彦教授在《模块时代：新产业结构的本质》一书中指出："模块"是指"半自律性的子系统，通过和其他同样的子系统按照一定的规则相互联系而构成的更加复杂的系统或过程"。而模块化（Modularization）是指通过每个可以独立设计的，并且能够发挥整体作用的更小子系统来构造复杂的产品或业务过程（青木昌彦，2003）。狭义模块化是指产品设计的模块化，而广义模块化是指把一系统（包括产品、组织和过程等）进行模块分解与模块集中的动态整合过程。中国制造业，尤其是战略性新兴产业组织模块化发展的趋势已经形成。工程机械业是湖南省战略性新兴产业最重要的组成部分，研究产业组织模块化有助于湖南工程机械业优化升级，同时对中国产业集群及战略性新兴产业的发展有重要启示。

一、产业集群组织模块化及其升级方式

  1. 模块化集群的系统结构

  模块化生产组织形式有一个很大的特点：一个复杂的产品系统可以分解为许多子模块，各子模块之间的联系规则一旦确定，各个子模块不需事先集中系统便可以自行演化，这样既保证了系统各部分之间的可兼容性，又保证了系统内持续、异质化的创新能力。模块化生产最早被运用于工艺设计上面，随着现代企业网络化发展与国际横向分工的深化，许多产业内的企业和产业组织也呈现出模块化态势。正如青木昌彦指出：现代企业不断分权、扁平化的过程以及价值链的分解与整合的过程实际上就是组织模块化的过程（青木昌彦，2003）。企业组织模块化的更高级阶段是产业组织的模块化：整个产业按模块分工、整合，形成一个模块化的产业组织。产业组织模块化

---

  * 国家社科基金青年项目（13CJY057）；教育部人文社科规划基金项目（11YJA790006）；2012湖南省普通高校青年骨干教师培养计划；湖南师范大学青年优秀人才培养计划（2011YX05）。
  ** 曹虹剑（1975—），男，经济学博士，湖南师范大学商学院副教授，研究方向为产业经济学；刘丹（1989—），女，湖南师范大学研究生；张亚琴（1990—），女，湖南师范大学研究生。

的典范是美国硅谷,产业组织模块化顺应了世界经济发展的潮流与趋势,能够更好地促进产业集群往更高的方向发展。模块化产业集群是指在一个产业中,将产业链或价值链上相关环节拆分为模块,由系统规则设计者或系统整合者设计出一套产业联系规则,并以系统规则将模块供应商联系起来,形成一个模块化生产网络;这种模块化生产网络不同于以往的产业组织或产业集群,因为统一的系统联系规则的存在,模块化产业组织可以组织接近或价值接近代替地理接近,这样一来产业集群便可以虚拟群(Virtual Clusters)的形式存在。模块化生产网络或模块化集群是一个递归性质的系统,一旦联系规则确定,模块化系统内部可以衍生出多层次的子模块化系统,使整个产业形成一个扁平化的网络化组织系统。在图1中,一个模块化集群由N个模块组成,每个模块又有自己的子模块系统,如模块A拥有A_1、A_2、…、A_n共n个子模块。同理,A_1还可以有自己的子模块化系统。在模块化集群中模块化之间既合作又竞争,构成一个复杂的竞合系统。

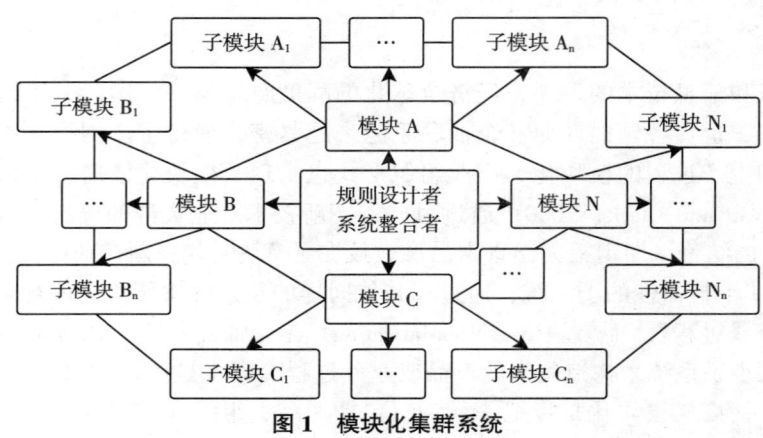

图1 模块化集群系统

传统产业集群是指同一产业内相互关联的企业在地域上的集中,强调不同生产要素在空间上的聚集,产业集群发展主要依靠规模经济、要素集聚、低运输成本等优势。与传统的产业集群不同,模块化集群是以知识分工为基础的,它比传统产业集群的分工更为细致,不强调地域的概念,其优势来源于网络的外部性(Network Externality)、范围经济、低交易费用与高创新能力。

2. 产业集群模块化升级方式

一般来说,产业或产品升级包括工艺升级、产品升级、功能升级三个层次。工艺升级注重的是提高产品生产的效率,产品升级注重的是产品多样化与创新,而功能升级强调从产品制造功能转向产品价值链或产业链的更高端。产业集群的升级则包含了两层含义,一是产业升级,二是产业组织升级。产业集群模块化升级方式包括两个方面:一方面,在产品模块化分工条件下,私人信息"包裹化"导致各个模块供应商之间"锦标赛"式的竞争和大量异质性创新活动的涌现,在统一的系统规则联系下,各个模块化供应商不需事先集中便可以实现工艺和产品的自行演化、升级。同时,从功能升级的角度来说,模块供应商可以向价值网络的更高端升级,系统规则制定者可以随着市场变化而调整系统联系规则,而系统整合者能完善网络、降低网络整合的交易费用,将系统整合成一个更具创新力的动态网络。另一方面,在产业集群组织模块化条件下,传统的产业集群由纵向的产业链演变成横向的价值网络。传统产业集群组织以地域为界限,模块化集群则是跨地域的虚拟组织,通过对全球价值网络的重组和整合,能以较低的交易费用在全球整合资源,促进整个产业的整体价值提升,实现产业的可持续创新。同时,产业集群组织模块化还能加速产业融合,增加产业间的互补性与可连接性,使多个产业经济系统以一个动态的、网络化的形式存在。中国制造业,尤其是战略性新兴产业组织模块化发展的时代已经来临。

二、湖南省工程机械产业集群模块化发展现状

近年来,湖南工程机械业发展十分迅猛,每年以超过50%的速度增长。2011年,湖南工程机械产业集群总产值超过1000亿元大关,成为中国最大的工程机械生产基地。湖南工程机械产业已经形成了以长沙市为中心,以三一重工、中联重科、山河智能等企业为"龙头",以21家主机企业为核心,规模以上工程机械工业企业94家,协作配套中小企业400余家的产业集群。湖南工程机械产业能生产工程机械行业内13个大类、120多个小类、600多个型号规格的产品,其中多个产品领先全国,而三一重工的混凝土泵和沥青路面智能机群成套设备、中联重科的汽车起重机和定向水平钻以及山河智能的凿岩机器人已达到了国际领先水平。根据《国际建设》杂志 (International Construction) 发布的2013年度全球工程机械业排行榜,三一重工、中联重科、山河智能分获全球工程机械行业第5名、第6名和第47名。①

1. 湖南工程机械产业集群组织演进机制:从纵向分工到横向分工

随着技术的不断发展与深化,分工也不断精细和深化,除了传统的纵向分工,还有横向分工以及混合型分工。所谓纵向分工结构是指按照权力的上下级关系或者技术关联中上下游关系进行的链条式分解,即形成产业链。而横向分工则意味着同质位链条的分解,所谓同质位是指在价值创造、生产流程上处于同一层面。当纵向分工与横向分工同时存在并有机地结合在一起时,就形成了网络型的混合分工结构。当新的分工从线性的生产工序、生产工艺的分工发展演变为平面的或立体的网络功能分工,这种分工就是我们所说的"模块化"(胡晓鹏,2004)。湖南工程机械产业集群不断发展升级,产业链随着发展的进程逐步走向模块化。湖南工程机械产业集群的纵向产业链是由原材料供应商、主机及关键部件制造商、配件与零部件制造商、中介服务机构、规制管理机构等构建成,而产业链上的某个结点比如主机制造商就是由三大"龙头"企业和其他中小主机企业负责,这个结点上的所有企业围绕着这个结点进行了横向的分工,形成了一个模块。那么,在这个纵向的产业链上,每个结点都有许多参与了横向分工的子模块企业,而结点与结点连接,同一模块的子模块相互连接,就形成了一个立体的模块化组织网络(温承革、王勇、杨晓燕,2006)。

2. 湖南工程机械产业集群组织模块化结构

通过模块化分工,湖南工程机械模块化产业集群内的企业形成了以系统总成模块商为中心,以研发设计机型模块商、信息交流咨询模块商、主机模块商、关键零部件模块商、普通配件及零件模块商、整机装配模块商等为包围的网络组织。如图2所示,集群中的"龙头"企业(长沙中联重科、三一集团、山河智能)作为系统集成商,是这个模块化网络组织中的规则设计者和系统整合商;主机模块是由包括三大"龙头"企业和其他中小主机企业如中铁轨道重型装备等在内的20多家企业构成,那么这些企业也成为主机模块的子模块供应商;普通配件以及零部件模块下面包括很多子模块如车身及附件模块、行驶装置模块等,每个子模块又由几十家子模块供应商组成;关键零部件对整机的质量影响较大,技术难度大,保密要求高,比如发动机、液压泵、液压马达等,所以关键零部件模块很大一部分是由"龙头"企业以及进口构成,湖南本地的子模块供应商只占了很小一部分;系统总成模块负责的是产品机械的运作系统,如液压传动系统、智能控制系

---

① 数据来自三一重工(www.sanygroup.com)、中联重科(www.zoomlion.com/)、山河智能(www.sunward.com.cn)的官方网站。

统等,由于运作系统对产品非常关键,系统总成模块也主要是由龙头企业及其子公司构成;物流以及销售服务模块主要是由龙头企业以及总装企业、机械租赁和销售公司来担任子模块供应商;研发设计模块的子模块供应商则是由龙头企业的研发部、国防科大等研究所和高校构成;信息交流及咨询模块则是由中国工程机械品牌网、中国工程机械工业协会长沙分会、本地检测机构等子模块供应商构成。这些子模块围绕着核心模块厂商——三一集团、中联重科、山河智能(也就是系统集成商),形成了湖南工程机械产业集群的模块化组织网络。

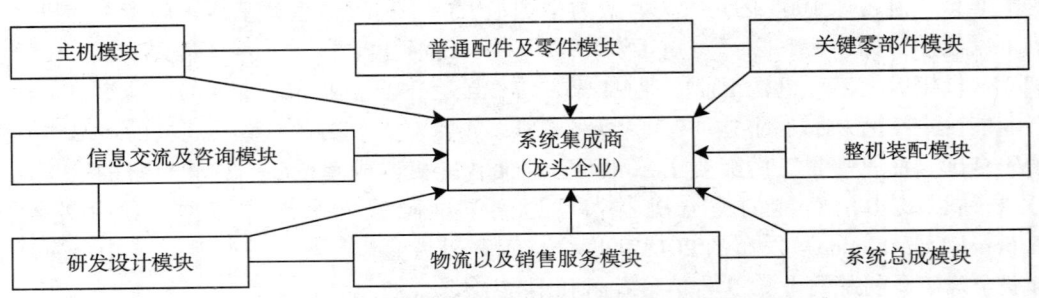

图2 湖南工程机械产业集群的模块化组织结构

核心企业主导模块型模式是指模块供应商在核心企业的协调下负责设计、制造各个模块(配件),最后由核心企业统一整合成最终产品。显然,湖南工程机械产业集群系统运作组织模式属于核心企业主导模块模式(于伟、倪慧君,2010)。集群中的核心企业,即三一集团、中联重科、山河智能都是系统集成商和规则设计者,并且三一和中联还是标准的制定者,它们在自己的核心技术的基础上,都有能力通过模块设计、分解以及整合,搭建模块运作的系统信息,并利用自身的品牌优势和技术辐射能力吸引、指导和选择集群模块供应商,实现集群网络体系的重组和优化。

在模块化网络组织中,产业标准或规则制定者可以享有最高的利润,系统整合者也享有较高的利润(曹虹剑、张慧、刘茂松,2010)。关键零部件模块供应商所获利润也较高,利润最低的是替代性强、技术含量低的模块。在湖南工程机械产业集群的模块化网络系统中,利润最高的是系统集成商——三一、中联以及山河智能,它们是核心模块的产业标准制定者和规则制定者,同时也是产品整合者、品牌拥有者。除了三大"龙头"企业之外的主机模块供应商和关键零部件模块供应商的利润次之。利润相对较低的是竞争激烈、替代性强的普通配件与零部件模块供应商(见表1)。

表1 湖南工程机械产业集群模块化产品内分工

模块	公司名称	附加值
系统集成商(核心模块)	三一集团、中联重科、山河智能	高↑
品牌、渠道	三一、中联、山河、中铁轨道、长沙重机等	
关键零部件,如液压泵等	湖南中成机械等	
普通配件及零部件,如车架等	长沙建鑫机械、长沙天为工程机械等	低↓

3. 湖南省工程机械业在全球模块化网络中的位置

在研发设计方面,湖南工程机械产业集群坚持自主创新与引进消化吸收再创新紧密结合。三一集团、中联重科、山河智能基本上每年将销售收入的5%~7%投入研发,都拥有多个高级研发中心以及机构的支持,其中三一集团和中联重科主持和参与了多项国家标准和行业标准的制订和修订工作,并创造和保持了多项行业世界纪录。山河智能也已在军用工程机械和通用航空设备等十多个领域,成功研发出上百个规格型号的具有自主知识产权和核心竞争力的高品质、高性能工程机械产品。在零件和配件配套方面，湖南工程机械产业集群制造及配套水平并不高。目前，湖南工程机械配套企业有将近400家，基础配套部件的生产以中小企业为主，企业本身的科研开发能力薄弱，其他许多零部件的采购很大程度上依赖省外，而许多关键零部件则主要依赖进口，如液压件、高强钢板等。

表2 三大龙头企业营业收入和国际收入（2008~2011年）

国际收入（万元）	2008年	2009年	2010年	2011年
三一重工	346379.72	135902.93	213106.63	342504.11
中联重科	276750.99	261480.66	153031.01	223794.26
山河智能	23285.19	11089.87	27798.69	22228.119
营业收入（万元）	2008年	2009年	2010年	2011年
三一重工	1426219.64	1897581.48	3395493.91	5077630.15
中联重科	1354878.43	2076216.31	3219267.32	4632258.07
山河智能	125457.01	145167.38	283813.78	308967.15

在产品市场和售后服务方面，三大"龙头"企业已经在国际市场上打响了工程机械"中国制造"品牌。目前，三一、中联集团、山河智能的业务最大范围能覆盖全世界150个国家，在国内都有以长沙为中心的产业基地，在国外的也都有分支机构以及生产基地，以配件仓库为核心的全球物流体系和服务支持系统已经形成。由表2可以看出，三大企业的发展十分迅速，总营业收入一直都增长十分迅速，而国际收入也慢慢回到了2008年的金融危机之前的状态，这说明湖南的工程机械在世界上的地位已经不容小觑。

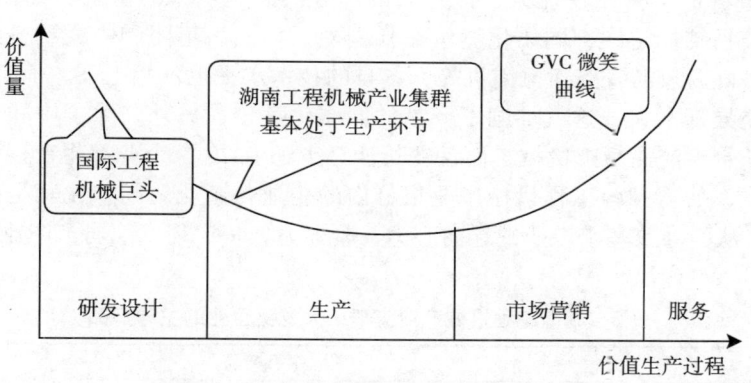

图3 工程机械产业GVC

工程机械产业集群所在GVC（全球价值链）都存在四个环节，即研发设计（技术）、生产、营销和服务，其中研发和服务环节都能获得高的价值分配，而生产环节获得最低的价值分配，处于曲线的底端，因此这四个环节连接起来一般具有微笑曲线形状（如图3所示）。国际工程机械巨头通过制定产业的各种技术标准，控制研发技术环节和国际市场营销渠道，在GVC上处于最高的地位；湖南工程机械产业集群的三大核心企业嵌入了GVC研发设计环节和品牌营销服务环节，产业附加值较高；在核心企业三一重工和中联重科等带领下快速融入GVC，但由于研发设计能力不强，嵌入GVC时间较短，湖南工程机械产业集群整体上还是处于产业附加值较低的生产环节。总的来说，湖南工程机械产业集群因为三大"龙头"企业的实力，发展前景十分可观。为了在全球价值链上走得更高，湖南工程机械产业集群需要走产业集群模块化升级道路，实现更好的发展（侯茂章、朱玉林，2012）。

三、湖南省工程机械产业集群模块化升级障碍

1. 研发设计模块：投入不足，创新能力不强

集群内企业的研发费用投入都不足。三一重工、中联重科和山河智能三家企业的研发投入比重虽然占到销售收入的 7%，但与国外工程机械的巨头美国卡特彼勒集团和日本小松相比，研发投入总额差距相当大，研发比重有待进一步提高，集群内新产品科技贡献率也有待加强。产业集群内部关于共性技术和关键技术的研究不够，加之 R&D 投入不足并且过于分散，使得引进的国外先进技术不能充分消化吸收并在行业内快速推广应用，严重制约了国内工程机械产业集群在国际市场上的竞争能力。另外，集群内企业自主创新能力不足，拥有自主知识产权的核心技术虽然慢慢增多，但还是不够，部分核心技术仍然受制于人。这严重制约了湖南工程机械产业集群在国际市场上的竞争能力，也导致集群在价高利厚的大型高端产品方面还有许多空白之处。比如，土方机械占世界工程机械市场的 66%，在全球工程机械排名前 4 位的企业卡特彼勒、小松等国际工程机械巨头大都以制造土方机械为主。而湖南工程机械在这一领域的力量却十分微弱，中联重科在土方机械领域还是刚起步，山河智能和三一集团近几年在土方机械领域取得了一定进展，但市场占有率很低。

2. 主机模块：同质化竞争激烈，产品质量有待提高

湖南工程机械产业集群的两大"龙头"企业中联重科和三一重工，混凝土机械产品均是其主打产品，在全国市场都具有比较优势，但它们的部分产品有较大的重叠。如表3所示，三大"龙头"企业的主要产品结构雷同，同质化竞争非常剧烈。如三一集团和中联重科的主导产品均有混凝土输送泵、压路机以及沥青路面摊铺机等，各自的技术水平也不相上下，而且产品性能、质量、类型以及价格上差异都不大，这就加剧了产品的同质化竞争。另外，除了中联重科和三一集团以外，山河智能也开始生产混凝土机械，而且在长沙至少还有 20 家企业都生产混凝土机械。由于产品结构趋同与重复，使得湖南工程机械产业集群内的企业与企业之间，尤其是核心企业之间竞争有余、合作不足，从而导致整个产业缺乏向心力、凝聚力，一定程度削弱了产业的整体竞争能力。

表3　湖南工程机械产业集群三大龙头企业的主导产品

企业名称	主打产品
三一重工	混凝土机械，起重机械，压路机，沥青摊铺机，平地机，挖掘机械，桩工机械，港口机械等
中联重科	混凝土机械，起重机械，环卫机械，路面机械，筑养路机械，消防机械等
山河智能	大型桩工机械，现代凿岩设备，挖掘机械、小型工程机械、煤矿机械，路面机械以及起重机械等

3. 关键零部件模块：发展滞后，零部件对外依存度大

湖南工程机械产业集群生产高端产品的关键零部件常常受制于人，很多核心零部件必须依靠省外进货甚至国外进口，如精密液压件、变速器、专用汽车底盘、发动机、控制阀、控制电器及高强钢板等。据调查，仅三一集团和中联重科每年外购汽车底盘的金额就超过 100 亿元。那些关键零部件受制于国外少数厂家，它们不仅价格高、订货周期长，而且很难订到货，这就加大了企业的生产成本，降低了企业的利润。据专家测算，湖南每年需要进口的工程机械零部件在 50 亿元以上，订货期短的也需要半年以上。关键零部件如此依赖进口，这对湖南工程机械产业集群的企业而言，不但增加了制造成本，降低了利润，也使其正常生产、发展受到限制，严重制约了集群

的发展壮大（胡明铭、徐姝，2009）。

4.基础配套零件模块：企业成长环境较差，配套能力弱

湖南工程机械产业集群的中联、三一、山河智能等工程机械主机生产企业，产品畅销世界各地，但与工程机械行业密切相关的配套环境却不够理想。首先，湖南工程机械产业集群内的企业数量较少，从而导致集群产业链条不长，与龙头企业相配套的关联企业也比较少，70%的外协件不在省内生产。其次，配套企业在生产、技术上的水平完全跟不上"龙头"企业，还有人才、资金的缺乏等方面的问题等，使得基础配套零件的产品质量、生产效率、制造成本等都达不到"龙头"企业的要求，产业整体制造水平不能快速提高。再次，集群内众企业之间竞争有余，合作不足，各"龙头"企业不是联合起来解决零部件配套难题，而是分别耗巨资建设自己的配套园区、配套体系。最后，长期以来政府对配套企业尤其是民营中小企业不够重视，使得中小企业经常面临融资渠道不畅、资金短缺、人才匮乏等问题。然而长期的大企业大项目导向政策，使得"龙头"企业快速发展壮大，而与之配套的中小企业发展更加缓慢，造成了湖南省工程机械产业集群主机企业强、配套环境差、省内配套率小的不正常状况。

5.服务模块：中介服务机构发展滞后，服务体系不配套

在湖南工程机械集群集聚地长沙市，各种与工程机械相配套的社会化服务体系如融资服务、人才培训、技术服务、信息咨询服务、法律服务、会展服务、物流配送等社会化服务体系还没有建立起来。目前，融资困难仍是湖南工程机械产业集群内中小企业遇到的一大难题，缺乏专门为中小企业服务的金融服务机构和风险投资体系，资金的匮乏已经成为制约集群内中小企业发展的"瓶颈"。同时，尽管湖南有国内一流的高等院校，如国防科大、中南大学、湖南大学等，但高校中工程机械专业的水平和影响并不大，工程机械技工学校也不强，就算有培养出来高技术人才等都流向了上海、广州等沿海地区。

四、湖南工程机械产业集群组织模块化升级思路

湖南工程机械产业集群要升级，就要围绕产业链这条主线，走模块化发展道路，以"龙头"企业为中心，建立信息咨询交流平台，健全生产配套、研发培训、市场贸易、运行服务等公共服务平台，充分发挥政府和社会中介组织的作用，打造一条完整、清晰、竞争力强的工程机械产业链，扩大工程机械产业集群规模，提高工程机械产业集群整体竞争力。

1.研发设计模块：进行创新合作，加强"产、学、研"的结合

三一重工、中联重科、山河智能三大"龙头"企业每年的R&D投入虽然不少，但和国际巨头比起来还是差一大截，所以，三大"龙头"企业应该加大研发的投入经费，并提高科技研发的贡献率。在模块化集群组织网络里，各个功能子模块独立地在自己的细分市场进行创新，然后再通过统一的界面整合，大大增加了创新成功的概率。三大"龙头"企业应该加强模块化的处理方法，使得组织创新能力增强。由于集群的系统集成商并不是国际标准的制定者，要使集群在全球价值链上更进一步，三大"龙头"企业要将研发重心放到自主研发核心技术和制定国际标准方面，增强集群的国际竞争力（柯颖、王述英，2007）。集群内企业要建立自主创新激励机制，其中高新技术研发人才是提高创新能力的关键。龙头企业可以高薪聘请国内外的工程机械研究人才，并通过薪酬激励机制来引导研发人员不断进步、不断创新。除了引进高端人才，湖南工程机械产业集群还应该积极鼓励高校和培训机构培训更多的本土人才。集群内企业可与大学、研究机构一起组建研究生院，并为高校及科研院所提供实习基地，组成"产、学、研"的合作网络，搭建产学研合

作开发平台，鼓励企业、大学以及研究机构组建技术研发战略联盟，加快高校科研成果转化速度。

2. 主机模块：调整产品结构，打造世界品牌

湖南工程机械产业集群的龙头企业同质化竞争太激烈，三大"龙头"企业以及其他主机模块供应商应该调整产品结构，产品上实施差异化战略，进行理性竞争。借助已有的科研实力和基础平台，三大"龙头"企业应该围绕国家急需的重大装备开展产品技术攻关，积极开发可靠性高、性价比高并具有国际竞争力的高端产品，进行产品结构的调整和扩展。比如三大"龙头"企业在土方机械方面应该加强技术研发，并推进其他产品的创新，保障产品的质量，在现有的产品规模上扩展新产品，开发新市场。集群内企业要进一步提升高技术含量和高附加值工程机械产品的比重，实现产品结构从中低端向高中低端，并以高端产品为主的战略性转变，实现产业整体经济效益和产业效率的快速提升。另外，三一重工、中联重科和山河智能在国际上享有一定的声誉，但是还算不上世界知名品牌。要打造全球闻名的品牌，就要保证产品的质量和服务，在这个基础上提高外观度、操作舒适度和产品特性，选择自己擅长的核心主导产品进行发展和壮大，比如中联重科的汽车起重机、三一重工的混凝土泵以及山河智能的凿岩机器人等。要提高企业的知名度，必须加强与知名品牌企业的合作，通过各种合作（包括并购）提高自己的声誉，树立品牌。

3. 配套模块：扶持配套企业的发展，填补关键零部件的空缺

配套企业应该明确自己的专业化配套道路，重视基础零部件生产和推广，作为子模块的一部分进行自己的研发，成为产业链不可缺少的一部分。三一重工、中联重科和山河智能也可以通过投资入股的方式来支持配套企业的发展，积极促进现有集群内配套企业围绕重点产品进行供应链配套，充分利用三大"龙头"企业的优势，形成"龙头带配套、配套带龙头"的良性循环，拉长产业链条，拓展发展空间，形成产业零部件配套网络。同时，要加快关键零部件的发展。首先可以先通过重点扶持集群内的几家企业做进口关键零部件的采购业务，再招商引资建立公司或扶持集群内有实力的配套企业，先从简单一点的关键零部件入手，组织科研单位进行联合研发攻克一系列的关键零部件。另外，对于技术上非常难攻克的关键零部件，还可以引进国内外关键零部件制造商来湖南长沙投资办厂，实现与"龙头"企业的就近配套。

4. 服务模块：建立模块化信息网络平台，完善服务体系

首先，随着信息网络时代的到来，湖南工程机械产业集群应该建立自己的专业网站，能够链接和联系集群内各生产、科研、中介服务机构和政府职能机构，及时提供包括市场行业生产、市场动态、科研动态等信息，并与国内外其他工程机械网站相联系，进行国内外电子商务活动。通过电子商务结成的产业集群外联网，使产业群内各个企业提高沟通的深度和广度，还能与全球的客户、伙伴、竞争者乃至广阔的潜在市场进行信息交流，将企业自身的价值链、产业集群的价值链和客户价值链更加紧密地联系在一起。其次，要积极发展服务工程机械产业的出口代理商、技术信息机构、开放性行业技术中心等中介机构。这些中介机构的建立，能够形成和完善集群的服务网络系统，形成集群内各企业和中介服务机构的交流平台，对集群的未来规划和发展在各方面都发挥很大的作用。最后，围绕湖南工程机械产业集群建立区域性物流园区和物流配送中心，推广采用与国际接轨的物流技术标准化体系，构建不同等级的现代物流圈，加快物流人才培养，培育专业物流市场。

5. 完善集群模块化组织网络的构建和发展

区域内模块化产业组织网络的构建对湖南工程机械产业集群的竞争优势有着非常重要的战略意义。首先，湖南工程机械产业集群要完善以三一重工、中联重科、山河智能三大"龙头"企业为中心，其他几百家中小型企业围绕的网络体系，形成包括上游企业、下游企业、科研机构、大学、人力资源培训机构、政府职能机构、市场调查机构、湖南工程机械行业协会、法律事务所、会计、国际贸易机构等在内的产业集群模块化组织网络。其次，集群内企业要明确和提升在模块

化组织中的定位。三大"龙头"企业已经是系统集成商,虽然集群中处于核心地位,但在全球产业链上,还不是标准制定者,因此,三大"龙头"企业要将自己定位于全球标准制定者和系统规则设计者。而关键零部件模块供应商要定位自己的专业化模块,并力争成为市场标准制造者,提升自己产业附加值。而普通的模块供应商根据自身的优势,提升创新能力,力争扩大各自的业务范围,提高自己在模块组织网络中的重要性。

参考文献

[1] 青木昌彦,安藤晴彦. 模块时代:新产业结构的本质 [M]. 上海:上海远东出版社,2003.
[2] 黄速建. 中国产业集群创新发展报告 (2010~2011) [M]. 北京:经济管理出版社,2010.
[3] 胡晓鹏. 从分工到模块化:经济系统演进的思考 [J]. 中国工业经济,2004 (9):5-11.
[4] 温承革,王勇,杨晓燕. 模块化生产网络的组织与自组织特征 [J]. 生产力研究,2006 (11):218-220.
[5] 于伟,倪慧君. 基于模块化的高技术产业集群治理和升级机制分析 [J]. 宏观经济分析,2010 (8):61-64.
[6] 侯茂章,朱玉林. 湖南高新技术产业集群嵌入全球价值链与升级研究 [J]. 软科学,2012 (4):82-86.
[7] 胡明铭,徐姝. 关于构建湖南工程机械产业创新系统的思考 [J]. 科技管理研究,2009 (9):155-157.
[8] 柯颖,王述英. 模块化生产网络:一种新产业组织形态研究 [J]. 中国工业经济,2007 (8):75-82.
[9] 曹虹剑,刘茂松,张慧. 产权治理新范式:模块化网络组织产权治理 [J]. 中国工业经济,2010 (7):84-93.
[10] 刘茂松. 经济发展方式转变的"集约化、集群化、集聚化"战略 [J]. 湖湘论坛,2011 (1):7-13.
[11] 王海杰. 模块化产业集群及其组织效率分析 [J]. 工业技术经济,2011 (2):67-72.
[12] 戴魁早. 产业组织模块化研究前沿探析 [J]. 外国经济与管理,2008 (1):31-38.
[13] 杨水根. 产业链、产业集群与产业集群竞争力内在机理探讨——以湖南省工程机械产业集群为例 [J]. 改革与战略,2011 (3):153-156.
[14] 王立军. 嵌入全球价值链与产业集群升级研究 [J]. 中共浙江省委党校学报,2007 (1):62-66.
[15] 刁媛,孙博为. 盘点2010:中国工程机械年度产业集群 [J]. 工程机械,2011 (2).
[16] 郑伯红,王志远. 基于产业组织的城市国际化网络研究——以长沙工程机械产业为例 [J]. 世界地理研究,2011,9 (20):55-61.
[17] 曾楚宏,吴能全. 论模块化思想在现代企业组织中的应用 [J]. 财经科学,2005 (4).
[18] 雷如桥,陈继祥,刘芹. 基于模块化的组织模式及其效率比较研究 [J]. 中国工业经济,2004 (10):83.
[19] 芮明杰,张琰. 模块化组织理论研究综述 [J]. 当代财经,2008 (3):122-128.
[20] 殷立科. 湖南省工程机械产业集群发展的现状及对策研究 [D]. 中南大学硕士学位论文,2011.
[21] 周伟. 工程机械产业集群的区域竞争力研究 [D]. 长沙理工大学硕士学位论文,2009.
[22] 何小艳. 长株潭工程机械产业集群建设研究 [D]. 湖南师范大学硕士学位论文,2009.
[23] 刘友金. 长沙工程机械产业集群发展的现状、问题与对策 [J]. 企业家天地,2005 (12):4-7.
[24] 张敏,高伟. 湖南现代工程机械产业群发展环境分析 [J]. 湖南商学院学报,2006,2 (13):44-47.
[25] 刘凤根. 湖南工程机械产业集群发展对策研究 [J]. 吉首大学学报,2006 (7):118-122.
[26] 李本辉,邓德胜. 制约长沙工程机械产业集群发展的主要影响因素分析 [J]. 商场现代化,2008 (9):323-324.
[27] Baldwin C.Y., Clark, K.B. Design Rules: The Power of Modularity (Vol.1) [M]. Cambridge: MIT Press, 2000.
[28] Gereffi, G., Humphrey, J. and Sturgeon, T. The Governance of Global Value Chains [J]. Review of International Political Economy, 2005 (1).

政企关联、研发与创新绩效
——基于创新型企业的数据

庞瑞芝　师雯雯　丁明磊

一、引　言

国内外研究发现，"政企关联"对企业的经营绩效具有非常重要的影响，这些文献依据其所持观点，总体上可以被分为两类：一类是"政企关联支持说"，即认为"政企关联"给企业发展带来积极影响，政企关联对企业来说是有益的资源（Fisman，2001），能为企业带来融资便利（Charumilind et al.，2006）、税收优惠（Adhikari et al.，2006），并提升市场影响力（Faccio，2006）等；另一类是"政企关联干预说"，认为"政企关联"会给企业经营发展带来负面影响，存在政企关联的企业可能需要为其建立的政治联系付出相应的寻租成本，而且在政府机构中担任职务的企业高管不一定具备足够优秀的管理能力，从而会对企业的经营决策造成影响（Shleifer和Vishny，1994），因此政企关联会降低企业的经营绩效，政企关联企业相对于非政企关联企业获得较低的资产回报率（Bertrand et al.，2004）和托宾Q（Claessens et al.，2008）。总体而言，学界关于政企关联影响企业绩效的研究，尚未形成定论。

然而，对于创新型企业而言，"政企关联"是否会发挥重要作用？尤其是在研发与创新成为企业最重要特征的创新型企业①经营中，"政企关联"是否会通过研发创新进而对创新型企业经营产生影响？对于创新型企业而言，影响其创新绩效的因素究竟有哪些？当然，这首先取决于我们如何界定政企关联。

"政企关联"的概念源自英文 Political Connection 或 Political Relationship，通常翻译为"政治关系"、"政治资源"或"政府背景"。学术界提出这个概念由来已久，但是一直没有明确的界定。Agrawal等（2001）和Betrand等（2004）认为如果企业的实际控制人曾在政府部门工作，企业就具有政企关联。Johnson等（2003）认为如果企业的高管或大股东与一国的政府官员或政治领袖之间存在密切的联系，该企业就具有政企关联。Khwaja和Mian（2005）、Claessens等（2008）根据企业在政治竞选活动中对竞选候选人提供的赞助程度，判断该企业是否具有政企关联。Adhikari和Derashid（2006）用企业股份中的国有股所占的比例来衡量企业是否具有政企关联，但是这种衡量方法并未被广泛认可和采用。结合相关文献，本文将"政企关联"定义为：掌握企业经营权的关键人物与掌握政治资源的政府机构或人员之间所形成的密切关系。企业与政府之间形成的这种关

---

① 创新型企业由科技部、国务院国有资产监督管理委员会和中华全国总工会审核确定，重点在国有骨干企业、转制科研院所、高新技术企业等依靠技术创新发展的企业中选择试点企业。政府每年都有专项资金拨款用于支持创新型企业的研发与创新。

系可能是政府官员与企业之间的私人关系,也可能是企业的关键人物参与政治而形成的关系,在不同的制度背景下可能表现为不同的形式。国内学者大多以企业家是否担任过政府部门的官员,或是否担任人大代表、政协委员等来确定政企关联。

目前关于我国创新型企业创新绩效影响因素的研究还比较少,尤其是从政企关联视角进行讨论就更为少见。对于创新型企业而言,讨论这个问题尤其重要,因为创新型企业不仅是国家实施创新工程的重要载体,更是中国四千多万家企业的优秀代表,还是中国国家创新能力的支撑和体现。而在中国独特的"关系型"社会背景下,政府作为掌握和控制优质资源的一方,成为资源配置的主要力量,企业与政府之间的联系对于企业的生存发展和获得竞争优势便具有重要作用。因此,"政企关联"可能在很大程度上对企业的经营发展产生微妙或重要的影响。那么,在创新型企业经营发展中,"政企关联"发挥了怎样的作用,这是本研究关注的一个重点。此外,政企关联对企业研发从而对其创新绩效发挥怎样的影响,这也是本研究关注的另一个重点。

二、样本观察与研究假设

1. 样本来源与创新型企业分布格局

本文研究样本来自于科技部调研所获得的我国 2009 年 426 家创新型企业的截面数据,包括每一家创新型企业的基本信息、经营状况、财务指标、研发指标等全面信息。根据该数据,本研究选取相关指标对样本进行统计观察,并对政企关联、政府资金支持和创新绩效等概念进行如下界定:①政企关联:如果企业高管中有人兼任各级政府的人大代表或政协委员,这种情况表示该企业存在政企关联,则该企业称为"政企关联企业",否则被称为"非政企关联企业";②政府资金支持:采用两项指标来表征政府对企业的科技投入支持,一是企业"科技活动经费筹集"中的"政府资金",二是企业"承担科技计划项目"中"政府拨付经费"部分;③企业创新绩效:常见的衡量创新产出的指标有专利和新产品销售收入,本文采用样本企业人均专利拥有量和新产品销售收入占总收入比重两项指标。

为了通过样本数据全面分析"政企关联、研发与创新绩效"之间的内在联系,我们从政企关联、所有制结构、企业组织类型、多元化经营情况、高新技术企业认定情况等多个角度对研究样本的分布进行初步分析,发现近 1/3 的样本企业存在政企关联,国有企业和非国有企业数量几乎各占一半;国有企业中建立政企关联的企业数量接近 50%,而非国有企业中仅有 17% 的企业建立了政企关联;在政企关联企业中,国有企业占比约 72%;而在非政企关联的企业中,国有企业占比 39%,表明国有企业比非国有企业更倾向于建立政企关联。

2. 创新型企业获得政府资金支持及创新绩效分布的一般性观察

创新型企业每年会获得政府的专项资金拨款,用于研发和创新。数据显示,不同类型企业获得的政府资金支持情况有所不同。表 1 根据政企关联、所有制结构以及两者结合情况对企业获得政府科技支持资金情况进行了初步统计。表 1 显示,和非关联企业相比,政企关联企业获得了更多的政府资金支持;国有企业获得的政府资金支持明显高于非国有企业。

此外,表 2 列出了样本企业创新绩效分布情况,从创新型企业人均专利拥有量和新产品销售收入占比这两项创新绩效指标看,存在政企关联的企业似乎并未占据优势,反而相比处于劣势。表 2 显示,294 家非政企关联企业的人均专利拥有量其平均值(0.0608)比 132 家政企关联企业的人均专利拥有量的平均值(0.0342)高出 77.8%。高于平均值的企业中约 83% 不存在政企关联(政企关联企业所占的比例仅为 17.12%),人均专利拥有量排名前 10 位的企业中仅 2 家存在政企

表1 我国创新型企业分布格局及获得政府资金支持情况

政企关联情况		企业数（家）	百分比（%）	科技活动经费筹集——政府资金（万元）	承担科技计划项目政府拨付经费（万元）
政企关联	是	132	30.99	37143.63	5317.66
	否	294	69.01	1362.85	819.76
所有制结构	国有	211	49.53	23627.72	4034.40
	其他	215	50.47	1480.50	426.43
政企关联与所有制结构	国有+关联	95	22.30	49681.55	7041.24
	国有+非关联	116	27.23	2290.53	1571.90
	非国有+关联	37	8.69	4951.68	892.24
	非国有+非关联	178	41.78	754.89	329.60

资料来源：根据科技部调研数据整理。

关联。由此可以得出初步结论：创新绩效较高的企业大多数是非政企关联企业。

表2 我国创新型企业的创新绩效分布格局

	人均专利拥有量	新产品销售收入/总收入
存在政企关联企业的均值	0.0342	0.3388
非政企关联企业的均值	0.0608	0.4664
绩效高于总体均值的企业中政企关联的比例	17.12%	21.35%
绩效低于总体均值的企业中政企关联的比例	36.10%	39.22%
绩效最高的10个企业中政企关联的比例	20%	7.69%
绩效最低的10个企业中政企关联的比例	50%	50%

资料来源：作者整理。

3. 研究假设

（1）政企关联对企业获得政府支持的影响。根据前面的统计观察，结合相关文献研究发现，存在政企关联的企业具有税收、贷款等方面的优势，而且政企关联的这种作用在新兴市场国家会更加明显。在我国尚不成熟的经济制度环境中，政企关联会让企业更有可能获得政府的资金支持。由此，本文提出第一个假设：

假设1：存在政企关联的创新型企业可能获得更多的政府科技投入资金支持。

（2）政企关联对企业创新绩效的影响。根据现有文献，政企关联对企业绩效的影响存在着争议，并没有定论。而本文统计观察显示，非政企关联企业实现了更高的创新绩效，政企关联对创新绩效的影响是负面的。这可能是由于三种效应：一是"寻租成本"效应，政企关联的建立过程有一定的寻租空间，企业通过政企关联获得政府资金支持需要付出相应的"寻租成本"，这会削弱政府支持对企业绩效的提升作用；二是"非效率"效应，政企关联可能为企业带来的特殊利益，会让企业管理层产生强烈的寻租动机，从而放松企业自身的日常运营，产生非效率行为；三是"非市场化导向"效应，创新型企业以市场为导向的创新是核心和根本，一些企业通过政企关联获得了更多科研经费，这会让其在创新投入方面对政府投入产生依赖，而忽视自身科研投入和创新方向的市场导向，从而不利于其自身创新能力和竞争力的提升。由此，本文提出第二个假设：

假设2：政企关联会削弱政府资金支持对企业研发投入的积极作用，对企业的创新绩效产生负面影响。

三、计量模型设计

1. 经济变量选择与指标选取

本研究采用多元回归模型，分别对前面提出的两个假设进行验证。因变量选择两类：政府资金支持和企业创新绩效。其中，用两个变量来分别表示政府资金支持：一是企业科技活动经费筹集中的政府资金（Govfund）；二是企业承担科技计划项目中的政府拨付经费（Govpro_fund）。而企业创新绩效采用人均专利拥有量（Aver_patent）和新产品销售收入占总收入的比重（Newpro_ratio）来衡量。自变量为政企关联和企业研发，政企关联设为虚拟变量（Connection）：当企业中有在任的人大代表、政协委员时，该指标取值为1，否则为0。企业研发投入分别考虑科技人员和科研经费两方面：选取企业科技活动人员占总从业人员的比重（Techpp_ratio）和研发经费占总收入的比重（R&dfund_ratio）两个指标，如表3所示。

表3 本研究计量模型所采用的经济变量

	变 量		定 义
因变量	政府资金	gov_fund	科技活动经费中的政府资金来源
	政府拨付项目经费	govpro_fund	承担科技计划项目政府拨付经费
	人均专利拥有量	Averpatent	企业专利拥有量/企业总人数
	新产品销售收入占比	Newpro	新产品销售收入/总收入
自变量	科技活动人员比例	techpp_ratio	科技活动人员/总从业人数
	研发经费占比	r&dfund_ratio	研发经费/总销售收入
	政企关联	Connection	企业内有在任的人大、政协委员时取值为1，否则为0
控制变量	所有制结构	Ownership	国有企业时取值为1，否则为0
	企业组织类型	type1、type2	有限责任公司时type1为1，type2为0；股份有限公司时type1为0，type2为1；其他时type1为1，type2为1
	多元化经营	multi_industry	企业多元化经营时取值为1，否则为0
	高新技术企业认定	High-tech	当企业是被认定的高新技术企业时取值为1，否则为0
	资本结构	Lev	企业资产负债率
	企业规模	Size	企业资产总额表示，单位万元
	总资产回报率	Roa	利润额/企业资产总额
	销售利润率	Profit	利润额/总销售收入

资料来源：作者整理。

此外，企业创新绩效的影响因素还包括企业规模、产权制度、企业经营状况、企业绩效等多方面，考虑这些因素，本文选取以下指标作为控制变量：①所有制结构：姚洋对我国不同行业的企业数据的研究表明，不同所有制结构对企业绩效有不同程度的影响。②企业组织类型：不同类型的企业组织类型会对企业经营产生影响，进而影响企业的经营绩效。③多元化经营：企业是否跨行业经营，这对企业的日常经营会产生影响。④资本结构：企业的资产负债率可以反映企业资本结构，也是影响企业绩效的重要指标。⑤企业规模：到底是大企业有利于创新，还是小企业更具有创新性，自从熊彼特的创新理论诞生以来，这一直是个颇有争议的话题。但毋庸置疑的是，很多情况下，企业规模的不同会对企业的创新绩效产生不同的影响。⑥资产收益率和销售利润率，前者用企业利润总额与资产总额的比值表示，后者采用利润额与销售收入比值表示。资产收益率和销售利润率能够反映企业的盈利能力，企业盈利能力会直接对企业的研发投入和经营产生影响。此外，是否被认定为"高新技术企业"，这也会对企业的经营绩效产生影响，因为被国家认定的高新技术企业会获得相应的政策倾斜（如税收优惠），这会对企业绩效产生影响。

2. 样本数据统计描述

表4是以上变量的描述性统计，2009年，我国创新型企业平均每家企业获得12476万元的政府资金支持，参与科技计划项目的企业平均每家获得政府拨付项目经费2213万元；人均专利拥有量约0.053，新产品销售收入占总收入比重平均为42.72%；科技活动人员平均占企业总人数的28.30%，企业研发经费占总收入的比重平均为5.55%。

在我国创新型企业中，30.99%的企业存在政企关联，49.53%是国有企业，26.29%是多元化经营，72.07%获得高新技术企业认定。各企业的资产总额均值为4623120万元，资产负债率均值为0.536，资产回报率均值为0.076，销售利润率均值为0.095。

表4 变量描述性统计

变量	符号	均值	标准差	最大值	最小值
政府资金（万元）	gov_fund	12476	124924	2506128	0
政府拨付项目经费（万元）	govpro_fund	2213	7955	122247	0
人均专利拥有量	averpatent	0.0526	0.0981	0.9297	0
新产品销售收入占总收入比重	newpro	0.4272	0.2964	1	0
科技活动人员比例	techpp_ratio	0.2830	0.1940	1	0.0062
研发经费占比	r&dfund_ratio	0.0555	0.0752	0.7396	0.0002
政企关联	connection	0.3099	0.4630	1	0
所有制结构	ownership	0.4953	0.5006	1	0
企业组织类型	type1	0.5845	0.4934	1	0
	type2	0.5775	0.4945	1	0
多元化经营	multi_industry	0.2629	0.4407	1	0
高新技术企业认定	hightech	0.7207	0.4492	1	0
资本结构	Lev	0.5361	0.2179	1.5065	0
企业规模（万元）	Size	4623120	17869019	222139743	2544
总资产回报率	Roa	0.0758	0.0841	0.6285	−0.5127
销售利润率	Profit	0.0952	0.1528	0.7407	−1.7173

资料来源：作者整理。

3. 模型设计

为验证前面提出的两个研究假设，本文从两个角度来设计计量模型，一是考察政企关联对企业获得政府资金支持的影响。本文采用两个指标衡量政府对企业的资金支持：科技活动经费筹集额中的政府资金部分（Gov_fund）和企业承担科技计划项目获得政府拨付的项目经费（Govpro_fund）。将带量纲的指标Size（企业规模）、Gov_fund（政府资金）、Govpro_fund（政府拨付项目经费）取对数为lgsize、lgovfund、lgovpro_fund，达到去量纲化和增强数据平稳性目的，模型（1）和模型（2）列出两个多元回归模型，用来考察政企关联对企业获得政府资金支持的影响。

$$lgovfund = c_0 + \alpha*connection + \beta*ownership + \gamma1*type1 + \gamma2*type2 \\ + \eta*multi + \iota*hightech + \kappa*lev + \lambda*lgsize + \mu*roa + v*profit \quad (1)$$

$$lgovpro\_fund = c + \alpha*connection + \beta*ownership + \gamma1*type1 + \gamma2*type2$$

$$+ \eta*multi + \iota*hightech + \kappa*lev + \lambda*lgsize + \mu*roa + \nu*profit \quad (2)$$

二是考察政企关联和企业研发投入对创新型企业创新绩效的影响。一方面研发投入会直接影响企业创新绩效；另一方面政企关联对企业研发投入和企业创新绩效都会产生直接或间接的影响。为比，本文设计模型（3）和模型（4）来考察政企关联、企业研发投入以及企业创新绩效之间的关系。模型（3）和模型（4）中，创新绩效为因变量，自变量为研发和政企关联，同时加入研发与政企关联的交互项，反映研发与政企关联对创新绩效的共同作用，包括人员投入的交互项Techpp_ratio* connection 和经费投入的交互项 Rdfund_ratio*connection：

$$averpatent = \pi*techpp + \varpi*techpp*connection + \theta*rdfund + \zeta*rdfund*connection$$
$$+ \alpha*connection + \beta*ownership + \gamma_1*type1 + \gamma_2*type2 + \eta*multi + \iota*hightech + \kappa*lev$$
$$+ \lambda*size + \mu*roa + \nu*profit + c \quad (3)$$

$$newpro = \pi*techpp + \varpi*techpp*connection + \theta*rdfund + \zeta*rdfund*connection$$
$$+ \alpha*connection + \beta*ownership + \gamma_1*type1 + \gamma_2*type2 + \eta*multi + \iota*hightech + \kappa*lev$$
$$+ \lambda*size + \mu*roa + \nu*profit + c \quad (4)$$

四、实证结果分析

使用 Stata 软件进行 OLS 回归，并进行稳健性处理，经过异方差检验、多重共线性检验，消除异方差等处理后，模型（1）和模型（2）的回归结果如表 5 所示。

表 5 政企关联与政府资金支持的回归结果

变量	政府资金支持指标	
	模型（1）科技经费中政府资金	模型（2）政府项目拨付经费
政企关联	0.542*** (0.192)	0.606*** (0.226)
所有制结构	0.375** (0.161)	0.668*** (0.200)
企业组织类型	1.052*** (0.261)	1.021*** (0.262)
	0.963*** (0.233)	1.016*** (0.252)
多元化经营	0.160 (0.164)	−0.136 (0.192)
高新技术企业认定	0.757*** (0.213)	0.679*** (0.215)
资本结构	0.020 (0.331)	0.255 (0.425)
企业规模	0.401*** (0.044)	0.243*** (0.054)
总资产回报率	1.654* (1.052)	0.293 (1.726)
销售利润率	−1.127** (0.499)	−0.567 (0.696)
常数项	−0.454 (0.653)	1.023 (0.726)
F 统计量概率	0.0000	0.0000
拟合优度	0.4626	0.3878
标准误差	1.3851	1.3903

注：括号内为标准差。***、**、* 分别表示被解释变量系数的 T 统计量在 1%、5% 和 10% 的显著性水平。
资料来源：作者根据实证结果整理。

1. 政企关联与政府资金支持

模型（1）和模型（2）的回归结果显示，企业科技经费中的政府资金与政府项目拨付经费都受到政企关联的显著正向影响（系数分别为 0.542 和 0.606，并且都通过了 1% 的显著性检验）。这一结果支持了假设1，表明政企关联的确为企业带来更多的政府资金支持和政府项目拨付经费。在我国，创新型企业通过建立政企关联，获得更多的科技计划项目和产学研合作项目等机会，从而获得更多的政府经费拨付，这似乎也是一个不争的事实。需要思考的是，这些用于支持企业创新与科技计划的经费是否真正发挥了作用？此外，实证结果显示，所有制结构对政府资金支持有很大影响，政府资金支持与国有企业性质存在显著正相关（影响系数分别为0.375和0.668），表明国有企业更容易获得政府资金支持。前面统计观察发现，我国国有创新型企业获得的政府资金支持平均为27661万元，是非国有创新型企业平均值（1906万元）的14.5倍，统计观察与实证结果一致。那么接下来的问题是，国有创新型企业能否使政府支持的创新资金充分发挥其创新导向的作用了？最后，高新技术企业认定和企业规模指标的系数都显著为正，有两点结论需要思考：一是高新技术企业认定的资质确实有利于企业获得更多的政府支持资金，因为我国对于高新技术企业在税收和科技投入方面确实有优惠政策。既然被认定为高新技术企业，能够获得更多的政府资金支持，那么这些企业的创新绩效是否因此而有所提升呢？二是政府对企业科技创新的资金支持倾向于大企业。那接下来的问题是，这些大企业既然获得了更多的政府支持资金，其创新绩效是否会更优秀呢？接下来的研究试图回答这些问题。

2. 政企关联和研发对创新绩效的影响

模型（3）和模型（4）的普通OLS回归结果显示，虽然F统计量通过检验，但是多数自变量没有通过显著性检验，模型的标准误（Root WSE）为0.0930和0.2532，这需要对模型进一步检验和改进。此外，对这两个模型进行多重共线性和异方差检定后，发现BP检验方法和White方法检验结果一致，p值均小于0.1，拒绝了同方差的原假设，认为模型（3）和模型（4）存在异方差。为此，采用加权最小二乘法（WLS）对模型进行修正，得到模型（5）和模型（6）的回归结果，如表6所示。

表6 政企关联、研发与企业创新绩效的回归结果

变量	OLS回归		WLS修正回归	
	模型（3）人均专利拥有量	模型（4）新产品销售收入占比	模型（5）人均专利拥有量	模型（6）新产品销售收入占比
研发人员指标	0.077***（0.029）	0.105（0.080）	0.114***（0.020）	0.372***（0.073）
研发人员交互项	0.075（0.062）	0.019（0.168）	0.362***（0.050）	0.621***（0.178）
研发经费指标	0.004（0.021）	0.077（0.057）	0.075（0.108）	0.127（0.130）
研发经费交互项	-0.171（0.130）	0.349（0.352）	-0.560（0.327）	0.495（0.778）
政企关联	-0.007（0.019）	-0.022（0.052）	-0.048***（0.018）	-0.108**（0.056）
所有制结构	-0.015（0.011）	-0.070**（0.029）	0.022（0.008）	-0.084***（0.028）
有限责任公司	0.005（0.016）	0.045（0.043）	0.014（0.011）	0.026（0.039）
股份有限公司	0.010（0.015）	0.020（0.041）	-0.007（0.010）	0.059*（0.035）
多元化经营	-0.016（0.011）	-0.280***（0.030）	-0.026***（0.009）	-0.287***（0.028）
高新技术企业认定	0.001（0.012）	0.085**（0.033）	0.046***（0.010）	0.122***（0.034）
资本结构	-0.015（0.023）	0.178***（0.063）	-0.030**（0.012）	0.293***（0.037）
企业规模	-0.009***（0.003）	-0.032***（0.009）	-0.003*（0.029）	-0.057***（0.008）
总资产回报率	-0.222**（0.089）	-0.038（0.239）	-0.233***（0.085）	-0.181（0.304）
销售利润率	0.083*（0.047）	-0.170（0.128）	0.071**（0.029）	-0.087（0.106）
常数项	0.164***（0.046）	0.404***（0.067）	0.039（0.037）	0.346***（0.068）
F统计量概率	0.0000	0.0000	0.0000	0.0000
拟合优度	0.1277	0.2939	0.5957	0.6552
标准误差	0.0930	0.2532	0.0141	0.2001

注：括号内为标准差。***、**、*分别表示被解释变量系数的T统计量的1%、5%和10%的显著性水平。

表6显示,模型(5)和模型(6)明显优于模型(3)和模型(4),基本通过各项检定,比较稳定。从模型(5)和模型(6)的回归结果可以初步获得以下几点发现:

第一,政企关联对企业创新绩效产生显著的负面影响,其中政企关联对人均专利拥有量的负面影响通过了1%的显著性检验,政企关联对新产品收入占比的负面影响通过了5%的显著性检验。这一结果支持了假设2,总体上看,政企关联并未对企业创新绩效产生积极影响,反而可能通过三种负面效应对企业创新产生负面影响。这一结果同时也回答了前面在验证假设1中所引发的问题,即有政企关联的企业获得更多的政府资金支持,但是这些资金支持并没有发挥其应有的促进创新、引导创新的作用。政企关联企业没有把政府资金支持优势有效转化为创新发展强势。

第二,研发投入占比越高,企业创新绩效越好。模型(5)和模型(6)的回归结果显示,研发对创新绩效的影响系数为正数,并且通过显著性检验。这一结果与大多数学者的研究结果一致。这表明,企业在研发方面的投入(包括人力资本和资金投入)是其提升创新绩效的关键因素,对于以创新为灵魂的创新型企业而言,尤其如此。

第三,政企关联与研发的交互项对创新绩效的影响为正。显示出政企关联从增加企业研发投入角度会对创新绩效产生积极影响,然而这一积极影响并未从根本上改变政企关联对创新绩效影响总体效应为负的结果。

第四,国有企业性质对企业创新绩效没有积极影响。和非国有企业相比,国有企业的创新绩效反而更低。和前面的问题联系起来,虽然国有企业倾向于获得更多的政府资金支持,但是政府的资金支持对于提升企业创新绩效而言似乎没有发挥任何作用,甚至可能产生消极影响(国有企业性质对于新产品销售收入占比的影响是负向的)。这似乎从另外一个侧面表明,非国有企业由于其对市场的敏感性和创新的市场导向性更强,在产品创新和创新方向的把握上要优于国有企业。

第五,多元化经营不利于企业提升创新绩效。多元化对企业创新绩效的影响系数分别为-0.026、-0.287,全部通过了显著性为1%的统计检验。对于创新型企业而言,这一结论富有深意:当下我国一些创新"领头羊"型的企业,在某一领域稍有成就后,通常不是在该领域继续做精做深,而是转向多元化经营、涉足多个领域。当然这种转向有很多因素,有时环境因素影响更大。①然而不管原因如何,这种转向不利于企业增强创新能力。

第六,高新技术企业认定有利于提升企业创新绩效。高新技术企业认定的确对企业创新绩效产生积极影响(分别通过了显著性为1%的检验),这回答了前面提出的问题,在我国,高新技术企业认定可以给企业带来更多的政府资金支持,并且这一认定本身也确实推动了其创新绩效的提升。从这一角度看,高新技术企业的优惠政策在一定程度上发挥了其支持创新和促进创新的作用。

最后,企业规模对创新绩效产生负面影响(影响系数分别为-0.003和-0.057,显著性分别达到10%和1%)。这意味着,对于创新型企业而言,并不是规模越大越好,较小规模的企业其创新绩效反而更高。然而,上面的研究发现,规模越大的创新型企业更倾向于获得较多的政府资金支持,这两个结论揭示出一个隐含的推论:政府对于创新型企业的资金支持可能是无效的。

此外,为了保证以上模型的稳健性,本文进行了模型稳健性检验,采用"专职研发人员占比"和"企业科研经费中政府经费占比"两项指标来替代上面模型中的"科技活动人员占比"和"研发经费占比"两个指标,重新进行回归,回归结果与模型(5)、模型(6)的回归结果基本一致,②支持了假设1和假设2。

---

① 如房地产行业的诱惑、政企关联背景、自身持续创新难度加大等诸多环境及自身因素。
② 限于篇幅关系,这里省略了模型稳健性检验的结果,如需要,可向作者索取。

五、结论及引申

本研究利用2009年我国426家创新型企业截面数据,对政企关联、研发投入与企业创新绩效之间关系进行研究,研究结果支持了本文提出的两个假设,即政企关联企业在获取政府资金支持方面具有明显优势,然而,政企关联为企业带来的政府资金支持优势尚未转化成其创新发展强势,与此相反,政企关联对企业创新绩效的总体影响是负面的。这两个结论背后隐藏着这样一个事实:在我国当前环境下,企业在创新过程中面临着制度性缺陷,存在创新的系统性失灵问题。[①] 在这样的背景下,政府对企业科技研发的资金支持无助于解决创新过程面临的制度性障碍,反而可能会因为三种负面效应(寻租成本效应、非效率效应和非市场化导向效应)产生消极影响。

研究还发现:研发投入与创新绩效关系密切,显示出对创新型企业而言,研发是其立足之本;国有企业在获取政府资金支持方面具有很强的优势,然而,这种资金优势尚未转化为创新强势,和非国有企业相比,国有企业的创新绩效相比较差;创新型企业的多元化经营不利于其创新绩效的提升,专心做核心业务的创新提升是所有创新型企业的明智选择;高新技术企业认定政策会给企业获取政府资金支持带来优势,同时这种优势有效地促进了企业创新绩效的提升;大规模企业在获取政府资金支持方面具有优势,但是大企业的创新绩效反而不如小企业,这可能揭示了一个问题——政府对创新型企业的资金支持是无效的。

以上这些发现让我们不得不对国家给予创新型企业的诸多优惠发展措施产生质疑,创新型企业作为国家实施科技创新战略的重要支撑和抓手,对其创新进行支持和引导都是国家战略大计,这种政策的初衷没有错,但是结果却适得其反。虽然这种结论本身有一定局限性,但是问题还是有所显露。本研究对解决这些问题也许只是冰山一角,我国要建设创新型国家,可能更多还是要挖掘这些问题背后的原因。

参考文献

[1] Fisman R. Estimating the Value of Political Connections [J]. The American Economic Review, 2001, 91 (4): 1095-1102.

[2] Johnson S., Mitton T. Cronyism and Capital Controls: Evidence from Malaysia [J]. Journal of Financial Economics, 2003, 67 (2): 351-382.

[3] Bertrand M., Kramarz F., Schoar A., Thesmar D. Politically Connected CEOs and Corporate Outcomes: Evidence from France [R]. CEPR Working Paper, 2004.

[4] Ajay Adhikari, Chek Derashid, Hao Zhang. Public Policy, Political Connections, and Effective Tax Rates: Longitudinal Evidence from Malaysia [J]. Journal Accounting and Public Policy, 2006.

[5] Claessens S., Feijen E., Laeven L. Political Connections and Preferential Access to Finance: The Role of Campaign Contributions [J]. Journal of Financial Economics, 2008, 88 (3).

[6] Shaffer, B. Firm-level Responses to Government regulation: Theoretical and Research Approaches [J]. Joumal of Management, 1995 (21): 495-514.

[7] Keim, G., And C. Zeitham. Corporate Political Strategies and Legislative Deeision Making a Review and

---

① 见庞瑞芝 (2010),由于技术创新过程是一个多环节的复杂网路过程,其中存在两个至关重要的环节,在第二个环节(科技成果转化)由于相关市场制度的缺失,创新中间成果难以实现有效转化,造成了企业创新的系统性失灵问题,这严重制约了企业创新绩效的提升。

Contingency Approach [J]. Academy of Management Review, 1986 (11): 828-843.

[8] Faccio M. Politically Connected Firms [J]. The American Economic Review, 2006, 96 (1): 369-386.

[9] Charumilind, C., Kali, R., and Wiwattanakantang. Connected Lending: Thailand Before the Financial Crisis [J]. Journal of Business, 2006 (79): 181-218.

[10] Khwaja, A.I., Mian, A. Do Lenders Favor Politically Connected Firms Rent Seeking in an Emerging Financial Market [J]. Quarterly Journal of Economics, 2005 (120): 1371-1411.

[11] E. Goldman, J. Rocholl, J. So. Do Politically Connected Boards Affect Firm Value [R]. AFA Chicago Meetings Paper, 2007.

[12] Shleifer Andrei, Vishny Robert W. Politicians and Firms [J]. The Quarterly Journal of Economics, 1994.

[13] Fan, J.P.H, Wong, T.J, Zhang, T.A Politically-connected CEOs, Corporate Governance and Post-IFO Performance of China's Newly Partially Privatized Firms [J]. The Journal of Finance, 2007.

[14] 郭韬,史竹青.创新型企业研究综述 [J].科学进步与对策.2011 (19).

[15] 陈雨柯.我国创新型产业发展探析 [J].宏观经济管理.2012 (3).

[16] 罗党论,甄丽明.民营控制、政治关系与企业融资约束——基于中国民营上市公司的经验证据 [J].金融研究,2008 (12).

[17] 胡旭阳.民营企业的政治关联及其经济效应分析 [J].经济理论与经济管理,2010 (2).

[18] 庞瑞芝.网络视角下中国各地区创新过程效率研究:基于我国八大经济区的比较 [J].当代经济科学,2010 (6).

[19] 吴文锋,吴冲峰,刘晓微.中国民营上市公司高管的政府背景与公司价值 [J].经济研究,2008 (7).

[20] 邬爱其,金宝敏.个人地位、企业发展、社会责任与制度风险:中国民营企业家政治参与动机的研究 [J].中国工业经济,2008 (7).

[21] 邓建平,曾勇.政企关联能改善民营企业的经营绩效吗 [J].中国工业经济,2009 (2).

[22] 周黎安,罗凯.企业规模与创新:来自中国省级水平的经验证据 [J].经济学,2005 (4).

[23] 安同良,施浩.中国制造业企业 R&D 行为模式的观测与实证——基于江苏省制造业企业问卷调查的实证分析 [J].经济研究,2006 (2).

[24] 聂辉华,谭松涛,王宇锋.创新、企业规模和市场竞争:基于中国企业层面的面板数据分析 [J].世界经济,2008 (7).

[25] 朱有为,徐康宁.中国高技术产业研发效率的实证研究 [J].中国工业经济,2006 (11).

[26] 朱恒鹏.企业规模、市场力量与民营企业创新行为 [J].世界经济,2006 (12).

[27] 张敏,黄继承.政企关联多元化与企业风险——来自我国证券市场的经验证据 [J].管理世界,2009 (7).

[28] 杜兴强,郭剑花,雷宇.政企关联方式与民营上市公司业绩:"政府干预"抑或"关系"? [J].金融研究,2009 (11).

[29] 邓建平,曾勇.政企关联能改善民营企业的经营绩效吗 [J].中国工业经济,2009 (2).

[30] 朱平芳,徐伟民.政府的科技激励政策对大中型工业企业 R&D 投入及其专利产出的影响 [J].经济研究,2003 (6).

创业、知识溢出与区域经济发展的差异性
——基于我国30个省市区面板数据的实证分析*

齐玮娜　张耀辉**

一、引　言

经济学研究创业问题的一个最引人注目的议题就是分析创业与总体经济水平之间的联系。目前，创业已然被作为内生经济增长理论的一个内容，大量针对发达国家的经验性研究也表明，创业和经济增长之间存在显著的正相关关系（Wennekers 和 Thurik，1999；Andretseh 和 Thurik，2001；等）。但这些研究大多是西方学者构建于制度稳定透明、市场规范健全的成熟经济体制之上的，很多结论和方法在低收入及发展中国家的适用性受到限制。因为不同经济体的市场化程度、制度体系、教育及基础设施以及政府功能等方面都存在差别，相应的创业活动在参与主体、行为特征、活动导向和绩效目标等方面也存在巨大差异（Davies 和 Walters，2004）。基于 GEM 所提供的全球30多个国家间的创业可比数据的研究显示，以创业活动总指数（TEA）衡量的创业活动对经济增长的影响并不是简单的线性关系，在相对贫穷的国家，两者之间呈负相关关系，而在相对富裕的国家为正相关关系（Van et al.，2005）。Stam 和 Van（2011）也得出创业活动对低收入国家的经济增长作用甚微的结论。基于此，大量针对创业异质性的研究为分析经济发展的区域差异提供了新的视角。GEM 将创业划分为生存型创业与机会型创业，通过国家间横向数据的比较发现，不同类型的创业活动对经济发展的贡献也不同，低收入国家的生存型创业比例更高，随着一国经济发展，生存型创业的比例逐渐下降，同时，与发达国家以机会型创业为主相比，生存型创业对低收入国家的经济增长和多样化作用不显著（Schneider et al.，2010）。由此可见，要衡量创业对经济发展的影响力，有必要对创业活动的类型和所处区域的不同创业水平进行区分以更好地揭示两者之间的内在联系。

近20年来，我国经济经历了高速增长，私营企业数量也迅速增加。截至2011年底，我国私营企业达967.7万家，是1995年私营企业数的近15倍。尤其是近些年，我国各级政府都加强了对创业活动在政策及资金等方面的支持，创业者也越来越多。但与此同时，我国区域间经济发展不均衡的态势日益加剧，甚至可以用"一个中国，四个世界"来形容，即中国的地区经济发展差距完全可以比拟全球最低收入国家和最高收入国家的差距（胡鞍钢，2001）。基于这样的现实和理论背景，本文认为，要研究我国创业与经济发展关系这一命题，不能仅从总量上进行分析，而忽视

---
* 国家社会科学基金重大攻关项目"应对国际资源环境变化挑战与加快我国经济发展方式转变研究"（09 & ZD021）。
** 齐玮娜（1978—），女，河南滑县人，暨南大学产业经济研究院博士研究生，研究方向为创业经济、产业组织；张耀辉（1961—），男，辽宁阜新人，暨南大学产业经济研究院教授、博士生导师。

了创业活动的多样性以及区域间的差异。因此,本文根据我国 2011 年 30 个省市区的 CPEA 指数,将其划分为创业高度活跃、创业一般活跃和创业不活跃三个区域,实证研究了不同的创业类型和知识溢出水平对区域经济发展的影响,从而为解释区域间经济发展的不均衡提供了一种新的视角,并为处于不同发展阶段的地区实施创业及研发等公共政策提供了理论依据。本文结构安排如下:第二部分为理论综述,解释创业、知识溢出对经济增长的作用机制以及创业异质性与区域经济差异的内在联系;第三部分是研究设计,对变量选取、数据、模型设定等进行说明;第四部分是实证检验的结果分析;第五部分为结论与政策建议。

二、理论综述

1. 创业促进经济增长的作用机制

根据目前学者的研究,创业对经济增长的作用机制可以归纳为两个方面:一是市场进入导致的竞争和多样化,二是通过研发创新与知识溢出。

创业决策的结果会导致新企业的市场进入。按照 Schumpeter 的理论,新企业进入并取代过时的、低效率的公司就是一个"创造性破坏"过程,该过程是实现经济增长的重要微观机制。新企业的进入对经济产出的促进可通过增加市场竞争强度和提高多样性两个途径实现(Audretsch, 2007)。Spulber(2010)将新企业进入面临的竞争分为三类:与其他创业者的竞争、与市场直接交易的竞争以及与在位者的竞争。与其他创业者的竞争促进了市场对新创企业的有效选择;与市场的竞争决定了企业作为中介和市场交易的替代组织存在的必要性;与在位者的竞争则促使新创企业要比在位者更有效地利用市场条件,实现更高的市场交易效率和绩效。Brenkert(2008)从演化经济学的角度同样得出企业家作为变革代理人会将新想法带入市场,并通过竞争性企业的选择过程刺激增长的结论。创业活动通过增加多样性刺激经济增长的理论研究建立在创新与创业发生于中间产品部门的假设之上,这些中间产品包括各种服务、维修、工艺与贸易、运输与物流、商务活动与工程等。创业者对中间产品的创新会通过向最终产品部门的传递实现经济和技术的外部性,从而提高最终产品的质量和多样性,并促进产出的增长(Gries 和 Naudé, 2009)。Carree 和 Thurik(2008)的实证研究也显示,从宏观上看,若新进入的小企业具有高于在位企业的生产率增长率,则会对整个区域生产率的提高和 GDP 增长带来持续的贡献。

创业促进经济增长的另一途径是通过开发和利用知识溢出内生的创业机会实现新知识的商业化和市场价值。2009 年,Acs 等学者提出"知识溢出创业理论",系统论述了知识溢出、创业与经济增长的内在作用机理,为内生增长模型构建了微观基础。根据该理论,创业是创业者对知识溢出所产生的机会的内生反应,是突破知识过滤的屏障效应,实现知识商业化并促进经济增长的发动机。通常研发成果的商业化主要有三种途径:一是研发企业直接在企业内进行商业化;二是研发企业或机构通过市场交易将创新成果转让给其他企业或创业者;三是研发人员离开原来所属的企业或机构进行自主创业。也就是说,企业和高校等科研机构进行研发所产生的新知识并不会完全被在位企业占有并实现商业化,其中,创业是一种有效地实现知识从组织中溢出的环节,也是实现新知识市场价值的重要途径(Agarwal et al., 2008)。因此,活跃的创业活动可以为创新成果价值的实现提供保证,从而进一步激励整个社会的创新和研发热情,带来技术进步和经济增长。在发达国家,创业、知识溢出与经济增长之间的正相关关系已得到验证。Acs et al.(2012)通过对 18 个 OECD 国家 1981~1998 年面板数据的分析发现,创业作为知识溢出的导管和一种能够渗透知识过滤的机制与经济增长之间具有显著的正相关关系,且这种关系与创业者探索该国知识存量

（R&D）的溢出效应密不可分。González-Pernía（2012）基于西班牙 2000~2004 年 NUTS2 水平的 17 个地区的面板数据也得出了具有高度的新知识创造能力和创业能力的地区与当地的竞争力水平正相关。

2. 创业异质性与经济发展的不均衡

在上述研究中都隐含着创业活动是具有较高创新性的机会型创业的假设。但大量跨国比较研究发现，创业对经济增长尤其是以人均 GDP 衡量的经济发展之间存在着复杂的"U"形或"L"形关系。Carree et al.（2002）的研究显示，处于不同发展阶段的国家存在一个均衡的最优创业活动比率，任何对均衡的偏离都会导致对经济增长的惩罚。根据发达国家的历史经验，在经济发展的低级水平，由于缺乏充足的就业机会，会出现大量传统的家庭作坊式的生存型创业，随着人口增长、农业和运输业的技术进步以及人口集聚带来的城市化，大企业生产的规模经济优势凸显，生产要素不断从传统部门流向现代部门，就业机会大量出现，从而会导致创业水平下降。但随着经济的进一步发展，大企业的规模经济优势逐渐减弱，经济会从资本驱动的管理型经济转向知识驱动的创业型经济，从而产生更多创业机会，刺激机会型创业的大量涌现，使创业和创新成为激发经济增长的新的动力来源（Audretsch 和 Thurik，2001；Naudé，2008）。

除此以外，还有很多学者从其他角度探讨了不同类型的创业对经济发展作用的差异性。Baumol（1990）提出创业资源配置理论，将创业活动划分为生产性创业、非生产性创业和破坏性创业，认为创业资源在不同创业类型中的配置取决于游戏规则（制度）所决定的相对收益，并决定了创业活动对经济发展的不同影响。一个贫穷、停滞的经济从根本上意味着创业资源很大程度上被配置到了非生产性活动甚至是破坏性活动中去。创业资源的错误配置会阻碍经济发展，并使低收入国家陷入"创业发展的陷阱"（Mehlum et al.，2003）。Sautet（2011）认为，经济的发展更多地依赖于系统创业，即创业企业具有较长的生产链条、广泛的合作网络和资源平台，并具有较强的创新和动态适应能力；相反，以个体经营为主的局部创业对经济发展的作用十分有限。Ghatak et al.（2007）和 Naudé（2008）从创业者能力的角度提出大量低能力创业者的存在会对经济产生负的外部性，阻碍经济发展。尤其是当创业者从事诸如剽窃、敲诈、贿赂和制造假冒伪劣商品等行为，不仅不会为经济发展做出贡献，还会将经济锁定在低发展状态（Mehlum et al.，2003）。

目前，我国正处于转型经济阶段，创业者的构成以及创业的类型非常复杂，创业活动的经济绩效也千差万别。宋来胜等（2013）根据我国各省的发展数据也发现，目前我国的经济增长主要来源于要素投入数量的增加，创新和创业对生产率的促进作用只在经济发达的沿海地区较明显，与其他地区存在一定程度的割裂。张建英（2012）基于我国 1992~2005 的数据分析得出创业与经济增长两者之间的关系并非简单的一元线性关系，这也间接反映了在我国创业活动对经济增长的作用的复杂性。因此，根据创业对经济的作用机制，我们需要分区域研究创业、研发及知识溢出效应对经济产生的不同影响，论证和揭示创业活跃程度的差异与区域经济非均衡增长间的关系。

三、研究设计

1. 变量和数据

本文采用面板数据模型验证研发、知识溢出和创业活动与区域经济发展之间的关系。模型中的因变量经济发展我们采用人均 GDP 进行衡量，该指标可以剔除不同区域人口规模的差异，客观反映各地的生产率水平和宏观经济的运行状况，是发展经济学中衡量经济发展状况的主要指标。

为了区分不同类型创业活动的影响，本文通过计算中国私营企业创业指数（CPEA）和个体户指数分别作为机会型创业和局部的生存型创业的代理变量。其中，CPEA 的定义取自《GEM（2003）中国及全球报告》，是将 GEM 项目中将成立时间不长于 42 个月的企业视为创业企业的界定，通过计算某地区每万人（15~64 岁）所拥有的连续三年累计新增私营企业数而得。在我国，私营企业主要是个人或团队通过开发市场机会而创业的结果，具有较强的机会型创业的特征，而其他公司制企业主要是国有企业、集体企业的再创业，因此采用该指数可以有效反映一个地区创业的活跃程度（瞿庆华等，2012）。同时，GEM 调查发现，我国大量存在着以"个体户"形式为主的生存型创业，这类创业规模小、数量多、进出市场较为频繁，因此参照 CPEA 的计算方法，本文定义了每万人（15~64 岁）所拥有的新增个体户数作为衡量生存型创业水平的个体户指数。

大量关于创新和知识溢出的实证研究通常采用研发总支出或人均研发支出水平作为代理变量，因为研发支出越高，产生的新知识量也会越多，从而带来更强的知识溢出效应（Block et al., 2012），该结论在知识产权制度和技术交易制度完善的发达国家是可信的。但对处于转型阶段的中国，各个区域的制度环境优劣不齐，仅采用研发支出一个变量还不足以反映地区间的知识溢出水平。为此，本文在选择人均研发支出用以衡量各地区的创新强度和知识生产的同时，还选取了人均技术市场成交额来反映知识流动的规模和溢出效率。技术市场成交额越大，表示该地区的知识流动性越强，企业及科研机构中更多的新知识被外部企业或创业者开发（石书德、高建，2009），同时也意味着该地区的知识产权保护制度越完善，为创新成果通过有效的市场交易实现商业化提供了很好的保证（胡凯等，2012），因此该指标还可以作为衡量各地区创业和创新的制度环境的工具变量。总体来说，成熟完善的知识产权保护制度和技术交易制度有利于促进新技术市场价值的实现，从而激励企业及科研机构的研发投入，进一步促进创新和经济增长。

数据的时间选取区间为 2003 年至 2011 年，截面区间包含中国大陆 30 个省市自治区，其中西藏由于存在较多数据缺失而未包括在内。所有数据均来源于《中国统计年鉴》。同时，为了揭示和比较各地区不同创业活跃程度和经济发展状态下变量间的内在关系，本文还根据 2011 年的 CPEA 数据将 30 个省区划分为创业高度活跃、一般活跃和不活跃三个区域，分别进行回归和分析。

2. 模型设定与估计方法

根据前文的理论分析，本文在 Cobb-Douglas 生产函数模型的基础上将模型设定为以下形式：

$$\ln\left(\frac{GDP_{it}}{L_{it}}\right) = \alpha_1 \ln(E_{it}) + \alpha_2 \ln(PE_{it}) + \alpha_3 \ln\left(\frac{R\&D_{it}}{L_{it}}\right) + \alpha_4 \ln\left(\frac{TT_{it}}{L_{it}}\right) + \alpha_5 \ln\left(\frac{K_{it}}{L_{it}}\right) + \mu_i + \varepsilon_{it}$$

式中，GDP 代表国内生产总值；L 代表人口数量；E 代表中国私营企业创业指数 CPEA；PE 代表个体户指数；R&D 代表研发支出；TT 代表技术市场交易额；K 为控制变量，表示固定资本投入；μ_i 代表区域个体影响；ε_{it} 代表随机误差项。

本文将针对全国总体、创业高度活跃区域、一般活跃区域和不活跃区域分别进行面板数据回归。估计之前，首先对各区域的面板数据模型在混合估计、固定效应和随机效应模型之间进行筛选，通过 F 检验、LM 检验以及 Hausman 检验甄别确定具体的模型形式以及回归参数的形式。由于面板数据同时兼顾了截面数据和时间序列的特征，所以异方差和序列相关必然会存在于面板数据中。全国总体区域的面板数据属于大 N 小 T 型，异方差需进行重点考虑。总体区域的样本基本覆盖了中国大陆的全部区域，不是随机抽取，因此更适合采用固定效应模型，F 检验和 Hausman 检验的结果也印证了该结论。接下来的 Wald 检验结果显示存在组间异方差，故最后选择了异方差稳健标准误法进行估计。

同样，通过对各区域的数据进行检验后发现，高度活跃区域和不活跃区域均适用固定效应模型，根据估计结果进行 Wald 检验和 Wooldridge 检验后发现模型存在异方差和序列相关，因此最终选用了消除这些效应的修正 FGLS 模型进行估计。而一般活跃区域的 Hausman 检验结果为 8.35，对应 P 值为 0.138，不能拒绝建立随机效应模型的原假设，同时进行了 B-P 的 LM 检验，得 LM 为

63.35,对应的 P 值为 0.0000,拒绝建立混合模型的原假设,由此确定了一般活跃区域的面板模型为随机效应模型。LR 检验和 Sosa-Escudero and Bera 检验的结果显示模型存在异方差和序列相关,因此对一般活跃区域也选择消除了异方差和序列相关的修正 FGLS 法进行估计。各检验结果如表 2 所示。

3. 数据描述与分析

根据 2011 年的 CPEA 数据,本文将全国 30 个地区(西藏除外)划分为三个区域,其中 CPEA 指数高于全国平均值 37 的 10 个地区为创业高度活跃区域,指数低于 24 的 10 个地区为创业不活跃区域,其他为创业一般活跃区域(具体分类情况见表 1)。总体来看,我国创业活跃程度呈现东高西低的不均衡态势(如图 1 所示)。

表 1 基于 CPEA 指数的区域划分情况表

类别	CPEA 指数	地区数	地 区
创业高度活跃区域	CEPA≥37	10	北京、天津、上海、江苏、浙江、福建、广东、海南、重庆、陕西
创业一般活跃区域	37>CEPA≥24	10	内蒙古、辽宁、吉林、安徽、江西、山东、湖北、广西、四川、宁夏
创业不活跃区域	CEPA<24	10	山西、河北、黑龙江、河南、湖南、贵州、云南、甘肃、青海、新疆

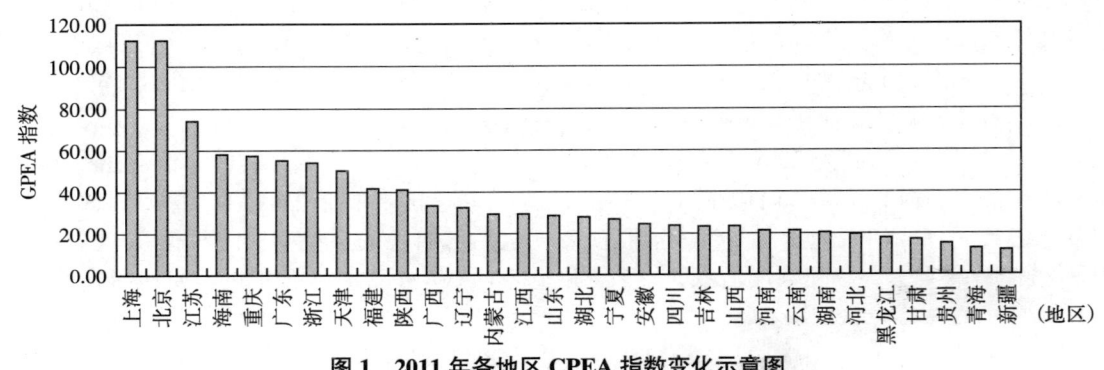

图 1 2011 年各地区 CPEA 指数变化示意图

高度活跃区域主要包含了中国经济增长最快的东部和南部地区及四个直辖市。其中,2011 年 CPEA 指数最突出的是上海(112.84)和北京(112.73)两地,其次是江苏、海南、重庆以及广东、浙江、天津等,CPEA 指数均达到 50 以上。该区域内各地区的创业水平基本呈逐年递增趋势,尤其是陕西省近几年的私营企业创业数量增长尤为明显。上海虽在 2006~2008 年出现了下降的情况,但整体的创业活跃程度依然处于较高水平(如图 2 所示)。

创业一般活跃区域主要包括我国中部和北部的 10 个地区。从图 3 可以看出,这些地区私营企业活动的活跃程度基本保持了较为稳定且相对一致的变动趋势,地区间的差异也不显著。

创业低活跃区域主要集中在我国中西部经济相对落后的地区,虽然近些年该区域各地区的私营企业数量均呈现缓慢增加的态势,但与全国其他地区相比依旧处于较低水平。其中,黑龙江、贵州、甘肃、青海和新疆五个地区 2011 年 CEPA 指数还不足 20。如图 4 所示,2011 年除山西、青海和新疆以外,其他各地区的新增个体户数量都大大超过了过去三年新增私营企业的数量,其中贵州和甘肃的个体户最为活跃,而青海和新疆的私营企业及个体户创业都非常缺乏。这反映了西部地区的经济发展主要不是来自私营企业的创业活动,而与国有和集体企业的规模扩张相关。各个区域相关变量的数据特征详见附表 1~附表 3。

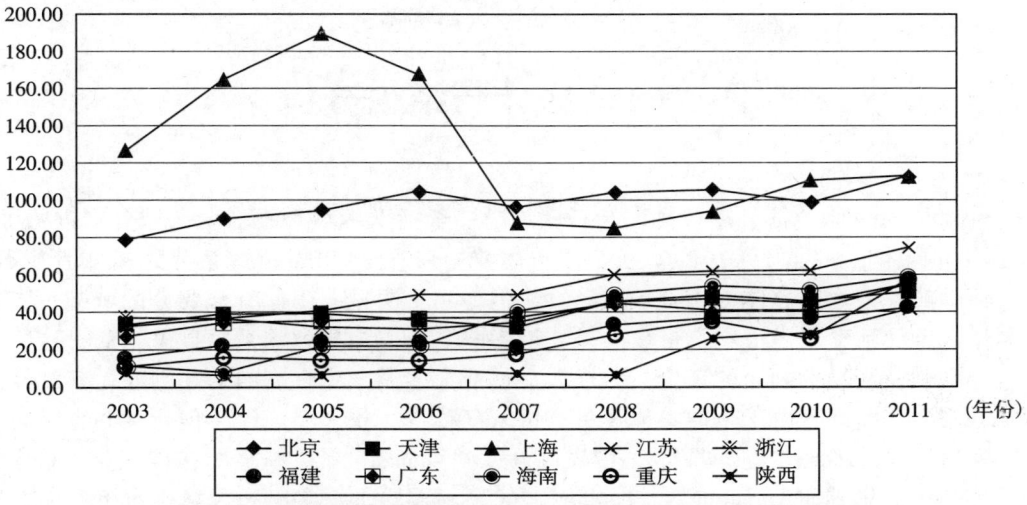

图2 创业高度活跃区域各地区 2003~2011 年 CPEA 指数变化情况

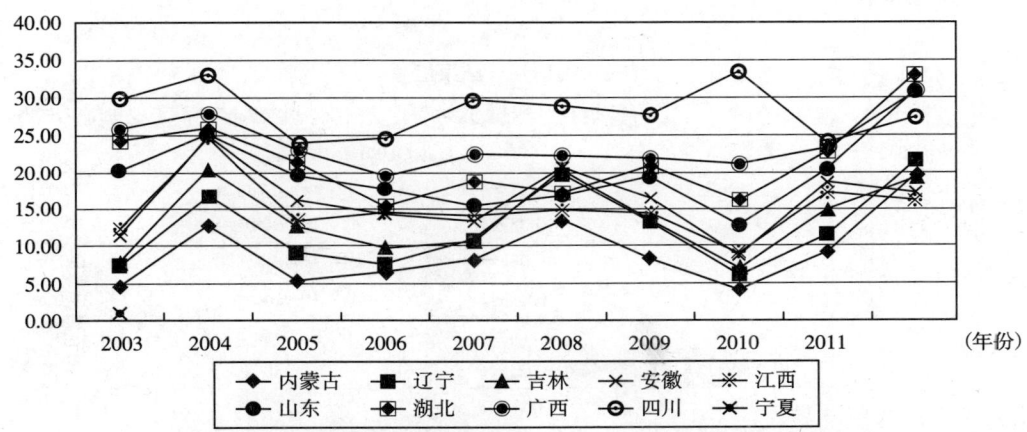

图3 创业一般活跃区域各地区 2003~2011 年 CPEA 指数变化情况

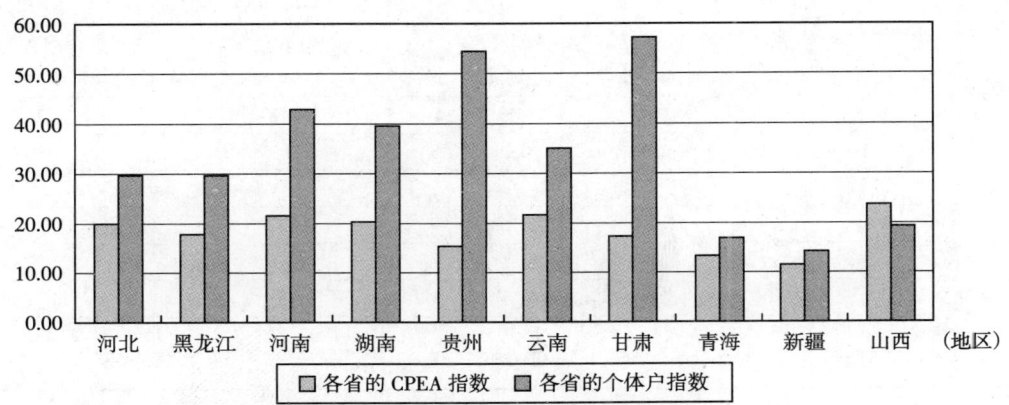

图4 创业不活跃区域 2011 年 CPEA 指数与个体户指数比较

四、模型估计与结果分析

本文针对全国总体数据、创业高度活跃区域、一般活跃区域和不活跃区域分别进行了估计，共四个模型（具体估计结果见表2）。从全国总体数据来看，CPEA 指数系数为正，但并不显著，表明创业活动对经济增长总体可能有正的影响，但作用不明显，因此有必要分区域进一步研究以揭示不同地区创业活动对经济增长带来的差异性影响。个体户指数的系数显著为负，这印证了前面关于生存型创业和局部创业的理论，即个体户创业大多属于生存型的局部创业，其对经济增长的贡献十分有限，此外，由于个体户创业具有进入门槛低、投入小、缺乏创新性并容易模仿等特征，非常容易导致过多的"错误进入"，带来进入过度和市场混乱，从而对在位企业的技术创新和经济增长带来负面影响（Santarelli & Vivarelli，2007）。人均研发支出和人均技术市场成交额系数均显著为正的结果表明，研发和技术交流所具有的促进新知识产生、加速知识溢出和流动并提高科研成果商业化的作用对经济增长产生了积极影响。

表2 模型估计结果汇总

	全国	创业高度活跃区域	创业一般活跃区域	创业不活跃区域
	Ln（GDP/L）			
Ln（CPEA）	0.0166	0.255***	−0.0872	0.0715
	(0.0317)	(0.0578)	(0.0643)	(0.0410)
Ln（PE）	−0.0170*	−0.0377*	−0.0142	−0.0395***
	(0.00650)	(0.0189)	(0.0166)	(0.00910)
Ln（R&D/L）	0.316***	0.222***	0.164***	0.165***
	(0.0319)	(0.0357)	(0.0383)	(0.0278)
Ln（TT/L）	0.0520***	0.0419**	0.0222	0.0345**
	(0.0120)	(0.0138)	(0.0242)	(0.0126)
Ln（K/L）	0.384***	0.402***	0.619***	0.559***
	(0.0430)	(0.0576)	(0.0564)	(0.0326)
_cons	4.459***	4.535***	3.401***	3.606***
	(0.204)	(0.350)	(0.369)	(0.196)
N	225	74	73	78
R^2	0.974	0.996	0.996	0.994
adj.R^2	0.973			
F-statistic	33.76***	35.16***	18.17***	18.95***
Hausman 检验	30.22***	38.51***	8.35	121.72***
Wald 检验	1404.48***	1505.34***		27.33**
Wooldridge 检验		15.92**		27.435***
LR 检验			23.28***	

注：Standard errors in parentheses *$p<0.05$, **$p<0.01$, ***$p<0.001$。

---

① 根据《中国统计年鉴》2011 年规模以上工业企业研发经费支出的数据，创业一般活跃区域内各地区的规模以上工业企业研发支出占社会研发总支出的比重平均达到 71%，其中山东、江西、辽宁、安徽、内蒙古和宁夏等地区该比重均超过 75%。

从各区域的统计结果来看,在创业高度活跃区域,CPEA指数、人均研发支出和人均技术成交额都显著为正。可以推断,活跃的创业活动通过促进市场竞争和多样化以及挖掘知识生产和知识溢出带来创业机会等作用得到了很好的发挥,对当地的经济发展做出了举足轻重的积极贡献。同时,CPEA系数的值还略高于人均研发支出,由此说明在这些地区为私营企业提供合适的制度和市场环境,鼓励和保护创业活动要比仅强调增加研发投入具有更重要的意义。也就是说,如果这些地区具有完善的知识产权保护制度、活跃的技术市场交易以及丰富的高质量的创业活动,那么研发成果将会更多地通过技术交易、溢出创业等途径得以开发,并实现新知识的市场价值和研发投入的合理回报,从而形成进一步激励企业和科研机构加大研发投入和力度,使经济增长迈入良性循环。

相对而言,创业一般活跃区域模型中除人均固定资产投资外,仅有人均研发支出的系数显著为正,其中人均固定资产投资的系数高达0.619,是人均研发支出系数的近4倍。CPEA指数系数为不显著的负值,人均技术市场成交额的系数为正,但也不显著。由此可见,该区域内各地经济增长的动力主要来源于固定资产投入和研发支出。其中研发支出大部分发生在规模以上的工业企业内。[①] 创业活动对经济发展的贡献很小,甚至可能为负。结合现有理论分析,造成这种结果的原因有三个方面:第一,根据Porter等(2002)对经济发展阶段的划分方法可推断,该区域各地的经济发展状态大多处于效率驱动或由效率驱动向创新驱动过渡的阶段,劳动力主要依靠国有部门或在位成熟的大企业实现就业,个人创业活动比重较低。第二,研发创新活动大多发生在在位的大企业内部,知识溢出效应较弱。同时该区域的人均技术市场成交额均值仅为69.8元/人,与高度活跃区域的均值846.2元/人相比,不足其10%,显示出该区域内的知识产权保护制度与技术交易制度和环境还存在不完善的地方,从而限制了机会型创业的企业数量以及研发和知识溢出对经济增长的作用。第三,根据Murphy et al. (1991)的研究,当一个国家或地区具有丰富的自然资源或政府财富可供寻租的情况下,高能力的创业者会由于缺乏创新动机更倾向于从事寻租活动,使该地区整体创业质量下降,导致创业对经济增长的正面作用难以发挥。我国中北部地区各省大多自然资源丰富,在制度环境不完善的情况下,我们有理由推测可能出现较大比重的非生产性创业甚至是破坏性创业,降低创业绩效。但对该问题我们还需做进一步的调查研究。

创业不活跃区域的统计结果主要有以下特点:首先,CPEA指数系数为不显著的正值;而个体户指数的系数显著为负。其次,除了人均固定资产投资和人均研发支出的系数显著为正以外,人均技术市场成交额也显著为正。个体户指数系数显著为负表明了该区域内个体户创业的低质量及对经济所具有的破坏性特征。Zenou(2008)的研究显示,经济落后地区往往会由于正式部门就业机会的不足导致很多求职者通过自我雇佣或进入非正式的家族企业解决就业。但这类非正式部门普遍存在逃避税收或从事违规、非法贸易的情况,创业活动缺乏效率,难以获得金融支持,并通常由低能力(以受教育程度衡量)的创业者所控制(De Paula and Scheinkman, 2007)。大量低能力创业者的存在又会对经济产生负的外部性,阻碍经济发展。主要表现在:一方面低能力创业者比例的增加会导致银行加强信贷约束,使高能力创业者因贷款成本上升而减少借款,产生逆向选择;另一方面低能力创业者往往拥有较少的高效率员工且工资水平较低,从而降低了创业的机会成本,导致更多低能力创业者的进入等(Ghatak et al., 2007;Naudé, 2008)。此外,我国人力资源分布的不均衡也是导致创业绩效差异的重要原因,大量高学历、高技术的创新型人才在经济较为发达的东部和南部沿海省市的聚集,使得中西部的人力资源水平和创新能力的提升受到极大阻碍,在这些地区的创业企业中能实现高增长并产生较大附加价值的企业比例与创业高度活跃的区域相比要低得多。人均技术市场成交额系数显著为正表明,在创业不活跃区域的研发投入能力有限的情况下,加大技术转让和交易,促进新知识向本地的流入和溢出,是刺激经济增长的重要途径。

五、结论及政策建议

实证结果的分析表明,由于我国各个地区创业活跃程度及经济发展状态的差异,不同区域内不同的创业类型和知识溢出水平会对经济发展产生不同的影响。在创业活跃度较高且经济较为发达的地区,创业活动对经济存在显著的促进作用,这与该地区存在较高水平的知识生产能力和知识溢出效应以及由此带来的高比例的机会型创业有密切关系。在创业一般活跃的区域,经济的增长主要依赖于投资以及发生在在位成熟大企业内的研发活动。而私营企业创业行为在经济中的贡献并不显著,表明这些地区的知识溢出效应和机会型创业的比重较低,同时有利于创业的制度环境也尚未形成。创业不活跃区域主要集中于中西部经济相对落后的省份,其经济发展的主要动力来源于固定资产投资和对技术的引进与学习。创业活动主要由低能力的创业者所控制,且多为个体或非正式家族企业形式,对经济发展有一定的阻碍和破坏作用。

以上研究结论对于我国尤其是地方政府根据当地的实际经济状况有的放矢地实施创业政策具有重要的现实意义。首先,政府应明确本地区经济发展所处的阶段和创业活动的特点,基于此确定实施创业政策的目的和手段。Acs and Naudé(2011)认为,政府实施创业政策的目的应主要在于克服市场失灵,鼓励和保护创业者的创业实验,帮助小企业成长和低效率企业退出以及保证人力资本开发的投资等。但是,我国的创业政策主要是21世纪初为了解决国企改制等导致的失业问题而发展起来的。很多地方政府在进入门槛、税收、贷款、培训等方面给创业者给予了大量优惠政策,也导致了大量质量参差不齐的创业行为,但最终的结果却并不尽如人意,因此政府实施创业政策不能一味刺激数量的增加,更应注重创业质量和企业实力的提升。其次,政府在制定和实施创业政策时,应注意避免过多干预,尤其是在被证明无效时需能及时停止,也就是说政府的激励应具有选择性,既要有利于具有发展潜力的创业者进入,又能尊重市场的甄别功能,通过市场竞争促进创业质量和绩效的提高。根据不同区域的特点,本文提出以下几点建议:

第一,对于创业不活跃的区域,创业基础薄弱,私营部门活动主要分散在生产率较低的传统行业,此时,政府的必要干预是实现创业促进经济发展的先决条件。政府应注重根据当地的发展规划构建投资和生产率增长的基本框架,促进与当地比较优势相关的创业核心的出现。同时,鼓励和保护有潜力的高能力创业者的创业实验。Hausmann and Rodrik(2003)认为,第一个进入市场的领先创业者具有"成本发现"功能,可为后进入者提供市场和成本信息,降低跟随者的进入风险。但若领先创业者因风险过高,创业实验的投入不能得到有效补偿时,则会选择不进入,从而使经济被锁定在较低水平上。因此,对于经济欠发达,创业水平较低的地区,鼓励和保护领先创业者的实验非常重要。同时,政策的制定还应注重提高企业的组织学习能力,增强在位小企业的实力,减少低质量的自我雇佣比例。此外,政府应加强对企业的技术引进与合作等行为的支持,鼓励企业采用并适应新技术。因为在人力资本水平和研发投入规模都受到限制的情况下,学习和引进发达地区的先进技术是最直接和最有效地提高本地企业创新能力的手段。

第二,创业一般活跃区域要实现创业促进经济增长的功能,首先应注重制度环境的改善。即政府应重点加强知识产权制度的建立和完善,降低市场进入门槛,疏通知识流动和溢出的渠道,使创业成为科研成果实现商业化的重要途径。同时,政府还应注意避免对市场的过多干预,尤其是行政性干预,以降低企业寻租的可能,并通过构建有利于创新创业的商业环境使创业者更多地参与到对经济有积极贡献的生产性创业活动之中。

第三,对于创业高度活跃区域,政府面临的主要任务是促进一个创业精英阶层的出现以带领经济向由创新驱动的创业型经济转变。此时,政府的政策重点应以创业为中心,加强对高附加值、高技术创新的创业活动的支持,促进企业和高校间的研发合作,创造鼓励和支持各种创造性工作的环境,并尽可能减少直接干预。

参考文献

[1] Davies, H., Walters, P.. Emergent Patterns of Strategy, Environment and Performance in a Transition Economy [J]. Strategic Management Journal, 2004, 25 (4): 347-364.

[2] Van Stel, A., Storey, D.. The Link Between Firm Births and Job Creation: Is there a Upas Tree Effect? [J]. Regional Studies, 2004, 38 (8): 893-909.

[3] Stam, E., Van Stel A.. Types of Entrepreneurship and Economic Growth [J]. Entrepreneurship, Innovation, and Economic Development, 2011: 78-95.

[4] Schneider, F., Buehn, A.. Montenegro, C. E., Shadow Economies all over the World [J]. World Bank Policy Research Working Paper, 2010: 53-56.

[5] Audretsch, D. B.. Entrepreneurship Capital and Economic Growth [J]. Oxford Review of Economic Policy, 2007, 23 (1): 63-78.

[6] Spulber, D F.. Competition among entrepreneurs [J]. Industrial and Corporate Change, 2010, 19 (1): 25-50.

[7] Brenkert G. G.. Marketing Ethics [M]. Blackwell Publishers Inc., 2008.

[8] Gries, T, Naudé, W. Entrepreneurship and Regional Economic Growth: towards a General Theory of Start-ups [J]. Innovation-The European Journal of Social Science Research, 2009, 22 (3): 309-328.

[9] Carree, M. A., Thurik, A. R.. The Lag Structure of the Impact of Business Ownership on Economic Performance in OECD Countries [J]. Small Business Economics, 2008, 30 (1): 101-110.

[10] Acs, Z., Braunerhjelm, P., Audretsch, D., & Carlsson, B.. The Knowledge Spillover Theory of Entrepreneurship [J]. Small Business Economics, 2009, 32 (1): 15-30.

[11] Agarwal, R., Audretsch, D., Sarkar, M. B.. The Process of Creative Construction: Knowledge Spillovers, Entrepreneurship, and Economic Growth [J]. Strategic Entrepreneurship Journal, 2008, 1 (3-4): 263-286.

[12] Acs, Z. J., Audretsch, D. B., Braunerhjelm, P., Carlsson, B.. Growth and Entrepreneurship [J]. Small Business Economics, 2012, 39 (2): 289-300.

[13] González-Pernía, J. L., Peña-Legazkue, I., & Vendrell-Herrero, F.. Innovation, Entrepreneurial Activity and Competitiveness at a Sub-national Level [J]. Small Business Economics, 2012, 39 (3): 561-574.

[14] Carree, M., Van Stel, A., Thurik, R., & Wennekers, S.. Economic Development and Business Ownership: an Analysis Using Data of 23 OECD Countries in the Period 1976-1996 [J]. Small Business Economics, 2002, 19 (3): 271-290.

[15] Audretsch, D. B., Thurik, R., Linking Entrepreneurship to Growth [C]. OECD Publishing, 2001, No.2.

[16] Naudé, W., Entrepreneurship in Economic Development [C]. Research Paper, UNU-WIDER, United Nations University (UNU), 2008.

[17] Baumol, W. J., Entrepreneurship: Productive, Unproductive and Destructive [J]. Journal of Political Economy, 1990, 98 (5): 893-921.

[18] Mehlum, H., Moene, K., & Torvik, R.. Predator or Prey?: Parasitic Enterprises in Economic Development [J]. European Economic Review, 2003, 47 (2): 275-294.

[19] Sautet, F.. Local and Systemic Entrepreneurship: Solving the Puzzle of Entrepreneurship and Economic Development [J]. Entrepreneurship Theory and Practice, 2011 (5): 1-16.

[20] Ghatak, M., Morelli, M. and Sjöström, T.. Entrepreneurial Talent, Occupational Choice and Trickle Up Policies [J]. Journal of Economic Theory, 2007, 137 (1): 27-48.

[21] Block J. H., Thurik R., Zhou H.. What Turns Knowledge into Innovative Products? The Role of Entrepreneurship and Knowledge Spillovers [J]. Journal of Evolutionary Economics, 2012: 1-26.

[22] Santarelli, E., Vivarelli, M., Entrepreneurship and the Process of Firms' Entry, Survival and Growth [J]. Industrial and Corporate Change, 2007, 16 (3): 455-488.

[23] Porter, M. E., J. Sachs, J., McArthur, J. W.. Executive Summary: Competitiveness and Stages of Economic Development, In Porter, M. E., Sachs, J., Cornelius, P. K., McArthur, Schwab, K. (eds), The Global Competitiveness Report 2001-2002, New York: Oxford University Press, 2002,

[24] Murphy, K. M., Shleifer, A. & Vishny, R. W.. The Allocation of Talent: Implications for Growth [J], The Quarterly Journal of Economics, 1991, 106 (2): 503-530.

[25] Zenou, Y.. Job Search and Mobility in Developing Countries. Theory and Policy Implications [J]. Journal of Development Economics, 2008, 86 (2): 336-355.

[26] De Paula, A., Scheinkman, J.A.. The Informal Sector [C]. NBER Working Paper 13486, Cambridge MA: National Bureau of Economic Research, 2007.

[27] Acs, Z. J., Naudé, W., Entrepreneurship, Stages of Development, and Industrialization [J], Working paper//World Institute for Development Economics Research, 2011.

[28] Hausmann, R., Rodrik, D.. Economic Development as Self-discovery [J]. Journal of Development Economics, 2003, 72 (2): 603-633.

[29] 胡鞍钢. 地区与发展：西部开发新战略 [M]. 北京：中国计划出版社, 2001.

[30] 宋来胜, 苏楠, 付宏. 创新创业能力的空间分布及其经济增长效应——基于GMM方法的实证分析 [J]. 经济经纬, 2013 (1): 6-10.

[31] 张建英. 创业活动与经济增长内在关系研究 [J]. 经济问题, 2012 (7): 42-45.

[32] 翟庆华, 叶明海, 苏靖. 创业活跃程度与经济增长的双螺旋模型及实证研究 [J]. 科技进步与对策, 2012 (6).

[33] 石书德, 高建. 知识流动、创业活动对经济增长的影响———种解释中国区域经济差异的观点 [J]. 科学学与科学技术管理, 2009 (11): 134-140.

[34] 胡凯, 吴清, 胡毓敏. 知识产权保护的技术创新效应——基于技术交易市场视角和省级面板数据的实证分析 [J]. 财经研究, 2012 (8): 15-25.

附表1 高度活跃区域的数据统计特征

Variable		Mean	Std. Dev.	Min	Max	Observations
y	overall	35825.87	20735.1	6480	85213	N = 90
	between		17361.19	16111.56	65367.61	n = 10
	within		12475.04	10740.68	70216.17	T = 9
e	overall	50.146	36.93963	6.37	189.94	N = 90
	between		34.96737	15.66778	126.6889	n = 10
	within		15.8659	8.747113	113.3971	T = 9
pe	overall	21.89844	28.48608	-40.32	125.39	N = 90
	between		14.5193	-1.906667	45.49111	n = 10
	within		24.89168	-47.16044	101.7973	T = 9
rd	overall	841.6373	972.5413	14.8	4639.85	N = 90
	between		916.7271	46.60222	3120.701	n = 10
	within		425.4276	-518.7637	2360.786	T = 9
tt	overall	846.1869	1756.344	2.3	9364.29	N = 90
	between		1651.025	19.24111	5354.151	n = 10
	within		777.0992	-2685.454	4856.326	T = 9
k	overall	16037.35	9351.693	3270.05	52159.93	N = 90
	between		5822.574	8503.313	26967.08	n = 10
	within		7523.244	-648.9191	41230.2	T = 9

附表2　创业一般活跃区域的数据统计特征

Variable		Mean	Std. Dev.	Min	Max	Observations
y	overall	19769	11346.83	5969	57974	N = 90
	between		6630.85	13484.41	28874.83	n = 10
	within		9419.899	−131.1779	48868.17	T = 9
e	overall	17.80067	7.280934	4.21	33.5	N = 90
	between		3.630805	13.13444	24.07222	n = 10
	within		6.404235	6.507333	38.16622	T = 9
pe	overall	15.649	29.20459	−124.52	72.88	N = 90
	between		11.24814	1.675556	33.57222	n = 10
	within		27.16174	−114.351	77.099	T = 9
rd	overall	210.02	175.7313	23.06	876.21	N = 90
	between		122.7207	71.04	434.5878	n = 10
	within		131.0529	−81.76889	680.6911	T = 9
tt	overall	69.80878	69.66993	2	364.28	N = 90
	between		64.96553	9.093333	233.9689	n = 10
	within		31.82377	−16.84011	200.1199	T = 9
k	overall	13052.05	9254.555	1896.85	41766.24	N = 90
	between		4588.86	7768.04	20605.32	n = 10
	within		8153.647	−2629.673	34212.97	T = 9

附表3　不活跃区域的数据统计特征

Variable		Mean	Std. Dev.	Min	Max	Observations
y	overall	15530.79	7391.865	3603	33969	N = 90
	between		4083.555	8248.551	20612.17	n = 10
	within		6281.971	5220.458	29227.6	T = 9
e	overall	13.21467	6.111357	−0.63	28.17	N = 90
	between		3.604139	7.701111	18.70444	n = 10
	within		5.052375	−0.7719997	22.83244	T = 9
pe	overall	14.10733	23.13552	−83.53	78.37	N = 90
	between		7.929139	3.336667	25.77444	n = 10
	within		21.86395	−72.75933	66.70289	T = 9
rd	overall	118.2267	83.16379	19.65	353.57	N = 90
	between		48.16855	51.92	199.4089	n = 10
	within		69.31497	4.527779	313.5922	T = 9
tt	overall	52.23867	52.14254	1.45	296.47	N = 90
	between		36.90711	9.598889	110.2733	n = 10
	within		38.4597	−42.50467	238.4353	T = 9
k	overall	8983.019	5671.757	1933.13	25266.73	N = 90
	between		2085.548	5256.746	11778.78	n = 10
	within		5311.335	865.0222	23072.82	T = 9

中国战略性新兴产业的规模分布与创新影响

郭晓丹 刘海洋[**]

一、引 言

对于产业发展状况而言,有一系列的维度和指标可以对其进行经济学刻画,其中既包括总产值、增加值、固定资产投资和从业人数等总量指标,也包括企业规模分布、成长率分布等结构性维度,后者往往能够更为清晰地呈现出产业发展的特点、规律与阶段。本文通过研究中国战略性新兴产业规模分布及创新等,探寻产业发展的水平与独特性,分析产业内部的动态变化以及不同因素对产业内企业规模分布与成长的塑造作用,这对于摸清战略性新兴产业发展情况,识别产业问题,预测产业未来发展趋势是十分有必要的。本文应用《中国工业企业数据库》中 2003~2009 年战略性新兴产业的面板数据,分析了包括 94 个行业、6 万余家企业的大量数据,研究战略性新兴产业规模分布的类型与特征,测算战略性新兴产业总体及七大领域的帕累托指数,讨论创新及其他因素对规模分布的影响,并提出促进战略性新兴产业发展的建议。

二、文献综述

1. 企业规模分布的类型、经验证据及其经济学内涵

企业规模分布是产业分析的核心命题和重要研究途径,综合之前企业规模分布的相关研究可以得出,分布类型主要包括对数正态分布和帕累托分布两类。具体而言,Gibrat(1931)最早提出了企业的对数正态分布,通过对法国的收入分布和制造业企业规模分布的研究,发现企业成长的随机过程导致企业规模近似服从对数正态分布且比较稳定[1]。其后众多的研究验证了这一观点,Hart 和 Prais(1956)[2]、Clarke(1979)[3] 对英国制造业和采矿业的研究表明企业规模近似服从对数正态分布。Cabral 和 Mata(2003)使用葡萄牙制造企业的全部数据,研究发现企业规模分布显著右偏,随着时间的推移而向对数正态分布演进[4]。Kaizoji 等(2006)分析了 1995~2003 年跨

---

[*] 国家社科基金重大项目"世界产业发展新趋势及我国培育发展战略性新兴产业跟踪研究"(12&ZD068);国家自然科学基金青年项目"战略性新兴产业'技术实验'的驱动、路径与政策研究"(71203023);国家社科基金后期资助项目"战略性新兴产业成长研究"(12FJY003);辽宁省社会科学规划基金重点项目"辽宁加快发展战略性新兴产业问题研究"(L11AJL012);辽宁省教育厅科学研究一般项目"基于'技术利基'演化的辽宁省战略新兴产业发展研究"(W2011115)。

[**] 郭晓丹(1978—),女,辽宁本溪人,博士,副研究员,主要研究方向为产业分析、新兴产业和产业政策;刘海洋(1988—),男,河南平顶山人,硕士研究生,主要研究方向为产业分析和新兴产业。

国公司的数据,对日本企业和美国企业的规模分布进行比较,发现美国企业的规模分布近似服从对数正态分布,而日本企业规模分布的上尾部分服从帕累托分布[5]。

如果考虑到新生企业的样本,帕累托分布比对数正态分布能够更充分地拟合现实状况。Pareto（1897）从大量具体的事实中发现,社会上 20% 的人占有 80% 的社会财富,即著名的"二八定律",收入大于等于某一临界值 x 的人数 N 与 x 的常数次幂成反比,即 $N = A/(x + b)^\theta$,其中,θ 是帕累托指数[6]。帕累托分布应用到企业规模分布的领域,则意为分布的曲线是右偏的,帕累托指数也成为考察企业规模分布的指标。Simon 和 Bonini（1958）对美国企业 500 强的研究表明,企业规模分布(无论在一个产业内,还是在整个经济体内)都是高度右偏的,规模分布的上尾部分近似服从帕累托分布[7]。Ijiri 和 Simon（1974）基于美国制造业和采矿业的数据发现帕累托曲线不仅可以近似拟合企业规模的数据,而且可以拟合很多其他的经济和非经济的偏态分布[8]。Marsili（2006）采用荷兰 1978~1998 年制造业的数据,发现规模分布是高度右偏的,近似服从帕累托分布,如果伴随经济衰退,各类规模企业的流动性将会提高,导致帕累托分布的斜率更大[9]。

Zipf 完善了帕累托分布的规律。Zipf（1949）以城市人口规模对城市进行降序排列,发现发达国家的城市人口规模不仅服从帕累托分布,而且帕累托指数 θ 近似等于 1[10],这一发现被称为"齐夫定律"。θ 偏离 1 时,θ 越小,企业规模分布越不均匀;θ 越接近于 1,则企业规模分布越均匀。Axtell（2001）研究发现美国纳税企业的全体样本的企业规模均服从齐夫分布[11]。Fujiwara 等（2004）运用 45 个欧洲国家的企业数据,发现企业规模分布的上尾部分服从齐夫分布[12]。Gabaix 和 Landier（2008）对美国企业 500 强的研究表明其分布服从"齐夫法则"[13]。

在国内的研究中,石建中（2010）运用 2004~2007 年中国规模以上工业企业的数据,研究发现中国工业企业规模分布大体上服从于对数正态分布[14]。杨其静等（2010）通过估计 1999~2005 年我国各省各年度工业企业规模分布的帕累托指数,发现我国各省的企业规模分布状态都普遍比较严重地偏离齐夫分布,即大型企业在各省占据显著的优势位置而中小企业发展不足[15]。

那么不同的企业规模分布,体现出的产业现实内涵是什么呢?一般而言,对数正态分布和帕累托分布都属于不均衡分布,在对数正态分布中,强调中小企业的重要性,大企业数量在行业中所占比重在 10% 以内,产业发展以中小企业为主导;在帕累托分布中,突出强调大企业的重要性,大企业数量在行业中所占比重超过 20%,对产业的发展有着决定性作用。同时,齐夫分布是帕累托分布的一种特殊形式,呈现出企业规模均匀分布的理想状态。齐夫分布的模型假设研究主体的成长是一个自然的随机过程,即只有在相对自然的环境中,规模不等的企业在数量和相对规模上才会表现出齐夫分布状态。Axtell（2001）[11]、Luttmer（2007）[16]、Gabaix 和 Landier（2008）[13] 指出在市场经济发达、政府管制较少的美国等发达国家,企业规模分布的帕累托指数近似等于 1。与此相反,当政府管制较多、妨碍自由竞争的因素较多时,帕累托指数就会偏离 1。因此,"齐夫法则"通常被当作推断市场是否是自由竞争的指标。然而,齐夫分布并不是在任何情况下都是最优的,特别是对于工业化和城市化尚未完成的中国而言。

2. 影响企业规模分布的因素

在 Schumpeter 体系的研究中,技术创新被认为是市场结构的决定性因素。Schumpeter（1942）有关创新与企业规模的论述被归结为"熊彼特假说",即独立的新型小企业是创新的主体和主要组织形式,并终将过渡为大型一体化官僚型大企业[17]。Dasgupta 和 Stiglitz（1980）指出特定技术是企业规模分布的决定性因素[18]。Bottazzi 等（2001）基于世界制药企业 150 强的研究发现,创新在实质上驱动着细分市场的演变,创新、模仿和新市场的持续开拓共同塑造了制药产业的市场结构长期演变[19]。Marsili（2005）使用荷兰制造企业数据研究发现技术因素影响着企业规模分布,技术能够使产业"自我组织"的特征发生改变[20]。在国内的研究中,施培公（1995）认为企业的技术创新能力随企业规模的增大先呈上升趋势,后呈下降趋势,因而企业应掌握适度规模以保持强盛的创新能力[21]。马宁等（2001）使用960家高新技术企业的数据，分析了我国高新技术企业规模与创新能力之间的关系，发现高新技术企业R&D强度随着企业规模的增大呈阶梯下降趋势，同时创新强度大体呈"凸U"形分布，相当一部分小型高新技术企业的创新效率较低[22]。

对于其他影响企业规模分布的因素，相关学者们从产业集中度、产业结构、产业政策等角度进行了探讨。Hart和Prais（1956）分析了产业集中度对企业规模分布的影响，认为较高产业集中度会带来较大的标准差，进而导致企业规模分布不集中，而较低的集中度会使得企业规模相对均匀[2]。石建中（2010）支持企业规模之间的巨大差距是因为受到国家产业政策及行业生产技术经济特点的影响[14]。杨其静等（2010）认为国企比重、城市化水平、开放程度会对企业规模分布产生影响，这几方面水平的提高会使当地的企业规模分布更加偏离齐夫分布[15]。

总体来看，国内外对于企业规模分布的类型与特征、帕累托指数相关研究以及影响企业规模分布的因素并没有得出一致的结论，这是因为企业规模分布在不同国家、不同行业间存在较大差异，也与学者们所采用的研究方法不同有关。基于之前的研究结论，我们可以对当前中国战略性新兴产业的企业规模分布进行分析，研究其分布所呈现的典型特征、与传统产业的差异以及创新等因素对于规模分布的塑造作用。

三、中国战略性新兴产业规模分布分析

1. 战略性新兴产业规模分布的总体状况

为研究战略性新兴产业规模分布的类型与特征，本文选取中国工业企业数据库中2003年、2006年、2009年的微观企业数据作为样本，分析其变化趋势。在数据的筛选过程中，依据《战略性新兴产业分类目录》的五级目录和产品类别，从中国工业企业数据库中进行行业筛选，并依据"主营产品"一项去除虽在大类中属于战略性新兴产业，但企业以生产经营传统产业产品为主的样本，最终选取属于战略性新兴产业的106个子行业的企业样本，剔除12个数据不全的行业之后为94个行业样本，共计6万多个企业。①

企业规模一般以工业总产值、总资产、主营业务收入和就业人数等指标进行度量。由于总资产能够在一定程度上揭示出企业的收益及规模变化，并且相对于其他指标具有更好的稳定性，因此本文用总资产来衡量企业规模。同时由于企业总资产数值比较大，对总资产取自然对数。用Matlab软件对本文选取的样本规模进行绘图，得到战略性新兴产业的规模分布图（如图1所示）。

从图1可见，战略性新兴产业的规模分布右偏，服从对数正态分布，支持了Gibrat提出的规模分布理论。相对于2003年，2009年的战略性新兴产业规模分布密度呈现明显提高，中小企业更加集中，同时分布曲线右侧的尾部出现下降，表明大部分企业的规模小于行业平均值，大量的中小企业在战略性新兴产业的发展过程中发挥了重大作用。

2. 战略性新兴产业的帕累托指数测算及其含义

（1）帕累托指数的估计模型。为测算我国战略性新兴产业总体及各子行业规模分布的帕累托指数，将Pareto的经验结果 $N = A/(x+b)^\theta$ 变换形式，令 $b = 0$，等式两边同时取对数得：$\ln N = \ln A - \theta \ln x$。因此本文采用以下计量方程：

$$\ln N_i = \ln A - \theta \ln x_i + \varepsilon_i \tag{1}$$

---

① 由于企业样本过多，此处从6万多个企业中随机抽样选取6000个企业样本进行绘图。

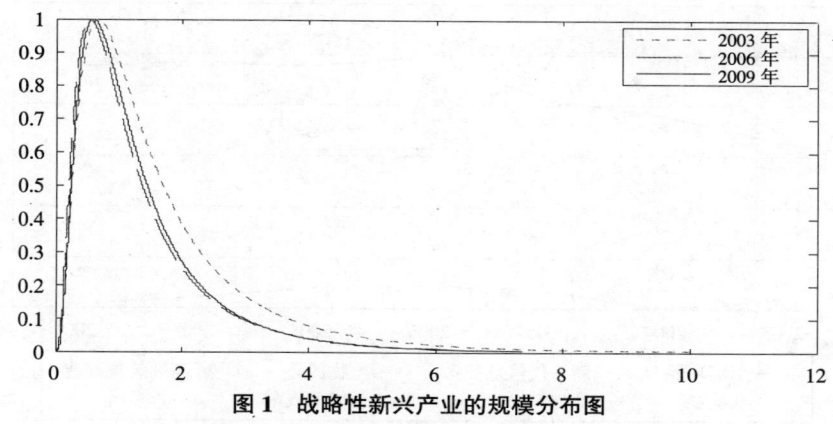

图1 战略性新兴产业的规模分布图

其中，N_i是行业中的第 i 个企业按照企业规模进行降序排列之后的位序，lnA 是常数项，θ 是帕累托指数，x_i 是第 i 个企业的规模，ε_i 是误差项。需要注意的是，如果样本数量过少，使用此方程估计的帕累托指数是有偏的。本文使用中国工业企业数据库 2003~2009 年战略性新兴产业的企业数据，具体到各年、各行业的加总数据至少有几百个，基本可以避免由于样本量小而产生的偏差。

（2）战略性新兴产业总体帕累托指数。本文以总资产作为来衡量企业规模，运用 SPSS 软件对模型（1）进行估计，得到战略性新兴产业的帕累托指数，具体见表1：

表1 2003~2009 年中国战略性新兴产业帕累托指数测算

年份	2003	2004	2005	2006	2007	2008	2009
企业数（个）	22505	36685	35014	39298	45339	62169	51313
企业总资产（万元）	11491	9254	10887	11576	12735	11831	14129
帕累托指数	0.635	0.652	0.661	0.664	0.662	0.664	0.666

近年来我国战略性新兴产业的帕累托指数明显小于1，表明战略性新兴产业的规模分布状况并未遵循齐夫定律，而是明显向下偏离；除 2006~2007 年出现短暂的下降外，历年帕累托指数显示出稳定的上升趋势；除在 2003~2004 年上升的幅度较大外，帕累托指数的上升趋势均较为平和；帕累托指数的上升趋势逐渐变缓，到 2009 年基本趋于停滞，这说明大型企业势强，市场中存在不利于中小企业发展的突出因素，企业规模分布的改善已经面临"瓶颈"，需要寻求进一步改善的办法。

（3）战略性新兴产业七大领域的帕累托指数。按照《战略性新兴产业分类目录》的五级目录和产品类别，将本文的 94 个行业按战略性新兴产业的七大领域进行分类，得到相应数据。将模型（1）运用到七个产业的数据，则可以得到各产业企业规模分布的帕累托指数，如表2所示。

表2 2003~2009 年战略性新兴产业七大领域的帕累托指数

年份	2003	2004	2005	2006	2007	2008	2009
节能环保	0.614	0.640	0.655	0.698	0.689	0.692	0.687
新一代信息技术	0.586	0.606	0.604	0.608	0.606	0.615	0.615
生物医药	0.620	0.704	0.702	0.717	0.740	0.729	0.738
高端装备制造	0.678	0.696	0.709	0.707	0.705	0.701	0.706
新能源	0.636	0.625	0.632	0.635	0.622	0.600	0.598
新材料	0.680	0.684	0.708	0.718	0.704	0.696	0.690
新能源汽车	0.460	0.450	0.469	0.473	0.471	0.461	0.455

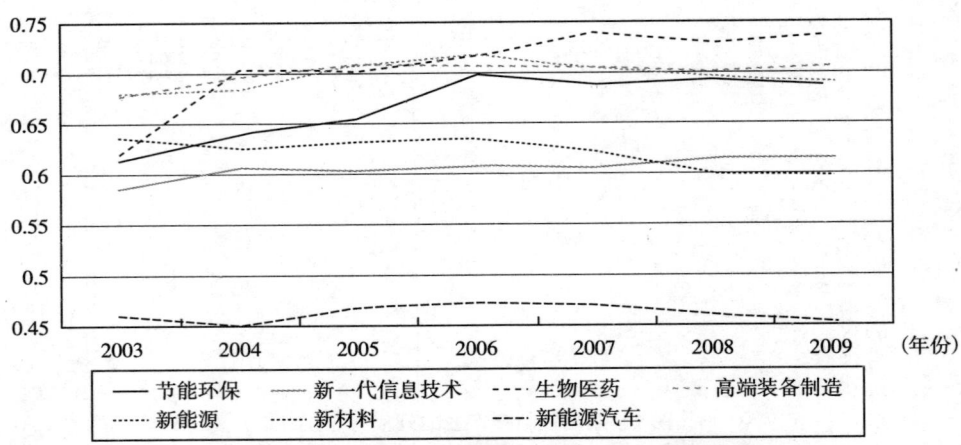

图2 2003~2009年七大战略性新兴产业的帕累托指数走向图

从表2和图2可见，首先，2003~2009年七大战略性新兴产业的帕累托指数都明显小于1，集中于0.60~0.75，七大产业的企业规模分布均向下偏离齐夫定律，由此表明七大产业中大型企业数量较多，规模较大，在行业中占据较显著的优势地位。

其次，不同产业间企业规模分布的差异显著。新能源汽车产业的帕累托指数为0.45~0.50，与其他六个产业具有较大的差距。说明在新能源汽车产业中，中小企业的发展比较落后，大型企业占据着支配地位。

再次，不同产业间帕累托指数的变化趋势不同。节能环保、生物医药和新一代信息技术产业的帕累托指数基本保持持续增长，表明在这三个产业中，中小企业得到了较快发展，企业规模分布状况得到改善。新能源产业的帕累托指数不断下降，新材料和新能源汽车产业的帕累托指数先上升后下降，表明在这三个产业中，中小企业发展比较落后，大型企业与中小企业的规模差距在扩大。

最后，从总体来看，各产业的帕累托指数在2008~2009年变化较小，基本趋于停滞，这表明企业规模分布的改善面临"瓶颈"，中小企业在市场中被诸多因素所限制，需要根据各产业的具体情况，采取有效措施进行改善。

3. 战略性新兴产业规模分布与传统产业的差异

本文选取有色金属矿采选业和食品制造业作为传统产业，与战略性新兴产业进行比较。运用2009年战略性新兴产业、有色金属矿采选业和食品制造业的全体企业样本数据，从标准差、偏度、峰度来分析战略性新兴产业与传统产业的差异。由于各企业的资产数值比较大，因此对企业资产取自然对数，结果如表3所示：

表3 战略性新兴产业与传统产业的规模分布特征对比

产业	平均值	标准差	偏度	峰度	样本点（个）
战略性新兴产业	10.17092	1.450858	0.809404	4.140034	51313
有色金属矿采选业	10.43327	1.382629	0.4719	3.207081	1392
食品制造业	10.05071	1.352017	0.590633	3.508526	7052

从表3可见，战略性新兴产业的标准差较大，说明战略性新兴产业中各企业的规模与其平均值之间差异较大，而两个传统产业的企业规模与均值差距相对较小。战略性新兴产业的偏度大于0，分布呈右偏态，数据位于均值左侧的比右侧的多，右侧的尾部相对于左侧的尾部要长，表明战

略性新兴产业中有较多企业的规模小于平均值,并且相对于两个传统产业,中小企业对战略性新兴产业的作用更为突出。战略性新兴产业的峰度最大且大于3,具有过度的峰度,说明战略性新兴产业的分布比传统产业的分布陡峭,即规模分布更为集中。

四、创新等因素对战略性新兴产业规模分布的影响

1. 影响企业规模分布的因素

(1) 创新 (INV)。创新通过影响企业的生存成长在不断塑造企业规模结构的变迁。衡量创新活动的指标通常包括创新投入和创新产出两个方面,创新投入主要以研发投入来衡量,创新产出主要以新产品产值、专利数等来衡量。这里使用新产品产出率来代表创新,新产品产出率 (INV) = 新产品产值/工业总产值。新产品产出率越高,说明企业的创新活动越活跃,创新能力越强。

(2) 行业集中度 (IC)。行业集中度是一个行业内前N家最大的企业所占市场份额的总和,这里使用行业集中率 (CR_4) 作为对行业集中度的测量,即 $CR_4 = \sum_{i=1}^{4} S_i / \sum_{i=1}^{n} S_i$,其中,$\sum_{i=1}^{4} S_i$ 表示某行业前四位企业产品销售收入之和,$\sum_{i=1}^{n} S_i$ 表示某行业所有企业产品销售收入之和。

(3) 国有化程度 (OSD)。由于国企的规模优势可能会对其他企业,尤其是民营企业的成长产生较大的竞争性限制作用,从而使企业规模分布的状态发生变化。根据《中国工业企业数据库》中"控股情况"计算国有企业比例,即 x_i/X_i,x_i 表示行业中的国有企业数量,X_i 表示行业中的所有企业数量。

(4) 政府补贴收入 (GS)。政府对战略性新兴产业各产业的财政投入直接影响到产业发展水平,同时也通过"光环效应"、"信号效应"对企业在融资成长方面产生间接影响(郭晓丹、何文韬,2011)[23],进而作用到企业规模分布的变化。这里用行业的"补贴收入"表示政府对战略性新兴产业各行业的财政支出,同时对政府补贴收入取自然对数。

(5) 企业进入率 (EN)。战略性新兴产业由于受政策引导的影响,经常出现大批企业追逐进入的局面,行业的企业进入率会对规模分布产生较大影响。如果进入率较高,产业的市场主体增多,规模扩大,并且新进入者会对在位企业产生一定的影响,导致规模分布发生变化。这里的企业进入率用"(当年企业数-上年企业数)/上年企业数"测量。

2. 变量和模型设定

本文从《中国工业企业数据库》中选取了战略性新兴产业94个子行业的全体企业样本,分行业对这些企业样本进行加总,得到94个具有完整数据的行业样本,样本点658个。①战略性新兴产业的企业规模分布状况受到创新、行业集中度、国有化程度、政府补贴收入、企业进入率的影响。变量的定义如表4所示。

为研究战略性新兴产业中创新及其他因素对规模分布的影响,本文设定如下模型:

$$PAR_{it} = \alpha_0 + \beta_1 INV_{it} + \beta_2 IC_{it} + \beta_3 OSD_{it} + \beta_4 \ln GS_{it} + \beta_5 EN_{it} + \varepsilon_{it} \tag{2}$$

其中,$i(i = 1, 2, \cdots, 94)$ 表示第i个行业,$t(t = 2003, 2004, \cdots, 2009)$ 表示第t年,α_0、$\beta_n(n = 1, 2, 3, 4, 5)$ 为待估参数,PAR_{it} 是i行业在第t年的帕累托指数,INV_{it} 是i行业在第t

---

① 在计算94个行业的帕累托指数时,删除了总资产为0以及总资产小于5万元的企业样本。

表4 影响企业规模分布的因素的变量定义

	变量名称	变量符号	变量定义
因变量	帕累托指数	PAR	企业规模分布不均衡程度的度量
自变量	创新	INV	新产品产值/工业总产值
	行业集中度	IC	前四位企业销售收入之和/该行业所有企业销售收入之和
控制变量	国有化程度	OSD	国企数量/所有企业数量
	政府补贴收入	GS	行业获得的政府补贴收入
	企业进入率	EN	(当年企业数−上年企业数)/上年企业数

年的新产品产出率,IC_{it}是 i 行业在第 t 年的行业集中度,OSD_{it}是 i 行业在第 t 年的国有化程度,$lnGS_{it}$是 i 行业在第 t 年的政府补贴收入,EN_{it}是 i 行业在第 t 年的企业进入率,ε_{it}为残差项。

3. 实证分析

在本文中,笔者运用校正面板标准误的 OLS 方法对战略性新兴产业的创新及其他因素对规模分布的影响进行检验。首先对面板数据进行描述性统计,然后进行单位根检验和协整检验,之后进行 F 检验和 Hausman 检验,运用 Eviews6.0 对模型(2)进行估计,得到相关参数。

(1)描述性统计。由表5可以看出,$lnGS_{it}$的标准差最大,说明行业补贴收入的大部分数值与其平均值之间差异较大;而PAR_{it}的标准差最小,说明帕累托指数的大部分数值与其平均值之间差异较小。PAR_{it}的偏度小于0,分布呈左偏态,数据位于均值右边的比左边的多,左边的尾部相对于右边的尾部要长,表明有较多行业的帕累托指数大于平均值;而INV_{it}的偏度最大且大于0,分布呈右偏态,有较多行业的新产品产出率小于平均值,表明有较多行业存在创新不足的问题。这六个变量的峰度均大于3,表明这六个变量的分布都比正态分布陡峭,其中INV_{it}的峰度最大,具有过度的峰度,说明新产品产出率的分布更为集中。

表5 主要变量的描述性统计

变量	平均值	中位数	最大值	最小值	标准差	偏度	峰度	观测值
PAR_{it}	0.65266	0.6665	1.4600	0.2810	0.11563	−0.0906	6.75173	658
INV_{it}	0.16617	0.13163	1.58538	0.0000	0.15383	3.64819	25.4849	658
IC_{it}	0.30708	0.26738	1.0000	0.0063	0.19164	1.47595	5.50352	658
OSD_{it}	0.15767	0.10515	1.0000	0.0000	0.16456	2.57365	11.1898	658
$lnGS_{it}$	10.4432	10.7799	14.6491	0.0000	2.04918	−1.5217	7.80067	658
EN_{it}	0.12163	0.07095	4.21519	−0.7517	0.49403	2.55214	15.9109	658

由于INV_{it}的标准差较小,偏度最大且大于0,峰度最大且远大于3,因此大部分行业的新产品产出率小于平均值且分布比较集中,说明我国战略性新兴产业存在创造能力不强、创新不足的问题。

(2)数据检验。首先对面板数据进行单位根检验,以判断序列数据的平稳性。在1%的显著性水平下,所有变量序列的水平项都是平稳序列,因此模型中的这些变量序列均为零阶单整序列,可以进行协整检验。本文所选用的面板数据协整检验方法为 Kao 检验,由表6可以看到,面板数据通过了协整检验,具有比较稳定的长期相关关系。接下来进行 F 检验,由表6检验结果来看,F检验拒绝原假设,本文应建立固定效应模型或者随机效应模型,接下来进行 Hausman 检验。由表6检验结果来看,模型(2)拒绝原假设,所以本文建立固定效应模型。

表 6 数据检验结果

检验方法	统计值	数值	P 值
协整检验	t 值	1.761813**	0.0391
F 检验	F 值	10.856962***	0.0000
	χ^2 值	678.958250***	0.0000
Hausman 检验	χ^2 值	27.199966***	0.0001

注：***、** 分别表示相应的变量在 1%、5% 的显著性水平上显著。

表 7 模型估计结果

变量	系数值	t 值	Prob.
C	0.664363	30.08432***	0.0000
INV_{it}	−0.03899	−2.05778**	0.0401
IC_{it}	−0.09145	−6.08889***	0.0000
OSD_{it}	−0.22302	−11.6571***	0.0000
$lnGS_{it}$	0.005541	2.985105***	0.0030
EN_{it}	0.001281	0.689255	0.4909
调整后的 R^2		0.950559	
D-W		1.623603	
样本数 N		658	

注：***、** 分别表示相应的变量在 1%、5% 的显著性水平上显著。

从表 7 中，我们得到以下结论：

第一，INV_{it} 的系数 β_1 为 −0.03899，并且显著，表明创新的提高会使企业规模分布偏离齐夫状态。在我国战略性新兴产业中，大型企业的技术更先进，创新的优势更强，新产品产出率的提高，更能促进大型企业的进一步发展，却在一定程度上限制了中小企业的发展。事实上，中小型企业是发展战略性新兴产业的重要生力军，近些年来我国在新兴领域取得的重要技术突破，许多来源于民营科技企业，特别是广大的中小型企业。这表明中小企业在战略性新兴产业的发展中有着不可替代的作用。政府部门应大力支持中小企业发展战略性新兴产业。

第二，行业集中度和国有化程度的系数为负且显著，表明行业集中度和国有化程度的提高会使企业规模分布偏离齐夫状态。行业集中度的提高，则会使大型企业的市场占有率更高，大型企业在市场占据绝对优势的地位，容易形成寡头垄断市场，使企业规模分布更加不均衡，导致效率的降低和社会福利水平的下降。同样，国企集中于大型企业，国有化程度的提高，则使国企在市场上的控制力进一步增强，对其他企业，尤其是民营企业产生较大的限制作用。行业集中度和国有化程度的提高，会使大型企业的规模更大，数量更多，大型企业势强，企业规模分布不均匀的状态更加明显。

第三，政府补贴收入的系数为正且显著，企业进入率的系数为正但是不显著，表明随着政府补贴收入和企业进入率的增大，各行业的帕累托指数逐步上升，使企业规模分布接近齐夫状态。企业进入率的提高，使得行业规模扩大，中小企业数量增多，中小企业通过发展战略性新兴产业获得较快增长，使帕累托指数缓慢增长。政府补贴收入和企业进入率的提高，使得中小企业快速成长，大型企业数量较少，规模相对变小，即大型企业势弱，企业规模分布更加均匀。

五、结论与政策含义

本文利用《中国工业企业数据库》2003~2009年战略性新兴产业的面板数据，从规模分布的视角对中国战略性新兴产业的发展水平进行刻画，并寻求创新等因素对于产业规模分布的独特影响。研究发现，战略性新兴产业规模分布服从对数正态分布，向下偏离齐夫定律，中小企业在产业发展中起主导作用，但大企业比较强势，与传统产业呈现出较大差异；创新在规模分布的塑造中起到显著作用，进一步使企业规模偏离齐夫状态，而政府补贴收入和企业进入则减缓了这一趋势。通过对研究结论的分析，我们认为战略性新兴产业下一步发展政策的制定应考虑以下两个方面的问题。

第一，战略性新兴产业不必追求最优均衡分布，但仍需强化中小企业的竞争力与发展活力。理论上讲，帕累托指数为1时，产业的企业分布呈现出最优的均衡状态。但这种状态只是衡量产业内部是否实现完全自由竞争、是否不需政府监管的一种理论状态。在现实的产业发展过程中，大部分情况都是企业规模分布或多或少地偏离齐夫定律，仅有少量研究发现样本企业规模分布的帕累托指数接近于1，且均发生在市场经济发达、政府管制较少的北美国家。事实上，这种状态并不是在任何情况下都是最优的，特别是对于工业化和城市化尚未完成的中国而言。中国战略性新兴产业目前仍处于发展的初期，产业基础、产业竞争力和创新能力都相对薄弱，甚至有些产业还无法直接应对市场挑战，尚处于政策性的"保护性空间"当中，因而在这个阶段去追求所谓的最优均衡分布并不合适，大企业强势可能是一段时间以内产业发展的必然。但同时，仍需强化战略性新兴产业中小企业的竞争力与发展活力，作为构成产业主体的众多中小企业，其生命力才是最终产业发展之源。

第二，技术创新对产业发展至关重要，下一步应在提高整体创新能力的同时，注意"强者更强，弱者更弱"的问题，激发中小企业的创新动力。战略性新兴产业的高技术性和高风险性决定了技术创新与成果转化是产业发展的重要决定因素。目前战略性新兴产业一方面面临着整体技术创新能力不足的问题，另一方面"强者更强，弱者更弱"的问题也十分突出，国家级的实验室、技术中心、技术人员等大量创新资源都集中于国企和超大型企业，技术创新的政府补贴投入也密集地汇聚于此，加之原有的基础条件优势，大企业一直是战略性新兴产业中技术创新和转化的主要力量。而本应在技术创新领域最具活力的中小企业，却陷入创新动力缺乏的困境，并未表现出应有的小而专、小而精的特色，在技术创新领域难以发挥作用。中小企业融资成本高企、税费负担过重、实体经济疲弱、企业家投机心理日盛等都是造成这一困境的原因，激发中小企业的创新动力已经成为发展战略性新兴产业的首要任务之一。

参考文献

[1] Gibrat R.. Les inégalités inegalities [M]. Recueil Sirey, Paris, 1931.

[2] Hart P. E., Prais S. J.. The Analysis of Business Concentration: A Statistical Approach [J]. Journal of the Royal Statistical Society. Series A (General), 1956, 119 (2): 150-191.

[3] Clarke R.. On the Lognormality of Firm and Plant Size Distributions: Some UK Evidence [J]. Applied Economics, 1979, 11 (4): 415-434.

[4] Cabral L. M. B., Mata J.. On the Evolution of the Firm Size Distribution: Facts and Theory [J]. American Economic Review, 2003: 1075-1090.

[5] Kaizoji T., Iyetomi H., Ikeda Y.. Re-examination of the Size Distribution of Firms [J]. Evolutionary and Institutional Economics Review, 2006, 2 (2): 183-198.

[6] Pareto V.. The New Theories of Economics [J]. Journal of Political Economy, 1897: 485-502.

[7] Simon H. A., Bonini C. P.. The Size Distribution of Business Firms [J]. The American Economic Review, 1958, 48 (4): 607-617.

[8] Ijiri Y., Simon H. A.. Interpretations of Departures from Pareto Curve Firm-Size Distributions [J]. Journal of Political Economy, 1974, 82 (2): 315-331.

[9] Marsili O.. Stability and Turbulence in the Size Distribution of Firms: Evidence from Dutch manufacturing [J]. International Review of Applied Economics, 2006, 20 (2): 255-272.

[10] Zipf G. K.. Human Behaviour and the Principle of Least-Effort [M]. Addison-Wesley Press, Cambridge, 1949.

[11] Axtell R. L.. Zipf Distribution of US Firm Sizes [J]. Science, 2001, 293 (5536): 1818-1820.

[12] Fujiwara Y., Di G. C., Aoyama H., et al.. Do Pareto Zipf and Gibrat Laws Hold True? An Analysis with European Firms [J]. Physica A: Statistical Mechanics and its Applications, 2004, 335 (1): 197-216.

[13] Gabaix X., Gopikrishnan P., Plerou V., et al.. Quantifying and Understanding the Economics of Large Financial Movements [J]. Journal of Economic Dynamics and Control, 2008, 32 (1): 303-319.

[14] 石建中. 中国企业规模分布的形态与特征分析 [J]. 华东经济管理, 2010 (12).

[15] 杨其静, 李小斌, 方明月. 市场、政府与企业规模分布——一个经验研究 [J]. 世界经济文汇, 2010(1).

[16] Luttmer E. G. J.. Selection, Growth, and the Size Distribution of Firms [J]. The Quarterly Journal of Economics, 2007, 122 (3): 1103-1144.

[17] Schumpeter J.. Creative destruction [J]. Capitalism, Socialism and Democracy, 1942.

[18] Dasgupta P., Stiglitz J.. Industrial Structure and the Nature of Innovative Activity [J]. The Economics Journal, 1980 (6): 266-293.

[19] Bottazzi G., Dosi G., Lippi M., Pammolli F., Riccaboni M.. Innovation and Corporate Growth in the Evolution of the Drug Industry [J]. International Journal of Industrial Organization, 2001: 1161-1187.

[20] Marsili O. Technology and the Size Distribution of Firms: Evidence From Dutch Manufacturing [J]. Review of Industrial Organization, 2005, 27 (4): 303-328.

[21] 施培公. 企业规模与技术创新 [J]. 科学学与科学技术管理, 1995 (5).

[22] 马宁, 官建成, 高柏杨. 我国高新技术企业规模与技术创新 [J]. 管理科学学报, 2001 (2).

[23] 郭晓丹, 何文韬. 战略性新兴产业政府 R&D 补贴信号效应的动态分析 [J]. 经济学动态, 2011 (9).

科技资源配置、协同效应与企业创新绩效*

陈 岩 翟瑞瑞 张 斌**

一、引 言

中共十八大明确提出创新驱动发展战略是国家发展全局的核心,强调科技创新是提高社会生产力和综合国力的战略支撑。要实现创新驱动发展,最根本的是要依靠科技力量;最关键的是要大幅提高自主创新能力,逐步形成以政府为主导,企业为主体,其他机构积极参与的创新体系。政府作为创新驱动的主导力量,企业作为创新驱动的主体参与者,两者在推进创新驱动战略的实施中起着重要作用。政府通过资源配置、制度供给和公共服务等影响企业创新驱动。

据国家统计局、科学技术部和财政部联合发布的统计公报,2011 年我国共投入研究与试验发展(R&D)经费 8687 亿元,其中政府资金 1883 亿元,比去年增长 11%。同时,累计建设国家工程研究中心 130 个,国家工程实验室 119 个。从中可以看出,目前我国政府对企业的科研投入逐年增长,以期提高我国企业的自主创新能力。然而事实是我国企业的自主创新能力却未得到相应提升,[1]创新成果的转化率依然与发达国家相去甚远,[2]现在我们需要认真深入地思考到底哪些因素影响了企业自主创新能力的提升、哪些机制制约了创新成果的转化;作为创新主导的政府到底该如何支持企业,如何配置科技资源,以实现创新资源的最优化,避免政府参与的效率损失。

因此,在政府主导的转型经济体中讨论企业创新命题,如只单纯讨论企业层面研发投入与创新产出的关系,而忽视对政企关系之中产、学、研用等协同效应的分析我们不仅无法突破政府科技资源配置效率低下的迷局,而且无法充分揭示政企互动究竟如何影响创新的复杂机制。在这个意义上,本文的主要目的是从协同效应如何作用于政府的资源配置入手,从情境视角为关于政企关系影响企业创新的研究找回微观基础。

---

* 国家自然科学基金面上项目 (71273035、71073087)、教育部人文社会科学研究青年基金项目 (10YJC790028)、北京市自然科学基金面上项目 (9122019)。
** 陈岩 (1970—),男,山东曲阜人,北京邮电大学经济管理学院教授、博士生导师;翟瑞瑞 (1987—),女,山东菏泽人,北京邮电大学经济管理学院博士生;张斌 (1984—),男,河南南阳人,北京邮电大学经济管理学院博士生。
[1] 2012 年在世界前 50 名的申请人中,中国只有中兴与华为两家公司,日本有 20 名,美国为 15 名。
[2] 2011 年我国科技成果平均转化率为 25%,发达国家平均为 75%。

二、文献综述

根据新古典经济理论,政府资源配置影响企业生产活动的资源投入,并产生政府资源配置的效率损失问题(Wade,1990)。Amsden(1997)、Kim(1997)以及宋磊和朱天飚(2013)则提出政府参与影响企业能力的形成和提升。如宋磊和朱天飚以日本政府对钢铁业的支持案例说明政府参与对企业能力形成的影响。已有关于政府资源配置与企业能力形成的文献,是从政企关系研究政府资源配置与企业能力的关系,鲜有人明确从企业创新驱动角度(企业创新能力及创新产出、绩效)研究政府科技资源配置的效率。即使有些学者从创新角度研究了政府科技资源配置效率的问题,也是从国家、区域和行业层面进行的(沈赤等,2011;孙威、董冠鹏,2010;吴和成等,2010)。现有的这类文献只是单纯研究科技资源投入与创新产出的关系,未从企业创新驱动的角度且没有考虑其他外在机制的调节作用。

有关创新驱动较早研究的Porter(1990)认为创新驱动是使生产要素高度整合集聚可持续地创造财富,驱动经济社会健康稳步地发展。大量研究发现创新驱动与企业成长正相关(Geroski、Toker,1996;Cainelli、Evangelista,2006;Coad、Rao,2008),如Geroski和Toker(1996)考察了209家英国大企业,发现技术创新对企业销售收入的增长具有显著的推动作用。Coad和Rao(2008)发现越是高成长的企业,创新驱动的作用越明显。而有关如何实施创新驱动的研究大都是从构建国家创新体系的视角(Furman et al.,2002),认为创新人才(科学家、研究人员等)和相应的配套基础设施(Faber、Hesen,2004)、将创新理论转化为实践的技术(Wamae,2006)、国家或区域的开放性与多样性和创新文化的肥沃土壤(Taylor、Wilson,2012)、各创新主体之间的协同(Lane,2009)以及国家的政策制度支持等(Castellacci、Natera,2012)都是影响创新驱动的主要因素。

自我国政府提出实施创新驱动战略以来,不少学者围绕创新驱动研究选择实施创新驱动战略的必然性(洪银兴,2013)、实施创新驱动战略的部分关键问题(刘志彪,2011)、实施新驱动战略的路径选择(陈曦,2013)等。现有研究发现创新战略所面临的"瓶颈"问题有企业创新动力条件不足、体制机制(市场配置、科技创新机制)不完善、科技资源配置不合理、成果转化率低、缺乏创新的"精气神"等(刘志彪,2011),并给出了对策建议(吴锋刚、沈克慧,2013;洪银兴,2013),如吴锋刚和沈克慧提出中国创新驱动的三种模式:创新要素驱动、聚集创新驱动和市场需求驱动。洪银兴则从加大创新投入、制度创新和创新环境建设三个方面笼统地说明了转变创新驱动发展方式的路径。鲜有将政府科技资源配置与企业创新驱动结合起来的研究。

上述有关政府资源配置与企业能力形成的文献,只是从政企关系研究政府资源配置与企业能力的关系,未从企业创新的角度,以企业创新能力为中介变量,考虑政府科技资源配置对企业创新产出的影响,并在此基础上形成"资源投入—能力形成—创新产出—创新市场"的完整链条,考察影响企业创新产出和创新成果转化的机制;有关研究创新驱动的现有文献从现状综述中发现问题,从理论论述上给予对策建议,未将问题和对策路径嵌入具体创新活动的环节,研究究竟创新活动的哪个环节出现问题以及该如何解决。另外,未考虑企业的资源来源对企业创新能力的形成和提升的影响,政府是创新驱动的主导,其资源配置会影响企业的创新能力,而上述文献鲜有研究政府科技资源配置在创新活动中的角色扮演。

综上,本文的创新点是:第一,结合资源配置和企业创新驱动理论,首次将企业创新活动的完整链条展示出来,具体研究"资源投入—能力形成—创新产出—创新市场"每一个环节上的症结所在，找出外在和内在的影响机制，并在实证上予以支持。第二，将政府作为影响创新驱动的重要外在机制嵌入创新活动链条，研究政府在创新活动中的作用。为更好地发挥政府作用提供借鉴。第三，与已有文献只是将政府的科技投入作为一个整体研究不同，本文打开政府科技资源配置的"黑箱"，从国家重点实验室、科技经费投入、承担的项目数三个方面分析政府对企业创新能力的影响。

三、研究方法与数据

1. 模型与方法

本文主要基于结构方程和调节模型的整合，研究政府科技资源配置与企业创新能力的关系，企业创新能力与创新产出的关系，创新产出与创新市场的关系以及各自之间的调节机制。政府对企业的资源配置需通过提升企业创新能力进而对企业的创新产出产生影响，而创新产出又会影响创新市场。因此，本文将企业的创新能力作为中介变量，框架路径如图1所示，研究上述关系和影响机制。基本的公式模型如下（具体的参见计量模型结果部分）：

结构方程：$\begin{cases}创新能力 = \alpha（政府科技资源配置）+ \varepsilon \\ 创新产出 = \beta（创新能力）+ \alpha（政府资源配置）+ \varepsilon;\end{cases}$

调节模型：创新产出 = β（创新能力）+ α（政府科技资源配置）+ γ（调节变量）*（创新投入）* + ε

创新市场 = β（创新产出）+ γ（调节变量）*（创新产出）* + ε

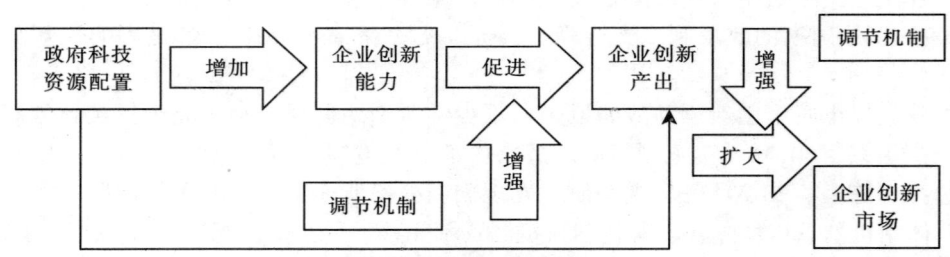

图1 框架路径图

2. 变量描述

（1）自变量——政府科技资源配置。政府在经济发展过程中能够向企业提供各种政策优惠（补助金、信贷优惠等）影响企业能力（宋磊、朱天飚，2013）。而科技资源主要是由科技人才、科技活动资金、科学研究实验（试验）装备、科技信息等要素构成（丁厚德，2009）。因此，政府对企业的科技资源配置除了直接的经费投入，还通过设立国家重点实验室、国家工程研究中心、国家工程实验室和国家级企业技术中心以及企业所承担和参与的政府项目数间接表现出来。为了更全面衡量政府对企业的资源配置状况，本文引入三个变量：

——国家实验室和工程中心数（KL）。该变量包含了企业拥有的国家重点实验室、国家工程研究中心和国家工程实验室的数目之和。政府每年会投入大量的经费用于支持实验室或工程中心的研发活动，一般来说，拥有国家实验室和工程中心的数目越多，企业得到的政府资源配置越多，企业创新能力越高。以当年企业拥有的数量衡量。

——承担和参与的项目数（UP）。该变量涵盖了企业承担和参与的国家/地方政府的所有项目之和。企业承担和参与的项目越多，政府资源配置越多，企业的创新能力越高，创新产出越多。以企业当年承担和参与的数目表示。

——政府经费投入（GE）。经费投入是对企业最为直接的资源配置，对企业的创新能力产生直接影响。本文以政府当年对企业的经费投入总和表示。

（2）中介变量——企业创新能力（RD）。政府各种资源配置有助于塑造企业能力（Cimoli et al., 2009；宋磊、朱天飚，2013），而政府科技资源的配置则有利于企业创新能力的提升，因此，本文将企业创新能力作为中介变量，用企业每年的研发投入表示。

（3）因变量。

——创新产出（PATENT）。专利申请数量是衡量企业创新产出的常用指标之一（Choi et al., 2011）。专利是创新活动的直接产出，能综合反映企业技术发明以及有关发明者的信息，而且专利申请数量的数据容易获得。因此，本文采用企业专利申请数量（PATENT）作为因变量。

——创新市场（NP）。市场占有率往往采用产品销售收入衡量，类似地，为衡量创新市场本文选用新产品销售收入表示：新产品销售收入能够很好地反映新产品的市场接受程度，有效地体现企业创新产出所产生的回报。以企业当年的新产品销售收入表示。

（4）调节变量。

——协同创新。在开放创新条件下，企业的创新产出不仅取决于企业自身的创新能力，还依赖于与外部环境因素的互动（Lane, 2009）。因此，本文在考虑企业创新能力对创新产出的影响时，加入协同创新机制对企业创新能力与创新产出的调节。本文以企业产学研投入占研发总投入的比重表示。

——营业利润率（ROE）。营业利率代表企业在市场中的活动能力，很好地衡量了企业应对市场的能力（徐鹏、徐向艺，2013）。企业应对市场的能力越高，将创新产出转化为市场的概率越大。本文以利润总额/营业收入表示。

——金融支持（FD）。要提高创新产出转化率，政府提供良好的科技融资平台是必不可少的条件（洪银兴，2013）。本文以企业所在区域的金融发展水平衡量科技融资环境，以所在省市的年底金融机构贷款余额占GDP的比重表示。

（5）控制变量。

——企业内部研发资本（IRD）。企业总体的研发投入来源有内部来源和外部来源，且内部投入是主要部分，内部投入越多，企业的创新能力就越强。本文采用企业内部每年的研发投入表示。

——人力资源（HR）。本文采用企业硕士以上人数占总人数的比重表示，比重越大说明企业人力资源越高，企业的创新能力（产出、市场）越强。

——企业规模（SIZE）。企业规模越大，企业创新的设备越多，企业创新投入越多，创新能力越强。因此，本文以企业的总资产表示企业规模，控制由规模变化引起的差异。

——企业类型（CK）。一般来说，高新技术企业的研发投入和创新能力强于非高新技术企业，本文引入这一变量控制由其引起的差异，以虚拟变量表示，是高新技术企业为1，否则为0。

——创新激励（II）。若政府鼓励创新，那么就会为企业的创新活动提供便利条件甚至资金支持（技改补贴、创新补贴、低息贷款等），企业创新的主动性和积极性会更高。因此本文引入是否有创新激励这个虚拟变量，控制由它引起的变化。若有创新激励赋值为1，否则为0。

——知识产权（IR）。企业进行的部分研发活动是和其他企业或机构的联合研发。若企业最终拥有成果的知识产权，那么企业可以较快地将创新产出转化为创新市场，获得由知识产权产生的经济效益。因此本文引入是否拥有知识产权这一虚拟变量。拥有知识产权赋值为1，否则为0。

——与政府的关系（GR）。企业与政府的关系越密切越能从政府获得稀缺资源（Wang et al., 2012），企业用于技术创新的资源越多，创新能力越强。本文用企业领导人是否担任人大代表或政协委员表示。若有赋值为1,否则为0。

——行业所有权结构(OS)。国有资本占比较大的行业往往是关系到国家经济命脉的产业,政府会从多方面给予创新资源支持,获得政府拥有的稀缺资源(Wang et al.,2012),这类行业的研发投入较多。为避免由于这一因素引起的差异,本文引入行业所有权结构,用国有资本占行业总资本的比重表示。

——行业研发密集度(RDI)。研发密集度高的行业,技术竞争更趋激烈,为了保持有利的竞争位置,企业投入的研发资本多,创新能力强。本文以行业研发资本/行业总销售表示。

——市场化程度(MI)。本文市场化指数(MI)的数据来自樊纲等(2011)《中国市场化指数——各地区市场化相对进程2011年报告》。具体的变量选用情况见表1。

表1 变量说明

变量名称	变量符号	定义
因变量		
企业专利数	PATENT	企业每年的申请专利数
新产品销售	NP	新产品每年的销售收入
自变量		
国家实验室和工程中心	KL	企业拥有的国家实验室和工程中心总和
承担和参与的项目	UP	承担参与的政府(国家/地方)项目数之和
政府经费投入	GE	政府对项目的投入经费
中介变量		
企业研发	RD	企业每年的研发投入
调节变量		
协同创新	CRD	企业每年的产学研投入/研发投入
营业利润率	ROE	总利润/营业总收入
金融支持	FD	年底金融机构贷款余额/GDP
控制变量		
企业内部研发	IRD	企业每年的研发投入/销售收入
企业规模	SIZE	企业总资产
人力资源	HR	HR=硕士以上人数/总人数
企业类型	CK	若属于高新技术企业赋值为1,否则为0
行业所有权结构	OS	行业国有资本/行业总资本
行业研发密集度	RDI	行业研究开发费用/行业销售收入
知识产权	IR	虚拟变量,拥有为1,否则为0
创新激励	II	虚拟变量,有为1,否则为0
与政府关系	GR	若有人大代表或政协委员赋值为1,否则为0
市场化指数	MI	《中国市场化指数——各地区市场化相对进程2011年报告》

3. 模型的计量检验

本文首先提供了所有变量的描述性统计指标,如表2a所示;为了避免变量之间存在多重共线性,本文利用相关系数矩阵和方差膨胀因子的方法检验多重共线性,如表2b所示;从本文所选取的变量相关系数矩阵(低于0.5)和方差膨胀因子(小于5)可以看出各变量之间不存在多重共线性,可以直接回归。

对于选择固定效应模型还是随机效应模型,本文首先进行Hausman模型检验,结果得出所有被检验变量的P值均大于0.05(P=0.791),即接受原假设,模型可定为随机效应模型。

表 2a 描述性统计

	MEAN	STD.DEV.	MIN	MAX
NP	11.058	2.774	0.000	17.490
PATENT	3.301	1.727	0.000	8.741
KL	0.643	1.274	0.000	21.000
UP	8.182	18.390	0.000	326.000
GE	4.665	3.304	0.000	12.188
RD	9.065	1.826	2.890	13.886
IRDS	0.055	0.209	0.000	8.000
HR	0.038	0.057	0.000	0.491
SIZE	12.688	2.069	7.841	19.524
CK	0.727	0.446	0.000	1.000
II	0.971	0.168	0.000	1.000
IR	0.978	0.147	0.000	1.000
OS	0.265	0.203	-0.017	0.956
RDI	0.014	0.006	0.001	0.025
MI	8.242	2.142	0.380	11.800
GR	0.299	0.517	0.000	2.000
CRRD	0.264	2.876	0.000	94.889
ROE	0.197	0.580	-7.864	13.989
FD	1.282	0.582	0.537	3.050

4. 数据

本文的数据来源有两个: 一是中国创新型 (高科技) 企业数据库, 该数据库横跨东中西, 涉及全国 30 多个地区的制造业企业;① 二是中国国家统计局网站 (http://www.stats.gov.cn/) 公布的统计年鉴。② 这两个数据源在数据搜集上保持时间、行业和区位的一致性, 被认为是用于国内研究较可靠的源数据。

由于本文主要考察的是制造业行业, 经过筛选, 最终样本采用了在 2008~2011 年四年间连续营业且数据完整的 406 家制造业企业的面板数据, 共计 1624 个有效观察值。在数据处理方面, 由于企业规模的衡量标准是用企业总资产表示, 企业创新能力是用企业每年的研发投入表示, 企业创新产出是企业申请的专利数, 企业创新市场是以新产品销售收入表示, 几乎都是非 0 的正数,③ 企业之间的差别较大, 为避免变量的剧烈波动, 本文对上述变量取自然对数。另外, 考虑创新产出对创新市场的影响时将创新产出滞后一期, 既考虑了创新成果转化的时滞效应又保证因果关系方向性, 避免内生性问题的产生。

---

① 本文使用的企业 ID、是否属于高新技术企业、资产总额、政府关系、主营业务收入、利润、硕士以上人数、RD 研发、产学研投入比重、知识产权、创新激励、企业新产品销售收入等来自这一数据库。
② 企业所处行业的研究开发费用、行业销售收入、行业国有资本 行业总资本、企业所在区域的年底金融贷款总额和区域 GDP 来自中国统计年鉴。
③ 虽然有的企业某一年的专利总量或研发为 0, 但是这种情况极少, 为了能进行对数转换, 本文对这两组数据分别加 1 后, 再进行对数转换。

表 2b 相关系数矩阵与方差膨胀因子

	NP	PATENT	KL	UP	GE	RD	IRDS	HR	SIZE	CK	II	IR	OS	RDI	MI	GR	CRRD	ROE	VIF
PATENT	0.516	1.000																	2.34
KL	0.162	0.381	1.000																1.46
UP	0.140	0.282	0.466	1.000															1.48
GE	0.183	0.353	0.332	0.440	1.000														1.47
RD	0.656	0.705	0.346	0.269	0.325	1.000													2.55
IRDS	-0.147	-0.055	0.007	-0.009	-0.014	-0.055	1.000												1.02
HR	-0.002	0.002	0.081	0.026	0.051	0.014	-0.017	1.000											1.09
SIZE	0.076	0.108	0.044	-0.021	0.009	0.131	-0.027	-0.248	1.000										1.11
CK	-0.179	-0.149	-0.080	-0.109	-0.090	-0.312	0.012	0.006	-0.033	1.000									1.27
II	0.095	0.079	0.024	0.012	0.041	0.087	-0.055	-0.008	-0.005	-0.015	1.000								1.35
IR	0.107	0.145	0.050	0.041	0.078	0.121	-0.004	0.020	0.004	0.021	0.498	1.000							1.37
OS	-0.090	0.019	0.104	0.075	0.144	0.066	-0.035	0.005	0.017	-0.078	0.012	-0.052	1.000						1.1
RDI	-0.102	-0.050	-0.139	-0.099	-0.117	-0.184	0.014	0.020	-0.010	0.296	-0.050	0.006	-0.016	1.000					1.17
MI	0.248	0.337	0.110	0.086	0.111	0.273	-0.071	-0.055	0.017	0.093	0.036	0.101	-0.088	-0.016	1.000				1.2
GR	0.333	0.451	0.293	0.204	0.279	0.533	-0.040	-0.041	0.101	-0.268	0.029	0.039	0.218	-0.214	0.099	1.000			1.58
CRRD	-0.106	-0.045	-0.007	-0.002	0.006	-0.125	-0.009	-0.011	-0.036	-0.044	0.004	0.005	-0.026	-0.010	-0.055	-0.029	1.000		1.04
ROE	-0.010	-0.004	-0.019	-0.009	-0.011	-0.005	0.005	-0.031	-0.006	-0.001	-0.028	-0.013	-0.034	0.023	-0.019	-0.024	-0.017	1.000	1.01
FD	-0.013	-0.009	-0.016	-0.042	-0.058	-0.026	0.014	0.034	-0.082	0.018	-0.050	-0.032	-0.027	0.009	-0.010	-0.031	-0.003	-0.068	1.02

四、计量模型结果

1. 政府科技资源配置与企业创新产出

考察政府资源配置与企业创新产出的关系,本文将企业的创新能力作为中介变量,具体的结构方程由公式(1)和公式(2)构成,

$$\begin{cases} RD = \alpha_1 KL + \alpha_2 GE + \alpha_3 UP + \beta CONTROL + \varepsilon & (1) \\ PATENT = \beta RD + \alpha_1 KL + \alpha_2 GE + \alpha_3 UP + \gamma CONTROL + \varepsilon & (2) \end{cases}$$

其中,RD 代表企业创新能力,KL、GE 和 UP 代表政府科技资源配置的三个方面,CONTROL 代表控制变量,①ε 代表残差。公式(1)考察的是政府资源配置对企业创新能力的影响,公式(2)考察的是企业创新能力对创新产出的影响。利用 Stata10.0 软件,回归结果如图 2a 所示,国家重点实验室的科技资源配置对企业创新能力的正向促进作用最高($\alpha = 0.109$,$P < 0.01$),科研经费其次($\alpha = 0.016$,$P < 0.05$),承担和参与的工程项目数影响最小($\alpha = 0.003$,$P < 0.05$)。总的来说,政府的科技资源配置有利于企业创新能力的构建和提升。创新能力的提升会提高企业的创新产出($\beta = 0.398$,$P < 0.01$)。

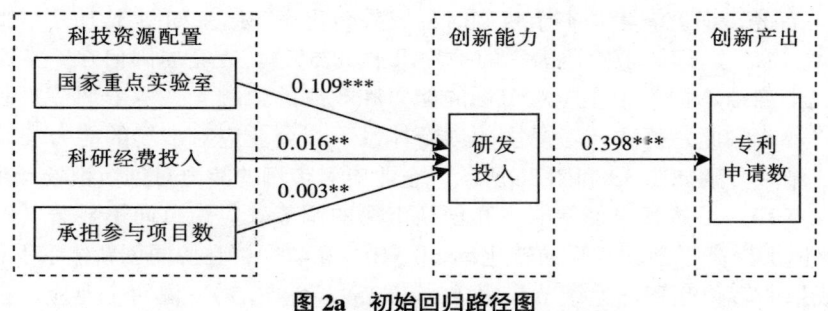

图 2a 初始回归路径图

企业的自主创新产出不仅仅取决于自身的创新能力,在开放创新体系中,还依赖于与外部机构的协同合作。在企业能力一定的情况下,良好的协同运作体系能提高创新产出。本文主要考察产学研协同和产用研协同对创新能力与创新产出的调节机制。基于前面的结构方程,构造调节模型如公式(3)所示,结果如图 2b 所示。产学研协同体系不仅对创新产出有直接的正向影响($\beta = 0.175$,$P < 0.05$),还能增强创新能力对创新产出的正向影响(CRRD*RD 的系数 $\beta = 0.070$,$P < 0.1$)。协同创新体系中的产用研协同也对企业创新产出产生直接的促进作用($\beta = 0.030$,$P < 0.05$)和正向的调节效应($\beta = 0.015$,$P < 0.01$),而且两者共同将创新能力对创新产出的影响提升了 8.6%($\beta = 0.484$,$P < 0.01$)。

$$PATENT = \beta_1 RD + \beta_2 RD*MO + \alpha_1 KL + \alpha_2 GE + \alpha_3 UP + \gamma CONTROL + \varepsilon \quad (3)②$$

其中,MO 是调节变量,包括产学研协同(CRRD)、产用研协同(NP)。

---

① 公式(1)包含企业内部研发(IRD)变量,而公式(2)剔掉。
② 控制变量与公式(2)一致。

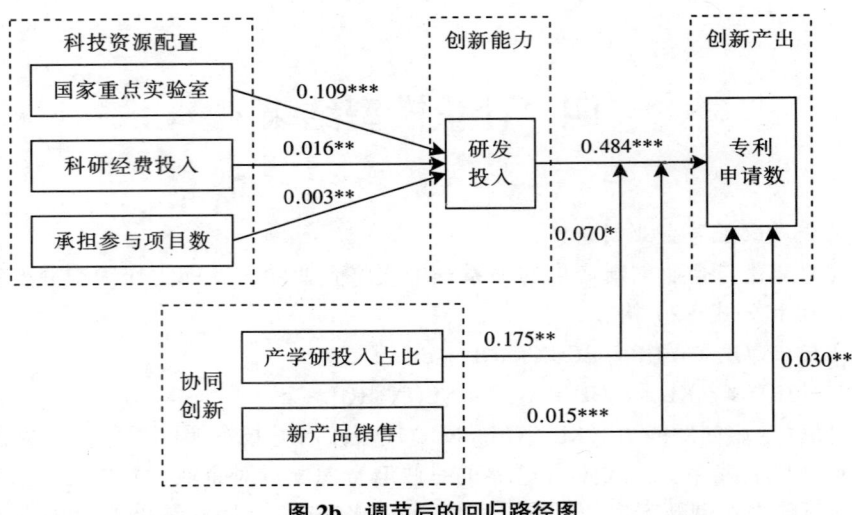

图 2b 调节后的回归路径图

2. 创新产出与创新市场

实施创新驱动战略就是要促进创新与经济紧密结合，既要从经济社会发展需求中找准科技创新主攻方向，又要把科技创新成果迅速转化为现实生产力。创新成果的产业化是创新活动的最终落脚点。本文以创新市场衡量创新成果的产业化，研究影响创新成果产业化的机制，调节模型如公式（4）所示。首先，研究未考虑调节机制时的成果转化率，结果如图 3a 所示。此时，创新成果的转化率仅有 47.1%，远远低于发达国家的平均水平（75%）。究竟原因何在？本文试图从企业和政府两个方面找出症结，加入企业应对市场的能力和政府的金融支持两个调节机制，结果分别如图 3b 和图 3c 所示。除此之外，还考虑协同创新体系下，企业应对市场的能力和政府的金融支持两个调节机制，结果分别如图 3d 和图 3e 所示。企业应对市场的能力对创新市场产生直接的正效应（$\beta = 0.153$，$P < 0.1$），虽然其对创新能力和创新市场的调节效应为负向不显著（$\beta = -0.048$，$P < 0.1$），但也从整体上提高了创新成果的转化率（0.510 > 0.471）；在协同创新体系下，企业应对市场的能力对创新成果的转化起到加速调节作用（$\beta = 0.152$，$P < 0.1$），说明企业应对市场的能力调节创新成果转化的前提是企业参与协同创新体系，此时企业创新产出的直接转化率提高了 2.8%（$\beta = 0.538$，$P < 0.01$）。然而，无论是否参与协同创新体系，政府金融支持对创新成果转化都是正向不显著的，这说明我国目前的科技融资体系尚不能为创新成果的转化提供有利条件，反而还会阻碍创新成果的转化（0.465 < 0.469 < 0.471），科技融资体系有待完善。

$$NP = \beta_1 PATENT + \beta_2 PATENT*MO + \gamma CONTROL + \varepsilon \tag{4}$$

其中 MO 为调节变量，包括企业应对市场的能力（ROE）和政府的金融支持（FD）；控制变量包括企业人力资源、规模、企业类型、行业所有权结构、行业研发密集度、政府关系和市场化指数。

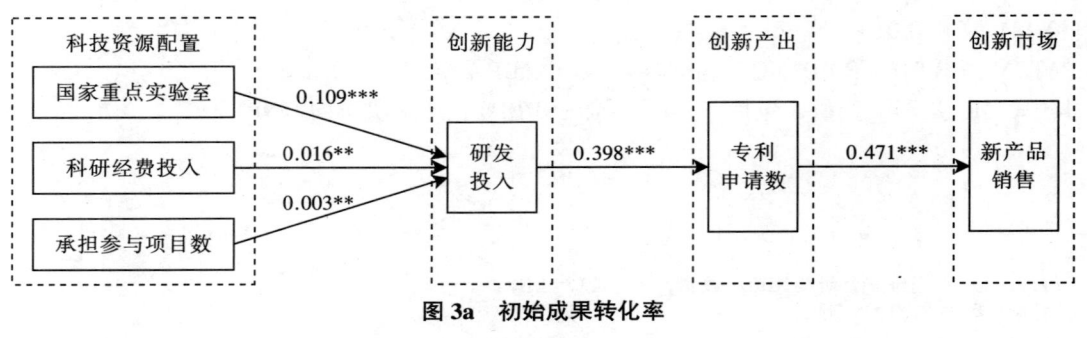

图 3a 初始成果转化率

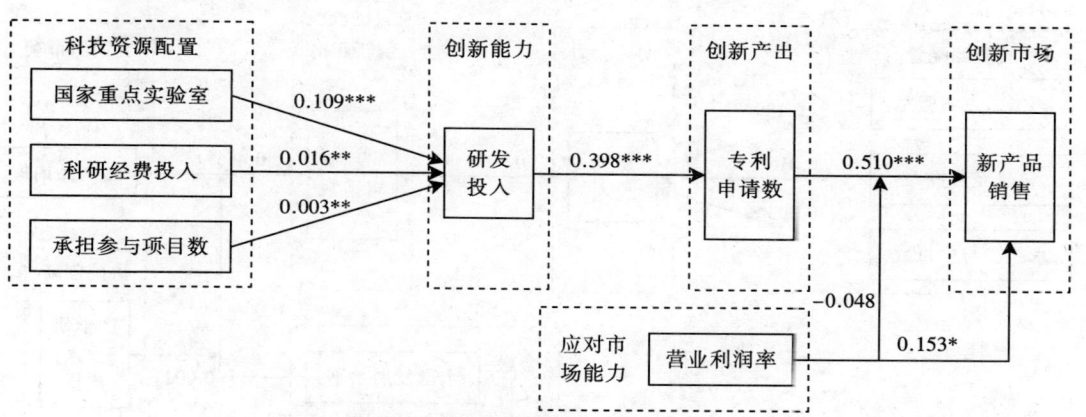

图 3b　应对市场能力的调节路径

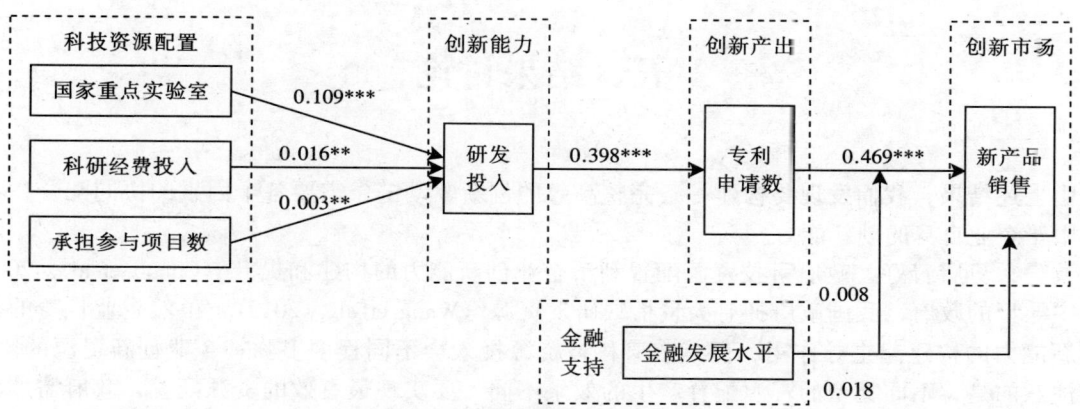

图 3c　金融支持的调节路径图

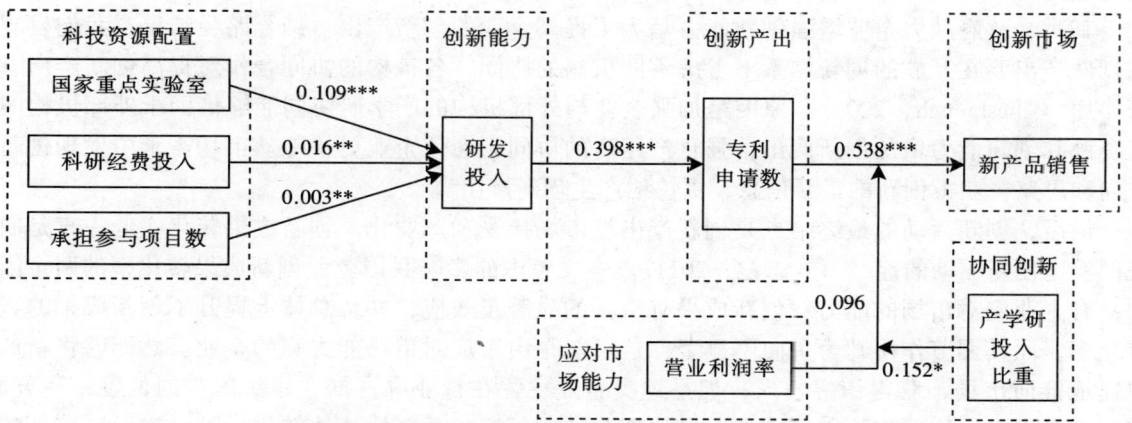

图 3d　协同创新对应对市场能力的二次调节路径图

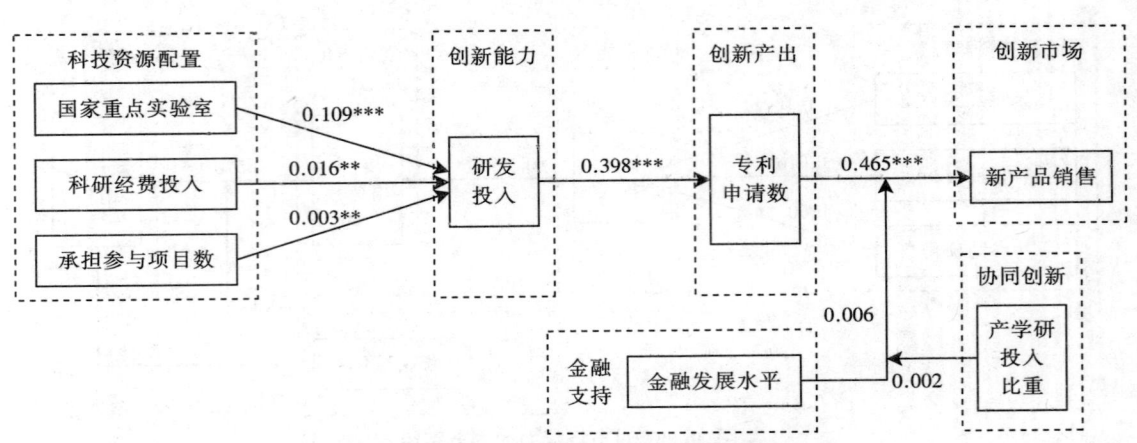

图 3e 协同创新对金融支持的二次调节路径图

五、结果讨论

由上述结果，我们发现要构建一条完整高效的创新驱动链条需要各个因素的协同配合，不能仅局限于企业自身的创新能力。

首先，毋庸置疑，政府科技资源配置利于企业创新能力的构建和提升（Cimoli et al., 2009）。作为主导型的政府，我国政府拥有大量稀缺研发资源（Wang et al., 2012），虽然企业自身的投入对创新能力的构建起主导作用，但是政府科技资源投入会不同程度上弥补企业创新资源的匮乏。需要注意的是，不同类型的资源配置产生的效果不同，要实现最有效的资源配置，政府需加大国家重点实验室的建设而不是只考虑经费投入和项目建设。原因是相比于后两者，前者国家重点实验室的建设考虑的因素更全面，不单纯是经费投入还有人才的培养、实验设备的更新等，能大幅提升企业的创新能力。

其次，政府助力企业增强创新能力是为了提高企业的创新产出。结合路径结果，我们发现提高创新产出要在开放的创新体系下考虑不同机制的协同，各机构的协同合作对提高创新产出有显著作用（Chesbrough, 2003）。原因是加强企业与外部机构的产学研协同能够借助于外部机构的创新资源和创新能力增加创新产出，强化产用研的协同则会使企业更快地从市场需求中发现创新的方向和思路，获得创新的最新信息，更快地产生创新产出。

最后，创新活动的最终结点是创新产出被市场接受和产业化。创新成果转化率低一直是制约我国实施创新驱动的症结（刘志彪，2011）。本文考虑的影响我国企业创新成果转化率的两个因素中只有企业应对市场的能力对创新成果有直接的显著正效应，并从总体上提升了创新成果的直接转化率，而其调节作用却为负向不显著，这可能是由于应对市场能力高的企业虽然能够将新产品快速地推向市场，获得销售收入，但是这类企业往往在行业中占据"领头羊"的位置，一方面，其创新产出也往往领先于市场需求，导致部分的创新产出不能快速地转化，另一方面，较高的市场应对能力也会使企业产生惰性，在未充分利用已转化创新成果的利润时，不急于将新的产出转化，反而阻碍了创新产出的转化。然而在产学研协同创新体系中，企业应对市场的能力则变为正向的调节作用，这说明市场应对能力发挥正向调节作用的条件是企业参与产学研协同。除了企业自身的原因，提高创新产出的转化率还需要良好的外部环境和政策支撑（洪银兴，2013）。对于创新型的科技企业来说，资金问题一直是制约创新成果转化的重要因素（陈曦，2013），本文的结果也证实了这一点。目前我国的金融政策不仅不能起到促进作用反而会阻碍创新成果的转化，科技融资体系还需完善。

六、结 论

本文利用中国创新型（高科技）企业数据库2008~2011年的406家制造业企业的数据，试图寻找一条高效完整的创新活动链条。结合上述结果，本文发现目前最为有效的一条是：政府通过国家重点实验室建设提升企业创新能力，由企业创新能力产生创新产出时考虑产学研协同，在企业将创新成果转化为创新市场的环节，既要考虑产学研协同又要考虑企业应对市场的能力。本文研究结果对推动创新驱动发展战略的意义主要是：

第一，对政府来说，虽然创新驱动是以企业为主体，但是政府作为创新主导也要加强对企业科技资源的配置，尤其是以国家重点实验室建设为代表的资源投入。目前，金融支持是制约创新成果转化的重要因素，因此，政府要不断完善现有的科技融资体系，推动金融资源与科技资源良好对接，逐步构建由政府倡导的积极促进创新成果转化、孵化和产业化运作的创新融资平台投融资体系。此外，协同创新对创新产出和创新成果转化具有促进作用，政府也要为各创新主体之间的协同创造良好环境和平台。

第二，对企业来说，企业内部的研发投入不是实施创新驱动的唯一资源来源，政府的资源配置也会对企业的创新产生影响，企业在提升自身创新能力的同时，要注意保持与政府的良好关系，获得政府科技资源。企业进行创新活动时注意与外部机构的协同，利用外部机构的创新资源提升创新产出；另外，企业还要善于捕捉市场需求的变化，从市场需求的变化中找到适合企业创新的方向。在提高创新成果转化时，企业既要强化产学研的协同也要不断提升应对市场的能力，快速地将创新成果转化为创新市场，获得销售收入。

本文虽然首次对创新活动的整个链条进行研究并试图找出影响创新驱动的症结，但本文也存在以下不足：第一，在考虑政府资源配置时，未区分对基础研究和应用研究投入的差别。第二，研究创新成果转化时，由于数据限制忽略了其他制度因素的影响（知识产权保护、是否位于科技园区等）。第三，在考虑市场需求驱动的创新时采用的滞后一期的新产品销售存在缺陷，需要更为直接的衡量标准。

参考文献

[1] Wade R. Governing the Market: Economic Theory and the Role of Government in East Asian Industrialization [M]. Princeton University Press, 1990.

[2] Amsden A. H. Editorial: Bringing Production Back in—Understanding Government's Economic Role in Late Industrialization [J]. World Development, 1997, 25 (4).

[3] Kim L. Imitation to Innovation: The Dynamics of Korea's Technological Learning [M]. Harvard Business Press, 1997.

[4] Porter, M. E. The Competitive Advantage of Nations [M]. New York: Free Press, 1990.

[5] Geroski P. A. and Toker S. The Turnover of Market Leaders in UK Manufacturing Industry, 1979-1986 [J]. International Journal of Industrial Organization, 1996, 14 (2).

[6] Cainelli G., Evangelista R. and Savona M. Innovation and Economic Performance in Services: a Firm-level Analysis [J]. Cambridge Journal of Economics, 2006, 30 (3).

[7] Coad A. and Rao R. Innovation and Firm Growth in High-tech Sectors: A Quantile Regression Approach

[J]. Research Policy, 2008, 37 (4).

[8] Furman J. L., Porter, M. E. and Stern S. The Determinants of National Innovative Capacity [J]. Research Policy, 2002 (31).

[9] Faber J. and Hesen A. B. Innovation Capabilities of European Nations: Cross-national Analyses of Patents and Sales of Product Innovations [J]. Research Policy, 2004, 33 (2).

[10] Wamae W. Why Technological Spillovers Elude Developing Countries: A Dynamic Non-Linear Model [R]. DRUID, Copenhagen Business School, Department of Industrial Economics and Strategy/Aalborg University, Department of Business Studies, 2006.

[11] Taylor M. Z. and Wilson S. Does Culture Still Matter?: The Effects of Individualism on National Innovation Rates [J]. Journal of Business Venturing, 2012, 27 (2).

[12] Castellacci F. and Natera J M. The Dynamics of National Innovation Systems: a Panel Cointegration Analysis of the Coevolution between Innovative Capability and Absorptive Capacity [J]. Research Policy, 2013, 42 (3).

[13] Cimoli M., Dosi G. and Stiglitz J., Industrial Policy and Development: the Political Economy of Capabilities Accumulation [M]. Oxford: oxford University Press, 2009.

[14] Choi, S. B., Lee, S. H. and Williams, C. Ownership and Firm Innovation in a Transition Economy: Evidence from China [J]. Research Policy, 2011, 40 (3).

[15] Wang C., Hong J., Kafouros M. and Wright M. Exploring the Role of Government Involvement in Outward FDI from Emerging Economies [J]. Journal of International Business Studies, 2012, 43 (7).

[16] Chesbrough H. W. Open Innovation: The New Imperative for Creating and Profiting from Technology [M]. Harvard Business Press, 2003.

[17] 宋磊，朱天飚. 发展与战略政府、企业和社会之间的互动 [M]. 北京：北京大学出版社，2013.

[18] 沈赤，章丹，王华锋. 基于数据包络分析 VRS 模型的我国政府科技资源配置效率评价 [J]. 企业经济，2011 (12).

[19] 孙威，董冠鹏. 基于 DEA 模型的中国资源型城市效率及其变化 [J]. 地理研究，2010，29 (12).

[20] 吴和成，华海岭，杨勇松. 制造业 R&D 效率测度及对策研究 [J]. 科研管理，2010，31 (5).

[21] 洪银兴. 论创新驱动经济发展战略 [J]. 经济学家，2013 (1).

[22] 刘志彪. 从后发到先发：关于实施创新驱动战略的理论思考 [J]. 产业经济研究，2011 (4).

[23] 陈曦. 创新驱动发展战略的路径选择 [J]. 经济问题，2013 (3).

[24] 吴锋刚，沈克慧. 中国特色的创新驱动发展战略研究 [J]. 企业经济，2013，32 (6).

[25] 丁厚德. 科技资源及其配置的研究 [J]. 中国科技资源导刊，2009，41 (2).

[26] 徐鹏，徐向艺. 子公司动态竞争能力维度建构与培育机制 [J]. 中国工业经济，2013，302 (5).

[27] 樊纲，王小鲁，朱恒鹏. 中国市场化指数——各地区市场化相对进程 2011 年报告 [M]. 北京：经济科学出版社，2011.

R&D 两面性、技术引进与汽车产业生产率增长

朱承亮*

一、问题提出

内生增长理论认为自主 R&D 是生产率增长的最重要源泉。发达国家和新兴工业化国家的经济发展经验也表明，加强自主 R&D 是实现经济可持续发展的重要保证。在经济全球化背景下，发展中国家除了依靠自主 R&D 实现生产率增长之外，还可以利用后发优势通过充分吸收和利用发达国家先进技术和经验实现生产率增长。发达国家的先进技术为发展中国家实施技术赶超和经济赶超提供了重要契机。通过引进发达国家先进技术，可以使技术接受国在经济增长上收敛于技术扩散国，从而为发展中国家赶超发达国家提供了可能性。国内外大量研究都证明了 R&D 对生产率增长的正影响（Vuori, 1997; Harhoff, 1998; Dilling-Hansen et al., 2000; Hanel, 2000; Hu, 2001; Hu et al., 2004; Jefferson et al., 2004; 吴延兵, 2006），从研究结果来看，中国 R&D 产出弹性与发达国家 20 世纪 80 年代后期的 R&D 产出弹性相比仍存在较大差距。在技术引进与经济增长关系研究方面，绝大多数文献集中在 FDI 技术溢出效应对经济增长的影响上，很少有研究涉及技术引进与生产率或经济增长之间的关系（吴延兵, 2008）。

近年来，一些文献对中国自主 R&D、技术引进与生产率之间的关系给予了关注。Hu et al. (2005) 运用 1995~1999 年大中型制造企业数据研究发现，自主 R&D 和国外技术引进有利于生产率提高，而且自主 R&D 与国内外技术引进相互补充，共同促进了生产率提高。朱平芳和李磊 (2006) 运用 1998~2003 年上海市 189 家大中型工业企业数据，研究了直接技术引进和 FDI 两种技术引进方式对生产率的影响，研究发现直接技术引进对国有企业生产率有显著正影响，但对其他外资企业的生产率并没有显著影响。李小平 (2007) 运用 1996~2003 年分行业大中型工业企业面板数据，研究了自主 R&D、国外技术引进和国内技术购买的产出回报率和生产率回报率。朱有为、徐康宁 (2007) 研究发现 R&D 资本积累对中国高技术产业生产率增长具有显著贡献。吴延兵 (2008) 运用 1996~2003 年中国地区层面的工业面板数据研究发现，自主 R&D 和国外技术引进对地区工业生产率增长具有显著促进作用，但也显示出了明显的地区差异特征。吴建新、刘德学 (2010) 利用 1985~2005 年中国 28 个省份的面板数据，研究发现进口和国内 R&D 都显著促进了中国全要素生产率（TFP）水平的提高，但没有发现 FDI 对 TFP 有显著促进作用。沙文兵、李桂香 (2011) 采用 1995~2008 年中国高技术产业 17 个细分行业的面板数据研究发现，内资企业自主

---

*朱承亮（1985—），男，安徽安庆人，博士，中国社会科学院数量经济与技术经济研究所助理研究员，研究方向为效率与生产率分析、创新与经济增长。

R&D 投入是其形成创新能力的最主要因素，外资企业 R&D 活动对内资企业产生了一定的溢出效应，在一定程度上推动内资企业创新能力的提高。肖文、林高榜（2011）研究发现本国 R&D 资本积累对本国技术进步具有显著和较强的正面作用。周新苗、唐绍祥（2011）以上海 2001~2006 年工业企业为样本，研究发现自主 R&D 对企业 TFP 的贡献大于技术引进对企业 TFP 的贡献。吴延兵、李莉（2011）基于 1987~2009 年时间序列数据运用协整理论研究发现，自主 R&D 和直接技术引进对中国创新能力提升和经济增长均有着长期的积极推动作用。

但是，一些学者也得出了不同结论。张海洋（2005）采用中国 1999~2002 年 34 个工业行业面板数据研究发现，自主 R&D 对生产率和技术效率有不显著作用或副作用，只对技术进步有促进作用。李小平和朱钟棣（2006）采用中国 1998~2003 年 32 个工业行业面板数据研究发现，国内本行业 R&D 对工业行业的技术效率及 TFP 有阻碍作用，而通过国际贸易渠道的 R&D 溢出促进了工业行业的技术进步、技术效率和生产率增长。许培源、钟惠波（2009）采用 1998~2007 年工业行业面板数据研究发现，国际技术溢出是中国工业行业生产率增长的主要推动力量，而国内 R&D 的生产率增长效应不显著，认为可能与国内 R&D 过度集中在垄断程度较高的重工业部门有关。

综上可知，当前中国关于自主 R&D、技术引进与生产率的研究主要集中于整个行业层面或者地区层面，而关于某一具体行业的研究涉及较少，更鲜有关于中国汽车产业的相关研究。中国是名副其实的汽车生产制造大国，但尚未成为汽车产业强国，这是不争的事实。尽管不少汽车企业拥有庞大的生产制造规模，但是它们只不过是跨国公司的"加工厂"罢了，中国汽车产业处于全球汽车产业链的低端，其结果是产品附加值低，产业竞争力弱。提高汽车产业自主 R&D 能力是中国实现由汽车制造大国向汽车产业强国转变的关键。虽然一汽、上汽、东风等国内骨干汽车企业集团在自主 R&D 道路上具有得天独厚的优势，但它们都纷纷选择了合资，合资虽然在税收、就业、拉动经济发展和引进国外先进生产、管理经验等方面产生了一定积极作用，但由于多年来核心技术被合资外方牢牢掌握，中国汽车产业在规模和产量不断提升的同时，自主 R&D 能力并没有得到相应提升。近年来，由于国家对自主创新的重视以及来自社会各界的压力，这些国有大型企业忽视自主 R&D 的情况有一定程度的改变，特别是在建设创新型国家的号召下，中国汽车产业自主 R&D 能力开始逐步提高，一些民族汽车企业逐渐形成了一定气候，例如奇瑞、比亚迪、长城、吉利等，它们在不断创新中打造了自主品牌，在汽车企业中树立了良好的形象。

正如刘世锦（2002）指出中国汽车产业发展要在开放中确立大国竞争优势，一方面对外开放，加强对国外先进技术和 FDI 的引进力度，另一方面对内发展，加强汽车企业 R&D 投资力度，增强自主创新能力。也就是说，作为后发汽车工业大国，中国汽车产业生产率增长不仅要依靠本土自主 R&D，国外技术引进也是一个非常重要的渠道。那么，自主 R&D 和技术引进对中国汽车产业生产率增长有怎样的影响？在上述文献基础上，本文采用 1998~2010 年中国汽车产业 5 个细分行业面板数据，对自主 R&D、技术引进与汽车产业生产率增长之间的关系展开实证研究。接下来的结构安排如下：第二部分采用 DEA-Malmquist 生产率指数方法对中国汽车产业 TFP 进行测算；第三部分采用生产函数法对中国汽车产业的 R&D 产出弹性进行估计；第四部分采用固定效应法和一阶差分法分析 R&D 两面性和技术引进对汽车产业 TFP 的影响；最后是本文的结论和建议部分。

二、中国汽车产业 TFP 的测算

(一) 测算方法与变量说明

自1953年中国第一家汽车制造厂兴建开始，中国汽车工业的发展历程大致可以分为三个阶段：一是1953~1978年的奠定基础阶段，此阶段为中国汽车工业发展奠定了初步基础；二是1979~1993年的全面成长阶段，此阶段中国已形成了比较完整的载重汽车产品系列和生产布局，初步建立了上汽、一汽、二汽等八大轿车生产点；三是1994年至今的飞速发展阶段，尤其是1994年《汽车产业政策》的颁布，标志着中国汽车产业进入了一个全新的发展阶段。随着中国汽车工业的快速发展，近期一些文献对中国汽车产业TFP问题给予了关注。吴献金、陈晓乐（2011）采用中国24个主要汽车生产省份2000~2008年的面板数据，使用DEA方法研究发现，在中国汽车产业TFP增长的年份中技术效率贡献较大，而技术进步贡献较小。生延超、欧阳峣（2011）基于2001~2009年数据采用DEA-Malmquist生产率指数研究发现，加入世界贸易组织以来中国汽车产业TFP增长是由技术进步和技术效率两个因素共同推动的，但技术效率的影响相对有限，技术进步的推动作用日益明显。可见，现有文献关于中国汽车产业TFP增长来源问题分歧较大，吴献金、陈晓乐（2011）认为效率驱动是中国汽车产业TFP增长的主要来源。而生延超、欧阳峣（2011）则认为狭义技术进步才是中国汽车产业TFP增长的主要来源。正确合理地估算中国汽车产业TFP，有助于认清中国汽车产业技术进步现状，而进一步厘清中国汽车产业TFP增长来源，进而有针对性地采取有效措施，有助于中国汽车产业的可持续发展。考虑到数据的可得性，本文采用DEA-Malmquist生产率指数方法对1994~2010年中国汽车产业（汽车、改装汽车、摩托车、车用发动机和汽车摩托车配件五大分行业）的TFP进行测度。本文构建了一个"三投入一产出"的投入产出面板数据库，基础数据来源于《中国汽车工业年鉴》。

1. 投入变量的选取

本文选取中国汽车产业各年度职工平均人数表示劳动投入变量。不少学者在研究TFP时采取国际上通用的永续盘存法进行资本存量估计，但是用永续盘存法估计资本存量时会涉及资本折旧率的估计问题，且各行业的折旧率存在较大差异，可见，行业资本折旧率的选取是否合理值得商榷，鉴于此，本文采用中国汽车产业各年度固定资产净值来代替资本投入变量，且将其按照1991年为基期的固定资产投资价格指数进行价格平减。

与同类研究（吴献金、陈晓乐，2011；生延超、欧阳峣，2011）相比，本文的投入变量不仅考虑了常用的劳动投入和资本投入，而且考虑到了中国汽车产业发展面临的能源约束问题，将能源消耗总量指标作为能源投入要素纳入了测算框架。随着中国经济的高速发展，中国石油消费增长迅猛，从1993年开始中国成为石油净进口国，中国石油进口依存度从1993年的6%增长到2010年的53.7%，汽车化进程的快速发展是中国石油消费迅速增长的重要因素。2009年，中国汽车保有量为6288万辆，消耗了13480万吨成品油，占全国汽柴油总产量的63.2%。未来5~10年中国汽车市场仍将高速发展，与此同时，中国汽车化进程与石油消费的矛盾将会更加突出。因此，在研究中国汽车产业TFP时非常有必要考虑能源约束问题。

2. 产出变量的选取

本文选择汽车工业总产值指标代替产出变量，并且将其按照1991年为基期的工业品出厂价格指数进行了价格平减。各变量的描述统计量如表1所示。

表1 描述统计量

变量	单位	观测值	极小值	极大值	均值	标准差
职工人数	人	85	50136	6000018	437664	677293
固定资产净值	万元	85	446709	50982060	8833000	11363600
能源消耗总量	吨	85	170776	6061454	1803900	1880160
总产值	万元	85	1623542	423000000	38780000	68347000

（二）测算结果分析

表2报告了采用DEAP软件测算的中国汽车产业TFP及其分解情况。从整体上看，1994~2010年中国汽车产业技术进步明显，年均TFP增长率为9.1%。通过对中国汽车产业TFP的分解发现，中国汽车产业TFP增长主要得益于纯技术进步增长，技术效率贡献较低，其中纯技术进步年均增长率为7.1%，技术效率年均增长率仅为1.9%。进一步对技术效率分解发现，中国汽车产业技术效率改进主要得益于规模效率增长，而纯技术效率的改进效果较为缓慢，其中规模效率年均增长率为1.3%，而纯技术效率年均增长率为0.6%。

表2 中国汽车产业TFP及分解：1994~2010年

年份	技术效率	纯技术进步	纯技术效率	规模效率	TFP
1994~1995	0.821	1.250	0.931	0.882	1.027
1995~1996	0.988	0.814	1.006	0.982	0.805
1996~1997	1.074	0.899	1.032	1.040	0.966
1997~1998	1.350	0.674	1.113	1.213	0.911
1998~1999	1.015	1.041	1.002	1.013	1.057
1999~2000	0.965	1.034	1.134	0.851	0.998
2000~2001	1.075	1.164	0.936	1.149	1.252
2001~2002	1.088	1.157	1.008	1.079	1.258
2002~2003	1.106	1.078	0.992	1.114	1.192
2003~2004	0.956	1.220	0.996	0.959	1.166
2004~2005	1.033	1.116	1.022	1.011	1.153
2005~2006	0.873	1.299	0.944	0.925	1.134
2006~2007	1.132	1.094	1.069	1.059	1.239
2007~2008	0.976	1.066	0.974	1.002	1.041
2008~2009	0.927	1.116	0.941	0.985	1.034
2009~2010	1.025	1.342	1.024	1.001	1.375
平均	1.019	1.071	1.006	1.013	1.091

从时间演变趋势来看，1994~2000年中国汽车产业TFP增长率呈现正负增长互现的态势：1994~1995年TFP呈现正增长，年均增长率为2.7%；1995~1998年TFP呈现负增长；1998~1999年TFP呈现正增长，年均增长率为5.7%；1999~2000年TFP呈现负增长，年均增长率为-0.2%。2000年之后，中国汽车产业TFP增长率均为正，且每年都保持着较高的增长率，2000~2010年中国汽车产业TFP年均增长率为18.44%，其原因有三：一是2001年中国加入世界贸易组织之后，中国政府陆续发布并实施了一系列汽车产业政策来规范和支持中国汽车产业发展；二是中国汽车产业的R&D投入不断增加，其自主创新能力建设受到重视；三是中国加入世界贸易组织之后，外资汽车企业不断入驻国内市场而产生的技术溢出效应。

从分行业角度来看,1994~2010年汽车行业的TFP增长率最高,年均TFP增长率为15.8%;其次为摩托车行业和车用发动机行业,其年均TFP增长率均为9.2%;再次为改装汽车行业,其年均TFP增长率为6.3%;最后为汽车摩托车配件行业,其年均TFP增长率为5.3%,如表3和表4所示。可见,在中国汽车产业的五大子行业中,汽车、摩托车和车用发动机这三大行业的TFP年均增长率要高于整个汽车产业的增长,而改装汽车和汽车摩托车配件这两大子行业的TFP年均增长率要低于整个汽车产业的增长。

表3 中国汽车产业分行业TFP及分解:1994~2010年

行业	技术效率	纯技术进步	纯技术效率	规模效率	TFP
汽车	1.006	1.151	1.000	1.006	1.158
改装汽车	1.031	1.031	1.024	1.006	1.063
摩托车	1.000	1.092	1.000	1.000	1.092
车用发动机	1.020	1.071	1.000	1.020	1.092
汽车摩托车配件	1.039	1.014	1.006	1.032	1.053
平均	1.019	1.071	1.006	1.013	1.091

表4 中国汽车产业分行业TFP:1994~2010年

年份	汽车	改装汽车	摩托车	车用发动机	汽车摩托车配件
1994~1995	1.169	0.822	1.286	0.980	0.944
1995~1996	0.870	0.893	0.950	0.581	0.786
1996~1997	1.098	0.902	0.938	0.963	0.938
1997~1998	0.988	0.990	0.710	1.040	0.868
1998~1999	1.246	1.035	0.981	1.016	1.028
1999~2000	0.794	1.144	1.153	0.894	1.058
2000~2001	1.735	1.127	0.971	1.323	1.225
2001~2002	1.298	1.434	0.924	1.394	1.315
2002~2003	1.217	1.020	1.110	1.407	1.244
2003~2004	1.222	1.098	1.366	1.157	1.016
2004~2005	1.039	1.162	1.219	1.281	1.082
2005~2006	1.344	0.956	1.374	0.946	1.123
2006~2007	1.071	1.247	1.041	1.871	1.121
2007~2008	1.148	1.073	1.125	0.886	0.993
2008~2009	1.175	0.973	1.137	0.948	0.960
2009~2010	1.408	1.319	1.463	1.385	1.308

从汽车产业子行业TFP增长来源来看,汽车、改装汽车、摩托车以及车用发动机这四大子行业的TFP增长主要得益于行业纯技术进步,其中汽车行业的纯技术进步最高,年均纯技术进步增长率为15.1%,其次为摩托车行业,其年均纯技术进步增长率为9.2%,再次为车用发动机行业,其年均纯技术进步增长率为7.1%,改装汽车行业的纯技术进步增长率相对较低,年均增长为3.1%。而汽车摩托车配件子行业的TFP增长主要来源于技术效率改善,1994~2010年其年均纯技术进步增长率为1.4%,而年均技术效率增长率为3.9%。可见,汽车摩托车配件行业不仅在整个汽车产业中的TFP增长率是最低的,且其主要增长来源于技术效率改善,因此,加强汽车摩托车配件行业的技术进步,对于提高中国整个汽车产业的技术进步意义重大。

三、中国汽车产业 R&D 产出弹性的估计

（一）模型构建

根据 R&D 与生产率研究文献的通常做法，此处的基础模型也是基于扩展的 C-D 生产函数。在传统的 C-D 生产函数基础上，在投入要素中除了资本和劳动之外还加入了 R&D 资本，扩展后的 C-D 生产函数为：

$$Y_{it} = AK_{it}^{\alpha} L_{it}^{\beta} RD_{it}^{\gamma} e^{\varepsilon_{it}} \tag{1}$$

（1）式中，A 表示常数，Y 表示产出，K 表示物质资本投入、L 表示劳动投入、RD 表示 R&D 资本投入，ε 表示随机误差项，α 表示物质资本的产出弹性，β 表示劳动的产出弹性，而 γ 则表示 R&D 资本的产出弹性。

将（1）式两边同时取自然对数，得到如下的对数型生产函数形式：

$$\ln Y_{it} = a + \alpha \ln K_{it} + \beta \ln L_{it} + \gamma \ln RD_{it} + \varepsilon_{it} \tag{2}$$

值得注意的是，（2）式中自变量包含物质资本投入、劳动投入和 R&D 资本投入三个变量，因此，在对（2）式进行生产函数估计时，这三个自变量之间可能存在共线性的计量问题，从而得到有偏的估计结果。为了减少自变量之间的共线性，我们将（2）式以人均的形式表示。假定 $\alpha + \beta + \gamma = u$，将（2）式两边同时除以劳动投入 L，并取对数后得到：

$$\ln Y_{it} - \ln L_{it} = a + \alpha(\ln K_{it} - \ln L_{it}) + \gamma(\ln RD_{it} - \ln L_{it}) + (u-1)\ln L_{it} + \varepsilon_{it} \tag{3}$$

在运用（3）式进行回归分析时，(u-1) 的估计值决定了生产函数规模报酬的性质。若 (u-1) 的估计值显著异于零，则生产函数具有规模报酬可变的特征；若 (u-1) 的估计值显著大于零，则生产函数具有规模报酬递增的特征；若 (u-1) 的估计值显著小于零，则生产函数具有规模报酬递减的特征。若 (u-1) 的估计值等于零，则生产函数具有规模报酬不变的特征。

（二）数据说明

Y 表示汽车产业产出变量，选择汽车产业总产值指标代替，且将其按照 1991 年为基期的工业品出厂价格指数进行价格平减。L 表示汽车产业劳动投入变量，选择汽车产业职工平均人数代替。K 表示汽车产业物质资本投入变量，考虑到在估算行业资本存量时涉及行业资本折旧率选取的合理性问题，此处仍采用汽车产业各年度固定资产净值指标替代，且将其按照 1991 年为基期的固定资产投资价格指数进行价格平减。RD 表示 R&D 资本投入变量，大多数文献采用永续盘存法来核算 R&D 资本存量（吴延兵，2006；朱承亮等，2012），但是在核算过程中，同样也涉及行业 R&D 资本折旧率的假定问题，而各行业的 R&D 资本折旧率存在较大差异，可见，行业 R&D 资本折旧率的选取是否合理本身就值得商榷。因此，此处采用汽车产业 R&D 经费支出额来代替 R&D 资本投入变量，且将其按照 1991 年为基期的固定资产投资价格指数进行价格平减。本文之所以选择汽车产业 R&D 流量指标是因为，汽车产业 R&D 资本折旧率的假定对 R&D 产出弹性估计的准确性有一定影响，不同的 R&D 资本折旧率的假设必然会导致不同的 R&D 产出弹性估计结果，此外，有研究表明，在一定假定条件下，R&D 支出的对数值大致等于 R&D 存量的对数值（Bound et al., 2002）。各变量描述统计量如表 5 所示。

表5 描述统计量：1998~2010年

变量	单位	观测值	极小值	极大值	均值	标准差
职工人数	人	65	50136	6000000	451559	761417
固定资产净值	万元	65	1030000	51000000	10675000	12352600
R&D经费支出额	万元	65	17028	6290000	863218	1358320
总产值	万元	65	1750000	423000000	48017000	75801900

（三）实证结果分析

受数据可得性限制，本文采用1998~2010年中国汽车产业面板数据对（3）式进行回归处理。首先对不考虑R&D投入的生产函数进行估计，估计结果如表6所示。估计结果显示，参数（u-1）的估计值在1%的水平下显著，且其估计系数为0.0706，即（u-1）显著大于零，所以生产函数表现出规模报酬递增的特征，此时物质资本的产出弹性为1.3939，可见物质资本投资对中国汽车产业发展起到了至关重要的作用。

表6 不考虑R&D投入时的物质资本产出弹性估计

变量	估计的参数	系数	t统计值
常数项	a	-0.8849	-2.3923**
lnK-lnL	α	1.3939	34.3265***
lnL	u-1	0.0706	2.7946***
R-squared	0.7907	F-statistic	608.3294
Adjusted R-squared	0.7894	样本数	325

注：* 表示在10%的水平下显著；** 表示在5%的水平下显著；*** 表示在1%的水平下显著。

接下来，将R&D资本作为一个独立的投入要素纳入到C-D生产函数中，分别对规模报酬不变和规模报酬可变两种情形下的生产函数进行了估计，规模报酬不变情形下的R&D产出弹性估计结果如表7所示，规模报酬可变情形下的R&D产出弹性估计结果如表8所示。

表7 规模报酬不变情形下的R&D产出弹性估计

变量	估计的参数	系数	t统计值
常数项	a	2.5801	21.3792***
lnK-lnL	α	0.5167	12.9820***
LnRD-lnL	γ	0.6354	25.9042***
R-squared	0.9305	F-statistic	2155.3770
Adjusted R-squared	0.9301	样本数	325

注：* 表示在10%的水平下显著；** 表示在5%的水平下显著；*** 表示在1%的水平下显著。

从表7的估计结果可见，规模报酬不变情形下的R&D产出弹性为0.6354，且在1%的水平下显著。与不考虑R&D资本的生产函数估计结果相比，物质资本的产出弹性大大降低了，此时物质资本的产出弹性为0.5167，也在1%的水平下显著。可见，规模报酬不变情形下R&D产出弹性要高于物质资本产出弹性，高出11.87个百分点。

从表8的估计结果可见，规模报酬可变情形下的R&D产出弹性为0.6460，且在1%的水平下显著，略高于规模报酬不变情形下的R&D产出弹性，高出1.06个百分点。物质资本产出弹性为0.4921，也在1%的水平下显著，但略低于规模报酬不变情形下的物质资本产出弹性，降低了2.46

表8 规模报酬可变情形下的 R&D 产出弹性估计

变量	估计的参数	系数	t 统计值
常数项	a	2.9696	11.3969***
lnK-lnL	α	0.4921	11.6370***
LnRD-lnL	γ	0.6460	25.5745***
lnL	u-1	-0.0253	-1.6854*
R-squared	0.9311	F-statistic	1446.0790
Adjusted R-squared	0.9305	样本数	325

注：* 表示在10%的水平下显著；** 表示在5%的水平下显著；*** 表示在1%的水平下显著。

个百分点。可见，规模报酬可变情形下 R&D 产出弹性仍要高于物质资本产出弹性，高出15.39个百分点。此时，参数（u-1）的系数为负（-0.0253），且在10%的水平下显著，可见此时的生产函数表现出规模报酬递减的特征。

综上可见，无论是规模报酬不变情形还是规模报酬可变情形，R&D 产出弹性显著为正，且高出物质资本产出弹性10个百分点以上，这意味着，加强 R&D 投资对汽车产业发展有着十分重要的作用，且其作用程度要大于物质资本的作用程度。

四、R&D 两面性、技术引进对汽车产业 TFP 的影响

（一）模型构建

实际上，R&D 投资不仅可以产生新的知识和信息，从而对 TFP 增长有直接促进作用，而且 R&D 投资还可以增强企业吸收现有知识和信息的能力，促进知识和技术的外溢，从而间接影响 TFP 增长，也就是说，R&D 投资具有创新能力和吸收能力的两面性（Cohen 和 Levinthal，1989）。从另一个角度看，技术的成功扩散是有一定条件的，本地企业必须具备一定的自主创新能力才能成功地模仿、吸收和消化国内外先进技术。本节构建模型实证检验 R&D 两面性和国外技术引进投资对中国汽车产业生产率增长的影响，具体的计量模型如下：

$$\ln TFP_{it} = \delta + \alpha \ln RD_{it} + \beta \ln FK_{it} + \gamma (\ln RD_{it} \cdot \ln FK_{it}) + \lambda Size_{it} + \varepsilon_{it} \tag{4}$$

（4）式中，TFP 表示汽车产业全要素生产率；RD 为汽车产业 R&D 投资；FK 表示汽车产业国外技术引进投资。为了检验 R&D 两面性和技术引进对汽车产业 TFP 影响的稳健性，我们还需要控制若干对汽车产业 TFP 有影响的因素，基于数据的可得性，模型中主要考察了企业规模因素（Size）对汽车产业 TFP 的影响，李小平（2007）研究发现企业规模是中国大中型工业企业生产率增长的重要因素。在上述模型中我们通过 R&D 投资与国外技术引进投资的交互作用来考察 R&D 的吸收能力。因此，（4）式中，α 表示的是 R&D 投资的创新能力对汽车产业生产率增长的影响，γ 表示的是 R&D 投资对国外技术引进的吸收能力对汽车产业生产率增长的影响。若 γ 在统计意义上没有通过任何显著性检验，则意味着，中国汽车产业并没有通过增加自身 R&D 投入实现对国外技术引进的有效吸收，从而对中国汽车产业 TFP 增长并没有起到促进作用。若 γ 的符号为正，且通过了显著性检验，则意味着，中国汽车产业自身 R&D 投资与国外技术引进投资之间存在一种互补效应，汽车产业自身 R&D 投资有助于成功吸收国外先进技术和管理经验，从而有助于中国汽车产业 TFP 增长。若 γ 的符号为负，且通过了显著性检验，则意味着，中国汽车产业自身 R&D 投资与国外技术引进投资之间存在一种替代效应，两者之间呈现一种此消彼长的关系，从而对中国汽车

产业 TFP 增长具有阻碍作用。

为了使本文得到的研究结论更加可靠和稳定,在对上述模型进行计量检验之前,应当重点考虑以下两个方面的计量问题:

一是解释变量与随机误差项之间的相关性问题。除企业规模因素之外,企业产权性质、企业产品异质性、市场集中度、企业领导者特质等因素对汽车产业 TFP 可能有重要影响。考虑到数据可得性限制,在模型中不可能逐一考察这些因素对汽车产业 TFP 的影响,而是将这些因素纳入到随机误差项中,这样容易导致的一个计量问题是解释变量与随机误差项之间会存在显著相关性,在这种情况下,若仍采用 OLS 法对上述模型进行估计,则容易得到一个有偏的估计结果,从而会误导相关的政策制定。因此,在对上述模型进行估计时,就要设法消除或降低解释变量与随机误差项之间相关造成估计结果产生偏误的影响,本文采用固定效应法和一阶差分法来试图消除上述影响,构建的固定效应模型如下:

$$\ln TFP_{it} = \delta + \alpha \ln RD_{it} + \beta \ln FK_{it} + \gamma (\ln RD_{it} \cdot \ln FK_{it}) + \lambda Size_{it} + \eta t + u_i + \varepsilon_{it} \tag{5}$$

(5)式中,ηt 表示时间效应,指的是宏观经济环境以及政策变动对汽车产业 TFP 的影响;u_i 表示未观测到的个体效应,指的是第 i 个汽车行业所具有的且不随时间变化而变化的未观测到的影响汽车产业 TFP 的因素。本文所构建的一阶差分模型如下:

$$\Delta \ln TFP_{it} = \delta + \alpha \Delta \ln RD_{it} + \beta \Delta \ln FK_{it} + \gamma (\Delta \ln RD_{it} \cdot \Delta \ln FK_{it}) + \lambda \Delta Size_{it} + \Delta \varepsilon_{it} \tag{6}$$

二是解释变量的内生性和共线性问题。首先解释变量可能是内生变量,即 R&D 投资、国外技术引进投资与汽车产业 TFP 之间可能是相互决定的,R&D 投资和国外技术引进投资有助于汽车产业 TFP 增长;反之,过去的生产率水平也可能有助于企业进一步加大 R&D 投资和国外技术引进投资。如果 R&D 投资和技术引进投资这两个变量是内生变量的话,那么,它们与随机误差项之间会存在相关性,在这种情况下,若采用 OLS 法进行估计会得到有偏的估计结果。其次,解释变量之间可能存在共线性问题,也就是说 R&D 投资、国外技术引进投资、企业规模之间的关系密切,在时间上可能存在共同的演变趋势。当解释变量之间存在共线性时,在没有进行有效处理的情况下得到的参数估计值是有偏的,从而无法对每一个解释变量对汽车产业 TFP 的真实贡献进行有效识别。从理论上来讲,可以通过两阶段最小二乘法(2SLS)和工具变量法(IV)来解决变量内生性问题。但是,难题是怎样选择一个适当的工具变量去克服内生性问题。尤其是在关于 R&D 与生产率的实证研究中,受数据可得性限制,研究者们很难找到一个理想的严格外生的工具变量去克服变量的内生性问题。因此,在这种情形下,正如 Griliches(1986)所言,由于一阶差分法相当于以变量的增长率($\Delta \ln X \approx \Delta X/X$)而不是以变量的绝对值进行回归分析,从而使一阶差分法能够有效地减少变量的内生性。此外,采用一阶差分法进行回归估计时还有一个好处就是,能够有效地减少自变量之间的共线性问题,这是因为,若自变量绝对值之间拥有较大的相关性时,但自变量增长率之间却可能并不拥有较大的相关性(吴延兵,2008)。

接下来,本文将分别采用固定效应模型(式(5))和一阶差分模型(式(6))检验 R&D 投资、国外技术引进投资对汽车产业 TFP 的影响,由于一阶差分法比固定效应法更能有效地解决如上所述的相关性、共线性以及内生性等计量问题,因此,在以下的分析中本文更加侧重于一阶差分模型及其回归估计结果。

(二)数据说明

TFP 表示汽车产业全要素生产率,其数据来源于本文第二部分的测算。RD 表示 R&D 投资,采用汽车产业 R&D 经费支出额指标代替,且将其按照 1991 年为基期的固定资产投资价格指数进行价格平减。FK 表示国外技术引进投资,一般的也可以通过永续盘存法进行国外技术引进投资存量的核算(吴延兵,2008),但仍存在行业国外技术引进投资折旧率的假定问题,因此本文直接采用国外技术引进投资流量指标代替,且将其按照 1991 年为基期的固定资产投资价格指数进行价格平减。Size 表示企业规模变量,采用人均固定资产净值表示(=固定资产净值/从业人员)。各变量的描述统计量如表 9 所示。

表9 描述统计量:1998~2010 年

变量	单位	观测值	极小值	极大值	均值	标准差
TFP	—	65	0.71	1.87	1.1496	0.20
R&D 投资	万元	65	17028	6287967	863218	1358320
国外技术引进投资	万元	65	253	1579661	259788	360013
企业规模	元/人	65	2.66	68.08	28.05	16.69

图 1 展示了 1998~2010 年中国汽车产业自主 R&D 投资以及国外技术引进投资情况。1998~2010 年中国汽车产业自主 R&D 投资呈现增长趋势,从 1998 年的 38.2 万元增长到 2010 年的 498.8 万元,这表明中国对发展汽车工业和提高汽车产业自主创新能力的重视。但需要引起注意的是,中国汽车产业 R&D 投资基数较小,且 R&D 强度较低,与国外先进国家和地区仍有较大差距。考察期内中国汽车产业 R&D 强度(R&D 经费支出与营业收入的比值)从 1998 年的 1.39%增长到 2010 年的 1.62%,而发达国家汽车产业 R&D 强度均在 2%以上。1998~2010 年中国汽车产业国外技术引进投资呈现"下降—增长—再下降"趋势,1998 年中国汽车产业国外技术引进投资额为 89.6 亿元,后下降至 2001 年的 47.4 亿元,后又增长至 2006 年的 228.2 亿元,2010 年又下降至 133.9 亿元,并趋于稳定。

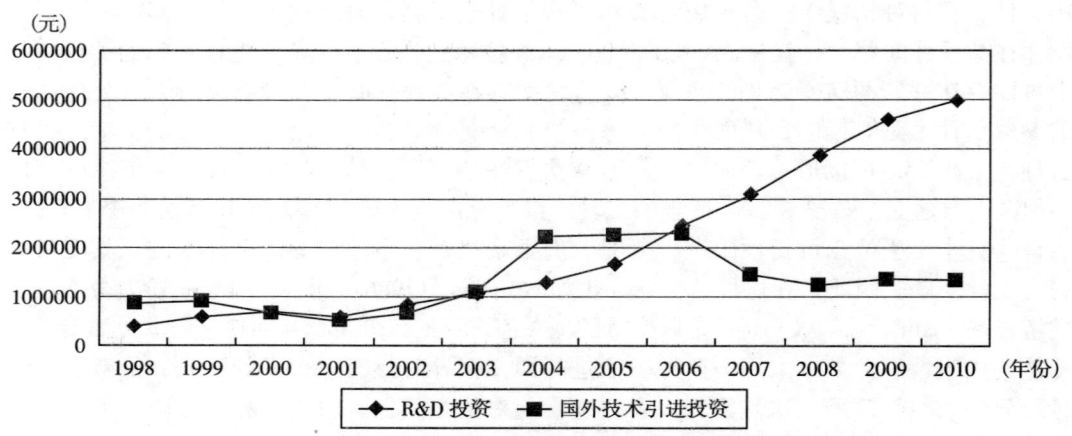

图1 中国汽车产业 R&D 投资与国外技术引进投资情况

从 R&D 投资与国外技术引进投资的比较来看:1998~2000 年,中国汽车产业对自主创新能力重视不足,大量技术都是靠国外进口,从而导致对自主 R&D 的投资低于国外技术引进投资;2001~2002 年,中国汽车产业自主 R&D 投资略高于国外技术引进投资;但是 2003~2005 年,中国汽车产业国外技术引进投资出现了较大幅度的增长,远高于自主 R&D 投资。在认识到中国汽车产业"以市场换技术"政策以及合资模式导致的国内汽车企业"技术空心化"问题基础上,业内人士对加强自主 R&D 促进中国汽车企业技术进步,发展中国自主知识产权汽车工业的呼声越来越高,路风和封凯栋(2005)关于发展中国自主知识产权汽车工业的政策选择研究,拉开了中国汽车产业自主创新的序幕。此后的 2006~2010 年,中国汽车产业自主 R&D 投资远高于国外技术引进投资。我们注意到,中国汽车产业国外技术引进投资虽低于 R&D 投资,但国外技术引进投资仍保持着较为稳定的比例,这是因为作为后发汽车工业大国,提高自身汽车产业自主创新能力固然重要,但还可以利用后发优势通过对国外先进技术的引进、消化、吸收,从而达到提升中国汽车产业技术进步的目的。

(三) 实证结果分析

首先观察 R&D 投资、国外技术引进投资与汽车产业 TFP 之间的关系,从图 2 和图 3 可以较为直观地发现,随着 R&D 投资和国外技术引进投资的增加,汽车产业 TFP 均呈现一定程度的上升趋势。

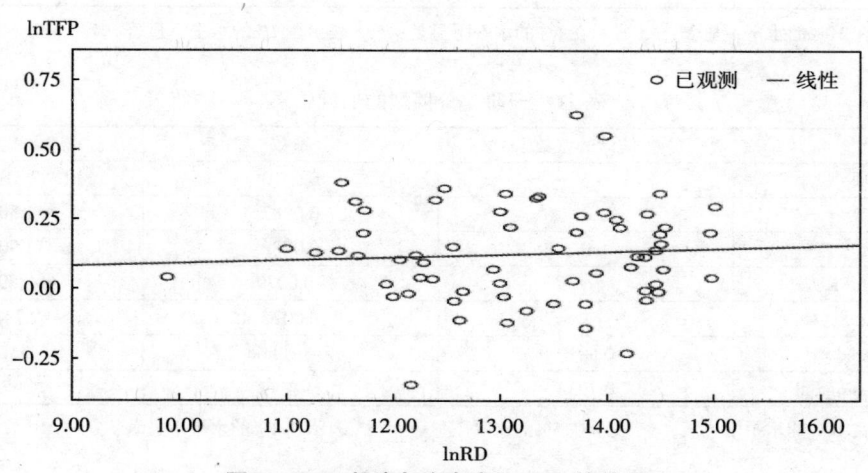

图 2　R&D 投资与汽车产业 TFP 的关系

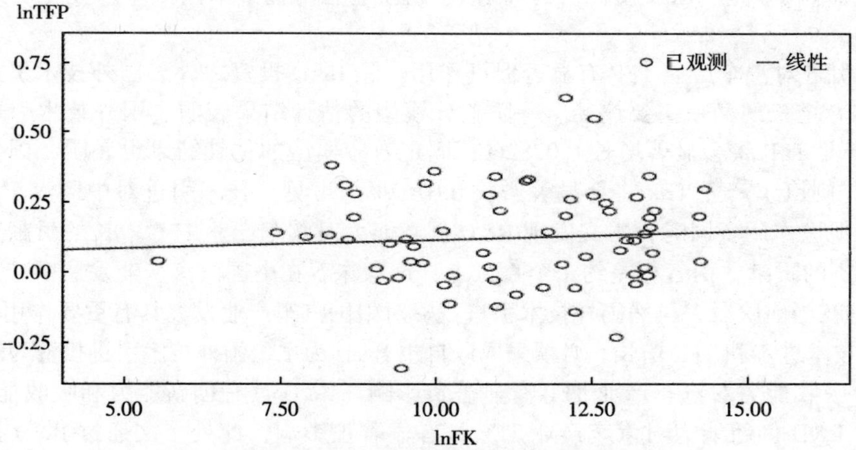

图 3　国外技术引进投资与汽车产业 TFP 的关系

表 10 和表 11 分别报告了固定效应模型和一阶差分模型的估计结果。总体来看,采用固定效应法和一阶差分法所估计的结果基本相似,但是,由于一阶差分法比固定效应法能更有效地解决相关性、内生性以及共线性等计量问题,因此,此处的分析以一阶差分模型的估计结果为主,固定效应模型的估计结果仅作为补充参考。

(1) R&D 创新能力对汽车产业 TFP 有显著促进作用。一阶差分模型的估计结果表明,R&D 投资每增长 1%,则汽车产业 TFP 将会显著增长 0.0882%;固定效应模型的估计结果也表明,R&D 投资每增长 1%,则汽车产业 TFP 将会显著增长 0.0833%。可见,R&D 创新能力对中国汽车产业

表10 固定效应模型的估计结果

变量	估计的参数	系数	t统计值
常数项	δ	−0.9334	−3.6419***
lnRD	α	0.0833	5.2962***
lnFK	β	0.0767	2.9254***
lnRD·lnFK	γ	−0.0064	−3.7678***
Size	λ	0.0022	3.2540***
R-squared	0.5110	F-statistic	43.0772
Adjusted R-squared	0.3923	样本数	325

注：* 表示在10%的水平下显著；** 表示在5%的水平下显著；*** 表示在1%的水平下显著。

表11 一阶差分模型的估计结果

变量	估计的参数	系数	t统计值
常数项	δ	0.6410	2.8108***
ΔlnRD	α	0.0882	11.3018***
lnFK	β	0.0782	11.9030***
ΔlnRD·lnFK	γ	−0.0079	−3.8919***
ΔSize	λ	0.0027	2.7320***
R-squared	0.5919	F-statistic	35.1355
Adjusted R-squared	0.7933	样本数	300

注：* 表示在10%的水平下显著；** 表示在5%的水平下显著；*** 表示在1%的水平下显著。

TFP增长具有显著促进作用，然而当前中国汽车产业R&D投资相对不足，R&D强度相对较低，因此，进一步增加汽车产业R&D投资，提高R&D创新能力对提升中国汽车产业TFP增长具有重要意义。

（2）技术引进对汽车产业TFP有显著促进作用。除R&D投资之外，国外技术引进投资也是中国汽车产业TFP增长的又一主要途径。一阶差分模型的估计结果表明，国外技术引进投资每增长1%，则汽车产业TFP将会显著增长0.0782%；固定效应模型的估计结果也表明，国外技术引进投资每增长1%，则汽车产业TFP将会显著增长0.0767%。可见，技术引进对中国汽车产业TFP增长也起到了显著促进作用。同时，本文发现R&D创新能力对汽车产业TFP增长的贡献要显著大于国外技术引进投资的贡献，两者相差约1个百分点，这意味着在中国汽车产业发展中应当更加突出自主R&D作用。在当前阶段，虽然国外技术引进投资对中国汽车产业发展具有重要作用，但是要提高中国汽车产业技术进步和TFP增长，必须采取以自主R&D为主，国外技术引进投资为辅的策略。

（3）R&D吸收能力对汽车产业TFP有显著负影响。R&D具有创新能力和吸收能力的两面性，上述研究表明R&D创新能力对汽车产业TFP具有显著正影响，此处本文通过R&D投资与国外技术引进投资的交互项来考察R&D吸收能力对汽车产业TFP的影响。一阶差分模型和固定效应模型的估计结果均表明，R&D投资与国外技术引进投资交互项的系数显著为负（系数分别为−0.0079和−0.0064，且都在1%的水平下显著），这意味着中国R&D吸收能力较低，未能与国外技术引进投资互为补充，共同促进中国汽车产业TFP增长，也就是说国外技术引进不仅没有通过R&D途径促进中国汽车产业TFP增长，反而抑制了生产率增长。在已有文献中，不少研究发现R&D与技术引进之间存在互补效应。Hu et al.（2005）运用中国企业数据研究发现R&D与国内外技术引进之间存在互补关系。Griffith et al.（2004）运用OECD国家的产业数据研究发现R&D与技术引进之间存在互补关系。但是，张海洋（2005）采用1995~2002年中国工业产业数据发现，由于中国R&D投入不足导致R&D吸收能力较弱，R&D与外资活动的结合没能促进中国工业TFP增长，反而抑制了中国工业TFP增长。而吴延兵（2008）基于1996~2003年中国地区工业数据发现，R&D与国内外技术引进之间既不存在互补关系也不存在替代关系，认为中国R&D投入较少且投入结构不合理限制了企业学习和吸收外来知识的能力。本文基于中国汽车产业数据的估计结果表明，中国汽车产业R&D投入较少，R&D吸收能力较低，这导致国外技术引进通过R&D结合抑制了中国汽车产业TFP增长，因此，中国汽车产业发展应当大力增加R&D投入，增强R&D的创新能力和吸收能力，从而既可以直接促进中国汽车产业TFP增长，又可以通过增强对国外先进技术的吸收能力间接促进中国汽车产业TFP增长。

此外，本文还发现企业规模对汽车产业TFP有显著正影响。一阶差分模型的估计结果表明，企业规模每增长1%，则汽车产业TFP将会显著增长0.22%；固定效应模型的估计结果也表明，企业规模每增长1%，则汽车产业TFP将会显著增长0.2%。

五、结论与建议

本文采用1998~2010年中国汽车产业5个细分行业面板数据，对R&D两面性、技术引进与汽车产业生产率增长之间的关系进行了研究。首先，在构建包括能源约束在内的"三投入一产出"的投入产出面板数据库基础上，采用DEA-Malmquist生产率指数方法对中国汽车产业TFP进行测算发现，1994~2010年中国汽车产业技术进步明显，年均TFP增长率为9.1%，且TFP增长主要得益于纯技术进步增长，技术效率贡献较低。其次，采用生产函数法对中国汽车产业R&D产出弹性进行估计发现，无论是规模报酬不变情形还是规模报酬可变情形，R&D产出弹性均显著为正，介于0.64~0.65，且高出物质资本产出弹性10个百分点以上。再次，采用固定效应法和一阶差分法分析了R&D两面性和技术引进对汽车产业TFP的影响发现，R&D创新能力和技术引进对中国汽车产业生产率增长具有显著促进作用，但是R&D吸收能力较低，导致R&D与国外技术引进的交互项对中国汽车产业生产率增长具有显著负影响，此外研究还发现企业规模对汽车产业生产率增长有显著正影响。

近年来，尽管中国汽车产业在R&D经费支出方面取得了较大进步，但是我们应当看到，中国汽车产业在R&D投入方面存在以下问题：一是R&D经费投入严重不足；二是R&D经费投入增长缓慢；三是R&D经费来源结构不合理（阳立高等，2010）。另外同国外汽车企业相比，中国汽车企业在R&D范围、R&D费用、R&D管理、R&D设施、R&D人员以及R&D水平等方面同外国汽车企业存在较大差距。因此，中国汽车产业发展应当进一步加大R&D投入，增强R&D的创新能力和吸收能力，从而既直接促进中国汽车产业生产率增长，又通过增强对国外先进技术的吸收能力间接促进中国汽车产业生产率增长。当前，虽然国外技术引进投资对中国汽车产业发展具有重要作用，但是提高中国汽车产业生产率增长必须采取以自主R&D为主，国外技术引进投资为辅的策略。

参考文献

［1］李小平，朱钟棣.国际贸易、R&D溢出和生产率在增长［J］.经济研究，2006（2）：31-43.
［2］李小平.自主R&D、技术引进和生产率增长——对中国分行业大中型工业企业的实证研究［J］.数量经济技术经济研究，2007（7）：15-24.
［3］刘世锦.加入WTO后的中国汽车产业发展模式选择［J］.管理世界，2002（8）：54-62.
［4］路风，封凯栋.发展我国自主知识产权汽车工业的政策选择［M］.北京大学出版社，2005.
［5］沙文兵，李桂香.FDI知识溢出、自主R&D投入与内资高技术企业创新能力——基于中国高技术产

业分行业动态面板数据模型的检验[J]. 世界经济研究, 2011 (1): 51-57.

[6] 生延超, 欧阳峣. 规模扩张还是技术进步: 中国汽车产业TFP的测度与评价——基于非参数Malmquist指数的研究[J]. 中国科技论坛, 2011 (6): 42-47.

[7] 吴延兵. 自主R&D、技术引进与生产率——基于中国地区工业的实证研究[J]. 经济研究, 2008 (8): 51-64.

[8] 吴延兵. R&D与生产率——基于中国制造业的实证研究[J]. 经济研究, 2006 (11): 60-70.

[9] 吴延兵, 李莉. 自主R&D和技术引进对经济绩效的影响——基于时间序列的分析[J]. 社会科学辑刊, 2011 (4): 104-108.

[10] 吴建新, 刘德学. 人力资本、国内R&D、技术外溢与技术进步——基于中国省际面板数据和一阶差分广义矩方法的研究[J]. 世界经济文汇, 2010 (4): 89-102.

[11] 吴献金, 陈晓乐. 中国汽车产业TFP及影响因素的实证分析[J]. 财经问题研究, 2011 (3): 41-45.

[12] 肖文, 林高榜. 海外R&D资本对中国技术进步的知识溢出[J]. 世界经济, 2011 (1): 37-51.

[13] 许培源, 钟惠波. 国际技术溢出、国内R&D和工业行业的生产率增长[J]. 宏观经济研究, 2009 (11): 21-28.

[14] 阳立高, 刘建江, 杨沿平. 略论加大R&D投入推进汽车产业自主创新[J]. 经济问题, 2010 (12): 64-67.

[15] 朱平芳, 李磊. 两种技术引进方式的直接效应研究——上海市大中型工业企业的微观实证[J]. 经济研究, 2006 (3): 90-102.

[16] 张海洋. R&D两面性、外资活动与中国工业生产率增长[J]. 经济研究, 2005 (5): 107-117.

[17] 朱有为, 徐康宁. R&D资本积累对生产率增长的影响——对中国高技术产业的检验 (1996~2004) [J]. 中国软科学, 2007 (4): 57-67.

[18] 周新苗, 唐绍祥. 自主R&D与技术引进与企业绩效: 基于平均处理效应估计的微观考察[J]. 财贸经济, 2011 (4): 104-110.

[19] 朱承亮, 师萍, 安立仁. 人力资本及其结构与R&D创新效率——基于SFA模型的检验[J]. 管理工程学报, 2012 (4): 58-64.

[20] Bound, S., Harhoff, D., Van Reenen, J.. Corporate R&D and Productivity in Germany and the United Kingdom [R]. Working Paper, 2002.

[21] Cohen, W., Levinthal. D.. Innovation and Learning: The Two Faces of R&D [J]. Economic Journal, 1989 (99): 569-596.

[22] Dilling-Hansen, M., Eriksson, T., Madsen, E.. The Impact of R&D on Productivity: Evidence from Danish Firm Level Data [J]. International Advances in Economic Research, 2000 (6).

[23] Griliches, Z.. Productivity, R&D and Basic Research at Firm Level in the 1970s [J]. American Economic Review, 1986 (76): 141-154.

[24] Griffith, R., Redding, S., Reenen, J.. Mapping the Two Faces of R&D: Productivity Growth in a Panel of OECD Industries [J]. Review of Economics and Statistics, 2004 (86): 883-895.

[25] Harhoff, D.. R&D and Productivity in German Manufacturing Firms [J]. Economics of Innovation and New Technology, 1998 (6): 28-49.

[26] Hanel, P.. R&D, Inter-industry and International Technology Spillover and the Total Factor Productivity Growth of Manufacturing Industries in Canada: 1974-1989 [J]. Economic Systems Research, 2000 (12): 345-361.

[27] Hu, A., Gary, H.. Returns to Research and Development in Chinese Industry: Evidence from State-Owned Enterprises in Beijing [J]. China Economic Review, 2004 (15): 86-107.

[28] Hu, A.. Ownership, Government R&D, Private R&D, and Productivity in Chinese Industry [J]. Journal of Comparative Economics, 2001 (29): 136-157.

[29] Hu, A., Jefferson, G., Qian Jinchang. R&D and Technology Transfer: Firm Level Evidence from

Chinese Industry [J]. Review of Economics and Statistics, 2005 (87): 780-786.

[30] Jefferson, G., Bai Huamao, Guan Xiaojing, Yu Xiaoyun. R&D Performance in Chinese Industry [J]. Economics of Innovation and New Technology, 2004 (13).

[31] Vouri, S.. Inter-industry Technology Flows and Productivity in Finnish Manufacturing [J]. Economic Systems Research, 1997 (9): 67-80.

新能源产业发展态势、政府扶持逻辑与政策调整方向

韩 超

一、引 言

新能源产业属于战略性新兴产业的重要组成部分，其健康发展是中国进行产业结构调整升级，兑现国际减排承诺的必要前提。为此，中国陆续出台了《可再生能源法》、《可再生能源产业发展指导目录》、《可再生能源中长期发展规划》、《可再生能源发展与专项资金管理暂行办法》、《可再生能源发电价格和费用分摊管理试行办法》、《可再生能源电价附加补助资金管理暂行办法》等系列办法，并在《可再生能源"十二五"发展规划》中明确提出，到2015年，中国将努力建立有竞争性的可再生能源产业体系，风电、太阳能、生物质能、太阳能热利用及核电等非化石能源开发总量将达到4.8亿吨标准煤。在系列政策扶持下，中国新能源产业取得长足发展，以风能为例，装机容量均居世界第一，世界近半的光伏组件销售额由中国占据（史丹、白旻，2012）。然而，2011年以来，欧美连续针对中国光伏出口产品进行了"双反"调查，[1] 风电行业也未能幸免，2012年1月18日，美国商务部宣布对中国输美应用级风塔发起反倾销和反补贴调查。多重压力下，无锡尚德这样的国内新能源巨头甚至走到了破产边缘，给产业发展蒙上一层无法挥去的阴影。

世界经济复苏不见起色，欧债危机还在持续，频繁遭遇"双反"调查的中国新能源产业应该如何发展，已经成为当前无法回避的问题。近年来，中国新能源产业的发展与各项政策扶持是密不可分的，如何认识扶持政策对产业发展的作用？现有扶持政策应该做怎样的调整？都是当前中国新能源产业发展的重要命题。对于扶持政策，有人指出"保姆式"扶持政策是产业盲目发展的推手，并将矛头指向政府的越位和缺位；[2] 同时还有人指出，新能源产业应当进一步加强，提高支持力度；[3] 还有一些人建议对现有政策进行修改完善。[4] 可见，当前对政策扶持的讨论，褒贬不一，远未形成一致的结论。本文在分析新能源产业国际发展趋势及中国竞争力的基础上，探讨了新能

---

[1] 中国光伏产业接连遭遇来自美国和欧盟的"双反"调查，载国际新能源网：http://newenergy.in-en.com/html/newenergy-11321132731662724.html. 该文详细说明了本轮欧美"双反"调查过程：2011年11月8日，美国对中国输美太阳能电池展开反补贴调查，2012年5月16日，进行反倾销调查；2012年11月7日，美国国际贸易委员会做出肯定性仲裁，认定从中国61家企业进口的晶体硅光伏电池及组件实质性损害了美国相关产业，涉案金额约为31亿美元，约占同期中国该产品出口总额的10%；2012年9月6日，欧盟对中国光伏电池展开反倾销调查，2012年12月8日，展开反补贴调查，不仅涉及电池片及其组件，还对上游的晶体硅片进行立案，涉案价值204亿美元，约占同期出口欧盟同类产品的73%。
[2] "保姆式"扶持成光伏行业盲目扩张无序竞争推手 [N]. 经济参考报，2012-11-20.
[3] 新能源：政策扶持力度不能丝毫松懈 [N]. 中国经济导报，2011-07-16.
[4] 李成. 贸易大战阴影下的新能源补贴政策反思 [N]. 中国经济导报，2010-10-30.

源产业特征及政策扶持的基本逻辑，然后分析了扶持政策类别及其适用范围，最后结合中国新能源产业发展现状，指出促进新能源产业转型升级和可持续发展的优化调整方向。

二、新能源产业发展态势：国际趋势与中国竞争力

中国新能源产业频繁遭遇"双反"调查，是否意味着新能源产业已经达到产能过剩？面对欧美"双反"，中国新能源产业发展应该"偃旗息鼓"吗？要回答问题，不仅要掌握国内新能源产业发展的纵向脉络，更重要的是要以国际视角审视中国新能源产业的发展态势及竞争力。现代工业发展到当代，能源始终占据着重要的角色。受伊拉克战争与阿富汗战争及世界新兴国家能源需求增长的影响，国际油价也一路狂飙，2008年原油期货甚至达到140美元/桶。历史经验表明，经济危机对全球经济带来严峻挑战的同时，也蕴含着无限的机遇。2008年金融危机以来，产业创新高潮兴起，而新能源产业的应用与实践则是本次产业创新的核心。本部分探讨全球新能源发展态势及中国新能源产业的竞争力。

（一）新能源产业是各国经济持续发展，提高竞争力的重要保证

根据OECD（2013）提供的数据，世界发电总量1989年为11559.34太瓦时，而到2010年则达到21431.47太瓦时。同期，新能源发电量（包括太阳能、风能、潮汐能、地热能等）①则从1989年的153.62太瓦时提高到2010年的782.75太瓦时。1989年以来，新能源发电年度平均增长率为14.53%，发电总量年均增长率仅为5.28%。若是从新能源发电所占比例来看，1989年新能源发电占比是1.32%，到2010年则上升到3.65%。从世界整体来看，新能源发电20余年来实现了长足的进步，其发展速度超过同期世界总体的发电增速。这一发展态势与世界能源供求走势及各国对新能源发展的重视密不可分。后危机时代，118多个国家公布了其新能源发展目标，其中，欧盟将2020年能源供给中新能源比例目标设定为20%，法国则定为27%，德国公布其2010年该目标为18%，并设定了其2030年、2040年乃至2060年的更长远的发展目标。而美国虽然没有明确的发展目标，但其在新能源领域的投入依然快速增长，在新能源领域的投入由2004年的74亿美元上升到2011年的50.8亿美元，复合年均增长率达到32%。尽管需要满足高速经济增长对能源的巨大需求，但是中国仍然设定了2015年11.4%及2020年15%的新能源占能源供给的目标比例。

图1给出了按来源划分的世界发电量趋势图，虽然太阳能等新能源发展迅速，但同时石油与煤炭发电增速更为强劲（通过曲线的斜率观察），世界发电依赖于化石能源的现状依然没有得到根本改善。尽管有证据表明，新能源技术在过去30年取得长足发展，大大降低了发电成本，并且有可能继续降低。②联合国环境规划署的数据显示2011年新能源的技术成本大幅降低，光伏组件价格下降了接近50%，岸边风力涡轮发动机价格下降5%~10%。长期来看，相比化石能源发电，新能源发电成本依然相对较大。尤其是在环境税没有全面实施，化石能源补贴一直存在（通过间接或者直接的形式）的前提下，新能源发电的前景依然受限，难以达到最优状态。事实上，如果将能源发电的外部性考虑进来，新能源发电成本（比如在相对成熟的风电方面）与传统能源发电成本处于接近的状态。未来随着新能源研发阶段的推进以及大规模的应用，新能源发电成本的降低

---

① OECD（2013）以Renewable Energy进行统计，包括水电，本文大部分数据（除特别说明外）均剔除水电数据，仅分析除水电外的新能源产业有关数据。

② U.S. Energy Information Administration. Annual Energy Outlook 2011, U.S. Department of Energy, Washington, DC. 2011.

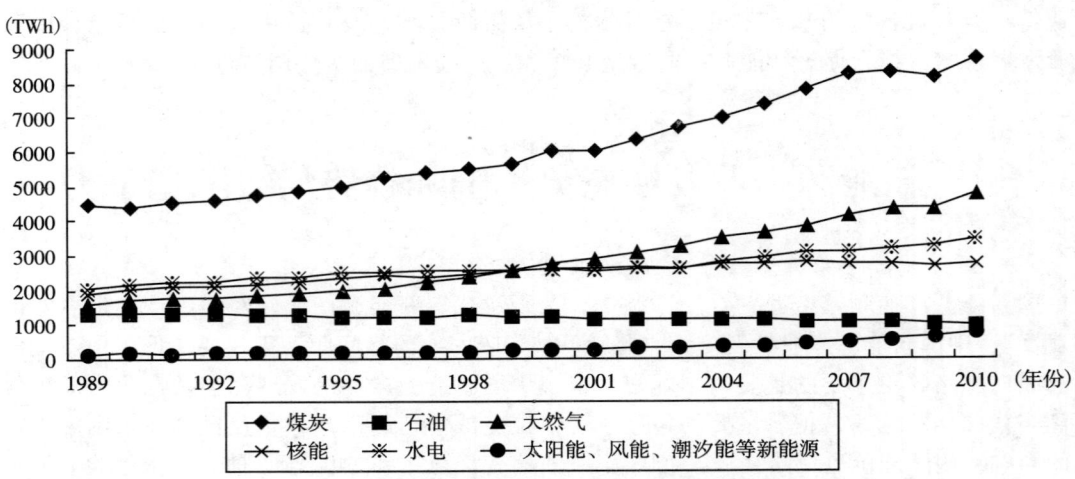

图1 按来源划分的1989~2010年世界发电量

资料来源：OECD . OECD Factbook 2013: Economic, Environmental and Social Statistics, OECD Publishing, 2013.

是指日可待的，因而，政府的干预与引导是非常必要的。

2008年金融危机后，国际社会掀起光伏产业发展热潮。2011年太阳能发电新增投资比2010年突增52%，达到1470亿美元，同期风电新增投资仅840亿美元，比2010年下降了12%。近两年太阳能发电的飞速发展并不能掩盖太阳能发电发展的滞后现状。图2给出了按来源划分的新能源发电发展趋势。可以发现，20世纪90年代初，生物燃料和废弃物发电比重最高，其次是地热，最后是风能、太阳能。而从90年代末开始，随着1997年12月《京都议定书》的签订，除地热外，新能源发展均表现出强劲的发展势头。然而，风电表现出更加稳健的上升势头，并于2008年金融危机后超过生物燃料和废弃物成为新能源领域中最重要的能源来源。而太阳能在发电市场上依旧占据微小份额。以《京都议定书》的签订为分界线，OECD地区1990~1995年新能源占能源供给比例一直维持在0.05%左右，1996年不足0.06%，而到1998年则达到0.07%，到2010年则已经接近0.6%。可以发现，国际社会对节能减排及社会可持续发展的需要是新能源产业发展不可或缺的推动力。

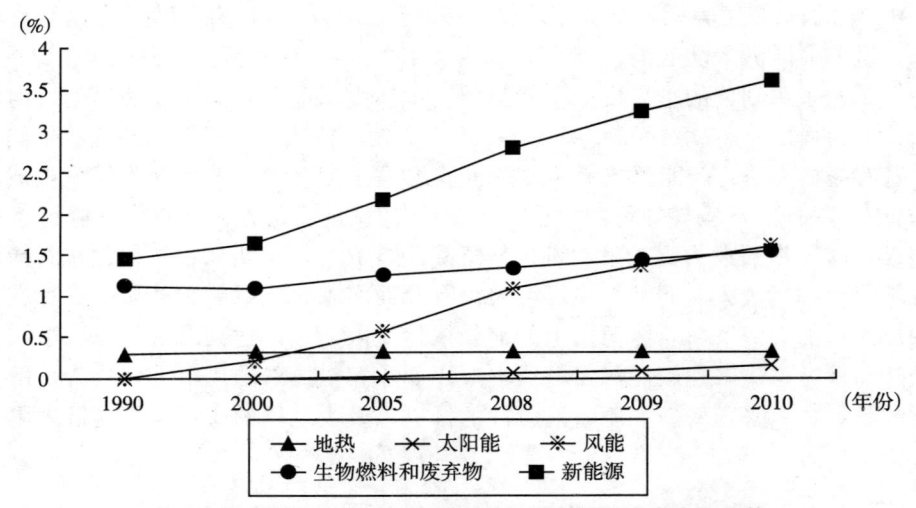

图2 按来源划分的1990~2010年世界新能源发电发展趋势

注：为了便于比较，核能、水电、化石能源等没有在图2中显示。

资料来源：International Energy Agency. Energy Statistics of OECD Countries 2012, OECD Publishing, 2012.

近年来，太阳能光伏产业短期井喷式发展及接二连三的"双反"事件表明，太阳能产业发展仍然面临许多危机，没有呈现稳健的发展势头。另一方面也说明太阳能产业具有较大的全球潜在需求，极有可能成为未来世界能源发展的主要争夺焦点。金融危机使得发达国家将新的经济增长点放到新能源产业上，不仅可以应对气候变化，降低排放，还可以促进产业转型，未来产业发展中始终保持竞争力与主导性。德国、意大利、西班牙及美国都纷纷加大对光伏产业发展的支持力度，然而正当产业发展即将呈现快速提升竞争力时，欧洲主权债务危机影响了光伏产业发展亟须的信贷支持。

以上表明，新能源产业得到迅速发展，但仍然没有改变化石能源主导经济发展的态势。按照来源划分，新能源呈现出不平衡的发展状态。虽然，近两年太阳能光伏产业实现跳跃发展，过去20多年，风能得到长足的发展，并表现出稳健的发展态势。世界各国在节能减排、产业转型的压力下，纷纷设定中长期新能源发展目标，但受困于后金融危机及欧债危机的影响，产业长期发展的基础仍不扎实。新能源产业仍然是未来世界各国提升竞争力，实现产业转型的重要力量，也是在国际市场角力竞争的焦点。

（二）新能源产业是中国崛起的引擎，但其发展现状与发达国家仍具有较大差距

能源问题一直是中国经济社会发展的核心问题，也是国际社会关注中国崛起的一个重要议题。统计数据显示，中国能源消费总量在节节攀升，尽管"十一五"时期比"十五"时期增速有所放缓，但仍然保持约7%的增长率。同期，中国的能源生产总量也在不断提高。2010年基础能源生产总量达到29.9亿吨标准煤，同比增长8.7%，创"十一五"期间产量和增速最高纪录，可以通过图4描绘的1971~2010年中国和主要能源大国的基础能源供应观察中国及世界主要能源大国的能源消费情况。而图3描绘了中国与世界主要地区能源自给率，从图3中可以发现，同发达国家（OECD）相比，中国仍然呈现较高能源自给率。在生产和消费两个方面共同作用下，2010年中国能源自给率仍然达到了92%，体现了中国的大国责任，一定程度上削弱了世界对中国崛起可能带

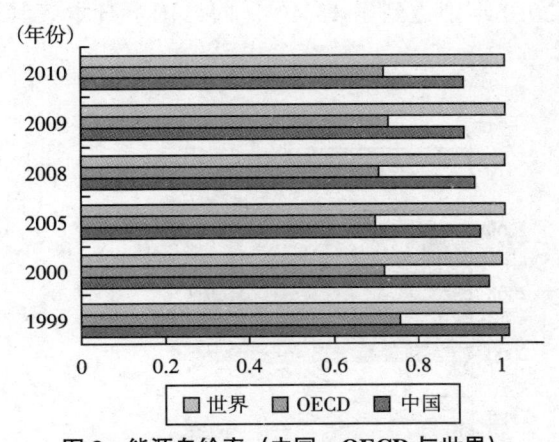

图3 能源自给率（中国、OECD与世界）

注：能源自给率=能源产量/基础能源供给量。

资料来源：International Energy Agency. Energy Balances of OECD Countries 2012, OECD Publishing, 2012.

OECD. OECD Factbook 2013: Economic, Environmental and Social Statistics, OECD Publishing, 2013.

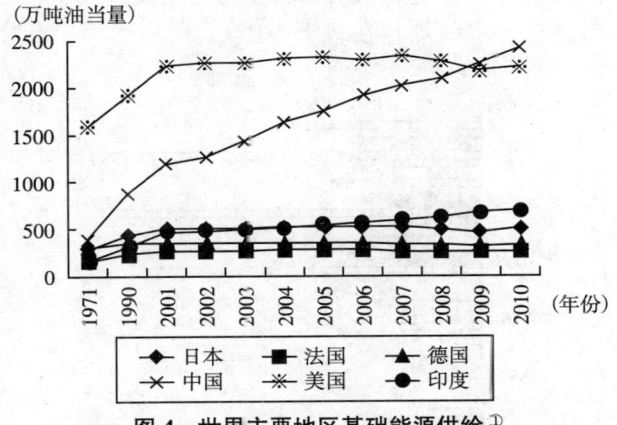

图4 世界主要地区基础能源供给[①]

资料来源：同图3。

---

① 关于2009年基础能源供给的中国数据，国内公布的数据与美国有所差异，中国认为2009年中国能源消费总量约为21.46亿吨标准油，少于美国能源信息署网站公布的美国当年能源消费总量23.82亿吨标准油。2009年美国这个指标为21.7亿吨标准油。尽管存在些许差异，但中国与美国基础能源供应已经非常接近，中国已经成为世界能源消费大国。

来能源困局的担忧。但随着中国能源需求的增大，从时间轴来看，中国的能源自给率已经在不断下降。进一步讲，从中国能源结构可以发现，中国煤炭储量丰富，也是保证高能源自给率的重要来源，由于煤炭的不可再生性，长期来看，中国依然面临严峻的能源问题。

而同期，无论是从数量还是从比重来看，能源净进口都在稳步提高。2000年中国能源净进口总额仅仅为27.85百万吨油当量，2005年则达到了111.46百万吨油当量，2009年是281.59百万吨油当量，2010年更是攀升至335.74百万吨油当量，其占能源供给的比重则由2000年的2.35%上升到2010年的13.89%，在能源自给率相对较高的同时，能源对外依存度的不断提高也值得我们多加关注。可以说，相对美国、日本等国家，中国拥有比较高的能源自给率水平，但中国能源供需比在下降，对外依存度在不断提升。因此，中国的能源压力依然不容忽视，新能源发展则应当也必须成为未来中国能源战略的重要组成部分。

近年来，在风电设备、光伏组件制造等领域，中国进步非常迅速，2008年德国光伏市场中国企业份额为21%，到2011年新增市场份额中中国已经达到60%。国际市场份额的不断提高，说明中国在组件制造环节的国际分工中处于比较优势地位，表现出一定的国际竞争力（史丹、杨丹辉，2012）。但同时，需要注意的是，中国在新能源应用方面并没有处于世界前列。《Renewable Global Status Report 2012》显示，无论是2011年年度新增装机容量，还是累计装机容量，中国风电均处于第一位，中国光伏2011年新增装机容量位居世界第一，但总装机容量未能进入世界前五。如果考虑资本因素，中国在单位资本的对应指标中则更是无法保持世界前列。装机容量能力是潜在的能力，不能等同于实际生产规模。图5和图6分别从能源发电、能源生产两方面考察中国新能源应用发展在世界的相对位置。从中可以发现，中国在新能源生产比重从0.003%上升到0.101%，取得的成绩值得肯定，但仍没达到世界平均水平（世界平均水平2010年该比重为0.37%），同OECD国家的差距更是巨大（OECD该比重2010年达到0.82%）。从新能源发电来看，图5列举了美国、德国、法国、日本等能源大国及新能源强国的新能源发电比重，同新能源生产类似，中国在该指标的表现也呈现上升态势，由1990年的0.1%上升到2010年的1.1%，但横向比较，德国在1990年该指标仅为0.3%，2010年则达到了13.4%，同美国、日本等其他国家比，中国均存在较大差距。

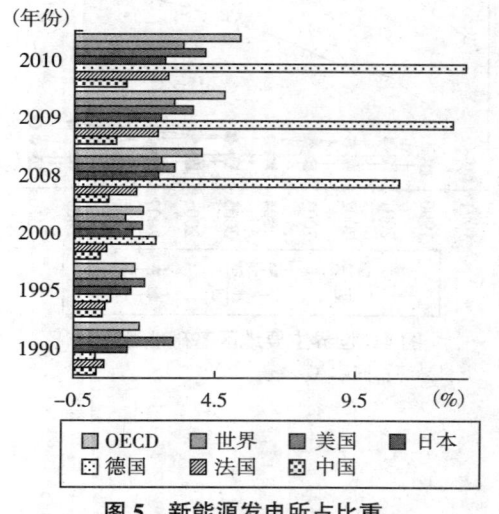

图5 新能源发电所占比重

资料来源：International Energy Agency. Energy Balances of OECD Countries 2012, OECD Publishing, 2012.

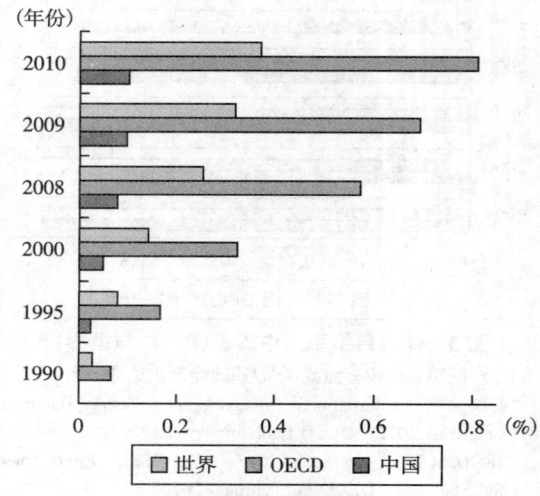

图6 能源生产中新能源所占比例

资料来源：同图5。

（三）受困于自主技术创新乏力、市场开发落后等因素，中国新能源产业仍处于全球产业分工低端链条

按照自由贸易理论，分工建立在地区间劳动生产率相对差异产生的比较优势上。新能源产业的发展动力并不是来自产业本身的演变以及成熟，而是来自于世界对能源清洁、可持续发展及对化石能源替代的需求。新能源产业的发展最先发生在发达国家，但其在发展之初并没有采用传统产业孕育、研发、制造、成熟、出口、产业外移、进口的雁阵发展模式，而是较早就采取垂直分工与水平分工（杨丹辉，2012）。新能源产业发展初期便将发展中国家纳入产业发展体系，但发达国家始终掌控着核心技术及最终产品收益的大部分（史丹、杨丹辉，2012）。在技术进步推动及规模经济不断扩大的条件下，新能源产业的价值链逐步向下游延伸，而人力成本又在不断上升，因而制造成本在国际分工决定因素中权重不断加大，但其收益却在不断下降。中国具有较为完善的工业体系，相对低廉的劳动力以及不断放松的开放环境，使其成为新能源产业链条中的"制造工厂"。而另一方面，由于技术局限，新能源制造产品大部分选择出口世界，中国生产了世界上近半数的光伏组件，但其95%以上出口国外。像传统产业一样，中国再次担负"世界加工工厂"角色，仍然没有改变世界产业分工格局。

1. 中国新能源产业缺乏稳定产业结构与组织形态

作为新兴产业，中国近年来虽然涌现出一批有实力的企业，成本条件及产品价格不断变动。世界范围内，受技术路径转向等因素影响，新能源有关企业排名也经常发生剧烈变化（Renewable Global Status Report 历年报告），新能源企业破产消息更是接连传出。2011年9月美国Solyndra公司宣布停产，进入破产重组程序。进入2012年，美国First Solar 关闭了在德国的工厂。2012年末，中国光伏巨头无锡尚德也传出破产重组的消息。产业发展的复杂环境导致其很难出现大型企业集团，因此，我国需要整合和掌控有关资源，从事基础研发工作，推动产业发展。

2. 新能源产业发展的应用市场开发不足

现阶段，中国的新能源产业竞争力主要在低成本及规模优势，主要集中在组件制造，而其核心技术及部件大部分仍需从国外进口，其终端产品的大部分需求也在海外，造成了产业发展"两头在外"的极度不平衡状态。地方政府及企业在发展新能源产业上，过于追求项目上马以求最快实现经济效益。企业则充分沿袭其在传统制造业中的从业经验，竞相进入组件生产等低门槛领域，追逐来自各级政府补助的高额回报。背后的实质问题则是政府较少关注新能源产业的环境收益及其市场开发，没有激励微观主体参与市场开发过程中，其直接原因在于组件制造领域的回报率远远高于新能源市场开发。

3. 新能源产业发展主要来自于技术引进，可操作性的自主创新及应用仍十分乏力

以光伏产业为例，产业链包括高纯硅提炼、薄片制造、元件生产、模块组装、设备转换、安装及能源发电等程序。元件生产和模块组装无论在国内还是在全球都属于竞争性环节，相对于光伏产业其他环节，具有更小的市场集中度，其利润率更是较低（Arnaud，Glachant 和 Ménière，2011）。由于元件生产技术可以通过 Turnkey 方式购买生产线，对生产经验等要求较小，而组件安装则是典型的劳动密集型产业，因而中国获得了相对优势。相对地，在高纯度硅提炼环节则需要具体化学技术，且成本较高，低成本制造则需要高科技及熟练工艺，在这方面中国很难获得优势地位。

2010年中国新能源有关第三方专利占世界比例仅为4.26%，排在世界第7位，美国与德国分别以22.13%和11.87%位列第2位、第3位（如图7所示），第三方专利虽不能完全等同于自主创新，但仍可以从中窥探自主创新的"一斑"，可以较好地体现创新活动，并方便进行国际对比。如果从专利数量看，中国的世界排名还差强人意，但在创新的应用性方面中国与世界的差距更大。

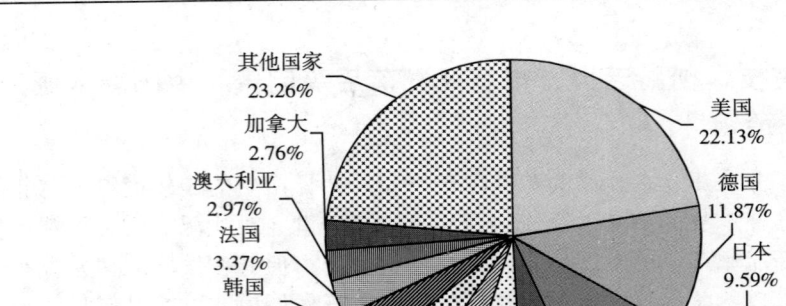

图 7　2010 年世界主要地区新能源有关专利

资料来源：OECD. Measuring Innovation: A New Perspective, OECD innovation strategy, OECD Publishing, 2010.

集中到光伏产业链各环节专利，2007 年中国占据世界硅有关专利的 37%，薄片有关专利占 17%，元件有关占 16%，组件有关占 15%（2011），而在工业生产中，中国所从事的主要阶段在元件生产、模块组装两部分，而在上游链条涉足很少。2003 年元件生产、模块组装两部分仅占全球市场的 1.6%，2007 年则占到 35%，2010 年更是占据市场过半份额，而上游两个阶段生产占全球份额不足 3%，因而专利与相关产品生产在上游环节与下游环节表现出完全不同相关关系。另一方面也说明，中国大多专利具有不可操作性，应用价值极低，这也是导致国内新能源产业在研发方面投资较少的原因之一。①

那么一个值得思考的问题就是，应用价值低下的专利技术是怎么产生的？本文认为其与国家对新能源"创新"补贴有莫大关系，是未来政策调整中应该多加关注的问题。综上，中国新能源产业的技术进步主要依靠设备引进、海外高端管理复合人才招揽，但此类技术进步主要体现在下游环节（以光伏为例）。中国在新能源专利方面虽然与发达国家存在一定差距，但在光伏产业确实占有相当的专利份额，但其更多是对政策补贴的一种反应，与产业应用关联不大，因而与自主技术创新能力之间仍具有巨大的距离。

三、新能源产业与政府扶持政策内在逻辑

新能源产业不同于传统产业，其发展动力并不是来自产业本身的演变和成熟，而是来自于世界对能源清洁、可持续发展及对化石能源替代的需求。新能源产业的投资来源则不能像传统能源行业一样，通过产业的原始积累促使其发展壮大，产业外资本的投资支持是新能源产业发展初期的重要因素。

---

① 发达国家主要光伏企业如 Schott Solar 研发支出占 5%，Q-cells 占 2%，而中国的无锡尚德仅占 0.8%，中电光伏为 0.5%（Arnaud，Glachant 和 Ménière，2011）。

(一) 新能源产业风险特性与投资困境

1. 新能源产业资本的不可逆转性与高度资产专用性

新能源产业发展主要应用方向是替代传统化石能源进行发电，因此新能源产业与传统发电行业在许多方面具有类似性，但新能源产业也具有自身的产业特性。作为发电行业的主要特征之一，新能源产业投资具有不可逆转性，其资产具有高度资产专用性，其成本属于沉没成本。发电设备同一般制造行业不同，其具有特定的用途，只能用以发电，不能从事其他生产工作。当一个发电企业遭受突发不利环境的冲击时，如果企业可以将其资产以合适收益转让售出，那么该企业的资产专用性并不是特别显著。反过来，当一个产业遭受不利冲击，发电企业将很难售出其资产，则具有更大的资产专用性。值得注意的是，新能源产业的初级阶段、对地理条件及资源的高度依赖等因素，使其比传统能源发电行业具有更强的资产专用性，这些因素加大了传统发电企业转型进入新能源产业的成本。按照威廉姆森的观点，资产专用性程度可以分为非专用性、中度专用及高度专用性。当一项投资的资产具有高度专用性时，企业沉没成本越高，投资方越会采取更多的股权融资方式。由于新能源产业面临不确定性使其无法匹配当期股权融资规模与未来项目资金需求，使得依靠股权融资的渠道进行融资在操作性上仍然困难重重。

2. 新能源产业发展初期具有高投资、低回报特征

尽管欧洲早在20世纪90年代就着手发展新能源产业，但直到2008年金融危机后，新能源产业在发达国家及主要新兴国家范围内才逐渐发展，新能源产业仍然被定位为新兴产业，处于产业发展的初始阶段。在新能源发展中后期，随着技术进步与规模经济的发展，新能源发电的运营成本应当比传统化石能源更低。但在产业发展初期，新能源产业仍然是高额投入、低发电产量的产业。尤其是与传统发电行业进行对比时，新能源产业初始阶段存在的高投资、低回报及未来不确定性，投资者将设定比传统发电行业更高的回报收益率。

3. 大部分新能源产业有关项目规模较小

不少研究已经证明，当一个项目具有高沉没成本时，投资活动与项目的规模之间将呈现正相关关系，因为项目规模越大，其规模与范围经济越易产生创新活动。市场投资者因此对规模较小的项目一般并不会表现出足够的兴趣。无论项目大小，项目发展均会经历相似的程序与阶段，则小项目的单位交易成本将远远高于大项目。在整个项目发展过程中，投资者将付出更多不成比例的交易成本，获得更小的资本回报率，于是更难获得投资者青睐。

产业发展不成熟、技术进步不确定等也是新能源产业发展现阶段的主要特征。新能源产业大多主要由技术创新推动，富含很多新兴技术。新技术在未来可能产生可观收益的同时，其本身由于具有不成熟特征，给投资者带来较大的风险。即使新能源技术已经日趋成熟，在投资者对其不熟悉，缺乏评估经验的前提下，依然会将高估新能源产业未来风险，相对传统能源行业，则交易成本上升。而且，新生事物缺乏资料记录，难以进行参考，也为投资者及金融机构的评估带来困难，这些问题也会降低投资者的投资激励。

(二) 政策扶持的基本类型及其适用领域

尽管与传统能源行业对比，新能源产业面临更多的投资风险，难以吸引投资者关注，但这却并不能是政府干预的充分理由。正如经济学界关于政府与市场的争论一样，政府在对新能源产业潜在风险与远景收益的信息了解方面不会比市场更方便。政府扶持一方面受产业发展阶段与投资渠道稀缺的影响，另一方面则是产业本身发展的正外部性性质。有别于传统能源，新能源产业具有明显的环境友好型，而这一收益不具有独占性，属于公共产品，在市场提供方面，难以达到最优的均衡结果，则促进环境友好型新能源技术创新供给严重不足。因而，所谓新能源的国家战略，则是更多关注创新及其应用。通过表1可以发现，世界上大多数国家均已实施新能源扶持政策，从国际经验来看，对新能源进行政策扶持是有必要的。

表1 按具体类别划分的新能源扶持政策采用情况

单位：个

国家类别	强制上网电价	电力配额	电力回馈	资本补贴	投资税收减免	消费税收减免	公共投资
高收入	24 (36)	8 (36)	8 (36)	31 (36)	17 (36)	26 (36)	24 (36)
中等收入	16 (24)	4 (24)	5 (24)	7 (24)	10 (24)	18 (24)	9 (24)
低收入	3 (13)	1 (13)	0 (13)	5 (13)	1 (13)	11 (13)	7 (13)

资料来源：根据《Renewable Global Status Report 2012》整理，括号内为该报告对应类别国家总数。

具体到政府扶持类型，则可以根据产业发展的阶段与环节进行设计，下面就主要扶持类型进行分析。

1. 政府补贴

政府补贴是动用财政能力为新能源产业提供发展助推力，补贴作为公共资源的使用，应当注重基础性与谨慎性。政府补助应当对技术研发的初级阶段进行重点资助，以降低研发风险与资本成本。而资助水平则取决于项目技术类型、项目位置以及项目的资本现状。而补贴的环节则应当向研发初期及终端应用进行倾斜。然而，政府补贴也会产生一系列不利于产业整体发展的现象，并有可能降低补贴效率。政府补贴在补贴资金紧缺的好项目同时也使具有充足资金的企业从事过度投资行为，而挤出私人投资，并且可能抑制未受补贴的企业进入市场。

2. 低息贷款与信用担保

受资金总额限制，财政补贴政策主要关注产业链的两端，也不可能对产业链整体进行资金支持。新能源产业由于面临产业风险带来的融资困难，只能通过社会资本与金融机构等来支持，政府则可以在这个过程中通过国有金融机构提供中长期低息贷款，或者拨付贴息资金给从事新能源产业贷款的商业银行，以此来提高新能源产业的商业运行。低息贷款和政府担保可以有效降低项目失败所造成的经济损失，但并没有降低项目失败的概率，因而越是优秀的项目越能从该项政策中获益，从而可以吸引优秀的新能源项目，因而应该成为政府支持产业发展的重点支持方式。

3. 税收优惠政策

除了财政与贴息，税收政策也是影响新能源产业发展的重要因素。税收政策可以分为加速折旧政策和投资税收减免政策。加速折旧政策是在有限时间内加速新能源有关的基础设备折旧率，以此降低新能源投资的前期有效税率，提高投资的现值，可以鼓励投资者从事新能源设备的生产与供给。投资税收减免政策是对从事新能源研发实行固定份额的税前扣除，而扣除的额度与装机产能有密切关系。从政策的最终效果看，加速折旧与投资减免政策具有一定相似性，都可以在项目初期减小企业的成本风险。与加速折旧不同的是，投资减免政策往往发生在项目建成运行之后。

除以上几项政策类型外，还存在政府风险投资基金、抵税流转股票①（Flow-through Share）、政府规制（以强制上网电价、电力配额、电力回馈为代表）等多种形式。无论哪一种政策扶持方式，其根本性质均是在动用公共资源扶持新能源产业发展。因而，正如本部分开头所强调，政策扶持的着力点不在于产业发展的基础研发以及产业终端的普及应用上，而是解决产业发展风险导致的融资困境和发展"瓶颈"问题，在发展传统能源的同时，逐步提高新能源的生产与在发电市场的大规模应用。

---

① 这一政府支持行为是加拿大特有的政策方式，是将特定经济行为（如矿产勘查）的财税鼓励政策（如抵减所得税）"流转"给投资者（股东）的一种政策。

四、中国新能源产业扶持政策调整的优化建议

本部分将呼应本文开头提到的欧美"双反"调查及其延伸系列问题。中国近年来在新能源组件方面的发展使全球的组件成本得以下降,激烈的竞争导致欧美众多企业进入破产边缘,比如Solar Millennium等企业,欧美利用贸易WTO规则实行贸易保护主义,以保护本国产业和就业。而事实上,包括德国、美国、西班牙等在内众多国家都对新能源产业实施补贴政策。但是,中国仍需对本次系列"双方"调查进行分析,思考新能源产业的发展之路。

从世界发展趋势看,新能源产业依然是产业转型升级重要的推动力,也是未来世界各国争夺重要战略点之一。而目前中国新能源产业发展现状显示,虽然某些环节在市场份额上占据优势地位,但在核心环节及最终应用上,中国依然处于弱势地位。而政府政策扶持新能源产业已经成为一个全球的趋势,2011年有96个国家制定了新能源发电的有关扶持政策,2012年则有109个国家实施扶持政策,这些国家大多将政府扶持指向发电领域,如采取Feed-in tariff(上网电价补贴)和强制上网配额(Renewable Portfolio Standards)等政策。可以说,对新能源产业进行政策扶持已经成为一种国际通行惯例,未来的中国新能源产业发展依然离不开政府政策扶持。

新能源产业历经研发、资本融资设备制造到大规模实施发电等多个阶段,理论上讲,不同的政策在不同阶段其实施效果也会有所差异。在研发阶段主要采取税收优惠和政府补贴政策,比如研发的税收减免优惠、政府直接的补贴、信用担保贷款等政策均可以发挥重要作用。在资本融资设备制造阶段,加速折旧与低息贷款政策则更能有效发挥作用。而在大规模应用阶段,增值税优惠与政府规制则推动产业的大规模普及。中国新能源产业表面上呈现出一番繁荣景象,其与政策扶持密不可分,但中国的新能源扶持政策也隐含了许多问题亟待解决。

《可再生能源法》、《可再生能源产业发展指导目录》、《可再生能源中长期发展规划》、《可再生能源"十一五"发展规划》、《可再生能源发展与专项资金管理暂行办法》、《可再生能源发电价格和费用分摊管理试行办法》、《可再生能源电价附加补助资金管理暂行办法》等系列新能源整体支持政策法规陆续出台,专项政策如《风电特许权项目前提工作管理办法》、《风力发电设备产业化专项资金管理暂行办法》、《太阳能光电建筑应用财政补助资金管理暂行办法》、《金太阳示范工程》等各类工程项目也是依次落实。中国新能源扶持政策既明确了新能源电站补贴、发电补贴、实施强制上网电价与税收优惠政策,又在新能源"十二五"规划中强调要建立强制性市场配额制度、保障性收购等规制政策,可以说,前面介绍的政策扶持政策在中国都有体现。但观察中国新能源产业发展可发现政策红利并没有显现,实际上,新能源产业发展仍然处于弱势地位。

首先,政策执行中利益博弈关系与制度障碍制约了新能源产业的健康发展。新能源产业发展列于战略性新兴产业后,各地方将发展新能源产业作为政治任务来抓,但大都采取盲目上马项目,急功近利的发展方式,背离了政策扶持的初衷。而在体制层面,虽然明确规划进行体制调整,理顺制度障碍。但新能源发电依然面临并网困难,弃"风"弃"光"等现象日趋普遍。众多书面完善的政策由于缺乏细则且执行力度不够,在地方层面被人为扭曲。能源发电体制基础仍然是传统能源的发电体系,没有建立新能源产业发展的新型能源体系与管理体制。在体制障碍没有扫除,新的体制没有形成的前提下,现有新能源政策更像是"大画饼",根本无法实现大跨越发展。

其次,新能源产业扶持政策的支持重心须进行根本调整。新能源产业政府支持的一个基本逻辑是产业发展的正外部性,因而需要在体现环境收益及推动经济外部发展的环节加大扶持力度。目前,中国新能源产业发展的典型特征是"两头在外",科技含量较高的上游链条控制在发达国家

手中，新能源产业发展的环境收益（即发电应用环节）也在发达国家手中。在当前的国际分工下，中国生产的产品主要集中于中间链条的加工组装，而这属于劳动密集型、高污染的环节，通过中国低廉劳动力、优惠土地政策等实现出口。从终端链条考虑，当前的扶持政策是在利用国内资源补贴国外新能源消费者。国内目前所谓新能源产业与传统制造业没有任何分别，仍然是从事加工类低科技含量的制造业。

未来政策扶持应更加向上游链条中的研发及下游的新能源发电上倾斜，关注环境收益与真正的技术创新。而从目前的有关创新数据来看，中国大多的所谓创新还是应用性较差，市场推广价值微小。政策支持的创新过程，不仅要重视立项的评审书，还应该加大对项目结题的审查，严查"挂羊头卖狗肉"竞争国家创新扶持补贴资金的问题。只有加强研发及市场拓展，新能源产业才能走上自主创新的集约化发展之路，才可以真正实现产业转型。

再次，应该在世界贸易组织规则范围内，调整补贴内容与方式，取消禁止性补贴，减小可诉性补贴。世界贸易组织《补贴与反补贴措施协定》明确规定了补贴的类型：禁止性补贴、可诉补贴、不可诉补贴。禁止性补贴指禁止给予以出口或进口替代为条件的补贴。而可诉性补贴指造成成员国利益损失的专项性补贴，则其他成员国可以采取反补贴措施或诉诸世贸组织争端解决机制。在新能源产业发展过程中，许多地方政府将新能源产业作为形象工程，在发展战略性新兴产业的大旗下，出台种种补贴扶持政策，而其中部分补贴政策在世界贸易组织规则中不允许的补贴形式。此类补贴直接投向生产制造领域，无关创新推动，应当加强监督，充分利用世界贸易组织对于基础性研发等补贴较为宽松的规定，引导政策资金向上游和下游流向。

最后，需要整合和梳理新能源产业扶持政策。目前新能源产业政策名目繁多，既有多项法律法规，也有专项示范工程，还有各项资金补贴办法等。这些政策目录涉及科技部、建设部、财政部、发改委、能源局、工信部等诸多部门，政策文件内容交叉，管理部门不清，指向不明，难以保证扶持政策有效发挥作用。

参考文献

［1］"保姆式"扶持成光伏行业盲目扩张无序竞争推手［N］.经济参考报，2012-11-20.
［2］新能源：政策扶持力度不能丝毫松懈［N］.中国经济导报，2011-07-16.
［3］李成.贸易大战阴影下的新能源补贴政策反思［N］.中国经济导报，2010-10-30.
［4］杨丹辉.新能源产业贸易、国际分工与竞争态势［J］.重庆社会科学，2012（11）.
［5］史丹、白旻.美欧"双反"情形下中国光伏产业的危机与出路［J］.国际贸易，2012（12）.
［6］史丹、杨丹辉.我国新能源产业国际分工中的地位及提升对策［J］.中外能源，2012（8）.
［7］Bye, B., Jacobsen, K. Restricted Carbon Emissions and Directed R&D Support: an Applied General Equilibrium Analysis［J］. Energy Economics，2011（3）.
［8］De la Toura, A., Glachanta, M., Ménière, Y. Innovation and international Technology Transfer: the case of the Chinese Photovoltaic Industry. Energy Policy，2011（3）.
［9］International Energy Agency（2012），Energy Statistics of OECD Countries 2012，OECD Publishing.
［10］OECD（2010），Measuring Innovation: A New Perspective，OECD Innovation Strategy，OECD Publishing.
［11］OECD（2013），OECD Factbook 2013: Economic, Environmental and Social Statistics，OECD Publishing.
［12］Symeonidis, G.（1996）. Innovation, Firm Size and Market Structure: Schumpeterian Hypotheses and some new themes, OECD Economics Department Working Papers No. 161.
［13］U.S. Energy Information Administration（2011）. Annual Energy Outlook 2011, U.S. Department of Energy, Washington, DC.

产业创新实现机制:技术创新与商业模式创新的有机结合

郭 振 孙爱娟[*]

一、问题提出

产业转型升级已经成为全社会普遍关心的重大经济问题,实现产业转型升级能够提高产业创新能力和技术水平,改变产品附加值低、产能过剩、高端产品供给不足的状况,提升产业整体素质,进而促进消费升级,引领和创造新的消费需求,扩大消费市场。实现产业的转型升级能够提高资源利用效率,促进产业发展模式,使产业发展从依靠要素驱动转到创新驱动的战略上来,把产业做精致、做扎实,并在此基础上做高端,使中国的产业在经济结构调整和转型升级的矛盾交织中闯出一条创新之路。

产业和企业的不断转型升级,是工业化进程中的客观规律,产业的发展离不开技术创新,在"产业革命"或"工业革命"中,工业特别是制造业是大多数技术创新的产业载体,产业技术创新支撑着经济繁荣,而停止技术创新则意味着危机。与世界所有国家一样,中国的工业化和现代化也从来都是处于产业结构、技术和体制机制不断转型升级的过程中。改革开放以来,中国的产业在加速工业化的进程中,通过"模仿式创新"或者"创新型模仿",使许多企业实现了技术进步,使中国迅速成为世界工业生产大国。在新形势下,中国的产业已经面临着转型升级的巨大压力,而且,这次产业转型升级必须更加依赖自主创新,即使是模仿、借鉴、引进也必须以创新为依托和归结,即必须具有独创性和差异化。

产业创新的主体是企业。企业通过市场化的手段配置资源,为应对动态环境带来的挑战,企业必须不断调整与优化技术、组织、制度、管理、文化等各种要素的匹配关系,以发挥其协同作用,实现自主创新。事业是干出来的,创新则是想出来的。企业面临最现实的生存和竞争压力时,对创新具有最切身的感受。因此产业创新必须主要依靠企业和基层的创造性实践,只要给企业以充分的创新想象空间,中国的产业创新一定会有乐观的前景。政府应发现和鼓励企业创新,而不是替代企业创新,政府不应为企业选择具体路线,更不应规定采用什么方式和工具。政府实施产业政策,应该激励企业创新,发挥企业的主动性。

产业创新尤其是产业技术创新必须与商业模式创新实现有机结合,政府部门应努力创造有助于企业技术创新与商业模式创新有机结合的制度环境。政府部门如果过于自信地做出产业转型升级的决策,替代了企业创新,这样的产业转型升级路径和方式是难以取得很大成效的,甚至会付

---

[*] 郭振(1954—),男,湖北浠水人,哈尔滨商业大学经济学院教授、博士生导师;孙爱娟(1989—),女,黑龙江鹤岗人,哈尔滨商业大学产业经济学研究生。

出不合理的代价。例如大量投资（各地重复投资）形成超过市场容量的过剩产能，技术不成熟而导致的效益低下，政策性支持某些盲目扩张的大项目都会产生不良后果。包括光伏产业、新能源产业、环保产业等战略性新兴产业的发展都需要有效的制度安排。因为产业的创新只有以商业投资信心为基础，才能成为可持续和高效率的活动，成为推动产业经济持续增长和发展的动因。

二、技术创新和商业模式创新有机结合的机制分析

1. 技术创新

（1）正确认识技术创新。技术创新是一个从产生新产品或新工艺的设想到市场应用的完整过程，它包括新设想的产生、研究、开发、商业化生产到扩散这一系列活动，本质上是一个科技、经济一体化过程，是技术进步与应用创新共同作用催生的产物，它包括技术开发和技术应用两大环节。

（2）注重技术创新动态能力的提升。技术创新动态能力是指为积极应对环境变化，企业持续地进行一定的技术创新投入，带来相应的技术创新产出，并进行有效技术创新转化的能力。技术创新投入是技术创新的必要条件，也是创新过程的开端，只有投入足够的物质资本与人力资本，才能为创新提供丰富的资源条件。技术创新产出是技术创新过程的直接成果，如专利等，但技术创新产出成果并不是最终成果，而是创新过程的一部分。若想技术创新能够真正地创造价值，还必须进行有效的转化。技术创新产出经过转化，成为能够为企业创造价值的资产，才真正实现了技术创新的目的。

技术创新主要以企业活动为基础，在市场经济条件下，作为自主经营、自负盈亏的经济主体，企业之间存在着竞争，如果企业不能提升自身竞争力，就会在竞争中被淘汰，这就迫使企业必须不断进行技术创新，提升企业的技术创新动态能力。

（3）明确技术创新的决定因素。技术创新是一个累积性的复杂过程，受不同层次因素的多重影响。第一，竞争程度。竞争是一种优胜劣汰的机制，技术创新可以给企业带来降低成本、提高产品质量和经济效益的好处，帮助企业在竞争中占据优势。第二，企业规模。技术创新需要一定的人力、物力和财力，并承担一定的风险。规模越大，这种能力越强。第三，应实现集成创新。产业升级的创新机制是通过技术创新实现产业内升级，即工艺的升级、价值链升级、产品质量升级、品牌升级，产业升级主要体现在企业从产业链的低端向高端的推进，通过集成创新实现新的组合，包括产品的组合、技术的组合、市场的组合、流程的组合，企业作为集成创新的主体通过市场化手段配置资源。

2. 商业模式创新

（1）正确认识商业模式创新。商业模式，是指企业价值创造的基本逻辑，即企业在一定的价值链或价值网络中如何向客户提供产品和服务并获取利润的方式。商业模式就是一个创造和传递客户价值和公司价值的系统。而商业模式创新是指企业价值创造中基本逻辑的变化，即把新的商业模式引入社会的生产体系，并为客户和自身创造价值。

商业模式创新的主体是企业，它常常涉及商业模式多个要素同时出现大的变化，需要企业组织进行较大的战略调整。商业模式创新往往伴随产品、工艺或者组织的创新。从绩效表现看，商业模式创新如果能提供全新的产品或服务，那么它就开创了一个全新的可赢利产业领域，即便提供已有的产品或服务，也更能给企业带来更持久的盈利能力与更大的竞争优势。

（2）明确商业模式创新的构成要素。商业模式由四个密切相关的要素构成：客户价值主张、

盈利模式、关键资源和关键流程。客户价值主张能为客户带来某些不可替代的价值，盈利模式使企业从为客户创造价值的过程中获得利润，关键资源是企业为客户提供价值的基本保障，关键流程则是指由企业内部制度和文化决定的实现其客户价值的机制。客户价值主张和盈利模式分别明确了客户价值和公司价值，关键资源和关键流程则描述了如何实现客户价值和公司价值。

（3）商业模式创新的特征为：第一，其商业模式能提供全新的产品或服务、开创新的产业领域，或以前所未有的方式提供已有的产品或服务。第二，其商业模式至少有多个要素明显不同于其他企业，而非少量的差异。与传统模式相比，其产品具有选择范围广、网络销售、在仓库配货运送等特点。第三，其商业模式有良好的业绩表现，体现在成本、盈利能力、独特竞争优势等方面。

3. 技术创新与商业模式创新有机结合的机理

商业模式创新绝不是追求商业化，商业化当然也强调市场取向，但更强调商业利益。技术创新与商业模式创新的结合，要考虑市场容量与需求。如果一个企业商业化观念过于膨胀，在商业化过程中专注于"赚快钱"，不追求产品的精致化、高端化，把企业的投资与主要精力都用在转手贸易、金融、房地产等领域，总想快速致富，这是违背企业家坚守实业的创新精神的。技术创新发展模式需要商业模式设计先行。例如绿色技术、低碳技术的创新模式的成败，在于能否形成高效率的绿色循环供应链。传统的供应链只有一个链条，没有考虑终端产品如何被利用，以实现市场价值，中间过程也缺乏对循环经济的管理。如农产品等初级原料到生产制造加工、到服务业、到回收再利用、到处理系统，没有一个完整的循环供应链。

20世纪90年代中期计算机互联网在商业世界的普及和应用，标志"数字经济"时代的来临。互联网使大量新的商业实践成为可能，一批基于互联网和信息技术的新型企业应运而生。随着2001年互联网泡沫的破裂，许多基于互联网的企业虽然可能有很好的信息技术，但由于缺乏良好的商业模式而破产倒闭。因而，在全球化浪潮冲击、技术变革加快及商业环境变化更加不确定的时代，决定企业成败最重要的因素，不仅是技术，还包括商业模式。

技术创新是从技术特性与功能出发，看它能用来干什么，去找它潜在的市场用途。商业模式创新更注重从客户的角度，从根本上思考设计企业的行为，视角更为外向和开放，更多注重和涉及企业经济方面的因素。对于企业来说，技术创新是将科学技术转化为现实生产力，从而创造出更有竞争力的产品，商业模式则是创造和传递客户价值和公司价值的系统，通过不断地创新，在为他人创造价值的同时自身获取价值。技术决定着产品的产出，商业模式决定着产品的售出。而要实现盈利，就是要生产出适销对路的商品，并能够顺利地销售出去。从技术创新角度来看，尽管利润来自技术创新，但技术创新本身并不能自动保证商业或经济价值的成功实现，需要商业模式创新去统筹价值主张与目标市场，整合资源与战略，安排生产系统与价值链，用以实现技术创新价值并产生可持续性盈利收入。从商业模式创新角度来看，一个好的商业模式将为客户提供较大的价值并主张以收入的形式回收其中一部分，但是开发一个好的商业模式本身并不足以保证企业为客户提供较大的价值。因此，企业要实现技术创新与商业模式创新的有机结合，构建以用户为中心，以需求为驱动，以社会实践为舞台的创新平台，利用商业模式创新将技术创新与用户需求准确对接，同时使技术创新成为商业模式创新的有力支撑，形成一条完整顺畅的产业价值链，最终提升整个产业的竞争力。

三、技术创新与商业模式创新有机结合的成功案例分析

1. 苹果公司的案例分析

2010年5月26日,苹果公司以2213.6亿美元的市值,一举超过了微软公司,成为全球最具价值的科技公司。苹果公司的过人之处,不仅仅在于它为新技术提供时尚的设计,更重要的是,它把新技术和卓越的商业模式结合起来。利用iTunes + iPod的组合,开创了一个全新的商业模式——将硬件、软件和服务融为一体。这种创新对价值进行了全新的定义,为客户提供了前所未有的便利。因为苹果在明确客户主张和公司盈利模式方面做了很多创新,从而在为客户创造价值的同时,也为公司创造了价值,并得到了投资者的认可。支持苹果公司的创新动力,则是乔布斯卓越的领导力,优秀的产品设计人员,优秀的产品营销人员,以及苹果公司强大的鼓励创新的企业文化和制度。这些要素缺一不可,相互影响并相互转化,形成了推动苹果创新的"动力火车",创造出一个又一个新产品。

苹果公司自成立起就十分注重技术创新,开发具有技术含量的新产品,不断引领时尚的潮流。但是,苹果公司依靠技术创新推出过的 Lisa 电脑、Mac Porta-ble、Newton 掌上电脑等高科技产品,因为没有考虑到客户的需求,没有判断清楚客户的价值主张,技术创新与现行商业模式不相匹配,也没有通过商业模式创新去开发新市场等原因,曾一度利润下滑。同样是创新,从1997年到2003年,苹果侧重于产品创新,虽然也获得消费者的认可,但体现在公司市值方面不甚理想。而到了2003年以后,由于苹果开始创新自己的商业模式,实现了技术创新与商业模式创新的有机结合,创造了一个商业史上的奇迹。利用技术创新开发新产品,苹果公司赚足了卖硬件的钱,利用商业模式的运作,客户在下载软件的时候就已经把钱装进苹果公司的口袋,一举成为全球市值最高的公司和全球最大的 PC 厂商。由此可见,商业模式创新与技术创新同等重要。真正的变革绝不局限于伟大的技术发明和产业化,它们的成功在于把技术创新模式与有效的商业模式相结合来实现产品的价值。而苹果公司则是将技术创新与商业模式创新完美结合的典范。

2. 阿里巴巴集团案例分析

提供1000万个创业机会,每天超过1亿人登录消费网络平台,2012年全年交易额超过1万亿元,占到全国社会消费品零售总额的5.4%,相当于 eBay 和亚马逊全年交易额的总和。14年里阿里巴巴取得的举世瞩目的成绩是其将技术创新与商业模式创新有机结合的成功运用。阿里巴巴根据消费者需求和市场机遇,先后推出阿里巴巴在线、中国供应商、诚信通、淘宝网、支付宝、雅虎中国、阿里旺旺、阿里妈妈、阿里E贷通、余额宝等业务。公司成立初期,阿里巴巴看准互联网这一高新技术的巨大前景,结合国内中小企业发展困难的现状,独创了为中小企业服务的B2B模式,取得成功。2003年"非典"时期,阿里巴巴看准时机开始筹建淘宝网,结果在普通商业活动难以进行的"非典"时期,电子商务凸显出其交易成本低、可实现远距离沟通的优势,使阿里巴巴在这期间业务量速增,阿里巴巴把灾难变成了机遇。随后,阿里巴巴推出支付宝,更好地巩固了淘宝网的地位,使其有了解决中国网络购物信任问题的工具从而最终击败了 eBay、易趣而登上国内 C2C 首座。为了与公司总的战略相一致,阿里巴巴集团又抓住机遇收购了由于不服中国水土而陷入亏损境地的"雅虎中国",并将其重新定位成"电子商务搜索企业",推出了"关键词搜索竞价排名"的经营模式,这也使阿里巴巴、淘宝网在资源协同方面的功能更强大。随后,公司又持续完成内部创新,推出了阿里软件以解决中小企业无能力买常规管理软件的难题,进而又推出了阿里贷款——E贷通,也是着力于解决中小企业贷款融资难的问题等。

这家10年前年交易额仅1亿元的电子商务网站,不仅实现了超过一万倍的规模裂变,更引领着商业模式创新之先河,改变了国人的消费习惯,并影响到生产、批发、零售等整个产业链。从1999年创办被誉为"网上广交会"、旨在帮助中国中小企业进军海外市场的阿里巴巴B2B,到2003年为中小型卖家量身打造的C2C平台淘宝集市上线;从2008年推出旨在吸引优质商家与中高端消费者的B2C品牌商城,到2011年11月宣布淘宝商城独立,并使用全新中文名称"天猫",再到2013年初启动C2B战略,推出大规模消费者定制平台——聚定制。一路走来,阿里巴巴一直寻求技术创新与商业模式创新有机结合,在潜移默化中影响国人消费习惯的同时,也改变了生产、批发、零售等整个产业链,大大提升了商业的协同效应。阿里巴巴通过一系列举措使企业由生产到增值再到销售组成了一条供应链,改变了传统创造价值的模式,加强了关联企业之间的联系,使整个商业活动形成一条顺畅的价值链。阿里巴巴整个资源互补协同的电子商务体系成功地将技术创新与商业模式创新进行了有机结合,从其资源整体上体现了其独特的商业盈利模式。

现实生活中,将技术创新与商业模式创新有机结合成功的企业还有很多,它们结合的方式各有不同,但共同之处是都根据自己的实际情况,以不同的方式实现了技术创新与商业模式创新的有机结合,形成了一条完整且顺畅的价值链,其盈利模式很难复制和模仿,从而实现了企业利润长期增长的目标,获得了长期的竞争优势。

四、现阶段我国技术创新与商业模式创新有机结合存在的问题

1. 缺乏创新转化意识且观念落后

(1) 缺乏创新转化意识。技术创新是由技术开发和技术利用组成的一个有机整体,在这个整体中,不仅需要从技术的角度、基于技术发展的规律考虑技术开发的可能性,还要以市场为导向,考虑技术开发的有效性。市场引导着技术开发的方向,技术本身的发展规律决定这种引导实现的状况和程度。技术开发、开发成果的转移、技术开发成果的有效利用,共同构成一个完整的技术创新过程。而现实中,由于产业内企业缺乏创新转化意识、科技成果的转化率低、实用性和推广性差等问题普遍存在,技术发展与用户需求对接出现了问题,造成技术进步与实际推广应用之间的脱节。

(2) 价值链观念落后。波特的"价值链"理论揭示,企业之间的竞争,不只是某个环节的竞争,而且是整个价值链的竞争,而整个价值链的综合竞争力决定企业的竞争力。但是现阶段,中国产业内的很多企业价值链观念落后,意识不到价值链的巨大价值,因而不能高度重视技术创新与商业模式创新有机结合的必要性和迫切性,造成很多技术开发成果仅限于文章、样品,而已经转化的新产品又无法通过有效流通渠道来打开市场的尴尬局面。

2. 现实条件束缚了两者有机结合

(1) 缺乏优秀的管理人才。企业内优秀的管理人才是企业生命力的源泉,是企业创新动力的引领者。苹果的成功就归功于乔布斯卓越的领导力、优秀的产品设计人员、优秀的产品营销人员以及苹果公司强大的鼓励创新的企业文化和制度。一个企业只有拥有一批优秀的创新人才和一种创新型企业文化,才能实现技术创新与商业模式创新的有机结合,最终将其转化为企业的核心竞争力。因此,缺乏高水平的管理人才是阻碍企业实现技术创新与商业模式创新有机结合提升企业竞争力的重要因素。

(2) 缺乏高风险防范机制且资金不足。实现技术创新和商业模式创新有机结合,客观上存在

技术、市场、组织和资源四个方面的不确定性，这些不确定性导致了高风险性，现实中社会不能提供对创新高风险的防范机制，因此企业在决策时要考虑市场的高风险从而倍加谨慎，缺乏创新的主动性。由于受到资金方面的限制，企业在市场调研与创新的实践中会受到很大程度上的制约，从而使资金力量不雄厚的企业无法实现技术创新与商业模式创新的有机结合。

（3）市场环境和政策支持体系缺失。技术创新与商业模式创新的有机结合需要良好的宏观环境。企业创新的主要动力是获取高额利润，只有对经济前景有乐观的预期时，企业才愿意进行创新，这就要求宏观经济能稳定增长和市场前景好。此外，政府的政策支持也是促使企业实现技术创新与商业模式创新有机结合的重要因素，但现今，政府的许多扶持政策还不到位，没有形成一个完备的创新政策支持体系。

五、实现技术创新与商业模式创新有机结合的对策措施

要促进企业实现技术创新与商业模式创新的有机结合，首先要通过建立不同类别的高新技术园区，实现产业的集聚、技术的集聚、人才的集聚，通过高新技术园区实现技术创新的专业化和集聚化。通过政府倡导实现企业与高新技术园区的有效对接，在制度层面解决技术的应用、转化以及建立以用户需求为中心的应用创新机制，同时政府要提供政策扶持促使企业实现商业模式创新，将技术创新与适应的商业模式有机结合，建立起一条完整顺畅的价值链，最终有望实现价值的增值，提高社会福利。

1. 政府方面的对策

（1）创造良好的市场环境。政府的主要经济职能就是稳定经济，减少经济波动。在市场经济条件下，要提高产业竞争力，就要为产业和广大企业发展提供公平竞争的政策环境。

（2）构建与完善政策支持体系。对政府而言，要加大对科研机构建设的扶持，通过建立不同层次的高新技术园区，努力营造技术开发成果有效转移和企业充分运用的社会氛围，确立企业在技术创新中的重要地位。此外政府可以通过改革人事制度和调节收入分配等人才政策形成尊重人才的社会文化，积极为企业、科研机构培养高素质、高水平的创新型人才。同时由于一些企业无法承担创新风险，所以政府还应从财政、信贷、公共投资等方面保证创新的资金供应，为企业实现技术创新和商业模式创新的有机结合提供便利。

中国的经济正处于转型期，为鼓励企业创新，各级政府部门应该加大力度做好政策的扶持工作。比如对于像阿里巴巴这样的商业模式创新企业，要在网络基础设施建设以及电子支付、第三方物流、税收及电子商务法律纠纷等方面都给予必要的政策与法规制度的供给。同时应该看到，对于像支付宝这样的金融创新工具，中国人民银行尚缺乏必要的金融创新支持保障服务的政策，显现出政策的滞后性和被动性。随着人们对创业与创新意识的增强，在一大批中小创新企业不断崛起的情况下，各级政府部门应该更加积极地做好服务工作，为更多创新企业的成长提供更好的政策支持体系和有利于创业的政策环境，切实为企业实现创新提供动力支持和环境保障。

2. 企业方面的对策

从大企业来看，实现技术创新与商业模式创新的有机结合要求企业要在高新科技园区建立自己的技术开发中心，提高技术开发的能力和层次，建立技术开发成果有效利用并实现市场价值的机制。此外，努力营造创新性企业文化，创新现有商业模式，以有效的方式实现技术创新与商业模式创新的有机结合，形成一条完整顺畅的价值链，发挥大企业的带动作用。从中小企业看，主要是深化企业内部改革，建立承接技术开发成果并有效利用的机制，积极探索有效的商业模式，

努力成为价值链体系的一部分。

实现技术创新与商业模式创新还要求企业积极实施创新人才培养与储备战略,吸引和保留优秀的人力资源,一些有实力的大企业应该尝试与高校合作办学,注重培养和吸引一批专业素质高和创新能力强的人才,同时要努力提高高级管理人员的创新意识、危机意识和价值链观念,为企业的长远发展奠定基础。

3. 科研机构和高校方面的对策

提供技术开发成果的科研院所和高校,需要强化科技成果转化意识,加大技术开发成果面向市场的力度,切实为企业提供更多的、有用的技术开发成果。要从过去只重视技术开发本身转向重视技术开发成果的市场成功,促进技术开发行为的市场取向,使技术开发的成果具有更多的转化应用的可能性,避免出现技术开发成果仅限于文章、样品的尴尬局面,使经济的持续增长具有更可靠的技术保证。

实现技术创新和商业模式创新的有机结合,需要企业长时间进行认真的探索和尝试,需要企业高级管理者具有危机意识且注重创新产品的市场价值的实现,需要在产品价值链各个环节中强化科研机构和高校与企业建立长效合作机制,需要政府的政策支持与扶持。技术创新与商业模式创新有机结合的模式从探索到最后成功运行是一个动态的过程,其中还有许多不确定因素的影响,但是一旦成功,其所能创造的价值和发挥的能量将使企业受益匪浅,产业内各企业通过技术创新与商业模式创新的有机结合,最终将提升整个产业创新能力和竞争力。

参考文献

[1] 金碚. 2011 中国工业发展报告 [M]. 经济管理出版社,2011.

[2] 金碚. 中国工业化 60 年经验和启示 [J]. 求是,2009 (18).

[3] 徐宁,徐向艺. 控制权激励双重性与技术创新动态能力——基于高科技上市公司面板数据的实证分析 [J]. 中国工业经济,2012 (10).

[4] 乔为国. 商业模式创新 [M]. 上海远东出版社,2009.

[5] 胡保亮. 商业模式创新、技术创新与企业绩效关系:基于创业板上市企业的实证研究 [J]. 科技进步与对策,2012 (2).

[6] 李志强,赵卫军. 企业技术创新与商业模式创新的协同研究 [J]. 中国软科学,2012 (10).

[7] 任荣伟,林显沃. 新创企业早期成长中的异质性资源的塑造与整合分析——以阿里巴巴公司的早期创业成长为例 [J]. 技术经济与管理研究,2008 (12).

知识链创新与产业协同演进研究
——基于动态博弈视角的理论与验证*

张 贵 任 赟 赵雅楠**

引 言

我国已经进入了工业化的中后期，传统的经济增长方式和发展模式遇到了严峻挑战；同时，世界将进入一个前所未有的创新密集时代，重大发现和发明将改变人类社会生产方式和生活方式。在这关键的战略转型期，知识创新作为重要的战略资源，将成为推动经济发展的战略力量。通过强化企业与知识融合、产学研结合，实现协同研发和生产无缝对接，从而提高产业间知识的关联度、交叉度和融合度，实现关联产业间的知识扩散、知识创新及成果转化，对于改造传统产业、提升高新技术产业和战略培育性新兴产业尤为重要。

一、知识链创新研究综述

知识作为重要的经济资源和创新源泉近年来备受关注。以 Jay Lee [1] 为代表的经济学家从宏观创新视角定义了知识链，认为它是整合经济与科学界核心价值的机制。其后，Win J.Nijhof [2]、Gilbert Prost and Wiig M. [3]、Bechman [4] 为代表的学者，从知识价值增值角度对知识链进行研究，认为知识链是知识转化为智慧的过程，包括知识获取、开发与创新、共享与传播、应用和价值实现等环节，强调各环节之间的对接循环问题。我国对"知识链"研究较晚，柳卸林等 [5] 从宏观角度提出了知识链是国家创新体系的观点，张曙等 [6] 从创新角度提出了知识供应链的概念，蔡翔等 [7] 建立了经济和结构整体的优化的功能链结构模式 [8]，将知识供应链思想与系统观念相结合，研究知识系统整体效率和效益提高方法，并将这样的知识链称为分形知识链。

2002 年《Knowledge Management》杂志的主编 Karlenzig [9] 认为知识协同不应该被限制在单一的公司里，大型组织可以通过系统性开展知识协同获取最大收益。而这种组织的建立和网络化知识的维持可以弥补部门、地区和文化的缺口，从而把知识与协同联系在一起。随后，知识管理专

---

* 本文得到国家社会科学基金项目《我国高新技术产业自主创新模式研究》（批准号：10BJY023）、天津市科技发展战略研究计划项目（批准号：13ZLZLZF01000）和天津市教委社会科学重大项目（批准号：2011ZD038）资助。

** 张贵（1971—），男，河北工业大学经济管理学院教授、博士生导师，京津冀发展研究中心副主任；任赟（1984—），女，天津交通职业学院物流研究所、助教；赵雅楠（1988—），女，河北工业大学经济管理学院。

家 Anklam[10] 根据经济发展趋势，提出由知识管理迈向知识协同的论断。并且在之后进一步深入研究企业如何通过"协同"方式来弥补知识缺口，有效解决知识情境嵌入和路径依赖问题，消除"知识孤岛"，获得多主体、多目标、多任务的"1+1>2"的知识协同效应。Samaddar[11] 从成本方面考虑，认为知识创新是一项高成本活动，通过建立协同关系可以更好地降低风险成本，实现知识创新。为论证此结果，他从主从关系的知识协同角度进行了数量建模和分析。此外，Robin 等[12] 对协同知识进行了形象化定义，并重点研究了协同过程中的知识交换和共享问题。Leijen 和 Baets[13] 将多代理间知识协同问题带入知识密集型流程再造中，认为知识供需双方达成共识，有利于整合双方知识，弥补知识需求者知识资源不足现象，达到解决问题的目的。在此基础上，Adam[14]、Nummela 和 Saarenketo 等建立了跨国公司全球化知识和本地化知识协同框架，构建了知识环境的虚拟协同模型。Qiang[15] 和 Nagurney[16] 经过研究，建立了知识协同网络模型。Ohira 等[17] 引进协同关系可视化工具，通过对跨项目团队知识协同社会网络案例进行深入分析，说明了该工具的有效性。Lin[18] 在知识协同多主体之间建立了基于标准语义网语言的 MSE 本体模型，促进实体之间的知识交流与交换。

我国学者罗亚非、张勇等[19] 重点研究了高科技产业内知识共享过程，构建集群知识理论框架，揭示知识共享影响因素。谢荣见、孙剑平[20] 进一步分析了集群创新环境下，企业内外部知识的获取、整合、共享、应用、创新扩散过程，找出影响因素，提出传播扩散型、培养指导型、互动创造型、混合型四种知识扩散方式。而彭双、顾新等[21] 对集群知识协同组织间动力机制进行研究，他们从个体、知识创新团队、知识链、创新外部环境四个层面提出集群知识协同的组织知识创新动力机制，并认为知识创新动力机制的动力大小及方向是创新活动启动、开展和强化的源泉，决定着知识创新速度、新知识的质量和知识创新活动的规模。

由于知识链创新涉及层面繁多，内容庞杂，因此对其研究难度较大。而知识链创新是一个生态环境的产物，知识必须与产业相结合，才能产生强大的生产力，目前国内外学者较少研究知识链创新如何影响产业发展，未曾构建较强的解释性的理论框架对产业主体之间协同关系及主体之间协同演进进行测度。由此，本文深入探究知识链创新与产业发展规律，揭示其如何促进产业协同演进、提升产业整体竞争力，并构建其理论框架及对产业主体之间协同关系、主体之间协同演进进行测度。

二、产业内知识链结构与产业协同演进规律

企业间的长期契约保障与组织间信任以及知识共享与外溢，易于形成知识合作的规模经济与范围经济，加快知识专业化分工进程，促进组织间合作伙伴关系的形成，推动企业组织由市场关系向合作关系演进。知识链就是在这种分工与专业化及交易成本优势和知识规模经济的双重作用下形成的。

1. 产业内知识链结构

知识链是以企业为创新主体，以实现知识共享和知识创新为目的，通过知识在参与创新活动的不同组织间流动而形成的知识协同创新系统（顾新等，2007）。知识链协同创新系统的构成要素包括知识要素、主体要素和行为要素。

（1）按照知识应用范围的不同，知识要素分为企业层面、产业知识、社会层面知识三类。任一层面的知识对产业发展的影响都很深远，可以说，产业能力是产业内知识存量和增量的函数，即 $C = F(N_1, N_2)$，其关系如图 1 所示。

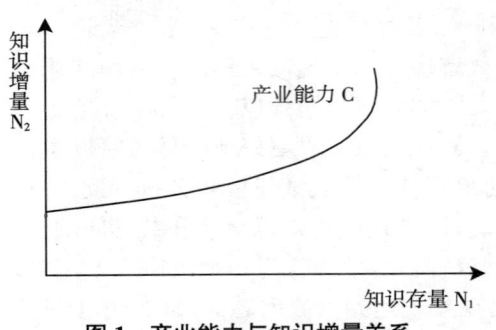

图1　产业能力与知识增量关系　　　　　　图2　产业能力与关联密度的关系

（2）产业主体的多样性促使其在知识链中所处的地位和作用不尽相同。产业主体主要包括企业、科研院所。按照企业在知识链所处的不同地位，可分为核心企业、供应商企业、需求方企业以及与核心企业具有协助性或互补性的关联企业。知识主体关系的密切程度深刻影响产业发展，可认为产业能力是产业关联密度的函数，即 $C = F(K)$，其关系如图2所示。

（3）产业知识协同系统各主体的创新行为和活动，主要体现在三个方面：首先，核心企业、外围企业、科研院校以挖掘新的知识资源为目的，在知识协同创新活动中，从事直接加强信息、人员、资金等的交流活动；其次，各级政府为协调、促进和保障知识协同创新活动顺利、有序进行在政策制度方面的支持和措施；最后，科技中介组织机构以市场化形式，为推动知识扩散、促进知识成果转化，提供包括科技评估、创新资源配置、创新决策和管理咨询等在内的"一条龙"的科技服务。

2. 知识链创新系统的主要功能和辅助功能

知识链基本功能包括主要功能和辅助功能两部分，如图3所示。知识形成、知识创造、知识转移、知识共享、知识整合属于主要功能，起到知识流动、转化作用，反映了成员之间知识的交换、吸收和集成创新的特征。知识形成是知识获得和选择的过程，完成了知识的初始化积淀。知识创造是知识从无到有的创新过程，大致经历社会化（从隐性到隐性）、外在化（从隐性到显性）、组合化（从显性到显性）、内在化（从明晰到模糊）四种模式，并呈螺旋式上升趋势。知识转移的主要影响因素包括知识的特性、知识提供者和接受者的能力以及知识转移方式。知识共享是指知识能够在组织中有效转移。主要包括显性知识的共享，也包括隐性知识的共享。知识整合主要是通过"社会化"使隐性知识在不同知识主体之间传递，而知识组合需要通过"外在化"，将复杂的知识编码明晰化。辅助功能包括知识引导、协调、控制和评测，引导功能意味着通过对产业主体提供技术支持和技术培训影响和渗透主体文化组织的企业价值观、文化体制等隐性知识；协调功能是指在产业内部知识有效沟通机制作用下建立顺畅的数据、信息、人才互通渠道，积极营造安全开放的网络交流环境；控制功能主要针对产业出现的机会主义行为进行事前约束，保障知识链成员关系健康发展；评测功能是指测评知识链主要功能新陈代谢的价值。四种功能的模块化操作将会营造有利于知识流动的外部环境，保障知识活动的顺利进行。

3. 产业协同演进规律

一个完整的产业演进过程经历从形成到衰退所有阶段，产业协同演进同样遵循这一规律。在产业协同演进过程中，知识随着产业生命周期变化而兴衰更替。故知识创新对产业协同演进影响的过程可以被划分为形成期—成长期—成熟期—更替期四个阶段，如图4所示。不同阶段中，知识创新在知识结构、知识主体、知识行为等方面表现出独有特征。

（1）知识链形成阶段是产业内的知识链核心结点形成期。该阶段知识创新活动主要由产业内具有企业家精神的少数企业发出，以创新技术取得突破导致新型业态出现为标志。该时期知识链主要存在于基于知识创新活动而形成的企业准则和章程为链接纽带的高度协作化的企业创新体中。

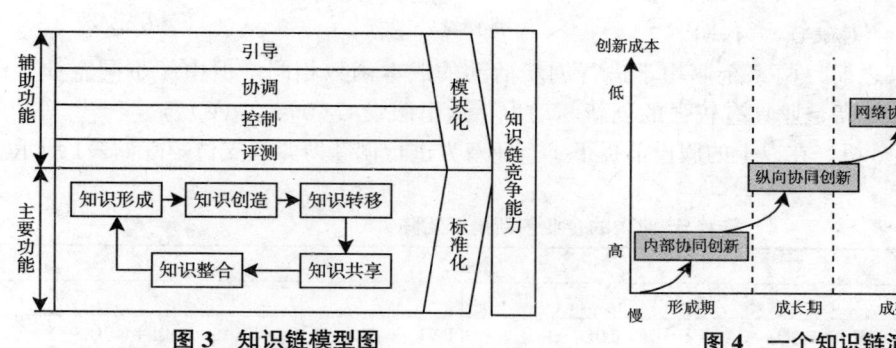

图3 知识链模型图　　　图4 一个知识链演进生命周期

（2）知识链成长阶段为产业内的知识链"点—轴"链式发展期。该阶段的知识创新活动跨越了企业边界的限制，沿着产业链上下游不断延伸，实现了核心企业与外围企业之间的知识互动与合作。该阶段知识链结构是以中心企业为核心结点，外围企业为配套结点，以联盟契约或股权为链接纽带所形成的较为稳固的利益共同体。

（3）知识链成熟阶段为知识链网络化阶段。此时形成了多主体在以产业标准为知识链接纽带的知识协同创新网络系统。该知识网络系统具有很强的极化效应，并且出现了自聚集、自协同、自创新等特征。产业内企业抱团发展，竞争优势突出，产业内构成了紧密的知识网络关系，系统达到成熟的自均衡稳态。

（4）知识链更替阶段是以更新为特征的新知识链形成、旧知识链消亡的阶段。此时产业内新的替代技术、替代产品研发产生，取代技术老化、产品陈旧的旧知识链，部分领域已经开始出现技术和产品取代。

知识分工的深化带来了知识链的变革，产业协同演进会随之改变：协同演进的主体由单主体向多主体演变；协同演进的过程由线性关系转向网状关系；协同演进的方式经历了独立演进到合作演进再到协同演进。但现实经济环境中，产业内知识链并没有表现出明显的阶段特征。在多种外力作用下，可能也会出现消亡、跳跃或停滞现象，从而表现出了多种演进路径。

三、知识链创新与产业协同阶段演进博弈模型

知识链创新过程其实是产业内知识主体对知识协同增值效应价值收益考量的动态博弈过程，故本文采用"演化博弈论"构建博弈模型，分阶段描述产业内知识链创新对产业协同演进的影响过程。

1. 知识链形成阶段

知识链形成初期，企业独立创新是主要创新方式。市场经济条件下，企业间信息不对称及在策略选择时机和程度方面的差异是企业能否领先创新成为该阶段主导知识创新的重点。

（1）基本假设：

①产业内存在两家提供同质产品的企业1和企业2，双方策略集合分别为｛创新，坚持｝，创新是指企业为降低市场交易成本、获得知识增值收益而采取知识创新策略，坚持是指企业继续使用现有知识和技术进行生产。

②在进行知识创新活动之前，博弈双方具有相同市场均衡价格，即 $P_1 = P_2 = P_0$。故任一企业在不采取创新策略时的收益为：

$R_i(0) = (P_0 \times Q_i) - (C_i \times Q_i)$，$i = 1, 2$。

③在达到均衡结果之前，两家企业均不进行创新活动的成本函数相同。但由于不同企业生产方式不同，故生产成本较高企业具有较强的创新驱动力，这里假设 $C_2(0) > C_1(0)$。

（2）创新博弈收益分析。在以上的假设前提下，企业双方进行创新博弈的支付矩阵如表1所示。

表1 产业内的企业创新博弈矩阵

		企业2	
		创新	坚持
企业1	创新	$P_0(1-\varphi_0)(1+\theta_0)Q_1 - C_1(1-\alpha_1)(1+\theta_0)Q_1$ $P_0(1-\varphi_0)(1+\theta_0)Q_2 - C_1(1-\alpha_2)(1+\theta_0)Q_2$	$P_0(1-\varphi_1)(1+\theta_1)Q_1 - C_1(1-\alpha_1)(1+\theta_1)Q_1$ $P_0(1-\varphi_2)Q_2 - C_2Q_2$
	坚持	$P_0(1-\varphi_1)Q_1 - C_1Q_1$ $P_0(1-\varphi_2)(1+\theta_2)Q_2 - C_2(1-\alpha_2)(1+\theta_2)Q_2$	$P_0Q_1 - C_1Q_1$ $P_0Q_2 - C_2Q_2$

表1中，$\varphi_i(i = 0, 1, 2)(\varphi_i \in [0, 1])$ 表示企业创新行为对市场均衡价格波动的影响；$\theta_j(j = 0, 1, 2) > 0$，表示企业创新行为对产量变动的影响；$\alpha_k(k = 0, 1, 2)(\alpha_k \in [0, 1])$ 表示企业选择创新时因不确定性所承担的成本。且 θ_j、α_k 受产业内的各企业内部信息、能力、经验理念、经营战略以及管理者行为等方面因素的影响。在原始状态下，企业2由于逐利心理选择创新。不完全信息条件下，若企业1坚持原有生产方式，则在新的产业收益水平下获得收益分配比例小，无法形成稳定均衡。因此创新企业的存在将会推动未创新企业为改善自身收益向创新方向演进。直到最后这种创新状态持续发展演进，最终在（创新，创新）处达到稳态。在此之前，也可能向（坚持，坚持）演进，但现实中企业对利润的追逐会打破（坚持，坚持）状态，从而博弈均衡出现了（创新，坚持）→（创新，创新）→（创新，坚持）的循环（以上博弈分析结论适用于多主体情况）。

2. 知识链成长阶段

在知识链成长阶段，企业选择同一产业链上知识关联度高的企业进行合作创新，以降低创新风险。但是如何选择与企业自身发展关联度高的合作伙伴，并判断对方是否愿意合作、最终收益等成为该阶段创新发出企业考虑的重点。知识链成长期企业间知识合作创新博弈如下：

（1）基本假设：

①产业内的知识创新合作的多个博弈主体在知识链中的地位、作用等方面存在差异，且在选择是否合作过程中其自身行为具有随机性并满足有限理性。

②知识合作主体双方信息具有不完全和不对称性。

③合作主体是产业链上下游企业，有异质性知识，基于产品生产和技术创新产生关联。

④在市场机制作用下，合作主体为追求利益相互博弈，逐渐实现均衡博弈策略的选择。

⑤异质性的知识共享可以增加产业主体的知识存量。

⑥知识整合能力与知识主体内外部知识关联度正相关。

⑦知识存量增加既促进了新知识的产生，又强化了知识主体的知识吸收和整合能力。

⑧产业内，知识合作主体 i 的纯策略集合为 $X = \{x_1, x_2, \cdots, x_k\}$。

⑨知识合作主体采取知识不协同策略时，可获得的正常收益为 $R_i(i = a, b)$。知识主体采取知识合作策略时，收益 = 正常收益 + 超额收益（知识共享收益）。

⑩知识直接转化增加的收益是指知识合作创新主体选择知识共享时吸收了对方共享知识转化为自身能力所带来的收益，它的大小取决于对方的知识水平 $\alpha_i(i = a, b)$，知识共享度 $\delta_i(i = a, b)$，自身知识转化系数 $\gamma_i(i = a, b)$。

⑪知识共享价值是由于知识主体在知识融合时获取的那部分新知识的价值，其大小取决于合

作主体之间相互依赖的程度。用 β_{ij} 表示主体 j 对主体 i 采取的有效知识协同机制作用而获得的影响，则知识共享对 j 主体所产生的价值可用 $\beta_{ji}\alpha_j$ 表示。

⑫由于知识合作主体的知识共享具有动态不稳定性和复杂性，故知识主体进行知识合作创新时存在核心知识泄露和核心竞争优势丢失的风险可用表示 $\theta_i(i=a,b)(0<\theta_i)<1$。

（2）创新博弈收益分析。通过以上假设可知，知识合作创新主体出于对知识共同创新收益分享程度的考虑，协同参与者将按既定原则进行利益分配，因此稳定的知识合作创新关系能够使合作各方获得较为公平的收益。由以上分析可知，知识合作创新带来的整体收益大于单个个体的收益之和，故设单个知识主体收益为 y_i，知识合作创新主体的知识协同总收益为 Y，则建立合作关系的 n 个知识主体的博弈为：

$$H = \{X_1, X_2, \cdots, X_k; y_1, y_2, \cdots, y_k\}$$

$$y_1 + y_2 + \cdots + y_k < Y \tag{1}$$

在博弈 H 中，如果由各博弈方的各一个策略组成的某个策略组合 $(x_1^*, x_2^*, \cdots, x_k^*)$ 中，任一博弈方 i 的策略都是 x_i^*，对其余博弈方策略组合 $(x_1^*, x_2^*, \cdots, x_{i-1}^*, x_{i+1}^*, \cdots, x_k^*)$ 的最佳对策，则对于任意 $x_{ij} \in X_i$，$y_i(x_1^*, x_2^*, \cdots, x_{i-1}^*, x_{i+1}^*, \cdots, x_k^*) \geq y_i(x_1^*, x_2^*, \cdots, x_{i-1}^*, x_{i+1}^*, \cdots, x_k^*)$ 均成立，$(x_1^*, x_2^*, \cdots, x_k^*)$ 成为 H 的一个均衡。知识合作主体获得合作创新知识协同效益的分配率因创新合作主体在合作过程中付出的成本不同而异，设知识合作主体分配率为 θ_i 且 $\theta_i = x_i/c_i$（c_i 为协同成本）：

$$\theta_1 > \theta_2 > \cdots > \theta_k \tag{2}$$

为简化多个博弈方之间的演进的复杂关系，取企业 A、B 作为知识共享主体来演绎知识合作演进博弈过程，该过程适用于产业内的 n 个纵向知识主体的知识整合。则博弈方 A 与 B 的静态博弈模型的支付矩阵如表 2 所示。

表 2　知识链纵向企业 A、B 的博弈矩阵

		企业 B	
		合作	不合作
企业 A	合作	$(y-c)(R_a + \delta_b\alpha_a\gamma_a + \beta_{ba}\alpha_b)/\theta_a\alpha_a$, $(y-c)(R_b + \delta_a\alpha_a\gamma_b + \beta_{ab}\alpha_a)/\theta_b\alpha_b$	$R_a - \theta_a\alpha_a$, R_b
	不合作	R_a, $R_b - \theta_a\alpha_a$	R_a, R_b

假设企业 A 选择知识创新合作策略的比例为 p，不合作策略的比例为 1-p；企业 B 选择知识创新合作策略的比例为 q，不合作的比例为 1-q。则企业 A 在选择知识合作策略时的收益为：

$$E_1 = q[(y-c)(R_a + \delta_b\alpha_a\gamma_a + \beta_{ba}\alpha_b)/\theta_a\alpha_a] + (1-q)(R_a - \theta_a\alpha_a) \tag{3}$$

企业 A 选择不合作策略时的收益为：

$$E_1^0 = qR_a + (1-q)R_a = R_a \tag{4}$$

企业 A 的平均收益为：

$$\overline{E}_1 = pE_1 + (1-p)E_1^0$$
$$= p\{q[(y-c)(R_a + \delta_b\alpha_a\gamma_a + \beta_{ba}\alpha_b)/\theta_a\alpha_a] + (1-q)(R_a - \theta_a\alpha_a)\} + (1-p)R_a \tag{5}$$

由对称性可知企业 B 的平均收益为：

$$\overline{E}_2 = pE_2 + (1-q)E_2^0$$
$$= q\{p[(y-c)(R_b + \delta_b\alpha_a\gamma_b + \beta_{ab}\alpha_a)/\theta_b\alpha_b] + (1-p)(R_b - \theta_b\alpha_b)\} + (1-q)R_b \tag{6}$$

由于创新合作的比例是一个随时间变化的量，故构造企业 A 的复制动态微分方程：

$$dp(t)/dt = p(E_1 - \bar{E}_1)$$
$$= p(1-p)\{q[(y-c)(R_a + \delta_b\alpha_b\gamma_a + \beta_{ba}\alpha_b)/\theta_a\alpha_a - (R_a - \theta_a\alpha_a)] - \theta_a\alpha_a\} \quad (7)$$

因此,当 $q = q^* = \dfrac{\theta_a\alpha_a}{(y-c)(R_a + \delta_b\alpha_b\gamma_a + \beta_{ba}\alpha_b)/\theta_a\alpha_a - (R_a - \theta_a\alpha_a)}$,$dp/dt$ 始终为零,这表明所有 p 值都是稳定状态;当 $q \neq \dfrac{\theta_a\alpha_a}{(y-c)(R_a + \delta_b\alpha_b\gamma_a + \beta_{ba}\alpha_b)/\theta_a\alpha_a - (R_a - \theta_a\alpha_a)}$,$p^* = 0$ 和 $p^* = 1$ 是两个稳定状态(ESS)。

同理,企业 B 的复制动态微分方程:
$$dq(t)/dt = q(E_2 - \bar{E}_2)$$
$$= q(1-q)\{q[(y-c)(R_b + \delta_a\alpha_a\gamma_b + \beta_{ab}\alpha_a)/\theta_b\alpha_b - (R_b - \theta_b\alpha_b)] + \theta_b\alpha_b\} \quad (8)$$

则当 $p = p^* = \dfrac{\theta_a\alpha_a}{(y-c)(R_b + \delta_a\alpha_a\gamma_b + \beta_{ab}\alpha_a)/\theta_b\alpha_b - (R_b - \theta_b\alpha_b)}$,$dq/dt$ 始终为零,这表明所有 q 值都是稳定状态;当 $p \neq \dfrac{\theta_a\alpha_a}{(y-c)(R_b + \delta_a\alpha_a\gamma_b + \beta_{ab}\alpha_a)/\theta_b\alpha_b - (R_b - \theta_b\alpha_b)}$,$q^* = 0$ 和 $q^* = 1$ 是两个稳定状态。

表 3 给出了博弈演进策略的结果。

表 3　企业是否与产业链上关联度高的企业合作

q(p) 值	稳定状态时的 p(q) 值	dp/dt(dq/dt)	策略
q^*	任意值	0	原来的策略
$q > q^*$	1	0	合作
$q < q^*$	0	0	不合作

把上述两个企业合作创新博弈的复制动态关系用一个坐标平面图表示,如图 5 所示。

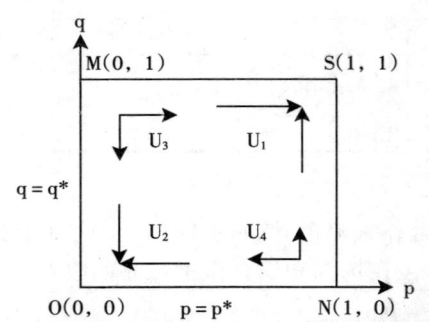
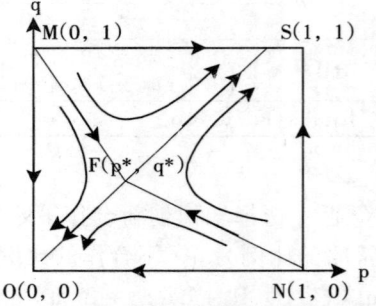

图 5　知识共享博弈中 A、B 企业复制动态和稳定性　　图 6　博弈中 A、B 企业知识协同策略的动态演进图

图 6 显示,企业 A、B 知识合作创新非对称动态演进博弈模型中有 5 个局部均衡点,其中,M、N 为不稳定均衡点,鞍点为 F 点,演进稳定策略(ESS)即稳定点为 O、S。当 $(y-c)(R_a + \delta_b\alpha_b\gamma_a + \beta_{ba}\alpha_b)/\theta_a\alpha_a > (R_a - \theta_a\alpha_a)$ 时,企业 A 合作的收益大,对应的企业 B 的合作收益要大于不合作。企业行为最终在(合作、合作)处达到稳态。当 $(y-c)(R_a + \delta_b\alpha_b\gamma_a + \beta_{ba}\alpha_b)/\theta_a\alpha_a < (R_a - \theta_a\alpha_a)$ 时,无论 B 怎样选择,A 都会选择不合作。由演进博弈的对称性可知,此结论也适用于企业 B。即当知识合作创新带来的收益较小时,博弈的均衡策略为(不合作,不合作),两企业陷入囚徒困境。这种情况对应于图 5 和图 6 中 $p < p^*$、$q < q^*$ 的部分,博弈企业行为最终在 O 点(不合作,不合作)处达到稳态。

3. 知识链成熟段演进模型

本阶段博弈双方策略的选择建立在第一阶段（合作，合作）均衡结果之上。此时企业的纵向知识合作关系，获得了良好的知识增值收益，其他知识主体在这个创新合作体强大的极化效益影响下，希望向其靠拢。因此，本阶段的博弈主要围绕形成联盟的创新合作主体对其他知识主体吸引度问题进行讨论。

（1）基本假设：

①引入知识增长因子 $\varphi(0<\varphi<1)$：表示上一阶段企业 A 与 B 之间（合作，合作）策略均衡所引致的企业 B 知识存量的增长系数，且收益增加量正比于知识存量增长量。

②引入知识整合能力增长因子 $\xi(0<\xi<1)$：表示由于企业 B 的知识存量增长所引致的其知识整合能力的增长系数。

（2）创新博弈收益考量。企业 B 与企业 A 在上一阶段通过合作，获得了知识存量的增长，收益为 $(1+\varphi)R_b$，愿意靠拢的知识主体 C 作为直接受益者可获得知识放大效应 $\delta_b\phi\alpha_b\gamma_c$。同时，企业 B 知识存量增长引致知识整合能力增长 $\xi\gamma_b$，故 C 主体在知识协同中获得知识放大效应 $\xi\delta_c\alpha_c\gamma_b$。支付矩阵见表4。

表4　知识链纵向协同主体 B、C 的博弈矩阵

		知识主体 C	
		合作	不合作
知识主体 B	合作	$(y-c)[(1+\phi)R_b+(1+\xi)\delta_c\alpha_c\gamma_b+\beta_{cb}\alpha_c]/\theta_b\alpha_b$ $(y-c)[R_c+\delta_b(1+\phi)\alpha_b\gamma_c+\beta_{bc}\alpha_b]/\theta_c\alpha_c$	$(1+\phi)R_b-\theta_b\alpha_b,\ R_c$
	不合作	$(1+\phi)R_b,\ R_c-\theta_c\alpha_c$	$(1+\phi)R_b,\ R_c$

当在上一阶段博弈中知识合作风险 $\theta_i\alpha_i$ 较大，且大于因知识合作创新带来的超额收益时，第二阶段博弈不会发生。当上一阶段博弈的知识合作风险 $\theta_i\alpha_i$ 较小时，这一阶段博弈均衡点为（合作，合作）（博弈过程同上一阶段）。以此类推，产业分工的层层深入使得知识链经历了点→线→网的演变过程。在知识链整体演进过程中，知识合作创新实现了自增强效应和旋进发展，知识传递和扩散范围、知识流动速度随着博弈的深入不断增大。

四、协同演进影响因素分析

纵观产业协同演进的不同阶段，成长期博弈结果是决定知识创新最终稳定于哪个均衡点的关键时刻。而阶段博弈演进趋势是由博弈矩阵和某些参数变化决定的，表5分析了影响产业协同演进行为的几个主要参数，知识链演进路径在这些因素影响作用下形成。

表5　知识协同参数变化对产业协同主体演进行为的影响

影响参数	主要作用	变动情况
知识水平 α_i（即知识主体之间知识资源的差距，主要由知识主体规模和知识结构决定）	决定知识主体之间知识协同意愿，影响知识协同策略选择	当 α 越大，知识主体 i 从知识协同中获得的超额收益 $\delta_j\alpha_j\gamma_j+\beta_{ji}\alpha_j$ 将越大，知识主体就越倾向于选择知识协同策略
知识转化系数 γ_i（主要由知识主体基本技能、学习经验的先验知识和知识主体内部知识交流分享机制的组织管理因素影响）	决定协同主体之间知识转化与整合能力，影响知识知识协同的直接收益 $\delta_i\alpha_i\gamma_i$	当协同主体的知识转化系数 γ_i 越大，其知识转化能力越强，所获的收益越大，越倾向于选择知识协同策略，知识协同主体行为越偏向图6中 F 点的右侧

续表

影响参数	主要作用	变动情况
知识可共享度 δ_i（即知识复杂性，是由知识默会性、情境嵌入性、分散性和"公共品"等属性决定）	决定协同主体知识可共享度的大小	若知识越复杂，可共享度越小，知识主体从知识协同中所获得的收益也会越小，越倾向于选择不协同策略
风险系数 θ_i（主要由知识复杂性和动态协同的组织特性决定）	决定知识链协同演进能否顺利进行，及知识创新的成本能否带来高收益	若 $\theta_i\alpha_i$ 足够大，甚至大于协同主体所能获得的超额收益，知识主体会选择不协同策略

五、我国通信制造业知识创新与产业协同演进

从通信制造产业技术演进路径看，我国的通信制造业发展经历了三个演进阶段，即1G、2G和3G时代，这三个阶段分别代表了通信产业知识链的形成、发展和成熟三个阶段。

1. 通信制造业1G时代的博弈分析

在20世纪80年代中期，全球通信业没有统一的国际标准，我国缺乏自己的通信技术，通信基础薄弱，因此产业发展只有走引进、消化、吸收的创新道路。基于多种因素的考虑，我国于1984年从瑞典引入采用TACS欧洲标准的第一代模拟蜂窝移动通信系统，随后又从摩托罗拉、爱立信分别引进TACS系统在不同频段的模拟A网和模拟B网并投入商用，标志着我国通信制造产业形成，是通信业知识链形成阶段。

该阶段的博弈，由于我国通信制造业企业2生产成本高，生产能力较弱，故企业2的生产收益要低于企业1，因此均不进行创新时的支付函数（2，1）符合实际，且无论哪方先进行创新，都会带来市场容量的扩大及收益分配的改变，因此（3，0.5）及（1.5，2）的支付总量要大于（2，1）。随着企业的创新，在另一方不进行创新的前提下，进行创新的企业所能获得的利益比重较大。故对表1的支付函数进行简化可以表示为表6。

表6 产业内的企业创新博弈矩阵

		企业2	
		创新	坚持
企业1	创新	(3，2)	(3，0.5)
	坚持	(1.5，2)	(2，1)

可以看出，由于企业2的较弱的生产能力，无论企业1是否进行创新，企业2的最优选择都是进行创新，因此企业2会主动进行技术引进，实现创新，市场上利益分配发生变化，企业1会选择创新。因此，两个企业最终的均衡是都进行创新。推及整个产业，当产业内有一家企业进行创新时，会带动整个产业进行创新。

2. 通信制造业2G时代的博弈分析

20世纪90年代，是通信制造产业2G时代，以语音产品为主，是知识链的发展阶段。在技术标准方面，全球移动通信市场基本形成了GSM和CDMA两大阵营。该时期，我国通信制造产业加大数字移动通信网建设，除引进创新外，国内企业开始加强合作推动自主创新进程，工艺创新、终端产品创新增加，营销创新、品牌创新活跃，逐步成长起一批知名的通信设备制造企业和通信技术研究机构，此时我国的通信制造产业已经具备了一定的综合能力，甚至在某些技术领域达到

世界先进水平。

该时期的知识创新活动主要在需求拉动和技术推动下,开展设备、产品、营销等多方位的创新,进行博弈的是通信制造业内的制造业企业与进行品牌策划及营销等的上下游企业。从公式(5)和模拟(6)可以看出,A、B的收益是不同的,并且其选择战略的概率 p 和 q 是时间 t 的函数,企业 A 是否采取合作,随着企业 B 是否选择合作策略而变化,同样,对于主体 B,随着 A 的选择策略而变化,当 q > q* 时,企业 A 会采取合作策略,即使最开始并未进行合作,但是经过一段时间的观察和学习,企业会改变策略,转而进行合作。该结论同样适用于 B。

在这一时期的博弈中,通信制造业企业会采取积极行为,为了提高生产效率、降低生产成本而主动寻求合作创新。表 7 列示了所进行的部分纵向合作形式。

表 7 通信制造业创新系统与运营商纵向合作创新

合作对象	合作形式	合作目的	合作目标	合作成果
网络设备提供商、系统提供商、系统集成提供商	研发联盟、价格联盟	技术创新、工艺创新、市场创新	在技术培训、设备开发以及网络设备提供商的信贷等方面开展合作	中国联通与中兴通讯合作开发罗马尼亚电信市场
国内运营商之间的合作创新	联盟合作、资源共享、合资、参股等	营销创新	新业务推广、客户资源、渠道资源方面的合作创新	中国移动、联通、网通之间的互联互通,短信互发

数据来源:张鸿,张超. 电信产业链整合模式探析 [J]. 西安邮电学院学报,2007 (7).

该阶段,企业在短时间内也许无法找到最优策略,有可能陷入(不合作,不合作)的困境,此时,为了产业发展,需要国家出台相关政策,对创新合作企业进行补偿等,促进企业合作。但创新作为企业发展的本质,并且企业的逐利心理会促进自身不断寻求改变,企业通过较长时间的学习和摸索,均衡最终会停留在(合作,合作)。

3. 通信制造业 3G 时代的博弈分析

在 21 世纪,通信业发展进入成熟阶段,3G 产业达到井喷。我国拥有了自己的 3G 知识产权,但为了提高我国通信制造产业整体竞争力,必须从模仿创新走向自主创新。大唐坚持自主创新,形成了拥有自主知识产权且国内领先的以 SOC 为核心技术的芯片产业、以芯片为核心技术的终端产业、以 SP30iEX 为核心技术的交换接入产业、以运营支撑系统为核心技术的软件产业和新一代无线通信产业,并成为国内专业覆盖面最广的通信设备服务商。在大唐 SCDMA 技术标准引领下,带动了通信制造产业的全面创新,先后成功推出了 SP30iEx—LMCC、SCDMA 多局组等核心网设备,开发出具有自主技术的 SCDMA 终端 SOC 芯片,打破了国外芯片厂商的垄断。同时在移动运营商采用 TD 技术后,吸引了许多小的设备提供商进入 TD 技术轨道,使 TD 知识链不断壮大。从 TD 技术标准形成到商业化应用,3G 产业拥有了 3G 手机核心芯片、嵌入式软件操作系统、系统设备、终端产品、测试仪表、关键配套元器件等基础电子产品以及 3G 新业务、新应用和新服务的全套知识链产品,形成了完整的 TD-SCDMA 知识网络,实现了产业技术的群体突破。该阶段的博弈可以表示为图 7。

该阶段的博弈是以发展阶段博弈的均衡为(合作,合作)前提的,该阶段的博弈过程及支付函数可以简化为图 7。结合表 4 可知,知识合作风险 $\theta_i\alpha_i$ 是小于因合作带来的超额收益的,因此当双方协同合作时,能够使支付增加,而只有一方进行知识分享时,另一方由于拒绝合作,使得进行知识协同的一方由于合作风险而减少了收益。因此,博弈树中所设置的支付函数,符合实际规律。

该阶段博弈中,(3,3)与(2,2)成为两个均衡,因此,当时间短暂,企业考虑到协同所面临的风险,也有可能选择(不合作,不合作),但是,伴随着不断地学习、发展,且不合作做得到的支付小于合作所得,因此企业最终会选择知识协同来扩充自己的知识存量,(不合作,不合作)

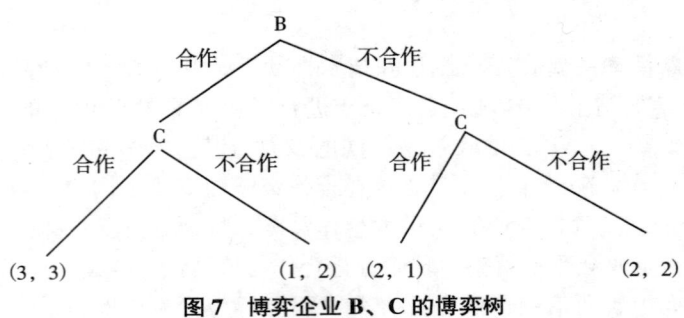

图 7　博弈企业 B、C 的博弈树

无法形成长期均衡，因此，最终的均衡会落在（合作，合作）。通过这个阶段，通信制造产业由自主创新设置了产业标准后，企业通过合作创新及向外围拓展，产业标准的商业化，产业走向了多层次、多主体、全方位的协同创新，知识链融入了从知识创新到产品创新的所有创新活动。实现了点、线、网的突破，形成知识网络。

六、结论与启示

本文站在演进博弈论的角度，从知识链产业协同创新的新视角，构建了知识链产业协同创新系统模型，并以我国通信制造业作为实证对象，对该模型进行了验证。在知识链产业协同系统中，产业氛围良好、知识主体信誉高、知识共享意愿强烈、知识链上下游知识主体风险控制机制较为完善时，合作者以较低初试费用围绕核心企业实现纵向协同创新的知识共享和整合，产业内的知识链协同会呈现三大演进机理：

（1）主博弈役使演进机理。核心企业作为产业链上的创新来源，掌控着主导产品的核心知识，具有优先博弈权。故产业内的知识链的核心企业与其他产业成员所形成的博弈单元形成了产业博弈中的主博弈层。主博弈层对其他层级博弈起到决定性影响，核心企业主博弈单元"役使"其他博弈单元，将对知识链上其他成员的博弈单元传递知识放大效应，促进知识链不断延伸，对知识链均衡结果有决定性影响。

（2）合作均衡与整体协同演进机理。产业成员围绕知识创新合作博弈，进行知识互动，形成相互依存的组织关系，从而在前后向知识协作博弈中达到高效协同创新均衡，成为知识链基于博弈存在与延伸的基础及产业整体协同演进的基础，实现了产业内基于知识增值效应而出现的产业整体协同创新演进。对产业整体知识加工和应用能力的提升起到积极作用。

（3）主体自聚集与自增强演进机理。产业成员在受到内外动因的影响和产业主博弈役使的作用下，逐渐向产业成员整体知识协同创新均衡方向演进，表现出自组织的特征。知识链不同层级上的知识主体均会受到知识链知识传递效应的影响而实现知识协同增值放大效应，出现产业整体升级与优化。此外，产业成员在上下游工序衔接和知识链核心企业极化效应作用下，会使知识创新过程表现出自增强和旋进的特征。

知识链演进路径在知识水平、知识转化系数、知识可共享度、风险系数等因素影响下形成，因此，产业最终以集群方式发展，能得到更多政策引导及调控并获得更加完善的创新环境，从而更易获取异质资源，企业创新能力、学习速度、知识存量能够更快提升，对博弈最终演进到趋向合作的区域，并稳定收敛于双方合作的均衡点，发挥了重要作用。

当前环境下，通过知识链协同创新推动产业升级，实现科技型企业发展具有重要意义。但是日益变化的产业环境带来了不确定性，加上知识链本身的复杂性及所选产业的局限性，还须在复杂的知识系统实践中不断进行检验。当然，本文中提出的阶段、过程、演化还需要进一步研究。

参考文献

[1] 李杰. 关于未来制造业的战略思考 [J]. 中国机械工程，1999，10（4）：361-368

[2] Nijhof W. Knowledge Management and Knowledge Dissemination [N]. In Academy of Human Resource Development (AHRD) Conference Proceedings, 1999.

[3] Gilbert Prost. Managing Knowledge: Building Blocks For Success [R]. John Wiley & SonsLtd, 1999; Karl M, Wiig. What Future Knowledge Management Users May Expect [J]. Journal of Knowledge Management, 1999 (2): 155-165.

[4] Thomas J. Bechman, The Current state of Knowledge Management [M]. Knowledge Management Hand Book, CRC Press LLC, 1999.

[5] 柳卸林，马池，池世国. 什么是国家创新体系 [J]. 数量经济技术经济研究，1999，16（5）：20-22.

[6] 张曙，李爱平. 技术创新和知识供应链 [J]. 中国机械工程，1999，2（2）：224-227.

[7] 蔡翔，严宗光，易海强. 论知识供应链 [J]. 研究与发展管理，2000，12（6）：35-38.

[8] 程赟，胡汉辉，武忠. 知识管理中的分形知识链研究 [J]. 现代管理科学，2005（9）：58-60.

[9] Karlenzig W., Markovich M., Borromeo J. J., et al. Knowledge Collaboration [EB/OL]. Dimension Data, http://www.didata.com/2002.

[10] Anklam P. Knowledge Management: the Collaboration Thread [J]. Bulletin of the American Society for Information Science and Technology, 2002, 28 (6): 8-11.

[11] Samaddar S., Kadiyala S. S. An Analysis of Interorganizational Resource Sharing Decisions in Collaborative Knowledge Creation [J]. European Journal of Operational Research, 2006, 170: 192-210.

[12] Robin V., Rose B., Girard P. Modelling Collaborative Knowl-edge to Support Engineering Design Project Manager [J]. Com-puters in Industry, 2007, 58: 188-198.

[13] Leijen H. V., Baets W. R. J. A Cognitive Framework for Ree-ngineering Knowledge-intensive Processes [C]. Proceedings of the 36th Hawaii International Conference on System Sciences (HICSS'03), Hawaii, USA, 2002.

[14] Adam O., Hofer A., Zang S., et al. A Collaboration Frame-work for Cross-enterprise Business Process management [C]. First International Conference on Interoperability of Enterprise Software and Applications.

[15] Nummela N., Saarenketo S. Research Resources-research Collaboration Initiative: International Growth Orientation of knowledge-intensive Small Firms [J]. Journal of International Entrepreneurship, 2004 (2): 263-265.

[16] Qiang Q. and Nagurney A. Knowledge Collaboration Net-works: Optimal Collaboration Across Disciplines and Com-munication Distance [EB/OL], Available at http://supernet.som.umass edu /articles/ knowledgenet. pdf, 2005, August.

[17] Ohira M., Ohsugi N., Ohoka T., Matsumoto K. Accelerating Cross-project Knowledge Collaboration Using Collaborative Filtering and Social Networks [C]. International Workshop on Mining Software Repositories (MSR2005), St.Louis, MO, 2005, May, 111-115.

[18] Lin H. K., Harding J. A. A Manufacturing System Engineer-ing Ontology Model on the Semantic Web for Interenterprise Collaboration [J]. Computers in Industry 2007, 58: 428-437.

[19] 罗亚非，张勇. 基于知识链的高科技产业集群知识共享研究 [J]. 科学学与科学技术管理，2008，(8)：94-97.

[20] 谢荣见，孙剑平. 产业集群创新环境下基于知识链的知识扩散研究 [J]. 中国科技论坛，2009，(7)：64-67.

[21] 彭双，顾新. 知识链组织间知识创新的动力机制研究 [J]. 科技进步与对策，2010（3）：112-115.

中国区域创新能力评价及对战略性新兴产业布局的启示

李士梅　张　倩**

一、区域创新能力的评价现状

区域创新能力是指一个地区将新知识转化为新产品、新工艺、新服务,并推动当地经济发展,产生一定经济绩效的能力。① 为了提升区域创新能力,首先应该正确评价区域创新能力,因此,构建科学合理的评价指标体系是关键所在。区域创新能力评价研究一直是中外学者关注的热点,研究成果丰富,理论发展较快。

从现有文献资料来看,评价区域创新能力的指标体系通常分为两类:单一指标法和多元指标法。单一指标法指使用单一指标衡量区域创新能力。例如,柴志贤、曹广喜等选用专利申请量指标,王三兴、徐磊等采用专利授权量指标,其优点在于指标含义清晰,缺点是具有局限性与片面性,难以全面反映一个地区的创新能力。多元指标法将多个指标合成为一个综合指标来对区域创新能力进行评价,比单一指标法更加全面客观,应用更加广泛。

国外学者构建了一系列创新能力评价指标体系,Cooke et al. 提出区域发展潜力的思想,并对欧洲 11 个区域基础设施、政策、制度以及企业组织的差异进行调查分析,将它们划分为具有最大潜力、中等潜力与不具备发展区域创新体系的地域;Porter 和 Stern 认为国家创新能力取决于共有创新基础设施的强度、支持创新集群的环境条件及两者互动联系的强度,研究成果《创新指标》对中国研究区域创新问题的学者产生了重要影响;Nelson 设计了一套综合指标体系评估各国创新能力,包括 R&D 经费来源、R&D 经费配置、大学作用以及支持影响创新的政府政策等指标;2005 年,欧盟与联合研究中心提出一套评估欧盟创新能力的综合指标体系——欧洲创新记分牌(European Innovation Scoreboard,EIS),分为创新驱动、企业创新、知识产权、知识创造、技术应用 5 类,共 26 个指标;Zabala et al. 将参与终生教育人数、企业 R&D 支出、高科技专利申请数等作为输入指标,人均 GDP 作为输出指标,运用 DEA 对欧洲区域创新体系绩效进行评价;Pinto 和 Guerreiro 运用因子分析法对欧洲 15 国 175 个地区的区域创新系统进行比较研究,将区域创新能力评价指标归为技术创新、经济结构、人力资本和劳动力市场情况四个维度。

---

* 教育部人文社会科学重点研究基地重大项目(编号 13JJD790013);吉林省科技发展计划项目(编号 20120605);吉林大学"985 项目"。

** 李士梅(1963—),女,辽宁辽中人,吉林大学经济学院教授、博士生导师;张倩(1986—),女,河北石家庄人,吉林大学经济学院博士研究生。

① 目前,国内外学术界对区域创新能力的定义并不一致,本文使用引用次数最多的定义。

在国内，柳卸林、胡志坚（2002）研究了区域创新能力的指标体系、分布格局，并作出规律性评价，研究成果在中国区域创新体系研究中影响力比较大；中国科技发展战略研究小组在《中国区域创新能力报告》中设计了评价框架，其包括知识创造能力、知识流动能力、企业创新能力、创新环境和创新的经济绩效5个维度，不少学者（甄峰等，2000）在对区域创新能力进行实证研究时，或者直接引用了该评价指标体系，或者在借鉴的基础上重新设立了评价指标体系。这些研究，对构建区域创新能力评价体系，客观认识中国区域创新规律具有重要作用。

综合来看，国内外学者由于研究对象、研究目的不同，在构建创新能力评价体系时选取了不同指标，由于创新能力是动态发展的，很多影响创新能力的因素难以获取数据，因此，在选取指标时要综合考虑。

二、区域创新能力评价指标体系重建

本文从投入与产出的角度理解区域创新能力的定义，认为区域创新能力应该包含创新投入、创新产出、创新环境和创新绩效四个要素，在构建区域创新能力评价指标体系时设计了4个一级指标。其中，创新投入反映了为从事创新活动而投入人力、财力和知识存量等创新资源的情况，分别选用R&D人员全时当量、R&D经费内部支出、R&D经费投入强度、滞后一期人均GDP衡量人力、财力和积累的知识存量。中国区域创新主体呈现多样化特征，主要有企业、高等学校、研究与开发机构等，为了反映这一情况，笔者还选取规模以上工业企业、高技术产业、高等学校、研究与开发机构的R&D人员、R&D经费内部支出。创新产出多以专利、论文、科技著作等形式体现，由于发明专利技术含量高、创新价值大，因此不仅选取了区域创新主体专利申请数，还选取了发明专利申请数，在科技论文发表方面，国内科技论文与国外科技论文在科技绩效评估时所占权重不同，因而将发表国外科技论文指标也纳入指标体系。创新环境是决定区域创新能力的关键要素，本文从政府支持、劳动者素质、创新主体数量、技术流动、对外开放程度几个方面进行描述，共选取了11个二级指标。区域创新能力最终表现在对区域经济增长的贡献上，本文选取人均GDP、高技术产业当年价总产值、高技术产业新产品产值、规上工业企业新产品产值4个指标描述创新绩效。本文在借鉴已有文献的基础上，根据研究需要构建了包含4个一级指标和47个二级指标的区域创新能力评价指标体系（见表1）。

表1 区域创新能力评价指标体系

一级指标	二级指标
创新投入（A）	R&D人员全时当量（A1）、规模以上工业企业R&D人员（A2）、高技术产业R&D人员（A3）、高等院校R&D人员（A4）、研究与开发机构R&D人员（A5）、R&D经费内部支出（A6）、R&D经费投入强度（A7）、规模以上工业企业R&D经费内部支出（A8）、高技术产业R&D经费内部支出（A9）、高等学校R&D经费内部支出（A10）、研究与开发机构R&D经费内部支出（A11）、规模以上工业企业新产品开发经费支出（A12）、高技术产业新产品开发经费支出（A13）、滞后一期人均GDP（A14）
创新产出（B）	规模以上工业企业专利申请数（B1）、规模以上工业企业发明专利申请数（B2）、规模以上工业企业有效发明专利数（B3）、高技术产业专利申请数（B4）、高技术产业发明专利申请数（B5）、高技术产业有效发明专利数（B6）、高等学校专利申请数（B7）、高等学校发明专利申请数（B8）、高等学校有效发明专利（B9）、研究与开发机构专利申请数（B10）、研究与开发机构发明专利申请数（B11）、研究与开发机构有效发明专利数（B12）、高等学校发表科技论文（B13）、高等学校发表国外科技论文（B14）、高等学校出版科技著作（B15）、研究与开发机构发表科技论文（B16）、研究与开发机构发表国外科技论文（B17）、研究与开发机构出版科技著作（B18）

续表

一级指标	二级指标
创新环境（C）	教育支出占地方财政一般预算支出比重（C1）、科技技术支出占地方财政一般预算支出比重（C2）、每十万人高等学校在校生数（C3）、高技术产业企业数（C4）、高技术产业企业数占规模以上工业企业数比重（C5）、高等学校数（C6）、研究与开发机构数（C7）、高技术产业R&D机构数（C8）、对外开放程度（C9）、技术市场成交合同金额（C10）、国外技术引进合同金额（C11）
创新绩效（D）	人均GDP（D1）、高技术产业当年价总产值（D2）、高技术产业新产品产值（D3）、规模以上工业企业新产品产值（D4）

三、区域创新能力评价实证分析

本文以全国31个地区为研究对象,[①] 使用SPSS 13.0系统软件作为分析工具。由于各指标变量之间存在相关性，使得观测数据反映的信息存在重叠现象，运用主成分分析将这些具有一定相关性的指标变量转化为一组互不相关的综合指标，从而保留大部分信息。为了避免数量级和量纲的影响，在数据分析之前先将数据标准化。

首先对创新投入进行分析，进行KMO和Bartlett检验，KMO统计量数值为0.786，Bartlett球形检验可卡方统计值显著性概率为0.000，小于0.05，则数据比较适合做主成分分析，依据特征根大于1的原则提取主成分，从表2看出，只需要提取第一主成分和第二主成分。表3是主成分载荷矩阵，每个载荷量表示主成分与对应变量的相关关系，从表中可以看出，第一主成分与A1、A2、A3、A4、A6、A8、A9、A12、A13的相关性较强，第二主成分与A5、A11的相关性较强，主成分表达式：

$$F1 = 0.104A1 + 0.094A2 + 0.087A3 + 0.09A4 + 0.062A5 + 0.106A6 + 0.079A7 + 0.094A8 + 0.091A9 + 0.085A10 + 0.058A11 + 0.096A12 + 0.093A13 + 0.074A14$$

$$F2 = -0.059A1 - 0.131A2 - 0.145A3 + 0.117A4 + 0.227A5 + 0.005A6 + 0.186A7 - 0.117A8 - 0.126A9 + 0.171A10 + 0.234A11 - 0.112A12 - 0.12A13 + 0.103A14$$

表2 总方差解释
Total Variance Explained

Component	Initial Eigenvalues			Extraction Sums of Squared Loadings		
	Total	% of Variance	Cumulative %	Total	% of Variance	Cumulative %
1	9.297	66.407	66.407	9.297	66.407	66.407
2	3.421	24.438	90.846	3.421	24.438	90.846
3	0.595	4.251	95.096			
4	0.392	2.802	97.898			
5	0.144	1.029	98.928			
6	0.053	0.375	99.303			
7	0.039	0.281	99.584			
8	0.038	0.272	99.855			
9	0.012	0.085	99.940			

---

① 数据主要来源于《中国统计年鉴2012》、《中国科技统计年鉴2012》和《中国高技术产业统计年鉴2012》，对外开放程度指标数据来源于《中国区域对外开放指数研究报告》。

续表

Component	Initial Eigenvalues			Extraction Sums of Squared Loadings		
	Total	% of Variance	Cumulative %	Total	% of Variance	Cumulative %
10	0.004	0.030	99.971			
11	0.002	0.014	99.985			
12	0.001	0.008	99.993			
13	0.001	0.005	99.998			
14	0.000	0.002	100.000			

Extraction Method: Principal Component Analysis.

表3 主成分载荷矩阵
Component Matrix a

	Component	
	1	2
A1	0.967	−0.202
A2	0.871	−0.449
A3	0.812	−0.495
A4	0.833	0.400
A5	0.576	0.776
A6	0.985	0.017
A7	0.736	0.635
A8	0.877	−0.401
A9	0.844	−0.432
A10	0.790	0.583
A11	0.539	0.802
A12	0.894	−0.383
A13	0.861	−0.410
A14	0.687	0.351

Extraction Method: Principal Component Analysis.
a. 2 components extracted.

计算31个地区创新能力的主成分得分，由于主成分方差贡献率反映了主成分包含原始数据的信息量占全部信息量的比重，用各主成分的方差贡献率作为权重客观合理，利用SCORE=0.66407F1+0.24438F2，计算31个地区创新能力的综合得分，具体情况见表4。

表4 2011年31个地区创新投入各主成分、综合得分及排名情况

地区	第一主成分		第二主成分		创新投入水平综合	
	得分	排名	得分	排名	得分	排名
北京	2.09098	3	4.17316	1	2.408394	1
天津	0.17424	9	0.51169	5	0.240754	7
河北	−0.33974	16	−0.1503	18	−0.26234	18
山西	−0.54183	20	−0.06422	12	−0.37551	20
内蒙古	−0.62397	23	−0.06558	13	−0.43039	22
辽宁	0.21259	7	0.26634	6	0.206263	9
吉林	−0.40631	18	0.23588	7	−0.21217	17
黑龙江	−0.34494	17	0.10069	9	−0.20446	16
上海	1.04722	5	1.08189	2	0.95982	4

续表

地区	第一主成分 得分	第一主成分 排名	第二主成分 得分	第二主成分 排名	创新投入水平综合 得分	创新投入水平综合 排名
江苏	2.382	2	−1.02741	30	1.330736	2
浙江	1.01375	6	−0.52278	28	0.545444	6
安徽	−0.19777	15	−0.08393	15	−0.15184	13
福建	−0.11593	12	−0.39503	27	−0.17352	15
江西	−0.59708	22	−0.20934	22	−0.44766	23
山东	1.09781	4	−0.71757	29	0.553663	5
河南	−0.15476	14	−0.22026	23	−0.1566	14
湖北	0.18571	8	0.18746	8	0.169136	10
湖南	−0.15235	13	−0.01507	11	−0.10485	12
广东	2.96093	1	−2.72044	31	1.301444	3
广西	−0.58914	21	−0.0892	16	−0.41303	21
海南	−0.89291	30	−0.25869	24	−0.65617	30
重庆	−0.47191	19	−0.00573	10	−0.31478	19
四川	0.06872	10	0.73127	3	0.224343	8
贵州	−0.79716	26	−0.28256	25	−0.59842	27
云南	−0.73753	24	−0.1304	17	−0.52164	24
西藏	−0.97264	31	−0.35294	26	−0.73215	31
陕西	−0.01014	11	0.70159	4	0.164721	11
甘肃	−0.7573	25	−0.08071	14	−0.52262	25
青海	−0.87996	29	−0.20869	21	−0.63535	29
宁夏	−0.84903	28	−0.20566	20	−0.61407	28
新疆	−0.80157	27	−0.18347	19	−0.57713	26

对创新产出、创新环境和创新绩效进行相同的处理，不同的是，在分析创新绩效时，依据特征根大于 0.5 的原则提取主成分。赋予四个指标相同权重，计算区域创新能力综合得分并进行排序，结果见表 5。

表 5　2011 年 31 个地区创新能力评价得分及排名

地区	创新投入 得分	创新投入 排名	创新产出 得分	创新产出 排名	创新环境 得分	创新环境 排名	创新绩效 得分	创新绩效 排名	区域创新能力 得分	区域创新能力 排名
北京	2.408394	1	1.686438	2	1.431629	1	0.899807	4	1.606567	2
天津	0.240754	7	−0.09448	11	0.092868	11	0.867073	6	0.276554	7
河北	−0.26234	18	−0.29105	19	−0.0375	16	−0.31067	16	−0.22539	16
山西	−0.37551	20	−0.36371	21	−0.05328	17	−0.45061	21	−0.31078	20
内蒙古	−0.43039	22	−0.44059	27	−0.54429	28	0.030514	10	−0.34619	22
辽宁	0.206263	9	0.036319	8	0.103433	9	0.119545	9	0.11639	8
吉林	−0.21217	17	−0.26312	17	−0.27473	21	−0.20634	13	−0.23909	17
黑龙江	−0.20446	16	−0.19827	15	−0.19941	20	−0.43427	20	−0.2591	18
上海	0.95982	4	0.597052	4	0.454367	6	1.207068	3	0.804577	4
江苏	1.330736	2	1.213289	3	1.187154	2	1.953825	2	1.421251	3
浙江	0.545444	6	0.470281	5	0.5983	5	0.894178	5	0.627051	5
安徽	−0.15184	13	−0.11172	13	0.099804	10	−0.35707	19	−0.13021	15
福建	−0.17352	15	−0.20318	16	0.090911	12	0.207636	8	−0.01954	10
江西	−0.44766	23	−0.3679	23	−0.00487	15	−0.49326	23	−0.32842	21

续表

地区	创新投入		创新产出		创新环境		创新绩效		区域创新能力	
	得分	排名	得分	排名	得分	排名	得分	排名	得分	排名
山东	0.553663	5	0.247681	6	0.724736	4	0.786307	7	0.578097	6
河南	-0.1566	14	-0.14366	14	0.2143	7	-0.32676	17	-0.10318	13
湖北	0.169136	10	0.070148	7	0.132387	8	-0.17935	11	0.04808	9
湖南	-0.10485	12	-0.10622	12	0.00214	14	-0.23375	14	-0.11057	14
广东	1.301444	3	2.445001	1	1.125708	3	2.37669	1	1.812211	1
广西	-0.41303	21	-0.37995	24	-0.13677	19	-0.53426	25	-0.366	23
海南	-0.65617	30	-0.45509	28	-0.49529	27	-0.55149	27	-0.53951	27
重庆	-0.31478	19	-0.26628	18	-0.46996	26	-0.19191	12	-0.31073	19
四川	0.224343	8	-0.02069	9	-0.06493	18	-0.3085	15	-0.04244	12
贵州	-0.59842	27	-0.4156	25	-0.43021	25	-0.72122	30	-0.54136	28
云南	-0.52164	24	-0.34078	20	-0.30796	22	-0.71179	29	-0.47054	24
西藏	-0.73215	31	-0.49635	31	-1.00184	31	-0.72953	31	-0.73997	31
陕西	0.164721	11	-0.05269	10	0.086851	13	-0.3519	18	-0.03825	11
甘肃	-0.52262	25	-0.36405	22	-0.39331	24	-0.7028	28	-0.4957	26
青海	-0.63535	29	-0.48596	30	-0.85351	30	-0.54998	26	-0.6312	30
宁夏	-0.61407	28	-0.47987	29	-0.71605	29	-0.47321	22	-0.5708	29
新疆	-0.57713	26	-0.42501	26	-0.36069	23	-0.52399	24	-0.47171	25

四、实证结果分析及启示

通过对31个地区创新能力评价分析可以看出:

第一,总体而言,中国区域创新能力从东部沿海地区向西部内陆地区呈现由高到低的阶梯层次。如图1所示,横轴代表东部、东北、中部及西部地区,东部地区创新能力整体较高,西部地区创新能力较低,中部地区与东北地区处于中间水平,东部地区与中部、西部、东北地区之间的差距明显,中部、西部、东北地区比较接近。综合排名前10的地区依次是广东、北京、江苏、上海、浙江、山东、天津、辽宁、湖北和福建,其中排名前7位和第10位的地区属于东部地区,排名第8和第9的地区是辽宁和湖北,分别属于东北地区和中部地区。

东部地区的创新机制更加灵活,市场经济作用比较强,在区域创新能力综合排名中表现突出,有8个地区排在前10之内,但福建、河北、海南创新能力相对较弱,与其他7个地区相比存在差距,尤其是海南,由于底子薄,基础相对差,仍然处于欠发达阶段,在创新能力方面落后于全国其他地区较多,综合得分排名27。

中部地区包括山西、安徽、江西、河南、湖北、湖南六省,按照创新能力的强弱可以分为三类:湖北属于第一类,是中部地区表现最好的地区,综合得分排名第9,湖北省会武汉是中部地区最大城市,武汉将自己定位于中部崛起的战略支点,欲打造"1+8"武汉城市圈,以期成为中国内陆地区重要的经济增长极之一,具有政策优势。第二类包括河南、湖南、安徽,综合得分排名接近,分别是排名第13、14、15位,处于全国中游偏上的位置。山西和江西属于第三类,综合得分排名第20、21位,与东部地区(除海南)差距较大。

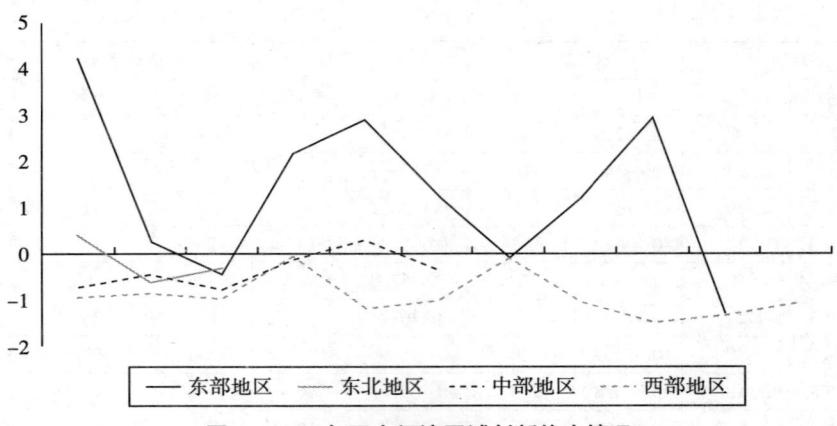

图1 2011年四大经济区域创新能力情况

西部地区包括内蒙古、广西、重庆、四川、贵州、云南、西藏、陕西、甘肃、青海、宁夏、新疆12个地区，其中陕西和四川表现较好，综合得分排名为第11、12位，其他地区综合得分排名靠后。

东北地区的辽宁省区域创新能力较强，综合得分为正值，排名位列全国第8位，一个重要原因是辽宁省是东北地区唯一沿海省份、中国近代开埠最早地区之一，为技术创新提供了较好的体制和环境。吉林、黑龙江综合得分排名分别是第17、18位，处于中等水平。

第二，区域创新能力各要素在不同地区呈现不均衡分布。广东创新能力综合得分最高，排名第1位，其中创新产出和创新绩效得分排名第1位，创新投入和创新环境排名第3位，表现不如北京。北京是环渤海经济区的重要核心，集聚了丰富的创新资源，创新投入和创新环境方面表现突出，排名第1位，综合得分排名第2位。以上海、江苏、浙江为核心的长三角地区是中国改革开放较早、经济发展基础雄厚的地区，沪苏浙打破行政区划界线，发挥各地资源和制度优势，联手打造区域创新体系，江苏、上海、浙江创新能力综合得分依次排名第3、4、5位，江苏在创新投入、创新环境和创新绩效方面排名第2位；上海在创新绩效方面排名第3位，创新环境得分排名第6位，应该进一步加强创新环境建设。河南创新能力综合得分排名13位，在创新环境方面比较突出，排名第7位。就西部地区而言，四川在创新投入与创新产出方面表现比较突出，分别排在第8位和第9位，但与东部地区相比依然存在很大差距，2011年，R&D经费内部支出为294.1亿元，远远落后于江苏的1065.5亿元，R&D经费投入强度为1.4%，而东部典型地区北京达5.76%，相差超过四个百分点，创新投入低水平运行直接影响着区域创新能力。其他省（市）在创新投入、创新产出、创新环境和创新绩效上表现都比较差，综合得分排名靠后，整个西部地区在提升区域创新能力上任重道远。

第三，区域经济发展水平与区域创新能力存在较高程度的正相关关系。通过分析研究地区生产总值与区域创新能力之间的关系（如图2所示），验证了区域创新能力对经济发展有显著的促进作用。

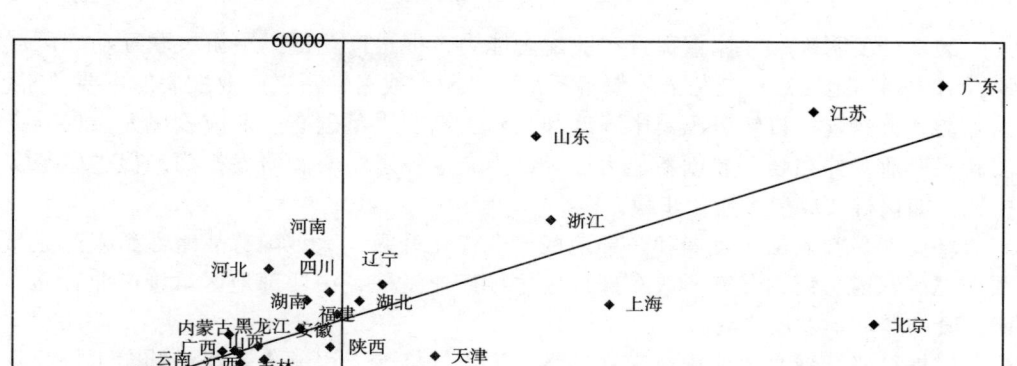

图 2　地区生产总值与 RIC 的相关关系

五、区域创新能力对我国合理布局国有战略性新兴产业的启示

（一）发挥区位优势，避免战略性新兴产业趋同化

在"调结构、转方式"的大背景下，中央政府高度重视发展战略性新兴产业，截至 2011 年底，除了海南、宁夏、西藏之外，其余省（市）都明确提出了战略性新兴产业发展思路。然而战略性新兴产业在空间布局上趋同化，重复建设、"规划过剩"等问题凸显出来。培育和发展战略性新兴产业的关键在于自主创新，在于掌握核心技术并拥有持续创新能力，因此，战略性新兴产业布局应将区域创新能力作为一个重要的考量因素，区域创新能力较强的省（市）把发展战略性新兴产业作为产业结构优化升级的重点，但在确定战略性新兴产业发展领域及方向时要有选择性，不宜将战线拉得过长，关键在于做大做强，集聚发展。而区域创新能力比较弱的省（市）应将发展重点放在特色优势产业上，做好承接发达地区产业转移工作。

（二）依托创新资源，合理布局战略性新兴产业

首先，大型国有企业在产业规模、管理模式、人力资本、技术研发等方面具有一定优势，更易于成为战略性新兴产业领军企业，要通过投资、并购、重组等方式辐射拓展，凭借自身优势在目标领域占据领先地位。但是由于中国经济对外依存度高，特别是国有大型企业致力于与跨国公司的产业融合，却不注重自主品牌的培养与自主研发，自主创新能力日渐薄弱。由于缺少拥有自主知识产权的核心技术，国有企业普遍存在产业核心技术空心化的风险，国有战略性新兴产业要克服自主创新动力不足的劣势，其有效途径是以区域创新能力为重要支撑，让区域创新资源为己所用，因此，区域创新能力是战略性新兴产业发展的重要基础条件。

其次，中国区域创新能力分布不均衡，从东部地区向西部地区由高到低呈阶梯状分布，受此影响、战略性新兴产业会逐步向强区域创新能力地区集聚。大型国有企业选择战略性新兴产业投资区域时，应该优先考虑区域创新能力强的地区（东部地区），依托丰富的创新资源打造创新圈，形成研发创新点（链），重点发展技术研发型企业，在周边地区辅以生产制造型企业，产业布局既

要相对集中又要分工明确，并注重提升产业配套能力，促进产业链上下游关联互动。区域创新能力弱的地区（中西部地区）科技与人才储备不足，是制约战略性新兴产业发展的主要"瓶颈"，但风能、太阳能和天然气等自然资源集中程度却相对较高，大型国有企业应该优先布局以资源禀赋为导向的新兴产业，并在强区域创新能力地区设立企业技术中心和研发机构，促进生产实践与先进技术接轨，加快科技成果产业化步伐。

随着战略性新兴产业加快发展和东部地区产业优化升级，大型国有战略性新兴产业布局将逐步向中西部地区辐射延伸，最终形成东部地区主导产业发展，中西部地区承接产业转移，层次分明、功能配套的非均衡发展格局。

培育和发展战略性新兴产业可以带动经济发展方式转变，引领未来经济社会可持续发展的方向，是我国经济长远发展的重大战略选择。然而，战略性新兴产业发展尚处于起步阶段，技术路线具有多样性与不确定性，若技术路径选择出现偏差，将会损失严重。因此，大型国有企业发展战略性新兴产业要通观全局、长远思考，尽力避免受非理性因素驱动而陷入战略误区。

（三）打破地方保护，强化顶层设计

战略性新兴产业是中国产业未来的发展方向，虽然尚处于起步阶段，但同质化发展苗头已经有所显现，这将导致资源得不到有效整合和利用。为了推进战略性新兴产业协调有序发展，必须打破地方保护，强化顶层设计。中央政府作为总策划者，要树立全国"一盘棋"的思想，以区域创新能力为基础，加强统筹规划，针对战略性新兴产业涉及领域广、产业交叉融合等特点，牵头建立跨区域、跨部门、跨领域协调机制，引导资金、技术、人才和市场等资源向战略性新兴产业集中，结合各地区产业基础制定战略性新兴产业规划布局指导意见，形成特色突出、差异化发展、错位竞争的区域布局，做好中央与地方以及区域之间的衔接工作，形成合力，发挥整体效益，避免重复建设和资源内耗。有关部门要尽快细化落实顶层设计的内容，加强产业规划、技术创新、投融资制度以及产业管理之间的政策协调，改进不适应战略性新兴产业发展的管理体制，营造规范的市场环境。

参考文献

［1］刘波. 新产业　新思维——大型国有企业战略性新兴产业转型的格局演变［J］. 装备制造，2012（Z1）.

［2］韦福雷，胡彩梅. 中国战略性新兴产业空间布局研究［J］. 经济问题探索，2012（9）.

［3］陈柳钦. 战略性新兴产业自主创新问题研究［J］. 中国地质大学学报（社会科学版），2011（3）.

［4］邵云飞，谭劲松. 区域技术创新能力形成机理探析［J］. 管理科学学报，2006，9（4）.

［5］刘国新，冯德雄，姚汉军，罗险峰. 区域创新能力的综合评价［J］. 武汉理工大学学报（信息与管理工程版），2003，25（1）.

［6］柳卸林，胡志坚. 中国区域创新能力的分布与成因［J］. 科学学研究，2002（5）.

［7］罗守贵，甄峰. 区域创新能力评价研究［J］. 南京经济学院学报，2000（3）.